册府元龜

第二册

中華書局影印

冊府元龜第二冊目錄

帝王部（二）

巡按福建監察御史臣李嗣京　訂正
知長樂縣事臣夏允彝叅閱
知建陽縣事臣黃國琦較釋

帝王部九十七

奬善　禮賢

奬

書曰用德彰厥善禮云隱惡揚善用中於民其斯以爲舜乎是知王者稱善所以懲惡奬一所以厲百將使在下者聳思齊之心臻恥格之化若風草之偃置

郵之速也繇漢已來士有立節守正博聞稽古持廉崇讓明經執法英文煥發至性內篤治行尤異忠欵昭著精思絕妙膽氣剛毅彰穎悟於童幼形著撰於緗素拔乎其萃良非一途而當時之君或形於奬激加之爵號申以賜予齒於榮官使才美遁進貪懦知勸斯固大禹稱善之旨詩人烝髦之訓者也

漢高帝時朱建故嘗爲淮南王英布相布欲反問建建諫止之布不聽漢旣誅布聞建諫之賜建號平原君

文帝時賈誼爲長沙王傅後歲餘帝思誼徵之至入見帝方受釐坐宣室（宣室未央前正室也釐祭肉也漢儀注祭天地五時皇帝不自行祠還致福釐福也言受神之福也）帝因感鬼神事而問鬼神之事誼具道所以然之故至夜半文帝前席（漸促近誼聽說其言）旣罷曰吾久不見賈生自以爲過之今不及也廼拜誼爲梁懷王太傅懷王帝少子愛而好書故令誼傅之數問以得失（誼朝問以國家之事）

後漢光武東巡路過小黃高帝母昭靈后園陵在焉時虞延爲部督郵詔呼引見問園陵之事延進止從容占拜可觀其陵樹株蘖皆諳其數俎豆犧牲頗曉其禮帝善之勑延從駕到魯還經封丘城門門下小

不容羽蓋帝怒使撻侍御史延因下見引咎以爲罪在督郵言辭激揚有感帝意乃制詔曰以陳留督郵虞延故貰御史罪從送車駕西郡盡界賜錢及劒帶佩刀還郡於是聲名遂振

周防年十六仕郡小吏光武巡幸汝南召掾史試經防尤能誦讀拜爲守丞

何湯爲開陽門候建武十八年夏旱公卿皆暴露請雨維陽令著車蓋出門湯將衛士鉤令車收案有詔免令官拜湯虎賁中郎將帝嘗歎曰赳赳武夫公侯干城何湯之謂

章帝時黄香爲郎中帝詔香詣東觀讀所未嘗見書香後見休及歸京師時千乘王冠帝會中山邸乃詔香殿下顧謂諸王曰此天下無雙江夏黄童者也左右莫不改觀

後魏道武自鄴還京師次於甞嶺帝親登山頂撫慰新民適黄門侍郎崔玄伯扶老母登嶺帝嘉之賜以牛米因詔諸從人不能自進者給以車牛後玄伯爲周兵將軍道武末明元未立清河王紹聞人心不安大出財帛班賜朝士玄伯獨不受明元即位命玄伯居門下虛巳訪問以不受詔賜財帛特賜帛三百疋

長孫嵩巳下咸愧焉

古弼爲門下奏事以敏正著稱明元嘉之賜名曰筆取其直而有用後改爲弼言其輔佐才也

太武時公孫軌爲諸軍司馬太武平赫連昌引諸將帥入其府藏各令任意取金玉諸將取之盈懷軌獨不探把太武乃親探金賜之謂軌曰卿可謂臨財不苟得朕所增賜者欲顯廉於衆人

孝文時于烈爲光祿勳卿其子登引例求進烈上表乞黜落孝文曰此乃有識之言不謂烈能辨此乃引見登詔曰朕今創禮新邑明揚天下卿父乃行謙讓之表而有直士之風故進卿爲太子翊軍較

崔挺爲昭武將軍光州刺史太和中車駕幸兖州召挺赴行在所及見引翰優厚又問挺治邊之畧因及文章孝文甚悦謂挺曰今日擁旄者悉皆如此吾何憂哉

崔孝芬挺之長子爲北海王詳司馬早有才識博學好文章孝文召見甚嗟賞之

賈元壽爲中書侍郎作雒陽北邙寺碑文孝文頻登其寺覩讀文稱爲佳作

傳永字修期爲安遠將軍孝文毎嘆曰上馬能擊賊

下馬作露板唯傳修期耳

後周文帝時栁敏爲大都督遭母憂居喪旬日之間鬚鬢半白尋起爲吏部郎中毁瘠過禮杖而後起帝見而嘆異之特加廪賜

武帝建德四年盧柔子愷爲禮部大夫其秋李穆攻拔軹關栢崖二鎮命愷作露布帝讀之大悦曰盧愷文章大進荀景倩故是令君之子（臣欽若等曰令君謂後漢尚書令荀彧也彧子顗字景倩）

隋高祖初高構爲民部侍郎時内史侍郎晉平東與兄子長茂爭嫡尚書省不能斷朝臣參議不決構斷

而合理帝以爲能召入内殿勞之曰我聞尚書郎上應列宿觀卿才識方知古人之言信矣嫡庶者禮教之所重我讀卿判數遍詞理愜當意所不能及也賜米百石繇是知名

辛彦之爲隨州刺史于時州牧多貢珍翫唯彦之所貢並供祭之物高祖善之顧謂朝臣曰人安得不學彦之所貢稽古之力也

鄭譯爲丕國奉詔定樂於太常帝勞譯曰律令則公定之音樂則公正之禮樂律令公居其三良足美也

楊恭仁司空觀王雄之長子仁壽中累除甘州刺史

恭仁務舉大綱不爲苛察戎夏安之高祖謂雄曰恭仁在州甚有善政非惟朕舉得人亦是卿義方所致也

煬帝大業五年弘化太守柳儉入朝郡國畢集帝謂納言蘇威吏部尚書牛弘曰其中清明天下第一者爲誰威等以儉對帝又問其次威以郡丞郭絢潁川郡丞敬肅等二人對帝賜儉帛二百疋絢肅各一百疋令天下朝集使送至郡邸以旌異焉論者美之

王伽開皇末爲齊州參軍送流囚李參等七十餘人詣京師伽哀其辛苦悉脫枷停援卒與期曰某日當至京師如致前郤吾當爲汝受死舍之而去流人感悦依期而至一無離叛帝聞而驚異之召見與語稱善久之於是悉召流人并令携負妻子俱入賜宴於殿庭而赦之乃下詔曰凡在有生含靈稟性咸知好惡並識是非若臨以至誠明加勸導則俗必從化人皆遷善往以海内亂離德教廢絶官人無慈愛之心兆庶懷奸詐之意所以獄訟不息澆薄難治朕受命上天安養萬姓思遵聖法以德化人朝夕孜孜意在於此而伽深識朕意誠心宣道參等感悟自赴憲司明是率土之人非爲難教良是官人不加示曉致令陷罪無繇自新若使官盡王伽之儔人皆李參之輩

刑厝不用其何遠哉於是擢伽爲雍令

唐高祖武德二年正月始平人宗士眺負米一石委於太倉而去云願少益軍國高祖嘉之賚物百段

七年七月詔曰自隋以來離亂永久雅道淪缺儒風莫扇朕膺期御宇靜難齊民欽若典謨以資政術思弘德教光振遐軌是以廣設庠序益召學徒旁求俊異務從奬擢寧州羅川縣前兵曹史孝謙守約丘園伏膺道素爰有二子年並幼童講習孝經咸暢厥旨義方之訓實堪勵俗故從優秩賞以不次宜普頒示

咸使知聞如此之徒並即申上朕加親覽特將褒異

太宗貞觀十三年十一月揚州總管長史李襲譽撰忠孝圖二十卷奏之太宗覽而稱善因下書曰卿情深奉國志在忠孝爰錄前烈圖之丹青事兼勸獎足勵風俗再三循覽朕甚嘉之

十六年四月甲辰太宗閱陸德明經典音義美其弘益學者嘆曰德明雖亡此書足可傳習因賜其家布帛百疋

十九年太宗征遼紀王府參軍喬寶明以乘輿暴露堅城之下賊久未平不勝其憤因至長安爲司空房

玄齡陳取高麗之筭玄齡表送詣行所謁太宗太宗與語甚奇之謂曰安市不降平壤尚遠我慮三軍寒凍已命班師卿既遠來今者欲陳何策寶明曰昔魯連飛箭而燕將死陸賈使越而趙佗順臣願將命平壤申諭高麗高麗承駐蹕之後心膽破裂臣得進說其必面縛而自致耳若懷不遜臣請爲傅介子斷蘇文之首以降其國太宗壯其言曰我之求人甚於人之求祿如卿之輩終不投之死地也於是引寶明參侍從之列尋守通事舍人

呂才爲太常博士太宗又令才造方域圖及教飛騎戰陣圖皆稱旨擢授太常丞

程名振爲洺州刺史太宗將征遼東召名振問以經略之事名振初對失旨太宗動色詰之名振讋對逾辨太宗意解謂左右曰房玄齡常在我前每見我嗔餘人猶顔色無主名振生平不見我向來責讓而詞理縱橫亦奇士也即日拜右驍衛將軍

張昌齡貞觀末獻翠微宮頌太宗召見令作息兵詔草甚加賞歎曰禰衡潘岳之儔也令於通事舍人裏供奉

李百藥除宗正卿後致仕歸家太宗嘗製帝京篇令

百藥和之手詔答曰省所和事極爲佳作何身之老而才之壯何齒之宿而意之新乎

李義府舉進士劉洎馬周薦之太宗令詠烏援筆爲詩曰何惜鄧林樹不借一枝棲太宗喜曰當盡借卿全樹何止一枝也尋除監察御史

高宗咸亨元年六月帝御冷泉宮亭子召許敬宗泉男生及東西臺三品舉酒作樂帝謂男生曰聞卿悔不讀書信乎男生奏稱臣生在海隅莫知善惡自沐皇化方欲自新既恥面牆始學讀書是實敬宗奏曰男生夷人豈知好學雖欲自強亦無及也帝曰大學

植也不學將落玉不琢不成器人不學不知道如欲化人成俗其必繇於學乎故曰困而不學斯爲下矣乃賜男生興寧坊之田第及美女寶貨

玄宗開元初吏部尚書崔日用嘗採毛詩大雅小雅二十篇及司馬相如封禪書因帝生日表上之以申規諷拜述善成之事手詔答曰夫詩者動天地感鬼神厚於人美於教矣朕志之所尚思與之齊庶乎採詩之官補朕之闕且古者封禪升中告成朕以菲德未明於志道悚然以聽頗壯相如之詞惕然載懷復甄夷吾之詔卿洽聞殫見温故知新建此發揮益彰

忠懇豈非封蓬山之籍心不忘於起予因蘭殿之祚言固深於沃朕循環覽諷用慰于懷今賜卿衣裳一副物五十段以示無言不讎之信也

五年敕蒲州童子吳勇之薄綴小篇兼記古事不稍優異無申獎勸宜賜其父絹十疋令更習學便有成就

肅宗時杜亞字次公京兆人少頗涉學善言物理及歷代成敗之事至德初於靈武獻封章言政事授較書郎

董晉字混成舉明經及第至德初帝自靈武幸彭原晉上書謁見授較書郎翰林待制

憲宗元和五年三月獻策人張權輿游君愛各賜衣任所適

武宗嘗曾私撰數字以示侍講王起起曰臣書中所不識者唯八駿圖中三五字而已今此字臣未知出於何書武宗笑而奇之故待如師友因曰當代仲尼

晉高祖天福二年六月勑進策官前攝鄭州防禦巡官前鄉貢明經張休以廉科擢第義府遊心乾堅拾芥之勤果決然薪之志而能救斯時病來貢封章覽其所陳甚爲濟要旌諸憂國示以寵章王畿式觧於

褐衣縣簿仍起於嘗品可將仕郎守河南府伊陽縣主簿

三年二月庚辰左散騎常侍張允進駁赦論帝覽而嘉之降詔獎飾仍赴史館

六年正月辛酉朔上受朝於崇元殿刑部員外郎李象進二舞賦一首帝覽而嘉賞令編諸史冊

周世宗顯德二年草澤趙守微投匭上書指陳治道帝覽之宜召顧問初令樞密直學士邊歸讜試策論詩賦復令中書程試以其文義小有可觀翌日乃授右拾遺賜衣服銀帶繒帛鞍馬等兼降詔獎飾仍以

所試策論詩賦宣示百官

四月太子少保王仁裕進同文金鏡銘上善之賜帛百疋九月仁裕又以自製詩賦寫圖上進賜銀器五十兩衣著五十疋

三年十二月兩浙進奉掌書記歙州刺史周叔獻進上國觀光歌一首帝以繒綵鞍馬賜之

六年二月辛卯以新及第進士高冕爲右補闕仍賜衣一襲烏金帶一銀器一百兩衣著二百疋銀鞍勒馬一匹是時帝銳意於平燕及冕登第因其謝恩入對命宰臣以平燕論試之旣而冕著論盛言燕可擊

甚愜帝旨故有是超拜復厚加賜賚焉

禮賢

夫賢者國之紀人之望也是故有方之士絜矩以行之萬乘之主虛心以待之上以成王者之美下以通天下之志所以人用勸而邦用乂也其或才識明備行實敦篤或動默繇已用舍在時或以舊齒名德或以抗節直道莫不延見之際勞問湛渥進退雖殊恩遇胥洽賜予以將其厚意詔命以達乎至誠或想見夫人親至其第或各從爾志愈厚其風存歿攸同始終一貫斯蓋有國者之典也

周文王至於磻谿之水呂尚釣於涯王下趨拜曰望公七年乃今見光景於斯

武王克商一戎衣天下大定乃反商政政繇舊釋箕子囚式商容閭

漢武帝時汲黯爲九卿帝不冠不見也嘗坐武帳（武帳置兵闌五兵於帳中也）黯前奏事帝不冠望見黯避帷中使人可其奏其敬禮如此

昭帝元鳳元年三月賜郡國所有行義者涿郡韓福等五人帛人五十疋遣歸詔曰朕閔勞以官職之事其務修孝悌以教鄉里令郡縣常以正月賜羊酒有

不幸者賜衣被一襲祠以中牢

後漢光武建武中詔徵太原周黨黨伏而不謁博士范升奏毀黨曰臣聞堯不須許繇巢父而建號天下周不待伯夷叔齊而王道以成伏見太原周黨東海王良山陽王成等蒙受厚恩使者三聘乃肯就車及陛見帝廷黨不以禮屈伏而不謁偃蹇驕悍同時俱遊黨等文不能演義武不能死君釣采華名庶幾三公之位臣願與坐雲臺之下考試圖國之道不如臣言伏虛妄之罪而敢私竊虛名誇上求高皆大不敬書奏天子以示公卿詔曰自古明王聖主必有不賓

之士伯夷叔齊不食周粟太原周黨不受朕祿亦各有志焉其賜帛四十疋

杜林扶風人少好學時稱通儒王莽敗避亂客河西建武六年光武聞林已還三輔乃徵拜侍御史引見問以經書故舊及西州事甚悅之賜車馬衣被群僚知林以名德用甚尊憚之士大夫咸推其博洽

索盧放建武六年徵爲雒陽令有能名因病乞身從諫議大夫數納忠言後以疾去建武末復徵不起光武使人輿之見於南宮雲臺賜谷二千斛遣歸除子爲太子中庶子

王良爲司徒司直以病歸後連徵輒稱病詔以玄纁聘之遂不應後光武幸蘭陵遣使者問良所苦疾不能對詔復其子孫邑中徭役

明帝時韋彪好學洽聞雅稱儒宗帝聞彪名永平六年詔拜謁者賜以車馬衣服

趙咨少有孝行舉至孝有道遷博士謝病去徵拜議郎辭疾不到詔書切讓州郡以禮發遣前後再三不得已應召復拜東海相章帝初淳于恭不應辟召客隱琅琊黔陬山數十年建初元年帝下詔美恭素行告郡賜帛二十疋遣詣公車除爲議郎引見極日訪以政事

江革齊國臨淄人事母孝鄉里稱之曰江巨孝建初中太尉牟融舉賢良方正再遷司空長史章帝甚崇禮之遷五官郎將每朝會帝嘗使虎賁扶持及進拜嘗目禮焉時有疾不會朝太官送醪膳恩寵有殊後上書乞骸骨轉拜諫議大夫賜告歸因謝病稱篤元和中天子思革至行制詔齊相曰諫議大夫江革前已病歸今起居何如夫孝百行之冠衆善之始也國家每惟志士未嘗不及革縣以見穀千斛賜巨孝嘗以八月長吏存問致羊酒以終厥身如有不幸祠以

中牢繇是巨孝之稱行於天下及卒詔復賜穀千斛

鄭均建初六年公車特徵再遷尚書數納忠言章帝敬重之後以病乞骸骨拜議郎告歸因稱病篤帝賜以衣冠東觀記曰均遣子英奉章詣闕詔召見英問均所苦賜以冠幘錢帛廬江太守東平相曰議郎鄭均束脩安貧恭儉節整前在機密以病致仕守善貞固黃髮不怠又前安邑令毛義躬履遜讓比徵辭病淳絜之風東州稱仁書不云乎彰厥有常吉哉其賜均義谷各千斛常以八月長吏存問賜羊酒顯茲異行東觀記曰賜羊一頭酒二斗終其身問遣

賢良必以八月諸物老成故順其時氣助養育之也故月令仲秋之月養衰老授几杖行麋粥飲食鄭玄注云助老氣也明年帝東巡過任城乃幸均舍勑賜尚書祿
以終其身故時人號爲白衣尚書
和帝永平九年徵魯恭拜議郎八月飲酎大會章臺
詔使小黃門特引恭前其夜拜侍中勑使陪乘勞問
甚渥
順帝永建二年策書備禮玄纁徵樊英等四人復固
辭疾篤乃詔切責郡縣篤載上道英不得已到京稱
病不肯起乃強輿入殿猶不以禮屈帝怒謂英曰朕
能生君能殺君能貴君能賤君能富君能貧君君何

冊府元龜 帝王部 禮賢 卷之九十七 十五

以慢朕英曰臣受命於天生盡其命天也死不得其
命亦天也陛下焉能殺臣焉能生臣臣見暴君如見
仇讎立其朝猶不肯可得而貴乎雖在布衣之列環
堵之中晏然自得不易萬乘之尊又可得而賤乎陛
下焉能貴臣焉能賤臣臣非禮之祿雖萬鍾不受也
申其志雖簞食不厭也陛下焉能富臣焉能貧臣帝
不能屈而敬其名使出就大醫養疾月給羊酒至三
年三月天子乃爲英設壇帝令公車令道尚書奉引
賜几杖待以師傅之禮延問得失英不敢辭拜五官
中郎將數月英稱疾篤詔以爲光祿大夫賜告歸令

所在送穀千斛嘗以八月致牛一頭酒三斛如有不
幸祠以中牢英辭位不受有詔譬旨勿聽
桓帝初徵爰延拜大鴻臚帝以延儒生嘗特宴見
靈帝即位再以玄纁聘彭城姜肱肱不至帝手筆下
詔曰姜肱抗凌雲之志養浩然之氣以朕德薄未肯
降志昔許繇不屈王道爲化夷齊不撓周德不虧州
縣以禮優順勿失其意
魏太祖初平荆州乃釋韓嵩之囚以其名重甚加禮
待使條品州人優劣皆擢而用之以嵩爲大鴻臚以
交友禮待之

冊府元龜 帝王部 禮賢 卷之九十七 十六

趙戩長安之亂客於荆州及太祖平荆州乃辟之執
戩手曰恨相見晚遂辟爲掾後爲五官郎將司馬相
國鍾繇長史
邴原自遼東歸於太祖太祖爲司空辟原署東閤祭
酒帝北伐三郡單于還住昌國燕士大夫及酒酣帝
曰孤反鄴守諸君必將來迎今日明旦度皆至矣其
不來者獨有邴祭酒耳言訖未久而原先至門下通
謁帝大驚喜攬履而起遠出迎原曰賢者誠難測度
孤謂君將不能來而遠自屈誠副饑虛之心謁訖而
出軍中士大夫詣原者數百人帝怪而問之時荀文

若在坐對曰獨可省問邴原曰耳帝曰此君名重乃亦傾士大夫心文若曰此一世異人士之精藻公宜盡禮以待之帝曰固孤之宿心也自是之後見敬益重原雖在軍歷署嘗以病疾高枕里巷終不當事久希會見河内張範名公之子也其志行有與原符甚相親敬令曰邴原名高德大淸規邈世魁然而峙不爲孤用聞張子頗欲學之吾恐造之者富隨之者貧也張範後因帝自荆州還得見於陳以範爲議郎參丞相軍事甚見敬重

文帝黄初二年公卿朝朔旦乃引故漢太尉楊彪待

以客禮詔曰先王制几杖之賜所以賓禮黄耇褒崇元老也昔孔光卓茂皆以淑德高年受兹嘉賜公故漢宰臣乃祖巳來世著名節年過七十行不踰矩可謂老成人矣所宜寵異以彰舊德其賜公延年杖及憑几謁請之日便使杖入又可使著鹿皮冠彪辭讓不聽竟着布單衣皮弁以見四年詔拜光祿大夫秩中二千石朝見位次三公如孔光故事彪上章固辭帝不聽又爲門使行馬致吏卒以優崇之初彪見漢祚將終自以累世爲三公恥爲魏臣遂稱足攣不復行積十餘年帝卽王位欲以爲太尉令近臣宣旨彪辭曰嘗以漢朝爲三公值世衰亂不能立尺寸之益若復爲魏臣於國之選亦不爲榮也帝不奪其意

虞翻在吳爲騎都尉有盛名帝嘗爲翻設虛座

薛夏博學有才爲祕書丞文帝加之每與夏推論書傳未嘗不終日也每呼之不名而謂之薛君夏居甚貧帝又顧其衣薄解所御服袍賜之其後征東將軍曹休來朝時帝方與夏有所咨論而外啓休到帝引入坐定帝顧夏言之於休曰此君祕書丞天水薛宣聲也宜共談其見遇如此

晋宣帝爲魏相時南陽州泰好立功業善用兵荆州

刺史裴潛以泰爲從事帝鎮宛潛數遣詣帝繇此爲帝所知及征孟達泰又導軍遂辟泰泰頻喪考妣及祖九年居喪帝留缺待之至三十六日擢爲新城太守

景帝爲魏相時山濤年四十餘隱身不交世務與宣穆后有中表親是以見帝帝曰呂望欲仕邪命司隸舉秀才除郎中轉驃騎將軍王昶從事中郎久之拜趙國相遷尚書吏部郎文帝爲晋太子與濤書曰足下在事清明雅操邁時念多所乏今致錢二十萬穀二百斛魏帝嘗賜景帝春服帝以賜濤又以母老并

贈黎杖一枝遷大將軍從事中郎帝以壽鄉閭宿望
命太子拜之、
元帝爲鎭東大將軍引賀循爲軍司循稱疾篤牋疏
十餘上帝遺之書曰夫百行不同故出處道殊因性
而用各任其貞耳當宇宙肅清彝倫攸敘隨運所遇
動默在巳或有遐棲高蹈輕舉絶俗逍遥養和恬神
自足斯蓋道隆人逸勢使其然若乃時運屯弊主危
國急義士救時驅馳拯世燭之武城縋以入秦園綺
彈冠而輔漢豈非大雅君子卷舒合道乎虛薄寡德
忝備近親謬荷寵位受任方鎭飡服玄風慕美高矩
冊府元龜　帝王部　禮賢　卷之九十七　十九
嘗願棄結駟之軒軌策柴蓽而造門徒有其懷而無
從賢之實者何良以寇逆殷擾諸夏分離皇居失御
黎元荼毒是以日夜憂懷慷慨發憤志在竭節耳前
者顧公臨朝深賴高算元凱旣登巢許獲逸至於今
日所謂道之云亡邦國殄瘁群望顒顒實在君侯苟
義之所在豈得讓勞居逸想達者亦一以貫之也庶
稟徽猷以弘遠規今上尚書豈得爲軍司謹遣參軍
沈楨銜命奉授望必屈臨以副傾遲循猶不起及帝
承制復以爲軍諮祭酒循稱疾敦逼不得巳乃轝疾
至帝親幸其第因諮以正道循羸疾不堪拜謁乃就
加朝服賜第一區車馬牀帳衣褥等物循辭讓一無
所受
紀瞻以世亂還吳時元帝爲瑯琊王遷安東將軍引
瞻爲軍諮祭酒轉正東長史帝親幸瞻宅與同乘而
歸
王嶠北軍中候佑之子也少有風尚幷司二州交辟
而不就永嘉末携其二弟避亂渡江時元帝鎭建業
教曰王佑三息始至名德之胄並有操行宜蒙飾敘
且可給錢三十萬布三百疋米五十斛親兵二十人
尋以嶠參世子東中郎軍士不就
冊府元龜　帝王部　禮賢　卷之九十七　二十
杜夷初拜國子祭酒教曰今大義頽替禮典無宗朝
廷滯義莫能攸正宜特立儒林祭酒官以弘其事處
士杜夷棲情遺遠確然絶俗才學精通道行優備其
以夷爲祭酒夷辭疾未嘗會朝帝欲詣夷夷陳萬乘
之主不宜往庶人之家帝乃與夷書曰吾與足下雖
情在忘言然虛心歷載正以足下羸疾故欲相省寧
論嘗儀也建武中令曰國子祭酒杜夷安貧樂道靜
志衡門日不暇給雖原憲無以加矣其賜穀二百斛
皇太子三至夷第執經問義夷雖逼時命亦未嘗朝
謁國有大政嘗就諮訪焉明帝即位夷又表請退部

日先王之道將墜於地君下帷研思今之劉揚縉紳之徒景仰軌訓豈得高退而朕靡所取則焉

後魏道武時奚莫忠厚有智謀帝寵遇之稱之曰仲尼後以軍功拜并州刺史賜爵任城公

賈彝弱冠爲慕容垂驃騎大將軍遼西王農記室參軍道武先聞其名嘗遣使者求彝於垂彌增器敬更加寵秩

大武時崔浩爲左光祿大夫帝每幸浩第多問以異事或倉卒不及束帶奉進蔬食不暇精美帝爲舉匕箸或立嘗而旋其見寵愛如此於是引浩出入臥內

孝文時李平涉獵群書好禮易頗有文才太和初拜通直散騎侍郎帝禮之甚重

王肅爲豫州刺史尋徵入朝孝文手詔曰不見君子中心如醉一日三歲我勞如何飾館華林拂席相待卿欲以何日發汝濆也故復此勑

劉芳爲太常卿沈雅方正槩尚甚高經傳多通孝文尤器敬之數相顧訪

孝明時甄琛爲侍中明解朝義在官清白自孝文宣武咸相知待至帝以師傅之義而加禮焉

後周太祖時江陵平王襃與王克劉瑴宗懍殷不害等數十人俱至長安帝喜曰昔平吳之利二陸而已今定楚之功群賢畢至可謂過之矣又謂襃及王克曰吾即王氏甥也卿等並吾之舅氏當以親戚爲之情勿以去鄉介意於是授襃及克殷不害等車騎大將軍儀同三司嘗從容上席資餼甚厚襃等亦並荷恩眄忘其羇旅焉

韋夐前後十見徵辟皆不應命屬太祖經綸王業側席求賢聞夐養高不仕虛心敬悅遣使辟之備加禮命雖精諭甚至而竟不能屈彌以重之亦弗之奪也所居之宅枕席林泉夐對翫琴書蕭然自逸時人號

爲居士焉至有慕其閑素者或載酒從之夐亦爲之盡歡接對忘倦及明帝即位禮敬愈厚乃爲詩以貽之曰六爻身遯世三辰光少微潁陽讓愈遠滄州去不歸香動秋蘭珮風飄蓮葉衣坐石窺仙島乘舟下釣磯嶺松千仞直嵓泉百尺飛聊登平樂觀遙望首陽薇詎能同四隱來參余萬幾夐答帝詩願時朝謁帝大悅勑有司日給河東酒一升號之曰逍遙公

元暉頗好涉獵書記少得美名於京下太祖見而禮之命與諸子遊處每同席共硯情契甚厚弱冠召輔相府中兵參軍

劉璠爲梁雍州刺史蕭循府司馬時武陵王紀稱制於蜀徵璠爲中書侍郎璠堅求還蕭循及至白馬西

屬達奚武軍已至南鄭璠不得入城遂降於武太祖素聞其名先誡武曰勿使劉璠死也故武先令璠赴闕璠至帝見之如舊謂僕射申徽曰劉璠佳士古人何以至之徽曰昔晋人滅吳利在二陸明公今平梁漢得一劉璠也

明帝時寇儁爲驃騎將軍儁年齒雖邁而志識未衰教授子孫必先典禮帝尚儒重德特欽賞之數加恩錫欲與相見儁不得已乃入朝帝與同席而坐因顧訪雒陽故事儁身長八尺鬚鬢皓然容止端詳音韻清朗帝與之談論不覺屢爲前膝及儁辭還帝親執

其手曰公年德俱尊朕所欽尚乞言之禮所望於公宜數相見以慰虛心想以御輿令於帝前乘出顧謂左右曰如此之事唯積善者可以致之何止見重於今亦將傳之萬古時人咸以爲榮

武帝時韓褒爲少保歷事三帝以忠厚見知帝深敬重嘗以師道處之每入朝見必有詔令坐然始與論政事

熊安生初仕北齊爲國子博士武帝入鄴安生遽令掃門家人怪而問之安生曰周帝重道尊儒必將見我矣俄帝幸其第詔不聽拜親執其手引與同坐謂之曰朕未能去兵以此爲愧安生曰黄帝尚有阪泉之戰况陛下恭行天罰乎帝又曰齊氏賦役繁興竭民財力朕救焚拯溺思革其弊欲以府庫及三臺雜物散之百姓公以爲何如安生曰昔武王克商散鹿臺之財發鉅橋之粟陛下此詔異代同美帝又曰朕何如武王安生曰武王伐紂懸首白旗陛下平齊兵不血刃愚謂聖畧爲優帝大悦賜帛三百疋米三百石宅一區并賜象笏及九環金帶自餘什物稱是

李德林初仕北齊爲儀同三司及武帝克齊入鄴之日勑小司馬唐道和就宅宣旨慰諭云平齊之利唯

在於爾朕本畏爾逐齊王東走今聞猶在大有慰懷宜即入相見道和引之入内遣内使宇文昻訪問齊朝風俗政教人物善惡即留内省三宿乃歸仍遣從駕至長安授内史上士

隋文帝受禪以後周司中大夫儀同三司張美年老致仕欽其德望以書徵之曰朕初臨四海思存政術舊齒明賢實懷勤佇儀同昔在周室德業有聞雖云致仕猶克壯年宜即入朝用副虛想乃謁見勑令勿拜扶升殿上降榻執手與之同坐宴語久之賜以几杖

姚察爲祕書丞開皇中别勑成梁陳二代史又勑於朱華閣長參帝知察蔬菲别日乃獨召入内殿賜果菜乃指察謂朝臣曰聞姚察學行當今無比我平陳唯得此一人

唐太宗初爲秦王徵求草莽置驛招聘皆自遠而至於時海内初平帝乃鋭意經籍怡神於藝文因開學館以待四方之士又降旨曰昔楚國尊賢崇道光於申穆梁邦接士皆德重於鄒枚咸以著範前修垂芳後烈顧惟菲薄多謝古人高山仰止能無景慕是以芳蘭始被深思冠蓋之遊丹桂初叢庶延髦俊之士

冊府元龜　帝王部　禮賢　卷之九十七　二十五

餼而塲苗蓋寡空留皎皎之姿喬木從遷終媿嚶嚶之友所與通規正訓輔其闕如故側席無倦於齊庭開延有待於燕館屬以大行臺司勳郎中杜如晦記室考功郎中房玄齡于志寧軍諮祭酒蘇世長天策府記室薛收文學褚亮姚思廉太學博士陸德明孔頴達王簿李道玄天策倉曹李守素王府記室參軍虞世南參軍事蔡允恭薛元敬顔相時宋州總管府戸曹許敬宗太學助教蓋文達諮議典籤蘇勗等或背淮而至千里或適越以欣三見咸能垂裾邸第委質藩維引禮度而成典則暢文詞而詠風雅優游幕府是用嘉焉宜令幷以本官兼文館學士及薛收卒復徵東虞州録參軍劉孝孫入館尋遣庫直閻立本圖其狀貌具題名字幷顯爵里仍勑文學褚亮爲之像贊勒成一卷號十八學士寫眞圖藏之書府用彰禮賢之重也諸學士並給珍膳分爲三番更直宿于閤下每軍國務靜參謁歸休即便引見討論典籍商畧前載考其得失或夜分而寢又降以温顔禮數甚厚縣是天下歸心奇傑之士咸思自効於時預入館者時所傾慕謂之登瀛洲又嘗謂侍臣曰朕每覩臣下有文學優長讜言補益爲政可觀者未嘗不拭目以師友待之

冊府元龜　帝王部　禮賢　卷之九十七　二十六

褚亮隋末爲太常博士薛舉僭僞隴隂畧有郡縣得亮以爲黄門侍郎委之機務及太宗擊破舉素聞亮名乃於衆中訪之深加禮接因從容勞苦之曰久事無道之主寡人受委專征喜於尅敵得俊亮拜手對曰弱年流轉寓跡隋朝雖異龍逢逆鱗同爲暴君所棄備甞艱苦淪没寇庭所假王濬浮江名柱三吳之籍武王伐紂不預八百諸侯薛王於擾攘之間據有秦隴不知天命數抗王師非大王寛仁則盡從坑戮矣今十萬俘囚並皆釋赦手舞足蹈無不歌詠恩德仁聖天資大度膚畧英遠故能尅平千紀成此覇圖

登獨亮荷再生之恩誠四海仰來蘇之澤帝大悅賜物二百段馬四匹

李百藥初爲杜伏威行臺郎中勸伏威入朝尋輔公祏反又以百藥爲吏部侍郎有譖百藥於高祖云百藥初說杜伏威入朝又與輔公祏同反武德中配涇州司戶太宗爲秦王嘗至涇州召百藥因賜詩云項棄范增善紂妬比干才嗟此二賢沒余喜得卿來

高宗顯慶四年召孫思邈拜諫議大夫固辭不受上元元年辭疾請歸特賜良馬及鄱陽公主邑司以居焉思邈弱冠善談莊老及百家之說兼好釋典周宣

帝時隱居太白山隋文帝徵爲國子博士稱疾不起及太宗即位召詣京師嗟其容色甚少謂曰故知有道誠可尊重羨門廣成豈虛言哉將授以爵位固辭至是又召見焉

肅宗爲太子時李泌自嵩山詣闕獻書論當代時務玄宗召見令待詔翰林爲東宮供奉肅宗甚禮遇之代宗初爲元帥廣平王以泌爲行軍司馬肅宗嘗謂曰卿當上侍上皇天帝中爲朕師友次判廣平王行軍朕父子三人資卿道義

冊府元龜　終

册府元龜

巡按福建監察御史臣李嗣京 訂正

知閩縣事臣曹𦥯臣參閱、

知建陽縣事臣黄國琦較釋

帝王部 九十八

徵聘

傳曰舉逸民天下之民歸心焉說者以爲節行超逸之民隱居未仕則舉用之此二帝三王所以治也是以孑孑于旄歌於國風翹翹車乘形於載籍聘名士禮賢者著於時訓王天下者舉而行之以蒲裹輪取

其安也以玉爲幣優其數也若乃徵而不至至而不屈屈而不事事雖出處語默軌迹不同然其激清鎮躁矯世厲俗亦可以爲教化之助也

殷湯初爲諸侯伊尹處士湯使人聘迎之五反然後肯往從湯言素王及九主之事(九主者法君專君授君等君寄君勞君破君國君三歲社君九品圖畫其形也)湯舉任以國政

漢高祖時有東園公綺里季夏黄公甪里先生此四人者當秦世避而入商雒深山以待天下之定也高祖聞而召之不至

武帝自爲太子聞枚乘名及即位乘年老遂以安車蒲輪徵乘(蒲輪以蒲裹輪)道死(在道病死)復以賢良徵故清河太傅轅固諸儒多嫉毁曰固老罷歸之時固已九十餘矣

建元元年遣使者安車蒲輪束帛加璧徵魯申公初王臧趙綰俱受詩申公臧爲郎中令綰爲御史大夫請立明堂以朝諸侯不能就其事(就成也)乃言師申公於是帝使使束帛加璧安車以蒲裹輪加駟迎申公弟子二人乘軺傳從云至巳八十餘對帝曰爲治者不在多言顧力行何如耳是時天子方好文詞見申公對默然巳招致則以爲太中大夫舍魯邸議明堂

事

昭帝時涿郡韓福等五人以德行徵至京師賜策書束帛遣歸詔曰朕閔勞以官職之事其務修孝鄉里行道舍傳舍(於傳舍止宿若今官人行得過驛也)縣次具酒食肉從者及馬(道次給與酒肉并飲食其從者及馬)長吏以時存問常歲八月賜羊一頭酒二斛不幸死者賜複衾一稱以中牢

元帝初即位遣使者徵貢禹王吉吉年老道病卒禹至授諫議大夫又徵翼奉待詔宦者署奉數言事宴見天子敬焉

哀帝時瑯邪邴漢以清行徵用至京兆尹又龔勝爲

諫議大夫引見勝薦龔舍爲及亢父甯壽濟陰侯嘉有詔皆徵勝曰切見國家徵醫巫常爲駕欲賢者宜駕帝曰大夫乘私車來邪勝曰唯唯唯唯恭應之詞有詔爲駕龔舍侯嘉至皆爲諫議大夫甯壽稱疾不至

後漢光武建武中徵郭憲爲博士憲自王莽篡位逃於東海之濱光武即位求天下有道之人故有是拜

逢萌隱瑯琊勞山養志修道託以耄耋迷路東西連徵不起

嚴光會稽餘姚人也少有高名與光武同遊學及光武即位光乃變名姓隱身不見帝思其賢乃令以物

色訪之以其形貌求之後齊國上言有一男子披羊裘釣澤中帝疑其光乃備安車玄纁遣使聘之三反而後至舍於北軍給牀褥太官朝夕進膳

王霸廣武人也少有清節建武中徵到尚書拜稱名不稱臣有司問其故霸曰天子有所不臣諸侯有所不友

索盧放東郡人也索盧姓也建武六年徵爲雒陽令政有能名後以疾去建武末復徵不起光武使人輿之見於南宮雲臺賜穀二千斛遣歸除太子中庶子

周黨廣武人也建武中徵爲議郎以病去職遂將妻子居澠池復被徵不得已乃待見尚書及光武引見黨伏而不謁自陳願守所志帝乃許焉博士范升奏毀黨大不敬書奏天子以示公卿詔曰自古明王聖主必有不賓之士伯夷叔齊不食周粟太原周黨不受朕祿亦各有志焉其賜帛四十疋

譚賢廣武人也建武中徵不到

殷謨鴈門人也建武中徵不到

和帝延平中詔公卿中二千石各舉隱士特徵李充爲博士

安帝以玄纁羔幣聘汝南周燮南陽馮良皆不起詔

二郡賜歲以羊酒養病

建光元年復詔徵樊英及同郡孔喬李昺北海郎宗陳留楊倫東平王輔六人惟郎宗楊倫到雒陽英等四人並不至

郎宗字仲綏安丘人也善京氏易風角星算推步吉凶常負笈荷擔賣卜給食療服間行人莫得知安帝詔公車徵策文曰郎宗李昺孔喬等前比徵命未當降意恐王者玩弄禮意不備使難進易退之人龍潛不屈其身各致加禮遣詣公車將以補察國政輔朕之不逮青州被詔書遣宗詣公車對策陳災異而爲

諸儒之表拜議郎除吳令
王輔平陵人學公羊傳授神契舉有道拜郎中陳災異有驗拜議郎以病遜位安帝公車徵不行
順帝永建二年徵楊厚初厚爲郎中免歸不應徵辟詔告郡縣督促發遣厚不得已行到長安以病自上有詔太醫致藥太官賜羊酒及至累拜侍中後固稱病求退帝許之賜車馬錢帛
黃瓊永建中公卿多薦瓊者於是與會稽賀純廣漢楊厚俱公車徵瓊至綸氏稱疾不進有司劾不敬詔下縣以禮慰遣遂不得已至卽拜議郎

法眞扶風郿人也恬靜寡欲不交人間事順帝西巡虛心欲致前後四徵終不降屈
張楷通嚴氏春秋古文尚書初司隸舉茂才除長陵令不至官後順帝下詔告河南尹曰故長陵令張楷行慕原憲操擬夷齊輕貴樂賤竄跡幽藪高志確然獨拔群俗前此徵命盤桓未至將主者翫習於常優賢不足使其難進歟郡時以禮發遣楷復告疾不到桓帝建和三年下詔以安車備禮聘楷楷以篤病不行
桓帝時韋著以經行知名不應州郡之命大將軍梁冀辟不就帝公車備禮徵至霸陵稱病歸乃入雲陽山採藥有司舉奏加罪帝特原之復詔京兆尹重以禮勸著遂不就徵
韓康字伯休桓帝備玄纁之禮以安車聘之使者奉詔造康康不得已乃許諾辭安車自乘柴車冒晨先使者發至亭亭長以韓徵君當過方發人牛修道橋及見康柴車幅巾以爲田叟也使奪其牛康卽釋駕與之有頃使者至奪牛翁乃徵君也使者欲奏殺亭長康曰此自老子與之亭長何罪乃止康因逃遁
靈帝中平五年以博士徵申屠蟠荀爽鄭玄韓融陳

紀襄楷等十四人並不至
魏文帝徵管寧爲大中大夫固辭不受明帝卽位太尉華歆遜位讓寧遂下詔曰大中大夫管寧耽懷道德服膺六藝清虛足以侔古廉白可以當世曩遭王道衰缺浮海遁居大魏受命則襁負而至斯蓋應龍潛升之道聖賢用舍之義而黃初以來徵命屢下每輒辭疾拒違不至豈朝廷之政與生殊趣將安樂山林往而不能反乎夫以姬公之聖而耇德不降則鳴鳥不聞以秦穆之賢尤思詢乎黃髮況朕寡德曷能不願聞道於子大夫哉今以寧爲光祿勳禮有大倫

君臣之道不可廢也望必速至稱朕意焉又詔青州
刺史曰寧抱道懷眞潛翳海隅比下徵書違命不至
盤桓利居高尚其事雖有素履幽人之貞而失考父
慈恭之義使朕虛心引領歷年其何謂邪徒欲懷安
必肆其志不惟古人亦有翻然改節以隆斯民乎日
逝月除時方已過澡身浴德將以曷爲仲尼有言吾
非斯人之徒與而誰與哉其命別駕從事郡丞掾奉
詔以禮發遣寧詣行所給安車吏從茵蓐道上廚食
先奏寧稱草莽臣上疏曰臣海濵孤微罷農無伍祿
運幸厚横蒙陛下纂承洪緒德侔三皇化溢有唐久

荷渥澤積祀一紀不能仰答陛下恩養之福沈委篤
痾寢疾稱留違臣隸顚倒之節夙宵戰怖無地自厝
自元年十一月被公車司馬令所下州郡八月甲申
詔書徵臣更賜安車衣被茵蓐以禮發遣光寵並臻
優命屢至征營竦息悼心失圖思自陳聞申展愚情
而明詔抑割不令稍修章表是以鬱滯訖于今日誠
謂乾覆恩有紀極不意靈潤彌以隆赫奉今年二月
被州郡所下三年十二月辛酉書重賜安車衣服別
駕從事與郡功曹以禮發遣又特被璽書以臣爲光
祿勳躬秉勞謙引喻周秦損上益下受詔之日精魄
飛散靡所投死臣重自省揆德非園綺而蒙安車之
榮功無竇融而蒙璽封之寵桀棧駑下荷棟梁之任
垂沒之命獲九棘之位懼有朱博鼓妖之眚又年疾
日侵有加無損不任扶輿進路以塞元責望慕閶闔
徘徊闕庭謹拜章陳情乞蒙哀省抑思聽放無令骸
骨塡於衢路自黃初至於青龍徵命相仍嘗以八月
賜羊酒詔書問青州刺史程喜寧爲守節高乎審老
病尫頓邪喜上言寧有族人管貢爲州吏與寧鄰比
臣嘗使經營消息貢說寧嘗著皂帽布襦袴布裙隨
時單複出入閨庭能自任杖不須扶持四時祠祭輒

自力彊改加衣服著絮巾故在遼東所有白布单衣
新薦饌饋跪拜成禮寧少而母喪不識形象嘗特加
觴泫然流涕又居宅離水七八十步夏時詣水中澡
灑手足闚於園圃臣揆寧前後辭讓之意獨自以生
長潛逸耆艾之衰是以栖遲每執謙退此寧志行所
欲必全不爲守高

晉武帝咸寧二年詔曰男子皇甫謐沉靜履素守學
好古與俗流異趣其以謐爲太子中庶子謐固辭篤
疾又詔徵爲議郎尋召補著作郎司隸較尉皆不就
四年詔以朱冲爲博士冲稱疾不應又詔曰東宮官

屬亦宜得履蹈至行敦悅典籍者其以沖爲太子右庶子沖聞徵書至趣逃入深山是時劉兆三徵博士徐苗再徵博士皆不就

太康初平陳下詔曰僞尚書陸喜等十五人南士歸稱並以貞潔不容僞朝或忠而獲罪或退身修志放在草野主者可皆隨本位就下拜除勑所在以禮發遣須到隨才授用乃以喜爲散騎常侍

惠帝元康元年以束帛徵處士尋陽翟湯會稽虞喜

永康初博求清節儁異之士臨海太守仇馥薦郡人任旭清貞潔素學識通博詔下州郡以禮發遣旭辭

疾不行

懷帝永嘉初以公車徵杜夷虞喜爲博士皆不就

愍帝建興二年徵張茂爲侍中以父母老固辭

元帝初鎮江東聞任旭名召爲參軍手書與旭欲使必到旭固辭以疾後帝進位鎮東大將軍復召之及爲左丞相辟爲祭酒中興建公車徵會遭母憂于時司空王導啓立學校選天下明經之士旭與會稽虞喜俱以隱學被召未行會有王敦之難遂寢明帝即位徵任旭拜給事中旭稱疾篤不到太寧三年復下詔備禮徵旭及會稽虞喜並爲博士

成帝咸和八年以束帛徵處士尋陽翟湯會稽虞喜不起

咸康元年詔書尋陽翟湯會稽虞喜並守道清貞不營世務耽學高尚操擬古人往雖徵命而不降屈豈素絲難染而搜引禮簡乎政道須賢宜納諸廊廟其並以散騎常侍徵之又不起是歲以束帛徵處士郭翻又以侍中徵阮裕以博士徵韓績皆不起

劉鯿字長魚高密人邴郁字弘文城陽人也並有盛名咸康中帝博求異行之士鯿郁並依韓績及翟湯等例以博士徵之郁辭以病鯿隨使者到京師自陳

年老不拜

康帝建元元年復以散騎常侍徵翟湯湯固辭老病不至又以束帛徵會稽虞喜

海西公太和中以安車再徵陸阮爲通直散騎侍郎散騎常侍皆不行

孝武太元十二年束帛聘處士戴逵龔玄之詔曰夫哲王御世必搜揚幽隱故空谷流縶維之詠丘園旅束帛之覲譙國戴逵武陵龔玄之並高尚其操依仁游藝潔已貞鮮學弘儒業朕虛懷久矣二三君子豈其戢賢於懷抱哉思挹雅言虛誠諷議可並以爲散

騎常侍領國子博士旨下所在備禮發遣不得循常以稽側席之望逵辭病不就後又徵逵爲國子祭酒加散騎常侍復不至郡縣敦逼不已乃逃於吳吳國內史王珣有別館在武丘山逵潛詣之與珣游處積旬會稽內史謝玄慮逵遠遯不返乃上疏曰伏見譙國戴逵希心俗表不嬰世務棲遲衡門與琴書爲友雖策命屢加幽操不回超然絕跡自求其志且年垂耳順常抱羸病時或失調轉至委篤今王命未回將罹風霜之患陛下旣已愛而器之亦宜使其身名並存請絕其召命奏疏帝許之

翟法賜湯之曾孫也孝武以散騎侍郎徵亦不至

龔元壽玄之弟子也亦有德操孝武帝以太學博士散騎侍郎給事累徵不起

安帝義熙初以散騎侍郎徵戴勃勃不起勃逵子也

後魏太武徵天下才儁趙郡李虛爲中書博士又徵河間邢穎范陽盧玄渤海高克等穎以才學知名拜中書侍郎

後周高祖保定中遣宣納上士柳裘至梁國徵都官尚書沈重仍書曰皇帝聞梁都官尚書沈重觀夫八聖六君七情十義殊方所以會勢異代於是率繇莫不趣大順之徑途履中和之盛致及青緗起焰素篆移風文逐世疎義隨俗舛大禮在於玉帛之間至樂形於鐘鼓之外雖分地聚緯郗郁之辭蓋闕當塗典午抑抑之旨無聞有周開基爰縱聖哲拯蒼生之已淪補文物之將墜天爵具修人紀咸理朕寅奉神器恭惟寶圖嘗思復禮殷周之年遷化唐虞之世懼三千尚乖於治俗九變未協於移風欲定畫一之文思杜二家之說知卿學冠儒宗行懍士則卞實復潤於荆陰隋炤更明於漢浦是用寤寐增勞瞻望軫念致束帛之聘命翹車之招所望鳳舉鴻翻俄而萃止明

期隱滯合彼異同上庠弗墜於微言中經罔闕於逸義近取無獨善之譏遠應有兼濟之美可不盛歟昔申培鮐背方辭東國公孫黃髮始造西京遂使道爲藝基功參治本今者一徵諒兼其二若居形聲而去影響徇迷邪而忘觀國非所謂也又勑襄州總管公直敦喻遣之在塗供給務從優厚重至京師詔令討論五經幷較定中鍾律天和中復於紫極殿講三教義朝士儒生桑門道士至者三千餘人重辭義氣優洽樞機明辨凡所解釋咸爲諸儒所推六年授驃騎大將軍開府儀同三司露門博士館爲皇太子講論

在館既久且年過時制表請還梁高祖優詔答之曰開府漢南杞梓每軫虛襟江東竹箭亟疲延佇故束帛聘申蒲輪徵伏加以梁朝舊齒結綬三世沐浴榮光祇承寵渥不忘戀本深足嘉歎而楚林晉用豈無先哲方事求賢義乖來請重固請乃許焉遣小司門上士楊汪送之梁孝明帝拜重散騎常侍太常卿建德中詔所司以安車駟馬徵亡齊國子博士熊安令隨駕入朝并勑所在供給至京勑令於大乘佛寺參議五禮宣政元年拜露門學博士下大夫其時年已八十餘

隋文帝開皇五年四月詔徵山東馬榮伯等六儒

煬帝大業中詔徐儀爲學士儀陵之子少聰警仕陳爲尚書殿中郎尋兼東宮學士陳亡隱於錢塘之赭山至是召之

唐太宗時杜如晦弟楚客隱居嵩山貞觀四年召拜給事中太宗謂曰聞卿山居日久志意甚高自非宰相之任則不能出何有是理邪夫涉遠者必自邇升高者必自下但在官爲衆所稱無慮官之不大爾兄雖與我體異其心猶一於我國家非無大功爲憶爾兄意欲見爾宜識朕意繼爾兄忠義也

高宗顯慶四年徵孫思邈爲諫議大夫固辭不受上元元年辭疾請歸特賜良馬及鄱陽公主邑司以居焉當時知名之士宋令文孟詵盧炤等執師資之禮以事焉

咸亨中徵武丘山隱士史德義赴雒陽尋而稱疾歸

田遊巖者雍州三原人也初補太學事後罷歸遊於太白山每遇山林會意輒留連不能去其母與妻子並有方外志意與巖同遊山水三十餘年後入箕山就許繇廟東築室而居自稱許繇東隣高祖遣中書侍郎薛元超就問其母遊巖山服出拜帝令左右扶

之謂曰先生養道山中比得佳否遊巖曰臣泉石膏肓煙霞痼疾旣逢聖代幸得逍遙帝曰朕今得卿何異漢獲四皓乎薛元超曰漢高祖欲廢嫡立庶黃綺方來豈如陛下崇重隱淪親問巖穴帝甚懽因將遊巖就行宮並家口給傳乘赴都授崇文館學士令與太子少傅劉仁軌談論及營奉天宮遊巖舊宅先在宮側特令不毀仍親書題額懸其門曰隱士田遊巖宅

中宗神龍元年以安車備禮徵嵩山武攸緒又降書曰朕聞大隱忘情不去朝市至人無迹何所滯礙王

高標峻尚雅操孤貞有咸一之用弘體一之德學究深遠理詣精微草芥貂蟬錙銖纓紱蔭松山而辭竹苑去朱邸而就青溪逍遙林壑傲睨箕潁有年歲矣朕虔膺聖鑑重闡皇基保乂家邦輯寧區宇求賢採彥俯谷窺山王之所居接近嵩岳相望高烈思滿風煙將令移躍具茨追尋大隗鳴鑾峒岫詢問廣成機務殷繁有懷莫遂今遣國子監司業杜愼盈以禮命徵辟楊藥龍之第虛稷契之遴神化丹青朕之志也豈以黃屋之貴而傾彼白雲之心通變之宜希從降志延佇閭閻若在汾陽武攸緒武太后之從弟也爲

揚州都督府長史聖曆中棄官隱於嵩山至是召至都授太子賓客尋請歸嵩山制從之令京官五品已上餞送於定鼎門外及三思延秀等構逆諸武多坐誅戮惟攸緒以隱居不預其禍時論美之

王友貞長安中爲長水令罷歸田里中宗在春宮乃召爲司議郎不就神龍初又作太子中書舍人仍令所司以禮徵赴及至固以疾辭詔曰敦夷齊之行可以激貪賞顏閔之道用能勸俗新除太子中書舍人王友貞德義泉藪人倫茂異學愛始於事親忠信表於行已富在文史廉於財貨久歷官位累聞課績有古人之風保君子之德及抗志塵外棲情物表浮歸解脫之門誓守薰修之誠須加徵命作護儲闈固在辭榮陳情懇至朕方榮獎廉退懲靜澆浮雖思廊廟之賢豈違山林之願宜加優禮仍遂雅懷以太子中書舍人員外置給全祿以畢其身任其在家修道仍令所在州縣存問四時送祿至其任所

睿宗景雲元年十二月皇太子表請備禮辟隱士前太子中書舍人王友貞以致孝故也

玄宗先天二年六月詔通事舍人禮徵處士范陽盧伯瑗（一名浩然）瑗善書畫屬文不婚娶寡嗜慾隱於嵩高

有終焉之志及使至稱疾不就徵所賜束帛亦辭不受

開元四年八月詔益州山人勾洪禮陳元德在峨嵋山宜令長史韋抗詔召以禮發遣令內品官李思遠領赴京

六年三月徵嵩山逸人盧鴻至詔曰嵩山隱士盧鴻應辟而至訪之政道有會淳風爰舉逸人用勸天下特宜與五品官受諫議大夫景辰鴻以疾辭位優詔放還曰昔在帝堯全許繇之節緬惟大禹遂伯成之高則知天子有所不臣諸侯有所不友遯之時義大

矣哉嵩山盧鴻抗節幽遠凝情篆素隱居以求其志行義以達其道高臥林壑多歷年載傳不云乎舉逸民而天下歸心焉是乃飛書巖穴備禮徵聘方虛獻替式弘政理而嬌然不羣確乎難拔退已以鎮其操洗心以激其節固辭榮寵將厚風俗不降其志不辱其身固保厥躬會稽嚴陵未可明屈太原王霸終以疾歸其以諫議大夫放還山林歲給米百石絹五十疋充其藥物仍令州縣送至隱所欲知朝廷得失具以狀聞

十三年以安車徵徂徠山逸人王希夷赴都希夷徐

州滕人孤貧好道父母終爲人牧羊以牧庸供葬畢隱於嵩山之陰後又隱于徂徠山車駕東巡勑州縣召以敦禮及至都時年已九十六矣帝令中書令張說訪以道義使中官扶入宮中與語大悅深所禮重以年老道高不可屈以職事乃下制曰徐州處士王希夷絶學棄知抱一居身久謝囂塵獨往林壑屬封巒展禮側席旌賢賁然來思應茲嘉召雖紆綺季之跡已過伏生之年宜命秩爵以尊年德高全於尚齒可朝散大夫守國子博士聽致仕還山每歲春秋州縣致束帛酒肉仍賜衣一副及帛百疋

十四年勑曰前刑部員外郎嵩陽觀道士崔泌門承貴仕志慕玄宗項辭簪紱之榮遂託囂塵之外棲遲隱約獨往忘歸雖高尚之風雅正於浮俗而精貫之道申寵於幽人宜廻紫洞之遊俾在青宮之列可太子洗馬

天寶四年五月引諸州高蹈不仕舉人見詔曰君子之道所以正心志全貞吉也逸人之學所以勵天下激浮躁也朕每崇先訓以道化人思致栖貞之士用先咸在之列是以頻降束帛輿空巖藪虛懷式竚明發不忘卿等來應辟命遠致城闕周文多士旣叶於

旁求虞舜疇咨亦在於僉議爰命臺省詢於道業或善行無跡明實難窺或大器晚成春秋尚富津涯未測輪桷何施事且隔於行藏道以分於出處其馬曾嘗廣心賀蘭廸等三人宜待後處分崔從一王允貽韓宣胡祭趙玄奘等五人年齒旣高稍宜優異宜各賜絲衣一副物二十段餘並賜十段不奪隱淪之志以成高尚之美並宜坐食訖如去仍依前給公乘還郡數日增曾爲左拾遺廣心廸並爲金吾衛兵曹

肅宗乾元三年二月徵太白山人祝素㢀拜諫議大夫

德宗即位初以孔述睿爲諫議大夫加金章朱紱令河南尹趙惠伯齎詔書玄纁束帛以禮聘述睿旣至召對於別殿特賜第宅給以廐馬爲皇太子侍讀旬日累表固辭乞還山詔報之曰卿懷伊摯佐時之道有廣成嘉遁之風養素丘園屢辭命秩朕欲崆山問道渭水求師亦何必堅務勞謙固求退讓無違朕命且啓乃心旣懇辭不獲方就職久之改祕書少監右庶子加史館修撰初述睿隱於嵩陽大曆中轉運使劉晏表薦之累授司勳員外郎以疾固辭至是乃就徵拜

建中三年閏正月以潞州處士田佐時爲右拾遺集賢院直學士佐時偉容儀涉獵經史好大言時務黜陟使裴伯言薦之故拜官宰相張鎰以爲命徵稍輕請加恩禮復有詔褒美賜絹百疋粟百石仍令州縣長史就家以禮徵聘竟不起觀察使李抱眞又數薦之自拾遺拜諫議大夫亦不起

貞元二年七月以嵩山韋況爲右拾遺況郇文貞公安石之孫中書舍人斌之子大曆中隱居於深山守志樂道不屑於榮利至是徵之不起

四年四月以處士劉益爲左贊善大夫致仕未歸之間且於國子監安置六月以先除著作郎陽城爲右諫議大夫仍遣長安尉楊寧齎束帛詣夏縣所居致聘城以褐衣至具上表讓帝遣中官持章服衣之而後召見賜帛五十疋城隱於河東中條山下遠近慕其德行來學者相繼於道閭里有爭者不詣官府詣城以決之李泌爲陝號觀察數禮問城及泌爲相乃舉之城拜官不辭未至京師人皆想望風采云城山人能自苦刻不樂名利必諫爭死職天下咸畏憚之

十六年五月徵茅山山人崔芊召對於延英殿賜緋魚袋是年以處士竇羣爲左拾遺羣扶風人少有節

操蘇州刺史韋夏卿以丘園茂異薦之及夏卿爲京兆尹復薦之故有是拜

憲宗元和元年九月以山人李渤爲左拾遺徵不至渤隱嵩山之下讀書爲文以自課鹽鐵使李巽諫議大夫韋況更薦之渤不就徵朝廷有得失時附章疏以聞嘗著禦戎新錄二十卷表獻之九年以爲著作佐郎詔曰特降新恩用清舊議勃於是起赴官

蕭祐少貧苦居山野奉養以孝徵拜左拾遺

穆宗長慶二年七月以前河南府參軍李源爲諫議大夫詔曰禮著死綏傳稱握節捐生守位取重人倫

為義甚明其風咸替言念於此慨然興懷而朝之公卿有上言者稱天寶之季盜起幽陵振盪生靈吞噬河維贈司徒忠烈公憕處難居首正色就屠兩河聞風再固危壁首立殊節至今稱之其子源有曾閔之行可貫於神明有巢豯之風可希於太古山林以奇其迹爵祿不入於心泊然無營五十餘載夫褒忠可以勸臣節旌孝可以激人倫尚義可以鎮澆浮敬老可以厚風俗舉茲四者大儆於時是用擢自衡門立於丹陛處以諫議冀聞讜言仍加印綬式示寵光可守諫議大夫賜緋魚袋河南尹差官就所居敦諭發

遣初憕既為羯胡所害源方八歲為羣賊所虜流浪南北展轉入家方六七年逮雒陽平父之故吏有隱認者以金帛贖之歸於近親代宗聞之授河南參軍源遂絕酒肉不娶婚姻不役童使嘗依雒陽之城北惠林寺即憕之別野寓於一室次僧而食人亦未嘗見其所習至於齊榮辱混是非熙熙而無不合蓋自有得也先命穴其野以備終制時時徃眠其間是月丁卯命中使齎手詔一封絹二百疋緋衣牙笏赴東都賜之九月源上陳情表一封且言讓所賜絹及緋衣牙笏以衰耄竟不赴詔

敬宗長慶四年四月乙未以布衣姜倫為補闕試大理寺評事陸滲布衣李虞並為左拾遺布衣劉堅為右拾遺

晉高祖天福四年四月庚辰徵前左拾遺鄭雲叟為右諫議大夫王笥山道士羅隱之賜號希夷先生雲叟始隱尚少累年之後西入華岳與之朝夕遊處隱之以藥術取利雲叟以山田自給俱好酒能詩及長嘯有大瓠云可辟寒暑置竿所酒經時其味不壞日攜酒就花木水石之間一酌一詠嘗酒酣聯句鄭雲叟曰一壺天上有名物兩個世間無事人羅隱之曰

醉却隱之雲叟外不知何處是天眞上聞其名故遣劉珣趙處玭等齎鵠書致禮徵召其後雲叟稱疾不起上表曰臣聞君子有應敵之方因時俯仰介士有不移之操與性逍遙康堯佐舜者洽道於君臣洗渭巢箕者寄形於天壤惟聖人之效業左庶物以縣庚微臣學圃無成文場不調頃屬兵交四海怨暴三塲梁室亂離走蘭成於荒谷江都淪覆遁庾亥於天山而又蔡順少孤虞丘三失畬野之女遠國飄零王祥之男一時彫落喪家室而有鰥在下悲身世而無處求生因投迹玄元委心虛靜長揖當途之客羣居在

野之人幽蘭以備於重襟灌木用成於虛室或臨窓嘯傲或植杖耕耘樂在其中老而將至西山採藥巳有詠歌北闕彈冠曾無夢想安期綸綍下及煙蘿日月方耀於太清世冑適躋於高祖任賢勿貳蒞事惟能衡門不傑之才踈來有愧詔局殊甞之命未敢以聞夫功大者其任尊職尤者其責重任必安於所據責不致於非才方今內服百工外拜五長百爾黎獻一存至公載惟清朝奚急百士誠繇陛下天綱地絡容無所遺夏雨春風恩無不及青陽振其沉潁旭旦起乎幽棲將令匹徵罔不率俾固宜勇別環堵言隨

輯（言勇切）車拜丹地之明廷奉竈囊之清職東望心踊其如病何賦分隱淪減思聞見九徵而往雖有誦於莊周三召不行獨無求於殷浩仰祈皇鑒俯宥愚衷

上覽表嘉之賜近臣傳觀

周世宗顯德三年十月以華山隱者陳摶有道術徵之赴闕月餘放還舊隱

巡按福建監察御史臣李嗣京 訂正
知甌寧縣事臣孫以敬叅閱
知建陽縣事臣黄國琦較釋

帝王部 九十九

推誠 親信

推誠

夫挺清明之德包豁達之量虛其心而待物一其志以使能坦然而不疑曠然而獨運者哲王之懿範也故任賢而勿貳下得以罄其精忠招携而充誠人得以安其反側蓋敦慤之至通於神明感激之深淪於

骨髓用能康多難而成大業俾非類而革野心丕冒羣倫納於軌物中孚所浹其利博哉自漢祖以大度知人善御雄傑光武之後訖於五代宅民上者固有擅高世之識立非常之功莫不正慮而閑邪善任而靡惑以得士之死力而爲世之美談者焉

漢高祖初封漢王還定三秦時陳平自楚降漢漢王與語而大説之問曰子居楚何官平曰爲都尉是日拜平爲都尉使參乘典護軍諸將盡讙（讙囂而議也）曰大王一日得楚之亡卒未知高下而即與共載使監護長者漢王聞之愈益幸平

後漢光武初爲蕭王與銅馬餘衆大戰於蒲陽悉破降之封其渠帥爲列侯降者猶不自安光武知其意勑令各歸營勒兵乃自乘輕騎案行部陳降者更相語曰蕭王推赤心置人腹中安得不投死乎繇是皆服悉將降人分配諸將衆遂數十萬故關西號光武爲銅馬帝

光武親征赤眉赤眉忽遇大軍驚震不知所爲乃遣劉恭乞降曰盆子將百萬衆降陛下何以待之帝曰待汝以不死耳

建武四年冬隗囂使馬援上書雒陽援至引見於宣德殿帝笑謂援曰卿遨遊二帝間今見卿使人大慙援頓首辭謝曰當今之世非獨君擇臣也臣亦擇君矣臣與公孫述同縣少相善臣前至蜀述陛戟而後進臣臣今遠來陛下何知非刺客姦人而簡易若是帝復笑曰卿非刺客顧説客耳援曰天下反覆盜名字者不可勝數今見陛下恢廓大度同符高祖乃知帝王自有眞也帝甚壯之

馮異爲征西大將軍既平關中自以久在外不自安上書思慕闕庭願親帷幄帝不許後人有章言異專

制闘中斬長安令威權至重百姓歸心號爲咸陽王帝使以章示異惶懼上書謝曰臣本書生遭遇受命之會充備行伍過蒙恩私位大將軍爵通侯受任方面以立微功皆自國家謀慮愚臣無所能及臣伏自思惟以詔勑戰攻每輒如意時以私心斷決未嘗不有悔國家獨見之明久而益遠乃知惟性與天道不可得而聞也當兵革始擾攘之時豪傑競逐迷惑千數臣以遭遇託身聖明在傾危溷殽之中尚不敢過差而況天下平定上尊下卑而臣爵位所蒙巍巍不測乎誠冀以謹勑遂自終始見所示臣章戰慄怖懼

冊府元龜　帝王部　推誠　卷之九十九　三

伏念明主知臣愚性固敢因緣自陳詔報曰將軍之於國家義爲君臣恩猶父子何嫌何疑而有懼意後隗囂死其將王元周宗等復立囂子純猶總兵據冀公孫述遣將趙正等救之帝復令異行天水太守事攻正等且一年皆斬之時賜馮異璽書曰聞吏士精銳水火不避購賞之賜必不令將軍負丹青失斷金也

魏太祖初爲曹公平呂布太山臧覇孫觀吳敦尹禮昌豨各聚衆布之破劉備也覇等悉從布布敗獲覇等公厚納待遂割青徐二州附于海以委焉後攻袁譚於冀州時李孚爲譚主簿東還平原及譚戰死孚還城城中雖必降尚擾亂未寧孚權宜欲得見太祖乃騎詣牙門稱冀州主簿李孚欲口白密事太祖見之孚叩頭謝太祖問其所白孚言今城中彊弱相陵心皆不定以爲宜令新降爲內所識信者宣傳明教公謂孚曰卿便還宣之孚跪請教公曰便以卿意宣也孚還入城宣教各安故業不得相侵陵城中以安乃還報命公以李孚爲良足用也

文帝時蜀孟達與劉封忿爭不和達率所領降魏帝善達之姿才容觀以爲散騎常侍建武將軍封平陽亭侯合房陵上庸西城三郡以達領新城太守遣征

冊府元龜　帝王部　推誠　卷之九十九　四

南將軍夏侯尚右將軍徐晃與達共襲封帝時近出乘小輦執達手撫其背戲之曰卿得無爲劉備刺客邪遂與同載又加拜散騎常侍領新城太守委以西南之任時衆臣或以爲待之太猥又不宜委以方任帝聞之曰吾保其無他亦譬以蒿箭射蒿中耳

晉文帝初爲魏晉公以相國總百揆荀勗爲從事中郎時鍾會謀反於蜀主簿郭奕參軍王深以勗是會從甥少長舅氏勸帝斥出之帝不納而使勗陪乘待之如初

元帝稱尊號後劉隗用事王敦之反也隗勸帝悉誅

王氏論者爲之危心王導率羣從昆弟子姪二十餘人每旦詣臺待罪帝以導忠節有素特還朝服召見之導稽手謝曰逆臣賊子何世無之豈意今者近出臣族帝跣而執之曰茂弘（導之字也）方託百里之命於卿是何言也乃詔曰導以大義滅親可以吾爲安東時節假之

後魏孝文時李冲爲僕射仍領少傅及太子恂廢冲罷少傅後宣武爲太子帝讌於清徽堂帝曰皇儲所以纂立三才光昭七祖斯乃億兆咸說天人同泰故延卿就此一讌以暢忻情帝又曰天地之道一盈一

虛豈有常泰天道猶爾況人事乎故有升有黜自古而然悼往忻今良用深嘆冲對曰東輝承儲蒼生咸幸但臣忝前師傅弗能弼諧仰慙天日茲遇寬舍得預此讌慶慰交深帝曰朕尚弗革其昏師傅何勞愧謝也

宣武時東昏母弟蕭寶寅高祖既克建業殺其兄弟將害寶寅乃歸誠宣武伏詣闕下請兵南伐雖遇暴風大雨終不暫移是年冬梁江州刺史陳伯之與其長子褚胄等自壽春歸降請軍立勑宣武以寶寅誠懇及伯之所陳時不可失四年二月乃引八座門下入議部分之方四月除使持節都督東揚南徐兗三州諸軍事鎮東將軍揚州刺史丹陽郡開國公齊王配兵一萬令且據東城待秋冬大舉寶寅明當拜命其後痛哭至晨備禮策授賜車馬什物及虎賁五人事從豐厚又任其募天下壯勇得數千人以文智三人等爲積弩將軍文榮等三人爲強弩將軍並爲軍主

後周太祖能駕馭英豪一見之間咸思用命沙苑所獲囚俘釋而用之河橋之役率以擊戰皆得其死力史寧仕魏爲涼甘瓜等三州諸軍事遣使詣太祖請

事太祖即以所服冠履衣被及弓箭甲矟等賜寧謂其使人曰爲我謝涼州孤解衣以衣公推心以委公公其善始令終無損功名也

庾季才梁元帝時領太史江陵陷太祖一見深加優禮令參掌太史每有征討嘗預侍從賜宅一區水田十頃奴婢牛羊什物等因謂季才曰卿是南人未安北土故有此賜者欲絕卿南望之心宜盡誠事我當以富貴相答

隋高祖初爲周相即委高熲以心膂開皇九年晉王大舉伐陳以熲爲元帥長史軍還以功授上柱國帝

因勞之曰公伐陳後人言公反朕已斬之君臣道合非青蠅所間也是後右衛將軍龎晃及將軍盧賁等前後短頻於帝帝怒之皆被疎黜因謂頻曰孤虔公猶鏡也每被磨瑩皎然益明

煬帝即位以長孫晟爲左領軍漢王諒作逆勑以本官爲相州刺史發山東兵馬與李雄等共經畧之晟辭曰有男行本今在逆地忽蒙此任情所不安帝曰公著勤誠朕之所悉今相州之地本是齊都人俗澆浮易可搔擾儻生變動賊勢即張思所以鎮之非公莫可體國之深終不可以兒害義故用相委公其勿

辭於是遣赴相州

唐高祖武德元年十一月遣光祿卿李密往灑錐收其餘衆帝謂密曰公卿皆有疑於公唯朕於公赤心相委勉立功名

李靖爲馬邑郡丞屬高祖起義靖上變高祖惡之後破開州蠻賊高祖甚悅手詔勑靖曰既往不咎何憂何懼今日已去心中疑更不須憶舊事吾久忘之矣

太宗自髫齓多大志大業末左親衛竇軌弟琮犯法亡命奔大原依於高祖與帝有宿憾每自疑帝方捜羅英傑降禮納之出入臥內其意乃安

封同人爲韓州刺史太宗即位引諸衛驍兵統將等習射於顯德殿朝臣多有諫者曰先王制法有以兵刃至御所者絞刑所以防萌杜漸備不虞也今引甲卒之人彎弧縱矢於軒陛之側陛下親在其間正恐禍出不意非所爲社稷計也同人矯乘驛馬入朝切諫帝皆不納謂之曰我以天下爲家率土之內盡爲臣子所恨不能將我心偏置天下豈當有相疑之道也自是後人人自勵一二年間兵士盡便弓馬皆爲鋭卒

尉遲敬德仕劉武周爲大將太宗爲秦王時來降授

秦府統軍從太宗擊王世充於東都既而武周降將尋相蘇箭等皆叛諸將疑敬德亦當必走乃禁於軍中行臺左僕射屈突通等咸言敬德初歸國家忠志未附此人勇健非甞縶之又久既被猜貳狠怨必生畱之恐貽後悔請殺之太宗曰寡人所見有異於公敬德若懷翻背之計豈在尋相之後乃命釋之引入行宮賜以金寶而謂之曰丈夫以意氣相期勿以小疑介意寡人終不聽讒言以害良善公宜體之必應欲去今以此物相資表一時共事之情也因從獵於榆窠王世充出步騎數萬來戰賊將單雄信恃其驍

悍領騎直入以趨太宗敬德乃躍馬大呼横刺單雄信中之賊徒稍却敬德翼太宗以出圍因率騎兵與王世充交戰數合其衆大潰擒僞將陳知畧等獲排稍兵六千人太宗懲於古丘謂敬德曰昨衆人證公必叛走天誘吾意獨保明之福善有徵何相報之速也賜金銀各一篋此後恩眄日隆

劉師立初爲王充騎將武德中雒陽既平師立罪當誅太宗惜其勇力保護得免引爲左親衛特蒙委接任以心膂

貞觀六年十二月辛未太宗親錄囚徒多所原宥見

死罪者憫之放歸於家限至來秋即戮乃勑天下死囚皆放令入京並依期而集於是天下死囚三百九十九人皆釋禁自至朝堂不勞督領一無逃者太宗感其奉法竟盡赦之

薛萬徹爲右衛大將軍出青丘道伐高麗萬徹在軍仗氣凌物人或奏之及還謁見太宗謂曰上書者論卿與諸將不協朕錄功棄過不罪卿也因取書焚之

侯君集既與太子承乾謀逆時張亮以太子詹事出爲潞州刺史君集激怒亮曰何爲見排也亮曰是公所排更欲誰冤君集曰我平一國而來遂逢屋許大嗔何能仰排因攘袂曰鬱鬱不可活公能反乎當與公反耳亮奏之太宗曰君集怨望則有之何至於反我意在兩全公愼勿言太宗待君集如初

穆宗長慶元年劉總爲幽州節度頻獻表章請分割當管土地及進征馬以明忠懇朝廷自宰臣公卿以下皆疑其詐帝獨推納之總思有以寛濟乃擧張弘靖自代

文宗太和元年五月詔曰元首股肱君象臣類義深同體理在坦懷夫任則不疑疑則不任自魏晉以降參用覇制虛儀搜索因習尚存朕方推表大信實人

心腹庶使諸侯方岳鼓洽道化夷貊飛走暢泳性分况吾台宰又何間焉自今以後紫宸坐朝衆寮既退宰臣復進奏事其監搜宜停

後唐莊宗以天祐十二年平鄴城斬張彥及同惡者七人軍中股慄帝親加撫慰而退翌日帝輕裘緩策而進令張彥部下軍士被甲持兵環馬而從因命爲帳前銀槍衆心大服

同光元年帝入雒宴於崇元殿明宗及僞庭大將軍預焉帝酒酣顧明宗曰今辰宴客皆吾前日之勍敵也一旦與吾同筵盖卿前鋒之功也僞將霍彥威戴

思遠伏堦叩頭帝曰與卿話舊無足畏也因賜御衣酒器盡歡而罷帝嘗德勝也彥威思遠皆爲軍師屯楊村寨日與帝挑戰交兵故有是言

張全義爲雒京留守莊宗平定汴州全義辭歸奏曰請大駕便幸雒陽臣巳備郊天法物儀仗請謁廟之後便行大禮同光二年二月郊天禮畢加太尉中書令河陽三城節度使仍賜保忠歸正安國功臣進封齊王河南尹如故初全義自雒朝覲汴州泥首待罪帝撫勞釋之以其老羸令人掖之升殿陳敘帝謂曰卿兒姪無恙尚在河南吾誅滅僞庭正爲卿家爾慰

勞甚歡

華温琪爲耀州觀察使留後莊宗入雒温琪入覲賞曩歲守平陽之功且無二於梁所賜甚厚詔改耀州威勝軍爲順義軍復以温琪鎮之加推忠尚義功臣

周知裕少事劉仁恭歸款於梁爲歸化軍指揮使同光初莊宗入汴知裕隨段凝軍解甲於封丘明宗時爲總管受降於郊外見知裕甚喜遽相謂曰周歸化今爲吾人何樂如之因令諸子以兄事之莊宗撫憐甚異而諸較心妬之有壯士唐從益者因獵射之知裕遁而獲免莊宗遂誅從益出知裕爲房州刺史

劉玘初仕梁爲晉州觀察使留後莊宗復收汴州玘來朝玘在平陽八年日與上黨太原之師交鬬境上莊宗見而勞之曰劉侯無恙爾控吾晉陽之南鄙歲時久矣不早相聞今日見訪不其晏歟玘頓首謝之郊天後令歸鎮正授旌節尋有詔授封安遠軍

晉高祖天福四年春正月詔太子太師致仕范延光賜宴便殿以延光嘗爲僞主帥師拒我義旗識量幽狹不體大觀乃至嬰城叛命及降雖著以信誓委之方任而又表乞致仕嘗內疚其心狐疑怏怏故休假之內賜其欵密謂之曰無忿疾以傷厥神無憂思以

勞厥衷朕將恍裕四方豈有食言於汝也延光俯伏拜謝其心遂安

漢隱帝賜前昭義軍節度使張從思衣一襲金帶鞍馬綵帛等物時有投無名文字誣告從思者故特有是賜以安其心

親信

虞書有臣鄰之言周雅有疏附之義蓋謂乎親之以道信之以德故其應也若心手之相視其順也若臂指之相隨出處不疑語默無間簡在上意克齊時用者矣若夫肇自里閈卽敦情好雅同黌序備識器幹

幽贊艱難之際協奉亨嘉之會其有頗資謀勇數從征伐深蘊忠愼嘗列左右謹肅無過質直有守內則規正其事外則將順其美俾之入侍帷幄出陪輦蹕大得以諮詢國事小得以參備宿衛寵待侔於宰執愛厚等於公族至有周旋禁闥多歷年所躬調御膳專司侍醫祗奉清問過蒙賞賚雖同職而莫望何外庭之能比哉

漢高祖與盧綰同里又同日生及帝起沛綰以客從入漢爲將軍嘗侍中從東擊項籍以太尉嘗從出入臥內雖蕭曹等特以事見禮至其親幸莫過綰者

武帝時石建爲郎中令奏事於帝前卽有可言屛人乃言極切（有可言謂有事當奏陳）至廷見如不能言者（廷見謂當朝而見）帝以是親而禮之

霍光武帝時爲奉車都尉光祿大夫出則奉車入侍左右出入禁闥二十餘年（宮中小門謂之闥）小心謹愼未嘗有過甚見親信

金日磾爲侍中光祿大夫日磾旣親近未嘗有過失帝甚信愛之賞賜累千金出則驂乘入侍左右貴戚多竊怨曰陛下得一亡胡而反重貴之帝聞之愈厚焉

昭帝時右衛將軍光祿勳張安世與大將軍霍光同輔政帝甚尊憚大將軍然而內親安世心密於光焉

宣帝時大僕杜延年久典朝政帝任信之出卽奉駕入給事中居九卿位十餘年賞賜賂遺貲數千萬

夏侯勝宣帝時爲諫議大夫給事中爲人質樸平正簡易無威儀見（見謂見於天子）時謂帝爲君誤稱字於前（前天子之前也君前臣名不當相呼字也）宣帝以是親信之

後漢光武時丁恭拜侍中祭酒散騎都尉與侍中劉昆俱在左右每事諮訪焉

和帝永元中賈逵爲侍中領騎都尉內備帷幄兼領

祕書近署甚見信用

靈帝時蓋勳爲京兆尹勳雖在外每軍國大事帝嘗手詔問之數加賞賜甚見親信在朝臣之右

魏太祖初起史渙以客從行軍中較尉從征伐常監諸將益見親信轉中領軍

韓浩爲護軍從帝討張魯魯降議者以浩知畧足以綏邊欲留使都督諸軍鎭漢中帝曰吾安可以無護軍乃與太祖俱還其見親任如此

晉元帝時劉隗爲丹陽殿尚書令刁協並爲帝所寵欲排抑豪彊諸刻碎之政皆云隗協所建隗雖在外

萬機祕密皆預聞之
孝武帝時殷仲堪爲太子中庶子甚見親愛領黃門
郎寵任轉隆帝以會稽王非社稷之臣擢所親幸以
爲藩垣仍授仲堪都督荊益寧三州軍事震威將軍
荊州刺史假節鎮江陵將之任又詔曰卿去有日使
人酸然嘗謂永爲廊廟之寶而忽爲荊楚之珍良以慨
恨其恩狎如此
王雅仕孝武歷右衛將軍丹陽尹領太子左衛率雅
性好接下敬愼奉公帝深加禮遇雖在外職侍見甚
數朝廷大事多參謀議帝每置酒宴集雅未至不先

舉觴其見重如此帝起清暑殿於後宮開北閣出華
林園與美人張氏同游止惟雅豫焉
後魏道武初在賀蘭部時長孫肥嘗侍從禦侮左右
帝深信仗之長孫道生忠厚謙謹帝愛其愼重使掌
機密與賀毗等四人內侍左右出入詔命
奚攸代人重厚有智謀帝寵遇之稱曰仲尼使敷奏政
事參與計謀
崔玄伯道武時爲周兵將軍與舊功臣庾嶽奚斤等
同班而信寵過之
李栗少有才能兼有將畧初隨道武幸賀蘭部在元

從二十一人中道武愛其藝能時王業草創腹心爪
牙多任親近惟栗介遠寄兼戚舊當世榮之
明帝即位以內侍獵郎叔孫俊與元磨渾等拾遺左
右俊性平正柔和未嘗有喜怒之色忠篤愛厚不諂
上抑下每奉詔宣外必告示殷勤受事者皆飽之而
退事密者倍至蒸仍（蒸猶孜孜仍猶殷勤）是以上下嘉歎
太武爲太子時盧魯元初以忠謹給事東宮及即位
以爲中書侍郎拾遺左右寵待彌渥而魯元益加謹
肅帝益親信之內外大臣莫不敬憚焉後以征平凉
功拜征北大將軍加侍中後遷太保錄尚書事帝貴

異之嘗從征伐出入臥內
李孝伯太武時爲光祿大夫掌軍國機密甚見親寵
謀謨切祕時人莫能知也
伊馛爲殿中尚書嘗典宿衛帝親任之
毛修之爲前將軍光祿大夫修之能爲南人飲食手
自煎調多所適意太武親待之進大官尚書賜爵南
郡公加冠軍將軍嘗在大官主進御膳
許彥爲散騎常侍與人言不及內事太武以是益親
待之
羅結爲侍中外都大官總三十六曹事二百七歲精

爽不衰太武以其忠愨甚見信侍監典後宮出入臥
内因除長秋卿
文帝時韓彥爲光武將軍帝稱其聰敏清辨才任喉
舌遂命出納王言並掌機密行幸遊獵隨侍左右
獻文天安初李安世爲中散以温敏敬愼帝親愛之
累遷主客令
陸定國自繈抱與帝同處及踐祚爲殿中尚書前後
大駕征巡每擢爲行臺錄都曹事
乞伏龜獻文時爲散騎常侍領牧曹尚書賜爵寧國
侯以忠謹愼密常侍左右

孝文時李波爲戶部尚書帝深相仗信親敬彌甚君
臣之間情義莫二
楊椿性寬謹孝文時爲侍御中散典御廐曹以端愼
小心專司醫藥遷內給事與兄播並侍禁闈
王翔少以聰敏循良詔充內使自太和初與李冲等
奏決庶事迄乎十六年賜賞前後累千萬
宣武時甄琛爲散騎常侍領給事黃門侍郎定州太
中正大見親寵委以門下庶事出參尚書入厠帷幄
趙修本初給事東宮爲白衣左右頗有膂力帝踐祚
乃起近侍受遇日隆旬月之間頻有轉授每受除設

宴帝親幸其宅咸陽王禧家貨多賜高肇及修
孝莊帝建義初在河陽楊逸獨往謁帝特除給事黃
門侍郎領中書舍人及朝士濫禍帝益憂怖詔晝夜
陪侍數日之內常寢宿於御床前帝曾夜中謂逸曰
昨來舉目惟見異人賴得卿差以自慰
後周太子既平侯莫陳崇見高平郡守李遠與語悅
之令居麾下甚見親遇後爲左僕射帝又以第十一
子達令遠子之即代王也見親待如此
蔡祐爲平東將軍從太祖拒齊獻武王於河橋是戰
也我軍不利帝已還祐至弘農帝引見祐字之曰

承光爾來吾無憂矣帝心驚不得寢枕祐股上乃安
伊婁穆弱冠爲太祖內親信以機辨見知授奉朝請
常侍左右
李穆爲幷州總管少明敏有度量太祖入關便給事
左右深被親遇穆亦小心謹密未嘗懈怠太祖嘉之
遂處以腹心之任出入臥內當時莫與爲比
陸通爲太祖帳內督頗見親禮晝夜陪侍家人罕見
其面通雖處機密愈自恭謹太祖心向重之
武帝與宇文孝伯同日生又與同學武成初拜宗師
上士遷小宗師常侍左右出入臥內朝之機務皆得

預焉孝伯亦竭心盡力無所廻避至於時政得失及外間細事皆以聞奏帝深委信之當時莫與爲比及帝將誅晉公護密與衛王直圖之唯孝伯及王軌宇文神舉等頗得參預護誅授開府儀同三司爲右宮正

隋高祖初總百揆劉昉以定策之功封黄國公沛國公鄭譯皆爲心膂前後賞賜鉅萬出入以甲士自衛朝野傾矚稱爲黄沛時人爲之語曰劉昉牽前鄭譯推後

李德林爲内史令自帝有天下每贊平陳之計及帝

幸同州以疾不從勑書追之後御筆註云伐陳事意宜自隨也時高頻因使入京帝語頻曰德林若患未堪行宜自至宅取其方畧

崔彭開皇初爲驃騎將軍典宿衛性謹密在省闥二十餘年每當上在仗危坐終日未嘗有怠惰之容帝甚嘉之每謂彭曰卿當上日我寢處自安

煬帝令李景營遼東戰具於北平會幽州賊楊仲緒率衆萬餘人來攻北平景督兵擊破之斬仲緒于時盗賊蜂起道路隔絶景遂召募以備不虞武賁郎將羅藝與景有隙遂誣景將反帝遣其子慰諭之曰縱人言公闚天闕據京都吾無疑也

斛斯政明悟有器幹大業中爲尚書兵部郎政有風神每奏事未嘗不稱旨帝悦之漸見委信

裴矩爲武賁郎將大業十一年從帝北廵狩始畢率騎數十萬圍帝於鴈門詔令矩與虞世基每宿朝堂以待顧問

唐高祖武德初竇威爲内史令帝甚重之每引入臥内相見帝爲膝席朝廷疑議多取決於威

太宗爲秦王時劉師立爲左親衛會建成元吉等潛謀禍亂帝與謀自安之道或至登閤去人通宵達旦

師立每進忠規多蒙嘉納及建成死超拜右衛率

張亮帝爲秦王時爲車騎將軍委以心膂會隱太子與帝搆郤帝深懐危懼以雒州形勝之地一朝有變將出保之乃遣亮之雒統左右王保等千餘人陰引山東豪傑以候變及建成死除右衛將軍

周範爲秦王庫直車騎帝既踐祚累遷右屯衛將軍宿衛於玄武門以忠節見知故特蒙親委俄遷左衛將軍

李大亮爲左衛大將軍貞觀十七年爲東宮太子寮屬皆盛選重臣以大亮兼領太子右衛率俄兼工部

尚書身居三職宿衛兩宮名爲親信太亮每當宿直必通宵假寢帝嘗勞之曰至公宿直我便通宵安臥其見期如此帝每有巡幸多令居守

武士稜性恭順勤於稼穡從起義官至司農少卿封宣城縣公帝居苑中委以農圃之事

肅宗初李泌解褐拜銀青光祿大夫俾掌樞務至於四方文狀將相遷除皆與泌參議位非宰相實輔臣也初泌以博涉經史善屬文玄宗時嘗獻書論當世務爲執政者不便乃潛遁自適天寶末祿山搆難帝即位泌自汝州冒難奔赴行在時帝與師靈武注意

求賢一見固辭不就官秩特以散官寵之

德宗建中末陸贄爲翰林學士艱難中贄爲內職行止輒隨從精潔小心未嘗有過誤帝特所親信待之不以嚴侍見從容言笑至或脫御衣以衣之或以姓第呼爲陸九同職莫敢望之初帝自奉天適梁州山路危險徙往與從官相失夜至驛求贄不得驚悲涕泣募於衆曰有能得贄者吾與千金久之贄乃至帝喜皇太子以下皆賀

齊映興元初爲給事中白晳長大言音高朗帝自興元還京師嘗令映侍或前馬至城邑鎮守輒令映宣詔令帝益親信之

王紹貞元中爲戶部尚書判度支時帝臨御歲久機務不繫台司自竇參陸贄已後宰臣備位而已惟以紹謹密恩遇特異凡主重務八年政之大小多所訪決紹未嘗洩漏亦不矜衒

後唐武皇初鎮撫太原時牙將蓋寓最爲親信中外將吏無不景附朝廷藩鄰信使結託先及武皇次入寓門既總軍中大柄其名震主梁祖亦使奸人離間暴揚於天下言蓋寓巳代李克用聞者寒心武皇略無疑間每家事珍膳窮極海陸精於廚饌武皇非寓家所獻不食每幸寓第其往如歸恩寵之洽時無與

比及其卒也哭之甚慟

張敬詢武皇時專掌甲坊十五年以稱職聞復以女爲皇子存霸妻益見親信

莊宗時張建爲帳下小校及帝救上黨戰柏鄉攻薊門下邢魏皆從之後戰於華縣及胡柳阪繼爲流矢所中金瘡之痕盈於面前莊宗寵之統御營黃甲軍嘗在左右累加簡較兵部尚書帳前步軍都虞候

明宗在藩邸時安重誨得給事左右年尚幼而勤恪穎悟出於時輩漸得帝意帝之鎮邢臺也俾職閽司

隨從征討垂十餘年親信無間歷數鎭咸委心腹之任及鄴城之變也天下之心知所歸矣佐命之功獨居其右

安彥威善射少隸并州爲騎士及長尤涉兵法莊宗與梁軍戰於河上彥威累從帝擒敵有功帝在藩邸用爲腹心歷鄆汴嘗等州牙帳親較彥威性謹厚甚見委任

康義誠時爲侍衛親軍馬步軍都指揮使帝寵而倚之每乘輿出幸近甸多遣義誠次馬首而行問以外事

翟光鄴年十歲爲軍所俘帝以其穎悟俾侍左右既冠沉毅有謀莅事寡過帝踐祚特深委遇累更內職至皇城使簡較司空

末帝即位初以前興州刺史劉遂清爲西京副留守其兄遂雍先爲西京副留守帝自鳳翔始憂王思同藥彥稠合力固城至岐山聞遂雍不內思同甚喜遣人宣撫遂雍乃盡出庫藏於軍士前至者便賞給令過比軍前賞遍並不入城帝至奉迎仍括率都民刑播嚴酷而軍獲濟帝見握手流涕自是相隨事無巨細必與遂雍謀而後行帝即位以遂雍爲淄州刺史仍以遂清代其任

漢高祖時李彥從少習武藝出行伍間帝典禁軍以鄉里之舊任爲親信國初用爲左飛龍使簡較司空

冊府元龜

巡按福建監察御史臣李嗣京　訂正

新建縣舉人臣戴國士參閱

知建陽縣事臣黃國琦較釋

帝王部一百

聽納

古之爲天下者何嘗不虛己訪言疇諮詢度擇令典而從人欲補闕政而成機務故帝堯有稽衆舍己之聽漢祖有納諫轉環之美用能極羣臣之謀慮任四海之志力塞未然之咎立非常之功使下情無壅而

芻蕘不遺大猷是經而金玉其度者也東方朔曰談有悖於耳拂於目謬於心而便於身者有說於目順於耳快於心而毀於行者非明王聖主孰能聽之蓋君人之用心當如氷鑑之不將不迎山澤之納汙藏垢然後忠邪立辨疎遠咸達擇其善者聞斯行諸書曰嘉言罔攸伏詩曰王道如砥其直如矢是之謂也

漢高祖初爲漢王二年三月至洛陽新城三老董公遮說漢王曰臣聞順德者昌逆德者亡兵出無名事故不成名者伐有罪故曰明其爲賊敵乃可服爲者無爲之爲布告天下言項羽殺義帝明其爲賊亂舉兵征之乃可服也項羽爲無道放殺其主天下之賊也夫仁不以勇義不以力爲義帝發喪此爲行仁義不用勇力也三軍之衆爲之素服以告之諸侯爲此東伐四海之內莫不仰德此三王之舉也言以德義取天下則可比蹤於三王漢王曰善非夫子無所聞於是漢王爲義帝發喪袒袒謂脫衣之袖也而大哭哀臨三日

三年十二月漢王與酈食其謀撓楚權撓弱也食其欲立六國後以樹黨樹立也漢王刻印將遣食其立之以問張良良發八難漢王輟飯吐哺哺口中所含食曰豎儒言其賤劣無智若童豎也幾敗乃公事幾近也令趣銷印趣速也

五月欽若等曰漢初以十月爲歲首故此月在後漢王出滎陽至成皋自成

皋入關收兵欲復東轅生說漢王曰漢與楚相距滎陽數歲漢常困願君王出關項王必引兵南走走亦謂趣向也王深壁令滎陽成皋間且得休息使韓信等得輯河北趙地輯謂和合也連燕齊郡乃復走滎陽如此則楚所備者多力分漢得休息復與之戰破之必矣漢王從其計出軍宛葉間葉縣名古葉公之國宛縣葉縣之間也與黥布行收兵羽聞漢王在宛果引兵南漢王堅壁不與戰六月項羽圍漢王成皋漢王跳跳獨出意也得韓信軍八月臨河鄉軍小修伍欲復戰郎中鄭忠說止漢王高壘深塹勿戰漢王聽其計使盧綰劉賈將卒二萬人

騎數百度白馬津入楚地佐彭越燒楚積聚所畜軍糧芻槀之屬復擊破楚軍燕郭西燕縣名古南燕國攻下睢陽外黃十七城

四年十一月韓信已破齊使人言曰齊邊楚權輕不爲假王恐不能安齊漢王怒欲攻之張良曰不如因而立之使自爲守於是遣張良操印立韓信爲齊王

五年冬十月漢追羽至陽夏南止軍與齊王信魏相國越期會擊楚至固陵卽固始也屬淮陽不會楚擊漢軍大破之漢王復入壁深塹而守謂張良曰諸侯不從奈何良對曰楚兵且破未有分地信越對未有益地之分其不至

固宜理宜然也君王能與共天下可立致也共有天下之地割而封之齊王信之立非君王意信亦不自堅因爲自請爲假王乃立之耳故曰非君王意彭越本定梁地始君王以魏豹故拜越爲相國今豹死越亦望王而君王不早定今能取淮陽以北至穀城皆以王彭越從陳以南傳海與齊王信信家在楚其意欲得復故地能出捐此以許兩人使各自爲戰則楚易敗也於是漢王發使使韓信彭越至皆引兵來

六年人有上書告楚王韓信反高帝問諸將諸將曰亟發兵阬豎子耳亟急也高帝默然以問陳平平固辭謝曰諸將云何帝具告之平曰人有上書言信反人有聞知者乎曰未有曰信知之乎曰弗知平曰陛下精兵孰與楚與如也帝曰不能過也平曰陛下將用兵有能敵韓信者乎帝曰莫及也平曰今兵不如楚之精將弗及而舉兵擊之是趣之戰也切爲陛下危之帝曰爲之奈何平曰古者天子巡狩會諸侯南方有雲夢楚澤名陛下第出僞游雲夢第但也語聲急也它皆類此會諸侯於陳陳楚之西界信聞天子以好出游其勢必郊迎謁出其郊遠迎謁也而陛下因擒之特一力士之事耳高帝以爲然乃發使告諸侯會于陳吾將南游雲夢帝

因隨以行行至陳楚王信果郊迎道中高帝豫具武士見信卽執縛之田肯賀帝曰陛下得韓信又致秦中時山東人謂關中爲秦中秦形勝之國也得形勢之便也帶河阻山縣隔千里持戟百萬秦得百二焉百二得百中之二萬人也秦地險固二萬人足當諸侯百萬人也夫齊東有瑯邪卽墨之饒二縣近海財用之所也南有泰山之固西有濁河之限齊西有平原河水東北逕高唐卽平原也孟津號黃河故曰濁水北有渤海之利地方二千里持戟百萬縣隔千里之外齊得十二焉齊得十二者二十萬人當諸侯百萬也此東西秦也非親王子弟亡可使王齊者帝曰善賜金五百斤

馮唐事文帝帝輦過問唐曰父老何自爲郎家安在（言年巳老矣何乃自爲郎也）具以實言帝曰吾居代時吾尚食監高袪數爲我言趙將李齊之賢戰於鉅鹿之下吾每飲食意未嘗不在鉅鹿也（每食念監所說李齊在鉅鹿時也）父老知之乎唐對曰齊尚不如廉頗李牧之爲將也帝曰何巳（巳猶也）唐曰臣大父在趙時爲官師將（大父祖父也）善李牧臣父故爲代相善李齊知其爲人也帝旣聞廉頗李牧爲人良說（良善也聞頗牧之善帝意大說）廼拊髀曰嗟乎吾獨不得廉頗李牧爲將耳豈憂匈奴哉唐曰主臣（恐懼之言）陛下雖有廉頗李牧不能用也帝怒起入禁中良久

召唐讓曰公衆辱我獨無間處乎（何不閒隙處之而言）唐謝曰鄙人不知忌諱當是時匈奴新大入朝那殺北地都尉師帝以胡冦爲意廼卒復問唐曰公何以言吾不能用頗牧也唐對曰臣聞上古王者遣將跪而推轂曰閫以內寡人制之閫以外將軍制之（門中橛爲閫也）軍功爵賞皆決於外閫而奏之此非空言也臣大父言李牧之爲將也居邊軍市之租皆自用饗士賞賜決于外不從中覆也（覆謂覆白之也）委任而責成功故李牧乃得盡其智能選車千三百乘彀騎萬三千匹（彀張弩也）百金之士十萬（良士直百金也百金喻其貴重也）是以北逐單于破東胡

滅澹林（澹林胡也晉北有澹林之胡樓煩之戎也）西抑強秦南支韓魏當是時趙幾霸（幾致於霸也）後會趙王遷立（趙幽也）其母倡也（倡樂家也）用郭開讒而誅李牧令顏聚代之是以爲秦所滅今臣竊聞魏尚爲雲中守軍市租盡以給士卒出私養錢五日一殺牛（私假錢也）以饗賓客軍吏舍人是以匈奴遠避不近雲中之塞虜嘗一入尚率車騎擊之所殺甚衆夫士卒盡家人子起田中從軍安知尺籍伍符（尺籍所以書軍令伍符伍五相保之符信也漢軍法曰吏卒斬首以尺籍書下縣移郡令人故行不行奪勞二歲伍符亦行伍之符要節度也家人子謂庶人之家子也）終日力戰斬首捕虜上功幕府一言不相應文吏以法繩之其賞不

行吏奉法必用愚以爲陛下法太明賞太輕罰太重且雲中守尚坐上功首虜差六級陛下下之吏削其爵罰之繇此言之陛下雖得李牧不能用也臣誠愚觸忌諱死罪文帝說是日令唐持節赦魏尚復以爲雲中守而拜唐爲車騎都尉

武帝時巴蜀四郡通西南夷道載轉相讓數歲道不通士罷餓餧離暑濕死者甚衆（餧饑也離遭也）西南夷又數反發兵興擊耗費亡功（耗損也）帝患之使公孫弘往視問焉還報言其不便及弘爲御史大夫時方築朔方據河逐胡弘等因言西南夷爲害（言通西南夷大爲損害）可且

罷專力事匈奴帝許之罷西夷獨置南夷兩縣一都尉稍令犍爲自保就（令自保守且修成其郡縣）

宣帝卽位徵魏相爲大司農遷御史大夫四歲大將軍霍光薨帝思其功德以其子禹爲右將軍兄子樂平侯山復領尚書事（山者去病之孫今言兄子誤也）相因平恩侯許伯奏封事言春秋譏世卿惡宋三世爲大夫及魯季孫之專權皆危亂國家自後元以來祿去王室政繇冢宰今光死子復爲大將軍兄子秉樞機昆弟諸婿據權勢在兵官光夫人顯及諸女皆通籍長信宮（通籍謂宮之中皆有名籍恣出入也）或夜詔問出入驕奢放縱恐寖不制

（寖漸也不制不可制御也）宜有以損奪其權破散陰謀以固萬世之業全功臣之世又故事諸上書者皆爲二封署其一日副領尚書者先發副封所言不善屛去不奏相復因許伯白去副封以明壅蔽宣帝善之詔相給事中皆從其議霍氏殺許后之謀始得上聞

馮奉世破莎車帝說下議封奉世丞相將軍皆曰春秋之義大夫出疆有可以安國家則顓之可也奉世功效尤著宜加爵土之賞少府蕭望之獨以奉世奉使有指（本爲送諸國客）而擅矯制違命發諸國兵雖有功效不可以爲後法卽封奉世開後奉使者倒以奉世爲比爭遂發兵要功萬里之外（逐竟也）爲國家生事於夷狄漸不可長奉世不宜封帝善望之之議以奉世爲光祿大夫水衡都尉

鮑宣爲諫議大夫上書陳天變請復徵用何武師丹彭宣傅喜等帝感大異納宣言徵何武彭宣旬月皆復爲三公拜宣爲司隸

後漢明帝時下令禁民二業（謂農者不得商賈也）又以郡國牛疫通使區種增耕而下吏簡結多失其實百姓患之居巢侯劉般上言郡國以官禁二業至有田者不得漁捕今濱江湖郡率少蠶桑民資漁採以助口實且

以冬春閑月不妨農事夫漁獵之利爲民田除害有助穀食無關二業也又郡國以牛疫水旱墾田多減故勑詔區種增進頃畝以爲民也而吏擧度田欲令多前至於不種之處亦通爲租可申勑刺史二千石務令覈實其有增加皆使與奪田者同罪帝悉從之

王望爲青州刺史是時州郡災旱百姓窮荒望行部道見饑者裸行草食五百餘人愍然哀之因以便宜出所在布粟給其廪糧爲作褐衣事畢上言帝以望不先表請章示百官詳議其罪時公卿皆以爲望之專命法有常條鍾離意獨曰昔華元子反楚宋之良

臣不稟君命擅平三國春秋之義以爲美談今璽懷義忘罪當仁不讓若繩之以法忽其本情有乖聖朝愛育之義帝嘉意議而赦璽罪

章帝建初元年地震東平王蒼上便宜其事留中帝報書曰丙寅所上便宜三事朕親自覽讀反覆數周心開目明曠然發矇間吏人奏事亦有此言但明智淺短或謂儻是復慮爲非何者災異之降緣政而見今改元之後年饑人荒此朕之不德感應所致又冬春旱甚所被尤廣雖内用刻責而不知所定得王深策快然意解詩不云乎未見君子憂心忡忡旣見君

子我心則降思惟嘉謨以次奉行與蒙福應彰報至德特賜王錢五百萬

和帝時故居巢侯劉般子愷當襲封爵先是建中初般卒愷與弟憲遁逃避封久之章和中有司請絕愷國章帝特憂假之愷尤不出積十餘年永元中有司復奏之侍中賈逵因上章曰孔子稱能以禮讓爲國於從政乎何有切見居巢侯劉般嗣子愷素行孝友謙遜潔清弟憲潛身遠迹有司不原樂善之心而繩以循當之法懼非長克讓之風以成含弘之化前世扶陽侯韋玄成近有陵陽侯丁鴻鄳侯鄧彪並以高行潔身辭爵未聞貶削而皆登三事今愷景仰前修有伯夷之節宜蒙矜宥全其先功以增聖朝尚德之美帝納之下詔曰故居巢侯劉般嗣子愷當襲般爵而稱父遺意致國弟憲遁亡七年所守彌篤蓋王法崇善成人之美其聽憲辭爵遣事之宜後不得以爲比乃徵愷拜爲郎

安帝時連有災異詔百僚各上封事尚書陳忠乃上疏豫通廣帝意曰若有道之士對問高者宜垂省覽特遷一等以廣直言之路書進御有詔拜有道高第士沛國施延爲侍中

順帝永和四年中常侍張逵蘧政等共譖梁商等帝不從逵等悉伏誅辭所連染及在位大臣商懼多侵枉乃上疏曰春秋之義功在元帥罪止首惡故賞不僭溢刑不泛濫五帝三王所以同致康乂也切聞考中常侍張逵等辭語多所牽及大獄一起無辜者衆死囚久繫纖微成大非所以順迎和氣平政成化也宜早訖竟以止逮捕之煩帝乃納之罪止坐者

左雄爲尚書令上言宜崇經術繕修太學帝從之至陽嘉元年太學新成詔試明經者補弟子增甲乙之科員各十人除京師及郡國耆儒六十已上爲郎舍

人諸王國郎者百三十八人雄又上言郡國孝廉古之貢士出則宰民宣協風教若其面墻則無所施用孔子曰四十而不惑禮稱强仕請自今孝廉年不滿四十者不得察舉皆先詣公府諸生試家法（儒有一家之學故稱家）文吏課牋奏付之端門練其虛實以觀異能以美風俗有不承科令者正其罪法若有茂才異行自可不拘年齒帝從之於是班下郡國後劉據爲大司農以職事被遣召詣尚書傳呼促步又加以捶撲雄復上言九卿位亞三事班在大臣行有佩玉之節動有庠序之儀孝明皇帝始有撲罰皆非古典帝從而

改之其後九卿無復捶撲者

李固陽嘉中公卿舉固對策詔特對當世之弊爲政所宜帝覽其對多所納用即時出阿母還舍諸常侍悉叩頭謝罪朝廷肅然以固爲議郎後固爲大司農先是周舉等八使按察天下多所劾奏其中並是宦者親屬輒爲請乞詔遂令勿考又舊任三府選令史光祿試尚書郎時皆特拜不復選試固乃與廷尉吳雄上疏以爲八使所糾宜急誅罰選舉署置可歸有司帝感其言乃更下免八使舉刺史二千石自是稀復特拜切責三公明加考察朝廷稱善乃復與光祿勳劉宣上言自頃選舉郡牧守多非其人至行無道侵害百姓又宜止盤遊專心庶政帝納其言於是下詔諸州劾奏守令以下政有乖枉遇人無惠者免所居官其姦穢重罪收付詔獄

桓帝時度遼將軍陳龜上疏陳牧守不良或出入中官宜更選匈奴烏桓護羌中郎將校尉除并凉二州今年租帝覺悟乃更選幽州刺史自營郡太守都尉以下多所革易下詔爲陳將軍除并凉一年租賦以賜吏民

應奉爲司隸校尉及鄧皇后敗而田貴人見幸桓帝

有建立之議奉以田氏微賤不宜超登后位上書諫曰臣聞周納狄女襄王出居於鄭（左傳襄王將以狄女爲后富辰諫曰不可狄固貪婪王又啓之王不從狄人伐周襄王出奔鄭）漢立飛燕成帝繼嗣泯絕母后之重興廢所關宜思關雎之所求遠五禁之所忌（韓詩外傳曰婦人有五不娶喪婦之長女不娶爲其不受命也世有惡疾不娶棄於天也世有刑人不娶棄於人也亂家女不娶類不正也逆家女不娶廢人倫也）帝納其言竟立竇皇后

靈帝光和五年公卿以謠言舉刺史二千石害民者太尉許馘（音郁）司空張濟承望内官受取貨賂其宦官子弟賓客皆不敢問而虛糾邊遠小郡有惠化者吏

人詣闕陳訴司徒陳耽與議郎曹操上言公卿所舉率黨其類斯所謂放鴟梟而囚鸞鳳也其言忠節切帝以讓馘濟繇是諸坐謠言徵者悉拜議郎

魏太祖征馬超等於關西時軍每度渭輒爲超騎衝突營不得立地又多沙不可築壘婁子伯曰今天寒可起沙爲城以水灌之可一夜而成帝從之乃作縑囊以運水夜度兵作城比明城立繇是帝軍盡得渡渭又征韓遂等遂請與公相見公與遂等會語諸將曰公與虜交語不宜輕脫可設木行馬以爲防遏公甚然之

明帝初踐祚羣臣或以宜饗會博士高唐隆曰唐虞有遏密之哀高宗有不言之思是以至德雍熙光於四海以爲不宜爲會帝敬納之

楊阜爲城門校尉常見帝著褐被縹綾半褎袖問帝曰此於禮何法服也帝默然不答自是不法服不見阜

晉景帝爲魏相征淮南時吳將諸葛恪帥軍於孫權所築東興堤左右結山夾築兩城使全端留恪守之引軍而還諸葛誕言於帝曰致人而不致於人者此之謂也今因其內侵使文舒逼江陵仲恭向武昌以羈吳之上流然後簡精卒攻兩城比救至可大獲也帝從之

魏嘉平五年吳將諸葛恪圍合肥時姜維亦出圍狄道帝問虞松曰今東西有事二方皆急而諸將意阻著之何松曰昔周亞夫堅壁昌邑而吳楚自敗事有似弱而強者有似強而弱者不可不察也今恪悉其銳衆足以肆暴而坐守新城欲以致一戰耳若攻城不拔請戰不得師老衆疲其勢自走諸將自不輕進乃公之利也姜維有重兵而縣軍應恪投食我麥非深根之寇也且謂我并力於東西方必虛是以輕進

今若使關中諸軍倍道急赴出其不意殆將走矣帝曰善乃使郭淮陳泰悉關中之衆解狄道之圍勑毋丘儉等按兵自守以新城委吳姜維聞淮進兵軍食少乃退屯隴西界

武帝太始中散騎常侍傅玄上便宜五事詔曰得所陳便宜言農事得失及水官興廢又安邊禦胡政事寬猛之宜申省用備一二具之此誠爲國大本當今急務也如所論皆善深知乃心廣思諸宜動靜以聞也

初王濬平吳爲王渾所嫉所賞甚薄時人咸以濬功

重報輕博士陳秀太子洗馬孟康前溫令李泌等並
表訟濬之功帝乃遷濬鎮軍大將軍加散騎常侍領
後軍將軍
成帝時蔡謨代郗鑒爲征北將軍先是郗鑒上部下
有勳勞者凡一百八十人帝並酧其功未卒而鑒薨
斷不復與謨乃上疏以爲先以許鑒今不宜斷且覽
所上者皆積年勳效百戰之餘亦不可不報詔聽之
簡文帝初爲撫軍執政王彪之爲廷尉時當南郊耆
訪彪之應有赦不答曰中興以來郊祀往往有赦愚
嘗謂非宜何者黎庶不達其意將以爲郊祀必赦至

此時凶愚之輩復生心於僥倖矣遂從之
後魏明元時崔浩爲祭酒晉軍在維議欲以軍絶其
後帝問浩浩對以爲不可帝大悅語至中夜賜浩御
縹醪酒十觚水精戎鹽一兩曰朕味卿言若此鹽故
與卿同其味也
文帝時源賀出爲冀州刺史上書乞寬刑已後入死
者皆恕死從邊久之帝謂羣臣曰源賀勸朕宥諸死
刑從充北藩諸戍自爾至今一歲所活殊爲不少生
濟之理既多邊戍之兵有益卿等事朕致何善意也
苟人人如賀朕治天下復何憂哉顧憶誠言利實廣

矣羣臣咸曰非忠臣不能進此計非聖明不能納此
言
孝文爲太子恂娶司徒馮誕長女以女幼待年長先
爲聘彭城劉長榮陽鄭懿女爲左右孺子時恂年十
三四帝泛舟天淵池謂郭祚翟光宋弁曰人生須自
放不可終朝讀書我欲使恂旦出省經傳食後還内
晡時復出夕而罷卿等以爲何如光曰孔子稱血氣
未定戒之在色傳曰晝以訪事夜以安身太子以尚
幼年涉學之日不宜於正晝之時捨書御内又非所
以安弱柔之體固永年之命帝以光言爲然乃不令

恂晝入内
鄭道昭爲國子祭酒表請崇尚儒學孝文詔曰具卿
崇儒敦道學之意良不可言新令尋班施行無遠不
至可謂職思其憂無曠官矣
高道悅爲諫議大夫兼御史中尉時孝文將繇水路
幸鄴已詔都水廻營構之材以造舟楫道悅表諫之
帝詔曰省所上表深嘉乃心但卿之立言半非矣當
須陳非以示謬稱是以彰德然後明所以不用有繇
而爲之不爾則未相體耳廻材都水蹔營嬉遊終爲
棄物脩繕非務舟楫無章士女雜亂此則卿之失辭

矣深薄之危撫陵之重斯則卿之得言也於是帝遂從陸路

隋文帝時崔仲方爲虢州刺史上言論取陳之策帝覽而大悦轉基州刺史徵入朝仲方因面陳經畧帝善之賜以御袍袴并雜綵五百段進位開府而遣之及大舉伐陳以仲方爲行軍總管率兵與秦王會

唐高祖武德初齊王元吉爲并州總管爲劉武周所攻棄軍還京高祖怒甚謂禮部尚書李綱曰元吉幼小未習時事故遣竇誕宇文歆輔之强兵數萬食支十年起義興運之基一朝而棄宇文歆首畫此計我

當斬之綱曰賴歆令陛下不失愛子臣以爲有功高祖問其故綱對曰罪繇竇誕不能規諷致令軍人怨憤又齊王年少肆行驕逸放縱左右侵漁百姓誕曾無諫止乃隨順掩藏以成其釁此誕之罪宇文歆論情則踈向彼又淺王之過失悉以聞奏且父子之際人所難言而歆言之豈非忠懇今欲誅罪不錄其心臣愚切以爲過翌日高祖召綱入升御坐謂曰今我有公遂使刑法不濫元吉自惡結怨於人歆既曾以表聞誕亦爲能禁制皆非其罪

太宗貞觀十六年七月丁酉謂侍臣曰當今國家何等爲急諫議大夫褚遂良曰卽日四方仰德誰敢爲非但太子諸王須有定分陛下宜爲萬代法以遺子孫帝曰此言是也朕將年五十已覺衰怠既以長子守器東宮第及庶子數將五十心嘗憂慮頗在此耳但自古嫡庶無良何嘗不傾敗國家公等爲朕搜訪賢德以輔儲宮爰及諸王咸求正士且事人歲久卽分義情深非意闚𨵦多繇此作其王府官僚宜限以四考

褚遂良爲黄門侍郎貞觀中鴻臚寺奏高麗莫支離貢白金遂良進曰莫支離虐殺其主九夷不容陛下

巳云興兵將示弔伐爲遼山之人報主辱之耻若受其貢何所攻伐太宗納焉

張玄素爲景州都督錄事參軍太宗聞其名及卽位召見訪以政道對曰臣觀自古以來未有如隋室喪亂之甚豈非其君自專其法日亂向使君虛受於上臣弼違於下豈至於此且萬乘之重又欲自專庶務日斷十事而五條中中者信善其如不中者何況一日萬機已多虧失以日繼月乃至累年乖謬既多不亡何待如其廣任賢良高居深視有司奉職誰敢犯之臣又觀隋末沸騰被於寓縣所求天下不過十數

人餘皆保邑全家思歸有道是知人欲背主爲亂者鮮矣但人君不能安之遂致於亂陛下若近鑒危亡日愼一日堯舜之道何以能加太宗善其對擢侍御史

高宗時太尉長孫無忌位當元舅數進謀議帝無不優納之

玄宗先天二年詔貶特進李嶠爲太子率更令時嶠子暢爲虔州刺史嶠隨暢之任先是韋庶人臨朝嶠密表請令相王諸子皆出京師帝於宮内獲其表以傳示侍臣或請誅之中書令張說曰嶠雖不辨順逆

然亦爲當時之謀議非其主請不追討其罪帝從其言因有是命

姚崇爲紫微令玄宗將幸東都而太廟屋壞召宋璟蘇頲問其故璟等奏言今三年之制未畢誠不可行幸凡災變之發皆所以明教戒陛下宜增大道以答天意且停幸東都帝又召崇問曰朕臨發京邑太廟無故覆壞恐神靈戒以東行不便耶崇對曰太廟殿本是苻堅時所造隋文帝創立新都移宇文廟故殿造此廟國家又因緣舊制歲月滋深朽蠹而毀山有朽壤尚不免頹此既久來枯木合將摧折偶與行期相會不是緣行乃驚四海爲家兩京相接陛下以關中不甚豐熟轉運又有勞費所以爲人行幸非是無事煩勞東都百司已作供擬不可失信於天下舊廟既毀爛不堪修理望移神主於太極殿安置更改造新廟以申誠敬車駕依前徑發帝曰卿言正合朕意賜絹二百疋所司奏七廟神主遷於太極改造新廟車駕遂幸東都因命崇五日一參仍入閤供奉甚承恩遇

宋璟爲侍中時太常卿修國史姜皎兄弟當朝用事璟以其權寵太盛恐非久安之道屢奉請稍抑損之

玄宗勑曰西漢諸將多以權貴不全南陽故人並以優閒自保觀夫先後之迹吉凶之數較然可知良有以也宜放皎歸田園以恣娛樂又玄宗東巡璟復爲留守帝臨發謂璟曰卿國之元老爲朕股肱耳目今將巡維邑爲別歷時所有嘉猷宜相告也璟因極言得失特賜綵帛仍降手制曰所進之言書之座右出入觀省以戒終身

肅宗至德中李勉爲司膳員外郎時關東獻俘百人詔並處斬因有仰天嘆者勉偶過問之對曰某被脅制守官非逆者勉入而上言曰元惡未殄遭點汙者

半天下皆欲濼心歸化若盡殺之是驅天下以資兇
逆也帝遽令奔騎宥釋繇是歸化日至
李揆爲中書舍人至德中宗室請加張皇后翼聖之
號肅宗召問之揆對曰臣觀諸古后妃終則有謚生
加尊號未之前聞景龍失政韋氏專恣加號翼聖今
皇后之號正與韋氏同陛下明聖動遵典禮豈可比
蹤景龍故事哉肅宗驚曰凡才幾誤我家事遂止時
代宗自廣平王改封成王張皇后有子數歲陰有奪
宗之議揆因對見肅宗從容曰成王嫡長有功今當
命嗣卿意何如揆拜賀曰陛下言及於此社稷之福

天下幸甚臣不勝大慶肅宗喜曰朕計決矣自此頗
承恩遇遂蒙大用
德宗建中四年末避難遷於奉天以城隘不可久議
幸鳳翔且依張鎰戸部尚書蕭復聞之遽請見曰鎰
聞移幸鳳翔未審虛實帝曰有之復曰陛下大誤鳳
翔將士皆朱泚舊兵今泚悖逆此中必有同惡相濟
者臣尚慮張鎰不能久奈何擬幸鳳翔帝曰朕行計
已決試爲卿駐駕一日屬鳳翔後營將李楚琳殺張
鎰自爲節度使乃止
貞元十二年信州刺史姚驥舉員外司馬盧南史准
例配得有典一人每月請紙筆錢一千文南史以官
閒冗無職事於典而納其直凡五年計贓六十千文
又云私買鉛燒黃丹詔令刑部員外郎裴澥監察御
史鄭楚大理評事陳正儀乞三司使往按之並召對
於延英德宗曰必須評審無令漏罪銜寃三人將退
澥獨立奏曰臣覽姚驥奏狀云南史取直典紙筆雖
於公法有違在情可恕德宗曰此事亦應其有但未
知燒鉛事何如澥曰燒鉛爲黃丹格令不禁准天寶
十三年勅鉛銅錫並不許私家買賣蓋防私鑄錢亦
不言不許燒黃丹然南史違勅買鉛不得無罪三司

使至江南今忽緣小事令往非唯罷耗州縣亦恐遠
處聞之各懷憂懼臣聞開元中張九齡爲五嶺按察
使有録事參軍告其非法朝廷唯令大理評事往按
近大曆中鄂岳觀察使吳仲孺與轉運判官劉長卿
紛競仲孺奏長卿贓犯三千萬貫時止差監察御史
苗丕往推今姚驥所奏事旣無多臣若堪任此行即
請獨往恐不要三司盡行德宗曰卿言是也可召楚
相等來及至乃賜坐曰朕懵於理道處事未精裴澥
所奏深合事宜卿可宜付宰臣但行舉一人往按問
十八年三月以前攝東都團練使齊總爲衢州刺史

給事中許孟容上表封還時左補闕王武陵右補闕劉伯芻復上疏言之繇是詔書留中不出明日雨不視事特開延英門召許孟容對帝慰諭開納曰使百執事皆如卿朕何憂也

憲宗元和五年九月復以吐突承璀爲左衛上將軍依前知内侍省事左右神策護軍中尉兼左街功德使承璀嘗建謀征討無功而還於是諫官上疏懇論帝從之間一日降爲軍器等使

六年十一月辛巳李吉甫奏永昌公主所立祠堂不如置墓戶以充守奉翊日帝謂吉甫曰卿昨所奏罷

祠堂事深愜朕心朕初疑其冗費緣未知故實是以量減及覽所奏方知無據然朕不欲破三二十戶百姓當揀官戶謹信者委之吉甫等拜賀帝曰卿此豈是難事有關朕身不便於時者苟聞之則改此豈足多邪卿但切思規正無謂朕不能行也

册府元龜

巡按福建監察御史臣李嗣京　訂正
分守建南道左布政使臣胡維霖　条閲
知建陽縣事臣黃國琦較釋

帝王部　一百一

納諫

書曰木從繩則正后從諫則聖又曰稽于衆舍巳從人是知容納直言樂聞巳失講求至當之理詢擇悠久之謀聞善若驚改過弗吝雖嬰鱗而無忤惟虛懷而兼容斯乃明王不惡直以博覽臣下寧正言而無

諱者巳其或事有過舉令未順時刑罰不中賞任非允而或予違汝弼官箴王闕過則必正失者斯華始或違忤終焉聽從忘其誹謗之咎諒其忠直之志故能刑無頗類政無滅裂昭德塞違令聞長世蓋所謂拂於心而求諸道遊於耳而利於行者不可以不察也巳

漢高祖爲沛公旣至咸陽降子嬰觀宮室帷帳狗馬重寶婦女以千數意欲留居之樊噲諫沛公不聽張良曰夫秦爲無道故公得至此爲天下除殘去暴宜縞素爲資（資質也縞白也欲令沛公反秦奢泰服儉素以爲質）今始入秦卽安其樂此所謂助桀爲虐且忠言逆耳利於行毒藥苦口利於病願公聽樊噲言公乃還霸上其後相國蕭何以罪繫獄數日王衛尉侍（衛尉王氏無名字史氏失之也）前問曰相國胡大罪陛下繫之暴也高祖曰吾聞李斯相秦皇帝有善歸主有惡自予今相國多受賈豎金爲請吾苑以自媚於民（媚愛也求愛於民）故繫治之王衛尉曰夫職事苟有便於民而請之眞宰相事也陛下柰何乃疑相國受賈民錢乎且陛下距楚數歲陳豨黥布反時陛下自將往當是時相國守關中關中搖足則關西非陛下有也相國不以此時爲利乃利賈人之金

乎且秦以不聞其過亡天下夫李斯之分過又何足法哉陛下何疑宰相之淺也帝不懌是日使使持節赦出何何年老素恭謹徒跣入謝帝曰相國休矣相國爲民請苑吾不許我不過爲桀紂主而相國爲賢相吾故繫相國欲令百姓聞吾過

文帝幸上林皇后愼夫人從其在禁中嘗同坐（同坐謂所坐之處高下齊高無差等也）及坐郎署袁盎引卻愼夫人坐（郎署上林中直衛之署也盎時爲中郎將天子幸署豫設供帳待之故得卻愼夫人坐也卻謂退而卑之也）愼夫人怒不肯坐帝亦怒盎起因前說曰臣聞尊卑有序則上下和今陛下旣巳立后愼夫人迺妾妾主豈

可同坐哉且陛下幸之則厚賜之陛下所以爲愼夫人適所以禍之也獨不見人豕乎戚夫人也帝乃說說讀曰悅入語愼夫人愼夫人賜盎金五十斤

賈誼爲梁王太傅上疏曰人主之尊譬如堂羣臣如陛陛九級則堂高七級則堂卑夫梁王嘗在貴寵之位矣天子改容而禮貌之吏民嘗俯伏以敬畏之今有過廢之可也賜之死可也若夫束縛之係緤之司寇小史詈罵而榜笞之殆非所以令衆庶見也是時丞相絳侯周勃免就國人有告勃謀反逮繫長安獄治卒亡事復爵邑故賈誼以此譏帝帝深納其言養

臣下有節是後大臣罪皆自殺不受刑至武帝復入獄自甯成始

張釋之爲謁者僕射從登虎圈文帝問上林尉禽獸簿十餘問尉不能對虎圈嗇夫從傍代對甚悉帝詔釋之拜嗇夫爲上林令釋之前曰陛下以嗇夫口辯而超遷之臣恐天下隨風靡爭口辯亡其實且下之化上疾於影響舉錯不可不察也帝曰善廼止不拜嗇夫

武帝爲竇太后置酒宣室使謁者引內董君董偃也東方朔陛戟殿下辟戟而前曰董偃有斬罪三安得入乎夫宣室者先帝之正處也非法度之政不得入焉帝曰善有詔止更置酒北宮引董君從東司馬門入東司馬門更名東交門賜朔黃金三十斤

宣帝時劉更生獻淮南枕中洪寶苑秘之方苑秘者言秘術之苑囿也令尚方著作事不驗更生坐論京兆尹張敞上疏諫曰願明主斥遠方士之虛語游心帝王之術太平庶幾可興也後尚方待詔皆罷

元帝幸甘泉郊泰畤禮畢因留射獵御史大夫薛廣德上書曰竊見關東困極人民流離陛下日撞亡秦之鍾聽鄭衛之樂臣誠悼之今士卒暴露從官勞倦願陛下亟反宮亟急也思與百姓同憂樂天下幸甚帝

卽日還

後漢光武嘗輕輿期門近出帝將出必與北地良家子期於殿門故曰期門衛尉姚期頓首車前曰臣聞古今之戒變生不意誠不願陛下微行數出帝爲之回輿而還

朱浮爲執金吾時帝以二千石長吏多不勝任時有纖微之過者必見斥罷交易紛擾百姓不寧浮上疏曰堯舜之盛猶加三考大漢之興亦累功效吏皆積久養老於官至名子孫因爲氏姓自是牧守易代頗簡

蔡茂爲廣漢太守雒陽令董宣舉糾雒陽公主光武始怒收宣既而赦之茂喜宣剛正欲令朝廷禁制貴

戚乃上書曰今者外戚驕逸賓客放濫宜勑有司按理姦罪使執平之吏永申其用以厭遠近不緝之情帝納之

明帝數幸廣成苑尚書僕射鍾離意以爲從禽廢政嘗當車陳諫盤樂遊田之事天子卽時還宮

章帝初承永平故事吏政尚嚴切尚書決事率近於重尚書陳寵以帝新卽位宜改前世苛俗乃上疏諫帝敬納寵言

建初元年大旱穀貴蘭臺校書楊終以爲廣陵楚淮南濟南之獄徙者萬數又遠屯絕域吏民怨曠乃上

疏盡諫帝下其章司空第五倫亦同終議帝從之聽還徙者悉罷邊屯

和帝時唐羌爲臨武長縣接南海獻龍眼荔枝十里一置五里一堠奔騰阻死者繼路羌乃上書諫帝下詔曰遠國珍羞本以薦奉宗廟苟有傷害豈愛民之本其勑大官勿復受獻繇是遂省焉

順帝欲立皇后而貴人有寵者四人莫知所建議欲探籌以神定選尚書僕射胡廣與尚書郭虔史敞上疏諫曰恃神任筮未必當賢就值其人猶非德選宜參良家簡求有德帝從之以梁貴人良家子定立爲皇后

永建三年大旱尚書僕射黄瓊上疏曰昔魯僖遇旱以六事自讓躬節儉閉女謁放讒佞者十三人誅稅民受貨者九人退舍南郊天立大雨今亦宜顧省政事有所損闕務存節儉以易民聽尚方御府息除煩費明勑近臣使遵法度如有不務示以好惡數見公卿引納儒士訪以政化使陳得失又囚徒尚積多致死亡亦足以感傷和氣招降災旱若改敝從善擇用嘉謀則灾消福至矣書奏引見陽德殿使中常侍以瓊奏書屬主者施行

桓帝欲廣開鴻池侍中趙典諫曰鴻池汎溉已且百頃猶復增而深之非所以崇唐虞之約已遵孝文之愛人也帝納其言而止

靈帝時市賈小民爲宣陵孝子者數十人悉除爲郎中太子舍人議郎蔡邕上封事曰太子官屬宜搜選令德豈有但取丘墓凶醜之人其爲不祥莫與大焉書奏詔宣陵孝子爲舍人者悉改爲丞尉焉

光和二年上祿長和海上言禮從祖兄弟別居異財恩義已輕服屬疎末而今黨人錮及五族旣乖典訓之文有謬經常之法帝覽而悟之黨錮自從祖已下

皆得解釋

魏文帝時侍中蘇則從行獵槎桎拔失鹿帝大怒踞胡牀拔刀悉收督吏將斬之則稽首曰臣聞古之聖王不以禽獸害人今陛下方隆堯舜之化而以獵戲多殺群吏愚臣以爲不可敢以死請帝曰卿直臣也遂皆赦之

王朗爲司空文帝頻出遊獵或昏夜還宮朗上疏諫帝報曰覽表雖魏絳稱虞箴以諷晉悼相如陳猛獸以戒漢武未足以喻方今二寇未殄將帥遠征故時入原野以習戎備至於夜還之戒已詔有司施行

辛毗爲侍中文帝欲徙冀州士家十萬戶實河南時連蝗民饑羣司以爲不可而帝意甚盛毗與羣臣俱求見帝知其欲諫作色以見之皆莫敢言毗曰今徙既失民心又無以食也帝遂徙其半嘗從帝射雉帝曰射雉樂哉毗曰於陛下甚樂而於羣下甚苦帝默然遂爲之希出

明帝欲平北芒令於其上作臺觀則見孟津辛毗諫帝乃止王肅爲散騎常侍太和四年大司馬曹眞征蜀肅上疏諫於是遂罷

高柔爲廷尉明帝時大興殿舍百姓勞役廣采衆女充盈後宮後宮皇子連夭繼嗣未育柔上疏諫帝報曰知卿忠允乃心王室輒克昌言他復以聞

蔣濟爲護軍將軍景初中外勤征役內務宮室怨曠者多而年穀饑儉濟上疏諫詔曰微護軍吾弗聞斯言也

楊阜爲將作大匠帝既新作許宮又營雒陽宮殿觀閣發美女以充後庭數出入弋獵秋大雨震電多殺鳥雀阜上疏諫詔報曰閒得密表先陳往古明王聖主以諷闇政切至之辭欵誠篤實退思補過將順規寃備至悉矣覽思苦言吾甚嘉之

徐宣爲左僕射時上方令坐猥見考竟宣上疏諫咸刑太過又諫作宮殿窮盡民力帝皆手詔嘉納

晉元帝性簡儉冲素容納直言虛巳待物初鎮江東頗以酒廢事王導深以爲言帝命酌引觴覆之於此遂絕

周嵩爲御史中丞帝以王敦勢盛漸疏忌王導等嵩上疏曰王導王廙忠素竭誠義以奉上共隆洪基翼成大業而一旦聽孤臣之言惑疑似之說乃更以危爲安以疎易新放逐舊德以佞伍賢遠虧既往之明顧傷伊管之交傾巍巍之望喪如山之功疏奏帝感

悟故導等獲全
穆帝將脩後池起閣道吏部郎長兼侍中江逌上疏
諫帝嘉其言而止
哀帝以天文失度欲依尚書洪範之制於太極前殿
親執虔肅與以免咎使太常集博士草其制太常江
逌上疏諫又陳古義帝乃止
後魏獻文時詔諸監臨之官所監治受羊一口酒一
斛者罪至大辟與者以坐論糾告得尚書巳下罪狀
者各隨所糾官輕重而授之雍州刺史張白澤上疏
諫曰臣恐姦人窺望忠臣懈節而欲使事靜民安治

清務簡至於委任責成不一難辦帝納之
陸馛爲選部尚書獻文將禪位於京兆王子推任城
王雲太尉源賀竝皆固諫馛抗言曰皇太子四海屬
望不可横議臣請刎頸殿庭有死無二久之帝意乃
解詔曰馛直臣也其能保吾子乎遂以馛爲太保與
源賀持節奉皇帝璽綬傳位於孝文
孝文時崔挺爲光州刺史時以犯罪配邊者多有逃
越遂立重制一人犯罪逋亡合門充役挺上書以爲
周書父子罪不相及天下善人少惡人多以一人犯
罪延及合門司馬牛受桓魋之罰柳下惠嬰盜跖之
誅豈不哀哉辭甚雅切帝納之
高道悅孝文時爲諫議大夫兼御史中尉留守雒京
時宮極初基廟庫未構孝文車駕將從水路幸鄴巳
詔都水廻營構之材以造舟楫道悅表諫於是帝遂
從陸路
太和十七年九月帝南伐詔六軍發軫丁丑戎服執
鞭御馬而出羣臣稽顙於馬前請停南伐帝乃止仍
定遷都之計初甄琛爲諫議大夫時有所陳亦帝所
知賞
後周閔帝元年五月帝欲觀魚於昆明池博士姜須

諫乃止武帝時李禮成爲遷州刺史朝廷有所徵發
禮成度蠻夷不可擾擾必爲亂上表固諫帝從之又
樂運爲露門學士前後頻屢諫多被嘉納
隋文帝開皇中蘇威與高熲參掌朝政威見宮中以
銀爲幔鉤因盛陳節儉之美以諭帝帝爲之改容雕
飾舊物悉命除毀
長孫平開皇中爲工部尚書時有人告大都督邴紹
非毀朝廷爲憒憒者帝怒將斬之平進諫曰邴紹之
言不應聞奏陛下又復誅之臣恐百代之後有虧聖
德於是赦紹因勑羣臣誹謗之罪勿復以聞

唐高祖武德元年孫伏伽詣闕以三事上諫帝大悅時軍國多事賦斂繁重伏伽屢奏請改革舊政帝並納之因謂裴寂曰隋末無道上下相蒙主則驕矜臣唯諂佞上不聞過下不盡忠至使社稷傾危身死匹夫之手朕撥亂反正念在安人平亂任武臣官方委文吏庶得各展器能以裨不逮比每虛心接待冀聞讜言然唯李綱善盡忠款伏伽可謂誠直餘人猶踵弊風俛首而已豈朕所望哉

褚亮爲秦王文學帝以寇亂漸平每冬畋狩亮抗表諫疏奏帝納之

太宗即位初務止姦慝風聞諸曹按典多有受賂乃遣左右試以財遺之有司門令史受餽絹一匹太宗怒將殺之尚書裴矩進諫曰此人受賂誠宜重誅但陛下以物試之即行極法謂陷其入罪恐非道德齊禮之義也帝納之因詔文武五品以下謂曰朕欲殺之非是有偏憎惡直欲懲肅望不更犯耳裴矩遂能廷折不肯面從每事如此天下何憂不治帝嘗欲行幸屬收穫未畢櫟陽縣丞劉仁軌上表切諫深被嘉納超授新安令

貞觀三年二月帝謂孫伏伽曰卿累上封事言朕得失皆中朕之病而卿有忠言必聞朕復聞過而能改何慮社稷之不安也伏伽辭謝焉

四年六月帝發卒脩雒陽宮以備巡狩給事中張玄素上書諫曰每承音旨未即巡幸此則事不急之務成虛費之勞國無兼年之積何用兩都之好勞役過度怨讟將起此其不可也帝覽之大悅謂房玄齡曰雒陽中土朝貢道均朕故欲脩營意在便於百姓今玄素上表實亦可依後必事理須行露坐亦復何苦所有作役宜即停之

五年十月帝將逐兎於內苑左領軍將軍執失思力

諫曰天授陛下爲華夷父母何過自輕儻使萬一馬有蹶蹶將若之何帝顧而異之又將逐鹿思力乃脫巾帶跪而固請帝爲之止焉

十年褚遂良爲諫議大夫時皇子年幼者多任都督刺史遂良上疏諫曰臣愚見陛下兒孫內年齒尚幼未堪臨人者且留京師教以經學一則畏天之威不敢犯禁二則觀見朝儀自然成立因此積習自知爲人審堪臨州然後遣出帝深納之遂良前後諫奏及陳便宜書數十上多見采納

十一年七月魏徵上疏言爲國之基必資德禮君之

所保唯在誠信又云貞觀之始乃聞善若驚暨五六年間猶悦以從諫自兹厥後漸惡直言雖或勉强時有所容非復曩時之豁如也帝手詔荅曰省頻抗表誠極忠欵言窮切至披覽忘倦每達宵分非公體國情深匪躬義重豈能示以良圖救其不及朕在衡門尚惟童幼未漸師保之訓罕聞先達之言朕値隋祚分離萬邦塗炭慘慘黔黎庇身無所朕自二九之年有懷拯溺發憤投袂便事干戈蒙犯霜露東西征伐日不暇給居無寧歲降蒼昊之靈禀廟堂之畧義旗所指觸向平夷弱水流沙並通輶軒之使被髮左衽

化爲冠蓋之域正朔所班無遠弗屆恭承寶曆寅奉帝圖垂拱無爲氛埃靜息於兹十有一載矣蓋股肱罄帷幄之謀爪牙竭熊羆之力協德同心以致於此豈其寡薄獨享斯休每以大寶神器憂責至重嘗懼萬機多曠四聰不達何嘗不戰戰兢兢坐以待旦詢於公卿以至芻蕘推以赤心庶幾刑措但頃年以來禍釁既極又鈌嘉偶荼毒未幾悲傷繼及凡在生靈孰勝哀痛歳序屢遷觸目摧感自爾以來心慮恍惚當食忘味中宵廢寢是以三思萬慮或失毫釐刑賞之乖寔繇於此昔者徇齊叡知資風牧以致隆平翼善欽明賴稷契以康至道然後文德武功載勒於鍾石淳風至德永傳於竹素克播鴻名永爲稱首朕以虛薄名慙漢代若不伏任舟檝豈能濟彼巨川非籍鹽梅安得調夫鼎味朕聞晉武帝自平吳以後務在驕奢不復留心治政何曾退朝謂其子劭曰吾每見主上不論經國遠圖但説平生常語此非貽厥子孫者也爾身猶可以免指諸孫曰此等必遇亂及孫綏果爲淫刑所戮前史美之以爲明於先見朕意不然謂曾之不忠其罪大矣夫爲人臣當進思竭誠退思補過將順其美規救其惡所以爲治也曾位極台司

名器隆重當直詞正諫論道佐時今乃退有後言進無廷諫以爲明智不亦謬乎顛而不扶安用彼相公之所諫朕聞過矣當置之几案事等絃韋必望收彼桑榆期之歳暮不亦康哉良哉獨慙於往日若魚若水遂爽於當今遲復嘉謀犯而無隱朕將虛衿靖志敬佇德音

八月甲子帝謂長孫無忌曰比來上封事人皆謂朕遊獵過多朕謂海内既安邊表無事不能不出入園苑時復射獵一事不干百姓計亦何苦特進魏徵奏曰古者立誹謗之木欲聞已過今之封事誹木之流

也陛下旣遣上封思聞得失凡所有事只得恣其陳道若所言忠則有益於陛下若不忠亦無損於國家帝曰此言是也並勞而遣之

十八年劉洎遷侍中帝謂侍臣曰夫人臣之對帝王多順旨而不逆甘言以取容朕今發問欲聞己過卿等須言朕愆失長孫無忌李勣楊師道等咸云陛下聖化致太平臣等不見其失劉洎對曰陛下化高萬古誠如無忌等言然頃上書人不稱旨者或面加窮詰無不慙退恐非奬進言者之路帝曰卿言是也當爲卿改之時太宗每與公卿言及古今必詰難往復

洎上書諫御筆爲飛白答之曰非慮無以臨下非言無以述慮比有談論遂致煩多輕物驕人恐繇茲道形神心氣非此爲勞今聞讜言虛懷以攺

高宗永徽二年八月左武候引駕盧文操踰垣盜左藏庫物帝以引駕職在糾繩身行盜竊命有司誅之諫議大夫蕭鈞進曰文操所犯情實難原然於嘗法罪不至死今致之極刑將恐天下聞之咸謂陛下輕法律賤人命任喜怒貴財物帝納之謂鈞曰卿職在司諫遂能盡規特爲卿免其死罪因顧侍臣曰此乃眞諫議也

五年八月庚申太常樂工宋四通并給使王遊道長吉等入監內教因爲宮人通傳消息帝特令處死仍遣附律諫議大夫蕭鈞奏曰四通等所犯在未附律前不合至死帝曰朕聞防禍未萌先賢所重宮闈之禁其可漸歟昔如姬竊符朕用爲永監不謂今茲自彰其過但朕翹心紫禁思覿引裾側目朱欄冀旌折檻今喜得蕭鈞之言特免四通等死配流遠處

咸亨初令突厥酋長子弟事東宮西臺舍人徐齊聃上疏切諫帝皆納其言

永隆二年正月王公已下及朝集使以太子初立獻

食敕於宣政殿會百官及命婦太常博士袁利貞上疏曰臣以爲前殿正寢非命婦宴會之處象闕路門非倡優進御之所望請命婦會於別處帝從之攺向麟德殿陳設

蘇良嗣爲荊州都督府長史帝嘗令宦官緣江採異竹將於苑中植之使者科舟載竹所在縱暴還過荊州良嗣因之因上疏切諫帝謂天后曰吾約束不嚴果爲良嗣所怪遽下手詔慰諭良嗣且令棄竹於江中

玄宗先天二年正月望胡僧婆陀請夜開門然百千

燈太上皇御延熹門觀樂凡經四日又追作先天元年大酺太上皇御安福門樓觀百司酺宴以夜繼晝經月餘日右拾遺嚴挺之上疏諫陳五不可帝納其言而止

開元二年十二月右威衛中郎將周慶立爲嶺南市舶使與波斯僧廣造奇巧將以進內監選使殿中侍御史柳澤上書諫帝嘉納之

肅宗乾元中蘇源明爲考功郎中知制誥時將幸東京又以殿中監李輔國爲行營兵馬使以御史大夫賀蘭進明爲中京留守時公卿皆獻書進諫帝以制

命已行不納源明及給舍等上言諫帝省表遂不東幸

代宗大曆中姚南仲爲右補闕時將葬貞懿皇后帝恩寵所屬全籍陵寢邇章敬寺復當遊幸近地左右莫敢言者南仲上疏諫帝覽表歎息立從其議

德宗建中初將厚奉山陵事中書舍人令狐恒上疏極諫詔答曰朕頃議山陵心方迷謬忘遵先旨遂有優厚之文卿聞見該通識達弘遠深知不可切以爲言引古援今依經據禮非特中朕之病兼以成朕之身令所以令朕免不子之名不遺君親於患者皆卿之力也敢不聞義而徙收之桑榆奉以始終期無失墜嗟乎古之遺直何以加卿

貞元元年正月量移吉州長史盧杞爲饒州刺史給事中袁高執詔書不下又廷諍之乃止太子少保韋倫太府卿張獻恭於紫宸殿前奏高所奏至當臣恐煩聖聽不敢縷陳其事獻恭奏曰袁高是陛下一良臣望特加優異帝謂宰臣李勉等曰朕欲授杞一小州刺史可乎勉曰陛下授大州亦可其如兆庶失望何帝曰衆人奏杞姦邪朕何不知之勉曰盧杞姦邪天下之人皆知之唯陛下不知此所以爲姦邪也帝

默然良久左常侍李泌復對見帝曰盧杞之事朕已可袁高奏何如泌奏曰累日外人竊議以陛下同漢之桓靈臣今親承聖旨迺知堯舜之不逮也帝悅慰勉之

憲宗元和五年翰林學士司勳郎中知制誥李絳面論吐突承璀用兵無功合加顯責又承璀於軍中立聖政碑非舊制不可許帝初甚怒色變絳前語不已辭旨懇切因泣下上徐察其意直色稍和卒大開悟遂以絳爲中書舍人學士如前亟命軍中曳去所立碑曰微絳言不知此爲損我翼日又面賜絳紫衣金

魚親爲絳擇良㓒勉之日爾他時在南面無易此心絳爲相時教坊忽稱密旨取良家士女及衣冠别第妓人京師囂然絳謂同列日此事大虧損聖德須有論諫或日此皆欲閒事從諫官上䟽絳日居嘗相公嘗病諫官不論事此難事卽推與諫官可乎遂極䟽論奏翼日延英帝舉手謂絳日昨見卿狀所論採擇事非卿盡忠於朕何以及此朕都不知向外此是教坊罪過不諭朕意以至於此朕緣丹王巳下四人院中都無侍者朕令於樂工中及閭里有情願者厚其錢帛只取四人四王各與一人伊不會朕意便至如

此朕今巳科罰其所取人竝放歸若非卿言朕寧知過失

六年永昌公主甍欲起祠堂宰臣李吉甫奏請置墓戶翼日帝謂吉甫日卿昨所奏罷祠堂深愜朕心朕初疑其冗費緣未知故實是以量減及覽所奏方知無據然朕不欲破二三十戶百姓當擇官戶謹信者委之吉甫等拜賀帝日此豈是難事有關朕身不便於時者苟聞之則改此豈足多邪卿但切思規正無謂朕不能行也

九年十二月釋下邽縣令裴寰之罪仍放本縣視事初每歲冬以鷹犬出近畿習狩謂之外按宣徽院供奉官爲其使令徒衆數百或有恃恩恣横郡邑懼擾皆厚禮迎犒之恣其所便止舍私邸百姓畏之如冠盜每留旬月方更其所是年冬行次下邽寰嫉其暴但據文供饋使處公館杜其侵擾使者歸或譖寰有慢言帝大怒將以不敬論宰臣武元衡等於延英懇救理之帝怒不解及出逢御史中丞裴度將入元衡等謂日裴寰事帝意不問恐不可論度唯唯而入抗陳其事謂寰無罪帝愈怒日卿言裴寰無罪則當決五坊小使小使無罪則當決裴寰度日誠如聖旨但

以裴寰爲令長愛惜陛下百姓如此豈可罪之帝怒稍解初令書罰翼日釋之

十四年四月命中官五人爲京西和糴使諫議大夫鄭覃右補闕高鉞等同以䟽論帝覽之卽日罷其使

穆宗以元和十五年正月卽位二月丁亥監察御史楊虞卿以帝頻出盤遊上䟽切諫䟽奏帝令中使宣付宰臣云虞卿所上䟽切直可獎後宰臣令狐楚蕭俛段文昌延英奏事因以納諫爲賀

十月羣臣入閤旣退諫議大夫鄭覃崔偃補闕辛丘度拾遺韋瓘温會等廷論得失覃進言日陛下卽位

以來宴樂過多畋遊無度今蕃寇在境緩急奏報不知乘輿所在臣等忝備諫列不勝憂迫伏願稍減遊樂留心政道又竊聞陛下晨夜暱狎倡優近習之徒賞賜過厚凡金銀貨幣皆出於蒼生膏血不可使無功之人濫沾賜與縱內藏有餘亦乞陛下恭守節儉勿容易而散如四方有事得以支用免令有司重斂百姓實天下之幸帝初訝之顧宰臣蕭俛曰此輩何人俛進曰諫議大夫鄭覃等帝意稍解謂俛等曰朕有過失臣下能犯顏直諫豈非忠也又謂覃等曰允卿所奏宰臣皆蹈舞稱賀既退宰臣復詣延英奏事

帝令宣示覃等曰閣中奏事殊不從容今日已後有事須面論者可於延英請對當與卿等從容講論時久無論諫於內閣者覃等既諍帝欣然納之中外相賀

十一月行幸溫湯李絳崔元畧等切諫辛酉命宰臣召李絳崔元畧等至中書宣旨曰朕緣皇太后違和欲幸溫湯前者所以督行親自簡較卿等遂能極諫深所愧懷於是各以表謝

敬宗以長慶四年正月即位五月勑度支所進脩造殿宇木石一物以上並付山陵使收管仍令般送陵所便充造作帝富有春秋畋獵之暇好治宮室皆命爲別殿以新宴遊及庀藏事功用至廣宰相李程諫曰自古聖帝明王率資儉德以化天下況諒陰之內豈宜興作願陛下悉以見在瓦木及工役之費迴奉陵寢因有是詔程兼請置侍講學士帝皆嘉納

十二月以翰林學士戶部郎中高鉞爲中書舍人充職謝恩於思政殿因諫帝以求理莫若躬親用示憂勤之旨也帝深納其言

寶曆元年二月浙西觀察使李德裕獻丹扆箴帝雖不能盡用德裕之言而特命翰林學士韋處厚殷勤

草詔還答亦可謂奬善納忠至矣又嘗欲東幸宰相及諸大臣等無不切諫而帝意益堅嘗正色謂宰臣曰朕去意已定其從官宮人等悉令內備糗糧必不擾百姓宰臣李逢吉等頓首答言陛下貴爲天子富有四海天下一家何往不可況東都千里而近宮闕具存巡狩遊幸固有常典但陛下法駕一動事須備儀千乘萬騎不可減省縱不令費用絕廣亦須使豐儉合宜豈得自備糗糧以失大體臣等所以爲不可者祇以干戈未甚戢邊鄙未甚寧切恐人心搖動伏乞陛下上爲宗廟下爲庶人稍迴聖慮則天下幸甚

非唯臣等幸甚帝不聽乃命度支員外郎盧貞簡討人情大擾雒中居第及物價頓貴數倍百執事相繼獻疏亦竝不省朝廷方憂恐之次裴度自興元入相因別對具奏云國家建立都邑蓋備巡遊然自艱難以來此事遂絕東都宮闕及六軍營壘百司廨宇悉已荒廢陛下必欲行幸亦須緩緩脩葺一年半歲後方可議行目下交恐無素帝曰羣臣皆云不合去若以卿言即不去亦得何止後期旋又朱克融史憲誠各請以丁匠五千人助脩東都宰臣因之復得論陳乃追貞還而罷行計

文宗太和元年四月丙辰宰臣等於延英既出再召韋處厚獨對一刻餘時宰臣啓事得請之後往往中變是日處厚與裴度竇易直同對既而從容獨進曰陛下用臣等爲宰相使參大政前後論奏皆蒙聽納近日雖云不阻然臣等既退尋多改移事若出自聖旨則是陛下示臣等以不信若與別人商量則臣等不合更居此位且裴度以元勳舊德歷相四朝孜孜竭誠人望所屬陛下固宜親重易直以忠厚長者輔佐先帝陛下亦嘗委付微臣是陛下首自選擢非因陳乞帝瞿然曰卿何事邪卿何事邪朕知卿合作宰相一昨內難既定朕以人望所屬用卿不疑軍國事多方所倚賴今卿辭免是彰朕之不德朝廷四方其謂朕何慰勉久之而退既出延英門遽命中人復召處厚獨入咨訪移晷開陳理體者數百言其要以在別淑慝脩舉法制爲請因復懇言裴度勳大望崇且其心忠藎可以久於任使帝欣納焉

九年御史中丞李孝本以罪誅帝取其二女以入右拾遺魏謩上疏切諫帝立出二女以謩爲右補闕

開成元年正月以叙州司戸參軍董昌齡爲硤州刺史昌齡前在邕南以殺衛方厚待罪無何復命右拾

遺魏謩上疏曰臣聞王者渙汗之恩凡罪寬宥唯故殺人者死乃王者不易之典也其董昌齡比者錄以微効任之方隅不能祇愼寵光恣其狂暴無辜殺戮事跡顯彰妻孥銜冤萬里來訴伏蒙陛下膚聖慈憫念其狂横特令鞫劾尋得貰原尚以微績曲全性命中外言議竊爲未當今授之牧守以理疲人則殺人者遭拔擢冤苦者何申訴此則法理所忝交爲不可臣忝備諫列不敢不言況陛下愼恤刑獄朔望循省慮有冤濫以及生人儻事理稍乖則傷聖化今茲寵授物議譁然伏乞陛下速回成命以警列士則天下

幸甚疏奏數日昌齡復改爲洪州別駕二月辛未宰臣又奏諫官所論董昌齡不合爲郡守陛下遽卽聽從臣下無不感説

九月壬辰以左驍衛將軍兼揚州大都督府司馬雲朝霞爲潤州司馬依前教坊副使朝霞以善吹笛進帝爲新聲雅樂朝霞能承意變聲頗符帝旨繇是有寵初授揚州司馬諫官上言曰此官品第尚書郎刺史皆爲之非樂工所宜處也疏奏之後帝於延英又稱朝霞之能宰臣召諫官諭以帝旨於是右補闕魏謩入疏再論浹旬後降授此官

三年八月壬寅帝御紫宸殿百寮班定左拾遺竇洵直奏云仙韶樂官尉遲璋不合授三府率臣已兩狀未蒙允許樂官自有本分官不合輙更侵清秩帝謂宰臣曰此事至小不必當衙論之李珏宣云續有處分洵直不退再宣乃拜舞而退帝又曰洵直所論如何鄭覃曰三府率是六品雜官今若謂之清秩此爲近名楊嗣復曰夫聞洵直之論一樂官則有之亦不足怪陳夷行曰諫官當衙只合論宰相得失不合論樂官然臣以爲向外聞諫官當衙論事須與處置今請樂官七八年一度與官不然更與一二數手力帝日別與一官遂除光州長史

十一月庚午帝於麟德殿召翰林學士柳公權丁居晦對因便授居晦御史中丞翼日制下是日帝問公權向外人情所論如何公權奏曰昨陛下除郭旼爲邠寧節度使向外人情頗生異論帝曰郭旼是尚父之姪太皇太后之叔在官無過犯自執金吾與小鎮有何議論公權奏曰陛下數日前取郭旼二女入內有之乎帝曰然入參太后公權曰外議云郭旼二女有殊色故令入侍遂領藩方不言郭旼有他能而蒙聖獎帝俛首良久謂公權曰爲之柰何公權曰昔盧

江王妃入侍太宗王珪切諫太宗遂還其本家今陛下若令自南內遂歸郭旼之家內外必信非陛下所納郭旼之女授邠寧自無異論是日太皇太后遣南宮留后張華送郭旼二女歸其家各與錦綵五十匹

武宗會昌二年十一月涇陽較獵白鹿原諫議大夫高少逸鄭朗等於閤內論陛下較獵太頻出城稍遠萬機廢弛晨出夜歸方用兵師且宜停止帝優勞之諫官出謂宰臣曰諫官甚要朕時聞其言庶幾減過

宣宗大中十一年正月車駕將幸華清宮兩省官進狀論奏詔曰朕以驪山近宮貞聖廟貌未嘗脩謁自

謂闕然今屬陽和氣清中外事簡聽政之暇或議一
行蓋崇禮敬之心非以盤遊爲事雖申初會兼慮勞
人卿等職備禁闈志勤奉上援經據古列狀獻章載
陳懇至之辭深睹盡忠之節已允來請所奏咸知
九月右補闕陳嘏左拾遺王譜右拾遺薛廷傑上疏
諫遣中使往羅浮山迎軒轅先生詔曰朕以萬機事
繁躬訪庶務聞羅浮山處士軒轅集善能攝生年齡
亦壽乃遣使迎之或冀有少保理也朕每覽前史見
秦皇漢武爲方士所惑嘗以之爲誡卿等位當論列
職在諫司閱示來章深納誠意乃謂崔愼繇曰爲吾

言於諫官雖少君欒大復生不能相惑如聞軒轅生
高士欲與之一言耳
後唐莊宗天祐十三年冬李存審破楊劉進營麻家
口爲都營使築壘以拒汴人時帝勇於接戰每以輕
騎當賊遇窘數四存審凌旦度其必出叩馬泣諫曰
王將復唐宗社宜爲天下自愛搴旗挑戰一夫之任
無益聖德請責効於臣昔耿弇不以賊遺君父臣雖
不武敢不代君之憂帝卽時廻駕
同光三年閏十二月兩省諫官上疏請車駕不巡幸
汴州批答曰忽披諫疏深沃朕心非因讜直以上聞
豈致焦勞之外遠卿以餽運不繼軍食有虧在京則
廩食闕如支計則供頓莫備卿等若別陳意見動叶
機宜儻得稍濟軍儲不移警蹕卽當傍詢衆懇盡述
良籌佇聞敷敭浣于宵旰戊申諫官上疏請不巡幸
汴州批答曰朕以四海雖寧五兵不可不訓聚之王
室務壯神京其如人頻饑饉馬資藁秸飛輓勤勞於
四遠經謀全繫于有司近以水潦爲灾賦租失額欲
巡方岳貴便兵民卿等細察輿情備陳忠懇慮沸騰
於物議俾鎭靜於宸居載覽封章深誠嘉畫時諫官
言天子有四海之富何慮闕供當須節儉省費以濟

六軍自古及今未有鑾輿就食今吳揚未滅示其虛
實轉益竞驕三疏乃允
明宗長興二年十月北京地震左補闕李祥上疏曰
臣聞北京地震日數稍多臣曾覽國書見開元中秦
州地震尋差官宣慰又降使致祭山川所損之家委
隨事制置陛下中興唐祚起自晉陽地旣數震合思
天誡臣思天意慮陛下忘搠業艱難之時有功成矜
滿之意欲陛下有始有卒兢兢業業也望委親賢往
彼宣慰問其疾苦俾議蠲除詔曰地道安靜以動爲
異前文備載歷代不無因有灾祥深加儆戒朕自登

九五每念生靈樂聞忠正之言惡見驕奢之事歲稍豐稔中外和同近聞河南數數地動駭彼羣聽深軫于衷李祥居諫諍之官抱讜直之氣懇陳正道特上封章恐朕忘刱業艱難之時有功成矜滿之意不唯舉職備見爲時況朕守聽政之勤如踐祚之始嘗持翼翼不忘兢兢今更體李祥之言以前代爲鑒理不忘亂安不忘危臣下須進思盡忠退思補過日愼一日有始有終如此則何休祥之不臻何咎徵之不泯唯并州之地乃豐沛之鄕已命親賢往分憂寄必資愼靜專務葺綏刑獄之間不得令有寃滯凢關利濟

并許奏聞事有不便於民皆須止絕其北京山川之神仍宜差官專往祭禱朝廷靜可以惠四海侯伯靜可以福一方巽安比屋之人以鎮興王之地先是太原地震留守啓奏人不之知無敢言者及祥有是奏帝甚嘉之賜祥四品章服

晉高宗天福二年詔脩西京大内諫議大夫薛融以鄕下用兵國用不足上疏請罷之優詔嘉許

周世宗顯德三年世宗親征淮南四月丁亥車駕發自濠州廻幸渦口是時鋭於攻取意欲親幸揚州宰臣范質等以師老泣諫乃止

冊府元龜

巡按福建監察御史臣李嗣京訂正
知長樂縣事臣夏允彝參閱
知建陽縣事臣黄國琦較釋

帝王部一百二

招諫

尚書述帝舜之言曰予違汝弼汝無面從退有後言成王稽首周公以求教誨穆王申命伯冏責其正己斯皆古先哲王勞謙寅畏詢謀補察之美也若夫弁冕端委蔽旒塞纊中堂有千里之阻神龍有逆鱗之戚苟非屈己以詳延虚懷以聽納則下之壅遏不聞而上之滿假自用矣是以二帝三王之世莫不樹誹謗之木設敢諫之鼓植進善之旌立記過之史乃至公卿列士皆獻詩以諷瞽史矇瞍有書箴賦誦之職百工執藝庶人傳語使下情盡達衆志咸竭然後斟酌而取舍焉故朝政無闕王度以貞德音享於人神欽明格於上下矣而歷代以還或因三光之譴見水旱之作洊憂勞戒懼諮求讜議斯亦聖哲之嘗道也若乃訪采惟勤聽受斯鬱命令徒繫於方策骨鯁蔑聞於登進先民有言曰應天以實不以文動人以行不以言亦奚益於治體矣

夏禹以五音聽治（五音宮商角徵羽）懸鐘鼓磬鐸置鞀以待四方之士爲號曰教寡人以道者擊鼓（道和陰陽鼓音故擊之）諭寡人以義者擊鐘（鐘金也義取斷諭故擊鐘）告寡人以事者振鐸（鐸鈴金口木舌合爲音聲告事非一品故振之也）語寡人以憂者擊磬（磬石也聲急憂亦急務故擊磬也）有獄訟者搖鞀（獄訟一辨於事故取小鞀搖之）

漢文帝二年十一月晦日有食之詔曰天下治亂在予一人惟二三執政猶吾股肱也朕下不能治育羣生上以累三光之明其不德大矣令至其悉思朕之過失及知見之所不及匄以啟告朕（匄音蓋乞也言以過失開告朕躬是則於朕爲恩惠也）及舉賢良方正能直言極諫者以匡朕之不逮

五月詔曰古之治天下朝有進善之旌（旌幡也堯設之五達之道民欲有進善者立於旌下言之）誹謗之木（堯作之橋梁邊板所以書政治之愆失也至秦去之）所以通治道而來諫者也今法有誹謗訞言之罪（訞與妖同）是使衆臣不敢盡情而上無繇聞過失也將何以來遠方之賢良其除之其後賈山上書言除鑄錢令非是又訟淮南王無大罪等事其言多激切善指事意然終不加罰所以廣諫諍之路也

後元年三月詔曰間者數年比不登（比猶頻也）又有水旱

疾疫之災朕甚憂之愚而不明未達其咎意者朕之政有所失而行有過與（與讀曰歟下同）乃天道有不順地利或不得人事多失和鬼神廢不享與何以致此將百官之奉養或費無用之事或多與何其民食之寡乏也夫度田非益寡而計民未加益（度謂量計之以口音徒各反）量地其於古猶有餘而食之甚不足者其咎安在無乃百姓之從事於末以害農者蕃（末謂工商之業也蕃蕃亦多也音扶元切）為酒醪以靡穀者多（醪汁酒滓也靡音糜散也）六畜之食焉者衆與細大之義吾未能得其中（中音竹仲切）其與丞相列侯吏二千石博士議之有可以佐百姓者率思遠意

無有所隱也

宣帝地節三年十月詔曰迺者九月壬申地震朕甚恐焉有能箴朕過失及賢良方正能直言極諫之士以補朕之不逮毋諱有司（諱避也雖有司在顯職皆言其過勿避之）

元帝初元二年二月戊午地震於隴西郡毀落太上皇殿廟壁木飾壞敗獂道縣城郭官寺及民室壓殺人衆（獂音桓屬天水凡府庭所在皆謂之寺）山摧地裂水泉涌出詔丞相御史中二千石舉茂才異等直言極諫之士

六月關東饑齊人相食七月詔曰歲比災害民有菜色（五穀不收人但食菜其顏色變惡）慘怛於心巳詔吏虛倉廩開府庫賑救賜寒者衣今秋禾麥頗傷一年中地再動北海水溢流殺人民陰陽不和其咎安在公卿將何以憂之其悉意陳朕過靡有所諱

三年六月詔曰蓋聞安民之道本繇陰陽（繇與繇同）間者陰陽錯謬風雨不時朕之不德庶幾羣公有敢言朕之過失今則不然媮合苟從未肯極言（媮與偷同）朕甚閔焉惟蒸庶之饑寒遠離父母妻子勞於非業之作衛於不居之宮（不急之事故云非業也）恐非所以佐陰陽之道也其罷甘泉建章宮衛令就農百官各省費條奏毋有所諱有司勉之毋犯四時之禁丞相御史舉天下明

陰陽災異者各三人於是言事者衆或進擢召見人人自以得帝意

永光三年十一月詔曰迺者巳丑地動中冬雨水大霧（中讀曰仲）盜賊並起吏何不以時禁各悉意對

四年六月甲戌孝宣園東闕災戊寅晦日有蝕之詔自今以來公卿大夫其勉思天戒慎身脩永以輔朕之不逮直言盡意無有所諱

成帝建始三年十二月戊申朔日有食之夜地震未央宮殿中詔公卿其各思朕之過失明白陳之

河平元年四月巳亥晦日有食之旣詔百寮陳朕過

失無有所諱

鴻嘉二年三月詔曰古之選賢傳納以言明試以功傳讀曰敷陳也令陳言而省納之乃試以事也故官無廢事下無逸民逸遁也教化流行風雨和時百穀用成衆庶咸以康寧朕承鴻業十有餘年數遭水旱疾疫之災黎民屢困於饑寒而望禮義之興豈不難哉朕既無率道道讀曰導帝王之道日以陵夷陵丘陵也夷平也言其頹替若丘陵之漸平也意乃招賢選士之路鬱滯而不通與將舉者未得其人也其舉敦厚有行義能直言者冀聞切言嘉謀以輔朕之不逮

永始四年六月詔曰迺者地震京師火災屢降朕甚

懼之有司其各悉心明對厥咎朕將親覽焉

元延元年七月有星孛於東井詔公卿大夫博士議郎其各悉心惟思變意明以經對無有所諱

哀帝元壽元年正月辛丑朔日有食之詔公卿大夫陳朕之過失無有所諱

平帝元始元年五月朔日有食之大赦天下公卿將軍中二千石舉敦厚能直言者各一人

後漢光武建武六年九月丙寅晦日有食之十月丁丑詔曰吾德薄不明寇賊爲害强弱相凌元元失所毛詩云日月告凶不用其行永念厥咎内疚於心其敕公卿舉賢良方正各一人百寮並上封事無有隱諱有司脩職務遵法度

七年三月癸亥晦日有食之帝避正殿寢兵不聽事五日詔百寮各上封事無有所諱其上書者不得言聖

明帝永平三年八月壬申晦日有食之詔言事者靡有所諱

八年十月壬寅晦日有食之既詔羣臣勉脩職事極言無諱於是在位者皆上封事各言得失帝覽章深自引咎

章帝以永平十八年八月卽位十一月甲辰晦日有食之於是避正殿寢兵不聽事五日詔有司各上封事

建初五年二月庚辰朔日有食之詔公卿以下舉直言極諫能指朕過失者各一人遣詣公車朕將親覽問焉

和帝永元七年四月辛亥日有食之帝引公卿問得失令將軍大夫御史謁者博士議郎郎官會庭中各言封事

安帝永初二年七月詔曰昔在帝王承天理民莫不

據旋璣玉衡以齊七政朕以不德遵奉大業而陰陽差越變異竝見萬民饑流羌貊叛戾夙夜克己憂心煢煢閒令公卿郡國舉賢良方正遠求博選開不諱之路冀得至謀以鑒不逮而所對皆循尚浮言無爾異聞其百寮及郡國吏人有道術明習灾異陰陽之度旋璣之數者各使指變以聞二千石長吏明以詔書博衍幽隱朕將親覽待以不次冀獲嘉謀以承天誡

建光元年十一月郡國三十五地震或拆裂詔三公巳下各上封事陳得失

順帝陽嘉二年四月巳亥京師地震五月詔羣公卿士各悉心直言厥咎靡有所諱

三年河南三府大旱詔書以尚書周舉才學優深特下策問曰朕以不德仰承三統夙興夜寢思協大中頃年巳來旱災屢應稼穡焦枯民食困乏五品不訓王澤未流羣司素飱據非其位審所貶黜變復之徵厥効何繇分別具對勿有所諱

永和元年正月乙卯詔曰朕秉政不明灾眚屢臻典籍所忌震食爲重今日變邊方地搖京師咎徵不虛必有所應羣公百僚其各上封事指陳得失靡有所諱

冲帝以建康元年八月卽位九月京師及太原鴈門地震三郡水涌土裂詔三公特進侯卿校尉舉賢良方正幽逸脩道之士各一人百僚皆上封事

桓帝建和元年正月辛亥日有食之詔三公九卿校尉各言得失

四月庚寅京師地震命列侯將大夫御史謁者千石六百石博士議郎郎官各上封事指陳得失

延熹五年五月乙亥京師地震詔公卿各上封事

靈帝建寧元年五月丁未朔日有食之詔公卿巳下

各上封事

二年四月大風雨雹詔公卿巳下各上封事

四年二月詔公卿至六百石各上封事

光和六年夏旱七月制書引咎誥羣臣各陳政要所當施行

魏太祖爲漢司空建安十一年令曰夫治世御衆建立輔弼誡在面從詩稱聽用我謀庶無大悔斯實君臣懇懇之求也吾充重任每懼失中頻年以來不聞嘉謀豈吾開延不勤之咎邪自今巳後諸掾屬治中別駕常以月旦各言其失吾將覽焉

文帝初爲魏王延康元年七月下令曰軒轅有明臺之議放勛有衢室之問皆所以廣詢於下也百官有司其務以職盡規諫將率陳軍法朝士明制度牧守申政事搢紳考六藝吾將兼覽焉率與帥同

齊王正始元年三月以歲旱詔令獄官亟平寃枉理出輕微羣公卿士讜言嘉謀各悉乃心

晉武帝泰始二年九月散騎常侍皇甫陶傅玄共掌諫職上疏言事詔曰二常侍懇懇於所論可謂乃心欲佐益時事者也而王者率以常制裁之豈得不使發憤耶二常侍所論或舉其大較而未備其條目亦

可便令作之然後主者八座廣共研精凡關言於人主人臣之所至難而人主若不能虛心聽納自古忠臣直士之所慷慨至使杜口結舌每念於此未嘗不嘆息也故前詔敢有直言勿有所拒庶幾得以發蒙補過獲保高位苟言有偏善情在忠益雖文辭有謬誤言語有得失皆當曠然恕之古人有不拒誹謗況皆善意在可采錄乎近者孔晁綦毋和皆按以輕慢之罪所以皆原欲使四海知區區之朝而無諱言之忌也

四年九月詔曰雖詔有所欲及奏得可而於事不便者皆不可隱情

五年七月延羣公詢讜言

八年二月帝與右將軍皇甫陶論事陶與帝爭言散騎常侍鄭徽表請罪之帝曰讜言謇諤所望於左右也人主常以阿媚爲患豈以爭臣爲損哉徽越職妄奏豈朕之意遂免徽官

太康七年正月甲寅朔日有食之乙卯詔曰比年災異屢發日蝕三朝地震山摧邦之不臧寔在朕躬公卿大臣各上封事具言其故勿有所諱

元帝太興元年六月初置諫鼓謗木

十一月雷震暴雨詔羣公卿士其各上封事具陳得失無有所諱將親覽焉

二年五月三吳大饑詔百官各上封事

十二月大赦詔百官各上封事

明帝太寧三年四月詔曰飡直言引亮正想羣賢達吾此懷矣予違汝弼堯舜之相君臣也吾雖虛闇庶不拒逆耳之談稷契之任君居之矣望共勗之

後魏明元永興四年四月宴羣臣於西宮使各獻直言

孝文延興元年九月詔在位及庶民直言極諫有利

民益治損政傷化悉心以聞
承明元年八月詔曰朕猥承前緒纂成洪烈思隆先
志緝熈政道羣公卿士其各勉厥心輔朕不逮諸有
便民利國者具狀以聞
十月詔曰朕纂承皇極紹臨萬方思闡遐風光被兆
庶使朝有不諱之音野無自蔽之響疇咨帝載詢及
芻蕘自今已後羣公卿士下及吏民各聽上書直言
極諫勿有所隱諸有便宜益治利民可以正風俗者
有司以聞朕將親覽三事大夫論其可否裁而用之
太和三年八月詔羣臣直言盡規靡有所諱

七年九月詔曰朕承祖宗夙夜惟懼然聽政之際猶
慮未周至於按文審獄思聞已過自今羣臣奏事當
獻可替否無或面從使朕之過彰於遠近
八年八月詔曰帝業至重非廣詢無以致治王務至
繁非博採無以興政先王知其如此故虛已以求過
明恕以思咎是以諫鼓置於堯世謗木立於舜庭用
能耳目四達庶績咸熈朕承累聖之洪基屬千載之
昌運每希遐風景行前式承明之初班下內外聽人
各盡規以補其闕中旨雖宣允稱者少故變時法遵
古典裁制俸祿改更刑書寬猛未允人或異議思言
者莫繇申情求見者無因自達固令上明不周下情
壅塞今制百辟卿士工商吏民各上便宜利民益治
損化傷政直言極諫勿有所隱務令辭無煩華理從
簡實朕親覽以知世事之要使言之者無罪聞之者
足以爲戒
九年二月詔曰昔之哲王莫不博採下情勤求箴諫
建設旌鼓詢納芻蕘朕班祿删刑慮不周允虛懷讜
直志獻洪猷百辟卿士及工商吏民其各上書極諫
靡有所隱
十一年六月詔曰春旱至今野無青草上天致譴寔

繇匪德百姓無辜將罹饑饉寤寐思求罔知所益公
卿內外股肱之臣謀猷所寄其極言無隱以救民瘼
宣武正始三年二月詔曰昔虞戒面從昌言屢進周
任諫輔王闕必箴朕仰贊鴻基伏膺寶曆思康庶績
一日萬機側望忠言虛求讜直而良策弗進規畫無
聞豈所謂弼諧元首救其不逮者乎可詔王公已下
其有嘉謀深圖直言忠諫利國便民矯時厲俗者咸
令指事陳奏無或依違
孝明神龜二年二月詔求直言諸有上書者聽密封
通奏

孝昌二年六月詔曰自運屬艱棘歷載於茲烽驛交馳旌鼓不息祖宗盛業危若綴旒社稷洪基殆將淪墜朕威德不能遐被經畧無以遠及俾令蒼生罹此塗炭何以苟安黃屋無愧黔黎今便避居正殿蔬飧素服當親自招募收集忠勇其有直言正諫之士敢決徇義之夫二十五日悉集華林東門人別引見共論得失班告內外咸使聞知

孝莊建義元年六月以寇難未夷避正殿責躬徹膳又班募格收集忠勇其有直言極諫之士敢決徇義之夫陳國家利害之謀赴君親臨難之節者集華林

園面論事

西魏文帝大統五年十月於陽武門外置懸鼓紙筆以求得失

十年正月詔公卿已下每月上封事三條極言得失刺史二千石銅墨以上有讜言嘉謀勿有所諱

後周明帝武成元年六月戊子大霖雨詔曰昔唐咨四嶽殷告六眚覩災興懼咸致時雍朕撫運膺圖作民父母弗敢怠荒以求民瘼而霖雨作沴害麥傷苗隤屋漂垣洎於昏墊諒朕不德蒼生何咎刑政所失罔識厥辜公卿大夫士爰及牧守黎庶等宜各上封事讜言極諫罔有所諱朕將覽察以答天譴

武帝保定三年四月詔百官及民上封事極言得失

建德元年四月詔百官軍民上封事極言得失

隋文帝開皇九年詔曰朕君臨區宇於斯九載開直言之路披不諱之心形於顏色勞於興寢自頃逞藝論功昌言乃衆推誠切諫其事甚疎公卿士庶非所望也各啟至誠補茲不逮見善必進有才必舉無或噤嘿退有後言布告天下咸悉此意

十一年五月癸卯詔百官悉詣朝堂上封事

唐高祖武德二年閏二月甲辰考群臣以李綱孫伏

伽為上第帝置酒高會奏九部樂於庭高祖謂裴寂日隋末無道上下相蒙主則驕矜臣唯諂佞上不聞過下不盡忠至使社稷傾危死於匹夫之手朕撥亂反正念在安民平亂任武臣官方委文吏庶得各展器能以輔不逮比每虛心接待冀聞讜言然唯李綱苦盡忠款孫伏伽可謂誠直餘人猶踵敝風俛首而已豈朕所望哉當以身為嬰兒方朕於慈父有懷必盡有意必申也

太宗貞觀元年正月謂侍臣曰正主任邪臣不能致治正臣事邪主不能致治唯君臣相遇有同魚水則

可得安天下也昔漢高祖田舍翁耳提三尺劍而定天下旣而規模弘遠流慶子孫此蓋任得賢人之所致也後世稱美不容於口朕雖不明闕於學問至夫大好大惡容或知之幸諸公數相諫正議大夫王珪對曰臣聞木從繩則正后從諫則聖古者天子必有諫臣七人言不用則相繼以死陛下開聖慮納芻蕘愚臣處不諱之朝實願罄其狂瞽太宗稱善自是中書門下及三品已上入内平章軍國必使諫官隨之欲其預聞政事有所開説太宗虛已以納之

十一月壬戌太宗謂侍臣曰隋帝性多猜忌上下情

不相達斯豈致治之理乎朕今推赤心以相付亦望公輩以直心相向縱有指尾滓切無憂逆忤

三年五月徐州蝗且旱六月詔曰豈賞罰不中任用失所將奢侈未革苞苴尚行者乎文武百辟宜各上封事極言朕過勿有所隱

四年二月以歲旱詔公卿極言得失勿有所隱

十一年七月以水災詔文武百寮各上封事極言朕過勿有所隱諸州官民有能明識治道方正直諫者竝宜薦達朕將親見其人問以得失

九月帝謂侍臣曰朕居九重之内藉左右爲耳目但舉事出入虧政害人必須矯正朕將思改之

十七年正月帝謂侍臣曰朕觀古先帝王何嘗不受正諫以興化拒忠言而亡滅有諫朕安國者授以高官矯朕爲非者加以顯戮虛心佇待終無所應然喜得三事思有終始一則克平禍亂四夷順軌二則災異不生百姓殷實三則年在盛壯君臨天下旣喜所得當懼所失三思而動庶無愆尤必不渭橋乘船覇陵縱轡愼夫人同坐夏太康久獵如此等事當不煩諫諍耳倘耆慾遷性喜怒變情但聞一言而正豈候三諫之勞朕於公等乞言幸無所隱

四月帝謂侍臣曰前王之取天下必藉衆力英才輔助仰成師王朕昔仗義而起集發諸心寇平於手郎位以後誠念蒼生有人上封事獻直言能益於時以裨政要者朕傾耳而聽拭目而覽合於務者不以輿皂而廢其言也

二十年十二月帝手詔曰朕聞堯舜之君自愚而益智桀紂之主繇智以添愚故異順逆於忠言則殊榮辱於帝道朕登蹕宇宙字育黔黎恐大德之或虧懼小瑕之有累候忠良之獻替想英傑之謀猷而諫鼓空懸逆耳之言罕進謗木徒設悖心之論全無唯昔

魏徵每顯余過自其逝也雖有莫彰豈可獨有非於往時而皆是於茲日故亦庶僚苟順不觸龍鱗所以虛己外求披衷內省言而不用朕所甘心用而不言誰之責也自斯已後各悉乃誠若有是非直言無隱

高宗永徽五年正月以時旱手詔京文武九品以上及朝集使各進封事極言厥咎

九月帝謂五品已上曰往日不離膝下旦夕侍奉當時見五品已上論事或有仗下而奏或有進狀而論者終日不絶豈今時無事公等何不言也自今已後宜數論事若不能面奏任各進狀

龍朔三年八月戊申詔凡百在位宜極言得失悉心無隱以救不逮

咸亨元年十月命文武五品已上上封事

中宗神龍元年二月詔京官職事九品已上及朝集使極言朝政得失

五月又制京官九品已上極言時政得失

睿宗景雲元年十一月詔曰朕聞彰善癉惡有國之常典糾寬濟猛爲政之通規朕以薄德濫膺明命贍言賞罰未適時宜至使忠良未進小人未退貪吏未懲流亡未安賢良者未歸懷冤者未理在予之責有愧良深不能致君於堯舜者亦羣公羣士之所恥也卿等將何規補使致咸亨各以狀聞朕當親覽其才望兼優公清特著可以宣風道俗者具以名聞但百司承寬共爲苟且事多僣舛無復紀綱令各本司長官審善惡才識限十日進狀

玄宗開元三年五月以旱故下詔令諸司長官各言時政得失以輔朕之不逮

十月詔曰朕以薄德祗膺睿圖曾不能虛己淳源厥精至道將致俗於仁壽思納人於軌訓幸乾坤交泰風雨咸若中外百僚盡知戒懼華夏萬姓頗亦歡康

猶恐人或未安政有不愜令外司置匭側門進狀封章論事靡所不達軒階進規于何不盡曾無忤旨之罰實有推心之期豈朕之不誠何人則未諭如聞朝廷之內噂喈紛然進不昌言退不詘議懸書以謗國僑之患鄧析僞言而辯孔子之誅少正自昔爲蠹罔不在茲求於理政固宜懲絶自今已後制勑有不便於時及除授有不稱於職或內懷姦忒外損公私並聽進狀具陳得失五品已上官乃許其廷爭若輕肆戶語潛行誹讟委御史大夫已下嚴加察訪狀涉疑似推勘奏聞

十四年六月以旱及風災命百官及州縣長官上封事極言時政得失無有所隱
肅宗乾元元年四月詔京官九品已上許上封事極言時政得失朕將親覽用佇嘉謀才有可觀別當甄錄
二年三月詔昔公卿面諫載在簡册令僕陛奏亦惟舊章所以下竭其忠上聞其過君臣同德豈不盛歟公卿已下有能論時政之非箴朕躬之闕有益於國有利於人宜盡昌言以救時敝朕必當行終無譴者朝廷用一人擢一職或有不當亦任奏論京文武五

品已上正員清資官各舉賢良方正直言極諫一人任自封進兩省官十日一上封事直論得失無假文言冀成殿最用存沮勸
上元二年九月制曰所設陳曹欲聞諷議允副從繩之望須成削藁之書其諫官令每月一上封事指陳時政得失若不舉職事當別有處分
代宗廣德元年七月制諫官每月一上封事無所迴避
二年二月制百官有論時政得失並任指陳事實具狀進封必宜切直無諱有司白身人亦宜准此任詣匭使進表朕將親覽必加擇用
三月詔曰爲政者宜之使言作事者稽之於衆切於求道務以從人將明目而達聰亦理煩而去惑經國之體庶無闕言文武百官及諸色人等有論時政得失上封事者狀出後宜令左右僕射尚書及左右丞諸司侍郎御史大夫中丞等於尚書省詳議可否具狀聞奏其所上封事除當衆官外有時辭理可觀或幹能堪用者亦宜具言詳議官中或見不同者即任別狀奏聞
十二月乙酉令諫官每日奏事

大曆七年十一月制曰淮南數州夏秋無雨朕精誠奉天誠懼臨下唯恐明有所不炤聽有所不達百辟卿士咸弼予違宜示百姓令知朕意
八年八月詔京五品已上及兩省供奉官郎官御史各上封事論國之利害時大有年帝慮稅重害農弊延百姓乃下是詔旬日內抗疏者百餘人損益各異悉親覽留中不出
十二年四月詔曰昔予太祖太宗之御天下也功格二儀不私於已化覃萬宇猶問於人外與公卿大夫討論政典內與鴻生碩老演暢儒風日旰忘勞詳稱

至理猶復傍求諫諍俯察謳謠廣延不諱之書載建
登聞之皷于時中朝無闕政四海無疲人歷代是遵
列聖相執朕承天序祗奉睿圖戰戰兢兢日甚一日
于茲十六年矣何嘗不勵精理道欲得忠賢虛己清
心日有所待直詞讜議或時空闕五諫七臣人其安
在眷懷於此耿歎良深頃以任非其人凢事壅蔽今
則已懲厥罪正乃惟心式佇嘉猷庶裨不德自今已
後諫官所獻封事不限早晚任進狀來所繇門司不
得輙有停滯如須側門論事亦任隨狀面奏即便令
引對如有除拜不稱於職詔令不便於時法禁乖宜

刑賞未當征求無節冤濫在人並宜極論得失無所
迴避以稱朕意其嘗朝官六品已上亦宜准此其擊
登聞皷者金吾將軍收狀爲進不得輙有損傷亦不
須令人遮攔禁止其理匭使但任投匭人投表狀於
匭中依嘗進不須勒留副本并接時妄有盤問方便
止遏欲使萬邦之事無隔於九重獻替之謨不遺於
聽覽

册府元龜

巡按福建監察御史臣李嗣京　訂正

知閩縣事臣曹兕臣叅閲

知建陽縣事臣黄國琦較釋

帝王部　一百三

招諫第二

唐德宗即位初大赦制憲官諫官嘗叅官每政事錯綜即面折廷爭無有所隱憲司彈奏一依貞觀故事其知匭使先有明勅非不丁寧猶聞擁遏自今已後仰每日詣匭務招遠方達聰明目諸司各舉厥職共

守至公天下有才業尤著高蹈丘園及直言極諫之士所在具以名聞

興元元年九月帝謂宰相曰今大盜雖除時猶多艱宜廣延納以達衆情近日朝官諫臣都不條奏外事人之利病朕何以知之自今每衙及延英坐日嘗令朝官三兩人面奏時政得失庶有弘益又令精擇諫官俾極言無隱

貞元元年八月詔令待制官各陳所見方畧十二月以蝗螟之後流庸未復詔延英視事日令嘗叅官七人對見問以時政得失

四年正月詔京九品已上官各上封事極言得失

六年閏四月以歲旱令嘗叅官及京畿縣令各上封事指陳救人之術致旱之繇咸極乃誠無有所隱

九年十一月日南至郊祀禮畢大赦天下諸司官有陳時政得失者各盡所見脩疏封進人有寃滯事有闕遺悉當極言無所隱避

順宗以貞元二十一年正月即位詔内外官及諸色人任上封事極言時政得失才有可觀別當甄奬

憲宗元和二年十二月謂宰臣曰朕近讀貞觀政要粗見當時之事以太宗神武每有一事少涉過差群

臣進諫者往復數四況朕寡昧自今每有事不得中者卿須十論不特一二而已

穆宗以元和十五年正月即位二月御丹鳳樓大赦詔内外文武官及諸色人等中任上封事極言時政得失有才可觀別當甄奬

敬宗寳曆元年正月赦書朕即位之初已有赦令至如損徹服御絶止他獻限喪葬以息淫費禁奇靡以專女工他淫擅賦閉糴禁錢吏行姦欺人爲依庇僧道踰濫流貶重輕錢幣利害軍屯侵占車馬衣服之式未幾廢格已多或職司惰慢而不能將明或詔書

纔行而下已不守以此求理不亦難乎其元和以來詔并長慶四年三月三日赦令有委靡不行事在朕躬者諫官直言得失無有所隱

文宗太和元年正月赦詔内外文武官及諸色人任上封事極言得失無有隱諱

四月宰臣對罷召常侍諫議給事中中書舍人起居補闕拾遺集於政事堂宣諭聖旨自今已後如有公事面論奏者竝宜對來六月詔曰内外卿士有規朕過宜上封事條奏

六年五月詔曰朕聞王者之理天下一物失所與納

隍之咎一夫不獲嘆時予之辜雖饑疫凶荒國家代有而陰陽侵沴儆戒朕躬自知諸道水旱害人疫疾相繼宵旰罪己興寢疚懷屢降詔書俾副勤卹發廩蠲賦救患賑貧亦可謂至矣今長吏申奏札瘥猶甚蓋教化未感於蒸人精誠未格於天地法令之或爽官吏之或非百姓侵冤稅役多蔽姦贓未去農業失時有一于玆皆傷和氣竝委内外文武常參官一一條疏各具所見聞奏必當親覽無憚直言

九年十二月勑創造諫院印一面以諫院之印爲文諫院舊無印苟有章疏各於本司請印諫官有疏人多知之至是特勑置印兼詔諫官凡所論事有關機密任别以狀引之不須以官銜結署

開成元年正月一日赦書内外文武官及諸色人任上封事極言得失有裨時政必加陞擢待以不次

二年三月壬申詔常參官及諸州府長吏如有規諫者各上封事極言得失陳救災之本明致理之方咸竭乃心以輔厥辟

三年十一月以妖星見降詔文武百官及諸色人有能通達刑政之源叅考天人之際任各上章疏指言得失

懿宗咸通四年正月詔曰濟濟多士邦國賴之以取寧謇謇匪躬王臣悉之以行義故内懸諫鼓外設匭函思廣謨猷用弘風教自此在朝行者勿韜利國之謀居草澤者但貢安民之策必當開納擇彼所長勿慮依違翻成自滯旌揚之道無所恡焉

僖宗光啓元年三月詔曰古者進善翹旌蔽賢削地苟異至公之選適開浮黨之門要在拔奇方資濟理昔貞觀戡亂既久治具畢張而馬周徒步獻書上猶前席魏徵直言替否下得竭誠況朕久致履危實惟懵道欲新庶政益賴羣才已詔中外臣僚必使搜羅

淹滯仍令文武各陳所見冀有可裨苟申籌國之謀是濟同舟之患非無上賞佇稱勤求布告遠近咸使知悉

後唐莊宗同光元年四月卽位制曰外內文武官及諸色人任上封事兼有賢良方正抱器懷能或利害可陳無所隱諱直言極諫朕將一一行之亦委諸道長吏具姓名申奏

閏四月帝御延英殿顧謂侍臣曰朕自創業巳來勤於軍旅至聖王治道殊未經心陸生有言以馬上得之不可以馬上爲治朕惟寡昧夙夜惕然實賴卿等

獻納忠言箴規得失朕不學曹丕云舜禹之事吾知之矣遂非拒諫自取厥遑敬佚語言輔茲不逮

二年二月詔曰堯皷明懸貴聞進諫舜旌旁建比爲來賢是宜廣納話言庶箴闕政洎僞梁人滋澆薄朝掩忠良蔑聞投水之規莫識從繩之論此後應兩省文武常參官并前資草澤之士有謀分利害事許詣違并許上表敷陳朕當選長旌錄如有性多毀譽私佇愛憎承寬偶恃於得言縱志惟專於罔善朕亦潛令伺察觀要審詳彼蠹有彰罪刑無赦

三年閏十二月詔曰朕聞古先哲王臨御天下上則以無偏無黨爲政治次則以足食足兵爲遠謀緬惟前脩誠可師範朕纂承鳳曆嗣守鴻圖三載于茲萬機是揔非不知五兵未戢兆庶多艱蓋賴卿等寅亮居懷康濟爲務冀盡賦輿之理洞詢盍徹之規今則潛按方區備聆謠俗或力役罕均其勞逸或賦租莫辨於後先但以督促爲名煩苛不巳被甲胄者何嘗充給趨朝省者專困支持州閭之貨殖全疎天地之災祥屢應以至星辰越度旱澇不時農桑失業於丘園饑饉相望於郊野生靈及此寢食寧遑豈非朕聖政未孚焦勞自擾者耶朕昨親援毫翰軫念瘡痍一

則詢而謀猷一則表予宵旰未披來奏轉撓于懷敢不翼翼罪躬乾乾軫慮咨爾四岳弼予一人何不舉爾賢才輔予寡昧百辟之內羣后之間莫有盡忠者被擁其能抱器者難陳其力或草澤有遺逸之士山林多屈滯之人爾所不知吾將何助卿等位尊調鼎名顯代天旣逢不諱之朝何恡懸中之說當宜歷告中外急訪英髦應在任及前資文武官下至草澤之士有濟國治民除姦革斂者並宜各獻封章朕選擇施行其近宣御札亦可告諭內外體朕意焉

明宗天成三年三月丁未宣御札曰朕奄有四海于

令三年敬事天明敢忘日愼上憑列聖賴祖宗之垂休下設庶官思邦家之共治聞過必服見善則師靜惟省躬動懷畏忌每從人欲方布時和不謂仲春已來繁陰未散雖如膏之澤可待豐年而飛霰其濛恐傷菓麥實關穡務深軫納隍卿等陳力有方直言無避共熙帝載以沃朕心更吐嘉謀庶裨闕政應文武百官奏對恐有隱審之事不敢當庭敷揚即許上章極言時政善惡貴合天道弛張

長興四年八月戊申受尊號畢下制曰在朝文武臣寮并諸色職員有能直言極諫者如上封事盡當開

納

晉高祖天福元年閏十一月壬午勑鳴諫皷以俟讜言列肺石以申寃滯將聞善以自戒思與物而垂恩備著前規用光大業或直辭可責或有理可矜各務奏陳皆當鑒納

十二月庚寅御札宣示百寮曰朕猥以眇冲式承眷命雖宵衣旰食不敢怠荒而一日萬機有虞曠闕應在朝文武臣寮等早升班序並蘊器能懷康濟之才展經綸之術旣逢昌運宜罄讜言須務救時各思舉職勿取容而避事勿尸祿以曠官或時經未叶於和平必思獻替或命令未諧於允當必在箴規苟有敷陳並當開納俟汝匡躬之節副予仄席之求凡在朝廷共裨寡德咨爾卿士宜體朕懷

二年五月御札示百寮曰朕自祗膺大寶虔奉丕圖每念創業之艱難未嘗終食而懈墮所冀炤臨之內將臻康泰之風庶幾億兆之中漸息瘡痍之痛雖疚心罔暇而逆耳無聞豈視聽之不開無箴規之未貢應在朝文武臣寮等各懷異術早踐通班宜陳經濟之謀用贊興隆之道勿失讜直之議無苟循避之規咸罄乃誠同規不逮宜令在朝文武臣寮每人各進

封事一件仍須實封通進務裨闕政用副虛懷凡百寀寮宜體朕意

三年二月御札曰百官曾有宣示令進封事據到者未及十人朕雖無德自行勑後數月至懵人也應有一件事食祿於朝卒無一言可不知貞觀政要說言而不用朕所耳心用而不言誰之責也帝急於時病務求致理時命吏部尚書梁文矩等十人置詳定院詔遣百官上封事大封事箴時致之闕達於一人否者留中可者行之令下詳定司未敢有盡其言者自是數月但俛滯命故有御札促焉

七年閏三月勑起今後百官每五日一度起居日輪差定兩員官具所見實封以聞

漢高祖以晉開運四年二月即位稱天福十二月至六月詔曰古者詢芻蕘之言採歌詩之諷與求利病以省是非況濟濟盈朝謇謇就列懷才抱器博古知今苟無弘益之辭曷表翊扶之力起今後文武百寮每遇後殿起居日仰具利濟上章以聞次第循環周而復始嘉謀嘉猷之告庶得聞知可久可大之規期於曉達亦聆此事向來已行但率皆浮言鮮克忠告良繇時或拘忌人有依違遂使急務慎於指陳浪語盈於章奏有名無實阿旨取容今則不然所宜改作凡有封事並可直言無用飾辭務存確論輔此不逮

稱朕意焉

周太祖廣順元年正月丁卯即位制曰自古聖帝明王莫不好賢樂諫是以立誹謗之木採芻蕘之言時之利病罔不知政之得失無不察達聰明目其在茲乎應內外文武臣寮有見識灼然並於道者許非時上章聞達是月庚辰又詔曰朕昔在側微罔親教學但明軍旅之事安知王化之基而天命眷求神器自至涉道斯淺何德以堪爰念得之惟難未若守之不易況承敝之後致理尤難蒼生未得息肩賢者尚多鉗口必欲使下情上達上情下通聞所未聞見所未見莫若開其言路詢於廷臣與時政之得失必論君道之否臧必告自然昏蒙漸滌聽覽有資致於日新其在封事如聞累朝舊制咸令轉對上書百辟相循五日爲准然或權臣惜短時主多猜敢不深切爲言恐以傷觸獲戾至有搜羅鄙事蔓延虛辭徒牽率以爲勞於裨補而何取朕猥惟凉德肇啟丕圖矻矻寬於萬機未能廣其庶績兢兢念於百姓何以致之小康寅畏以居思慮爲疾實賴衆獻誨以讜言一則究邦國之規模一則觀卿士之才器且採搢紳之議不亦愈於芻蕘之詞詢賢哲之謀不亦愈於工瞽之諫

應在朝文武百寮凡有所見益國利民之事並可實封而奏詣閤門進納即不可尚習餘風更循舊轍無益於理者勿說不濟於時者勿書縱使指朕之非攻朕之短自當改過不吝豈但從諫如流如或武班中有出自戰功不親儒墨苟有殊見安得惜言固可假手直書豈在屬文麗藻至於藩侯郡牧當切務於安時蠹於政者必知利於民者必曉但關弘益悉可敷聞朕今諭此至懷固非掠其虛美志在得晝一之道成可久之規濟濟英翹無辭貢直事有短者不責理有長者必行但存輔翼之心勿以逆鱗爲懼咸在中

外宜副朕心
世宗顯德元年三月詔曰文武班列親近臣寮愛國
誠堅致君心切苟或闕朕躬之過失覩時政之否臧
無惜敷陳以補寡昧苦口良藥逆耳忠言裨益茲多
勉竚惟切今後內外臣寮或有所見及有所裨贊可
具實封章表以聞或欲面對便仰閤門司非時引見
二年三月詔曰善操理者不能有全功善處身者不
能無過失雖堯舜禹湯之上聖文武成康之至明尚
猶思逆耳之言求苦口之藥何況後之人不逮哉朕
承先帝之靈居至尊之位涉道猶淺經事未深常懼

昏蒙不克負荷自臨宸極已過周星至於刑政取舍
之間國家措置之事豈能盡是須有未周朕猶自知
人豈不察而在位者未有一人指朕躬之過失食祿
者曾無一言論時政之是非豈朕之寡昧不足與言
邪豈人之循默未肯盡心耶豈左右前後有所畏忌
邪豈高卑疎近自生間別邪古人云君子大言受大
祿小言受小祿又云官箴王闕則是士大夫之有祿
位無不言之人然則為人上者不能感其心而致其
言此朕之過也得不求骨鯁之辭詢正直之議共申
裨益庶洽治平朕於卿大夫才不能盡知面不能盡
識若不採其言而觀其行審其意而察其忠則何以
見器畧之淺深任用之當否若言之不入罪實在予
苟求之不言將誰執咎應內外文武臣寮今後或有
所見所聞並許上章論諫若朕躬之有闕失得以盡
言時政之有瑕疵勿宜有隱方求名實豈尚虛華苟
或素不攻文但可直書其事理有謬誤者當期含短
言涉傷忤者必與留中與所盡情免至多慮諸有司
局公事者各宜舉職事有不便者革之可也理有可
行者舉之可也勿務因循漸成訛謬臣寮有出使在
外廻者苟或知黎庶之利病聞官吏之優劣當具數

奏以廣聽聞班行職位之中遷除改轉之際卽當考
陳力之輕重較言事之臧否奉公切直者當議甄昇
臨事蓄縮者須行抑退翰林學士兩省官職官居侍
從乃論思諫諍之司御史臺官任處憲司是擊搏糾
彈之地論其職分尤異羣官如逐任官內無所獻替
敵發彈舉者三月限滿合遷轉時宜令中書門下先
奏取進止凡爾有位宜悉朕懷
四年五月詔曰朕暇日觀書見前代名臣議時政得
失皆直指其事不尚枝詞舉一善必適其材懲一惡
必當其咎故能中外無壅悔吝不生居上者聽之而

不疑在下者言之而無罪嚚埋輪都亭惡梁冀也陳屍下室進蘧瑗也曹叅期獄市無撓充國議屯田之制李勉嫉惡謂盧杞爲姦邪詩人樂善美張仲之孝友皆明述臧否端若貫珠時主聞之可以區別施於臣寮得事君盡忠之義用之邦國有從諫如流之稱爰自近朝頗虧公道上封事者言無可採議刑罰者事不酌中論阿黨則莫顯姓名述正直則曾無按據卒歲延納終無可觀爲臣事君不當如是今後每遇入閤其待制官候對及文武臣寮非時所上章疏並須直書其事不得隱情但云某人有文某人有武某

人曉錢穀某人能理人某處所官吏因循某州縣刑獄寃濫某事利於國而未舉某事害於民而未除經營四方者術策何施裨贊萬機者闕遺何補何人黨正之士何人詐僞之端苟上下同心則綱紀有序當寡昧求理之際適賢良獻可之時當極言之朕自詳覽出陟二柄期於必行咨爾羣寮各體深意其待制候對官今後於文班内論次充不在只取刑法官百寮聽命再拜而退

巡按福建監察御史臣李嗣京訂正
知甌寧縣事臣孫以敬叅閱
知建陽縣事臣黄國琦較釋

帝王部 一百四

訪問

王者作民父母富有寰海念九圍之至廣當萬機之且繁若非明四目達四聰詢於芻蕘延夫雋造或西清之閒燕或宣室之論思博採風謡廣求民瘼則何以察牧守之廉濁覽古今之廢興究洪範之旨以叙

彝倫採治化之典以益神智加夫納讜議爲治平之本誠詔諛乃喪亂之源俾上心繇是下浹上情得以上通靡不繇斯道也書曰好問則裕自用則小蓋百王之攸戒者矣

舜好問而好察邇言 邇近也近言而善易以進人察察而用也

周武王既克殷訪箕子曰於乎維天陰隲下民相協厥居 天不言而默定下民助合其居使有常生之資也 我不知其彛倫所序 言我不知天所以定民之常道次序何繇 箕子對曰在昔鯀陻洪水汨陳其五行 陻塞汨亂也治水失道是亂陳五行 帝乃震怒不畀洪範九疇彛倫所斁 帝天也天以鯀如是乃震動其威怒不與天道大法九類言王問所繇敗也 鯀則殛死禹乃嗣興 春秋傳曰舜之誅也殛鯀其舉也興禹 天乃錫禹洪範九疇彛倫所序 天與禹雒出書也神龜負文而出列於背有數至於九禹遂因而第之以成九類

成王問政於尹逸曰吾何德之行 尹佚史佚也 而民親其上對曰使之時而敬順之王曰其度安至曰如臨深淵如履薄冰王曰懼哉王人乎尹逸曰天地之閒四海之内善之則吾畜也不善則吾讎也昔夏商之時臣反讎桀紂而臣湯武宿沙之民皆自攻其君而歸神農 伏羲神農之閒有共工宿沙覇天下者也 此世之所明知也如何其無懼也

漢景帝時袁盎爲吳相病免歸居家帝時使人問籌策

武帝時魯人申公見帝帝問以治亂之事申公已八十餘老對曰爲治不在多言顧力行何如耳

董仲舒爲江都相廢在家朝廷如有大議使使者及廷尉張湯就其家而問之其對皆有法

宣帝時趙充國爲右將軍罷就第朝廷每有四夷大議常與參兵謀問籌策焉

元帝時京房爲郎永光建昭閒西羌反日蝕又久青亡光陰霧不精 精謂日光不清明也 房數上疏先言其將然屢

中天子悅之數召見問房

武帝建始三年冬日食地震同日俱發詔舉方正直言極諫之士帝特復問太常丞谷永永對曰日食地震皇后貴妾專寵所致後永爲凉州刺史當之部時有黑龍見東萊帝使尚書問永受所欲言元延元年永爲北地太守時有災異尤數永當之官帝使衛尉淳于長受永所欲言

後漢光武數引公卿郎將列於禁坐（禁坐猶御坐也）廣求民瘼觀納風謠又嘗召見諸郡計吏問其風土及前後守令能否蜀郡計掾樊顯進曰漁陽太守張堪昔在

蜀郡其仁以惠下威能討姦前公孫破時時珍寶山積捲握之物足當十世而堪去職之日乘折轅車布囊而已帝聞良久歎息拜魚復長（魚復縣屬巴郡）

張純爲五官中郎將明習故事建武初每有疑議輒以訪純後兼虎賁中郎將數被引見一日或至數四

范升爲博士數詔引見每有大議輒訪問

明帝時竇固代魏應爲大鴻臚帝以其曉習邊事每被訪問

楊仁補北宮衛士令明帝引見問當世政迹仁對以寬和任賢抑除驕戚爲先

順帝時楊厚爲侍中特蒙引見訪以時政

桓帝時劉涉河間樂城人爲侍中虎賁中郎桓帝以涉宗室之賢特加敬異每有疑事嘗密諮問之

魏文帝時臧覇爲執金吾位特進每有軍事嘗諮訪焉

王肅爲秘書監文帝嘗問曰漢桓帝時白馬令李雲上書言帝者諦也是帝欲不諦當何得不死肅對曰但爲言失逆順之節原其本意皆欲盡心念存補國且帝者之威過於雷霆殺一匹夫無異螻蟻寬而宥之可以示容受切言廣德宇於天下故臣以爲殺之

未必爲是也帝又問司馬遷以受刑之故內懷隱切著史記非貶孝武令人切齒對曰司馬遷記事不虛美不隱惡劉向揚雄服其善記事有良史之才謂之實錄漢武帝聞其述史記取孝景及已本紀覽之於是大怒削而投之於今此兩紀有錄無書後遭李陵事遂下蠶室此爲隱切在孝武而不在於史遷也

高堂隆爲侍中領太史令崇華殿災文帝詔問隆此何咎於禮寧有祈禳之義乎對曰夫災變之發皆所以明教誡也惟率禮脩德可以勝之易傳曰上不儉下不節孽火燒其室又曰君高其室天火爲災此人

君苟飾宮室不知百姓空竭故天應之以旱火從高殿上起也上天降鑒故譴告陛下宜增崇人道以答天意昔太戊有桑穀生於朝武丁有雊雉登於鼎皆聞災恐懼側身脩德三年之後遠夷朝貢故號曰中宗高宗此則前代之明鑒也今案舊占災火之發皆以臺榭宮室爲誡然今宮室之所以尤廣者實繇宮人猥多之故宜簡擇留其淑懿如周之制罷省其餘此則祖乙之所以訓高宗高宗之所以享遠號也詔問隆吾聞漢武帝時柏梁災而大起宮殿以厭之其義云何隆對曰臣聞西京柏梁既災越巫陳方建章是經

以厭火祥乃夷越之巫所爲非聖賢之明訓也五行志曰柏梁災其後有江充巫蠱衛太子之事如志之言越巫建章無所厭也孔子曰災者脩德應行精祲相感以戒人君是以聖主覩災責躬退而脩德以消覆之今宜罷散民役宮室之制務從約節內足以待風雨外足以講禮儀清掃所災之處不敢於此有所立作萐莆嘉禾必生此地以報陛下虔恭之德豈可疲民之力竭民之財實非所以致符瑞而懷遠人也帝遂復崇華殿時郡國有九龍見故改曰九龍殿凌霄闕始構有鵲巢其上帝以問隆對曰詩云維鵲有巢維鳩居之今興宮室起凌霄闕而鵲巢之此宮室未成不得居之象也天意若曰宮室未成將有他姓制御之斯乃上天之戒也夫天道無親惟與善人不可不深防不可不深慮夏商之季皆繼體也不欽承上天之明命惟讒諂是從廢德適欲故其亡也忽焉太戊武丁覩災竦懼祗承天戒故其興也勃焉今若休罷百役儉以足用增崇德政動遵帝制則除普天之所患興兆民之所利三王可四五帝可六豈惟殷宗轉禍爲福而已哉臣備腹心苟可以繁祉聖躬安存社稷臣雖灰身破族猶生之年也豈憚忤逆之災

而令陛下不聞至言乎於是帝改容動色

晉武帝時曹志爲國子博士志陳思王植子帝嘗閱六代論問志曰是卿先王所作邪志對曰先王有手所作目錄請歸尋按還奏曰按錄無此帝曰誰作志曰以臣所聞是臣族父冏所作以先王文高名著欲令書傳於後是以假託帝曰古來亦多有是顧謂公卿曰父子證明足以爲審自今已後可無復疑

鄭默爲散騎常侍武帝問以政事對曰勸稼穡務農桑爲國之具選人得才濟世之道居官久職政事之宜明慎黜陟勸戒之繇崇尚儒素化道之本如此而

已矣帝善之
明帝時侍中王導侍坐帝問前世所以得天下導乃陳帝創業之始及文帝末高貴鄉公事帝以面覆牀曰若如公言晉祚復安得長遠
穆帝時虞喜博學累以博士嘗侍徵不就永和初有司奏稱十月殷祭京兆府君當遷祧室征西豫章潁川三府君初毀主內外博議不能決時喜在會稽朝廷遣就喜諮訪焉
後魏道武時李先爲博士帝問先曰天下何者最善可以益人神智先對曰唯有經書三皇五帝治化之

典可以補王者神智又問曰天下書籍凡有幾何朕欲集之如何可備對曰伏羲創制帝王相承以至於今世傳國記天之祕緯不可計數陛下誠欲集之嚴制天下諸州郡縣搜索備送主之所好集亦不難帝於是班制天下經籍稍集
崔玄伯爲黃門侍郎道武幸鄴歷問故事於玄伯應對若流帝善之帝又引問古今舊事王者制度治世之則玄伯陳古人亦或識作者之體及明君賢臣往代廢興之跡甚合帝意
孝文太和十三年二月庚子引諸臣訪政道得失損益之宜
李冲爲南部尚書時議儀禮議律令潤飾辭旨刊定輕重孝文雖自下筆無不訪決焉
高祐爲祕書令孝文從容問祐曰比水旱不調五穀不熟何以止災而致豐稔對曰昔堯湯之運不能去陽九之會陛下道同前聖如其小旱何但當旌賢佐政敬授民時則災自消穰矣又問止盜之方祐曰昔宋均樹德猛獸不過其鄉卓茂善教蝗蟲不入其境彼盜賊者人也苟訓之有方寧不易息當須守宰貞良則盜止矣

韓顯宗爲中書侍郎後與員外郎崔逸等參定朝儀孝文嘗詔諸官曰自近代已來高卑出身皆有常分朕意一以爲可復以爲不可宜相與量之李冲對曰未審上古已來置官列位爲欲爲膏粱子弟爲欲益治贊時帝曰自然爲治冲曰若欲爲治陛下今日何爲專崇門品不有拔才之詔帝曰苟有殊人之伎不患不知然君子之門假使無當世之用者要自德行純篤朕是以用之冲曰傳嵓呂望豈可以門地見舉帝曰如此濟世者希祕書令李彪曰師旅寡少未足爲援意有所懷不敢盡言於聖日陛下若專以門地

不審曾之三卿孰若四科帝曰猶如向解顯宗進曰陛下光宅雒邑百禮惟新國之典章指此一選臣旣學識浮淺不能援引古今以證此議且以國事論不審侍中祕書監令之子必爲祕書郎頃來爲監令者子皆可爲不帝曰卿何不論當世膏腴爲監令者顯宗曰陛下以物不可類不應以貴承貴以賤襲賤帝曰若有高明卓爾才具超出者朕亦不拘此例後爲本州中正

後周武帝時于翼爲安州總管建德四年帝將東伐朝中未有知者遣納言盧韞等前後乘驛三詣翼問

策焉翼贊成之

唐太宗貞觀元年閏三月壬申帝謂蕭瑀曰朕少好弓矢自謂能盡其妙近得良弓十數以示弓工弓工乃曰皆非良材也朕問其故工曰木心不正則脈理皆邪弓雖剛勁而遣箭不直非良弓也朕始悟焉朕以弧矢定四方用弓多矣而有天下日淺爲治之意固未及弓弓猶失之何況於治乎自是亟延耆老問之政術京官五品已上更宿中書内省每延與語詢訪外事務知百姓疾苦政教之得失焉丙子太子少保李綱進謁帝以其年老令在左右扶之命與同坐訪以致治安民之道綱對曰伏見陛下德化天下旣就昇平老臣愚淺誠無所及帝固問之因言曰假臣三兩日當更奏上

十二年九月帝顧謂侍臣曰帝王之業也草創與守文孰難司空房玄齡進對曰天地草昧羣雄競起攻破乃平戰勝乃克繇此言之草創爲難至如守文惟在心耳心若行善何難之云侍中魏徵對曰帝王之起必承衰亂覆滅昏狡百姓樂推四海歸命天授人與繇爲不難然旣得之後志趣驕逸百姓樂靜而行役不休百姓凋殘而役務不息有國之弊嘗繇是起

以斯而言守文爲難帝曰昔房玄齡從我定天下備嘗辛苦出萬死而遇一生所以見草創之難也魏徵曰與我安天下慮生驕逸之端必蹈危亡之地所以見守文之難也今草創之難旣巳往矣守文之難者當思與公等愼之玄齡等拜手曰陛下發德音臣等不勝欣慶

十五年二月帝謂侍臣曰守天下難易魏徵曰甚難帝曰任賢能受諫諍卽可何謂爲難徵曰自古帝王在憂危之間則任賢受諫及至安樂心懷寬怠恃安樂而欲寬怠言事者唯令兢懼安而能懼豈不爲難

九月癸酉詔集刺史以上升殿親問之曰卿等在州何以撫教定州刺史薛獻對曰老者國家所敬臣每存恤之少者國家所養臣每勸戒之田疇雖荒漸加懇闢禮義既行産業咸振此皆禀之聖化非臣等之力帝曰如公之所奏足稱循良清淨爲政朕所望於公等也

十月帝問特進魏徵曰朕爲人主仰止前烈至於積德累仁豐功厚利四者帝王以爲稱首朕皆庶幾自勉之苦不能自見不知於朕之身何等爲優徵曰德仁功利陛下兼而有之然内平禍亂外除戎狄是陛

下之功安堵黎元各有生業是陛下之利繇此言之功利居多耳

十六年八月丁酉帝謂侍臣曰當今國家何等最急各爲我言之中書侍郎岑文本曰傳稱道之以德齊之以禮繇斯而言禮也爲急

高宗永徽五年四月帝問侍臣曰隋煬帝既承文帝之後人心已定遂爾狼狽當時朝臣亦有諫不太尉無忌對曰當時亦有諫者煬帝不能用向揚州日有兩人諫並寘極法帝又問曰三品以上亦有諫者不無忌對曰三品縱有諫諍外人多不知蘇威獻五子之歌亦爲極諫遂三葉除名至如宇文述等既見寵佞拒諫末年全無敢言者化及反後殺虞世基裴蘊責其不諫蘊對化及曰公先人好佞故諫不行耳此是天將廢隋長其爲惡故不諫以至于亡帝嗟嘆久之

顯慶元年四月帝謂侍臣曰馭下之道前王深以爲難朕思育黎庶討古先帝王應有其要公等可思此術爲我具論之中書令來濟對曰臣聞齊桓公出遊見一饑寒老人命食之老人曰請遺天下食公遺遺衣老人曰請遺天下衣桓公曰府庫有限安能周及

老人曰君能春不奪農時人即有食夏不奪桑務人即足衣繇此言之省其徭役人自安矣近者爲山東役丁年別有數萬人將煩擾取庸雇人復恐非宜臣望量事遣之天下幸甚帝從之

三年十月帝因於古長安城遊覽問侍臣曰朕觀故城舊基宮室似與百姓雜居自秦漢已來幾代都此侍中許敬宗對曰秦都咸陽郭邑連跨渭水故云渭水貫都以象天河至漢惠帝始築此城其後苻堅姚萇後周並都之帝又問昆明池是漢武帝何年中開鑿敬宗對曰武帝遣使通西南夷而爲昆明滇池所

閈欲伐昆明國故因鎬之舊澤以穿池用習水戰元狩三年事也帝因令敬宗與弘文學士具簡秦漢已來歷代宮室處所以奏其年代

麟德二年三月帝謂侍臣曰吾聞隋煬帝巡遊無度志在華侈不憂人力供頓之外獻食者多州縣官人更相誇尚所進之餘棄之於野此事虛實煬帝亦頗知乎許敬宗曰隋時李安期家有一孔雀卵遂貴買以充獻食自此競覓珍奇無所愛惜

咸亨三年四月帝問中書令閻立本黃門侍郎郝處俊伊尹負鼎俎干湯應是補緝時政不鑄鼎所緣復

在何國將爲國之重器歷代傳寶立本以古義對

玄宗開元五年正月將幸東都而太廟屋壞帝詔宋璟蘇頲問其故璟等奏言陛下三年之制未畢誠不可行幸且停幸東都帝又召姚崇問曰朕臨發京邑太廟無故摧壞恐神靈誡以東行不便邪崇對曰太廟殿屋本是苻堅時所造隋文帝創立新都移宇文故殿造此廟國家又因隋舊制歲月滋深朽蠹而毀山有朽壞尚不免摧況久來枯木合時摧折偶遇行期相會不是緣行乃摧以臣愚見舊廟既朽爛不堪脩理望移神主於太極殿安置更改造新殿以申誠敬車駕依前往發帝曰卿言正合朕意乃幸東都

天寶二年十一月天下諸州朝集使見於溫泉宮勑曰古者諸侯歲時朝覲將以陳其政理用申考績今卿等受委親民遠來會計經途冒涉曾並安好朕每憂勤念茲黎庶憫其徭役未皇流寓莫歸是以當宁興嘆中宵忘寢永言共理實與分憂凡有百姓及鰥寡孤獨并乏絕之戶征傜之家凡可矜恤卿等此來若何爲養今年稼穡大率少似不豐閭閻之間有貯積否至於百姓閒事朕欲委曲盡聞卿等遠來疲勞卒難備對且聽尋親知續當序進以問風化

代宗寶應元年十月元帥雍王帥師東討帝御延英殿大會南北軍諸將問以東征之事帝曰安不忘危前王所戒脫有不利卿等以爲何如諸將咸曰睿謀先定軍必大捷帝曰逆豎負恩滅義殘害生人宗廟之靈亦宜授首以朕薄德敢望殊勳所賴一二爪牙共成功業君安之慮祗畏良深卿等並蘊將略豈無所見開府儀同三司管崇嗣進曰元帥親征廻紇助我保有萬勝願陛下勿以爲憂帝曰是何言哉卿固未足以論右金吾大將軍薛景先進曰臣素無策畧儻或退衂臣願募勇士一二萬人推鋒先死耳帝曰

忠壯之言也卿昔鳳翔之功何嘗一日忘之左金吾大將軍長孫全緒進曰陛下憂深謀遠詢于芻蕘臣愚以爲賊若出城交戰破之必矣若入河陽城不得與戰廻紇不曉攻城相持旬月則恐離貳須先爲之圖何者賊已受國官軍且休養士卒張勢以守之或以交鋒賊自然退陳留援絶河北氣沮乃分命光弼等軍南取汴州抱玉等軍往收河北不出旬日必擒書繼至是先斷其手足也然後縱間城中元惡之與脅從必相疑二則殄滅之勢故可知也帝曰卿言甚善可條以進來故命同關陝太等州軍戒嚴

德宗貞元中張建封爲徐泗濠等州節度來朝京師時詔書務免百姓諸色逋欠錢物等帝以問建封奏曰凡逋欠錢物皆是累年積月無可徵收今雖下此詔百姓亦無裨益時河東節度李說華州刺史盧徵皆中風疾口不能言足不能行但信左右胥吏以爲政建封皆奏之帝嘉焉

憲宗元和二年七月謂宰臣曰當今政教所施何者爲急李吉甫對曰爲政所急諒非一端自非事舉其中固不可臻於至理然國以人爲本親人之任莫先牧宰寔繫一方若廉察得人委之臨列羣臣承式政化自宣苟或非才爲蠹實甚繇是而言觀察刺史之任爲切自昔唐虞三載考績三考黜陟故得久於其事風化可成而末代命官多輕外任選授之際意存沙汰委以藩部自然非才刺史數廣益非選擇加以更代促遽人無安志迎送之費竭耗不供此最爲弊聖慮所及實窮政本伏望慎守良制改革前失則四海蒙福人無苟且之心矣帝深然之

三年十一月帝問宰臣爲理之要裴垍對曰先正其心帝深然之

六年三月帝謂宰臣曰爲政寬急何先權德輿對曰

聖王設刑法本以佐德化期於無刑仲尼有云政寬則民慢慢則糾之以猛猛則民殘殘則施之以寬寬以濟猛猛以濟寬政是以和古人有云上失其道民散久矣如得其情則哀矜而勿喜聖賢折獄衆疑之罪與五刑之疑皆赦是以有流宥之典有金贖之制所貴導德齊禮不務威刑秦任法律視人如草芥及趙高傅胡亥教以刑法不斬劓人則夷人之三族卽位未幾天下大潰漢興高祖除秦苛制與人約法三章文景二帝恭儉愛人始蠲去肉刑惻隱之教洽于人心當時風俗敦朴公卿恥言人過刑獄衰息國家

自高祖革隋以寬代虐及太宗文皇帝大聖至仁見明堂圖始禁鞭背之制列聖承遵德厚成俗是以雖天寶季年大盜連起以及建中河朔悖亂皆坐自擒滅人心歸於本朝此誠厚下感恩之所致也帝曰朕嘗讀貞觀政要見太宗文皇帝立言行事動本至仁當時四海欣戴以致升平後代雖有拒命之臣不能動衆實寬仁所致誠符公等之言也此既爲政大本當與公等同心務之德輿等拜賀而出

七年二月癸巳帝謂宰臣曰卜筮之事聖賢亦固言之然當時習者或中或否聞近俗尤崇此術何也李

絳對曰臣聞古先聖王設卜筮者蓋以畏天命不敢專是以將有爲有行或有大疑必先謀及於心及卿士及庶人然後卜筮五者皆從爲之大同三從二逆亦可與事蓋以衆考天人用彰大順又以聰明英爽不貳以典司之令著龜必以誠旣得象又究以極數參諸人謀然後能中故卜筮可以示人不可以助於教虞書所謂朕志先定詢謀僉同鬼神其依龜筮叶從明先誠也春秋左氏傳述穆姜將之東宮史卜之曰吉姜自諗之曰凶竟如其言明實不與兆協也語曰人而無常不可以作巫醫詩云我龜旣厭不我告猶明顯神也必卜至誠應順之事而聰明精微者執之然後能至焉末俗浮僞幸以徼福正行慮危邪謀覬勝持疑昏惑謂小數能決之而愚夫愚婦假時日鬼神者欲利欺詐參之見聞用以刺射之近其事舉衆神而異之繇是風俗近巫流蕩忘返此誠弊俗也聖旨所及實辨邪源但存而不論弊斯息矣且傳曰吉凶繇人書曰順廸吉從逆凶如影響又曰天道福善禍淫易曰履信思乎順又以尚賢自天祐之吉無不利觀履考祥休咎可知矣豈候愚人小數欺誕之說以邀無妄之福乎上深然其言

九年九月己亥帝謂宰臣曰朕頃在藩邸嘗見侍讀言及建中歲朱泚盜據宮闕德宗皇帝播遷梁漢累月艱危鑾輿乃復每用追憤至今不忘然未言賊臣兆亂之繇卿等詳記之否李吉甫對曰德宗皇帝建中之初躬行慈儉首任崔祐甫爲宰相推誠託付動遵正道損乘輿車服減太官常膳罷奇巧鷹犬之貢外國獻馴象以爲勞費傷物之性放之於江澤聽覽萬機孜孜不息於時四方企望至理及祐甫殁而繼其任者或非其人忠諍不聞小人乘間邀功求便以苟媚當時以爲河朔未賓宜用力取并言先入王聽

致惑是時討李希烈物力已耗趙贊司國計纖瑣剻急曾無遠慮以爲國用不足宜賦取於下以資軍蓄與諫官陳京等更陳計策贊請稅京師居人室宅據其間架差等計入陳京又請籍列肆商賈資產以分數借之宰相同爲欺罔遂行其計及詔出之後中外沸騰人懷怨誹時又配王公已下及嘗在方鎭之家僮及馬以助征行公私囂然矣朱泚前自范陽入覲已嘗歷隴州節度統卒備邊此際初罷鎭在京素蓄姦謀又窺時病建中四年十月詔徵涇原兵數千東討希烈使姚令言主之軍次滻川有司供頓當肉食

皆給蔬菜兵士素悍東征又怨刻薄遂偶語竊忿漸至喧呼令言號令止之衆又不聽遂彎弓射令言不中令言馳入上變而亂軍遂斬關鼓譟入城德宗聞難作遠以數百騎與順宗西趣奉天京師震駭而亂軍迎泚稱尊號公卿已下狼狽奔赴行在爲賊屠戮或累日不食旣達奉天賊泚遂自冦縣城雲梯地道百端競作賴渾瑊爲將設拒而李懷光自河朔擁兵數萬來援賊乃解圍而懷光又以勢逼自疑旋肆醜言德宗懼其與賊通謀一夕赴梁漢以深阻自固明年五月李晟自渭橋收京師輿駕乃旋山東諸將聞京師亂各還軍而希烈益熾懷光又據河中叛歲餘乃剪滅于時天下至危畧無寧處因之蝗蟲爲災斗米至一千二百人或相食饑旱之災於此爲甚德宗乃下哀痛之詔責躬諭衆人心稍安徵其亂階實繇輕用兵又信小人剥下之言以至危亂古人譬兵猶火不戢自焚又曰長國家而務財用者必自小人使之爲國家災害並至與其有聚歛之臣寧有盗臣誠以其爲上歛怨也陛下爲理勵精深究理道追念前朝之失用爲元龜居安思危實天下幸甚帝嗟嘆數四稱陳京趙贊爲賊臣者久之

十一年正月以淮西久宿兵詔宰臣集百寮議令用兵已久利害相半不知進兵攻討退兵固守至於赦宥合有良規並言可行不必引古亦欲觀卿士才用宜各具議狀以聞

十三年六月甲寅集文武百寮于中書勑李師道潛包逆心僞陳誠懇綠自淮西用兵已後僭釁屢起累有疏陳請捨逆悖通信使數致帛書又逆黨訾嘉珍等飜取兇徒謀燒錐邑中使李重秀宣諭到本道又縱官健凌暴況又聞近去十年六月傷害宰輔之事端本實故潛謀凡此罪名皆當不赦師道自知過

咎難捨羣言累遣崔承寵王玄同將表請令長子入侍兼獻沂密海三州今忽飜然盡變前意應所陳列無非妄言其師道并軍將健兒表共三道語頗悖慢宜出宣示遂命百寮議可征可赦以聞

十四年三月帝謂宰臣曰聽受之間大是難事推誠遴任謂所任委者必合悉心及至臨事亦聞皆有傾曲朕臨御已來歲月漸久雖不明不敏然見物理漸詳每欲於事察審比令學士編錄古今疑謗相類者成一書昨已披閱見曖昧似是之事頗爲鑒戒崔羣等奏曰無情曲直辨之實難孔子所謂衆好之衆惡

之必察焉誠以巧言浸潤微昧難覺故古之鞫獄皆五聽三訊慮其冤誣擇賢任之嚴法斷之使人務誠直理歸公正則亦何繇致蔽僞也陛下覽古今惑聽之說以廣聰明鑒往愼來實天下幸甚

穆宗長慶元年正月帝饗太廟禮畢復齋於郊壇行宮出朱雀門命宰臣行馳道中以備顧問

八月帝謂宰臣曰國家貞觀中致理和平蓋太宗文皇帝躬行至德以敵王業及至開元累有内難玄宗臨御復興不易而一朝聲名最盛歷年最久何以致之也崔植對曰前代創業之君多起自民間知百姓疾苦初致不一業皆能勵精太宗皇帝又特稟上聖之資同符堯舜是以貞觀一朝四海寧泰又有房玄齡杜如晦魏徵王珪之輩爲輔佐股肱動得直言事無不理主聖臣賢固當如此玄宗雖守文繼體嘗經天后朝夕危懼久遵危難開元初得宋璟姚崇委之爲政此二人皆上才正直動必推公又每盡忠言致君於道璟嘗自寫尚書無逸一篇爲圖以獻玄宗置之内殿出入觀省咸記在心每歎古人至言後代莫及故任賢戒欲朝夕孜孜開元之末因無逸圖損壞始以山水圖代之自後旣無座右箴規又姦臣用事希

恩養育訖于天寶寖兆亂萌建中初德宗皇帝嘗問先臣開元天寶間事先臣具以此事陳奏臣在童丱卽聞其說信知古人以韋弦作戒其益弘多陛下旣留神思理伏望亦以無逸爲元龜則天下幸甚帝深善其言

十一月帝謂宰臣曰前史稱漢文帝惜十家之產而罷露臺又云身衣弋綈履革舄集上書囊以爲殿帷何太儉也信有此乎崔植對曰良史所記必非妄言漢興承亡秦暴酷之後項氏戰爭之餘海内彫弊生人勞疲漢文仁明之主起自代邸知稼穡之艱難是

以即位之後躬行儉約繼以景帝亦蹔此風繇是海内之人咸樂其生家給戶足迨至武帝公私殷富用能出師征伐威行四方錢至貫朽粟至紅腐上下侈靡資用復竭末年稅及舟車人不聊生戶口減半乃下哀痛之詔封丞相爲富民侯史皆記之固是實事且蠶耕之勤出自人力用之無節何繇以致富殭耶武帝嗣位之初物力豐殷前代無比固當因文帝儉約之致也帝曰卿言善但患行之爲難耳

二年帝謂兵部侍郎薛放曰爲學經史何先放對曰經者古先聖人至言多仲尼所發明皆天人之至理

誠萬代不刊之典也史則歷記成敗雜書善惡各錄當時之事亦足以鑑其興亡然得失相参是非無所準的固不可與六籍爲比倫也帝曰六經所上不一志學之士白首不能盡道如何得其意要乎對曰論語者六經之華孝經者人倫之本窮理之要眞可爲聖人至言是以漢朝論語首列學官光武令虎賁之士皆習孝經玄宗親爲孝經注解皆使當時大理四海乂安蓋人知孝慈氣感和樂之所致也帝曰聖人謂孝經爲至德要道其信然矣

太宗即位召見太子太傅趙宗儒訪以理道對曰堯舜之化慈儉而已陛下守而勿失帝嘉納之

開成元年五月乙卯帝御紫宸殿問宰臣曰爲政之道自古所難李石對曰朝廷法令行即理臣聞文王陟降在上陛下推赤誠上達于天何憂不理帝曰至理繇人爲復繇時李固言曰陛下求理之心天所降也行之即爲時運鄭覃曰繇聖帝繇忠臣是皆繇人石曰亦繇時運且九廟聖靈鍾德於陛下乃時也陛下行已之道則是繇人若言盡繇人則前代帝王盡有德行者當亂離不可制止之時又焉得不繇運帝然之

二年二月帝御紫宸殿謂宰臣鄭覃李固言李石曰順宗實錄似未詳實史官韓愈不是當時人否石曰韓愈貞元末居爲四門博士帝曰司馬遷與任安書全是怨望所以漢武本紀事多不實覃曰漢武中年後大發戎馬拓土開邊生人耗竭糧饟不給本紀所述亦非過言石曰史筆不直率多無後鄭覃所陳志在幾諫欲陛下究竟盛德故言漢武不居帝曰靡不有初鮮克有終此誠可爲戒覃因曰伏知陛下一夜觀書無不該涉然經典要切不過一二百言聖意所存靡不有初鮮克有終此二句實可寢食佩服固言

曰聖人爲理兢兢業業而已帝曰問外郡其有無政處卿亦知否固言曰臣見說鄧州王堪衰耄頗甚隨州鄭襄亦無政術帝曰王堪豈不是貞元中御史否時三院御史只此一人猶在又問唐州是趙蕃否宰臣皆曰是覃曰王堪臣見是舊人舉爲刺史鄭襄比來守官亦無敗事若言外郡不理臣亦更有所聞事未詳審不敢指說宰相退召起居張次宗問刺史次宗曰王堪實衰耄恐須與替御史中丞狄兼謩奏本司事帝亦以三郡訪之兼謩曰王堪比亦廉直但耄已及之鄧州疆土濶館驛多須有才力方可集事又

冊府元龜　帝王部　訪問　卷之一百四　二十五

數道防秋兵路出鄧州饋餉之繁不供是擢唐州趙蕃未聞有過隨州鄭襄臣素不識又問鄭州有何土産對曰所出止於麤紬絹與三數種藥列在貢籍至如南都賦襄橙鄧橘亦無其實蓋以兼謩嘗爲鄧州刺史也京兆尹歸融謝賜府司錢五萬貫又奏所賜錢半充司農寺菜價訖帝因問融曰蔬糲糲字有賴音乎融曰有賴音又問糲當是極粗飯否融曰此蓋近於脫粟

三年十一月癸酉帝御紫宸殿問宰臣曰天寶後事實不可當時姚宋在否李珏曰此時已罷珏又曰玄宗謂羣臣曰我自卽位不曾枉誅一人不知任林甫破人家不少陳夷行曰陛下不可移權與人多時楊嗣復曰夷行此言未了并惑陛下須太宗用房玄齡十六年魏徵十五年何嘗有變臣以爲用房魏多時不爲不理用邪佞一日不可耳

四年閏正月戊申閤內帝問宰臣曰人言讖詞豈實有乎嗣復曰光武好讖多以讖決事於是讖書大行爲後代笑班叔皮著王命論以止庸妄亂姦者之心李珏曰喪亂之時佐命者務稱符命致理之代只合推諸人事帝深然之

冊府元龜　帝王部　訪問　卷之一百四　二十六

三月丁丑帝於紫宸殿問宰臣曰南朝惟以寫經造佛爲功德此豈爲功德耶楊嗣復曰古稱博濟生人謂之功布澤無私謂之德彼豈足稱功德哉鄭覃曰功德莫大於濟生人帝曰功濟生人德及後嗣宜哉

四月帝於紫宸殿謂宰臣曰天后朝用人自布衣便與宰相當時還得力否嗣復曰天后與今日事異深行刑辟輕用官爵乃自圖之計爾若歷試方見其用當艱難之時則要拔擢今旣無事且循資級古人云三綱失序拔士爲相四夷交侵拔卒爲將此蓋不得已之時非理平之事

六月帝問宰臣左丞韋温不許郎官姚最赴上如何楊嗣復曰韋温志在銓擇清流姚最亦不聞有鈌落事自行殿中授職鹽鐵判官元崇之系復有公才今乃奬之如有公才卽不爲清流恐無人作官似敎晉之風嗣復又曰使府判官今人數猥多徒有縻費臣欲條流帝曰莫限及人才否嗣復曰有人才自別但澄去滓弊者菁華自出帝曰蕭復爲相難言者必言貞元之賢相也卿其志之

宣宗雅好儒術每上殿與朝士從容未嘗不論及前代興亡

後唐明宗天成三年十一月帝顧侍臣而言曰自古鐵劵其事如何趙鳳對曰此則帝王誓之賜其子子孫孫長享爵祿帝曰先朝所賜惟三人耳崇韜繼恩尋皆族滅朕之危疑似朝露耳嗟嘆久之趙鳳曰帝王執信故知不必銘金鏤石帝曰敢不深誡

四年七月帝御中興殿對宰臣帝問馮道曰外邊有何事道曰無事帝曰何云無事道曰政平訟理人安歲稔故無事

八月帝御中興殿宰臣論時政何者爲切馮道對曰務惜生靈爲切臣記近代詞人爲古調詩云正月賣新絲二月糶新粟救得眼前瘡剜却心頭肉我願君王心化作光明燭不炤綺羅筵偏炤逃亡屋此詩意雖俚淺規諫殊深臣諷誦之實覺有理帝深納之

九月帝御中興殿顧謂宰臣曰時事近日如何馮道奏曰臣省事已來無歲不聞戰伐蓋政令不一王綱弛紊伏自陛下纂隆五載服之以武威懷之以文德任賢不貳去邪不疑天下歸心人知耻格近歲已來可謂無事趙鳳進曰詩云靡不有初鮮克有終願陛下嘗以此道始終則運祚無窮矣

長興三年二月帝顧謂宰臣曰近日時事何如馮道

對曰京城人戶轉多時物至賤前代或移徙戶口以實京師今不假如此聖意所感也

廢帝在位尤好咨詢乃詔宣徽使李專美端明殿學士李崧呂琦樞密直學士薛文遇天文趙延乂等更直於中興殿庭設穹廬每至宵分與之評議

漢高祖天福十二年十月帝北巡幸蘧伯玉廟駐蹕賜臣寮酒帝曰朕早聞伯玉知非之名何以立廟於此宰臣對曰此地古衛國蒲城伯玉則蒲人也少有名德爲鄉里所稱其君靈公惑於夫人南子蔽於宦官雍渠賢者罕獲其用大夫史鰌疾亟戒其子曰我

知蘧伯玉賢而不能舉於國爲罪人也若死君必禭予當爲我陳屍於庭具而言之奐其信我而用伯玉也靈公尋擢爲大夫國繇是理故曾仲尼兩入衛以伯玉爲主人伯玉死里人思之故爲設祠其後載於祀典因而不絕帝聞之感嘆者久之

周世宗顯德二年四月臨軒顧謂宰臣曰朕聽政之餘思政教未敷區宇未混中宵輟寐若納于隍竊觀歷代君臣治國家臨下事上之道深爲不易又念自唐晉失德之後亂臣黠虜僭竊暴慢者多今中夏雖漸小康吳蜀幽并尚未平蕩聲教有限朕實疚懷宜

諭臣寮各述論策宜尊經濟之畧副予求賢致理之志也於是命翰林承旨徐台符已下二十餘人各撰爲君難爲臣不易論平邊策各一首以進帝皆親覽焉其平邊策率皆以脩文德來遠人爲意翰林學士陶穀竇儀御史中丞楊昭儉比部郎中王朴等四人即以江淮封境啓邇我疆請用師以取之帝自高平克捷之後嘗訓兵講武思混一天下及覽其策欣然聽納繇是圖南之意益堅矣

冊府元龜

巡按福建監察御史臣李嗣京　訂
新建縣舉人臣戴國士參閱
知建陽縣事臣黃國琦較釋

帝王部　一百五

惠民

禮曰行慶施惠下及兆民又曰命有司發倉廩賜貧窮賑乏絶易稱振民育德仲尼云博施於民必也聖乎皆惠愛之謂也王者誕膺大命司牧黎庶如天之蓋如地之載則必澤及四海惠洽無垠天災流行動

必軫慮人殃於疫時寻之辜所以廢苑囿假池籞貸種食以賜鰥寡給公田而止流亡以至減服御損郎吏罷魚龍狗馬之戲開山澤陂湖之利均輸課役以勤勞來底愼節減財賦以濟困憫貧離遏爾卿士矜卹是加則太上所謂聖人無常心以百姓心爲心者斯可見矣

漢高祖二年十一月詔故秦苑囿園池令民得田之

文帝元年三月詔曰方春時和草木羣生之物皆有以自樂而吾百姓鰥寡孤獨窮困之人或阽於死亡阽音室擔之擔近邊欲墮之意而莫之省憂爲民父母將何如其議所以賑貸之

後六年四月令諸侯無入貢弛山澤減諸御服損郎吏員發倉庾以賑民

武帝建元元年七月罷苑馬吕賜貧民養馬之苑舊禁百姓不得芻牧采樵今罷之

元狩三年秋舉吏民能假貸貧民者以名聞減西北地上郡戍卒半是年山東被水災民多饑乏於是天子遣使虛郡國倉廩以賑貧猶不足又募豪富人相假貸尚不能相救乃徙貧民於關西及充朔方以南新秦中秦始皇遣蒙恬攘卻匈奴得其河南造陽之北千里地甚好於是爲築城郭徙民居之民名曰新秦四方雜錯奢儉不同今俗名新富貴者爲新秦孫是名也七十餘萬口衣食

皆仰給於縣官數歲貸與產業使者分部護之冠蓋相望費以億計縣官大空

元鼎二年四月山東被河災及歲不登數年人或相食方二三千里天子憐之令饑民得流就食江淮間欲留留處流謂恣其行移若水之流至所在有欲任者亦留而處也使者冠蓋相屬於道護之下巴蜀粟以賑焉

昭帝始元二年二月遣使者賑貸貧民無種食者

元鳳三年罷中牟苑賦貧民

宣帝本始四年正月詔曰蓋聞農者興德之本也今

歲不登已遣使者振貸貧乏其令大官省膳損宰樂府減樂人使歸就農業丞相已下至都官令丞上書入穀輸長安倉助貸貧民民以車船載穀入關者得毋用傳

地節元年三月假郡國貧民田

三年詔池籞未御幸者假與貧民郡國宮館勿復脩治流民還歸者假公田貸種食且勿筭事不出筭賦及給徭役

元帝初元元年三月詔三輔太常郡國公田及苑可省者振業貧民振起之令有作業貲不滿千錢者賦貸種食

四月詔江海陂湖園池屬少府者以假貧民勿租賦

九月關東郡國十一大水饑或人相食轉傍郡錢穀以相救

二年三月詔罷黃門乘輿犬馬黃門近署也故親幸之物屬焉水衡禁囿宜春下苑宜春下苑卽今京城東南隅曲江池是少府佽飛外池漢儀注佽飛具矰繳以射鳧鴈給祭祀是故有池也嚴籞池田嚴籞射苑也池田苑中田也假與貧民

五年四月罷角抵上林宮館希御幸者齊三服官齊國舊有三服之官春獻冠幘縰為首服紈素為冬服輕綃為夏服凡三縰卽今之方目紗也紈素今之絹也輕綃今之輕紗也北假田官匈奴傳秦始皇渡河據陽山北假中王莽傳五原北假膏壤殖穀北假地名也鹽鐵官嘗平倉食貨志元帝卽位天下大水關東郡郡十一尤甚二年齊地饑穀石二百餘民多餓死琅琊郡人相食在位諸儒多言鹽鐵官及北假官田嘗平倉可罷毋與民爭利帝從其議皆罷之

成帝河平四年三月遣光祿大夫博士嘉等十一人行舉瀕河之郡瀕水厓也瀕河言傍河也水所毀傷困乏不能自存者財賑貸財與裁同謂量其等差而賑貸之

鴻嘉三年秋渤海清河信都河水湓溢灌縣邑三十一敗官亭民舍四萬餘所滿昌師丹等數言百姓可哀帝數遣使者處業賑贍之

平帝元始二年四月郡國大旱蝗青州尤甚民流亡安漢公四輔三公卿大夫吏民為百姓困乏獻其田

宅者二百三十人王莽為太傅孔光為太師王舜為太保甄豐為少傅是為四輔莽復兼太師司馬宮為司徒王崇為司空是為三公以口賦貧民計口而給其田宅

後漢明帝永平五年發遣邊人在內郡者賜裝錢人二萬

九年四月詔郡國公以公田賜貧人各有差

章帝以永平十八年八月卽位是年牛疫京師及三州大旱詔勿收兗豫徐州田租芻藁其以見穀賑給貧人

建初元年七月辛亥詔以上林池籞田賦與貧人

和帝永元五年二月戊戌詔有司省減內外廐及涼

州諸苑馬自京師離宮果園上林廣成囿悉以假貧民恣得采捕不收其税三月庚寅遣使者分行貧民舉實流冗（冗者散也流散者舉按其實而給之也）開倉賑稟三十餘郡

九月詔其有陂池令得采取勿收假税二歲（假猶租賃）

六年二月乙未遣謁者分行稟貸三河兖冀諸州貧民三月庚寅詔流民所過郡國皆實稟之

八年四月詔賑貸并州四郡貧民

九年六月𥂕旱戊辰詔山林饒利陂池漁採以贍元元勿收假税

十一年二月遣使循行郡國稟貸被災害不能自存

者令得漁採山林池澤不收假税

十二年二月詔貸被災諸郡民種糧賜下貧鰥寡孤獨不能自存者及郡國流民聽入陂池漁採以助蔬食閏四月賑貸燉煌張掖五原民下貧者穀六月舞陽大水賜被水災尤貧者穀人三斛

十三年二月丙午賑貸張掖居延朔方日南貧民及孤寡羸弱不能自存者八月詔象林民失農桑業者賑貸種糧稟賜下貧穀食

十四年三月庚寅賑貸張掖居延燉煌五原漢陽會稽流民

十五年二月詔稟貸潁川汝南陳留江夏梁國燉煌貧民六月詔令百姓鰥寡漁採陂池勿收假税二歲

十六年正月巳卯詔貧民有田業而以匱乏不能自農者貸種糧四月遣三府掾分行兖豫徐冀四州貧無以耕者爲雇犂牛直

安帝延平元年九月六州大水遣謁者分行虛實舉災害賑乏絶十一月四州大水雨雹詔以宿麥不下賑賜貧人

永初元年正月稟司隷兖豫徐冀并州貧民（司隷領河南河內河東弘農都於雒陽魏末因爲司州）二月丙午以廣成游獵地（廣成苑名）

（在汝州西）及被災郡國公田假與貧民九月癸酉調揚州五郡租米（五郡謂九江丹陽廬江吳郡豫章也揚州領六郡會稽最遠蓋不調也）贍給東郡濟陰陳留梁國下邳山陽

二年正月稟河南下邳東萊河內貧民二月乙卯遣光祿大夫樊準呂倉分行冀兖二州稟貸流民十月庚寅稟濟陰山陽玄菟貧民十二月辛卯稟東郡鉅鹿廣陽安定定襄沛國貧民

三年三月癸巳詔以鴻池假與貧民（鴻池在雒陽東二十里假借也）令得漁採其中 四月巳巳詔上林廣成苑可墾闢者賦與貧民

四年丁卯正月稟上郡貧民各有差二月丁巳稟九江貧民

六年九月詔零陵桂陽丹陽豫章會稽租米賑給南陽廣陵下邳彭城山陽廬江九江饑民

元初二年正月詔稟三輔及并陽六郡流冗貧民

五年三月京師郡國五旱詔稟遭旱貧人

順帝永建二年二月詔稟貸荆豫兗冀四州流冗貧人所在安業之

三年四月癸卯遣光祿大夫案行漢陽及河内魏郡陳留東郡稟貸貧民

陽嘉元年二月丁巳詔稟甘陵貧人大小口名有差

戊辰以冀部比年水潦民食不贍詔案行稟貸勸農功賑乏絶三月庚寅大赦稟冀州尤貧民

二年二月甲申詔以吳郡會稽饑荒貸人種糧

桓帝建和元年二月荆揚二州人多餓死遣四府掾分行賑給

永興元年七月郡國三十二蝗河水溢百姓饑餓流冗道路至有數十萬戶冀州尤甚詔在所賑給乏絶安慰居業

永壽元年二月司隸冀州（司隸州維陽也）饑人相食勅州郡賑給貧弱若王侯吏民有積穀者一切貸得十分之三以助稟貸其百姓吏民者以見錢雇直（雇猶酬也）王侯須新租乃償（須待也）

延熹九年三月司隸豫州饑死者十四五至有滅戶者遣三府掾賑貸之

永康元年八月六州大水渤海海溢詔州郡其亡失穀食稟人三斛

獻帝興平元年穀一斛五十萬豆麥一斛二十萬人相食噉白骨委積帝使侍御史侯汶出太倉米豆爲饑人作米粥經日而死者無降帝疑賑卹有虛乃親

於御坐前量試作糜乃知非實（袁宏紀曰時勅侍中劉艾取米豆五升御前作得糜三滿盂於是手詔尚書曰米豆五升得糜四盂而人委頓何也）使侍中劉艾出讓有司於是尚書令以下皆詣省閤謝奏收侯汶考實詔曰未忍致汶於理可杖五十自是之後多得全濟

魏文帝初嗣位以漢延康元年二月下令曰池苑所以禦災荒也設禁非所以便民除其池籞之禁

黄初三年七月冀州大蝗民饑使尚書杜畿持節開倉稟以賑之

五年以冀州饑遣使者開倉稟賑之

明帝景初元年九月冀兗徐豫四州民遇水遣侍御史循行沒溺死亡及失財產者令諸在所開倉賑救之

晉武帝太始四年九月青徐兗豫四州大水伊維溢合於河開倉以賑之

六年七月以隴右五郡遇寇害不能自存者廩貸之

咸寧三年九月兗豫徐青荆益梁七州水傷秋稼詔賑給之

惠帝元康五年荆揚兗豫徐青等州大水詔遣御史廵行賑貸

八年正月詔發倉廩賑雍州饑人

元帝太興元年十二月江東三郡饑遣使賑給之

二年三吳大饑帝遣黃門侍郎虞斐桓彝開倉廩賑給

成帝咸康元年二月揚州諸郡饑遣使賑給

二年七月揚州會稽饑開倉賑給

孝武帝以咸安二年七月即位是歲三吳大旱人多餓死詔所在賑給

太元十九年七月荆徐二州大水傷秋稼遣使賑䘏之

安帝義熙九年四月罷臨沂湖熟皇后脂澤田四十頃以賑貧人弛湖池之禁

後魏明元神瑞二年十月詔曰古人有言百姓足則君有餘未有民富而國貧者也頃者已來頻遇霜旱年穀不登百姓饑寒不能自存者甚衆其出布帛倉穀以賑貧窮

泰常八年十月以歲饑詔所在開倉賑給

太武以泰常八年十一月即位開倉庫賑窮乏河南流民相率内屬者甚衆

神䴥四年二月定州民饑詔啟倉以賑之

太平眞君元年州鎮十五民饑詔開倉賑䘏

九年二月山東人饑詔開倉賑之

文成興定元年十二月癸亥詔以營州蝗開倉賑䘏

太安三年十二月以州鎮五蝗民饑使使者開倉以賑之

五年十二月詔曰朕承洪業統御郡寓思俶政化以濟兆民故薄賦斂以實其財輕徭役以紓其力欲令百姓修業人不乏匱而六鎮雲中高平二雍秦州徧遇災旱年穀不收其遣開倉廩以賑之有流徙者諭還桑梓欲市糴他界爲開傍郡通其交易之路若典

司之官分賦不均使上恩不達於下下民不贍於時加以重罪無有攸縱

和平五年二月詔以州鎮十四去歲蟲水開倉賑卹

獻文天安元年州鎮十一旱民饑開倉賑卹之

皇興元年九月詔賜六鎮貧人布二疋

二年十一月以州鎮二十七水旱開倉賑卹

四年正月詔州鎮十一民饑開倉賑卹十一月詔弛山澤之禁

孝文延興二年六月安州民遇水雹丏租賑卹九月己酉詔以州鎮十一水丏民田租開倉賑卹

二年三月壬午詔諸倉屯穀麥充積者出賜貧民十二月庚戌詔開外苑囿聽民樵採是歲州鎮十一水旱丏民田租開倉賑卹

四年州鎮十三大饑丏民田租開倉賑之

太和元年正月雲中饑開倉賑卹十二月州郡八水旱蝗民饑開倉賑卹

三年六月辛未以雍州民饑開倉賑卹

四年四月甲申賜天下貧人一戸之内無雜財穀帛者廩一年是歲詔以州鎮十八水旱民饑開倉賑卹十二月州鎮二十餘水旱民饑開倉賑卹

五年十二月癸巳詔以州鎮十二民饑開倉賑卹

六年八月癸未朔分遣大使巡行天下遭水之處丏其租賦貧儉不能自存者賜以粟帛庚子罷出澤禁

七年三月甲戌以冀定二州民饑詔郡縣爲粥於路以食之又弛關津之禁任其往來六月定州上言爲粥所活九十四萬七千餘口九月冀州上言爲粥給饑民所活七十五萬一千七百餘口十二月庚午開林慮山禁與民共之詔以州鎮十三民饑開倉賑卹

八年十二月詔以州鎮十五水旱民饑遣使者循行問所疾苦開倉賑卹

十年十二月乙酉詔以汝南頴川大饑丏民田租開倉賑卹

十一年二月甲子詔以肆州之鴈門及代郡民饑開倉賑卹六月己丑詔曰今年穀不登聽民出關就食遣使者造籍分遣去留在所開倉賑卹八月辛巳罷出北苑以其地賜貧民是年大旱京都民饑加以牛疫公私闕乏時有以馬騾及橐駞供駕輓耕載詔聽民就豊行者十五六道給糧廩所在三長贍養之臣欽若等曰若今里正村正也遣使者時省察焉留業者皆令主司審覈開倉賑貸其有特省不自存者悉簡集爲粥於街

衛以救其困
十二年十一月詔以雍豫二州民饑開倉賑邺
十三年四月州鎮十五大饑詔所在開倉賑恤、
二十年十二月甲子以西北州郡旱儉遣侍臣巡察
開倉賑恤乙丑開鹽池之禁與民共之
二十一年四月帝幸長安遣侍臣分省縣邑賑賜穀
帛
宣武以太和二十三年四月即位是年州鎮十八水
民饑分遣使者開倉賑恤
景明元年五月北鎮大饑遣兼侍中楊播巡撫賑恤

是歲十七州大饑分遣使者開倉賑恤
正始三年四月詔罷鹽池禁
四年八月敦煌民饑開倉賑恤九月司州民饑開倉
賑恤
永平元年三月丙午以去年旱儉遣使者所在賑恤
二年四月詔以武州鎮饑開倉賑恤
三年五月詔以冀定二州旱儉開倉賑恤
四年二月詔青齊徐兗四州民饑其遣使賑恤
延昌元年正月以頻年水旱百姓饑弊分遣使者開
倉賑恤三月州郡十一大水詔開倉賑恤又以京師
穀貴出倉粟八萬石以賑恤貧者四月詔河北民就
穀燕鎮二州又詔饑民就穀六鎮五月詔天下有粟
之家供年之外悉貸饑民六月詔出太倉粟五十萬
以賑京師及州郡饑民
二年二月賑恤京師貧民又以六鎮大饑開倉賑贍
閏二月以苑牧之地賜貸遷民無田者四月以絹十
五萬疋賑恤河南饑民六月青州民饑詔使者開倉
賑邺
三年四月青州民饑開倉賑之
孝文熙平元年四月瀛州民饑開倉賑邺

二年十月庚寅以幽瀛冀滄四州大饑遣尚書長孫
權兼尚書鄧羨元纂等巡撫百姓開倉賑給十月戊
戌以光州饑弊遣使賑邺
神龜元年正月幽州大饑民死者三千七百九十九
人詔刺史趙邕開倉賑恤閏七月開鎮州銀山之禁
與民共之
二年七月詔曰狂蠢肆暴陵竊北垂雖軍威時接賊
徒偪遁然獷虐所過多罹其禍言念斯弊有軫深懷
可敕北道行臺遣使巡簡遣寇之處饑餧不立者厚
加賑恤務令存濟

後周閔帝元年三月壬子詔曰淅州去歲不登厥民饑饉朕用愍焉其遣使巡簡有窮餒者並加賑恤

武帝建德四年岐寧二州民饑開倉賑卹

靜帝以大象二年五月卽位六月罷諸魚池及山澤公禁者與百姓共之

隋高祖開皇元年以官牛五千頭分賜貧人

五年八月河南諸州水遣民部尚書邳國公蘇威賑給之

六年二月山南荆淅七州饑遣前工部尚書長孫毗賑卹之

八年八月河北諸州饑遣吏部尚書蘇威賑卹之

十八年以山東頻年霖雨杞宋陳亳曹戴譙等諸州達於滄海皆困水災所在沉溺帝遣使將水工巡行川源相視高下發隨近丁以疏導之困乏者開倉賑給前後用穀五千餘萬石遭水之處租調皆免自是頻有年矣

仁壽二年河南北諸州大旱遣工部尚書楊達賑卹之

唐高祖武德元年十二月開倉以賑貧乏

二年閏二月出庫物三萬段以賑窮乏

七年關中河東諸州旱遣使賑給之

太宗貞觀元年夏山東諸州大旱詔所在賑給之

二年正月遣使賑窮乏三月己未遣中書侍郎溫彥博往山東賑恤窮乏

三年四月詔逃戶初還交無糧貯州縣長官量加賑卹是年秋貝譙鄆泗沂徐濠蘇隴等九州永德載廓三州蝗六輔之地及綿始利三州旱北邊諸州霜並遣使賑恤之

四年十二月甲辰臘帝狩於鹿苑見野人多藍縷遣侍中王珪賑賜貧人焉

七年六月甲子滹沲決於洋州壞人廬舍遣諫議大夫孫伏伽賑卹之是年山東河南之地四十餘州水遣使賑卹之

九年秋關東劍南之地二十四州旱分遣使賑恤之

十年關東及淮海之地二十八州水遣使賑恤之

十一年七月詔以水災其雒州諸縣百姓漂失資產乏絕糧食者宜令使人與之相知量以義倉賑給布告天下使明知朕意庚子賜遭水旱之家帛十五疋半毀者八疋是月廢明德宮之玄圃苑院分給河南雒陽遭水者九月丁亥黃河泛溢毀河陽中𨜒帝幸

白司馬以觀河溢河陽縣沿河居人被流漂者賜粟帛有差

十二年吳楚巴蜀之地二十六州旱遣使賑恤之

十五年二月建州言去秋鼠災損稼發義倉賑之三月罷襄城宮分賜百姓

十七年七月汝南州旱開倉賑給

十八年二月己酉幸靈口村落偪側問其受田丁三十畝遂夜分而寢憂其不給詔雍州錄尤少田者竝給復移之於寬鄉九月穀襄豫荆徐梓忠綿宋亳十州言大水竝以義倉賑給之

十九年正月易州言去秋水害稼開義倉賑給之

二十年正月沁州言去歲水傷稼詔令賑給

二十一年七月易州水詔令賑給八月冀易幽瀛嘗豫邢趙八州大水遣屯田員外韓贍等分行所損各家賑郵是月萊州螟發倉以賑貧乏十月絳陝二州旱詔令賑貸湖州給貸種食十一月夔州旱渝州言鼠害秋稼竝詔賑恤十二月蒲州旱渠州螟及鼠害秋稼竝加賑恤

二十二年正月詔建州去秋蝗以義倉賑貸二月詔泉州去秋蝗及海水泛溢開義倉賑貸是歲瀘州交州越州渝州徐州水戎州鼠傷稼開州萬州旱通州秋蝗損稼竝賑貸種食

高宗永徽二年正月詔曰朕寅畏三靈憂勤萬類分宵軫慮旻晷忘飡跡在岩廊心遍天下懼八政之或舛憂一物之未安欲使菽粟積於京坻禮讓興於萌俗而德不被遠誠未動天政道有虧咎徵斯應去歲三輔之地頗弊蝗螟天下諸州或遭水旱百姓之間致有罄乏此繇朕之不德兆庶何辜今獻歲肇春東作方始糧廩或闕事資賑給其遭蟲水處量以義倉賑貸貧乏雍同二州各遣郎中一人充使巡問務盡

哀矜之旨副朕縂綰之心八月廢玉華殿以爲佛寺苑內及諸曹司舊是百姓田宅竝還本主又以同州吉泉牧地分給貧民

四年光婺滁潁等州旱兖夔果忠等州水竝貸賑之

五年六月詔工部侍郎王儀往河北較行遭水諸州乏絶者賑貸之

六年秋雒水泛溢壞天津橋冀沂齊兖滑汴鄭婺等州雨水害稼詔令賑貸之

總章二年七月劍南益瀘巂茂陵邛雅綿翼維始簡資榮隆果梓普遂等一十九州大旱百姓乏絶總三

十六萬七千六百九十戸遣司珎大夫路勵行存問
賑貸許其往荆襄等州就谷九月括州暴雨大風海
水泛漲溢壞永嘉安固二縣城廓及廬舍六千餘家
漂溺人畜遣使賑給
咸亨元年九月辛未詔贊善大夫崔承福通事舍人
韋太真司衞承鉗耳知正等使往江西南運糧以濟
貧乏十月壬辰詔雍同華等州百姓有單貧孤苦不
能得食及於京城内流冗街衢乞丐廛肆者宜令所
司撿括具錄名姓本貫屬於故城内屯監安置量賜
皮裘衣裝及糧食縣官與屯監官相知撿挍十一月

乙卯令運劒南義倉米萬石浮江西下以救饑人
四年七月辛巳婺州暴雨山水泛漲溺死者五千人
漂損居宅六百家詔令賑給之
儀鳳四年二月命東都出粟及遠年糙米就市糶以
救饑人
二年八月丁卯朔河南北大水詔百姓乏絶者任往
江淮南就食仍遣使分道給之
中宗神龍元年四月雍州同官縣大雨雹鳥獸死又
大水漂流居人四五百家遣員外郎一人巡行賑給
六月河南河北十七州大水漂流居人害苗稼遣中
郎一人巡行賑給
二年六月遣使賑貸河北遭水之家十二月以河北
諸州遭水人多阻饑令侍中蘇瓌存撫賑給
三年夏山東河南二十餘州大旱饑饉疾疫死者二
千餘人命戸部侍郎樊悦巡撫賑給
景龍二年二月以河朔諸州多饑乏命魏州刺史張
知泰攝右御史臺大夫巡問賑恤七月荆州水制令
賑卹
三年三月制發倉廩賑饑人十月以關中旱及水旱
大理少卿侯令德等分道撫問賑給

睿宗景雲二年八月河南淮南諸州上言水旱爲災
出十道使巡撫仍令所在賑恤
元宗開元二年正月戊寅勅曰如聞三輔近地幽隴
之間頃縁水旱素不儲蓄嗷嗷百姓已有饑者方春
陽和物皆遂性豈可爲之君上而令有窮愁靜言思
之遂忘寢食宜令兵部員外郎李懷讓主爵員外郎
慕容珣分道即馳驛往岐華同幽隴等州指宣朕意
灼然乏絶者速以當處義倉量事賑給如不足兼以
正倉及永豐倉米充仍令節減務救懸絶者還日奏
聞

三年十一月乙丑詔曰君以人爲本人以食爲天雖水旱蟲蝗代則嘗有有一於此胡寧不恤間者河南河北災蝗水潦之處其困弊未獲安存念之憮然不忘寤寐宜令禮部尚書鄭惟忠持節河南宣撫百姓工部尚書劉知柔持節河北道安撫百姓其被蝗水之州量事賑貸務安其俗稱朕意焉

五年五月詔曰河南河北去年不熟今春亢旱全無麥苗雖令賑給未能周贍所在饑弊特異尋常如聞至今猶未得雨事須存問以慰其心從此發使又恐勞擾宜降恩制令本道按察使安撫其有不收麥處

更量賑卹使及秋收仍令勸課種黍稌及旱穀等使得接糧應有事急要者宜委使人量停事有不便於人須有釐革者准此

六年三月詔曰德惟善政政在養人必將厚生阜俗利物弘義朕奉若天命嗣膺王業思一物失所以百姓爲心間者河北河南頗非善熟人間糧食固應乏少頃雖分遣使臣巳令巡問猶慮鰥獨不能自存凡立義倉用爲歲備今舊穀向沒新穀未登蠶月務殷田家作苦不有惠恤其何以安宜開彼用儲時令貸給况京坻轉積歲月滋壞因而變造爲利弘多將以散滯收贏理財均施所司合作條件俾便公私

八年二月以河南淮南江南頻遭水旱遣吏部郎中張旭等分道賑恤四月華州刺史竇思仁奏乏絶戶請以永豐倉賑給從之

十年正月命有司收內外官職田以給逃還貧下戶其職田以正倉粟畝二斗給之四月詔曰朕聞懷州去年偏併不熟宜令刺史崔子源察審問貧下不支濟者量加賑貸八月以東都大雨伊汝等水泛漲漂壞河南府及許汝仙陳等州廬舍數千家遣戶部尚書陸象先存撫賑給

十一年正月詔河南府遭水百姓前令量事賑濟如聞未能存活春作將興恐乏糧用宜令王怡簡問不支濟者更賑給務使安存又以懷州去歲旱損命有司量加賑給

十二年八月詔曰蒲同兩州自春偏旱慮至來歲貧下少糧宜令太原倉出十五萬石米付蒲州永豐倉出十五萬石米付同州減時價十錢糶與百姓

十四年九月八十五州言水河南河北尤甚同福蘇常四州漂壞廬舍遣戶部侍郎宇文融簡覆賑給之

十五年二月遣右監門將軍黎敬仁往河北賑給貧

乏時河北牛畜大疫也七月戊寅冀州幽州莫州大水河水泛溢漂損居人室宇及稼穡並以倉糧賑給之丙辰詔曰同州鄜州近屬霖雨稍多水潦爲害念彼黎人載懷憂惕宜令侍御史劉彦回乘傳宣慰其有百姓屋宇田苗被漂損者量加賑給八月制曰河北州縣水災尤甚言念蒸人何以自給朕當宁興想有勞旰昃在予之責用軫于懷宜令所司量支東都租米二十萬石賑給十二月以河北饑甚轉江淮租米百萬餘石賑給之

十六年十月詔曰河南道宋亳許仙徐鄆濮兗州奏

冊府元龜　帝王部　惠民　卷之一百五　二十三

旱損宜令右監門衛大將軍黎敬仁往彼巡問如有不支濟戶朕須賑給與州縣長官相知量事處置訖回日具狀奏聞十一月詔曰所在陂澤元合官收至於編甿不合自占然以爲政之道貴在利人庶弘益下俾無失業前令簡括入官者除昆明池外餘並任百姓佃食

二十年二月辛卯制曰用天之道分地之利此庶人之事也非濟育無以致其功務在三時遵其五教此邦家之典也非悦勸無以成其業朕當夜分思理明發聽朝惠綏羣元若保赤子議獄以緩死薄征以息人年穀頻登時政庶穪而家給之長仍或未均蘊利之徒猶聞贊聚静言其事應有厥繇如聞貧下之人農桑之際多闕糧種咸求倍息致令貧者日削富者歲滋非所謂益寡裒多務穡敦本之方也思弘惠恤以拯貧窶且義倉元置與衆共之將以克濟斯人豈徒蓄我王府自今已後天下諸州每置農桑令諸縣審責貧戶應糧及種子據其口糧貸義倉至秋熟後炤數徵納庶耕者成業嗇人知勸生厚而德正時順而物成國富家肥於是乎在凡厥主守穪朕意焉三月詔曰天生蒸民樹之司牧將興化濟俗育物阜時

冊府元龜　帝王部　惠民　卷之一百五　二十四

朕對越明靈作人父母因地利以覩穡樂歲成而報功期於富庶俾之寧緝故嘗納隍夕惕負扆晨興受一服則思紡績之勤務三時則憂畎畝之害每因水潦方降則使隄防必葺去歲已來頻有處分所繇簡慢或未躬勸河南數州致滋水損州縣牧宰何以自安被損之家何以存濟宜令戶部侍郎張敬輿宣慰簡覆如實有損貧下不支濟百姓量事賑給務令憂恤穪朕意焉是歲河北穀貴遣太子賓客盧從愿爲宣撫處置使開倉以救饑餒

二十一年四月以久旱命太子少保陸象先戶部尚

書杜暹等七人往諸道賑給是年關中久雨害稼京
師饑詔出太倉粟二百萬石賑給之
二十二年正月懷衛邢相等州乏糧遣中書舍人裴
敦復巡問量給種子二月秦州地震廨宇及居人廬
舍推壞畧盡遣使存問賑恤之
二十三年八月制江淮以南有遭水處委本道使賑
給之
二十五年四月戊申詔有司以咸宜公主秦州牧地
分給逃還貧下户
二十六年正月丁丑制項以櫟陽等縣地多鹹鹵人

力不及便至荒廢近者開决皆生稻苗亦旣成功豈
專其利京兆府界內應雜開稻田並宜散給貧者及
逃還百姓以為永業
二十八年十月河北十三州水勑本道採訪使量事
賑給
二十九年秋河北二十四州雨水害傷稼命御史中
丞張倚往東都及河北賑卹
天寶十二載正月丁卯詔曰河東及河淮間諸郡去
載微有澇損至於乏絶已令給糧如聞郡縣尚未賙
恤方春在候農事將興或慮百姓艱難未能存濟宜
每道各令御史一人卽往宜撫應有不支持者與所
繇計會隨事賑給如當郡無食及不充聽取比郡者
分付務令勝致以副朕懷
十三載秋大霖雨自八月至十月凡六十餘日如霽
京城坊市垣墉隤毀殆盡米價踴貴詔出太倉米百
萬石於城中分十場賤糶與貧人
十四載正月以歲饑乏故下詔曰嘉穀不登古今薦
有勸分之義皇王善經且豐熟已來歲時頗久豈有
餘糧捿畝誠恐極賤傷農所以積之京坻用防水旱
爰自二載稍異有年粟麥之間或聞未贍比開倉賤

糶以濟時須雖且得支持而價未全減餱糧種子尚
慮不充是用賙恤俾之寬泰在於處置須均有無今
更出倉務令家給俾其樂業式副朕心宜於太倉出
糶一百萬石分付京兆府與諸縣糶每升減於時價
十文河南府畿縣出三十萬石太原府出三十萬石
榮陽臨汝等郡各出粟二十萬石河內郡出米十萬
石陝郡出米二萬石并每斗減時價十文糶與當處
百姓應緣開場差官分配多少一時各委府郡縣長
官處置乃令採訪使各自勾當其太倉含嘉出粟兼
令監倉使與府縣計會處分其奉先同官華原等縣

與中部郡地近宜准諸縣例敷便於中部請受其餘縣有司者仰准此其天下府縣百姓去載有損交不支濟者仰所繇審勘責除有倉糧之外仍便據籍地頃畝量與種子京兆府及華陽馮翊扶風等郡既是近輔須别優矜雖非損戶或有乏少種子者亦仰每鄉量宜准給并委採訪使與府郡長官計會卽與處置使及營農使其種子旣須好粟仍取新地税分付京畿府郡京草雖已加價尚聞難辦宜委度支各與所繇計會支料得至今載終已來用足之外應未送者量事停減賑給糶倉矜貧濟乏務從撫實無使隱

欺如官人及富有之家典正并攙攬諸色輒私侵糶兼有乞取或虛着人名詐來請受者其自五品已上官蔭人等錄奏當别有處分六品巳下并白身者便决一頓仍准法科繩所繇等官不能覺察及自抵犯者亦與同罪

肅宗乾元三年二月以米貴斗至五百文多餓死令中使於西市煑粥以飼餓者

冊府元龜

巡按福建監察御史臣李嗣京　訂正
建南道左布政使臣胡維霖　叅閱
知建陽縣事臣黃國琦較釋

帝王部　一百六

惠民第二

唐太宗廣德二年浙東諸州以討平賊帥袁晁瘡痍初復乃加賑恤

大曆四年四月連雨至八月京城米斗八百文官出米二萬石減估而糶以惠貧民

十一年三月以杭州前歲水災命右散騎常侍蕭昕使于杭州宣慰賑給

德宗以大曆十四年五月卽位七月庚午詔邕州所奏金坑誠爲潤國語人于利非朕素懷方以不貪爲寶惟德繫物豈尚茲難得之貨生其可欲之心邪其金坑任人開採官不得占十月辛卯以官豢豕三千給貧人

興元元年十月乙亥詔曰頃戎役繁興兩河尤劇農桑俱廢井邑爲墟丁壯服其干戈疲羸委於溝壑歷河朔而至太原自淮沂而被雒汭虫螟爲害雨澤愆時然猶徵賦未息征役未寧凍餒流離寄命無所其宋亳淄青澤潞河東嘗冀幽州易定魏博等八節度管內各賜米五萬石河陽東都畿二節度管內各賜三萬石所司卽般運於楚州分付各委本道領受賑給將士百姓江淮之間連歲豐稔迫於供賦頗亦傷農收其有餘濟彼不足宜令度支於淮南浙江東西道加價和糴米三五十萬石差官般運於諸道減價出糶貴從權便以利於人宜卽遣使分道宣慰勞勉將士存問鄉閭有可以救歲凶災除人疾苦各與長吏商量奏聞

貞元元年正月辛丑賑貸諸道將士百姓昭義河東成德幽州義武魏博奉誠晉慈隰宣武平盧沂滑河陽東都畿汝州諸軍節度各賑米四十七萬石二月二日詔曰諸道節度觀察使所進耕牛委京兆府勘責有地無牛百姓量其產業以所進牛均平給賜其有田五十畝已下人不在給限給事中袁高奏曰聖慈所憂切在貧下百姓有田不滿五十畝者尤是貧人請量三兩戶共給牛一頭以濟農事從之是時蝗旱之後牛多疫死諸道節度韋臯李叔明等咸進耕牛故有是命又賜京兆府百姓種子二萬石同州華

州各三千石陝虢兩州各四千石四月陝虢觀察使李泌奏虢州盧氏縣山谷近出瑟瑟請充貢獻禁人開採詔曰瑟瑟之寶中土所無今產于近甸實爲靈貺朕不飾器玩不尚珍奇當思返朴之風用明恭儉之節其出瑟瑟處任百姓求採不宜禁止

四年正月詔曰諸州遭水旱委長吏貸種

六年七月以麥不登賜京兆府種五萬石

七年三月以關輔牛疫存者十五六遣中使市以給之八月河南河北山南江淮凡四十餘州大水遣中書舍人奚陟往江襄鄀隨鄂申光蔡等州左庶子姚

齊梧往陳許宋亳徐泗等州秘書少監雷咸往鎮冀德棣深趙等州京兆少尹韋武往揚楚盧壽徐潤蘇常湖等州宣撫應諸州百姓因水不能自存者委宣撫使賑給十二月詔曰惠下恤人先王之政典視年制用有國之常規故有出公粟以賑困窮弛歲征以寬物力迺者諸道水災臨遣宣撫省覽條奏載懷惻惻其州縣遭水漂損乏絶戶宜共賜三十萬石度支即與本道節度觀察使計度各隨所近支給委本使擇清幹官送米給州縣

十三年三月河南府上言當府旱損請借含嘉倉粟五萬石賑貸百姓可之

十四年六月庚寅詔曰訪聞蒸庶之間米價稍貴念玆貧乏每用憂懷苟利于人所宜通濟今令度支出官米十萬石于街東西各五萬石每斗賤較時價糶與百姓乙巳以旱儉穀貴人流出太倉粟賑恤京兆府諸縣七月令賑給京兆府百姓麥種三萬石十月以歲凶穀貴出太倉粟三十萬石令京兆府開場糶以惠民十二月以河南府穀貴人流令出含嘉倉粟七萬石開倉糶以惠河南饑民

十五年二月以久旱歲凶出太倉粟十八萬石于京

畿諸縣賤糶以救貧人

十九年七月貸京畿百姓麥種

憲宗永貞元年八月即位九月丙子詔申光蔡及陳許兩道將卒百姓等比遭旱損多缺糧儲特宜賑給令其有濟申光蔡等州宜賜米十萬石陳許等州賜米五萬石仍令刑部員外郎薛弁充宣慰使專往存問十一月以久雨京師鹽貴出庫鹽一萬石以惠饑民

元和元年四月戊申命禮部員外郎裴汶以米十萬石賑給于浙東

四年正月壬午制曰王者立國本以安人海隅蒼生不忘弘覆天下至廣咸務和寧其或郡國罹災存撫爲重發廩蠲賦時惟舊章㪚歲布和前聖高躅朕祇膺眷命纘承洪緒居兆人之上五載于玆推大信以撫萬邦體至仁以蕃庶類夕惕惟厲憂深納隍豈布理猶鬱上帝未感精祲相盪陰陽或愆近者江淮之間水旱作沴綿亘郡邑自夏徂秋雖誠禱羣神無愛圭璧而災流下土虧我生成逋亡靡依凋瘵斯甚疲俗艱食時予之辜當宁疚懷宵衣興歎憫玆求瘼臨遣使臣分命巡行將加存恤往救災患冀安流庸俾

免其田租賑以公廩隨便極給惠此困窮其元和三年諸道應遭水旱所損州府應合放兩稅錢米等損四分已下宜准式處分四分已上者並准元和元年六月十八日勅文放免仍令中書門下即於朝班中擇人分道存撫其有單貧乏户轉徙未安便以常平義倉所貯斛㪷量事賑貸務令存濟副朕憂軫嗚呼方岳長吏居職親人永言分憂亦惟善政敬哉有土咸悉予懷六月渭南縣暴水發溢漂損閭舍二百一十三户秋田十六頃溺死者六人命京兆府發義倉賑給十一月詔淮南楊楚滁三州浙西潤蘇常三州今年歉旱尤甚米價殊高言念困窮豈忘存卹宜以江西湖南鄂岳荆南等使折糴米三十萬石賑貸淮南道三州三十萬石貸浙西道三州恐此米來遲不救所切宜委淮南浙西觀察使且各以當道軍糧米據數給旱損人户節級作條件賑貸淮南李吉甫浙西韓臯躬親部署令刺史縣令切加勾當使此米必及饑人以副朕意如賑貸三州之外可及諸州亦聽量便宜處置待江西等道折糴和糴米到各處依數收管

六年二月癸巳制曰王者本憂人之心有順時之令

故及發生之候必弘利澤之規以此惠人期於阜俗今三陽布和萬物遂性唯人之窮乏者或不能自存朕所以憫然省憂議所賑救如聞京畿之内緣舊穀已盡粟麥未登尚不足於食陳豈有餘於播種勸其耕食固在及時念彼徵求尤資寬貸京兆府宜以常平義倉粟二十四萬石貸借百姓其諸道州府有乏少糧種處亦委所在官長用常平義倉糧借貸淮南浙西宣歙等道元和四年賑貸並且停徵容至豐年然後塡納

七年二月壬辰制曰王者布德行惠必順天時發廩

賑乏蓋循舊典朕君臨寓縣念切黎元思欲咸致其安各阜其業事關恤下政在便人予無愛焉斯爲大本而甸服之内比年豐穰一歲不登遂至艱食豈非轂下賦役經制猶繁物力所資凋耗已甚興言於此愧歎良深今春陽發生田事具飭苟迫於歉乏不能自存則耕植頓缺秋成何望所以特加惠養蠲彼徵求庶農桑之及時候麰麥之方稔式當和煦之候載示憂勤之心我其永懷俾厚生殖京畿百姓宜賑給粟三十萬石内八萬石以京府常平義倉粟充之其餘用太倉支給

九年二月丁未制曰善爲國者務蓄於人百姓未康君孰與足其或時逢水旱念切惸嫠於是有已責之恩行散利之典古今通範何莫繇斯朕恭己勵精以臨兆庶永言憂濟終食豈忘思俾萬邦同臻富壽而去歲甸服氣序愆和夏屬驕陽秋多苦雨三農爽候五稼不滋比及收藏曾靡善熟如聞閭井之内儲備罕充産於地者既微出於力者宜困既牽公上之税薦迫輸送之期循環歲時固亦勞止況羣司具列軍衛實繁供億之名制備存工役之科條未艾四方楨榦属在京師念兹矜人良多愧嘆今土膏方動東作其勤逋賦未蠲種餉何望宜加惠渥式俾厚生趨澤務農庶乎勸化姑示納隍之旨佇寛艱食之虞煦育順時義斯可取應京畿百姓所欠元和八年税斛㪷青苗錢税草等在百姓腹内者竝宜放免仍以常平義倉斛㪷三十萬石委京兆府條疏賑給務及貧人如常平義倉不足卽宜以元和七年諸縣所貯折糴斛㪷添給應緣賑給百姓等委京兆差擇清幹官於每縣界逐處給付使無所弊各得自資近歲已來屢弘德澤邦畿千里上號田腴阜安疲黎亦在循政咨爾京邑長吏洎于宰字之官各宜叶心將我詔意戒

之以擾授之以仁宣示朕懷咸使知悉時百姓以八年水害農功及春作告旱於是畿輔閒以徵賦爲憂及此詔下人情大悦五月以旱穀貴出太倉粟七十萬石開六場糶之并賑貸外縣百姓至秋熟徵納便於外縣收貯以防水旱

十年十二月命度支郎中薛公幹賑恤易定等州水旱

十一年四月丁巳以粟八萬石賜徐宿二州皆恤其

十二年正月以京畿及陳許饑詔鄭滑觀察使以估糶官粟救之四月詔出太倉粟二十五萬石糶於兩

京以惠饑民九月辛卯制曰朕爲人君期致豐寧夙夜永思未嘗怠息而庶政猶闕嘗雨爲災至今遠近或有墊溺浸敗廬舍漂浸田苗言念疲黎重罹斯弊覽茲奏報嗟悼良深將俾獲安豈忘賑救其諸道應遭水州府河南澤潞河東幽州江陵府等管内及鄭滑滄景易定陳許晉隰蘇襄復台越唐隨鄧等州人戶宜令本州厚加優恤仍各以當處義倉斛㪷據所損多少量事賑給訖具數奏聞

十四年七月東都留守上言河南府汝州百姓饑詔貸河南府粟五萬石汝州二萬石八月乙亥歸光州

茶園於百姓從刺史房克讓之請也

穆宗長慶二年七月以陳許罹水災賑粟五萬石閏十月甲寅詔曰如聞江淮諸州旱損頗甚所在米價不免踊貴眷言疲瘵須議優矜宜委淮南浙東宣歙江西福建等道觀察使各於當道有水旱處以嘗平義倉斛㪷據時估減一半價出糶不得令豪家并糴使其必及貧人十二月甲午命以絹二百疋賑京師東京西市窮乏者

四年二月詔如聞京城米穀翔貴百姓乏食者多夏麥未登須有救恤宜出太倉陳粟四十萬石委度支京兆府類會減時價於東西街置場出糶其價錢仍司府收貯至秋收糴

敬宗寶曆元年十二月詔曰農功所切實在耕牛疲甿乏此理須給賜宜委度支於東鎮武靈鹽夏州分市耕牛萬頭交付京兆尹均給畿内貧下百姓其價以戶部綾絹充

文宗太和元年六月命中使赴京兆府宣令脩高陵界白渠斗門任百姓取水溉田

二年七月詔曰朕撫有四方子育兆庶虔恭夕惕罔敢自暇庶乎天地交感人神洽和如聞山東降災淫

雨泛濫豈政理有所未明人情有所未達邪中宵待旦惕然疚懷應是諸州遭水損田苗壞廬舍處宜委所在吏切加訪恤如不能自濟者宜發義倉賑給普令均一以副朕懷

三年五月詔去年已來水損處鄆曹濮青淄德齊等三道宜各賜米五萬石兖海三萬石竝以入運米在側近者逐便速與搬運仍以右司員外郎劉茂復充曹濮等道賑恤使戶部員外郎嚴謩兖海等道賑恤使七月齊德州奏百姓自用兵已來流移十分只有二分伏乞賜麥種耕牛等勑量賜麥三千石牛五百

頭共給綾一萬疋充價直仍各委本州自以側近市
糴分給
四年七月辛卯以太原人饑賑貸斛㪷三萬石癸巳
許州上言去年六月二十一日被水有詔應遭水損
百姓等宜量放今年租子委本道即具分析聞奏仍
令宣慰使李珝與本道勘會人户實水損每人量給
米一石其當户人多亦不得過五石令度支以逐便
支送其人粟數分幷以聞幷免本道合送上供錢二
萬八月戊寅舒州上言當州太湖宿松望江等縣從
今年四月巳後江水泛漲没百姓産業共計六百八

十二户竝盡人皆就高避水饑貧無食有詔以義倉
賑給十月庚寅詔曰朕以寡德臨御萬方宵旰憂勤
匪敢自暇然仁未及物誠不動天陰陽失和水潦爲
敗顧兹災沴害及生靈江淮之間潤和兩州應水損
縣數據所申奏漂溺人户處宜委本道觀察使與本
州刺史仔細撿勘全放今年秋税錢米仍以義倉斛
㪷逐便據淹損田苗漂壞廬舍及蟲螟所損節級矜
減詣實奏聞如聞沒溺甚處亦以義倉量事賑賜其
京兆河南府所損縣即據頃畝依嘗例撿覆分數蠲
減刑縣牧宰各務撫安必令均齊用稱朕意

五年正月詔河東兵戈之後亢旱踰年倉廪空虚黎
元困乏若無救恤恐至流亡宜借便粟十萬石七月
東州玄武江水漲二丈梓州羅城漂人廬舍詔劍南
兩州水運使宣撫賑給
六年正月制京兆府諸縣宜以嘗平義倉斛㪷量事
賑恤仍先從貧下户給二月户部侍郎庾敬休奏兩
州米價騰貴百姓流亡至多請糴兩州闕官職田祿
米以救貧人從之戊寅勅曰浙西諸州皆有水災蘇
湖兩州漂没尤甚須有賑恤以救疲人兩州共賜米
二十萬石先從貧下户給竝以本州嘗平義倉斛㪷

充五月壬子浙西觀察使丁公著奏杭州八縣災疫
詔賜米七萬石以賑之
七年正月壬子以旱詔京兆府河中等九州府宜賜
粟五十六萬石京兆府賜十萬石河南府河中府絳
州各賜十萬石同華等州各賜十萬石竝以嘗平義
倉及所糴斛㪷充無本色者以運米折給委本州府
長吏明作等第差官吏對面宣賜先從貧下起給
八年九月詔淮江浙西等道仍歲水潦遣殿中侍御
史任畹馳往慰勞以比年賑貸多爲奸吏所欺徒有
其名惠不及下宜委所在長吏以軍州自貯官倉米

減一半價出糶各給貧弱如無貯蓄處即以常平義倉米出糶又詔諸道有饑疫處軍糧積蓄之外其屬度支戶部雜穀並令減價以出糶濟貧人

九年三月乙丑詔曰朕以寡德居於兆民之上雖兢兢業業思理不怠而政道多闕和氣仍傷舊歲水旱黎民艱食爲之父母斯心鬱陶如聞魏博六州阻饑尤甚野無青草道殣相望及山東道陳許鄆曹濮淮南浙西等道皆困於饑疫屢乏種餉其魏博宜賜粟五萬石山南東道陳許鄆曹濮等三道各賜糙米二萬石充賑給委度支逐便支遣淮南浙西兩道委長

吏以常平義倉粟賑賜

開成元年正月詔同州賜穀六萬石河中府絳州共賜十萬石委度支戶部以見貯粟麥充賜

二年七月詔以時旱減入內水十分之九賜百姓灌田從京兆尹崔珙之請也

四年七月丙午滄景節度使劉約奏請義倉粟賑遭水百姓詔曰本置義倉只防水旱先給後奏勅有明文劉約所奏已爲遲晚宜速賑恤

武宗會昌元年正月詔如有陂澤山原百姓或力能墾闢耕種州縣不得輒問所收苗子臣欽若等曰唐自武宗至昭哀無實錄後故此作闕

後唐莊宗同光四年正月己卯明宗奏深冀諸州縣流亡饑饉戶一千四百乞鄴都倉儲借貸以濟窮民

明宗天成四年二月詔應定州城外修築城寨處委招携本主識認城內窮民不濟者委本道量加賑給

長興元年正月滑州上言准詔賑貸貧民以去年水災故也二月郊禋禮畢制曰諸州府或經水旱災沴恐人戶闕乏糇糧方值春時誠宜賑恤宜令逐處取去年納到新好屬省斛㪷各加賑貸候秋收日徵納是月宋州奏准詔賑貸粟萬石三月差中使三人往

登萊賑濟貧民是月陝州奏准詔賑貸貧民五月青州奏准詔賑貸貧民糧一萬四百一十九石

二年二月汴州奏准詔賑貸遭水處貧民

三年三月辛亥帝謂侍臣曰朕昨日出城觀稼見百姓父子三人同曳犁耒者力農如是深軫予懷可賜耕牛二頭七月丁未內出御劄示百僚曰朕以臨御萬邦寵綏四海務恤民以設教期化俗以成風昨自霖雨連綿川瀆汎溢傷數州之苗稼蕩百姓之丘園遘此徵災慙虧至德致農者失力田之望念編甿有艱食之虞每自責躬更思求理欲使人獲其蘇息恨

不家至而撫安憂勞所深鑒寐斯切宜布維新之澤式全可大之功今年州府遭水潦處已下三司各指揮本州府支借麥種及等第賑貸斛食仰逐處長吏切加安存不得輒有差使如戶口流移其戶下田園屋宅仰村隣節級長須主管不得信令殘毀候本戶歸日具元本桑棗根數及什物數目交付不得致有欠少本戶未歸即許隣保請佃供輸若入務時歸業准例收秋後交付貴示招攜永期康泰速宜宣布稱朕意焉是歲宋亳潁三州水災尤甚樞密使范延光趙延壽從容奏曰今秋宋亳潁等州水災甚民戶流

亡粟價暴貴臣等量欲與本州官倉斛㪷依如今時估出糶以救貧民兼大水之後頗宜宿麥窮民不便種子亦望本州據民戶等第支借麥種自十石至三石候來年收麥據原借數納官從之乃下此詔

晉高祖天福四年十二月帝以雨雪彌月出金粟薪炭與犬羊皮以賑窮乏

六年四月乙巳以齊魯民饑詔兗青鄆三州發管內倉糧賑貸

七年七月壬戌開封府奏准宣給糧二萬石賑諸縣貧民是月戊辰遣司農少卿李兆使宿州鴻臚少卿龐令圖使維京白波賑貸貧民

少帝天福七年八月詔襄州城內百姓等久經圍閉例各饑貧宜示頒宣用明恩渥大戶各賜粟二石小戶各賜粟一石宜令襄州以見在數充十二月丁丑詔遣供奉官馬延翰維京賑恤饑民仍宣河南府差大將量將米豆往諸山谷俵散給人戶其諸縣係欠秋稅與限至來年夏麥徵納

八年正月丁酉勅河南懷孟鄭等州管內百姓有積粟者仰均分借便以濟貧下

周太祖廣順二年二月庚申齊州言禹城縣二年水

民饑流亡今年見固河倉有濮糧五萬二千餘斛欲賑貸勅諸邑留二三千斛給巡檢職員餘並賑貸貧民

三年三月壬辰徐州言彭城縣民饑乏乞賑貸從之十一月辛卯勅膳部員外郎劉表徵往兗州開倉減價糶粟以水害稼救饑民也丙午單州刺史劉禧言倉州充給歲餘軍糧外有大麥六萬石欲開倉官糶以濟貧民從之十二月以亳州潁州大水民饑所有倉儲及永城倉度支給軍食一年外遣使減價出糶

顯德元年正月乙酉分命朝臣杜𦢊等五人往潁亳

濮永城固河口開倉减價出糶以濟饑民
世宗顯德四年三月命左諫議大夫尹日就於壽州開倉賑其饑民又命供奉官田處嵓梁希進等於壽州城内煑粥以救饑民六月辛酉西京上言伊陽縣居民多於山谷間淘金帝曰山澤之利與衆共之王者之道也命本州勿禁
六年正月命廬州開倉出陳麥以糶之蓋克復之後民多阻饑故廉其價以惠之也二月壬午滁州上言准宣出糶省倉陳麥以利饑民三月壬戌楚州上言詔准煑粥以救饑民丙戌遣使往和州開倉以賑饑

民戊子命壽州開倉以賑饑民十二月分命使臣賑給諸州遭水人户

册府元龜

巡按福建監察御史臣李嗣京 訂正
知長樂縣事 臣 夏允彝叅閱
知建陽縣事 臣 黃國琦較釋

帝王部 一百七

朝會第一

夫春朝夏宗秋覲冬遇天子端扆而嚮明諸侯輯瑞而畢會九賓在位三揖成禮號令憲章於是乎出聲名文物罔有不備寅恭者加禮怠惰者貶爵所以訓上下之則正君臣之序教庶民以事上示率土以大

同也夏禹之塗山刑辟以討後至康王之酆宮慈惠以接來庭三代之制於斯爲盛厥後質文雖異因革同歸罔不修其班制差其功位既以述職亦用講禮盖昧爽而聽政人君之盛儀假寐而待旦人臣之忠節臨三軍者以之生懼有家邦者其可忽此至若甘泉受計露門頒令小正以和見仲夏以咸覲奉乎皮幣錫以車馬發樽以求諫交戟以宣威此歷代之遺美前王之令範書之方册可爲彝訓隋氏而上史多闕文唐室而下所記詳悉兹詮次其事列之於篇其有長樂之尊承華之貴三元慶賀率爲典故以至國家多事因而廢朝咸附之言爾

虞舜正月上日受終於文祖（上日朔日也終謂堯終帝位之事文祖者堯始祖之廟）輯五瑞既月乃日覲四岳羣牧頒瑞於羣后（輯斂既盡覲見班還后君也舜斂公侯伯子男之瑞圭璧盡以正月中乃日見四岳及九州牧監還五瑞於諸侯與之正始也）

夏禹合諸侯於塗山執玉帛者萬國（諸侯執玉附庸執帛塗山在壽春東北）

周成王即位少周公攝政朝諸侯於明堂之位（周公攝王位以明堂之禮儀朝諸侯不於宗廟避王也）天子負扆斧南向而立（天子周公也負之言背也斧依爲斧文屏風於戶牖之間周公於前立焉）三公中階之前北面

東上諸侯之位阼階之東西面北上諸伯之國西階之西東面北上諸子之國門東北面東上諸男之國門西北面東上九夷之國東門之外西面北上八蠻之國南門之外北面東上六戎之國西門之外東面南上五狄之國北門之外南面東上九采之國應門之外北面東上四塞世告至此周公明堂之位也（朝之禮不於此周公權用之也朝位之上近王位尊也九采九州之牧典貢職者也正門謂之應門二伯帥諸侯而入牧居外而糾察之也四塞謂夷服鎮服在四方爲蔽塞者新君即位則來朝周禮侯服歲一見甸服二歲一見男服三歲一見采服四歲一見衛服五歲一見要服六歲一見九州之外謂之蕃周世一見）

康王既尸天子（尸主也主天子之位號）出在應門之內（出皐門立應門）

（內之中處南面）太保帥西方諸侯入應門左畢公率東方諸侯入應門右（二公爲二伯各率其所掌諸侯隨其方爲位皆北面）皆布乘黃朱（諸侯皆陳四黄馬朱鬣以爲庭實）賓稱奉圭兼幣曰一二臣衞敢執壤奠（賓諸侯也敢執壤地所出而奠贄也）皆再拜稽首王義嗣德答拜（康王以義繼先人明德答其拜受其幣）太保暨芮伯咸進相揖皆再拜稽首（冢宰與司徒皆共羣臣諸侯並進陳戒不言諸侯以內見外）其後康王又有酆宮之朝（酆在始平鄠縣東有靈臺康王於是朝諸侯）

穆王有塗山之會

漢高帝七年長樂宮成諸侯羣臣朝十月（高帝因秦制以十月爲歲首）用叔孫通新儀先平明謁者治禮引以次入殿

門庭中陳車騎戍卒衞官設兵張旗志（志與幟同音式餌切）傳曰趨（傳聲教入者皆令趨趨謂疾行爲敬也）殿下郎中俠陛陛數百人（俠與夾同俠其兩傍每陛皆數百人也）功臣列諸侯將軍軍吏以次陳西方東鄉文官丞相以下陳東方西鄉大行設九賓臚句傳（上傳語告下爲臚下告上爲句也大行掌賓客之禮今之鴻臚也九賓則周禮九儀也公侯伯子男公卿大夫士也臚音臚）於是皇帝輦出房百官執戟傳警（傳聲而唱警）引諸侯王以下至吏六百名以次奉賀自諸侯王以下莫不震恐肅敬至禮畢盡伏置法酒（法酒者猶言禮酌謂不飲之至醉）諸侍坐殿下皆伏抑首（抑屈也謂禮法不敢平坐而視）以尊卑次起上壽觴九行謁者言罷酒御史執法舉不如儀者輒引去竟朝置酒無敢讙譁失禮者於是高帝曰吾乃今日知爲皇帝之貴也

武帝元封五年春南巡狩還增封泰山因朝諸侯王列侯受郡國計（計若今諸州計帳也）

太初元年春受計於甘泉

天漢四年正月朝諸侯王於甘泉宮

後元二年正月朝諸侯王於甘泉宮

宣帝神爵元年正月詔曰軍旅暴露轉輸煩勞其令諸侯王列侯蠻夷王侯君長當朝二年者皆毋朝

後漢安帝永初四年正月元日會徹樂不陳充庭車

（每大朝會必陳法物車輦於庭故日充庭車以年饑故不陳）

魏齊王景初元年正月即位七月始親臨朝聽公卿奏事

晉武帝太始六年正月丁亥朔帝臨軒不設樂（史不載其所以不設樂之故）

元帝大興元年正月戊申朔臨朝懸而不樂（時愍帝蒙塵）

明帝大寧元年三月戊寅朔改元臨軒

二年正月丁亥帝臨朝停饗宴之禮

穆帝永和六年帝臨朝以褚裒喪故懸而不樂（褚裒康獻褚右之父）

七年正月丁酉朔日有食之先是廷尉王彪文與楊州刺史殷浩書曰太史上元日合朔談者或有疑應却會與不昔建元元年亦元日合朔庾車騎寫劉孔才所論以示八座于時朝議有謂孔才所論爲不得禮儀苟令從之是聖人之一失也何者禮云諸侯旅見天子入門不得終禮而廢者四太廟火日蝕后之喪雨霑服失容尋此四事之指自謂諸侯雖已入門而卒暴有之則不得終禮非謂先存其事而徼倖史官推術錯謬故不豫廢朝禮也夫三辰有災莫大日蝕史官讜而無懼容不修預防之禮而廢消救之術

方大饗華夷君臣相慶豈是將虔天災罪已之謂且撿之事實合朔之儀至尊靜躬殿堂不聽政事冕服御坐門闥之制與元會禮畢自不得兼行則當權其事宜合朔之禮不輕於元會元會有可却之準合朔無可廢之義謂應依建元故事却元會浩從之竟却會

十年正月巳酉朔帝臨朝以五陵未復懸而不樂

十二年正月丁卯帝臨朝以皇太后毋喪懸而不樂

恭帝元熈元年正月壬辰朔改元以山陵未厝不朝會

後魏大武正平元年正月丙戌朔帝南伐臨江大會羣臣於江上

孝文太和十年正月癸亥朔帝始服袞冕朝饗方國

十五年十一月丙戌初罷小歲賀小歲謂冬至

十八年春正月丁未朔朝羣臣於鄴宮澄鑾殿

十九年十二月丁未朔引見羣臣於光極堂甲子又引見羣臣於光極堂班賜冠服

出帝太昌元年十二月戊戌朝會百官於太極前殿

後周武帝保定五年春正月甲申朔廢朝以康國公王雄死王事故也

天和六年春正月巳酉朔廢朝以露門未成故也

建德三年正月壬戌朝羣臣於露門

宣帝大象元年正月癸巳受朝於露門帝服通天冠絳紗袍羣臣皆服漢魏衣冠大赦改元

二年正月丁亥帝受朝於道會苑

唐高祖武德九年正月庚寅朔廢朝雨也

太宗貞觀十一年正月朔帝臨軒懸而不樂禮也爲高祖憂故

十三年正月僕射房玄齡奏天下太平萬機事簡請三日一臨朝詔許之

十五年正月庚午朔帝嘗服不臨軒行幸雒陽宮衣冠禮樂闕設也

二十年正月甲子朔太宗嘗服不臨軒行在故也是年征遼回

高宗貞觀二十三年即位九月十一日太尉無忌等奏請視朝坐日帝報曰朕登大位日夕孜孜猶恐擁滯衆務自今已後每日嘗坐

永徽二年八月二十九日下詔來月一日太極殿受朝此後每五日一度太極殿視事朔望即爲嘗式

四年正月癸丑朔帝臨軒懸而不樂以濮王泰在殯

故也

六年正月壬申親謁昭陵甲戌至自昭陵庚子受朝賀於太極殿

顯慶二年二月太尉長孫無忌等奏以天下無虞請隔日視事許之

中宗神龍元年四月癸亥初令文武官四品已上每朔望參日升殿食景子以時屬炎暑制令每隔日方坐左拾遺靳嘗上疏諫不納事具諫諍直諫門

二年正月庚子朔以則天皇后梓宮在殯不朝會

睿宗太極元年正月癸丑釋慘服御正殿奏廣樂於庭受皇太子及百官朝賀

玄宗先天二年正月太上皇誥正月十五日朝改取十一日每年皆然又非朔望日而同朔望受朝者前後有誥非一

開元四年正月戊寅朔帝御正殿受朝賀禮畢親朝太上皇于西宮

五年正月壬申朔帝不受朝太上皇喪制故也

七年正月辛卯朔御含元殿受朝仗衛如嘗儀

八年十一月中書門下奏曰伏以冬至一陽初生萬物潛動所以自古聖帝明王皆於此日朝萬國視雲

物禮之大者莫逾是時其日亦祀圜丘皆令攝官行事質明既畢日出視朝國家已來更無改易緣新格將其日祀圜丘遂改用小冬至日受朝若親拜南郊受朝須改既令攝祭禮不可移伏請改正從之因勅自今冬至日受朝永爲嘗式

十年正月癸卯朔御含元殿受朝賀

十一年十二月二十四日勅萬春公主襲廢元日朝賀

十六年正月戊戌朔始聽政於興慶宮朝賀如嘗儀臣欽若等曰興慶宮聽政自此始十一月乙巳日南至御含元殿受

朝賀如常儀
十八年正月癸酉御含元殿受百寮朝賀如常儀
二十一年正月庚子朔御含元殿受朝賀如常儀
二十二年閏十一月壬午朔日有食之是日長至停
朝癸未御應天樓受朝賀是日詔諸州考使六品以
下朔望日朝宜准例賜食
三十三年正月戊申朔御含元殿朝賀如常儀
三十六年正月庚午朔御含元殿朝賀如常儀
三十八年正月戊子朔御含元殿朝賀如常儀
三十九年正月癸未朔御含元殿朝賀

天寶元年正月丁未朔御勤政樓受朝賀大赦天下
改開元三十年爲天寶元年
二年正月辛丑朔御含元殿受朝賀
三年正月丙申朔御含元殿受朝賀
四年正月巳未朔御含元殿受朝賀
五年正月癸丑朔御含元殿受朝賀
六年正月丁丑朔御含元殿受朝賀是月詔曰今勝
殘在運無事爲心願此朝儀當符至理既時非旰食
將致昇平而延設殺刑何成在宥其每日立仗食及
杖鉞等並宜停廢十一月辛卯朔引朝集使及貢舉
人見十二月丙寅仗下後百官於尚書省閱貢物
七載正月壬申朔御含元殿受朝賀
八載正月丙寅朔御含元殿受朝賀
九載正月辛卯朔帝御華青宮受朝賀
十載正月乙酉朔御含元殿受朝賀十一月丙午冬
至御觀風樓受朝賀
十一載正月巳卯朔帝御華清宮受朝賀
十二載正月癸卯朔帝御含元殿受朝賀
十三載正月丁酉朔幸華清宮御觀風樓受朝賀
十四載正月庚申朔御含元殿受朝賀

十五載乙卯朔御宣政殿受朝賀
肅宗至德三年正月甲申朔御含元殿受朝百官上
壽稱賀
乾元三年十一月丁亥冬至帝朝聖皇於興慶宮翌
日受朝於含元殿
三年正月癸亥朔帝御含元殿受朝中書令代國公
子儀攝太尉上壽稱賀朝退百僚於宣政殿起居聖
皇乙丑嘗服於崇明門通賀皇太子丙寅外命婦朝
皇后於光順門內殿
上元元年正月丁亥朔御含元殿受朝賀禮畢百官

起居聖皇巳丑外命婦朝皇后百官賀皇太子
元年建子月壬午朔帝御含元殿受朝賀畢羣臣起居聖皇癸未內外命婦朝皇后百官起居皇太后庚戌冬至受朝賀禮畢朝聖皇於西宮百官進名起居
代宗廣德二年正月巳亥朔御含元殿受朝賀如常儀六月丁卯朔始御宣政殿受朝以國哀終制故也凡朔望朝於殿前舊章也九月乙未朔自八月連雨至是日不止宰臣元載等奏曰准儀制令泥雨合停朝叅令緣軍國事繁准式停朝恐有廢闕望延三刻傳點從之十一月甲寅是日長至御含元殿受朝賀

仗衛如常儀禮畢百官詣崇明門進名謁皇太子
永泰元年正月癸巳朔御含元殿下制大赦天下宣制畢乃受朝賀禮畢百官詣崇明門進名謁皇太子十一月巳未是日長至御含元殿受朝賀仗衛如常儀禮畢百官詣崇明門進名謁皇太子
二年正月丁巳朔御含元殿受朝賀仗衛如常儀禮畢百寮詣崇明門進名謁皇太子十一月甲子長至含元殿下制大赦改元大曆宣制畢乃受朝賀禮畢百寮詣崇明門進名謁皇太子
大曆二年正月壬子朔御含元殿受朝賀仗衛如常儀禮畢百寮詣崇明門進名謁皇太子十一月巳巳長至御含元殿受朝賀仗衛如常儀禮畢百寮詣崇明門進名謁皇太子
三年正月庚午朔御含元殿受朝賀仗衛如常儀禮畢百寮詣崇明門進名謁皇太子十一月甲戌長至御含元殿受朝賀仗衛如常儀禮畢百寮詣崇明門進名謁皇太子
八年正月巳丑朔御含元殿受朝賀仗衛如常儀禮畢百寮詣崇明門進名謁皇太子閏十一月壬寅朔冬至御含元殿受朝賀仗衛如常儀禮畢百寮詣崇

明門進名謁皇太子
九年正月庚子朔御含元殿受朝賀仗衛如常儀禮畢百寮詣崇明門進名謁皇太子十一月甲戌長至御含元殿受朝賀仗衛如常儀禮畢百寮詣崇明門進名謁皇太子是時四方無事間日坐朝雙日不復入閤
十年正月乙未朔御含元殿受朝賀仗衛如常儀禮畢百寮詣崇明門進名謁皇太子十一月丙午長至詔停賀邇梁王葬期也
十一年正月庚戌朔御含元殿受朝賀仗衛如常儀

禮畢百寮詣崇明門進名謁皇太子十一月丁巳冬
至御含元殿受朝賀仗衛如嘗儀禮畢百寮詣崇明
門進名謁皇太子
十二年八月以久雨宥嘗烝百寮不許御史糾班
十三年正月戊申朔御含元殿受朝賀仗衛如嘗儀
仗以後百寮詣崇明門進名謁皇太子十一月丁卯
長至命有司祀昊天上帝于南郊不視朝戊辰上御
含元殿朝賀仗衛如嘗儀禮畢百寮詣崇明門進名
謁皇太子
十四年正月壬寅朔御含元殿受朝賀仗衛如嘗儀

禮畢百寮詣崇明門進名謁皇太子
德宗建中元年十一月辛酉朔朝進士及貢士見於
宣政殿兵興以來四方州府不上計内外不會同者
二十有五年至此始復舊典凡州府計吏至者一百
七十有三又命朝集使二人每日待制丁丑日南至
戊寅御含元殿受朝賀初令親王出閤就班
二年正月庚申朔御含元殿受朝賀四方貢賦珍寶
列爲庭實復舊制也
三年正月乙卯朔御含元殿受朝賀
四年正月戊寅朔御含元殿受朝賀禮畢以建中元
曆二十八卷示百寮初司天少監徐承嗣奏來年歲
次甲子應上元首請修新曆至是成羣臣稱賀
貞元元年七月關中蝗食禾稼無孑遺穀大貴八月
甲子詔不御正殿奏事悉於延英庚寅視朝於延英
殿羣臣列位於延英門外申甲子之詔也丁丑雨戊
寅中書門下上言陛下前以愆陽經時避居正殿凡
在臣庶無任兢惶今至誠感通嘉雨霑洽兇渠授首
同類格心臣等敢昧死請自今以後依嘗儀御正殿
詔曰可十二月丁亥詔曰朕以眇身仰承列聖不能
纂修先志以洽昇平馴致寇戎屢興兵革上玄降警

蝗旱爲災年不順成人方歉食言念於此實用傷懷
是以齋心別宮與人祈穀雖暘和在候而黔首無聊
稱慶於予竊所不敢其來年正月一日朝賀宜罷
三年正月丙戌朔停朝賀以大行皇后在殯故也庚
寅百寮以停朝賀及是歲假蒲於崇明門奉慰皇太
子
四年五月庚戌朔御含元殿受朝賀畢御丹鳳門樓
大赦天下
五年正月甲辰朔御含元殿受賀
六年正月癸卯朔不視朝先是有司奏元日月有食

之遂停朝會及時不食百寮皆賀五月丙寅朔上御紫宸殿受朝先是上以五月一陰生臣子道長君父道衰非善月也父子必以是朔面焉臣子一例因、令是月朝見初將冕服御宣政殿塗潦乃以常服御紫宸殿

七年正月壬戌朔帝不視朝以去年冬親郊故也四月詔曰仲夏之時陽德方盛陰事始承聖賢因天地交會之時爲父子咸覿之禮既行親戚豈隔君臣自我爲初申恩卿士起今年五月朔御宣政殿召見文武百官九品以上外官因朝奏咸聽就列仍編入式以爲常典五月庚申朔御宣政殿朝見百官書新禮也十一月丁亥日南至不視朝

八年正月丙辰朔御含元殿受朝賀五月乙卯朔御宣政殿受朝賀

九年正月庚辰朔御含元殿受朝賀禮畢上賦退朝觀軍仗歸營詩以示宰臣等

十年正月乙亥朔罷朝賀之禮以九年冬郊祀故也

十一年正月庚午朔御含元殿受朝賀五月朔帝御宣政殿受朝八月辛卯廢朝以故端王太妃薨故也

十一月丙辰日南至不受朝賀

十二年正月甲午朔御含元殿受朝賀

十三年正月朔御含元殿受朝賀是月御史臺奏諸司常叅文官隔假三日已上並横行叅假其武班每日先配九叅六叅（九叅謂每月九次朝叅六叅謂每月六次朝叅）比來或經冬至及歲首寒食等三節假蒲不是本配入日並不横行事實乖闕請從今已後每經三節假蒲縱不是本配入日其前件官請依文官例横行叅假庶幾周行式序可之五月丙戌朔以雨罷御宣政殿是月帝以累月天陰街鼓聲暗百官入朝多走馬奔馳是日令宣示宰臣及百官曰卿等朝謁是當或陰雨不聞鼓聲則不免奔波走馬忽有墜損深軫朕懷自今已後縱鼓聲差池亦不得走馬幷時暑稍甚及雨雪泥潦亦量放朝叅宰臣等上表陳謝

十四年正月朔御含元殿受朝賀五月朔御宣政殿受朝

十五年正月朔御含元殿朝賀五月朔以雨罷御宣政殿十一月罷冬至朝賀以興兵討蔡州吳少誠也

十六年正月御含元殿受朝賀五月朔以雨罷御宣政殿是月壬戌以徐州節度張建封卒廢朝近例節度使帶僕射已上者卒廢朝三日尚書已下一日都

團練觀察使則否洎貞元八年嗣曹王皐李自良皆知節度帶尚書卒各輟朝三日至十四年樊澤以僕射卒廢朝一日十五年黔中觀察使王礎卒特爲廢朝以例不定故書之十一月戊戌以齊國大長公主薨廢朝三日巳亥以義陽公主薨起今七日廢朝三日是月罷冬至朝賀以襄王第五男薨廢朝

十七年正月朔御含元殿受朝賀

十八年正月戊午朔大雨雪罷朝賀

十九年正月朔御含元殿受朝賀

二十年正月朔御含元殿受朝賀五月朔罷御宣政

殿

二十一年正月朔御含元殿受朝賀

憲宗永貞元年十月丙申百寮於興慶宮起居皇太子十一月巳亥日南至百寮詣興慶宮起居皇太子

二年正月丙寅帝率百寮於興慶宮奉冊太上皇尊號丁卯御含元殿受朝賀

元和元年四月御史中丞武元衡奏正衙待制官兩員本置前官以備顧問比來正衙多不奏事又貞元七年更有次對雖議兩置去歲次對已停則待制唯六品清官悉非盡善請自今巳後尚書省六品巳上諸司四品巳上職事官東宮師傅賓詹及王傅等每坐日令兩人待制退朝詣延英候對從之十二月甲辰日南至權停朝賀羣臣詣興慶宮稱賀皇太后

二年二月巳巳宰臣延英罷對起居舍人鄭隨次對詔入面受進止令宣付兩省供奉官自今巳後有事卽進狀來其次對宜停初貞元七年詔每御延英引見常參官二人訪以政道謂之次對官所以廣視聽也宰臣奏罷時議非之是年六月丁巳朔百官初入待漏院候禁門啓入朝故事建福望仙等門昏而闔五更而啓與諸里門同時至德中有吐蕃內自金吾

仗亡命因勅晛闢宰相待漏於太僕寺車坊至是始命有司各據班品置院於建福門外

三年正月癸未朔以將受尊號元日權停朝賀百官詣興慶宮進名起居皇太后又赴延英門進名奉賀四月勅舊制五月一日御宣政殿受朝賀禮宜停初貞元六年德宗以五月一陰生臣子道長君父道衰非善月也故人之父子必以是月朔面焉遂爲嘗俗臣子一也因詔以是日御正殿與羣臣相見其後每歲率多權停帝以數術之說經典不載遂罷之十一月甲申日南至權停朝賀羣臣詣興慶宮奉賀皇太

后
四年正月戊寅朔御含元殿受朝賀禮畢百官詣興慶宮賀太后
五年正月壬寅朔御含元殿受朝賀十二月制來年正月一日御含元殿受朝賀令所司准式
六年正月丙申朔御含元殿受朝賀十一月乙巳勅今年冬至朝賀宜權停十二月庚午以苦寒放朝五日閏十二月壬子勅來年正月一日御含元殿受朝賀興慶宮叅賀皇太后並宜權停
七年正月辛酉朔帝不受朝賀以皇太子薨廢朝故

也四月壬子開延英對宰臣以下是月以惠昭太子葬復多雨至是積旬有六日方坐朝十二月戊戌勅來年正月一日御含元殿宜令所司准式甲寅晦宰臣並宿于中書
八年正月乙卯朔御含元殿受朝賀十月丙辰以大雪放朝三日十一月庚戌朔勅權停冬至朝賀
九年正月己酉朔含元殿受賀百寮退謁皇太子於崇明門乃詣興慶宮候皇太后起居六月癸卯以時暑甚放百官五日叅戊寅以豐州剌史天德軍經畧使周懷義卒廢朝一日經畧使廢朝自懷義始也

十年正月癸酉朔御含元殿受朝賀旣退百官赴崇明門通刺謁皇太子又赴興慶宮候皇太后起居三月壬申朔御延英殿召對宰臣故事朔望日皇帝御宣政殿見羣臣謂之大朝玄宗始以朔望陵寢薦食不聽政其後遂以爲常今之見宰臣特以事召也六月勅御史臺自今以後常叅官入朝以見到人名銜進來其朔望及雙日莫進十二月勅淮蔡未賓師人暴露而三朝之會萬國來庭舉樂稱慶有懷愧惕其來年正月朝賀宜權停諸軍優賜並准例處分
十一年正月丁卯朔不受朝賀宰臣率百官洎內外

命婦起居皇太后於興慶宮
十二年正月辛酉朔以淮右宿兵不受朝賀十月乙卯隋唐節度使李愬帥師入蔡州執賊帥吳元濟以聞淮西平辛巳御宣政殿受賀九品以上及宗子四夷之使皆會
十三年正月乙酉朔御含元殿受朝賀畢御丹鳳樓大赦天下
十四年正月庚辰朔不受朝賀以東討淄青李師道未班師故也
穆宗以元和十五年即位閏正月丁巳詔以二月五

日御丹鳳樓宣令所司准式二月辛巳太常禮院奏准禮及開元乾元上元元和以來元日及冬至日皇帝御含元殿受朝賀禮畢百寮赴皇太后所居殿門外進名候起居諸親及內外命婦並有朝會參賀之禮伏請准元和元年十月二十三日勑外命婦有邑號者每年元日冬至立夏立秋立冬赴皇太后宮門進名奉參如遇泥雨卽停制曰可九月辛酉立冬外命婦詣興慶宮進名候皇太后起居十一月丁未日南至羣臣及命婦赴興慶宮進名奉賀皇太后

長慶元年四月甲午以張弘靖入幽州時幽州劉總

納土詔以弘靖代之帝御紫宸殿受朝時綏定兩河克平交趾北虜納欵西戎請盟京師及四方頻遇豐年天下暫獲晏如也時議者皆以河朔負固不來庭久矣至是不勞師而幽土厎定庶幾小康而識者以為止戈偃武皆賚致理雖君有仁聖之姿而股肱未稱政令之出中外不行旣未有以厭於人心則成功不可以偶致稽諸倚伏深懼其兆亂焉十一月丁酉以討鎭州勑權停今年冬至朝賀

二年正月癸巳朔以幽鎭阻兵不受朝賀時幽州朱克融囚張弘靖鎭州王庭湊殺田弘正辛臣率百官洎內外命婦候皇太后起居於興慶宮八月詔曰夏秋之間嘗多水潦如緣暮夜暴雨道路不通車馬宜便放其日朝參委御史臺勾當仍每日奏如雨不至甚卽不在此例十一月戊午日南至宰臣與百官洎內外命婦候皇后起居於興慶宮

冊府元龜

册府元龜

巡按福建監察御史臣李嗣京　訂正

知閩縣事　臣曹學臣叅閲

知建陽縣事　臣黄國琦較釋

帝王部　一百八

朝會第三

唐敬宗以長慶四年正月即位二月辛巳線服受羣臣謁見於紫宸門外之西廊丁亥詔宜令三月三日御册鳳樓仍令所司准式辛丑御紫宸殿羣臣初展入閤之儀五月詔停諸親王端午叅賀十月癸巳禮

儀使奏來月二十三日冬至准故事山陵未祔廟並不合行慶賀之儀其朝賀皇太后請停又十二月乙未勑來年正月一日朝賀宜權停

寶曆二年正月己巳朔御含元殿受朝賀

文宗太和元年十一月甲申日南至宰臣率百官泊外命婦詣興慶宮及光順門行朝賀之禮其年不朝會准詔興慶宮光順門史闕文下同此是月中外進獻賀冬如常歲

二年正月戊申朔權停朝賀文武百寮及命婦並赴興慶宮及光順門起居太皇太后義安皇太后十一月己丑日南至宰臣及百寮詣興慶宮光順門進名起居

三年五月乙酉以滄州李同捷平百寮稱賀于宣政殿十一月辛巳冬至朝賀與郊祀並停

四年正月丙子朔權停朝賀之禮中書門下及文武百寮赴興慶宮及光順門奉賀太皇太后皇太后如常儀

五年正月庚子朔以陰雨連旬罷元會之禮十一月壬辰勑陰雪未晴其明年正月一日朝賀宜權停

六年正月乙未朔以前詔廢元會

七年正月己丑朔御含元殿受朝賀禮畢百寮赴興

慶宮賀太皇太后義安太后光順門賀皇太后比年以大雪未行元會之儀至是文武大備中外慶悦十一月癸丑朔乙卯日南至宰臣文武百寮及命婦赴興慶宮賀太皇太后義安太后廻赴光順門賀皇太后

八年正月癸丑百寮延英進名起居又詣光順門賀皇太后興慶宮賀太皇太后義安太后十一月庚申日南至宰臣率百寮等奉賀如常儀

九年正月丁未朔權停朝賀之禮宰臣率百寮詣興慶宮賀太皇太后義安太后光順門賀皇太后

開成元年正月己酉詔以入閤日次對官班退立於東堦松樹下須宰臣奏事畢齊至香案前各言本司事左右起居又待次日對官奏事畢方出

二年正月乙丑朔權停朝賀之禮宰臣率百寮赴興慶宮賀太皇太后義安太后復列班於光順門賀皇太后十一月丙子日南至百寮及命婦竝赴南内起居太皇太后義安太后廻赴光順門起居皇太后

三年正月庚申朔權停朝賀之禮宰臣及文武百寮於南内進名奉賀太皇太后義安太后廻於光順門進名賀皇太后如當儀

懿宗咸通七年正月戊寅朔以太皇太后喪罷元會

十年正月乙未朔以徐泗用兵罷元會

昭宗天復二年十一月詔曰漢宣帝中興五日一聽朝歷代通規永爲常式近則不循往儀因此別爲制度既奸邪之得計致臨視之失常須守舊規以循國制宜每月只計一五九日開延英計九度其入閤日仍於延英一度内指揮如或有大段公事中書門下具膀子奏請開延英不係數日事十二月勅宮嬪女職本備内任近年以來稍失儀制宮人出内宣命寀御參隨視朝乃失舊規須爲永制今後每遇延英坐朝日只令小黄門祗候引從宮人不得擅出内門庶循典儀免致紛雜

三年五月中書門下文武百寮舊制每月一度入閤于貞觀殿朝參勅曰貞觀大殿朝廷正衙遇正至之辰受羣臣朝賀俾循規制須有指揮其入閤自今後宜令宰臣文武百寮于崇勳殿候對十一月文武兩班官員每遇一五九朝日元帥朱全忠請排廊飡詔曰百寮入朝兩廊賜食遷都之後所司闕供元帥梁王欲整大綱復行故事罔思勞費悉自再圖足使端簡在庭咸思感悅峩冠就列益任優隆備覩寵規彌

增欽歎宜賜詔奬飭仍付所司

哀帝天祐二年四月勅自今年五月一日後當朝出入取東上閤門或遇奉慰即開西上閤門永爲定制

後唐莊宗同光元年十一月丁未日長至帝不受朝賀百官詣東上閤門拜表稱慶（議者以爲長至元會歲中之大朝斯爲盛禮著於令式是日合陳樂懸排細仗一人當陽昭國容也兵興已來而斯禮或闕帝初一函夏不復唐典無故輟禮議者惜之）十二月中書門下奏每日當朝百官皆拜獨兩省官不拜准本朝故事朝退於廊下賜食謂之廊飡百寮遂有謝食拜唯兩省官本省有厨不赴廊飡故不拜伏自僖宗幸蜀廻以多事之後遂廢廊飡

百官拜儀至今未改將五十載禮恐難停唯兩省官
獨尚不拜豈可終日趨朝曾不一拜獨於班例有所
異同若言官是近臣於禮尤宜肅敬起今後逐日常
朝宣不坐除職事官押班不拜外其兩省官與東西
兩班竝齊拜從之
二年正月庚子朔帝衮冕御明堂殿受朝賀太常樂
左右金吾仗六軍諸衛如常儀是月庚申四方館奏
常朝諸職員多有參雜今後除隨駕將校外方進奉
專使文武兩班三品以上官可於內殿對見其餘竝
詣正衙以申常禮從之七月戊戌朔帝御文明殿視

朝八月癸巳宣旨放三日朝參以霖雨甚故也十一
月乙未朔帝御文明殿視朝
三年正月甲午朔帝御文明殿受朝賀如常儀是月
庚子車駕幸鄴都庚戌車駕至鄴都帝自千秋亭乘
輦備法駕晡晚歸宮辛亥帝御武德殿受朝賀以百
官扈從之勞放十九日至二十日朝參三月癸巳朔
車駕在鄴帝御武德殿視朝（是月車駕還雒都）六月壬戌朔
帝御文明殿視朝癸酉勅泥塗稍甚放文武常參三
日丁亥以霖雨放朝七月乙未勅霖雨未止泥塗頗
甚宜放五日六日朝參戊戌勅泥塗頗甚放八日九
日朝參丁亥以霖雨放朝八月己丑勅如聞天津橋
未通往來百官以舟船濟渡因兹傾覆兼踏泥途自
今文武百官三日一趨朝宰臣卽每日中書視事閏
十二月己丑朔帝御文明殿視朝
四年正月乙亥勅風雪稍甚宜放三日朝參
明宗天成元年四月入雒陽甲申始御文明殿改元
肆赦五月丁巳內出御劄一封賜宰臣曉示文武百
寮每日正衙常朝外五日一度赴內殿起居宰臣百
官班於文明殿庭謝其中書非時有急切公事請開
延英不在此限乙酉勅每月十五日賜廊下食本朝

承平時常參官每日朝退賜食廊下謂之廊飡自乾
符亂離已後庶事草創百司經費不足無每日之賜
但遇月旦入閤日賜食帝初卽位始因諫官疏奏請
文武百寮五日一起居見帝於便殿李琪以為非故
事以五日為繁請每月朔望日皆入閤賜廊下食罷
五日起居之儀至是宣每月朔望皆入閤依奏五日
一度起居不得停廢遂以為常七月乙卯朔帝御文
明殿視朝八月壬辰以積雨泥甚放百寮朝參己亥
帝御文明殿百官入閤如月朔之儀從新例也九月
丙辰帝御文明殿入閤新制次日例也十月甲申朔

帝御文明殿視朝巳亥帝御文明殿對南詔蠻兩林鬼王等百寮稱賀是月右拾遺曾珍上疏內一件百寮朔望入閤及五日一度內殿起居請許三署寺監官輪次轉對奏事從之十一月甲寅朔帝御文明殿癸亥日南至帝御文明殿百寮稱賀十二月甲申朔帝御文明殿見百寮

二年正月癸丑朔帝被袞冕法服御明堂殿百寮稱賀文物仗衛禮樂如嘗儀丙申詔曰君使臣以禮臣事君以忠禮不可一日不修忠不可一夕不念二者全則上下順一途廢則出入差須振綱維以嚴規矩凡在策名之列皆知辨色之朝儻不夙興是虧匪懈

君上思政猶自求衣未明爲下服勤固合假寐待旦宜令御史臺徧示文武兩班自此每日早赴朝參職司既得整齊公事的無壅滯如或尚玆懈怠具錄奏聞三月壬子朔帝御文明殿視朝四月乙未帝御文明殿視朝五月辛亥朔帝御文明殿視朝戊辰帝御文明殿視朝六月庚辰朔帝御文明殿視朝甲午帝御文明殿受朝七月庚戌朔帝御文明殿視朝戊辰帝御文明殿受朝甲戌百官朝於中興殿八月庚辰百官朝於中興殿癸巳帝御文明殿視朝九月庚戌帝御文明殿視朝庚申百官朝於中興殿癸亥帝御文明殿視朝丙子百官朝於中興殿十月巳卯朔帝御文明殿視朝乙酉帝幸汴州甲午車駕在汴御崇元殿視朝十一月戊申朔帝御崇元殿視朝壬戌帝御崇元殿視朝戊辰日南至百官詣閤門拜表稱賀十二月戊寅朔帝御崇元殿視朝戊子百官朝於玄德殿壬辰帝御崇元殿視朝

三年春正月戊申朔帝御崇元殿受朝賀禮樂仗衛如嘗儀甲子帝御崇元殿視朝二月戊寅帝御崇元殿視朝丁酉百官朝於玄德殿三月丁未朔帝御崇元殿視朝四月丁丑帝御崇元殿視朝五月乙巳朔

帝御崇元殿視朝巳未帝御崇元殿視朝六月甲戌朔帝御崇元殿視朝戊子帝御崇元殿視朝七月甲辰帝御崇元殿視朝八月癸酉帝御崇元殿視朝閏八月癸卯朔帝御崇元殿視朝九月甲戌帝御崇元殿受朝十月壬寅朔帝御崇元殿視朝丁未帝御崇元殿視朝壬戌中書奏按貞元四年中書侍郎李泌奏冬至日受朝賀請准元日從之十一月癸酉冬至帝御崇元殿受朝賀仗衛如式是月中書舍人劉贊奏往例應諸道節度使及兩班大寮凡對朝廷例合通喚近日全廢此儀伏乞持詔所司重定向來格品若合通喚准日施行尋准四方館狀稱舊例節度使新除中謝及罷任赴闕朝見合得通喚文班三品已上武官二品已上官

新除中謝及使回朝見亦合得通喚從之丙戌帝御崇元殿視朝十二月丙午帝御崇元殿視朝癸丑中書以常朝宣奉勅不坐兩省官與東西班竝拜宰臣不拜或聞班行所論承前日有廊飡百官謝食兩省即各有常厨從來不拜或曰以侍臣不拜撿尋故實不見明規百官拜爲廊飡即承旨合宣有勅賜食供奉官不拜亦恐非儀且左右前後之臣日面天顏豈可不拜况庶官見宰臣隔宿竝拜實以赴朝不拜非禮也聞勅不拜亦非禮也所宜盡敬以奉君親臣等商量今後常朝宰臣亦拜通事舍人亦拜閤外放仗亦拜從之壬戌帝御

崇元殿視朝

四年正月壬申朔帝御崇元殿受朝賀仗衞如常儀二月壬寅帝御崇元殿視朝是月庚午車駕還雒三月己酉帝御文明殿視朝四月中書門下奏五月一日入閤起居准貞元七年四月二十八日勅昔者聖賢觀象因天地交會之次爲父子相見之儀沿習成風古今不易王者制事在於因人酌其情而使中順其俗以爲禮咸覩之義既行父子之間資事之情豈隔君臣之際自今後每年五月一日御宣政殿與文武百寮相見京官九品已上外官因朝奏在京者竝聽就列宜令所司量定儀注頒示天下仍編禮式永著常規者伏以本朝舊制近代不行方當開泰之期難曠會同之禮宜興墜典以耀明庭五月一日應在京九品已上官及諸進奉使竝准貞元七年勅就位起居自此每年永爲常式者奉勅宜依五月己卯朔帝御文明殿視朝癸未帝御文明殿視朝六月戊戌朔帝御文明殿視朝壬子帝御文明殿視朝七月戊辰朔帝御文明殿視朝八月丁酉朔帝御文明殿視朝辛亥以霖雨甚宜旨放入閤九月戊辰帝御文明殿視朝辛巳帝御文明殿見百寮十月丙申朔帝御文明殿視

朝十一月丙寅朔帝御文明殿視朝己卯日長至帝御文明殿受朝賀樂懸仗衞如常儀十二月丙申朔帝御文明殿視朝

長興元年正月丙寅朔帝御明堂殿受朝賀懸樂仗衞如常儀二月乙未朔帝御文明殿視朝是月郊祀畢丙辰勅宜放兩日朝叅以百官行事之勞故也四月丙午朔帝御文明殿視朝五月甲子朔帝御文明殿視朝七月壬戌朔帝御文明殿視朝庚寅詔諸州得替防禦團練使刺史竝宜於班行比擬如未有員闕可隨常叅官逐日立班新例也八月壬辰朔帝御

文明殿視朝十月辛卯帝御文明殿視朝十一月庚申日長至帝御文明殿受朝賀樂懸仗衛如常儀

二年正月庚寅朔帝御文明殿受朝賀如常儀四月庚寅帝御文明殿視朝癸卯帝御文明殿視朝五月戊午朔帝御文明殿視朝閏五月戊子朔帝御文明殿視朝壬寅帝御文明殿視朝六月丁巳朔帝御文明殿視朝七月丙戌朔帝御文明殿視朝八月丙辰朔帝御文明殿視朝庚午帝御文明殿視朝癸酉詔文武百官五日內殿起居仍舊其輪次對宜停若有封事許非時上表朔望入閤待制候對一依舊制九

月巳亥帝御文明殿視朝十月乙卯朔帝御文明殿視朝十一月甲申朔帝不視朝先是司天奏朔日合日蝕二分伏緣所蝕之分數微少太陽光影相爍不辨虧缺伏請十一月一日不入閤百官不守司故不視朝巳丑日長至帝御文明殿百寮稱賀十二月庚申左諫議大夫盧損上言前任節度剌史防禦等使請五日隨例起居並從之

三年正月癸未朔帝御明堂殿朝賀禮樂仗衛如式庚子帝御文明殿視朝二月甲寅帝御文明殿視朝戊申帝御文明殿視朝三月癸未朔帝御文明殿視朝羣臣入門遇雨而罷乙酉勅文武兩班每遇入閤從官並賜酒食從前臺官及諸朝官皆在敷政門外兩廊下就食唯北省官於敷政門內既爲隔門各不相見致行坐不齊難於整肅起今後每遇入閤賜食北省官亦宜令於敷政門外東廊下設席以北爲首待班齊一時就坐四月甲寅朔帝御文明殿視朝五月壬午朔帝御文明殿視朝六月巳未勅以霖雨經旬街衢泥濘文武兩班宜放今月八日朝參甲子朔勅放三日朝參大雨故也八月庚戌帝御文明殿視朝九月巳丑帝見羣臣於端明殿十一月巳卯朔帝

御文明殿視朝甲子日長至帝御文明殿百寮稱賀十二月戊申朔帝御文明殿視朝

四年正月戊寅朔帝御文明殿百寮稱賀乙未帝見百寮於中興殿五月丙子朔帝法服御文明殿百寮具朝服稱賀庚寅帝見百寮於文明殿六月丙申朔帝御文明殿視朝丙寅帝見百寮於廣壽殿時帝不豫旬日至是稱平帝勤於聽政接臣下無倦九月甲戌朔帝御文明殿視朝十月甲辰朔雨不視朝十一月癸酉帝御文明殿視朝

閔帝長興四年十二月癸丑朔即位其月辛未御中

與殿羣臣列位時馮道升階進酒帝曰比於此物無愛除賓友之會不近樽罍况在沉痛之中安事飲啜命撤之
應順元年春正月壬申帝御廣壽殿視朝其月戊寅
帝御明堂殿仗衛如常儀宮懸樂作羣臣朝服就坐
宣制大赦改元閏正月癸卯朔帝御文明殿入閤
末帝清泰元年四月乙酉帝服衮冕御明堂殿文武
百官朝服就列改順應爲清泰是月庚寅中書門下
上言太常以五月朔御明堂受朝三日夏至祀皇地
祇前二日奏告獻祖室不坐比正旦冬至是日有祀
事則次日受朝令祀在五鼓前質明行禮畢御殿在

始旦後請比例行之詔曰日出御殿與祀事無妨宜
依常年例五月庚子朔帝御文明殿視朝六月辛卯
御史中丞張鵬奏文武常叅官入閣日廊下設食每
宣放仗拜後就食相承以爲謝食拜臣以每日常朝
宣不坐後拜退豈謝食之謂乎如臣所見自今宣放
仗拜後且就次候將設食別降使於敷政門外宣賜
酒食羣臣謝恩後食從之十月庚子太常言冬至不
視朝百寮表賀是日太府設表案席褥禮部進表至
閤門班首一員跪表受閤門使羣臣俱拜舞蹈訖表
入久之閤門使出宣曰履長之慶與卿等同之羣臣
復拜舞訖而退十一月己巳御史臺奏前任節度防
禦團練使等刺史行軍付使近儀五日一度内殿起
居皆綴班敘立元係班簿雖曰便殿起居其遇全班
起居時亦合綴班從之
二年三月庚戌御文明殿羣臣入閤刑法官劇可久
待制官李愼儀次對十二月戊寅太常言來年正月
元日合御明堂受朝賀其日上辛祀昊天上帝于南
郊以禮大祀不坐詔曰其祀事在質明前儀仗在日
出後事不相妨宜依常年受朝
三年春正月辛卯始御文明殿陳樂懸仗衛受朝賀

班退進名賀皇太后三月庚子詔閤門陳内外官吏
對見例應諸州差判官軍將貢奉到闕無例朝見以
名御奏放門見賜酒食得回詔進牓子放門辭臣今
後欲只令朝見餘依舊規應除諸道兩使判官推巡
無例中謝奏過放謝放辭如得替歸京無例見臣欲
令後除兩使判官許中謝門辭其書記以下除替請
依舊規應文武朝官除受文五品武四品已上并中
謝以下無例對謝以天成四年正月勅凡昇朝官新
授並中謝欲以此例諸道節度使差判官軍將進奉
到闕朝見候得回詔下牓子奏過令門辭應諸道都

押牙馬步都虞候鎮將替到京無例見或在京受任無例中謝進牓子放謝放辭應諸道商稅鹽麴諸色務官或在京差補亦放謝放辭得替歸京亦無見例在京商稅鹽麴兩軍巡卽許中謝應新除令錄並中謝次日放門辭兼有口宣誡勵應文武兩班差弔祭使及告廟祠祭只於正衙辭見不赴內殿諸道差進奏官到闕得見以後請假得替進牓子放門辭已前六件望依舊例行從之

晉高祖天福元年十一月御北京崇元殿改元

二年正月甲寅朔帝御文明殿受文武百寮朝賀三

月己未御史臺奏唐朝定令式南衙常參文武百寮每日朝退於廊下賜食謂之堂食自唐末亂離堂食漸廢仍於入閤起居日賜食每入閤禮畢閤門宣放仗羣官俱拜謂之謝食至僞主清泰元年中入閤禮畢更差中使至正衙門口宣賜食百寮立班重謝此則交失有唐堂食之意於禮實爲太煩臣恐因循漸失根本起今後入閤賜食望不差中使口宣請准唐明宗朝事例處分從之四月丙午御史臺奏文武百寮每五日一度內殿起居在京城時百官於朝堂幕次自文明殿門入穿文明殿庭入東上閤門至天福殿序班令隨駕百官自到行朝每遇起居日於幕次東出升龍門與諸色人排肩雜進自外繚繞方入內門臣竊見昇龍門外庭宇不寬人徒大集或是諸司掌事或是諸道使臣方集貢輸不可止約若令與衣冠雜進朝士並趨則恐有壞天官見輕朝序權時之義事理難安起今後每遇百官赴內殿起居日請依在京事體百官於幕次自正衙門入東出橫門既協京國常儀兼在行朝便穩從之庚戌御史臺奏文武百寮每月朔望入閤禮畢賜廊下食在京時秪於朝堂幕次兩廊下今在行朝於正衙門外權爲幕次房

廊湫隘間架絶少伏恐五月一日朝會禮畢准例賜食卽與幕次難爲排比伏見唐明宗時兩省官於文明殿前廊下賜食今未審每遇入閤日權與正衙門內兩廊下排比賜食爲復別有處分者勅旨宜依明宗時舊規五月壬子朔帝御崇元殿備太常樂受文武百官朝賀六月甲午太妃將至行闕放文武朝一日十一月中書奏准唐貞元二年九月五日勅文官充翰林學士及皇太子諸王侍讀武官充禁軍職事並不常朝參其在三館等諸職事者並朝參訖各歸所務者自累朝已來文武在內廷充職兼判三司或

帶職額及六軍判官等例不赴常朝元無正勑准近勑文武職事官未昇朝者按舊制並赴朔望朝叅其翰林學士侍讀三館諸執事望准元勑處分其在內廷諸司使等每受正官之時來赴正衙謝後不赴常朝大會不離禁廷位次三次職官免常朝唯赴大朝會其京司未昇朝官員秖赴朔望朝叅帶諸司職掌者不在此例文官除端明殿翰林學士樞密院學士中書省知制詔外有兼官兼職者仍各發遣本司供事可之

三年正月戊申朔帝御崇元殿受朝仗衞如式五月

丁未朔帝御崇元殿奏太常樂受文武百官二王後三恪皇親蕃客等朝賀十一月丙寅冬至帝御崇元殿受朝賀

四年正月癸卯朔帝御崇元殿受朝賀仗衞如式五月壬寅朔帝受朝于崇元殿七月壬寅朔帝御崇元殿百官入閤如常禮朔不入閤日蝕故也閏七月庚子朔百官不入閤雨霑服也十二月丁酉朔百官不入閤大雪故也

五年正月丁卯朔帝御崇元殿朝賀仗衞如式壬辰馮道奏曰宰臣朝見辭謝在朝堂横街之南逮至餘官則悉於崇元門內夫表著之列豈可踰之故古先明王必正其位服此實事因偶爾習以爲常又入閤禮畢之時羣官退於門外定班如初侯宣放仗唯翰林學士前任郡守等不隨百辟即時直出二者禮僭序失其使正之帝深然其言于是下詔曰官爵之班卽分高下見謝之位豈有異同宜格通規以爲定制今後宰臣使相朝見辭謝並于崇元門內與諸官重行異位一時列拜假開横行卽從舊例又入閤之儀序班爲重宣喚則齊趨正殿放仗則各出朝門何起居之禮卽同而進退之規有異其翰林學士及前任

郡守等今後入閤退朝宜依百官班制十一月冬至帝受朝於崇元殿王公上壽

六年春正月辛酉朔帝受朝於崇元殿七月巳未朔帝御崇元殿視朝

七年春正月丙辰朔帝不受朝賀用兵故也五月巳亥中書門下奏時屬炎蒸事宜簡省應五日百官起居卽令押班宰臣一員押百官班其轉對官兩員封事付閤門使引進本官起居後隨百寮退不用別出謝恩其文武內外官寮乞假寧親般家及婚葬病損並門見辭諸道進奉物等不用殿前排列引進使引

至殿前奏云某等進奉奏訖其進奉物便出其進奉
專使朝見日班首一人致詞都附起居州刺史幷行
軍副使諸道馬步軍都指揮使已下差人到闕並門
見門辭州縣官謝恩日甲頭一人都致詞不用逐人
告官其供奉官殿直等如是當直及於合殿前排立
者卽入起居如不當直排立者不用每日起居委宣
徽院專切點檢當須整齊從之
少帝開運元年七月辛未朔帝御崇元殿八月癸卯
倉部郎中知制誥陶穀奏内外臣寮正衙辭謝内則
諸司小吏與宰相差肩外則屬郡末寮共元戎接武

欲望宰臣使相依舊押班其郡牧藩侯臺省少監長
吏等不得令部内本司卑冗官員同班辭謝勑從其
奏十一月乙亥吏部侍郎張昭遠奏文武當衆官每
日於正衙立班閤門使宣不坐後百寮俱拜舊制唯
押班宰相押欃御史通事舍人各緣提舉贊揚所以
不隨庶官俱拜自唐大成末議者不悉朝儀遽違舊
典遂令押班之職一例折腰此則深忽禮文殊乖故
實且宰相居庶寮之首御史持百職之綱嚴肅禁庭
糾繩班列慮於拜揖之際或爽進退之宜於是凝立
靜觀檢其去就若令旅拜旅揖實恐非宜况事要酌
中恭須近禮人臣愛主不在於斯其通事舍人職司
贊導比者兩班進退皆相其儀今則在文班武班之
前居一品二品之上端笏齊拜禮實未聞其押班宰
相押欃御史通事舍人並請依天成三年以前禮例
施行無至差忒殿中侍御史賈玄珪奏是非既異沿
革不同舉之則雖有舊規考之則全無故實且夫酌
人心而致禮依神道而設教此乃經國之大端也况
通事舍人居贊導之職押欃御史當糾察之司一則
示於紀綱一則防於謬悮所以靜觀進退詳視等威
實非抗禮于庭所謂各司其局俾令不拜雅合其宜

伏以宰相押班率千官而設拜起居内殿統百辟以
致詞儀刑文武之班表式鵷鸞之列不得比贊導之
職詎可同糾察之司統冠羣寮所宜列拜臣位居憲
府迹厠同班言或庶其得中罪難逃於多上帝從之
二年春正月戊戌朔帝不受朝賀不豫故也六月乙
丑朔帝御崇元殿百官入閤
漢高祖乾祐元年正月辛亥朔帝不受朝賀
二年五月中書舍人艾頴上言近制一月兩度入閤
五日一度起居近年以來入閤多廢每遇朔望不面
天顏臣請今後朔望入閤卽從當禮如不入閤卽請

朔望日起居與面聖顏以伸誠敬史臣曰天子居再朞服内雖終一月之制而獨宴不舉樂朔不視朝近古禮也艾頡請朔望相見于禮非宜
周太祖廣順元年四月壬辰朔帝御廣政殿羣臣起居十月壬寅雪尺餘放朝
二年五月丙辰朔帝御崇元殿受朝仗衛如儀十一月癸丑朔入閤己卯日南至帝御崇元殿羣臣服朝服稱賀退班于永福殿庭上壽賜羣臣酒三爵而罷
三年正月壬子朔帝御崇元殿羣臣朝賀樂懸仗衛如常儀班退太祖御永福殿羣臣百寮稱觴獻壽舉教坊樂旋幸太平宮起居漢太后五月己卯朔帝服

袞冕御崇元殿受羣臣朝服班于位陪位官樂懸仗衛如常儀十一月乙酉日南至帝不受朝賀羣臣閤門拜表班退賜茶酒
世宗顯德元年八月壬寅朔帝御崇元殿文武百寮入閤仗衛如儀十一月辛未朔帝御崇元殿文武百官入閤仗衛如儀庚寅日南至帝不御殿文武百寮詣閤拜表稱賀
二年春正月辛未朔帝不御殿宰臣率百官拜表稱賀四月己亥帝御崇元殿文武百官入閤仗衛如儀八月丁酉朔帝御崇元殿百官入閤如儀
三年春正月乙未朔帝不御殿文武百官詣閤進名稱賀六月壬戌朔帝御崇元殿文武百官入閤仗衛如儀十一月庚子日南至帝不御殿以宣懿皇后之喪在近故也宰臣率百官詣閤門拜表稱賀
四年正月己丑朔帝御崇元殿受朝賀禮畢御廣政殿羣官上壽並如常儀二月辛酉詔曰文武百寮起今後每遇入閤日宜賜廊食此有唐之舊制也自晉氏多故寢而不行上以寵待廷臣故復有是命五月丁亥朔帝御崇元殿視朝太常樂懸金吾仗衛如儀八月乙卯朔帝御崇元殿文武百官入閤如儀既罷

賜百官廊食時帝御廣德殿西樓以觀焉命中黃門閱視酒饌無不腆
五年春正月癸未朔帝在楚州西北衣戎服御帳殿受宰臣已下稱賀五月辛巳朔帝御崇元殿金吾仗衛太常樂如儀十一月辛亥日南至帝御崇元殿受朝賀金吾仗衛太常樂懸如儀禮畢宰臣率百寮當服詣永德殿上壽而退
六年春正月丁未朔帝御崇元殿受朝賀金吾仗衛太常樂懸如儀
冊府元龜

冊府元龜

巡按福建監察御史臣李嗣京訂正
知甌寧縣事臣孫以敬參閱
知建陽縣事臣黃國琦較釋

帝王部一百九

宴享第一

傳曰享以訓恭儉宴以示慈惠恭儉以行禮慈惠以布政故享有體薦宴有折俎王室之禮也夏啓均臺之會周文在鎬之飲皆紀諸冊書而形於雅頌矣後世或諸侯歸時事於宰旅四夷奉國琛於外府敘賓

以昭德班勞以策勳習射以講禮時巡而展義或弭節故里臨饗父老或周覽都畿飫賜官屬至於五兵銷偃品物茂遂時乃置酒高會合歡成禮奉觴上壽加以贈賄上賜之以景福下報之以盡心此王者之盛典也易著需雲之象書紀崇飲之篇詩曰公尸燕飲福祿來爲皆宴衎之謂矣

周文王燕羣臣嘉賓既飲食之又實幣帛箱篚以將其厚意故有鹿鳴之詩

武王于鎬京樂八音之樂與羣臣飲酒故魚藻之詩曰王在在鎬豈樂飲酒豈以也

平王時虢公晉侯朝王王饗禮命之侑王之覲羣臣始則行饗禮先置醴酒示不忘古飲宴則命以幣物宥助也所以助歡敬之意皆賜玉五瑴馬三匹非禮也王命諸侯名位不同禮亦異數不以禮假人

襄王時晉侯朝王王享醴命之侑

定王時晉侯使士會平王室王享之原襄公相禮原襄公禮周大夫相佐也殽烝烝升也升殽於俎武子私問其故享當體薦而殽烝故怪而問之武士會謚季其字王聞之召武子曰季氏而弗聞乎王享有體薦享則半解其體而薦之所以示其儉宴有折俎體解節折升之於俎物皆可食所以示宴享也公當享卿當宴王室之禮也公謂諸侯武子歸而講求典禮以修晉國之法言典謂禮之發久也

景王時晉荀躒如周葬穆后籍談爲介既葬除喪以文伯宴樽以魯壺文伯荀躒也魯壺魯所獻壺樽也

漢高祖四年十一月帝自成皐西入關至櫟陽存問父老置酒留四日復如軍

五年五月兵皆罷歸帝置酒雒陽南宮

六年三月帝置酒封雍齒因趣丞相急定功行封

七年十月長樂宮成羣臣朝禮畢盡伏置法酒以尊卑次起上壽觴九行謁者言罷酒御史格法舉不如儀輒引去竟朝置酒無敢讙譁失禮者

九年十月置酒前殿帝奉玉巵爲太上皇壽曰始大

人嘗以某亡賴不能治產業不如仲力今某之業所就孰與仲多殿上羣臣皆稱萬歲大笑爲樂

十二年十月帝破黥布軍還過沛留置酒沛宮召故人父老子弟佐酒發沛中兒得百二十人歌酒酣帝擊筑自歌曰大風起兮雲飛揚威加海内兮歸故鄉安得猛士兮守四方令兒皆和習之帝乃起舞慷慨傷懷泣數行下謂沛父兄曰游子悲故鄉沛父老諸母故人日樂（言日日樂飲也）極歡道舊故爲笑樂十餘日帝欲去沛中空縣皆之邑西獻帝留止張飲三日

武帝太始三年正月行幸甘泉宮饗外國客五月還

幸建章宮大置酒赦天下

昭帝元鳳二年四月自建章宮徙未央宮大置酒

元帝建昭四年正月以誅郅支單于告祠郊廟赦天下羣臣上壽置酒以圖書示後宮貴人（討郅支之圖書也）

後漢光武建武三年十月幸舂陵因置酒舊宅大會故人父老

六年二月大司馬吳漢扶朐獲董憲龐萌山東悉平諸將還京師置酒賞賜

十三年四月大司馬吳漢平公孫述自蜀還京師於是大饗將士班勞策勳（班布也謂徧布勞來之勞者力到切下同）

十七年十月幸章陵祠舊宅觀田廬置酒作樂賞賜時宗室諸母因酣悅相與語曰文叔少時謹信與人不款曲唯直柔耳帝聞之大笑曰吾理天下亦欲以柔道行之

十九年九月南巡狩幸汝南南頓縣舍置酒會賜吏人

二十五年春四夷朝貢絡繹而至帝命大會勞饗賜以珍寶

明帝永平二年十月西巡狩幸長安有事於十一陵歷覽館邑會郡縣吏勞賜作樂

三年十月從太后幸章陵觀廬置酒會陰鄧故人諸家子孫竝受賞賜

十年閏四月幸南陽祠舊宅禮畢召校官弟子作雅樂奏鹿鳴帝自御塤篪和之以娛嘉賓還幸南頓勞饗三老官屬

章帝建初七年九月幸鄴勞饗魏郡守令已下至于三老門闌走卒賜錢各有差十月西巡狩幸長安進幸槐里又幸長平東至高陵而還毋所到幸輙會郡縣吏人勞賜作樂

元和二年二月幸泰山辛未柴告岱宗遂觀東后饗

賜王侯羣臣
和帝永元十四年三月戊辰臨辟雍饗射大赦天下
十五年十月戊申幸章陵癸丑會宗室于舊廬勞賜
作樂
安帝延光三年二月辛卯幸泰山柴告岱宗癸巳勞
賜郡縣作樂十月行幸長安丁亥會三輔守令掾吏
于長安作樂
順帝陽嘉元年三月庚寅臨辟雍饗射
永和二年十月丙午幸未央宮會三輔郡守都尉及
官屬勞賜作樂

漢安二年六月遣行中郎將持節護送南單于守義
王兜樓儲歸南庭（單于先在京師）詔太常大鴻臚與諸國侍
子於廣陽城門外（廣陽雒陽西城面南頭門）祖會饗賜作樂角抵
百戲（角抵之戲則魚龍爵馬之屬言兩兩相當以角而爲抵對古謂之角抵也）帝幸胡桃
宮臨觀之
桓帝延熹元年五月己酉大會公卿以下賞賜各有
差
魏文帝初爲魏王延康元年六月南征七月甲午軍
次于譙大饗六軍及譙父老百姓于邑東設伎樂百
戲令曰先王皆樂其所生禮不忘其本譙霸王之邦
眞人本出其復譙租稅二年三老吏民上壽日夕而
罷
明帝青龍二年八月幸壽春己未大耀兵饗六軍
高貴鄉公甘露元年二月丙辰宴羣臣於太極東堂
後魏道武登國七年正月幸木根山遂次黑鹽池饗
宴羣臣覲諸國貢使北之美水三月甲子宴羣臣於
水濱
八年七月車駕臨幸新壇庚寅羣臣講武
皇始二年正月己亥朔車駕在魯昌城大饗羣臣
明元永興四年四月乙未宴羣臣於西宮使各獻直
言

五年十一月癸酉大饗於西宮
神瑞二年二月丁亥大饗於西宮
泰常五年正月庚戌朔自薛林東還至於屋竇城饗
勞將士
七年二月丙戌車駕自雲中還大饗於西宮
太武始元二年九月丁卯以永安安樂二殿成大饗
以落之
太平眞君五年二月庚辰行幸廬三月戊子大會于
郱南

十年正月戊子朔車駕在漢南（伐蠕蠕）大饗百寮

文成太安四年正月庚午於遼西黃山宮游宴數日親對高年勞問疾苦二月丙子登碣石山觀滄海大饗羣臣於山上班賞進爵各有差九月辛亥太華殿成丙寅饗羣臣大赦天下

孝文太和元年十月癸酉宴京邑耆老年七十巳上於太華殿賜以衣服

九年正月癸未饗羣臣於太華殿

十六年正月戊午朔饗羣臣於太華殿帝始爲王公興（興起也）懸而不樂以翌日祀獻文於明堂也二月詔

罷寒食饗（時壞太華殿經始太極殿）十月庚戌大極殿成大饗羣臣

十七年正月壬子朔帝饗百寮於太極殿

十八年五月詔罷五月五日七月七日饗

十九年正月辛未朔車駕在懸瓠（時帝南伐）朝饗羣臣於方丈行堂樂作酒酣乃歌曰白日光天兮無不曜江左一隅獨未照彭城王勰續歌曰願從聖明兮登衡會萬國馳誠混日外長兼給事黃門侍郎鄭懿歌曰雲雷大振兮天門闢率土來賓一正曆中書侍郎兼黃門侍郎邢巒歌曰舜舞干羽兮天下歸文德遠被莫不思秘書丞兼中書侍郎鄭道昭歌曰皇風一鼓兮九地匝戴日依天清六合帝又歌曰遵彼汝墳兮昔化貞未若今日道風明黃門侍郎兼司徒左長史宋弁歌曰文王正教兮暉江沼寧如大化光四表帝謂道昭曰自北遷務雖猥與諸才雋不廢詠歌遂命邢巒摠集敘記八月甲子引羣臣歷宣政堂初帝嘗詔延四廟之子下逮玄孫之胄申宗宴於皇信堂不以爵秩爲列悉序昭穆爲次用家人之禮後又引見王公侍臣於清徽堂謂曰此堂成來未與王公行宴樂之禮後東閣廡堂粗復始就故今與諸賢欲無高

而不昇無小而不入因之流化渠帝曰此曲水者亦有其義取乾道曲成萬物無滯也次之洗煩池帝曰此池中亦有佳魚任城王澄曰此謂魚在在藻有頒其首帝曰且取王在靈沼於牣魚躍也次之觀德殿帝曰射以觀德故遂命之次之凝閑堂帝曰名目要有其義此蓋取天子閒居義不可縱奢以忘儉自安以忘危故此堂後作茅茨堂謂僕射李沖曰此東曰步元廡西曰遊凱廡此堂雖無唐堯之君卿等當無愧於元凱沖對曰臣既遭唐堯之君不敢辭元凱之譽帝曰光景垂落朕同宗則有載考之義卿等將出

無遠何得默爾德音卽命黃門郎崔光郭祚通直郎邢巒崔林等賦詩言志燭至公卿辭退李冲再拜上千萬歲壽帝曰卿何以燭至致辭復獻朕千萬之壽朕報卿以南山之詩帝曰燭至辭退庶姓之禮在夜載考宗族之義卿等且還朕與諸王宗室欲成此夜飲

二十三年正月戊寅朔羣臣以帝疾瘳上壽大饗於澄鸞殿

宣武景明三年十二月壬寅饗羣臣於太極前殿各賜布帛有差

孝莊永安二年七月爾朱兆破元顥帝還京師乙亥宴勞天柱大將軍爾朱榮上黨王天穆及北來督將於都亭出宮人三百繒錦雜綵數萬匹班賜有差

前廢帝普泰元年四月癸卯幸華林都亭讌射班賜有差大樂奏伎有倡優爲愚癡者帝以非雅戲詔罷之

出帝太昌元年五月己巳幸華林都亭宴羣臣班賚有差八月壬戌朔齊文襄王來朝讌射班賚部下各有差九月庚子帝幸華林都亭引見元樹及公卿百寮藩使督將等射班賚各有差

永熙二年正月庚寅朔朝饗羣臣太極殿前八月己丑齊文襄王來朝帝讌於華林都亭班賚部下各有差

西魏文帝大統八年十二月狩於華陰大饗將士

後周明帝武成二年正月癸丑朔大會羣臣于紫極殿始用百戲三月辛酉重陽閣成會羣公列將卿大夫及突厥使者於芳林園賜錢帛各有差

武帝保定元年正月丙子大射於正武殿賜百官各有差

二年十月辛亥御大殿大射諸卿列將皆會

天和元年正月辛巳露寢成考之令羣臣賦古詩京邑耆老竝預會焉頒賜各有差

三年三月丁未大會百寮及四方賓客於露寢賜衣馬錢帛各有差

建德三年正月丙子停二十四軍督將以下誡以軍旅之法縱酒盡歡

六年二月平齊論定諸軍勳置酒於太極殿會軍士以上班賜各有差四月大會羣臣及諸蕃客於露寢

隋高祖開皇三年二月庚申宴百寮班賜各有差壬申宴北道勳人

四年正月甲戌大射於北苑十日而罷四月丁未宴突厥高麗吐谷渾使者於大興殿

七年二月壬申幸醴泉宮詔兵部尚書韋師與左僕射高熲上柱國韓擒虎等於卧内賜宴令各敘舊事以爲笑樂十月癸亥幸蒲州丙寅宴父老帝極歡曰此間人物衣服鮮麗容止閑雅良繇仕宦之鄉陶染成俗也

八年九月丁丑宴南征諸將頒賜有差

十二年十一月壬午宴百寮頒賜各有差甲子賜百寮大射於武德殿

十三年二月戊子宴考使於嘉賜殿（考使謂充使考敕也）

十七年五月庚申宴百寮於王女泉頒賜各有差

十九年正月戊寅大射於武德殿宴賜百官

煬帝大業三年六月北巡狩至榆林郡丁酉啓民可汗來朝甲辰御北樓觀漁於河北宴百寮七月辛亥啓民可汗上表請變服襲冠帶甲辰於郡城東御大帳其下備儀衛建旌旗宴啓民及其部落三千五百人奏百戲之樂賜啓民及其部落各有差八月乙酉幸啓民帳宴賜極厚九月己未次濟源幸御史大夫張衡宅宴享極歡

四年正月庚戌百寮大射於允武殿

五年正月戊申自東都還京丙辰宴耆舊四百人於武德殿頒賜各有差三月西巡五月甲辰宴羣臣於金山之上六月丙辰御觀風行殿陳文物奏九部樂設魚龍曼延宴高昌王麴伯雅及伊吾吐屯設於殿上（時二王來朝）以寵異之其蠻夷陪列者三十餘國

六年三月幸江都宮四月丁未宴江淮已西父老頒賜各有差

七年二月己未昇釣臺臨楊子津大宴百寮頒賜各有差

十一年正月甲午朔大宴百寮己卯大會蠻夷設魚龍曼延之樂頒賜各有差

唐高祖武德元年五月戊申宴羣臣賜帛各有差八月庚子設宴三品以上賜雜綵各有差十月宴突厥使者奏九部樂於庭引骨咄祿特勤升御坐以寵之十一月己酉秦王降薛仁杲（秦王太宗也）帝聞大悅因置酒高會奏九部樂賜羣臣錢各有差癸亥秦王凱旋獻俘帝置酒宴師及骨咄祿特勤於玄武門賜布帛各有差戊辰宴羣臣十二月庚寅宴突厥骨咄祿特勤等於殿内

二年二月癸巳宴羣臣臨奏九部樂賜錢各有差極歡而罷閏二月甲辰考羣臣以李綱孫伏伽爲上第置酒高會奏九部樂於庭帝謂裴寂曰隋末無道上下相蒙主則驕矜臣唯諂佞上不聞過下不盡忠致使社稷傾危身死匹夫之手朕撥亂反正念在安民平亂任武臣官方委文吏庶得各展器能以救不逮比每虛心接待冀聞讜言唯李綱苦盡忠款孫伏伽可謂誠直餘人猶踵弊風俛首而已豈朕所望哉當以身爲嬰兒方朕爲慈父有懷必盡有意必伸也因命捨君臣之敬帝頻舉觴以屬公卿君臣迭上壽極

歡而罷賜帛有差四月甲辰遣大理卿郎楚之安撫山東夏侯端安撫淮左奏九部樂設宴遣之五月戊辰宴幷州從官五品以上於仁壽宮極歡賜帛各有差丙寅奏九部樂於庭宴涼州使人官賞各有差謂與官及賞物也

三年正月甲午宴突厥奏九部樂於庭賜綵有差四月壬戌秦王平幷州悉復故地帝大悅置酒含章殿宴羣臣極歡遣入御府賜贈綵皆盡重而出五月庚午宴突厥使奏九部樂於庭賜帛有差辛卯秦王平幷州凱旋獻捷于太廟帝置酒高會極歡而罷六月丁酉宴東征官寮奏九部樂帝親舉酒以屬百官極歡而罷巳酉大會東征將士奏九部樂於庭癸丑幸昆明池宴從官賜錢各有差七月戊辰宴羣臣八月庚戌宴羣臣奏九部樂於庭賜布帛各有差

四年三月丁酉宴西突厥之使奏九部樂於庭賜帛各有差五月癸亥宴五品以上奏九部樂於庭丁丑以王世充平宴羣臣賜帛各有差七月戊辰宴羣臣奏九部樂於庭帝舉酒屬百官極歡乃罷賜錢帛各有差九月癸亥賜五品以上射於武德殿賞金銀綾綺各有差

五年正月辛亥賜羣臣大射於玄武門賚綵帛各有差壬子幸昆明池宴從官賜帛各有差三月巳酉宴羣臣及京城父老賜帛各有差七月巳酉秦王平王世充班師丙戌宴旋師賜帛各有差

六年三月巳丑宴五品以上於昭德殿賜帛各有差九月丙子宴五品以上於苑内謂公卿曰昔漢高定天下以蕭曹張陳爲良佐任以政事朕應天命尅平區宇使任卿等自謂不謝古人因舉酒以屬羣臣極歡而罷十月甲辰以有年宴羣臣賜物各有差

七年二月宴突厥使者奏九部于庭三月巳卯幸鄭

琊公主第宴從官五品已上賚帛各有差四月癸卯宴羣臣奏九部樂賜帛各有差丙午宴王公親屬於文明殿帝見長平王太妃以屬從家人禮降階再拜酒小闌移坐翠華殿帝賦詩王公逓上壽賜帛各有差六月戊戌右武侯大將軍丘和以交州首領來朝奏九部樂以宴之齎物各有差七月壬子幸東宮宴從官下至胥徒頒賜各有差

八年正月甲寅幸秦王第謂羣臣曰朕以秦王有大功故于宮中立第以異之從是宴五品以上設奇技百戲賜帛各有差二月甲午幸齊王元吉第宴五品

已上齎賜各有差三月丁酉宴羣臣于玄武門陳倡優爛熳之伎四月丁未赤雀集於殿門宴五品已上上頌者十餘人極歡而罷巳丑宴西蕃突厥林邑使者奏九部樂於庭五月乙巳宴五品以上及外戚于內殿賦詩賜綵極歡而罷十二月辛巳車駕狩鳴犢泉廻宴從官賚物綵帛各有差

九年三月丙申宴朝集使於百福殿奏九部樂于庭五月乙卯宴羣臣六月癸亥以秦王為太子宴羣臣賜帛各有差七月傳位於太子帝稱太上皇後四年乃徙居大安宮太宗親侍輿輦百寮陪從太上皇甚悅置酒高會極歡而罷賜物各有差太宗後與公卿謁太上皇於戢武殿復置酒爲歡謂羣臣曰天下無事四海乂安非吾付囑得所吾兒孝順安能至此乎明日復召貴臣十餘人爰及妃主置酒於凌煙閣酒酣太上皇親彈琵琶太宗起舞公卿上壽乙夜方散賜帛各有差

太宗以武德九年八月甲子卽位甲戌宴羣臣於顯德前殿賜帛各有差

貞觀元年十月癸未宴羣臣賜物各有差

二年五月丙辰以夏麥大稔宴羣臣奏九部樂於庭

賜物各有差九月壬子宴羣臣奏九部樂賜帛各有差賜天下大酺三日慶有年也十一月甲子宴羣臣賜帛各有差

三年正月甲子宴羣臣奏九部樂歌太平舞師子于庭賜帛有差三月甲辰賜羣臣大射於玄德門十一月戊辰宴五品以上於內殿帝謂羣臣曰李靖奮忠勇長驅深入頡利奔竄天下無事豈不樂哉於是極歡而罷戊子宴突利可汗及羣臣三品以上於中華殿帝賦七言詩極歡而罷賜雜綵各有差

四年二月巳酉宴三品以上於中華殿三月戊辰宴

三品以上於林光殿賜物各有差七月壬辰宴羣臣於芳華殿奏九部樂於庭帝大悅親舉酒以屬羣臣羣臣奉觴稱慶極歡而罷賜帛各有差九月幸龍州丁巳次武功宴從官及武功父老賜帛各有差十月乙未皇子誕育宴三品以上於臨華殿賜帛各有差

五年正月癸酉大蒐於昆明池甲戌宴羣臣奏九部樂歌太平舞師子賜從官帛各有差巳卯太上皇詔帝與近臣十許人泛舟于後園絲竹遞奏至于太安宮置酒甚歡于夜而罷三月癸亥賜文武五品以上射於武德殿四月甲申宴羣臣賜帛各有差九月乙

丑賜羣臣大射於武德殿十一月巳卯宴羣臣賜帛各有差

六年正月甲戌宴蠻夷及三品以上於百福殿賜物各有差二月丙辰賜羣臣大射於武德殿戊辰幸九成宮戊寅宴三品以上於冊霄殿賜從官帛各有差七月辛未宴三品以上於冊霄殿帝從容曰中夏乂安四夷賓服此公卿盡忠之効也朕實嘉之然煬帝威加中國頡利跨有北荒葉護國富兵精雄據西域此三君者可謂盛矣失道怙亂奄致亡滅朕目覩其事何能不戒懼也公等輔導朕躬績已成矣當思長世之策以相敦勉於是賜帛各有差閏八月巳卯宴近臣於冊霄殿樓帝甚歡夜分乃散各賜錢帛有差九月帝在九成宮丙申以皇太子來朝宴東宮官屬賜帛各有差乙巳宴岐州父老賜帛各有差巳酉至慶善宮宴三品以上於渭水之濱帝甚歡賦五言詩庚戌宴從官故老賜帛各有差

七年正月癸巳宴三品以上及州牧蠻夷酋長于玄武門帝謂侍臣曰四海和平天下同樂自古帝王罕得事父太上皇萬福膝下之歡有倍嘗慶于是奏七德九功之舞觀者覩其抑揚蹈厲莫不扼腕踊躍惕

然震悚武臣列將咸上壽曰此舞皆是陛下百戰百勝之形容羣臣咸稱萬歲蠻夷十餘種自請率舞詔許之久而乃罷賜帛各有差

八年二月戊申宴羣臣賜帛各有差

九年正月甲申皇太子承乾納妃蘇氏宴羣臣賜帛各有差

十一年正月壬辰宴五品以上於兩儀殿賜帛各有差戊申帝將幸雒陽宴長安父老於玄武門賜以穀帛三月戊子帝在雒陽引五品以上射於儀鸞殿丙申宴從官賜物各有差庚子宴三品以上於西苑帝

御龍舟泛于積翠池癸卯宴雒陽父老於乾元殿賜以粟帛十月辛酉幸積翠池宴五品以上帝曰今茲年穀大登水潦不能爲害天下既安邊方靜息因此農隙與公等舉酒酒既酣各宜賦一事帝賦尚書特進魏證賦西漢十一月庚戌宴五品以上及蕃夷于貞觀殿奏九部樂賜帛各有差

十二年二月壬子宴雒陽父老賜帛有差三月丙子以皇孫誕育宴五品以上於東宮

十三年正月庚子會羣臣奏功成慶善及破陣之樂

十四年正月己酉宴羣臣及吐谷渾王河源王慕容

諾曷鉢於玄武門奏倡優百戲之樂賜物各有差九月乙巳宴京官五品以上于兩儀殿奏九部之樂

十五年二月癸丑宴從官及山東宗姓雒陽高年於貞觀殿奏九部樂賜帛各有差

十六年三月戊午賜百寮大射于觀德殿十月庚子宴諸蕃使於兩儀殿帝謂沙鉢羅俟斤曰延陁本一部落俟斤本我所立始十餘年自算何如頡利之衆而侵我邊疆我纔發甲騎傾其部落爾欲與我爲寇不過欲費我邊境十羊五馬耳今見爾遣使謝罪捨爾前過情好如初宴罷賜帛各有差十一月甲子幸慶善宮召武功之邰城立節三時豐義四鄉士女七十以上及居宮側數百人賜宴帝謂之曰朕幼遭隋亂櫛風沐雨饑不遑食以救蒼生百姓得無死亡二十餘年矣今重還舊鄉與父老相見此宮先皇所居朕之生處至此傷心觸物增感因泣下霑襟羣臣莫不歔欷又曰今詔父老言宴少自寬割耳又謂從臣曰人或時覽物不能自知朕昔在隋朝五品初不可望公等其時多有未仕朕今君臨四海公等並居高列君臣相遇千載一時朕與諸公豈各自知也遂縱酒盡歡其父老中或宿經役事或舊嫗蒼頭皆蹈舞

歡醉爭前上壽或因言屈滯者帝咸理之宴畢賜帛各有差其無官者竝加泛級乙亥以輿駕還宮宴百寮奏十部樂先是伐高昌收其樂工付太常增九部樂爲十部

十七年六月甲午并州父老百餘人詣闕奏稱陛下肇開帝業發跡太原皇太子疏爵晉藩作牧并部臣等不勝慶幸今來奉賀帝賜宴及物以遣之閏六月庚申薛延陁可汗子突利設獻饌帝於相思殿大饗百寮盛陳寶罷奏慶善破陣樂并十部之樂及撻求跳丸舞劒之技突利設再拜上千萬歲壽賜金帛各

有差十一月甲辰誕皇太子太孫宴百寮於弘教殿帝幸東宮自殿北門而入太子自投階下舞蹈稱萬歲帝謂宮臣曰頃來生業稍可非乏酒食而唐突公等宴會者朕甲館之慶故就公爲樂耳咸稱萬歲酒酣帝起舞羣臣竝舞樂極而罷賜物各有差

十八年正月丙戌宴諸蕃使於玄武門賜物以遣之二月辛酉詔三品以上賜宴於玄武門帝旣工隷書又好飛白於王衞之間別更立意（王羲之衞夫人）遂觸類增長精妙絶倫每有新奇羣臣無不下拜啓請是日帝操筆作飛白書羣臣乘酒就帝手中相競散騎常侍

劉洎登御牀引手然後得之其不得者咸稱洎登御牀罪當死請引付法帝笑而言曰昔有婕妤辭輦今見常侍登牀五月甲戌詔司徒長孫無忌以下十餘人於冊霄殿賜宴各賜膜皮右衞大將軍薛萬徹預焉帝意在萬徹而誤呼其兄萬均愴然不樂曰萬均朕之勳舊不幸早亡朕不覺呼名豈其魂靈欲朕之賜也因令取皮呼萬均以同賜而焚之於前侍坐者無不感嘆十月癸卯宴雍州父老千一百人于上林苑帝謂之曰朕剪除喪亂海內乂安百姓復業各循其理而遼東數城中國舊地莫離支狠子野心虐殺其主朕欲存其國而弔其人所以將幸雒陽有事經畧安復三韓之地一二年方還故詔父老別耳子孫從行者朕躬自巡撫勿以爲慮賜百歲以上氊被袍各一疋帛十段粟十石九十以上帛五段粟五石八十以上帛三段粟二石十一月壬午宴雒州父老一百九十人於儀鸞殿班賜有差

十九年十月征遼還次營州戊申詔本州刺史父老及契丹等蕃長首領宴會父老年七十以上契丹奚蕃長以下各班賜繒錦綾數千萬段十一月癸酉帝至幽州幸城南大饗軍士勞之曰朕執賞罰之柄懸

諸日月有功於國賞不踰時飲至之禮古今嘗事朕欲徧置酒餚咸宜樂飲甲戌宴從官三品以上賜物各有差丙戌廻幸定州時太子監國處定州詔定州管內孝行著聞者宜與宗姓老人同賜宴會十二月帝不豫步輦幸幷州辛酉文武三品以上及中書門下四品以上以帝疾瘳詣闕上禮詔引文武五品以上賜宴遣皇太子宣旨曰臣之於君義猶父子朕頃遭腫疾見公等憂惶今者疾除復見公等喜悅此之忠烈簡在朕心不費上禮餚膳豐潔固不可獨進與公等同歡酒舉樂奏司徒長孫無忌以下更上千萬

歲壽帝悉爲舉卮奏破陣樂舞傒倪車擅九紉數百人齊作帝樂飲臣下極歡將夕乃罷賜物各有差

二十年正月庚辰引從官及太原父老而宴之賜物各有差七月辛亥帝疾愈宴五品以上於飛霜殿絲竹遍奏羣臣上壽極歡而罷賜綾錦各有差十二月庚辰以鐵勒廻紇俟利發等詣闕朝見宴於芳蘭殿恩賜甚渥仍勑所司加禮供給每五日一會

二十一年正月鐵勒廻紇部拔野古部同羅部思結部渾部斛薛部奚結部阿跌部契苾羽部白霫部其渠帥各率所部歸附及還帝御天成殿陳十部樂宴

而遣之設高坫於殿前置銀瓶於坫上自左閤內潛流酒泉通於坫脚而漏殿前瓶中又置大銀盆其實百斛傾瓶注於盆中鐵勒數千人不飲其半雜類驚駭私相謂曰天子賜我曹此瓶還部落中傾之豈不甞是酒也又詔文武五品以上令外廚給酒載於尚書都堂以餞之

二十二年正月乙未奏十部樂會四夷君長於天成殿王公稱觴上壽賜帛各有差二月丙寅朔朝集使奏辭引五品以上升殿宴四月乙亥西突厥賀魯以王師問罪龜茲固請前驅願爲鄉導仍以數十騎馳詣詔授昆丘道行軍總管宴之於嘉壽殿及文武三品畢景甚歡錫賀魯綾綵仍解所服之衣以賜十月己巳崐丘道軍將阿史那社爾擊龜茲破之帝聞之大悅宴五品以上於紫微殿從容謂羣臣曰夫樂有數種至如土城竹馬遊戲阡陌之間此童幼之樂飾金翠曳羅綺此婦人之樂賤糴貴出貿遷有無此商賈之樂高官厚祿名位昭顯此仕進之樂受脤出征前無勁敵此將帥之樂四海寧一六合無塵端拱巖廊社稷安固此帝王之樂也頃命將西征今已尅捷萬里清泰戰士咸得還家此朕爲樂之時因賜羣臣

傾觶極歡而罷

二十三年二月癸巳特進新羅王金春秋還國令三品以上宴餞之優禮甚備

冊府元龜

冊府元龜

巡按福建監察御史臣李嗣京訂正
新建縣舉人臣戴國士參閱
知建陽縣事臣黃國琦較釋

帝王部一百一十

宴享第二

唐高宗永徽三年二月甲辰宴三品于百福殿帝舉酒極歡賜以錦綵各有差甲寅京城百姓以歲旱帝避正寢撤膳遂降甘雨相率宴樂兼奏倡優百戲帝御安福門樓以觀之

五年四月癸巳宴文武羣官及麟遊縣老人于玄武門賜物各有差九月乙亥御冊霄殿臨觀三品以上行大射禮丙子賜五品以上射帝升永光門樓以觀之

顯德元年正月巳卯宴文武羣官及朝集使蕃客京城老人八十以上賜物各有差

二年二月幸雒陽宮癸亥御貞觀殿宴從行文武官及雒州父老宗姓等賜物各有差

五年二月幸并州丙戌會從官及諸親并州官屬父老等奏九部樂極歡而罷賜帛有差十二月辛未挍獵于長社之安樂川丙子詔侍臣及蕃客夜讌帝賦詩以紀講習之事

龍朔元年九月勅中書門下五品以上諸司長官尚書省侍郎并諸親三等以上竝詣沛王宅設宴禮奏九部樂禮畢賜帛雜綵各有差

麟德元年八月丙子帝自萬年宫還便幸舊宅丁丑宴羣臣賜物有差

乾封元年正月戊辰朔有事于泰山壬申禮畢御朝覲壇受朝賀癸酉帝謂羣臣曰升中大禮不行來數千載近代帝王雖稱封禪共間事有不同或謂求仙

克禋或以巡遊望拜皆非崇祖業近在隋朝喪亂最甚老小塡溝壑少壯染兵鋒高祖發自晉陽撥亂反正先朝躬擐甲冑贊成大業掃除氛祲廓清區宇遂得四海宅心萬邦仰化朕丕承寶曆十有七年終日孜孜夙夜無怠屬國家無事天下太平華夷乂安遠近敦睦所以躬親展禮褒贊先烈情在歸功固非爲巳遂得上應天心下允人望今大禮旣成深以爲慰公等休戚是同故應共此慶欲與公等飲讌盡歡各宜在外更衣即來相見乃勅所司撤幄帳施御牀三品以下升壇四品以下列坐壇下縱酒設樂羣臣及

諸岳牧競來上壽起舞日晏方止四月甲辰帝至京師先謁太廟是日御景雲閣宴羣臣設九部樂頒賜綵各有差

總章元年十月癸丑文武官獻食賀破高麗帝御玄武門之觀德殿宴百官設九部樂極歡而罷賜帛各有差

咸亨元年十一月壬戌帝親于殿前宴京城父老有不能行者仍許子弟扶至殿庭宣勑謂之曰朕雖居九重之內嘗以萬姓爲心而誠不動天遂使陰陽錯謬自從去歲關中旱儉禾稼不收多有乏絶百姓不

足責在朕躬每自思此深以爲愧今雖口倉廩且復充實更爲轉運於是艱辛理有便宜所以行也故召卿等爲宴別耳仍節級賜物及黃袍等以遣之

三年六月甲寅御冷泉宮亭子召許敬宗皐男生及東西臺三品舉酒作樂

四年七月庚午皇太子新宮成帝親送太子入宮五品以上及諸親竝從宴會奏樂極歡而止賜物有差

上元元年九月辛亥百官倶新服上禮帝御麟德殿之景雲閣以宴羣臣

儀鳳三年七月丁巳宴百寮及諸親於九成宮之咸亨殿帝謂霍王元軌等曰去冬無雪今春少雨昨五月避暑此宮甘雨屢降夏麥豐熟秋稼滋榮又得李敬玄表奏吐蕃已入龍支張虔勗率領驍勇與其交戰一日兩陣賊倶敗走奔趨數百里虜獲極多又太史先奏七月朔太陽虧而日竟不食此是上天垂祐宗社降靈豈在虛薄所能致此又以男輪最小特所留愛比來與選新婦多不稱情近納劉延景女觀其極有孝行不失婦容復是私中一喜思共叔等同爲此歡宜各盡情相勸樂酒飲酣帝賦詩作栢梁體曰屏欲除奢政返淳皇太子曰叨恩監守戀晨昏霍王

元軌曰聖德無爲同混元相王輪曰長歡膝下鎮承恩右僕射戴至德曰天皇萬福振長源黃門侍郎來嘗曰策蹇叨榮青瑣門中書侍郎薛元超曰鷄池濫職奉王言自餘羣臣以次繼作日晏而罷賜綵物有差

調露二年正月乙酉御雒城南門樓引諸王及三品以上幷諸州都督刺史登樓賜宴太常奏新造六合還淳之舞日晏而罷四月癸酉九玄殿會文武百寮謂曰匈奴爲患侵鎬及方（方地名）自秦漢以來卽有此弊我國家拓定四海尙虧事大之禮貞觀之始猶自

執迷所以命將出師頻有摧殄遂使土分瓦解君臣面縛未忍殲殄許以自新五十年間俱稱臣妾自去冬以來忽相扇動潛行合聚遠事交結遂殺戮百姓侵損邊陲故遣裴行儉等聊申薄伐軍威蹔舉兵不血刃應時破潰款伏軍門朕自問以來情甚歡慰故廣召百官以申讌喜王公卿士想同茲慶

中宗神龍元年四月壬子宴房州父老於雒城南門各賜勳一級帛十五段巳巳宴皇親及皇后內外諸親於武成殿賜物有差

景龍二年十一月辛巳以安樂公主出降宴羣臣于

兩儀殿十二月丙申宴堅昆使于兩儀殿

三年正月乙亥宴侍臣及近親於梨園亭八月巳巳幸安樂公主山池宴從官賜贈帛有差

四年正月乙丑宴吐蕃使于苑內毬場命駙馬都尉楊愼交與吐蕃使打毬帝率侍臣觀之四月丁亥帝遊櫻桃園引中書門下五品以上諸司長官學士等入芳林園置酒爲樂乙未張樂於隆慶池泛舟戲象宴羣臣仍命賦詩

睿宗景雲二年正月乙卯宴吐蕃使賜物有差九月丁酉宴吐蕃使於承慶殿十一月戊子御承天門宴突厥可汗男楊我支特勤

太極元年正月乙未朔御安福門宴突厥可汗男楊我支特勤

延和元年七月庚申御安福門宴羣公卿士設太常九部樂帝夜觀樂焉

玄宗先天元年八月巳酉吐蕃遣使朝賀帝宴蕃使於武德殿設太常四部樂于庭九月乙亥太上皇御安福門賜羣公卿士射

二年九月庚辰宴王公百寮于承天門

開元元年十二月丁酉以吐蕃遣其大臣來求和命

有司引吐蕃使宴于三殿

二年二月癸丑宴突厥使及新羅王子于朝堂以旱廢樂十月庚辰宴新羅使于內殿勅宰臣及四品以上諸官預焉

七年二月壬申朝集使還本任命有司布餞宴羣臣於庭賜帛有差三月壬辰勅百官三月三日宜准當式賜射壬子御冊鳳樓宴九姓同羅及契丹各賜物一百段小妻主友三十段

八年正月丙寅以皇太子加元服宴百官于太極殿十一月巳巳御冊鳳樓宴九姓蕃安等設九部樂

九年三月戊午宴朝集使賜帛有差四月戊辰御冊鳳樓宴平胡節將王晙郭知運王智方高崇謝知信許四品已上清官及供奉官陪宴十二月甲午宴朝集使賜物各有差

十年正月乙巳御含元殿宴羣臣賜帛各有差

十一年五月丙戌命有司會羣臣宴奚厥使暾泥熟於都城南門

十二年三月庚午宴朝集使于紫宸殿賜帛有差

十四年十一月巳丑幸寧王憲宅與諸王宴探韻賦詩帝詩曰魯衞情先重親賢愛轉多冕旒豐暇日乘

景暫經過戚里中高宴平臺奏雅歌復壽爲善樂方驗保山河

十五年四月丙午涼州都督王君㚟破吐蕃凱旋詔置食朝堂宴之及將士等竝賜物有差帝謂君㚟及將士等曰吐蕃小醜敢懷逆命輒窺亭障以逞凶狂卿等智勇風彰軍威克振纔整旗鼓屢剪渠魁深入寇庭當甚勞耳五月丁丑是日端午宴羣臣于武成殿各賜衣一襲帝親自賦詩曰端午臨中夏時清日復良鹽梅已佐鼎麴糵且傳觴事古人留迹年深縷續長當軒知槿茂向水覺蘆香億兆同歸壽群公共保昌忠貞如不替貽厥後昆芳特賜宰臣李元紘及兵部尚書蕭嵩金章紫綬以寵之十一月庚子御含元殿宴羣臣賜帛有差

十六年十一月丙午御含元殿宴羣臣賜帛有差

十七年八月癸亥帝降誕之日大置酒張樂宴百寮於花蕚樓三月命侍臣及百寮每旬暇日尋勝地讌樂仍賜錢令所司供帳造食五月丁卯侍臣以下讌于春明門外寧王憲之園池帝御花蕚樓邀其迴騎更令坐飲遞起爲舞班賜有差

十九年二月丁亥詔曰百靈降福庶君叶心陰陽調

而生植以滋政理孚而黎獻咸若繇庚知萬物之樂華黍洽三農之慶信可以率禮輔仁式歌且舞者矣況生成式序氤氳致和卉物發榮池籞含麗思順時令以申惠澤咸宜邀歡芳月繼賞春風夙夜在公既同咸一之理休沐式宴俾共昇平之樂中書門下及供奉官嗣王郡王左右丞相少傅賓客諸司三品以上長官侍郎郎官少監少卿少匠司業少尹兩縣令都水使者朝集使上佐已上并雜處未赴任者及東宮諸司長官中舍中允少詹事諭德中郎率著官三品以上至春末已來每置暇日宜准去年正月二十

九日勅賜錢造食任逐勝賞
二十年二月壬辰許百寮於城東闢亭子尋勝因置撿校尋勝以厚其事文官三品以上及兩省供奉官侍郎中丞御史咸預焉四月乙亥讌百寮于上陽東州醉者賜以衾褥扇舁以歸相屬于路五月丁卯召河北立功將士於朝堂謂之曰天地無遠四夷奔走而來庭山川無幽百神聆嚮而奉職斯皆上玄啓佐宗廟威靈肆予一人肅將明命而已乃者林胡小醜敢茲不恭爰命師徒掃除邊祲卿等屬當武旅之寄得奮才畧之雄取如拾遺月獻三捷雖天誅則爾亦

卿等力焉今屬旋師聊申宴勞應有官賞已勅所繇敘定之日朕將親覽必有當功之賞用增乘輿之氣且宜坐食兼賜卿等少物食訖領取
二十一年八月詔曰大射展禮先王創儀雖沿革或殊而遵習無曠往有陳奏遂從廢寢永監大典無忘舊章將射侯以觀德豈愛羊以去禮緬惟古訓罔不率繇自我而闕何以示後其三九射禮宜依舊遵行以今年九月九日賜射於安福門樓下時京官五品以上乃預其會
二十三年七月戊寅以籍田禮畢大置酒於應天門以會百官八月丁亥帝降誕之日御花蕚樓宴羣臣御製千秋節詩序時小旱是日大澍雨百官咸上表賀九月辛巳宴朝集使於朝堂賜物有差
二十四年二月甲寅宴新授縣令於朝堂八月壬子千秋節帝御廣達樓宴羣臣奏九部樂內出舞人繩妓頒賜有差制曰自古風俗所傳歲時相樂亦各有事大小在人朕生于仲秋厥日惟五遂爲嘉節慶感誠深今屬時和氣清年穀漸熟中外無事朝野大安不因此時何云宴喜卿等即宜坐飲相與盡歡又召京兆父老等宴之勅曰今茲節日穀稼有成頃年以

來不及今歲百姓既足朕實多歡故於此時與父老同宴自朝及野福慶同之並宜坐食食訖樂飲兼賜少物宴訖領取甲寅以奚騎施遣大首領胡祿達干來求和許之宴于內殿賜錦衣一副帛一百放還蕃
二十五年正月壬午制曰百司每旬節休假並不須親職事任追勝爲樂宜示中外知朕意焉己丑以望日命有司於勤政樓前樹燈宴羣臣於樓下八月丁未千秋節宴羣臣於勤政樓下
二十六年三月己巳賜朝集使五品以上錢三十萬任追勝爲樂是年正月帝親迎氣東郊詔曰今朝廷無事天下和平美景良辰任百官追勝

勝爲樂十月庚戌停朝參命百官於尚書省宴朝集使

二十八年正月壬寅以望日御花蕚樓宴羣臣命有司樹燈于樓前會大雪而罷因勑當以二月望日燒燈八月己未以降誕日御花蕚樓宴羣臣賜帛有差

天寶元年正月甲寅命有司宴女國王及佛逝國于曲江令宰臣已下同宴十月庚辰御花蕚樓宴蕃客放還蕃

三載三月勑中書門下及兩省五品已上并三品已下正員長官諸司侍郎御史中丞於鴻臚亭子祖餞朝集使及范陽節度使安祿山

四載二月勑今月十四十五十六日宜令中書門下及兩省供奉官諸司文官四品已上郎官御史節度採訪使等竝於花蕚樓下宴

五載正月勑今月十四十五十六日宜令中書門下及兩省供奉官文官四品已上武官三品已上正員竝御史中丞嗣王郡王郎官御史節度使竝於花蕚樓下參宴不須入朝

十載正月詔曰百辟叶心交修皇極所以天降休命寶祚維新今郊廟精禋大禮克舉萬方無事九有忻心屬獻歲芳春上元望日既當行慶之序式廣在鎬之恩自今後非惟旬休及節假百官等曹務無事之後任追遊宴樂

十三載三月丙午御躍龍殿門張樂宴羣臣賜物有差極歡而罷

十四載三月庚申許嘗參官追勝宴樂百官因上表曰伏奉恩勑令臣等三月已來分日入朝逐便尋勝伏以聖政和平景光韶麗道風淳被朝野歡娛陛下均惠澤而不遺俾簪纓而共賞因其無事許以番休草木加春沉翔益暢生成之德報効何階復以宮闕增修子來云就罪麾告捷飲至初行臣等無汗馬之

勞空霑分罷懷賀鷰之志敢効獻芹伏請進錢一千貫文以充宴樂願接順陽之慶得伸就日之懇許之己丑御勤政樓宴羣臣帝賦詩效栢梁體羣臣畢和

八月辛卯天長節御勤政樓宴羣臣

肅宗乾元元年二月戊戌宴迴紇使于紫宸殿前八月甲辰天長節太上皇於金明樓宴百官賜綵五百疋

二年三月甲申迴紇王子骨啜特勒宰相帝德等十五人自相州奔于西京帝宴之于紫宸殿賞物有差

八月壬戌十姓突騎施黑姓可汗阿多裴羅等竝波

斯進物使李摩自及寧遠國使葛等來朝竝宴於內殿九月丙寅帝降誕日宴百官於宣政殿前賜絹三千疋十二月戊申宴蕃胡拓翔於三殿各賜物三十段

代宗寶應元年六月丁巳以奚厥奴剌部落千餘人內屬請討賊自効宴奴剌大首領于內殿賜物有差七月辛卯宴六軍將于內殿賜物有差八月巳丑奚及契丹來朝宴于三殿丁巳宴宰臣及師保常侍給舍中丞六尚書左右丞侍郎諸司長官等于延英殿賜物有差九月戊寅宴郭子儀等諸將于延英殿賜

物有差丙申迴紇可汗舉國兵馬至太原遣使奉表請助王師討平殘寇是日引其使宴于延英殿賜物有差

廣德二年十一月戊午公卿率錢於哥舒翰宅宴慰副元帥郭子儀特給太常音樂

永泰元年正月辛亥宴宰臣及兩省五品已上御史臺五品以上尚書省四品以上等官及諸司長官於延英殿

大曆二年三月丙戌郭子儀至自河中府癸卯許宰臣元載王縉及左僕射裴冕戶部侍郎判度支第五琦京兆尹黎幹各出錢三十萬宴郭子儀于子儀私第內侍魚朝恩參其會爲朝恩出錦三十段綵羅五十匹綵綾一百疋爲子儀纏頭之費極歡而罷（舊俗賞歌舞人以綵置之頭上謂之纏頭）三月甲戌內侍魚朝恩請於春明門外私第宴宰臣僕射舊相節度使度支京兆等許之乙亥郭子儀請宴宰臣等于私第許之戊寅汴宋節度使田神功請宴宰臣于私第許之（時子儀等以寇難漸平蹈舞王化乃置酒連宴酒酣皆起舞出良馬寶鞍錦羅綾綵等爲纏頭之費上自宰臣公卿及中官高品凡列坐者百餘人下及伶人皆獲享賚子儀朝恩神功或費至十萬貫者）巳卯宴吐蕃使于禮賓院八月癸未御三殿宴李抱玉杜鴻漸及河南

江淮轉運使劉晏荊南節度衛伯玉等賜物有差

三年二月戊子宴關內河東副元帥郭子儀鳳翔澤潞節度使李抱玉及邠寧節度使馬璘等五月戊午宴劒南陳鄭神策將士三千五百人於三殿賜物有差丙寅御紫宸殿宴新羅迴紇使十二月丁巳宴宰臣及諸道節度使於內殿賜物有差

四年十月丁巳宴吐蕃尚悉摩等八人於紫宸殿

五年六月辛丑宴宰臣節度使六尚書御史大夫京兆尹於內殿賜物有差

六年正月巳卯宴宰臣及節度使六尚書御史大夫

京兆尹判度支戸部侍郎於内殿賜物有差十一月
宴文單國王婆彌等二十五人于三殿
八年十一月戊午宴宰臣郭子儀李抱玉王縉元載
及僕射裴遵慶侯希逸御史大夫李栖筠吏部尚書
劉晏渭北節度使臧希讓神策軍兵馬使王駕鶴京
兆尹杜濟於延英殿賜物有差閏十一月癸亥宴宰
臣及節度使轉運使御史大夫京兆尹判度支戸部
侍郎于内殿賜錦綵金銀羅物各有差
九年四月辛巳宴宰臣及諸節度使轉運使御史大
夫京兆尹判度支戸部侍郎及勳舊大臣于内殿賜

物有差七月辛酉宴吐蕃使于内殿
十年八月乙亥宴宰臣及御史大夫節度使轉運使
判度支戸部侍郎京兆尹於三殿賜物各有差
十三年正月甲戌帝御三殿宴宰臣及節度使轉運
使判度支戸部侍郎京兆尹等賜物有差二月庚辰
帝御三殿宴侍臣五品已上御史臺五品已上尚書
省四品以上及節度觀察在城判官等幷宰臣勳臣
弟兄等竝赴會凡三日連宴錫賚極於豐厚
十四年二月壬辰帝御三殿宴宰臣及兩省供奉官
幷文武百寮賜物有差癸巳又御三殿宴至德已來
勳臣子弟及藩邸舊臣子弟賜物有差順時令廣恩
也
德宗興元元年七月壬午車駕自興元至京師帝卽
還宮每間日宴勳臣於麟德殿必親閱酒饌區陳音
樂極歡而罷其所領賜李晟首之渾瑊次之諸宰臣
及節將又次之所以褒元功崇秩序也
貞元元年二月寒食節命昭義節度使李抱眞山南
西道節度使嚴震與神策金吾六軍使擊鞠于内殿
賜物各有差
四年二月戊戌帝御麟德殿觀宰臣李晟馬燧及諸

將會鞠李泌辭以不能請記籌從之頒賜有差辛丑
帝以寒食假蒲内鞠會未畢是日特賜百官假一日
三月甲寅宴百寮於麟德殿設九部樂及内出舞馬
帝製序及詩以賜羣臣於是給御筆仍命屬和頒賜
各有差至德以來軍事務殷宴賜殆絶大曆末唯宴
兩省供奉官及諸司三品官而已朝臣不周及焉至
是嘗參官及二王後皇室從曾祖已下親異姓諸親
勳臣節將子孫悉集焉四月御玄英門宴六軍及神
策神威諸將頒賜有差五月賜宴東蠻鬼王驃傍苴
夢衝苴烏星等於麟德殿賜物各有差九月詔曰内

外卿士左右朕躬朝夕公門勤勞衆務今方隅無事蒸庶小康其晦日上巳重陽三節任擇勝地追賞每節仍賜宰相及當參官錢五百貫翰林學士一百貫左右神威神策十軍共一千貫金吾英武威遠及諸衛將軍共二百貫客省奏事官一百貫委度支節前五日分付永爲常例

六年二月戊辰朔中和節宴百寮於曲江亭帝賦詩賜之三月庚子百僚宴於曲江亭帝賦詩以賜之巳酉帝以寒食與宰臣及北諸軍將軍擊鞠於麟德殿頒賜各有差四月帝曰朕頃以四方不寧宵衣旰食

百寮亦遑遑無暇今兵革漸息夏麥又登朝官有暇日遊宴者令京兆尹不須聞奏

八年正月詔三節宴集先已賜諸衛將軍錢其部率以下可賜錢百千八月詔曰屬者春秋令節朝野多歡乃與公侯庶寮俾同宴賞今西河吳楚連被水災悼于厥心實未寧息尚軫憂念豈遑倫樂其九日宴會宜罷

九年二月庚戌朔初以中和節賜宴錢給百寮先是宰相以曲江合宴陳設供辦爲府縣之弊請分給是錢令諸司會于他所從之自是訖于貞元三節公宴悉分矣九月以贈太師李晟薨日近罷九日宴會

十年九月十日以重陽宴賜百寮追賞初九日以雨罷宴及是方會宴帝賦詩以賜百官

十一年三月上巳賜宰臣及兩省供奉官宴于曲江九月癸卯賜中書門下及兩省供奉官宴于曲江帝賦詩以賜百寮百寮畢和十二月戊辰臈帝畋于苑中上多殺行三驅之禮軍士無不知感畢事幸左神策軍勞軍饗士而還

十二年二月己卯寒食節帝御麟德殿之東亭觀武臣及勳戚子弟會毬兼賜宰臣讌餞于宰臣位後施

畫屏風圖漢魏名相仍紀其嘉言美行題之于下宰臣各賜錦綵百疋銀缾盤各一具其從官直省各有差

十三年二月丁巳朔賜宰臣及兩省供奉官宴于曲江又寒食賜宰臣宴于麟德殿前觀會毬各賜錦綵缾盤等九月重陽節賜宰相及兩省供奉官宴于曲江賜中書門下及百寮詩

十四年正月帝謂宰臣等曰文武之士列在朝序熙我庶績勤效用彰今屬句芒應時萬物生育朕在中和之節欲于麟德殿宴會羣寮所冀君臣相歡式昭

在鎬之義宰臣等奏曰八表清寧天下無事中和令節時屬上春萬國歡心咸同此日陛下俯降恩旨欲宴朝臣天光下臨曲示慈惠臣等不勝慶忭之至二月壬子朔以雨雪不克宴會改俟他日戊午帝御麟德殿賜文武百寮宴樂於東西廂初奏破陣樂舞帝自製中和樂是日奏之又奏九部樂及禁中歌舞妓者十數人布列于庭樂飲極歡日晏方罷賜宰臣錦綵各二百疋加瓶盤等餘各有差帝製中春麟德殿會百寮觀新樂詩仍令皇太子書以示百寮九月重陽節以襄陽節度樊澤卒廢朝其百官宴享宜改取

十一日

十五年正月詔罷今年中和宴會以旱故也二月詔罷今年三月三日宴九月詔罷今年重陽日宴會是日吴少誠逆徒圍許州

十六年正月詔罷今年中和節宴會二月詔罷今年三月三日宴會九月壬寅駙馬都尉郭曖卒罷九日宴會

十七年二月朔賜羣臣會宴於曲江亭帝命中使薛盈珍賜詩三月上巳賜羣臣會宴于曲江九月重陽賜羣臣會宴于曲江

十八年二月朔賜羣臣會宴于延康里故馬璘池亭三月上巳賜宰臣及兩省官會宴于故馬璘池亭九月重陽節賜宰臣及中書門下兩省官會於故馬璘池亭御製豐年多慶九日書懷詩以賜羣臣

十九年二月朔賜宰臣兩省供奉官會宴于馬璘池亭三月上巳賜中書門下及兩省供奉官會宴于馬璘池亭

二十年二月朔罷中和宴歲儉故也九月九日賜中書門下及兩省供奉官會宴于馬璘池亭

冊府元龜

冊府元龜

巡按福建監察御史臣李嗣京　訂正
分守建南道左布政使臣胡維霖　參閱
知建陽縣事　臣　黃國琦較釋

帝王部　一百十一

宴享第三

唐憲宗元和二年正月丁巳詔停中和重陽二節賜宴其上巳日仍舊二月丁丑以寒食節御麟德殿宴宰臣杜祐武元衡鄭絪李吉甫及僕射大夫度支鹽鐵使京兆尹洎軍使駙馬諸親王會焉帝與之擊毬

于庭賜宰臣以下綿綵銀器有差三月上巳節賜宰臣百僚合宴于曲江亭七月丁丑御宸耀樓神策神威六軍內外教坊大合樂以樂之

三年四月甲寅御芳林門張樂設百戲

五年三月上巳節賜宰臣讌于杜佑莊命中使以酒饌就賜之

七年正月癸酉帝御麟德殿對南詔渤海牂牁等使宴賜有差乙酉御麟德殿宴涇原節度使朱忠亮丁亥御麟德殿對南詔使李典禮等宴賜有差三月辛酉罷曲江上巳宴將葬惠昭太子也九月甲子重陽節賜百僚宴于曲江

八年五月戊午迴鶻請和親使伊難珠還蕃宴于三殿賜以銀器繒帛九月戊午重陽節賜宰臣以下宴于曲江十二月丙午宴南詔渤海牂牁使賜以綿綵

九年二月己丑麟德殿召見渤海使高禮進等三十七人賜宴有差九月壬午重陽節賜百官宴于曲江

十年正月丁酉召見新羅及南詔蠻使宴賜有差

十一年七月丙寅權停重陽日曲江賜宴

十二年八月癸未勅今年重陽日公卿宴宜權停

十三年二月辛酉帝御麟德殿對迴鶻及南詔使賜

宴有差

乙丑命中官以酒膳宴陳許節度使李光顏于其第賜粥米凡二十五車

乙亥御麟德殿宴宰臣及太子三少六尚書左右丞侍郎御史中丞中書門下省五品已上官翰林學士京兆尹度支鹽鐵使左右金吾將軍威遠皇城六軍及諸衛大將軍駙馬都尉諸道朝覲節度使公主郡主等觀擊鞠角觝之戲大合樂極歡而罷以錦綵銀器頒賜有差丙子又召宰相師保中丞京尹度支鹽鐵使並入內觀諸親及軍使會鞠九月癸巳御麟德

殿對吐蕃使論句藏戊戌命宰臣宴吐蕃使人於中
書省
十四年正月癸未帝御麟德殿對歸國廻鶻使宴賜
有差三月乙酉以齊魯初平宴文武百寮于麟德殿
宰臣裴度等舉觴獻壽跪而言曰陛下德配天地明
並日月神武獨斷寇逆剷平賜宴羣臣當茲令節臣
等備位台司幸逢昌運願與四海九州之人同上千
萬歲壽帝執酒爲飲之因擊鞠爲戲羣臣縱觀既罷
賜繒綵有差丙戌又宴宰輔及大臣翰林學士于禁
中七月甲申御麟德殿宴宣武軍節度韓弘及判官

大將軍等共三百人賜物有差八月丁卯帝御麟德
殿宴魏博節度使田弘正并判官大將等二百人賜
物有差
九月戊戌帝遇會慶亭宴田弘正及宰相師保尚書
侍郎左右丞太常卿諫議御史中丞給事舍人翰林
學士等賜物有差已亥御麟德殿宴親王及高品供
奉官
穆宗以元和十五年正月卽位二月庚寅對新羅渤
海朝貢使于麟德殿宴賜有差六月癸巳皇太后歸
興慶宮帝率六宮侍行遂合樂大宴廻幸左神策軍
賜中尉及左右樂人等金銀錦綵有差七月甲寅新
作永安殿大張樂觀百戲恣歡而罷班賜有差乙丑對
吐蕃弔祭使于麟德殿宴賜有差
九月戊申重陽節御宣和殿召郭釗兄及貴戚駙馬
軍使左右中尉等赴宴賜金銀錦綵有差辛酉帝御
麟德殿宴李光顔李愬各賜錦綵五百疋銀瓶盤笋
五事衣一襲馬一匹賓佐將較領賜有差戊辰對吐
蕃使於麟德殿宴賜有差
十月吐蕃入寇詔發京西行營諸軍赴援甲申對軍
使索日進程懷政董重質田頴劉師貞并大將合六

十七人宴賜有差
長慶元年二月辛卯寒食節帝御麟德殿賜百寮宴
帝自擊鞠命禁軍設百戲賜物有差壬辰又宴宰臣
師保僕射尚書翰林學士將軍軍使賜物有差癸巳
又宴將軍軍使及內官四月庚辰命宰臣於侍中廳
宴吐蕃使
二年正月壬子對渤海使者於麟德殿宴賜有差八
月壬午對吐蕃使者五十人於麟德殿宴賜有差九
月戊子朔宴吐蕃使論悉諾等十五人於中書省壬
辰勅蕃客等皆遠申朝聘節遇重陽宜共賜錢二百

貫以充宴賞仍給太常音樂是月丙申重陽節賜宰
臣及百寮宴于曲江亭十月壬子對迴紇使者於麟
德殿宴賜有差
三年三月上巳節賜百僚曲江宴九月重陽節賜百
僚宴於曲江時韋綬爲太子侍讀綬之在書府遇重陽日百官有曲江之宴特請與集賢學士等别爲一會從之
敬宗以長慶四年正月卽位二月壬午平盧軍節度
使薛平遣使押領備宿衛渤海大聰叡等五十人至
樂驛命中官持酒脯迎宴焉
寶曆元年三月壬子帝御三殿宴百僚癸丑又宴宰

臣翰林學士給事中中書舍人御史中丞諸曹尚書
侍郎京兆尹等頒賜銀器錦綵有差五月庚戌幸魚
藻宫觀競渡公主駙馬翰林學士諸軍使與讌樂
二年二月丁巳寒食節三殿宴百官又自戊午至庚
申讌宰臣師保尚書侍郎御史中丞兩省五品以上
官駙馬公主等前後頒賜有差
甲子詔今年三月上巳日文武百僚宜准舊例於曲
江宴集三月甲戌宰相百僚翰林學士曲江宴命中
使劉惠通等頒賜食物九月自甲戌至丙子帝連宴
宣和殿百戲皆從

文宗太和元年五月戊辰對諸道端午使於麟德殿
宴賜有差
四年七月庚辰行幸黎園會昌殿大宴樂
五年正月乙巳是日晚行幸黎園會昌殿奏樂
六年二月己丑寒食節宴羣臣於麟德殿
七年三月庚戌麟德殿對歸國迴鶻李義節等十九
人宴賜有差
八年三月甲寅上巳節賜羣臣宴于曲江亭
九年八月丁丑幸左軍龍首殿因幸黎園含光殿大
合樂

開成元年十二月帝於禁中會讌諸王因命講讀劉
仲武每雙月入内對諸王仍令尚書供食
二年正月癸巳帝御麟德殿對賀正南詔洪龍君三
十人渤海王子大明俊等一十人賜宴有差二月京
兆尹歸融因對奏上巳日曲江會宴緑初遇兩公主
出降物力不辦請改日帝曰去年重陽改就九月十
九日未失重九之意今上巳日改取十三日可乎融
受命而退五月壬申幸十六宅與諸王宴樂
三年四月甲午帝幸十六宅賜諸王宴頒賜有差十
月甲午命中人以酒脯仙韶院樂賜羣臣宴曲江亭

四年正月丁卯夜於咸泰殿觀燈作樂二宮太后及諸公主並赴宴三月乙酉上巳節賜百寮宴於曲江亭命内官以詩宣賜裴度

六月庚申幸十六宅安王穎王院宴樂賜錢各五十貫絹二千疋銀器二十事二王帝弟也故賜宴特異

宣宗大中七年四月日本國遣王子來朝獻寶器音樂帝謂宰執曰近者黄河清今又日本國來朝朕愧德薄何以堪之因賜百寮宴陳百戲以禮之

九年七月宰相崔鉉出鎮淮南帝宴餞賦詩以賜之

昭宗乾寧元年正月乙丑鳳翔節度使李茂貞來朝

大陳兵衛獻妓女三十人帝開宴大殿

天復三年正月辛未宴汴州朱全忠于内殿内弟子奏樂至貳月己丑又宴全忠於壽春殿乙未又宴于保寧殿會鞠全忠得頭籌令内弟子送酒戊戌全忠辭歸鎮宴於内殿

元祐元年五月幸雒陽乙丑宴百僚于崇勳殿己巳朱全忠辭歸鎮又宴於崇勳殿七月宴於文思殿鞠場

哀帝天祐二年三月詔曰朕以宰臣已下當拘官局罕獲歡娛今膏澤不愆豐年有望將臻上瑞宜示優恩及此芳辰當茲麗景稍令暇逸俾務遊從宜令自今月十二日至十六日各令逐便選勝遊宴五月戊寅宴羣臣於崇勳殿朱全忠與王鎔羅紹威買宴也

後唐莊宗以天祐八年秋七月會王鎔於承天軍鎔武皇之友也帝奉之盡敬捧巵酒爲壽鎔亦奉酒疇帝

同光元年六月帝幸保寧鞠場宴洎行營將士賜物有差八月癸卯以内園新殿成名曰長春殿宴大臣賜分物有差十月辛巳萬壽節宴長春殿賜百官分物己亥宴于崇元殿十二月丁亥宴羣臣於嘉慶殿

二年四月庚辰宴武臣于嘉慶殿六月甲申幸保寧鞠場宴洎行營將士八月壬申幸皇子繼岌院奏教坊樂縱酒而罷九月癸卯宴大臣於長春殿丁未又宴羣臣于嘉慶殿辛亥宴吳使盧蘋於嘉慶殿大臣畢預甲寅帝幸樞密使郭崇韜之私第宣教坊樂置酒會從臣至初夜一更還宮十月丙寅朔宴大臣於嘉慶殿丁亥宴羣臣於長春殿壬辰嘉慶殿宴近臣十一月丙寅朔宴大臣於嘉慶殿戊子宴羣臣於嘉慶殿壬辰宴近臣於嘉慶殿甲午命皇子興慶宮使繼岌於會節園宴蜀使許確吳越國使錢珣各賜分

物巳亥帝幸六宅教坊樂宴會諸皇弟戊午幸明宗之第又至宋州節度使元行欽之第縱酒作樂一鼓三籌歸宫

三年正月甲午皇太后生辰御嘉慶殿召諸王家宴極歡而罷丙午宴大臣於中興殿是月帝幸鄴都戊申宴從官於黎陽行宫二月帝在鄴巳巳擊毬於行宫之鞠場諸皇弟從臣等供奉賜定州王都金鞍御馬鞠罷宴王都於武德殿之山亭宣教坊樂陳百戲俳優角觝夜漏一鼓方罷甲戌文思殿宴王都頒賜有異夜久方罷戊子宴於思政殿

三月帝在鄴戊戌宴于内殿丙午帝擊毬於行宫之鞠場皇弟存霸皇子繼岌河中偏將王景高行安等預焉毬罷宴於迎春殿

四月丁丑宴淮南使雷思鄴於嘉慶殿九月丙午帝於嘉慶殿宴西征都統魏王繼岌招討使郭崇韜客省使李儼諸偏裨將挍閏十二月巳丑朔新授西川節度使孟知祥自太原至正衙見畢帝以知祥外戚之重預戒所司出内府供帳珍玩奇絶者別飾宫居以宴之庚午宴諸王武臣於長春殿始聽樂先是七月有恭簡皇太后之喪至是始聽樂

四年二月戊子朔宴武臣於嘉慶殿

明宗天成元年五月甲戌宴文武百寮於長春殿八月乙未始奏樂宴軍將挍於長春殿乙巳宴將挍於長春殿

十一月庚寅宴契丹降將盧文進及其將佐於長春殿賜分物有差

二年二月癸未宴武臣於長春殿三月壬子朔幸奉節園宰相樞密使及節度使在京者共進錢絹請宴四月戊子幸會節園召宰臣學士在京勳臣赴宴五月乙丑宴淮南使車雷峴等於長春殿七月戊辰宴

在京藩侯郡守統軍諸將挍於長春殿八月癸巳秦王從榮自鄴中至洎於至德宫帝幸其第宣禁中女伎及教坊樂歡宴至晚從榮進馬及銀器錢絹帝賜諸伎樂及行從人等乘輿歸内戊戌宴宰相學士及勳臣於長春殿九月巳未宴在京藩侯郡守於長春殿各有頒賜甲子宴羣臣於長春殿賜物有差乙丑宴樞密使及在京節度使内諸司使等於長春殿十月乙未帝在汴宴宰臣學士諸將挍等於玉華殿丁酉宴羣臣於玉華殿乙巳宴於玄德殿十一月乙卯徐州霍彥威青州符習入覲召昇殿命樂舉酒語及

佐命决策之事歡話移時已巳宴宰臣學士在京侯伯親衛將校於玉華殿勞霍彦威符習房知温三帥壬申宴玄德殿彦威等辭也十二月乙丑宴於玄德殿兖州節度使趙在禮入覲使召赴宴戊戌以夏魯奇趙在禮入覲宴於玄德殿

三年二月辛巳宴從臣於玉華殿戊戌開社宴于玉華殿三月戊申宴百寮於玉華殿丁卯宴從臣于南莊五月辛酉南莊宴諸蕃客入幸西莊宴廻鶻使召前節度使赴之八月戊戌侍臣宴於玉華殿九月乙丑帝在汴宴百辟於玉華殿十月戊午契丹署平州

刺史張希崇將麾下八十餘人歸闕見於玄德殿便召赴宴十一月壬午宴宰臣學士及東都留守孔循於麟趾殿十二月甲寅幸開封府六宮從行宴樂頒賜

四年二月乙巳北面馳報王都平收復定州帝大悅舉酒徧賜侍臣喜除腹心之疾賜教坊絹五百疋內臣進馬稱賀戊申宴羣臣於玉華殿樂作王晏球馳報已獲王都首級生擒契丹禿餒等二十餘人百官就班稱賀甲子帝歸京丙寅駐蹕鄭州宴從臣於行宮三月丙子內外輔臣在京藩侯共進鞍馬錢帛以車駕還京請開內宴時潞王自河中入覲進金銀錢絹開內宴壬午宴於長春殿乙酉宴宰相在京節度使於中興殿辛卯宴百辟於長春殿丙申幸會節園召從臣赴宴四月丙午宴于中興殿八月戊戌宴勳臣於廣壽殿丁巳宴大臣於長春殿九月乙酉宴群臣於長春殿十一月戊辰宴勳臣於廣壽殿

長興元年二月乙未宴羣臣於長春殿酬郊祀行事也三月丁卯幸會節園宴宰相及諸道入覲節度使賜物有差因幸河南府至夜歸宮辛未宴入覲節度使於長春殿四月己亥幸會節園宴大臣至暮歸宮

六月宴羣臣於長春殿八月戊申宴羣臣於長春殿九月壬申宴百官於長春殿

二年三月己亥宴羣臣于長春殿賜物有差四月丁酉幸會節園宴宰臣親王內臣及在京侯伯因幸河南府秦王從榮進馬請物賜侍宴臣寮至晚還京五月癸酉宴羣臣於長春殿九月丁酉宴百寮於長春殿十二月己巳宴近臣於長春殿

三年二月戊午宴羣臣於長春殿四月宴羣臣於長春殿九月壬辰宴羣臣於長春殿教坊進新曲奏畢賜名長興殿

四年三月辛卯宴百寮於長春殿十月壬子新授汴州節度使趙延壽赴鎮宴於廣壽殿餞之十一月甲戌宴餞鎮州節度使范延光癸未宴近臣及諸軍將校於中興殿

愍帝應順元年正月戊子宴將相百寮於廣壽殿三月丁巳宴羣臣於長春殿

末帝清泰元年四月戊寅宴文武百寮於廣壽殿賜鞍勒金帛有差五月甲寅宴羣臣於長春殿壬午平盧節度使房知温來朝及與諸將歸鎮宴於長春殿始奏樂知温獻奉數萬計十月戊寅判六軍河南尹

皇子從美進絲銀請開宴近例也

二年三月丙午宴羣臣於長春殿宰臣樞密使前任節度使六統軍進奉捧觴獻壽日之夕而罷辛酉宰臣學士皇子樞密宣徽使侍衛馬部都指揮使共進錢五十萬絹五百疋請開宴六月己卯鎮州董温其獻絹千疋銀五百兩金酒器供御馬請開宴

晉高祖天福元年七月宴羣臣於廣政殿賜物有差八月乙丑宴契丹册禮使於廣政殿賜物有差

四年三月乙巳宴馮道等於廣政殿使廻故也丁巳宴羣臣於永福殿賜物有差閏七月甲戌宴羣臣於廣政殿壬辰宴羣臣於永福殿賜物有差八月丁丑宴羣臣於永福殿十二月己酉宴羣臣於永福殿庚寅御明德樓餞送昭義軍節度使王建立賜玉斧蜀馬

五年四月丙申朔宴羣臣於永福殿八月甲午朔宴羣臣於永福殿十月辛亥宴東平王楊光遠於萬歲殿禮賓使王彦章護聖指揮使何神通以蕃歌唱和各賜物百端己酉宴羣臣於永福殿賜物有差

六年五月甲戌宴羣臣於永福殿七月甲戌宴宰臣前任見任節度刺史統軍行軍副使於永福殿八月

戊申宴文武百官于武德殿九月庚辰宴文武百官于武德殿諸道進奉使吏狄來朝者亦與焉十月壬寅宴宰臣節度防禦團練使刺史統軍行軍副使于晝堂十一月乙亥宴宰臣節度防禦團練使刺史統軍行軍副史諸軍指揮使于文思殿諸道進奉使亦與焉十二月己巳習射於後苑諸軍都指揮使已上悉豫

七年二月己丑御武德殿開宴召新鎮州杜威新涇州王周并鹰鎮州行營轉運使副使諸軍都指揮使至副兵馬使悉赴焉賜物有差乙未御文思殿開宴

三月丙子御文思殿宴宰臣前任見任節度使刺史行軍副使統軍諸軍都指揮使閏三月丁未御崇德殿宴宰臣前任見任節度防禦團練刺史統軍行軍副使都指揮使四月丙辰宴宰臣節度防禦團練刺史行軍副使統軍諸軍都指揮使于崇德殿丙子宣廣晉尹齊王就前河中府節度使康福弟以御廚教坊樂宴召見任前任節度使

少帝以天福七年六月郎位九月甲申宴班師將校於崇德殿

開運三年二月壬午幸南莊命臣寮泛州飲酒因幸

杜威園醉方歸內

五年辛未幸大年莊遊船習射夜分方歸內八月辛酉南莊召從臣宴樂至暮還宮

漢高帝郎位稱天福十二年是年十月庚申帝幸鄴在御營開宴召從官等十二月丙戌召文武從官張宴

隱帝乾祐三年三月丙午嘉慶節羣臣入相國寺齊賜教坊樂甲寅入朝侯伯高行周已下以皇帝初舉樂獻銀繒千計請開御筵謂之買宴戊午宴羣臣於永福殿入覲諸侯貢獻上壽內樂百戲日晏而罷

周太祖廣順元年三月壬午宴羣臣於廣政殿四月戊申幸城南園賜從官酒食未時還宮五月壬午幸城南園賜從官酒食八月乙未幸班荊館賜官酒食丙午宴羣臣於永福殿始舉樂

十月壬辰太祖幸城南園賜從官王饒王彥超等酒食午後還宮十二月乙未帝幸城西園賜從官酒食申時還宮丙辰幸城南園賜從官酒食申時還宮

二年正月甲子宴宰相勳臣於廣政殿三月庚申幸城南園召宰臣近臣諸統軍射巳卯宴羣臣於永福殿五月帝親征兗州庚申至班荊館賜從官酒食甲

子次成武宴從官朝覲藩師於行宮戊辰至兗州城下庚午宴從官將校於行宮丙子以兗州平從臣詣行宮稱賀賜宴而罷六月丁亥平兗州廻次鄆州高行周進錢絹請開宴戊子宴從臣將校於行宮壬辰次澶州癸巳世宗進奉請開宴帝召從官將校奏樂午時宴罷甲午帝在澶州宴從官將校八月丙申宴羣臣於永福殿九月甲寅朔宴宰臣前任藩侯郡守諸軍將校於廣政殿十月丙戌幸南園賜從官酒食庚子幸樞密院召近臣賜酒食又射於後園十一月庚申內園賜諸軍將校射十二月巳亥宴于廣政殿

壬寅幸西園召從臣射申時還宮
三年正月壬子朔朝賀畢御永福殿百寮稱觴獻壽舉教坊樂甲寅召宰相大將射于內毬塲帝先中的臣寮獻馬上壽射罷各賜物有差辛巳幸城南園賜從官酒食申時還宮閏正月癸未宴見任前任節度防禦等使諸軍大將于廣政殿戊戌宴宰臣見任前任藩臣諸軍將校于廣政殿壬寅幸城南園賜從官酒食申時還宮二月丁丑幸城南園詔從官射申時還宮壬午宴宰臣前任藩帥禁衛大將于廣政殿三月甲午宴宰臣前任藩帥禁衛大將于廣政殿丙午宴

羣臣於永福殿戊申幸城南園賜從官酒食申時還宮四月甲寅宴入朝藩使郡守禁軍大將於廣政殿趙暉獻上壽馬十疋金酒器百兩乙丑幸城南園賜酒食申時還宮五月甲申宴宰相於廣政殿乙丑宴在京文武將相于廣政殿壬寅幸城南園賜從官酒食申時還宮七月丙午幸城南園賜從官酒食申時還宮八月甲寅宴文武將相於廣政殿丙寅宴羣臣於永福殿十月丙辰幸城南園又幸城西園賜從官酒食申時還宮
世宗顯德元年三月親征河東己亥宴從官於潞州之衙署四月丙午帝在潞州宴從官於行宮己未復宴從官於行宮六月庚午帝在潞州宴從官於行宮七月征河東還甲戌宴文武百寮於永福殿八月甲辰幸南御莊召武臣觀射至暮還宮癸丑宴文武百寮於永福殿九月戊戌御永福殿宴文武臣寮
二年八月甲寅內庫法酒初熟帝面賜宰臣樞密使已下數爵而止帝因曰朕在位以來不聞臣下有酔者豈朕之防嚴抑臣下畏慎耶九月甲子宴宰臣樞密使侍衛諸將已下食於萬歲殿帝因曰兩日以來至甚寒沍朕於宮闈之中食珍美之膳但以無功及

民何以仰答天貺雖躬親庶政日覧萬機亦恐無以勝任當須手執耒耜與民同力不然親當矢石爲人除害稍可安心耳又曰朕不爲賜卿等食因事典言實自責也十月庚午召宰臣樞密使節將已下觀射于苑中
三年正月乙亥宴于金祥殿賞西征之功也丁未帝伐至陳州宴從官於行宮三月親征淮南辛亥宴于行宮文武從官及江南進奉使等悉皆預焉五月辛丑自淮上還次宿州宴從官於行宮丁未次宋州東京文武百寮來見於路左是日宴於行宮十一月辛卯

宴於廣政殿

四年二月辛酉詔文武百官今後凡遇入閤日宜賜廊食庚辰帝南征次陳州宴從官於行宮三月戊子朔宴文武從官於行宮四月南征還次潁州宴從官於行宮丁卯次圍鎮宣文武從官及迎駕百寮置酒行宮五月乙巳宴文武百寮於廣政殿八月乙卯朔御崇元殿文武百官入閤既罷賜百官廊食時帝御廣德殿西樓以觀焉命中黄門閱視酒饌無不精腆九月庚戌宴百寮于廣德殿十月丙子南征至宋州宴從官於行宮十一月乙巳次泗州城丙午冬至宣

宰臣及從官已下就城樓各飲以酒十二月丙辰宴從官於行宮戊辰攻下楚州庚午宴于行宮甲戌又宴從官於行宮

五年正月丁亥宴於行宮壬申帝以楚州平受宰臣已下稱賀畢宴於行宮二月癸丑朔又宴于行宮庚申至高郵縣癸亥宴於行宮庚午在楊州宴於行宮三月庚子以江南内附文武從官稱賀宴于行宮辛丑宴於瓜步行宮江南兩浙朝貢使皆預焉庚戌宴從官及江南進奉使已下於行宮四月壬子朔駐蹕楊州江南遣使進買宴錢二百萬仍遣伶官五十人俱來癸丑召從官及江南進奉使馮延已以下宴於行宮江南僞臨汝郡公徐遼代李景捧壽觴以獻仍進金酒器御衣等甲寅駐蹕楊州宴從官及江南吳越進奉使於行宮己未次泗州宴從官於行宮甲子至宿州宴從官於行宮戊辰至宋州東京文武百官來迎是日宴百官於行宮丙子幸迎春苑玉津園宣教坊樂至暮還宮五月丁亥宴文武於廣政殿廻鶻達靼進奉使亦預之（是月壬辰帝謂侍臣曰向來御厨造食各分等差今後賜宴羣臣食物並須類從所食不得更有分别）閏七月庚申宴文武百官於廣德殿九月乙丑賜宰臣樞密使三司使翰林學士中

書舍人宴於玉津園張教坊樂先是帝以前代有賜百官觀稼之事復以是歲秋成又念内臣之勞故有是命十月庚辰宴文武百寮及諸道進奉使於廣德殿丙申宴于廣政殿十二月乙酉宴于廣政殿

六年正月壬子宴于廣政殿庚申帝命諸將大射於鞠場既而宴于講武殿乙丑命諸將大射于鞠場二月庚申宴於廣政殿三月甲子宴於廣政殿壬申復宴于廣政殿四月帝北伐戊寅至澶州宴從官于行宮癸未賜博州天平節度使李仲進見於路左是日宴于行宮辛卯至滄州宴從官於行宮五月丙午至

尾橋關宴從官於行宫乙酉還京賜百官及諸道進
奉使宴于迎春苑

冊府元龜

冊府元龜 帝王部 宴享三 卷之一百十一 二十一

冊府元龜

巡按福建監察御史臣李嗣京　訂正

知長樂縣事臣夏允彝參閱、

知建陽縣事臣黃國琦較釋

帝王部　一百十二

巡幸

易曰風行地上觀先王以省方觀民設教書曰五載一巡狩羣后肆朝蔡邕云天子車駕所至民臣以爲徼幸故謂之幸漢制曰巡狩之制以宣聲教如此則王者巡幸之禮有自來矣是故省風俗見高年所過

必給復所至必赦宥出警入蹕清道而郊駕春遊秋豫從容以展義必有節制是謂禮經管子曰先王之遊春出原農事之不本秋出補人之不足從樂而不反者謂之荒夏諺曰吾王不遊吾何以休吾王不豫吾何以助盍豫行教化勉民事而已豈徒事車轍馬跡以遍天下者乎

黃帝南巡狩至於東濱澤

舜旣陟帝位歲二月東巡狩至于岱宗柴諸侯爲天子守土故稱守巡行之旣班瑞之明月乃順春東巡岱宗泰山四岳所宗燔柴祭天告至望秩于山川東岳諸侯境內名山大川如其秩次望祭之謂五岳牲禮視三公四瀆視諸侯其餘視百子男肆覲東后遂見東方之國君協時月正日同律度量衡合四時氣節月之小大日之甲乙使齊一也律法制及尺寸斛斗斤兩皆均同修五禮五玉修吉凶賓軍嘉之禮五等諸侯執其玉三帛二生一死贄三帛諸侯世子執纁公之孤執玄附庸之君執黃二生卿執羔大夫執鴈一死士執雉玉帛生死所以爲贄以見之如五器卒乃復卒終復還器謂圭璧如五器禮終則還之玉帛生死則否五月南巡狩至于南岳如岱禮南岳衡山自東岳南巡五月至八月西巡守至於西岳如初西岳華山初謂岱宗十有一月朔巡狩至于北岳如西禮北岳常山歸格于藝祖用特巡守四岳然後歸告至文祖之廟藝文也言祖則考特一牛五載一巡狩羣后四朝各會朝于方岳之下凡四處故曰四時將說敷奏之事故申言之堯舜同道舜治則然堯又可知敷奏以言明試以功車服以庸敷陳奏進

也諸侯四時各使陳進治禮之音明試其言以要其功或則賜車服以表顯其能用

三十九年南巡守臣欽若等曰凡巡幸不書年月及無還宮月日者皆史闕

夏禹十六年東巡守會諸侯江南計功一大禹至大越上苗山大會計爵有德封有功因名苗山曰會稽

周成王撫萬邦巡侯甸即政撫萬國巡行天下侯服甸服也四征弗庭綏厥兆民四面征討諸侯之不直者所以安兆民事具帝王親征門

穆王時造父取驥之乘匹與桃林盜驪驊騮綠耳獻之王使造父御西巡狩

恭王二年遊於涇上

漢高帝初爲漢王二年十月如陝鎮撫關外父老

六年十月人告楚王信反帝用陳平計乃僞遊雲夢十二月會諸侯王于陳楚王迎謁因執之

七年夏四月行如雒陽（如往也）

八年三月行如雒陽九月行自雒陽至

九年十二月行如雒陽二月行自雒陽至

十二年破淮南王布軍還過沛留置酒沛宮悉召故人父老子弟佐酒發沛中兒得百二十人教之歌酒酣帝擊筑自歌曰大風起兮雲飛揚威加海内兮歸故鄉安得猛士兮守四方令兒皆和習之帝乃起舞慷慨傷懷泣數行下謂沛父兄曰遊子悲故鄉吾雖

都關中萬歲之後吾魂魄猶思沛且朕自沛公以誅暴逆遂有天下其以沛爲朕湯沐邑復其民世世無有所與沛父老諸母故人日樂飲極歡道舊故爲笑樂十餘日帝欲去沛父兄固請帝曰吾人衆多父兄不能給乃去沛中空縣皆之邑西獻帝留止張飲三日

惠帝時出遊離宮奉常叔孫通曰古者有春嘗果方今櫻桃熟可獻願陛下出因取櫻桃獻宗廟帝許之

文帝三年五月匈奴入居北地河南爲寇帝幸甘泉（蔡邕云天子車駕所至民臣以爲僥倖故曰幸見令長三老官屬親臨軒作樂賜以食帛越巾佩帶之屬民爵有級數或賜田租之半故因謂之幸也甘泉在雲陽本秦林光宮）自甘泉之高奴（高奴上郡之縣）因幸太原見故羣臣皆賜之舉功行賞諸民里賜牛酒復晉陽中都民三歲租留游太原十餘日

七月自太原至長安

十年冬行幸甘泉

十一年十一月行幸代正月自代還

十五年四月幸雍始郊見五帝

後元二年夏行幸棫陽宮

三年二月行幸代

四年五月行幸雍

武帝元光二年十月行幸雍祠五畤

五年正月行幸隴西三月行幸雍七月行幸代

六年六月行幸雍

元朔四年冬行幸甘泉

元狩元年十月行幸雍祠五畤

二年冬行幸雍祠五畤

元鼎四年十月行幸雍祠五畤賜民爵一級百戶牛酒行自夏陽東幸汾陰（夏陽馮翊之縣也汾陰屬河東汾音扶云切）十一月甲子立后土祠於汾陰脽上禮畢行幸滎陽還至雒陽

五年十月行幸雍祠五畤遂踰隴(即今之隴山)登空同(山名)西臨祖厲河而還

六年十月行東將幸緱氏至左邑桐鄉聞南越破改爲聞喜縣春至汲新中鄉得吕嘉首改爲獲嘉縣

元封元年十月自雲陽北歷上郡西河五原出長城北登單于臺至朔方臨北河勒兵十八萬騎還祠黄帝於橋山(在上郡周陽縣)廼歸甘泉正月行幸緱氏用事華山至于中嶽遂東廵海上四月還登封泰山復東廵海上至碣石自歷北邉九原歸于甘泉

二年十月行幸雍祠五畤春幸緱氏遂至東萊四月

還祠泰山至瓠子臨决河

四年十月行幸雍祠五畤通廻中道(廻中在安定高平有陰阬蕭關在其北自廻中通道以出蕭關)遂北出蕭關(蕭關在安定朝那縣)歷獨鹿鳴澤(獨鹿山名也鳴澤澤名也皆在涿郡遒郡北界也)自代而還幸河東三月祠后土幸中都宫

五年東行南廵狩至于盛唐(在南郡)望祀虞舜于九嶷登灊天柱山(在今舒州)自尋陽浮江親射蛟江中獲之舳艫千里薄樅陽而出作盛唐樅陽之歌遂北至琅琊並海所過禮祠其名山大川三月增封泰山還幸甘泉郊泰畤

六年冬行幸廻中(廻中在安定蕭關在其北)三月行幸河東祠后土

太初元年十月行幸泰山十二月禪高里祠后土東臨渤海望祠蓬萊山春還受計于甘泉八月行幸安定

二年三月行幸河東祠后土

三年正月行幸東廵海上四月還脩封泰山禪石閭(石閭山在泰山下阯南方方士言仙人閭)

四年冬行幸廻中

天漢元年正月行幸甘泉郊泰畤三月幸河東祠后

土

二年三月行幸泰山脩封祠明堂因受計還幸北地祠常山瘞玄玉

太始二年正月行幸廻中

三年二月行幸東海獲赤雁作朱雁之歌幸琅邪日禮成山登芝罘浮大海山稱萬歲

四年三月行幸泰山四月幸不其祠神人于交門宫五月還幸建章宫大置酒十二月行幸雍祠五畤西至安定北地

征和元年正月還行幸建章宫

三年正月行幸雍至安定
四年正月行幸東萊臨大海三月帝耕于鉅定（齊國縣）還幸泰山脩封六月還幸甘泉
後元元年正月行幸甘泉郊泰畤遂幸安定
二年二月行幸盩厔五柞宮（盩厔扶風縣也有五柞樹因以名宮）
宣帝神爵元年正月行幸甘泉郊泰畤三月行幸河東祠后土
五鳳元年正月行幸甘泉郊泰畤
二年三月行幸雍祠五畤
三年三月行幸河東祠后土

甘露元年正月行幸甘泉郊泰畤
二年十二月行幸萯陽宮（在扶風雩縣秦文王所起萯音信）屬玉觀（屬玉水鳥似鵁鶄以名觀也屬音之欲切）
三年正月行幸甘泉郊泰畤
黃龍元年正月行幸甘泉郊泰畤
元帝初元二年正月行幸甘泉郊泰畤
四年正月行幸甘泉郊泰畤三月行幸河東祠后土
五年三月行幸雍祠五畤
永光元年正月行幸甘泉郊泰畤
四年三月行幸雍祠五畤
五年正月行幸甘泉郊泰畤三月幸河東祠后土冬幸長楊射熊館
建昭元年三月行幸雍祠五畤
二年正月行幸甘泉郊泰畤三月幸河東祠后土
成帝鴻嘉元年二月行幸初陵帝始爲微行出
永始四年正月行幸甘泉郊泰畤三月行幸河東祠后土帝乃帥羣臣橫大海湊汾陰既祭行遊介山回安邑（介山在汾陰東北回謂繞過）顧龍門覽鹽池（龍門山在今蒲州龍門縣北鹽池在今虞州安邑縣南）登歷觀（歷山上有觀也在河東蒲阪縣）陟西嶽以望八荒迹殷周之虛眇然以思唐虞之風（西岳華山之上高峻故言以望

八荒殷都河內周都岐豐堯都平陽舜都蒲阪皆可相見故云迹殷周之虛思唐虞之風也虛謂曰墟）
元延元年三月行幸雍祠五畤
二年正月行幸甘泉郊泰畤三月行幸河東祠后土
冬行幸長楊宮從胡客大校獵宿萯陽宮
三年三月行幸雍祠五畤
四年正月行幸甘泉郊泰畤三月行幸河東祠后土
綏和元年三月行幸雍祠五畤
二年正月行幸甘泉郊泰畤三月行幸河東祠后土
後漢光武建武二年二月己酉幸修武（本殷之寧邑武王伐紂勒兵於此改曰修武今懷州縣也）辛卯至自修武三年十月壬申幸舂

陵祠園廟因置酒舊宅大會故人父老 光武舊宅在今隨州棗陽縣東南宅南二里有白水焉 十一月乙未至自春陵
四年二月壬子幸懷壬申至自懷四月丁巳幸鄴巳
巳進幸臨平 屬鉅鹿 五月進幸元氏辛巳進幸盧奴六
月辛亥還宮七月丁亥幸譙八月戊午進幸壽春十
月甲寅還宮十一月丙申幸宛十二月丙寅進幸黎
丘
五年正月癸巳還宮七月丁丑幸沛祠高廟進幸湖
陵 縣名屬山陽 又幸蕃 音皮屬魯國 八月巳酉進幸郯 縣名屬東海
冬十月還幸魯使大司空祠孔子又幸臨淄進幸劇

是月還宮
九年六月丙戌幸緱氏登轘轅 緱氏縣有緱氏山轘轅山有轘轅坂並各在雒陽東南
十年八月乙亥幸長安祠高廟有事十一陵戊戌進
幸汧 今隴州汧源縣 十月庚寅還宮
十一年二月癸酉幸南陽還幸章陵祠園陵庚午還
宮
十七年四月乙卯南巡狩皇太子及右翊公輔楚公
英東海公陽濟南公康東平公蒼從幸潁川進幸葉
章陵五月乙卯還宮 東觀記曰上以日食避正殿讀圖讖多御座廡下淺露中風發疾苦眩甚左右有白大司馬史病苦如此不能動搖自強從公出乘車行數里病差四月二日居駕宿偃師病差數日入南陽界到葉以車騎省留數日行黎陽兵馬千餘匹遂到章陵起居平愈 十月甲
申幸章陵修園廟祠舊宅觀田廬置酒作樂賞賜十
二月至自章陵
十八年二月甲寅西巡狩幸長安三月壬午祠高廟
遂有事于陵歷馮翊界進幸蒲坂祠后土四月甲戌
還宮戊申幸河內戊子至自河內十月庚辰幸宜城
今襄州縣 還祠章陵十二月乙丑還宮
十九年九月南巡狩壬申幸南陽進幸汝南南頓縣
舍又幸淮陽梁沛

二十年二月戊子還宮十月東巡狩甲午幸魯進幸
東海楚沛國壬寅還宮
二十二年閏正月丙戌幸長安祠高廟遂有事于陵
二月巳巳至自長安
三十年二月東巡狩甲子幸魯進幸濟南閏月癸丑
還宮七月丁酉幸魯國十一月丁酉至自魯
中和元年正月丁卯東巡狩二月巳卯幸魯進幸泰
山 事具帝王封禪門 四月癸酉還宮巳卯行幸長安祀長陵
五月乙丑至自長安
明帝永平二年十月甲子西巡狩幸長安祠高廟遂

有事于陵十一月甲申進幸河東癸卯還宮
三年十月帝從太后幸章陵觀舊廬置酒會陰鄧故人諸家子孫並受賞賜十二月戊辰至自章陵
五年十月幸鄴嘗山三老言於帝曰上生於元氏願蒙優復詔復田租更賦六歲勞賜掾吏及門闌走卒
六年十月行幸魯祠東海恭王陵會沛王輔楚王英濟南王康東平王蒼淮南王延琅邪王京東海王政十二月還幸陽城遣使者祠中嶽壬午還宮
十年閏四月甲午南巡狩幸南陽祠章陵日北至又祠舊宅禮畢召挍官弟子作雅樂奏鹿鳴帝自御塤

篪和之以娛嘉賓還幸南頓勞饗三老官屬至十二月甲午還宮
十三年四月汴渠成辛巳幸滎陽巡河渠因渡河登太行進幸上黨壬寅還宮
十五年二月庚子東巡狩辛丑幸偃師進幸彭城癸亥耕于下邳三月徵琅邪王京會良城徵東平王蒼會陽都又徵廣陵侯及其三弟會魯祠東海恭王陵還幸孔子宅又幸東平辛卯進幸太梁至定陶祀恭王陵四月庚子還宮
章帝建初七年九月甲戌幸偃師東涉卷津至河內詔曰車駕行秋稼觀收穫因涉郡界皆精騎輕行無他輜重不得輒脩道橋遠離城郭遣吏逢迎刺探起居出入前後以爲煩擾動務省約但患不能脫粟瓢飲耳所過欲令貧弱有利無違詔書遂覽淇園己酉進幸鄴勞賞魏郡守令已下至于三老門闌走卒賜錢各有差勞賜嘗山趙國吏人復元氏租賦三歲辛卯還宮十月癸丑西巡將幸長安丙辰祠高廟有事于陵進幸槐里又幸長平御池陽宮東至高陵造舟于涇而還每所到幸輒會郡縣吏人勞賜作樂十一月詔勞賜河東守令掾以下十二月丁亥還宮

八年十二月甲午東巡狩幸陳留梁國淮陽潁陽戊申還宮
元和元年八月丁酉南巡狩詔所經道上郡縣無得設儲跱（跱具也）命司空自將徒枝柱橋梁有遣使奉迎探知起居二千石當坐其賜鰥寡孤獨不能自存者粟人五斛九月辛丑幸章陵祠舊宅園廟見宗室故人賞賜各有差冬十月己未進幸江陵詔廬江太守祠南嶽又詔長沙零陵太守祠長沙定王舂陵節侯鬱林府君還幸宛十一月己丑還宮
二年二月丙辰東巡狩乙丑耕于定陶辛未幸泰山

(修光武山南壇光)柴告岱宗(事見帝王封禪門)進幸奉高祖壬申宗祀五帝于孝武所作汶上明堂光武帝配如雒陽明堂祀癸酉更告高祖太宗世宗中宗世祖顯宗于明堂各一太牢卒事遂覲東后享賜王侯群臣戊寅進幸濟南三月己丑進幸魯祠東海恭王及孔子七十二弟子壬申進幸東平祠憲王陵乙未幸東阿北登太行山行至天井關四月乙卯還宮

三年正月丙申北巡狩濟南王康中山王焉西平王羨六安王恭樂成王黨(淮陽)王昞任城王尚沛王定皆從辛丑耕於懷二月壬寅告嘗山魏郡清河鉅鹿平

原東平郡太守詔曰朕惟巡狩之制以宣聲教考同遐邇解釋怨結也今四國無政不用其良駕言出遊欲親知其劇易前祠園陵遂望祀華霍(華霍山名也今在廬江潛縣西南亦名天柱山爾雅曰華山爲西嶽霍山爲南嶽)東柴岱宗爲人祈福今將禮嘗山遂徂北歷魏郡經平原升踐隄防詢訪耆老咸曰往者汴渠未作深者成淵淺則泥塗追惟先帝勤人之德(謂永平十二年修汴渠)底績遠圖復禹弘業聖迹滂流至於海表不克堂構朕甚慚焉月令孟春善相丘陵土地所宜今肥田尚多未有墾闢其悉以賦貧民給與糧種務盡地力勿令遊手所過縣邑聽半入今年田租以勸農夫之勞乙丑勅侍御史曰方春所過無得有所伐殺車弓以引避之騑馬可輟解之戊辰進幸中山癸酉還幸元氏祠光武於縣舍正堂又祀明帝于始生堂三月己卯進幸趙辛卯還宮八月己丑幸安邑觀鹽池(許慎云河東鹽池袤五十一里廣七里周一十六里今蒲州虞鄉縣西)九月至自安邑

章和元年八月甲申徵任城王尚會睢陽癸酉南巡狩戊子幸梁己未幸沛九月庚子幸彭城東海王政沛王定任成王尚皆從辛亥幸壽春己未幸汝陰冬十月丙子還宮

和帝永元三年十月癸未行幸長安詔曰北狄破滅名王仍降(仍頻也)西域諸國納質內附豈非祖宗迪哲重光之鴻烈歟(迪蹈也言由祖宗蹈履明智有重光累聖之德成此大業書曰茲四人迪哲又曰宣重光也)寤寐歎息想望舊京其賜行所過二千石長吏以下及三老官屬錢帛各有差鰥寡孤獨篤癃貧不能自存者粟人三斛十一月癸卯祠高廟遂有事於陵庚申至自長安

十三年正月丁丑幸東觀覽書林閱篇籍

十五年九月南巡狩清河王慶濟北王壽河間王開並從賜所過二千石長吏以下三老官屬及民百年

者錢布各有差十月戊申幸章陵祠舊宅癸丑祠園廟會宗室于舊廬勞賜作樂戊午進幸雲夢臨漢水而還（雲夢今安州縣）十一月甲申還宮

十六年十一月乙丑行幸緱氏登百岯山（即栢邳山也在維州緱氏縣南爾雅云山一城曰邳東觀記作岯並平眉切）賜百官從臣布各有差

安帝建光元年九月戊子幸衞尉馮石符賜寶劍玉璧雜繒布等

延光三年二月丙子東巡狩辛卯至泰山柴祭及祠汶上明堂如元和二年故事勞賜郡縣作樂還幸東平歷魏郡河內壬戌還京幸太學四月乙丑入宮假

于祖禰十月行幸長安丁亥會三輔守令掾吏于長安作樂閏月乙未祠高廟有事十一陵歷觀上林昆明池十一月乙丑至自長安

四年二月甲辰南巡狩三月幸宛

順帝永和二年十月甲申行幸長安所過鰥寡孤獨貧不能自存者賜粟人五斛庚子幸未央宮會三輔郡守都尉及官屬勞賜作樂十一月乙亥至自長安

四年十一月丙寅幸廣成苑

桓帝建和元年三月戊辰帝從皇太后幸大將軍冀府五月癸丑北宮掖庭中德陽殿及左掖門火帝移幸南宮

和平元年三月徙幸北宮

永興元年三月丁亥幸鴻池

二年十一月甲辰較獵上林遂至函谷關賜所過道傍年九十以上錢各有差

延熹元年十月幸上林苑

二年十月壬申行幸長安乙酉幸未央宮甲午祠高廟十一月庚子有事十一陵十二月己巳至自長安賜長安民粟人十斛園陵人五斛行所過縣三斛

七年十月壬寅南巡狩庚子幸章陵祠舊宅戊辰幸

雲夢臨漢水還幸莘野祠湖陽公主魯哀王舅壽張敬侯廟（光武姊湖陽長公主莘野長公主兄魯哀王舅壽張敬侯樊重竝光武時立廟）十二月辛丑還宮

靈帝光和五年十月較獵上林苑歷函谷關巡狩于廣成苑十二月還幸太學

獻帝初平元年二月遷都長安三月乙巳幸未央宮

四年十月太學行禮帝幸永福門臨觀其儀賜博士以下各有差

建安元年十月甲子帝自長安至雒陽八月辛丑幸南宮

魏文帝初爲魏王延康元年六月庚午南征甲午軍次于譙大享六軍及譙父老百姓於邑東丙午行曲蠡受漢禪

黄初元年十二月幸雒陽

三年正月行幸許昌宫三月行幸襄邑四月行還許昌宫十一月辛丑行幸宛

四年正月築南巡臺于宛三月丙申行自宛還雒陽宫八月東巡九月行幸許昌宫

五年三月行自許昌還雒陽宫七月行東巡幸許昌宫八月爲水軍親御龍舟循蔡潁浮淮幸壽春揚州

界將吏士民犯五歲刑已下皆原除之九月遂至廣陵青徐二州改易諸將守冬十月行還許昌宫

六年三月行幸召陵乙巳還許昌宫辛未帝爲舟師東征五月戊申幸譙帝遂以舟師自譙循渦入淮從陸道幸徐九月築東巡臺十月行幸廣陵故城臨江觀兵戎卒十餘萬旌旗數百里魏書載帝于馬上爲詩曰觀兵臨江水水流何湯湯戈矛成山林玄甲曜日光猛將懷暴怒膽氣正縱横誰云江水廣一葦可以航不戰屈敵虜戢兵稱賢良古公宅岐邑實始翦殷商孟獻營虎牢鄭人懼稽顙充國務耕殖先零自破亡興農淮西間築室都徐方量宜運權略六軍咸悅康豈知東山詩悠悠多憂傷

七年正月將幸許昌許昌城南門無故自壞帝心惡之遂不入壬子行還雒陽宫

明帝大和二年正月辛未幸長安四月丁酉還雒陽宫

四年八月辛巳東巡過繁昌使知金吾臧霸行太尉事特牛祠受禪壇乙未幸許昌宫十月還雒陽宫

六年三月癸酉行東巡所過存問高年鰥寡孤獨賜穀帛四月壬寅行幸許昌宫九月行幸摩陂十二月行還許昌宫

青龍元年二月丁酉幸摩陂觀龍于是改年改摩陂爲龍陂賜男子爵人二級鰥寡孤獨無出今年租賦

是年正月青龍見陜之摩陂井中

三年十一月丁酉行幸許昌宫

四年十月己卯行還雒陽宫十二月乙未行幸許昌宫

景初元年五月己巳還雒陽宫初文帝値天下三分方隅多事皇輿亟動役無寧歲蓋應時之務非舊章也明帝凡三東巡狩所過存問高年恤疾苦賜谷帛有古巡幸之風焉

齊王正始元年八月巡省雒陽界秋稼賜高年布各有差

高貴鄉公甘露元年四月丙辰幸太學事見帝王文學門

二年五月辛未幸辟雍會羣臣賦詩

陳留王咸熙元年正月甲子行幸長安
晉成帝咸和五年十月丁丑幸司徒王導第置酒大會
咸康元年三月乙酉幸司徒府
後魏道武登國二年十月癸卯幸濡源十一月遂幸赤城十有二月巡松漠還幸牛川
七年八月行幸漠南仍築巡臺
九年三月帝北巡五月田于河東七月還幸河南宫
十年五月幸鹽池宫六月幸河南宫
天興元年正月帝自中山行幸常山之真定次趙郡

之高邑遂幸于鄴帝至鄴巡登臺榭遍覽宫城將有定都之意乃置行臺以龍驤將軍日南公和跋爲尚書與左丞賈彝率郎吏及兵五千人鎮鄴帝自鄴還中山所過存問百姓詔大軍所經州郡復貲租一年除山東民賦租之半二月車駕至自中山幸繁畤宫
三年五月己巳東巡遂幸涿鹿西幸馬邑觀灅源七月壬子還宫
六年九月行幸南平城規度南面夏屋山背黄瓜堆將建新邑辛未還宫
天賜元年十有二月戊辰幸犲山宫
二年二月癸亥還宫
三年二月乙亥幸太原山建五石亭三月庚子還宫四月庚申復幸犲山宫登定襄角史山又幸馬城甲午還宫八月甲辰行幸犲山遂至青牛山丙辰西登武要北原觀九十九泉造石亭遂之石漠九月甲戌朔幸漠南鹽池渡漠北之吐鹽池癸巳南還長川丙辰歸觀長陂十月庚申還宫
四年五月北巡自參合陂東過蟠羊山大雨暴水流輜重數百乘殺百餘人遂東北踰石漠至長川幸濡源七月車駕自濡源西幸參合陂乃還宫八月幸犲

山宫十有一月還宫
五年正月行幸犲山宫遂如參合陂觀漁于延水至寧川
明帝永興四年七月東巡乙卯大獮于石會山戊子臨去畿陂觀漁庚寅至于濡源西巡幸北部諸落賜以繒帛八月庚戌還宫壬子幸西宫臨板殿大享羣臣將吏郎以田獵所獲各賜之十二月北巡至長城而還
五年正月乙卯幸西宫三月庚戌幸高柳川甲寅還宫四月乙卯西巡五月乙亥行幸雲中舊宫六月西

幸五原苃獵于骨羅山獲獸十萬七月還幸登薄山
帝觀道武遊幸刻石頌德之處及於其旁起石壇而
薦饗焉賜從者大酺于山下丙戌自大唐西南廵都
部落賜其渠帥繒布各有差遂南次定襄大落城東
踰七嶺山田于善無川八月癸卯還宫丁丑幸犲山
宫癸未還宫
神瑞元年正月辛巳幸繁畤賜王公已下至於士卒
百工布帛各有差二月戊戌還宫庚戌幸犲山宫五
月辛酉還宫六月戊申幸犲山宫丁亥還宫
二年四月北廵五月丁亥次于參合東幸大甯丁未

田於四碑山六月戊午幸去畿陂觀漁辛酉次于濡
源築立蚌臺射白熊于頹牛山獲之丁卯幸赤城親
見長老問民疾苦復租一年南次石亭幸上谷問百
年訪賢俊復田租之半壬辰幸至涿鹿登喬山（在上郡周陽縣）觀温泉使使者以太牢祠黄帝廟至廣甯登歷山（在蒲阪縣）祭舜廟七月還宫復所過田租之半十月辛酉
行幸沮洳城癸亥還宫十一月丁亥幸犲山宫庚子
還宫
泰常元年正月甲申行幸犲山宫戊子還宫六月丁
巳北廵七月甲申帝自緣鹿陂西行大獮于牛川登
釜山臨殷繁水而南觀于九十九泉戊戌還宫十月
壬戌幸犲山宫十一月甲戌還宫
二年四月丁巳幸高柳壬戌還宫五月丙廵至于雲
中遂濟河田于大漠十二月壬申幸大甯長川
三年正月丁酉朔帝自長川詔護高車中郎將薛繁
率高車丁零十二部大人衆北略至弱水降者千餘
人獲牛馬二萬餘頭三月庚戌幸西宫五月東廵至
濡源及甘松七月乙酉西還戊午至于京師
四年四月辛巳南廵狩幸鴈門賜所過無出今年租
賦五月庚寅朔觀漁于灅駕還復一年租賦八月辛

未東廵遣使以祭常岳甲申還宫復一年田租
五年正月甲戌朔自薛林冬還至于屋竇城饗勞將
士大酺二日班禽獸以賜之巳亥還宫六月丙寅行
幸翳犢山七月丁酉西至于五嶽丁未幸雲中大室
賜從者大酺八月癸亥還宫
六年正月辛未行幸公陽六月北廵至蟠羊山七月
西廵獵于柞山親射虎獲之遂至于河八月庚子大
獮于犢渚九月庚戌還宫十月巳亥行幸代十有二
月丙申廵狩至于雲中
七年正月甲申朔自雲中西廵行幸屋竇城賜從者

大酺三日賜蕃渠帥繒帛各有差二月丙戌還宮賜從者布帛各有差九月幸灅南宮遂如廣甯辛亥嶠山幽州見其耆老問其所苦賜爵號十月甲戌還宮復所過田租之半十月壬辰南巡出自天門關踰嘗嶺四方蕃附大人各率所部從者五萬餘人以奚斤伐滑臺不克南巡爲其聲援故也

八年正月丙申行幸鄴存恤民俗三月乙巳田于鄴南歸韓陵山幸汲郡至于枋頭乙卯濟河而北西之河内造浮橋于治阪津閏月巳未還幸河内北登太行幸高都辛酉帝還宮晉陽班賜從官王公以下至于

厮賤無不霑給五月庚寅還次雁門皇太子率留臺王公迎于句注之北庚寅至自北巡丙辰北巡至于參合陂遊于蟠羊山七月幸三會屋侯泉皇太子率百官以從八月幸馬邑觀于温泉九月乙亥還宮

大武始光元年四月甲辰東巡幸大甯七月還宮

二年六月幸雲中舊宮謁陵廟西至五原田于陰山東至于和兜山七月築馬射臺于長川帝親登臺觀走馬王公諸國君長馳射中者賜金錦繒絮各有差八月還宮

四年正月巳亥行幸幽州赫連昌遣其弟平原公定率兵二萬何長安帝聞之乃遣就陰山伐木大造攻具二月還宮十二月行幸中山守宰貪汙免者十數人癸亥還宮

神䴥元年四月西巡六月甲寅行幸長川七月還宮八月東幸廣甯臨觀温泉九月還宮十月甲辰北巡壬子田于牛川十二月甲申還宮

三年正月癸卯行幸廣甯臨温泉作歌戊辰還宮四月甲子行幸雲中八月行幸南宮獵于南山九月甲申行幸統萬遂征平凉十一月乙酉至平凉巳亥帝幸安定十二月壬申東還宮

四年正月壬午次于木根山大享羣臣賜布帛各有差二月癸酉還宮飲至策勳告于宗廟賜留臺百官各有差三月丁丑行幸南宮五月庚寅行幸雲中七月癸酉行幸河西起承華宮九月癸丑還宮

延和元年二月丙子行幸南宮

二年二月壬午行幸河西三月壬子還宮五月巳亥行幸山北十一月甲寅自山北還宮十二月辛未幸陰山之北

三年正月乙未次于女水大享羣臣班賜各有差二月辛卯還宮三月甲寅行幸河西巳卯還宮四月丁

未行幸河西六月甲辰還宮十二月甲辰行幸雲中
太延元年二月丁未還宮五月甲戌行幸雲中八月
丙戌遂幸河西九月甲戌還宮十月甲辰行幸定州
次于新城宮十一月巳丑行幸冀州巳巳畋獵于廣
川丙子行幸鄴祀密太后廟諸所過對問高年褒禮
賢俊
二年正月甲寅還宮十一月巳酉行幸棡陽閏月壬
子還宮
三年二月行幸幽州存恤孤老問民疾苦還幸上谷
遂至代所過復田租之半三月巳卯還宮五月丙申

行幸雲中八月甲辰行幸河西九月甲申還宮十月
癸卯行幸雲中十一月壬申還宮
五年正月庚寅行幸定州三月辛未還宮
太平眞君元年七月行幸陰山九月壬寅還宮
三年五月行幸陰山北十二月丁酉還宮
四年正月庚午行幸中山二月丙子次嘗山之陽詔
有司刊石勒銘是月尅佽池三月庚申還宮
五年二月庚申行幸廬三月戊子大會于郿南甲申
還宮五月丁酉行幸陰山北九月帝自河西至于馬
邑觀于崞川巳亥還宮丁未行幸漠南十二月丙戌
還宮
六年正月辛亥行幸定州引見長老存問之二月遂
西幸上黨觀連理樹於玄氏至吐京討徙叛胡出配
郡縣三月庚申還宮六月壬申北巡八月幸陰山北
次于廣德宮十一月辛未還宮癸未西巡
七年正月戊辰次東雍辛未南幸汾陰二月丙戌幸
長安存問父老丁亥次昆明池遂田于岐山之陽四
月甲申至自長安
八年二月癸未行幸中山五月還宮
九年二月癸卯行幸定州三月還宮六月辛酉行幸

廣德宮八月詔中外諸軍戒嚴丙戌幸陰山
十一年正月乙丑行幸雒陽所過郡國皆親對高年
存恤孤老二月甲午大蒐于梁州車駕遂征懸瓠四
月癸卯還宮賜從者及留臺郎吏巳上生口各有差
正平元年七月行幸陰山九月還宮十月庚申行幸
陰山十二月丁丑還宮
文成興安二年五月行幸崞山辛卯還宮七月辛亥
行幸陰山乙亥還宮十一月辛酉行幸信都中山觀
察風俗甲午還宮
典光元年六月丙寅行幸陰山八月乙亥還宮十二

月戊戌行幸中山遂幸信都十二月丙子還幸靈丘
至温泉宫庚辰還宫
太安元年七月丙辰幸河西八月丁亥還宫
二年八月甲申畋于河西十月甲申還宫
三年六月行幸陰山八月畋于陰山之北己亥還宫
十一月將東巡詔太宰常英起行宫於遼西黄山
四年正月行幸廣寧温泉宫遂東巡平州庚午至于
遼西黄山宫遊宴數日親對高年勞問疾苦二月丙
子登碣石山觀蒼海大享羣臣於山上班賞進爵各
有差改碣石山爲樂遊山築壇紀行於海濱戊寅南

幸信都畋遊于廣川三月丁未觀馬射于中山所過
郡國賜復一年丙辰還宫七月丙午行幸河西九月
己巳還宫十月甲戌北巡至陰山有故塚毁廢詔曰
昔姬文葬枯骨天下歸仁自今有穿毁墳隴者斬之
辛卯次于車崘山累石記行
五年六月戊申行幸陰山八月庚戌遂幸雲中壬戌
還宫
和平元年七月壬午行幸河西八月庚午還宫
二年三月幸中山至于鄴遂幸信都所過皆親對高
年問民疾苦詔民八十以上一子不從役是月辛巳

還宫六月庚申上幸陰山己巳還宫七月壬午行巡
山北八月丁丑還宫
三年二月癸酉畋于崞山遂觀漁於旋鴻池七月壬
寅幸河西十一月壬寅還宫
四年四月癸亥上幸西苑親射虎三頭四月行幸陰
山九月辛巳還宫
五年六月丁亥行幸陰山七月壬寅行幸河西九月
辛丑還宫
六年二月丁丑行幸樓煩宫三月乙巳還宫
獻文皇興元年八月丁酉行幸武州山石窟寺

四年十二月甲辰幸鹿野苑石窟寺
五年六月丁未行幸河西七月丙寅遂至陰山八月
丁亥還宫
孝文延興二年閏六月戊午行幸陰山
二年八月庚申太上皇帝並幸河西拾寅謝罪請降
許之九月辛巳並還宫
五年五月丁未幸武州山辛酉幸車輪山
承明元年十月辛未幸建明佛寺大宥罪人
太和元年四月丁卯幸白登山壬申幸崞山
二年二月丁亥行幸代之湯泉所過問民疾苦癸卯

還宮四月甲申幸崞山丁亥還宮六月巳丑幸鹿野苑

三年二月辛未帝與太皇太后幸代郡温泉問民疾苦巳亥還宮四月丙申幸崞山巳亥還宮八月巳亥幸方山起思遠佛寺丁亥還宮

四年四月辛巳幸白登山五月丙申朔幸火山壬寅還宮七月辛亥幸火山八月甲辰幸方山戊申幸武州山石窟寺庚戌還宮

五年正月巳卯南巡丁亥至中山親見高年問民疾苦二月丁酉幸信都存問如中山癸卯還中山三月

辛酉朔辛肆州

六年三月辛巳幸武州山石窟寺賜貧者衣食壬午幸方山

七年四月庚子幸崞山賜所過鰥寡不能自存者衣服粟帛壬寅還宮五月戊寅朔幸武州山石窟寺

八年四月甲寅幸方山戊午還宮庚申行幸旋鴻池遂幸崞山丁卯還宮七月乙未幸方山石窟寺

九年四月癸丑幸方山甲寅還宮六月辛亥幸方山遂幸靈泉池丁丑還宮七月戊子幸漁池登青原崗甲午還宮八月巳亥行幸彌澤甲寅登牛頭山甲子還宮

十年四月癸丑幸靈泉池戊寅還宮六月辛酉幸方山

十一年五月壬辰幸靈泉池遂幸方山甲午還宮

十二年四月乙丑幸靈泉池丁卯遂幸方山巳巳還宮七月巳丑幸靈泉池遂幸方山巳亥還宮閏九月辛未幸靈泉池癸酉還宮

十三年四月丁亥幸靈泉池遂幸方山巳丑還宮七月丙寅幸靈泉池與羣臣御龍舟賦詩而罷

十四年正月乙丑行幸方山二月辛未行幸靈泉池

壬寅還宮

七月丙午行幸方山丙辰遂幸靈泉池八月丙寅朔還宮

十六年二月壬辰幸北部曹歷觀諸省巡京邑聽理冤訟三月丁卯巡省京邑

十七年二月辛巳幸永興園徙御宣文堂八月戊申幸并州親見高年問疾苦九月庚午幸雒陽周巡故宮基址帝顧謂侍臣曰晉德不修早傾宗祀荒毁至此用傷朕懷遂詠黍離之詩爲之流涕十月巳卯幸河南城乙酉幸豫州癸巳次于石濟

十八年正月癸亥南巡乙亥幸雒陽西宮二月乙丑行幸河陰規建方澤之所壬寅北巡癸卯濟河閏月癸亥次句注陘南皇太子朝于蒲地壬申至平城宮癸酉臨朝堂部分遷留七月壬辰北巡辛丑幸朔州八月甲辰行幸陰山觀雲川丁未幸閲武臺臨觀講武癸丑幸朔鎮己未幸武川鎮辛酉幸撫冥鎮甲子幸柔玄鎮丁丑南還所過皆親見高年問民疾苦貧窘孤老賜以粟帛戊辰次旋鴻池庚午謁永固陵辛未還平城宮十月辛亥發平城宮壬戌次於中山之唐湖己巳幸信都十一月丁丑幸鄴己丑至雒陽十

二月辛亥南伐戊辰至懸瓠

十九年二月甲辰幸八公山戊申巡淮而東將丙辰至鍾離將臨江水戊辰詔班師三月戊寅幸雒陽乙未幸下邳四月庚子幸彭城癸丑幸小沛己未幸瑕丘戊辰幸碻磝五月甲戌幸滑臺丙子次於石濟癸未至自南伐九月丙戌行幸鄴乙未還宮

二十年八月戊戌幸嵩高甲寅還宮

二十一年正月乙巳北巡二月壬戌次太原癸酉至平城癸未行幸雲中三月庚寅至自雲中乙未南巡己酉次離石丙辰次平陽四月庚申幸龍門癸亥幸蒲坂辛未幸長安戊辰幸未央殿阿房宮遂幸昆明池

宣武景明三年九月行幸鄴閲武於鄴南十月還宮

四年八月行幸河南城離宮

正始元年十二月行幸伊闕

孝明孝昌二年八月帝幸南石窟寺即日還宮

出帝泰昌元年九月乙巳帝幸都水南過雒汭遂至瀍澗己酉復田於北原

永熙二年正月乙亥幸嵩高石窟路巖寺庚子又幸散施各有差十二月丁巳狩于嵩陽己巳遂幸溫湯

丁丑還宮

三年二月辛巳幸洪池陂遂游田

冊府元龜

巡按福建監察御史臣李嗣京　訂正

知閩縣事臣曹㽘臣叅閱

知建陽縣事臣　黄國琦較釋

帝王部一百十三

巡幸第二

後周明帝以閔帝元年九月卽位（時未建年紀）

二年六月辛未幸昆明池九月丁未幸同州過故宅賦詩曰玉燭調秋氣金輿歷舊宫還如過白水更似入新豐霜潭清晚菊寒井落疎桐舉盃延故老令聞

歌大風十月辛酉還宫

武帝保定三年七月戊辰行幸原州丁丑幸津門問百年賜錢帛又賜高年板職有差九月甲子自原州登龍山丙戌幸同州十二月辛卯至自同州

四年十月丁卯幸沙苑勞師（時遣師伐齊）癸酉還宫

五年正月壬申行幸岐州七月庚寅行幸秦州八月丙子至自秦州

天和元年十一月丙戌行幸武功等新城十二月庚申還宫

三年二月丁卯幸武功丁亥還宫五月庚申行幸醴泉宫七月戊午至自醴泉宫十一月甲辰行幸岐陽十二月丁丑至自岐陽

四年五月戊戌行幸醴泉宫七月辛卯至自醴泉宫

五年四月甲寅行幸醴泉宫七月乙卯至自醴泉宫

六年十一月丁巳行幸散關十二月己丑還宫

建德元年十一月庚戌行幸羗橋集京城以東諸軍都督以上頒賜有差乙卯還宫十二月壬申行幸斜谷集京城以西諸軍都督已上頒賜有差丙戌還宫

三年二月乙卯行幸雲陽宫三月辛酉至自雲陽宫七月庚申行幸雲陽宫戊子至自雲陽宫八月丙申

行幸雲陽宫九月庚申幸同州十月甲寅行幸蒲州丙辰行幸同州十一月己巳大閱于城東甲戌至自同州

四年正月癸酉行幸同州三月丙寅至自同州七月丙辰行幸雲陽宫丁卯至自雲陽宫十月甲午行幸同州十二月庚午至自同州

五年正月癸未行幸同州辛卯行幸河東涑川甲午還同州三月壬寅至自同州四月乙卯行幸同州五月壬寅至自同州六月丁巳行幸雲陽宫八月乙卯至自雲陽宫

六年五月癸巳行幸雲陽宫六月丁未至自雲陽宫甲子帝東巡七月丙戌行幸雒州十月戊申行幸鄴宫十二月庚申行幸并州宫

宣政元年正月壬午行幸鄴宫辛卯行幸懷州置宫二月丁巳帝至自東巡

宣帝宣政元年六月卽位八月壬申行幸同州十月癸酉至自同州

大象元年正月甲辰東巡狩戊午行幸雒陽二月乙亥行幸鄴辛巳詔傳位於太子自稱大元皇帝三月庚申至自東巡大陳軍伍帝親擐甲冑入自青門皇帝衍備法駕從入百官迎于青門外其時驟雨儀衛

失容（自此以後宣帝行幸）八月庚申行幸同州壬申還宫十一月乙未行幸同州壬寅還宫十二月乙丑行幸雒陽帝親御驛馬日行三百里四皇后及文武侍衛數百人並驛以從仍令四后方駕齊驅或有先後便加譴責人馬頓仆相屬

二年二月辛卯行幸同州增候正前驅戒道爲三百六十重自應門至於赤岸澤數十里閒幡旗相蔽鼓樂俱作又令武賁持鈒馬上稱警蹕以至同州

隋文帝開皇元年十月壬辰行幸岐州十二月庚子至自岐州

二年正月癸丑幸上柱國王誼第庚申幸安成長公主第二月辛卯幸趙國公獨孤施第

三年六月乙未幸安成長公主第九月壬子幸城東觀稼

四年二月庚戌幸隴州九月甲子幸襄國公主第乙丑幸灞水觀漕渠賜督役者帛各有差甲戌以關內饑幸雒陽

五年四月戊申至自雒陽八月己酉幸栗園九月丁巳至自栗園

七年二月壬申幸醴泉宫四月乙酉幸晋王第十月庚申行幸同州以先帝所居降囚徒癸亥幸蒲州丙寅宴父老上極歡曰此間人物衣服鮮麗容止閑雅良繇仕宦之鄉陶染成俗也十一月甲午幸馮翊親祠故社父老對詔失旨帝大怒免其縣官而去戊戌至自馮翊

八年十一月乙亥行幸定城陳師誓衆（時遣師伐陳）丙子幸河東十二月庚子至自河東

九年四月己亥幸驪山勞旋師也

十年二月庚申幸并州四月辛酉至自并州十一月

辛卯幸國學頒賜各有差
十一年八月壬申幸栗園乙亥至自栗園
十二年七月壬戌幸昆明池其日還宫八月乙亥幸龍首池
十三年正月壬戌行幸岐州丁亥至自岐州七月丁巳幸昆明池
十四年十二月乙未東巡狩
十五年正月壬戌次齊州親問疾苦三月乙未至自東河狩丁亥幸仁壽宫九月至自仁壽宫十一月辛酉幸温湯乙丑至自温湯

十六年十月己丑幸長春宫十一月壬子至自長春宫
十七年二月庚寅幸仁壽宫九月甲申至自仁壽宫
十八年二月甲辰幸仁壽宫九月辛卯至自仁壽宫
十二月自京師至仁壽宫置行宫十有二所
十九年二月甲寅幸仁壽宫
二十年九月丁未至自仁壽宫
仁壽二年三月己亥幸仁壽宫九月丙戌至自仁壽宫
四年正月甲子幸仁壽宫

煬帝以仁壽四年即位十一月乙未幸雒陽
大業元年八月壬寅帝御龍舟幸江都以左武侯大將軍郭衍爲前軍李景爲後軍文武官五品已上給樓船九品以上給黃篾舟舳艫相接二百餘里
二年二月庚午發江都四月庚戌帝自伊闕陳法駕備千乘萬騎入于東京
三年三月辛亥自東京還京師四月庚辰詔曰古者帝王觀風問俗皆所以憂勤兆庶安集遐荒自蕃夷内附未遑親撫山東經亂須加存恤今欲安輯河北巡省趙魏所司依式丙申車駕北巡狩戊戌勑百司

不得踐暴禾稼其有須開爲路者有司計地所收即以近倉酬賜務從優厚己亥次赤岸驛戊午發河北十餘郡丁男鑿太行山達于并州以通馳道六月戊子次楡林郡甲辰帝御北樓觀漁于河北宴百僚八月壬寅車駕發楡林啓民可汗飾廬清道以候乘輿帝幸其帳啓民奉觴上壽宴賜極厚皇后亦幸義成公主帳癸巳入樓煩關壬寅次太原晉陽宫九月乙未次齊源幸御史大夫張衡宅宴享極歡己巳至于東都
四年三月己亥幸大原因出塞巡長城八月辛酉親

祀嘗岳河北道牧守畢集大赦天下凡經縣免一年
租調
五年正月帝自東都還京師二月戊戌次閿鄉詔祭古帝王陵及開皇功臣墓戊申至京師三月己巳西巡河右乙亥幸扶風舊宅四月癸亥出臨關渡黄河至西平陳兵講武五月庚申入長寧谷度星嶺甲申宴羣臣於金山之上丙戌梁浩亹（上音閣下音門水名）御馬渡而橋壞斬朝散大夫黄亘及督役者九人六月癸卯升大拔谷山路隘險魚貫而出風霰晦冥與後宫相失士卒凍死者大半丙午次張掖丙辰御觀風行殿

盛陳文物奏九部樂設魚龍曼延宴高昌王吐屯設於殿上以寵異之蠻夷陪列者三十餘國九月入長安十一月丙子幸東都
六年二月癸亥幸江都宫
七年二月乙未升釣臺臨楊子津大宴百寮乙亥自江都御龍舟入通濟渠遂幸涿郡詔征高麗四月庚午至涿郡之臨朔宫
八年正月辛巳大軍集于涿縣三月辛巳御師戎子臨戎于遼水甲午渡遼（自此以後事迹具帝王親征門）七月軍敗班師九月庚寅至東都
九年三月戊寅幸遼民以越王侗民部尚書樊子蓋留守東都四月庚午車駕度遼六月庚午以楊玄感反于黎陽遂班師閏九月己巳幸博陵庚午謂侍臣曰朕昔從先朝周旋于此年甫八歲日月不居倏經三紀追惟平昔不可復希言未卒流涕嗚咽侍衛者皆泣下霑襟
十年二月詔親征高麗三月壬子行幸涿郡癸亥次臨渝宫甲午次北平七月癸丑次懷遠鎮甲子高麗遣使降帝大悦八月己巳班師十月丁卯至東都己丑還京師十二月壬申如東都戊子入東都

十一年三月幸太原避暑汾陽宫八月乙丑巡北塞戊辰突厥始畢可汗率騎數十萬謀襲乘輿義成公主遣使告變壬申馳幸鴈門癸酉突厥圍城官軍頻戰不利帝大懼欲潰圍而出民部尚書樊子蓋固諫乃止九月甲辰突厥解圍而去十月壬戌至于東都
十二年七月甲子幸江都宫以越王侗光禄大夫段達太府卿元文都簡較民部尚書韋津右武衛將軍皇甫無逸右司郎盧楚等總留後事奉信郎崔民象以盗賊充斥於建國門上表諫不宜巡幸帝大怒先解其頤乃斬之己巳車駕次汜奉信郎王愛仁諫帝

請還西京又斬之而行
唐高祖武德元年十二月乙酉幸周氏陂過故庄置酒高會極歡而罷丁亥至自周氏陂
三年十月乙卯以秦王世民東伐王世充車駕幸華陰送出師也
三年正月癸巳至自華陰二月甲子幸華陰四月壬寅至自華陰六月癸丑幸昆明池
四年正月乙酉幸山堰即日還宮閏十月乙卯幸稷州乙未次于武功舊庄庚申召父老故吏男女數百人置酒高會賜帛有差辛未幸周氏陂壬申還京師

六年二月庚戌幸溫湯甲寅至自溫湯三月乙未幸昆明池宴從官極歡而罷四月乙未幸故宅改明通義宮祭元皇帝于舊寢以貞皇后配享高祖哽咽悲不自勝侍衞莫不歔欷於是置酒高會賜從臣帛有差十月乙未幸華陰十一月迎勞秦王於忠武頓十二月甲寅至自華陰
七年正月庚子幸月陂六月辛丑幸仁智宮戊申幸秦王第七月甲午至自仁智宮壬子幸東宮宴從官下至胥徒頒賜有差甲寅幸齊王元吉第十月丁卯幸慶善宮癸酉幸終南丙子幸樓觀謁老子廟十二月丁卯幸躍龍宮庚午至自慶善宮
八年正月甲寅幸秦王第謂羣臣曰朕以秦王有大功於宮中立第以異之焉甲子幸月陂六月庚子幸太和宮七月丙子至自太和宮十月辛巳幸周氏陂子午幸躍龍宮十一月辛卯幸宜州十二月辛酉至自宜州
九年正月己未幸月陂三月丙午幸周氏陂乙卯至自周氏陂
太宗貞觀四年二月乙亥幸溫湯丙午至自溫湯九月乙卯幸隴州十一月甲子至自隴州

五年十二月壬寅幸溫湯戊申至自溫湯
六年三月戊辰幸九成宮發使存問高年鰥寡十一月乙卯至自九成宮
七年五月癸未幸九成宮十月庚申至自九成宮十一月甲寅幸芙蓉園
八年三月庚辰幸九成宮十月甲子至自九成宮
十一年二月甲子幸雒陽宮三月戊子引五品以上射於儀鸞殿庚子宴三品以上於西苑帝御龍舟泛於積翠池六月丁巳幸明德宮十一月辛卯幸懷州丙午還雒陽

十二年二月癸亥自雒陽幸河北縣觀砥柱因勒銘于其上以陳盛德庚午幸蒲州甲戌幸長春宮閏二月丁未至自雒陽宮

十三年四月幸九成宮十一月甲申至自九成宮

十四年二月壬午幸温湯辛卯至自温湯

十五年正月辛巳如雒陽次温湯衛士崔卿刁文懿憚於行役冀鑾輿驚擾而停遂夜射行宮矢及寢院者五皆以大逆論己丑詔從行士卒家貧親老者並放還二月癸丑宴從官及山東宗姓雒陽年高於貞觀殿三月戊辰如襄城宮庚午罷襄成宮分賜百姓

十月壬辰幸嵩陽辛丑還宮十一月壬申還京十二月戊子至自雒陽

十六年十一月丙辰西狩於武功甲子幸慶善宮庚午還宮十二月癸卯行幸温湯乙巳還宮

十七年十月壬戌幸芙蓉園十二月庚申幸温湯庚午還宮

十八年正月乙未幸鍾官城庚子幸鄠縣壬寅幸温湯二月己酉幸靈口村落偪側問其受田丁三十畝遂夜分而寢憂其不給詔雍州録尤少田者並給復移之於寛鄉乙卯還宮四月辛亥幸九成宮壬子次太平宮八月庚子至自九成宮十月甲寅幸雒陽宮十一月壬申至雒陽宮戊寅親録囚徒多所降免庚辰遣使齎璽書詣鄭汝懷澤四州巡問高年宴賜各有差壬午宴父老一百九十人於儀鑾殿班賜有差是月征遼之兵大聚於幽州帝將親征

十九年二月庚戌發雒陽宮辛亥次河陽女子呂年百七十歲太宗幸其宅存問之癸丑次武德太宗將飛騎歷北山行遇猛獸引弓射之應弦而殪戊午次汲縣女子翟張並年百歲太宗幸其宅存問之壬戌次安陽癸亥次於鄴三月壬申次平棘幸張道鴻之

廬賜以衣服禮高年也道鴻餌金膏時一百四十六歲丁丑幸定州壬辰發定州四月丁未發幽州丁巳次北平登臨海戍降望大壑五月庚午次遼澤壬申渡澤丁丑渡遼六月丁未發遼東丙辰次安市城九月癸未太宗以季秋草枯遼寒剏命班師（自發幽州後督職納降事迹並見帝王親征門）十月丙申次蒲溝丙午次營州丙辰次圍山戊午次漢武臺十一月辛未次幽州庚辰次易州丙戌幸定州壬辰發定州戊戌幸并州

二十年二月乙未幸并州三月己巳至自遼東八月己巳幸靈州壬申幸漢故甘泉宮庚辰至涇州丙戌

踰隴山關次西瓦亭十一月丙戌至自靈州
二十一年五月戊子幸翠微宮七月庚戌還宮
二十二年正月戊戌幸温湯癸卯御製温湯碑以示羣臣戊申還宮二月乙亥行幸玉華宮三月丙戌至玉華宮
高宗永徽四年十月庚子幸温湯乙巳至自温湯
五年二月戊午幸萬年宮乙丑次鳳泉幸温湯乙巳至萬年宮辛未詔曰朕躬膺寶命嗣奉瑤圖居萬乘之尊當四海之貴遐觀往烈詳求前古每希蹤於哲后嘗勞心于庶物兢懼弗寧憂勤若厲屬天下無事

區宇有截仰高風於汾射覽清暑於林泉朕昔在震宮侍遊茲壤山川如舊歲月不追今既俗阜年和華夷胥悅緬懷徽範情兼感慰宜遵省方之義且順陽和之序曲申惠澤式彰寛宥行幸所經諸縣及岐州四徒行人犯罪者流降徒徒以下並免之
顯慶二年閏正月壬寅發京師二月辛酉入雒陽宮五月丙申幸明德宮以避暑七月丁亥還雒陽宮十月戊戌幸許州十一月乙卯還雒陽宮
三年二月丁巳發東都還京師甲戌至自東都
四年閏十月戊寅發京師幸東都戊戌至自東都

五年正月甲子發東都幸并州詔所經州縣供頓務從儉約己巳至澤州之長平頓二月辛巳至并州三月甲寅幸童子寺賦詩而還四月戊寅發并州癸巳至東都五月壬戌幸合璧宮六月甲午還東都十一月甲寅發東都幸許州十二月巳卯至東都
龍朔元年四月丁卯幸合璧宮七月甲辰還東都九月癸卯幸河南縣婦人張氏第張年一百三歲嘉其老也又幸李勣第歎其服用儉素恩賜極厚是日又幸天宮寺高祖龍潛第也又至許圉師第癸酉還宮
二年三月甲午發東都還京師乙巳幸河北辛亥幸

蒲州夏四月庚申朔至京師十月丁酉駕幸温湯皇太子監國丁未至自温湯
麟德元年二月戊子發京師幸福陽宮癸卯至萬年宮八月丙子至自萬年宮便幸舊宅停七日壬午還蓬萊宮
二年二月壬午自京師幸東都閏三月壬申朔至自東都十月丁卯發東都赴東岳十一月巳卯至滎陽丁亥至衛南幸司空李勣舊居之宅戊子至濮陽十二月至齊州停十日丙辰發靈巖頓至于泰岳之下
乾封元年正月戊辰朔有事於泰山事具帝王封禪門丙戌

發自泰山辛卯次曲阜縣癸未次亳州謁老君廟三月丁丑至東都甲申發東都還京師幸合璧宫四月甲辰還京師

總章元年三月戊寅幸九成宫八月癸酉至自九成宫

二年四月己酉朔幸九成宫九月己亥至自九成宫還京師十月丁巳至自九成宫

咸亨元年四月庚午幸九成宫八月丁巳還京師九月丁丑以京師久旱詔來年正月幸東都在路供頓所須並令司稼自供不得令州縣差科所經道路修

理開拓水可涉渡不煩造橋築宫又擬置御營之驛並不敢擅加修補在路不得妄有進獻

二年正月甲子至東都十一月庚戌發東都幸許汝等州十二月丙戌還東都

三年四月庚午幸合璧宫十月壬戌發東都還京師十一月甲辰至京師

四年四月丙子發京師幸九成宫十月庚子發九成宫乙巳至京師

上元元年十月丙午朔發京師幸東都戊申至東都

三年二月丁亥發東都幸汝州之温湯三月甲辰發温湯還東都閏月庚寅發東都還京師四月幸九成宫十月還京師

儀鳳二年正月庚辰幸司竹園即日還宫

三年五月壬戌發京師幸九成宫丙戌至自九成宫是日山中霖雨大寒行從兵士有凍死者各賜絹三疋給棺櫬官爲埋殯又九月丁巳車駕發九成宫辛酉至京師十月詔曰咸京天府地隘人繁百役所歸五方胥萃雖獲登秋之積猶虧涔歲之資眷言于此思弭徭賦夫以交風輿壤測景神州職貢所均水陸輻輳今兹豐熟特倍當時事貴從宜寔惟權道即以

來年正月幸東都関内百姓宜免一年庸調及租并地子税草其當道諸縣特免二年劍南隴右諸軍每供進物一二年且停

調露元年正月己酉幸東都

永隆元年二月癸丑發東都幸汝州之温湯丁巳至少室山戊午帝親謁少姨廟又幸嶽山東閑居寺及隱士田遊巖所居己未幸嵩陽觀及啓毋廟並命樹碑又幸道士潘師正所居之谷甲子發温湯乙丑至東都四月乙丑幸紫桂宫八月乙巳發紫桂宫丁未至東都十月己酉發東都還京師

永淳元年四月丙寅發京師幸東都皇太子於京師監國劉仁範裴炎薛元超等並留輔皇太子以關中穀貴遽出詔東幸扈從兵馬特令獄數其百官衆將家口往東都者官爲出船任於渭漕東下時士庶皆忽遽出關在路有餓死者戊寅至澠池之紫桂宮乙酉至東都

二年正月甲午朔發東都庚子至奉天宮四月己巳還東都五月庚寅幸芳桂宮至合璧宮屬大雨卻還東都九月癸亥幸奉天宮十一月丁未自奉天宮至東都文武百官見於天津橋南路左

中宗神龍元年八月丁丑御雒城南門以觀鬬象十月癸亥幸龍門香山寺乙丑幸新安畋遊而還十一月己丑御雒城門樓觀潑胡王戲

景隆二年二月癸未幸左金吾大將軍陸頌宅九月丁卯幸慈恩寺十二月甲寅幸漢故未央宮舊基引從臣賜宴有羣鹿經於御前羽林騎士獲之以獻帝皆命放之

三年正月癸酉幸薦福寺乙亥宴侍臣及近親於梨園亭十一月甲午幸新豐之溫湯庚子幸兵部韋嗣立莊舍宴賜甚厚特封谷爲幽栖谷是月幸驪山乙巳至自溫湯

四年正月己卯幸始平縣送金城公主出降吐蕃二月癸未至自金城縣三月甲寅幸臨渭亭祓禊是日還宮

玄宗先天元年十一月睿宗命帝巡邊誥曰先王省方所以觀風設教聖人順動所以刑清畔服故協時同律虞典之嘗道喬嶽翕河周詩之盛德自王風不競茲禮遂亡兩漢本朝有時于邁三國以降日不暇給我皇家開元首出十代重光寰宇大寧車書無外文祖神宗之德洽于人心考祥展義之規昭於國典

朕祗若丕搆寅奉慶靈夙懷箕潁之心耿遂汾陽之志皇帝天錫英武神與聰明純孝極於安親大功深於濟代自陟元后實總朕師時政益明彝倫攸敘而邊甿避阻藩服悠曠式俟來蘇之懷寔允卜征之意加以頃年邊將授任或乖師旅以虧軍威不振今盛德在水玄冥御辰天道成於積陰王制崇於大閱皇帝宜順時巡狩親幸邊陲掌圖修考事之儀典樂具陳詩之禮西泊河塞東踰燕朔望秩名山肆覲羣后休農問老誓師訓卒其有牧州典郡功施於人杖節擁旄隱若敵國者當崇進律之賞加以分麾之命若

郡政不舉軍令莫修聚斂苛細侵削戰士者宜明茲典憲肅以天誅然後七萃騰裝三軍按節合符釜山之典覽軒帝之餘風勒騎單于之臺踐漢皇之故事使陰山罷祲大漠無塵其供帳所資儲擬之費皆令有司支備不得煩人甲午帝以北巡之故慎選良將乃以幽州防禦使幽州都督宋璟爲左軍大總管和戎等軍大使并州長史薛訥爲中軍大總管朔方大總管兵部尚書郭元振爲右軍大總管既而竟不行

二年八月癸卯制曰咸雒京師建都惟舊乃眷時邁卜御斯在朕承天纂曆恭已臨人鼎俎雖并念疲甿

之不足宮室信美惕浮戶之未安事內攢於千慮心外周於萬物則知帝業初起崤函乃金湯之地天下大定河雒爲會同之府周公測景寔日土中總六氣之所交均萬方之來貢引魚鹽於淮海通稅紵於吳越贍彼雒汭長無阻饑自中宗入關於今八載省方之典久而莫修遂使水漕陸輓方春不息勞人奪農卒歲何望關東嗟怨朕實聞焉思欲寧人而休轉運館轂而就敖庾如以暑雨作害災拂秦川歲星有福祥歸豫野朕情深故弊身豈懷安博考靈心審聽輿語上奉天以爲孝下利人以爲忠順時而動從衆之願宜以今年十一月行幸東都凡厥有司各恭乃事至於行從兵馬供頓貯積務在樽節勿使煩勞考使選人咸令都集東都宮殿須理量加補葺不得煩人朕本爲人而行非擬勞人自奉所過州縣無費黎元亦不得輒有差科旁求進獻宜布遐邇知朕意焉十月己亥幸新豐之温湯乙巳至自温湯

開元二年九月戊申幸新豐之温湯十一月甲辰勅曰惟此新豐是出古之順豫義兼巡省頃者觀風數臨茲地以宛滯詢于故老閭里歡康田疇墾闢况冬降積雪春期有年且諺王遊果符時邁雖千乘萬騎

咸給於主司而累月再來頗勤於除掃且下復獨之令僻其望幸之心新豐縣百姓免一年雜差科縣官及温泉監官經兩度祗承者與一中上考

二年十月癸亥幸鄠縣之鳳泉湯甲戌制曰詩人賦田以備蒐狩之義王者順時式展畋遊之禮頃者築場神甸清道子來經上林之苑圃指扶風之藪澤雖獵將提鼓虞人植旗仍懼沍寒之節不行肅殺之命豈惟虞舜之典咸秩山川所冀周文之風及於鳥獸繇是罷還士卒非重盤遊養彼吏人致有煩擾所謂行者幸也后來其蘇宜申恩惠用符古者所經州縣

供承頓官百姓并告營幕橋道等事宜令所司勘會奏聞其緣御路及頓場麥苗有損者亦令實具奏聞

十一月乙卯至鳳泉湯是月詔曰陳詩展義問俗觀風乃王者之所務也頃屬農事皆隙歲功有成近歷鄠鎬左連岐雍見江山秀麗溝塍綺錯長楊鄠社之間竹林園果之富相望於道家給人足謂之時邁頗慰予懷思所以問耆老恤淹滯舉逸人旌賢士庶協巡遊之典以符行在之恩駕所過之縣見禁囚徒以下咸宜放免流以上罪具犯狀奏聽進止古者親問至年養存養老年九十以上并篤疾各賜物四段綿

布各一屯

四年二月甲辰幸温泉湯丁卯至自温泉湯十二月甲辰幸新豐之温湯乙丑至自温湯是月帝將幸東都以京兆尹蕭炅充置頓戶部侍郎崔皎爲副太常少卿崔子璟充橋道使自華州東北趣同州於渭水造一浮橋

五年正月辛亥幸東都庚申勑曰行幸所經州宜令紫微令黃門平章事蘇頲訪察刺史上佐政術定作三等奏聞二月甲戌至東都

六年七月辛酉詔曰觀俗省方所以愛人治國崇尊廟貌所以事神享親欽若昔典此惟大義朕祗膺鴻業積稔咸泰去歲欲幸雒京已發成命旋屬重營太廟因將中止未郎展軨劾駕信弗可違終肆覲於東方當載馳於西土流晷不駐通喪永畢象居始成如在增慕朕之前志日夜匪遑故可以詩陳肅雍禮極禋祀况神明之隩時惟雍州稼穡有年莫若關輔王假用吉后來其蘇實獲我心俾從人欲可以今年十月取北路幸長安所司准式務在節省無得勞費甲寅復詔曰兩京來去乃是尋常緣頓所須皆用官物至於百姓縱暫祗承處置有條不合辛苦其中侵擾

莫非横干或漁獵畜養以將進獻途使役以徇聲名實由綱紀未樹教令不行去年從京向都嘗亦處分蒲州刺史程行諶同州刺史李朝隱陝州姜師度至其州界咸有進奉惜其能善致故乃屈法收情憶至於今豈能無恠冬中西幸不可踵前其有輙進送及餉遺從官并别有煩擾者必科以法御史明加糾察隨事奏聞九月辛卯以將作大匠韋湊爲東都留守

十月甲寅還京十一月辛未至自東都

七年十月辛卯幸新豐之温湯癸卯至自温湯

八年十月辛卯幸長春宫壬午畋於華州之下邽庚

寅遂幸温泉十一月辛卯至自長春宫
九年正月甲寅幸新豐之温湯乙亥至自温湯九月甲戌詔曰王者觀俗以賦政考祥以省方必將協于人和而奉若天命朕祗承鴻業用康黎庶思振德以惠物豈勞人以尊已頃年關輔之地轉輸實煩重以河塞之役兵戎屢動千金有費九載未儲懷此勞軫以增旰昃且夫苟利於物可隨方而變通將適於人故因時以巡幸卜維萬方之隩維嵩五嶽之中風雨之所交舟車之所會流通江汴之漕控引河淇之運利俗阜財於是乎在今欲省其費務以實關中卽彼

敖庾少留河邑乘歲陽之吉展遊順之儀豈惟龜筮不違故亦詢謀是協修五禮問百年車輿動而不勞玉帛會而胥悦所謂先天以弘道因人以爲利也宜以明年正月十五日幸東都十二月乙酉幸新豐之温湯壬辰至自温湯
十年正月丁巳幸東都二月戊寅至東都八月壬子制曰朕頃自鎬京省方於雒本以息轉輸之費卽河壖之殷今屬宗廟改脩禮崇昭事永言配享必在躬親又眷彼晉陽是稱重鎮將陳詩以問俗式安邊而訓武雖來往祗供頗有煩役而國之大事不可云勞宜以明年正月三日發雒幸并州取便路還京應須支計所留准式緣頓祗承一事已上並用當處官物不許科歛百姓其遞運及從兵馬官寮等務從減省所在公私并不得輒有進獻違者所繇州縣官及進獻人各量事貶罰布告遐邇咸使聞知
十一年正月己巳發東都北巡狩庚辰幸潞州二月辛未歸京師十月丁酉幸新豐之温湯置温泉宫甲寅至温泉宫十二月甲午幸鳳泉湯詔有司萬事自備不得干擾百姓戊申至自鳳泉湯
十二年十一月庚午幸東都戊寅至東都

十三年二月戊午幸龍門卽日還宫十月辛酉帝發東都巡狩十一月庚戌至泰山之下去山趾五里已丑日南至帝與宰臣及外壇行事之官登于嶽上齊宫之所庚寅祀昊天上帝于山上辛卯祀皇地祇于社首之泰折壇事見帝王封禪門 庚申幸孔子宅親設奠祭十二月已巳至東都
十四年十月庚申幸汝州之温湯辛酉至温湯之行宫時屬雨雪帝親賦喜雪詩以示羣臣已巳至自汝州之温湯十一月丁巳幸寧王憲宅與諸王宴探韻賦詩卽日還宫十二月已丑幸壽安安定方秀川時

狩故也
十五年六月乙巳西京父老詣闕上表請幸帝手詔許之甲寅制曰朕粤自鎬酆省方纏維屬九服寧晏四時順成殊徵麗殷景福紛委遂荷靈睠登于介丘先天成功允答休祐蓋敬天知命不敢以寧也我來于東歲亦數稔而西土耆老傒予多怨況關輔之地頃則有年宜叶卜征之祥式展時巡之義可以今年閏九月十日取北路幸長安所司准式緣頓支供一事已上並用當處官物不須科斂百姓其遞運及行從官寮等物從減省所在公私不得輒有進獻宜布

遐邇知朕意焉七月戊戌幸寧王之第是日憲誕辰也八月己巳制曰朕君臨區宇子育黎元每懷勤恤不欲勞煩而鎬京之地陵寢所在自展義河雒已歷歲年所以式尊卜征有事時邁抑惟嘗典寧敢憚勞將欲西巡元取北路今同州有暴水浸于邑居載懷憂惕無忘鑒寐且從南路幸長安所司准式閏九月庚申發東都幸京師十月己卯至京師十一月丙寅幸寧王憲之第
十六年九月己卯幸温泉宫乙丑至自温泉宫十一月戊申幸寧王第留宿丁卯幸温泉宫
十七年十二月辛酉幸温泉宫壬申至自温泉宫
十八年四月乙巳幸温泉宫丁未至自温泉宫壬戌幸寧親公主第七月庚辰幸寧王憲第八月辛亥幸永穆公主宅十月庚寅幸岐州之鳳泉湯癸卯至自鳳泉湯十一月丁卯幸新豐温泉湯
十九年六月丁卯制曰三秦九雒咸曰帝京五載一巡時惟邦典上腴多饒衍之美仍勞於轉輸中壤均冊車之奏頻聞於殷積朕所以相時度宜期于利物者也况河汴頻稔江淮屢登二周馳望幸之誠三川勤傒予之請然猶未便順動且念人勞期以來年方

議時邁而頃京輔近甸膏澤未均陝雒之交稼穡亦盛固不可傒於今日庶用協乎光天豈肆心於宴安期順人而從幸兩京供帳宿有備擬十月滌埸是因暇隙信可備法駕整勾陳清蹕崤潼觀風河雒宜以今年十月四日幸東都所司准式十月丙申幸東都勑供頓州縣百姓所緣料及充木匠雜祗供人等宜放今年地租自餘户等免今年地稅半應定供頓縣官各與一中上考庚辰至東都
二十年七月甲辰制曰昔之握皇綱執大象者或省方以肆覲或巡狩以觀風故軒轅至崆峒之野夏禹

列峯山之會雖徃古遺事先王髙迹覩其出豫稍涉遐遠朕自臨馭天下底綏人極法駕罕順動之儀蒼生多傒來之歎每欲時邁因而布和憚于人勞必也中止惟彼堯俗古風猶邊方於譙郡王業是同西漢髙皇永懐于沛邑東京數帝每幸於舂陵豈不遠思喬木無忘敬梓况境乃近壤城惟列都旣行幸是嘗亦情禮兼遂又嵩郡天險方位土中而陵寢地邇攀望增感且布政而行化實展懐於志思宜取今年十月十二日幸北都便還西京所司准式十月壬午駕發東都北廵辛丑至北都庚申祀后土於脽上十二

月辛未至京師

二十一年正月丁巳幸温泉宫丁亥還京十月庚戌幸温泉宫巳未還京

二十二年正月巳巳幸東都乙丑至東都

二十三年十月詔曰朕所時邁皆徇物情屬關輔無年遄爾東顧幸非爲巳將以息人今百穀旣登庶事皆省而五陵所奉誠在京師安可更留周南有闕時薦宜以來年正月七日取南路幸西京所司准式縁行幸所須務從節減所司明爲條例勿使勞煩

二十四年正月勑以前議西幸屬歲不登關輔之間且欲無擾今稼漸熟漕運復多而陵寢久違蒸嘗永感農隙順動得非其時前取今年十月幸西京者以其月三日發東都取南路應縁頓所要務從節減所司明爲條例勿有煩勞十月戊申發東都幸京師甲子至陝州丁亥至京

二十五年十一月壬申幸温泉宫乙酉至自温泉宫十二月戊午幸寧王宅

二十六年五月庚寅幸咸宜公主宅十月戊寅幸温泉宫庚辰至自温泉宫

二十七年十月甲戌幸温泉宫十一月辛丑至自温

泉宫

二十八年正月癸巳幸温泉宫庚子至自温泉宫十月甲子幸温泉宫庚子至自温泉宫

二十九年正月癸亥幸温泉宫庚子至自温泉宫十月庚申幸温泉宫十一月辛酉至自温泉宫

册府元龜

巡按福建監察御史臣李嗣京訂正

知甌寧縣事臣孫以敬叅閲

知建陽縣事臣黄國琦較釋

帝王部一百十四

巡幸第三

唐玄宗天寶元年十月丁酉幸温泉宫十一月己巳至自温泉宫

二年三月韋監開廣運潭畢功得陝州艦丙寅幸廣運樓以觀之卽日還宫十一月戊寅幸温泉宫十一

月乙卯至自温泉宫十二月戊申幸温泉宫丙辰至自温泉宫

三載正月乙丑幸温泉宫二月庚子至自温泉宫十月甲午幸温泉宫十一月丁卯至自温泉宫

四載十月丁酉幸温泉宫十二月戊戌至自温泉宫

五載十月丁酉幸温泉宫十一月己巳至自温泉宫

六載十月乙酉幸温泉宫改温泉宫爲華清宫十二月癸亥還宫

七載十月庚戌幸華清宫辛酉還宫

八載十月丙寅幸華清宫十二月丁巳幸御史中丞楊釗庄

九載正月幸華清宫十月庚申幸華清宫改驪山爲昌山十二月辛卯幸楊國忠亭子十二月乙亥還宫

十載十月辛亥幸華清宫十一月己未幸楊國忠宅

十一載正月至自華清宫十月戊寅幸華清宫十二月乙亥還宫

十二載十月戊申幸華清宫

十三載正月還宫十月乙酉幸華清宫十二月戊午還宫

十四載十月庚寅幸華清宫十一月甲子安禄山稱

兵何闕庚午以其事聞於行在丙子還宫

肅宗乾元元年十月甲寅上皇幸華清宫帝送於灞上

二年冬十月丁酉詔曰昔昆夷作患周宣興薄伐之役陳豨稱亂漢祖發親征之師蓋所以禁暴除兇取威靖難上以保宗社下以拯黎元古者帝王茲道無替頃者禄山稱兵搆逆背義負恩惡旣貫盈尋已殄滅而思明殘寇尚敢挻祆聚其蜂蠆之餘邀我雷霆之伐朕以干戈屢動黎庶未康繇是按甲延誅冀其來格而乃竊兵于紀自取滅亡副元帥光弼糾率銳

徒恭行天伐爰啓絳官之畧克摧青犢之師曾未浹辰大破兇黨此皆穹昊垂祐宗社降靈是以戎律用貞禍滛斯在如聞蓬艾之下蚊蚋猶虞故當乘破竹以追奔同燎原而撲滅朕爲人父母深念塗炭是用大整戈矛方申吊伐撫綏河雒以致和平即以今月十七日幸東京率六軍取北路進發但巡幸所過自有行營應緣祇供並有司自辦其路次州縣一切不得別有徵歛亦不得輙有進獻及時新野味等王公以下文武從官每頓主人供蔬飯不得輙置魚肉餅果及鋪設亦不得妄差人力別有祇承行從官及州

册府元龜　帝王部　巡幸三　卷之一百十四　三

縣所繇有如違犯王公以下五品以上具名録奏當日貶官餘并從軍令仍令知頓使左右巡使御史相知糾察具狀彈奏如涉阿容及不能舉奏所繇議在必行毋貽後悔仍令户部侍郎同中書門下平章事第五琦充置頓使應行幸供擬及兵馬糧料續轉節作條件奏聞其從官委中書門下定名録奏務從減省不欲勞煩宜示中外宜知朕意又以殿中監李輔國行營兵馬以御史大夫賀蘭進明中京留守時公卿皆獻書進諫帝以制命已行不納考功郎中知制誥蘇源明及給舍等上言切諫帝省表遂不行

代宗寶應二年五月幸興慶宮即日還大明宮

大曆二年二月壬午幸昆明池從俗踏青也

德宗貞元三年七月丙寅幸章敬寺

七年七月幸章敬寺賦詩序皇太子在侍進和兼題百寮畢和以班列焉其後京兆尹薛珏請皇太子書帝詩序刻石而塡之以金

八年七月幸章敬寺

十二年九月癸卯幸魚藻宮即日還

十三年四月壬戌幸興慶宮龍堂求雨七月幸魚藻宮池先深一丈更掏加四尺

册府元龜　帝王部　巡幸三　卷之一百十四　四

十九年四月幸家令寺

憲宗元和六年七月戊申御興安門觀樂

十五年七月幸安國寺觀釋氏盂蘭盆之會庚辰後幸興福寺

穆宗元和十五年八月壬申幸魚藻宮

敬宗寶曆元年十一月幸温湯即日還宮

二年三月戊寅幸魚藻宮觀競渡己卯賜魚藻宮從官左右神策中尉諸司使翰林學士等錦綵銀器有差十月丁未幸城南華嚴寺

文宗太和四年八月戊辰幸禁園亭會昌殿奏新樂

七年十二月庚子駕幸望春宫

昭宗乾寧五年三月庚午車駕幸韓建南莊六月帝幸西溪觀競渡

光化元年車駕在華州四月幸陜岾寺宴從官於韓建所獻御莊六月幸西溪觀競渡

後唐莊宗同光元年十一月詔將自汴歸雒有事於南郊河南尹張全義進迎駕法物儀仗甲子帝發汴州十二月庚午朔車駕寅時發自石橋御史中丞李德林率文武百官班於積潤驛六軍諸衛金吾儀仗大常法物畢陳於路自上東門歸大內百官稱賀辛

未以百官初至雒放三日朝叅壬辰幸伊闕

二年二月戊寅幸李諱明宗也宅宣教坊樂盡歡而罷巳卯幸左龍武軍辛卯寒食假帝出宣仁門幸東宅皇太后皇后幸水陸院尋勝教坊內弟子作樂晡晚還宫三月甲子幸東宅皇太后幸水陸院召李諱侍宴五月辛丑幸內園觀親殿上梁又幸郭崇韜之私第置酒作樂七月乙酉幸龍門之雷山祭天神從北俗之舊事也八月幸皇太子繼岌院奏教坊院樂縱酒而罷九月甲寅幸郭崇韜之私第宣教坊樂置酒會從官至一更還宫十月甲申幸小馬坊閱馬十一月巳亥幸六宅作教坊樂宴諸皇弟戊午幸明宗第又至宋州節度使元行欽之第縱酒作樂一鼓三籌歸宫十二月戊辰幸西苑庚午車駕幸張全義之第丙子勑大名重地全魏舆區成予定覇之基致我興王之業蓋以土田沃衍庶士忠勤載想黄緣得無睠矚近者頻令按察頗樂和平既堅望幸之誠宜舉省方之典取來年正月七日朕當廵幸東京丁丑勑中書門下省御史臺尚書省諸寺監大卿監各差有公事官三十員從行乙酉幸廣化寺祈雪乙丑又幸龍門

三年正月乙未御史中丞崔協率從駕官屬先發東

京晋中書省印宰臣趙光胤雒中行事丙申勑翰林學士中書舍人金吾將軍兵吏部郎官扈從餘官並取三日先程赴鄴庚子車駕幸鄴京扈從軍三萬陳於上東門外帝御城樓慰撫而遣之宰臣趙光胤率留守司官屬辭至白坡河陽張繼業遣人上章云病甚旣次河陽帝遣御醫視之癸卯駕次新鄉鄴都晋守李岌進御衣繖銀謝廵幸副留守張憲遣少尹龍敏奉表謁於路戊戌至鄴皇后先歸大內帝自千秋亭乘輦備法駕晡晚歸宫

三月庚子詔曰朕以剗平僭亂底定寰區爰宅雒都

再踰星歲乃睠興王之地頗聆望幸之辭暫議省巡以慰羣品因茲駐蹕俄已經春優恩既洽於大名車駕宜還於中土俾宣遐邇咸暢昇平可定此月十七日發程取河陽舊路歸雒甲辰宰臣竇盧革御史中丞崔協率文武從官先赴雒京帝詔郭崇韜謂曰朕思在德勝寨時霍彥威段凝皆予之勍敵終日革鬭戰聲相聞安知二年之間在吾廡下吾無少康光武之才一旦重興基構者繇二三勳德卿等同心輔翼故也朕有時夢寐如在戚城因念曩時挑戰鏖兵勞則勞矣然而揚旌伐鼓差慰人心殘壘荒溝依然在

目予欲按德勝故寨與卿再陳舊事崇韜曰此去澶州不遠陛下再覩戰地益知王業之艱難可不偉哉己酉發自鄴宮副留守張憲率東京官吏辭於千秋亭是夜次南樂行宮庚戌次澶州辛亥至德勝寨地帝登城四望指戰陣之處以喻宰臣渡河而南沿岸西上所至指示廢柵陳壘時勝負至汴軍所據楊村寨因召龍驤神威諸軍問當時諸將勇怯以爲笑樂及至戚城先鋒寨置酒作樂日晏而旋丙辰次獲嘉懷州刺史李建鄴謁于路戊午次温縣前華州刺史高允奇自鞏縣修倉所來見乙未次河陽庚辰早發至白坡邢州節度李存紀振武節度朱守殷河南尹張全義謁於路宰臣竇盧革趙光裔文武百官班於路左右金吾六軍儀仗畢陳道從還宮

四月壬申幸甘泉亭際晚還宮乙亥帝與皇后幸樞密使郭崇韜私第崇韜進銀鞍馬六匹御衣着五百段銀器副之皇后衣二百段金合副之絹百疋從官李從霸下至供奉教坊伶官優給有差又幸左龍武統軍朱漢賓之第夜漏三刻還宮庚辰帝侍皇太后幸會節園遂幸李紹榮之第五月戊辰幸龍門廣化寺祈雨己未幸玄元廟禱雨九月丁巳出師子門射鴈

於尖山至晚還宮

明宗天成元年八月出上陽門幸冷泉宮觀稼至晚還宮九月乙未幸至德宮因幸前隰州刺史袁建鄴之第甲戌幸冷泉宮觀稼至晚還宮

二年三月壬子朔幸會節園宰相樞密使及節度使在京者共進錢絹請宴壬戌車駕幸甘泉亭四月戊子幸會節園召宰臣學士在京勳臣赴宴甲辰出左掖門觀修堤部署首領及力役軍人百姓賜物有差幸駙馬石敬塘（晋高祖也）宅又幸安重誨第進酒奏樂例加賜賚六月庚子幸白坡祭突厥神至晚歸內七月

幸冷泉宮至暮歸內
八月秦王從榮自鄴中至泊於至德宮帝幸其第宣
禁中女伎及教坊樂飲宴至晚從榮進馬及銀器錢
絹帝賜諸伎樂及行從人等乘輿歸內已未御札就
中書示諭曰歷代帝王以時巡狩一則遵行典禮一
則按察方區矧彼夷門控茲東夏當先帝戡平之始
爲朕躬殿守之邦俗尚貞純兵懷忠勇自元臣鎮靖
庶事康和兆民咸樂於有年闔境彌堅於望幸事難
違衆議在省方朕取十月七日親幸汴州其沿路一
行宿食頓遞可下三司排當務從簡儉不得勞擾人

戶至於扈從兵師亦已嚴行誡約兼告諭東北道諸
侯不得迎駕朝覲庚午勑應兩省及諸司有公事朝
臣並隨駕西班差左右金吾大將軍及諸司衛將軍
等十餘人扈從十月甲辰勑少府監聶延祚等以大
駕巡幸告祭神祠帝御興教門樓諭樓前兵士乙酉
幸汴州馬步軍士數萬人自級節以上各賜錦衣鎧
甲光明組練鮮潔法令如一行伍日嚴師徒雄盛近
代罕比憩於積潤驛宰臣崔協引百官辭於行宮前
辛丑詔曰禁暴戢兵實繇武德安人和衆乃契天心
車駕自離雒京戒嚴兵士不犯一物不役一夫河流
井泉此外無取尚恐州縣以迎駕爲名妄有配率或
加察知必不容恕車駕至汴帝出咸安門封禪寺遊
幸至晚歸內十二月壬午幸西郊食於釋氏知庖司
取樵蘇于僧舍命遠買以償之庚子幸石敬瑭公署
及康義誠私第
三年正月壬子延宰臣於玄德殿帝欲巡幸鄴都鄭
珏等贊美其事癸丑內出御札曰王者以六合爲家
萬幾是務動必從於人欲道貴表於君臨矧以大業
名都先皇舊地干戈近息井邑初完去春特命親賢
出分倣寄一載之化條方闡六州之生聚咸蘇朕又

竊念并汾有同豐沛欲和鑾之親撫慮致勞煩移嗣
子之總臨冀諧委注今則以令赴鎮兼報行期而鄴
都士庶馳誠表章繼至思朕車御暫到庶彼內外永
康疊興徯后之詞何爽省方之便朕今月七日巡幸
鄴都踰月之內却駐梁苑其沿路宿食頓遞並仰三
司預專排比不得輒擾人戶付中書門下准此辛酉
宰臣與百官詣閤進表請幸未幸鄴都及且住般糧
尋降御札曰朕以鄴都望幸暫議省巡雖宜命已行
而憂勤是屬切緣禁軍家口元住雒京般取或在道
塗已到未經信宿念其辛苦動繫憂勞所宜別選良

辰以副朕意今改三月十三日故茲札示壬戌追朝
宣御札於閤門曰朕每念眇躬嗣承丕搆屬憂勤於
庶政持兢業於厥心罔敢怠荒冀符裨益去歲以五
兵偃息九穀豐登指内外以省方慰羣情之望幸迨
於駐蹕允恊來蘇適聽鄴城匪遙梁苑復念與王之
地思從傒后之詞將命和鑾指期届路卿等情深許
國道在弼予旋貢表章罄輸丹赤備閱傾虔之懇洊
詳啓沃之規已諭淹延裨從僉允其六軍經費諸道
轉輸國計所先兵食斯衆將致贍豐之備難矜運輓
之劳既念疲羸粗宜蠲減其百姓般糧至雒京並却

停罷只今近東州府般至汴州時將幸大名也六卿家口綽自雒陽遷於汴水頗亟聞順動初有難色及至百官上表聖慮未廻頗有狂說定州王都正多疑慮人情相恐軍士惶惑在位咸不敢言趙鳳手疏於安重誨直諭其事重誨自驚具白於帝翌日詔罷行期內外謐然安帖
二月帝在汴丁酉出御札於中書曰朕聞王者握圖
御宇應天順人必從億兆之心以副寰瀛之望朕恭
承大寶漸致小康當時和歲豐之辰叶海晏河清之
道思從望幸爰議省方昨者以全魏名邦興唐霸國
當去弊除姦之後是安民撫衆之時思暫議於巡遊
庶躬親於勞慰尋頒詔旨已定行期而聞衛士連營
方諧聚族農功務穡始在承春雖無供億之勞寧免
差徭之患而又勳賢拱北藩翰勤王儻萬乘之少留
煩諸侯之入覲況復大臣抗表多士輸忠瞻瀝懇以
再三閱封章而數四諒爲裨益深可嘆嘉宜罷鳴鑾
且謀駐蹕凡在中外當體朕懷先取今月十三日巡
幸鄴都權停四月癸巳駕出北門觀麥翌日謂侍臣
曰昨日出城詢諸父老苗稼滋潤牛驢皆肥喜形于
色朕亦樂之左右皆賀五月帝幸西莊宴廻鶻召前
節度使赴之六月乙卯幸南莊八月戊戌幸西莊閲
八月戊辰右散騎常侍李光憲上言請車駕歸雒陽
修大禮於南郊九月壬午幸南莊翌日謂侍臣曰朕

見西郊種麥已知生民之苦辛深可憫念十二月甲
寅帝幸開封府六宮從行宴樂頒賜至晚幸康義誠
楊漢章私第賜捧聖三指揮絹千疋翌日顧侍臣曰
行幸飲六十餘盃亦覺太甚左右無對者
四年二月丁卯東京留守孔循請車駕還京師己酉
出御札宣示中書曰朕紹續鴻圖撫寧諸夏爰從雒
邑來幸浚郊屬中山與勃逆之心外寇恣朋連之勢
致煩征討方見盪除皆宗社之威靈盡忠良之裨贊
自此遐邇永遂隆平蓋以久別三川嘗懷九廟旣克
清於氛祲宜便復於京師取今月十三日歸雒都庚

戊差內臣沿路排頓辛亥幸西莊丙辰車駕將自汴歸雒文武百官先赴雒京辭丁巳帝發二十四日歸京駕出厚載門觀歩兵先發甲子車駕歸京宿于中牟縣百官詣行宮起居各賜酒食帝謂侍臣曰麥田稍旱朕已闇申禱祈乙亥屆鄭州雨三日百僚稱賀丙寅以未晴駐蹕鄭州宴從官於行宮庚午自石橋排儀仗列大當鹵簿鼓吹車輅法駕道引至未時入上東門

三月壬辰幸延慶莊戊戌幸會節園召從臣赴宴四月幸西莊五月幸龍門諸寺六月幸至德宮八月十

五日幸金貞觀至東午橋還宮九月辛卯幸延慶莊至晚還宮十月壬子幸七星亭至晚還宮庚申幸龍門至晚還宮甲戌出徽安門按夏州所進白鷹十一月壬辰幸鎮國橋慰勞工徒而還戊子出上陽門幸苑內亭子閱馬至晚還宮

長興元年正月丁卯閱馬於苑內至晚還宮癸未幸至德宮二月戊戌幸長夏門稻田莊至晚還宮三月丁卯幸會節園宴宰臣及諸道入覲節度使賜物有差因幸河南府至夜歸宮壬午幸河南工役所丁亥出上陽門觀稼至晚歸宮四月丁酉幸長夏門稻田莊己亥幸會節園宴大臣至暮歸宮八月出定鼎門觀秋稼九月壬午幸至德宮十月幸龍門至晚還宮十二月辛亥出歸子門幸苑中新修亭子至晚還宮

二年二月丁酉幸至德宮因幸前襄州節度使安元信東丹王突欲之第賜突欲絹三百疋至晚還宮三月庚申幸左藏庫給將士金帛仍親視之四月丁酉幸會節園宴宰臣親王內臣及在京侯伯因幸河南府秦王從榮進馬請賜侍臣宴羣寮至晚還宮乙巳帝幸龍門佛寺祈雨至晚還宮

三年正月辛丑幸白坡新修軍營駕幸觀之稱旨賜部

署軍吏等物有差癸卯御中興殿顧謂侍臣曰朕幸白坡登邙山忽於山谷荒榛之中見有百姓與築房舍甚嘉歎之三月丙辰幸龍門永定莊甲子幸至德宮至晚歸內五月甲子觀雒水漲溢是日水落三尺至午還宮賜控鶴官錢各一千油衣一事己丑帝觀穀水至午還宮十月庚申幸至德宮因幸石敬瑭李從敏之私第十二月癸丑幸龍門觀工徒修伊河石堰以羊酒賜役夫如雒堤側伊水中流撈夫墮水遺人拯之以包錦賜之

四年三月幸龍門七星亭農事方春田民遍野上見

其剏音洛桑稼樹柱駕勞問親自勸課八月壬申幸至
德宮自聖躬不豫未嘗宴遊至是始幸都民瞻望輿
輦夾道歡呼所至如堵九月丙子幸至德宮士庶夾
道歡呼以帝初不豫至是喜帝復能騎乘也十月辛
未幸宮西土和亭至晚還宮
末帝清泰元年六月庚辰幸至德宮又幸房知温安
元信范延光索自通李從敏居第各賜繒帛銀器至
夕還宮七月申辰幸龍門佛寺禱雨十二月庚寅幸
龍門禱雪
二年十月丁卯幸崇道宮拜老子祠出定鼎門幸甘

泉水亭賜從官酒食日夕還宮甲戌幸樞密使趙延
壽之第河南尹重美從獻金酒器四十事繒帛三千
疋供御馬八匹金線袍玉帶樞密宣徽内諸司使皆
賚幣馬賜公主及諸子金帶金器幣馬有差移幸三
司張延朗第昏暝還宮
三年正月戊戌幸龍門祈雪
晉高祖天福元年十二月乙酉朔幸河陽餞送大相
温蕃部兵士歸國
二年三月勅曰王者省方設教靡憚於勤勞養士撫
民必從於宜便顧惟京德肇啓丕圖嘗務去乎煩苛

興漸臻於富庶而念京城俶擾之後舟船焚爇之餘
饋餉有虧支費殊闕將别謀於飛輓慮轉困於生靈
以此咎心未嘗安席今以夷門重地梁苑雄藩水陸
交通舟車必集爰資經度須議按巡寧免暫勞所期
克濟宜取今日二十七日巡幸汴州諸道州府節度
防禦團練使刺史不計遠近並不得輙離州城來赴
朝覲文武兩班委宰臣酌量逐司量差官員隨所應
奉公事外餘並留守司所在行宮一聽仍舊不得修
葺經過量事通得車馬外方當農時不得勞役人戶
修治沿路食頓並委所司破省錢物預前排備所在

州縣並不得輙有科歛布告中外咸使聞知凡百臣
寮宜體朕旨中書奏車駕經過河南府河陽鄭州汴
州管界所有名山大川帝王陵廟名臣等去路十里
内者伏請下本州府各排比祗候俟車駕經過日以
酒脯醢祭告從之庚辰帝卯時離京至積潤驛下馬
留司官等班辭辛巳帝寅時離偃師至孝義食巳時
至鞏縣壬午帝丑時離鞏縣汜水食上馬至滎陽四
月癸未朔帝丑時離滎陽至須水食鄭州防禦自景
友進牲餼器皿帝曰不出民力否景友奏曰臣畏陛
下皆辦於巳俸乃令收之甲申帝至中牟丙戌帝巳

時入汴州至鞠塲宣諭隨駕馬步兵入内
三年正月壬戌夜放燈都人夜遊帝御大寧宫門樓觀之
五年八月丁酉觀稼於西郊辛巳觀稼於沙臺
六年七月甲申降御札曰朕自承天命肇啓帝圖期四海之混同法五載之廵狩睠惟全魏實曰奥區人物殷繁山河雄壯地雖昇於都邑民未識於乘輿皆傾望幸之情宜展省方之義取今月五日暫幸鄴都沿路供頓並委所司以官物排比州縣官不得科率人户其隨駕内外官員并馬步兵士等不得擾人踐

踏苗稼中外遐邇宜體朕心前均州刺史劉禧爲隨駕橋道使鄆州節度使杜威爲隨駕御營使遣護聖右廂都指揮使梁漢璋等領兵士八指揮往鄴都賜衣服錢絹茶有差宣放文武百官朝叅兩日取便進發壬辰離東京宿封丘己亥至鄴左右金吾六軍儀仗排列如儀迎引入内
七年正月庚午上元節燒燈帝御乾元門觀之夜半還宫
少帝以天福七年六月即位八年二月庚戌御札宣示曰控制寰中梁苑得舟車之要撫寧河朔鄴臺有粟帛之饒先皇帝肇啓其圖咸昇都邑南北非遠來往是嘗今則時正晏清候當和煦宜迴金輅往幸夷門宜取今月十一日還幸東京應沿路州府並不用修飾行宫開治道路食宿頓遞並以官物供給勿令科歛人户側近州府長吏勿來朝覲凡在遐邇宜體朕懷己未登鄴都辛酉至澶州甲子次封丘文武百官見於行宫乙丑至東京庚午幸南莊七月丁酉幸南莊召從駕臣寮習射路左農人賜布衫麻屨
開運元年十二月己亥朔幸高門臺
二年四月丙寅在澶淵是日帝出北門巡幸至威城

東宣隨駕臣寮習射晚際還宫十月幸硯臺迴幸魯國大長公主第至暮還宫
三年二月壬午帝辰時乘馬幸南莊沿河射鴨子向西至板橋沙灘下馬召隨駕節度統軍皇帝眷賜茶酒已時回至南莊臣僚賜食畢唱蕃歌赴行宫射弓復命臣寮上船飲酒至東庄次入鄴都晉守杜威園酔方入内四月丁未幸大年庄遊船召近臣前任節度使開宴射弓酣甚賜羣官器帛物等又召彈獨絃琴觱者邵陽人數十輩皆賜物有差及夜歸内
漢高帝以晉開運四年二月辛未即位改開運四年

爲天福十二年九月御札取今月二十九日暫幸澶魏十月壬午次長垣癸未幸蘧伯玉廟駐蹕賜臣寮酒丙戌次澶淵戊戌至鄴城院中駐蹕因幸節度使高行周本營賜羣臣酒食十一月帝乘馬幸御營東金堤葦父老張進等數十人進茶湯帝曰朕之北來都爲百姓勿以暫時駐軍而爲煩也衆皆歡呼因賜物有差

周太祖廣順元年正月丙戌幸城西御園午後還宮二月己未幸城南園賜從官酒食申時還宮三月辛未幸城西城南御園及史弘肇園太祖嘗與弘肇遊

冊府元龜　帝王部　巡幸三　卷之一百十四　十九

宴其間臨觴嗟叱久之至晚還宮己丑幸城南園賜從官酒食申時還宮四月戊申幸城南園賜從官酒食申時還宮五月壬午巳時幸城南園賜從官酒食六月壬子巳時出金義門幸城西園申時還宮八月乙未辰時車駕幸班荊館賜從官酒食乙巳幸城西園內閱新城戰棹十二月乙未辰時幸城西園賜從官酒食申時還宮丙辰幸城南園賜從官酒食申時還宮

二年三月幸城南園召宰臣諸統軍射十一月丙戌車駕辰時幸南園賜從官酒食申時還宮庚子幸樞密院王峻請之也時峻於本院東別修廨署大興屋宇及成欲太祖幸後卽於中視事太祖從之卽召近臣賜酒食賜峻繒絹十疋銀器三千兩宰臣馮道已下及宣徽使翰林學士樞密直學士賜物有差午際復召宰臣樞密使前節度使諸統軍後園射賜物有差十二月壬寅幸城西園召從官射申時還宮

三年正月辛巳幸城南賜從官酒食申時還宮三月戊申幸城南園賜從官酒食申時還宮五月壬寅幸城南園賜從官酒食申時還宮十月丙辰辰時幸城南園又幸城西園賜從官酒食申時還宮

冊府元龜　帝王部　巡幸三　卷之一百十四　二十

世宗顯德元年七月庚辰出薰風門幸南御庄觀稼至晚還宮八月甲辰出金義門幸南御庄召武臣觀射至晚還宮

二年十月癸酉幸禮賓院院而薄狩於近郊帝親射兎中之

五年五月辛丑幸懷信驛癸卯幸造船務九月丙子幸造船務及玉津園己酉幸東水門命水工修利堤岸

六年二月辛丑幸迎春苑及新蔡河因就陶家觀其陶器既而賜陶人物有差三月丙午朔丁未幸造船務

辛未幸造船務壬申宴於廣政殿

冊府元龜

冊府元龜 帝王部 巡幸三 卷之一百十四

二十一

冊府元龜

巡按福建監察御史臣李嗣京　訂正

新建縣舉人臣戴國士　參閱

知建陽縣事臣黄國琦　較釋

帝王部　一百十五

籍田　蒐狩

籍田

古之帝王躬耕帝籍以供郊廟之粢盛所以敦孝致恭懃力務本且以訓化天下使民厚生而勤業也繇是修先農之祀示有所宗謹神倉之藏罔敢不飭稽

述古訓克已以躬率正萬邦馴致於富庶列辟遵行斯爲令典其或禮有廢墜先儒載其規諫事從振舉舊史著其嘉頌而况六府允治所寶惟穀四民異業大事在農上之化下如偃草之易令出惟行比流水之順故稽古憂勤之后未嘗不垂意于此然後能致治與化者也若乃前修議論之浮切歴代禮文之損益皆周旋論次俾有條而不紊焉

周成王籍田而祈穀作載芟之詩（周禮曰師氏掌帥其屬而耕耨王藉以時入之以供粢盛）

宣王即位不籍千畝（籍借也借民力以爲之天子藉千畝諸侯百畝自厲王之流藉田禮廢宣王即位不復古也）虢文公諫曰夫民之大事在農上帝之粢盛於是乎出（器實曰粢在器曰盛）民之蕃庶於是乎生事之供給於是乎在和協輯睦於是乎興財用蕃殖於是乎始敦庬純固於是乎成（敦厚庬大）是故稷爲大官（民之大事在農故稷之職爲大官）古者太史順時傾土（青脉是也）陽癉憤盈土氣震發（癉厚憤積盈滿震動發起也）農祥晨正（農祥房星也晨正謂立春之日晨中於午也農事攸關故曰農祥也）日月底于天廟（底至也天廟營室也孟春之月日月皆在盈室）土乃脉發（脉理農書曰春土冒橛陳根可拔耕者急發）先時九日（先立春日）太史告稷曰自今至于初吉（二月朔日也詩云二月初吉）陽氣俱烝土膏其動弗震弗渝脉其滿眚穀乃不殖（震動渝變）

（眚災也言陽氣俱升土膏欲動變寫其氣不然則脉滿氣結更爲災病穀乃不殖也）曰距今九日土其俱動（距去）王其祇祓監農不易（祇敬也祓齋戒也祓除也不易不易物生之宜）使司徒咸戒公卿百吏庶民（百吏百官庶民甸師氏所掌之民也王耕耨土藉田也）司空除壇于籍（司空掌地）命農大夫咸戒農用先時五日（先耕時也）瞽告有協風（瞽樂太師知風声者協和也風氣和氣候至也立春日融風）王即齋宮百官御史各即其齋三日（御王治）親淳濯饗醴（淳沃濯溉饗飲也謂王沐漱以醴酒）及期鬱人薦鬯（鬱鬱金香草宜以和鬯酒也）犧人薦醴（犧人司樽掌供酒醴）王祼鬯饗醴乃行（祼灌也灌鬯飲酒皆所以自香也）百吏庶民畢從及籍膳夫農正陳籍醴（膳夫上士也掌飲食膳羞農正田大夫也主敷耤禮而祭共神爲農祈也）九稷監之（監祭）

太史贊正贊瀆王敬從之王耕一墢一墢耕之墢也王無耦以一耜耕也班三之班三次也三之下各三其上也王一墢公三卿九大夫二十七庶人終于千畝終是耕之是日也瞽師音官以風土也音官樂官也風土以音律省土風風氣和則土氣養廩于藉東南鍾而藏之廩御廩一名神倉東南生長之處鍾聚也謂爲廩以藏王所藉田以奉粢盛也而時布之于農布賦稷則徧戒百姓紀農協功曰陰陽分方震雷出滯分日夜同也滯蟄虫也月令曰日夜分雷乃發聲土不備墾辟在司寇乃命其旅曰徇依農徇行農師一之農正再之后稷三之司空四之司徒五之太保六之太師七之太史八之宗伯九之王則大徇耨穫亦如之如耕時也是時也王事惟農是務無有求利

於其官以干農功求利謂變易役使干亂農功也三時務農而一時講武三時春夏秋也一時冬也講武講習武事故征則有威守則有財若是乃能媚於神而和於民矣則享祀時至而布施裕也今天子欲脩先王之緒而棄其大功匱神之祀而困民之財匱神之祀不耕藉也困民之財取於民也何以求福用民上弗聽

漢孝文二年正月丁亥詔曰夫農天下之本也其開籍田朕親率耕以給宗廟粢盛

十三年二月甲寅詔曰朕親率天下農耕以供粢盛皇后親桑以奉祭服其具禮儀今立耕桑之禮制也

景帝後二年四月詔曰雕文刻鏤傷農事者也錦繡纂組害女紅者也紅讀曰功農事傷則饑之本也女紅害則寒之原也夫饑寒並至而能亡爲非者寡矣朕親耕后親桑以供宗廟粢盛祭服爲天下先不受獻減大官省繇省音所領切繇讀曰徭欲天下務農桑素有蓄積以備災害

武帝征和四年正月行幸東萊三月上耕於鉅定齊國縣也

昭帝始元元年二月耕於鉤盾弄田帝時年九歲鉤盾宦者署西京故事弄田在未央宮中弄田謂宴遊之田天子所戲弄耳非爲昭帝年幼創有此名

六年正月耕于上林

後漢明帝永平四年二月辛亥詔曰朕親耕籍田以祈農事

十三年二月帝耕於籍田禮畢賜觀者食

十五年帝耕於下邳

章帝元和二年二月乙丑帝耕於定陶詔曰三老尊年也孝悌淑行也力田勤勞也國家甚體之其賜帛人一疋勉率農功

三年正月辛丑帝耕於懷

順帝即位以後不行籍田之禮黃瓊爲尚書僕射瓊

以國之大典不宜久廢上疏奏曰自古聖帝哲王莫不恭敬明祀增致福祥故必躬郊廟之禮親籍田之勤以先羣萌率勸農功昔周宣王不籍千畝虢文公以爲大譏卒有姜戎之難終損中興之名竊見陛下尊稽古之鴻業體虔肅以應天順時奉天懷柔百神朝夕觸塵埃於道路晝暮聆庶政以恤人雖詩咏成湯之不怠荒書美文王之不暇食誠不能加今廟祀適闋而祈穀潔齋之事近在明日臣恐左右之心不欲屢動聖躬以爲親耕之禮可得而廢臣聞先王制典籍田有日司徒咸戒司空除壇先時五日有協風

之應王即齋宮饗禮載耒誠重之也自癸巳以來仍西北風甘澤不集寒凉尚結迎春東郊旣不躬親先農之禮所宜自勉以迎和氣以致時風易曰君子自強不息斯其道也書奏帝從之

獻帝興平元年二月丁亥帝耕於籍田

魏太祖旣建魏國漢建安十九年正月始耕籍田

二十一年三月壬寅親耕籍田

明帝太和元年二月辛未帝耕於籍田

晉武帝太始四年正月丁亥親耕籍田先事詔曰夫民之大事在農是以古之聖王躬耕帝籍以供郊廟之粢盛且以化訓天下近代以來耕籍於數步中空有慕古之名曾無供祀訓農之實而有百官車徒之費今循千畝之制當與羣公卿士躬稼穡之艱難以帥天下王者詳具其制並下河南處田地於東郊之南雒水之北平良中水者若無官田隨宜便換不得侵民人也

八年正月癸亥帝耕於籍田

十年正月辛亥帝耕於籍田

哀帝興寧二年二月癸卯帝親耕籍田 初元帝將修耕籍問籍田應躬祠先農不賀循答漢儀無有至尊應有制之周禮王者祭四望則毳冕祭社稷五祀則絺冕以此不

爲無親祭之義也所上儀注又未詳允事竟不行是復欲行其典亦不能遂

後魏道武天興三年二月丁亥詔有司祀日於東郊始耕籍田

孝文延興二年三月庚午耕於籍田

太和十六年二月丙午詔有司刻吉亥備小駕躬臨千畝

十七年二月己亥籍田於南都

宣武景明三年十二月詔曰民本農桑國重蠶籍粢盛所憑冕服攸寄比京邑初基耕桑蹔缺遺規往旨宜必祗循今寢殿顯成移御維始春郊無遠拂羽有

辰便可表営千畆開設宮壇秉耒援𦆋躬勸億兆四年正月乙亥車駕籍田於千畆

孝明帝正光三年正月辛亥親耕籍田

後周閔帝元年正月辛丑卽天王位癸亥親耕籍田

明帝二年正月辛亥親耕籍田

武帝保定元年正月乙亥親耕籍田

天和元年正月己亥親耕籍田

二年正月己亥親耕籍田

建德三年正月乙亥親耕籍田

唐太宗貞觀三年正月十八日詔曰周宣王在位以

隆茲禮近代以來彌所多闕朕祇承大寳憲章典故今將履千畆於近郊復三推於舊制宜令有司式遵典禮二十一日親祭先農籍于千畝之甸自晉氏南遷此禮久廢今始行之觀者莫不駭躍秘書郎岑文本獻籍田頌以美之（初議籍田方面所在給事中孔穎達曰禮天子籍田于南郊諸侯於東郊晉武帝猶於南郊今於城東不合古禮帝曰禮緣人情亦何常之有且虞書云平秩東作則是堯舜敬授人時已在東矣又乘青輅載黛耜者所以順其春氣故知合在東方且朕見居少陽之地田于東郊蓋其宜也于是遂定自後每歲常令有司行事也）

高宗永徽三年正月丁亥親享先農御耒耜率公卿耕於籍田賜羣官帛各有差

乾封二年正月十八日行籍田之禮躬秉耒耜而九推焉禮官奏陛下合三推上曰朕以身率下自當過之恨不終於千畝耳禮畢降雪盈尺（初將耕藉先至于先農之壇因閱耒耜有雕刻文飾者謂左右曰田器農人執之在于朴素豈貴文飾乎乃命換之）

儀鳳二年正月乙亥帝親耕籍田於東郊禮畢作籍田賦以示羣臣

三年五月幸籍田所觀區種手種數區

睿宗景雲三年正月戊子幸滻東親耕籍田祀先農

太極元年正月戊子親耕籍田

玄宗開元十九年正月丙子親耕於興慶宮龍池二

月癸未皇太子鴻等奏曰一昨正月二十七日伏見陛下於興慶宮親耕三百餘步旣而青光紫氣覆地臣等聞舜在歷山之下人微之事也濮有鈎盾之間兒童戲之猶正經所尚良史稱多況陛下運德恊靈聖情逮物上爲宗廟下預黔黎躬耕籍田天下幸甚較其盛禮百倍於三推考其嘉瑞獨高于千古而九霄四遠中外阻絶冢司莫繇見直筆所未聞使帝跡不激揚聖美不昭晰皆臣子之過也是以臣等冒昧上陳伏乞恩慈令宜示朝廷録付史舘則鏧大率土殊情同幸帝曰人之大事實在於農故務其三時播

諸百穀是用仰遵千畝之籍躬闗三推之禮所以供祀宗廟率先下人亦何足光乎史冊布諸中外也然汝等固請宜付史臣初開元二年十月監察御史席建侯上書曰臣聞古先哲王躬親籍田者所以供粢盛勸稼穡俾夫海內元元相謂曰天子至尊也猶行三推之禮況乎田野農圃之人乎于是父勸其子兄率其弟躬耘力耕不避霜露故畝稅流行國倉峨峨帝堯之洪流包山天乙之巨旱爍石人無菜色用此道也自陛下允陟皇階未親帝籍伏願命有司具儀禮以來年春耕于公田躬執耒耜使黍稷豐備然後享天于南郊宗祀先聖于明堂大孝蒸嘗于茲爲盛豈止年登歲稔如坻如京而已哉

二十三年正月十八日親祀先農禮畢降至耕位侍中執耒大僕秉轡帝謂左右曰帝籍之禮古則三推朕今九推庶九穀之報也讚導者跪而奏曰先王制

禮不可踰越帝曰夫禮豈不在濟人治國勤事務功乎朕發乎至誠深惟嘉殖將以勸南畝供粢盛豈非禮意也於是九推而止公卿以下終其田畝制曰昔者受命爲君體元立極未有不謹於禮而能見教于人朕且庶乎有懃作者方冊存而可舉典章絶而復尋自古所行無一而廢將以上乞靈於宗社下蒙福於黎元朕茲精誠天實降鑒今嗣歲初吉農事將起禮先本于耕籍義緣奉於粢盛是所嚴祗敢不敬事故躬載耒耜親率公卿以先萬姓遂千畝謂敦本之爲耳何布澤之更深宜有順於發生俾無偏於行惠可大赦天下

十一月十六日親祀神農於東郊以后稷配親執耒耜而九推焉臣欽若等曰據會要是一年再耕

肅宗乾元元年十二月癸亥勑來年正月十月拜九宮壇十一日籍田

二年正月丁丑帝將有事於九宮之神兼行籍田之禮自明鳳門出至通化門釋軷而之壇所宿齋于宮戊寅禮畢將耕籍田先至於先農之壇因耒耜有雕刻文飾者謂左右曰田器農人執之在于朴素豈貴文飾乎乃命徹之下詔曰古之聖王臨馭天下莫不

務農敦本保儉爲先蓋用勤身率下也屬東耕啓候爰事籍田將欲勸彼蒸人所以執茲耒耜如聞有司所造農器妄加雕飾殊非典章況組轅縹軌前王有制崇奢尚靡諒爲所疵靜言思之良用歎息豈朕法堯舜重茅茨之意耶其所造雕飾者宜停仍令有司依農用嘗式郎別改造庶萬方黎獻知朕意焉翌日巳卯致祭神農氏以后稷配享帝冕而朱紘躬秉耒而九推焉禮官奏陛下合三推今過禮帝曰朕以身率下自當過之恨不終於千畝耳既而佇立久之觀公卿諸侯王公已下耕畢然後自春明門入至東陽

門起居聖皇乃還大明宫自前年旱冬又無雪禮畢降雪盈尺司天臺奏初籍田樂作有南風應律以協時令年豐之兆晝則黄雲捧日夜則紫氣抱樞

憲宗元和五年十月丁亥制來年正月十四日朝獻太清宫十五日謁太廟十六日籍田于東郊宜令所司准式十一月丙午制曰朕以東郊籍田禮之重者爰擇吉亥用祀先農上以供粢盛下以勸稼穡式展三推之義敢辭四體之勤亦既草儀方將肅事載思理本旁采衆詞以江淮水旱之餘河朔師旅之後宜寛物力以濟元元况當三農休息之時百司供具之

費道塗灑掃暴露勤勞惕然在懐是用中止雖前有成命皆已施行而重煩吾民則無固必其來年正月十六日籍田禮宜停於戲夫聖人無心以徇百姓朕亦虚已用圖大中苟事有未宜則改而求當凡百卿士期悉予懐是時太常修撰韋公肅奏曰伏惟元和五年十一月勑將行籍田令有司詳定儀注伏緣籍田禮廢已五十餘年有司案牘無可簡尋今據禮經兼採開元乾元故事並徵前代沿革參酌詳定勑付所司施用而罷

蒐狩

夫春蒐夏苗秋獮冬狩是謂禮之大者非徒順四時之令除五穀之害蓋所以爲宗廟而習軍旅焉其事歌於詩列於書載於易著於戴記載於左氏論於公穀而取詳於周禮王者奉而行之簡車徒脩卒伍命肆師以表貉俾田僕而馭路然後三驅乎中軌塵馬候蹄既戒其馳騁不合圍不殫物又禁其暴殄故曰以戰則克以祭則受福此其義也然而太康無度五子之怨興文王以時騶虞之詠作去彼取此乃可以爲萬代法

周文王出獵遇太公于渭之陽

成王歸自奄大蒐於岐山之陽岐山在扶風美陽縣西北

宣王能修政事外攘夷狄復文武之境土脩車馬備器械復會諸侯於東都因田獵而選車徒

漢武帝建元三年南獵長楊

元帝永光五年冬幸長楊射熊館布車騎大獵

成帝元延二年冬行幸長楊宫從胡客大較獵較謂以木自相貫穿爲蘭較耳較人職云六廐既較注以遮攔爲義也較獵者大爲蘭校以遮禽獸而獵取也軍之幡旗雖有致名本因部較此無豫也宿萯陽宫賜從官揚雄稱成帝將大誇胡人以多禽獸秋命右扶風發民入南山西自褒斜東至弘農南歐澤中張網羅罝捕熊羆豪猪虎豹狖玃狐兔麋鹿載以檻車酉長賜射熊羆以網爲縱禽獸其中令胡人手捕之自取其獵上親臨觀焉

後漢明帝永平十五年冬車騎較獵上林苑
安帝延光二年十一月甲辰較獵上林苑
順帝永和四年十月戊午較獵上林苑歷函谷關而還
桓帝永興二年十一月甲辰較獵上林苑遂至函谷關而還賜所過道旁年九十以上錢各有差
延熹元年十月較獵廣成遂幸上林苑
六年十月丙辰較獵廣成遂幸函谷關上林苑
靈帝光和五年十月較獵上林苑歷函谷關遂巡狩于廣成苑十二月還宮

魏文帝黃初二年正月甲戌較獵至原陵
四年八月辛未較獵于滎陽
後魏道武皇始元年春正月大蒐于定襄之虎山因東幸善無北陂
天興六年七月戊子北巡築離宮于犲山縱士較獵東北踰罰嶺出合代谷
天賜三年正月甲申北巡幸犲山宮較獵至孤山
明帝永興四年七月東巡己卯大獮于石會山戊子臨去畿陂觀漁庚寅至于濡源西巡幸北部諸落賜以繒帛八月庚戌還宮壬子幸西宮臨版殿大饗羣臣將吏以田獵所獲賜之
五年六月西幸五原較獵于骨羅山獲獸十萬
神瑞二年四月北巡五月丁亥次於參合東幸大甯丁未田于四碑山六月戊午幸去畿陂觀漁辛酉次于濡源築立蚌臺射白熊於頹牛山獲之
泰常元年六月北巡七月自白鹿陂西行大獮於牛川
二年五月西巡至於雲中遂濟河田於大漠十二月庚申田於西山癸亥還宮
四年正月壬辰朔臨河大蒐于犢渚癸卯還宮四月

庚寅朔觀漁于㶟水己亥還宮復一年租賦十二月癸亥西巡至雲中踰白道北獵野馬於辱孤山至于黃河從君子津西渡大狩於薛林山
六年七月西巡獵于柞山親射虎獲之遂至於河八月庚子大獮于犢渚
大武神䴥元年四月壬子西巡戊午田於河西大赦十一月行幸河西大較獵十有二月甲申還宮
二年十一月西巡田于河西至柞山而還（三年春正月庚子還宮）
三年八月行幸南宮獵于南山

四年十月幸漠南十一月丙辰北部勑勒莫弗庫若于率其部數萬騎驅鹿數百萬詣行在所帝因而大狩以賜從者勒石漠南以記功德十二月丁丑還宮

太延元年七月田栵陽十一月乙丑行幸冀州已巳較獵於廣州

二年八月較獵於河西

太平眞君五年八月田於河西

九年二月幸長安存問父老丁亥幸昆明池遂田於岐山之陽

十年三月蒐于河西庚寅還宮

十一年二月大蒐於梁川六月北廵陰山八月辛丑田于河西

文成太安元年六月戊寅畋於犢倪山甲申還宮

三年正月壬戌畋於崞山戊辰還宮五月庚申畋於松山己巳還宮

四年二月幸信都畋游於廣川三月丁未觀馬射於中山六月丙申畋於松山八月丙寅遂畋于河西

獻文皇興元年十月田于邢男池

二年二月癸未田于西山親射虎豹五月乙卯田于崞山遂幸繁畤辛酉還宮十月田於冷泉

三年四月丁酉田于崞山

後周武帝保定元年十一月丁巳狩于岐陽十二月壬午至自岐陽

建德五年正月癸未幸同州辛卯行幸河東涑川集關河東諸軍較獵甲午還同州

隋煬帝大業三年六月辛巳獵於連谷隋制軍人每年孟秋閱戎具仲冬教戰法是年冬煬帝在榆林突厥啓民及西域東胡軍長並來朝貢帝欲誇以兵甲之盛乃命有司陳冬狩之禮詔虞部近出南北周圍二百里並立表記前狩二日兵部建旗于表所五里一旗分爲四十里軍萬人騎五千匹前一日諸將各率其軍集旗下鳴鼓後至者斬詔十三道使並揚旌建節分號申令卽晋所監獵布圍圍厥南面方行而前帝服紫袴褶黑介幘乘闟猪車其飾如木輅重輞漫輪蚪龍繞

轂漢東京鹵薄所謂獵車者也駕六黑騮太常陳鼓笳鐃簫角于帝左右各百二十官戎服騎從鼓行入圍諸將並鼓行赴圍乃設驅逆騎千有二百闟猪停鞅有司歛大綏王公以下皆整弓矢陳于駕前有司又歛小綏乃驅獸出過帝前初驅過有司整御弓矢以前待詔再驅過備身將軍奉進弓矢三驅過帝乃從禽鼓吹皆振左而射之每驅必三獸以帝發抗大綏次王公發則抗小綏次諸將發射之無鼓驅逆之騎乃止然後三軍四夷百姓皆獵凡射獸自左而射之達于右腢爲上等達右耳本爲次等自左腢達于右髃爲下羣獸相從不得盡殺已傷之獸不得重射又逆向人者不射其面出表者不逐之田將止虞部建旗于圍內從駕之及諸軍鼓俱振卒徒皆譟諸獲禽者出獻于旗所致其左耳大獸公之以供宗廟使歸薦腊于京師小獸私之

五年四月己亥大獵於隴西

唐高祖武德九年十二月乙酉幸周氏陂過故莊丙

戊較獵置酒高會極歡而罷賜錢絹各有差

二年十月幸華陰十二月狩於華山

三年正月較獵於渭汭十二月甲辰臘較獵於渭北卽日還宮

四月閏十月壬戌較獵於好畤乙丑較獵於九嵕山丁卯較獵於仲山戊辰較獵於清水谷遂達三原十二月庚辰臘較獵於杜陵原卽日還宮

五年十一月癸卯較獵於富平之北原十二月丙辰較獵於華池之萬壽原白鹿見帝親御弧矢射而獲之

六年二月戊午較獵於驪山獲白鹿十月己未幸華陰庚申較獵於白鹿原十一月丁亥較獵於華山之陰十二月甲寅至自華陰

七年十二月丁卯幸躍龍宮戊辰較獵於高陵

八年四月甲申幸鄠縣獵於苷谷丙戌至自鄠縣十月辛巳周氏陂較獵於北原壬午幸躍龍宮十一月辛卯幸宜州較獵於西原癸未較獵於華州池之北原十二月庚辰臘帝曰臘獵以供宗廟朕當躬其事以申孝享之誠於是車駕出巡狩於鳴犢泉之野是日宴從官賚物綵帛各有差

太宗貞觀四年十月辛丑較獵於貴泉谷賜將士帛有差甲辰較獵於魚龍川親自射鹿獻於太安宮十二月甲辰臘狩於鹿苑見野人多藍縷遣侍中王珪賑賜貧人焉乙巳至自鹿苑

五年正月癸酉大蒐於昆明池畨夷君長咸從帝謂呂王麹文泰曰丈夫在世樂事有三耳天下太平家給人足一樂也草淺獸肥以禮田狩弓不虛發箭不妄中二樂也六合大同萬方咸慶張樂高宴上下歡洽三樂也今日王可從禽明當歡讌耳丙子至自昆明池親獻禽于太安宮十二月正月幸溫湯癸卯較

獵於驪山

七年十一月丙辰狩於少陵原戊午至自少陵原

十一年二月壬午較獵於鹿臺嶺三月辛亥大蒐于廣成澤十一月乙未狩於濟源之山親御弧矢帝曰古者先驅以供宗廟今所獲鹿宜令有司造酺醢以充薦享

十二年十月狩于始平

十三年二月幸長春宮乙亥蒐于河濱十二月壬辰臘狩於咸陽癸巳至自咸陽

十四年閏十月甲辰幸同州狩於堯山庚戌輿駕還

宮十二月壬辰臘畋獵於樊川遇大雪其夜解圍乙巳輿駕還宮

十五年十月辛卯畋獵於伊闕辛丑輿駕還宮

十六年十一月丙辰輿駕西狩于武功壬戌大畋獵于岐山之陽十二月甲辰狩于驪山帝登山頂見圍斷顧謂從官曰此山險絶馬蹄不通緣危越澗人亦勞止若依軍令闕圍有罪朕爲萬乘主不可登高就下察人之過乃廻馬避之

十八年十月甲寅輿駕幸雒陽宮己巳狩于澠池縣天池十一月壬申至雒陽宮

二十二年二月己卯蒐于華原

高宗顯慶二年十月幸許州狩於滍水之南行三驅之禮設次於尚書臺以觀之許州長史封道弘奏言尚書臺本因漢南郡太守馬融講尚書於此因以爲名今陛下親降此臺以觀較習請改爲講武臺從之

五年八月甲寅幸許州十二月辛未畋獵於長社之安樂川

龍朔元年冬十月狩于陸渾縣戊辰畋獵於非山上自射禽獸獲鹿及雉兎數十令代官厨應烹之羊盡放令長生焉

總章三年九月己亥幸九成宮壬寅停華林頓大蒐于岐

咸亨二年十二月車駕幸許州癸酉陳冬狩之禮臣較獵于許州葉縣昆水之陽

五年十一月丙午朔車駕發京師幸東都己酉畋于華山之曲武原

中宗神龍元年十月乙丑幸新安畋游而還

玄宗先天元年十月癸卯太上皇幸新豐獵於驪山之下命從官宴設樗蒲焉賜帛各有差十二月癸卯帝幸新豐之温湯便獵於渭川

二年十月甲辰畋于渭川

開元三年十月制曰昔周有岐陽之蒐漢有扶風之命或講師習武跨胡曜威故王者狩必以時虞人招之以禮時則遠矣朕自祗應圖籙于今四年每巡幸郊畿不出百里且愛力而節用豈盤遊而好樂間者四方無事百穀有成因孟冬之月臨右輔之地戒茲五較爰備三驅非謂獲多庶以除害一昨長圍已合大綏未舉而夜間朔風天降微雪狐裘且御未免祁寒鶉衣不充寧堪凍露朕便截較獸要輕禽以此游娛孰云矜恤况爲之父母育彼黎元中宵耿然明發

增惕其圍兵並放散各賜布一端綿一屯圍將賜物三十段副使二十段押官十段岐州兵馬於此給付餘兵馬至京請受

八年十月辛巳幸長春宮壬午畋于下邽

十年冬十月甲寅幸壽安之故興泰宮畋于宜川庚申至自故興泰宮

十四年幸壽安于方秀川

十七年十二月乙丑較獵渭濱

代宗大曆七年冬十月壬子畋于禁苑一發連中二兎遣使出示宰臣仍賜之宰臣等拜舞稱慶

德宗貞元八年十二月甲辰臘畋于城南

十年十二月臘令諸衛將軍畋于南城

十一年十二月戊辰臘畋於苑中止多殺行三驅之禮軍士無不知感畢事幸左神策軍營勞軍饗士而還

穆宗元和十五年十二月庚辰臘畋于城南左右中尉策六軍等使並扈駕

長慶二年十月己卯帝繇複道出城狩于咸陽即日還宮十一月癸酉幸華清宮遂狩于驪山即日還宮

武帝會昌六年十一月幸涇陽較獵白兎原

後唐莊宗天祐十一年平燕薊還正月至衡唐己亥帝與趙王王鎔畋於衡唐之西至界而别

同光元年十月庚子帝畋於汴水之陽際夜還宮

二年八月庚午車駕幸西苑試鷹以畋甲申畋於西苑九月癸卯畋於西北近畿癸亥田於石橋十一月癸亥田於石橋戊申田於西北近甸至暝還宮十二月戊辰幸西苑較獵庚申興駕出開化門較獵至夕還宮己丑興駕幸龍門較獵於彭婆店癸卯大畋於伊闕侍衛金槍馬萬餘騎從帝一發中大鹿從臣稱慶是夜駐蹕於張全義之别墅甲辰涉歷山川六軍

衛士獲禽者衆帝皆勞以繒帛或錦袍銀帶是夜駐蹕伊闕縣乙巳自伊闕分環衛諸軍騎士馳鹿山谷間暮未合圍夜二鼓駐御營於湛澗是夜騎士有顛墜崖谷而斃及折傷手足者甚衆丙午復分衛兵分獵殺獲數萬計是夜二鼓一籌歸京城街市火炬如晝丁未百官赴中興殿問起居賜羣臣鹿肉

三年車駕在鄴辛酉帝出崇明門試鷹犬日暮還宮癸亥帝出北門至王莽河射鴈日晡還宮丁亥帝出北門較獵至夜還宮乙亥駕出北門至王莽河射雁乙酉帝出北門射鴨於郭泊至夜還宮庚寅帝出北

門射雁九月丁巳帝出師子門射雁於尖山至晚還宮十二月庚辰大雪帝以臘辰狩於白汲

四年二月帝出西師子門至冷泉較獵至晚還宮

明宗天成元年十二月壬辰帝出畋自定鼎門供頓於井水亭餔晚還宮臘辰也

二年十二月甲辰臘狩於東郊圍合萬騎賜宰臣學弓矢爲從禽之樂迨暮歸内

三年十二月甲辰臘狩於近郊一鼓歸内

四年十一月甲戌車駕出近郊試夏州所進白鷹十二月甲辰車駕畋於龍門南至夜還宮臘辰故也

長興元年十月車駕出師子門畋於近郊十二月丙辰車駕出金耀門獵於西山下臘辰故也至晚還宮

二年十二月乙卯帝出金耀門獵于西郊

三年十二月戊辰帝獵于京西南圍合親射中走鹿從臣皆賀宴於梁村中時還宮

晉少帝天福八年十二月臘詔陜府節度使畋於近郊

開運元年十二月己亥朔幸皋門射中白鹿

二年十月戊寅帝行硯臺射中伏兎隨行節度使進馬慶之至暮還宮己巳帝出京城廵幸西北至皋門村射中二兎幸汲臺賜從官酒食至晚還宮

周世宗顯德五年十月壬辰帝出長慶門獵於近郊宰臣及江南兩浙進奉使皆從焉十一月甲子出迎秋門薄狩於近郊十二月甲午出迎春門薄狩於近郊上親射雉兎共三隻

冊府元龜

巡按福建監察御史臣李嗣京訂正
分守建南道左布政使臣胡維霖參閱
知建陽縣事臣黃國琦較釋

帝王部　一百十六

親征

夫大刑用甲兵蓋所以威不軌而昭文德也若乃總一宇內爲之司牧禮樂征伐繇我而出居上以制下如臂之使指其或四夷內侮敵國交侵乃舉薄伐之師申誕告之命躬擐甲冑親董士衆執殳前驅罔敢

不率班師飲至㳂修舊典固足以奮揚武烈丕赫天聲攘除寇讐大庇生聚古先哲王保民之意其繇是矣復有憑恃兵力窺覦神器聚黨以爭命專祿以周旋負固不恭侵敗王畧忝蛇豕之薦食陷黎庶於匪人則必赫然發怒龔行天討櫛沐風雨蒙犯霜露濡足以救民一戎而靖亂蓋一人橫行於天下武王之恥也若乃勞人而動衆略內以勤遠爭尋常而翫鋒鏑涉徼塞而露威靈斯亦異乎文告威讓干羽懷徠之旨也

黃帝既代神農氏爲天子天下有不順者黃帝從而征之臣欽若等曰黃帝未即位前與炎帝及蚩尤戰事具帝王創業門平者去之披山通道披亦作陂又作詖旁其邊之謂也未嘗寧居東至於海登丸山丸作凡在郎邪朱虛縣及岱宗西至于空同山名在隴右登雞頭南至於江登熊湘熊山在石陵湘山在長沙北逐葷粥合符釜山而邑於涿鹿之阿遷徙往來無常處以師兵爲營衞

唐堯之時有苗氏處南蠻不服堯征而克之于丹水之浦

夏啓既即天子位有扈氏不服扶風鄠縣是扈國啓伐之大戰於甘甘有扈氏南郊地名將戰作甘誓乃召六卿申之天子六軍其將皆命卿也啓曰嗟六事之人各有軍事故曰六事予誓告女有扈

氏威侮五行怠棄三正五行之德王者相承所取法有扈與夏同姓親恃而不恭則是威虐侮慢五行怠惰棄廢天地人之正道天用勦絕其命用失其道故勦截也截絕謂滅之今予惟恭行天之罰恭奉也言欲截絕之左不攻于左女不恭命左車左左方主射攻治也右不攻于右女不恭命右車右勇力之士執戈矛以退敵御非其馬之政女不恭命御以正馬爲政三有失皆不奉我也用命賞于祖天子親征必載遷廟之祖主行有功則賞祖主前示不專也弗用命戮于社天子親征又載社主謂之社事不用命奔北者則戮之於社主前也予則孥戮女孥子也女身辱及女子言取累也遂滅有扈氏天下咸朝

周文王之時阮徂共三國犯周文王伐之故皇矣之詩曰密人不恭敢距大邦侵阮徂共國有密須氏侵阮遂往侵共密

須之人乃敢距其義兵違正道是不直也王赫斯怒爰整其旅以按徂旅以篤周祜以對於天下文王赫然與其群臣盡怒曰整其軍旅而出以郤止徂國之兵衆以厚周當王之福以答天下鄉周之望

成王即政謂周公歸政於王淮夷奄國叛王親征之既伐淮夷遂踐奄奄國在淮夷之北踐亦作踐遷其君薄姑齊地

漢高帝五年九月利幾反帝自擊破之利幾者項羽將羽敗利幾爲陳令降帝侯之潁川帝至雒陽舉通侯籍召之而利幾恐反時普名通侯而利幾自以項羽故恐懼而反也

七年十月韓王信反帝自將擊之於銅鞮斬其將信亡走匈奴與其將曼丘臣王黄姓曼丘名臣共立故趙後

趙利爲王收信散兵與匈奴共距漢帝從晉陽連戰乘勝逐北至樓煩會大寒士卒墮指者什二三遂至平城爲匈奴所圍七日用陳平祕計得出陳平使畫工圖美人間遣人遺閼氏云漢有美女如此今皇帝困危欲獻之閼氏畏其奪已寵因謂單于曰漢天子亦有神靈得其土地非能有也於是匈奴開其一角得突出以計鄙陋故祕不傳

十年九月代相國陳豨反帝曰豨爲吾使甚有信代地吾所急故封豨爲列侯以相國守代今乃與王黄等刧掠代地吏民非有罪也能去豨黄來歸者皆舍之帝自東至邯鄲喜曰豨南據邯鄲而北阻漳水吾知其亡能爲矣趙相周昌奏恒山二十五城亡其二十城請誅守尉守郡守尉郡尉帝曰守尉反乎對曰不帝曰是力不足亡罪乃令周昌選趙壯士可令將者白見四人謂白於天子而名見之帝嫚罵曰嫚渫汙也豎子能爲將乎四人慙皆伏地帝封各千戶以爲將左右諫曰從入蜀漢伐楚賞未徧行今封此何功帝曰非汝所知陳豨反趙代地皆豨有吾以羽檄徵天下兵未有至者檄者以木簡爲書長尺二寸用徵名也其有急事則加以鳥羽插之示疾速也今計惟獨邯鄲中兵耳吾何愛四千戶不以慰趙子弟皆曰善又求樂毅有後乎得其孫叔封之樂鄉號華成君問豨將皆故賈人帝曰吾知與之矣與如也言能如之何也乃多以金

購豨將購設賞募也豨將多降獨趙將利守東垣帝攻之不下卒罵帝怒城降卒罵者斬之

十一年七月淮南王英布反帝赦天下死罪以下皆令從軍徵諸侯兵帝自將以擊布十七年十月遇於蘄西會甀布兵精甚帝乃壁庸城望布軍置陳如項籍軍帝惡之與布相望見諭謂布何苦而反布曰欲爲帝耳帝怒罵之遂戰破布軍布走度淮數止戰不利與百餘人走江南爲番陽人殺之於茲鄉

後漢光武建武二年八月帝自將征五較臣欽若等曰五較賊帥高扈寇河北內黄大破五較於蒿陽降之蒿陽聚名屬魏郡九月

壬戌至自內黄

三年閏正月乙未征西大將軍馮異與赤眉戰於崤底（崤山名底後也一名嶔岑山在今繹陽永寧縣西北）大破之餘衆南向宜陽帝自將征之巳亥幸宜陽甲辰親勒六軍大陳戎馬吴漢精卒當前中軍次之驍騎武衞分陳左右赤眉望見震怖遣使乞降丙午赤眉君臣面縛奉高皇帝璽綬（傳國璽是秦始皇帝初定天下所刻其玉出藍田山丞相李斯所書其文曰受命于天既壽永昌高祖至霸上秦王子嬰獻之至王莽篡位就元后求璽不與以威逼之乃出璽投地上螭一角缺及莽敗李松持璽詣宛上更始更始敗璽入赤眉劉盆子既敗以奉光武）詔以屬城門校尉

戊申至自宜陽

三月帝自將征鄧奉幸堵陽四月大破奉於小長安斬之五月巳酉還宮初秦豐據黎丘董欣起堵鄉許邯起杏帝遣吴漢伐之漢軍所過多侵暴時破虜將軍鄧奉謁歸新野怒吴漢掠其鄉里遂反擊破漢軍獲其輜重屯據淯陽與諸賊合從大將軍岑彭破杏降欣邯遷征南大將軍復遣朱祐賈復及建威大將軍耿弇漢中將軍王常武威將軍郭守越騎將軍劉宏偏將軍劉嘉耿植等與彭并力討鄧奉先擊堵鄉而奉將萬餘人救董欣欣奉皆南陽精兵彭等攻之連月不尅帝自將南征至葉董欣别將將數千人遮道車騎不可得前彭奔擊大破之帝至堵陽鄧奉夜逃歸淯陽董欣降彭復與耿弇賈復及積弩將軍傅俊騎都尉臧宫等從追鄧奉於小長安帝率諸將親戰大破之奉追急乃降帝憐奉舊功臣且釁起吴漢欲全宥之彭與耿弇諫曰鄧奉背恩反暴師經年致賈復傷痍朱祐見獲陛下既至不知悔善而親在行陳兵敗而降若不誅奉無以懲惡於是斬之奉者西華侯鄧晨之兄子也車駕引還

五年三月平狄將軍龐萌反殺楚郡太守孫萌而東附董憲六月與蘇茂圍桃城（亢城有桃聚在今兖州縣北）帝時幸

蒙因自將征之徵蓋延與大司馬吴漢漢中將軍王常前將軍王梁捕虜將軍馬武討虜將軍王霸等會任城理兵乃救桃城大破萌等七月戊戌幸胡陵（屬山陽在兖州方與縣東）征董憲又幸蕃遂攻董憲於昌慮（古邾國之邑也在滕縣東南）大破之

八月巳酉進幸郯（在今下邳縣東北）初憲聞帝自討龐萌乃與劉紆蘇茂佼彊去下邳還蘭陵使茂彊助萌合兵三萬急圍桃城帝時幸蒙（臣欽若等曰蒙今亳州縣）聞之乃留輜重自將輕騎三千步卒數萬晨夜馳赴師次任城去桃鄉六十里旦日諸將請進賊亦勒兵挑戰帝不

聽乃休士養銳以挫其鋒城中聞車駕至衆心益固時吳漢等在東郡馳使召之萌等乃悉兵攻城二十餘日衆疲困而不能下及吳漢與諸將到乃率衆軍進桃城而帝親自搏戰大破之萌茂彊夜棄輜重逃奔董憲乃與劉紆悉其兵數萬人屯昌慮自將銳卒拒新陽帝先遣吳漢擊破之憲走還昌慮漢進守之憲恐乃招誘五較餘賊步騎數千人屯晉陽去昌慮三十里帝至蕃去憲所百餘里諸將請進帝不聽知五較乏食當退勑各堅壁以待其弊頃之五較糧盡果引去帝乃親臨四面攻憲三日復大破之衆皆奔

散遣吳漢追之佼彊將其衆降蘇茂奔張步憲及龐萌走繒山數日吏士聞憲尚在復往往相聚得數百騎迎憲入郯城吳漢等復攻拔郯憲與龐萌走保朐劉紆不知所歸軍士高扈斬其首降梁地悉平十月幸臨淄（今青州縣）進幸劇（縣名在青州壽光縣南故紀國城也）張步斬蘇茂以降齊地平初步據瑯邪聞帝將攻之以其將費邑爲濟南王屯歷下建威大將軍耿弇破斬費邑進拔臨淄步以弇兵少遠客可一舉而取乃悉將其衆攻弇於臨淄步兵大敗還奔劇帝自幸劇步退保平壽蘇茂將萬餘人來救之茂讓步曰以南陽兵精延岑善戰而耿弇走之大王柰何就攻其營既呼茂不能待邪步曰負負不可言者帝乃遣使告步茂能相斬降者封爲列侯步遂斬茂使奉其首降步三弟各自繫所在獄皆赦之封步爲安丘侯後與家屬居雒陽王閎亦詣劇降

八年四月隗囂攻來歙不能下閏月帝自征囂河西太守竇融率五郡太守與車駕會高平隴右潰隗囂奔西城遣大司馬吳漢征南大將軍岑彭圍之進幸上邽不降命虎牙大將軍蓋延建威大將軍耿弇攻之潁川賊盜寇沒屬縣河東守兵亦叛京師騷動八

月帝自上邽晨夜東馳九月乙卯車駕還宮庚申帝自征潁川盜賊皆降初來歙從山道襲得雒陽城隗囂出不意懼更有大兵乃使王元據隴坻行巡守番須口王孟塞雞頭道牛邯軍瓦亭囂自悉其大衆圍來歙公孫述亦遣其將李育田弇助囂攻略陽連月不下帝乃率諸將西征之數道上隴使王遵持節監大司馬吳漢留營於長安

十一年六月中郎將來歙破公孫述將王元環安於下辨（縣名今成州同谷縣）安遣間人刺殺歙帝自將征公孫述七月次長安八月岑彭破述將侯丹於黃石輔威將

軍臧宮與公孫述將延岑戰於沈水大破之王元降
帝至自長安
魏文帝黄初三年十月帝自許昌南征孫權諸軍並
進權臨江拒守五年七月帝爲水軍親御龍舟循蔡
潁浮淮幸壽春九月遂至廣陵望大江曰彼有人焉
未可圖也乃還是歲吳黃武二年
六年八月帝以舟師自譙循渦入淮從陸道幸徐十
月次廣陵故城臨江觀兵戎卒十餘萬旌旗彌數百
里有渡江之志孫權嚴設固守時大寒冰舟不得入
江帝見波濤洶湧嘆曰嗟乎固天所以隔南北也乃

引還
明帝青龍二年五月孫權入居巢湖口向合肥新城
又遣將陸議孫韶各將萬餘人入淮沔征東將軍滿
寵進軍拒之七月壬寅帝親御龍舟東征權攻新城
將軍張頴等拒守力戰帝軍未至數百里權遁走議
韶等亦退羣臣以爲大將軍司馬宣王也方與諸葛亮相
持未解車駕可西幸長安帝曰權走亮膽破大將軍
足以制之吾無憂矣遂進軍幸壽春錄諸將功封賞
各有差八月已未大耀兵饗六軍遣使者持節犒勞
合肥壽春諸軍辛巳還許昌宮

高貴鄉公甘露二年五月征東大將軍諸葛誕反詔
曰諸葛誕造爲凶亂盪覆揚州昔黥布逆叛漢祖親
戎隗囂違戾光武西伐及烈祖明皇帝躬征吳蜀臣欽若等曰明帝太和二年蜀將諸葛亮寇邊帝遣大將軍曹眞右將軍張郃等擊破之帝至長安而還皆
所以奮揚赫斯震耀威武也今宜皇太后與朕暫共
臨戎速定醜虜時寧東夏七月大將軍司馬昭奉天
子及皇太后東征徵兵青徐荆豫分取關中遊軍皆
會淮北師次於項假廷尉何楨節使淮南宣慰將士
申明逆順示以誅賞
三年二月大將軍陷壽春城斬諸葛誕

後魏道武皇始元年八月庚寅治兵於東郊巳亥大
舉討僞燕慕容寶帝親勒六軍四十餘萬南出馬邑
踰於句注旌旗絡繹二十餘里鼓行而前民屋皆
震別詔將軍封眞等三軍從東道出軍都襲幽州圍
薊九月戊午次陽曲乘西山臨觀晉陽命諸將引騎
圍脇已而罷還寶幷州牧遼西王農大懼將妻子棄
城夜出遁幷州平
二年正月慕容寶遣賀麟寇陽城殺恒山守兵三百
餘人招慕郡縣群望無賴者當應之二月已亥朔帝
進幸陽城丁丑軍于鉅鹿之栢肆塢臨滹沱水其夜

寶悉衆犯營燎及行宮兵人駭散帝驚起不及衣冠跣出擊皷俟而左右及中軍將士稍稍來集帝設奇陣列烽營外縱騎衝之寶衆大敗斬首萬餘級擒其將軍高長等四十餘人明日寶走中山獲其器仗輜重數十萬計寶尚書閔亮秘書監崔逞太常孫沂殿中侍御史孟輔等竝降三月巳酉帝次于盧奴寶遣使求和請送元觚割恒山以西奉國乞守中山以東許之巳而寶背約辛亥帝次中山命諸將圍之壬子夜寶將妻子及兄弟宗族數千騎北遁城內共立慕容普隣爲主七月寶弟賀驎入中山殺普隣而自立

帝還幸魯口遣將軍長孫肥七千騎襲中山入其郛而還八月丙寅朔帝自魯口進軍恒山之九門九月賀驎飢窮率三萬餘人出寇新市甲子晦帝進軍討之十月甲戌帝臨其營戰於義臺塢大破之斬首九千餘級賀驎單馬走西山遂奔鄴慕容德殺之甲申其所署公卿尚書將吏士卒降者二萬餘人中山平天興二年正月庚午帝北巡分命諸將大襲高車大將軍恒山王遵等三軍從東道出長川鎮北將軍高源樂真等七軍從西道出牛川帝親勒六軍從中道自駮髯水西北出二月丁亥朔諸軍同會破高車雜種三十餘部獲七萬餘口馬三十餘萬匹牛羊百四十餘萬驃騎大將軍衛王儀督三萬騎別從西北絶漠千餘里破其遺迸七部獲二萬餘口馬五萬餘匹牛羊二十餘萬頭高車二十餘萬乘并服玩諸物還次牛川及薄山竝刻石記功班賜從臣各有差

五年五月僞秦姚興遣其弟安北將軍義陽公平率衆四萬來侵平陽乾壁爲平所陷六月治兵於東郊部分衆軍詔鎮西大將軍毗陵王順長孫肥等三將六萬騎爲前鋒七月戊辰朔車駕西討八月乙巳至於柴壁平固守進軍圍之姚興悉舉其衆來救甲子

帝渡蒙坑逆擊興軍大破之十月平赴水而死俘其餘衆二萬餘人獲興征虜將軍尚書右僕射狄伯友越騎校尉唐小方積弩將軍姚梁國建忠將軍雷星康官北中郎將康猥平從弟伯禽巳下四品將軍巳上四十餘人獲先亡臣王次多斬勲竝斬以徇興頻請和帝不許羣臣勸進平蒲坂帝慮蠕蠕爲難戊申班師

明帝永興元年十二月蠕蠕犯塞二年正月詔南平公長孫嵩等伐之五月嵩等自大漠還蠕蠕追圍之於牛川壬申帝北伐蠕蠕聞而遁走七月乙丑至自

北伐

太武始光元年十二月遣平陽王長孫翰等討蠕蠕帝次祚山蠕蠕北遁諸軍追之大獲而還

二年正月己卯帝至自北伐是秋蠕蠕犯塞

神瑞元年十二月丙戌朔蠕蠕犯塞丙申帝北伐蠕蠕

二年正月丙辰至自北伐十月帝北伐平陽長孫翰等絶漠追之蠕蠕北走

三年正月己卯帝至自北伐是年九月帝以僞夏赫連屈丐既死諸子相攻遣司空奚斤率義兵將軍封

禮雍州刺史延普襲蒲宋兵將軍周幾率雒州刺史于栗磾襲陝城十月丁巳帝西伐幸雲中臨君子津會天暴寒數日氷結十一月戊寅帝率輕騎二萬襲赫連昌壬午至其城下徙萬餘家而還至祚山班所虜獲以賜將士各有差奚斤未至蒲坂昌守將赫連乙斗棄城西走昌弟助興守長安乙斗復與助自長安西走安定奚斤遂入蒲城十二月詔斤西據長安秦雍氐羌皆叛昌詣斤降

四年正月乙酉帝至自西伐是月赫連昌遣其弟平原公定率衆二萬向長安四月帝治兵講武分諸軍司徒長孫翰廷尉長孫道生宗正娥清三萬騎爲前驅恒山王素太僕丘堆將軍元太毗步兵三萬爲後繼南陽王伏眞執金吾桓貸將軍姚黄眉步兵三萬部攻城器械將軍賀多羅精騎三千爲前候五月帝西討赫連昌辛巳濟君子津三城胡酋鵲子相率內附帝次拔鄰山築城舍輜重以輕騎三萬先行戊戌至于黒水帝親祈天告祖宗之靈而誓衆焉六月甲辰昌引衆出城大破之昌將麾下數百騎西南走奔上邽諸軍乘勝追至城北死者萬餘人臨陣殺昌弟河南公滿及其兄子蒙遜會日暮昌尚書僕射呂至

扳城夜將昌母出走乙巳帝入城虜昌羣弟及其諸母姊妹妻妾宮人萬數府庫珍寶車旗器物不可勝計擒昌尚書王買薛超等及晉將毛脩之秦雍人士數千人獲馬三十餘萬匹牛羊數千萬以昌宮人及生口金銀珍玩布帛班賚將士各有差昌弟平原公定拒司空奚斤於長安城娥清率騎五千討之西走上邽辛酉班師留恒山王素執金吾桓貸鎮統萬八月壬子帝至自西伐飲至策勳告於宗廟班軍實以賜留臺百僚各有差

神䴥元年八月蠕蠕大檀遣子將萬餘騎入塞

二年四月庚寅帝北伐以太尉北平王長孫嵩衞廣
陵公樓伏連留守京師從東道與長孫翰等期會於
賊庭五月丁未次于沙漠舍輜重輕騎兼馬至溧水
蠕蠕震怖焚燒廬舍絶跡西走七月車駕東轅至黑
山較數軍實班賜王公將士各有差八月帝以東部
高車屯巳尼陂詔左僕射安原率騎萬餘討之十月
振旅凱旋於京師告於宗廟列置新民於漠南東至
濡源西暨五原陰山竟三千里中詔司徒平陽王長
孫翰尚書令劉潔左僕射安原侍中古弼鎮撫之又云
帝親御六軍畧地廣漠分命諸將窮追蠕蠕東至瀚
海西接張掖北度燕然山大破之虜其種落及馬牛

雜畜方物萬計其後復遣成周公萬度歸西伐焉耆
王鳩尸卑那單騎龜茲舉國臣民負錢懷貨一時降
欵獲其奇寶異玩以巨萬駝馬雜畜不可勝數度歸
遂入龜茲復獲其殊方奇詭之物億萬以上是時方
隅未尅帝屢親戎駕而委政於恭宗眞君恭宗
下令修農政之教比後數年之中軍國用足矣
三年九月甲辰行幸統萬遂攻平凉十一月乙酉帝
至平凉初赫連定將數萬人東禦於鄜城留其弟上
谷公社于廣陽公度雒孤城守帝至平梁登北原使
赫連昌招喩之社于聞之棄鄜城入于安定自率步
騎二萬從鶉觚原將救平凉與弼相遇弼擊之殺數
千人乃還走詔諸軍四面圍之丁酉定乏水引衆下
原詔武衞將軍丘眷擊之定衆大潰死者萬餘人定
中重創單騎遁走獲定弟丹陽公烏視拔武陵公禿
骨及公侯百餘人是日諸將乘勝進軍遂取安定定
從兄東平公乙斗棄城奔長安刼掠數千家西奔上
邽巳亥帝幸安定獲乞伏熾槃子資及定車旗簿其
生口財畜頒賜將士各有差庚午帝自安定還臨平
凉遂掘塹圍守之行幸細城安慰初附赦秦雍之民
賜復七月定隴西守及將士數十人來降十二月丁
卯定弟社于度雒孤面縛出降平凉收其珍寶定長
安臨晋武功守皆奔走關中平壬申帝東還留巴東
公延晋等領安定

四年正月壬午帝次於木根山大饗羣臣賜布帛各
有差二月癸酉還宮飮至策勳告於宗廟賜留臺百
官各有差
延和元年五月大簡輿於南郊將討僞燕馮文通六
月庚寅帝伐和龍詔尚書左僕射安原等屯於漠南
以備蠕蠕七月巳未帝至濡水庚申遣安東將軍宜
城公奚斤發幽州民及密雲丁零萬餘人運攻具出
南道俱會和龍帝至遼西文通遣其侍御史崔聘奉
獻牛酒巳巳帝至和龍臨其城文通石城太守李崇
建德太守王融十餘郡來降發其民三萬人穿圍塹

以守之
八月甲戌文通使數萬人出城挑戰昌黎公元丘與
河間公元齊擊破之死者萬餘人文通尚書高紹率
萬餘家保羌胡固乙卯帝討紹辛巳斬之詔平東將
軍賀多羅攻文通帶方太守慕容玄於候固撫軍大
將軍永昌王健攻建德驃騎大將軍樂平王丕攻冀
陽皆拔之虜獲生口班賜將士各有差九月乙卯帝
西還徙營丘城固遼東樂浪帶方玄菟六郡民三萬
家于幽州開倉以賑之十月癸酉至濡水十一月乙
巳至自伐和龍

三年七月行幸美稷遂至隰城命諸軍討山胡白龍
於西河九月戊子尅之斬白龍及其將帥屠其城十
月甲午破其餘黨于王京詔山胡爲白龍所逼及歸
降者聽爲平民諸與白龍同惡斬數千人虜其妻子
班賜將士各有差十一月還宮
大延四年七月壬午帝北伐蠕蠕十月乙丑大饗六
軍十二月丁巳至自北伐
五年六月甲辰帝西討沮渠牧犍侍中宜都王穆壽
輔皇太子決留臺事大將軍長樂王稽敬輔國大將
軍建寧王崇二萬人屯漠南以備蠕蠕七月乙巳帝
至上郡屬國城大饗羣臣講武馬射壬午留輜重分
部諸軍撫軍大將軍永昌王健尚書令鉅鹿公劉潔
督諸軍與恒山王素二道並進爲前鋒驃騎大將軍
樂平王丕太宰陽平王杜超督平凉鄯城諸軍爲後
繼八月甲午永昌王建獲牧犍器甲及牛馬畜產二
十餘萬牧犍遣弟董來率萬餘人拒戰於城南望塵
退走丙申帝至姑臧牧犍兄子祖踰城來降乃分軍
圍之九月丙戌牧犍兄子萬年率麾下來降是日牧
犍與左右文武五千人面縛待以藩臣之禮收其城
內戶口二十餘萬倉庫珍寶不可勝計進張掖公禿

髮保周爵爲王與龍驤將軍穆羆安遠將軍源賀分
略諸郡雜人降者亦數十萬牧犍弟張掖太守宜得
燒倉庫西奔酒泉樂都太子安周奔吐谷渾遣鎮南
將軍奚眷討張掖遂至酒泉牧犍弟酒泉太守無諱
及宜得復奔晉昌使七湯公元潔守酒泉鎮北將軍
封沓討樂都掠數千家而還班賜將士各有差十月
辛酉帝東還徙凉州民三萬餘家於京師留驃騎大
將軍樂平王丕征西將軍賀多羅鎮凉州十二月壬
午帝至自西伐飲至策勳告於宗廟
太平真君四年九月行幸漠南甲辰捨輜重以輕騎

襲蠕蠕分軍爲四道十一月甲子帝還十二月辛卯至自北伐

九年六月悅般國遣使求與王師俱討蠕蠕帝許之八月詔中外諸軍戒嚴九月乙酉練兵于郊丙戌幸陰山十二月至受降城不見蠕蠕因積糧城內留守而還

十一年正月戊辰朔帝在漠南大饗百寮甲戌蠕蠕吐賀眞懼遠遁三月庚寅帝還宮

九月閱武於石磧帝遂北伐十月庚子皇太子及羣官奉迎於行宮十一月戊申至自北伐

十二年七月宋將王玄謨攻滑臺八月練兵於西郊九月辛卯帝南伐癸巳皇太子北伐屯于漠南吳王餘留守京都十一月乙丑帝濟河玄謨棄軍而走乃命諸軍分道並進車駕自邛道十二月丁卯帝至淮詔刈萑葦作筏數萬而濟淮南皆降癸未帝臨江起行宮於瓜步山諸軍同日皆臨江所過城邑莫不望塵奔潰其降附者不可勝數甲申宋文帝使獻百牢貢其方物又請進女於皇孫以求和帝以師婚非禮許和而不許婚使散騎侍郎夏侯野報之帝詔皇孫爲書致馬通問焉

正平元年正月丁亥帝廻三月巳亥至自南伐飲至策勳告於宗廟

獻文皇興四年八月蠕蠕犯塞九月丙寅帝北伐諸將俱會于安水大破虜衆壬申帝至自北伐飲至策勳告於宗廟

孝文延興二年二月蠕蠕犯塞太上皇帝次於北郊詔諸軍討之虜遁走其別帥阿大干率千餘落來降東部敕勒叛奔蠕蠕太上皇帝追之至石磧不及而還十月蠕蠕犯塞及于五原十有一月太上皇帝親討之將度漠襲擊蠕蠕聞軍至大懼北走數千里以

窮寇遠遁不可追乃止

三年七月宋後廢帝遣將寇緣淮諸鎮十月太上皇帝將南討詔州郡之民十丁取一以充行戶收租五十石以備軍糧十一月南巡至于懷州

四年二月至自南巡

太和十七年六月丙戌帝南伐齊國詔造河橋七月戊午中外戒嚴八月丁亥帝辭永固陵己丑發京師南伐步騎百餘萬大尉丕奏請以宮人從詔曰臨戎不語內事宜停來請壬寅至肆州戊申至并州庚午至雒陽丙子詔六軍發軫丁丑戎服執鞭御馬而出

羣臣稽顙於馬前請停南伐帝乃止定遷都之計
十八年十二月辛亥帝南伐戊辰至懸瓠
十九年正月癸酉詔禁淮北之民不得侵掠犯者以大辟論壬午講武於汝水之西大賚六軍己亥濟淮二月丙辰至鍾離辛酉發鍾離將臨江水壬戌乃詔班師
二十一年五月癸卯遣使冀定瀛相濟五州發卒五十萬將以伐齊丁卯部分六師以定行留八月丙辰詔中外戒嚴庚辰帝南討辛丑留諸軍將攻赭陽引師而南癸酉至宛城夜襲其郛尅之丁未帝發南陽

留太尉咸陽王禧前軍元英攻之己酉至新野十月丁巳四面進攻不尅詔左右軍築城圍以守之十一月丁酉大破齊軍於沔北獲其將軍王伏保等於是民皆復業九十已上假以郡守六十五已上假以縣令新野張睹柵萬餘家拒守不下十有二月庚寅破之俘斬萬餘庚午帝臨沔東遂巡沔東還戊寅還新野己卯親行營壘隱恤六軍詔流徙之囚皆勿決遣候登城之際令其先鋒自效
二十二年正月癸未朔朝饗羣臣於新野行宮丁亥拔新野獲齊輔國將軍新野太守劉忌斬之於宛戊子齊湖陽戍主蔡道福棄城遁走辛卯齊赭陽戍主成公期軍主胡松棄城遁走壬辰齊輔國將軍舞陰戍主黃瑤起及直閤將軍臺軍主鮑舉南鄉太守席謙相尋遁走瑤起鮑舉爲軍人所獲送庚戌行幸南陽二月乙卯進攻宛北城甲子攻之齊冠軍將軍南陽太守房伯玉面縛出降庚午幸新野辛未詔以穰民首歸大順終始若一者給復三十年標其所居曰歸義鄉次降者給復十五年三月壬午朔大破齊平北將軍崔惠景黃門郎蕭衍軍於鄧城斬獲首虜二萬有餘庚寅行幸樊城觀兵襄沔耀武而還曲赦二

荆魯陽郡鎮南王肅攻齊義陽齊遣將裴叔業寇渦陽乙未詔將軍鄭思明嚴虛敬宇文福等三軍繼援辛丑行幸湖陽乙未次北陽戊申詔荆州諸郡之初降次附復同穰縣辛亥行幸懸瓠四月庚午發州郡兵二十萬人限八月終旬集懸瓠七月齊主死其子東昏候立九月己亥帝以禮不伐喪乃詔反旆庚子仍將北伐叛虜丙午發懸瓠十一月辛亥幸鄴十有二月甲寅乃詔班師
二十三年正月齊遣太尉陳顯達寇荆州二月乙酉攻陷馬圈戍三月庚辰帝南伐癸未次梁城甲申以

順陽被圍危急詔振武將軍慕容平城率騎五千赴之丙戌帝不豫司徒彭城王勰侍疾禁中且攝百揆丁酉至馬圈詔鎮南大將軍廣陽王嘉斷均口邀顯達歸路戊戌頻戰破之其夜顯達及崔惠景曹虎等宵遁巳亥收其戎資億計班賜六軍諸將追奔及於漢水斬獲及赴水而死者十八九斬齊左軍將軍張于達等賊將蔡道福成公期率數萬人棄順陽遁走

孝明孝昌二年五月丁未帝將北討內外戒嚴時景雲鎮人杜雒周反於上谷攻沒郡縣南國燕州刺史崔秉棄城南走朔州城人鮮于河胡庫狄豐樂據城

反都督李琚次于薊城之北又爲雒周所敗帝將親征以驃騎大將軍開府齊王寶寅爲北討都督

三年正月以四方未平詔內外戒嚴將親出討二月虜賊潼關三月甲子詔將西討中外戒嚴虜走復潼關戊辰詔將廻駕北討詔金紫光祿大夫源子邕大都督討葛榮

莊宗建義元年六月巳酉詔曰朕當親御六戎掃淨燕代討葛榮也大將軍太原王爾朱榮率精甲十萬爲左軍上黨王天穆摠衆八萬爲前軍司徒公楊椿勒兵十萬爲右軍司空穆紹統率八萬爲後軍是月葛榮衆退屯相州之北九月爾朱榮討平之車駕不行

出帝永熙三年五月辛卯詔曰大魏得一居宸乘六馭寓考風雲之所會宅日月之所中自北而南東征西怨后來其蘇無思不偃而句吳負險久遺度外世祖太武皇帝握金鏡以炤耀擊玉鼓以鏗鏘神武之所牢籠威風之所轔轥莫不雲散霧卷瓦解氷消長江巳北盡爲魏土頃天步中北國綱時屯凶竪因機互竊上國疆埸侵噬州郡淪胥乃睠東顧無忘寢食自非五牛警旆七萃按部何以復文武之舊業拯塗炭於遺黎朕將親摠六軍徑臨彭泝一勞永逸庶保

無疆內外百寮便可嚴備出頓之期更聽後勅丙申以使持節侍中大司馬開府司州牧廣陵王欣爲左軍大都督太傅錄尚書事長孫稚爲中軍四面大都督丁酉帝幸華州都亭集京畿都尉及軍士三千餘人慰勉之壬寅以長孫稚爲後軍大都督六月丁卯大都督京子恭鎮陽胡汝陽王暹守石濟儀同三司賈顯智率豫州刺史斛斯壽東趣濟州七月乙丑帝親摠六軍十餘萬衆次於河橋以斛斯椿爲前軍大都督尋詔椿鎮虎牢又詔荊州刺史賀拔勝赴於行所勝率所部次於汝水時帝爲斛斯椿王思政及元

眈魏光等詔佞間阻於齊高歡託以討梁蕭衍盛暑徵發河南之兵天下恠惡之丁未帝爲椿等迫脇遂從雒陽率輕騎入關都長安宇文泰奉迎之

冊府元龜

冊府元龜

巡按福建監察御史臣李嗣京訂正

知長樂縣事臣夏允彝叅閱

知建陽縣事臣黄國琦較釋

帝王部　一百十七

親征第二

後周武帝建德四年七月丙子召大將軍以上於大德殿帝曰太祖神武膺運創造王基兵威所臨有征無戰唯彼僞齊猶懷跋扈雖復戎車屢駕而大勳未集朕以寡昧纂承鴻緒往以政出權宰無所措懷自

親覽萬機便圖東討惡衣菲食繕甲治兵數年以來戰備稍足而僞主昏虐恣行無道伐暴除亂斯實其時今欲數道出兵水陸兼進北拒大行之路東扼黎陽之險若攻拔河陰兗豫則馳檄可定然後養鋭享士以待其至但得一戰則破之必矣王公以爲何如羣臣咸稱善丁丑詔曰高氏因時放命據有汾漳擅假名器歷年永久朕以亭毒爲心遵養時晦遂敦聘好務息黎元而彼懷惡不悛尋事侵軼背言負信竊邑藏姦釁隙彼始兵興汾曲事非我先此獲俘囚禮送相繼彼所拘執曾無一反而加以淫刑妄逞毒賦繁興齊魯稱殄瘁之哀幽并起來蘇之望既禍盈惡稔衆叛親離不有一戎何以大定今白藏在辰凉風戒節厲兵詰暴時事惟宜朕當親御六師龔行天罰庶憑祖宗之靈資將士之力風馳九有電掃八紘可分命衆軍指期進發以柱國陳王純爲前一軍揔管滎陽公司馬消難爲前二軍揔管鄭國公達奚震爲前三軍揔管越王盛爲後一軍揔管周昌公侯莫陳瓊爲後二軍揔管趙王招爲後三軍揔管齊王憲率衆二萬趣黎陽隋國公楊堅廣寧軍侯薛迴舟師三萬自渭入河柱國梁國公侯莫陳芮率衆一萬守太

行道申國公李穆衆三萬守河陽道恒山公于翼衆二萬出陳汝壬午帝親率六軍衆六萬直指河陰八月癸卯入於齊境禁伐樹踐苗稼犯者以軍法從事丁未帝親率諸軍攻河陰大城拔之進攻子城未克帝有疾九月辛丑夜班師水軍焚舟而退齊王憲及于翼李穆等所在克捷降拔三十餘城皆棄而不守唯以王藥城要害令儀同三司韓正守之正尋以城降齊戊寅至自東伐

五年十月帝謂羣臣曰朕去歲屬有疾疹遂不得克平逋寇前入賊境備見敵情觀彼行師殆同兒戲又

開朝政昏亂政繇羣小百姓嗷然朝不謀夕天與不取恐貽後悔若復同往年出軍河外直爲撫背未扼其喉然晉州本高歡所起之地鎮攝要重今往攻之彼必來援吾嚴軍以待擊之必克然後乘破竹之勢鼓行而東足以窮其窟穴混同文軌諸將多不願行帝曰機者事之微不可失矣若有沮吾軍者朕當以軍法裁之己酉帝總戎東伐以越王盛爲右一軍總管杞國公亮爲右二軍總管隋國公楊堅爲右三軍總管譙王儉爲左一軍總管大將軍竇恭爲左二軍總管廣化公丘崇爲左三軍總管齊王憲陳王純爲

前軍癸亥帝至晉州遣齊王憲率精騎二萬守雀鼠谷陳王純步騎二萬守千里川鄭國公達奚政步騎一萬守統軍川大將軍韓明步騎五千守齊子嶺烏氏公尹昇步騎五千守鼓鍾鎮梁公辛韶步騎五千守蒲津關柱國趙王招步騎一萬自華谷攻齊汾州諸城柱國宇文盛步騎一萬守汾水關遣內史王誼監六軍攻晉州城帝屯于汾曲齊王憲攻洪洞永安二城竝拔之是夜虹見於晉州城首向南尾入紫宮長十餘丈帝每日自汾曲赴城下親督戰城中惶窘庚午齊行臺左丞侯子欽出降壬申齊晉州刺史崔景嵩守城北面夜密遣送款上開府王軌率衆應之未明登城鼓噪齊衆潰遂克晉州擒其城主特進開府海昌王尉相貴俘甲士八千人送關中甲戌以上開府梁士彥爲晉州刺史加授大將軍留精兵一萬以鎮之又遣諸軍徇齊諸城鎮竝相次降款

十一月己卯齊主自并州率衆來援帝以其兵新集且避之且詔諸軍班師遣齊王憲爲後拒是日齊主至晉州憲不與戰引軍度汾齊主遂圍晉州晝夜攻之齊王憲屯諸軍於涑水爲晉州聲援癸巳至自東伐獻俘于太廟甲午詔曰僞齊違信背約惡稔禍盈

是以親總六師問罪汾晉兵威所及莫不摧殄賊衆危惶烏棲自固暨元戎反旆方來聚結游魂境首尚敢趑趄朕今更率諸軍應機除翦丙申放齊諸城鎮降人還丁酉帝發京師壬寅度河與諸軍合

十二月戊申次于晉州齊人於城南穿塹自喬山屬于汾水帝帥軍八萬置陳東西二十餘里齊王亦於塹北列陣帝欲薄之以礙塹遂止自旦至申相持不決申後齊人塡塹南引帝大喜勒諸軍擊之兵纔合齊人便退帝逐北斬首萬有餘級齊主與其麾下數十騎走還并州於是齊衆大潰軍資甲仗數百里間

委棄山積辛亥帝幸晉州仍率諸軍追齊主諸將固請還師帝曰敵不可縱縱敵患生卿等若疑朕將獨往諸將不敢言癸丑軍次汾水關甲寅齊主遣其丞相高阿那瓌率兵一萬守高壁帝麾軍直進那瓌望風退散丙辰師次介休齊將開府韓建業舉城降以爲上柱國丁巳大軍次并州齊王留其從兄安德王延宗等守并州自將輕騎走鄴戊午高延宗僭即僞位己未軍次并州庚申延宗擁兵四萬出城抗拒帝率諸軍合戰齊人退帝乘勢逐北率千餘騎入東門詔諸軍繞城置陣至夜延宗率其衆排衆而前城中

軍刼人相蹂踐大爲延宗所敗死傷畧盡齊人欲閉門以閫下積尸扉不得闔帝從數騎崎嶇危險僅得出門至明率諸軍更戰大破擒延宗并州平癸酉帝率六軍趣鄴以上柱國陳王純爲并州總管

六年正月壬辰至鄴齊主先於城外掘塹竪柵癸巳帝率諸軍圍之齊人拒守諸軍奮擊大破之遂平齊齊主先送其母及妻子於青州及城陷乃率數十騎走青州遣大將軍尉遲勤率二千騎追之甲午帝入鄴己亥尉遲勤擒齊王及其太子恒於青州二月丁未齊主至帝降自阼階以賓主之禮相見高湝在冀州擁兵未下遣上柱國齊王憲與柱國隋公楊堅率軍討平之齊定州刺史范陽王高紹義叛入突厥齊諸行臺州鎮悉降關東平

宣政元年四月突厥入寇幽州殺畧吏民議將討之五月己丑帝總戎北伐遣柱國原公姬願東平公宇文神舉等率軍五道俱入發關中公私驢馬悉從軍癸巳帝不豫止於雲陽宮丙申詔停諸軍事六月丁酉帝疾甚還京

隋煬帝大業七年二月帝自江都御龍舟入通濟渠遂幸涿郡壬午詔曰武有七德先之以安民政有六

本興之以敎義高麗高元虧失藩禮將欲問罪遼左恢宣勝畧雖懷伐國仍事省方今往涿郡巡撫民俗四月庚午至涿郡之臨朔宮于時遼東戰士及餽運者塡咽於道晝夜不絕苦役者始爲羣盜甲子勑都尉鷹揚與郡縣相知追捕隨獲斬決

八年春正月辛巳大軍集於涿郡以兵部尚書段文振爲左候衛大將軍壬午詔曰天地大德降繁霜於秋令聖哲至仁著甲兵於刑典故知造化之有肅殺義在無私帝王之用干戈蓋非獲已坂泉丹浦莫匪龔行取亂覆昏咸繇順動況乎甘野誓師夏開承大

禹之業商郊問罪周發成文王之志永監前載屬當朕躬粵我有隋誕膺靈命兼三才而建極一六合而爲家提封所漸細柳蟠桃之外聲教爰曁紫舌黃枝之域遠至邇安罔不和會功成治定於是乎在而高麗小醜迷昏不恭崇聚渤碣之間荐食遼濊之境雖復漢魏誅戮巢窟蹔傾亂離多阻種落還集成川藪於累代播寔繁以迄今睠彼華壤翦爲夷類歷年永久惡稔既盈天道禍淫亡徵已兆亂常敗德非可勝圖掩慝懷姦唯日不足移告之嚴未嘗面受朝覲之禮莫肯躬親誘納亡叛不知紀極充斥邊陲亟勞烽

候關柝以之不靜生人爲之廢業在昔薄伐已漏天網既緩前禽之戮未即後服之誅曾不懷恩翻爲長惡乃兼契丹之黨虔劉海戍習靺鞨之服侵軼遼西又青丘之表咸修職貢碧海之濱同稟正朔遂復敓攘琛賷遏絶往來虐及弗辜誠而遇禍輶軒奉使爰及海東旌節所次途經藩境而壅塞道路拒絶王人無事君之心豈爲臣之禮此而可忍孰不可容且法令苛酷賦斂煩重強臣豪族咸執國鈞朋黨比周以之成俗賄貨如市寃枉莫申重以仍歲災凶比屋饑饉兵戈不息徭役無期力竭轉輸身塡溝壑百姓愁苦爰誰適從境內哀惶不勝其弊迴首面內各懷性命之圖黃髮稚齒咸興酷毒之嘆省俗觀風爰屆幽朔弔人問罪無俟再駕于親總六師用申九伐拯厥阽危協從天意殄茲逋穢克嗣先謨今宜援律啓行分麾屆路掩渤澥而雷震歷扶餘以電掃比戈按甲誓旅而後行三令五申必勝而後戰左第一軍可鏤方道第二軍可長岑道第三軍可海冥道第四軍可蓋馬道第五軍可建安道第六軍可南蘇道第七軍可遼東道第八軍可玄菟道第九軍可扶餘道第十軍可朝鮮道第十一軍可沃沮道第十二軍可樂浪

道右第一軍可黏蟬道第二軍可含資道第三軍可渾彌道第四軍可臨屯道第五軍可候城道第六軍可提奚道第七軍可達頓道第八軍可肅愼道第九軍可碣石道第十軍可東暆道第十一軍可帶方道第十二軍可襄平道凡此衆軍先奉廟略絡繹引途摠集平壤莫匪如狠如貔之勇百戰百勝之雄顧眄則山嶽傾頹叱咤則風雲騰鬱心德攸同爪牙斯在朕御元戎爲其節度涉遼而東循海之右解倒懸於遐裔問疾苦於遺黎其外輕齋遊闕隨機赴響卷甲銜枚出其不意又滄海道軍舟艫十里高颿電逝巨

艦雲飛横斷沮江遥造平壤島嶼之望斯絶坎井之路已窮其餘被髮左衽之人控弦待發微盧彭濮之衆不謀同辭仗順臨逆人百其勇以此衆戰勢等摧拉然則王者之師義存止殺聖人之教必也勝殘天罰有罪本在元惡人之多僻脅從罔治若高元泥首轅門自歸司寇卽宜解縛焚櫬弘之以恩其餘臣人歸朝奉順咸加慰撫各安其業隨才任用無隔夷夏營壘所次務在整肅芻蕘有禁秋毫勿犯布以恩宥喻以禍福若其同惡相濟抗拒官軍國有常刑俾無遺類明加曉諭稱朕意焉總管一百一十萬三千八

百號二百萬其餽運者倍之癸未第一軍發終三十日引師乃盡旌旗亘千里近古出師之盛未有之也三月辛巳帝御師戊子臨戎于遼水橋辛卯大軍爲賊所拒不果濟右屯衛大將軍左光祿大夫麥鐵杖武賁郎將錢士雄孟金義等皆死之甲午車駕渡遼戰于東岸擊賊破之進圍遼東于時諸將爲奉旨不敢赴機而高麗城守攻之不下六月己未幸遼東責怒諸將止城西數里御六合城七月壬午宇文述等敗績於薩水右屯衛將軍辛世雄死之九軍竝陷將帥奔還亡者二千餘騎癸卯班師十年二月辛未詔百僚議伐高麗數日無敢言者辛卯詔曰黄帝五十二戰成湯一十七征方乃德施諸侯令行天下盧芳小盜漢高祖尚且親戎隗囂餘燼光武猶自登隴豈不欲除暴止戈勞而後逸者哉朕纂承寳業君臨天下日月所照風雨所沾孰非我臣獨隔聲教蕞爾高麗僻居荒表鴟張狼噬侮慢不恭鈔竊我邊陲侵軼我城鎮是以去歲出車問罪遼碣殪長蛇于玄菟戮封豕於襄平扶餘衆軍風馳電逝追奔逐北徑踰沮水滄海舟檝衝賊腹心焚其城郭污其宮室高元伏鑕泥首送款軍門尋請入朝歸罪司寇朕已許其改

過乃詔班師而長惡靡悛宴安鴆毒此而可忍孰不可容便可分命六師百道俱進朕當親執武節臨御諸軍按馬九都觀兵遼水順天誅於海外問救民於倒懸征伐以正之明德以誅之止除元惡餘無所問若有識存亾之分悟安危之機翻然北首書求多福必期同惡相濟抗拒王師若火燎原刑茲無赦有司便宜宣布咸使知聞三月壬子行幸涿郡癸亥次臨渝宮親御戎服禡祭黄帝斬叛軍者以釁鼓四月甲午車駕次北平七月癸丑次懷遠鎮甲子高麗遣使降因送斛斯政帝大悅八月己巳班師

唐太宗貞觀十八年十月帝欲親摠六軍以度遼海進封事者皆勸遣將不宜親行帝謂侍臣曰夫去本而就末舍高而取下失近而之遠此三者謂之不祥今國家經略高麗亦猶是矣然則察諸天時而觀乎人事夫嚴冬之月欲務稼穡使八堯運耜九舜布種則不能使之生青陽之月土膏脉起庸夫童子堪成良稼所謂天有其時而人有其功也高麗逆弑其主誅戮大臣而虐用其人下無措手而一方之人延頸思救弔人伐罪今也其時議者云云但不知耳甲寅車駕幸雒陽宫十一月壬申至雒陽甲午以光祿大

夫刑部尚書鄖國公張亮爲使持節平壤道行軍大摠管以左領軍將軍武水縣伯常河瀘州都督戴國公左難當爲副摠管汾州刺史黄國公冉仁德眉州刺史下傳縣男劉英銀青光祿大夫行撫州刺史張文翰雲麾將軍行中郎將龐孝恭右驍衛將軍東平郡公程名振並爲行軍摠管以隸之率江淮嶺硤勁卒四萬長安雒陽召募三千戰艦五百艘自萊州泛海趣平壤又以特進太子詹事左衛率英國公李勣爲使持節遼東道行軍大摠管以禮部尚書江夏郡王道宗爲摠管又以前幽州都督虢國公張士貴右

領軍大將軍安國公執失思力右驍衛大將軍張掖郡國公契苾何力右監門大將軍阿史冊彌射右屯衛將軍金城縣公姜德本左武衛將軍金城郡公麴智盛雲麾將軍新鄉縣公吳黑闥營州都督博陵縣男張儉左驍衛中郎將安縣和並爲行軍摠管以隸之步騎六萬并蘭河二州降胡趣遼東兩軍合勢庚子遣行軍摠管姜行本少府少監丘行淹先督工匠造梯衝於安蘿山百姓見在歲擊突厥吐谷渾高昌並指期摧殄無不勇於赴敵爭從召募矜其膂力者不可勝數或引佩刀刺股以示勇決進攻城器械者

相次于朝堂太宗皆親加損益窮其便易乃手詔示天下行師用兵古之常道取亂侮亡先哲所貴高麗莫離支蓋蘇文弑逆其主酷害其臣竊據邊隅肆其蜂蠆朕以君臣之義情何可忍若不誅翦遐穢無以徵肅中華今欲巡幸幽薊問罪遼碣行止之宜務存節儉所過營頓無勞精飾食唯充飢不須珍膳水可涉度者無假造橋路可通行者不勞修理御營非近縣學生老人等無煩迎謁隋室淪亡其源可覩良繇智畧乖於遠圖兵士疲於屢戰政令失度上下離心德澤不加於匹夫刻薄彌窮於萬姓當此時也高麗

之主仁愛其人故百姓仰之如父母煬帝殘暴其下故衆庶視之如仇讐以思亂之軍擊安樂之卒務其功也不亦難乎何異入水而惡其濡踐雪而求無迹朕緬懷前載撫躬內省昔受鉞專征提戈撥亂師有經年之舉食無盈月之儲至於賞罰之信尙非自決然猶所向風靡前無横陣蕩氛霧於五嶽翦虎狼於九野定海內拯蒼生然則行軍用兵皆億兆所見豈煩言哉及端拱巖廊定策帷扆身處九重之內謀決萬里之外北殄匈奴種落有若摧枯西滅吐谷渾高昌昜於拾芥苞絶漠而爲苑跨流沙而爲池黄帝不

服之人唐堯不臣之域竝皆委質奉貢歸風順軌崇威啓化之道此亦天下所共聞也況今豐稔之年家給人足餘糧栖畝積粟紅倉雖足以爲兵儲猶恐勞於轉運故多驅牛羊以充軍食人無裹糧之費衆有隨身之廪如斯之事豈不優於曩日加以躬先士卒親決六奇使攻無所守戰無所懼畧言必勝之道蓋有五焉一曰以我大而擊其小二曰以我順而討其逆三曰以我安而乘其亂四曰以我逸而敵其勞五曰以我悅而當其怨何憂不尅何慮不摧可布告元元勿爲疑懼耳太宗憂百姓勞役凡有頓舍供費之具滅者大半焉

十二月甲寅詔曰覩乎天道鼓雷霆以肅萬物求諸人事陳金革以威四方雖步驟殊時質文異制其放殘殺禁暴虐戮于紀討未賓莫不扶義而申九伐文德昭於率土因時而董三令武功成於止戈朕祗膺寶曆君臨寓縣憑宗社之靈藉卿士之力神祇儲祉夷夏宅心故上柱國遼東郡王高麗武夙披丹欵早奉朝化忠義之節克著於嵎夷職貢之典不愆於王會而其臣莫離支蓋蘇文包藏凶慝招集不逞潛懷異計奄行弑逆冤酷纏于濊貊痛悼徹於諸華篡彼

藩緒權其國政法令無章賞罰失所下陵上替遠怨邇嗟加以好亂滋甚窮兵不息率其羣凶之徒屢侵新羅之地新羅喪土憂危日深遠請救援行李相屬朕愍其倒懸之急爰命輕軒之使備陳至理喻以休兵曾不知改莫遵朝命窺窬亭障首竄窟穴完聚更切賦斂尤繁丁壯盡於鋒刃羸老斃於板築久廢耕桑咸罹饑饉生肉表異顯其亡徵雨血爲妖彰其數盡比室愁苦闔境哀惶華髮青襟不勝苛政延頸企踵思沾王澤昔有苗弗率勞大禹之駕葛伯仇餉動成湯之師況亂嘗巨寇紊三綱而肆逆滔天元惡窮

五刑而莫大者哉朕以宵衣興慮日旰忘食討罪之意旣深於投袂救人之義彌軫於納隍類上帝而戒途詔夏官而鞠旅可先遣使持節遼東道行軍大摠管英國公勣副摠管江夏郡王道宗士馬如雲長驅遼左奮夷嶽之威屠豕蚍於險瀆乘建瓴之勢斬鯨鯢於鏤方行軍摠管執失思力行軍摠管契苾何力率其種落隨機進討契丹蕃長於句折奚蕃長蘇支燕州刺史李玄正等各率衆絶其走伏使持節平壤道行軍大摠管張亮副摠管常何摠管左難當等舟檝相繼直指平壤新羅王金善德傾其城邑竭其府

藏荷不貲之澤復累葉之讎出樂浪而衝腹心臨沃沮而蕩巢穴百濟王扶餘義慈早著丹款深識時機棄歷稔之私交贊順動之公戰贏糧蓄鋭唯命是從凡此諸軍萬里齊舉頓天羅於海浦横地網於遼陽朕然後經塗白狼之右親巡玄菟之城軌鼓誡而戒六軍載太常而麾八陣使流湯者魚爛握炭者氷消誅渠魁於惡稔弔黎庶於隕角其或擁衆力攻或閭行自拔宏弘寬大各復農士有勞者當加其賞懷能者不滯其才如其長惡莫悟迷途遂往斧鉞旣下必嬰喪元之悲玉石一焚徒軫噬臍之嘆具宣朕旨咸使知聞

十九年二月輿駕發雒陽三月丁丑幸定州太宗謂侍臣曰遼東舊中國之有自魏涉周置之度外隋氏出師者四喪律而還殺中國良善不可勝數今彼弑其主恃險驕盈朕長夜思之而輟寢將爲中國復子弟之讎爲高麗討弑君之賊今九瀛大定唯此一隅用將士之餘力平蕩妖寇耳然恐於後子孫或因士馬强盛必有奇決之士勸其伐遼興師遐征或起喪亂及朕未老欲自取之亦不遺後人也所以發自雒陽唯噉肉飯春蔬不進慮有勞煩庶同艱苦一勞永

逸是後將士每到者遣於定州北門過太宗御城門樓撫慰之皆踊躍歌呼其人心齊一自古出師命將未之有也壬辰車駕發定州親佩弓矢手結雨衣於御鞍後詔司徒長孫無忌攝侍中吏部尚書楊師道攝中書令太宗夙綜師旅躬善兵筭此行也攻擊之勢軍將咸禀成規至於應變乘機長孫無忌頗豫謀畧時李勣發陽城多張形勢若從懷遠之路潛引師北趣燕之甬道而進以高麗不意焉

四月戊戌朔李勣師自通定濟遼水至玄菟所經烽戍皆下之高麗大駭城邑各閉門不敢出壬寅江夏

王道宗率衆數千至新城折衝都尉曹三良率十餘騎直壓其門下城中驚擾無敢出者癸卯於幽州城南大饗六軍太宗御次詔長孫無忌宣旨以誓衆曰古先帝王爰有征伐堯戰丹浦舜伐有苗文王戡黎成湯征葛此四君者豈樂櫛風沐雨勞師疲衆以爲不誅兇殘化不洽不翦暴亂人不安高麗莫離支虐殺其主盡戮大臣自餘黎庶怨入骨髓此等皆力不能制權在寇城想望朕師若思膏雨高麗滅亡徵兆人誰不見時不可失天不可違朕豈厭重帷而安暴露薄華殿而樂風塵且以弱年行師頗識權變今者

士卒咸集戈甲如山衝輣雲梯指影可捷夫農夫勤春乃始有秋士卒先力然後受賞若能齊力一心屠城陷敵高官厚秩朕不食言若敢逋逃違棄營伍厥身從戮罪及妻孥此皆邦國之典刑古今之嘗事詔朕誓言誠宜自勉丁未輿駕發幽州壬子李勣攻高麗之蓋牟城丁巳太宗次北平澄臨海戊午烽望大堅癸亥李勣拔蓋牟城獲戶口二萬餘人倉糧十餘萬石

五月乙巳張亮亞將程名振拔卑沙城其城四面懸絕唯西門有攻之勢名振督軍夜襲之副總管王文度先登士卒繼進城中潰散虜其男女八千口分遣總管丘孝忠古神感耀兵於鴨淥水是日李勣進軍於遼東城下庚辰車駕次遼澤丙子師次臨遼頓其夕遼水減三尺三軍慶悅以爲得天之助丁丑車駕渡遼撤橋梁以堅士卒之心甲士六萬營於馬首山初太宗遣使於百濟國中採取金漆用塗鐵甲皆黃紫引曜色邁兼金又以五綵染玄金製爲山文甲並從將軍甲申太宗親率甲騎萬餘金光曜日與李勣會於城下金鼓齊震旌旗圍其城者數百里士衆之聲駭天聒地太宗見南風甚急遣銳卒登衝竿之末

爇其西南樓騰煙扇烈焚其城中屋宇樓閣須臾而盡太宗之發定州也遣自州東每數十里而置一烽以至遼東城下烽端多積末葦須克遼東城訖爇以報太子至是太宗知城必下麾無忌師首戰馳至烽所爇之乃麾戰士登城高麗蒙楯拒戰天子命拋車飛石繼中其楯壯士數百人攢長矟而攻之高麗兵大潰其留戰者盡殪燒死者萬餘人牛馬犬彘不可勝數俘其勝兵萬餘人口四萬收倉粟五十萬石以其城爲遼州丙戌詔曰五兵爰始軒皇戡於阪泉七德攸基唐帝尅于丹浦莫不除翦暴逆克濟生靈斥

土開疆威加四海朕欽承寶曆削平天下六合之內咸以爲家三光所臨義無偏燭繇是環埤之表咸淼淼以航深垓寓之中盡顒顒而面內而島夷陪隷虐殺其君毒被朝鮮災流穢貊幼孤者不勝苛暴忠槩者仰我來蘇朕言念匪人深懷夕惕親御戎軒躬執雲鼓意在以殺止殺仁育被於羣生用刑清刑義征戢於不惠廓滔天而調雨露擒猾夏以正封疆用此佳兵事非獲已仰申天罰遂乃龔行先命行營大揔管英國公勣行軍總管張儉等率領驍銳元戎啓行北狄西戎之酋咸爲將帥奚霫契丹之旅皆充甲卒

如貔萬計羅馬千羣揔萃遼東之城攻其南面副大總管江夏郡王道宗第一軍揔管虢國公張士貴等率五陵之勁騎董六部之良家分麾引道攻其西南申命前軍蘷國公弘基等分統猛士塡其濠塹賊城地險激梁水以環流聳堞凌雲壓頹山而靡懼於是雲羅四合地道九攻危城倏已復隍湯池俄而失險猶且析骸窮壘壁巢幕以偷安轉骨深溝坐積薪而待燎愍其塗炭申其再造頻加誨誘固執迷塗繇是猛士銜冠壯夫挺劒咸頓首於馬前請因機而電掃難違衆議爰詔許之乃分命諸軍四面雲合朕登高迥矚授其節度又命簡較太常卿鄅國公敬德領黃門之軍樂奏玄雲之雅歌將帥聞而增憤士卒繇其作氣于時凍雨初晴驚風漸急聊命縱火數處熸然焚其樓雉並爲煨燼合城男子面縛軍門取彼渠魁屬之司敗千載逋寇一朝清蕩斯並宗廟威靈上玄幽贊忠臣猛將盡節陳謀勁卒勇夫輕身効命叶同心力成此大功豈朕一人獨能致此今茲赴捷普天之慶宜令頒下咸使聞知乙未師次白巖城

六月丁酉李勣攻白巖城西南太宗臨其西北城主孫伐音請降以城爲巖州是日於蓋牟城置蓋州庚

子詔曰上天之道先德而後刑王者之師有征而無戰是以炎農翦暴夙沙自縛其君玄德一興有苗不固其險朕勞神濟物用百姓而爲心則天弘化環四海而開宇義非獲已繇是舉兵每蓄哀矜深存宥罪自濟遼水先令告喻而蓋牟不革其面遼東猶抗其斧既觸天網遂縱兵鋒未展鷹揚已皆魚爛朕乃鼓行乘勝師次白巖兇徒相率登陴拒守因山構壘仰切浮雲縈澗疏隍下臨無景妖氛蜩聚如憑劒閣之深同惡鴟張若負洞庭之險乃命行營大總管英國公勣等統咀虣冠雞之將率摯黿斬蛟之士石發甚

於星霣樓毀同於山壞朕憫彼同焚情深惻隱乃親御八駿幸勑三軍賊既創懸方思轉禍積甲齊於熊耳獲柬方於海陵建十州之旗各復於桑梓反三韓之士不易於農肆焚襯錫爵驅馳遼浿之間鑿井耕田編列于辰之野古人有言曰全國爲上蓋斯之謂焉又燕碣土風素多霖霆軒皇遭召雨之冦晉后苦涌水之災自朕出師上靈幽贊旭日澄霽膚雲輟陰所指未有堅城所向乃無完陣天道人事義等合符窮穴傾巢庶將非遠宜以大慶頒示普天丁未車駕發自遼東丙辰次於安市城北列營進兵以攻之丁

巳高麗北部耨薩高惠眞率高麗靺鞨之衆十五萬以援安市城帝謂侍臣曰延壽之來也其策有三若引兵直前連安市城以爲壘據高山之險食城中之粟兼縱靺鞨之冦吾牛馬攻之則不可卒下欲歸則泥潦爲滯此其上策若抽城中之人與之宵遁此其中策若不量其能近城列陣將與吾交鋒此其下策卿其觀之是必用下策若得縱兵決戰所謂成擒者也賊中有一對盧年習事謂延壽曰吾聞中國大亂英雄竝起秦王聖武所向無敵遂平天下南面爲帝北夷請服西戎獻款今者傾國而至唐兵之壯健者悉來其鋒不可當也今爲計者莫若頓兵不戰曠日持久分遣驍雄斷其饟運不過旬月軍糧必盡求戰不得欲歸無路此不戰而必取勝也延壽不從引軍直進遣騎候之云去安市城四十里太宗以爲兵家之勢以逸待勞猶慮其低徊不至詔左衛大將軍阿史那社爾總突厥千騎以誘之誡曰鋒交而佯北其必乘爾而來也高麗嘗令靺鞨居前社爾與之纔交而退高麗相謂曰此易與竟馳進軍於安市城東南八里依山麓而陣帝召無忌及侍臣將軍等謂曰夷兵既至塵埃亘數十百里彼衆我寡卿等所知國家征

將謀臣竝從朕在破賊萬全之策云何無忌奏稱古來帝王亦有以干戈靜亂而臨天下者多委將帥身非英畧陛下往時平定海內年踰成童莫不披堅執銳躬先士伍剪除干紀救蒼生之命鴻名遠震海外咸服今所從將士多是幕府舊人雖復遠涉夷鄉而善陪神武橫戈思敵人百其戰古人云將戰必觀士卒之情臣適行經諸營衛士等聞高麗已至無不抽刀結旆喜見於色在平王充及竇建德等臣蒙從征至於奇謀異算多出睿旨用陛下妙筭無不就擒偶違成規必致負敗今陛下親臨遼隊擐甲振嚮滅高

麗之機在此一舉臣等愚短破陣萬全之策不敢克當乞陛下指縱臣等奉以行事太宗笑謂曰卿等既推筭於朕當爲君料量因與無忌等翼數百騎乘高以觀之覽其山川可以用奇兵處遣紿延壽曰我以爾強臣簒弑故來問罪卽欲交戰非吾本意天子入境芻粟不給不能於中國轉運破爾數城以取廩飡禮苟修則所失必復矣延壽信之竟夕而候太宗夜召文武躬自指麾遣李勣步騎一萬五千於賊西嶺爲陣長孫無忌率將軍牛進達等精兵一萬一千以爲奇兵自山北於狹谷出以衝其後太宗自率步騎

四千潛皷角偃旌幟趣賊營北高峯之上勑諸軍聞皷角聲而齊進因令所司張受降幟於朝堂之側曰明日午時納降虜於此矣遂率軍而進是夜流星墜賊營中戊午延壽獨見李勣兵欲與戰太宗遥望長孫無忌軍塵起命皷角並作旗幟齊舉大懼將分兵承之而其陣已亂時有電雷助我軍威李勣率步卒一萬擊之延壽衆退長孫無忌縱兵乘其後太宗又引軍臨之賊因潰斬首二萬餘級延壽等率其餘寇依山自保廻望我軍擊其黨類悲號相召其聲甚哀於是詔無忌勣等引兵圍之無忌撤川梁以斷其歸

路矣太宗按轡行觀營壘謂侍臣曰高麗舉國而來存亡所繫一麾而敗天祐我也因下馬再拜以謝天已未高延壽高惠眞率三萬六千八百人請降太宗引入轅門延壽膝行而前拜手請命太宗謂延壽等曰東夷英少擣張海曲至於摧堅破敵故當不及老人而今而後更敢與天子戰否延壽等咸伏地而不對辭簡耨薩已下及酋首三千五百人授以戎秩遷之內地餘衆三萬餘人並釋俘放還平壤其謝恩於天子並雙舉手以額頓地懽叫之聲聞數千里外靺鞨三千三百人盡坑殺之獲馬五萬匹牛五萬頭光

明甲一萬領他戰器械稱是遼東道行軍大總管李勣奏曰向若陛下不自親行臣與道宗將數萬人攻安市城未克延壽等十餘萬抽戈齊至城內兵士復應開門而出以救首尾旋踵卽敗必爲延壽等縛送向平壤爲莫離支等所笑今日臣敢謝陛下性命恩澤太宗素狎勣笑而領之延壽惠眞等敗也高麗傾國震駭後黄城及銀城並自拔數百里無復人煙遁驛以報皇太子仍書與中國公高士廉等曰朕爲將如此何如皇太子表請曰伏承聖躬去賊城不踰百步臣魂飛膽戰莫知自處伏願思宗社之重以億兆

爲心收雷霆之威駐矢石之外臣之愚誠敢以死諭
及聞此語報曰吾初向賊陣心並在戰攻爲憶汝之
言所以不執斧鉞如其不爾將大決戰此後必不親
行陣勿爲憂慮也因名所幸山爲駐蹕山令將作造
破陣圖並命中書侍郎許敬宗爲文勒石記其迹
七月辛未移營安市城東嶺八月丙午移營於安市
城南自帝渡遼凡十徙營但明斥堠未嘗爲塹壘車
士從蓋牟遼東等城運糧單人匹馬所至野宿如中
國焉雖賊城高麗終不敢竊抄令李勣江夏王道宗
攻安市城六旬不能克

九月癸未太宗以季秋草枯遼塞寒烈勑諸軍收攻
安市城器械卽命班師先遣拔遼蓋三州戶口渡遼
乃召馬軍萬騎步卒數萬披甲持戟張旗幟度其城
下而旋城中皆屏聲偃幟城主升城拜手奉辭太宗
嘉其堅守賜縑百匹以厲事君者詔李勣道宗統馬
步數萬人爲後殿乙酉次於遼東城下城中尙有粟
十萬石軍士取之不能盡丙戌渡遼水至渤錯水十
里間遼澤餘潦車馬不通詔長孫無忌楊師道率文
武官寮及征兵萬人翦草塡道而進水深之處以車
爲梁道太宗憂梁道不成自積柴馬上詣無忌等以
助役
十月丙申朔次蒲溝塡路未畢太宗駐馬以督之及
兵渡渤錯水暴風降雪時甚氷寒士卒沾凍馬牛溺
於泥水死者甚多詔遣積火以待之渡兵賴以獲濟
初太宗軍及李勣軍之入遼也將十萬人各有八駄
兩軍戰馬萬匹及還戰士死者一千二百人其八駄
及戰馬死十七八張亮水軍七萬人泛海遭風溺死
者數百人凡從遼蓋巖三州戶口入內地前後七萬
人丙午次營州癸丑詔曰朕聞之聖人愼罰觀兵於
再駕明王舉事制勝於三年合諸侯以討逆旣擒而

且縱揔海內以除殘臨行而止殺其故何哉信繇上
天之德曰生王者之師曰義是以網開三面干舞七
旬豈有恣欲稜威取鯨鯢而竭澤覆巢探穴罄麛卵
以塗原者乎憬彼鳥夷之州僻居鯷壑晉皇淹駕繞
克一城隋帝頻卽淪兵百萬朕光承寶曆思救普天
陶化紫宸法兩儀而導俗推心黔首徇萬寓以勞神
纖介不安終宵輟寢釁陬未艾日旰忘飡是以遠涉
天崖比焦原而未險長驅若木譬平圃以非遥憤角
遼陽躬親節度擬金海表震耀威靈莚其玄菟橫山
蓋牟磨米遼東白巖卑沙麥谷銀山後黃等合一十

餘城凡獲戶六萬口十有八萬覆其親城駐蹕建安
合三大陣前後斬首四萬餘級降其大將二人裨將
及官人酋帥子弟三千五百兵士十萬人竝給程糧
放還本土又獲馬牛各五萬餘儲穀十旬不假贏糧
之費徒兵累萬咸發兼乘之歌自夏涉秋係虜相次
豯燕及雍襁負不絶緬惟湯文取亂嘗懷偃伯之心
虞夏勝殘寔弘光被之美有懷戢武造次何忘但以
賊帥莫離支猶不授首舉圖未果志無旋旆忽屬微
外霜嚴海濱寒摠念茲兆衆便命班師朕所向必摧
上靈之祐也所攻無敵勇夫之力也方且聊酬玄澤

展大禮於郊禋賽此勤勞錄摧鋒於將士有勳者別
頒榮命無勳者竝加優卹諸渡遼海人應加賞命及
優復者所司宏明爲條例具狀奏聞朕將親覽詳以
申後命丙辰太子奉迎太宗自發定州御一褐袍將
與太子別謂曰俟見汝日方更之耳爲是春夏嘗御
雖盛暑流汗弗之改也及秋中褐竝穿敗羣臣咸請
改易太宗曰軍中士卒多衣弊衣吾自服新衣非將
領之情至有數十處穿穴太子引之盡皷是日次圖
山太子以新衣進御太宗始服之
二十年三月車駕至自遼東獻俘授馘備法駕具凱
旋禮蠻夷君長及京邑士女夾道陳觀者塡塞咸稱
萬歲

巡按福建監察御史臣李嗣京　訂正

知閩縣事臣曹鼎臣參閲

知建陽縣事臣黄國琦較釋

帝王部一百十八

親征第三

唐玄宗開元二年十月吐蕃復侵渭源帝思親征乃下制曰朕聞夷不亂華既殊於中外虜或犯塞必興於甲兵我國家一戎定業累聖膺期干戚斯舞梯航畢至小蕃遠冦假息游魂爰自昔年慕我朝化申以

婚姻之好結爲舅甥之國歲時往復信使相望繒纊以益其饒衣冠以增其寵鴻恩大造特加於蠻貊狼子野心遂同於梟獍在於亭障頗聞驚擾已命師徒遄往追躡摧兇殄逆今也其時滅迹掃塵期之不日然以問罪之義百王所以龔行戒嚴之典六軍所以親御是用中宵按劍昧曉求衣豈自逸於崇高而不勤於櫛沐眷兹右輔遠界西陲雖駐蹕之暫勞佇觀兵而決勝宜取今月擇日進發其差取後軍四萬人諸色蕃兵二萬人京兆府兵一萬人飛騎二萬人量追三百里内兵留當下人充萬騎五萬一千人幽隴兵各二千人岐州兵五千人並集本州待進止其馬四萬匹取三百里内諸廐及府馬充所追兵馬及押官委本州精簡赴集衛尉卿兼簡較左金吾大將軍王毛仲爲左一軍摠管右金吾將軍康海源爲副左武衛大將軍李昌爲右一軍摠管左武衛將軍馬衛爲副左羽林大將軍趙成恩爲左二軍摠管右領軍將軍衛秦義禮爲副右羽林將軍楊敬述爲左三軍摠管右領軍將軍鮮于庭誨爲副左羽林將軍馬崇爲右三軍摠管右監門將軍執失善光爲副所司准式俾其長驅隴坻深入湟中授以方畧掃清氛祲其緣

頓支供務從省約丁巳勅曰戎狄憑陵每勞征戍比興師旅猶未掃除緣邊之人頗有其患朕爲父母實用憂勤今欲親案邊疆躬行弔伐宜令朝廷召募勇夫壯士拔萃逸羣者稱爲屯衛飛騎且各量與賜帛行廻之日簡入羽林自餘之人取爲長行仍令兵部侍郎韋抗紫微舍人王珽即於朝堂簡募十日内具所得人姓名奏聞戊午至自温湯命左驍衛大將軍裴元晳領兵二萬人馳驛往隴右與薛納同討逆虜薛納引兵至渭源遇吐蕃賊數萬戰於武階驛與王晙掎角夾攻之大破賊衆追奔至洮水又戰于城堡

豐安軍使王海賓先鋒力戰死之將士乘勝進擊又敗之獲數萬人擒其酋率將士盡收其所掠牟馬并獲其器械不可勝數時帝方欲親征及聞納等克捷大悅遂停親征

後唐明宗天成二年十月乙酉帝幸汴州戊子至京水店汴州分巡院官王榮走馬報朱守殷已叛帝親統禁軍倍程先進己丑師臨汴州四面過之人百其勇鬬不踰時城潰而入戮其黨類晡晚收軍當日寧帖告論天下曰朕以名藩龍潛舊地思覃風教爰議巡遊今月九日至滎陽得朱守殷詐奏稱本道都指

揮使馬彥超等欲謀叛逆輒使殺害尋令宣徽使范延光徑往撫諭自後更無申奏節度使宋敬殷及使臣十餘竝遭陷沒至十日探知虜掠近城居人上城閉門顯為拒捍朕親御六軍徑臨孤壘守殷逆黨嚴於鄭門百姓望風下城效順守殷一家遂自屠戮尋獲首級巳復城池且朱守殷久事本朝繼膺重委洎朕纘承宗社前後累降渥恩統處尹宗薦居節制位兼將相貴極人臣此謂戮力一心贊時為國殊不知潛懷梟性暗畜狠心全無事上之忠遽恣欺天之意遂加誣於都較兼殺戮於近臣驅脅生靈拒張車駕果貽衆怒誅厥全宗兇狂之釁自招悖逆之辜莫逭一方旣靜萬國永安凡所聞知當極慶快如有諸色人被朱守殷密行文字妄有扇搖蓋慮奸細點䟽良善朕皆明察不汝疵瑕當各安懷勿為拄慮庚寅帝御玄德殿受賀宣陜府節度使石敬瑭權知汴州事辛卯百官自鄭州到立班稱賀臣欽若等曰後唐莊宗雖稱尊號未至河南其中征伐竝具創業門

晉少帝天福九年正月乙亥滄鎮貝鄴馳告契丹前鋒趙延壽趙延昭領兵五萬將及甘陵是日發兵大千屯澶淵以待之庚辰以宋州節度使高行周為北

面行營都部署河陽節度使符彥卿為騎軍左排陣使宿州刺史梁進明副之神武統軍皇甫遇為騎軍右排陣使懷州刺史薛懷副之陜府節度使王周為步軍左排陣使泌州刺史劉詞副之羽林統軍潘環為步軍右排陣使麟州刺史尹實副之護聖左右廂主王景王萬敢為騎軍左右將慈州刺史周景殷武衛將軍張鵬監護奉國左右廂主李殷程福贇為步軍左右將閤門使蕭處仁高勳監護前絳州刺史劉在明為先鋒都指揮使衛州刺史石公霸副之坊州刺史陳思讓監護又以前單州刺史劉禧為都壕寨

使前階州刺史姚武爲都橋道使壬午詔曰朕以恭承先旨尊奉北朝無事不隨有求皆應竭國家之財用務蕃漢之歡和豈謂貪殘終懲信義直驅戎虜深犯封疆如是憑陵安能俯就顧師徒之憤惋念生聚之凋傷須議親征用平醜類蓋救鶩播之患寧辭跋涉之勞取此月十三日躬御六師北征雜虜指期旦夕悉盪氛霾凡爾百寮當體朕意以前邠州節度使李同爲東京留守前晉州節度使周密前同州節度使李懷忠爲東京巡簡使乙酉帝離京戊子鎮邢雒德四州告攻圍日急辛卯講武於北都甲午以北京

留守劉知遠爲幽州道行營招討使鎮州節度使杜重威副之定州節度使馬全節爲都虞候職員將較委招討使便宜署置丙申虜以偏師寇黎陽遣右武衛上將軍張彦澤亳州防禦使李夢坊州刺史陳思讓率勁騎三千拒之辛丑太原奏與契丹偉王戰於秀容斬首三千級生擒五百人獲其虜將一十七奪得偉王金槍鐵甲及旗幟等潰散賊軍入鵶鳴谷巳進軍襲之三月丙午先鋒指揮使石公霸遇賊數萬騎於戚城之北爲賊所圍高行周符彦卿在城之東南方息於林下忽聞賊至駭愕督軍而進纔數千騎衆寡不較行周遣人馳告景延廣請益師延廣遲留俟帝進止既而行周等爲賊圍之數重三人大譟瞋目奮擊賊衆傷死者甚多帝自御親兵援之前軍獲免戊申李守直等軍至馬家渡賊步卒萬人方築壘濬隍以騎軍散列其外舟楫數十猶渡兵未巳我師搏之賊騎退走遂攻其城四面樹梯一鼓而上賊衆大敗乘馬赴河溺者數千西岸虜軍數萬鼓譟揚旗以脅我軍及見東岸俘執斬刈大半陷没水中郎大哭而去是日獲賊馬八百匹執賊將莫城義節樓使崔裕先鋒梁思榮契丹大首領信悉兵馬都監嘗尊

王令威吐渾將黨大地羽林使闘令省軍較張興王佐卿張令霸等魁首七十八人部典節級五百人送於行在餘衆數千郎時斬之辛亥夏州節度使李彝殷銀州刺史李彝沼合蕃漢之兵四萬抵麟州濟河侵契丹之境易州刺史安審約戰契丹於北平獲車馬兵仗賊走保祁溝關斷其橋梁而還乙卯梁州刺史康彦進率兵侵瀛州破荆窠北薛二城巳未定州節度使馬全節率州兵掠泰州破白團城生擒賊軍七百人獲牛馬千餘及器械八百滄州奏賊皇城使李珂領兵三千援送所掠男女三千餘人及貨具等

長蘆而歸尋率輕騎攻其不意斬獲千餘人人口輜重悉委之而走三月癸酉朔虜主耶律德光領兵十餘萬來戰是日高行周前軍在戚城之南旣午賊將趙延壽趙延昭以數萬騎出於王師之西德光以鐵騎出我師之東接戰交相勝負至晡時德光以勁兵中央而來帝亦出親軍列後陣二陣俱列東西偃月際于河湙旗幟鮮盛士馬嚴整德光望之形於懼色謂左右曰楊光遠言晉朝兵馬半已餓死今日觀之何其壯耶虜騎往來馳突左折右旋我師植立不動萬弩齊發飛矢蔽地馬行其中多所蹎蹶賊軍稍却

王師亡命者告德光曰南軍東面人少沿河城柵不固宜併兵攻之德光乃令千騎爲隊前銳後方攻其東首李守貞薛懷讓以勝兵數千急赴之大戰王師敗時夾馬軍士千餘人在堤間治水寨使人亟召之旗幡之末出於堰埭虜以爲偽遁伏兵所起遂整軍而立良久復戰守貞在戰之後立馬於大塚之端去陣三百餘步不敢寸進俄頃王師又退至塚下李守貞以數百騎短兵直進擊之虜稍退戰場之地人馬死者無算斷箭殘鏃交横厚數寸旣而昏暝賊擊鉦而去夜行三十里乃收合夷傷萃於野次甲戌太原鎭定咸奏已各離本部刻期於鄴戰會合師徒乙亥虜主帳内小較竊德光所乘馬來奔辛巳傳木書收軍北去四月帝還京

開運元年十一月壬申詔曰朕以蕃寇未平邊陲多事選求將帥徵發師徒北面屯軍汾河守禦郎目雖無侵軼亦須廣設隄防朕將親率虎貔躬擐甲冑俟聞南牧即便北征不須先定日辰别行曉諭所有供億支用宜令三司預自指揮令隨從諸司職員並宜嘗備行諸侯不得朝覲亦不得以進獻供侍借斂吏民凡百臣寮當體是意

二年正月乙丑離京二月丙子次澶州大閱諸軍於戚城東帝乘馬指揮於軍中丁丑復大閱列左右陣戎容甚肅帝親乘馬指揮至晚還行宮己卯勑以許州符彥卿充北面行營馬軍都指揮使統軍潘環充北面行營步軍都指揮使壬午定州易州各差人奏契丹攻圍祁州癸未宣差皇甫遇領馬步軍兵士二十九指揮天威兵士二千一百八十人進發是月契丹陷祁州刺史沈斌死之三月甲辰都招討使杜威奏今月八日臣與都監李守貞副招討馬全節安審琦皇甫遇等部領大將發赴定州易州刺史安審約

奏二月三日夜差壯丁三百人入賊寨斫營𤒒賊約千人損馬七百匹又據狼山諸寨稱相繼邀殺蕃軍不少庚戌杜威大軍攻泰州刺史晉廷謙以州降獲守城兵士三百八十九人辛亥易州安審約奏狼山守把孫方簡掩殺得賊頭諸里相公一千餘人奚車一兩內有諸里妻及奴婢等甲寅杜威收復滿城獲契丹首領沒刺相公及守城兵士一千九百六十四人內七百人是新蔚二州兵士竝放歸本道其一千二百人是契丹監送次乙卯收復遂城縣其守城契丹留六十三人首領餘竝處斬丁巳杜威退還泰州

是日契丹前鋒至涿州戊午杜威大軍在泰州契丹前鋒至矣巳未大軍離泰州契丹踵其後是夜營於方順河側賊亦相隨立牙帳巳未大軍次陽城庚申契丹賊騎如牆而來大軍步卒排斗底陣騎軍鬬二十餘合午後張彥澤皇甫遇符彥卿等選勁騎擊賊遂行千餘里賊渡白溝而去癸亥戰于白團谷是日契丹主在奚車中及軍敗走車行十餘里追兵旣急獲一橐駞乘之而走乙丑杜威大軍自定州班師赴鎭州勑曰睠唯泰郡素乃漢疆偶隷蕃戎久罹塗炭遇王師之進討傾臣節以來降況地處要衝人推勇悍將控臨於黠虜宜係屬於雄藩其泰州宜割屬定州爲屬郡以狼山寨主孫方簡爲泰州刺史仍簡較尚書右僕射本州守禦都指揮使充定州東西面都巡簡四月丙寅朔北面軍前遣人走馬報前月二十八日殺𤒒賊軍大敗是月帝還京

漢高祖天福十二年九月御札曰朕自副推崇敢忘寅畏及物必加於恩信任人無間於親疎期區宇之大同俾蒸黎之小泰洎朕始臨梁苑畢會藩侯蓋當再造之期用普維新之命莫不駿奔入覲率俾爭先旌旄之寄咸遷帶礪之盟益固魏博杜重威負釁雖

重在朕含垢亦深盡捨前非只期後效是以授之眞秩換彼名藩而禍胎巳成臭氣復作北勾賊虜南拒朝章若不加誅何以爲法黷我天憲勞我兵威今則大進梯櫓克收壁壘重念一夫作孽百姓何辜雖巳推祝網之仁尚宜軫納隍之慮必恐孤城旣拔衆怒猶深黨驚飈更迅於雷霆卽烈焰寧分於玉石朕所以軫傷在念想慮尤深將親勞於六師宜再詢於順動登辭櫛沐須議省巡取今月二十九日車駕起離闕下暫幸澶魏巳來凡百士庶宜體朕意

十月戊戌帝至鄴城阮亭驛行府節度使高行周

率羣較奉迎午後帝次御營丙子宣遣高行周督諸軍分攻城四面是日諸軍將士所傷甚衆宣遣還營始一日前諸軍入謁行宮奏請攻城帝曰朕本意自來者止爲魏民久嬰城塹有倒懸之危復以重威執迷抱恥無出處之計今欲示之以武威來之以大義恃其恩待必見歸投若使城中億萬之命重遭塗炭何以表朕弔伐之意也如衆議須意攻迫但益兵張勢可矣時宰執奏曰兵法云夫有金城湯池內無積粟雖善戰者不能守況重威城孤兵散勢窮力殫輿櫬請死期在旦夕而已睿意所宣生靈大幸足以彰

陛下有殷湯開網之仁也乙未帝乘馬巡城宣遣諸軍以竹籠橋布列架壕水攻擊至未時還宮丁卯諸軍馬步兵士一千餘人各願充梯頭於行宮見帝面賜慰勉以俟指命壬申杜重威與妻石氏即石晉宋國長公主也相次遣牙較崔華鄭進齎表獻欵乞赴行在甲戌又遣觀察判官王敏賫表赴行宮丁丑重威出降鄴都平是日除重威守太傅中書令楚國公

周太祖廣順二年正月勑曰兗州節度使慕容彥超不知恩信輒恣兇狂北則勾喚劉崇南則結連淮寇劫掠鄰縣邀截路行差補元隨壬持鎮務一向殘害生聚百般誅斂貨財贍養姦兇圖謀悖亂割剝之苦所不忍聞朕每爲含容欲全終始近據東西諸處申奏慕容彥超偏於管內抽點鄉軍人戶不伏追差逐處殺劫鎮將又懼挾讐屠害悉是逃竄山林言念衆多盡能忠孝嗟我赤子遇此亂臣方當寒凍之時可想艱辛之狀須行弔伐以救孤危今差侍衛步軍都指揮使曹英等統領大軍往彼問罪已指揮告報諸軍入兗州界並不得下路村舍斫伐桑棗驅虜牛驢毀拆舍屋發掘墳墓如有犯者便行軍令候至城下委曹英散行指揮安撫人戶兼勒諸縣令依舊勾當

公事仍差使臣於兗州四面邊界招喚百姓令著營養如有惡黨接便爲非者即就彼處斷其人戶不得更於堡塞團集仍勒縣鎮官員節級明具朝廷指揮告報勸課農桑無失春計兼自前有兗州管內人戶被慕容彥超迫虜誑惑誘引見在州城內者及有元在兗州充職人等必是逐人各有骨肉房親在城今官中一切不問宜令州縣倍加安撫勿縱節級所繇更私恐嚇若有全家並在兗州城內者或有莊田店宅及諸般物產如元有人句當勒一切仍舊若無人主張即委鄰人簡較看守勿信任人妄有占據及毀

拆斫伐候收復城池分付本主一夫作亂萬姓何辜興言疚懷傷歎無已故茲告諭各令知委曹英等討之數月未克四月內出御札曰昨以慕容彥超違負國朝閉據城壘尚稽顯戮未决羣情方屬災蒸正勞師旅朕恭臨萬國深居九重處宮闕之淸虛雖然遂性念將士之勤苦寧免疚心暫自省巡往申慰撫況非遠路不至甚勞凡我臣寮當體茲意朕取五月五日進發離京赴兖州城下慰勞行營將士沿路側近節度防禦團練使刺史不得離本州府來赴朝覲其隨駕一行供頓並取係省錢物准備差侍臣勾當仍

預告報一路州縣並不得別有排比其隨從臣寮內外諸司官中已有供給州縣亦不得別有破費祗供其要載動用什物車乘亦已指揮備辦如闕少之時候見宜命卽得供應只不得預前排比如衷私有人小小取索並不得應副或軍都及諸色人於路途店肆買所須什物先還價錢兩京留司百官只於遞中附表起居時熱不用差官至行在沿路所指揮事件車駕廻日亦依此施行以樞密副使鄭仁誨權大內都點簡以中書侍郎同平章事判三司李穀權東京留守兼判開封府侍衛馬軍都指揮郭崇在京都巡

簡庚申帝發京師戊辰至兖州城下乙亥王藥元福部下兵如羊馬城遣奏帝出宮督諸軍繇是皷譟而進勇奮之勢不可遏帝遣中使至南寨促王峻進軍追城峻部下軍爭登城壘賊衆奔潰官軍遂入直抵牙門慕容彥超親率其黨來抵官軍官軍退却緣城而出會城北大軍已攀堞而入彥超復結隊死戰虎捷都指揮使杜珣東西班都虞候薄令遷死之少頃城南諸軍復入彥超勢窘乃與妻投井而死彥超長子繼勳與徒黨五百餘自東門奔帝遣騎兵追之王峻亦領親騎追及盡殺之生擒繼勳以獻六師大

掠城中死者萬人兖州平

世宗顯德元年三月癸未內出御札曰朕自遘閔凶再經晦朔山陵已卜日月有期未忘荼蓼之情豈願干戈之役而河東劉崇幸災樂禍安忍阻兵乘我大喪犯予邊境勾引蕃寇抽率鄉兵殺害生靈覬覦州郡朕爲萬姓之父母守先帝之基扃闖此侵凌難以啓處所宜順天地不容之意從驍雄共憤之心親御甲兵往寧邊鄙務淸患難敢避驅馳凡在衆多當體茲意朕取此月十一日親率大軍取河陽路親征竚平妖孽永泰寰區應沿路排當並不得差遣百姓科

配州縣及於人戶處借索刼掠遠近節度刺史並不得輒離理所求赴朝覲應諸司各定應奉公事者卽仰從駕諸無事者不在扈隨務從省要免至勞煩故茲札示想宜知悉以樞密使鄭仁誨爲東京留守乙酉帝御戎服親揔六師出東都壬辰次澤州未晡帝披甲具戎器觀兵於東北郊郊距州十五里夜宿於村舍癸巳前鋒與賊軍相遇甲午賊陳於高平縣南之高原有賊中來者云劉崇自將騎三萬餘騎嚴陳以待王師鄉兵不與其數初偵邏者云崇營於八議關關南距高平四十里契丹聚於長子縣賊將張暉

領三千餘騎爲前鋒帝慮其奔遁促兵以擊之崇東西列陣頗亦嚴整河陽節度使劉詞帥師在後勢未相繼羣情私相恟恐惟帝鋭氣益振乃命侍衛馬步都虞候李重進與滑州節度使白重贊將左居陣之西廂侍衛馬軍都指揮使樊愛能步軍都指揮使何徽將右居陣之東廂宣徽使向訓鄭州防禦使史彥超以精騎當其中殿前都指揮使張永德以禁兵衛蹕帝介馬觀陣兩軍交鋒未幾樊愛能望賊而遁東廂騎軍潰亂步卒數萬皆解甲投賊呼萬歲數聲帝覺勢危乃自率親騎臨陣督戰時太祖馳騎於陣前

臣欽若等曰自此以後言太祖者皆皇朝太祖歷試之事先犯其鋒萬旅觀之無不披靡繇是戰士皆奮命爭先賊軍大敗日暮賊萬餘阻澗而陣會劉詞領兵至與大軍追之賊軍又潰臨陣斬賊將張暉及僞樞密使王延嗣諸將分兵追襲勢若風雨殭尸棄甲塡滿山谷初夜王師至高平降賊軍數千人所棄輜重兵器駞馬及僞乘輿器服等不可勝紀壬寅以天雄軍節度使衛王符彥卿爲河東行營一行都部署兼知太原行府事澶州節度使郭崇副之宣徽南院使向訓爲監護侍衛馬步都虞候李重進爲行軍馬步都虞候鎭國軍節度使王

彥超爲先鋒都指揮使領步騎二萬進發討賊乃詔河中節度使王彥超陝府節度使韓通自陰地關入與符彥卿會合進軍又以河陽節度使劉詞爲隨駕都督署鄜州節度使白重贊爲副五月甲戌朔帝宿于團柏谷乙亥次落漠驛丙午至太原城下駐蹕於行宮符彥卿率諸將已下來見庚辰命彥卿郭從義向訓白重贊史彥超等率步騎萬餘赴忻州蓋自忻代歸順之後蕃戎猶在境故命諸將進軍以討之帝復耀兵城下癸未幸城西命諸軍飛礮以擊城乙酉親領六師巡城戊子幸太原城之東引飛礮擊其門

壘而旋庚寅城之四面設洞屋飛礮之具辛卯領親騎迫其東門仍以飛礮擊之壬辰帝巡按四面軍砦癸巳遣李筠張永德以三千騎赴忻州時符彥卿等以契丹在忻北請益兵以驅之故遣筠等往焉六月癸卯朔帝巡賊城親御軍士巳巳遲明帝發自太原夕次於來遠驛是行也大集兵車及徵山東懷孟蒲陜丁夫數萬修洞屋雲梯以攻其城旦夕之間期於必取會大雨時行軍士勞苦又聞忻口之師不捷帝遂決還京之意庚午至自太原

三年正月帝將南征庚子御札曰朕以中原雖靜四

表未寧臨戎罔憚於躬親問罪須勤於櫛沐今訓齊驍銳巡幸邊陲用壯軍容永安國步宜取此月內車駕進發暫幸淮上凡關舊儀有司准式以宣徽南院使陳州節度使向訓爲權東京留守兼判開封府事以端明殿學士左散騎常侍權知開封府事王朴爲權東京副留守命曹州節度使韓通權點簡侍衛司及爲在京內外都巡簡以權判三司張美爲大內都點簡是日宣侍衛都指揮使歸德節度使李重進領兵赴晉陽壬寅帝南幸丙辰至壽州城下帝親率六師圍其城數匝號令之聲振于原野列御營于州西北淝河之涘以駐蹕焉丁巳徵宋亳陳潁徐宿許蔡等州丁夫數千萬以備攻城之役又命中使高彥彬等四人各領兵於壽州四面安撫編戶及禁其俘掠又命侍衛步軍都指揮使李繼勳領兵於城之南放順都指揮使唐景思領兵於城之東各進洞屋雲梯以攻之壬戌太祖上言敗淮賊萬餘衆於渦口斬僞兵馬都監四方館使何延錫靜江軍使李鐸等於陣擒僞壽州節度使劉仁贍姪天忠指揮使崇浦及獲戰船五十餘隻初吳人遣軍萬餘衆維舟於淮列砦於塗山之下上命太祖領鐵騎數千以襲太祖將至

賊砦十餘里復其餘軍遣輕騎百餘扣其砦門與之交鋒既而爲僞遁之勢仍令數騎棄其馬而遁吳人得其馬大喜因皷譟而來離其砦數里太祖奮伏兵以擊之殺獲殆盡死者不可勝紀

二月甲戌徐州遣牙將王邕押泗州牙較王知朗齎江南國主李景書一函來上書云唐皇帝奉書於大周皇帝不答戊寅命鄧州節度使侯章爲攻取賊水砦都部署右驍衛大將軍王環副之四月乙亥帝至濠州駐蹕於其城南巳卯韓令坤上言敗楚州賊將馬在貴等萬餘衆於瀁頭堰獲僞連州刺史秦進崇

等是日殿前都指揮使張永德上言敗泗州賊軍千餘人於曲溪堰先是江南旣失揚州乃令隣郡悉發部兵同謀收復至是皆爲我師所敗庚辰詔諭諸道曰朕自渡長淮尋淸千里戎輅方期於南下金陵哀告而上章乞駐禁軍稱臣待罪念其危迫未遣攻收不謂忽逞狂謀又屯殘冦韓令坤趙諱等憤其姦詐戮力掃除鋭旅纔交賊徒大敗生擒僞將盡奪樓船竏于旦夕之間便見澄淸之運凡聞克捷諒極懽呼五月自宿宋還京六月李繼勳攻壽州爲賊所敗時李重進駐軍於其城北聞繼勳之敗幾不能守將議

退軍會太祖自六合領兵歸闕路出於壽春因爲駐留旬日重進倚以爲援故其軍復振

四年正月戊申御札曰朕躬臨庶政志靜八方顧淮海之未賓命師徒而致討克捷相繼殺獲甚多料彼孤危安能抵拒然以將士在外攻戰踰年竭力盡忠摧兇破敵念茲辛苦嘗軫憂勞暫議省巡親行慰撫且地理之不遠諒迴復以非遥今取二月內暫幸淮上應自來緣路供頓務從省畧凡有費用並以官物供備所在不得科配其諸約束條件一如近年巡按之例二月甲戌以樞密副使王朴爲權東京留守兼判開封府事以內客省使昝居潤副焉以三司使張美爲大內都巡簡以侍衛都虞候韓通爲京城內外都巡簡乙亥帝衣戎服率步騎數萬發薰風門出三月巳丑次石硤山瞰山川之形勢是夜大陳師旅發浮橋濟淮抵壽州之北庚寅旦帝躬擐甲冑擁兵於紫金山南乃命太祖領殿前諸軍擊賊先鋒砦一皷而破之斬吳冦千餘級餘衆復保山砦攻之未下帝復命太祖領兵伏紫金山攻一砦破之又殺獲賊軍二千餘衆遂斷其來道繇是賊兵首尾不能相救至暮帝分兵守其城砦迴次於下蔡行宮辛卯夜僞監

軍使朱仁裕孫璘等相次各舉其砦來降降其卒萬餘衆帝慮其餘黨沿流東潰遽命步將趙晁率舟師數千沿淮而下是日帝復領兵次於趙步詰旦淮南岸賊之大砦已爲王師所陷殺獲萬餘衆擒賊將僞應援使建州節度使許文稹僞應援都軍使前湖南節度使邊鎬等其餘黨果沿流東下帝遂自趙步領親騎數百循淮之北岸以逐之又命趙晁等諸將縱舟師順流以擊之時太祖於淮南岸追擊賊卒或殺或溺殆將萬數日旣晡帝乘勝馳騎至荆山洪洪距趙步葢二百餘里沿路又有雒口等砦砦皆迎刃而

下之殺溺之外擒賊軍數千人獲戰艦糧船共數百
餘隻稻米七萬餘石鎧甲三萬餘副克捷之速未之
有也是夜帝入於鎮淮軍以駐蹕焉甲午詔發近縣
丁夫數千城鎮淮軍軍有二城夾淮相對仍命徙下
蔡浮橋維於其間甲辰幸壽州城北耀兵而還丙午
壽州劉仁贍奉表請降戊辰帝率六師於壽州城北
受劉仁贍降詔諭天下曰朕昨者再舉銳師重清淮
甸憑玄穹之助順賴將相之協心盡至援軍便臨孤
壘劉仁贍智勇俱竭請罪軍門相次遣男奉表輸誠
乞全生聚今月十一日大陳兵衆直抵城池劉仁贍

率在城兵士一萬餘衆及軍府將吏僧道百姓等出
城納款尋便撫安壽春既靜於煙塵江表佇同於文
軌遠聞克捷當慰衷誠丙辰帝議還京四月至自壽
州東京留司文武百官迎見於高砦鎮且以勝捷稱
賀上顧眄者久之兵部尚書張昭因伏奏於馬前曰
陛下昨離京之日臣等親奉德音期以兩月還京今
纔五十餘日矣料敵班師皆如睿算臣等不勝慶忭
再拜呼萬歲上大悅十月戊辰降御札曰向者以淮
甸未平王師致討寔賴忠貞之力繼成克捷之功漸
屬嚴凝念彼征役况今邊陲無事軍旅正雄須議省

巡親躬撫問將布混同之化罔辭櫛沐之勞止期一
兩月間車駕却還京闕凡在中外當體朕懷今取此
月內暫幸淮上應往來沿路供頓務從省畧凡有費
用並以官物供備所在不得科配已巳以樞密使王
朴充東京權留守三司使張美充大內都點簡壬申
帝離京丁亥至濠州城西設御營以駐蹕焉戊子帝
親領兵破賊砦一所殺淮賊數百人砦在濠州東北
十八里灘上其灘廣袤數重淮水浸而圍之乃濠上
之咽喉先是賊據其地泊舟楫以自固恃其四面水
深謂我師必不能濟帝之將行也令恐索行在橐駞

以往臣寮咸不喻其旨及至命甲士數百人跨橐駞
以濟癸巳帝親領兵於濠州城下分命諸軍攻破賊
城水砦斬獲數百人先是賊以戰船數百泊於城北
植木於淮以梗我舟師之路是日辰時帝乘勝命水
軍鼓戰棹以往盡拔其木因縱火焚其巨艦四隻戰
船七十餘隻斬二千餘級餘衆皆自溺死至午時又
命大軍攻破羊馬城殺賊軍五百餘人自此城中膽
破矣丙辰夜僞濠州團練使郭廷渭差人賫陳情表
來上且言家在江南慮既降之後㧞孥戮之禍欲先
令人稟命於李景望許令健步南去帝尋降璽書慰

論亦俞其請辛丑帝聞渙河已東有賊船數百隻聲言來救應濠州乃親領甲兵及發戰棹水陸東下連夜而行時太祖率精騎前導癸卯大破淮賊於洞口斬級五千收降二千餘人獲戰船三百餘隻因鼓行而東所至皆下太祖乘戰船以逐淮寇至暮爲賊船所圍太祖引滿射殺數人淮寇稍却因縱兵以擊之斬其將卒百餘人餘皆棄船自溺死者甚衆因盡焚其舟楫乙巳至泗州城下太祖率兵先攻其南因焚其城門遂乘勝麾軍破其水砦月城是夜帝據月城樓親冒矢石率禁軍以攻其城丙午冬至分命諸軍

急攻泗州是時太祖於城之西北隅構洞屋樹雲梯已傅其城矣一夕摧其城闉我師有登其陴取戰具而廻者城中大懼十二月乙卯泗州守將范再遇以其城降獲降卒三千餘人是日帝御泗州城樓受宰臣以下稱賀戊午帝聞有賊船數百泊於洞口先令輕騎偵之賊乃退保於清口是日平明領親騎發自泗州繇淮之北岸太祖領兵繇淮之南岸夾淮齊進又命諸將率戰棹沿流而下巳未至清口方舟以濟庚申追及淮賊是夜月色如練步騎數萬夾淮舟師沿流且戰且行金鼓之聲聞數十里辛酉至楚州西北帝乃駐馬指畫諸將一鼓而進破之賊衆數千猶陣於南岸太祖領數十騎馳進擊之郎時大敗因逐至楚州北門斬獲甚衆是時有賊船數隻順流東下帝乃親率驍騎循淮以追之又命太祖領精騎前進行六十餘里太祖擒其首領僞保太軍節度使濠泗楚海都應援使陳承昭以歸數其收獲戰船除燒盪外得三百餘隻降卒除殺溺水得七千餘人自是長淮之中南人之戰棹盡矣壬戌僞濠州團練使郭廷渭乙丑僞雄武軍使崔萬廸皆以城歸順丁丑泰州平是月江南李景遣兵驅虜揚州士庶渡江焚其州

郭而去

五年正月丙戌右龍武將軍王漢璋奏攻下海州乙巳帝親攻楚州丙午拔之斬僞守將張彦卿等二月天長軍使易贇以城歸順戊午帝南巡丁卯駐蹕於廣陵三月壬午朔幸泰州駐蹕於行宮丙戌瓜步鎮差人押潤州軍將丘亮到行宮且言江南李景欲差使朝貢丁亥帝發自泰州復幸廣陵壬辰幸迎鑾江口命武衛大將軍李繼勳巳下帥黑龍船三十隻於江中灘上殺吳寇數百人虜賊船二隻以歸癸巳帝復幸江口命太祖帥戰棹入江以逐賊船軍士乘勝

因直抵南岸焚其營柵至暮而廻丙申江南國主李景遣其臣僞兵部侍郎陳覺奉表來上仍進方物是日帝召覺對於帳殿凡數刻覺奏云臣願自過江取本國表章進納廬舒蘄黄四州之地乞畫江爲界以事陛下哀告之詞悽然可憫帝曰能如是朕復何求若吴王復能舉國内附則亦當待以優禮固不阻他稱朕己亥李景遣其臣劉承遇奉表以廬舒蘄黄四州來上且乞畫江爲界江北平

六年三月丙寅御札曰朕猥以凉德紹此丕圖既爲萬乘之君宜去兆民之患雖晨興夕惕每嘗思於萬

機而紫塞黄河猶未覩於經畧秋夏則波濤罔測三冬則邊鄙驚擾將期安國利人豈憚櫛風沐雨今取此月内駕幸滄州已來應沿路排頓並以官物充餘依舊例以右羽林統軍李繼勳充棹船左廂都部署前澤州刺史劉洪副之以前虢州刺史劉漢遇充棹船右廂都部署客省副使劉贊原副之以宣徽南院使吴廷祚爲權東京留守判開封府事宣徽北院使昝居潤副之以三司使張美爲權大内都部署甲戌帝離京辛卯至滄州是日晝漏未盡帝戎服乘馬率步騎數萬發自滄州直趨虜界中夜駐蹕於野次壬辰至乾寧軍己未帝大治舟師以備北伐丁酉御龍舟率内六軍鳴鼙鼓棹順流而北艛船戰艦首尾數十里己亥至獨流口自北泝流以進庚子雲旗倐西北而行又倐西南而行皆順河路也壬寅以自關之西河路漸隘水不能勝舟有巨舫數千艘不能進乃捨之其餘小舟即命步卒挽之以進是時帝亦捨龍舟乘馬登陸按轡而西癸卯帝入于瓦橋關駐蹕於行宫太祖未及解鞍旋聞關西之北有胡騎數千乃領百餘騎往擊之胡兵皆望塵而退五月乙巳朔侍衛使李重進以下諸將相次帥師而至是日僞瀛州

刺史高彦暉上表歸順關南平是行也王師數萬不亡一矢而虜界城邑皆迎刃而下

册府元龜

巡按福建監察御史臣李嗣京訂正
知甌寧縣事臣孫以敬參閲
知建陽縣事臣黄國琦較釋

帝王部一百十九

選將

傳曰君子聽鼓鼙之聲則思將帥之臣蓋夫總中權之任負出師之律上所注意人之司命故其爲重也繇夏商而上靡得而詳周官司馬掌九伐之法以詰誅暴慢自漢以來或愼簡智勇委之兵柄乃有備物

加禮而表其待遇分閫假鉞而申之委任方面付之經畧諸將稟其節度推擇之難斯可見矣或斷自宸志或薦於公府僉謀而登用推誠以付託曷嘗不奮庸而底績哉

周宣王使大夫尹氏策命程伯休父於軍將行治兵之時使其士衆左右陳列而勑戒之使循彼淮土之旁省視徐國之土地叛逆者故召穆公作嘗武之詩以美之曰王謂尹氏命程伯休父左右陳行戒我師旅率彼淮浦省此徐土

漢高祖初爲漢王王巴蜀時韓信數與蕭何語何奇之至南鄭諸將道亡者數十人信度何等已數言（度計量也）上不我用卽亡何聞信亡不及以聞自追之人有言帝丞相何亡帝怒如失左右手居一二日何來謁帝且怒且喜罵何曰若亡何也（若汝也）何曰臣非敢亡追亡者耳帝曰所追者誰也曰韓信帝復罵曰諸將亡者以十數公無所追追信詐也何曰諸將易得至如信國士無雙（爲國家之奇也）王必欲長王漢中無所事信（無事用信）必欲爭天下非信無可與計事者顧王策安決（顧思念也）王曰吾亦欲東耳安能鬱鬱久居此乎何曰王計必東能用信信卽留不能用信信終亡耳王曰吾

爲公以爲將何曰雖爲將信不留王曰以爲大將何曰幸甚於是王欲召信拜之何曰王素嫚無禮（嫚與慢同）今拜大將如召小兒此乃信所以去也王必欲拜之擇日齋戒設壇場具禮乃可王許之諸將皆喜人人各自以爲得大將至拜乃韓信也一軍皆驚又初攻下外黄西收軍於滎陽楚騎來衆王廼擇軍中可爲騎將者皆推故秦騎士重泉人李必駱甲（重泉縣名也地理志屬左馮翊）習騎兵今爲較尉可爲騎將漢王欲拜之必甲曰臣故秦民恐軍不信臣臣願得大王左右善騎者傳之（傳音附猶言隨從者）嬰雖少然數力戰乃拜中謁者灌嬰

爲中大夫令李必駱甲爲左右較尉將郎中騎兵擊楚騎於滎陽東大破之

後漢光武初赤眉西入關更始使定國上公王康襄邑王成丹抗威將軍劉均及諸將分據河東弘農以拒之赤眉衆大集王康等莫能當光武籌赤眉必破長安欲乘釁并關中而方自事山東未知所寄以鄧禹沉深有大度故授以西討之畧乃拜爲前將軍持節中分麾下精兵二萬人遣西入關令自選偏裨以下可與俱者於是以韓歆爲將軍師李文李春程慮爲祭酒馮愔爲積弩將軍樊崇爲驍騎將軍宗歆爲

車騎將軍鄧尋爲建威將軍耿訢爲赤眉將軍左右于爲將師將軍

建武元年帝以王霸曉兵愛士可獨任拜爲偏將軍并將臧宮傅俊兵討周建蘇茂明年春帝使太中大夫持節拜霸爲討虜將軍

二年帝以赤眉延岑暴亂三輔郡縣大姓各擁兵衆大司徒鄧禹不能定乃遣馮異代禹討之帝送至河陽賜以乘輿七尺具劒勑異曰三輔遭王莽更始之亂重以赤眉延岑之酷元元塗炭無所依訴今之征伐非必畧地屠城要在平定安集之耳諸將非不健鬬然好擄掠卿本能御吏士念自修勑無爲郡縣所苦異頓首受命

四年拜馬成爲揚武將軍督誅虜將軍劉隆振威將軍宋登射聲較尉王賞發會稽丹陽九江六安四郡兵擊李憲時帝幸壽春設壇塲祖禮遣之（共工氏之子曰修好遠遊舟車所至足跡所逮靡不窮覽故祀以爲祖神祖徂也）

明帝時鄧禹少子鴻好籌策永平中以爲小侯引入與議邊事帝以爲能拜將兵長史率五營士屯鴈門

竇固爲中郎將坐事廢于家明帝欲遵武帝故事擊匈奴通西域以固明習邊事拜爲奉軍都尉與耿忠

率萬二千騎至天山擊呼衍王斬首千餘級

桓帝時橋玄拜將作大匠鮮卑南匈奴及高句驪嗣子伯固竝畔爲寇鈔四府舉玄爲度遼將軍假黃鉞

馮緄爲太常會長沙蠻寇益陽屯聚積久至延熹五年衆轉盛而零陵蠻賊復反應之合二萬餘人攻燒城郭殺傷長吏又武陵蠻夷悉反寇掠江陵間荆州刺史劉度南郡太守李肅竝奔走荆南皆沒於是拜緄爲車騎將軍將兵十餘萬討之詔策緄曰蠻夷猾夏久不討攝各焚郡城蹈籍官人州郡將吏死職之臣相逐奔投曾不反顧可愧言也將軍素有威猛是

以擢受六師前代陳湯馮傳之徒以寡擊衆郅支夜郎樓蘭之戎頭懸都街衞霍北征功刻金石皆是將軍所究覽也今非將軍誰與修復前迹進赴之宜權時之策將軍王之出郊之事不復內御已命有司祖于國門詩不云乎進厥虎臣闞如虓虎鋪敦淮濆仍執醜虜將軍勉之時天下饑饉帑藏虛盡每出征伐嘗減公卿奉祿假王侯租賦前後所遣將帥官輒陷以折耗軍資往往抵罪緄性烈直不行賂賄懼爲所中乃上疏曰執得容姦伯夷可疑苟曰無猜盜跖可信故樂羊陳功文侯示以謗書願請中嘗侍一人監

軍財費尚書朱穆奏緄以財自嫌入大臣之節有詔勿劾

魏太祖時許褚遷武衞將軍都督中軍宿衞禁兵甚親近焉初褚所將爲虎士者從征伐帝以爲皆壯士也同日拜爲將其後以功爲將軍封侯者數十人都尉較尉百餘人皆劍客也

文帝黃初中大將軍曹仁甍以蔣濟爲東中郎將代領其兵詔曰卿兼資文武志節忼愾嘗有超越江湖吞吳會之志故復授將帥之任

張旣爲雍州刺史鄒岐爲凉州刺史凉州盧水胡伊健妓妾治元多等反河西大擾帝憂之曰非旣莫能安凉州乃召鄒岐以旣代之詔曰昔賈復請擊郾賊光武笑曰執金吾擊郾吾復何憂卿謀略過人今則其時以便宜從事勿復先請

明帝太和末遼東叛帝欲征之而難其人中領軍楊曁舉殄夷將軍田豫應乃使豫以本官督青州諸軍假節往討之

高貴鄉公正元二年八月蜀將姜維寇狄道詔以長水較尉鄧艾行安西將軍與征西將軍陳泰并力拒維復遣太尉司馬孚爲後繼

甘露二年七月詔曰今車駕駐項大將軍恭行天罰前臨淮浦昔相國大司馬征討皆與尚書俱行今宜如舊乃令散騎常侍裴秀給事黃門侍郎鍾會咸與大將軍俱行

晉文帝時石苞爲徐州刺史帝之敗於東關也苞獨全軍而退帝指所持節謂苞曰恨不以此授卿以究大事乃遷苞爲奮武將軍假節監青州諸軍事

武帝時杜預爲度支尚書時帝有滅吳之計而朝議多違唯預羊祜張華與帝意合及祜病舉預自代因以本官假節行平東將軍領征南軍師及祜卒拜鎮

南大將軍都督荆州諸軍事給追鋒車第二駙馬
武帝咸康元年四月石季龍寇歷陽癸丑帝觀兵於廣莫門分命諸軍遣將軍劉仕救歷陽平西將軍趙胤屯慈湖龍驤將軍路永戍牛渚建武將軍王允之戍蕪湖司空郗鑒使廣陵相陳光帥衆衛京師
簡文帝時殷浩爲楊州刺史石季龍死胡中大亂朝廷欲遂蕩平關河於是以浩爲中軍將軍假節都督揚豫徐兗青五州軍事浩既受命以中原爲已任上疏北征許雒將發墜馬時咸惡之既而以淮南太守陳逵兗州刺史蔡裔爲前鋒安西將軍謝尚北中郎

將荀羨爲督統開江昣田千餘頃以爲軍儲
孝武帝時王恭爲中書令時孝武將擢時望以爲藩屏乃以恭爲都督兗青冀幽并徐州晉陵諸軍事平北將軍兗青二州刺史假節鎮京口初都督以北爲號者累有不祥故桓冲王坦之刁彝之徒不受鎮北之號恭表讓軍號以超受爲辭而實惡其名於是改號前將軍
安帝元興初朝廷將伐桓玄以桓氏世在陝西以大將軍府司馬桓謙父冲有遺惠於荆楚懼人情向背乃用謙爲持節都督荆益寧梁四州諸軍事西中郎將荆州刺史假節以安荆楚
後魏道武時長孫肥爲鎮遠將軍兗州刺史姚平之寇平陽帝將討之選諸將無如肥者乃徵還京師遣與毗陵王順等將六萬騎爲先鋒
太武時來太千爲征北將軍鎮雲中帝以其壯勇數有戰功兼悉北境險阻乃以太千巡撫六鎮以防寇虜經略布置甚得事宜
神䴥三年七月聞宋將來寇遂詔大鴻臚卿杜超假節都督冀定相三州諸軍事行征南大將軍太宰進爵爲王鎮鄴爲諸軍節度

司馬文思爲廷尉卿宋遣將裴方明擊楊難當於仇池帝以文思爲假節征南大將軍督雒豫諸軍南趣襄陽邀其歸路
文成時源懷拜殿中尚書加侍中參都曹事又督諸軍征蠕蠕六道大將咸受節度
孝文太和中堯暄爲南部尚書時梁遣其將陳顯達寇邊以暄爲使持節假中護軍將軍都督南征諸軍事平陽公軍次許昌會陳顯達遁走暄乃班師
太和十七年孝文南討詔趙郡王幹司空穆亮爲西道都將時幹年少未涉軍旅帝乃除薛胤假節平南

將軍爲幹副軍

宣武時邢巒爲安西將軍徵授度支尚書時梁遣兵侵軼徐兗緣邊鎮戍相繼陷殁朝廷憂之乃以巒爲使持節都督東討諸軍事安東將軍尚書如故帝勞遣巒於東堂曰蕭衍寇邊旬朔滋甚諸軍舛于規致連戍陷殁宋魯之民尤罹湯炭誠知將軍旋京未久膝下難違然東南之寄非將軍莫可將軍其勉建殊績以稱朕懷自古忠臣亦非無孝也巒對曰賊雖送死連城大逆衆盛然逆順理殊滅當無遠況臣仗陛下之神筭奉律以摧之平殄之期可指辰而待願陛

下勿以東南爲慮宣武曰漢祖有云金吾擊郾吾無憂矣今將軍董戎朕何慮哉

蕭寶寅以梁武克建業殺其兄弟避害來奔後永平四年盧昶尅梁朐山戍以瑯邪戍主傅文驥守之梁遣師攻文驥盧昶督衆軍救之宣寶寅爲使持節假安南將軍別將長驅往赴受盧昶節度賜帛三百疋宣武於東堂餞之詔曰蕭衍送死連兵再離寒暑卿忠規内挺孝誠外亮必欲鞭尸吳墓戮衍江陰故授卿以摠統之任仗卿以克捷之規宜其勉歟寶寅對曰讎恥未復枕戈俟旦雖無申包之志敢忘伍胥之心今仰仗神謀俯厲將帥誓必拉彼奸勍以清王畧聖澤下臨不勝悲荷因泣涕横流哽咽良久於後盧昶軍敗唯寶寅全師而歸

李平爲度支尚書領御史中尉冀州刺史京兆王愉反於信都以平爲使持節都督北討諸軍事鎮北將軍行冀州事以討之宣武臨式乾殿勞遣平曰愉朕之元弟居不疑之地豺狼之心不意而發欲上傾社稷下殘萬民大義滅親夫豈獲已周公行之於古朕亦當之於今今委卿以專征之任必令應期摧殄務盡經畧之規勿虧推轂之寄也何圖今日言及斯事

因欷歔流涕平對曰臣愉天迷其心搆此梟悖陛下以臣不武委以摠督之任今大宥既敷便應有征無戰脱守迷不悟者當仰憑天威抑厲將士譬猶太陽之消微露巨海之蕩螢燭天時人事咸在昭然如其稽顙軍門則送之大理若不悛待戮則鳴鼓釁征非陛下之事又梁遣其左右遊擊將軍趙祖悅偷據西硤石衆至數萬以逼壽春鎮南崔亮攻之未尅又與李崇乖異詔平以本官使持節鎮軍大將軍兼尚書右僕射爲行臺節度諸軍東西州將一以稟之如有乖異以軍法從事

楊大眼爲中山內史時高肇征蜀宣武慮梁侵軼徐揚乃徵大眼爲太尉長史持節假平南將軍東征別將隷都督元遥遏禦淮淝

孝明時李崇爲征南將軍揚州刺史詔曰應敵制變筭非一途救左擊右疾雷均勢今朐山蟻冦久結未殄賊衍狡詐或生詭刼宜遣鋭兵備其不意崇可都督淮南諸軍事坐敦威重遥運聲筭次爲尚書令加侍中後北鎮破落汗抜陵反叛所在響應征北將軍臨淮王彧大敗於五原安北將軍李叔仁尋敗於白道賊衆日甚詔引丞相令僕尚書侍郎黄門於顯陽

殿詔曰朕比以鎮人搆逆登遣都督臨淮王彧時除翦軍留五原前鋒失利二將殞命兵士挫衄又武川乖防復陷凶手恐賊勢浸淫冦連恒朔金陵在彼夙夜憂惶諸人宜陳良策以副朕懷吏部尚書元修義曰強冦充斥事須捍討臣謂須得重貴鎮壓恒朔摠彼師旅備衞金陵詔曰去歲阿那瓌叛逆遣李崇令北征崇遂長驅塞北返節榆關此亦一時之盛乃上表求改鎮爲州罷削舊貫朕于時以舊典難革不許其請尋李崇此表開鎮人非異之心致有今日之事但既往難追爲復畧論此耳朕以李崇國戚望重器識英斷意欲還遣崇行摠督三軍揚旗恒朔除彼羣盜諸人謂可爾以不僕射蕭寶寅等曰陛下以舊都在此憂慮金陵臣等實懷悚息李崇德位隆重社稷之臣陛下此遣實合羣望崇啓曰臣實無用猥蒙殊寵位妨賢路遂充北伐徒勞將士無勳而還慙負聖朝於今莫已臣以六鎮幽垂與賊接對鳴柝聲弦弗離旬朔州名差重於鎮謂實可悦彼心使聲教日揚微塵去塞豈敢導此凶源開生賊意臣之愆負死有餘責屬陛下慈寛賜全腰領今更遣臣北行正是報恩改過所不敢辭但臣年七十自恨老疾不堪敵場

更願英賢收功盛日於是詔崇以本官加使持節開府北討大都督撫軍將軍崔暹鎮國將軍廣陵王淵皆受崇節度

高樹生太尉謐之子尚氣俠不仕孝昌初北州大亂詔發衆軍廣開募賞以樹生有威畧授以大都督令率勁勇鎮捍舊藩

周武帝保定四年十月詔大將軍大冢宰晉國公護率軍伐齊帝於太廟庭授以斧鉞於是護摠大軍出潼關大將軍權景宣率山南諸軍出豫州少師楊檦出軹關建德二年六月大選諸軍將帥以戎事

梁士彥以軍功拜儀同三司武帝將有事東夏聞其勇決自扶風郡守除九曲鎮將進位上開府封建威縣公齊人甚憚焉

隋高祖時相州王謙搆逆帝將擊之問將於高熲答曰于義素有經畧可爲元帥帝初然之劉昉進曰梁睿位望素重不可居義之下帝乃止於是以睿爲元帥義爲行軍總管

周搖爲豫州總管開皇初突厥寇邊燕薊多被其患前總管李崇爲虜所殺帝思所以鎮之臨朝曰無以加周搖者拜爲幽州總管六州五十鎮諸軍事搖修

鄣塞謹斥堠邊民以安

源雄爲朔州總管深爲北夷所憚伐陳之役高祖下冊書曰於戲唯爾上大將軍朔方公雄識悟明允風神果毅往牧徐方時逢寇逆建旗馬邑安撫北蕃嘉謀絶外境之虞挺劒息韋韝之望沙漠以北俱荷威恩呂梁之間罔不懷惠但江淮慕爾有陳僭逆今將董率戎旅清彼東南是用命爾爲行軍總管往欽哉於是從秦王俊出信州道及陳平以功進位上柱國賜子崇爵端氏縣伯褎爲安化縣伯賜物五千段復鎮朔州

韓洪爲廉州刺史時突厥屢爲邊患朝廷以洪驍勇簡較朔州總管事尋拜代州總管

賀若弼周末爲壽州刺史及高祖受禪陰有併江南之志訪可任者高熲曰朝臣之內文武才幹無出賀若弼者帝曰公得之矣乃拜弼爲吳郡總管委以平陳之事弼忻然以爲己任

李衍爲介州刺史朝廷將有事江南詔衍行襄州道營戰船及大衆伐陳授行軍總管從秦王俊出襄陽道

杜彥爲洪州總管時雲州總管賀婁子幹卒帝悼惜

者久之因謂侍臣曰楡林國之重鎮安得子幹之輩乎後數日帝曰吾思可以鎮楡林者莫過杜彥於是徵拜雲州總管十八年遼東之役以行軍總管從漢王至營州帝以彥曉習軍旅令總管五十營事及還拜朔州總管

煬帝大業十年齊郡賊盜孟讓寇掠諸郡王世充大破之帝以世充有將帥才畧復遣領兵討諸小盜所向盡平

唐高祖武德六年八月東南道行臺僕射輔公祏據丹陽反僭稱宋王遣趙郡王孝恭及嶺南道大使永

康縣公李靖討之
太宗貞觀三年十一月以并州都督李世勣爲通漢道行軍總管兵部尚書李靖爲定襄行軍總管以擊突厥
八年十二月命特進李靖兵部尚書侯君集刑部尚書任城王道宗凉州都督李大亮等爲大總管各帥師分道以討吐谷渾
十三年十二月以吏部尚書侯君集爲交河道行軍大總管帥師伐高昌
十八年十一月命太子詹事英國公李勣爲遼東道

行軍總管出柳城禮部尚書江夏郡王道宗副之刑部尚書鄖國公張亮爲平壤道行軍總管以舟師出萊州左領軍嘗河瀘州都督左難當副之以伐高麗
高宗永徽二年七月賀魯寇陷金嶺城蒲類縣遣武候大將軍梁建方右驍衛大將軍契苾何力爲弓月道總管以討之
六年五月命左屯衛大將軍盧國公程知節等五將軍帥師出葱山道以討賀魯
顯慶元年二月命右屯衛將軍蘇定方等將四將軍爲伊麗道將軍帥師以討賀魯
四年十一月以邢國公蘇定方爲神丘道總管劉伯英爲昆夷道總管以伐百濟
龍朔元年五月命左驍衛大將軍梁國公契苾何力爲遼東道大總管左武衛大將軍邢國公蘇定方爲平壤道大總管兵部尚書同中書門下三品樂安縣公任雅相爲浿江道大總管以伐高麗
麟德元年十月命司空英國公李勣爲遼東道行軍大總管以伐高麗
三年正月以右相劉仁軌爲遼東道總管
總章二年六月遣右衛大將軍凉國公契苾何力爲

鷄海道大總管三年四月以左衛大將軍薛仁貴爲邏娑道行軍大總管右衛員外大將軍阿史那道眞左衛將軍郭待封爲副領兵五萬以擊吐蕃
咸亨五年二月遣太子左庶子同中書門下三品劉仁軌爲雞林道大總管以討新羅仍令衛尉卿李弼右領軍大將軍李謹行副之
上元三年三月吐蕃入寇部廓河芳四州命雒州牧周王顯爲洮州道行軍元帥領工部尚書劉審禮等十二總管并州都督相王輪爲凉州道行軍元帥領左衛將軍契苾何力等軍以討吐蕃二王竟不行

永隆二年正月遣禮部尚書裴行倹爲定襄道大摠
管帥師討突厥
永淳二年十一月命將軍程務挺爲單于道安撫大
使以拓討總管討山賊元珍骨篤祿賀魯等
中宗神龍三年五月以屯衛大將軍兼簡較雒州長
史張仁亶爲朔方道大摠管以備突厥
玄宗開元二年四月庚午勑曰大漠南守長河北介
地險可憑天兵有警夏潦方壯冬氷未合料敵安邊
存乎備預靈武道行軍副大摠管右領軍衛大將軍
張知運神氣雄傑兵謀果斷持軍出塞可使單于奔

膽抗敵臨邊足令勇夫增氣宜令先持節赴軍簡行
處置幷緣邊州軍兵馬等亦委知運量事均融乃與
幽州刺史攝御史中丞強修計議便宜支備事訖聽
暫入京奏事姚崇職兼樞劇未要即行副既掌同一
依軍令
三年夏四月庚申帝以遏邏祿等部落新歸恐邊境
有虞思建將帥乃下詔曰命彼太師聞乎周頌安得
猛士欽若漢圖朕懷柔百蠻茂育萬姓綏之則敎人
息戰靖之則去兵不用故懾戎是逐前史嘗載夷狄
爲亂先王必征所以罰其淩驕徵其即敘朔方軍壘

接太原之備胡右地城池控張掖之遮虜是用誠于
師旅揚我兵威諶其任之肅此將命右羽林軍大將
軍上柱國河東郡開國公薛訥左衛大將軍上柱國
太原郡開國公郭虔瓘等旣明且哲緯武經文登壇
有大將之容辭第有忠臣之志或斬其愛子掃塵而
清北風或俘其名王却地而盡西海故可以率如羆
之勇當非熊之寄然則井陘之間昔不成列河源之
路舊多鑿空設險而張遠謀摠戎而獻長策俾爾之
效在於斯舉固當殲其種落告成於王豈爲完我甲
兵逸而待寇而已訥可持節充梁州鎮軍大摠管赤

水建康河源及緣邊州軍並受節度仍與郭虔瓘張
知運杜賓客相知共爲表裏夙設方畧虔瓘可持節
充朔州鎮大摠管和戎大武及幷州以北緣邊州軍
並受節度仍與張知運甄道一相知共爲犄角勿失
權宜訥便特於凉州任凉州都督楊執一爲副大摠
管虔瓘於幷州任幷州長史王晙爲副大摠管宜排
比兵馬精加教練幽州有事即令虔瓘將和戎兵馬
從嘗州土門與甄道一計會共討兇逆其同華等兵
及精騎健兒幷鞍馬等依三月十五日制仍令遠探
量事續遣

十月壬戌制曰古之命將帥訓甲兵所以宣威武而制戎狄也自非欒郤之裔孫吳之才何以總中軍而絕大漠矣右羽林軍大將軍上柱國河東郡開國公涼州鎮軍大總管薛訥家代名將國朝元臣智湧泉源氣橫雲電廟堂之上則寬而有謀旗鼓之間則勇而無撓頃者單于地隔驕子天亡衆已離心魑魅懸首今則須行弔伐用滅逋逃宜憑推轂之權將待覆巢之勢可持節充朔方道行軍大總管太僕卿呂延祚謀慮經遠才明沉斷右威衛將軍兼靈州刺史杜賓客三軍之雄萬人之敵以之入幕孰不師臧僉謂

出車肅茲王命並宜充副總管

蕭嵩爲兵部侍郎時涼州刺史河南節度王君㚟家在瓜州爲吐蕃大將悉諾邏恭祿所攻河隴震駭俄而君㚟又爲廻紇諸部所殺朝廷議以大臣出鎮以靜邊隅乃拜嵩爲兵部尚書河西節度判涼州事嵩乃奏裴寬郭虛己牛仙客爲判官左金吾衛員外將軍張守珪爲瓜州刺史邊境獲安軍師屢捷帝大悅制以嵩同中書門下三品恩顧莫二

天寶十四年十一月范陽節度安祿山稱兵向闕詔以朔方節度副使兼靈武郡太守御史大夫安思順爲戶部尚書弟元貞爲太僕卿朔方右廂兵馬使九原郡太守兼西受降城使郭子儀爲衛尉卿員外郎置同正員兼靈武郡太守攝御史中丞充朔方節度關內支度副大使知節度事

十五載敕子儀圍雲中收復河朔以朔方節度副使單于副都護李光弼爲雲中太守攝御史大夫充河東節度副大使知節度事委以東討（代宗實錄載天寶末安祿山反玄宗注意武將光弼子儀皆蒙名見于內殿並稱旨特拜光弼代祿山爲范陽節度使委以東討）

肅宗上元二年二月李光弼兵敗於邙山河陽太守魚朝恩退保陜州三年二月河中軍亂殺其帥李國

貞時太原節度使鄧景山亦爲部下所殺恐其合從連賊朝廷憂之後輩帥臣未能彈壓勢不獲已遂用郭子儀爲朔方河中北庭潞儀澤沁等州節度行營行興平定國副元帥充本管觀察處置使進封汾陽王出鎮絳州

三月丙申詔曰時屬艱難用勤師旅元帥之任必藉廟謀苟非人傑孰允斯寄司徒兼中書令朔方節度副大使子儀風雲有感星象降生秉文武之姿懷經濟之器自兇狂搆禍區宇未寧蘊忠貞以立身資義勇而成務加其識度弘遠謀略冲深張飛乃萬人之

敵鄰殺是三軍之帥故能掃清强寇收復二京建茲
大勳成我王業雖少康嗣位夏靡贊其功光武中興
鄧禹集其事以今觀古未足多之但以氛祲未清軍
戎是急爰求碩德佇以師貞宜承重委克濟多難可
充東京畿及山南東道幷河南諸道元帥仍權知東
京留守

五月丙戌詔曰元帥之任實屬於師貞左軍之選諒
資於邦傑自非道申啓沃學貫韜鈐則何以刼分閫
而專征膺鑿門而受律求諸將相允得其人司空兼
侍中薊國公光弼器識弘遠志懷沉毅蘊孫吳之畧

有文武之才任屬艱難備形忠勇叶風雲而經始保
宗社于阽危蹤是出備長城入扶大廈茂功懸於日
月嘉績被於巖廊屬殘寇猶虞總戎有命用擇惟賢
之佐式弘建親之典必能緝寧邦國叶贊天人誓餘
丹浦之師勦彼綠林之盜載申朝奬爰藉舊勳宜副
出車之命仍踐分麾之寵仍與天下兵馬元帥趙王
係爲副知節度行營事

來瑱爲穎川郡太守乾元中史思明又陷東京詔瑱
爲陝州刺史充陝虢節度使鎭陝州俾遏東寇無何
襄州鎭兵擾亂轉瑱爲襄州刺史充山南東道節度
觀察等使

代宗寶應元年七月辛卯詔曰工部尚書兼御史大
夫隴右節度觀察等使大寧郡王僕固懷恩經武大
才濟時良具今以寇窘河雒思用討除宜輟務於西
陲俾廓清於東夏可充朔方行營節度使本官封如
故時將收河雒以懷恩宿將勇而有謀乃委以東討

廣德元年冬吐蕃寇京師乘輿幸陝州以右羽林大
將軍衛伯玉有幹畧可當重寄乃拜荆南節度觀察
等使

二年正月丁巳詔太子賓客薛景仙爲南山五溪谷

防禦使時蕃寇初潰兇徒盜聚山谷或至數百人晝
伏夜動攻害閭里人不甚寧景仙素以勇猛知名及
是行也老幼咸悅

德宗建中四年七月以神策大將軍尚可孤兼御史
大夫充荆襄應援淮西使

興元二年四月帝在梁州臨軒備禮授副元帥渾瑊
節鉞中書令宣制内寇賊于紀授爾節鉞以戡多難
往欽哉瑊跪曰將相之重忝以寄臣誓當畢力以揚
陛下之休拜受而退八月癸卯加神策軍京畿渭
南渭北鄜坊節度及兵馬副元帥司徒兼中書令令

朋郡王食實封一千五百戶李晟兼鳳翔尹充隴右節度支度營田觀察使仍充管內諸軍及涇原四鎮北庭行營兵馬副元帥改封西平郡王加河東保寧軍節度觀察使太原尹北都留守簡較司徒平章事北平郡王馬燧奉城軍及晉慈隰節度並管內諸軍行營兵馬副元帥以靈鹽豐夏節度使邠寧振武奉天永平等軍馬副元帥侍中兼靈州大都督樓煩郡王食實封一千八百戶渾瑊爲河中尹河中絳州節度觀察等使仍充河中同絳陝虢節度及管內諸軍行營兵馬副元帥改封咸寧郡王

貞元初樊澤爲襄陽節度使三年代張伯儀爲荊南節度觀察等使江陵尹兼御史大夫三歲加簡較禮部尚書會襄州節度曹王皋卒於鎮軍中剽掠擾亂以澤威惠素著於襄漢復代曹王皋爲襄州刺史山南東道節度使

劉昌初爲宣武軍節度使劉玄佐兵馬使貞元三年玄佐朝京師帝因以宣武士衆八千人委昌北出五原軍中有退却沮事者昌繼斬三百人遂行尋以本官授京西行營節度使歲餘授涇州刺史充四鎮北庭行軍兼涇原節度度支營田等使

李自良爲河東軍都將德宗欲以自良代馬燧爲節度使自良以事燧久不欲代爲軍帥帝以河東密邇胡戎難於擇帥翌日自良謝帝謂之曰卿於馬燧存軍中事分誠爲得體然北門之寄無易於卿卽日拜簡較工部尚書兼御史大夫太原尹北都留守河東節度度支營田觀察等使

十一年河東節度李自良卒以行軍司馬兼太原少尹御史大夫李說知府事爲河東節度支度營田觀察留後北都副留守初自良得疾凡六日卒匿喪至明日乃揚言病丙戌乃告喪先是都虞候張瑤久在

軍素得衆心嘗請告還葬自良未許至是李說與監軍王定遠謀乃給瑤假以大將毛朝賜代瑤戊子遣以聞先是中使第五國珍奉使靈朔廻至太原遇自良病因遲留比知自良死乃馳赴京師先李說使至帝因命國珍齎授詔命往太原兼勅書三十餘封賜其大將及管內刺史焉

十五年蔡州吳少誠悖逆詔宣武等十節度討之十二月王師大潰於小溵河時軍旣烏合且無統帥諸營兵馬無多少各有監軍數十人專掌兵制進退討襲互相規利故未甚與賊交鋒而自潰輜車輿戈甲

資糧扉屨並爲賊所有繇是議招討使之選十六年二月以左神策軍行營鹽夏綏銀州節度觀察押蕃落使韓全義爲蔡州行營招討處置使應北路行營諸軍將士並取全義指麾陳許節度度支營田觀察使上官悅充副使

李景畧貞元中爲河東節度行營司馬歲餘風言廻紇將南下降山豐州宼得其人帝素知景畧居邊練事時方軫慮中官竇文場在旁復言景畧堪任於是以景畧爲豐州刺史天德軍西受降城都防禦使

高固建中末爲邠寧節度渾瑊裨將李懷光既叛使

留後張昕取將士萬餘人以資授河中固時在軍中斬昕以徇授前軍兵馬使貞元十七年節度使楊朝晟卒軍中請固爲帥德宗念固前功因而授之累官至簡較右僕射

册府元龜

巡按福建監察御史臣李嗣京訂正

新建縣舉人臣戴國士參閱

知建陽縣事臣黄國琦較釋

帝王部　一百二十

選將第二

唐憲宗初高崇文爲長武城使永貞元年冬劉闢阻兵朝議討伐宰臣杜黄裳以爲獨任崇文可以成功元和元年春拜簡較工部尚書兼御史大夫充右神策行營節度使兼統左右神策奉天麟遊諸鎮兵以

討闢時宿將專征者甚衆人人自謂當選及詔出大驚崇文在長武練卒五千常若寇至及是中使至長武卯時宣命而辰時出師五千器用無闕者

元和二年四月甲子以尚書右僕射伊慎代范希朝爲右金吾衛大將軍以希朝代李欒爲靈州長史充朔方靈鹽節度仍進位簡較司空以右神策鹽州定遠三鎮兵馬隷焉所以革近制任邊將也

四年鎮州王承宗拒命詔左神策護軍中尉吐突承璀討之以左武衛將軍王萬敵爲左神策軍行營先鋒兵馬使仍復本姓趙氏萬敵本成德軍裨將也以善戰爲王武俊所重令姓王氏士眞時遣歸朝習知鎮冀事故授以前鋒

九年八月辛酉以河陽節度使烏重胤爲簡較工部尚書兼汝州刺史充河陽三城懷汝等州節度觀察處置營田等使討淮西故移重胤壓境焉

十一月甲午以御史中丞胡証充振武麟勝節度使時振武累用節將邊事曠廢朝廷思用儒者以撫安之乃有是命

十一年七月以荆南節度使袁滋爲彰義軍節度使以徐州刺史楊旻爲唐州刺史兼御史中丞充行營

都知兵馬使以滋儒者故須復以旻將其兵

渾鎬歷延唐鄧州刺史及討王承宗屬義武軍節度任廸簡疾不能軍帝以鎬藉父名足以鎮之乃令代廸簡爲帥鎬始至整練其衆甚有威名

十三年五月以左僕射山南東道節度使李愬爲鳳翔節度使路經闕下會李師道再叛詔徵兵討之遂改愬爲徐泗節度及青齊平將有事燕趙又命愬以特進簡較尚書右僕射同中書門下平章事爲昭義軍節度使抵四月遷魏博等州節度使

穆宗長慶元年八月制曰父子之讐不同天雖下至

匹士而猶寢苫枕戈以期必報是以子胥不徇伍奢之死卒能發荊王之墓鞭不義之屍取貴春秋垂名萬古而況於身備將壇父死人手家讐國恥倂在一門當懷嘗膽之心豈俟絶漿之禮金革無避其在茲乎前涇原節度觀察處置使簡較左散騎常侍兼涇州刺史御史大夫田布咨爾先臣惟國元老首自河朔來朝帝庭而又東取青齊北討深趙提挈義旅勤勞王家冒白刃而不疑推赤心以自信屬冀方求帥予所重難輟自大名付茲巨鎮而中台暗折上將妖侵蟊賊潜寘於心腹豺狼勃興於肘腋人神憤痛朝

野驚嗟深軫予懷誓擒元惡以布詩書並習忠孝兩全嘗用魏師克征淮孽素行恩信共著勳庸豈無奮激之徒爲報冤讐之黨且魏之諸將繇爾父而崇高魏之三軍蒙而父之仁愛昔旣同其美刺今豈念其深寃爾其淬礪勇美敬恭義士一飯之飽亦同於卒伍一毫之費必用於戈矛非筭畫勿萌於心非軍旅勿言於口居則席藁寢則抱氷以喪禮處之若哀心感者必有爲橫刎頸感智捐軀下報營魂旁清醜類於虜至誠何託稔惡難逃剄彼兇殘去將安往墨縗在體玄纛在前題劒訖金無忘哀敬可起復寧遠將軍守右金吾衛大將軍員外置同正員簡較工部尚書兼魏州大都督府長史充魏博等州節度觀察處置等使

十月甲子以河東節度裴度兼充鎮西四面行營都招討使以左領軍衛大將軍杜叔良爲開府儀同三司簡較工部尚書兼御史大夫充深州諸道行營節度戊辰以深冀等州節度觀察使牛元翼爲簡較工部尚書兼鎮州大都督長史御史大夫充成德軍節度鎮深冀趙等州觀察等使時王廷湊賊殺田弘正竊據土地朝廷以元翼鎮冀舊將素以善戰聞班位

勇畧在廷湊之右故前命爲深冀節度及是又以成德令付之希鎮州兵士望風稟令不戰而歸也丙戌以深州行營節度使杜叔良爲滄州刺史充橫海軍節度滄德棣等州觀察處置等使依前簡較工部尚書兼御史大夫以代烏重胤以重胤簡較司徒兼興元尹兼御史大夫充山南西道節度使重胤老于征行以賊憑凌未可輕進觀望累月帝意急於誅討以叔良赴深州行營面辭日指期朝夕殄冦故有此拜

十二月戊寅以鳳翔節度使李光顏爲許州刺史充忠武軍陳許蔡等州觀察處置等使以代李遜仍兼

濮州節度使統諸軍以李遜爲鳳翔隴州節度觀察處置等使朝廷以光顏盡忠嘗爲陳許節度使頗得士心將討鎭冀遂有此拜以遜文吏故換鎭以便其事陳州刺史兼御史中丞王沛宜委光顏量才任用沛比爲光顏麾下都將部署有方畧淮蔡平授陳州刺史以光顏方務征討故委以軍任

李聽爲羽林軍有名馬穆宗在東宮令近侍諷聽獻之聽以職揔軍不敢從令帝不悅及卽位之始幽冀不庭太原與二鎭接境方議易帥宰臣進擬帝皆不允謂宰臣曰李聽爲羽林將軍不與朕馬是必可任

遂擢授簡較兵部尚書太原節度觀察使兼太原尹充北都留守

文宗太和元年四月庚申以太僕卿高瑀爲簡較左散騎常侍充忠武軍節度觀察處置等使初瑀旣以疾亟聞議者多謂忠武之師必自謀帥或曰禁軍諸將得之羣口囂囂以節制之選不繇執政旣而裴度韋處厚等密議以瑀嘗刺陳蔡二州政皆可取且熟忠武軍情莫如瑀者會許人表至果以瑀爲請及啓事於延英卽以瑀名聞而拜焉節度之權自艱難以來或以邪門而致近歲則財錢公行畧無避忌貪邪之輩汲汲焉日有窺伺枉道輸貨動逾億千皆以倍稱之約假于富族及至鎭則罄公帑以酬之然後脂血疲人補其所缺天下節度觀察之使繇是而率十六七故高瑀之拜縉紳行賀者彌月焉宰臣戲相謂曰自今以後作債節度使當少矣

烏重胤太和初以簡較司徒爲天平軍節度鄆曹濮等州觀察處置等使時李同捷私據境土謀襲父位議者以爲別命節制慮孽童拒違又朝廷方務安人遂命同捷移鎭兗海以重胤羣帥中齒輩舊老加太子太師平章事俾兼統滄景仍舊割齊州附之蓋望不勞師而底定也數月而卒贈太尉

三年冬南蠻入寇西川節度使杜元穎以失政貶黜宥詔東川節度郭釗兼領西川以紓其亂兵至成都

府賊蠻奔遁遂以釗簡較司空充劒南西川節度使

四年二月興元三軍作亂節度使李絳被害假內追朝詔曰漢水上游梁山東險控巴岷之道路作咸鎬之藩屏寔命長帥必惟全才簡求臣僚僉屬邦彥是用築齋壇以賜鈇鉞登廉車以察風俗一方之事悉以咨之中大夫守尚書右丞上護軍祁縣開國子食邑五百戶賜紫金魚袋溫造風度端雅質量閎厚立朝正色直道當官自登周行藹有休稱前在憲府爰持國綱人所未能心已獨至聽言盡主於忠信指事必根於理化豈彼嘗意自謂知人洎南宮提領右轄

即曹承式體要弘通屬閬漢中撫事多故非寬仁不
可以理軍旅非廉實不可以緝綿貯撑任之時誠興
他日繇是命爾尹正褒國節制梁川首列侍從之臣
秩遷御史之率至若革故奬以存遠畧因其事以定
衆心姑務戢安勿使告病弛張威惠在爾能之勗哉
惟勤無忝我推轂之命可簡較散騎常侍兼興元尹
御史大夫充山南西道節度管內觀察處置等使宣
制畢宰相及造并興元宣慰使崔琯同赴對於延英
造素有威望及是拜中外莫不瞻矚帝前席與語凡
數十百言且趣令赴鎮

七年正月甲寅以新授鎮南節度使崔珙爲武寧軍
節度徐泗觀察等使以右金吾將軍王茂元爲嶺南
節度觀察經畧等使珙甞爲泗州刺史深練兵事頗
得士心前除廣州中謝於延英陳奏明辨稱旨時高
瑀鎮徐州王智興之後兵驕不能制帝甞軫慮遂命
珙代焉

九年黨項冦邊以左諫議大夫胡証有安邊才畧乃
授單于都護御史大夫振武軍節度使前任將帥非
統馭之才邊事曠廢朝廷故特用証以鎮之

僖宗乾符六年十月制以鎮海軍節度浙江西道觀
察處置等使高駢簡較司徒同平章事揚州大都督
府長史充淮南節度副大使知節度事江淮鹽鐵轉
運江西行營招討等使進封燕國公初駢在浙西遣
大將張璘梁纘等大破黄巢於浙東賊進冦福建踰
嶺表故移鎮揚州時賊北踰大庾嶺朝廷授駢諸道
行營兵馬都統

中和元年黄巢冦京城七月乙卯車駕幸西蜀丁巳
以侍中王鐸簡較太尉中書令兼滑州刺史義成軍
節度鄭滑觀察處置兼統京城四面行營兵馬都統
以太子太師崔安潛爲副觀軍容使西門思恭爲天

下行營兵馬都監押中書侍郎平章事諸道鹽鐵轉
運等使韋昭度爲供軍使時淮南節度使高駢爲諸
道行營都統自車駕出幸中使相繼促駢起軍駢託
以周寶劉漢宏不利於已還延半載竟不出軍乃以
鐸爲都統以河中節度使王重榮爲京城北面都統
義武軍節度使王處存爲京城東面都統鄜延節度
使李存章爲京城西北面都統朔方軍節度使拓拔
思恭爲京城南面都統以忠武監軍使楊復光爲天
下行營兵馬都監代西門思恭許王鐸以便宜從事
遣郎官御史分行天下徵兵赴闕

後唐莊宗初爲晉王天祐二十年二月契丹寇漁陽上擇帥北征郭崇韜以汴寇未平李繼韜背命北邊虛弱非大將無以鎮臨請命李存審爲燕帥捍之時存審方臥病私第羸瘠殆甚帝遣使諭之因奏臣効忠稟命寧敢爲辭但痾恙纏綿未堪祗役旣而以存審簡較太傅兼侍中充幽州盧龍節度管內觀察處置押奚契丹兩蕃經略盧龍軍等使勉而赴任

同光二年三月幽州李存審疾篤求入覲議擇帥代之方內宴帝曰吾披榛故人零落殆盡所餘者存審耳今復寒疾北門之事知付何人因目右武衛上將

軍李存賢曰無易於卿即日授特進簡較太保充幽州盧龍節度行軍司馬旬日以李存審爲汴州節度以存賢代存審爲幽州盧龍節度使

三年秋客省使李嚴使西州廻言王衍可圖之狀莊宗與郭崇韜議討伐之謀方擇大將時明宗爲諸道兵馬總管當行崇韜自以官相傾欲立大功以制之乃奏曰契丹犯邊北面須藉大臣全倚總管鎮禦臣伏念典聖宮使繼岌德望日隆大功未著宜依故事以親王爲元帥付以討伐之權俾成其威望莊宗方授繼岌即日小兒幼稚安能獨行卿當擇其副崇韜未答帝曰無踰於卿者乃以繼岌爲都統崇韜爲招討使

明宗天成三年荆南高季興叛九月己亥詔武寧軍節度使房知溫兼荆南行營招討使知荆南行府事以尚食使馬從斌守澤州刺史中外分命百道赴軍襄陽

十月定州王都反以齊州防禦使孫璋充北面行營馬步都虞候丙午制橫海軍節度觀察等使簡較司徒李從敏兼北面行營副招討使

是月丁酉朔方軍大將巳下差人齎絹表到京請朝

廷命帥以安藩閫戊戌以前襄州守禦弁本州城兵馬都監磁州刺史康福爲簡較司空靈州大都督府長史行梁州刺史充朔方河西等軍節度靈威雄武凉州等觀察處置管內營田押蕃落度支溫乜摧稅等使

西方鄴弱冠歸梁得侍左右忿無權位歸莊宗於河上以爲奉義指揮使每從征伐咸以身先天成初荆渚違命上據三峽明宗素知其才擢授夔州刺史充東南面行營招討副使鄴將偏師收復二州畫圖上進

長興三年十月戊午帝御廣壽殿謂范延光秦王從榮等曰契丹欲謀犯塞邊上宜得嚴重帥臣卿等商量誰爲可者以聞甲戌秦王從榮奏伏見北面奏報契丹族帳近塞吐渾突厥已侵邊地北面戍卒雖多未有統率早宜命大將帝曰卿等商量定未具奏曰將較之中康義誠可帝曰召義誠來遂令宣徽使朱弘昭往知襄州事代義誠還京師臣欽若等曰時晉高祖首預其選事具帝王創業門

末帝清泰二年以安元信爲大同軍節度使元信初從莊宗定魏博元城之戰克捷居多移爲博州刺史

與梁軍對壘德勝渡元信爲右廂排陣使王處直引契丹背盟北邊俶擾以元信久在邊故有是命

晉少帝開運元年八月制曰宣王講武遂獫狁於太原漢帝出師走匈奴於瀚海是知蠻夷猾夏不能絕之於古今戎狄無厭不能拘之以信義先皇帝昔當草昧方在龍潛未登鄗邑之壇始有晉陽之難契丹主徑驅蕃部直抵并郊遂解重圍助成大統我之興也彼有力焉於是邀之以鬼神申之以盟誓載諸簡册傳厥子孫爾後嘗念前因每思厚報減宮闈之服玩罄府藏之珠珍供億無時道途相望而契丹貪殘滋甚驕縱異常通使命於江淮徵貢輸於郡國苞藏既久姦譎漸萌旣而輿議諠譁羣情憤激軍民扼腕中外同辭請興貔虎之師以遏豺狼之患先皇帝重其信誓篤以初終降萬乘之尊禮不義之虜耗中原之力奉無巳之求迫于纘受丕圖虔承顧命每欲息民繼好敢忘屈巳從人所以厚禮卑辭以隆其意推心置腹以示其誠其如鴆毒潛深獸心難革乘我歛歲伐予大喪平視中原竊窺神器朕實不德民罹其殃愧悼增深寤寐興嘆向者躬提黃鉞親指靈旗駐於甘泉自春徂夏賴祖宗垂慶天地儲休猛將如雲

謀臣若雨士百其勇人一其心寸鏃不遺狂戎自潰氛霾少息師旅凱旋今則漸入秋深慮爲邊患朕以志平寇難不敢荒寧將期親率全師恭行天討庶幾一舉永靜三邊罔辭櫛沐之勞用拯生靈之患得不精求將帥慎柬偏裨與成破竹之功以殄折膠之寇爰於剛日乃降命書順國軍節度鎮深趙等州觀察處置幽州道行營副招討等使特進簡較太師兼中書令行真定尹駙馬都尉杜重威地居戚里神授戎韜久服金革之勞累濟艱難之運虎牢晝閉一麾而發賊自消河朔未寧再駕而氛妖繼息戡定之業益

於鼎鐘太平軍節度鄆齊棣等州觀察處置兼管內河堤等使光祿大夫簡較太尉平章事張從思清明可鑑忠正無邪夙懷刺虎之謀早列灌龍之籍當襄陽之役克成監護之勲及北虜之來實賴藩籬之固器業之用可謂縱横西京留守起復簡較太尉兼侍中行河南尹景延廣文武全才雲龍際會指經綸於掌內藏甲馬於胷中久權七萃之師繼委十連之帥軍民畏伏畿甸肅清左右之勞書於盟府武寧軍節度徐宿等州觀察處置等使開府儀同三司簡較太師兼侍中趙在禮河嶽鍾靈松筠植性授玉鈐之祕

畧得金版之沈機輔翼數朝周旋重鎮述職而必先九牧事君而唯盡一心尊奬之功光乎史册建雄軍節度晉慈隰等州觀察處置等使特進簡較太師平章事安叔千衆推武庫素曉陣圖疾惡如讎見義思勇觴酒豆肉無虧撫士之心尺籍伍符盡得總戎之訣軍旅之任實契僉諧前泰寧軍節度兗沂密等州觀察處置等使特進檢校太師平章事安審信久處腹心早攀鱗翼倜儻乃萬夫之長驍雄眞六郡之豪鸞頷虎頭咸仰將軍之相牙璋犀節累持方伯之權英特之名播於中外河中護國將軍節度管內觀察

處置等使開府儀同三司簡較太師平章事安審琦嚴明無黷寛簡自居善知奇正之謀備熟孤虛之法首赴風雲之會昔同帶礪之盟累歷藩垣嘗堅夾輔連帥之重徇若長城河陽三城節度孟懷等州觀察處置管內河堤等使青州行營副都部署特進簡較太師符彥卿惟爾先臣實爲名將世襲弓裘之慶門傳忠孝之規西漢三雄徒稱傑出東京七較乃爲時生竭盡之心貫于金石義成軍節度滑濮等州觀察處置管內河堤等使北面行營馬步都虞候開府儀同三司簡較太師皇甫遇劒敵萬人力摧九虎赤羽

若日蒲大夫之英風快馬如龍曹景宗之意氣繼承重寄必竭純誠義烈之稱播於寰海北面行營馬部都排陣使兼馬軍都指揮使特進簡較太保右神武統軍張彥澤猛若闞虓氣吞荆聶荐膺委寄每著勤勞鳴鏑離絃旣得吟猿之妙青萍出匣久彰斷兕之名營陣之間皆推果毅横海軍節度滄景德等州觀察處置管內河堤等使幽州道行營右廂排陣使特進簡較太師王廷胤鬼谷傳書神龜授印委鎮臨於滄海賴控扼於邊陲籍甲治兵暗蓄權兒之計深溝高壘不移持重之心捍禦之謀斷於胷臆保義軍節

度陝虢等州觀察處置等使特進簡較太尉朱彥鈞威惠兼著膽氣無儔累佐戎權善貞師律千軍萬馬悍陳慶之雄名三令五申得孫武之戰術將帥之選皆謂當仁前懷德軍節度管內觀察處置等使光祿大夫簡較太傅田武早從戎伍備歷艱難安邊展頗牧之才制勝合韓吴之法向者仗其舊德委以邊藩頗資外禦之功實有分憂之績忠貞之節雅叶東求北面行營步軍都排陣使兼步軍都指揮使特進簡較太保左神武統軍潘環幕府書勳師干著効攻城野戰獨麾鄭國之旗陷陣先登幾獲魚門之冑洎外

環衛彌見公忠兵革之時所宜登用而皆位崇侯伯任重茅土俱爲社稷之臣悉是棟梁之具或推忠徇義或報國忘家嘗堅翼戴之心夙蘊澄清之志朕所以告於宗廟質以蓍龜授之以征輦付之以鈇鉞但以在戎侵掠生聚虔劉既貽中國之羞抑亦人臣之恥爾等上則受先皇顧託輔寡人次則副朝廷倚毘委之重任所宜同德比義戮力齊心各竭乃誠共安國步功業可以不朽富貴可以無窮況今芻粟俱充士卒咸憤旌旗萬隊甲馬千羣呼吸則山嶽蕩搖號令則乾坤震動以此制敵何敵不摧以此攻城何城不克迄期獻俘清廟懸首素旗同集大功永清四海於戲周王任吉甫南仲乃懾戎夷漢帝任去病衛青遂空沙漠今吾命帥皆謂得人勉立異勳速平多難無令數子獨擅前功凡我股肱當體朕意杜重威充都招討使張從思充兵馬都監景延廣充馬步軍都排陣使趙在禮充馬步軍都虞候安叔千充馬步軍左排陣使安審信充馬步軍右排陣使安審琦充馬步軍都指揮使符彥卿充馬軍左都指揮使皇甫遇充馬軍右都指揮使張彥澤充馬軍排陣使王廷裔充步軍左都指揮使宋彥筠充步軍右都指揮使

田武充步軍左廂排陣使潘環充步軍右廂排陣使臣欽若曰時漢高祖爲太原留守授北面行營都統且帝王創業門

天福九年契丹入侵命宋州節度使高行周爲北面行營都部署河陽節度使符彥卿爲騎軍右排陣使宿州刺史梁進明副之神武統軍皇甫遇爲騎軍右排陣使懷州刺史薛懷讓副之陝府節度使王周爲步軍左排陣使沁州刺史劉詞副之羽林統軍潘環爲步軍右排陣使麟州刺史尹實副之護聖右廂主王景王萬敢爲騎軍左右將慈州刺史周景殷武衛將軍張鵬監護奉國左右廂主李殷程福贇爲步軍

左右將閤門使蕭處仁高勳監護前絳州刺史劉在明爲先鋒都指揮使衛州刺史石公霸副之坊州刺史陳思讓監護又以前單州刺史劉喜爲都壕寨使前階州刺史姚武爲都橋道使

周高祖廣順二年正月以侍衛步軍都指揮使曹英爲兖州行營都部署齊州防禦使史延韜爲副部署以皇城使向訓爲兵馬都監陳州防禦使樂元福爲馬步軍都虞候率兵討慕容彥超

世宗顯德元年三月以天雄軍節度使衛王符彥卿爲河東行營都部署知太原行府事澶州節度使郭

崇爲行營副都部署宣徽南院使向訓爲行營兵馬都監侍衛都虞候李重進爲行營都虞候華州節度使史彥超爲先鋒都指揮使領步騎二萬進討河東詔河中節度使王彥超陝府節度使韓通率兵自陰地關討賊以河陽節度使劉詞爲隨駕都部署以鄜州節度使白重贊爲隨駕副部署二年六月以曹州節度使韓通充西南面行營都虞候

七月以鳳翔節度使王景兼西南面行營都招討使以宣徽南院使鎮安軍節度使向訓兼西南面行營都監以討秦鳳

十一月以宰臣李穀爲淮南道行營都部署知廬壽州行府事以許州節度使王彥超爲行營副部署命侍衛馬軍都指揮使韓令坤等一十二將各帶行征之號以從焉

三年正月帝親征淮南甲寅次正陽命侍衛馬步軍都指揮使李重進爲淮南道行營都招討使仍以襲衣金帶玉鞍名馬等賜之

冊府元龜

巡按福建監察御史臣李嗣京訂正
分守建南道左布政使臣胡維霖叅閱
知建陽縣事臣黃國琦較釋

帝王部一百二十一

征討

夫兵之設也所以威不軌而昭文德故周官有九伐之制大易載師貞之象其所繇來舊矣蓋天下有道政繇上出奉辭伐罪宜威靖亂所以詰誅暴慢奮揚武怒綏厥兆民納於軌物者也自帝軒之世戎功震

冊府元龜　帝王部　征討一　卷之一百二十一　一

疊二帝三代而下曷嘗不赫怒濯征以靖亂畧侮亡固存以修人紀至於保姦宄慝變常悖理負固安忍興戎犯順以覬覦非望者未有不勦滅覆亡為世大戮焉

黃帝既代神農氏為天子天下有不順者黃帝從而征之平者去之事具帝王親征門

帝嚳時共工氏作亂帝使火正祝融討之不盡乃以庚寅月誅祝融更命其弟吳回代兄居火正為祝融滅共工氏觸不周山而死

帝舜時苗民逆命帝曰咨禹惟時有苗弗率爾徂征三苗之民數干王誅率循徂徃也不循帝道言亂逆命禹討之禹乃會群后誓于師曰濟濟有衆咸聽朕命會諸侯共伐有苗軍旅曰誓濟濟衆盛之貌蠢茲有苗昏迷不恭蠢動昏暗也言其所以宜討之侮慢自賢反道敗德狎侮先王輕慢典教反正道敗德義君子在野小人在位廢仁賢任奸佞民棄不保天降之咎言民叛天災之肆予以爾衆士奉辭罰罪肆故也辭謂不恭罪謂侮慢以下事爾尚一乃心力其克有勳尚庶幾一汝心力以從我命三旬苗民逆命旬十日也以師臨之一月不服責舜不先有文誥之命威讓之辭而便憚之以威脅之以兵所以生辭益贊于禹曰惟德動天無遠弗屆贊佐屆至也益以此義佐禹欲修其德致遠滿招損謙受益時乃天道自滿者人損之自謙者人益之是天之常道帝初耕于歷山徃于田日號

冊府元龜　帝王部　征討一　卷之一百二十一　二

泣于旻天于父母仁覆愍下謂之旻天言舜初耕于歷山時為父母所疾日號泣于旻天及父母克己自責不責于人負罪引慝祗載見瞽瞍夔夔齊慄瞽瞍亦允若慝惡載事也夔夔悚懼之貌言舜負罪引慝以事見于父悚懼齊莊父亦信順之言能以至誠感頑父禹拜昌言曰俞班師振旅昌當也以益言為當拜受而然之遂還師兵入曰振旅言整衆帝乃誕敷文德遠人不服大布文德以來之舞干羽于兩階干楯羽翳也皆舞者所執修闡文教舞文舞于賓主階間抑武事七旬有苗格討而不服不討自來御之者有道也三苗之國左洞庭右彭蠡在荒服之例去京二千五百里

夏仲康即位羲和湎淫廢時亂日羲氏和氏世掌天地四時之官自唐虞至三代世職不絕承太康之後沉湎於酒過差非度廢天時亂甲乙徃征之作胤征胤國之君受王命徃征之

殷高宗時楚人叛出兵伐之

周成王少周公攝行政當國管叔蔡叔羣弟疑周公與武庚作亂畔周周公奉成王命伐誅武庚管叔放蔡叔三年而畢

幽王之時荆舒不至乃命將率東征役久病於外荆謂楚也舒舒鳩舒鄝舒庸之屬役謂士卒也故作漸漸之石詩

宣王命大師皇父整六師以程伯休父爲大司馬克定淮浦之國進而伐徐徐方來庭故召武公作常武之詩以美之常武以其有常德而立武功也

漢高祖五年既滅項羽羽所立臨江王共敖前死子

尉驩立爲王不降遣盧綰劉賈擊虜尉

十二年十二月陳豨降將言豨反時燕王盧綰使人之豨所陰謀之往也帝使辟陽侯審食其迎綰綰稱疾食其言綰有反端三月使樊噲周勃將兵擊綰詔曰燕王綰與吾有故愛之如子聞與陳豨有謀吾以爲亡有故使人迎綰綰稱疾不來謀反明矣燕吏民非有罪也賜其吏六百石以上爵各一級與綰居去來歸者赦之

景帝二年正月吳王濞膠西王卬楚王戊趙王遂濟南王辟光菑川王賢膠東王雄渠皆舉兵反遣太尉周亞夫大將軍竇嬰將兵擊之斬御史大夫晁錯以謝七國二月壬子諸將破七國斬首十餘萬級追斬吳王濞於丹徒膠西王卬楚王戊趙王遂濟南王辟光菑川王賢膠東王雄渠皆自殺

後漢光武建武元年六月即位于鄗七月遣耿弇率彊弩將軍陳俊軍伍杜津在鞏縣北一名士杜津有渚名鮪者武王伐紂至於鮪水是也備滎陽以東使吳漢率朱祐及廷尉岑彭執金吾賈復揚化將軍堅鐔等十一將軍圍朱鮪於雒陽

九月辛卯鮪舉城降

二年正月遣大司馬吳漢率九將軍擊檀鄉賊於鄴

東大破降之是月眞定王楊臨邑侯讓謀反楊景帝七代孫遣前將軍耿純誅之二月遣驃騎大將軍景丹率征虜將軍祭遵等二將軍擊弘農賊破之因遣祭遵圍蠻中賊張滿

三月遣執金吾賈復率二將軍擊更始郾王尹遵破降之又遣虎牙大將軍蓋延率四將軍伐劉永

四月大司馬吳漢拔朐獲董憲龐萌山東悉平

五月遣虎牙大將軍蓋延等七將軍從隴道伐公孫述初隗囂爲西州大將軍會公孫述遣兵寇南郡乃詔囂當從天水伐蜀因此欲以潰其心腸囂復上言

日天水險阻棧閣絶敗又多設支關帝知其終不爲用匝欲討之遂西幸長安至是遣耿弇等伐蜀先使來歙奉璽書喻旨囂疑懼即勒兵使王元據隴坻伐木塞道謀欲殺歙歙得亡歸諸將與囂戰大敗各引退囂因使王元行巡侵三輔征西大將軍馮異征虜將軍祭遵等擊破之先是樂浪郡人王閎爲郡三老更始敗土人王調殺郡守劉憲自稱大將軍樂浪太守是歲帝遣太守王遵將兵擊之至遼東閎與郡曹吏楊邑等共殺調迎遵皆封爲列侯

七年八月隗囂寇安定征西大將軍馮異征虜將軍

祭遵擊却之

九年六月遣大司馬吳漢率四將軍擊盧芳將賈覽於高柳八月遣中郎將來歙監征西大將軍馮異等五將軍討隗純於天水

十一年十二月大司馬吳漢率舟師伐公孫述

十二年十一月吳漢臧宮與公孫述戰於成都大破之述被創夜死漢屠成都夷述宗族及延岑等

十七年七月妖巫李廣等群起據皖城（縣名屬廬江郡故城在今舒州有皖水）遣虎賁中郎將馬援驃騎將軍段志討之

九月破皖斬李廣等

十八年二月蜀郡守將史歆叛遣大司馬吳漢率二將軍討之圍成都百餘日城破誅歆等

四月遣伏波將軍馬援率樓船將軍段志等擊交阯賊徵側等（徵側及妹徵二交阯女子甚雄勇太守蘇定以法繩之故反起十六年二月至是遣將討之）發長沙桂陽零陵蒼梧兵萬餘人討之

十九年正月妖巫單臣傅鎮等反據原武遣大中大夫臧宮圍之四月拔原武斬臣鎮等是月馬援破交阯斬徵側徵二等餘皆降散進擊九真賊都陽等破降之徙其渠帥三百餘口於零陵於是嶺表悉平

安帝永初三年七月海賊張伯路等寇略緣海九郡

遣侍御史龐雄督州郡兵討之

四年正月海賊張伯路復與勃海平原劇賊劉文河周文光等攻厭次殺縣令遣御史中丞王宗督青州刺史法雄討破之

五年九月漢陽人杜琦王信叛（琦自稱安漢將軍）遣侍御史唐喜討破斬之（傳信首詣雒陽梟斬城門外）

順帝建康元年八月楊徐盜賊范容周生等寇掠城邑遣御史中丞馮赦督州郡兵討之

桓帝永壽二年七月太山賊公孫舉等寇青兗徐三州遣中郎將段紀明討破斬之

延熹三年九月太山瑯邪賊勞丙等復叛寇掠百姓遣御史中丞趙某史闕其名持節督州郡兵討之

十一月太山賊叔孫無忌攻殺都尉侯章遣中郎將宗賢討破之

靈帝中平元年二月鉅鹿人張角自稱黄天其部帥三十六萬皆着黄巾同日反叛安平甘陵人各執其王以應之安平王續江陵王忠以河南尹何進爲大將軍將兵屯都亭置八關都尉官都亭在雒陽八關謂函谷廣城伊闕大谷轘轅旋門小平津孟津也遣北中郎將盧植討張角左中郎將皇甫嵩右中郎將朱儁討潁州黄巾

四年二月滎陽賊殺中牟令令落皓主簿潘業臨車不顧皆被害遣河南尹何苗討破之

五年九月遣中郎將孟益率騎都尉公孫瓚討漁陽賊張純等瓚與純戰於石門大破之時烏桓反叛與賊張純等攻薊中故瓚追擊之石門山名也在今營州西南

獻帝建安二年詔曰故左將軍袁術不顧朝恩坐創凶逆造合虛僞欲因兵亂詭詐百姓始聞其言以爲不然定得使持節爲平東將軍領徐州牧溫侯布布呂布也上術所造惑衆妖妄知術鴟梟之性遂其無道修治王宮署置公卿郊天祀地殘民害物爲禍深酷布前後上策孫策也乃心本朝欲還討術爲國効節乞加顯異夫懸賞俟功惟勳是與故便寵授承襲前邑重以大郡榮耀兼至是策輸力竭命之秋也其亟與布及行吳郡太守安東將軍陳瑀戮力一心同時赴討

十年八月馬超在漢陽復因羌胡爲害氐王千萬叛應超屯興國遣護軍將軍夏侯淵討之

魏文帝黄初六年利成郡兵蔡芳等以郡叛殺太守徐質遣屯騎校尉任福步兵校尉段昭與青州刺史討平之其見脅略及亡命者皆赦其罪

明帝以黄初七年五月即位八月吳將諸葛瑾張霸

等寇襄陽遣武軍大將軍司馬懿討破之斬霸征東大將軍曹休又破其別將於尋陽

太和元年正月西平麴英反殺臨羌令西都長遣將軍郝昭鹿磐討殺之

十二月新城太守孟達反詔驃騎將軍司馬懿討之攻破新城斬達傳其首

二年正月蜀大將諸葛亮寇邊天水南安安定三郡吏民叛應亮遣大將軍曹真都督關右並進兵右將軍張郃擊亮於街亭大破之亮敗走三郡平

四年七月詔大司馬曹真大將軍司馬懿伐蜀

景初二年正月詔太尉司馬懿帥衆討遼東八月圍公孫淵於襄平大破之傳淵首于京師海東諸郡平

齊王正始五年二月詔大將軍曹爽率衆征蜀四月爽引軍還

嘉平四年十一月詔征南大將軍王昶征東將軍胡遵鎮南將軍毌丘儉等征吳十二月不利而還

五年五月吳太傅諸葛恪圍合肥新城詔太尉司馬孚拒之七月恪退還

高貴鄉公正元二年正月鎮東將軍毌丘儉揚州刺史文欽反大將軍司馬師征之

八月蜀大將軍姜維寇狄道以長水校尉鄧艾行安西將軍與征西陳泰并力拒維復遣太尉司馬孚爲後繼九月維退還

陳留王景元四年五月詔曰蜀蕞爾小國土狹民寡而姜維虐用其衆曾無廢志往歲破敗之後猶復耕種沓中刻剝衆羌勞役無已民不堪命夫兼弱攻昧武之善經致人而不致於人兵家之上略蜀所恃賴惟維而已因其遠離巢窟用力爲易今使征西將軍鄧艾督帥諸軍趣甘松沓中以羅取維雍州刺史諸葛緒督軍越武都高樓首尾蹴討若禽維便當東西並進掃滅巴蜀也又命征西將軍鍾會繇駱谷伐蜀時鄧艾諸葛緒各統諸軍三萬餘人會統十餘萬衆分從斜谷駱谷入十一月劉禪降

晉武帝咸寧五年十一月大舉伐吳遣鎮軍將軍琅邪王伷出涂中安東將軍王渾出江西建威將軍王戎出武昌平南將軍胡奮出夏口鎮南大將軍杜預出江陵龍驤將軍王濬廣武將軍唐彬率巴蜀之卒浮江而下東西凡二十餘萬以太尉賈充爲大都督行冠軍將軍楊濟爲副總統衆軍

太康元年正月王渾尅吳尋陽賴鄉諸城獲吳武威

將軍周興二月王濬唐彬等尅丹陽城又尅西陵殺西陵都督鎮軍將軍留憲征南將軍成璩西陵監鄭廣王濬又尅夷道樂鄉城殺夷道監陸晏水軍都督陸景杜預尅江陵斬吳江陵督伍延平南將軍胡奮尅江安於是諸軍並進樂鄉荆門諸戍相次來降以濬爲都督益梁二州諸軍事復下詔曰濬彬東下掃除巴丘與胡奮王戎共平夏口武昌順流長騖直造秣陵與奮戎審量其宜杜預當鎮靜零桂懷輯衡陽大兵既過荆州南境固當傳檄而定預當分萬人給濬七千給彬夏口既平奮宜以七千人給濬武昌既

平戎當以六千人增彬太尉充移屯項總督諸方濬破夏口武昌遂泛舟東下所至皆平王渾周俊與吳丞相張悌戰於板橋大敗之斬悌及其將孫震沈瑩傳首雒陽皓窮蹙詣降送璽綬於瑯琊王伷三月孫皓降

惠帝永康末趙廞反于蜀假梁州刺史羅尚節爲平西將軍益州刺史西戎校尉時李特亦起於蜀攻圍殺趙廞又攻尚荊州刺史宗岱率建平太守孫阜救之次於江州尚乃使兵曹從事任銳僞降因出密宣告於外尅日俱擊遂大破之斬李特傳首雒陽

大安中張昌作亂寧朔將軍劉弘轉使持節南蠻校

尉荊州刺史率前將軍趙讓等討昌自方城至宛新野所向皆平以弘爲鎮南將軍都督荊州諸軍事弘遣南蠻長史陶侃爲大都護參軍蒯常爲義軍都護牙門將皮初爲都戰帥進據襄陽張昌并軍圍宛敗趙讓軍引退屯梁侃初等累戰破昌前後斬首數萬人及到官昌懼而逃于下雋山弘遣軍討昌斬之其衆悉降荊土平

永興二年十月詔曰得豫州刺史劉喬檄稱潁川太守劉輿迫脅驃騎將軍虓距逆詔令造構凶逆擅劫郡縣合聚兵衆擅用苟晞爲兖州斷截王命鎮南大將軍荊州刺史劉弘平南將軍彭城王釋等其各勒所統徑會許昌與喬并力今遣右將軍張方爲大都督統精卒十萬廷武將軍呂郎廣武將軍騫貔建威將軍刁默等爲軍前鋒共會許昌除輿兄弟又使前車騎將軍石超北中郎將王闡討輿等

懷帝永嘉三年九月劉聰圍浚儀遣平北將軍曹武討之東海王越入保京城聰至西明門越禦之戰於宣楊門外大破之

五年三月戊午詔下東海王越罪狀告方鎮討之

元帝建武元年石勒將石季龍圍譙城平西將軍祖

逖擊走之帝傳檄天下曰逆賊石勒肆虐河朔逋誅歷載遊魂縱逸復遣凶黨石季龍犬羊之衆越河南渡縱其鴆毒平西將軍祖逖帥衆討擊應時潰散今遣車騎將軍瑯邪王裒等九軍銳卒三萬水陸四道徑造賊場受逖節度有能梟季龍首者賞絹三千疋金五十斤封縣侯食邑二千戶又賊黨能梟送季龍首者封賞亦同之

太興二年四月太山太守徐龕以郡叛自號兖州刺史寇濟岱七月寇東莞遣太子左衛率羊鑒行征虜將軍統徐州刺史蔡豹討之三年五月龕降

穆帝永和十一年四月姚襄帥衆寇外黄冠軍將軍龍季大破之

十二年三月姚襄入於許昌以太尉桓温爲征討大都督以討之八月戰於伊水大敗之襄走平陽徙其餘衆三千餘家於江漢之間十月慕容恪攻叚龕於廣固使北中郎將荀羨帥師次于琅琊以救之

廢帝海西公太和四年四月大司馬桓温帥衆伐慕容暐大破之

孝武帝太元八年八月符堅帥衆渡淮遣征討都督謝石冠軍將軍謝玄輔國將軍謝琰西中郎將桓伊

等距之

十月諸將及符堅戰於淝水大破之俘斬數萬計

九年正月車騎將軍桓冲部將郭寶伐符堅新城魏興上庸三郡降之

安帝隆安三年十一月妖賊孫恩陷會稽内史王凝之死之吳國内史桓謙臨海太守新蔡王崇義興太守魏隱竝委官遁吳興太守謝邈永嘉太守司馬逸皆遇害遣衛將軍謝琰輔國將軍劉牢之逆擊走之

元興元年正月以後將軍元顯爲驃騎大將軍征討大都督鎮北將軍劉牢之爲元顯先鋒前將軍譙王尙之爲後部以討桓玄二月尙之戰死三月牢之叛降于玄元顯遇害

義熙八年十二月以西陵太守朱齡石爲建威將軍益州刺史帥師伐蜀

後魏道武皇始二年二月平原徐超聚衆反於叛城詔將軍奚辱捕斬之

八月遣撫軍大將軍畧陽公元遵襲中山芟其禾菜入邪而還

天興二年三月中山太守仇儒亡匿趙郡推群盜趙淮爲王號使持節征西太將軍冀青二州牧鉅鹿公仇儒爲淮長聚黨扇惑詔中領軍長孫肥討平之

四月前清河太守傅世聚黨千餘家自號撫軍將軍遣征虜將軍庾岳討破之

七月范陽人盧溥聚衆海濱稱使持節征北大將軍幽州刺史攻掠郡縣殺幽州刺史封沓三年正月破之生致溥京師

五年十一月遣左將軍莫題討上黨群盜秦頗丁零翟都於壺關上黨太守捕頗斬之都走林慮

明元泰常七年九月詔假司空奚斤節都督前鋒諸軍事爲晉兵大將軍行揚州刺史交趾侯周幾爲宋兵將軍交州刺史安固子公孫表爲吳兵將軍廣州

刺史前鋒伐宋
太武始光三年九月帝以赫連屈丐既死諸子相攻遣司空奚斤率義兵將軍封禮雍州刺史延普襲蒲宋兵將軍周幾率洛州刺史于栗磾襲陝城十月帝西伐事具帝王親征門
文成太安四年十月宋將殷孝祖修兩城於清水東詔鎮西將軍天水公封敕文等擊之十一月詔征西將軍皮豹子等三將三萬騎助擊殷孝祖五年正月大破之
獻文皇興元年二月宋東平太守申纂戍無鹽遏絕王使詔征南大將軍慕容白曜督諸軍以討之三月尅之

孝文延興四年九月以宋廢帝內相攻戰詔將軍元蘭五將三萬騎及假東陽王丕爲後繼伐蜀漢
太和元年十月宋葭蘆戍主楊文度遣弟鼠襲陷仇池詔征西將軍廣川公皮歡喜鎮西將軍梁醜奴平西將軍楊靈珍等率衆四萬討之閏月軍到建安鼠棄城南走
四年八月以齊高帝立遣平南將軍郎大檀三將出朐城將軍白吐頭二將出海西將軍元泰二將軍出連口將軍封延三將出角城鎮南將軍賀羅出下蔡又詔昌黎王馮熙爲西道都督與征南將軍賀羅自下蔡東出鍾離以伐齊五年二月南征諸將大破齊將俘獲三萬餘口
十月蘭陵民桓富殺其縣令與昌慮桓和北連太山群盜張和顏等聚黨保五固推司馬朗之爲主詔淮陽王尉元等討之
十一年五月詔南部尚書公孫文慶上谷張伏子率衆南討舞陰山
十二年四月齊將陳顯達攻陷醴陽左僕射長樂王穆亮率騎一萬討之顯達遁走
十八年十二月以齊明帝立遣行征南將軍薛眞度督四將出征襄陽大將軍劉昶出義陽徐州刺史元衍出鍾離平南將軍劉藻出南鄭以伐齊

宣武正始三年正月秦州民王智等衆二千自號王公尋推秦州主簿呂苟兒爲主年號建明詔右衛將軍元麗等討之七月苟兒平
四月梁將江州刺史王茂先寇荊州屯於河南詔平南將軍楊大眼討破之
六月詔尚書邢巒出討徐兗臣欽若等曰時徐兗屬梁朝
七月詔發定冀瀛相并肆六州卒十萬以濟南軍
八月兗州平詔平南將軍安樂王詮督後發諸軍以赴淮南九月徐州平

永平元年八月冀州刺史京兆王愉據州反假尚書李平鎮北將軍行冀州事以討之（九月冀州平）

十月豫州城人白早生殺刺史司馬悅據城南叛梁遣齊苟仁等四將以助之詔尚書邢巒行豫州事督將軍崔暹率騎討之（十二月斬白早生擒齊苟仁等）

二年正月梁遣王神念寇南兗詔輔國將軍長孫稚假平南將軍爲都督率統軍邴虬等五軍以討之是月涇州沙門劉慧汪聚衆反詔華州刺史奚康生討之

四年正月汾州劉龍駒聚衆反詔諫議大夫薛和率

衆討之又命郢州龍驤府長史辛祥爲別將與和討滅之延昌冀州初大乘賊起遣長樂太守李虔爲別將與都督元遙討平之

三年十一月詔司馬高肇與大將軍平蜀大都督步騎十萬西伐益州刺史傅豎眼出巴北平南將軍羊祉出涪城安南將軍奚康生出緜竹撫軍將軍甄琛出劍閣

孝明以延昌四年正月卽位三月以梁高祖於浮山堰淮規爲楊徐之害詔平南將軍楊大眼討之

九月梁將趙祖悅襲據硤石詔定州刺史崔亮假鎮南將軍率諸將討之又詔冀州刺史蕭寶寅爲鎮東將軍決淮堰（明年九月淮堰破緣淮城戍十餘萬口漂入于海）

熙平元年正月以吏部尚書李平爲鎮東大將軍兼尚書右僕射爲行臺節度討硤石諸軍（二月克硤石祖悅盡俘其衆）

五月梁衡州刺史張齊寇益州復以傅豎眼爲刺史以討之

正光四年十二月梁遣將寇邊詔假征南將軍崔延伯討之

五年六月秦州城人莫折大提據城反自稱秦王殺

刺史李彥詔雍州刺史元志討之南秦城人孫掩張長命韓祖香據城反殺刺史崔遊以應大提詔吏部尚書元脩義兼尚書僕射爲西道行臺率諸將西討

九月詔尚書左僕射齊王蕭寶寅爲西道行臺大都督率征西將軍都督崔延伯又詔撫軍將軍北海王顥爲都督竝率諸將西討是月梁遣將裴邃虞鴻襲據壽春外城刺史長孫稚擊走之遂退屯黎漿詔河間王琛總衆援之梁又遣將寇淮陽詔秘書監安樂王鑒率衆討之

十月高平酋長胡琛反自號高平王遣其將宿勤明

逹寇幽夏北華三州詔都督北海王顥率諸將討之
十一月高平人共迎胡琛詔太傅京兆王繼爲太師大將軍率諸將討之
孝昌元年正月徐州刺史元法僧據城反害行臺高諒自稱宋王年號天啟遣其子景仲歸於梁遣其將胡龍牙成景儁元畧等率衆赴彭城詔秘書監安樂王鑒討之鑒爲法僧所敗梁遣豫章王綜入守彭城詔鎮國將軍臨淮王彧尚書李憲爲都督衛將軍國子祭酒安豐王延明爲東道行臺儀同三司李崇爲東道大都督俱討徐州

二年正月王原降戶鮮于修禮反於定州號魯興元年詔左光祿大夫長孫稚爲使持節假驃騎將軍大都督北討諸軍事與都督河間王琛率衆討之
六月降蜀陳雙熾聚衆反自號始興王詔假鎮西將軍都督長孫稚討平之
三年正月梁將湛僧圍東豫州詔散騎常侍元暐爲都督以討之是月梁又遣將彭羣王辯等率衆數萬逼東邪詔青州南青州討之是月以四方未平詔內外戒嚴將親出討
二月東郡民趙顯德反殺太守裴煙自號都督立其兄子爲太守詔都督李叔仁討之四月平是月梁將成景儁寇彭城詔員外常侍崔孝芬爲行臺率將擊走之三月齊州廣川民劉均執清河太守邵懷聚衆反自署大行臺清河民房項自署大都督屯據昌國城詔都督李叔仁討平之
八月詔都督源子邕李軌裴衍等討葛榮
十月雍州刺史蕭寶寅據州反自號日齊年稱隆緒詔尚書右僕射長孫稚討之
武泰元年二月羣盜燒劫鞏縣以西關口以東公路澗以南詔武衞將軍李神軌爲都督討平之

孝莊建義元年五月梁遣將曹義宗寇荆州以中軍吏部尚書費穆爲使持節都督征南諸軍事節度荆州刺史王羆以討之是年万俟醜奴僭大號除左衞將軍爾朱天光都督雍岐二州諸軍事雍州刺史率大都督武衞將軍賀拔岳大都督侯莫陳悦等以討醜奴擊走之
六月幽州平北府主簿河間邢杲率河北流民十餘萬戶於青州之北海自署漢王年號天統以征東將軍李叔仁爲車騎大將軍率衆討之
七月光州人劉舉聚衆數千反於濮陽自稱皇武大

將軍詔大都督宗正珍孫率南廣州刺史都督鄭先護討破平之

九月詔太尉公上黨王天穆討葛榮次於朝歌之南

是月柱國大將軍爾朱榮率騎七萬討葛榮於金口破擒之餘衆悉降

永安元年十二月詔行臺于暉迴師討邢杲次於歷下

二年三月詔大將軍上黨王天穆與渤海王高歡討邢杲四月大破之杲降

三年正月東徐州城民呂文欣王赦等殺刺史元大

賓據城反以撫軍將軍都官尚書樊子鵠兼右僕射爲行臺督征南將軍都督賈顯智征東將軍徐州刺史嚴思遠以討之三月東徐平

七月爾朱世隆據河橋逼京邑將軍李苗以大船焚河橋世隆退走詔大都督兼尚書僕射行臺源子恭率步騎一萬出西道行臺楊昱領都督李侃希等募勇士八千從東路防討之子恭仍鎮太行丹谷

後周武帝保定三年九月詔柱國楊忠率騎一萬與突厥伐齊十二月遣太保鄭國公達奚武率騎三萬出平陽以應楊忠

天和二年閏六月陳湘州刺史華皎率衆來附遣襄州總管衛國公直率柱國綏德公陸通大將軍田弘權景宣元定等將兵援之因而南伐

宣帝以宣政元年六月即位十二月以上柱國河陽總管滕王逌爲行軍元帥率衆伐陳克京師見徒並令從軍

大象元年九月以上柱國鄖國公韋孝寬爲行軍元帥率行軍總管杞國公亮郕國公梁士彥以伐陳

十一月韋孝寬拔壽陽杞國公亮拔黃城梁士彥拔廣陵陳人退走於是江北盡平

隋高祖開皇元年九月以上柱國薛國公長孫覽上柱國宋安公元景山並爲行軍元帥以伐陳仍命尚書左僕射高熲節度諸軍事帝謂熲曰我爲百姓父母豈可限一衣帶水不拯之乎命大造戰船人請密之帝曰吾將顯行天誅何密之有使投棹於江若彼能改吾又何求二年正月陳遣使請和遂班師

八年三月詔曰昔有苗不賓唐堯薄伐孫皓僭虐晉武行誅有陳竊據江表逆天暴物朕初受天命陳頊尚存思欲教之以道不以恭行爲令往來修睦望其遷善時日無幾釁惡已聞厚納叛亡侵犯城戍句吳

闔越肆厥殘忍于時王師大舉將壹車書陳與及地牧兵深懷震懼責躬請約俄而致殞矜其喪禍仍詔班師叔寶承風因求繼好載佇克念且敦行李每見珪璪入朝輶軒出使何嘗不殷勤曉諭戒以維新而狠子之心出而彌野威侮五行怠棄三正誅剪骨肉夷滅才良據手掌之地恣溪壑之險劫奪閭閻資財俱竭驅蹙內外勞役弗已徵責子女擅造宮室日增月益止足無期帷薄嬪嬙有踰萬數寶衣玉食窮奢極侈淫樂飲酒俾晝作夜斬直言之客滅無罪之家剖人之肝分人之血欺天造惡祭鬼求恩歌舞衢路

酣醉宮闈盛粉黛而執干戈曳綺羅而呼警蹕躍馬振策從旦至昏無所經營馳走不息負田持技隨逐徒行追而不及即加罪譴自古昏亂罕或能比介士武夫饑寒力役筋髓罄於土木性命俟於溝渠君子潛逃小人得志家家隱殺戮各各任聚斂天災地孽物怪人妖衣冠鉗口道路以目傾心翹足誓告於我日月以冀文泰相尋重以背德違言搖蕩疆埸巴峽之下海澨巴西江北江南爲鬼爲蜮丘隴窮發掘之酷生居極攘寇之苦抄掠人畜斷截樵蘇市井不立農事廢寢歷陽廣陵窺覦相繼或謀圖城邑或劫剝吏人晝伏夜遊鼠竊狗盜彼則羸兵弊卒來必就擒此則重門設險有勞藩捍天之所覆無非朕臣每關聽覽有懷復惻有梁之國我南藩也其君入穴潛相招誘不顧朕恩士女深迫脅之悲城府致空虛之嘆非直朕居人上懷此無忘既而百辟屢以爲言兆庶不堪其請豈容對而不誅忍而不救近日秋始謀欲弔人益部樓船盡令東騖便有神龍數十騰躍江流引伐罪之師向金陵之路船住則龍止船行則龍去四日之內三軍皆覩豈非蒼旻愛人幽明展事降神先路協贊軍威以上天之靈助龕定之力便可出師

授律應機誅殄在斯舉也永清吳越其將士糧仗水陸資須期會進止一准別勑初帝將伐陳有事於太廟命晉王廣秦王俊清河公楊素並爲行軍元帥於是廣出六合俊出襄陽素出信州荊州刺史劉仁恩出江州宜陽公王代積出蘄春新義公韓擒虎出廬江襄邑公賀若弼出吳州落蔽公燕榮出東海合總管九十兵五十一萬八千皆受晉王節度東接蒼海西拒巴蜀旌旗舟楫橫亘數千里詔購陳叔寶位上柱國萬戶公乙亥行幸定城陳師誓衆

煬帝以仁壽四年七月即位八月并州總管漢王諒

舉兵反詔尚書左僕射楊素右武衛大將軍周羅睺
討平之
大業九年六月楊玄感反遣右翊衞大將軍宇文述
與左候衞將軍屈突通等馳傳發兵以討之八月破
玄感於閿鄉斬之餘黨平
十年四月彭城賊張大彪聚衆數萬保懸薄山爲盜
遣榆林太守董純擊破斬之
十二月賊率孟讓衆十餘萬據都梁宮遣江都郡丞
王世充擊破之盡虜其衆
十一年十二月詔民部尚書樊子蓋發關中兵討絳

郡賊敬槃陀柴保昌等
十二年九月東海人杜揚州沈覓敵等作亂衆至數
萬遣右禦衞將軍陳稜擊破之
十三年二月朔方人梁師都殺郡丞唐世宗據郡反
自稱大丞相遣銀青光祿大夫張世隆擊之
三月廬江人張子路舉兵反遣右禦衞將軍陳稜討
平之是月賊帥李通德衆十萬寇廬江遣左屯衞將
軍張鎮州擊破之

册府元龜

巡按福建監察御史臣李嗣京 訂正
知長樂縣事臣夏允彝 參閱
知建陽縣事臣黄國琦 較釋

帝王部 一百二十二

征討第二

唐高祖初爲唐王隋義寧二年四月金城賊帥薛舉僭稱尊號乃下令曰大業喪亂兵革殷繁天下黔黎手足無措孤所以救焚拯溺平此亂階蜀道諸郡深思蘇息遠勤王略誠有可嘉方一戎衣靜兹多難而

薛舉狂僭吞噬西土隴蜀通途恐相侵暴今便命將授律分道進兵其衝要諸郡縣宜率厲各募部民隨機底定斯則暫勞永逸貽厥子孫自國刑家同享安樂

武德元年六月以秦王爲西討元帥征薛舉八月薛舉死賊黨推其子仁杲僭尊號復以秦王爲西討行軍元帥擊仁杲於涇州十一月平之

九月遣工部尚書獨孤懷恩攻堯君素於河東十二月平之

十月岐州賊帥邵江海自號新平王遣隴州刺史叔孫老擊之江海率其衆來降是月南陽賊帥朱粲侵淅州遣太常卿鄭元璹率步騎一萬擊之二年四月粲奔世充

三年五月王世充侵齊州遣右驍衛大將軍劉弘基拔之

六月劉武周陷介州遣左武衛大將軍姜寶誼擊之

十月夏縣人呂崇茂殺縣令舉兵反自稱魏王以應劉武周遣永王孝基工部尚書獨孤懷恩陝州總管于筠內史侍郎唐儉等擊之三年四月武周奔于突厥五月崇茂平

三年七月詔曰取亂侮亡聖王於是致治民和衆泰湯武所以成功兵革之興義資靖難出軍命將蓋非

獲已自隋氏數窮天下鼎沸豺狼交爭黔庶凋殘朕受命君臨志存寧濟率土之內咸思覆育聲教所覃莫不清晏唯彼伊雒尚隔朝風世充作梗肆行凶暴害虐良善擁迫吏民反道亂常日月滋甚禍盈釁積天亡有徵心腹積携黨援孤絶農畝荒廢糧廩內空城隍社稷勢黨殄潰吊民問罪今實其時可令陝東道行臺上柱國秦王世民總統諸軍東踰崤澠分命驍勇百道俱進救彼塗炭誅其兇渠凡此授律義在拯民府庫資財一無所利兇敵制勝効策獻功官賞之差並超常典其有背賊歸欵因事立勳即加寵授

務隆優厚
四年二月戊申遣左武侯大將軍竇抗率精騎三千赴東都三月世充降
六月遣趙郡王孝恭率巴蜀兵沿流下廬江王瑗自襄陽道黔州刺史田世康自辰州道黃州總管周法明自夏口道以圖蕭銑十月銑平之
七月竇建德餘黨劉黑闥范願王小胡以漳南舉兵反秉彊人以城叛歸黑闥詔發關中步騎三千令將軍秦武通定州總管李玄通擊之又遣幽州總管燕郡王李藝率兵南會

十二月劉黑闥陷冀州遣左屯衛大將軍義安王孝常率兵擊之
五年六月劉黑闥引突厥之衆寇山東遣燕郡王藝擊之又遣淮安王神通討徐圓朗七月貝州州曹該董康買舉兵反以應黑闥以淮陽王道玄爲河北道行軍總管以討之
十一月遣齊王元吉擊黑闥於山東六年五月平之
六年八月東南道行臺僕射輔公祏據丹陽反僭稱宋王遣趙郡王孝恭率兵趨江州
九月輔公祏遣其黨徐紹宗侵海州陳政通侵壽陽詔趙郡王孝恭水路趨九江嶺南道大使李靖引交廣泉桂之衆趨宣城懷州總管黃君漢出譙亳齊州總管李世勣出淮泗以討公祏詔曰禁暴戢兵昔王於是致治亂常干紀有國所以明刑東南道行臺尚書左僕射上柱國輔公祏本自凡伍素無藝用往因擾亂連結徒旅與吳王杜伏威同心恊力保據江淮早率數部遠歸朝化錄其功効授以官爵任官方隅榮寵兼至不能勵身奉上克保名節遂乃包藏禍心圖爲不軌自伏威入朝之後公祏恣行專擅違犯朝憲不顧典章徵斂穀帛掠奪子女肆其殘忍妄行誅

殺驅役士民招聚奸盜毒流衆庶怨結遐邇國家務存含養未申刑罰每加懲誡冀其自改今乃稱兵內侮假相署置驅扇蟻徒敢行鈔竊惟彼凶逆速宜勦定命將授律義在安人已令天策上將太尉領司徒尚書令陝東道大行臺雍州牧領十二衛大將軍上柱國秦王世民爲江州道行軍元帥統率驍勇風驅電擊靡旆所臨當即奔潰凡此罪惡止在魁渠脅從之徒一無所問縱有已陷賊黨非其本心拔難而來因立功効此等之類皆從官賞江淮以南比遭毒螫吏民困辱各不聊生平定之後普給優賞即令撫慰

各令安堵勳賞之科具如別格宜明宣布咸使聞知
是時又詔徐州總管任瓌爲徐州道副元帥齊自楊子津以討之（七年正月公祏卒）
七年六月慶州都督楊文幹舉兵反遣右武衛將軍錢九隴靈州都督楊師道擊之又遣秦王率兵以討文幹（七月逆徒斬文幹來降）
太宗貞觀元年五月辛丑開府儀同三司天節軍將軍燕郡王李藝於涇州舉兵反遣吏部尚書長孫無忌爲豳州道行軍總管右武候大將軍尉遲敬德爲涇州道行軍總管以擊之師未至左右斬藝傳首京

師
十七年三月齊州都督齊王祐殺長史權萬紀典軍韋振據齊州自守詔兵部尚書李勣刑部尚書劉德威發兵討之（兵未至兵曹杜行敏執之而降）
玄宗天寶十四年十一月范陽節度使安祿山反遣將何千里刼太原尹陽光翽害之詔以右羽林軍大將軍王承業爲太原尹衛尉卿員外置同正員張介然爲汴州刺史河南採訪節度使金吾將軍程千里爲潞州長史拒賊冊榮王琬爲元帥以河西節度高仙芝爲副元帥統諸軍以東征內出錢帛於京師召募十萬衆號曰天武健兒旬日而集屯軍灞上旌旗營帳連亘二十里昭曜原野
十二月命河西隴右節度西平郡王哥舒翰爲兵馬副元帥統兵八萬鎮潼關
十五載正月祿山陷東都詔朔方節度郭子儀收河朔以朔方節度副使李光弼爲雲中太守攝御史大夫充河東節度副大使知節度事委以東討
七月幸蜀至晉安郡下詔曰我唐受命百四十載德澤浸於荒裔聲教被於殊鄰紹三代之統緒綜百王之禮樂我高祖神堯皇帝奄有大寶應天順人我太

宗文武聖皇帝戡難造邦光宅天下我高宗天皇大帝修文偃武惠綏四方我中宗孝和皇帝聿導孝德惟新其命我睿宗大聖貞皇帝清明在躬玄化溥暢朕承累聖之洪訓荷祖宗之丕績兢兢業業不敢自寧往歲韋氏作逆宗社將墜是用翼戴先後掃盪兇徒宸極歸眞寰宇載宴爾來在位垂五十年中原幸無師旅戎狄歲來朝貢夙興旰食勤念蒼生庶弘至理永致仁壽媿無帝堯之聖德而有寄緜之不明致令賊臣內外爲患蔽朕耳目遠朕忠良或竊威弄權或厚歛重賦蟻壞一漏成此滔天構逆召戎馳突中

夏傾覆我河雒擾亂我崤函使衣冠奔竄於草莽黎
庶佷佷于鋒鏑伊朕之凉德不能寧守厥位貽禍海
内有負蒼生是用罪已責躬寤寐焚灼上媿乎天地
下媿乎兆民外媿乎四夷内媿乎九族乾乾惕厲思
雪大恥夫定禍亂者必仗於群才理國家者先固其
根本太子亨忠肅恭懿悅禮敦詩好勇多謀加之果
斷永王璘盛王琦豐王珙皆孝友謹恪樂善好賢雖
頂在禁中未習政事察其圖慮可試艱難夫丞相之
才師傅之任必資賢哲允屬忠貞况四海多虞二京
未復今所愼擇實惟其人太子亨宜充天下兵馬元

帥仍都統領朔方河東北平盧等節度使與諸路及
諸副大使等計會南收長安雒陽以御史中丞裴冕
兼左庶子隴西郡司馬劉秩試守右庶子永王璘宜
充山南東路及黔中江南西路節度支度採訪使江
陵都督如故以少府監竇紹爲之傅以長沙郡太守
李峴爲都副大使仍授江陵都督府長史兼御史中
丞盛王琦宜充廣陵大都督仍領江南東路及淮南
等道節度採訪等都使以前江陵郡都督府長史劉
彙爲之傅以廣陵長史李成式爲副大使兼御史中
丞豐王珙宜充武威郡都督仍領河西隴右安西北
庭等路節度採訪使以隴西太守鄧景山爲之傅應
須兵馬甲仗器械糧賜等竝於當道本節度採訪支
度防禦等使號王巨等竝依前充使其署置官屬及
本道郡縣官等竝各任自揀擇其有文武奇才隱在
山藪宜加辟命量事奬擢於戲咨爾元子等敬聽朕
命謙恭祇敬以見師傅矜莊簡肅以涖衆官慈恤惠
愛以養百姓忠恕哀敬以折庶獄色不可犯以臨軍
政犯而必恕以納忠規往欽哉無替朕命各頒所管
咸令知悉初江顉之人聞京師陷賊不知輿駕所在
亙相震駭及見是詔遠近相賀思有所効

肅宗至德元年七月卽位於靈武十月至彭原郡宰
臣房琯抗疏請兵一萬人自爲帥以收兩京詔許之
以兵部尚書王思禮爲副分爲三軍使楊希文將軍
自宜壽入劉貴哲將中軍自武功入李光進將北軍
自奉天入
二年三月關中節度王思禮奏將士張子卿等四十
餘人割耳爲盟請爲父子軍爲國討賊又特進張元
軌悉稱所領武士一千五百人相與盟咸截左耳誓
雪國讐齎所截耳至朝堂帝嘉之
七月蜀郡城中節度健兒郭千仞謀逆上皇御玄英

樓親自招諭不從詔六軍兵馬使及蜀郡長史李峘
等領防禦兵討平之
九月以元帥廣平王俶領朔方安西廻紇南蠻大食
之衆十五萬號二十萬出討叛逆便收兩京以鎮西
北庭行營節度使李嗣業爲前軍朔方河西隴右行
營節度使郭子儀爲中軍關内行營節度使王思禮
爲後軍遂收長安廣平王城中號令三日領大兵而
東追殘賊兼收河雒
乾元元年九月詔司徒朔方節度使郭子儀淮西襄
陽節度使魯景興平軍節度使李奐滑濮節度使許

叔冀平盧兵馬使董秦北庭行營節度使李嗣業鄭
蔡節度使李廣琛率步騎二十萬衆渡河討安慶緒
於湘州又遣司空李光弼關内及潞府節度使王思
禮率所部兵續赴湘州
二年七月以趙王係爲天下兵馬元帥討思明於河
朔以司空兼侍中薊國公李光弼爲副元帥知節度
行營事
九月襄州將士康楚元張嘉延率衆爲亂陷荆襄澧
朗等州以太子少保崔光遠兼御史大夫持節荆襄
招討仍充山南東道處置兵馬都使十月荆襄平
三年四月襄州軍亂殺節度使史翽部將張瑾據州
爲叛以陝州來瑱爲襄州刺史充山南東道襄鄧等
十州節度使討平之
上元元年九月詔曰朕聞昆夷作患周王授鉞於方
叔大宛不庭漢王委兵於廣利則知昏迷之黨舞干
不足以懷柔聖哲之謀伐叛必資於用武事將禁暴
蓋非獲已司徒兼中書令朔方鄜坊邠寧等節度使
代國公子儀慶鍾五百運符魚水挺文武之宏才藴
韜鈐之遠略積蒼生之重望有命代之元勳負冑和
羹已申於啟沃登壇制勝實佇於謀猷萬里長城倚

賴攸屬今殘袄未殄戎事猶殷爰資一舉之功以靖
四方之難宜令子儀都統諸道兵馬使管崇嗣充副
使取邠慶朔方路過徃收大同横野清夷便收范陽
及河北仍遣射生衙前六軍英武長興寧國左右威
遠驍騎等左廂一萬人馬軍三千步軍七千人以開
府李光進充都知兵馬使特進烏崇福充都虞候右
廂一萬人馬軍三千人步軍七千人以開府儀同三
司李嵩充都知兵馬使特進王虤充都虞候渭北官
健一萬人馬軍三千人步軍八千人以開府韋京杲
充使朔方留後蕃漢官健八千人馬軍八百人步軍

七千二百人以兼御史中丞任敷渾釋之同充使蕃漢部落一萬人馬軍五千人步軍五千人以兼御史中丞慕容兆與新投降首領奴賴同統押充使鄜坊等州官健一萬人馬軍一千人步軍九千人以攝御史中丞杜晃充使寧州官健一萬人馬軍一千人步軍九千人以攝御史桑如珪充使涇原防禦官健二千人馬軍五百人步軍一千五百人以大將軍闆英竒充使蒐乘練卒藉馬賦車合四海以齊心齊九夷而同力金鼓作氣鐵騎爭雄歙野噴山隱天動地以服順之師旅討從逆之兇徒人事天時指期可定今

將略高闕出雲中驅蚊蚋於幽燕掃欃槍於鞏雒剗平天下混一車書然後獻凱清廟策勳盟府匏寧區夏豈不盛與兵馬既衆恐路次難爲供應仍備六十程糧十䭾遣馬畜草料所在量事支供不得妄有煩擾百姓仍委子儀即差人先於諸道計會分般次進發仍與迴紇兵馬犄角相應逐便討除所關軍務應須處置並委子儀續具狀奏聞雖有詔命竟不行

二年四月梓州刺史段子璋反襲破綿州殺遂州刺史嗣王號王巨東川節度李奐戰敗五月劒南節度崔光遠與李奐領衆平之

代宗寶應元年八月台州賊帥李鼂攻陷台州刺史史敍脫身而逃因盡陷浙東諸州縣有衆數萬越及浙西諸州咸理兵以禦詔河南道副元帥李光弼討之二年四月李鼂平

十月詔諸天下兵馬元帥雍王适統河東朔方及諸道行營迴紇等兵十餘萬討史朝義會軍於陝州十一月朝義平

大曆十年四月詔河東鎭冀幽州淄青淮西滑亳汴宋深潞河陽等道出師討魏博田承嗣

八月田承嗣上表請束身歸朝其將盧子期寇磁州

詔李寶臣李正巳李忠臣李勉李昭田神玉朱滔李抱玉等同赴磁州討伐十月擒子期

十一年七月汴宋州節度留後李靈耀竊所部兵叛北結魏博田承嗣之同惡命淮西節度使李忠臣滑州永平軍節度使李勉河陽節度馬燧三鎭兵同討之十月擒靈耀

德宗建中四年三月詔曰淮陽軍節度使李希烈頃以梁崇義叛逆使之專征旣集勳庸大加恩禮名極台輔賞延子孫而乃負德棄身去忠効逆攻刼道路擅固鄧州而又圖陷汴州擄奪尉氏攻圍鄭圃暴犯

汝墳已赦神策汴滑河陽東畿汝州淮南山南荊南湖南劒南江西鄂岳等道十五萬衆刻日齊進弔人靖亂罪止元兇有能斬希烈歸降者四品已上以希烈官爵授之五品以下封異姓王實封四百戶諸軍將士斬獲希烈者亦准此例封賞以軍城降者便以其職授之賜其實封賊平後除供當道外百姓給復三年朕德之不明化有不洽未躋仁壽尚勞用兵中心咎悼無忘鑒寐

四月以永平宣武河陽等軍節度都統李勉爲淮西招討使襄陽賈耽江西嗣曹王臯等爲之副貞元三年四月

希烈平

十一月帝在奉天以朔方節度李懷光軍醴泉神策將李晟軍東渭橋以討朱泚

興元元年二月以鍾州王武俊兼幽州節度使令討朱滔

三月以神策節度李晟兼京畿渭北鄜坊丹延節度使以行在都知兵馬使渾瑊爲朔方節度使邠寧振武永平奉天行營副元帥收復京城五月京師平

八月以河東保寧軍節度使馬燧爲奉誠軍晉絳慈隰節度行營兵馬副元帥以靈鹽節度使渾瑊爲晉絳節度使河中同陝虢等州及管內行營兵馬副元帥同討李懷光

貞元十五年九月詔曰淮西節度使吳少誠非次擢用授以旌旄秩居端揆之榮任總列城之重期申報効奉我典常而秉心匪純自底不類兇狡成性扇誘多端外肆矯誣內懷疑阻毀忠廢信棄德崇奸擅動甲兵屢越封境壽州茶園輙縱凌奪唐州詔使潛構殺傷干黷國章已在無赦朕以王者之德在乎好生人君之體務於含垢寧屈已以宥罪不殘人以興師是以上稽宗社之盛外抑忠賢之請庶其悛革當議

優容今更幸鄰境之喪逞貪亂之志焚掠縣邑殘暴平人朕猶異其知非爲之忍恥亟頒詔令未許出師至乃遣軍攻逼許州肆其蠆毒恣行殺戮流害黎蒸惡稔禍盈人神同棄輿言致討實悼予衷宜令宣武軍河陽三城鄭滑等州節度東都汝州等軍犄角相應同逼申光蔡州常冀幽州淄青魏博易定澤潞太原淮南等州徐泗山南東道鄂岳等軍各發士馬逐便犄角齊進同爲討伐大軍四合計日殲夷嗟我忠良受茲詿誤或心存憤激而力屈兇威玉石俱焚良增惻惻其所收得少誠管內州縣百姓官吏等宜切

加慰撫各示安存淮西將士等夙著勳庸素懷忠義爲其脅制深可哀矜若能因事建功捨逆効順朕當復其職位待以官封其吳少誠在身官爵並宜削奪其有叶心同謀擒斬少誠者先有官未有官者並授御史中丞大夫封異姓王賜實封五百戸賞錢萬貫庄宅各一所子孫永爲功臣先有御史中丞異姓王及刺史者即超轉三資改賜官賞其才器行業爲衆所推者便授節度使如有心懷忠憤謀斬少誠被其屠戮者先無官者追贈三品官賜實封二百戸先有官者贈二品官賜實封三百戸仍各與一子正員五

品官巳有官者超三資與正員官其所在百姓能團結士衆討除梟斬少誠者准例封賞人臣之所保者忠天地之所助者順報功宥善朕不食言於戲朕司牧黎元爲之宗極化有所未洽信有所未孚致茲典戎增用媿悼然不暫勞無以逸俗不誅暴無以安人咨爾藩鎭方州列辟連師所宜戡剪大憝永康兆人其戮力一心以副朕意應諸道准勅赴蔡州許州將士等皆竭忠誠盡心奉國並懷感激叶力勤王若能梟斬少誠者亦准前例官賞策勳之典朕所必行如少誠平後應赴行營將士超三資改官其賞物節級當續有處分其將士月糧在後迴給家口宣示中外咸令知悉

十六年二月以諸將與賊戰皆不利而退詔左神策行營銀夏節度使韓全義爲蔡州行營招討使陳許節度使上官涚副之十月詔雪吳少誠

憲宗元和元年正月戊子制曰劒南兩川疆界素定藩鎭守備各有區分頃因元臣薨謝鄰境不睦劉闢乃因虛構隙以忿報讎遂勞三軍兼害百姓朕志存含垢務欲安人遣使宣諭委以旄鉞如聞道路擁塞未息干戈輕肆攻圍擬圖吞併爲君之體義在勝殘

命將興師葢非獲巳宜令山南西道節度使嚴礪領當道士馬與劒南東川節度使李康掎角應接仍令神策行營節度使高崇文領馬步五千人爲左軍左右神策京西行營兵馬使李元奕領馬步二千人爲次軍並相續繼發仍仰高崇文等各差人先與嚴礪計會齊進朕以三蜀之人本無過犯征鎭將士各著勳勞迫於威制不能自抜各宜分明曉諭令悉朕懷如劉闢稟奉朝經抽兵却歸本鎭朕務存誠信必當委待如初其効順之誠臨鎭歸欵高位重賞當不食言如尚執迷自貽覆滅法旣無赦令在必行宜一乃

心恭守所職其置頓糧料等仍委度支使差官勾當無令闕失甲午高崇文領兵馬取鳳翔斜谷路李元奕領兵取駱谷路同赴梓州應接秦惠王時用司馬錯之策以伐蜀漢光武使吳漢伐公孫述魏司馬文王使鄧艾伐劉禪晉穆帝使桓溫伐李子仁宋武帝使朱齡石伐譙縱梁武帝使鄧元起伐劉季連周太祖使尉遲迥平蕭紀隋文帝使梁睿平王謙憲宗命高崇文平劉闢自秦至元和九度伐蜀四爲水軍泝江而上唯光泰與鄧艾尉遲迥梁睿及崇文五在斜谷駱谷出師南討不庭矣九月擒劉闢以獻

三月詔發河東天德兵誅夏州楊惠琳初韓全義入朝令其甥楊惠琳知晋後俄有詔除李演爲節度代全義演赴任惠琳據城叛至是討之是月平

二年九月浙西節度使李錡據潤州反殺判官王澹大將趙琦又領蘇常湖杭睦五州戍將殺刺史修石頭故城欲謀僭逆十月詔曰朕聞好生者天地之仁不在乎肅殺止戈者帝王之武不尙乎誅鉏恭惟至言可謂明誡朕祗荷丕訓纘承丕圖每思道以自弘豈佳兵而爲念雖朔陲阻命有戡亂之征蜀部興妖獻夷凶之捷而所傷皆及於百姓所費寧止於千金静言思之往往興嘆非不得已豈復用師李錡屬列宗枝任居方伯窮赫奕之貴飽綢繆之恩待以親賢報之以禮節授以師旅用之以亂常肖圓首方足之形無五常百行之性頃者累陳章疏勤請來朝姦態不形僞言甚懇朕頗謂誠志久方允從乃降詔書俾修覲禮示以後命委其深心而梟首縣呼虺毒横厲初則詐疾後仍縱兵寮屬以獻規受屠使臣以傳命見脅朕務於含垢未忍明言累降中人令遵前旨無輅車之戒路有沴氣之滔天加以日逞淫征寃痛者無告日興暴賦杼軸者皆空赤子咸罄於饑羸白刃屢膏於頸血爲人父母聞甚惻然顧惟紀綱豈敢縻墜其討伐之師並已有處分剋期齊進其李錡在身官爵階勳等並宜削除仍令宗正寺削一房屬籍其

兩都及諸州府應有李錡庄宅錢物等並委所繇官簿録聞奏浙西將士素非同惡朕所深知追於凶威不能自達但王師進討因事立功梟斬渠魁以效誠節必當特加爵秩超異等倫其將吏等以所領歸降者超三資官以一身降者亦超資改轉官健歸順者厚加賞給仍與敘録明諭將士罪止一夫其餘染汙一切不問於是詔淮南節度使王鍔充諸道行營兵馬招討處置使仍以内官有監門衛大將軍薛尙衍充都監招討宣慰等使徵宣武義寧武昌之師各三千弁淮南宣歙之師並取宿州路進討江西兵士三

千取信州路進討浙東兵士取杭州路進討是月平錡四年十月鎮州王承宗拒命制曰天地以大德煦物而高秋厲肅殺之威帝皇以至道育人而前王設誅討之典於是乎有阪泉之役有丹浦之戍情豈佳兵義存禁暴朕嗣膺寶曆於茲五年以惕厲居於人上以仁恕撫於天下恭惟文祖之訓敢以武功爲先畔者吳蜀輿妖師徒獻捷朕每念陳原野之衆行鈇鉞之刑雖擧彝章頗懷慙德蓋不獲已豈樂於斯王承宗頃在苫廬潛窺戎鎮而內外以事君之禮將而必誅分土之宜專則有辟朕念其先祖規當有茂勳貸

以私恩掩於公議使臣旁午以告諭孽童俯伏以陳誠願獻兩州期無貳事朕亦收其後效用以曲全授節制於舊疆齒勳賢於列位況德棣本非成德所管昌朝又是承宗懿親俾撫近鄰斯誠厚德外雖兩鎮中實一家而承宗象恭懷奸胥貌稔禍欺裴武於得位之後縶昌朝於受命之中豺很之心飽之而愈發梟獍之性養之而益生加以表疏之間悖慢斯甚神祇所以不祐天地所以不容智士所以奮懷義夫所以興憤式遏亂略期於無爲恭行天誅示於有制其諸道諸軍進討已從別制處分王承宗在身官爵並宜削奪其鎮州管內將士官吏等久在戎行未知朝典或陷于邪說或迫以兇威雖有忠誠無由自達但能效順卽是王人豈止惟新當加寵遷其有能廻戈殄寇因事立功時有褒崇不拘資次貴爵厚祿設之而高懸實封名藩待之以厚賞其以一州歸順者便與當州刺史仍賜實封二百戶如先是刺史以州歸順者超三資與官仍賜實封三百戶以一縣歸順者超兩資與官賜實封一百戶其長行官健歸順者當以優厚褒賞如將校內有翻然改圖梟斬元惡者授以不次之位寵以殊常之封王承宗如能革心悔過

束身入朝待之如初一切不問仍准舊官爵別加寵授於戲王者之師蓋除於暴亂止戈之武豈願於傷殘而承宗不能負荷舊勳祇承新命自貽其咎寧怨於天遽此興戎至於用鉞固非素意用嘆於懷百辟萬方宜諒朕志是月以左神策護軍中尉左衛上將軍吐突承璀爲左右神策河中河陽西宣歙等道赴鎮州行營兵馬使招討處置等使仍與諸軍計會內侍省內寺伯宋惟澄爲河南陝西河陽已來館驛使內侍省內寺伯曹進玉爲京畿華州河中晉州太原已來館驛使內侍省內常侍劉國爲太原易定幽州

滄州行營兵馬糧料使內侍省內常侍馬朝江爲東道行營兵馬糧料使

五年正月詔行營諸道進討鎭州又發徐泗滑等州兵四千人赴行營七月赦承宗罷兵

八年十二月振武兵亂逐出節度使李進賢屠其家又殺判官嚴澈河東節度使王鍔奏李進賢奔於靖邊軍振武監軍使駱朝寬奏亂衆復平且請給將士衣於本州兼言營田之不可成帝怒命夏州節度使張煦以夏州兵二千代進賢於振武又命王鍔以河東兵二千煦於振武仍許以便宜擊斷

十年正月制曰天地之化由肅殺以成歲功帝王之道以威武而輔文德朕祗荷鴻業撫臨庶邦務先弘含每愼征伐俾懷仁者有恥且格畏罪者見善卽遷而或昏迷不恭告命不及固興勃亂之孽自速原野之誅除害正刑國有彝典吳元濟逆絕人理反易天常不居父喪擅領軍事諭以詔旨曾無敬恭熒惑一方之人迫脅三軍之衆以其父少陽常經任使爲之軫悼命申奠祭臨遣使臣凌虐封疆遂致稽阻絕朝廷之禮意忘父子之恩情旋又掩襲舞陽傷殘士卒焚燒葉縣驅擾閭閻恣行寇攘無所畏忌朕嘗念賞延之義重傷藩帥之門尙欲納於忠順之途處以顯榮之列未能飭法猶爲包荒稱以詔書俾申招撫而蠆毒滋長姦心靡悛壽春西南又陷鎭柵窮凶稔惡縱暴挺災覆載之所不容人神之所共棄旣幷獲已致此興戎蓋亦方伯連帥同請討除伐罪弔人故茲申命宜令宣武忠武太原武寧淮南宣歙等兵馬合勢山南東道及魏博荊南江西歙南東川等道兵馬與鄂南計會東都防禦使與懷汝節度及劍南義成軍兵馬犄角相應同爲進討吳元濟舊有官秩宜竝削除大軍旣臨討卽戡殄嗟我淮右之衆本爲勤王

之師雖是脅從頗已昭洗念此勳力未嘗弭忘適罹彼童又此詿誤必懷忠順迫在兇威苟能率誠卽日收效其淮西將士有能梟斬兇渠者先是六品已下官授三品正員官其先授五品已上官者節級昇進仍與實封五百戶庄宅各一區錢二萬貫如能率所管兵馬以城鎭來降者竝超三資與改官仍與實封二百戶錢一萬貫以一身降者亦與改轉仍賜錢帛諸道應赴副行營將士如有斬元濟者亦准此處分吳元濟如能束身歸朝竝與洗雪若不能改過罪止其身其餘汙脅一切不問接賊界州縣百姓軍興已

來供饋繁併言念疲瘵良增憫然元和九年兩稅斛㪷錢物等在百姓腹內者并十年夏稅並宜放免其有城鎮將士百姓守節拒賊身死王事者各委長吏優給其家仍具事跡聞奏當加褒贈幷賜錢帛仍與一子官三州百姓莫匪吾人諸軍所至不得妄加殺戮焚燒廬舍據奪財產并有拘執以爲俘馘事平之後給復二年三州內有自置義營堡柵王師所至能相率來降各加酬奬時當春候務切農桑應緣軍務所須並不得干擾百姓如要車牛夫役及工匠之類並宜和顧情願仍給優價賊平之後應立功將士並

與超資改官節級賜物於戲朕率理道靡敢荒寧思致中和以康億兆而德之寡薄化未昭宣爰用甲兵良深媿嘆顧非重武其在止戈宣示中外咸令知悉自九年秋元濟以其父衆逆命帝初推恩信以待之乃易置四面將帥命嚴師飾壘以臨之望其畏竊聽命賊乃分鋭四出焚掠城邑至有犯東畿者繇是帝震怒始下詔討之

二月以劍南西川之師五百人隷嚴綬徐州之師二千五百人從李光顏又以宣武之師三千人會光顏皆討蔡州又命神策軍部陽鎮遏將索日進以涇原兵六百人會光顏劍南東川以兵二千五百人會鄂岳團練使柳公綽討賊次於安州

十二月詔發振武兵二千會義武軍以討王承宗

十一年正月制曰上帝垂象輝弧矢之芒先王取威陳鈇鉞之柄蓋所以昭宣七德保乂兆人故窮陰有助於歲功而大刑無廢於國典朕承累聖之休祉奉昊穹之眷命道思格物心豈佳兵期致俗於和同庶納人於軌度緬窺鍾鼎無忘衛國之勞永惟帶礪每存延代之賞故太尉武俊頃因多難首建大勲懸捧日之明誠遏滔天之逆豎武烈有過於雷震壯容具

紀於丹青餘風凜然雖死不朽是宜子孫襲寵邦國同休而王承宗墜乃箕裘隳其門戶不思祖考之德恐與梟獍同謀不顧天地之恩敢以豺很爲性飽則逾悖撫之不馴兇狂屢見於表章戕賊竊加於宰輔四方同駭千古所無朕以思人愛樹投鼠忌器優柔而不斷隱忍而未征屈其憲法唯絕朝貢俾之思過將謂革心而乃先動干戈屢犯城邑焚燒剽掠流毒于人罪惡既不可容誅討蓋非獲已况四面征鎮憤激咸同中朝卿士奏議相繼雖覆以大道欲更含弘而迫於海魏博昭義等節度兵馬計會進討其承宗

在身官爵竝從削奪言念廼祖嘗著功庸蠢兹彼童自取廢絶其所襲實封宜廻賜武俊子右金吾衛將軍士平俾之纂承無乏祭祀若承宗翻然改悟束身入朝必議加恩不唯貸法如沉迷自若討伐遂行則罪止一身其餘驅脅之徒一切不問大軍旣臨計郎戡殄其成德將士等或染惡俗或迫兇威雖忠誠無階自達但能去逆效順因事立功隨其高下厚加寵錫如有梟斬渠魁及執送京兆以效誠節者王承宗在身官爵土地等使以廻授仍與實封五百户庄宅各一區錢二萬貫如有能率所管兵馬及以城鎮來

降者竝超三資與官仍實封二百户錢一萬貫其以州降者便與刺史仍賜實封三百户如本是刺史更超三資與官賜實封三百户以縣降者超兩資與官賜實封一百户其以一營一栅降者節級褒昇務從優厚其諸軍行營將士有先登陷陣屠城下邑者亦准此處分諸應行營將士如有能梟斬承宗者亦准前例處分其接近賊界州縣自軍與已來供饋繁併嗟我疲瘵良增憫然應元和十年兩稅斛㪷錢物在百姓腹内幷十一年夏稅竝宜放免其有城鎮將士百姓守節拒賊身死王事各委長吏優給其家仍具事跡聞奏當加褒贈其有潛謀誅斬承宗被其屠戮者優加追贈幷賜錢帛仍與一子官六州百姓莫匪吾人墜于塗炭深用嗟惻兵之所至不得妄加殺戮及焚燒廬舍掠奪資産幷有拘執以爲俘馘事平之後給復三年其六州管内百姓能相率來歸者所在安存各加優奬方當春候務切農桑邊界之人慮妨耕織應緣軍務所須竝不得干擾百姓如要車牛夫役工匠之類宜和雇優給價錢賊平之後應立功將士竝與超資改轉節級賜物續有處分於戲朕正位凝命端誠嚮方勞謙在心慈儉爲實而化未陶於頑

傲澤未浸於隱微薦興甲兵師在原野中宵愧歎當佇憂兢庶將除姦非曰尚武宣示中外宜體至懷自莭年詔絶其朝貢承宗數以兵出境四犯田弘正不勝其忿累疏請誅帝方許以兵加境上未令進討承宗幸其詔旨乃大肆侵掠幽州及滄州易定之師皆苦之請連兵誅伐乃有是命於是六鎮合勢兵十萬餘環數千里將分承宗之力然諸軍回遠難爲主約繇是兵加二年竟不能分其勢十二年四月罷河北行營專討淮西

二年詔以陳州所送東都防禦五百人廻付汝州又詔發河東兵五千以赴易定

十月命嘗侍梁守謙監淮西行營諸軍仍以空名告身五百道及金帛付之

十二年正月詔發河東兵一千會于義武軍移禎沘丘武兵二千會于壽州

七月以中書侍郎平章事裴度爲門下侍郎平章事充彰義軍節度使仍充淮西宣慰使以刑部侍郎馬總爲副以征元濟十月淮西平

十三年七月詔削奪淄青節度使李師道在身官爵仍令宣武魏博義成武寧横海等軍分路進討其淄青將士如能梟斬逆渠者節級超奬仍與實封五百戶庄宅各一區錢二萬貫十四年二月師道平

冊府元龜帝王部征討二　卷之一百二十二　二十七

冊府元龜

巡按福建監察御史臣李嗣京訂正

知閩縣事臣曹㫤臣參閱

知建陽縣事臣黄國琦較釋

帝王部一百二十三

征討第三

唐穆宗長慶元年八月冀州刺史臾暐潛爲幽州兵所逐瀛州兵亂因觀察使盧士攻其州尋爲幽州兵所據以河東節度使裴度兼充鎭州四面行營都招討使以左領軍衛大將軍杜叔良爲深冀諸州行營節度使以深冀等州節度觀察使牛元翼爲成德軍節度鎭冀趙等州觀察等使時王庭湊賊殺田弘正竊據王地朝廷以元翼鎭冀舊將素以善戰聞班位勇畧在庭湊之右故前命爲深冀節度及是又以成德令付之希鎭州兵士望風稟令不戰而歸也二年二月赦庭湊

二年七月汴州軍亂逐節度使李愿立牙將李岕爲留後詔以鄭滑節度使韓充爲宣武軍節度使又詔陳許節度使李光顏將兵赴汴州八月斬李岕

文宗太和元年十一月以滄横海軍節度副使李同捷新除兖海不受詔結幽鎭謀叛詔削同捷在身官爵以保義軍節度使李寰爲横海軍節度使又詔發河東陳許徐州淄青四鎭兵各五百人助寰討賊仍賜綾絹二萬匹充賞設三年五月斬同捷

二年八月詔曰朕初撫天下實在便安故委同捷節旄處以華壤覬彼童孽豈宜當之然蔑棄君親不合容覆忠臣義士咸同忿嫉非朕生事致於興戎鎭州王庭湊承累朝恩榮據四郡士衆將爲率先問罪以圖策勳而乃影援逆豎干犯王旅諸道使命繫爲縲囚內兵滄州抗戰四境交支郡之管籥棄鄰好之姻親無恩於家忘義於國而猶特遣中使許其轉禍詞旨堅執曾無少悛近者又令宰臣遺書許以效順王誥一去寂爾無聞臣欽若等曰王誥奉使滄州史失其官朕以成德一軍代建勳力聆風拭目待之實殊豈爲庭湊一人致使傷及百姓今廹藩臣懇請連章繼來朕猶不能獨斷宜示羣公卿士參詳可否以觀衆情義不容誅列狀斯在先朝曾效忠懇寵奬逾等䟎至三公開其自新以全令節朕之恩義亦不負矣其諸道與鎭州鄰接處宜並絶其進奉嚴加警備其有突犯及隨指揮併合宜依詔旨處分諸道須有移軍出界並不得焚

燒廬舍橫加殘害歸投者撫之拒命者禦之如有忠臣義士以一州或城鎮降者竝依討滄州例處分其上都進奏院宜令御史臺京兆府切加守提禁其出入待後勑處分如庭湊翻然改悔乞效忠勳上表陳誠須有聞奏亦委鄰界當時轉奏進上不得停留於戲朕示帝王至仁以安兆庶以黃老清淨用寧寰宇文告屢施而不從兵革在郊而未弭致此費詞良多愧歎時王庭湊黨助李同捷恣其奸計累以兵革糧鹽濟實滄州又以兵拒朝命鄰境逼使竝縶而不遣逆狀顯露中外同請誅討故有是命

九月詔曰雷電霜雪上天所以成物明罰飭法聖人垂之易象豈春陽不可以獨化將輔理固在于刑威乎則遏亂禁非法天齊俗諒有爲而然也李同捷罪暴寰宇告之則悖寵之益凌亂君臣父子之紀綱棄覆育生成之恩義則綏討之命蓋不得已而王庭湊作我藩臣久膺寵命致爵位於擾叛之際齊恩澤於忘義之倫而首扇同捷使自纏縲黨惡之心劇於虎兕負法之醜踰於梟獍藩方統帥飛疏牙來朝右公卿覩章繼奏皆期鳴鼓問罪奮戈啟行朕道在包荒志存含垢多立曲戸大開坦途諭之使致奇功告之將酬重位而傲很彌甚肆兇不悛恣惡言於報章資盜糧於彼寇屢有降卒備驗奸欺潛軍入援德棣縱燎以焚瀛莫河東易定被毒騷然若尚爲包容則孰分逆順其王庭湊在身官爵竝宜削奪應諸道與鎮州接界處各逐便攻討其鎮州將士如有梟斬庭湊者六品已下官便授三品正員官先是五品已上官者節級超獎仍賜宅一所錢二萬緡如有能率所管兵馬以州郡來降超三資與官仍便正授刺史賜錢一萬緡以城鎮來降超三資與官仍賜錢五千緡如庭湊束身歸闕竝與洗雪若執迷安禍罪止其身其

餘脅汙一切不問

三年三月詔行營兵馬各量揀精銳深壁堅守分兵務農非挾襲勿更夾戰軍中老弱傷疾及揀留固守外竝抽歸本里訓勵營生應鄰道節度有鎮兵馬比令權授指麾竝宜依前在抽移之限李祐所統兵馬至多旣逼德州自是本道糧饋不乏進取已深宜依前當處守禦

六月詔鎮州四面行營兵馬竝宜各歸本界且自休息其幽州河東易定齊德昭義魏博等俱要保境勿相往來唯庭湊以四郡之地三軍之衆率誠歸闕翻

然效順則不獨棄其舊惡兼亦別義新恩唯此一事
與逵表章餘勿聽信八月赦庭湊
武宗會昌三年九月制曰定天下者致風俗於大同
安生人者齊法度於畫一雖晉之欒趙家有舊勳漢
之韓黥身爲佐命至於干亂紀律罔不梟夷禁暴除
殘古今大義故昭義節度使劉悟頃居海島嘗列爪
牙屬師道阻兵王師問罪三面開網一境離心秉此
危機遂能歸命憲宗嘉其誠欵授以南燕穆宗待以
腹心委之上黨招致死士固護一方迨於末年已虧
臣節劉從諫生禀戾氣幼習亂風因跋扈之資以專

封壤恃紀綱之力以襲兵符暫展執圭之儀終無上
綏之請隙駒爲喻魏豹姑務於絶河井蛙自居孫述
頗問于恃險誘受亡命妄作妖言中罔朝廷潛圖左
道接壤戎帥屢奏陰謀顧茗邛之所矜豈泉魚之是
察暨乎沉痾曾靡哀鳴猶駐將盡之兎恣行邪僻之
志罔惑舊較自樹狡童中使授醫莫覩其朝服近臣
御命不入於壘門逆節甚明人神共棄其贈官及先
所授官爵并劉稹在身官爵宜當並削奪成德軍節
度使王元逵魏博節度使何弘敬或姻連王室或任
重藩維懇陳一至之誠願揚九伐之命吳漢任職受
詔而初無辯嚴卜式朴忠未戰而義形於内况成德
軍常以驍騎横陳首破朱滔戰氣方酣再迴魯陽之
日鼓音不息三周不汪之山魏博軍頃以大旆涉河
竟殲師道建十二郡之旗鼓以列降人剗六十年之
厲階盡歸皇化士傳餘勇軍有雄名必能禀鄭侯之
指蹤成葛亮之心伐咨爾二帥朕所汪懷元逵可本
官充北面招討澤潞使弘敬充東面招討澤潞使潞
府曩者烈祖在藩先天啟聖符瑞昭晰繪事焕於泗
亭鑾輅巡遊金石刻於代邸實謂可封之俗久爲仁
壽之鄉艱難以來頗著誠節必非同惡咸許自新其

昭義舊將士及百姓等如保初心並赦而不問如能
捨逆效順以州郡兵衆歸降者必厚加封賞如能擒
送劉稹者別授土地以報勳庸頃隨劉悟鄆州舊將
較子孫既有義心宜思改悔如能感諭劉稹束身歸
朝必當待之如初特與洗雪爾等舊較亦並酬勞仍
委夷行劉沔茂元各進兵同力攻討其諸道進軍並
不得焚燒廬舍發掘墳墓擒執百姓以爲俘囚桑麻
田苗各許本户爲主罪止元惡務拯生靈於戲藩維
大臣抗疏於外髦俊舊老昌言於朝戒朕以祖宗之
法不可私一族刑賞之柄所以正萬邦宜用甲兵陳

於原野雖朕以恩不聽而群臣以義固爭詢自僉謀諒非獲已布告中外明體朕懷仍以徐泗節度使李彥佐爲澤潞西南面招討使河陽節度王茂元以本軍屯萬善彥佐制下後踰月未出師朝廷疑其持重乃以天德軍使石雄爲彥佐之副

四年三月以晉絳副招討石雄爲澤潞西面招討使以汾州刺史李丕爲之副八月劉稹平

懿宗咸通九年七月徐州赴桂林戍卒五百人官健許佶趙可立殺其主將王仲甫以糧料判官龐勛爲都頭剽掠湘潭衡山兩鎮有衆千人擅還本鎮殺節

度使崔彥曾遂出徐宿官庫錢帛召募兗徒五萬詔徵河南河東山南諸道之師討之

十年正月以神武大將軍王晏權充武寧軍節度使兼徐州北路招討使右神策大將軍康承訓充徐泗行營都招討使又以將軍朱克義王宥李邵史忠用馬濬董濤戴可師朱耶赤心王建曹翔馬舉高羅銳秦漢李播爲諸道行營招討使量分諸道之兵七萬三千一十五人以討龐勛

二月詔司農卿薛瓊使淮南廬壽楚等州點集鄉兵以自固九月龐勛平

十四年三月雲朔暴亂殺刺史段文楚扶詔太原節度使崔彥昭幽州節度使張公素出師討之

僖宗乾符三年七月草賊王仙芝寇掠河南十五州其衆數萬詔河南藩鎮舉兵討之

四年三月以青州節度使宋威爲諸道招討草賊使乃給禁兵三千甲馬五百匹

五年四月草賊黃巢黨尚讓大驅河南山南之民其衆十萬大掠淮南侍中晉國公王鐸請自督衆討賊詔以鐸爲荆南節度使諸道兵馬都統

六年八月以東都留守李蔚爲河東節度兼代北行

營招討供軍等使討雲朔李昌國廣明元年四月以前太府卿李琢爲蔚朔等州諸道行營都招討使應東北面行營李孝昌李元禮諸葛爽王重榮朱玫等兵馬及忻代土團並取琢處分中和元年二月赦昌國令討黃巢

中和元年正月帝在興元詔太原節度使鄭從讜發本道之師與北面行營招討使諸葛爽代州刺史北面行營馬步都虞候朱玫夏州將李思恭等行營諸軍並赴京師討賊時黃巢據京師

七月帝至西蜀以侍中王鐸爲中書令充義成軍節度使兼京城四面行營兵馬都統以太子太師崔安

潛爲副忠武軍監軍楊復恭爲天下兵爲行營都監以河中節度使王重榮義武軍節度使王處存鄜延節度使李孝章朔方軍節度使柘拔思恭分京城、四面都統三年四月收京城四年七月黄巢平

光啓元年三月蔡賊秦宗權據汴鄭以徐州節度使時溥充蔡州四面行營兵馬都統以武宣軍節度使朱全忠充蔡州西北面行營都統文德元年十二月平宗權

二年五月帝在興元邠寧節度使朱玫奉襄王熅爲帝遣將王行瑜率邠寧河南之師五萬屯鳳州十二月密詔行瑜自鳳州率衆還長安斬朱玫及其黨數

百人以行瑜爲邠寧節度使

昭宗文德元年六月以蜀賊王建大亂劍南陳敬瑄告難以司空平章事韋昭度充劍南西川節度使兼西川招撫制置使明年王建陷成都府自稱留後

大順元年五月以宣武軍節度使朱全忠等上表請與河北三鎮及汴滑河陽之兵平定太原李克用願朝廷命重臣一人都總戎事詔中書侍郎平章事張濬爲太原四面行營兵馬都統京兆尹孫揆副之率神策軍三千赴行營又以華州韓建成德軍王鎔幽州李匡威雲州赫連鐸及朱全忠分爲太原四路招討使十一月李克用上表訴冤遂罷兵

二年八月以鳳翔李茂貞表章不遜帝不能容嗣覃王爲京師西招討使神策大將軍李鐬副之九月師敗以茂貞爲秦王賜鐵券

乾寧二年七月太原節度使李克用舉兵渡河以討王行瑜李茂貞韓建等稱兵向闕之罪詔以克用爲邠寧四面行營都招討使夏州李思諫充東北面招討使涇原張鐇充西南面招討使是月削奪王行瑜官爵改授李克用邠寧四面行營都統十一月殺行瑜

後唐莊宗同光三年四月潞州小校楊立據城叛以

蕃漢馬步軍總管李嗣源陝西留後李紹貞爲副率師以討之詔令河中馬步兵士五千人騎發赴潞州五月收復潞州

九月大舉伐蜀制曰朕以夙荷丕基乍平僞室非不欲寵綏四海協和萬邦廣正朔以遐同俾人倫之有序其或地居陬裔位處驕奢殊乖事大之規但蘊偷安之計則必徵諸典訓振以皇威爰興伐罪之師冀遏亂常之黨蠢茲蜀王世負唐恩間者父總藩宜任居統制屬朱温東離汴水致昭皇西幸岐陽而乃不務扶持反懷顧望盗據山南之土宇全虧閫外之臣

誡先皇帝早在并門將興霸業彼既曾馳書幣此亦復展謝儀後又特發使人專持聘禮彼則更不迴一介之使答咫尺之書星歲俄移歡盟頓阻朕頃遵崇遺訓嗣統列藩追昔日之來誠繼先皇之舊好又專持信幣皆絶酬還緬惟背恩食言可忍棄同郎異今觀孽豎紹據山河委閹官以持權憑阻修而僭號早者曾上秦王緘札張皇蜀地聲塵形侮瀆之言辭謗親賢之勳德詐朕風驅銳旅電掃兇渠復巳墜之宗祧纘中興之曆數揵音旋報復命仍稽使來而上抗書題情動而先誇險固加以宋光葆輙陳狂計別啓

奸謀將欲北顧秦州東窺荆渚人而無禮罪莫大焉詐客省使李嚴奉使銅梁近歸金闕凡於奏對備述端繇其宋光嗣相見之時於坐上便有言說先問契丹强弱次數秦王是非度此包藏可見情狀加以疎遠忠直朋比姦邪内則縱恣輕華競貪寵位外則滋彰法令蠹耗生靈既德力以不量在人祇之共憤令命與聖宫使魏王繼岌充西川四面行營都統仍命侍中樞密使郭崇韜充西川東北面行營都招討制置等使荆南節度使高季興充西川東南面行營都招討鳳翔節度使李曮充都供軍轉運應接等使同州節度使李令德充行營招討副使陝府節度使李紹琛充行營蕃漢馬步軍都排陣斬斫使兼馬步軍都指揮使西京留守張筠充西川管内安撫應接使華州節度使毛璋充行營左廂馬步都虞候邠州節度使董璋充行營右廂馬步都虞候客省使李嚴充西川管内招撫使總領閫下諸軍兼西面諸道馬步兵士取九月十八日進發凡爾中外宜體朕懷十一月蜀平

四年二月貝州屯駐兵士擅離本州入鄴推趙在禮爲兵馬留後帝怒令宋州節度使元行欽率騎三千

赴鄴都招撫之下詔徵諸道之師進討以武德使王允平爲内侍省延州馬步軍都指揮使高允鐸爲丹州刺史竝充鄴都行營招討使是月邢州左右步軍四百人據城叛推軍較趙大爲留後討東北面副招討使李紹貞率兵討之三月平之又命蕃漢總管李嗣源統親軍赴鄴討趙在禮三月鄴軍變立明宗

明宗天成二年二月制曰荆南節度使開府儀同三司守太尉尚書令南平王高季興可削奪官爵仍令襄州節度使劉訓充南面招討使知荆南行府事許州節度使夏魯奇爲副招討使統蕃漢馬步四萬人

進討以其叛故也又命湖南節度使馬殷以湖南全軍會合以東川節度使董璋充南面招討使新授岐州刺史西方鄴爲副招討使共領川軍下峽三面齊進

四月與劉訓等詔曰朕昨以妙選師臣往除兇孽自長驅於鋭旅將併擊於孤城已發使臣疊頒詔諭料龍韜之此舉顧蟻蛭以郎平今已漸向炎蒸不可持久切在訓齊貔虎速進梯衝必期此月之中須殄干天之逆貴令戰士免至疲勞兼與生民早諧蘇息惟卿忠烈體朕憂勤儻能克副於指呼便見立成其功

效固於酬獎亨無悋焉癸卯有内臣自荆南至云暑雨方甚兵士苦之及劉訓有疾乃命樞密使孔循徑往荆南城下五月破其水寨而迴

三年四月北面副招討使王晏球以定州節度使王都反狀聞制曰王者君臨八表子育萬民務匿瑕含垢之仁引禁暴戢兵之德每存寬恕貴就和平其有受國深恩承家舊履乖失臣節包藏禍心萌悖亂以欺天恣貪殘而害物苟無征討曷示紀綱義武軍節度觀察等使簡較太尉兼中書令守定州刺史太原郡王王都猥以凡材託於盛族梟獍之兇早縱豺狼之性不移位極人臣跡無忠孝自朕纘承大業懷輯群方山河之寄愈堅帶礪之盟益甚凡於事體每務優崇骨肉淪落者並致歸還嗣息薦論者遍加任使一門受寵九族同榮近以家艱疊頒國命行吊遠緊於鄉士奪情尋復於公侯繼下絲綸薦及垣翰在予之分於爾何虧而獨者所爲頻彰逆狀徵發不從於朝命賦租罔係於省司擅致軍都遍抽編戶專修城壘潛造甲兵説誘佐命藩臣留滯歸朝刺史頗皆忠順尋各奏聞曾令近侍馳書責使深思改過載惟撫御敢息含弘近乃長惡靡悛亂常尤甚遣姦人招軍

前節級出妖言惑眚內生靈兼掛牒文已爲邊患閫境之蒸黎愁沮遠遣告陳鄰藩之主帥封章共期戩定其王都宜削奪在身官爵仍令馬步兵士於州側近權置行州招誘在州軍人百姓及安撫鄉川人戶於戲不祥之器寧願舉於干戈無罪之民豈忍墜於塗炭將行吊伐倍軫情懷勉施極赦之功勿致傷夷之弊雖軍威須振在王道無虧凡百戎臣當體朕意宣布遐邇咸使聞知應諸道舊有定州兵士處並詔安撫勿令憂疑又制北面行營權副招討歸德軍節度使王晏球可充北面招討使權知定州軍州事北

面行營馬軍都指揮橫海軍節度使安審通充北面
行營副招討兼諸道馬軍都指揮使宣殿贠翟令奇
等十五人起諸道軍伐定州以鄭州防禦使張虔釗
爲北面兵馬都監（四年二月平王都）
九月詔武寧軍節度使房知温兼荆南行營招討使
知荆南行府事以尚食使馬從斌守澤州刺史中外
命八道起軍赴襄陽（四年五月高從誨歸順）
十月詔邠州節度使李從敬攻慶州以刺史竇廷琬
拒命故也（十二月平廷琬）
長興元年四月皇子河中節度使從珂遣人口奏曰

今月五日閲馬於黄龍莊衙内指揮使楊彦温據城
謀叛尋時詰問稱奉宣命臣見在虞鄉縣狀候進止
帝謂安重誨曰亂臣賊子何代無之安得有此語重
誨曰奸賊之言也宜速進討卽命西京留守索自通
侍衛指揮使藥彦稠等率兵攻之仍授彦温絳州刺
史冀以誘而擒之彦稠辭帝謂之曰與吾生致彦温
吾將面訊之遣左右羽林都指揮使張從賓率宿衛
兵七指揮赴河中（是月斬彦温）
九月利閬遂三州奏東川節度使董璋結連西川孟
知祥點聚鄉兵欲來攻遏州城探得發兵次安重誨
奏曰自今年三月後來山南東川諸州奏報董璋叛
逆者數十陛下以事機未發含垢匿瑕臣必知有此
事帝曰朕不負他以生靈之故須議興師問罪乃以
左驍衛上將軍趙在禮爲同州節度使兼西南行營
馬步軍都指揮使又下制曰王者興師討伐若行其
時雨農夫去草誅鋤務絶其本根具載格言式符戎
略而況天垂弧矢晝殪狼星國舉干戈當平賊子得
不朝申號令夕議剷除安邦守正翊贊功臣劍南東
川節度使特進簡較太尉同中書門下平章事梓州
刺史董璋受國深恩殷邦重寄但恣貪殘之性莫分

宵旰之憂唯務包藏顯章侮慢朝廷每施含垢具爲
掩瑕略無悛革之心轉有狂迷之狀伺便而侵漁仁
境何名而點發義軍仍於關防輒修堡砦兼傳書檄
招寇盗於晋州尋縱賊徒欲窺覦於蓫府焚燒民舍
驅虜耕牛覧奏報以實繁數愆尤而莫盡豈有武虔
裕身爲刺史輙敢縻留大程官手執宣頭略無遵禀
而又淫刑害物酷法作威鈇鑕之炮炙未開金贖之
科罪並發善人知懼惡貫已盈且擢髮以難窮宜燃
臍而不赦今則已徵師旅將掃妖氛舉烈火以燎毛
飛嚴霜而脱葉匪朝伊夕覆彼擒奸於戲無禮於君

奮鷹鸇而驅烏雀有功必賞誓帶礪而保山河殄寇則理在必然興兵則是非獲巳凡在遐邇宜體朕懷其董璋在身官爵並削奪又詔西川節度使孟知祥兼東川西面供饋使天雄軍節度使石敬塘充東川行營都招討使武信軍節度使夏魯奇爲之副

十二月遣樞密使安重誨赴西面軍前時帝以蜀路險阻進兵艱難潼關以西物價絶貴百姓般糧往利州每費一斛不得一蚪至令羸類壞壞逃竄山谷或聚爲盜慮不堪命帝念饋輓之苦形于顔色謂近臣曰關勞擾軍前未有成功孰能辦吾事者朕須自行

重誨奏曰此臣之責也臣今請行許之言訖面辭翼月發赴軍前邠州節度使李敬周如京師羅延魯供奉官周務謙丁延徽陳審瓊韓玫符彥倫等並從重誨西行

二年正月以權知興元軍府事王思同爲山南西道節度使充西面行營馬步軍都虞候

三年正月以前彰國軍留後孫漢韶爲相州節度使充西面行營副都部署六月董璋爲孟知祥所敗知祥遂入梓州因而罷兵

末帝清泰三年五月鄴都屯駐捧聖都虞侯張令昭逐節度使劉延皓據城叛以汴州節度使范延光爲天雄軍四面招討使知行府事以西京留守李周爲天雄軍四面副招討使兼兵馬都監七月收復鄴都

晉高祖天福二年六月六宅使張言自魏府使廻奏范延光叛命遣客省使李守貞往延光所問罪尋以侍衛使楊光遠充魏府四面都部署以東都巡簡使張從兵爲副

七月安州軍亂都指揮使王暉害節度使王璟於理所遣右衛上將軍李金全領千騎赴安州八月王暉爲部下所殺九月以李金全爲節度

十一月賜魏府都部署楊光遠空名官告自司空至

常侍凡四十道將士立功者得補之而後奏三年九月延光降

五年五月安州節度使李金全叛詔新節度使馬全節以雒汴汝鄭鄆宋陳蔡曹濮十州之兵討之以前鄜州節度使安審暉爲副以内客省使李守貞爲都監仍遣供奉官劉彥瑤馳詔以諭金全彥瑤旣至金全麾下齊謙以詔送於淮南雲夢人齊峴斬謙歸其詔於門六月收復安州

六年十一月襄州節度使安從進一軍叛以西京留守高行周爲南面軍前都部署前同州節度使宋彥

筠爲副宣徽南院使張從恩監焉以護聖左第四軍指揮使安懷浦爲行營馬軍都指揮以奉國右第四軍都指揮使杜希遠爲行營步軍都指揮使以護聖左第四軍都指揮使郭金海爲先鋒使東京内作坊使陳思讓監護焉（七年八月平之）

十二月三州節度使安重榮稱兵向門乃遣聖奉國宗順興國威順等馬步軍三十九指揮擊之鄆州節度使杜威爲招討使邢州節度使馬全節爲副兼排陣使前貝州節度使王周爲馬步軍都虞候雒州團練使王令温爲馬軍都指揮使奉國左第三軍都指揮

使程福贇步軍都指揮使護聖右第六軍都指揮使史文釗爲先鋒都指揮使鄴都作坊使翟令奇爲先鋒都監（七年正月斬安重榮復鎮州）

少帝開運元年五月遣侍衞親軍都虞候李守貞率步騎二萬討楊光遠於青州以守貞爲青州行營都部署以河陽節度使符彥卿副之（閏十二月平之）

漢高祖即位稱天福十二年是年閏七月新授宋州節度使杜重威據鄴都叛詔削奪重威官爵貶爲庶人以高行周爲行營都部署率兵進討（十一月重威降）

隱帝乾祐二年三月河中節度使李守貞謀叛以陝州節度使白文珂爲河府城下一行都部署四月以檀州節度使郭從義永興軍一行兵馬都部署時供奉官時知化王益自鳳翔部署前永興軍節度使趙贊部下牙兵趙思綰等三百餘人赴闕三月二十四日行次永興思綰等作亂突入府城據城以叛故命從義以討之又以侍衞步軍都指揮使尚洪千充行營都虞候以客省使王峻爲兵馬都監

七月鳳翔節度使王景崇拒命不受代詔新除鳳翔節度使趙暉充鳳翔行營都部署以討之

八月命樞密使同中書門下平章事郭威赴河中軍

前詔河府永興鳳翔行營諸軍一禀威節制（二年七月思綰守貞平三年正月王景崇平）

周太祖廣順元年正月湘陰公劉贇丁元從右都押衙鞏廷美教練使楊温等據徐州以拒命帝遣新授武寧軍節度使王彥超率兵赴之廷美等遷延不肯開門遂詔進攻仍曉諭城内軍民曰昨以鞏廷美楊温等不認朝旨妄蓄疑心累令招攜明示誠信雖有章奏尚未開門既無果決之心必是疑君之計今以指揮王彥超排比大軍攻討汝等若能誅斬元惡應接官軍上城者若是將較員寮只與超拜官資兼授

刺史百姓即給厚賞穩便安排但收此絹書以爲憑信（三月收復徐州）

十月以并冦劉崇犯邊攻圍未解遣樞密使平章事王峻將兵援之

三年正月以兗州慕容彥超反狀已具無以招懷乃命侍衛步軍指揮使曹英爲都部署起兵討之仍以齊州防禦使史延超爲副皇城使向訓爲都監陳州藥元福爲行營馬步都虞候龍捷右廂都指揮使王全斌爲行營馬軍都指揮使控鶴都指揮使郭超爲行營步軍都指揮使前貝州節度副使梁晉超爲行

營馬軍都監前棣州刺史李萼坊州刺史靳霸懷州刺史李萬超並佐營軍（五年帝赴兗州軍前慰勞是月破之事具帝王親征門）

世宗顯德二年七月以鳳翔節度使王景崇兼西面行營都招討使宣徽南院使鎮安軍節度使向訓兼西南面行營兵馬都監收秦鳳二州先是晉末契丹犯闕秦州節度使何建以成秦階三州入蜀蜀人又取鳳州至是秦鳳人戶怨蜀之苛政相次詣闕乞舉王師收復舊地乃有是命（時宰臣上言請且罷西師言甚切直帝曰秦鳳二州頃因賊臣叛入西蜀後屬中朝多事未暇收復量其土疆且非遐僻咫尺之地聲教未被朕實有所愍今若無功退軍亦大國取弱之道舉偏師即期收復卿等所言甚嘉然無至多慮也是年九月秦州降十一月收復鳳階成三州）

十一月帝謂侍臣曰淮南獨據一方多歷年所外則結連北虜與我爲讎稔惡既深朕不敢赦今將命將討除與卿等籌之乃以宰臣李穀爲淮南道前軍行營都部署兼知廬壽等州行府事以許州節度使王彥超副焉又命侍衛馬軍都指揮使韓令坤已下一十二將各帶征行之號以從焉是月勅淮南管內州縣軍鎮官吏軍人百姓等朕自纘承基搆統御寰瀛方當恭已臨朝誕修文德豈欲興兵動衆專耀武功顧茲昏亂之邦須舉弔伐之義蠢爾淮甸敢拒大邦

因唐室之凌遲接廣冦之喪亂飛揚跋扈垂六十年盜據一方僭稱偽號倖數朝之多事與北虜而交通厚啟戎心誘爲邊患晉漢之代寰海未寧而乃招納叛亡朋助凶慝李金全之據安陸李守貞之叛河中大起師徒來爲應援攻侵高密殺掠吏民迫奪閩越之封疆塗炭湘潭之士庶以至我朝啟運東魯不庭發兵而應接慕容觀釁而憑凌徐部沭陽之役曲直可知尚示包荒猶稽問罪邇後惟揚一境連歲阻饑我國家念彼災荒大許糴易前後擒獲將士皆遣放還自來禁戢邊兵不令侵撓我無所負彼實多奸勾

誘契丹至今未已結連兵寇與我爲讐罪惡難名人神共憤今則推輪命將鳴鼓出師徵浙右之樓船下朗陵之戈甲東西合勢水陸齊攻吳孫皓之計窮自當歸命陳叔寶之數盡何處偷生應淮南將士軍人百姓等久隔朝廷莫聞聲教雖從僞俗應樂華風必須善擇安危早圖去就如能投戈獻款舉郡來降具牛酒以犒師奉圭符而請命車服玉帛豈恡旌酬土地山河誠無愛惜刑賞之令信若丹青苟或執迷寧免後悔王師所至軍政甚明不犯秋毫有同時雨百姓父老各務安居剽虜焚燒必令禁止自兹兩地永爲一家凡爾蒸黎當體誠意五年三月淮南平事具帝王親征門

冊府元龜

巡按福建監察御史臣李嗣京　訂正
知甌寧縣事臣孫以敬　參閱
知建陽縣事臣黃國琦　較釋

帝王部一百二十四

講武　修武備

講武

夫武者所以威四夷而遏亂略者也古者戎馬車徒素具因蒐狩以習之皆於農隙以講武焉故周禮有振旅茇舍治兵大閱之制教坐作進退疾徐疏數之節是知雖有文德必有武備傳曰三時務農一時講武故征則有威守則有財夫子曰教民七年可以即戎矣又曰以不教民戰是謂棄之蓋虛隳軍實而輕人命也乃知士不素習以其將與敵非虛語也漢儀立秋之日始揚威武魏晉而下歷代因之司馬法曰國雖大好戰必亡天下雖平忘戰必危斯國之大事其可忽諸

周武王講武類禡作桓之詩桓志武也

宣王時能內修政事外攘夷狄復文武之境土修車馬備器械復會諸侯於東都因田獵而選車徒馬東都玉城也詩人賦車攻以美之

後漢靈帝中平五年十月甲子帝自稱無上將軍耀兵於平樂平樂觀在雒陽城西是時天下滋亂望氣者以為京師當有大兵兩宮流血大將軍司馬許涼假司馬伍宕說何進曰太公六韜有天子將兵士可以威厭四方進以為然入言之於帝於是乃詔進大發四方兵講武於平樂觀下起大壇上建十二重五采華蓋高十丈壇東北為小壇復建九重華蓋高九丈列步兵騎士數萬人結營為陳天子親出臨軍駐大華蓋下進駐小華蓋下禮畢帝躬擐甲介馬稱無上將軍行陳三匝而還

魏太祖建安二十一年既為魏王有司奏古四時講武皆於農隙漢承秦制三時不講唯十月都試車馬幸長水南門會五營士為八陳進退名曰乘之今華未偃士民素習自今以後無四時講武但以立秋擇吉日大朝車騎號曰治兵上合禮名下承漢制奏可是冬治兵魏王親執金鼓以令進退

文帝初嗣魏王延康元年六月辛亥立秋閱兵于東郊公卿相儀王御華蓋親令金鼓之節

明帝太和元年三月丙寅治兵於東郊

晉武帝泰始元年十一月丁酉臨宣武觀大閱諸軍甲辰乃罷

十年十一月庚午臨宣武觀大閱諸軍

咸寧元年十一月癸亥大閱於宣武觀至于己巳

三年十一月丙戌臨宣武觀大閱至於壬辰

太康四年十二月庚午大閱于宣武觀

六年十二月甲午大閱于宣武觀旬日而罷自泰始以來帝皆日臨宣武觀大閱衆軍然不自令進退也自惠帝以後禮遂廢

元帝太興四年詔左右衛及諸營教習依大習例作

鴈羽仗

成帝咸和元年十一月壬子大閱於南郊郊內外諸軍戲兵於南郊之場故其地因名鬪場自後藩鎮桓庾諸方伯往往閱習然朝廷無事焉

後魏道武登國六年七月壬午講武於牛川八年七月庚寅臨幸新壇講武

天興二年七月辛酉大閱於鹿苑饗賜各有差

五年六月治兵於東郊將西討姚興

六年五月大簡輿徒將略江淮平荆楊之亂天賜三年四月庚申幸豺山宮占授者作郎王宜弟造兵法孤虛立成圖三百六十

明元永興二年五月北伐蠕蠕還幸參合陂七月丁巳立馬射臺於陂西仍講武教戰

三年十一月丁未大閱於東郊

四年閏六月丙辰大閱于東郊

五年正月己巳大閱畿內男子十二以上悉集庚寅大閱於東郊部署將帥以山陽侯奚斤爲前軍衆三萬陽平王熙等十二將各一萬騎帝臨白登躬自較覽焉

太武始光元年九月大簡輿徒治兵于東郊分諸軍

五萬騎將北討蠕蠕

二年十月治兵於西郊

三年七月幸雲中舊宮至和兜山七月築馬射臺於長川帝親登臺觀走馬王公諸國君長馳射中者賜金帛繒絮各有差

四年四月治兵講武將西討赫連昌

七月伐赫連昌築壇於祚嶺戲馬射賜射中者金繒帛絮有差

神䴥二年四月治兵于南郊

延和元年五月大簡輿徒于南郊將討馮文通

大延元年五月丁丑治兵于西郊

太平眞君四年六月癸巳大閲于西郊

九年九月乙酉練兵于西郊將討蠕蠕

十一年八月癸未練兵于西郊

文成興安二年七月築馬射臺於南郊

九月壬子閲武於南郊

大安四年七月壬子詔曰朕每歲以秋月閒日命群官講武平壤所幸之處必立宫壇糜費之功勞損非一宜仍舊貫何必改作也

和平三年十二月乙卯制戰陣之法十有餘條因大

儺耀兵以示威武更爲制令步兵陣於南騎士陣於北各擊鐘鼓以爲節度其步兵所衣青赤黄黑別爲部隊楯矟矛戟相次周迴轉易以相赴就有飛龍騰蛇之變爲函箱魚鱗四門之陳凡十餘法跽起前却莫不應節陣畢南北二軍皆鳴鼓角衆盡大譟各令騎將六人去來挑戰步兵更進退以相拒擊南敗北捷以爲盛觀自後踵以爲常

孝文延興四年八月戊申大閲于南郊

五年十月太上皇帝大閲於北郊

太和五年二月幸中山已酉講武于唐水之陽

三月幸肆州癸亥講武於雲水之陽所經考察守宰加以黜陟

九月庚午閲武於南郊

十六年八月癸酉詔曰夫文武之道自古竝行威福之施必出相籍故三五至仁尚有征伐之事夏殷明叡未捨兵甲之行然則天下雖平忘戰者殆不教民戰是謂棄之是以周立司馬之官漢置將軍之職皆所以輔文強武威肅四方者矣國家雖崇文以懷九服修武以寧八荒然於習武之方猶爲未盡今則訓文有典教武闕然將於馬射之前先行講武之式可

勑有司豫修場壇其列陣之儀五戎之數別俟後勑

十七年六月丁巳講武

十八年八月幸陰山閲武臺臨觀講武

十九年正月南伐壬午講武於汝水之西大賚六軍

二十年九月戊辰閲武於小平津

二十二年八月講武於華林園

宣武景明三年九月幸鄴戊寅閲武於鄴南

後周太祖爲西魏柱國大將軍以大統九年十月大閲於櫟陽

十年冬十月大閲於白水

十一年十月大閱於白水遂西狩岐陽
明帝武成元年三月癸未陳六軍帝親擐甲胄迎太白於東方
武帝保定二年十月壬戌講武於少陵原
天和二年十月丁亥親率六軍講武于城南京邑觀者輿馬彌漫數十里諸蕃使咸在焉六年十月壬寅親率六軍講武於城南
建德元年十一月丙午親率六軍講武於城南二年十一月辛巳親率六軍講武城東集諸軍都督以上五十人於道會苑大射帝親臨射宮大備軍容

三年六月丁未集諸軍將教以戰陣之法
十一月行幸同州己巳大閱於城東
十二月癸卯集諸軍講武於臨臯澤
宣帝以宣政元年六月即位十一月己亥講武於道會苑帝親擐甲胄
隋文帝開皇二年十二月辛未講武于後園
煬帝大業五年四月癸亥出臨津關渡黃河至西平陳兵講武
唐高祖武德元年十月詔曰安人靜俗文教爲先禁暴懲凶武略斯重比以喪亂日久黎庶凋殘是用務本勸分冀在豐贍而人蠹未盡寇盜尚繁欲暢兵威須加練習今農牧已畢殺氣方嚴宜順天時申耀威武可依別勑大集諸軍朕將躬自循撫親臨較閱五年十一月丙申幸宜州簡閱將士
八年十一月幸宜州庚子講武於同官縣
九年三月幸昆明池辛卯觀習水戰
太宗以武德九年八月即位九月丁未引諸衛驍兵統將等習射于顯德殿庭謂將軍已下曰自古突厥與中國更有盛衰若軒轅善用兵即能北逐獯鬻周宣驅馳方召亦能制勝太原下至漢晉之君洎於隋

代不使兵士素習干戈突厥來侵莫能抗禦致遺中國生民塗炭於寇手我今不使汝等穿池築苑造諸經費農民恣令逸樂兵士唯習弓馬若無賊來我則爲汝博士教汝弓射庶使汝等武藝優長若有賊來我即爲汝將帥領汝鬬戰亦望使汝前無橫敵於是每日引數百人於殿前教射帝親自臨試每坐或至午時射中者隨賞弓刀布帛絲綿特加其上考
貞觀八年十二月乙卯太宗從高祖閱武於城西
高宗顯慶五年三月己酉講武於并州城西帝御龍飛閣引群臣臨觀之左衛大將軍張延師爲左軍左

右及驍武六衛左羽林騎士屬焉左武候大將軍梁
建方爲右軍領武候六衛右羽林騎士屬焉一鼓而
誓衆再鼓而整列三鼓而交前左爲曲直圓銳之陣
右爲方銳直圓之陣三挑而五變步退而騎進五合
而各復其位許敬宗奏曰延師整而堅建方敢而銳
皆良將也李勣曰甲冑精新將士齊力觀之者猶震
恐況當其事乎帝曰講閱者安不忘危之道也梁朝
衣冠甚盛人物亦多侯景以數千渡江一朝瓦解武
不可黷兵不可棄此之謂也
麟德二年四月丙寅講武於邙山之陽帝御城北門

樓以觀之
玄宗先天二年十月癸亥親講武於驪山之下徵兵
二十萬旌旗連亘五十餘里戈鋋金甲照耀天地列
大陣於長川坐作進退以金鼓之聲節之三軍出入
號令如一帝親擐戎服持沉香大鎗立於陣前威振
宇宙長安士庶奔走縱觀塡塞道路兵部尚書郭元
振以虧失軍容坐于纛下將斬之宰相劉幽求張說
跪於馬前諫曰元振翊戴上皇有大功於國雖犯軍
令不可加刑伏願寬宥以從人望帝乃捨之配流新
州給事中知禮儀事唐紹以草軍儀有失坐于纛下
斬之禮畢乃下制曰傳不云乎兵之設久矣所以威
不軌而昭文德聖人以興亂人以廢皆兵之繇也故
文事必有武備曜德在於觀兵所以外清蠻貊內輯
華夏其經濟之致歟自有隋失道三靈改卜我唐受
命百姓與能四罪而天下服一戎而天下定航海梯
山罔不率俾休牛歸馬永不復用德貸羣物刑清百年
然而制軍爲旅先王分職在祀與戎前史垂訓則未
學也孰可棄之往以韋氏構逆兇魁作禍則我之宗
祀危如綴旒故斬長蛇截封豨戮梟獍掃欃槍使武
之不修則兆人何乂朕以薄德皆奉聖謨濟邦家之

多難畏君父之嚴旨自撫茲億兆若臨淵谷雖重譯
雲歸和親日至遂五兵之不教慮七德之未康今蓋
玄冬戒時農事爰隙驪山之下鴻門在望橫嶺阜以
南屬耿長川而北流嚴霜初隕疾風始至以時而命
羣師得地以講武功料其勝負詳其進退以振國威
用蒐軍實故披堅執銳干戈有容練卒陳師金鼓有
節上應於天也下順於人也三光之靈可接五行之
德斯用將孫吳不遠頗牧同時非熊所期怒蛙知勸
布三令調九章且閱宣場之儀若觀華墟之禮情兼
慰賞義弘寵錫惟此幾甸比經水旱總集士馬頗有

頻勞中念元元更資勤恤其講武使各賜物一百段將軍各八十段中郎將各六十段郎將及左右軍長史各四十段折衝果毅各三十段押官六品以下各二十段新豐百姓宜免來年地税置頓使賜物一百段緑頓踐麥苗給米酬直（時帝既怒唐紹左右衛望寬之會有金吾衛將軍李邈遽請宣勅遽命斬之時人皆痛惜紹而深咎於邈等尋有制罷邈官以是遂廢終身）

肅宗至德二年八月帝在鳳翔癸巳六軍大閱帝御府城樓觀軍陣之容

三年正月庚寅於會元殿陳兵大閱帝御樓鸞閣觀之

代宗寶應元年九月壬寅大閱兵馬于明鳳門街

後唐明宗天成二年十月癸未御興教門觀兵自卯至午隊伍方絶

晉高祖天福二年十月勅習戰講武歷代通規選士練兵其來舊制宜以每年農隙時講武仍准令式處分

六年十二月帝習射於後苑諸軍都督指揮使已上悉預焉

少帝開運二年二月帝次滑州丙子大閱諸軍於戚城帝親臨之

修武備

周官大司馬之職制軍詰禁以糾邦國仲尼曰有文事者必有武備蓋五材並用孰能去兵天下雖寧不可忘戰自大道之隱爭心孔熾必賴兵力以寧禍亂期以庇民而靖國保世而永命者也漢氏而下莫不內嚴師兵之營衛外固溝池之垣翰簡閱以供時使屯戍以防外虞益繕戎器增治戰具申之命令優其募格誕揚武烈以貞師律稽古前訓以成善志固足以壯中權而威不軌震天聲而讋殊俗者矣傳所謂備豫不虞古之善教者也其可忽諸

漢高祖二年令諸侯子在關中者皆集櫟陽爲衛天下既定又踵秦置材官於郡國京師有南北軍之屯

武帝建元三年初置期門（平帝元始中更名虎賁郎）

六年十月令天下縣邑城（縣之與邑皆令築城）

太初元年初置建章營騎後更名羽林以天有羽林之星故取名焉又取從軍死事之子孫養羽林官敎以五兵號曰羽林孤兒

二年五月藉吏民馬補車騎馬平百粤內增七較（中壘屯騎步兵越騎長水胡騎射聲虎賁凡八較尉胡騎不常置故此言七也）外有樓船歲時講肄修武備云

後漢光武中興海内人民可得而數裁十二三蕭條靡有孑遺鄣塞破壞亭燧絶滅建武二十一年始遣中郎將馬援謁者分築烽候保壁稍興立郡縣十餘萬戸或空置太守令長招還流民帝笑曰今邊無人而設長吏治之難如春秋素王矣乃建立三營屯田殖穀弛刑謫徒以充實之也

安帝建光元年初置漁陽營兵伏侯古今注曰置營兵千人也

靈帝中平元年張角反詔公卿出馬弩

五年初置西園八校尉小黄門蹇碩爲上軍校尉虎賁中郎將袁紹爲中軍校尉屯騎校尉鮑鴻爲下軍校尉議郎曹操爲典軍校尉趙融爲助軍左校尉馬芳爲助軍右校尉諫議大夫夏牟爲左校尉淳于瓊爲右校尉凡八人謂之西園軍皆統於碩

魏太祖初爲曹公以漢建安十三年正月還鄴作玄武池以肄舟師

十四年曹公至譙作舟治水軍

文帝黄初中詔曰昔軒轅建四面之號周武稱予有亂臣十人斯蓋先聖所以體國君民亮成天工多賢爲貴也今内有公卿以鎭京師外設牧伯以監四方至於元戎出征則軍中宜有柱石之賢帥輜重所在又宜有鎭守之重臣然後車駕可以周行天下無内外之慮吾今當征賊欲守之積年其以尚書令穎鄉侯陳羣爲鎭軍大將軍尚書僕射西鄉侯司馬懿爲撫軍大將軍若吾臨江授諸將方略則撫軍當留許昌督後諸軍録後臺文書事鎭軍隨車駕當董督衆軍録行尚書事皆假節鼓吹給中軍兵騎六百人吾欲去江數里築宮室往來其中見賊可擊之形便出奇兵擊之若或未可則當舒六軍以遊獵饗賜軍士

明帝景初元年詔青兖幽冀四州大作海船

晉惠帝元康五年十二月丙戌新作武庫大調兵器

後魏道武天興元年二月更選屯衞

五年正月帝聞姚興寇邊庚寅大簡輿徒詔并州諸

軍積穀于平陽之乾壁

天賜元年五月置山東諸冶發州郡徒謫造兵甲

明元永興五年春正月己巳大閲畿内男子十二以上悉集

大武神䴥三年帝聞宋將寇邊乃詔冀定相三州造三千艘簡幽州已南戍兵集于河以備之

延和元年五月車駕將討馮文通七月庚申遣安東將軍奚斤發幽州民及密雲丁零萬餘人運攻具出南道

太平眞君六年八月詔發天下兵三取一各當戒嚴

以須後命

九年九月乙酉練兵于郊

孝文承明元年六月甲子詔中外戒嚴分京師見兵爲三等第一軍出遣第二兵二等兵亦如之

太和元年十月朱葭盧戍主楊文度遣弟鼠據仇池詔皮喜討平之又詔喜等曰卿受命專征命薄伐邊寇軍威所及即皆平蕩仇池國之要蕃防守尤須完實從前以來駱谷置鎮是以奸賊息闚闞之心邊城無危敗之禍近縣徙就建安致有往年之役卿等表求築城豈不更勞兵將孰若因今兵勢即令就之一

勞永逸事不再舉也今更給軍糧一月速於駱谷築城使四月盡必成就訖若不時營築及築之不成成而不固以軍法從事

十九年八月乙巳詔選天下武勇之士五萬人爲羽林虎賁以充宿衞

十月詔徐兗光南青荆雒六州嚴纂戎備應須赴集

二十年十月戊戌以代遷之士皆爲羽林虎賁

宣武景明元年十月詔壽春置兵四萬人

四年六月發冀定瀛湘并齊六州二萬人馬千匹增配壽春

永平二年二月詔曰比軍役頻興仗多毀敗在庫戎器見有無幾安不忘危古人所戒五兵之器事須充積經造既般非衆莫舉今可量造四萬人雜仗

延昌二年五月壽春大水遣平東將軍奚康生等步騎數千赴之

三年十二月出師伐蜀詔中護軍元遙爲征南將軍東道都督鎮遏梁楚

孝莊建義元年六月詔直寢紀業持節募新免牧戶有投名效力者授九品官

永安三年爾朱世隆等攻京邑詔諸舊代人赴華林

園帝將親簡敘以撫軍金紫光祿大夫高乾邕侍中爲河北大使招集驍勇是年五月詔募士征葛榮

前廢帝普泰元年三月己卯詔右衞將軍賀拔勝幷尚書一人募伎作及雜戶從征者正入出身皆授實官有私馬者優一大階

後周武帝天和元年七月築武功郿斜谷武都留谷津坑諸城以置軍人

建德三年十二月詔荆襄安延夏五州總管內有能率募衆軍者授官各有差

四年初置營軍器監

隋文帝潛有吞陳之志轉朔州總管吐萬緒爲徐州總管令修戰具

唐高祖武德二年七月壬申詔曰天生五材司牧資其器用武有七德撥亂所以定功故黄帝垂衣尚有阪泉之戰放勳光宅猶稱丹浦之師禁暴安人率繇茲道創業垂統莫此爲先是以周置六軍每習蒐狩漢增八校畢選驍雄故能化行九有威震百蠻姦宄不萌虔劉息志自季葉凌替軍政湮亡卒列不修旌旗雜伍符籍之內空有調發之名逗撓之間竟無討襲之用遂使戎狄放命盜賊交侵戰爭多虞黔黎殄

喪朕受天明命撫有萬方爰自義師克成帝業至如超乘之士莫匪百金彀騎之才豈唯七萃今雖關塞寧謐荒裔肅清伊雒猶蕪江湖尚梗役車未息戎馬載馳武備之方尤宜精練所以各因部校序其統屬改授鉦鼓創造徽章取象天官定其名號庶使前矛後勁類别區分玉帳絳宮刑德允備蹈茲湯火讐彼椒蘭大定戎衣止戈斯在於是置十二軍分關內諸府以隸焉萬年道爲參旗軍長安道爲鼓旗軍富平道爲玄戈軍醴泉道爲井鉞軍同州道爲羽林軍華州道爲騎官軍寧州道爲折威軍岐州道爲平道軍豳州道爲招搖軍麟州道爲苑游軍涇州道爲天紀軍宜州道爲天節軍時帝以天下未定實資武力將舉關中之衆以臨四方故興此制也每軍一人副一人取威名素重者爲之督以耕戰之務自是士馬精强無敵於天下矣

高宗儀鳳三年正月遣左金吾衛將軍曹懷舜金吾將軍李知十分往河南北道以募猛士

玄宗先天二年正月睿宗誥曰往者皇運伊始戎政肇修兩置軍旅初分府衛計戸充兵纔足周事遂使二十一人入募六十出軍旣憚劬勞咸規避匿不有

整革將何置理其天下衛士取年二十五以上者充十五年即放出頻經征鎮者十年放出自今已後羽林飛騎並於衛中簡補又勑河北諸州加團練兵令州刺史押當

開元二年八月辛巳上以河隴之故命有司大募壯勇士從軍旣募引見置酒於朝堂享之詔曰朕光宅四海撫御百蠻屬疆埸未寧軍國多費每欲指揮方略親率軍師故召募爾等擬從朕行知爾等材力冠羣藝能拔萃但以不教人戰豈知金鼓之聲授以兵律方辯干戈之勢所以且遣薛訥等於隴右防禦使

令教習爾等既練韜鈐須明隊伍使投石拔劍以勵威鋒裹糧坐甲待清逋寇若能因機立效遇敵邀勳酧以官榮必超格例然後陪朕輿駕從戎塞垣俾爾先驅敬聽後命今宴勞爾等并賜錢三千貫可節級領取即宜好去十月薛訥克吐蕃帝遂停親征詔曰比來緣邊鎮軍每年更代兵不識將將不識兵豈有緣路疲人蓋是以卒與敵其以西北軍鎮宜加兵數先以側近兵人充竝精加簡擇其有勞考等色所司具以條例奏聞戰兵別簡爲隊伍專令教練不得輙有使役仍令兵部侍郎裴漼太常少卿姜晦往軍州

計會便簡支配有見集後軍兵宜令兵部侍郎韋抗紫微舍人王珽郎簡擇以聞

八年八月詔曰國家偃武敎修文德百年于茲矣自運屬清平人忘爭戰俎豆之事嘗聞之矣軍戎之禮我所未暇且五材竝用誰能去兵四方雖安不可忘戰故周禮以軍禁糾邦國以蒐狩習戎旅不敎人戰是謂棄之宜差使於兩京及諸州且揀取十萬人務求灼然驍勇不須限以蕃漢皆放蕃役差科唯令團伍敎練辨其旗物簡其車徒習攻取進退之方陳威儀貴賤之等俾夫少長有禮疾徐有節將以伐叛懷服將以保大定功叶于師貞以弘武備應須集期及有蠲免所司明爲條制別作優異法奏聞仍勑幽州刺史邵寵於幽易兩州選二萬灼然驍勇者充幽州經略軍健兒不得雜使租庸資課竝放免

十一年四月勑曰王者之師有征無戰將以懷柔服叛非欲黷武窮兵犯令夌政則杜之賊賢害人則伐之維其封疆辨其旗物此皆夏官之政也咨爾兵部尚書同中書門下三品朔方軍節度大使上柱國中山郡開國公王晙寅亮天地弼予一人頻總元戎克清河朔師徒效力武威遠振遺甿懷仁以思順殊類

望聲而欸服勳載王室朕甚嘉焉蓋六月出車周美仲甫古訓是式俾修我戎宜以來月巡朔方兼往河西隴右河東河北等諸軍簡較兵馬點閱器械各與所晉節度處置務令得所備預之道其在茲乎

十一月詔曰同華兩州精兵所出地資輦轂不合外支自今已後更不得取同華人充兵防又勑宜於京兆蒲同岐華等州府兵內及白丁中簡一十二萬人各爲長從宿衛准五尺八例一年兩蕃州縣不得更譏雜驅使仍令尚書左丞蕭嵩與本州官長同揀擇以聞

二十五年五月癸未詔曰自天下一統方隅底平交趾西界於庸岷沉沙東泊於遼碣烽亭既廣徭戍轉增朕永念征夫無忘旰食是用懷柔慣俗賓禮戎臣降子女以適其氈裘捐綢玉以申其惠好二十五年于茲矣而情周萬寓信結群蠻羌狄爲父子之邦甌貊成冠帶之國海內無事邊方底寧加以志道而一理得清心而庶務簡和氣來應穰歲以臻羣生樂業而自怡有司措刑而不用今欲小康戎旅大致昇平減停征徭與人休息諸方將相三事公卿宜協朕心勉成良筭宜令中書門下與諸道節度使各量軍鎮

閑劇審利害計兵防健兒等作定額委節度使放諸色征行人內及客戶中召募取丁壯情願充健兒長任邊軍者每歲加於常例給田地屋宅務加優恤使得存濟每年逐季本使具數報中書門下至年終一時錄奏長鶩遠馭事藉經久無害始慮之謀以規苟且之利

天寶十四年正月詔河南置白亭晉軍武士健兒五千人馬一千匹

代宗大曆二年正月詔潼關置鎮兵三千人四年正月遣內侍魚朝恩使于鳳翔之麟遊縣置

七年正月丙辰詔諸道軍數每年秋末冬首一申春夏不須申其官健逃亡非承正制勑不得輒召募

德宗貞元三年七月庚辰遣決勝軍使唐良臣以其衆六百人自咸陽戍潘原堡神策副將蘇太平率其衆五百人戍隴州

八月以宣武行營兵馬使簡較禮部尚書劉昌爲本軍京西行營節度使初昌衆憚戍靈臺覇三原後各欲散歸昌招撫之乃定因加昌以董之收戍麟遊

憲宗元和四年四月中書敘錄諸道將士總八十八萬五千人舉大數其邊遠未至者亦有焉

八年十月普潤鎮兵四千人割屬涇原節度使

九年三月乙亥賜振武軍弓甲三百馱

七月甲戌命淮南浙西浙東江西荆南造甲以進仍付之樣

八月乙亥朔丙子以戎械賜宥州

十年五月詔修宥州城

十二月以馬三百匹及軍器給徐州軍又以馬三百匹給汝州行營

十一年九月丁卯桂州防禦使奏准詔以兵五百戍邕州丙戌以樓煩監馬一百五十匹給昭義軍

十二月癸卯以振武征馬二百匹給義武軍是月方
討吳元濟丙辰以襄州兵三千會于唐州
十二年正月辛酉河東節度使張弘靖奏准詔置子
弟兵三千
三月義武軍節度使陳楚新置子弟義軍一萬請衣
及賜可之
敬宗寶曆二年九月出内庫錢一萬貫令内園召募
力士
文宗太和二年七月内出弓箭及刀三千四百隻口
令度支差人送銀州防禦營田

冊府元龜　帝王部　修武備　卷之一百二十四　二十三

五年五月内出陌刀一百五十口馬甲一百領器械
一百萬斫刺刀一百口賜鹽州
九年十一月汝州奏頃年河北用兵東都應有寇盜
以當州將士二百人權隷東都留守府今請却屬本
州可之
宣宗大中五年五月勑如聞諸道軍將及官健等近
日所在將帥多務因循當召募之時已不選擇及收
補之後曾莫教招遂使名在戎行少能知其弓矢職
居列較罕見識于韜鈐緩急忽有徵差便取見在應
數惟憂就役豈暇圖功虚費資糧莫尅讐敵爲弊頗
久須有舉明自今已後委諸道觀察節度都防禦團
練經略等使每道慎擇會兵法及能弓馬觧槍弩及
筒射等軍將兩人充教練使每年至合教習時分番
各以本藝閱試其間或有伎藝超異者量加優賞仍
作等第節級與進改職名每至年終都具所教習馬
步及各執所藝人數申兵部及中書門下仍委兵部
簡勘都開件聞奏所輿各盡伎能自成勁鋭其支郡
有兵處亦委本道點簡訓練准詔處分
僖宗光啟元年三月詔曰政在有經動惟可久事能
師古安則易持今者初復舊京須申定制大漢之術

冊府元龜　帝王部　修武備　卷之一百二十四　二十四

兼王霸先儒之權有弛張重舉綱條且務輯睦未遑
改作尤貴適時夫萬乘抗威四方從令雖資彊幹是
切安人近駕諸軍都士等㠯從經年鄉闕積念永言
忠力合假恩優節級議功爵秩無悋其情願任京邑
者便充填兩軍欲歸本道者即仰所司各與公牒到
本道後逓加糧賜別立名額給復終身如諸都中人
數稍多優賞未徧即令所司計其積欠指揮某郡某
縣或各逐將較任去處上供財賦令自差人請領神
策軍自經亂離久未訓整孤兒漸散壯騎多亡羽林
之垂象空存天陣而疾雷不震雖言無戰豈忘有虞

宜委中書門下與本軍商量案舊籍裁減元數惟務
撫實仍令三司資助各修營壘責使繕完又金吾諸
衛等城禁日嚴撿巡務切須令集事不可闕人亦宜
條録修補
四月以從駕五十四都分爲十軍
昭宗天復三年五月宰臣崔胤奏募置左右軍士共
六千六百人從之
後唐末帝清泰二年正月詔諸州府本處牢城防禦
兵士都將內人數不足團併或闕稍多量許招添其
就糧禁軍內本指揮將較選偉壯長於武藝者據人

數差節級部送京師
三年七月置水軍五都以董思鐸馬暉何溫安韜史
希儼爲指揮使尹居璠爲都指揮起鄴城先是范延
光進軍攻城以濠水瀾瀰兵士故立此軍
八月詔應州起兵戍茹越口詔欣州壍石嶺關左右
道路
晉高祖天福三年五月昭義奏舊有銅鞮等五縣收
拾到甲仗兵共六千七十副已勒作院添修旋送軍
前次始帝建義自晉入雒趙德鈞兵敗奔至上黨故
有此遺棄戈甲至是再令繕補齎往鄴下

少帝以天福七年卽位九年勅天下鳩集鄉兵編民
七戶共資一卒兵仗器具均以出之
開運元年八月將作使周仁美獻三接雲梯懸空橋
梁高三百餘尺遣使送青州行府
周太祖廣順元年四月河中言送器械至隰州付汾
州刺史王繼勳太祖收河中得繼勳聶遇皆西北山
賊之魁時劉崇侵撓乃用聶遇爲石州刺史繼勳爲
汾州刺史各就險阻設虎落爲行州招收賊寇禦邊
患焉
五月戊子河陽李暉言奉詔置水軍五百詔諸州於

州兵內選勇壯幷家屬赴京師
十月以寇侵軼平陽遣中使分押虎捷兵士赴河陽
陝州守禦
三年六月遣中使修懷州城池
世宗顯德元年十月謂侍臣曰侍衛兵士累朝已來
老少相半强懦不分蓋徇人情不能選練今春於高
平與劉崇及蕃軍相遇臨敵有指揮不前者苟非朕
親當堅陳幾至喪敗況百戶農夫未能贍得一甲士
且兵在精不在衆今已令一一點選精銳者昇在上
軍怯弱者任從安便庶期可用又不虛費也侍臣咸

曰若非陛下天縱睿謀無以有此英斷先是自用兵已來勲武得志至於偏裨之間鮮舉雄勇率以親舊及用而有懦怯不能自奮者其行伍可知矣上案兵於高平覩其退縮慨然有懲革之意

四年二月帝再征淮南令右驍衛大將軍王環率舟師數千以從爲先是帝用師於壽春城下覩吳人銳於水戰時我舟師未備無以制之帝憤激及還京遂於京城西汴河之涘造戰船數百艘及成又命於降卒中選水工數百與我師同習水戰數月之後縱横出没殆勝於吳師矣至是命環董之俾自蔡河南入

于潁以泝淮上焉

三月甲午詔發近縣丁夫數千人鎭淮軍有三城夾淮相對仍令徙下蔡浮橋維於其間

五年三月己酉命右神武統軍宋延渥帥舟師三千泝江而上以江北初定巡警故也

五月壬午賜淮南行營招收馬步軍軍號馬軍曰雄徤步軍曰武徤

册府元龜

廵按福建監察御史臣李嗣京訂正
新建縣舉人臣戴國士条閲
知建陽縣事臣黄國琦較釋

帝王部　一百二十五

料敵

夫王者之兵先勝而後戰蓋夫慮敵而動見可而進斯謂出奇無窮伐謀爲上者也既觀載籍三代而下撥亂經綸之後伏義征伐之君何嘗不制勝於廟堂之中決幾於莭朕之表沉謀秘略先天奪人臨事對敵望表知裏用能救元元之命定天下之業夷兇靖難令聞長世自非英識内蘊雄威兼厲洞察情僞練達戎昭智慮造乎精微規摹極於宏遠又曷能臻此哉

漢高祖初爲漢王二年四月西過梁地至虞謂謁者隨何曰公能説九江王布使奉兵畔楚項王必留擊之得留數月吾取天下必矣隨何往説布果使畔楚八月遣酈食其説魏王豹豹不聽乃以韓信爲左丞相與曹參灌嬰俱擊魏食其還漢王問魏大將誰也對曰柏直王曰是口尚乳臭不能當韓信騎將誰也曰馮敬曰是秦將馮無擇子也雖賢不能當灌嬰步卒將誰也曰項它曰不能當曹參吾無患矣

武帝元狩四年匈奴入右北平定襄殺略漢千餘人其明年帝與諸將議曰翕侯趙信爲單于畫計常以爲漢兵不能度幕輕留（言輕易漢君故留而不去也一日謂漢兵不能輕入而久留也）今大發卒其勢必得所欲帝令大將軍青驃騎將軍去病出塞大斬首虜

後漢光武建武四年賊帥劉永將董憲時在郯其將賁休舉蘭陵城降憲聞之自郯圍休時蓋延及龐萌在楚請往救之帝勑曰可直往擣郯則蘭陵必自解延等以賁休城危遂先赴之憲逆戰而陽敗延等遂退逐因拔圍入城明日憲大出兵合圍延等懼遽出突走因往攻郯帝讓之曰間欲先赴郯者以其不意故耳今既奔走賊計已立圍豈可解乎延等至郯果不克而董憲遂拔蘭陵殺賁休

吳漢征公孫述攻拔廣都遣輕騎燒成都市橋武陽以東諸小城皆降帝戒漢曰成都十餘萬衆不可輕也但堅據廣都待其來攻勿與爭鋒若不敢來公轉營迫之須其力疲乃可擊也漢乘利遂自將步騎二萬餘人進逼成都去城十餘里阻江北爲營作浮橋

使副將武威將軍劉尙將萬餘人屯於江南相去二十餘里帝聞大驚讓漢曰比勑公千條萬端何意公臨事勃亂既輕敵深入又與尙別營事有緩急不復相及賊若出兵綴公以大衆攻尙尙破公郎敗矣幸無它者卽引兵還廣都詔書未到述果使其將謝豐袁吉將衆十餘萬分爲二十餘營並出攻漢使別將萬餘人刼劉尙使不得相救漢與大戰一日兵敗走入壁豐因圍之

隗囂據天水帝命將征之帝聞得略陽甚悅左右怪帝數破大敵今得小城何足以喜然帝以略陽囂所

依阻心腹已壞則制其支體也

朱浮爲幽州牧時彭寵反攻浮涿郡太守張豐亦反浮以爲天子必自將兵討之而但遣鄧隆助浮浮以爲帝怠於敵不能救之乃上疏諮報曰往年赤眉跋扈長安吾策其無穀必東果來歸降今度此反虜勢無久全其中必有內相斬者今軍資未充故須後麥耳後豐寵並自敗初彭寵攻朱浮於薊帝使游擊將軍鄧隆救薊隆軍潞南浮軍雍奴遣吏奏狀帝讀檄怒謂使吏曰營相去百里其勢豈可得相及比若還北軍必敗矣寵果盛兵臨河以拒隆又別發輕騎三千襲其後大破隆軍浮遠遂不能救引而去

鄧禹遣馮愔宗歆守栒邑二人爭權相攻愔遂殺歆因反擊禹禹遣使以聞帝帝問使人愔所親愛爲誰對曰護軍黃防帝度愔防不能久和勢必相忤因報禹曰縛馮愔者必黃防也乃遣尙書宗廣持節降之後月餘防果執愔將其衆歸罪

魏太祖時田豐爲袁紹別駕逢紀憚其亮直數讒之於紹紹於是有害豐之意後太祖聞豐不從戎喜曰紹必敗矣及紹奔遁復曰向使紹用其別駕計尙未可知也

文帝黃初二年鎭西將軍曹眞命衆將及州郡兵討破叛胡治元多盧水封賞等斬首五萬餘級獲生人

十萬羊一百一十一萬口牛八萬河西遂平帝初聞胡決水灌顯美謂左右諸將曰昔隗囂灌略陽而光武因其疲弊進兵滅之今胡決水灌顯美其事正相似破胡事今至不久旬日破胡告檄到帝大笑曰吾策之於帷幕之內諸將奮擊於萬里之外其相應若合符契前後克獲虜未有如此也

三年孫權破劉備於夷陵初帝聞備兵東下與權交戰樹柵連營七百餘里謂群臣曰備不曉兵豈有七百里營可以拒敵者乎苞原隰險阻而爲軍者爲敵所擒此兵忌也孫權上事今至矣後七日破備書到

明帝初即位黄初七年八月孫權攻江夏郡太守文聘堅守朝議欲發兵救之帝曰權習水戰所以敢下船陸攻者幾掩不備也今已與聘相持夫攻守勢倍終不敢久也先時遣治書侍御史荀禹慰勞邊方禹到於江夏發所經縣兵及所從步騎千人乘山舉火權退走之

太和二年正月蜀大將諸葛亮攻邊天水南安安定三郡叛應亮是時朝臣未知計所出帝曰亮阻山爲固今者自來旣合兵書致人之術且亮貪三郡知進而不知退今因此時破亮必也乃部勒兵馬步騎五

萬拒亮遣大將曹眞都督關右並進兵右將軍張郃擊亮於街亭大破之亮敗走三郡平

五年三月蜀將諸葛亮攻天水詔司馬宣王拒之初亮出議者以爲亮軍無輜重糧必不繼不擊自破無爲勞兵或欲自芟上邽左右生麥以奪軍食帝皆不從前後遣兵增宣王軍又勅使護麥宣王與亮相持賴得此麥以爲軍糧

青龍元年六月保塞鮮卑大人步度根與叛鮮卑大人軻比能私通并州刺史畢軌表輒出軍以外威比能内鎮步度根帝省表曰步度根已爲比能所誘有自疑心今軌出軍適使二部驚合爲一何所威鎮乎促勅軌已出軍者愼勿越塞過句注也比詔書到軌已進軍屯陰館遣將軍蘇尚董弼追鮮卑比能遣子將千餘騎迎步度根部落與尚弼相遇戰於樓煩二將沒步度根部落皆叛出塞與比能合寇邊驍騎將軍秦朗將中軍討之虜乃走漠北

二年四月諸葛亮出斜谷屯渭南司馬宣王率諸軍拒之詔宣王但堅壁拒守以挫其鋒彼進不得志退無與戰久停則糧盡虜略無所獲則必走走而追之以逸待勞全勝之道也

景初二年正月帝議遣司馬宣王討公孫淵發卒四萬人議臣皆以爲四萬兵多役費難供帝曰四千里征伐雖云用奇亦當任力不可稍計役費遂以四萬人行及宣王至遼東霖雨不得晴故羣臣或以爲淵未可卒破宜詔宣王還帝曰司馬懿臨危制變擒淵可計日待也卒皆如所策

九月蜀陰平太守廖惇反攻守善羌侯嚴蕫營雍州刺史郭淮遣魏廣太守王贇南安太守遊奕將兵討惇淮上書贇奕等分兵夾山東西圍雒賊表破在旦夕帝曰兵法惡離促詔淮勑奕諸別營非要處者還

令據便地詔勅未到爽軍爲悖所破賨爲流矢所中死

晉宣帝初爲魏國軍司馬時蜀將關羽圍曹仁於樊于禁等七軍皆沒而仁圍甚急是時漢帝都許昌魏武以爲近敵欲徙河北帝諫曰禁爲水所沒非戰守之所失於國家大計未有所損而便遷都既示敵以弱又淮沔之人大不安矣孫權劉備外親內疏關羽之得意權所不願也可喻權使令掎其後則樊圍自解魏武從之權果遣將呂蒙西襲公安拔之羽遂爲蒙所獲明帝即位以帝爲魏驃騎將軍明帝問吳蜀

二虜宜討何者爲先對曰吳以中國不習水戰故敢散居東關凡攻敵必扼其喉而椿其心夏口東關敵之心喉若爲六軍以向皖城引權東下爲水戰軍向夏口乘其虛而擊之此神兵從天而墮破之必矣天子並然之魏太和四年蜀諸葛亮入攻帝爲驃騎大將軍破亮于祁山鹵城時軍師杜襲督軍薛悌皆言明年麥熟亮必來攻隴右無穀宜及冬豫運帝曰亮再出祁山一攻陳倉挫衂而反縱其後出不復攻城當求野戰必在隴東不在西也亮每以糧少爲恨歸必積穀以吾料之非三稔不能動矣又諸葛亮使至帝問曰諸葛公起居何如食可幾米對曰三四升次問政事曰二十罰已上皆自省覽帝既而告人曰諸葛孔明其能久乎竟如其言正始三年吳將諸葛恪屯皖邊鄙苦之帝爲太傅督諸軍南征時帝欲自擊恪議者多以賊據堅城積穀欲引致官兵今懸軍遠攻其救必至進退不易未見其便帝曰賊之所長者水也今攻城以觀其變若用其所長棄城奔走此爲妙勝也若敢固守湖水冬淺船不得行勢必棄水相救躡其所短亦吾利也帝軍次于舒恪焚燒積聚棄城而遁五年大將軍曹爽伐蜀帝謂夏侯玄曰春秋

責大德重昔武皇帝再入漢中幾至大敗君所知也今興平路勢至險蜀已先據若進不獲戰退見徼絕覆軍必矣將何以任其責玄懼言於曹爽引軍退費禕進兵據三嶺以截爽爽爭嶮苦戰僅乃得過所發牛馬運轉者死失略盡羌胡怨嘆而關右悉虛耗矣景初二年遼東太守公孫淵反時帝爲太尉都督雍州徵帝詣京師天子曰此不足以勞君事欲必克故以相煩耳君度其作何計對曰棄城預走上計也據遼水以拒大軍次計也坐守襄平此成禽耳天子曰其計將安出對曰惟明者能深度彼已預有所棄此

非其所及也今懸軍遠征將謂不能持久必先距遼水而後守此中下計也天子曰往還幾何對曰往百日還百日攻百日以六十日爲休息一年足矣

文帝魏正始中爲散騎常侍大將軍曹爽之伐蜀也以帝爲征蜀將軍副夏侯玄出駱谷次于興勢蜀將王林夜襲文王營文王堅卧不動林退帝謂玄曰費禕以據險拒守進不得戰攻之不可宜亟旋軍以爲後圖爽等引旋禕果馳兵趣三嶺爭險乃得過

嘉平四年爲安東將軍蜀將姜維攻隴右揚聲欲攻狄道以帝行征西將軍次長安雍州刺史陳泰欲先

敵據狄道帝曰姜維攻羌收其質任聚穀作邸閣訖而後轉行至此正欲了塞外諸羌爲後年之資耳若實向狄道安肯宣露令人知今揚聲言出此欲歸也維果燒營而去甘露二年揚州刺史諸葛誕反帝以大將軍討於淮南進軍丘頭吳使文欽唐咨全端等來救誕諸將逆擊不能禦吳將朱異帥輕兵至黎漿異爲石苞周泰所擊敗走吳人殺異帝曰異不得至壽春非其罪也而吳人殺之適以壽春而堅誕意使其猶望救耳若其不爾彼當突圍決一旦之命或謂大軍不能久省食減口冀有他變料賊之情不出此三者今當多方以亂之備其越逸此勝計也因命合圍分遣羸疾就穀淮北廩軍士大豆五三升欽聞之果喜帝愈羸形以示之多縱反間揚言吳救方至誕等益寛恣食俄而城中乏糧石苞王基并請攻之帝曰誕之逆謀非一朝一夕也聚糧完守外結吳人自謂足據淮南欽既同惡相濟必不便走今若急攻之損遊軍之力外寇卒至表裏受敵此危道也今三叛相聚於孤城之中天其或者將使同戮吾當以長策縻之但堅守三面若賊陸道而來軍糧必少吾以遊兵輕騎絕其轉輸可不戰而破外賊外賊破欽等必

成擒矣

後魏道武皇始元年討慕容寶進運中山引騎圍之帝謂諸將曰朕量寶不能出戰必當憑城自守偷延日月急攻則傷士久守則費糧不如先平鄴信都然後還取中山於計爲便若移軍遠去寶必散衆求食民間如此則人必離阻攻之易尅諸將稱善宣武時任城王澄爲鎮南大將軍伐梁將攻鍾離詔曰鍾離若食盡三月已前固有可尅如至四月淮水泛長舟行無礙宜善量之前事捷也此實將軍經略勳有常爲如以水盛難圖亦可爲萬全之計不宜昧利無成

以貽後悔梁冠軍將軍張惠紹遊擊將軍殷暹驍騎將軍趙景悅龍驤將軍張景仁等率衆五千送糧鍾離澄統軍王足劉思祖等邀擊惠紹等大破之獲惠紹殷暹景仁及其屯騎較史文淵等軍主已上二十七人既而遇雨淮水暴長引歸壽春還既狼狽失兵四千餘人頻表解州帝不許有司奏軍還失路奪其開府又降三階

後周太祖初爲後魏尚書僕射關西大行臺時魏帝方圖齊神武太祖乃傳檄方鎮謂諸將曰高歡離智不足而詐有餘今聲言欲西其意在入雒吾欲令寇

雒率馬步萬餘自涇州東引王羆率甲士一萬先據華州歡若西來王羆足得抗拒如其入雒寇雒即襲汾晉吾便速駕直赴京邑使其進有内顧之憂退有被躡之勢一舉大定此爲上策衆咸稱善

永熙二年七月太祖率衆發自高平前軍至於弘農而齊神武稍逼京邑魏帝親總六軍屯於河橋令左衛元斌之領軍斛斯椿鎮武牢遣使告太祖太祖謂左右曰高歡數日行八九百里兇兵者所忌正須乘便擊之而主上以萬乘之重不能決戰方緣津據守且長河萬里扞禦爲難若一處得度大事去矣即以

大都督趙貴爲別道行臺自蒲坂濟趣并州遣大都督李賢將精騎一千赴雒陽會斌之與斛斯椿爭權不協斌之遂棄椿還紹帝云高歡兵至帝遂從雒陽率輕騎入關後帝爲大將軍大統三年既平弘農因館穀五十餘日時戰士不滿萬人聞齊神武將渡乃引軍入關齊神武遂渡河逼華州刺史王羆嚴守知不可攻乃涉雒軍於許原西太祖據渭南徵諸州兵皆會乃召諸將謂之曰高歡越山渡河遠來至此天亡之時也吾欲擊之何如諸將咸以衆寡不敵請待歡更西以見其勢太祖曰歡若得至咸陽人情轉騷

擾今及其新至便可擊之即造浮橋於渭令軍人齎三日糧輕騎渡渭輜重自渭南夾而西冬十月壬辰至沙苑距齊神武軍六十餘里神武聞太祖至引軍來會癸巳旦候騎告齊神武軍且至太祖召諸將謀之李弼曰彼衆我寡不可平地置陳此東十里有渭曲可先據以待之遂進軍衆至渭曲皆水東西爲陳偃於葭蘆中聞鼓聲而起申時齊神武至望太祖軍少競馳而進不爲行列總萃於左軍兵將交太祖鳴鼓士皆奮起于謹等六軍與之合戰李弼等率鐵騎橫擊之截其軍爲二遂大破之斬六千餘級臨陳降

者二萬餘人齊神武夜遁追至河上復大尅獲
唐太宗初爲唐國内史總兵十萬徇東都兩月而旋
帝籌之曰賊見吾還必相追躡設三伏以待之俄而
隋將段達率萬餘人自後而至帝發伏以擊之賊師大
敗親自追奔至於城下斬四千餘級又高祖武德元
年十一月降薛仁杲於折摭城虜其衆數萬隴右悉
平初帝師次高摭賊堅不動諸將咸稱戰帝曰我士
卒新經挫衂銳氣猶少賊以勝自驕必輕進好鬭我
且堅壁以折之待其氣衰而後奮擊可一戰而破此
萬全之計也因令軍中曰敢言戰者斬相持者久之

帝曰可戰矣夜遣將軍龐玉擊賊驍將宗羅㬋兩軍
酣戰帝以勁兵出賊不意擊大破之乘勝遂進折摭
城竇抗等執馬苦諫曰賊主猶據堅城雖破羅㬋未
可卽逐請按兵以候其變帝曰筭之久矣今日勢不
須言破竹之勢不可失也大軍已敗餘衆何足爲虞
凶魁之計盡於此矣遂率軍而進至夜半軍臨賊城
守陴者皆亂爭自投而下仁杲窮蹙開門請降頓顙
於道左高祖聞之大悅遣内史舍人崔確齎錦袍馳
賚有功者
貞觀二年九月己未突厥寇邊朝臣或言宜修古長
城發人乘塞者帝曰頡利國中盛夏降霜五日竝出
三月連明赤氣滿野鬼哭於路而不修德暴虐滋甚
此所謂不畏天時也遷徙無常六畜多死所謂不愛
地利也其俗死則焚之今起墳墓背其父祖之命此
所謂不敬鬼神也突利卽其兄子不能輯睦屢相懷
貳此所謂不和民人也有此四過能不亡乎以朕察
之殆將不遠當爲公等廓定沙塲安用勞民遠修亭
障也
十五年十一月薛延陁攻李思摩十部帝詔兵部尚
書李勣爲朔州道行營總管率兵六萬騎千二百屯

朔州右衞大將軍李大亮爲靈州道行軍總管率兵
四萬騎五千屯靈武右屯衞大將軍張士貴率兵一
萬七千爲慶州道行軍總管出雲中凉州都督李襲
譽爲凉州道行軍總管以經略之諸將奉辭帝誡之
曰延陁負其兵力踰漠而來途經數千馬已疲瘦夫
用兵之道見利速進不利速退其掩思摩不能疾擊
旣入長城又不能速退吾先勑思摩燒薙秋草糧食
日盡野無所獲頃者偵人來云其馬畜齧林木枝
皮略盡卿等掎角思摩不須前戰候其將退一時奮
擊制勝之舉也又遣右屯衞將軍姜行本率左右飛

騎及左右衛引強者數千人受李勣節度十二月甲辰李勣擊延陁破之

十八年九月高昌破焉耆而虜其生口七百初王師之滅高昌也盡以還之焉耆王背德懷二歸誠於啜陛可汗詔安西都護郭孝恪伺機便以討之辛卯帝謂侍臣曰孝恪近奏稱率兵三千以八年十一月詣焉耆二十日應至必以二十二日破之朕計其行程使人今日應到言未畢驛騎至云郭孝恪已破焉耆

十九年帝征遼次安市城六月丁巳高麗靺鞨之衆十五萬來援安市城帝謂侍臣曰高延壽之來也其

策有三若引兵直前連安市城以爲壘據高山之險食城中之粟兼縱靺鞨寇吾牛馬攻之則不可卒下欲歸則泥潦爲滯此其上策若抽城中之人與之宵遁此其中策若不量其能近城列陣將與吾交鋒者此其下策卿其觀之是必用下策若得縱兵決戰所謂成擒者也賊中有一對盧年習事謂延壽曰吾聞中國大亂英雄並起秦王聖武所向無敵遂平天下南面爲帝北夷請服西戎獻款今者傾國而至唐兵之壯健者悉來其鋒不可當也今爲計者莫若頓兵不戰曠日持久分遣驍雄斷其餽運不過旬日軍糧必盡求戰不得欲歸無路此不戰而取勝也延壽不從引軍直進遣馬候之云去安市城四十里帝以爲兵家之勢以逸待勞猶慮其低佪不至詔左衛大將軍阿史那社爾總突厥千騎以誘之誡曰鋒交而佯北其必乘爾而來也高麗常令靺鞨居前社爾與之纔交而退高麗相謂曰此易與耳競馳進軍於安市城東南八里依山麓而陳帝召長孫無忌及侍臣將軍等謂曰夷兵既至塵埃亘數十里彼衆我寡卿等所知國家猛將謀臣並從朕在此破賊萬全之策云何無忌奏稱古來帝王亦有以干戈靜亂而臨天下

者多委將帥身非經略陛下往時平定海內年踰成童莫不披堅執鋭躬先士伍翦除干紀救蒼生之命鴻名遠震海外咸服今所從行將士多是幕府舊人雖遠涉夷鄉而喜陪神武橫戈思敵人百其戰古人云將戰必觀士卒之情臣適行經諸營衛士等聞高麗已至無不抽刀結旆喜見於色往平王世充及竇建德等臣皆從征至於奇謀異筭多出睿旨用陛下妙筭無不就擒偶違成規必致負敗今陛下親臨遼碣擐甲辰卿滅高麗之機在此一舉臣等愚短破陣萬全之策不敢克當特乞陛下指縱臣等奉以行事

帝笑謂曰卿等既推筭於朕朕當爲君料量因與無忌李勣等將數百騎乘高以觀之見其山川可以用竒兵處遣使紿延壽曰我以爾强臣簒弑故來問罪即欲交戰非吾本意天子入境芻粟不能於中國轉運破爾數城以取廪食禮苟修則所失必復矣延壽信之竟夕而候帝夜召文武躬自指麾遣李勣步騎一萬五千於賊西嶺爲陣無忌率將軍牛進達等精兵一萬一千以爲竒兵自山北於狹谷出以衝其後帝自率步騎四千潛鼓角偃旌幟趣賊營北高峯之上勑諸將聞鼓角聲而齊進因令所司張受降幕於

朝堂之側曰明日午時納降虜於此矣遂率軍而進戊午延壽獨見李勣兵欲與戰帝遥望無忌軍塵起命鼓角竝作旌幟齊舉賊衆大懼將分兵承之而其陣巳亂時有雷電助我軍威李勣率步卒一萬擊之延壽衆退長孫無忌縱兵乘其後帝又引軍臨之賊因大潰斬首三萬餘級延壽等率其餘寇依山自保迴望我軍擊其黨類悲號相召其聲甚哀於是詔無忌勣等引兵圍之無忌徹川梁以斷其歸路帝按轡行觀賊營壘謂侍臣曰高麗傾國而來存亡所繫一麾而敗天祐我也因下馬再拜以謝天巳未高延壽

高惠貞率三萬六千八百人請降帝營於安市城南令李勣攻安市城甚急城中每見帝旛旗必乘城鼓譟帝怒甚李勣曰請破城之日男子盡坑城內聞之人皆死戰詔令江夏王道宗督兵築土山攻其城東南隅高麗亦裨城增雉以相抗詔遣衞兵分番攻之日六七合抱石撞車壞其樓雉城中隨有隳壞即立木柵忽聞城中雞彘驚鳴帝謂李勣曰圍城多日城中煙火日微今雞猪甚喧此其饗士也卿宜嚴兵虜今夜當出矣及夜高麗數百人縋城而下帝聞之從四五騎至城下召兵急擊斬首數十級高麗奔退

後唐莊宗初爲晉王公子梁兵侵劉守文於滄州攻甚急幽州劉仁恭遣使乞師使車結轍武皇恨其翻覆不時許之帝白曰此吾復振之道也不得以嫌怨介懷且九分天下朱氏今有六七趙魏中山在他廡下賊所憚者仁恭與我合勢興復本朝是以遲其兵威將令弭服絕彼結託使我勢孤然後顯行逼奪賊之成敗我之興衰繫此一舉不可失也武皇乃徵兵于燕攻取潞州及軍之起也居浹旬杳無音驛物議憂之帝謂賓友曰我聞朱氏猜嫌丁會久矣斯人嘗不自安如援兵未至必來歸我既而丁會果以城降

及爲晉王

天祐十三年（唐哀帝天祐元年後是朱梁建國改號開平其莊宗只稱天祐）與梁將劉鄩戰于洹水數白兵不交寂若無聲我遣邏騎覘之無斥候者摩壘而觀之則營中有班馬之聲而無煙火之狀望其壘烏止於上又有旗幟循堞往來覘者還以事聞帝曰我聞劉鄩一步百變營外不見賊軍必以詭計慢我命覘者入其城中乃以芻爲人縛旗上以驢負之循堞而行故旗幟嬰城不息問城中羸老者曰軍去已二日矣覘者還以聞帝曰劉鄩使兵短於決戰愛乘人不備謂我大軍一盡於此料晉

陽城內全無備兵必欲出奇絶我根本廬營設詐懼有追兵計彼行程繞及山下旣而有人自賊中來言劉鄩兵趣黃澤矣帝遽發奇軍追之

十五年大舉赴汴州帝問戰備周德威曰賊軍倍道而來未成營壘我今營寨已備固守有餘旣入寇賊疆須決萬全之策機須懸料未可輕行此去汴州不越信宿賊之父母妻子盡在其間人之嘗情孰不以家國爲念以我深入之人不以方略制之恐難嘗勝王宜以親軍步卒警其衆按軍以殿臣以其軍擾之使彼不得下營哺晚之後進退無據糧饋不給人心恐懼因以乘之彼不戰而自潰破賊之道也帝曰河上終日排布恨不見賊今見不殺知復何待德威之言一何怯也顧李存審曰勅輜重先發予爲爾殿後殺之帝御新軍驟出德威命其子曰吾未知其死所矣及軍出未成列梁軍已結陣而來橫亘數十里亦以陣抗之帝與李存審總河東天雄之衆居其中德威以幽薊之師當其西鎮定之師當其東梁將賀瓌王彥章中軍兩軍旗鼓相當短兵按戰帝御銀鎗軍突入賊中斬擊十餘里賀瓌王彥章單騎走濮陽時我軍輜重在陣西與梁騎相雜衆見朱旗驚走德威

軍自相蹈藉不能制止故德威一軍敗績歿中有土山迤邐相屬梁餘衆數萬登山帝帥中軍追至山下梁軍戒嚴不動旗幟甚盛帝呼諸軍曰今日之戰得山者勝賊已據山乘高四望平野觀之罔測衆人乍見皆有懼心吾與爾等各馳一騎以奪之帝率騎先登銀鎗步卒繼進策馬大呼一時登山賊紛紜而下帝御衆登山賊在土山西結陣數里時已日暮或曰諸軍未齊不如還營詰朝可戰閻寶進曰深入賊廷逢其大敵期於進鋭以決雄雌況賊帥奔亡衆心方恐據山而猶委棄結陣更復何爲今登高擊下勢如

破竹芟除殘孽正在今日銀鎗大將軍建及被甲橫槊而進曰賊軍大將先已奔亡王之騎軍一無所損賊衆晡晚大半思歸擊此疲敗之軍易如拉朽王且登山縱觀責臣以破賊之效於是李嗣昭領騎軍自山之北略賊陣王建及呼士衆曰今日所失輜重並在山下況彼思歸則一取若拾遺與公等奮觜一呼自然披靡建及大呼入賊陣諸軍繼之賊衆大敗時元城令吳瓊貴鄉令胡裝各部役徒萬人於山下曳柴揚塵鼓譟助其勢賊不之測自相騰籍棄甲山積俘斬萬計賊衆殆盡

漢高祖以天福十二年四月（漢高祖於晉少帝開運四年二月即位却稱天福十）二年收復承天軍太原東鄙土門路所衝也是歲二月帝率兵將下井陘以晉太后過晉山議還乃留步卒一千戍之備其不虞時以虜還守者怠爲虜所偵潛來攻我我衆驚潰虜乃焚其井邑一日之中烜煙百餘舉帝曰必虜之將退張虛勢也乃遣親將葉仁魯領步騎三千趣之會虜黨發掘掠取不意軍至爲我所敗斬級獲馬各千餘而還一路遂平安

周世宗顯德五年南伐攻楚州率戰士持火炬以爇其城樓克之帝計其敗卒必將南遁因親領衛士及驍騎數百於南城逐之又殺數千人楚州遂平

冊府元龜

冊府元龜

巡按福建監察御史臣李嗣京　訂正
分守建南道左布政使臣胡維霖　參閱
知建陽縣事臣黃國琦　較釋

帝王部　一百二十六

納降

王者之師有征無戰三驅之禮來者不射豈不以居司牧之重法天地之量務敷光大之德以叶亭育之義哉乃有經綸開創之始繼統守文之代天下未一四夷未服於是乎蒐軍實厲戎容或建節親征或謀

帥授律先之以文告示之以威武而能究變通之理識仁義之師率衆以請命束身而效欵莫不推在宥之惠開自新之路榮之以爵秩安之以田宅義征德勝之道不其盛歟傳曰叛而伐之服而舍之是之謂矣

漢高祖爲沛公秦二世三年六月引兵圍宛城（南陽之縣）南陽守欲自剄（以刀割頸爲剄）其舍人陳恢曰死未晚也（舍人親近左右之通稱也後遂以爲私屬官號）乃踰城見沛公約降七月南陽守齮降引兵西無不下者至丹水高武侯鰓襄侯王陵降

二年十月陳餘怨項羽獨不王已從田榮藉助兵（藉借也）以擊常山王張耳耳敗走降漢王

三月漢王自臨晉渡河（舊縣名其地居河之西濱東臨晉境本列國時秦所名地也即今之同州邑縣界）魏王豹降至脩武陳平亡楚來降

五年十二月灌嬰追斬項羽楚地悉定獨魯不下漢王引天下兵欲屠之爲其守節禮義之國乃持羽頭示其父兄魯乃降

後漢光武初爲更始破虜將軍行大司馬事持節鎮慰河北卜者王郎詐稱成帝子輿立爲天子都邯鄲光武自饒陽過滹沱河馳赴信都太守任光開門出

迎光武因發旁縣得四千人先擊堂陽貰縣皆降之（堂陽貰並屬鉅鹿郡堂陽在堂水之陽今冀州縣故城在今冀州鹿城縣西南）王莽和戎卒正邳彤亦舉郡降（王莽分鉅鹿爲和戎郡卒正職如太守）又昌城人劉植宋子人耿純（昌城縣屬信都國故城在今冀州西北宋子縣屬鉅鹿郡故城在今趙州平棘縣北）各率宗親子弟據其縣邑以奉光武於是北降下曲陽（縣名屬鉅鹿郡常山郡有上曲陽故此言下）衆稍合附者至有數萬人王郎平更始封光武爲蕭王是秋光武擊銅馬（諸賊之號）追至館陶大破之（館陶縣屬魏郡今魏州縣）受降盡而高湖重連從東南來與銅馬餘衆合光武復與大戰於蒲陽悉破降之降者猶不自安光武知其意勅令各歸

營勒兵乃自乘輕騎按行部陣降者更相語曰蕭王推赤心置人腹中安得不投死乎（投死猶言致死）由是皆服悉將降人分配諸將衆遂數十萬故關西號光武爲銅馬帝（又云岑彭更始時遷潁川太守會舂陵劉茂起兵略下潁川彭不得之官乃與麾下數百人從河內太守邑人韓歆會光武徇河內歆議欲城守彭止不聽既而光武至懷歆迫急迎降光武知其謀大怒收歆置鼓下將斬之召見彭彭因進說曰今赤眉入關更始危殆權臣放縱矯稱詔制道路阻塞四方蜂起群雄競逐百姓無所歸命竊聞大王平河北開王業此誠皇天祐漢士人之福也彭幸蒙司徒公所見全濟未有報德旋被禍難永恨於心今復遭遇願出身自効光武深接納之彭因言韓歆南陽士人可以爲用乃貰歆以爲鄧禹軍師）

建武元年八月辛亥河陽更始廩丘王田立降（廩丘縣屬東郡城在今濮州雷澤縣北）九月辛卯朱鮪舉洛陽城降（先是更始敗於長安其將朱鮪等堅守洛陽詔廷尉行大將軍事岑彭與大司馬吳漢大司空王梁建議大將軍朱祐右將軍萬脩執金吾賈復驍騎將軍劉植揚化將軍堅鐔積射將軍侯進偏將軍馮異祭遵王霸等圍之數月鮪等不肯下帝以彭嘗爲鮪校尉令往說之鮪在城上彭在城下相勞苦歡語如平生彭因曰彭往者得執鞭侍從蒙薦舉拔擢常思有以報恩今赤眉已得長安更始爲三王所反皇帝受命平定燕趙盡有幽冀之地百姓歸心賢俊雲集親率大兵來攻洛陽天下之事逝其去矣公雖嬰城固守將何待乎鮪曰大司徒被害鮪與其謀又諫更始無遣蕭王北伐誠自知罪深彭還具言於帝帝曰夫建大事者不忌小怨鮪今若降官爵可保況誅罰乎河水在此吾不食言彭復往告鮪鮪從城上下索曰必信可乘此上彭趣索欲上鮪見其誠即許降後五日鮪將輕騎詣彭顧勑其部將曰堅守待我我若不還諸君徑將大兵上轘轅歸郾王郾王更始將尹尊也乃面縛與彭俱詣河陽帝即解其縛而釋之復令彭夜

及鮪歸城明旦悉其衆出降拜鮪爲平狄將軍封扶溝侯）

二年八月帝自將征五校幸內黃（縣名屬魏郡今相州縣）大破五校於羛陽降之（羛陽城名屬魏郡故城在今相州堯城縣東）

三年閏正月乙未征西大將軍馮異與赤眉戰於崤底大破之（崤山名底阪也一名嶔岑山在今洛州永寧縣西北）餘衆南向宜陽（縣名屬弘農郡韓國都也故城在今洛州福昌縣東韓城是也）帝自將征之己亥幸宜陽甲辰親勒六軍大陳戎馬大司馬吳漢精卒當前中軍次之驍騎武衛分陳左右赤眉望見震怖遣劉恭乞降曰劉盆子將百萬衆降陛下何以待之帝曰待女以不死耳樊崇乃將盆子及丞相徐宣以下

肉袒降上所得傳國璽綬更始七尺寶劍及玉璧各一積兵甲宜陽城西與熊耳山齊（宜陽縣故城韓國城也在今洛州福昌縣東洛水之北有熊耳山雙巒競舉狀同熊耳）帝令縣厨賜食衆積困餧十餘萬人皆得飽飫明旦大陳兵馬臨洛水令盆子君臣列而觀之謂盆子曰自知當死不對曰罪當應死幸上憐赦之耳帝笑曰兒大黠宗室無蚩者又謂崇等曰得無悔降乎朕今遣卿歸營勒兵鳴鼓相攻決其勝負不欲彊相服也徐宣等叩頭曰臣等出長安東都門君臣計議歸命聖德百姓可與樂成難與圖終故不告衆耳今日得降猶去虎口歸慈母誠歡

誠喜無所恨也帝曰卿所謂鐵中錚錚傭人佼佼者也（錚錚金也鐵之錚錚言微有剛利也佼佼好也於凡傭之人稍爲勝也）又曰諸卿大爲無道所過皆夷滅老弱溺社稷汚井竈然猶有三善攻破城邑周徧天下本故妻婦無所改易是一善也立君能因宗室是二善也餘賊立君迫急皆持其首降自以爲功諸卿獨完全以付朕是三善也乃令各與妻子居洛陽賜宅人一區田二頃七年冬盧芳所置朔方太守田颯雲中太守喬扈各舉郡降

八年閏四月潁川盜賊寇没屬縣九月帝自征潁川盜賊皆降

十四年九月平城人賈丹殺盧芳將尹由來降

魏太祖漢建安四年十二月廬江太守劉勳率衆來降

五年十月袁紹遣車運穀使淳于瓊等五人將兵萬餘人送之太祖留將曹洪守自將破瓊紹初使其將張郃高覽攻洪聞瓊破遂來降紹衆大潰冀州諸郡多舉城邑降者

晉元帝時杜弢叛亂帝命王敦陶侃等討之弢請降遺應詹書曰天步艱難始自吾州州黨流移在於荆土其所遇値蔑之如遺頓伏死亡者畧復過半備嘗荼毒足下之所鑒也客主難久嫌隙易搆不謂樂鄉起變出於不意時與足下思散疑結求擒其黨帥惟患筭不經遠力不陷堅耳及在湘中懼死求生遂相結聚欲守善自衛天下小定然後輸誠盟府尋山公鎮夏口即且陳之此公鑒開塞之會察窮通之運納吾於衆疑之中非高識玄覩孰能若此西州人士得沐浴於清流豈惟滌蕩瑕穢乃骨肉之施此公薨逝斯事中廢賢愚痛毒竊心自悼欲遣滕永文張休豫詣太府備列起事以來本末但恐貪功狥名之徒將讒間於聖主之聽戮吾使於市朝以彰叛逆之罪故

未敢遣之而幷陶卒至水陸十萬旌旗曜於山澤舟艦盈於三江威則威矣然吾衆竊未以爲懼昔文伐原以全信爲本故能使諸侯歸之陶侃宜赦書而繼之以進討豈所以崇奉明詔示軌憲於四海遍向義之夫以爲叛逆之虜皆思善之衆以拯不赦之責非不戰而屈人之筭也驅略烏合欲與必死者求一戰未見爭衡之機權也吾之赤心貫於明神西州人士卿粗悉之耳寧當令抱枉於時不登於太府邪昔虞卿不榮大國之相與魏齊同其安危司馬遷明言於李陵雖刑殘而無慨足下抗威千里聲播汝衛進宜

爲國思靜難之畧退與舊交措枉直之正不亦綽然有餘裕乎望卿騰吾箋令時達盟府遣大使光臨使吾得披露肝膽没身何恨哉伏想盟府必結紐於綱紀爲立功於聖世使吾厠列義徒負弩前驅迎皇輿於閶闔埽長虵於荒裔雖死之日猶生之年也若欲先清方夏却定中原吾得一年之糧便泝流西歸夷李雄之逋寇修禹貢之舊獻展微勞以補往愆復州邦以謝隣國亦其志也惟所裁處耳吾遠州衰士與足下出處殊倫誠不足感神交而濟其傾危但顯吾誠則汝嶽荷忠順之恕衡湘無伐叛之虞隆足下寵

納之望拯吾徒滔溺之艱焉可金玉其音哉然顯顒十餘萬口亦勞瘁於警備思放逸於南畝矣衡嶽江湘列吾左右若往言有貳血誠不亮益梁受殃不唯鄙門而已詹甚哀之乃啓呈弢書并上言曰弢益州秀才素有清望文理既優幹事兼美往因使流寓居詹郡界其身心堅白詹所委究李驤爲變樂鄉刼畧良善弢時出家財招募忠勇登壇歃血義誠慷慨會驤攻燒南平弢遂東流巴漢與湘中鄉人相遇推其素望遂相馮結論弢本情非首作亂階者也然破湘川實弢之罪亦由兵交其間遂使滋蔓按弢今書血誠亦至矣昔朱鮪自疑於洛陽光武指河水以明心鮪感義歸誠終展力報施受封侯之寵由恕過以録功也詹竊謂今者當厄運之會思弘遠猷故齊赦射鉤之誅晉貰斬袪之戮用能濟翼戴之高勲隆一成之美譽況弢等素無斯愆而稽顙投命邳以爲可遣大使宣揚聖旨雲澤沾之於上百姓沐浴於下則上下交泰江左無風塵之虞矣帝乃遣前南海太守王運受弢降

孝武帝太元十年滎陽人鄭燮以郡來降苻堅國亂使使奉表請迎

後魏明元神瑞元年六月晉寇軍將軍太山太守劉研弟輔國將軍領東平太守陽平趙艷廣威將軍平昌太守羅卓斗城屠各師張文興等率流民七千餘家内屬

二年二月晉瑯琊太守劉朗率二千餘家内屬

泰常二年姚泓尚書東武姚敞弟鎮遠將軍僧光右將軍姚定世自洛來奔是年汝南民胡謙等萬餘家相率内屬

九月晉平西將軍荊州刺史司馬休之息譙王文思章武王子司馬國璠司馬道賜輔國將軍溫楷竟陵

内史魯軌荆州治中韓延之殷約平西參軍桓燧及桓溫孫道度子勃海刁雍陳郡袁式等數百人來降姚泓匈奴鎮將姚成都與弟和都舉鎮來降八年正月河東薛定薛輔率五千餘家内屬

獻文天安元年九月宋司州刺史常珍奇以懸瓠内屬徐州刺史薛安都以彭城内屬宋將張永沈攸之擊安都詔北部尚書尉元爲鎮南大將軍都督諸軍事鎮東將軍城陽公孔伯恭爲副出東道救彭城殿中尚書鎮西大將軍河西公元石都督荆豫南雍州諸軍事給事中京兆侯張窮奇爲副出西道救懸瓠

十一月壬子宋兖州刺史畢衆敬遣使内屬

皇興元年宋青州刺史沈文秀冀州刺史崔道固並遣使請舉州内屬詔平東將軍長孫陵平南將軍廣陵公侯窮奇赴援之

二月詔使持節都督諸軍事征南大將軍慕容白曜督騎五萬次於碻磝爲東道後援

孝文太和四年八月以齊角城戍主請舉城内屬詔徐州刺史假梁郡王嘉起赴援之

九月齊汝南太守常元貞龍驤將軍胡青苟率戸内屬

八年冬十月齊雙城戍主王繼宗内屬

十八年帝南伐沈文秀文秀族子陵攜族孫智度歸降引見于行宮

宣武景明二年齊零陵戍主華侯率戸内屬

三年三月南齊建安王寶寅來降

永平四年四月琅邪民王萬壽斬梁輔國將軍琅邪東莞二郡太守劉晣首以朐山來降徐州刺史盧昶遣琅邪戍主傅文驥率衆援之

延昌二年二月梁郁州民徐玄明等斬送梁鎮北將軍青冀二州刺史張稷首以州内附詔荊南兖州刺

史樊魯率衆赴之

出帝永熙二年正月梁州刺史曹鳳荊州刺史雷能勝等舉城内屬

後周武帝天和二年閏六月陳湘州刺史華皎率衆來附遣襄州總管衛國公直率柱國綏德公陸通大將軍田弘權景宣元定將兵援之

唐高祖建義隋義寧二年李密之將王君廓以其衆來降

武德元年六月丙申隋信都郡丞麴稜以冀州來降南郡丞呂子臧以郡來降

八月隋趙郡通守張志昻以郡來降
十月景午薛仁杲所署尚書左僕射鍾俱仇以河州來降
十一月隋東郡丞王軌以滑州來降
十二月李密舊將敬德逸魯彈塵以新鄭來降梁師都所署定南王賀遂新平以其地來降
二年正月景寅李密所署伊州刺史張善相遣使來降是月我行人魏徵說李密所署魏州總管元寶藏執宇文化及將軍於士澄以魏州來降
二月王世充慈澗鎮將裴師亮率其屬來降壬辰王

世充將賈六郎率衆數千人來降癸巳隋樂安郡丞張志靖以郡來降是月李密許州刺史崔樞並遣使來降衛州人趙叔機執王世充所署刺史廉循道以州來降
閏三月河內人李厚德殺其殷州長史趙景休以獲嘉來降是月王世充慈澗人執其守將賈仁果以城來降隋漁陽太守田善集以郡來降甲寅隋夷降郡丞許紹率黔安武陵澧陽等諸郡會師並遣使來降是月宇文化及僞置蜀王宇文士及并其內史令封德彝自濟北來降又可達寒賊朱粲遣使請降帝遣前御史大夫段確使於朱粲
三月甲戌王公正以安昌丁伯德以濟源背王世充來降庚辰隋北海通守鄭處符文登縣令惠整東海賊帥蔣弘度濟郡賊帥王簿鄆州賊帥霍小漢張青將任州賊帥徐師順平陸賊帥張當金壽張賊帥聞漢涉須昌賊帥孫善遇並以其地來降丁亥隋渤海郡丞王孝師以衆來降王世充還山鎮將羅注率男女六千人以鎮來降丁酉齊州渠帥李義滿率衆三千以章丘來降又淮南一十五州遣使來降
四月己亥王世充將宋君德殺其鎮北將軍王文廓

率衆數千以硤石鎮來降甲辰王世充將衛須拔率衆以陝州來降丁未王世充將段德瑗率衆八百來降
七月蕭銑辰州刺史田猷以州來降
八月王世充趙士達率其部及圓田縣並來降
九月王世充將傳才率所部來降
十月王世充將路則率所部來降
三年正月黎州總管李世勣於竇建德中自拔來歸世勣本姓徐李密據洛口以爲東海公宇文化及之弑逆也引師比上密遣世勣守黎陽倉化及攻之不

尅數月而去密解兵還金墉尋爲世充所敗世勣以黎陽之衆北連洺相東極海隅南逹淮海盡李密之境並相率來降遇竇建德陷我山東之地進軍攻世勣戰不利力屈降之建德收其父蓋從軍爲質乃令世勣復守黎陽世勣與其官屬郭恪柳得文等謀曰地陷父質身爲賊首欲立功歸國而力不遂如何郭恪曰今新被賊使動即見疑宜擊世充自展誠效情相體信然後可得行其志耳世勣然之乃襲破獲嘉虜世充之衆以獻於建德由是親之因又遣人說建德曰曹戴兩州戶口全實賊帥孟海公據有其地聲

勢屬僞鄭內實攜離進兵吞之立便可得既併海公以臨徐兗可不戰而定河南矣建德然之自南略莆進其大將曹旦齊善行等領兵渡河世勣以衆會之謀至河南而翻破建德冀得其父總取賊地立功以歸朝遇建德妻產久而不至且在河南多所侵擾李商胡等諸部怨之商胡與世勣素結爲兄弟升堂拜親商胡之母泣謂世勣曰竇家無道如何事之世勣曰願母勿憂待一月內謹當殺取總歸唐國耳世勣辭去毋謂其子曰東海公許我共圖此賊事須早斷何用待來事久變生不如即決於是起兵襲破建德水軍方遣人往報世勣世勣與曹旦並營郭恪勸襲旦世勣未能決而旦已知之營中嚴警不可犯於是與恪等馳數十騎來奔高祖大喜遣使者迎勞之

二月辛亥王世充伊闕縣副王三都殺其鎮將以衆來降

三月巳卯王世充將趙知遠許恪奴率其所部來降

牂州庸州黔州兗州並遣使來降

四月丙辰陜州總管于均自宋金剛所來降

五月癸未長子縣丞長卿斬劉武周安州刺史宋德壽來降

八月庚子鄧州豪執王世充所署刺史子剛來降癸卯梁師都石堡留守張舉率其男女千餘口來降

九月庚午梁師都督劉旻來降癸酉王世充顯州總管田瓚以其部二十五州來降丁丑王世充蔚州刺史時德叡以其地來降壬午王世充濮州刺史杜才幹斬其滑州行臺僕射景元貞以濮陽來降

十月甲午王世充將張鎮州來降戊戌世充將王舉以迴洛東城來降庚戌世充管州總管楊慶以州來降景辰王世充滎州刺史魏陸執世充大將軍張志等四將以來降

十二月辛卯河南許亮等十有一州背王世充來降

辛丑王世充隨州總管徐毅以其地來降

四年正月丁卯竇建德行臺尚書令胡大恩以大安鎮來降辛巳王世充梁州總管程嘉會以其地來降

二月庚戌王世充兄子大棄河陽而遁其所部將以其城來降乙卯王世充懷州刺史陸善宗以城來降

是月王世充將劉元氣以青城宮來降

四月戊午王世充出兵攻竇軌軌師不利賊入其營太宗率精騎突之所向皆靡獲其大將葛彥璋賊敗績斬首二千餘級降其甲卒萬餘人丙午王世充平

州刺史周仲隱以城來降

五月甲子王世充之鞏縣偃師並來降乙丑世充將王德仁棄故洛陽城而遁其亞將趙季卿以城來降

戊辰世充率其將吏降洛陽平

庚午周法明以蘄春等四郡來降壬申洺相魏等州來降

戊寅王世辯以徐宋等三十八州降世充故地悉定

竇建德博州刺史王羙來降

壬午竇建德尚書右僕射裴矩兵部尚書曹旦等以傳國等八璽來降

六月戊戌蔣善人以鄆州孟啖鬼以曹州來降

七月庚申王世充兄子僞魏王弘烈宋王大行臺右僕射豆盧行褒左僕射蘇世長以襄州來降以其地置襄州道又云驪王京兆涇陽人隋監門李密之據洛也王統關中精銳以擊之隸於王世充與賊連戰者百餘陣及密敗歸于東都太宗之御洛陽王率精兵萬餘來降又云田瓚淮安人初爲賊帥楊士林長史後爲士林所忌懼不自安遂殺士林而叛歸王世充僞署顯州總管尋以地來降復其本土

十月辛卯蕭銑鄂州刺史雷長潁以魯山來降丁酉蕭銑江州總管蓋彥舉以州來降戊申徐圓朗昌州治中劉善行斬總管夏賓以須昌來降

十月己亥隋始安太守李襲志以桂州來降

五年正月丙戌同安賊帥殷恭邃以舒州來降己酉嶺南俚首楊世略以循潮二州來降

二月戊辰金鄉人楊孝誠率衆三千背徐圓朗以城來降

四月戊寅廣州賊帥鄧文進隨合浦太守甯宣平南太守李晙等並遣使來降

五月庚寅瓜州豪右王幹斬賀拔行威來降瓜州方始得平

六年正月己卯饒陽人葛德威執劉黑闥以城降山東悉平

五月癸巳馬邑賊高滿政所部將張天明請降遣右武衛大將軍李遷以兵援之巳亥梁師都將高成郎以所部來降戊午蒲政斬突厥二百人以馬邑來降滿政馬邑人也劉武周僭號以滿政爲將及武周之敗苑君章復據馬邑滿政懷歸國之計遂舉兵以襲君章覺變方奔突厥滿政斬君章之子以城來降

七月辛巳沙州高開道所部弘踢統漢二鎮相率來降

九月乙未西沙州賊帥竇伏明斬賀拔威以城來降

十月己未逆賊張大智侵洛州刺史田世康益州行臺尙書郎行方開州刺史冉仁德討之大智以衆來

降

太宗貞觀十九年六月征遼是月丁酉攻白巖城李勣攻其西南帝臨其西北城主孫伐音潛令腹心人請降乃臨堞投刀戲以爲信曰奴願降其中有丕者言曰以我旗幟示必降遠之城主伐音所遣人得而樹之於城高麗以爲唐兵登也衆悉從之初遼東之陷也城中懼而請降既而中悔帝怒其反覆許以城中人物分賜將士至是李勣見且受降率甲卒數十人請於帝曰戰士奮厲爭先不顧矢石者貪獲虜耳今城垂拔奈何更許其降無乃孤將士之心成黠虜之計帝下馬而謝曰將軍言是也然縱兵殺戮虜其妻孥朕所不忍將軍麾下有功者朕以庫物賞之庶因將軍贖此一城勣乃止遂受降獲士女一萬勝兵一千四百倉粟二萬八千石帝御旌宮於水渚高麗降衆重列而拜者二千餘人優勞之高麗舞躍叫呼聲震山谷命太官賜食解牲體而羅之不置刀高麗手擘口齧骨肉俱盡城中人年八十以上賜帛各有差及諸城堡人帝悉加慰諭給以糧仗任其所往城中父老僧尼貢夷酪昆布米餅蕪荑豉等帝悉爲少受而賜之以帛高麗喜甚皆仰天下拜曰聖天子之

恩非所望也丙辰次於安市城北丁巳高麗高惠眞率衆十五萬來援於安市城東南八里而陣帝令李勣率步卒擊之高延壽衆退長孫無忌縱兵乘其後太宗又引軍臨之賊大潰斬首二萬餘級巳未高延壽高惠眞率三萬六千餘人請降帝引入轅門延壽膝行而前拜手請命帝謂延壽等曰東夷英少譸張海曲至於摧堅破敵故當不及老人而今而後更敢與天子戰否延壽等咸伏地而不對辭簡褥薩巳下及酋首三千五百人授以戎秩遷之內地餘人並釋俘放還平壤其謝恩於天子並雙舉手以顙頓地懽

叫之聲聞數十里外收靺鞨三千三百人盡坑殺之
獲馬五萬四牛五萬頭光明甲一萬領他戰器械稱是
唐肅宗至德二年十二月安祿山僞御史大夫嚴莊
來降元帥廣平王領送西京賊所侵河東河西諸郡
皆歸順賊將盡投河北唯能元皓在北海高秀巖在
大同並相次送款
乾元元年二月丁卯逆賊孫孝節來降詔百官於朝
觀之
代宗永泰元年僕固懷恩大將僕固名臣以千餘騎
來降

大曆十年五月乙未魏州田承嗣部將霍榮國以磁
州歸順是年十一月田承嗣所管瀛州刺史希光史失其姓以城降有兵萬餘人積穀二十萬斛
後唐莊宗初爲晉王討幽州劉守光天祐十年二月
東北面行營周德威上言蘇州降將成行言陳萬達
羅景溫來降
三月乙丑幽州劉守光將張方信賈全節挈族二百
五十口來降
四月甲申劉守光將校李暉王行安王元迪王行周
李在殷王文豐延陵位劉行遇楊令暉劉行宇王元
福尹謙李暉段文祐李行禮馬令紹賈從暉韓令珪
等並攜家屬來降周德威引軍逼幽州南門賊將鄭
宗遇王居倖趙行立鄭賽管丙來降
七月壬子劉守光將楊師貴等五十人來降
八月賊將李進劉建章劉唐珪張在禮劉敬德等來
降
九月燕將史德讓衛章李彥暉董行立等來降
十月燕將王居奐軍使孟在章一百六十八人來降
十五年八月巳酉梁兗州節度使張萬進遣使歸款
同光元年八月帝自鄴御軍至朝城與梁軍相遇戊

戌梁將左右先鋒指揮康延孝領騎百人來投延孝本晉陽人家世部族少隸太祖軍負罪奔於梁漸至偏裨性剛烈負氣不居人下知梁朝終敗來奔帝虛懷引見賜御錦袍玉帶屏人問之對曰臣竊觀汴人兵衆不少論其君臣將較終見敗亡趙巖趙鵠張漢傑居中專政締結宮掖賄賂公行每命一統軍必先入金銀千錠不由勳德以賂取人段凝智勇俱無一朝便爲大將是由人銀爲賂便付兵權霍彥威王彥章皆宿將名臣却出其下切齒側目勢不奈何自將兵已來率歛行伍曲心事賂阿媚取容自彥章獲德勝齒城梁主亦稍奬使此人立性剛暴不奈凌制梁主每一發軍即令近臣監當進止可否悉取監臨處分彥章悒悒形於顏色自通津失利段凝彥章又獻謀策欲數道舉軍令董璋以陝虢澤潞之衆趨石會關以寇太原霍彥威統關西汝洛之衆自衛相邢洛以寇鎮定段凝杜晏球領大軍以攻鄆州決取十月大舉又自滑州南決破河堤使水東注曹濮之間至於汶陽瀰漫不絕以限北軍臣在南中側聞此議臣亦料其兵力聚則不少分則無餘陛下但待彼分却諸軍

領鐵騎五千自鄆州移程直抵宋汴不旬日天下事定斷曰不疑且密諭藩鎮各令戒嚴餘無憂矣帝擇然壯其陳述然聞汴軍大舉心亦憂之延孝之來其毋妻子在滑密約同奔及延孝至亦自滑浮舟東下至於鄴城

晉高祖天福元年閏十一月己卯車駕至河陽北節度使萇從簡來降

三年八月魏府軍前澶州刺史馮暉自鄴城來降

九月己酉宮苑使焦繼勳自軍前押魏博節度使范延光牙將馬謌齎歸命待罪表到闕壬子延光領部下兵士素服於本府門俟命有詔釋罪

六年九月十一日以襄州投降賊軍馬軍七百餘人

名彰順步軍一千一百餘人名歸順並令汝州收管

開運元年十二月青州楊光遠降光遠子承勳等斬觀察判官丘濤牙將白延祚楊贍杜延壽等首級送於招討使李守貞乃縱火大譟刼其父於私第以城納款遣即墨縣令王德柔貢表待罪楊光遠亦遣節度判官楊麟奉表請死詔釋之

漢高祖即位稱天福十二年五月車駕離晉陽澤州刺史翟令奇以郡來降至絳州本州刺史李從朗以郡降初契丹遣偏校成霸卿曹可璠等守其郡帝建義之始不府歸命及車駕至帝耀兵於城下不令攻擊從朗等遂降

周太祖初爲漢樞密使以乾祐二年奉命討李守貞五月九日賊河西水砦主周光遜以砦及將校兵士一千一百三十二來降賊南面都監王仁岳之下十六人指揮使石公進草賊都頭惡長官聶知遇王三鐵之下十六人副兵馬使軍頭十將長行共一千四十七人賊火城內乘船投來都頭劉瓊安建武之下三十七人並來奔十日太祖率騎部領降將周光遜等兵士三千人入長連城以徇壽有賊職員八人來奔其夜又賊將胡進超已下三百餘人歸

世宗顯德元年三月親征河東四月乙卯河中節度使王彥超上言僞汾州防禦使董希顏以城歸順丙辰僞遼州刺史張漢超以城歸順先帝遣萊州防禦使康延紹率師討遼州又遣密州防禦使田瓊率師攻沁州先以宣旨招諭如不受命即進軍伐之二州皆拒命延紹及瓊請益兵及治攻具以迫之帝可其奏各益之以步卒三千仍詔主將期以三日克之是日田瓊遣潞州行軍司馬安友規上言沁之禦備甚堅賊皆死戰攻取未下帝暴怒疑其逗撓亟命延紹欲親至其所群臣以偏郡孤危請車駕不行會中使

自遼州至言賊城巳歸順乃止五月丙子僞代州防禦使鄭處謙上表歸順時契丹大將楊衮自高平之敗奔至代州及聞王師至太原意處謙等有變謀奪其州一日立召處謙計事處謙懼不敢赴衮使虜騎數十守其城門處謙與軍民共擊殺之因閉壁以拒蕃戎遣使歸命且乞援兵時劉崇所署僞樞密直學士王得中自虜中使廻至代州遇變亦上表歸命

二年王師伐蜀九月癸丑西南面都監向訓上言秦州以城降初鳳州重圍既合日巳危蹙蜀人乃遣僞秦州節度使高處儔領兵自秦州出將解鳳州之圍處儔聞堂倉之敗且懼追兵將至因潰歸秦州僞觀察判官趙玭閉城拒之處儔遂西遁玭澶

州人也初補集賢院書吏後調選出官因從知於階成間開運末戎虜盜國節度使何建以城入蜀後受僞命爲秦州觀察判官及聞處儔敗走盡召秦州官屬諭之日今大朝兵甲無敵於天下自用師西征戰無不勝蜀中所遣將校皆武勇者所發兵士皆驍鋭者然殺戮逃遁之外幾無孑遺我輩安坐受其禍去危就安當在今日聞者皆俯伏聽命玭遂以城降

四年再征淮西三月辛卯夜僞監軍使朱元賊將朱仁裕孫璘等相次各舉其砦來降其卒萬餘衆帝慮其餘黨沿流東潰遽令步將趙晁率舟師數千沿淮而下逐之

十二月帝幸淮上乙卯泗州守將范再遇以其城降獲降卒三千餘人庚申招討使李重進上言僞濠州團練使郭廷謂巳下以其城降濠州平降其卒萬餘衆獲軍糧數萬石乙丑漣水縣僞雄武軍使知縣事崔萬廸以其縣來降

六年幸滄州四月辛丑次益津關僞守將終廷輝以其城來降

癸卯至瓦橋關僞守將姚內斌率其部衆五百餘人以城來降八千瓦橋關駐蹕於行宮甲辰僞鄭州刺史劉信上表歸順

冊府元龜

巡按福建監察御史臣李嗣京 訂正
知長樂縣事臣夏允彝參閱
知建陽縣事臣黄國琦較釋

帝王部 一百二十七

明賞

夫賞國之典也所以褒有功勸能者爲國之大柄蓋在盟府而不可廢焉歷代而下致治之后曷嘗不旌勞顯庸錄勳賚善報之以封爵寵之以名秩賚之以金帛賜之以車服頒之於公朝而不僭載之於史策

而弗忘是故懋功之義明而邦典有敘爲善之效速而人倫知勸蓋周官之以庸制祿先王之加膳飫賜率是道也其百世所不易者哉

周惠王二年五大夫奉子頽以伐王王奔温冬立子頽明年鄭伯殺子頽王與之武公之畧自虎牢以東畧界也鄭武公傳平王賜之自虎牢以東後失其地故惠王令復與之虎牢河南城皋縣

漢高祖四年令侯公說項羽羽與漢約中分天下歸太公呂后軍皆稱萬歲乃封侯公爲平國君

五年項羽兵敗自到王翳取其頭亂相蹂蹈爭羽相殺者數十人最後楊喜呂馬童郎中呂勝楊武各得其一體故分其地以封五人皆爲列侯

是年漢王即皇帝位論功行封群臣爭功歲餘不決帝以蕭何功最盛先封爲酇侯食邑八千戶羣臣皆曰臣等身被堅執鋭多者百餘戰少者數十合攻城畧地大小各有差今蕭何未有汗馬之勞徒持文墨議論不戰顧居臣等上何也顧猶反也帝曰諸君知獵乎曰知之知獵狗乎曰知之帝曰夫獵追殺獸者狗也而發縱指示獸處者人也發縱謂解紲而放之也指示者以手指示之今俗言放狗縱音子用反而讀者乃爲蹤蹟之蹤非也書本皆不爲蹤字自有逐蹤之狗不待人發也今諸君徒能走得獸耳功狗也至如蕭何發縱指示功人

也且諸君獨以身從我多者三兩人蕭何擧宗數十人皆隨我功不可忘也羣臣皆莫敢言列侯畢已受封奏位次皆曰平陽侯曹參身被七十創攻城畧地功最多宜第一帝已撓功臣言多封何至位次未有以復難之然心欲何第一關內侯鄂千秋時爲謁者進曰群臣議皆誤夫曹參雖有野戰畧地之功此特一時之事夫帝與楚相距五歲失軍亡衆跳身遁者數矣跳身謂輕身走出也然蕭何常從關中遣軍補其處非帝所詔令召而數萬衆會帝乏絶者數矣夫漢與楚相守滎陽數年軍無見糧蕭何轉漕關中給食不乏陛

下雖數亡山東蕭何當全關中待陛下此萬世功也今雖無曹參等百數何缺於漢(數音所具反)漢得之不必待以全柰何欲以一旦之功加萬世之功哉蕭何當第一曹參次之帝曰善於是乃令何賜帶劍履上殿入朝不趨帝曰吾聞進賢受上賞蕭何功雖高待鄂君廼得明於是因鄂千秋故所食關內侯邑二千戶封爲安平侯是日悉封何父母兄弟十餘人皆食邑

公孫戎高祖東圖項羽聞樊噲反旄頭公孫戎明之卒不反封戎二千戶

孝文元年十月詔曰前呂產自置爲相國呂祿爲上

將軍擅遣將軍灌嬰將兵擊齊欲代劉氏嬰留滎陽與諸侯合謀以誅呂氏呂產欲爲不善丞相平與太尉勃等謀奪產等軍朱虛侯章首先捕斬產太尉勃身率襄平侯通(通紀通也)持節承詔入北軍典客揭(揭劉揭也)奪呂祿印其益封太尉勃邑萬戶賜金五千斤丞相平將軍嬰邑各三千戶金二千斤朱虛侯章襄平侯通邑各二千戶金千斤封典客揭爲楊信侯賜金千斤六月脩代來功(自代時來有功者)詔曰方大臣誅諸呂迎朕朕狐疑皆止朕(狐之爲獸其性多疑每渡氷河且聽且渡故言疑者而稱狐疑)唯中尉宋昌勸朕朕已得保宗廟以尊昌爲衛將軍其封昌爲壯武侯諸從朕六人皆至九卿又曰列侯從高祖入蜀者六十八人益邑各三百戶吏二千石以上從高祖潁川守尊等十人食邑六百戶淮陽守申屠嘉等十人五百戶衛尉定等十人四百戶(申屠嘉從高祖擊項籍遷爲隊率從擊黥布爲都尉孝惠時爲淮陽守至是舉故以二千石從高祖者悉以爲關內侯食邑二十四人而加食邑五百戶)

武帝元朔元年車騎將軍衛青出雲中取河南地爲朔方郡以三千八百戶封青爲長平侯校尉蘇建爲平陵侯張次公爲岸頭侯帝曰匈奴逆天理亂人倫暴長虐老以盜竊爲務行詐諸蠻夷造謀藉兵數爲

邊害(從蠻夷借兵鈔邊)故興師遣將以征厥罪詩不云乎薄伐玁狁至于太原出車彭彭城彼朔方今車騎將軍青度西河至高闕獲首二千三百級車輜畜產畢收爲鹵已封爲列侯遂西定河南地案榆谿舊塞(上郡之北有諸次山諸次水出焉東經榆林塞爲榆谿言軍尋此塞而行也)絕梓嶺梁北河討蒲泥破符離(絕度也爲北河作橋梁也蒲泥符離二王號也符離塞名)斬輕銳之卒捕伏聽者(伏於隱者聽軍虛實)三千一十七級執訊獲醜毆馬牛羊百有餘萬全甲兵而還益封青三千八百戶

五年春車騎將軍衛青將三萬騎出高闕衛尉蘇建爲游擊將軍左內史李沮爲彊弩將軍(沮音俎)太僕公

孫賀爲車騎將軍代相李蔡爲輕車將軍皆領屬車騎將軍俱出朔方大行李息岸頭侯張次公爲將軍俱出右北平匈奴右賢王當青等兵以爲漢兵不能至此飲醉漢兵夜至圍右賢王右賢王驚夜逃獨與其愛妾一人騎數百馳潰圍北去漢輕騎校尉郭成等追數百里弗得得右賢裨王十餘人裨王小王也若言裨將也裨音頻移反衆男女萬五千人畜數十百萬數十萬以至百萬於是引兵而還至塞天子使使者持大將軍印即軍中拜青爲大將軍即就也諸將皆以兵屬立號而歸帝曰大將軍躬率戎士師大捷獲匈奴王十有餘人益封

青八千七百戶而封青子伉爲宜春侯伉音抗又音工師反子不疑爲陰安侯子登爲發干侯青固謝曰固謂再三也臣幸得待罪行間賴陛下神靈軍大捷皆諸校力戰之功也陛下幸已益封臣青臣子在襁褓中未有勤勞上幸裂地封爲三侯非臣待罪行間所以勸士力戰之意也伉等三人何敢受封帝曰我非忘諸校功也今固且圖之乃詔御史曰護軍都尉公孫敖三從大將軍擊匈奴常護軍傳校獲王傳讀曰附言敖總護諸軍每附部校以至克捷而獲王也校者營壘之稱故謂軍之一部爲一校或曰幡旗之名非也每軍一校或別爲幡耳不名校也封敖爲合騎侯猶冠軍從票之名也都尉韓說從大軍出竇

渾塞名也竇音田渾音魂至匈奴右賢王庭爲戲下戲讀曰麾又音許宜反言在大將軍渾旗之下也搏戰獲王封說爲龍頟侯頟字或作額騎將軍賀從大將軍獲王封賀爲南窌侯茂陵中書云南窌侯此本字也窌音普教反奅亦同字輕車將軍李蔡再從大將軍獲王封蔡爲樂安侯校尉李朔趙不虞公孫戎奴各三從大將獲王封朔爲陟軹侯不虞爲隨成侯戎奴爲從平侯將軍李沮李息及校尉豆如意中郎將綰皆有功賜爵關內侯沮息如意食邑各三百戶校尉張騫以知水草處得不乏封博望侯

元狩三年霍去病爲驃騎將軍將萬騎出隴西有功

帝曰驃騎將軍率戎士踰烏盭踰與踰同盭古戾字也烏盭山名也討遬濮遬古速字也遬濮匈奴部落名也涉狐奴水名也歷五王國輜重人衆懾讋者弗取懾讋謂振動失志氣言距戰者誅服者則赦也讋音之涉反幾獲單于子幾音巨衣反轉戰六日過焉支山千有餘里合短兵鏖皋蘭下鏖字本從金麀聲轉寫訛耳鏖謂苦擊而多殺也皋蘭山名也言苦戰於皋蘭山下而多殺虜也鏖音意曹反今俗猶謂打擊之甚者曰鏖殺折蘭王斬盧侯王折蘭匈奴中姓也今鮮卑有是蘭姓者即其種也折音上刑反說捍者誅全甲獲醜執渾邪王子及相國都尉捷首虜八千九百六十級收休屠祭天金人今之佛像是也休音許虯反屠音儲師率減什七漢兵失亡之數下皆類此也益封去病二千二百戶其夏去病出

北地遂深入合騎侯失道不相得去病至祁連山祁連山即天山也匈奴呼天爲祁連祁音上夷反捕首虜甚多帝曰票騎將軍涉鈞耆濟居延鈞耆居延皆水名也淺曰涉深曰濟涉謂人馬涉渡也濟謂以舟船也遂臻小月氏攻祁連山揚武乎鱳得鱳得匈奴中地名張掖縣轉取其名耳得單于單桓酋涂王單桓酋涂皆胡王也酋音才由反涂音塗及相國都尉以衆降下者二千五百人可謂能舍服知成而止矣捷首虜三萬二百獲五王王母單于閼氏王子五十九人相國將軍當戶都尉六十三人師大率減什三益封去病五千四百戶賜校尉從討小月氏者爵左庶長鷹擊司馬破奴趙破奴再從票騎將軍斬

遬濮王捕稽且王且音子閭反右千騎將王王母各一人王子以下四十一人捕虜三千三百三十人前行捕虜千四百人前行謂在軍之前而行封破奴爲從票侯從票騎將軍有功因以爲號校尉高不識從票騎將軍捕呼于耆王王子以下十一人捕虜千七百六十八人封不識爲宜冠侯校尉僕多有功封爲煇渠侯其秋渾邪降去病將兵往迎之於是帝嘉去病之功曰票騎將軍去病率師征匈奴西域王渾邪王及厥衆萌咸犇於率萌字與甿同犇古奔字也以軍糧接食并將控弦萬有餘人言能引弓皆堪戰陳誅獟悍獟徒行輕貌也字或作趫悍勇也獟音丘昭反又音丘召反捷首虜八千

餘級降異國之王三十二戰士不離傷離遭也十萬之衆畢懷集服仍興之勞爰及河塞庶幾忘患重興軍旅之勞及北河沙塞之表可得寧息無憂患也以千七百戶益封票騎將軍減隴西地上郡戍卒之半以寬天下繇役𢌿分處降者於邊五郡故塞外而皆在河南因其故俗爲屬國

四年霍去病出征匈奴騎兵車重與大將軍軍等重直用反而亡裨將悉以李敢等爲大校當裨將出代右北平二千餘里直左方兵直當也所斬捕功以多於青旣皆還帝曰票騎將軍去病率師躬將所獲葷允之士堯曰獯鬻周曰玁狁秦曰匈奴葷字與熏同約輕齎絶大幕涉獲單于章

渠章渠單于之近臣也涉水而破獲之以誅北車耆王號也轉擊左大將雙獲旗鼓歷度難侯山名也濟弓盧水名也獲屯頭王韓王等三人皆匈奴王號將軍相國當戶都尉八十三人封狼居胥山禪於姑衍登臨瀚海積土增山曰封爲墠祭地曰禪執訊獲醜七萬有四百四十三級師率減什二取食於敵卓行殊遠而糧不絶以五千八百戶益封票騎將軍右北平太守路博德屬票騎將軍會與城不失期從至檮余山檮音籌其字從木斬首捕虜二千八百級封博德爲邳離侯北地都尉衛山從票騎將軍獲王封山爲義陽侯故歸義侯因淳王復陸支樓剸王伊卽靬剸音

(之兗反軒音居言反)皆從票騎將軍有功封陸支爲壯侯伊即
軒爲衆利侯從票侯破奴昌武侯安稽從票騎有功
益封各三百戶漁陽太守解較尉敢皆獲鼓旗賜爵
關內侯解食邑三百戶敢二百戶校尉自爲爵左庶
長軍吏卒爲官賞賜甚多而青不得益封吏卒無封
者唯西河太守常惠雲中太守遂成受賞遂成秩諸
侯相賜食邑二百戶黃金百斤惠爵關內侯
元封元年東粵王餘善反遣橫海將軍韓說出句章
樓船將軍楊僕出武林討東粵發兵距險使徇北將
軍守武林敗樓船軍數校尉殺長史樓船軍卒錢塘

轅終古斬徇北將軍等(會稽縣也轅姓終古名也轅音袁)封爲語兒
侯(越中地也今吳南亭是語字或作禦其音同也)自兵未往故粵衍侯吳陽
前在漢漢使歸諭餘善不聽及橫海軍至陽以其邑
七百人反攻粵軍於漢陽及故粵建成侯敖與繇王
居股謀俱殺餘善以其衆降橫海軍封居股爲東成
侯萬戶封敖爲開陵侯封陽爲夘石侯橫海將軍說
爲按道侯橫海較尉福爲繚嫈侯(繚音遼嫈音於耕反)福者城
陽王子故爲海常侯坐法從軍爵亡故以宗室故侯
及東粵將多軍(多軍名)漢兵至棄軍降封爲無錫侯故
甌落將左黃同斬西于王封爲下鄜侯(鄜音邪)

二年左將軍荀彘等擊朝鮮王右渠朝鮮相陶唊谿
人皆亡降漢路人道死三年夏尼谿相參迺使人殺
朝鮮王右渠來降王守險城未下故右渠之大臣成
巳又反覆改變左將軍使右渠子長(古渠之子名長)降相路
人子最(相路人前巳降漢而死於道故謂之降相最者其子名)告諭其民誅成
巳故遂定朝鮮爲眞番臨屯樂浪玄菟四郡封參爲
澅清侯(澅音獲)陶爲秋苴侯(功臣表秋苴屬渤海苴音千餘反)唊爲平
州侯長爲幾侯最以父死頗有功爲涅陽侯
太初四年貳師將軍李廣利斬大宛王首獲汗血馬
來乃下詔曰匈奴爲害久矣今雖徙幕北與旁國謀

共絕大月氏使遮殺中郎將江故鴈門守攘危須以
西及大宛皆合約殺期門車令(危須國名也漢使期門郎也車令姓名也)
中郎將朝及身毒國使隔東西道貳師將軍廣利征
討厥罪伐勝大宛賴天之靈從泝河北涉流沙通西
海山雪不積士大夫徑度獲王首虜珍怪之物畢陳
於闕其封廣利爲海西侯食邑八千戶又封斬郁成
王者趙弟爲新畤侯軍正趙始成功最多爲光祿大
夫上官桀敢深入爲少府李哆有計謀爲上黨太守
(哆音昌野反)軍官吏爲九卿者三人諸侯相郡守二千石
百餘人千石以下千餘人奮行者官過其望以適過

行者皆黜其勞(適讀曰謫)士卒賜直四萬錢(或以他財物充之故云直)征和二年戾太子反軍敗武帝曰侍郎莽通獲反將如侯長安男子景建從獲少傅石德可謂元功矣大鴻臚商丘成力戰獲反將張光其封通爲重合侯建爲德侯成爲秺侯(秺音妬在濟陰城武今有亭)戾太子兵敗亡至湖(湖縣名今虢州閿鄉湖城二縣皆其地也)藏匿泉鳩里(泉鳩水今在閿鄉縣東南十五里見有戾太子冢在澗東也)主人家貧常賣屨以給太子太子有故人在湖聞其富贍使人呼之(贍足也)而發覺吏圍捕太子太子自度不得脫(度音大各反)即入室距戶自經山陽男子張富昌爲卒足蹋開戶新安令史李壽趨抱

解太子主人公遂格鬭死皇孫二人皆并遇害上既傷太子乃下詔曰蓋行疑賞所以申信也其封李壽爲邘侯(邘在河內爲其解救太子也邘音于)張富昌爲題侯

三年城父令公孫勇與客胡倩等謀反倩詐稱光祿大夫從軍騎數十言使督盜賊止陳留傳舍太守謁見欲收取之淮陽太守田廣明覺知發兵皆捕斬焉而公孫勇衣繡衣乘駟馬車至圉圉使小吏侍之亦知其非是守尉魏不害與廄嗇夫江德尉史蘇昌共收捕之帝封不害爲當塗侯德轑陽侯昌蒲侯初四人俱拜於前小史竊言武帝問言何對曰爲侯者得東歸不帝曰汝欲不貴矣(言汝意欲歸不吾今女貴汝謂賜之爵也)名爲何對曰名遺鄉帝曰用遺汝也(遺弋季反)於是賜小史爵關內侯食遺鄉六百戶

後元元年侍中僕射莽何羅與弟重合侯通謀爲逆(莽音莫戶反)霍光與金日磾上官桀等共誅之功未錄武帝遺詔封金日磾爲秺侯上官桀爲安陽侯光爲博陸侯(傳大陸平取其嘉名無此縣也食邑北海河東城)皆以前捕反者功封

昭帝始元六年使匈奴移中廄監(移中廄名)蘇武至京師詔武奉一太牢謁武帝園廟拜爲典屬國秩中二千石賜錢二百萬公田二頃宅一區常惠徐聖趙中根

皆拜爲中郎賜帛各二百匹其餘六人老歸家賜錢人十萬復終身(復音方目反)武自孝武時使匈奴留單于庭十九年帝即位匈奴與漢和親遣使求武等單于召會武官屬(會謂集聚也)前以降及物故凡隨武還者九人(物故謂死也言其同於鬼物而故也一說不欲斥言但云其所服用之物皆已故耳而說者妄欲改物爲勿勿非也)故有是命

元鳳元年十月誅上官桀等詔曰左將軍安陽侯桀票騎將軍桑落侯安御史大夫桑弘羊皆數以邪枉干輔政大將軍不聽而懷怨望與燕王通謀置驛往來相約結燕王遣壽西長孫縱之等賂遺長公主丁

外人謁者杜延年大將軍長史公孫遺等交通私書共謀令長公主置酒伏兵殺大將軍光徵立燕王為天子大逆毋道故稻田使者燕倉先發覺以告大司農敞敞告諫大夫延年延年以聞丞相徵事任宮手捕斬桀丞相少史王壽誘將安入府門皆已伏誅吏民得以安封延年倉宮壽皆為列侯

三年匈奴遣右賢王犁汗王入寇張掖都尉大擊破之屬國千長義渠王騎士射殺犁汗王 千長者千人之長 賜黃金二百斤馬二百匹因封為犁汗王屬國都尉郭忠封成安侯

四年詔曰度遼將軍范明友前以羌騎校尉將羌王侯君長以下擊益州反虜後復率擊武都反氐今破烏桓斬虜獲生有功其封明友為平陵侯

平樂廄監傅介子使西域刺殺樓蘭王持首還詣闕公卿將軍議者咸嘉其功帝廼下詔曰樓蘭王安歸嘗為匈奴間候遮漢使者 言為匈奴之間使而候伺 發兵殺略衛司馬安樂光祿大夫忠期門郎遂成等三輩及安息大宛使盜取節印獻物 此安息大宛遣使獻漢而樓蘭王使人盜取所獻之物大宛等使所獻也樓蘭既殺漢使又殺諸國使者 甚逆天理平樂監傅介子持節使誅斬樓蘭王安歸首縣之北闕以直報怨 論語以直報怨以德報德言怨於我者則直道而報之故詔引之也 不煩師衆其封介子為義陽侯食邑七百戶士刺王者皆補侍郎

宣帝本始元年論定策功益封大將軍光萬七千戶車騎將軍光祿勳富平侯安世封益萬戶丞相陽平侯義度遼將軍平陵侯明友前將軍龍額侯增太僕建平侯延年太常蒲侯昌諫大夫宜春侯譚當塗侯平杜侯屠耆堂長信少府關內侯勝邑戶各有差封御史大夫廣明為昌水侯後將軍充國為營平侯大司農延年為陽城侯少府樂成為爰氏侯光祿大夫遷為平丘侯賜右扶風德典屬國武廷尉光宗正德

大鴻臚賢詹事畸光祿大夫吉京輔都尉廣漢爵皆關內侯德武食邑 舊關內侯無邑也以蘇武守節外國劉德宗室俊彥故特令食邑又傳云帝即褒賞大臣田延年以定策安宗廟益戶三千三百與始封所食邑凡四千三百戶詔有司論定策功大司馬大將軍光功德過太尉絳侯周勃車騎將軍安世丞相楊敞功比丞相陳平前將軍韓增御史大夫蔡誼功比潁陰侯灌嬰太僕杜延年功比朱虛侯劉章後將軍趙充國大司農田延年少府史樂成功比典客劉揭遂封侯

地節四年霍氏誅下詔曰大司馬禹與母顯及從昆弟諸壻謀為大逆男子張章先覺發以語期門董忠忠告左曹楊惲惲告侍中金安上惲召見對狀後章上書以聞侍中史高與金安上建發其事 言其立意發之言

無入霍氏禁闥卒不得遂其謀遂成也皆讎有功讎等也言其功相等類也封章爲傳成侯忠高昌侯惲平通侯安上都
成侯高樂陵侯安上爲侍中旗與發舉楚王延壽反謀賜爵關內侯食邑三百戶後霍氏反安上傳禁門闥無內霍氏親屬封爲都成侯
元帝元光二年秋隴西羌彡姐旁種反以光祿勳馮
奉世爲右將軍擊之任千秋爲奮武將軍以助焉羌
虜大破斬首數千級餘皆出走塞明年二月奉世還
京師更爲上將軍光祿勳如故録功拜爵下詔曰羌
虜桀黠賊吏民攻隴西府寺燔燒置亭置謂亭驛之所絶道
橋甚逆天道左將軍光祿勳奉世前將兵征討斬捕

首虜八千餘級鹵馬牛羊以萬數賜奉世爵關內侯
食邑五百戶黄金六十斤將較三千餘人皆拜
成帝永始二年十二月詔曰前將作大匠萬年知昌
陵卑下不可爲萬歲居奏請營作建置郭邑妄爲巧
詐積土增高多賦斂繇役興卒暴之作卒讀曰猝謂急也卒
徒蒙辜死者連屬屬音之欲反百姓罷極天下匱竭罷讀曰疲匱空也竭盡也常侍閎前爲大司農中丞數奏昌陵不可成
侍中衛尉長數白宜早止徙家反故處長淳于長也朕以
長言下閎章以衛尉長數白罷故因下閎請奏罷作之章公卿議者皆合
長計首建至策閎典主省大費司農中丞主錢穀顓庸故謂典主民
以康寧閎前賜爵關內侯黄金百斤其賜長爵關內
侯食邑千戶閎五百戶
三年十一月尉氏男子樊並等十三人謀反尉氏陳留之縣
殺陳留太守劫略吏民自稱將軍徒李譚等五人共
格殺並等皆封爲列侯
哀帝以綏和二年四月即位六月詔曲陽侯根前以
大司馬建社稷策王根也建議立哀帝爲太子益封二千戶太僕
安陽侯舜輔道有舊恩益封五百戶王舜及丞相孔
光大司空汜鄉侯何武益封各千戶
後漢光武建武二年正月甲子吳漢率大司空王梁

建義大將軍朱祐大將軍杜茂執金吾賈復揚化將
軍堅鐔偏將軍王霸騎都尉劉隆馬武陰識共擊檀
鄉賊於鄴東漳水上大破之降者十餘萬人帝使使
者璽書定封漢爲廣平侯食廣平斥漳曲周廣年凡
四縣庚辰詔曰人情得足苦於放縱快須臾之欲忘
愼罰之義惟諸將業遠功大誠欲傳於無窮宜如臨
深淵如履薄冰戰戰慄慄日慎一日其顯効未酬名
籍未立者大鴻臚趣上朕將差而録之
六年二月大司馬吳漢拔朐獲董憲龐萌山東悉平
諸將還京師置酒賞賜

是年竇融爲涼州牧與弟奉車都尉友從弟太中大夫士共擊隗囂衆大潰城邑皆降帝高融功下詔以安豐陽泉蓼安安風四縣封融爲安豐侯弟友爲顯親侯遂以次封諸將帥武鋒將軍竺曾爲助義侯武威太守梁統爲成義侯張掖太守史苞爲褒義侯金城太守庫鈞爲輔義侯酒泉太守辛彤爲扶義侯封爵既畢乘輿東歸悉遣融等西還所鎮

十三年夏四月大司馬吳漢自蜀還京師於是大饗將士班勞策勳（班布也謂徧布勞來之其有功者以策書紀其勳也勞音力到反）功臣增邑更封凡三百六十五人其外戚恩澤封者四

十五人

明帝永平十三年男子燕廣告楚王英有逆謀英自殺於是封燕廣爲折姦侯

周澤爲太常後北地太守廖信（廖音力弔反）坐貪穢下獄沒入財産明帝以信藏物班諸廉吏唯澤及光祿勳孫堪大司農常冲特蒙賜爲是時京師翕然在位者咸自勉勵

章帝建初元年耿恭爲戊巳校尉北匈奴圍之恭固守漢遣兵迎之及恭至雒陽鮑昱奏恭節過蘇武宜蒙爵賞於是拜爲騎都尉以恭司馬石修爲雒陽市丞張封爲雍營司馬軍吏范羌爲共丞（共今衛州共城縣）餘九人皆補羽林恭母先卒及還追行喪制有詔使五官中郎將齎牛酒釋服

和帝永元二年七月車騎將軍竇憲既破北單于乃振旅還京師于是大開倉府勞賜士吏其所將諸郡二千石子弟從征者悉除太子舍人

安帝永初二年西羌零昌種衆寇益州遣中郎將尹就將南陽兵因發益部郡諸屯兵擊零昌黨呂叔都等至秋蜀人陳省羅横應募刺殺叔都皆封侯賜錢

五年鄧遵募上郡全無種羌雕何等刺殺狼莫賜雕

何爲羌侯封遵武陽侯三千戸

其年漢陽人杜琦及弟季貢同郡王信等與羌通謀聚入上邽城琦自稱安漢將軍於是詔購募得琦首者封列侯賜錢百萬羌胡斬琦者賜金百斤銀二百斤漢陽太守趙博遣刺客杜習刺殺琦封習討姦侯賜錢百萬

順帝初爲太子安帝延光三年車騎將軍閻顯中常侍江京等構陷帝廢爲濟陰王明年北鄉侯薨中常侍孫程等迎帝於德陽殿西鍾下即位近臣尚書以下從輦幸南宫者皆增秩賜布各有差

郭鎮爲尚書及中黄門孫程誅江京等立帝鎮率羽林士擊殺閻景以成大功再遷尚書令太傅三公奏尚書鎮冒犯白刃手刃賊臣姦黨於滅宗廟以寧功比劉章（章齊王肥子也高帝孫誅諸呂有功封朱虚侯）宜顯爵土以勵忠貞乃封鎮爲定頴侯食邑二千戸

桓帝延熹二年八月詔曰梁冀姦暴濁亂王室孝質皇帝聰敏早茂冀心懷忌畏私行殺毒永樂太后親尊莫二（和平元年有司奏太后所居皆以永樂爲稱置官屬太僕少府焉）冀又遏絶禁還京師使朕離母子之愛隔顧復之恩禍害深大罪釁日滋賴宗廟之靈及中常侍單超徐璜具瑗左

悺唐衡尚書令尹勲等激憤建策内外協同漏刻之間桀逆梟夷斯誠社稷之祐臣下之力宜班慶賞以酬忠勲其封超等五人爲縣侯勲等七人爲亭侯

獻帝建安元年車駕歸洛陽封衛將軍董承輔國將軍伏完侍中丁冲种輯尚書僕射鍾繇尚書郭溥御史中丞董芬彭城相劉艾馮翊韓斌東郡太守楊衆議郎羅郡伏德趙蕤等十三人爲列侯賞有功也

魏太祖以建安十二年春二月下令曰吾起義兵誅暴亂於今十九年所征必克豈吾功哉乃賢士大夫之力也天下雖未悉定吾當要與賢士大夫共定之而專饗其勞吾何以安焉其促定功行封於是大封功臣二十餘人皆爲列侯其餘各以次受封及復死事之孤輕重各有差太祖曰忠正密謀撫寧内外文若是也公達其次也文若增邑千戸合二千戸公達增邑四百并前七百戸（太祖自柳城還過攸舍稱述攸前後謨謀勞勳曰今天下事畧已定矣孤願與賢士大夫共享其勞昔高祖使張子房自擇邑三萬戸今孤亦欲君自擇所封焉）轉爲中軍師（文若荀彧公達荀攸）

文帝黄初四年八月論征孫權功諸將已下進爵增戸各有差

明帝太和二年四月巳巳論討諸葛亮功封爵增邑

各有差亮初出祁山盪寇將軍張郃位特進遣督將軍拒亮將馬謖於街亭謖依阻南山不下據城郃絶其汲道擊大破之南安天水安定郡反應亮郃皆破平之詔曰賊將以巴蜀之衆當搉虎之帥將軍被堅執鋭所向克定朕甚嘉之益邑千戸并前四千三百戸

景初二年司馬宣王征公孫淵遼東郡縣悉平録討淵功宣王以下增邑封爵各有差又以遼東平定以參謀之功各進爵中書監劉放方成侯中書令孫資中都侯

高貴鄉公甘露二年五月巳卯詔曰諸葛誕造搆逆亂迫脅忠義平寇將軍臨渭亭侯龎會騎督偏將軍路蕃各將左右斬門突出忠莊勇烈所宜加異其進會爵鄉侯蕃封亭侯六月大論淮南之功封爵行賞各有差

陳留王景元四年西蜀譙周說劉禪降魏劉氏無虞一邦蒙賴周之謀也時晉文王爲相國以周有全國之功封陽城亭侯

咸熙元年七月癸巳詔曰前逆臣鍾會構造反亂聚集征行將士刼以兵威始吐姦謀發言桀逆逼脅衆

人皆使下議倉卒之際莫不驚懾相國左司馬夏侯和騎士曹屬朱撫時使在成都中領軍司馬賈輔郎中羊琇各參會軍事和琇撫皆抗節不撓拒會凶言臨危不顧詞旨正烈輔語散將王起說會姦逆凶暴欲殺將士又云相國巳率三十萬衆西行討會欲以稱張形勢感激衆心起出以輔言宣語諸軍遂使將士益懷奮勵宜加顯寵以彰忠義其進和輔爵爲鄉侯琇撫爵關內侯起宜傳輔言告令將士所宜賞異其以起爲部曲將

晉武帝泰始六年涼州爲虜所沒帝臨朝歎曰誰能爲我討此虜平司馬督馬隆曰臣能平之公卿僉曰不可從也帝弗納以隆爲武威太守隆西渡溫水轉戰千里殺傷以千數自隆之西音問斷絶朝廷憂之或謂巳没後隆使夜到帝撫掌歡笑詰朝召羣臣謂曰若從諸卿言是無秦涼也乃詔曰隆以偏師寡衆奮不顧難冒險能濟其假節宣威將軍加赤幢曲蓋皷吹涼州旣平朝議將加隆將士勳賞有司奏隆將士皆先加顯爵不應更授衞將軍楊珧駁曰前精募將士少加爵命者此適所以爲誘引今隆前軍獨尅西土獲安不得便以前授塞此後功宜皆聽許以明

要信乃從珧議賜爵加秩各有差

太康元年平吳下詔曰使持節都督揚州諸軍事安東將軍京陵侯王渾督率所統逐逼秣陵令賊孫皓救死自衞不得分兵上赴以西軍之功又摧大敵獲張悌使皓塗窮勢盡面縛乞降遂平定秣陵功勳茂著其封八千戶進爵爲公封子澄爲亭侯弟湛爲關內侯賜絹八千匹轉征東大將軍王濬爲東平將軍縛吳孫皓送京師以濬爲安東將軍爲王渾所嫉及濬至京都有司奏濬表旣不列前後所被七詔月日又赦後違詔不受渾節度大不敬付廷尉科罪詔曰

濬前受詔徑造秣陵後乃下受渾節度詔書稽留所下不至便令與不受詔同責未爲經通濬不即表上被渾宣詔此可責也濬有征伐之勞不足以一眚掩之有司又奏濬赦後燒賊船百三十五艘輙勑付廷尉禁推詔曰勿推拜濬輔國大將軍領步兵較尉舊較唯五置此營自濬始也有司又奏輔國依此未爲違官不置司馬不給官騎詔依征鎭給五百大車增兵五百人爲輔國營給親騎百人官騎十人置司馬爲襄陽縣侯邑萬戶封子彝陽鄉亭侯邑千五百戶賜絹萬匹又賜衣一襲錢三十萬及食物又詔曰廣

武將軍唐彬受任方隅東禦吳寇南臨蠻越撫寧疆埸有禦綏之績又每慷慨志在立功頃者征討扶疾奉命首啓戎行獻俘授馘勳効顯著其以彬爲右將軍都督巴東諸軍事徵拜翊軍較尉改封上庸縣侯食邑六千戶賜絹六千匹又詔曰尚書關內侯張華前與故太傅羊祜共創大計遂典掌軍事部分諸方筭定權略運籌决勝有謀謨之勲其進封爲廣武縣侯增邑萬戶封子一人爲亭侯千五百戶賜絹萬匹於是論功行封賜公卿以下帛各有差

明帝太寧二年王敦平以王導爲始興郡公邑三千戶賜絹九千匹丹陽尹溫嶠建寧縣公尚書卞壼建興縣公中書監庾亮永興縣公北中郎將劉遐泉陵縣公奮武將軍蘇峻邵陵縣公邑各一千八百戶絹各五千四百匹尚書令郗鑒高平縣侯護軍將軍應詹觀陽縣侯邑各千六百戶絹各千八百匹建威將軍趙胤湘南縣侯右將軍卞敦益陽縣侯邑各千六百戶絹各三千二百匹其餘封賞各有差

成帝咸和四年蘇峻平三月壬子以征西大將軍陶侃爲太尉封長沙郡公車騎將軍郗鑒爲司空封南昌縣公平南將軍溫嶠驃騎將軍開府儀同三司封

始安郡公其餘封拜各有差右光祿大夫陸曄不以凶威變節加衞將軍給千兵百騎又以勳進爵爲公封次子嘏新康子

孝武太元十年論淮淝之功追封謝安廬陵郡公封謝石南康公謝玄康樂公謝琰望蔡公桓伊永修公自餘封拜各有差

安帝義熙十年十月桓玄敗車駕反正論興復之功封車騎將軍劉裕爲豫章郡公撫軍將軍劉毅南平郡公右將軍何忌安成郡公自餘封賞各有差

十一年論平蜀功封劉義隆彭城公朱齡石豐城公

後魏道武登國二年正月班賜功臣長孫嵩等七十三人各有差

三年六月北征庫莫奚大破之獲其四部雜畜十餘萬渡弱落水班賞將士各有差

六年十月北征蠕蠕追之及於大磧南林山下大破之班賜從臣有差

十年十月大破慕容寶衆於參合陂班賞大臣將較各有差

孝文大和六年二月癸丑賜王公以下清勤著稱者穀帛有差

宣武景明初傳永爲汝陽鎭將時裴叔業將以壽春歸國密通於永永具表聞及將迎納詔永爲統軍與楊大眼奚康生等諸軍俱入壽春同日而永在後故康生大眼二人並賞列土永唯加清河男

前廢帝普泰元年八月庚子詔隴西王爾朱光天下文武討宿勤明達者泛三級

後廢帝中興元年十月齊獻武王大破爾朱兆於廣阿虜其卒五千餘人詔將士泛五級留守者一級

二年齊獻武王拔鄴擒刺史劉誕詔諸將士泛四級封侯増邑九十七人各有差

後周武帝建德五年十二月以平齊諸有功者封授各有差

六年二月論定齊諸軍勳置酒於齊太極殿會軍士以班賜有差王勇本名胡仁爲衞大將軍廣州刺史邙山之戰勇率敢死之士三百人並執短兵大呼直進出入衝擊殺傷者甚多敵人無敢當者是役也大軍不利唯勇及王文達耿令貴三人力戰皆有殊功帝於是賞帛二千匹令自分之軍還皆拜上州刺史以雍州岐州北雍州擬授勇等然州頗有優劣又令探籌取之勇遂得雍州文達得岐州令貴得北雍州

仍賜勇名爲勇令貴名豪達名傑以彰其功

隋文帝時段達爲車騎將軍高智惠李勣之亂達率衆一萬擊方滁二州賜縑千段遷儀同又破汪文進於宣州加開府賜奴婢五十口綵絹四千段

煬帝時突厥圍鴈門鴻臚少卿蘇夔於鎭城東南爲弩樓東箱獸圈一夕而就帝見善之以功進位通議大夫

册府元龜

巡按福建監察御史臣李嗣京　訂正

知閩縣事臣曹㽘臣叅閱

知建陽縣事臣黄國琦較釋

帝王部一百二十八

明賞第二

唐高祖義師平京師義寧二年正月論功行賞其登京城第一勳授光祿大夫開國郡公物一千段雖第一勳而身死者亦准此其官廻授子弟宅奴婢仍並量給第二勳人各授三轉物二百段第三勳人從朝

散加

武德二年四月甲寅出庫物一百五十萬段以分賜太原元從人

太宗武德九年八月甲子即位九月巳酉詔曰褒賢昭德昔王令典旌善念功有國彝訓吏部尚書上黨縣公長孫無忌中書令臨淄侯房玄齡右武侯大將軍尉遲敬德兵部尚書建平男杜如晦左衛大將軍椒子侯君集等或夙預謨謀綢繆帷幄竭心懇到備申忠益或早從任使契闊戎麾誠著艱難績宣内外義貫終始志貞金石誓以河山實允朝議無忌可齊國公君集可潞國公食邑各三千戸又眞食邑各有差遣侍中陳叔達於殿下唱名示之謂朕叙公等勳量定封邑不能盡當宜各自言帝從父淮安王神通進曰義旗初起臣率兵先至今房玄齡杜如晦等刀筆之人功名第一臣竊不伏帝曰義旗初起人皆有心叔父雖得率兵未嘗身履行陣山東未定受委專征建德南侵合軍咸没於後劉黒闥翻動叔父望風而敗今計勳行賞玄齡等有籌謀帷幄畫定社稷之功所以漢之蕭何雖無汗馬指縱推轂故得功居第一也叔父於國至親誠無所愛但以不可緣私濫與

勳臣同賞耳初丘師利等訴者極多或懷袂指天以手畫地見淮安不得理由是皆息自相謂曰陛下以至公行賞不私其親吾屬何妄訴又云秦府副護軍尉遲敬德從平隱太子巢刺王論功行賞敬德及長孫無忌爲第一各賜絹一萬匹齊府國司州幣器物封其全邸物與敬德賜吳國公眞實封一千二百戸

馬三寶爲太子監門率領平道軍將帝嗣位有沙門法雅謀爲妖逆三寶知而奏之法雅竟坐誅於是拜大將軍賜帛五百匹進爵爲公

竇靖爲夏州都督屬突厥擕貳諸將出征多請其所靖素知虜中虚實具言方畧諸將因之每致尅捷帝

稱善賜物五百段

高宗總章元年十二月破高麗以僧信誠爲銀青光祿大夫賞先降也特進東代都督玄菟郡公泉南生爲右衛大將軍進卞國公賞其鄉導有功也左驍衛大將軍簡較右羽林軍兼簡較司文正卿郕國公契苾何力爲鎮軍行左衛大將軍徙封涼國公司空英國公勣加授兼太子太師仍加實封通舊一千一百戸其嫡孫敬業授朝散大夫右武衛將軍薛仁貴爲威衛大將軍封平陽郡公右監門將軍五原郡公李謹行爲右武衛大將軍賞平高麗之功也

睿宗景龍四年即位六月辛丑以平韋氏功論所賞封薛宗暕爲立節郡王鍾紹京銀青光祿大夫行中書侍郎賜爵潁川郡公劉幽求爲中書舍人仍參知機務賜爵中山縣男自餘封各有差

玄宗先天二年七月誅竇懷貞等賞定策功臣下制曰大臣立事夷險不易艮相升朝安危所繫兵部尚書同中書門下三品郭元振偉材生代宏量鎮時經綸文章今之王佐出入將相古之人傑夙侍帷扆疇咨廟堂思志堯舜以期管樂朕往在儲闈洎登寶位每覩其人聞義感激願判忠邪立誠慷慨密陳弘益爾其至矣朕實嘉之頃者梟鏡興謀干戈作釁太上皇命朕除討元振乂馳奉宸極始則脅予爲衛終則寧朕問安可謂格于皇天貫于白日元惡既翦物共爲新昌言是圖朕豈忘舊宜開井邑永誓河山元振可封爲代國公食實封四百戸賜物一千段以前中書侍郎王琚爲戸部尚書封趙國公食實封三百戸殿中監張皎爲工部尚書封楚國公食實封五百戸太僕少卿王守一爲太常卿封晉國公食實封五百戸殿中少監李令問爲殿中監封宋國公食實封五百戸庚午琚皎令問皆以崇寵固辭乃以琚復爲中

書侍郎加實封二百戸通舊五百戸皎爲殿中監充內外閑廐使加實封二百戸通舊七百戸令問復爲殿中少監兼知尚書加實封二百戸通舊五百戸進將軍王毛仲爲霍國公賜實封一百戸通舊三百戸賜吏部侍郎兼雍州長史齊國公崔日用實封二百戸通舊四百戸又制曰侍中兼太子左庶子梁國公魏知古中書侍郎同中書門下三品陸象先頃屬艱虞殲殄凶醜咸能倉卒之際志不顧身訏謨之初邪莫干正有罪斯服抑惟王典無言不酬以勸臣節俾加茅土式寵鹽梅知古賜食實封二百戸物二百段

象先封兖國公食實封二百戶賜物五百段又賜姜
皎王守一王琚李令問王毛仲甲第各一區並加上
柱國
八月己亥以中書令張説鄭王傅兼國子祭酒褚無
量輔導有功制曰無量執經傳禮敷暢微言俾予遊
夫子之門知先生之道者侍講之功也説又定策監
撫謀始危言防萌屯難慮終竭節以身許國其誠動
天夫爵有德封有功眷彼茂勳宜弘賞典以極榮之
稽古況蕭何之指縱是用欽若朝經差其井賦説可
封燕國公食實封三百戶無量可右散騎常侍兼國

子祭酒封舒國公食實封三百戶
開元二年四月戊午進封郭虔瓘爲太原郡開國公
食邑二千戶封郭知運爲介林縣開國公食邑一千
戶以賞功也制曰賞有功報有德者政之急也若功
不賞德不報則何謂哉右驍衛將軍兼北庭都護瀚
海軍經略使金山道副大總管招慰營田等使太原
縣開國子郭虔瓘右驍衛中郎將簡較伊州刺史兼
伊吾軍使郭知運等早負名節見稱義勇頃者抑中
金蒲偏師禦敵蕭條窮漠之外奔迫孤城之下彊寇
益侵援兵不至既守而戰背秋涉冬櫪馬長嘶戍人
遠望謀以十勝成其九拒遂能摧日逐之遺種斬天
驕之愛息豈耿恭班超獨高前史將廉頗李牧與朕
同時眷言茂勳是所嘉歎信可疇其井邑昭示遐邇
俾勞臣勸而懦夫立焉庚申又以虔瓘爲左驍衛大
將軍知運爲右驍衛將軍仍賜衣一襲以崇其寵
九年夏四月庚寅胡賊康待賓據長泉縣作逆秋七
月己酉擒待賓至京師腰斬之己丑朔方道行軍大
總管兵部尚書清涼縣開國男王晙進封清源縣開
國公食邑一千戶兼與一子官賜物五百匹天興軍
節度大使右羽林軍將軍簡較并州長史攝御史大

夫燕國公張説與一子官賜物一百匹天興軍蕃漢
討擊使特進史獻與一子官賜物二百五十匹賞平
胡之勳也十月癸未以攝左羽林軍隴右防禦使薛
訥爲右羽林軍大將軍上柱國封河東郡開國公賜
物三百段銀五百兩錢三萬貫賞功也以隴右防禦
副使雲麾將軍左羽林軍將軍介休縣公郭知運進
階冠軍進封太原郡公仍兼臨洮軍使賜物三百匹
錢三十萬銀四百兩左武衛將軍清涼縣侯白道恭
進封清涼縣公賜物二百匹錢二十萬銀二百兩以
右威衛將軍杜賓客爲霸州刺史充豐安軍使封建

平縣開國男賜物二百段銀二百兩錢二十萬右監門衛將軍臨洮軍使安思順爲洮州刺史充莫門使賜物二百段銀三百兩錢五十萬右威衛郎將楊楚客爲右領軍衛中郎賜物二百段錢十萬銀二百兩並賞破吐蕃之功也

十七年三月瓜州刺史墨離軍使張守珪沙州刺史賈思順領伊沙等州兵入吐蕃大同軍大破吐蕃驅剪不可勝紀帝降書謂守珪曰吐蕃小寇干我邊鄙頻經喪衂竟不悛懲卿等早懷勇烈久司戎旅各効忠誠暗申計略遠闘決勝嘉慰良深守珪及思順並

宜賜紫其立功人敘録具狀奏聞必須據實勿使踰濫令内出緋紫袍卿等領取量功分賞其被傷人仍給醫藥使得安全陣亡人具名録奏當加優贈

二十三年十二月命十道採訪使舉良刺史縣令以陝州刺史崔希逸潞州刺史宋鼎濮州刺史趙冬曦越州刺史元彥冲澤州刺史李植洛州刺史徐嶠之易州刺史盧暉莫州刺史鄭倩之隴州刺史武崇節廬州刺史竺承構嶲州刺史許齊物江州刺史李尙辭河南府陸渾縣令李嘗河南府長水縣令乙速孤令從陝州河北縣令李抗懷州脩武縣令唐昭明京兆府高陵縣令裴迴京兆府盩厔縣令戴休琁京兆府奉先縣令李知止京兆府涇陽縣令韋伯禘太原府祁縣令李志遠太原府清源縣令高播蒲州永雒縣令裴朏解縣令李戒之齊州臨邑縣令上官貢涇州定安縣令王履璡洛州邯鄲縣令畢彥孫趙州平棘縣令霍栖梧梓州射洪縣令王休言蘇州崑山縣令李叔括括州括蒼縣令祝紹荊州當陽縣令趙廣徽荊州松滋縣令李修荊州枝江縣令董琨襄州安養縣令李泳等聞上降書宣慰刺史各賜帛八十匹縣令五十匹勑之曰卿等各能用心副朕所委今茲歲

會風政有歸是用激揚以勵清操

天寶三年制唐元功臣締構之初竭其忠款録功念舊情所不忘普恩之外更加一階其身没者各贈一官

十三年三月隴右節度使哥舒翰破吐蕃洪濟大莫門等城并收九曲其將咸來策勳翰採摭具奏乃以隴右十將特進兼右金吾衛員外大將軍兼大拔州都督燕王郡王火拔歸仁加驃騎大將軍餘如故河源軍使左武衛員外大將軍王思禮隴右兵馬使右武衛員外大將軍彭元耀並如故加特進隴右同節

度副使右羽林軍員外大將軍張擢隴右都虞候左武衛員外大將軍兼安鄉郡太守管崇嗣隴右同節度副使右武衛員外大將軍兼漢門軍使臨洮郡太守成如璆隴右同經略副使右金吾衛員外大將軍兼寧塞郡太守康承獻隴右討擊副使右領軍衛員外大將軍魯炤右領軍衛員外大將軍兼高蘭府都督渾惟明並加雲麾軍將軍如故積石軍使臧奉忠爲左金吾衛員外大將軍鎮西軍使郭光朝爲右金吾衛員外大將軍河西經略副使蘇法鼎爲威衛員外大將軍隴右討擊副使郭英乂彭體盈並爲左羽

林軍員外將軍並充本道驅使以安西節度使衛尉少卿員外置同正員兼安西副大都護攝御史中丞封清有功進加六階自朝議大夫授銀青光祿大夫仍遷鴻臚卿員外置同正員攝御史大夫餘如故並與一子五品更與一子官亡父亡母妻並加追贈及賜莊宅各一所

肅宗至德二年十二月大赦天下詔乘輿幸蜀天步多艱人心且搖臣節斯見太子太師幽國公韋見素開府儀同三司內侍監齊國公高力士開府儀同三司右龍武大將軍潁川郡公陳玄禮開府儀同三司左龍武大將軍田長文開府儀同三司右龍武大將軍張崇俊右龍武大將軍杜休詳等勇不顧死危能致命或竭誠羽翼仰北辰而環拱或叶契心脅聚東井以全歸疇其錫社之封永以誓河之義見素加開府儀同三司實封三百戶力士加實封三百戶玄禮進封蔡國公實封三百戶長文進封鴈門郡公崇俊進封南陽郡公休詳進封馮翊郡公各實封二百戶朕恭承天罰誓兵朔野幸與一旅之衆遂成九有之師言念經綸豈忘締搆銀青光祿大夫尚書右僕射裴冕識宇冲深體局貞固輸忠佐命肇啓興王加開

府儀同三司封冀國公食實封三百戶光祿大夫殿中監同正員判行軍李輔國志除君惡忠誠濟危加開府儀同三司殿中監依前判行軍事封成國公實封五百戶銀青光祿大夫宗正卿兼工部侍郎李遵義切維城勳參定國加特進封鄭國公實封二百戶開府儀同三司兼鴻臚卿同正員中軍都知兵馬副大使管崇嗣能訓戎律以佐兵權進封鉅鹿郡公實封二百戶中軍都虞候特進鴻臚卿同正員李鼎加開府儀同三司進封保定公加雲麾將軍右武衛大將軍右羽林軍宿衛內供奉王窺加特進太原縣侯

仍各封實封一百戶自寇戎玆兊王師未振瞻言京國尚聚犬羊廣平王俶脩學好古令德孝恭志存邦家誓雪讐恥爰鞠其旅元戎啓行可封爲楚王食實封二千戶銀青光祿大夫尚書左僕射兼武部尚書同中書門下平章事兼靈武大都督府長史單于安北副都護持節充朔方節度使六城水運朔方管內採訪處置使郭子儀才光三傑功格十臣克焯皇威載昌大業加司徒兼尚書左僕射進封代國公食實封二千戶平章事已後並如故開府儀同三司兼鴻臚卿同正朔方左廂兵馬使同節度副使姑臧縣伯

僕固懷恩進封豐國公食實封二百戶開府儀同三司兼右金吾衛大將軍同正仍充四鎮伊西北庭行軍兵馬使李嗣業履險忘軀破敵極難兼衛尉卿同正封虢國公食實封二百戶銀青光祿大夫守司徒兼戶部尚書同中書門下平章事兼御史大夫鴻臚卿太原尹北京留守河東節度副大使薊國公李光弼全德挺生英才間出干城禦侮坐甲安邊可司空兼兵部尚書門下平章事進封鄭國公食實封八百戶開府儀同三司御史大夫兼工部尚書持節充招討西京并定武威武興平等軍兼關內節度河西隴

右伊西四鎮行營兵馬使王思禮義銳先鳴畜奇後殿可開府儀同三司行工部尚書兼御史大夫封霍國公食實封五百戶光祿大夫太常卿司正兼御史大夫淮南西道節度採訪使潁川太守來瑱可開府儀同三司兼御史大夫封潁國公餘如故特進太僕卿南陽太守兼御史大夫權知襄陽郡事金鄉縣公魯炤蘊是韜略副玆臨制可開府儀同三司兼御史大夫封祁國公仍各食實封二百戶兼京兆尹持節充京畿採訪計會招召宣慰處置使崔光遠毀家成國致命前茅可特進行禮部尚書封鄴國公食實封

三百戶開府儀同三司李光進愼固封守克獻殊勳封范陽郡公食實封二百戶賢非后不享后非賢罔乂社稷之固必在良臣左相苗晉卿忠不忘君才惟濟代弼成大業保乂王家可特進行侍中封韓國公食實封五百戶憲部尚書同中書門下平章事李麟蘊德成務含貞執物發輝帝業潤色皇猷可金紫光祿大夫刑部尚書同中書門下平章事封褒國公銀青光祿大夫中書侍郎同中書門下平章事崔圓允釐庶績康濟多難克清天下大庇生人可特進行中書令封趙國公食實封五百戶朝散大夫守中書侍

郎同中書門下平章事河南節度採訪使賜紫金魚袋張鎬謀猷惟允綱紀立程惣兹戎律懿是謀府封南陽縣公餘並如故銀青光祿大夫太子少師房琯嘗以經術輔導朕躬加金紫光祿大夫清河郡公銀青光祿大夫少保嗣虢王巨頃以宗枝居守京邑加光祿大夫御史大夫越國公峘兼惣元戎克寧全蜀可金紫光祿大夫戶部尚書銀青光祿大夫守文部尚書郇國公韋陟持衡流品式敘百工可金紫光祿大夫吏部尚書銀青光祿大夫禮部尚書李峴饋運周給閑物咸務可光祿大夫行御史大夫兼京兆尹

封涼國公大中大夫文部侍郎賜紫金魚袋蘇震供億蒸徒臨事益辦可銀青光祿大夫行吏部侍郎

代宗大曆二年二月以前同華節度使左廂兵馬使試殿中監姚懷爲開府儀同三司試太常卿封感義郡王依舊內飛龍射生供奉前同華節度隨身試太常卿李延俊爲特進封承化郡王賞戮華州叛將周智光功也

德宗建中二年十二月庚寅加河中節度馬燧簡較尚書左僕射加澤潞節度李抱真簡較兵部尚書賞破田悅之功也先是悅遣將康愔領兵圍邢州糧餉路絶刺史李洪堅壁自守賊不能陷賊將楊朝光又率衆二萬圍臨洺其守將張伾亦堅拒之賊竟不能攻取乃樹柴爲營以禦官軍燧與抱真及神策將李晟合勢救之大敗賊於雙罡斬楊朝光傳首京師擒其大將盧子昌燧等乘勝進軍又破悅於臨洺故燧等加官又加洪兼御史大夫伾簡較太子賓客兼御史中丞

三年五月丁酉加河東節度使簡較左僕射馬燧同中書門下平章事澤潞節度使李抱真簡較尚書左僕射河陽三城節度使李芃簡較兵部尚書神策行

營招討使李晟簡較右散騎常侍實封一百戶賞破田悅功也

興元元年春正月癸酉德宗在奉天行在宮受朝賀畢大赦改建中五年爲興元元年制應赴奉天并進收京城將士並賜名奉天定難功臣身過犯遞減罪三等子孫犯減罪一等諸道將士在行營並超三資改官仍各賜勳五轉在本鎮者依資與改官各賜勳三轉內外文武官三品已上賜爵一級四品已上各加一階仍並賜勳兩轉

五月李晟等收復京師六月乙酉簡較左僕射平章

事充神策軍節度等京畿商華等州副元帥合川郡王李晟加司徒兼中書令仍賜實封一千戶所司擇日冊拜加華州潼關節度使駱元光簡較右僕射賜實封五百戶加神策軍行營京畿商州節度使尚可孤右僕射賜實封五百戶以簡較太子詹事兼御史中丞田希鑒爲簡較工部尚書兼涇州刺史御史大夫四鎮北庭行軍涇原軍節度使七月辛卯赦書收京城將士超八資改轉已甄敘者更與超三資扈從及收京將士及嘗參官祖父母在先無官封量授致仕官及邑號已亡者與追贈扈從將士三品已上賜

爵兩級四品已下各加兩級贈勳三轉諸州刺史普恩外賜爵一級諸道鎮軍及行營將士三品已上賜爵一級四品已下加一階

九月乙亥加成德幽州盧龍等軍節度使簡較司空平章事王武俊簡較司徒平章事賜實封五百戶加昭義軍節度使簡較左僕射平章事李抱真加簡較司空平章事加實封五百戶以破朱滔等功褒之也

貞元二年四月甲申詔曰李希烈棄義背恩窮姦極暴謂神器可以力取謂生靈可以詐欺志在凶殘躬行僭竊罪無與比法所難容朕以君德不脩致人於禍究其端本過實在予恐使蒸黎重相攻戰屢施詔命務欲懷柔抑奉帥奮發之誠駐諸軍討逐之勢不憚屈已期於息人希烈曾無悛心益逞驕志虐毒滋甚吞噬無厭惡貫既盈自底夷滅開府儀同三司兼御史中丞陳仙奇忠勇有謀沉毅能斷據合境受汙之憤導三軍思順之心唱義一呼羣情響附廓清氛祲殲戮渠魁驛書上聞函首入獻方隅既乂戎役其休懸賞之科是宜必信可簡較工部尚書兼蔡州刺史御史大夫淮西節度使仍賜實封五百戶將士等委仙奇即以諸色官錢優與宴設其中首建謀議同

斬希烈人等宜並條錄聞奏節級褒賞

五月詔淮西接界州縣本軍鎮守及諸道赴行營將士等宜共賜物二十萬端匹以充賞設仍委本道條錄聞奏並與甄敘其行營將健各放歸本道明加宣諭令悉朕懷

十年十二月以靈州懷遠將士所破吐蕃收獲羊馬衣物宜分賞有功將士自今已後並宜從此

十二年宣武軍節度李萬榮疾病置其子迺爲兵馬使迺殺大將爲亂都虞候鄧惟恭等執送京師帝以東都留守董晉爲節度詔汴州將士等志堅金石節

勵氷霜叶奉邦家咸懐憤激不受熒惑同疾姦兇就縛軍中傳獻闕下勳庸特茂遐邇所知宜奬忠勞各加優賞並與進改仍委董晉一月內具名聞奏仍共賜錢三十萬貫委董晉逐便即取鹽鐵轉運使錢物各給宣武軍節度都虞侯兼御史大夫鄧惟恭都押衙兼御史大夫杜皓大將王應鳳曹元偘楊燕奇劉惟清成文朝陳沛張庭芬薛文翰趙藏用李庭光宇文澹李國信等並竭忠効誠績用昭著惟恭可簡較左散騎嘗侍依前兼御史大夫賜實封一百二十戶子一七品正員官并賜物四百疋杜皓英幹並可右

散騎嘗侍依前兼御史大夫應鳳已下各加官賜物押衙賈庭芬及同節度副使十將等二百六十三人並優與改官

憲宗元和二年十月潤州將張子良李奉先田少卿裴行立等生擒逆賊李錡制曰天地之德佐助者忠良鬼神之靈虧暗者盈貫故有無狀之釁顛越以敗嘗則有不奪之誠感慨以明節易所謂功業見乎變書所謂不善降百殃積惡必至於滅身見機寧俟於終日應若影響昭然著明李錡受恩三朝受任千里勺水拳石以至高深潤草塗原豈酬亭毒而棄我厚德稔其姦心滔天以肆其逆誅擢髪未窮其醜行乃者式舉戎旃申嚴國刑將鼓雷霆之威以誅梟獍之罪鎮海軍左廂兵馬使兼御史中丞張子良等外弘治慮內激精忠擐甲執兵取凶人之柄瀝肝嘗膽懐勁草之風廻戈以掩其羽毛竟夕遂擒其魁首天府無一金之費巳靜江流王師無一戰之勞巳除人害莫大之節卓然無倫非常之功斯謂不朽高位重賞予何愛焉殊加寵榮顯示旌勸其張子良等超異酬賞並從別勅處分其立功將士等并淮平西川節度例優賞甄敘其左廂官健等素聞效順亦宜霑賞亦

並從別敕處分十一月丁亥以子良爲特進簡較兵部尚書兼左金吾衛將軍御史大夫賜上柱國進封南陽郡王食實封一百五十戶改名奉國兵馬使兼御史中丞田少卿爲特進簡較右散騎嘗侍左羽林軍御史大夫仍封代國公食實封一百五十戶兵馬使兼侍御史李奉先爲特進簡較右散騎嘗侍又羽林將軍御史中丞仍封郳國公食實封一百五十戶四年以左羽林將軍田少卿爲左金吾衛將軍右羽林將軍李奉先爲右金吾衛將軍稱賞擒李錡之功也又以左羽林將軍張承金爲右神武大將軍知軍

事稱賞擒楊惠琳之功也
五年四月以昭義軍都知兵馬使潞州左司馬兼御史中丞烏重胤爲懷州刺史兼御史大夫充河陽三城懷州節度等使以節度使盧從史潛通鎮州王承宗重胤鎮撫軍情無變行賞典也以前昭義將王翊元起復左龍武軍將軍知軍事王獻爲右神武軍將軍知軍事以功次重胤也烏重胤故爲潞州諸將會盧從史奉詔討賊嘗懷異志潛與王承宗通連吐突承璀以神策軍行營與從史對壘將圖之重胤通其謀竟縛從史於帳下於時重胤職總汴門是日戒嚴其軍莫敢動者事聞朝廷推重胤自都將兼潞州左司馬拜懷州刺史兼御史大夫河陽三城節度

十八年八月東都防禦使呂元膺奏淄青節度使留邸伏甲作亂初李師道置邸於河南府兵諜雜以往來吏不敢辨因吳元濟北犯郊畿多警防禦兵盡戍伊闕師道潛以數千百人兵內邸謀焚宮闕而肆殺掠既烹牛饗衆矣明日將出會有李楊進李再興者謁元膺告變數日盡獲之賜楊進李再興各錦綵三百匹宅一區授以郎將及典軍仍送西川收管
十一年正月詔討鎮州王承宗乙亥幽州奏破下武强縣庚寅授幽州將朱泗等五人刺史敘武強功也
二月以內庫繒絹四萬匹賞幽魏戰士

十二年十月乙卯淮西平甲申制收蔡州擒吳元濟節度使及諸大將並從別敕處分諸立功將士委韓弘裴度與行軍節度使及諸節度使計會速條流等第聞奏即有甄昇其賞物已令節級優厚支遣十二月丙辰朔壬戌制加彰義軍節度申光蔡溵觀察使充淮西宣慰處置等使朝議大夫門下侍郎平章事兼蔡州刺史飛騎尉裴度金紫光祿大夫依前門下侍郎平章事弘文館大學士仍賜上柱國封晉國公食邑三千戶以馬總爲簡較工部尚書蔡州刺史蔡申光節度等使又制加以唐鄧隨等州觀察使通議

大夫簡較左散騎常侍鄧州刺史李愬可銀青光祿大夫簡較尚書左僕射襄州刺史充山南東道節度襄鄧八州觀察等使賜上柱國封涼國公食邑三千戶并賜實封五百戶與一子正員五品官韓弘加兼侍中李光顏烏重胤并簡較司空光顏封武威郡公重胤郇國公以亘武軍都虞候韓公武簡較左常侍充鄜坊丹延節度等使魏博行營兵馬使田布爲右金吾將軍並敘平寇之功也
十一月甲午以隨唐兵馬使李祐爲神武將軍知軍事仍賜莊宅各一所米粟二百石錄平蔡功也

十五年邠寧節度使李光顏來朝制曰寰寓以清而兵不可失干戈再戢而功不可忘爰升經武之材用輔同文之理具瞻此允注意尤深蓋以獎舊勞而申賞典也李光顏稟忠厚仁信之資服禮樂詩書之訓沉勇有決剛嚴不殘挺長劒之鋒稜蓄殷雷之氣象以忘身殉節爲任以約己率衆爲心屬先帝撫運勤人墾菑除害能展七擒之畧以成四克之功方夏甫寧凱還未幾驅仍歲陷墜之士爲盛秋乘障之師果逐奔戎載完危壁西絶夷落威名赫然念兹勳庸當極寄任是以徵自保塞捘于明庭亟聞弘遠之規俟

挹冲深之度固可以内參鈞軸外惣麾旗憲被萬邦叶予一德可不勉歟可簡較司空同中書門下平章事依前邠寧節度等使帝以光顏功冠諸將及徐泗李愬尅平淮夷故皆召赴闕宴賜優洽已而皆帶宰相出鎮所以報勲臣也帝又御麟德殿宴光顏及愬各賜錦綵五百匹銀瓶盤等五事衣一襲馬一疋賓佐將校頒賜有差

穆宗以元和十五年即位二月御丹鳳樓大赦詔與元奉天功臣及蔡鄆立功將士普恩之外更賜勳爵亡殁者與追贈

長慶二年二月詔雪鎮州王承宗以左神策行營樂壽鎮兵馬使傅良弼爲沂州刺史以瀛州博野鎮遏使李寰爲沂州刺史皆酬勞也良弼寰所鎮介居燕趙而二叛啗之以利脅之以威屢趣其降各以一旅之衆堅壁不戰賊竟不能取故賞之也

八月誅李介汴州平於是以義成宣武兩軍節度撿校右僕射韓充爲簡較司空兼汴州刺史充宣武軍節度汴宋亳等州觀察處置等使忠武軍節度簡較司空平章事李光顏進位簡較司空兼侍中武寧軍節度使簡較工部尚書王智興進位簡較左僕射以

兗海沂密節度使簡較工部尚書曹華爲簡較右僕射兼滑州刺史充義成軍節度鄭滑潁等州觀察處置等使以宋州刺史高承簡爲簡較左甞侍兼兗州刺史充兗海沂密等州節度觀察處置等使以汴州防城兵馬使李質爲右金吾衛將軍以亳州刺史田潁爲宋州刺史並策勳也又内出綾絹三十萬疋付度支充諸軍賞物

敬宗長慶四年即位四月丙申有染坊供人張韶結染工無賴之徒百餘輩犯右銀臺門入宫帝在清思殿擊毬聞警將出幸右神策軍左右皆曰盜入宫未

知衆寡右軍遥遠道路可虞不如幸左軍之速至也遂幸左神策軍初帝嘗寵右軍中尉梁守謙每遊幸宴樂兩軍或相誇耀多加守謙之勝而左軍軍士時以爲言京師頗傳其事及帝違難至左軍中尉馬存亮匍匐出迎捧帝足嗚咽涕泣自負帝入軍中帝極慰悅旣安堵存亮又令大將軍康藝全率騎卒入宫討賊與右軍兵馬使尚國忠引兵合擊賊衆殲焉賜康藝全尚國忠等錦綵銀器有差并共賜左右殿前軍官健錢一千貫文五月己未以藝全加簡較工部尚書兼御史大夫旌討賊之功也庚申賜存亮實封

二百戸

文宗太和二年十一月壬辰詔曰王者誅暴亂賞勳勞旣正紀綱式須爵位朕以菲德理乖勝殘使寡生海盜刑用戎鉞屬者庭奏用滄州爲輔軍以謀專土同捷持棣州爲屏扞遂成阻命寔賴英帥共恢壯圖爰議疇庸式奬宣力武寧軍節度使徐泗豪等州觀察處置等使充滄州行營招撫使光祿大夫守司徒中書門下平章事上柱國太原郡開國公食邑二百戸王智興可特進封代國公食邑三千戸餘如故平盧軍節度使淄青登萊棣等州觀察處置等使兼押新羅渤海兩番等使銀青光祿大夫簡較尚書僕射御史大夫上柱國會稽縣開國公食邑一千戸康志睦可簡較尚書左僕射餘如故正議大夫簡較工部尚書使持節鄆州諸軍事兼鄆州刺史御史大夫賜紫金魚袋崔弘禮可簡較尚書右僕射餘如故其棣州城下武寧軍節度使諸道立功將士已甄録外委智興條疏聞奏棣州應見在百姓宜復一年其將士有決戰攻壘奮不顧身中亦被瘡遂成廢疾者病賜衣糧終身勿絶其武寧軍及平盧軍浙西宣歙天平等五處兵馬在棣州城下者並宜放歸本道於戲並

命申威分疆剪寇界天河之南北委藩守以廓清立績者旣以勞施圖功者方期盡敵勉弘勝策無至老師共臻輯寧副我勤屬

是年討滄州叛將李同捷十月勑魏博新平原將士須有賞給宜賜綾絹五萬匹綿二萬

三年五月滄州李同捷平詔齊德將張慶旻等十三人鄭滑將李著等五人並進官級賜幽州綾絹共二十萬疋德州十五萬疋充賞軍士

九年十二月丙子賜鳳翔軍將李叔和莊宅各一區銀三千兩綾絹七十疋以斬鄭注功也

懿宗咸通十一年二月勑征討徐州將士等委吏部度支頒奬有差

昭宗文德元年即位秦宗權被執蔡申光等州平詔賜蔡州行營兵士錢三十五萬貫令度支逐近支給

後唐莊宗初爲晉王祐十四年二月契丹攻幽州命諸將進討八月辛丑獻捷于鄴九月班師帝以横海軍節度使李存審撿校太傅邢洛節度使閻寶撿校太尉並平章事方鎮如故將士賞給有差

同光元年四月即位制曰應六軍及行營馬部蕃漢諸道將較兵士等皆以身先冒矢志切勤王或竭節

於忠勞或連年而征戍須加恩奬倍撫苦辛其將較並賜功臣名仍未有官者即超一資與撿校官已有官者亦超資加官已官者與加爵邑如曾封爵者即給一子六品正員官其長行兵士并賜功臣名應將士等並勒逐處各定等第優賞

十月制曰懋德賞功百王明訓疏封列爵有國通規應扈從征討將較及諸官員職掌軍將節級馬步兵士及河北諸處屯駐守戍兵士等皆情堅破敵業茂平讐副予勘定之謀顯爾忠勤之節並據等第續議奬酬

二年二月南郊禮畢制曰賞不失勞百王令典人惟求舊有國通規當宜廣示優恩務酬嘉績應自來立功將較兵士等皆久經戎陣備覩辛勤並宜各轉官資仍加賞給

三月詔隨駕收復汴州并扈從到洛及南郊立仗都將已下至節級長行軍將等朕自創平諸夏掃蕩羣兇被介胄以征行歷星霜而扈從凡經百戰盡立殊功永念丹心眞同赤子若無旌賞豈表恩榮其都將官員司空已下者宜並賜協謀定亂輔國功臣自僕射尚書常侍至大夫中丞宜並賜忠勇拱衛功臣其

初帶憲銜宜並賜忠烈功臣已有功臣名者不在此限其節級長行軍將並宜賜扈蹕功臣

明宗以同光四年四月即位改元天成制曰鄴都赴難之際定策功臣宜特加恩以彰豐報其扈從將士及六軍諸衛諸道行營將較等委中書門下次第甄奬

是月齊州防禦使安審通加撿校太傅食邑四百戸鄴都馬步軍都指揮使李正綱加撿校司空湖州刺史賜竭忠建策興復功臣賞盧臺之功也（時盧臺戍軍亂害副招討寧國軍節度使烏震正剛等與審通斬殺亂兵）

七月宋州節度使王晏球與護駕親軍都指揮使張虔釗攻定州帝令中使押御馬二匹賜晏球虔釗、

三年六月招討王晏球獻幽陽之捷令殿直陳知隱押銀腰帶鞍轡賜北面立功將校時帝在汴王晏球討定州王都故也

十月甲子安州上言屯駐左神捷右懷順兵士作叛主帥高行珪襲殺出城命使賜行珪鞍馬御衣寶帶及賜都將已下有差時行珪預覺其事遂潛移鎧甲於別室叛卒果先奔其庫行珪有備乃能禦之

是月代州刺史檢校司空張朗超授檢校太保初契丹主赴援太原代州張朗忻州丁審琪守城蕃軍由

城下過都不誘迫時端明殿學士呂琦在忻州及洪奉殿直四五人州兵僅千人琦謂審琪曰虜勢經城不問可見其心廻日必無全理與使君率在城軍民入五臺避虜於鎮州界策之上也審琪從之翌日詰且琦等遣人會審琪拒關不納軍士欲攻牙城琦曰家國如斯自相屠害非人情遂率州兵趨真定審琪即日降契丹唯朗屢煞虜族帳故超授獎之

四年二月辛亥下制曰朕嘗披國史備閱軍功裴度之破淮西無遺廟筭石雄之攻山北盡展皇威莫不仰遺烈於祖宗委全才於將相而自中山逆命外域朋兇奪戍旅以鷹揚屠賊城而魚爛夕聞告捷明賞殊勳竭忠建策興復功臣北面行營招討歸德軍節度宋亳單潁等州觀察處置亳州太清宮等使權知定州軍州事特進檢校太傅同中書門下平章事使持節宋州諸軍事宋州刺史上柱國琅琊郡開國侯食邑一千戶王晏球長劍倚天洪河帶地居萬夫之長擅三傑之名黃石兵書運子房之籌略清淮公族與仲奕之源流自統雄師往收逆壘摧幽陽之堅陣厭寇水以驚波爰築室以反耕攻圍雉堞果折骸而易子傾覆鳥巢招降之士庶數千撲之兇狂非一王

都授首禿餒生擒火焚而惡蔓皆除雷掃而妖氛併息諒茲丕績宜降優恩迺眷汝陽實惟巨鎮摠犬牙之內地當馬頰之要津是命疇以勳庸福其黎庶進公國之品秩崇藩后之等威俾濬鳳池仍加蟬冕帷幄共推於重席井田兼別於真封於戲解甲休兵實歸於上將安民和衆議伏於賢臣永保令猷無替朕命可依前檢校太傅兼侍中使持節鄆州諸軍事守鄆州刺史充天平軍節度齊棣等州觀察處置使仍進封開國公加食邑一千五百戶食實封一百戶行營副招討橫海軍節度觀察等使守滄州刺史李從

敏可光祿大夫檢校太保使持節定州諸軍事守定州刺史充義武軍節度觀察北平軍等使進封開國伯加食邑一千二百戶北面行營兵馬都監鄭州防禦使張虔釗可光祿大夫檢校司徒使持節滄州諸軍事守滄州刺史充横海軍節度觀察等使仍封清河縣開國子食邑五百戶又制朕聞魏絳和戎始克諧於金石祭遵征虜終併息於烟塵此乃先務懷柔後申禁暴明國家之耀德表藩翰之圖功既立丕勳宜加懋賞興邪守正翊贊功臣盧龍軍節度管内觀察處置押奚契丹兩蕃經略盧龍軍等大使特進檢

校太尉同中書門下平章事幽州大都督府長史上柱國天水縣開國侯食邑一千戶趙德鈞崆峒禀氣渤澥融精傳相略於黃公受兵符於玄女而自覊縻戎馬控制盧龍洞曉蕃情飽諳邊事獲其五利甞姑息於鮮卑運以六韜果生擒於愓隱可謂坐籌帷幄能執干戈終移寇於中山永摧兇於外域犬羊南牧頼掃蕩於尋時貔虎北征遂凱旋於此日加以民軍胥悅畏愛並行薊門之人物如初燕谷之粢盛畢備得不籌其庶績褒以徽章就加進律之文式叶陟明之典是命寵頒鳳綍榮列貂冠正爵位於三公加井田於千戶貴申殊渥仍賜真封於戲事君之節已彰燕山紀頌敎子之方大著踐土臨戎有國有家惟忠惟孝享兹具美永保令猷可依前檢校太尉兼侍中幽州大都督府長史充盧龍軍節度觀察等使進封開國公加食邑五百戶食實封一百戶乙卯以前洺州團練使張進爲鄭州防禦使泰州刺史安叔千爲涿州刺史棣州刺史潘環爲易州刺史淄州刺史張從本爲隰州刺史簡州刺史李思讓爲磁州刺史賞中山之功也時定州帥王處直養子王都劫殺處直嬰城以叛

四月以龍武都虞侯北面行營諸道左廂馬軍都指

揮使符彥卿爲耀州團練使神武都虞侯北面行營右廂馬軍都指揮使守端州刺史高行周爲潁川團練使賞中山之功也

長興三年七月丁酉雲州節度使沙彥珣奏桑遷謀應太原遷報應州尹暉謀逐殺沙彥珣暉復部送遷至伏罪遣太子賓客聶延祚宣賜彥珣尹暉戎服金帶錢幣及犒賞在城軍士

末帝清泰元年五月辛亥以隨駕嚴衛指揮使領費州刺史尹暉爲齊州防禦使捧聖都指揮使繡州刺史康進海爲曹州刺史先是尹暉進海與楊權始搆

軍入城奉帝故也

晉高祖天福三年九月巳巳復魏府節度使范延光官爵庚午遣客省使李守貞押器幣賜魏府立功將校

六年八月壬寅制朕頃當開創爰在并汾或傾歸順之心首謀推戴或擁驍雄之旅力效扶持洎汜水興妖鄴城伐罪每令致討皆立奇功漸臻開泰之期愈念艱危之節宜須殊渥允答茂勳應河東起義之初佐命効順及收復鄴都汜水立功臣僚將校等並與加恩

少帝開運二年正月甲辰以青州平詔行營將校自副兵馬使巳上各賜功臣名號是月宴青州立功將校於永福殿賜李守貞符彥卿玉帶衣一襲衣著銀器鞍轡馬散馬都監王景崇護聖廂主王裔楊實都指揮使靳霸等各等第賜金銀帶衣服段疋銀器等

周太祖以漢乾祐二年自河中征趙縉至華州趙暉報蜀軍盡退郭從義進攻有日即統衆言旋正月五日夜賊水砦內勁將王三鐵者領千人突出河西攻白文珂砦時文珂出迎帝唯劉詞葉仁魯等在砦賊三道齊入殺聲動地會賊發火洞炤內外力戰敗之死者僅七百人翊日帝至劉詞馬前請罪帝曰吾嘗懸料正疑此事彼技殫矣賴兄果敢不爲虜嗤以鞍馬衣服幣帛勞之八日帝至西砦犒設以縑帛銀器分遣戰傷將士

廣順元年正月即位制曰馬步諸軍將士等戮力推誠輸忠效義先則平持內難後乃推戴朕躬言念勳勞所宜旌賞其員僚將士等各與等第超加恩命仍賜功臣名號巳有功臣名號者別與改賜

四月乙未以前景州刺史姚武爲申州刺史前乾州刺史張昭瑀爲博州刺史前遼州刺史劉洪爲衛州

刺史前萊州刺史符彥熊爲耀州團練使前淄州刺史藥元福爲陳州刺史皆以平徐方預軍功也

二年二月丁亥朔以晉州巡檢使前密州防禦使王萬敢爲復州防禦使晉州節度副使領忠州刺史馬延翰自檢挍刑部尚書加檢挍右僕射餘如故皆獎拒并寇城守之功也戊子龍捷右第五軍都指揮使檢挍司徒領連州刺史史彥超加太保進爵伯加食邑三百戶虎捷第五軍指揮使檢挍司空領秀州刺史何徽加司徒封太原縣男食邑三百戶亦以固守晉州之功也

世宗顯德元年三月親征河東庚子制以侍衛馬步都虞候李重進兼忠武軍節度使宣徽南院使何訓兼義成軍節度使殿前都指揮使張永德兼武信軍節度使以義成軍節度使白重贊爲保大軍節度使以鄭州防禦使史彥超爲鎭國軍節度使賞高平之功也又以建雄軍節度使藥元福爲同州節度使以宣徽北院使楊廷璋爲建雄軍節度使以同州節度使張鐸爲彰義軍節度使以內客省使吳延祚爲宣徽北院使以龍捷左廂都指揮使李千爲遼州防禦使以龍捷右廂都指揮使康延沼爲萊州防禦使以

虎捷左廂都指揮使田瓊爲密州防禦使以虎捷右廂都指揮使張順爲登州防禦使以龍捷第三都指揮使孫延進爲鄭州防禦使以前耀州團練使符彥能爲澤州防禦使又以散員都指揮使李繼勳爲殿前都虞候以殿前都虞候韓令坤爲龍捷右廂都指揮使以鐵騎第一軍都指揮使趙宣祖廟諱爲龍捷右廂都指揮使以散員都指揮使慕容延釗爲虎捷左廂都指揮使以控鶴第一軍都指揮使趙晁爲虎捷右廂都指揮使五人并遥授團練使其餘轉改有差

四月討太原回詔潞州昨經圍閉將校官吏職員同力守禦兼以大駕駐蹕迎奉無闕應在城將校官吏職員宜令本州具名銜以聞各加恩澤

五月乙酉以忻代招收指揮使秦珂爲歸州刺史初符彥卿之入賊境也孟縣僞監押楊貴殺巡檢使趙筠以戍兵數百來降彥卿因請建孟縣爲州上可之遂以歸州爲名命楊貴爲刺史至是以秦珂代之珂本太原東山之賊帥也廣順初與其黨趙行能等內附朝廷置忻代一路招收都指揮使遥授忻州刺史趙行能副之自是賊之東境常爲珂等所苦劉崇患之竟不能制代州鄭處謙之歸命也蕃寇在郊我軍

未至珂遣弟州帥兵三百以戍之帝嘉其誠節故有郡印之授

六月車駕征河東回乙亥制以天雄軍節度使檢校太師守太保兼中書令大名尹衛王符彥卿爲守太傅仍封魏王以天平軍節度使檢校太師兼侍中郭從義爲中書令以河陽三城節度使檢校太尉同中書門下平章事劉珣爲兼侍中行京兆尹充永興軍節度管內觀察處置等使以昭義軍節度使檢校太尉同中書門下平章事李筠爲兼侍中以河中護國軍節度使檢校太尉同中書門下平章事行河中尹

王彥超爲兼侍中充忠武軍節度使許蔡等州觀察處置等使以忠武軍節度使兼侍衛馬步軍都虞候檢校太保李重進爲同中書門下平章事充歸德軍節度宋亳等州觀察處置等使兼侍衛親軍馬步軍都指揮使以武信軍節度使兼殿前都指揮使檢校太保駙馬都尉張永德爲檢校太傅充義成軍節度使滑衛等州觀察處置等使兼殿前都指揮使以定國節度使檢校太傅藥元福爲檢校太尉充保義軍節度陝虢等州觀察處置等使以保大軍節度使檢校太傅白重贊爲檢校太尉充河陽三城節度孟懷

等州觀察處置等使以保義軍節度使檢校太保韓通爲檢校太傅充彰信軍節度曹單等州觀察處置等使時帝以即位之初覃慶於諸侯亦賞從征河東之勞也

二年十一月秦鳳等州詔應馬步軍營將士等各與恩澤其有歿於王事者自副兵馬使以上並與贈官仍賜賻贈物

三年正月己亥上於金祥殿賜陳州節度使向訓襲衣金帶銀器綃帛鞍馬餘各有差賞西征之功也

六月甲子以鳳翔節度使王景爲雄武軍節度使兼西面緣邊都部署以宣徽南院使鎮安軍節度使向訓爲檢校太尉依前宣徽南院使充淮南節度使以彰信軍節度使韓通爲檢校太尉忠武軍節度使以賞秦鳳之功也

四年五月辛亥賜應淮南征行軍士金銀錢帛有差賞其勞也

五年五月辛亥以征淮南廻降德音云眷彼戎士咸遵武經或從我征行久服勤於甲冑或守茲城邑能安定於封圻宜舉褒章首膺懋賞應侍衛殿前及諸道馬步軍將士等各賜等第優給餘從宣命處分

是月帝以征淮南廻賜宰臣樞密侍衛宣徽使及翰林學士中書舍人內諸司使已下器幣鞍馬各有差賞扈從之勞也

册府元龜

巡按福建監察御史臣李嗣京訂正

知歐寧縣事臣孫以敬叅閱

知建陽縣事臣黄國琦較釋

帝王部　一百二十九

封建

漢氏之興以同姓寡少復鑒嬴秦孤立之敗繇是立二等之爵以封功臣蓋異姓王肇於此矣東京以降施姑息之政遵權宜之制良有之也其於褒崇勳望申之異數咸無聞焉元魏之世多被殊號垂及唐室

著之班秩胙土典册寵名斯紀同光之後勳臣兢爽或稱藩請命撫封傳世恭順傾嚮外禦宣力則必加之異數尊其爵禮稽若前訓咸可述焉至若貞觀之詔追用古道事雖中寢亦并敘云乃百執所封五等之制蓋爲甞典此不備書

漢高祖初爲漢王二年十二月立韓太尉信爲韓王初信從漢王入漢中說漢王東鄉爭天下漢王還定三秦乃許王信先拜爲太尉將兵畧韓地項羽殺韓王成聞漢遣信畧韓地乃令故籍游吳時令鄭昌爲韓王項籍在吳時昌爲吳縣令距漢信略地定韓地十餘城漢王至河南信急擊韓王昌昌降漢乃令立信爲韓王常將韓兵

三年十月韓信定趙遣使報漢因請立張耳王趙以撫其國漢王許之

四年二月立韓信爲齊王初信已破齊使人言曰齊邊楚權輕不爲假王恐不能安齊漢王怒欲攻之張良曰不如因而立之使自爲守乃遣張良操印立之

七月立黥布爲淮南王初項籍立布爲九江王齊王田榮叛項王徵兵布稱病不往項王由此怨布布愈恐漢使隋何使九江項王使龍且攻破布軍布間行

與隋何俱歸漢故立爲王布與漢擊楚垓下項籍死布遂剖符都六九江廬江衡山豫章皆屬焉

五年正月下令曰楚地已定義帝亡後欲存䘏楚衆以定其主齊王信習楚風俗更立爲楚王王淮北都下邳魏相國建成侯彭越勤勞魏民卑下士卒常以少擊衆數破楚軍其以魏故地王之號曰梁王都定陶二月詔曰衡山王吳芮與子二人兄子一人從百粤之兵以佐諸侯誅暴秦有大功諸侯立以爲王項王侵奪之地謂之番君其以長沙豫章象郡桂林南海立番君芮爲長沙王又詔曰故粤王亡諸世奉粤

祀秦侵奪其地使其社稷不得血食諸侯伐秦亡諸
身帥閩中兵以佐滅秦項羽廢而弗立今以爲閩粵
王王閩中地勿使失職
七月燕王臧荼反帝自將征之九月虜荼詔諸侯王
視有功者立以爲燕王荆王臣信等十人皆曰太尉
長安侯盧綰功最多請立以爲燕王
十一年五月詔曰粵人之俗好相攻擊前時秦徙中
縣之民南方三郡中縣之民中國縣民也秦始皇略取强梁地以爲桂林象郡南海郡故曰三郡使與百粵雜處欲介其間使不攻擊會天下誅秦南海尉
它居南方長治之它亦佗南海尉之名姓趙長治謂爲之長帥而治理之也甚有

文理中縣人以故不耗減耗損也粵人相攻擊之俗益
止俱賴其力今立它爲南粵王使陸賈即授璽綬即就也就其所居而立之
十二年二月詔曰南武侯織亦粵之世也立以爲南
海王高祖五年以象郡桂林南海長沙立吳芮爲長沙王象郡桂林南海屬尉佗佗未降遥虛奪以封芮耳後佗降漢十一年更立佗爲南越王自佗王三郡芮唯得長沙桂林零陵耳今復封織爲南海王復遥奪佗一郡織得王之
惠帝三年舉高帝時粵功追論其功曰閩君搖功多其民
便附迺立搖爲東海王都東甌世號曰東甌王
武帝建元六年閩粵擊南粵漢遣大行王恢擊閩粵

閩粵王弟餘善殺王郢以降帝曰郢等首惡獨無諸
孫繇丑不與謀繇邑號也乃使中郎將立丑爲粵繇王奉
閩粵祭祀餘善以殺郢威行國中民多屬心竊自立
爲王繇王不能制帝聞之爲餘善不足復興師曰餘
善首誅郢師得不勞因立餘善爲東粵王與繇王並
處
後魏太武即位初進司徒長孫嵩爵爲北平王司空
奚斤爲宜城王藍田公長孫翰爲平陽王其餘普增
爵位各有差
神麚三年十一月封壽光侯叔孫建爲丹陽王

太延元年五月進宜都公穆壽爲宜都王汝陰公長
孫道生爲上黨王宜成公奚斤爲常農王廣陵公樓
伏連爲廣陵王
文成興安元年十一月進平南將軍宋子使周忸爵
爲樂陵王南部尚書安子侯麗爲平原王
十二月建業公陵侯進爵東平王廣平公杜遺濮陽
公閭若文並進爵爲王
二年正月司空杜元寶進爵京兆王尚書左僕射東
安公劉尼尚書西平公源賀並進爵爲王
三月安豐公閭虎皮進爵爲河間王

太安元年十月以遼西公嘗英爲太宰進爵爲王
二年九月河東公閭毗零陵公閭紇並進爵爲王
十一月尚書西平王源賀改封隴西王
三年正月以漁陽公尉眷爲太尉進爵爲王
和平三年正月以車騎大將軍東郡公乙渾爲大康王
獻文天安元年二月以侍中陸定國爲東郡王
皇興二年四月以南郡公李惠爲都督關右諸軍事雍州刺史進爵爲王
三年二月以上黨公慕容白曜爲都督青齊東徐三

州諸軍事青州刺州進爵濟南王
十一月襄城公韓頹進爵爲王
孝文太和二年正月封昌黎王馮熙第二子始興爲北平王
二年四月淮陽公尉元進爵爲王
九月封司徒趙公陳建爲魏郡王司空河南公苟頹爲河東王侍中尚書太原公王叡爲中山王侍中尚書隴東公張祐爲新平王
五年九月封昌黎王馮熙世子誕爲南平王誕與帝同歲幼侍書學仍蒙親待尚帝妹樂安長公主拜駙馬都尉侍中征西大將軍南平王
唐高祖武德二年七月和州賊帥杜伏威遣使來降授和州總管東南道行臺尚書令封楚王三年六月徙封吳王
十月詔徐世勣父上柱國舒國公蓋宜封濟陰郡王
四年正月竇建德行臺尚書令胡大恩以大安鎮降封定襄王
太宗貞觀十一年六月戊辰以司空長孫無忌爲越州刺史改封趙國公左僕射房玄齡爲宋州刺史改封梁國公故司空杜如晦贈密州刺史改封萊國公

特進李靖爲濮州刺史改封衛國公特進吏部尚書高士廉爲申州刺史改封申國公趙郡王孝恭爲觀州刺史改封河間郡王同州刺史尉遲敬德爲宣州刺史改封鄂國公光祿大夫李世勣爲蘄州刺史改封英國公左驍衛大將軍段志玄爲金州刺史改封褒國公左領軍大將軍程知節爲普州刺史改封盧國公兵部尚書侯君集爲陳州刺史改封陳國公任城王道宗爲鄂州刺史改封江夏郡王太僕卿劉弘基爲朗州刺史改封夔國公金紫光祿大夫張亮爲隰州刺史改封鄖國公因下詔曰周武定業胙茅土

於子弟漢高受命誓帶礪於功臣豈止重親賢之地崇其禮秩抑亦固盤石之基寄以藩翰魏晉已降事不師古建侯之制有乖名實非所謂藩屏王室永固無窮者也隋氏之季四海沸騰朕運屬殷憂戡翦多難上憑明靈之祐下賴英賢之輔廓清寓縣嗣守寶曆豈予一人獨能致此時迪旣共資其力世安而專饗其利乃睠於斯甚所不取但今之刺史即古之諸侯雖立名不同而監統一也故申命有斟酌前代宜條委其治之寄象賢存世及之典司空齊國公無忌等或材稱人傑望表國章論道廟堂寄深舟楫用資

文武誠著艱難折衝閫外隱如敵國或志力忠烈寔爲心膂或氣幹強果是日爪牙策名運始功參締構義貫休戚效彰夷險嘉庸懿績簡于朕心宜委以藩鎮改賜土宇餘官食邑並如故即令子孫世世承襲

其後無忌等將之國情皆係戀不願行辭不獲免無忌子尚長樂公主乃因主陳請又繆出怨言以激帝曰臣披荊棘以事陛下今海內寧一不願違離而棄牧外州復與遷徙何異因上表固讓曰臣等夙奉明詔授臣刺史子孫繼襲事等建侯承恩以來進退唯谷公私迫切益深危懼竊以無勞而貴自開逐禍之原仰累明時虛行變古之道形影相弔若履春冰宗戚憂恐如蹈湯火臣無稽等誠惶誠恐頓首頓首死罪死罪臣聞質文迭變皇王之迹有殊今古相沿致理之方乃革仰維三代習俗靡常爰制五等隨時作教益由力不能制因而利之禮樂節文多非已出逮夫兩漢用矯前違置守頒條蠲除曩弊無益之文覃及四方不易之理有逾千載今爲臣等後此奄荒欲其優隆錫之茅社施于子孫永貽宗嗣斯乃大鈞播物秋毫盡施其生小人蹐分後葉必嬰其禍何者逮時易務曲樹私恩謀及庶僚義非僉允方招史冊之誚有紊聖代之綱此其不可一也又臣智效罕施器識庸陋或情緣后戚遂陟台階或顧想披荊便蒙夜拜直當今日猶愧非才重裂山河逾彰濫賞此其不可二也又且孩童嗣職義乖師儉之方任以褰帷寧無傷錦之弊上干天憲彝典旣有常科下擾庶民必致餘殃於後一挂刑網自取誅夷陛下深仁務延其嗣翻令勦絕誠有可哀此其不可三也當今聖歷休明求賢分政古稱良守寄在共理此道之行爲日滋久緣臣等忽有之改張封植兒曹失於求瘼百姓不幸將焉用之此其不可四也在茲一舉爲損實多曉夕深思憂貫心髓所以披丹上訴指事明心不敢浮辭同於矯飾伏願天澤諒其愚欵特停渙汗之旨賜其性命之恩太宗謂之曰割地以封功臣古今之通義也意欲公之枝葉翼朕子孫長爲藩翰傳之永久情在此耳而公等薄山河之誓發言怨望朕亦安可強公以土宇耶於是遂止

中宗神龍元年正月封右羽林大將軍李多祚爲遼陽郡王食實封八百戸以誅張易之兄弟功也

五月封侍中齊國公敬暉爲平陽郡王桓彥範爲扶陽郡王袁恕已爲南陽郡王中書令漢陽公張柬之爲漢陽郡王中書令博陵郡公崔玄暐爲博陵郡王並加特進仍令罷知政事仍聽朝朔望

玄宗天寶九載十月封安祿山爲東平郡王制曰寄重者位崇勳高者禮厚欽若古訓抑惟舊章開府儀同三司兼右羽林軍大將軍員外置同正員御史大夫范陽大都督府長史柳城郡太守持節充范陽節

度經略度支營田陸運押兩蕃渤海墨水等四府節
度處置及平盧軍河北海運并管内採訪等事上柱
國柳城郡開國公安祿山性合韜鈐氣禀雄武聲威
振於絶漠捍禦比於長城戰必尅平智能料敵所以
擢升臺憲仍伏旌麾旣表勤王之誠屢申殄寇之畧
頃者契丹負德潛有禍心乃能運彼深謀累梟渠帥
風塵肅靜斥候無虞不有殊恩孰彰茂績疆埸式遏
且薄衛霍之功土宇斯開宜踐韓彭之秩可封東平
郡王仍更賜實封二百戶通前五百戶餘如故
十二載八月封隴右節度使哥舒翰爲西平郡王

肅宗乾元二年七月封朔方都知兵馬使節度副使
僕固懷恩爲太寧郡王
元年建辰月辛未詔曰命將之選當仁實難非夫文
可經邦不能安人和衆武可禁暴閑以尅敵成功允
藉宏才爰申錫命司徒中書令靈州大都督府長史
單于鎭北副大都護持節充朔方節度關内支度營
田鹽池押諸蕃部落副大使知節度事六城水運使
兼邠寧鄜坊等道節度副大使上柱國代國公子儀
河嶽間氣巖廊重寶器量浮識寬而有謀術應通方
用而無滯自經難阻實擁旌旄遂能尅復二京折衝
千里厥戎將殄時乃之功久勤啓沃載竭忠讜人之
望也天實賚予今殄寇未寧興師頗廣鎭守經制已
有區分而籌畫指麾必資專制將軍辭第無以家爲
丞相憂邊思平國難固以討謀之用宜申總統之威
其將戡定外虞澄清列郡光膺藩屏之寄式崇社稷
之勳對揚休命以永終譽可封汾陽郡王知朔方河
中北庭潞儀澤沁等州節度行營兼興平定國等兵
馬副元帥仍充本管内觀察處置使餘如故
代宗寶應元年五月丙戌太尉兼中書令鄭國公李
光弼進封臨淮郡王

八月劍南狂賊徐知道爲麾下將李忠勇所殺劍南
州縣盡平封忠勇爲臨晉郡王又封平盧淄青節度
使侯希逸爲淮陽郡王
二年閏正月戊申封成德軍節度使李寶臣爲清河
郡王是年又封幽州節度使李懷仙爲武威郡王魏
博節度使田承嗣爲鴈門郡王
六月封陳鄭澤潞節度使李抱玉爲武威郡王
廣德元年封尙書右僕射郭英乂爲定襄郡王
永泰元年二月封神策軍都虞侯劉希暹爲交河郡
王大將李守泰爲同谷郡王孫猷心爲宣城郡王楊

逼達爲高平郡王段子英爲遂寧郡王
八月涇原節度使兼御史大夫馬璘封扶風郡王
十月封朔方大將孫守亮九人爲異姓王又封李國
臣等十三人爲異姓王是月進封渭北節度使李光
進爲武威郡王
大曆二年二月封華州牙將姚懷爲感義郡王李延
俊爲永化郡王以斬周智光之功也
六月封荊南節度江陵尹衛伯王爲城陽郡王
五年四月封幽州節度使朱希宷爲高密郡王
九年三月封幽州節度使朱泚爲淮寧郡王（十二年徙封遂

寧郡王）
九月封平盧節度都知兵馬使試殿中監王廷俊爲
陽城郡王都虞候試殿中監李令德爲狄道郡王步
軍使試太常卿劉神藻爲順正郡王都押衙試太常
卿許皎爲隣山郡王並賜實封五千戶
十年二月封平盧淄青節度使李正巳爲饒陽郡王
德宗嗣位初封四鎮北庭行軍涇原鄭潁節度使段
秀實爲張掖郡王
建中元年六月封涇州裨將試殿中監劉海賓爲樂
平郡王賞殺劉文喜也

二年五月封淮寧節度使李希烈爲南平郡王
三年四月封幽州節度使朱滔爲通義郡王
九月封河陽節度使李芃爲開封郡王
四年冬封朱忠亮爲東陽郡王（忠亮事薛嵩爲將鎮普潤朱泚之亂以麾下奔奉天德宗加之故封）
白孝德累有功爲安西北庭節度鄜延邠寧節度封
昌化郡王
興元元年二月封成德節度兼幽州盧龍兩道節度
王武俊爲琅琊郡王（是歲又封武俊子德棣觀察使士貞爲清河郡王貞元初封士貞弟冀州刺史士清爲北海郡王）

八月癸卯加神策軍京畿渭南渭北鄜坊節度及兵
馬副元帥司徒兼中書令合川郡王（臣欽若等曰本傳及實録不載封合川郡王年日）食實封一千五百戶李晟兼鳳翔尹充鳳
翔隴右節度度支營田觀察使仍充管內諸軍及涇
原四鎮北庭行營兵馬副元帥改封西平郡王加河
東保寧軍節度觀察使太原尹北都留守簡較司徒
平章事北平郡王馬燧奉誠軍及晉慈隰節度并管
內諸軍行營兵馬副元帥以靈鹽豐夏節度使邠寧
振武奉天永平等軍兵馬副元帥侍中兼靈州大都
督樓煩郡王食實封一千八百戶渾瑊爲河中尹河

中絳州節度觀察等使仍充河中同絳陝虢節度及管內諸軍行營兵馬副元帥改封咸寧郡王

十月李希烈將李澄以滑州降以爲汴滑節度封武威郡王是年又封禁軍將軍李惟簡爲武安郡王是年又封神策京畿渭南商州節度尚可孤爲馮翊郡王是歲又封靈鹽豐夏節度杜希全爲餘姚郡王

貞元元年封魏博節度田緒爲常山郡王

六年四月宣武軍節度使檢校司空平章事懷德郡王劉玄佐徙封彭城郡王賜實封八百戶

十一年八月改封魏博田緒爲鴈門郡王

十七年封劍南西川節度使韋臯爲南康郡王賞破吐蕃功也

憲宗元和二年正月封振武軍節度使閻巨源爲定襄郡王

六年封招義節度使盧從史爲范陽郡王

八月封劍南西川節度高崇文爲南平郡王

十三年封涇原行營節度郝泚爲保定郡王

十四年二月封義成軍節度劉悟爲彭城郡王

敬宗寶曆二年封幽州節度朱克融爲吳興郡王是年討幽州李載義爲武威郡王

文宗太和三年十一月封武寧節度王智興爲鴈門郡王

武宗會昌中封幽州節度張仲武爲蘭陵郡王

僖宗中和元年封西川節度陳敬瑄爲潁川郡王是年封河中節度王重榮爲琅琊郡王

光啓元年封徐州節度時溥爲鉅鹿郡王

昭宗乾寧四年三月制封鎮國軍節度韓建爲昌黎郡王（光化元年改封潁川郡王建累辭王爵改封許國公）是年九月封鎮海東節度使錢鏐爲吳王

光化元年九月制封魏博節度使羅弘信爲臨清王

二年七月封武貞節度使雷滿爲馮翊郡王

荆南節度忠萬等州觀察成汭封上谷郡王

忠義軍節度趙凝封南平王後封楚王

天祐元年封鎮州王處直爲太原王

後唐莊宗同光元年十一月制忠義太保等軍節度延鄜管內觀察處置等使檢校太師兼中書令北平王高萬興復封北平王（萬興在梁朝已封北平王至是復以舊爵授之）是年湖南節度馬殷首脩職貢復封楚王（梁貞明中已封楚王明故云復封）

二年二月辛巳以檢校太師守尚書令兼河南尹判

六軍諸衛事魏王張全義爲守太尉兼中書令孟州
刺史充河陽三城節度孟懷等州觀察處置等使河
南尹封齊王是年封荆南節度高季興爲南平王
三年八月正衙命史册兩浙吳越王錢鏐爲吳越國
王癸亥太常禮院奏吳越王錢鏐行册禮宜取八月
二十七日丁亥吉奉勑其印宜以吳越國王之印爲
文仍令所司以金鑄造
明宗天成二年四月癸丑制曰朕聞襲弓裘之美惟
孝承家秉旄鉞之權惟忠報國其有顯居世禄傑出
時材疾風端勁草之心積雪驗貞松之節恐毁我室

非闕於牆宜遵紹續之文俾授統臨之寄爰於剛日
特舉彝章威武軍節度觀察留後起復雲麾將軍檢
校太傅使持節舒州諸軍事守舒州刺史兼御史大
夫柱國琅琊縣開國伯食邑七百戸王延鈞拱北華
星圖南巨翼盉金精於玄象剛王宇於雄風而自皂
蓋分憂清源共理五馬之聲光首出八龍之價譽相
高旣綰珪符俄從金華在原無惠咸推晋后之賢當
璧有徵大叶楚人之望而又上欽天眷傍洎物情守
祖考之貽謀却藩宣之承制心傾皎日義惡浮雲建
溪之誓帶如河閩嶺之礪山齊嶽父風宛在臣節彌
堅是命高建牙璋洞開玉帳錫以油幢彌節廣其淥
水紅蓮寵冠阿衡貴同緹騎尊以師而表敬實其戸
而增封併示貞榮仍加懿號於戲象賢務德克揚嗣
子之名進律推恩當顯使臣之禮勉膺殊渥永保令
圖可依前授起復雲麾將軍右金吾衛大將軍外置
司正員檢校太師守中書令福州大都督府長史充
武威軍節度福建管内觀察處置兼三司發運節度
封琅琊王三年命左散騎常侍陸崇持節册爲閩王
六月以天策上將軍湖南節度使楚王馬殷封楚國
王七月中書奏馬殷封楚國王禮文不載國王之制

請約三公之儀使行册奉制宜依
閔帝應順元年正月壬辰制以荆南節度使檢校太
尉兼中書令江陵尹渤海郡侯高從誨可封南平王
武安武平等軍節度觀察等使檢校大尉兼中書令
行潭州大都督府長史扶風郡侯馬希範可封楚王
末帝清泰元年制以幽州盧龍軍節度押奚契丹經
略盧龍軍等使兼北面行營招討使檢校太師中書
令行幽州大都督府長史天水郡公趙德鈞封北平
王平盧軍節度押新羅渤海兩蕃等使檢校太師中
書令樂安郡公房知温封東平王

晋高祖天福二年五月制天雄節度秦國公范延光可封臨清王又制鳳翔節度使西平王李從曮封岐王是月封平盧節度王建爲臨淄王二年封東平王五年入覲進封韓王

周太祖顯德元年正月以山南東道節度襄约房復觀察等使撿挍太師守太傅中書令南陽王安審琦封陳王以天平軍節度鄆齊棣觀察等使撿挍太師守太保中書令淮陽王符彦卿充大名府天雄軍節度使進封魏王以荆南節度荆歸峽觀察等使撿挍太師兼中書令江陵尹渤海郡王高保融封南平王以定南難節度夏綏銀宥觀察等使撿挍太師中書令隴西郡王李彝殷封西平王

册府元龜

巡按福建監察御史臣李嗣京 訂正

新建縣舉人 臣 戴國士 參閱

知建陽縣事 臣 黄國琦 較釋

帝王部 一百三十

延賞

虞書曰賞延於世春秋傳曰善善及子孫斯道德之政也三代而上靡得以記漢氏之後乃或録元功之胄褒宗臣之裔賓禮賢者奬勸能吏旌揚忠烈甄敘舊故賞勳職之効采死政之孤繇是加其爵秩申之

錫予俾奉其嗣世而高其門閥使汞纓之不墜宗萛之有寄焉其或因旅愷之慶乘肆眚之澤大敘前世之勲籍並分三公之封邑乃至漏澤流根上延於祖考䏠田析壤俯逮於閨闈渥惠所覃息系咸及斯固霈恩紀於臣下集光寵於私門所以勸有位之盡心著爲邦之令典者也

漢高祖八年九月封紀成子通爲襄平侯初城以將軍從擊破秦入漢定三秦戰好畤死事子侯

十年九月封周苛子成爲高景侯初苛以内史從擊破秦爲御史大夫入漢圍取諸侯守滎陽功比辟陽侯罵項籍死事子侯

十二年二月高梁侯酈疥父食其以客從破秦還定諸侯常使使約和諸侯說齊王死事子侯

孝景中元年四月封故御史大夫周苛周昌孫子爲列侯

二年九月封故楚趙傅相内史前死事者四人子皆爲列侯初趙王遂與吳楚合謀起兵其相建德史失其姓内史王悍諫不聽遂燒殺之遂自殺帝憐趙相内史守正死封建德子横遂侯悍子棄之新市侯又楚相張尚太傅趙夷吾諫其王戊勿反不聽皆殺之故封

夷吾子固爲高陵侯尚之子當居爲山陽侯

武帝即位求賢良舉馮唐唐時年九十餘不能爲官迺以子遂爲郎

元朔五年拜衛青爲大將軍帝曰青躬率戎士師大捷獲匈奴王其封青子伉爲宜春侯不疑爲陰安侯子登爲陰發侯

元狩中復詔御史以鄭二千四百戸封蕭何曾孫慶爲鄭侯布告天下令明知朕報蕭相國德厚也

元鼎五年三月封故較尉韓千秋摎樂子二人爲列侯初南粤王興與毋摎太后欲内屬相呂嘉有畔心

漢遣千秋與樂將二千人往嘉擊滅之於是天子曰韓千秋雖無成功亦軍鋒之冠封其子延年爲成安侯摎樂其姊爲王太后首願屬漢封其子廣德爲龔侯（龔古龔字）

汲黯爲淮陽守卒後武帝以黯故官其弟仁至九卿子偃至諸侯相

宣帝本始元年正月詔曰故丞相安平侯敞等居位守職與大將軍光車騎將軍安世建議定策以安宗廟功賞未加而薨其益封敞嗣子忠（敞楊敞也）是年復下詔曰宣成侯光（霍光）宿衛忠正勤勞國家善善及後世

（善善者謂褒寵善人也）其封光兄弟中郎將雲爲冠陽侯又以車騎將軍光祿勳張安世子千秋延壽彭祖皆中郎將侍中

地節二年大將軍大司馬霍光病篤帝自臨問即日拜光子禹爲右將軍

四年二月封故酇侯蕭何曾孫建世爲侯蘇武爲右曹典屬國以其前發匈奴時胡婦產一子通國爲郎又以武弟子爲右曹

元康三年三月詔曰朕微眇時故掖庭令張賀輔導朕躬修文學經術恩惠卓異厥功茂焉詩不云乎無德不報封賀所子弟子侍中中郎將彭祖爲陽都侯（所子者言養弟子以爲子）

平帝元始二年詔曰漢興以來股肱在位身行儉約輕財重義未有若公孫弘者也其賜弘後子孫之次見爲適者爵關內侯食邑三百戶

四年詔書追錄忠臣封王嘉子崇爲新甫侯

後漢光武以鄧禹功高封弟寬爲明親侯

李通南陽宛城人也自光武起兵以士君子之學且言讖文事及光武即位有司奏請封諸皇子帝感通首創大謀即日封通少子雄爲召陵侯

卓茂初爲密令及更始政亂以年老乞骸骨歸光武即位下詔曰前密令卓茂束身自修執節淳固誠能爲人所不能爲以茂長子戎爲大中大夫次子崇爲中郎給事黃門

王閎王莽時爲牧守莽敗乃去官光武下詔曰武王克殷表商容之閭閎修善謹勑兵起吏民獨不爭其頭首今以閎子補吏至墨綬

建武中錄舊德臣以孫寶孫伉爲諸長（伉音抗諸琅琊之縣也）

宣秉爲大司徒司直所得祿俸輒以收養親族其孤弱者分與田地自無擔石之儲（齊人名小甖爲擔今江淮人謂一石爲擔）

卒於官帝愍惜之除子彪爲郎
來歙爲中郎將討公孫述爲刺客所殺帝賜策書曰中郎將來歙攻戰連年平定羌隴憂國忘家忠孝彰著遭命遇害嗚呼哀哉子襃嗣帝嘉歙忠節復封歙弟由爲宜西侯
杜林爲大司空薨光武親自臨喪既葬除子喬爲郎詔曰公侯子孫必復其始賢者之後宜宰城邑以喬爲冊水長
馮異與諸將攻落門未拔落門聚石在冀縣病發薨于軍諡曰節侯長子彰嗣明年帝思異功復封彰弟訢爲析

冊府元龜　帝王部　延賞　卷之一百三十　五

鄉侯建武十三年更封彰東緡侯食三縣
吳漢兄尉爲將軍從征戰歿封尉子彤爲安陽侯帝以漢功大復封弟翕褒親侯吳氏侯者凡五國
岑彭征蜀爲刺客所殺子遵嗣帝思彭功封遵弟淮爲穀陽侯
郭涼既平盧芳弟擢涼爲中郎宿衛左右
明帝以鄧禹先帝元功拜爲太傅居歲餘寢疾帝數自臨問以子男二人爲郎及薨帝分禹封爲三國長子震爲高密侯襲爲昌安侯珍爲夷安侯
趙孝爲衛尉弟禮爲御史中丞帝嘉其兄弟篤行後卒孝無子拜禮兩子爲郎
司空袁隗薨子屯嗣帝追思隗忠擢屯爲步兵校尉徙封西陽侯
宋均爲河内太守政化大行以疾上書乞免詔除子條爲太子舍人
章帝即位追賜朱勃子穀二千斛東觀記曰帝下詔曰告平陵令丞縣人故雲陽令朱勃建武中以伏波將軍爵土不傳伏闕陳狀不顧罪戾懷旌善之志有烈士之風詩云無言不讎無德不報其以縣見穀二千斛賜勃子若孫勿令遠詣闕謝
趙憙爲太傅録尚書事帝擢諸子爲郎吏者七人長子代給事黄門憙自明帝時内典宿衛外幹宰職正身立朝未嘗懈惰

冊府元龜　帝王部　延賞　卷之一百三十　六

傅育爲武威太守護羌校尉擊叛羌戰死帝下詔追襃美之封其子毅爲明進侯七百戶
和帝時魯恭爲光祿勳選舉清平京師貴戚莫能挠其正後代呂蓋爲司徒及從廵狩南陽除子撫爲中郎賜駙馬從駕駙副也非正所乘皆爲副說文曰駙馬副馬也
安帝元初中鮮卑寇漁陽太守張顯率兵馬掾嚴授主簿衛福功曹徐咸赴之授福等並爲虜所殺詔書襃歎各除子一人爲郎中
鄧弘元初二年卒詔大鴻臚持節即弘殯封子廣德爲西平侯後以帝師之重弘少治歐陽尚書授帝禁中分西平之

都鄉封廣德弟甫德爲都鄉侯又封弘兄黃門侍郎
京子珍爲陽安侯邑三千五百戸
建光元年二月大赦天下以公卿校尉尚書子弟一
人爲郎舍人
順帝卽位以鄭安世子亮爲郎初安帝廢太子爲濟
陰王安世與太常桓焉大僕來歷等共正議諫爭及
帝立安世巳卒追賜錢帛除亮爲郎
張綱漢安中爲廣陵守卒詔曰綱大臣之苗剖符統
務正身道下班宣德信降集劇賊張嬰等萬人息干
戈之役濟蒸庶之困未升顯爵不幸且卒嬰等縗杖

若喪考妣朕甚愍焉拜綱子續爲郎中賜錢百萬
冲帝永嘉元年封武威太守趙冲子愷義陽亭侯冲
順帝時追叛羌戰歿至是故侯
桓帝時羊續父儒爲太常續以忠臣子孫拜郎中
段熲爲中郎將擊琅琊賊東郭竇公孫舉等大破斬
之獲首萬餘級除一子爲郎中後以討先零東羌功
詔以家一人爲郎中
胡爽爲南郡太守李肅主簿時武陵蠻寇江陵肅奔
走爽諫止肅肅遂殺爽而走帝聞之徵肅棄市拜爽
家一人爲郎

靈帝時陸康爲議郎會廬江賊黃穰等與江夏蠻連
結十餘萬人攻沒四縣拜康廬江太守康申明賞罰
擊破穰等餘黨悉降帝嘉其功拜康孫尚爲郎中
張酺曾孫濟好儒學初楊賜薦濟明習典訓爲侍講
至司空病罷及卒帝以舊恩贈車騎將軍關內侯印
綬追濟侍講有勞封子根爲蔡陽鄉侯
臧洪父旻爲揚州刺史擊破妖賊許昭遷爲使匈奴
中郎將洪年十五以父功拜童子郎
獻帝初袁術屯兵壽春遣其將孫策攻廬江太守陸
康圍城數重受敵二年城陷月餘發病卒年七十宗

族百餘遭離饑戹死者將半朝廷愍其守節拜子爲
郎中
桓典爲羽林郎獻帝卽位三公奏典前與大將軍何
進謀誅閹官功雖不遂忠義炳著詔拜家一人爲郎
元尚爲兖州刺史袁術將僭號欲以尚爲太尉尚拒
之爲術所害帝嘉尚忠烈拜其子瑋爲郎中
孫瑞爲大司農爲三老後爲亂兵所害獻帝都許追
論瑞功封子明澹津侯
魏文帝踐阼以程昱復爲衛尉（昱自太祖建國爲衛尉與中尉邢貞爭威儀免）進封安鄉侯增邑三百戸并前八百戸分封少子

延及孫曉列侯
董昭自太祖受魏公魏王之號皆昭所創及文帝踐
阼拜大鴻臚進封右鄉侯二年分邑百戶賜昭弟訪
爵關內侯又分邑百戶賜一子爵關內侯黃初二年
分三公戶邑封弟子各一人爲列侯
賈詡自文帝爲五官將勸帝朝夕孜孜不違子道帝
深自砥礪及即位以詡爲太尉進爵壽鄉侯增邑三
百并前八百戶又分邑二百戶封少子訪爲列侯以
長子穆爲駙馬都尉
荀攸長子緝有攸風早沒次子適嗣無子絕黃初中

紹封攸孫彪爲陵樹亭侯邑三百戶後轉封丘陽亭
侯正始中追謚攸曰敬侯
黃初四年凉州刺史張既薨詔曰昔荀桓子立勳翟
土晉侯賞以千室之邑馮異輸力漢朝光武封其二
子故凉州刺史張既能容民畜衆使羣羌歸土可謂
國之良臣不幸薨隕朕甚愍之其賜少子翁歸爵關
內侯
華歆薨子表嗣初文帝分歆戶邑封歆弟緝列侯
鍾繇薨子毓嗣初文帝分毓戶邑封繇弟演及子劭
孫豫列侯

文聘自太祖時爲江夏太守使典北兵及帝踐阼以
禦賊有功遷後將軍封新野侯分聘戶邑封聘子岱
爲列侯又賜聘從子厚爵關內侯
張遼與李典嘗破孫權後遼薨子虎嗣帝追念遼典
在合肥之功詔曰合肥之役遼典以步卒八百破賊
十萬自古用兵未之有也使賊至今奪氣可謂國之
爪牙矣其分遼典邑各百戶賜一子爵關內侯虎爲
偏將軍
明帝青龍四年司空陳羣薨謚曰靖侯子泰嗣帝追
思羣功德分羣戶邑封一子列侯

張郃薨子雄嗣郃前後征伐有功帝分郃戶封郃四
子列侯賜少子爵關內侯
齊王即位孫資劉訪掌機密帝以訪資決定大謀增
邑三百訪并前千二百資千戶封愛子一人亭侯次
子騎都尉餘子皆郎中
王昶嘉平中爲征南大將軍時文欽毋丘儉作亂引
兵拒儉欽有功封二子亭侯關內侯
高貴鄉公甘露二年八月詔曰昔燕刺王謀反韓誼
等諫而死漢朝顯登其子諸葛誕創造凶亂主簿宣
隆部曲督秦絜秉節守義臨事固爭爲誕所殺所謂

無比干之親而受其戮者其以隆絜子爲騎都尉加以賜賵光示遠近以旌忠義

三年大將軍録尚書事司馬昭奏録先世名臣元功大勲之子孫隨才敘用

陳泰薨後以功增邑二千六百戸賜子弟一人亭侯二人關内侯

陳留王即位封征南將軍督荆州諸軍事王基子二人亭侯關内侯

咸熙二年二月庚戌以虎賁張修昔於成都馳馬三詣營言鍾會反逆以至没身賜修弟倚爵關内侯

晉杜預爲征南大將軍既平吳振旅凱入以功封子耽爲亭侯千戸

索綝爲衛將軍領太尉時劉曜侵逼王城以綝爲都督征南大將軍持節討之破曜呼日逐王呼延莫以功賜子弟二人鄉亭侯

明帝征王敦以諸葛攸爲侍中加奉車都尉討王含有功進封建安伯以先爵賜次子讜爲關内侯

穆帝升平中改封大都督臨賀郡公桓溫爲南郡公降臨賀爲縣公以封其次子濟

毛穆之爲桓溫參軍從溫平蜀以功賜次子都鄉侯

哀帝興寧中冠軍長史沈勁守洛陽爲慕容恪攻陷神氣自若遂遇害朝廷聞而嘉之贈東陽太守子赤黔爲大長秋

後魏明帝以許謙自太祖時有功其子洛陽從征慕容寶爲冠軍司馬後爲祁令帝追録謙功以洛陽爲鴈門太守

太武以宿石父沓干自明元時從討蠕蠕戰殁悼惜之詔求沓干子時石年甫十一引見以幼聽歸年十三襲爵爲中散

谷渾爲儀曹尚書在官廉直爲太武所器重詔以渾

子孫十五已上悉補中書學生

屈拔垣之孫道賜之子拔少好陰陽學太武追思其父祖年十四以爲南部大夫

文成初以李靈學優選授經及踐阼爲洛州刺史卒子恢以師傅之子拜員外散騎常侍安西將軍長安鎮副將進爵爲侯

鉅鹿公源賀長子延性謹厚好學以功臣子拜侍御中散賜爵武城子西治都將

陸俟爲外都大官帝踐阼以子麗有策立之勲拜侯征西大將軍進爵東平王

孝文太和十四年尚書李冲奏劉昞河右碩儒今子孫沉屈未有録聞賢者子孫宜蒙顯異於是除其一子爲郢州雲陽令

陸叡簡王麗之子爲北部尚書太和十六年降五等之爵以麗勳著前朝封叡鉅鹿郡開國公食邑三百戶

宣武以張彝先朝勳舊不幸夭殞特除其子始均長兼左民郎中

高顯族道悅之長子也道悅孝文時爲太子詢中庶子詢以道悅數規諫殺之宣武追録忠槩拜顯族給事中

源懷爲車騎大將軍隴西王賀之子景明二年上表曰昔高祖昇遐南安在位出拜東廟爲賊臣宗愛所弑時高祖避難龍潛苑中宗愛異圖神位未定臣亡父先臣賀與長孫渴侯陸麗等奉迎高宗纂徽寶命麗以扶負聖躬親所見識蒙授撫軍大將軍司徒公平原王興安二年追論定策之勳進先臣爵西平王皇興季年顯祖將傳大位先臣時都督諸將屯於武川被徵詣京特見顧問先臣固執不可顯祖久乃許之遂命先臣持節授皇帝璽綬於高祖至太和十六年麗息叡狀私書稱其亡父與先臣拔立高宗朝廷録封叡鉅鹿郡開國公臣時丁艱草土不容及例至十二年除臣雍州刺史臨發奉辭面奏先帝申先臣舊勳時敕旨但赴所臨尋當別判至二十二年車駕幸雍臣復陳聞時蒙敕旨征還當授自宮車晏駕遂爾不申竊惟先臣遠則拔立高宗寶曆不墜近則陳諫顯祖神器有歸如斯之勳超世之事麗以父功而獲山河之賞臣有家勳不霑茅社之錫得否相懸請垂裁處詔曰宿老元丕云如所訴訪之史官頗亦言此可依此授馮翊開國公邑百戶

孝明正光中高諒爲驍騎將軍徐州行臺屬元法僧反叛逼諒同之諒不許爲法僧所害朝廷痛惜之下詔曰諒臨危授命誠節可重復贈使持節平北將軍幽州刺史贈帛二百疋優一子出身謚曰忠侯

明亮爲陽平汲郡二太守有惠政孝昌二年詔追前功重贈平東將軍濟州刺史拜其子逸遠奉朝請

崔光爲車騎大將軍儀同三司領著作光年耆老雖疾病稍增而強不已常在著作疾篤不歸孝明親臨省疾詔斷賓客中使相望爲止聲樂罷諸遊眺拜長子勵爲齊州刺史

孝莊以原文宗學涉機警少有名譽永安中以父功
賜爵臨潁縣伯
羊敦字元禮太山平陽人梁州刺史禮弟子也性尚
閑素學涉書史以父靈引死王事除給事中
楊偘爲北中郎將以河橋之功除其長子師爲秘書
郎
前廢帝以符寶郎王神貴子彥鴻爲奉朝請房景先
爲太學博士作五經疑問百餘篇神貴答之名爲辯
疑奏上之帝親自執卷與神貴往復嘉其用心特除
彥鴻爲奉朝請

帶方侯羅伊利卒子何奴亦忠實寡言有志度以勳
臣之子除侍御中散襲爵
爾朱文殊榮之子也帝以榮有破葛賊之勳進文殊
爵爲王增邑千戶超授散騎常侍撫軍將軍
西魏文帝以于義太師謹之子少矜嚴有操尚篤志
好學以父功賜爵平昌縣伯
賀若誼字道機父統爲右衛將軍誼性剛果有幹略
以功臣子賜爵容城縣男
恭帝元年以車騎大將軍劉雄從于謹平江陵進驃
騎大將軍開府儀同三司賜奴婢一百口別封一子
沂源縣伯又以從平并州拜上大將軍進爵趙郡公
邑二千戶舊封回授一子
後周尉遲運少强濟志在立功魏大統十六年以父
勳封安喜縣侯
豆盧勣聰悟有器局少授業國子學畧涉文藝文帝
以勣勳臣子封義安縣侯
李穆爲都督河橋之戰太祖馬中流矢墜穆以馬授
文帝遂得俱免擢授武衛將軍賜穆子惇安樂郡公
姊一人爲郡君自餘姊妹並爲縣君兄弟子姪及緦
麻以上親并舅氏皆霑厚賜其見褒崇如此

尉遲端兄運爲驃騎大將軍從楊志攻齊之并州以
功別封端保城縣侯邑一千戶
閔帝時獨孤信進位柱國大將軍錄前後功增封聽
廻授諸子於是第二子善封魏寧縣公第三子穆必
安縣侯第四子藏義寧縣侯邑各一千戶第五子順
武城縣伯第六子陁建忠伯邑各五百戶
明帝武成初驃騎大將軍高琳從賀蘭祥征吐谷渾
以勳別封一子許昌縣公邑一千戶
宇文盛爲驃騎大將軍從賀蘭祥平洮陽共和二城
封一子甘棠縣公

武帝保定三年二月詔魏大統九年以前都督以上身亡而子孫未齒敘者節級授官

建德六年伐齊平鄴詔曰自晉州大陣至於平鄴身殞戰傷者其子即授父本官

韋孝寬爲徐州總管詔以平淮南之功別封一子滑國公

韋壽爲京兆尹以父鄖國公孝寬軍功賜爵永安縣侯邑八百戶

魏文思左僕射寬之子年十一拜車騎大將軍儀同三司散騎常侍尋以父功封新豐縣子邑五百戶

宇文愷字安樂杞國公忻之弟也以功臣子年三歲賜爵雙泉伯七歲進封安平郡公邑二千戶

權武襲慶之子也父爲開府以力戰歿武以忠臣起家拜開府襲爵齊郡公邑千二百戶

隋文帝以李穆爲并州總管帝以穆勞効同破鄴第一勳加三轉聽分授其二子榮才及兄賢子孝軌榮及才並儀同大將軍孝軌進開府儀同大將軍又別封子雄爲密國公邑三千戶

開皇十七年詔曰周曆告終群凶作亂釁起藩服毒被生人朕受命上玄廓清區宇靈聖垂祐文武同心申明公穆鄖哀公孝寬廣平王雄蔣國公睿楚國公勣齊國公熲越國公素魯國公慶則新寧公長乂宜陽公代積趙國公羅雲隴西公詢廣業公景眞昌公振沛國公譯項城公子相鉅鹿公子幹等登庸納揆之時草昧經綸之日冊誠大節心奉帝圖茂績殊功力宣王府宜弘其門緒與國同休其世子世孫未經州任者宜量才昇用庶享榮位世祿無窮

楊素爲内史令以平江南賊功拜素子玄奬爲儀同又以討江南李稜等賊帝以素久勞於外詔令馳傳入朝加子玄感官爲上開府後爲僕射又以破突厥

功進子玄感位爲柱國玄縱爲淮南郡公又以破達頭可汗加子玄感位大將軍玄奬玄縱積善上儀同又以獻皇后山陵制度多出於素上善之別封一子義康公郡邑萬戶子子孫孫承襲不絶又以討平漢王諒功拜其子萬石民行姪玄挺皆儀同三司

韋協字欽人廣州總管洸之子其父在廣州有功帝令協齎詔書勞問未至而父卒上以其父身死王事拜協柱國

趙元淑父世模初事高寶寧後以衆歸國授上開府寓居京兆之雲陽文帝踐阼嘗典宿衛後從晉王伐

陳先鋒遇賊力戰而死朝廷以其身歿王事以元淑襲父本官賜物二千段

來護兒爲上開府破高智惠盛道延進位柱國仍留長子楷爲千牛備身

王猛爲將經畧嶺表仍討平山越馳驛奏聞文帝以其長子績爲開府儀同三司猛子尋卒於廣州帝聞而痛之命其子善襲仍授普州刺史

楊義臣父崇開皇初封泰興公擊突厥力戰而死贈大將軍豫州刺史以義臣襲崇官爵義臣尚幼養於宮中年未弱冠奉部宿衛千牛者數年賞賜甚厚

煬帝大業初皇甫誕爲漢王諒并州司馬諒反誕抗節而死帝封弘義公子無逸嗣大業令行舊爵例除以無逸誠義之後賜爵平輿侯

麥孟才鐵杖之子字智稜果烈有父風帝以孟才節將子恩賜殊厚拜武賁郎

馮慈明爲尚書兵曹郎時李密逼東都慈明抗節爲其所害梁通郡守楊江上狀帝歎息之贈銀青光祿大夫拜其二子悖怦俱爲尚書承務郎

唐高祖武德二年四月伊州總管張善相爲王世充兵所攻陷賊執善相送於世充善相辭色不撓世充怒令斬之善相駡世充極口而死高祖聞而歎曰吾負善相善相不負吾也封其子爲襄城郡公

張孝珉爲驃騎將軍經略王世充爲賊所殺高祖聞而傷之拜其弟虔彪爲大將軍封郡公賜帛二百疋

高蒲政爲朔州總管右虞侯杜士遠所殺高祖以其子玄積爲上柱國榮國公食邑三千戶

張長遜爲五原太守會處羅可汗解兵去高祖大悅封其父曄爲遂安郡公

太宗貞觀五年九月癸亥詔曰惟王建國厚禮被於元勳惟帝念功茂賞隆於延世是以親賢作屏著在

周經支庶畢侯義存漢典開府儀同三司齊國公無忌尚書左僕射邢國公玄齡故尚書右僕射蔡國公如晦靈州都督吳國公尉遲敬德左光祿大夫吏部尚書許國公高士廉兵部尚書潞國公侯君集右衛大將軍鄂國公宇文士及左武衛大將軍翼國公秦叔寶瀘州都督宿國公程知節等或宇量凝深地兼賢戚或風鑒弘遠功參帳幕或志懷强正便繁左右幹畧宏舉契濶戎旃或委質藩朝陳力王室誠著出納節表屯夷經文緯武忠勤懇至固已契叶風雲寄深舟檝雖褒賢之道已紀於旂常而推恩之令未洽

於胄緒宜賜寵章式遵故實無忌玄齡如晦敬德各
封一子郡公士廉君集士及叔寶知節各封一子縣
公俾夫拜前拜後比蹤曩烈如帶如礪垂裕後昆
屈突通貞觀中爲洛州都督卒太宗幸洛陽宫思通
忠節拜其少子詮果毅都尉
宇文士及貞觀中撿校凉州都督凉土服其威惠入
爲衛大將軍録其功封一子爲新城縣公
李勣爲右武侯大將軍封其父蓋爲濟陰王蓋固辭
王爵乃封舒國公授散騎常侍陵州刺史勣貞觀中
爲遼東道行軍大總管攻破盖牟遼東白崖等數城

又從太宗摧殄駐蹕以功封一子爲郡王
王珪貞觀中爲禮部尚書與諸儒正定五禮書成封
一子爲縣男
段志玄爲鎮軍大將軍寢疾太宗親自臨視顧謂曰
當與卿子五品志玄頓首固請廻授毋弟志感太宗
遂受志感左衛郎將
高宗永徽三年五月詔隋儀同三司豆盧毓御史中
丞游楚客齊侍中崔季舒給事黄門侍郎裴澤並門
標忠鯁風烈可尚其子孫等並令所司量才處分
九月以周司沐大夫裴融尚書左丞封孝琰有忠節
於前代制擢其子孫以旌介烈
總章元年三月詔曰西漢元勳紓禮崇於末嗣東京
列將茂賞覃於後昆繼絶興亡同歸一貫皇家受命
蒼旻肇膺玄籙恢張宇宙蕩一寰區御乾立極之圖
諒資天啓撥亂經邦之略實頼人謀締想初基有足
言者或委質唐郊首參一旅勤著荆棘勞宣草創或
策名代邸先騁六飛誠備艱虞志踰金石咸以攀鱗
上漢捧日登山氣叶風雲情均魚水其太原元從西
府舊僚今親詳覽具爲等級贈司徒并州都督忠孝
公士彠贈司馬淮安郡王神通贈開府儀同三司并

州都督夔國公劉弘基贈并州都督渝國公劉政會
贈開府儀同三司并州都督莒國公唐儉贈左衛大
將軍特進譙國公竇琮贈荆州都督邳國公長孫順
德贈護國大將軍凉州都督竇國公史大業贈幽州
都督濮國公龐卿運贈左武衛大將軍潭州都督巢
國公錢九隴贈華州刺史霍國公柴紹贈潭州都督
羅國公張平高贈相州刺史工部尚書河東郡公裴
寂贈洪州都督樂安郡公李思行贈洪州都督廬陵
郡公秦行師贈靈州都督貞定郡公許緒贈凉州都
督江夏郡公李高遷贈齊州刺史劉義節贈太尉申

國公士廉贈司空蔣國公通贈太尉并州都督梁國公玄齡贈司空萊國公如晦贈司徒并州都督鄂國公敬德贈輔國公大將軍楊州都督褒國公殷志玄贈驃騎大將軍益州都督宿國公程知節贈徐州刺史胡國公秦叔寶贈左衛大將軍凉州都督鄖國公宇文士及贈左驍騎大將軍荆州都督郯國公張公謹贈荆州都督懷寧縣公杜公緯贈荆州都督汚陽公公孫武達贈荆州都督遂安郡公李安遠贈代州都督同安郡公鄭仁泰贈荆州都督漢東郡公李孟嘗贈幽州都督曆陽縣公獨孤彦雲故始州刺史襄

武郡公劉師等並立爲第一等功臣其家見在朝無五品已上官者子孫及曾孫擢一人授五品官若先有四品五品官者加授子孫第一人兩階若三品已上加爵三等其第二等功臣見在朝無五品已上官者子孫及曾孫擢一人授從六品已上官若先有五品已上官加一階六品官者加兩階三品已上官者加爵一等

咸亨五年劉仁軌爲鷄林道大總管東伐新羅以功子姪三人並授上柱國州黨榮之號其所居爲樂城鄉三柱里

蘇定方前後滅三國皆一擒其主賞賜珍寶不可勝紀仍拜其子慶節爲尚輦奉御及定方爲左驍衛大將軍封邢國公又别封子慶節爲武邑縣公

中宗神龍元年贈故大理卿徐有功越州刺史授一子官

二年中書令齊國公魏元忠與武三思等撰則天皇后實録二十卷編次文集一百二十卷中宗稱善封元忠子衛王府諮議參軍昇爲任城縣男是年韋安石爲中書令子陟始十歲拜温王府祭酒

睿宗太極元年五月親祀北郊詔桓彦範敬暉崔玄

暐袁恕巳張柬之等其子孫並實封二百戸

册府元龜

冊府元龜

巡按福建監察御史臣李嗣京　訂正
分守建南道左布政使臣胡維霖　參閱
知建陽縣事臣黄國琦　較釋

帝王部　一百三十一

延賞第二

唐玄宗開元元年十二月詔國初以來宰相及食實封功臣子孫一房沈翳未承恩者量才擢用

二年正月制曰崔玄暐張柬之等往以神龍之初保乂王室奸臣所忌謫居炎海流落變衰感激忠義玄

暐嗣子吏部郎中璩清才雅韻謹守專直柬之嫡孫毖祖考繼殁遺孫可傷彼勳業之下淪佇名賢之必復是得景倩而悲仲宣者也高皇封樂毅之後武帝求蕭何之裔斯不遠哉昭於德音緬懷前烈宜加後命璩毖並可朝散大夫

四月以太常寺大祝蘇乂為左補闕追父勳也勑曰蘇乂其父往處台衡實為柱石直言正色挫彼凶邪項者念功錫以真賦兄頲又遵先誡固辭令賞泣血披誠不忍移奪自家刑國父忠子孝宜有褒崇寵及兄弟諫官之任允屬象賢可右補闕

十月王海賓為安豐軍使先鋒與吐蕃戰殁嗣初名訓年始九歲以父死於王事起復拜朝散大夫尚輦奉御賜名忠嗣養於禁中累年與皇太子在忠王邸令與之游處

六年侍中宋璟亡父玄撫褒贈邢州刺史玄撫初贈岐州長史及璟登宰輔之任脩祔廟之禮帝乃特以伯牧光寵焉弁贈其母崔氏為安平郡夫人

八年隴右諸軍節度大使郭知運為幽州都監王晙討平六州胡康待賓等拜左武衛大將軍授一子官

九年十二月勑中書門下六尚書御史大夫諸衛大

將軍及食實封功臣并二品巳上官咸以勳業受國寵榮德之所效澤之所延其亡父無五品巳上官者並宜褒贈

十三年十一月封禪禮畢制曰朕永惟王業緊賴舊勳元首股肱其猶一體自武德以來功臣宰輔或名存王府遺嗣沉淪或身無大故銜屈泉壤宜令所司訪擇申理唐興立功官乂往屬艱難能盡忠義令成大禮何日忘之宜各與一子出身

十七年十一月追贈中書令蕭嵩亡父故渝州長史灌為吏部尚書門下平章事裴光庭父故禮部尚書

行僉爲太尉
二十四年正月勑諸道採訪使信安郡王禕嗣曾王道堅牛仙客宋詢劉日正班景倩唐昭各賜一子官賞其巡察之勞也是年中書舍人孫逖自以通籍禁闈其父官纔邑宰乃上表陳情曰臣父嘉之幸遇明時早勤學業出身入仕四十餘年歷官五政經考二十未能亨通纔及令長臣夙荷嚴訓累登清秩頻還省闥又拜掖垣地近班榮臣則過量途遥日暮父乃后時在公府有偷榮之責於私庭無報德之效反慙烏鳥徒厠鴛鴻伏望降臣一外官特乞微恩稍霑臣

父玄宗優詔奬之授嘉之宋州司馬致仕
二十九年二月上謂宰臣曰洪州人鄔玄宗往在文明年中傳玄元皇帝眞誥於天后曰我國祚無窮當千萬君遂遭禁錮因茲淪喪宜與追贈以慰泉壤其子瓊亦依資授一官
天寶四載十二月隴右節度使皇甫惟明與一子五品官賞功也
七載八月詔尚書左僕射兼右相吏部尚書李林甫曾祖故長平郡王靈州道行軍大總管叔良贈太子少保祖華陽郡開國公寧州刺史孝斌贈兵部尚書

十載正月河西節度使鴻臚卿員外置同正員攝御史中丞權知朔方節度事安思順罷朔方節度加特進攝御史大夫仍與一子官河西節度等使餘如故賞功也
安西四鎭節度特進兼鴻臚卿員外置同正員攝御史中丞高仙芝生擒突騎施可汗吐蕃大首領及石國王并可敦及傑師來獻上御勤政樓會羣臣引見加仙芝開府儀同三司攝御史大夫仍與一子五品官餘並如故賞功也
十一載十一月以殿中少監安慶宗爲太僕卿慶宗

祿山之子以父任寵之是年哥舒翰爲隴右節度使叔不堡城獻功于朝詔與一子五品官十二載又與一子五品官十三載又賜一子五品官
十二年三月制曰褒德紀功前王之令典飾忠追遠有國之能事況乎嗣生大賢爲朕良弼應五百之數該二八之美調元而星辰以理論道而陰陽以和而寵命未弘稱謂猶褊非所以崇推恩之重廣延賞之義也右相兼文部尚書判度支魏國公楊國忠亡父贈持節魏郡諸軍事守魏郡太守珣赤泉儲祉白環繼業膺積慶而誕德鍾具美而挺生枝茂者根深流

長者源濬是降英裔早成兆人戚載而百度惟清審衛而九流式序佐我玄化格于皇天信爲名賢實禀庭訓雖思人愛樹已有疇庸之策而因條振葉宜益封崇之事俾以建旟之寵仍超曳履之榮旣旌徽烈用光泉壤可贈武部尚書鄭國公妣張氏可贈鄭國夫人

十二月以安祿山男慶緒爲衛尉卿詔曰王者出師登壇授將忠臣受任幹蠱成功則君賞其勤父感其訓名教斯在寵秩是崇銀青光祿大夫鴻臚卿員外置同正員兼廣陽郡太守同范陽節度副使上柱國

柳城縣開國男安慶緒門傳忠孝之義庭禀韜鈐之略志氣剛决固敵是求遂使榆塞息警柳城罷鋒百勝深謀舉無遺策可旌上將之功用叶中行之吉可特進行衛尉卿兼廣陵太守餘如故

十三年二月詔武德功臣及貞觀初宰輔等緬想忠義感會風雲用集大勳肇興王業其有子孫零落冠冕陵夷無任官守者宜令所司勘責依資與一人京官唐初功臣積參締構録勞念舊每寘于懷普恩之外宜放一子出身如已有出身所司依資與一官

十四年賜朔方節度副使靈武郡太守攝御史大夫安思順祖左玉鈐衛郎將（史失其名）爲武部尚書考右羽林軍大將軍波主爲太子太師

十五年帝在成都詔文部尚書平章事房琯與子官

盧從愿爲吏部侍郎典選六年前后無及之者帝嘉之特與一子官從愿上疏乞回恩贈父乃贈其父吉陽丞敬一爲鄭州長史

牛仙客爲工部尚書同中書門下三品贈其父意爲禮部尚書祖會爲涇州刺史

張延賞中書令張嘉貞之子初名寶符召見賜名延賞取延賞于世之義特授左司禦率府兵曹參軍

王君㚟判涼州都督封晉昌伯拜其父爲少府監仍聽致仕帝又嘗於廣達樓引君㚟及妻夏氏設宴賜以金帛

肅宗至德二年十二月御丹鳳樓大赦詔武德開元及蜀郡靈武元從功臣有先亡没死王事者並加優贈各與子孫一人官其赴蜀郡靈武元從官及在路扈從官三品已上與一子官四品已下與一子出身六品已下量與進改

三年正月大赦詔陷在賊境爲其殺戮身死者三品已上各與追贈仍各與一子官五品已上一子出身

六品已下量事追贈其元從聖皇天帝至成都府文武官五品已上宜與一子官六品已下超資進改聖皇至成都府后到官及靈州寧州首末扈從三品已上與一子官五品已上放一子出身情願回授周親及親近亦聽唐元功臣身亡没者子孫一人加一階其諸道節度下將士三品已下與一子官六品已上放一子出身自開元已來宰輔之家不爲逆賊所污者與子孫一人官是月又以朔方節度副使開府儀同三司鴻臚卿論誠節可襲擾川郡王食實封一百戶仍與一子三品官鉀耳大福封雒郊郡開國公實

封一百戶李懷讓封沂國公食實封一百戶一子五品官舍利如珍食邑封一百戶與一子五品官王仲昇封沛國公與一子五品官吕崇賁封鄆國公與一子五品官周皎封汝南郡開國公哥舒翰封朔方郡開國公與一子五品官白延崇封壽春郡開國公與一子五品官荼公榮封豫章郡開國公與一子五品官李靖封清河郡開國公食實封一百戶與一子五品官劉感義封彭城郡開國公與一子五品官

上元元年九月涇原兩州團練兵馬使元從特進兼羽林軍大將軍同正員李元忠死王事帝以其子承恩襲其官爵

代宗寶應元年十二月封朔方節度使僕固懷恩妻賀曾氏爲凉國夫人賜實封二百戶以功寵之也

二年正月戊子制曰功崇望重加以服章德厚流光延其懋賞爰盖苴茅之典竝明幹蠱之才副元帥太尉兼侍中都知河南淮南淮西山南東道諸節度行營事上柱國臨淮郡李光弼元勳濟代公輔推賢宣大化之神明總專征之師律自出征移鎮距海負河連率百城旌旗千里東郊誓衆雅繼曾侯之功北伐擁旄首稱漢將之畧高矛罷設重冏斯調尤知武庫之寶實在雲臺之右疇其眞食美以保家僉議允諧

舊章斯舉敬哉有土更載册書之盟鯉也趨庭宜升紫綬之寵可加食實封二百戶仍與一子官階三品餘竝如故

二月乙未以河北副元帥僕固懷恩兵馬使高輔成爲簡較太子少傅兼御史中丞賜實封三百戶與一子五品官朔方都知兵馬使僕固瑒簡較太子少師封定襄郡王賜實封五百戶莊宅各一所與一子五品官朔方右廂兵馬使高彦崇簡較太子賓客賜實封三百戶莊宅各一所與一子五品官

廣德元年七月上尊號大赦改元制河北副元帥僕固懷恩宜兼太保仍與一子三品官二子四品官河南副元帥李光弼與一子三品官幽州節度使李懷仙與一子三品官李抱玉郭英乂辛雲京僕希逸田神功孫志直白孝德令狐彰各與一子五品官李寶臣薛嵩田承嗣張獻誠等各與一子五品官魚朝恩寄崇師律程元振勳高佐命仍與一子五品官僕固瑒高彥崇渾白進李建義李光逸楊崇光李懷光張如岳白元光溫如雅柘拔澄必高暉盧欽文成惟良曹楚玉等各與一子五品官加實封一百戶仍各賜

鐵券以名藏太廟畫像於凌煙閣并寇難已來將相勳業高者其名籍圖畫亦准此子儀與一子四品官苗晉卿劉晏裴遵慶元載各與一子四品官并階加實封一百戶儀王及彭王已下男未有官者並准舊例與官及封永穆并長樂已下公主及郡縣主嗣郡王等各與一子官皇親五等已上諸親三等已上各與一子出身二王後各與一子官諸道節度觀察使立功將士其父兄在無官者依子文武與官已歿者追贈陣亡將士襲父官爵

二年郭子儀爲關內河東副元帥加尚書令上表陳讓詔荅所讓者依仍以其子晞兼御史大夫嘉其父讓也

大曆三年二月以試太常卿郭曜爲太子賓客曜子儀長子特拜正員三品寵之也

四年三月追贈宰臣王縉祖故太常寺協律郎胄爲兵部尚書祖母程氏爲趙國夫人杜鴻漸祖故益州長史愼行爲尚書左僕射祖母蕭氏爲滕國夫人元載祖故左衛郎將敬同爲兵部尚書祖母劉氏爲沛國夫人李抱玉祖左武衛郎將文成爲吏部尚書祖母張氏冀國夫人及載亡母李氏爲京國夫人推恩

也十一月滑亳節度使令狐彰淄青節度使李正已並遣男朝謁詔以彰男建兼御史中丞正已男納兼侍御史仍賜金紫

十年七月詔劍南西川節度使崔寧賜一子五品官賞功也

十二年四月詔曰往者大盜亂華梁宋偏罹其害危城絶援折骸累月南霽雲眞心壯節凌邁臧洪殞命敵場凜然生氣宜以其子爲歙州別駕

七月詔曰頃者逆豎靈耀阻兵大梁淮西都虞候試太常卿贈揚州大都督張自勉往觀釁焉奉議正詞

無所屈撓賊臣肆忿斃於鈇鑕朕用憫焉雖錫命之恩已旌寵変而賞延之典宜及子孫可追贈實封五十戶是年賜朔方都知兵馬使李懷光亡毋茸露寺尼正則謚智毋禪師官給葬事寵武臣也

德宗以大曆十四年五月即位六月御丹鳳樓大赦天下詔武德已來宰相功臣名跡崇高并至德已來將相功效明著已亡殁者量加贈謚子孫沉翳者量與官諸州刺史及嘗參官父見在未有官者量與五品致仕官及階父毋亡殁與贈官及邑號戊子贈驍衛將軍代國公安金藏兵部尚書授其子承恩銀青

光祿大夫試殿中監兼廬州長史

建中四年四月贈故魏博節度都虞候兼御史中丞衛嘗寧太子太師賜實封二百戶委馬燧懷光境上以禮致祭仍與抱眞李芃孝忠日知等訪其妻孥親族具以名聞有子者便以父官爵授之子孫三代已來過犯者減一等論所賜實封載之典冊勿令廢絕是年敬長皇后弟吳淑使於朱泚泚謀逆已決因害淑於客館之前德宗聞而哀悼久之淑嫡子與正員五品官

興元元年六月京畿副元帥李晟平朱泚收京師拜司徒詔贈晟父欽太子太保毋王氏代國夫人

七月李懷光擁兵河中以給事中孔巢父充宣慰使遇害德宗聞而驚悼久之授一子正員官是月御丹鳳樓大赦天下詔司徒兼中書令晟與一子五品正員京官侍中瑊與一子六品正員京官駱元光尚可孤韓遊瓌戴休顏各與一子七品正員官諸道節度使及行在都知兵馬使都虞候扈從左右金吾六軍大將軍各與一子八品正員官都團練使觀察使各與一子官

貞元元年十一月癸卯日南至祀圓丘禮畢詔曰司

徒晟宜與一子五品正員官是年河東節度使馬燧平河中李懷光德宗下詔褒美遷光祿大夫兼侍中仍與一子五品正員官渾瑊爲河中同陝虢等州節度旣平李懷光以功加簡較司空與一子五品正員官并階

二年四月李希烈平詔曰叛臣希烈竊據淮沂師旅一興緜聯莫解勞服者從役不暇受污者無路自新逼邑化爲丘墟遺骸遍於原野每念及此心傷涕流自昔勞師者靡有不悔以虞舜之聖屈於苗人漢武之疆獘于戎虜矧乎德猶不逮力或未全我其永懷

亦以自警乃者下哀痛之詔布寬大之恩普天載新殊化畢宥然而尚勞師旅禦捍封陲有累歲離棄室家有經時不解甲胄忠雖爲國咎實在君子民若斯寧不知愧頼將相士旅一其誠心奮揚武威慎固疆宇遠人思服元惡就誅蒸黎方致於安寧役戍永期於休息懋官以旌美賜宴以勞旋賞不踰時盍遵彝典都統簡較司空平章事劉玄佐宜與子孫一人五品正員官節度使簡較右僕射李澄簡較兵部尚書曲環簡較戶部尚書李皐兼御史大夫樊澤等各與子孫一人七品正員官都防禦使工部尚書賈耽都

團練使御史大夫盧玄卿張建封等各與子孫一人八品正員官簡較司空平章事李抱眞簡較司空平章事李納簡較右僕射平章事韓滉工部尚書田緒等各遣將士五千人赴河南行營同討不庭厥有成績抱眞納滉各與子孫一人六品正員官緒與子孫一人八品正員官

三年七月詔曰乃者吐蕃犯塞毒我生靈俶擾隴東深入河曲朕以兵戎粗定傷痍未瘳務息戰伐之謀將遂通和之請亦知戎醜志在貪婪重違修睦之詞廼允尋盟之會果爲隱匿變發壇宮縱犬羊兇狡之群乘文武信誠之衆蒼黃陷沒深用惻然此皆繇朕之不明致其若此既無德於萬寓實有愧於四方宵旰貽憂何嗟而及今兵部尚書崔漢衡等皆國之良士朝之藎臣嬰縶穹廬恥然殊域念其家室或未離於屢空祿以錫男庶或資於薄俸漢衡宜與一子七品官司勳員外郎鄭叔矩簡較戶部郎中路泌殿中侍御史韓弇及大將孟日華辛榮李至言范澄王良貴樂演明陽皆權文成等各與一子八品官試右金吾兵曹參軍袁同直前榆次尉裴頲及副兵馬使已上各與一子九品官仍委本使即具名銜聞奏

四年正月一日赦書天下刺史與一子正員官

七月詔以太尉兼中書令西平郡王晟長子試大理評事兼監察御史愿爲銀青光祿大夫太子賓客仍賜上柱國唐制公卿嫡嗣皆自命而后言于有司帝以晟功高特爲命嫡且寵異以兩階勳俾其父子並建門戟

六年十一月庚午南郊畢詔宰相及東都留守六軍統軍諸道節度使神策神武金吾六軍都團練防禦觀察使京兆河南尹正員尚書御史臺長官太常卿各與一子官故尚父子儀與一子五品正員官如巳

五品已上量與改轉贈太尉秀實與一子官張巡許遠南霽雲顏眞卿杲卿各與一子正員官

七年二月授張巡男去疾許遠男峴南霽雲男承嗣顏眞卿男頗杲卿孫誕之官旌忠烈之後也

五月門下侍郎平章事竇參祖尚衣奉御瓘特贈揚州大都督父絳州聞喜尉審言特贈吏部尚書祖母段氏追封武威郡太夫人母毋氏追封鄭國太夫人參將附祖禰新廟故特加寵贈

九年十一月乙酉日南至郊祀禮畢大赦天下故尚父子儀贈太師晟贈太尉秀實各與一子六品正員

官是年詔曰前利州刺史狄博濟惟乃曾祖梁文惠公啓佑天后定紹復之策幽賛中興宜錫祚裔垂于無窮矧博濟郡人懷之理有異等可衛尉少卿

十一年十一月辛亥以前太子賓客李愿爲左領軍大將軍李憑爲右威衛大將軍依前兼中丞皆大尉晟之子以免喪故晟諸子同日授官者凡九人

十四年贈故衛州刺史王繹洪州都督以其弟纁故也

順宗初郎位制曰武德以來配饗功臣及張巡許遠南霽雲顏眞卿杲卿等子孫中各與一人正員官故尚父子儀贈太師晟太尉秀實子孫中各與一人正員官五品及諸州府長史及京嘗參官父見在未有官者並與五品致仕官及階父歿母存者與邑號父母亡歿量與追贈陝州元從寶應功臣與元元從奉天定難功臣賜爵勳有差亡歿者與追贈中書門下節度東都留守度支鹽鐵等使京兆郡觀察招討等使及神策神威金吾六軍將大將軍英武威遠鎮國軍使隴右經畧軍使節度留後各與一子官

憲宗元和元年正月册尊號詔中書門下及外使宰相與一子七品官東都留守六軍大將等與一子出

身東宮並與改官其撰册文官等各與一子官及勳爵有差

二年正月辛卯有事于南郊大赦天下制故尚父子儀太師晟太尉秀實及顏眞卿杲卿張巡許遠南霽雲及配饗功臣與一子官及出身有差

七月録配饗功臣之後以蘇瓌孫繫爲京兆府司錄參軍崔玄暐孫元方張說孫嵆並爲監察御史狄仁傑孫玄範爲左拾遺詔曰朕惟承累聖之業追先正之勞濟于艱難代有勳烈旣而本根已遠枝葉稍零詔書屢勤于襃飾有司不忘於遴簡一命宰府載弘

搜揚錄其先功果復良嗣蘇繫等咸以茂學懿行昺于前修皆人之領袖族之孤趙類能而舉各命以官或任以糺繩或參于諫烈庶乎旌太傳之德將擬南城之封紹鄭侯之裔不俟東門之感忠義獲寵古今同之后數日又得敬暉孫元亮袁恕巳孫德師相次錄用

三年四月戊寅謚張柬之爲文貞桓彥範爲忠烈敬暉爲貞烈崔玄暐爲文忠袁恕巳爲忠烈先是柬之曾孫黶以謚事詣中書陳訴宰臣上聞因令有司授黶官仍定柬之等謚焉

五年三月以贈給事王澹之子瑋爲左清道率府曹參軍澹因李錡爲亂遇害故錄其嗣是年劉濟爲幽州節度使討鎭州王承宗累破樂壽等縣賞功頗厚仍與一子孫六品官者凡四人

六年七月御延英對宰臣李吉甫奏曰臣伏見代宗時滑州節度令狐彰臨終上表悉以土地兵甲籍上朝廷遣諸子隨表歸闕代宗以彰遺表宣示百寮付史館當時在位者聞之無不感嘆今唯有次子通在臣每感彰同時河朔諸鎭傳子傳孫無不熛灼數代唯彰忠義感激奉國忘家遣子入朝以土地歸於先帝貞元中長子建坐事死施州幼子運亦無罪流死於歸州欲使忠義者何所激勸今通幸存得遇明聖伏乞陛下召對與語如堪進用望稍優奬帝因語宰臣曰德宗英靈冠於百王但臨事剛斷宰臣不能規諫朕比在藩邸雖則幼年記得數事未副外望豈非宰臣懷祿畏避不言遂令四方傳說此是宰臣有負先聖卿等當以此爲鑒戒因授通贊善大夫

九年八月庚寅錄功臣之后以左神策軍華原鎭遏兵馬使兼御史大夫康志寧爲簡較左騎常侍兼左龍武軍將軍知軍事河南府永寧縣令李晏爲京兆

府高陵縣令左神策正將楊嶼爲袁州司馬薛之逵夔州司馬蘇縝爲隴州司馬李克展爲鳳翔府倉曹李融爲嘗州司戶李仲謩爲襄州司倉田知清爲冀王府功曹李元正爲循王府功曹詔曰君臣運合故徇國以毀家勸賞義明故褒功而顯節存則疇其爵祿歿則錄其子孫然後忠義不遺典章斯在敍茲晉隰等州觀察使簡較兵部尚書康日知故徐州刺史兼御史大夫李洧等一十家皆有茂功藏於盟府故命授訪后嗣光賁前人今志寧等或服戎著績或從官有成或拔迹運府之中或滯才州縣之職咸加甄

錄各茂官榮庶乎受祿者無忘於聿修懷忠者使知其必報勉膺寵擢無替前勞

十二年七月贈著作郎權皇太子太保皐前贈秘書監至是因子德輿相爲立家廟復有是贈

十三年正月赦書故尚父子儀贈太師晟贈太尉秀實及顏眞卿杲卿張巡許遠南霽雲與一子官及出身有差

十四年三月以撫州司馬同正令狐通爲右衛將軍給事中崔植封詔上言通嘗刺壽州用兵失律前罪未塞不宜遽加獎用命宰臣諭植以通父彰有功不

忍棄其子詔遂行

七月帝御宣政殿冊尊號禮畢大赦天下故尚父子儀贈太師晟贈太尉秀實及張巡許遠南霽雲顏眞卿杲卿子孫各與官及出身是月宣武軍節度使韓弘與一子七品正員官

九月辛丑以魏博田弘正之兄相州刺史田融爲撿較刑部尚書兼太子賓客東都留守

穆宗以元和十五年正月即位二月御丹鳳樓大赦詔中書門下及節度等使東都留守度支鹽鐵使京兆尹諸軍使等賜一子官有差武德已來配饗及第一等功臣并張巡許遠南霽雲顏眞卿杲卿等尚父子儀贈太師晟贈太尉秀實子孫中與一子官有差其中有才行堪在臺省者量才叙用

六月舉勳賢之後堪任臺省官者以大理正叚文通爲殿中侍御史渭南縣尉郭承嘏爲監察御史前淮南營田副使顏顒爲水部員外郎長安縣丞顏諗爲大理正又以宰臣韓弘祖望贈右僕射父海贈太師令狐楚祖崇豪贈吏部尚書祖父承簡贈禮部尚書蕭俛祖華贈太保父嵩贈吏部尚書叚文昌祖懷皎贈給事中父諤贈左僕射其祖母及母並加封贈又

封蕭俛母韋氏岐國太夫人是月魏博節度使簡較司徒兼侍中田弘正祖延惲贈吏部尚書父處玠贈右僕射淮南節度使簡較左僕射平章事李夷簡祖祭言贈兵部尚書父自仙贈右僕射河東節度使簡較左僕射兼門下侍郎平章事裴度祖有鄰贈右僕射父溆贈太子太保幽州節度使簡較司空平章事劉總祖惲贈太師其祖母及母並加封爵贈是年邠寧節度使李光顏來朝詔與一子正員四品嘗參官

長慶元年正月辛亥赦詔故尚父汾陽王及贈太師晟贈太尉秀實各與一子官八品顏眞卿杲卿張巡

許遠南霽雲各與一子出身武德以來功臣子孫量加獎用中書門下及節度使帶平章事者各與一子八品正員官祖父母及父母並與贈官封父歿母存者與邑號已贈已封者更與追贈及邑號禮儀使大禮使度支鹽鐵使京兆尹各與一子出身文武常參官并致仕及諸道節度觀察經畧等使及神策等諸軍使父見存者量與致仕官母存者與邑號父母亡歿與贈官及邑號東都留守及諸道節度觀察經畧等使神策金吾大軍將軍威遠鎮國軍使各與一子出身四月以幽州劉總籍土地歸闕授其弟約及男

等一十一人官領郡符加命服者五人升朝班佐環衛者六人是月贈廬江縣令崔嬰甫吏部侍郎嬰甫宰相植之父也植出繼伯父祐甫及是以情上請故特追贈

七年大赦制授冊文官中書侍郎平章事崔植與一子正員官

四年八月以太僕寺主簿李宏為河南府兵曹掾獲嘉令蔣鄖為伊陽令安史之亂宏祖憕鄖祖清皆著名節故特制寵之

敬宗即位初大赦詔元和已來兩河節度使全家歸闕者如張茂昭王承元程權劉總田宏正等五家各與一子正員官

寶曆元年正月以前右補闕魏篘為湖州司馬篘文貞公徵之孫也朝廷以忠賢之后寵為諫官篘病不克拜故有是命

二年四月以姚元崇玄孫前京兆府富平縣尉合為監察御史以宋璟曾孫前太常寺大樂署令壁為京兆府富平縣尉

文宗太和元年正月赦詔今年正月十四日上皇太后尊號及朕受冊進寶授即位冊文承旨宣制等官

各與一子正員七品官是月平盧軍節度使康至睦上言故萊州刺史李庭逵當李師古節制東平之日庭逵為屬郡屢陳忠順以沮姦兇繇是父子二人俱為師古所害其幼子可舉纔十歲遂在海中至今猶在臣已署軍職請兼授管內一官遂以淄州高苑縣主簿命之又詔涇原節度使李祐與一子五品正員官

二年三月尚書右僕射同中書門下平章事裴度進封太原郡公中書侍郎同中書門下平章事韋處厚進封靈昌郡公裴度竇易直各請封爵回授一男

六月以故中書令褚遂良五代孫虔爲汝州臨汝縣尉内史狄仁傑曾孫前鄉貢明經元封爲懷州修武縣尉故侍中宋璟曾孫渤爲岳州沅江縣尉故中書侍郎平章事李元紘曾孫伉爲鄧州向城縣尉詔曰褚遂良五代孫虔等朕詳觀列聖紀冊祖宗盛業粲然在前其或道有汚崇政有善否未始不繫乎當時輔弼嘗因便殿言諸宰臣勉其啓益協心推戴且以去歲乙巳登應門敷大號俾疇賢相以訪遺裔或才器擅價各列官業或血食不繼宗祊已蕪如遂良之委笏面諍名垂史書仁傑之恢復廟祏事形先覺宋

璟之文吏骨鯁功參治平元紘之守規畫一時成有裕其胄僅存不絶如髮各授邑吏使其自試十月授故侍中魏徵四代孫可則鄧州南陽縣尉侍中魏知古曾孫處訥潭州湘鄉縣尉故左僕射裴冕曾孫行實虢州司功參軍詔曰武德已來輔相之臣以道致君以勞定國若贈司空徵故侍中知古贈太尉冕語其功次皆在第一清風餘祉宜及乎後昆爾等乃其曾孫式叶搜奬俾奉貽謀之慶用覃延賞之恩各命以官勉思祖德

三年五月滄州平虞寅加李祐銀青光祿大夫撿校左僕射仍賜一子五品正員官并加實封三百戶

四年七月丙戌以故中書令蕭瑀五代孫旐故尚書左僕射同中書門下三品蘇瓌四代孫翔故中書侍郎同中書門下平章事陸象先四代孫量並爲釋褐參軍文學

五年七月癸卯錄國初功臣衛國公李靖等七家裔嗣命之以官

九年十月以前同州長春宮巡官試祕書省較書郎魏謩爲右拾遺帝因讀貞觀政要思文貞公魏徵之德訪其後得謩而不次用之

開成元年正月故詔河朔節將以州縣歸國者有張茂昭田弘正程權各與一子官子弟堪任使者委中書門下量加引用又詔曰劉總王承元元和中以河朔郡縣歸朝廷悉宜以新赦書張茂昭例賜一子正員官

閏五月癸丑以前殿中監渾鐬爲壽州刺史鐬太師瑊子也宰相以瑊扶危之勳諸子凋落賞延之道宜加優寵初以壽州爲請帝曰鐬勳臣子豈可牧人仲尼以爲不如多與之邑今我念其先子女玉帛無愛焉使之鮮服美食可也宰臣以鐬常爲郡有幹勤之

名屢薦之故有是命
三年四月以鄧州南陽縣尉魏可則爲櫟陽縣尉時
帝於閣內召起居舍人魏謩對問文貞之嗣績因訪
其族裔故有是命又以博陵王崔玄暐曾孫前商州
防禦判官兼殿中侍御史郢爲監察御史以平陽王
敬暉曾孫前試太子通事舍人元膺爲河南縣丞以
漢陽王張柬之玄孫前宜城縣尉憬爲壽安縣尉以
南陽王袁恕己曾孫鄉貢進士德文爲秘書省校書
郎初御史中丞狄兼謩帝前語及叔祖仁傑與五王
協心裨贊王室帝因問其后搜揚獎擢唯桓彥範之

后訪無其人
五月戊辰以故郴州刺史欒濛男存固爲鄆州壽張
縣主簿大和初李同捷阻兵滄景濛不從其亂爲同
捷所囚舉家遇害存固年少隱於吏家因得脫免至
是録濛忠節故命以官
十一月己未以前河東縣尉長孫鈞爲河中府猗氏
縣令制云朕每覽國史見太尉無忌之事未嘗不廢
卷咨嗟遐想其人訪其裔孫用申甄獎
四年十月丙辰海州節度使劉約上言王鍔之子故
德州刺史王稷在任有善政郡人愛之爲李全畧所
殺家無遺類有男叔泰年五歲郡人宋忠獻潛収養
之今已成長臣察知其事忠獻已補軍職叔泰送歸
其宗詔王鍔累朝宣力王稷一旦捐軀須録遺孤徵
申惻念王叔泰委吏部與九品官令主祭祀
昭宗天祐元年大赦詔武德以來立功効節著在策
書者並與搜訪子孫繼嗣量材叙用
後唐莊宗同光元年十月平汴州詔殁王事者如有
子孫成立堪任使者並量材甄録
二年八月壬午以檢校戶部尚書守邢州長史郭廷
誨可簡較右僕射守左衛大將軍簡較工部尚書左

武衛將軍同正郭廷信可簡較右僕射守左驍衛大
將軍皆樞密使崇韜之子也
朱友謙初仕梁爲河東節度使莊宗誅汴孽自河中
來朝以其子同州節度使令德爲遂州節度使令錫
爲許州節度使諸子二千石者六七將較剖符者五
六恩寵之盛時無比隆
明宗天成二年二月勅朕以握圖御宇應運承祧副
億兆之歡心賴英雄之叶力雖疇庸之命已徧及於
勳賢而延賞之恩宜更加於骨肉應諸道節度使男
及親嫡骨肉未霑恩命者特許上聞

五月勑朕自恭承景運祗荷丕圖念寰海生靈録勳賢骨肉承家莫尚於孝報國莫大於忠忠孝兩全古今所重在朝文武臣僚幷諸道節度刺史等有父母者宜徧加恩澤使天下之爲人父者知感爲人子者知恩競揚家國之風顯著君臣之道

三年二月巳丑勑准二年五月十二日勑中外臣僚及諸道節度使等有父母者幷許加恩倒凡居臣下盡拖公忠共爲朝廷各榮家族具慶者繼須恩渥俾光晨耀昏旣亡者宜澤泉扃以光封樹應中外羣臣諸道節度防禦團練刺史等父母亡殁者幷與追贈

追封

五月丁巳勑自家刑國内平外成天子立言備有關雎之樂春秋垂訓非無石窌之封況夫尊於朝妻貴於室所宜從爵各顯家肥朝臣及諸道節度使妻室未有稱號者宜各加恩

四年正月幽州節度使趙德鈞奏臣孫美年五歲黙念何論孝經今於汴州敘觧就試勑都尉之子太尉之孫能念儒書備彰家訓不勞就試特與成名宜賜別勑及第仍附今年春膀

長興元年二月郊祀畢下制曰其朝臣及藩侯郡守等亡父母祖父母及父母在幷妻室未霑恩命者與追贈及敘封又以故汴州馬步軍都指揮使馬彦超男壽哥爲雒州長史仍改名承祚彦超天成初爲汴州都指揮使朱守殷將謀叛逆引彦超計事彦超不從爲守殷所害及誅守殷帝念彦超能執節守義而延賞其子

六月甲戌以魏徵八代孫韶爲安定縣主簿八月千牛副使檢挍刑部尚書夏光鉝起復雲麾將軍簡較右僕射爲澤州刺史光鉝鄆故遂州節度使曾奇之子也朝廷念勳故有是命

張希崇爲汝州防禦使母先爲尼賜紫衣師號

末帝清泰二年九月詔曰安崇贇父有力於皇家著之青史雖然得罪於先朝此日特行於延賞況頻逢赦宥可繼蒸嘗亦欲忠義之士知朕念勳之旨擢爲上佐爾惟勉旃特授孟州司馬崇贇故明宗朝樞密使重誨之子也故有是命

三年二月以太子正字夏光隱爲國子太學博士故遂州節度使曾奇之子以父殁於本州以延持董璋而毁族故有是命

晉高祖天福二年二月勑日朕以爰膺寶曆方啟金

行既風教之誕敷諒寰區之漸泰而繇股肱元輔藩郡重臣咸著大功同爲至治雖列地顯爵盡布新恩而追遠奉先猶虧舊典宜示褒功之寵俾祛風樹之悲自在朝文武百僚至見任刺史先代未封贈者據品秩與封贈已封贈三代者與加封贈又在朝宰臣已下臣僚外任刺史已上母妻未叙封已叙封等朕以削平禍亂開創基扃漸成銷偃之期永協興隆之運亦繇左右元輔中外勳臣弼予一人宅是四海茂績雖彰於王室覃恩未及於私門德盛母儀貴而因子禮優婦道榮必從夫宜加渙汗之恩顯示封崇之

典其未叙封者據品秩與叙封已叙封國號者與進封

七月丁卯勑曰朕聞王者懷於有仁所以享靈長之運賞延於世所以勸忠烈之臣唐開府儀同三司守太尉兼中書令西平王上柱國岐國公食邑三千戶食實封一千五百戶贈太師謚曰忠武李晟五代孫職以爾上祖西平王昔在德宗皇帝幸梁洋之歲而有保定大功中興返正扶持社稷之力載諸史氏予嘉乃德日篤不忘宜升五代之孫俾陟六聯之位光乃前烈煥乎後昆可將仕郎耀州司戶參軍

八月制曰或無辜被害或徇節忘生既抱沉冤宜伸贈典應自張從賓作亂已來諸色員僚內有死於王事者並與追贈有子孫者量材叙錄

十月戊戌詔曰恩隆加等故有明文道在恤孤宜弘異渥自去年出師已來諸軍將校有歿於王事者其子孫並與量材叙錄

六年八月壬寅制應河東起義之初佐命及收復鄴都汜水立功臣寮將校等其亡歿者更與追贈子孫已有職官者與遷改未有身名者與叙用

少帝開運中以宰臣桑維翰長子坦爲屯田員外郎

次子塤爲祕書郎維翰謂同列曰漢代三公之子爲郎廢已久矣近或行之甚諠外議乃抗表固讓不受尋改坦爲大理司直塤爲秘書省正字議者美之

漢隱帝乾祐元年以宰臣楊邠子右贊善大夫廷侃爲比部員外郎宰臣蘇逢吉從兄前洺州團練推官晏爲司門員外郎

周太祖廣順二年三月補故控鶴指揮使郭超長男重均充左番殿直次男重友充右番殿直以父歿王事故也

世宗顯德三年十二月辛巳贈故開封府襄邑縣令

劉居方右補闕仍賜其男士衙北學究出身居方累宰太邑甚得撫字之要帝知之故特加贈典而復賞其子焉

四年五月甲寅以江南僞命前壽州衙内都指揮使劉崇讃爲簡較太保懷州刺史崇讃故鄆州節度使仁贍子也以其父舉壽陽來降故有是命

冊府元龜

巡按福建監察御史臣李嗣京訂正
知長樂縣事臣夏允彝參閱
知建陽縣事臣黃國琦較釋

帝王部　一百三十二

褒功

周官司勳掌六功之名數而制其褒賞之典繇三代而下乃有參謀締搆輔成大業扶獎王室佐佑生民處帷幄而運籌内申於毗贊執干戈而戡難外震於威靈至或矢謀畫規經物成務定策佐命而安宗社

奉辭出塞而清戎羯勳烈並建威聲載路於是有金石之賜車服之錫加以殊禮形於善頌乃至增其爵秩賞及冑裔推詔獎以温客著圖績之炳煥示慈於燕喜宥死於甲令陪葬於園寢配饗於大烝稱伐於銘篆飾終於贈謚皆所以顯揚其丕績懋覩於來者使知夫爲善之益而慕報德之盛焉

周武王伐紂時封諸臣有功者於廟作賚之詩賚予也言所以賜予善人也

成王幼弱周公踐天子之位以治天下六年朝諸侯於明堂制禮作樂頒度量而天下大服（踐猶履也頒讀爲班度謂丈尺高卑廣狹也量爲豆區斗斛筐筥所容受）七年致政於成王以周公爲有勳勞於天下（致政以王事歸授之王功曰勳事功曰勞）是日封周公於曲阜地方七百里革車千乘（曲阜魯地上公之封地方五百里加魯以四等之附庸方百里者二十四並五五二十五積四十九開方之得七百里革車兵車也兵車千乘成國之賦也詩魯頌曰王謂叔父建爾元子俾侯於魯大啟爾宇爲周室輔乃命魯公俾侯于東錫之山川土田附庸又曰公車千乘朱英綠縢也）命魯世世祀周公以天子之禮樂（同之於周尊之也魯公謂伯禽）是以魯君孟春乘大路載弧韣旂十有二旒日月之章祀帝于郊配以后稷天子之禮也（孟春建子之月魯之始郊月以至大路殷之祭天車也弧旌旗所以張幅也其衣曰韣天子之旌旗畫日月帝謂蒼帝靈威仰也昊天上帝魯不祭）季夏六月以禘禮祀周公於太廟

牲用白牡尊用犧象山罍鬱尊用黃目灌用玉瓚大圭薦用玉豆雕簋爵用玉琖仍雕加以璧散璧角俎用梡嶡升歌清廟下管象朱干玉戚冕而舞大武皮弁素積裼而舞大夏昧東夷之樂也任南蠻之樂也納夷蠻之樂於太廟言廣魯於天下也（季夏建巳之月也禘大祭周公曰太廟魯公曰世室群公稱宫白牡殷牲也尊酒器也犧尊以沙羽爲畫飾象骨飾之鬱鬯之器也黃彝也灌酌鬱尊以獻也瓚形如槃容五升以大圭爲柄是謂圭瓚簋籩屬也以竹爲之雕刻飾其直者也爵君所進于尸也仍因也因爵之形爲之飾也加加爵也散角皆以璧飾其口也梡始有四足也嶡爲之距清廟周頌也象謂周頌武也以管播之朱干赤大盾也戚斧也冕冠名也諸侯之服自衮冕而下如王之服也大武周武也大夏夏舞也周禮昧師掌教昧樂詩曰以雅以南以籥不僭廣大也）周公

在豐致政老歸將沒欲葬成周已所營作示終始念之公薨成王葬于畢不敢臣周公故使近文武之墓告周公作亳姑周公徙奄君于亳姑因告作以葬畢之義并及奄已定亳姑言所遷之功成云康王追念周公之所以勳勞者而欲尊魯故賜之以重祭外祭則郊社是也內祭則大嘗禘是也言此者王室所欲右周公之功夫大嘗禘外歌清廟下而管象朱干玉戚以舞大武八佾以舞大夏此天子之樂也康周公故以賜魯也清廟頌文王之詩也管象吹管而舞武象之樂也朱干赤盾戚斧也此武象之舞所執也佾猶列也大夏禹樂文舞也執羽籥文武之舞皆八列互言之耳康猶襃大也易晉卦曰康侯用錫馬子孫纂之至於今不廢所以明周公之德而又以重

其國也不廢不廢其此禮樂也重猶尊也

平王元年命衛侯和為公和武功也初犬戎殺幽王武公將兵往佐周平戎甚有功王命為公

定王十三年晉士會帥師滅赤狄晉侯請于王戊申以黻冕命士會將中軍宜為太傅代荀林父將中軍且加以太傅之官黻冕命卿之服大傅孤卿

靈王十八年魯襄公之十九年也鄭公孫蠆卒赴於晉大夫范宣子言於晉侯以其善於伐秦也襄十四年晉伐秦子蟜見諸侯師而勸之濟涇也六月晉侯請於王王追賜之大路使以行禮大路天子所賜車服摠名以行葬禮傳言大夫有功則賜服路

漢高祖五年項籍死帝置酒對衆折隨何曰腐儒腐儒爛敗言無所堪任為天下安用腐儒哉高祖意欲襃賞隨何恐羣臣不服故對衆折辱令其自數功勞也隨何跪曰夫陛下引兵攻彭城楚王未去齊也陛下發步卒五萬人騎五千能以取淮南乎曰不能隨何曰陛下使何與二十人使淮南如陛下之意是何之功賢於步卒數萬騎五千也然陛下謂何腐儒為天下安用腐儒何也帝曰吾方圖子之功圖謀也乃以隨何為護軍中尉是年高祖置酒雒陽南宮帝曰通侯諸將舊曰徹侯避武帝諱曰通侯通亦徹也通言其功德通於王室也又其後改為列侯列者見序列也毋敢隱朕朕曰我古者上下共文咎繇與帝舜言稱朕屈

原曰朕皇考至秦獨以為尊稱漢遂因之而不改也皆言其情吾所以有天下者何項氏之所以失天下者何高起王陵對曰姓高名起漢帝年紀高帝時有信平侯臣陵都武侯臣起魏相邴吉奏高帝事有臣陵臣起陛下嫚而侮人嫚易也讀與嫚同項羽仁而敬人然陛下使人攻城畧地所降下者因以與之與天下同利也項羽妬賢疾能有功者害之賢者疑之戰勝而不與人功得地而不與人利此其所以失天下也帝曰公知其一未知其二夫運籌帷幄之中决勝千里之外吾不如子房塡國家撫百姓給餽餉不絕糧道吾不如蕭何塡與鎭同鎭安也餽亦饋字連百萬之衆戰必勝攻必取吾不如韓信

三者皆人傑吾能用之傑言傑然獨出也此吾所以取天下者也項羽有一范增而不能用此所以爲我擒也羣臣説服

宣帝本始元年詔曰夫褒有德賞有功古今之通義也車騎將軍光祿勳富平侯安世宿衛忠正宣德明恩勤勞國家守職秉義以安宗廟其益封萬六百戸次大將軍光

甘露二年單于始入朝帝思股肱之美迺圖畫其人於麒麟閣武帝獲麒麟時作此閣圖畫其象於閣遂以爲名又曰漢宫閣疏云蕭何造法其形貌署其官爵姓名惟霍光不名曰大司馬大將

軍博陸侯姓霍氏次曰衛將軍富平侯張安世次曰車騎將軍龍頟侯韓增次曰後將軍營平侯趙充國次曰丞相高平侯魏相次曰丞相博陵侯丙吉次曰御史大夫建平侯杜延年次曰宗正陽城侯劉德次曰少府梁丘賀次曰太子太傅蕭望之次曰典屬國蘇武皆有功德知名當世是以表而揚之明著中興輔佐列於方叔召虎仲山甫焉三人皆周宣王之臣有文武之功佐宣王中興者言宣帝亦重興漢室而霍光等並爲名臣皆比於方叔之屬凡十一人

成帝建始四年河決於館陶河隄使者王延世使塞命其爲使而塞河也華陽國志云延世字長叔犍爲資中人也以竹落長四丈大九圍盛以小石兩船夾載而下之三十六日河隄成帝曰東郡河決流漂二州校尉延世隄防三旬立塞其以五年爲河平元年卒治河者爲著外繇六月以卒治河有勞雖執役日近皆得比繇戍六月也著謂著於簿籍也惟延世長於計策功費約省用力日寡朕甚嘉之其以延世爲光祿大夫秩中二千石賜爵關内侯黄金百斤

後漢光武初景丹爲偏將軍號奉義侯從擊王郎將兒宏等於南燕郎兵迎戰漢軍退卻續漢書曰南燕賊足里上營得上彭車輕重數重也丹等縱突騎擊大破之追奔十餘里死傷者縱橫丹還光武謂曰吾聞突騎天下精兵今乃見

其戰樂可言邪

建武四年漁陽太守彭寵反上谷太守耿況屢攻破之五年寵死天子嘉況功使光祿大夫樊宏詔況曰惟況功大不宜監察從事邊郡寒苦不足久居其詣行在所賜甲第奉朝請封陽平侯

五年建威大將軍耿弇攻張步於臨淄張步復來攻弇弇擊破之後數日車駕至臨淄自勞軍羣臣大會帝謂弇曰昔韓信破歷下以開基今將軍攻祝阿以發迹此皆齊之西界功足相方而韓信襲擊已降將軍獨拔勍敵其功乃難於信也

六年征西大將軍馮異朝京師引見光武謂公卿曰是我起兵時主簿也爲吾披荊棘定關中旣罷使中黄門賜以珍寶衣服錢帛詔曰倉卒蕪蔞亭豆粥滹沱河麥飯厚意久不報異稽首謝曰臣聞管仲謂桓公日願君無忘射鉤臣無忘檻車齊國賴之臣今亦願國家無忘河北之難小臣不敢忘巾車之恩後數引燕見定議圖蜀留十餘日令異妻子隨還西上

八年征隗囂征虜將軍祭遵屯汧公孫述遣兵救囂諸將奔還遵獨留不却詔曰將軍連年距難衆兵郞却復獨案部功勞爛然兵退無宿戒糧食不豫具今

乃調度恐力不堪國家知將軍不易亦不遺力送縑千匹以賜吏士

陳俊初爲安集掾擊銅馬拜彊弩將軍與五校戰手接短兵追奔二十餘里斬將光武望而歎曰戰將盡如是豈有憂哉以俊爲琅邪太守行大將軍事俊將兵擊董憲於贛榆（贛榆縣名屬東海郡）進破朐賊孫陽平之是年張步畔還琅邪俊追討斬之帝美其功詔俊得專征青徐（華嶠書曰賜俊璽書曰將軍元勳大著威震青徐兩州有警得專征之也）俊得撫貧弱表有義簡制軍吏不得與郡縣相干百姓歌之數上書自請願奮擊隴蜀詔報曰東州新平大將軍之力也負海猾夏盜賊之處國家以爲重憂且勉鎭撫之

明帝時竇憲旣破北單于勒銘燕山乃班師詔使中郞將持節即五原拜憲大將軍封武陽侯食邑二萬戶憲固辭封賜策許焉永平二年詔曰大將軍憲前歲出征克滅北狄朝加封賞固讓不受舅氏舊典竝蒙爵土（西漢故事帝舅皆封）其封憲冠軍侯邑二萬戶篤郾侯景汝陽侯瓌夏陽侯各六千戶憲獨不受封

永平中帝追感前世功臣乃圖畫二十八將於南宮雲臺其外又有王常李通竇融卓茂合三十二人其

二十八將者太傅高密侯鄧禹中山太守全椒侯馬成大司馬廣平侯吳漢河南尹阜成侯王良左將軍膠東侯賈復琅邪太守祝阿侯陳俊建威大將軍好畤侯耿弇驃騎大將軍參遽侯杜茂執金吾雍奴侯寇恂積弩將軍昆陽侯傅俊征南大將軍舞陽侯岑彭左曹合肥侯堅鐔征西大將軍夏陽侯馮異上谷太守淮陽侯王霸建義大將軍頴陽侯祭遵豫章太守中水侯李忠驃騎大將軍櫟陽侯景丹右將軍槐里侯萬修虎牙大將軍安平侯蓋延太常靈壽侯邳彤衛尉安成侯姚期驍騎將軍昌成侯劉植東郡太

守東光侯耿純橫野大將軍山桑侯王常城門校尉節陵侯臧宫大司空固始侯李通捕虜將軍揚虛侯馬武大司空安豐侯竇融驃騎將軍慎侯劉隆太傅宣德侯卓茂

傳育爲武威將軍護羌較尉戰死育初爲臨羌長與捕虜將軍馬武等擊羌滇涾功冠諸軍及在武威聲聞於匈奴食祿數十年秩奉盡贍給知友妻不免操井臼帝下詔追褒美之封其子毅爲明進七百戶

魏太祖令曰故陳留太守棗祗天性忠能始共舉義兵周旋征討後袁紹在冀州亦貪祗欲得之祗深附

託於孤使領東阿令呂布之亂兗州皆叛惟范東河完在繇祗以兵據城之力也後大軍糧乏得東河以繼祗之功也及破黃巾定許得賊資業當興立屯田時議者皆言當計牛輸穀佃科以定施行後祗白以爲僦牛輸穀大收不增穀有水旱災除大不便反覆來說孤猶以爲當如故大收不可復改易祗猶執之孤不知所從使與荀令君議之時故軍祭酒侯聲云科取官牛爲官田計如祗議於官便於客不便聲懷此云云以疑令君祗猶自信據計畫還白執分田之術孤乃然之使爲屯田都尉施設田業其時歲則大收後遂因此大田豐足軍用摧滅羣逆克定天下以隆王室祗興其功不幸早殁追贈以郡猶未副之今重思之祗宜受封稽留至今孤之過矣祗子處中宜加封爵以祗爲不朽之事妻圭字子伯從太祖破馬超等子伯功爲多太祖嘗嘆曰子伯之計孤不及也

程昱嘗從太祖征討屢有功及中夏漸平太祖拊昱背曰兗州不用君言吾何以至此

徐晃爲平寇將軍太祖還鄴留晃與夏侯淵拒劉備於陽平備遣陳式等十餘營絕馬鳴閣道晃別征破

之賊自投山谷多死者太祖聞甚喜假晃節令曰此閣道漢中之險要咽喉也劉備欲斷絕外内以取漢中將軍一舉克奪計之善者也

夏侯淵爲行護軍將軍督朱靈等屯長安建安中抱罕宋建因凉州亂自號河西平漢王太祖使淵帥諸將討建淵至圍抱罕月餘拔之斬建及所置丞相已下淵别遣張郃等平河關渡河入小湟中河西諸羌盡降隴右平太祖下令曰宋建造爲亂逆三十餘年淵舉滅之虎步關右所向無前仲尼有言吾與爾不如也

文帝初凉州盧水胡反西河大擾詔以張既爲凉州刺史既追擊大破之斬首獲生以萬數帝甚悦詔曰卿踰河歷險以勞擊逸以寡勝衆功過南仲勤踰吉甫此勲非但破胡乃永寧河右使吾長無西顧之念矣徙封西鄉侯增邑三百并前四百戸

又詔朱靈曰將軍佐命先帝典兵歷年威過方召功踰絳灌圖籍所美何以加焉朕受天命帝有海内元功之將社稷之臣皆朕所以同福共慶傳之無窮者也今封鄃侯富貴不歸故鄉如夜行衣繡若平常所志願勿難言靈謝曰高唐宿所願於是更封高唐

明帝青龍元年五月壬申詔祀故大將軍夏侯惇大司馬曹仁車騎將軍程昱於太祖廟庭（魏書載詔曰昔先王之禮於功臣存則顯其爵位沒則祭於大烝故漢氏功臣祠於廟庭大魏元功之臣勳爵優著終始休明者其皆依禮祀之於是以惇等配饗）

齊王正始四年七月詔祀故大司馬曹真征南大將軍夏侯尚太常桓階司空陳羣太傅鍾繇車騎將軍張郃左將軍徐晃前將軍張遼右將軍樂進太尉華歆司徒王朗驃騎將軍曹洪征西將軍夏侯淵後將軍朱靈文聘執金吾臧霸破虜將軍李典立義將軍龐德武猛校尉典韋於太祖廟庭

五年十一月癸卯詔祀故尚書令荀攸於太祖廟庭

六年十一月祫祭太祖廟始祀佐命臣二十一人

嘉平二年諸葛誕反驃騎將軍王昶據夾石以逼江陵持施績全熈使不得東諸葛誕既誅詔曰昔孫臏救趙直走大梁西兵驟進亦所以成東征之勢也增邑千戸并前四千七百戸遷司空持節都督如故

郭淮爲雍州刺史嘉平元年遷征西將軍都督雍凉諸軍事三年詔曰昔漢川之役幾至傾覆淮臨危濟難功書玉册在關右三十餘年外征寇虜内綏民夷比歲以來摧破闗廖化車騎將軍儀同三司持節都

督如故進封陽曲侯邑凡二千七百八十戸分三百戸封一子亭侯

高貴鄉公時鄧艾爲安西將軍大破姜維之衆甘露元年詔曰逆賊姜維連年狡黠民夷騷動西土不寧艾籌畫有方忠勇奮發斬將十數馘首千計國威震於巴蜀武聲揚於江岷今以艾爲鎮西將軍都督隴右諸軍事進封鄧侯分百戸封子忠爲亭侯

陳留王景元三年詔祀故軍祭酒郭嘉於太祖廟庭

四年鄧艾平蜀下詔曰艾曜威奮武深入虜庭斬將搴旗梟其鯨鯢使僭號之主稽首係頸歷世逋誅一

朝而平兵不踰時戰不終日雲徹席卷蕩定巴蜀雖白起破強楚韓信克勁趙吳漢禽子陽亞夫滅七國計功論美不足比勳也其以艾爲太尉增邑二萬戶封二子亭侯各食邑千戶

又詔鍾會曰會所向摧弊前無強敵緘制衆城網羅逆逸蜀之豪帥面縛歸命謀無遺策舉無廢功凡所降誅動以萬計全勝獨克有征無戰拓平西夏方隅清晏其以會爲司徒進封縣侯增邑萬戶封二子亭侯邑各千戶

晉武帝泰始二年王沉薨以佐命功武帝方欲委以

萬機既薨帝素服舉哀賜賓器朝服一具衣一襲錢三十萬布百疋葬田一頃謚曰元明年帝追思沉勳詔曰夫表揚往行所以崇賢垂訓慎終紀遠厚德興教也故散騎常侍驃騎將軍博陵元公沉蹈禮居正直心清粹經綸墳典才識通洽入歷常伯納言之位出幹監收方嶽之任內著謀猷外宣威略建國設官首登公輔兼統中朝出納大命實有翼亮佐世之勳其贈沉司空公以寵靈既往使沒而不朽又前以翼贊之勳當受羣臣之封而固辭懇至嘉其讓德不奪其志可以郡公官屬送葬

咸寧元年詔論次功臣將配饗宗廟所司奏故太傅鄭中太尉荀顗司徒石苞司空裴秀驃騎將軍王沉安平獻王孚等及太保何曾司空賈充太尉陳騫中書監荀勗平南將軍羊祜齊王攸等十二人皆銘功太常配饗清廟

惠帝太安初議郎周玘起義兵破妖賊張昌石冰等徐揚並平又陳敏反于揚州以玘爲安豐太守四品將軍玘稱疾不行密遣使告鎮東將軍劉準令發兵臨江已爲內應與顧榮甘卓等以兵攻敏敏衆奔潰追獲斬之又吳興錢璯反玘復率合鄉里義衆討璯

斬之傳首建康玘三定江南開復王畧帝嘉其勳以行建威將軍吳興太守烏城縣侯帝以玘頻興義兵勳誠並茂乃以陽羨及長城之西鄉丹陽之永世別爲義興郡以彰其功焉懷帝末顧榮卒帝臨喪盡哀欲贈榮依齊王功臣格吳郡內使殷佑上箋論榮之功曰昔賊臣陳敏憑寵藉權滔天作亂兄弟姻婭盤固州郡威逼士庶以爲臣僕于時賢愚計無所出故散騎常侍安東軍司嘉興伯顧榮經德體道謀猷宏遠忠貞之節在困彌厲崎嶇艱難之中逼迫姦逆之下每惟社稷發憤忼愾密結腹心同謀致討信著群

士名冠東夏德聲所振莫不響應荷戈駿奔其會如林榮乃躬當矢石爲衆率先忠義奮發忘家爲國歷年逋寇一朝土崩兵不血刃蕩平六州勳茂上代義彰天下伏聞論功依故大司馬齊王格不在帷幕密謀參議之例下附州征野戰之比不得進爵拓土賜拜子弟退邇同嘆江表失望齊王親則近屬爲方嶽伏節握兵都督近畿外有五國之援内有宗室之助稱兵彌時役連天下元功雖建所喪亦多榮衆無一旅任非藩翰孤絶江外王命不通臨危獨斷以身殉國官無一金之費人無終朝之勞元惡旣殄高尚成

功封閉倉廩以俟大軍故國安物阜以義成俗今日覇圖事舉未必不繇此而隆也方之於齊强弱不同優劣亦異至於齊府參佐扶義助强非創謀之主皆賜班受瑞或公或侯榮首建密謀爲方面盟主功高元帥賞卑下佐上虧經國紀功之班下孤忠義授命之士夫孝績幽明王教所崇况若榮者濟難寧國應天先事歷觀古今未有立功若彼酬報如此者也繇是贈榮侍中驃騎將軍開府儀同三司謚曰元

愍帝初爲秦王索綝立王爲皇太子及卽尊位綝遷侍中大僕以首迎大駕昇壇受璽之功封弋居伯尋詔曰朕昔遇厄運遭家不造播越宛楚爰失舊京幸宗廟寵靈百辟宣力得從藩衛託乎羣公之上社稷之不隕實公是賴宜賚百揆傳弼朕躬其授衛將軍領太尉位特進軍國之事悉以聞之

明帝時紀瞻爲領軍將軍王敦之亂帝使謂瞻曰卿雖病但爲朕臥護六軍賊平復自表還家帝不許固辭不起詔瞻忠亮雅正識局經濟屢以年耆病久逡巡告誠朕深明此也操重高其志今聽所執其以爲驃騎將軍常侍如故服物制度一案舊典遣使就拜止家屬爲府瞻旣卒後朝廷論討王含功追封華榮

子降先爵二等封次子一人亭侯

成帝時溫嶠薨帝下冊書曰朕以眇身纂承洪緒光闡大道化洽時雍至乃狂狡滔天社稷危逼惟公明鑒特達識心經遠懼皇綱之不維忿凶寇之縱暴唱率羣后五州響應首啓戎行元惡受馘王室危而復安三光幽而復明功格宇宙勳著八表方賴大猷以拯區夏天不憖遺早世薨殂朕用痛悼于厥心夫褒德銘勳先王之明典今追贈公侍中大將軍持節都督刺史餘如故賜錢百萬布千匹謚曰忠武祠以太牢初葬于豫章後朝廷追嶠勳德特爲造大墓於元

明二帝陵之北陶侃上表曰故大將軍嶠忠誠著於聖世勲義感於人神非臣筆墨所能稱陳臨卒之際與臣書別臣藏之篋笥時時省視每一思述未嘗不中夜撫膺臨飯酸噎人之云亡嶠實當之謹寫嶠書上呈伏惟陛下旣垂御省傷其情旨死不忘忠身没黄泉追恨國恥獎臣戮力救濟艱難使亡而有知抱恨結草豈樂今日勞費之事願陛下慈恩停其移葬使嶠棺柩無風波之危魂靈安於后土詔從之後嶠後妻何氏卒子放之便載喪還都詔葬建平陵北幷贈嶠前妻王氏及何氏始安夫人印綬

郗鑒爲太尉薨帝朝晡哭于朝堂遣御史持節護喪事贈賻一依温嶠故事冊曰惟公道德冲邃體識弘遠忠亮雅正行爲世表歷位内外勲庸彌著乃者約峻狂狡毒流朝廷社稷之危賴公以寧功侔古烈勲邁桓文方倚大猷藩翼時難昊天不弔奄忽薨殂朕用悼于厥心夫爵以顯德謚以表行所以崇明軌跡丕揚徽㲃今贈太宰謚曰文成祀以太牢魂而有知嘉兹榮寵

魏詠之字長道早與劉裕遊欵及桓玄篡位協賛義謀玄敗授建威將軍豫州刺史桓歆寇歷陽詠之率衆擊走之義熙初爲荆州刺史卒于官詔曰詠之器宇弘劭識局貞隱同獎之誠實銘王府敷績之効垂惠在人奄致隕喪惻愴于心可贈太常加散騎常侍其後録其賛義之功追封江陵縣公食邑二千五百戸

後魏道武初尉古眞從帝在賀蘭部爲賀染干所執傷一目古眞弟諾少侍帝以忠謹著稱從圍守山諾先登傷一目帝嘆曰諾兄弟竝毁其目以建功効誠可嘉也寵待遂隆除平東將軍賜爵安樂子

于栗磾爲冠軍將軍從帝伐中山及趙魏平定帝置

酒高會謂栗磾曰卿卽吾之黥彭大賜金帛

明元在東宮王雒兒給事帳下元紹之逆帝還宮社稷獲乂雒兒有功焉卽位拜散騎常侍詔曰士處家必以孝敬爲本在朝則以忠節爲先不然何以立身於當世揚名於後代也散騎常侍王雒兒車路頭等服勤左右十有餘年忠謹恭肅久而彌至未嘗須臾之頃有廢替之心及至艱難人皆易志而雒兒等授命不移貞操踰懇雖漢之樊灌魏之許典無以加焉勲而不賞何以奬勸將來爲臣之節其賜雒兒爵新息公加直意將軍永興五年卒贈太尉建平王賜温

明秘器載以轀輬車使殿中衛士爲之導從帝親臨哀慟者四焉

叔孫俊道武時爲獵郎帝卽位與元磨渾等拾遺左右及朱提王悅將爲大逆俊覺悅遂殺之帝以俊前後功重軍國大計一以委之泰常元年卒帝甚痛悼之親臨哀慟朝野無不追惜贈侍中司空安城王賜溫明秘器載以轀輬車衛士導從陪葬金陵子後有大功及寵幸貴臣薨賻送終禮皆依俊故事無得踰之者

太武時伊馛爲振威將軍帝之將討凉州也議者咸

諫唯司徒崔浩勸帝決行羣臣出後馛言於帝曰若凉州無水草何得爲國議者不可用也宜從浩言帝善之旣尅凉州帝大會於姑臧謂羣臣曰崔公智計有餘吾亦不復奇之馛弓馬之士而所見能與崔同此深可奇顧謂浩曰馛智力如此終至公相浩曰何必讀書然後爲學衛青霍去病亦不讀書而能大建勳名致位公輔帝曰誠如公言 又浩爲太常卿時議擊蠕蠕浩贊成策畧太武幸其第加侍中特進撫軍大將軍賞謀謨之功也帝召新降高車渠帥數百人賜食酒於前帝指浩浩以示之曰汝曹視此人尫纖懦弱手不能彎弓持矛其胸中所懷乃踰於兵甲朕始時雖存征討之意而志慮不自決前後尅捷皆此人導吾令至此耳

豆代田爲勇武將軍從帝討平凉擊破赫連定得奚斤等帝以定妻賜之詔斤膝行受酒於代田勑斤曰全爾身命者代田功也

來大千爲征北大將軍時吐京胡反以大千爲都將討平之大千在吐京卒喪還停於平城南帝出還見而問之左右以對帝悼歎者良久詔曰大千忠勇盡節功在可嘉今聽其喪入殯城內贈司空謚曰莊公子兵頹襲爵

奚烏侯以功進爵夷餘公出爲虎牢鎮將興光中卒詔喪禮依其伯父嘗農王斤故事陪葬金陵

獻文時慕容白曜爲征南大將軍攻宋無鹽等戍一旬之內頻拔四城威震齊土帝嘉焉詔曰卿總率戎旅討除不賓霜戈所向無不摧靡旬日之內尅拔四城韓白之功何以加此雖升城戍將房崇吉守迷不順危亡已形潰在旦夕宜勉崇威略務存長轡不必窮兵極武以爲勞頓

尉元爲鎮南大將軍宋沈攸之吳憘公領卒數萬從沂淸而進元遣孔伯恭大破賊軍拜元都督徐南北兗州諸軍事鎮東大將軍開府徐州刺史帝詔元曰賊將沈攸之吳憘公驅率蟻衆進寇下邳卿戎昭果

毅智勇奮發水陸邀絶應時摧殄自淮以北廓然清定皆是元帥經畧將士効力之所致也朕用嘉之今方欲清蕩呉會懸旌秣陵至於用兵所宜形勢進止善加量度動静以聞

孝文以長孫嵩在太武時爲太尉北平王薨帝追録先朝功臣以嵩配饗廟庭

又以穆崇自太祖爲魏王拜崇征虜將軍從平中原及薨命崇立祀子孫世奉焉太和中追録功臣以崇配饗崇之孫眞尚長城公主卒謚曰宣帝追思崇勲令著作郎韓顯宗與眞撰定碑文建於白登山

崔玄伯爲周兵將軍疾卒後帝追録先朝功臣以玄伯配饗廟庭

陸麗在文成時以輔立功遷司徒公爲乙渾所害獻文甚惜之謚曰簡王陪葬金陵帝追録先朝功臣以麗配饗廟庭

薛眞度自帝遷雒每獻計於帝勸先取樊鄧後攻南陽故爲帝所賞賜帛一百匹又加持節正號冠軍改封臨晉縣開國公食邑三百戸詔曰獻忠盡心人臣令節標善之賞有國徽範故一言可以興邦片辭可以喪國得無違録前謀以褒厥善眞度爰自遷京每在戎役沔北之計嘗所與聞知無不言頗見采納及六師南邁朕欲超據新野羣情皆異眞度獨與朕同撫寧蠻夷實有勤績可增邑二百戸轉征虜將軍豫州刺史

李崇文成元皇后兄之子也帝南討昏楊靈珍遣弟婆羅與子雙領騎萬餘襲破武興詔崇都督隴右諸軍討之崇大破之斬婆羅靈珍走奔漢中帝在南陽覽表大悦曰使朕無西顧之憂者李崇之功也以崇爲都督梁秦二州諸軍事本軍將軍梁州刺史帝手詔曰今洮隴克清鎮捍以德爾之威惠旣宣實爲遠

寄故勅授梁州用寧邊服便可善思經畧去其可除安其可育公私所患悉令芟夷

任城康王雲孫嵩爲武衛將軍從帝伐齊斬獲萬計勇冠三軍帝大悦而言曰任城康王有大福德文武出其門以功賜爵高平縣侯賚帛一千五百匹

高閭爲鎮南將軍相州刺史及帝車駕至鄴帝頻幸其州館詔曰閭昔在中禁有定禮正樂之勲作藩於州有廉清公幹之美自大軍停軫庶事咸豊可謂國之老成善始令終者也每惟厥德朕甚嘉焉可賜帛五百疋粟一千斛馬一疋衣一襲以褒厥勲

韓顯宗自帝南伐爲右軍府長史征虜將軍統軍軍次赭陽南齊成主成公期遣其軍主胡松高法援等并引齊人來擊軍營顯宗親率拒戰遂斬法援首顯宗至新野帝詔曰卿破賊斬帥殊益軍勢朕方攻堅城何不作露布也顯宗曰臣頃聞鎮南將軍王肅獲賊二三驢馬數匹皆爲露布臣在東觀私每哂之近雖仰憑威靈得摧醜虜兵寡力弱擒斬不多脫復高曳長縑虛張功捷尤而效之其罪彌甚臣所以斂毫卷帛解上而已帝笑曰如卿此勳誠合茅土須赭陽平定簡審相酬新野平以顯宗爲鎮南廣陽王嘉諮議

參軍

宣武以王肅自南齊來歸孝文時爲將相有大功及薨於壽春帝爲舉哀詔曰肅奄至不救痛惋兼懷可遣中書侍郎賈思伯兼通直散騎常侍撫慰厥孤給東園祕器朝服一襲錢三十萬帛一千匹布五百匹蠟三百斤并問其卜遷遠近專遣侍御史一人監護喪事務令優厚又詔曰死生動靜卑高有域勝達所居存亡崇顯故杜預之殁窆於首陽司空李冲覆舟是託顧瞻斯所誠亦二代之九原也故揚州刺史肅誠義結於二世英猷符於李杜平生本意願終京陵旣有宿心宜遂先志其令葬於冲預兩墳之間使之神遊相得也贈侍中司空

邢巒爲安東將軍大破梁兵帝賜巒璽書曰知大戡醜虜威振賊庭淮外霧披徐方壃卷王畧遠恢混一維始公私慶泰何快如之賊衍此舉實爲傾國比者宿豫陷殁淮陽嬰城凶狡偷張規抗王旅將軍忠規協著火烈霜摧雷動岱陽風掃沂嶧遂令逋誅之寇一朝殲夷元鯨大憝千里折首殊勳茂捷自古莫二但揚區未安餘燼宜盪乘勝掎角勢不可遲便可率厲三軍因時經畧申威東南清彼江介忘此疲勞用

圖永逸進退規度委之高算

後周太祖河橋之戰馬中流矢墜地都督李穆以馬授帝遂得俱免擢授武衛將軍加大都督車騎大將軍儀同三司進爵安武郡公增邑一千七百戶前後賞賜不可勝計久之帝美其忠節乃嘆曰人之所貴唯身命耳李穆遂能輕身命之重濟孤於難雖復加之以爵位賞之玉帛未足爲報也乃特賜鐵券恕以十死進驃騎大將軍開府儀同三司侍中初穆授帝以驄馬其後中廐有此色馬者悉以賜之穆爲幷州揔管長子惇授車騎大將軍儀同三司大都督進爵

爲公帝令功忠世子竝與畧陽公遊處惇於時輩之中特被引接每有遐方服玩異域珍奇無不班錫伭授小武伯進爵安樂郡公

高琳爲衛將軍從擒莫多婁貸文仍戰河橋琳先驅奮擊勇冠諸軍帝嘉之謂之曰公郎我之韓白也

赫連達字朔周盛樂人勃勃之後曾祖庫多汗因避難改姓杜氏初從賀拔岳西征及岳爲侯莫陳悅所害達馳請帝引軍平悅帝謂諸軍曰當淸水公（淸水公郎賀拔岳也）遇禍之時君等性命懸於賊手雖欲來告其路無從杜朔周冒萬死之難達來見及遂得其盡忠節

同雪讐耻雖藉衆人之力實賴杜子之功勞而不酬何以勸善乃賜馬二十匹

宇文貴爲大將軍破支羌於栗坂帝美其功遂於栗坂立碑以紀其績

趙昶自以被拔擢居將帥之任傾心下士虜獲氐羌撫而使之皆爲昶盡力帝曰不煩國家士馬而能威服氐羌者趙昶有之矣

明帝武成二年十二月辛巳以功臣琅邪貞獻公賀拔勝等十三人配饗太祖廟庭

武帝以韋孝寬立勳玉壁遂於玉壁置勳州刺史又以孝寬爲驃騎大將軍鎭玉壁後帝東伐過幸玉壁觀禦敵之所深歎美之移時乃去

宇文慶深沉有器局屬文州民夷相聚爲亂慶應募從征賊保據巖谷征路懸絶慶以馬而進襲破之以功授都督從帝拔晉州及破高緯拔高壁克并州下信都擒高湝功竝居最帝詔曰慶勲庸早著英望華遠出内之績簡在朕心戎車自西俱總行陣東夏蕩定實有茂功高位縟禮宜崇榮册於是進位大將軍封汝南郡公邑千六百戸

册府元龜

巡按福建監察御史臣李嗣京 訂正

知閩縣事臣曹𦙍臣參閲

知建陽縣事臣黄國琦較稈

帝王部 一百三十三

褒功第二

隋高祖受禪周法尚為巴州刺史破三鵶叛蠻於鐵山復從柱國王誼擊走陳寇遷衡州總管四州諸軍事改封譙郡公邑三千戸後帝幸雒陽召之及引見賜金鈿酒鍾一雙綵五百段良馬十五匹奴婢三百口給鼓吹一部法尚固辭帝曰公有大功於國特給鼓吹者欲令公鄉閭知朕之寵公也固與之

宇文忻從韋孝寛平尉遲迥帝顧謂忻曰尉遲迥傾山東之衆連百萬之師公舉無遺策戰無全陣誠天下之英傑也進封英國公增邑三千戸

賀婁子幹初為後周秦州刺史及尉遲迥作亂子幹與宇文從録韋孝寛討之遇賊圍懷州子幹與宇文述等擊破之帝乃大悦手書曰逆賊尉遲迥敢遣蟻衆作寇懷州公受命誅討書令南陽郡公袁恕己等竝德惟神降材與運生道叶台徵名書讖緯寅亮帝載勤勞王家參復禹之嘉謀奉昇唐之景命惟徂謝易久而勲烈益彰撫夔冉以念功想旅嘗而增感緬遵故實用表徽懿俾列在清廟登於明堂克申從祀之儀式茂疇庸之典竝可配享中宗孝和皇帝廟庭

十年十一月景申朔方郡節度使兵部尚書信安郡王禕破突厥凱旋引將士等見帝置酒享之勑曰禕總戎朔陲經略萬里賦軍鞬卓精卒鋭兵自其有虞莫不素練而醜虜背誕偏師致誅謀若有神取如俯拾雖廟畧之云遠亦將士之力焉威武載揚頑凶且慴窮寇覆巢以奔北羣師棹鞅而來歸因其凱旋耶

加宴樂各宜坐飲相與盡歡

十二年隴右節度使鄯州都督王君㚟破吐蕃來獻戎捷帝置酒于内殿享之謂曰卿能振國威懾邊破敵誠節既著俘獲又多疇庸策勲已有處分卿及將士等並宜飲宴兼有賜物各宜領取

韓擒虎平金陵執陳後主叔寶時賀若弼亦有功帝下詔於晉王曰此二公者深謀大畧東南逋寇朕本委之靜地恤民悉如朕意九州不一已數百年以名臣之功成太平之業天下盛事何用過此聞以欣然實深慶快平定江表二人之力也賜物萬段又下優

詔於擒虎弼曰申國威於萬里宣朝化於一隅使江南之民俱出湯火數百年之寇旬日廓清專是公之功也高名塞於宇宙盛業光於天壤逖聽前古罕聞其匹班師凱入誠知非遠相思之甚寸陰若歲

賀若弼字輔伯平陳之役爲行軍總管晉王以弼先期決戰違軍命於是以弼屬吏帝驛召之及見迎勞曰克定三吳公之功也命登御坐賜物八千段加位上柱國進爵宋國公眞食邑三千戶加以寶劒寶帶金甕各一并雉尾扇曲蓋雜綵二千段女樂二部又賜陳叔寶妹爲妾拜右領軍大將軍

王韶字子相代陳爲元帥府司馬及克金陵帝謂公卿曰晉王以幼稚出藩遂能剋平吳越綏靜江湖子相之力也於是進位柱國賜奴婢三百口綵絹五千段

達奚長儒爲上大將軍破突厥沙鉢畧可汗帝下詔曰突厥倡狂輙犯邊塞犬羊之衆彌亘山原而長儒受任北鄙式遏寇賊所部之內少將百倍以晝通宵四面抗敵凡十有四戰所向必摧凶徒就戮過半不反鋒刃之餘亡魂竄迹自非英威奮發奉國情誠撫御有方士卒用命豈能以少破衆若斯之偉言念勳庸宜隆名器可上柱國餘勳廻授一子

李安爲楊素司馬仍領行軍總管襲破陳師帝嘉之詔書勞曰陳賊之意自言水戰爲長險隘之間彌謂官軍所憚開府親將所部夜溢舟師摧破賊徒生擒虜衆益官軍之氣破賊人之膽副朕所委任以勳進位上大將軍除郢州刺史

元諧爲行軍元帥討吐谷渾名王公侯來降帝大悅下詔曰褒善疇庸有聞前載元諧識用明達神情警悟文規武畧聲流朝野申威拓土功成疆埸浮謀大節實簡朕心加禮延世宜降賞典可柱國別封一子

縣公諧拜寧州刺史

韋冲爲南寧州總管持節撫慰冲旣在南寧渠帥爨震及西爨首領皆詣府參謁帝大悅下詔褒揚之

豆盧毓爲漢王諒府主簿諒作亂毓苦諫不從見害諒平帝下詔曰褒顯名節有國通規加等飾終抑惟令典毓浮識大義不顧姻親出於萬死首建奇策去逆歸順殉義亡身追加榮命宜優嘗禮可贈大將軍封正義縣公賜帛二千疋謚曰愍

衛玄與代王留守京師會王玄感圍逼東都玄率步騎七萬援之苦戰賊稍却旣而玄感西遁玄遺斛斯

萬善監門直閤龐玉追之及于閿鄉與宇文述等合擊破之車駕至高陽徵詣行在所帝勞之曰社稷之臣也使朕無西顧之憂仍下詔曰近者妖氛充斥擾動關河文昇率勵義勇應機響赴表裏奮擊摧破兇醜宜昇榮命式弘賞典可右光祿大夫賜以良田甲第資物鉅萬

樊子蓋爲東都留守楊玄感作逆來逼王城盡銳攻城不能克車駕至高陽追詣行在所臥而引見高祖逆勞之曰昔高祖留蕭何於關西光武委寇恂以河內公其人也子蓋謝曰臣任重罷小寧可竊譬兩賢

但以陛下威靈小盜不足除耳進位光祿大夫封子蓋建安侯尚書如故賜縑二千匹女樂五十人子蓋固讓優詔不許後車駕還東都帝謂子蓋曰玄感之反神明故以彰公赤心耳折珪進爵宜有令謨是日下詔進爵爲濟公言其功濟天下特爲立名無此郡國也賜縑三千匹奴婢二十口後與蘇威宇文述陪宴積翠亭帝親以金杯屬子蓋酒曰良算嘉謀俟公後動卽以此杯賜公用爲永年之端并綺羅百匹

麥鐵杖爲右屯衛大將軍遼東之役與賊戰死帝爲流涕購得其屍下詔曰鐵杖志氣驍果宿著勳庸陪麾問罪先登陷陣節高義烈身殞功存興言至誠追懷傷悼宜賴殊榮用彰飾往可贈光祿大夫宿國公謚曰武烈子孟才嗣尋授光祿大夫孟才有二弟仲才季才俱拜正議大夫賜贈鉅萬賜輼輬車給前後部羽葆鼓吹平壤道敗將宇文述等百餘人皆執紼王公已下送至郊外

楊恭仁大業初轉吏部侍郎楊玄感作亂帝詔恭仁率兵經畧與玄感戰於破陵大敗之玄感兄弟挺身遁走恭仁又與屈突通等追討獲之軍旋帝召入殿內謂曰我聞破陵之陣唯卿力戰功最比雖知卿奉

法清愼都不知勇決如此也納言蘇威曰仁者必有勇固非虛也

張須陁大業中爲齊郡丞賊帥王薄聚結數萬人寇掠郡境須陁擊破之露布以聞帝大悅優詔褒揚使者圖其形容而奏之

唐高祖武德元年八月下詔曰朕自起兵晉陽遂登皇極經綸天下實仗羣才尚書令秦王世民尚書右僕射寂或契合元謀或同心運始竝陷義輕生捐家殉節艱辛備履金石不移論此忠勤特宜優異官爵之榮抑惟舊典勳賢之議宜有別恩其犯罪非叛逆

可聽恕一死其太原元謀勳效者宜以名聞及所司進簿裴寂劉文靜如恕二死長孫順德劉孔基趙文恪竇琮劉政會劉世龍殷開山柴紹唐險武士彠張平高許世緒李思行李高遷並恕一死

李襲譽少通敏有識度隋末爲冠軍府司兵時陰師輔代王爲京師留守所在多盜賊陰師遣襲譽募山南士馬以援京師襲譽既至漢中會帝已定長安遣使授襲譽蜀漢道招尉大使仍令承制封拜襲譽率漢川之衆西指成都屬段綸爲益川總管代襲譽招撫襲譽乃入拜右光祿大夫太府少卿帝嘉其功命

爲三從姪詔曰安康郡公襲譽我之同姓派別枝分惟厥祖考世敦恭睦襲譽部率宗人協同義舉立功巴蜀誠節開基宜有褒崇用超階序特聽合譜宗正恩禮之差同諸服屬

劉瞻爲浩州刺史時劉武周連年爲寇隣城多陷賊數攻之輒爲瞻所敗帝下書勞之曰浩州之全卿之力也功績垂成念自勗勵富貴之事非卿而誰

馬三寶本柴紹家僮奉平陽公主遁於司竹及義兵濟河三寶以衆數萬詣軍後領平道軍將嘗從幸司竹帝顧謂三寶曰是汝建英雄處邪衛青大不惡[illegible]

太宗貞觀初代州行軍總管李靖撫納降附突厥頡利可汗歸款太宗嘗謂之曰昔李陵提步卒五千不免身降匈奴尚得書名竹帛卿以三千輕騎深入虜庭克復定襄威振北狄古今未有足報往年渭水之役也武德九年八月帝初即位突厥入寇至渭水帝與頡利盟于便橋突厥引兵而退

五年李子和從太宗平劉黑闥陷陣有功賜姓李氏拜右武衛將軍

七年右武衛將軍張士貴破反獠而還帝勞之曰聞公親蒙矢石爲士卒先雖古名將何以加也況朕嘗聞以身報國者不顧性命但聞其語未覩其實於公

方見之矣

十二年四月左武衛大將軍秦叔寶卒贈徐州都督陪葬于昭陵令所司於其塋內立石人馬以旌戰陣之功焉

十三年特進楊恭仁卒冊贈開府儀同三司潭州都督陪葬昭陵謚曰孝

十四年詔淮安王神通與河間王孝恭贈陝州大行臺右僕射鄖節公殷開山贈民部尚書渝襄公劉政會配饗高祖廟庭

十六年宇文士及卒初士及爲右衛大將軍尋錄其

功别封一子爲新城縣公在職七年復爲殿中監加金紫光禄大夫及疾篤太宗親問撫之流涕及卒贈左衛大將軍凉州都督陪葬昭陵

十七年二月戊申詔曰自古皇王褒崇勳德旣勒銘於鍾鼎又圖形於丹青是以甘露良佐麟閣著其美建武功臣雲臺紀其迹司徒趙國公無忌司空楊州都督河間王孝恭故司空萊文成公如晦故司空相州都督太子太師鄭文貞公徵司空梁國公玄齡開府儀同三司尚書右僕射申國公士廉開府儀同三司鄂國公敬德特進衛國公靖特進宋國公瑀故輔

國大將軍夔國公弘基故尚書左僕射蔣忠公通故陝東道大行臺尚書左僕射鄖節公開山故荆州都督譙襄公紹故荆州都督邳襄公順德雒州都督鄖國公張亮光禄大夫吏部尚書國公侯君集故左驍衛大將軍剡襄公張謹左領軍盧國公程知節故禮部尚書永興文懿公虞世南故戸部尚書渝襄公劉政會光禄大夫戸部尚書莒國公唐儉光禄大夫兵部尚書英國公李勣故徐州都督胡壯公秦叔寶等林惟棟樑謀猷經遠綱紀帷帳經綸霸圖或學綜經籍德範光煒隱犯同致忠讜日聞或竭力義旗委質藩邸一心表節百戰標奇或受脤廟堂闢土方面重氛載朗王畧遐宣竝契闊屯夷劬勞師旅贊景業於草昧翼淳化於隆平茂績嘉庸冠冕列辟昌言直道牢籠搢紳固以贍伊呂而連衡邁周召而長騖者矣宜酌故實弘兹令典可竝圖畫於凌煙閣庶念功之懷無謝於前載旌賢之義永貽於後昆

二十年八月丁亥詔曰周室姬公陪於畢陌漢庭蕭相附彼高園寵錫墳塋聞諸上代從窆陵邑信有舊章蓋以懿戚宗親類本同之枝幹元功上宰猶在身之股肱哀榮之義實隆始終之契斯允今宜聿遵故

實取譬拱辰庶在鳥耘之地無虧魚水之道宜令所司於昭陵南左右廂封境取地仍卽標誌壃域擬爲葬所以賜功臣其有文祖陪陵子孫欲來從葬者亦宜聽允

丘行恭爲光禄大夫從討王世充會戰於邙山之上太宗欲知其虛實雖弱乃與數十騎衝之直出其後衆皆披靡莫敢當鋒所殺傷甚衆旣而限以長隄與諸騎相失唯行恭獨從尋有勁騎數人追及太宗矢中御馬行恭乃迴騎射之發無不中行恭然後下馬拔箭以其所乘馬進太宗行恭於御馬前步執長刀

巨躍大呼斬數人突陣而出入太軍貞觀中有詔刻
石爲人馬以象行恭拔箭之狀立於昭陵門前
郭孝恪武德中爲宋州刺史令與徐勣經營武牢已
東所得州縣委以選補其後竇建德率衆來援王世
充孝恪於青城宫進策於太宗曰世充日蹙月迫力
盡計窮懸首面縛翹足可待建德遠來助虐糧運阻
絶此是天喪之時請固武牢屯軍氾水隨機應變則
易爲尅殄帝然其計及破建德平世充帝於洛陽置
酒高會謂諸將曰郭孝恪謀會建德之業王長光龍
門下米之功皆出諸人之右也

長孫無忌爲司空太宗追思王業艱難佐命之力乃
作威鳳賦以賜焉又嘗謂無忌曰朕御位之初上書
者或言人王必須權威獨運不得委任羣下或欲耀
兵振武懾服四夷唯有魏徵勸朕偃革興文布德施
惠中國既安遠人自服朕從其語天下大寧絶域君
長皆來朝貢九夷重譯相望於道此皆魏徵之力也
河間王孝恭自隋大業末羣兇競起皆爲太宗所平
謀臣猛將竝在麾下罕有別立勳庸唯孝恭著方面
之功聲名甚盛及卒太宗素服舉哀哭之甚慟贈司
空揚州都督陪葬獻陵謚曰元配享高祖廟庭

楊弘禮爲兵部侍郎專典兵機之務太宗征遼弘禮
入參謀議出則統衆攻戰駐蹕之陣領馬步二十四
軍出其不意以擊之所向摧破太宗自山上見弘禮
所統之衆人皆盡力殺獲居多甚壯之謂許敬宗等
曰越公兒郎故有家風矣高祖嗣位詔以長孫無忌
配享太宗廟庭
李勣爲司空初貞觀中太宗以勣勳庸特著嘗圖其
像於凌煙閣至是高宗又命寫形焉仍親爲之序勣
嘗侍從墜馬帝親問以所乘馬賜之後勣寢疾詔以
勣弟晉州刺史弼爲司衛正卿使得視疾尋薨帝爲

之舉哀輟視朝七日謚曰貞武給東園祕器陪葬昭
陵令司平太常伯楊昉攝司員正卿監護及葬帝幸
未央故城登樓臨送望柳車慟哭并爲設祭皇太子
亦從駕臨送哀慟悲感左右詔百官送至故城西所
築二墳一准衛霍故事象陰山鐵山及烏得鞬山以
旌破突厥薛延陁之功
顯慶三年十二月鄂國公尉遲敬德卒許敬宗奏請
加贈帝曰敬德功業誰之儔也對曰武德末年二凶
搆亂經綸中興之業能致宗廟之安有敬德功當第
一太尉無忌曰敬德早從征伐勳庸茂著貞觀之初

特効殊績比諸將帥超越等倫李靖南定荆吳北平突厥外內之事雖別論其勳効實宜相准帝以爲然爲之舉哀廢朝三日令京官五品已上及朝集使赴哭冊贈司徒賜東園祕器陪葬昭陵

儀鳳中司列少常伯安撫大食使裴行儉擒僞可汗都支及李遮匐還帝賜宴謂行儉曰卿文武兼資今都授卿二職卽日拜禮部尚書兼簡較右衛大將軍

中宗神龍元年十一月襄州刺史漢陽郡王張柬之抗表請辭王位帝不許因下書曰卿屢謹尚遜忌盈戒滿詞旨勤勤請謝王位然懸爵所以勸善申至公

也裂土所以疇庸非徇私也故漢德之盛異姓而王者八人魏祚之隆同功而邑者千戶今卿列爵之貴未越於漢圖食邑之豐纔半於魏制而遠形簡牘一何甚也朕承三代之丕業荷七廟之威靈惟唐據承祧之尊於周保元良之重至於復予休命配天大業雖曆數有歸亦謳謌所繼然狐鼠不掘終貽城社之憂頑兇未夷實負朝廷之懼卿誠亮白日忠厲秋霜懷直道以立身固一心而徇國自三兇搆患潛圖不軌惡迹初彰釁萌始露卿之大節義在不虧烈士之首期於必碎及難作宮禁禍生肘腋卿上銜天命外發兵符行正卯之戮旣於兩觀磔蚩尤之屍俄成四家曾不延晷菴成大功分壞錫珪固其宜矣行當勉以自愛享此眉壽秉几杖之榮極鄉園之樂崇讓小節念勿爲也

睿宗初卽位下詔曰尚書右僕射同中書門下三品監修國史許國公蘇瓌自周旋近密損益樞機謨猷有成弼贊無忌頃者遺恩顧託先意昭明奸回動搖內外危逼獨申讜議實挫邪謀况藩邸寮屬念般惟舊無德不報抑惟令典可尚書左僕射

景雲二年冬十月甲辰以吏部尚書劉幽求爲侍中

降璽書曰頃者王室不造中宗厭代內戚專政姦臣擅國將頃社稷幾遷龜鼎朕與王公皆將及於禍難卿見危思奮在變能通翊贊儲君叶和義士殄殲元惡流放凶徒我國家之復存緊茲是賴厥庸甚茂朕用嘉焉故委卿以鈞軸胙卿以茅土然征賦未廣寵錫猶輕昔西漢行封更擇多戶東京朕賞復增大邑故加賜卿實封二百戶兼舊七百戶使夫高岸爲谷長河如帶子子孫孫與國無絕又以卿忘軀徇難宜有恩榮故特免十死並書諸金鐵俾傳之後卿其保茲功業永作國禎可不美歟

太極元年四月詔曰朕聞御宸極握靈圖爲天下之尊居域中之大者上以奉宗廟下以育黎元迹宜彰於簡編事須聞於朝野朕高宗少子特蒙慈愛顧復之至禮絶諸王運屬上僊遭家難未嗣屋中宗出籓大聖天后臨朝以權立朕爲嗣朕自惟虛薄固讓中宗誠願上從用寧社稷比居籓邸洊嘉清閑不意景龍之間先帝暴棄天下凶族潛計謀覆邦家高祖之業幾墜于地皇太子隆基忠孝天感伏義行誅一夕之間戡定禍難朕當宿夕初不聞知及見事平且悲且慰方與四海同奉嗣君子温王幼冲頻屬艱疚因

發警悸日夜啼號因以先聖立朕爲太弟之意令鎮國太平長公主諫議大夫辥稷等奉承先旨朕固讓不肯覩事避於別宮中外皇皇莫知所向隆基鎮國請至於再三乃使中書舍人蘇頲奉表陳乞襄王便太平長公主成踐範業辥稷劉幽求麻嗣宗等以爲宗廟不可無主萬機不可暫曠且從人望固定策禁中朕又固辭僉謀卿士得蕭至忠崔湜韋嗣立趙彥昭麻嗣宗辥稷鄭萬均唐晙等同詞勸進以爲幼主之心既不可奪先聖之旨固不可違事不獲已乃順衆望要盟之言其文猶在朕纂承洪業于今三年謂宗廟郊天大禮斯備永惟所以獲奉宗祧臨兆人者蓋非朕之本心實乃鎮國太平長公主皇太子諸王郡公之意也雖顯顯之誠四海同望然因此致力在此數人已依西漢舊章各酬其德董狐執筆闕而未書宜勅左右編于史冊

玄宗先天元年封魏知古爲梁國公初竇懷貞等將謀逆也知古獨密奏其事及懷貞誅賜實封二百戶物五百段仍以前賞猶薄又手勅曰魏知古去年七月已前屢申啟沃每竭忠讜姦臣有謀先奏其兆事君之忠良可嘉嘆可更賜實封一百戶

開元二年六月丁卯北庭大都護瀚海軍使阿史那獻梟都擔首獻于闕下并擒其孥及胡祿等部落五萬餘帳內屬帝降書謂獻曰十姓部落比多款附蕞爾都擔敢爲背誕以卿忠果令其討伐遂斬首喪元并兒及妻兼復胡祿屋闕啜等五萬餘帳壺漿塞陌繈負而來自非信著遠蕃何以翕然至此邊陲寧謐緊卿是賴雖鄭吉之護南道班超之臨西域無以過焉言念勤勞豈忘鑒寐

是年又詔曰疇庸賞善百王攸先追遠飾終千載同德固尚書左丞相太子少傅贈司空荊州大都督許

國文貞公蘇瓌履正體道方外直內悉心奉上畢身率禮叶贊帷幄三朝有鹽梅之任爕諧台衮九命爲社稷之臣先朝晏駕釁起宫掖國擅稱制之姦人懷綴旒之懼凶威孔熾宗祀幾傾顧命遺恩太皇輔政逆臣刋削韋氏臨朝遂能首發昌言偘然正色列諸視聽暴於朝野松檟已遠風烈猶存緬懷誠節良浮耿歎可賜實封一百戶至四年命與徐國公幽求配享睿宗廟庭

三年二月郭虔瓘爲北庭都護累破吐蕃及突厥默啜斬獲不可勝計以其俘來獻玄宗置酒勞之及將士等並賜帛手詔謂曰默啜殘兇屈強邊徼吐蕃小

醜孤負聖恩我國家豫在懷柔未遑弔伐而乃敢肆蜂蠆屢犯疆陲虔瓘心蘊六奇折衝千里追奔邁於三捜爰降逾於萬計建功若此朕實嘉之

六年六月丁亥詔曰凡有功者銘書於王之太常烝於大烝司勳詔之允所謂疇庸紀勞頌賞旌善藏于天府享于廟庭臣哉隣哉其道光也故尚書左僕射太子少傅贈司空荊州大都督許文貞公瓌閑邪存誠允迪厥德故尚書右丞相太子少保郴州刺史徐國公幽求聞義盡節克茂乃勳並儀形羣后左右厥辟直道罔缺危言孔臧景雲末年邦國多難愷悌君子服勞王家或親受顧託以安劉氏或潛圖翼贊願奉唐侯纘乃舊服協于先契弘濟弼亮厥猷茂焉俾台小子嗣守文武之業獲奉宗廟之靈實資元輔是歟未命玆予大享於先王爾祖其從祀以配我有唐之休烈並可配享睿宗大聖眞皇帝廟庭又詔曰皇輿肇建必有輔佐之臣天步艱難爰伏經綸之業故侍中譙國公桓彥範故侍中平陽郡公敬暉故中書令兼吏部尚書漢陽郡公張柬之故特進博陵文貞公崔玄暐故中書令南陽郡公袁恕己等並德惟神降材與運生道叶台衡名書讖緯寅亮帝載勤勞王

家叅復禹之嘉謀奉昇唐之景命雖徂謝已久而勳烈益彰撫彝鼎以念功想旂常而增感緬遵故實用表徽懿俾列在清廟登于明堂克申從祀之儀式茂疇庸之典並可配享中宗孝和皇帝廟庭

十年十一月景申朔方軍節度大使兵部尚書信安郡王禕破突厥凱旋引將士等見帝置酒享之勑曰禕摠戎朔陲經畧萬里賦軍籍馬精卒銳兵自其有虞莫不素練而醜虜背誕偏師致誅謀若有神取如俯拾雖廟畧之云遠亦將士之力焉威武載揚頑凶且懾窮寇覆巢以奔北羣師掉鞅而來歸因其凱旋

聊加宴樂各宜坐飲相與盡歡

十二年隴右節度使鄯州都督王君㚟破吐蕃來獻戎捷帝置酒于內殿享之謂曰卿能振國威慑邊破敵誠節旣著俘獲又多疇庸策勳已有處士等竝宜飲讌兼有賜物各宜領取

十七年三月瓜州刺史墨離軍使張守珪沙州刺史賈順文大破吐蕃帝降書謂守珪曰吐蕃小醜干我邊鄙頻經喪衂竟不悛懲卿等早懷勇烈久司戎旅各效忠誠暗申計略遠聞決勝加慰良深守珪及思順竝宜賜紫其立功人叙錄具狀奏聞必要據實勿

使踰濫令內出緋紫袍卿等領取量功分賞其被傷人仍給醫藥使得安全陣亡人具名錄奏當加優贈

天寶六載正月南郊禮畢詔太廟配享功臣高祖室太加裴寂劉文靜太宗室加長孫無忌李靖杜如晦高宗室加褚遂良高季輔劉仁軌中宗室加狄仁傑魏元忠王同皎文武之道旣惟竝用宗敬之儀不可獨闕

肅宗至德二年十月郭子儀旣復東都加司徒封代國公實封一千戶尋來朝兵仗迎于灞上帝見之曰雖吾家國實卿再造之子儀頓首謝恩加中書令

乾元二年二月丁未郭子儀破逆賊執其將軍昂獻俘于朝徇于東西兩市而斬之御製郭子儀李光弼苗晉卿李麟李輔國考詞

代宗寶應元年五月丁酉詔文武官應在凌霄門內謁見者并飛龍射生等竝宜加寶應功臣七月乙巳射生使李惟誂藥子昂步軍使彭體盈張知節竝賜名寶應功臣八月壬戌殿中少監專知尚食李怨宜賜爲寶應功臣

二年七月上尊號大赦河北副元帥懷恩河東副元帥光弼幽州節度懷僊李抱玉郭英乂辛雲京侯希

逸田神功孫志直白孝德令狐彰李寶臣薛嵩田承嗣張獻誠魚朝恩程元振僕固瑒高彥崇渾日進李抱玉拓跋澄泌高暉盧欽友成惟良曹楚玉等各賜鐵券以名藏太廟畫像於凌煙之閣并寇難已來將相勳業多者其名籍圖畫亦准此

唐德元年吐蕃陷京師乘輿東幸郭子儀至吐蕃乃退代宗還京師見子儀曰用卿不早遂及於是乃賜鐵券圖形凌煙閣

德宗建中元年十二月丁酉令詳定國初已來將相

功臣名跡崇高功効明著者爲二等總一百八十七人武德已來宰相以房玄齡杜如晦蕭瑀高士廉魏徵王珪戴冑岑文本馬周劉洎褚遂良于志寧張行成高季輔韓瑗來濟張文瓘郝處俊李義琰裴炎蘇良嗣狄仁傑婁師德王方慶王及善魏元忠姚崇朱敬則蘇瓌宋璟魏知古陸象先蘇頲張嘉貞李元紘韓休張九齡三十七人爲上等竇威陳叔達等四十人爲次等功臣以裴寂劉文静長孫無忌河間孝王恭李勣尉遲敬德屈突通殷開山劉弘長孫順德唐儉柴紹段志玄劉政會張公瑾程知節秦叔寶虞世

南李傑張柬之崔玄暐桓彥範袁恕已張仁愿敬暉劉幽求崔日用郭元振張說王琚王俊三十四人爲上等淮安王神通等五十人爲次等至德已來將相既殁者以裴冕房琯杜鴻漸李嗣業劉正臣顏杲卿袁履謙張巡許遠盧奕南霽雲十一人爲上等李光弼等十五人爲次等

二年十二月詔曰忠臣之事君也願隳家以奉國良將之養士也或均材以周惠爰自古昔其儔益鮮故竇嬰陳金於廟廡趙奢散財於部曲皆受之天府不取私門猶能垂名史冊遺芳千載而況執上將之旗鼓率先登之士卒將行命賞罄乃家財上以彰憂國之誠下以竭奉公之効不有褒美孰旌忠贒河東節度使馬燧誠美夙著宏略載宣克揚經武之規實重安人之寄屬河朔干紀磁邢當寇而能終義奮發奉辭問罪出師之際宣布明誠誓將貲產分給戰士故得三軍之衆相與感激百勝之績於兹競勸朕當遂其懇懷以成厥美殊嘗之跡古人所難舉而行之用明信賞仍班王府之償式表忠臣之節宜令度支出錢充給將士其馬燧家資並却還之

興元元年四月帝在梁州詔諸軍從奉天隨從將士

並賜爲元從奉天定難功臣從敷卩已來隨從將士賜名元從功臣

六月副元帥李晟討朱泚既收復京城以露布聞帝覽之感泣百官皆出涕因上壽稱萬歲曰李晟虔奉聖謨盪滌凶匿然古之樹勳乃復都邑者往往有之至於不驚宗廟不易市肆長安人不識旗鼓安堵如初三代已來未之有也帝笑曰天生李晟爲社稷萬人不爲朕也百官再拜而退拜晟司徒賜永寧里第及涇陽上田延平之門林園女樂八人晟入所賜永寧里甲第帝令宰相及諸將會送是日特賜京兆府

供饌具鼓吹迎導集宴京師以爲榮觀女樂人人及銀綵羅等又令太常教坊備樂

七月壬午車駕自興元至京師帝旣還宮每間日宴勳臣於麟德殿必親閱酒饌盛陳音樂極歡而罷其所須賜李晟首之渾瑊次之諸宰相節將又次之所以褒元功示秩序也

九月詔靈州大都督渾瑊入所賜太寧里第特賜女樂五人及錦綵銀羅等仍令宰臣節將會送有司備樂供饌

貞元二年八月李懷光平詔曰河東保寧等軍節度

并管内諸軍節度副元帥簡較司徒平章事北郡王燧惟嶽降生豐爲時傑奉上有匪躬之節訓師懷畫敵之謀嘉猷屢聞能事畢備朔方河中同降陝虢等州節度及管内諸軍行營兵馬副元帥侍中咸寧郡王瑊堅持不奪之志亟陳必勝之略輯睦士旅崇功允集惟乃二帥一其誠心奉行天誅同獎王室是加寵命以答殊勳燧可兼侍中仍與一子五品正員官并階餘並如故瑊可簡較司空仍與一子五品正員官并階餘並如故華州潼關鎭國軍節度簡較尚書右僕射駱元光邠寧慶簡度觀察等使簡較尚書左僕射韓遊瓌鄜坊丹延等州節度觀察使簡較兵部尚書唐朝臣等並節著艱危功成討伐可各賜實封二百戶仍各與一子六品正員官并五品階餘並如故應諸軍同討懷光將士宜共賜三十萬端匹以充宴賞並各放歸本道仍令所司叙錄節超資與改轉

三年三月詔加李晟太尉依前兼中書令四月帝御宣政殿備禮冊拜晟受封訖其羽儀乘輅謁太廟遂赴上於尚書省帝令中官就省賜晟良馬二匹錦綵一千疋銀羅十餘事并酒脯等以寵之

五年九月西平王李晟與侍中馬燧召見於延英殿

帝嘉其大勳乃詔曰昔我烈祖乘乾坤之盪滌掃隋季之荒屯體元御極作人父母則亦有熊羆之士不二心之臣左右經綸參翊締構昭文德恢武功威不若康不乂用端命于上帝付畀四方宇宙旣清日月旣貞王業旣成太階旣平乃圖厥容列于斯閣懋昭績効表式儀形一以不忘於朝夕一以永垂乎來裔君臣之義厚莫重焉貞元巳巳歲秋九月我行西宫瞻宏閣崇構見老臣遺像顒然肅然和敬在色想雲龍之叶應感致業之艱難覩往思今取類非遠且功與時並才爲代生苟蘊其才遇其時尊主庇民何代

不有在中宗則桓彥範等著推戴之績在玄宗則劉
幽求等申翼奉之勳在肅宗則郭子儀掃殄氛祲令
則李晟等保寧朕躬咸宣力肆勤光復宗祏訂之前
烈夫豈多讓閒而未錄孰謂旌賢況念功紀德文祖
所爲也在予曷其敢怠有司宜叙年代先後各圖其
像列於舊臣之次仍令皇太子書於壁庶播嘉庸昭
明天下俾後之來者知元勳不朽又書以賜晟刻石
於門左於是史官考其功績第其先後以褚遂良蘇
定方郝處俊等二十七人充之
憲宗元和初杜黃裳爲相劉闢作亂黃裳堅請討除

及闢平宰臣入賀帝獨目黃裳曰此卿之功也
四年四月制曰夫定社稷濟生人存不朽之名垂可
久之業者必報以殊賞之寵待以親比之恩遺國無
窮時惟茂典故奉天定難功臣太尉兼中書令上柱
國西平郡王食實封一千五百戶贈太師李晟間代
英賢自天忠勇邁濟時之宏算抱經武之長材貫以
丹誠協于一德嘗遭屯難之際實著戡定之功鯨鯢
既殲宮廟斯復眷茲勳伐則既褒榮永元天步之夷
載懷邦傑之力是加崇於往烈爰協比於後昆暨以
宗親將予厚意其家宜令編附屬籍

八月詔曰朕聞昔之佐時制物者咸有大功是惟五
官以配五帝自時厥後有國家者莫不以輔弼之奇
社稷之勳名登大烝陪享清廟苟非茂德孰允盛儀
贈太尉冕望重巖廊時爲貞幹靈武艱阻首贊經綸
宣力股肱平心畀任戡定之成業推翼戴之嘉猷
贈太師晟識精韜鈐神假雄武建中寇孽躬踐憂虞
垂餌虎頎致威蹲俎刷宮廟之塵穢廻日月之光輝
贈太尉秀實氣全剛柔節固金石兇渠僭逆潛蹶根
萌矯命還師哀刃决死紓阽危於怵迫挫狂狡之姦
謀竝抒爲時生用當國否感雲龍而應變炳辰象以

隆靈光復寰區振揚風槩勳庸藏於盟府寵飾備於
前朝光陰不追盛烈如在朕頃因郊祀爰舉典嘗俾
差茂勳以配殷祭惟咸有一德允屬乎三臣庶昭示
於將來式崇恩於旣往冕宜配饗肅宗廟庭晟秀實
宜配饗德宗廟庭
馬總元和中爲安南都護以綏蠻功就加金紫
文宗太和元年十一月勑故太尉兼中書令李晟勳
業崇高銘在鍾鼎其神道碑宜令所司建立
二年二月丁亥朔太子詹事段伯倫奏亡父贈太尉
秀實准前後勑令所司置廟立碑今營造已畢取今

月二十五日行升祔禮詔曰段秀實忠衛宗祏功配
廟食義風所激千載興起間代勳力須異等夷宜賜
綾絹五百匹以度支物充仍令所司供少牢并給鹵
簿人夫兼令太常博士一人簡較
後唐莊宗同光元年三月詔隨駕收復汴州并扈從
到雒及南郊立仗都將已下至節級長行軍將等朕
自削平中夏掃蕩羣兇被介胄以征行歷星霜而扈
從凡經百戰盡力殊功永念丹心眞同赤子若無旌
賞豈表恩榮其都將官員司竝賜謀定亂佐國功臣
自僕射尚書嘗侍至大夫中丞宜竝賜忠勇拱衛功

臣其初帶銜宜竝賜忠烈功臣已有功臣名者不在
此限其節級長行軍將竝賜扈蹕功臣
十月巳卯入汴巳亥宴於崇元殿僞將段凝霍彥威
戴思遠王瓚等侍酒酣帝以酒屬明宗曰今辰宴客
皆吾前日之勍敵也一旦與吾同筵蓋卿前鋒之効
也僞將等泥首稱謝帝曰吾與總管話舊公輩勿以
爲嫌因賜服玩撫慰之
郭崇韜自莊宗嗣位爲中門使從擒王彥章誅梁氏
降段凝皆崇韜贊成其功也莊宗至汴州宰相豆盧
革在魏州令崇韜權行中書事俄拜侍中兼樞密使

及郊禮畢以崇韜兼領鎭冀節度使進封郡公邑二
千戶賜鐵券恕十死
周德威同光初追贈太師大成中詔與李嗣昭祔存
審配饗莊宗廟庭
朱友謙自梁歸順破梁軍加守太尉西平王同光初
莊宗滅梁友謙覲於雒陽莊宗置宴饗勞寵錫無算
親酌觴屬友謙曰成吾大業者公之力也
符彥超同光末赴北京巡簡先是朝廷令內官二人
在太原一監兵一監倉庫及明宗入雒皇弟存霸單
騎奔河東與內官謀殺彥超與留守張憲彥超覺之

寄與憲謀未決部下大譟州兵畢集張憲出奔是夕
軍士殺內官存霸於衙城詰旦聞雒城禍變彥超告
諭三軍明宗又令其弟龍武都尉侯彥卿馳騎安撫
後彥超入覲明宗召見撫諭授晉州留後未行會其
弟前曹州刺史彥饒平宣武亂軍明宗喜召彥超謂
之曰吾得爾兄弟力餘更何憂爾爲我在河東撫育
耆舊即授北京留守太原尹
明宗天成四年三月辛巳王晏球至自定州帝曰中
山悖逆勞卿攻討今已掃盪兼敗鮮卑中興已來未
有立功如卿者晏球曰臣謬主兵權不能尋振皇威

久煩饋運上賴廟算薄有所成失律是懼臣有何功
命樂舉酒錫賚殊異移授天平軍節度
晉高祖天福三年正月乙丑西京留守李周奏乞正
鄉名里號勑李周位列藩宣秩居台輔忠能佐國孝
以成家今貢表章請改鄉里旣久符於舊典當普示
於新恩宜賜俞允兼諸道應帶平章事已上並准唐
長興二年正月十五日勑命施行
周世宗顯德四年七月巳丑賜宰臣李穀親征圖一
面其文翰林學士承旨陶穀之所撰也先是帝征淮南以壽陽未
拔時穀臥疾未愈遂詔宰臣范質王溥就第以問之
穀因上章陳親征之利者三後城拔帝以其表示陶

穀且曰臣之事君不當有隱觀李穀數奏
忠誠可嘉爾爲贊述以勸來者因有是贊

冊府元龜

巡按福建監察御史臣李嗣京　訂正
知甌寧縣事臣孫以敬　条閱
知建陽縣事臣黃國琦　較釋

帝王部　一百三十四

念功

夫八辟麗法周官之明訓十世猶宥左氏之格言是知帝王存忘過之德恢包荒之念度基業之綿構知臣下之勤勞莫不疏以大封縻之好爵其或罹乎憲綱屬諸吏議而能追其舊績錄功恕罪責其後効屈

法申恩所以使忠者竭誠而勲臣競勸也若乃子孫席其舊德朝廷命以世封或自貽伊戚或坐招官謗而復念勲代之後哀門戶所寄或全其嗣息或復其邑封茲義士所以忘死而賢人所以發憤也

漢宣帝甘露中丙吉子嗣博陽侯顯有罪削爵為關內侯元帝時長安士伍尊上書（先嘗有罪經奪免之而與士卒為伍故稱士伍其人名尊）言臣少時為郡小吏竊見孝武皇帝曾孫遭離無辜吉仁心感動涕泣悽惻選擇復作胡組養視皇孫吉常從臣尊日再侍臥庭上（郡邸之庭也侍謂參省之也時皇孫孤弱常在襁褓故指言臥也）後遭修獄之詔吉扞拒大難不避嚴刑峻法既遭大赦吉謂守丞誰如皇孫不當在官（守丞者守獄官之丞誰知其姓名也謂皇孫不當在獄官宜屬郡縣也）誰如移書京兆尹遣與胡組俱送京兆尹不受復還及組日滿當去皇孫思慕吉以私錢顧組令留與郭徵卿並養數月乃遣組去後少內嗇夫白吉曰食皇孫亡詔令（少內掖庭主府藏之官也詔令無文無從得其廩具）時吉得食米肉月以給皇孫吉即時病（有病時也）輒使臣尊朝夕請問皇孫視省席蓐燥濕候伺組徵卿不得令晨夜去皇孫敖盪（去離也敖游戲也盪施也）數奏甘毳食物（奏進也毳讀與脆同）所以擁全神靈成育聖躬功德已亡量矣時豈豫知天下之福而徼其報哉（徼要

也）誠其仁恩內結於心也雖介之推割肌以存君不足以比（晉公子重耳之亡也里鳧須從因盜其資而逃重耳無糧餧不能行介子推割其股肉以食重耳乃能行也）孝宣皇帝時臣上書言狀幸得下吉吉謙讓不敢自伐刪去臣辭專歸美於組徵卿文皆以受田宅賜錢吉封為博陽侯臣等不得比組徵卿臣年老居貧死在旦暮欲終不言恐使有功不著吉子顯坐微文奪爵為關內侯臣愚以為宜復其爵邑以報先人功德先是顯為太僕十餘年與官屬大為姦利贓千餘萬司隷校尉昌案劾罪至不道奏請逮捕帝曰故丞相吉後有舊恩朕不忍絕免顯官奪邑四百

戶復後以爲城門校尉
後漢光武建武十五年南郡太守劉隆坐懇田不實徵下獄其疇輩十餘人皆死帝以隆功臣特免爲庶人
張純高祖父安世宣帝時封富平侯純少襲爵光武初先來詣闕故得復封後爲五官中郎將有司奏列侯非宗室不宜復國光武曰張純宿衛十有餘年其勿廢更封武始侯食富平之半（武始縣屬魏郡富平縣屬平原郡也）
朱浮初從光武爲大司馬主簿遷偏將軍破邯鄲爲大將軍討定北邊建武二年復封浮爲新息侯帝以

浮陵轢同列每銜之惜其功能不忍加罪
魏文帝爲魏王時賈逵爲丞相主簿祭酒嘗坐人爲罪王曰叔向猶十世宥之況逵功德親在其身乎一無所問
明帝即位時驃騎將軍野在侯曹洪旣免官削爵土洪先帝功臣時人多爲觖望帝拜爲將軍更封樂城侯邑千戶位特進復拜驃騎將軍
丁謐父斐從太祖爲典軍校尉總攝內外謐少不肯交游但博觀書傳爲人沈毅頗有才畧明帝太和中嘗家鄴借人空屋居其中而諸王亦欲借之不知謐已得直開門入謐望見王交脚臥而起而呼其僕曰此何等人呵使去王怒其無禮還具上言明帝收謐繫鄴獄以其功臣子原出後帝聞其有父風召拜度支郎中
齊王正始中夏侯霸爲討蜀護軍右將軍封博昌亭侯霸素爲曹爽所厚聞爽誅自疑亡入蜀以父淵舊勳赦霸子徙樂浪郡陳留王
景元五年春鍾會爲鎮西將軍伐蜀謀反誅其兄毓以四年冬先甍會竟未知聞會兄子邕隨會亦與俱死會所養兄子毅及峻辿（勑連切）等下獄當伏誅司馬

文王表天子下詔曰峻等祖父繇三祖之世極位台司佐命立勳配饗廟庭父毓歷職內外幹事有績昔楚思子文之治不滅鬭氏之祀晉錄成宣之忠用存趙氏之後以會邕之罪而絕繇毓之類吾有愍然峻辿兄弟特原有官爵者如故惟毅及邕息伏法
晉武帝泰始九年詔曰鄧艾有功勳受罪不逃刑而子孫爲氓隸朕常愍之其以嫡孫朗爲郎中
穆帝升平三年下詔復征虜將軍州陵縣侯毛寶本封寶守邾城石季龍將攻邾城城陷赴江溺死詔曰寶之傾敗宜在貶裁蘇峻之難致力王室今咎其過

故不加贈祭之可也其後公卿言實有重勳加死王
事不宜奪爵故復本封
安帝隆安初虞嘯父爲吳國內史徵補尚書未發而
王廞舉兵叛以嘯父行吳興太守嘯父即入吳興應
廞廞敗有司奏嘯父與廞同謀罪應斬詔以嘯父祖
潭舊勳聽以侯贖爲庶人以起義軍討沈充功封零陵縣侯又以前後功進爵武昌縣侯嘯父嗣侯
桓茂遠荆州刺史冲孫也爲中書令玄篡位爲吏部
尚書隨玄西奔玄死歸降孝武詔曰夫善著則祚遠
勳彰故事殊以宣孟之忠蒙後晉國子文之德世嗣

獲存故太尉冲昔藩陝西忠誠王室諸子桀凶自貽
罪戮念冲遺勳用悽于懷其孫宜見矜宥以獎爲善
可特全生命徙于新安
後魏道武以庾岳爲將以功至司空岳兄子路有罪
諸父兄弟悉誅特赦岳父子
叔孫建少以智勇著稱道武之幸賀蘭部建嘗從左
右參軍國之謀後爲并州刺史以公事免守鄴城園
明元即位念建前功乃以建爲正直將軍相州刺史
來大千代人也父初眞從道武避難北候山參㓣業
之功官至後將軍武原侯與在八議

穆崇代人也道武之居獨孤部崇嘗往來奉給後劉
顯之謀逆也崇來告難太祖馳如賀蘭部太祖李公
窟咄之難崇甥于桓執太祖以應之告崇崇乃夜告
道武道武誅桓等崇甚見寵待從平中原後爲太尉
衛王儀謀逆崇豫焉道武惜其功而秘之
屈拔右僕射垣孫也垣字長生垣以破平凉功賜爵濟北
公太武信任之委以大政拔襲祖爵太武追思其祖
年四十爲南部大人時太武南伐擒宋將胡盛之以
付拔酒醉不覺盛之逃去太武大怒命斬之將伏鑕
太武愴然曰若晃而有知長生問其子孫朕何以應

之乃赦拔免爲中散大夫
文成時穆頭爲征西大將軍都督諸軍西征吐谷渾
坐擊賊不進免官爵徙邊帝又以頭著勳前朝徵爲
內都大官
薛眞度爲護南蠻校尉平南將軍文成時齊雍州刺
史曹虎許降詔眞度督四將出襄陽無功而還後征
赭陽爲房伯玉所敗有司奏免官爵高祖詔曰眞度
之罪誠如所奏但頃與安都送款彭方開闢徐宋外
捍沈攸道成之師內寧邊境烏合之衆淮海來服功
頗在茲言念厥績每用嘉美赭陽之敗何足計也宜

異舉將更申後効可還其元勳之爵復除荆州刺史自餘徽號削奪進足彰忠退可明失尋除假節冠軍將軍

獻文時劉尼爲司徒皇興四年車駕北征帝親誓衆而尼昏醉兵陣不整帝以其功重特恕之免官而已

長孫觀獻文時襲祖爵上黨王時異姓諸王襲爵多降爲公帝以其祖道生佐命先朝故特不降

孝文時穆羆爲虎牢鎮將頻以不法致罪以其勳德之胄讓而赦之（羆太尉崇之後也）

元麗爲魏衛將軍時泰州屠各王法智與主簿名徇

兒爲亂麗討平之麗因平賊之勢枉掠良善七百餘人宣武嘉其功詔有司不聽追簡

劉藻文成時爲征虜將軍頻破賊軍後與高聰等戰敗俱徙平州景明初宣武追録舊功以藻爲太尉司馬

楊大眼爲平東將軍與中山王英同圍鍾離大眼軍城東守淮橋屬水汎長大眼所綰統軍劉神符公孫祉兩軍夜中爭橋奔退大眼不能禁相尋而走坐徙爲營州兵永平中宣武追其前勳起爲試守中山内史

裴植爲大鴻臚卿後以長子昕南叛有司處之大辟宣武詔曰植闔門歸款子昕愚昧爲人誘陷雖刑書有常理宜矜恤可特恕其罪以表勳誠

孝莊帝即位詔復盧同本秩先是同爲撫軍大將軍元義之廢靈太后同爲義所親營州城民就德興反同持節慰勞安輯其民而還靈太后反政以同義黨除名及帝踐阼詔復本秩除都官尚書復隸七兵以同前慰勞德興之功封章武縣開國伯食邑四百戶

隋文帝揔百揆以鄭譯司揔六府事譯性姦險不親職務而贓貨狼籍帝陰疎之然以其有定策功不忍

廢放陰勑官屬不得白事於譯獨坐廳事無所關預譯懼頓首求解職帝寬諭之接以恩禮

于顗初仕周爲東廣州刺史與揔管趙文表不協抽刀砍殺文表誣其通謀於尉遲迥及文帝受禪文表弟詣闕稱兄無罪帝令按其事太傅竇熾等議顗當死帝以門著勳績特原之仍爲開府

宇文愷忻之弟也文帝爲丞相加上開府中大夫及踐阼誅宇文氏愷初殺中以與周本别兄忻有功於國使人馳赦之僅而得免

張威開皇中爲青州揔管在州頗治產業侵擾百姓

坐廢於家後從文帝祠太山至雒陽帝謂威曰自朕之有天下每委公以重鎭可謂推赤心矣何乃不修名行惟利是視豈直孤負朕心亦且累卿名德因問威曰公所執笏今安在威頓首曰臣負罪虧憲無顏復執謹藏於家帝曰可持來威明日奉笏以見帝曰雖不遵法度功効實多朕不忘之今還公笏於是復拜雒州刺史

權武文帝時爲潭州摠管晚生一子與客宴集酒酣遂擅赦所部內獄囚武以南越邊遠治從其俗務適便宜不依律令而每言當今法急官不可爲帝令有

司案其事驗帝大怒命斬之武於獄中上書言其父爲武元皇帝戰於馬前以此求哀繇是除名爲民

虞慶則爲右僕射時突厥將內附使慶則充使安撫文帝勑之曰我欲存立突厥彼送公馬但取三五匹攝圖見慶則贈馬千匹又以女妻之帝以慶則勳高皆無所問攝圖突厥主也

唐高祖武德二年三月羣臣曰義兵初至河東唯孫華先至此之誠効不可忘也華不幸早終每用傷嘆其下將帥宜更優之是日封華部將十人爲開國侯華先已贈屯衛大將軍

太宗時李靖爲定襄道行軍摠管擒突厥頡利可汗御史大夫溫彥博害其功譖靖軍無綱紀致令虜中奇寶散於亂兵之手帝大加責讓靖頓首謝久之帝謂曰隋將史萬歲破達頭可汗有功不賞以罪致戮朕則不然當赦公之罪錄公之勳詔加左光祿大夫賜絹千疋眞食邑通前五百戶未幾帝謂靖曰前有人讒公今朕意已悟公勿以爲懷賜帛二千疋拜尚書左僕射

丘行恭爲右武侯大將軍性嚴酷所在同列皆懾憚之數坐事解免太宗每思其功不踰時月復其官

李德謇爲將作少監衞國公靖之長子庶人承乾之廢也德謇與之交通流嶺南後太宗以靖故改徙蘇州

杜楚客爲工部尚書攝魏王泰府事所在以威肅聞楚客知太宗不悅承乾遂潛圖交搆朝貴用事者至有懷金以賂之因說魏王聰明可爲嫡嗣人或以聞奏太宗隱而不言至是纍發太宗始揚其事仍以兄有佐命之功免死廢爲庶人尋授虔州奉化縣令

江夏王道宗從太宗征遼攻安市城不克道宗爲憲司所劾太宗曰道宗之愆理在殊死然擊破蓋牟遼

東二城幷新城南戰竝有勳績以彼之功補此之過不可加戮也特宜捨之

高宗永徽三年十月弓月道行軍摠管梁建方副總管高德逸爲御史所劾建方兵衆足以追討而逗留不進德逸乃令市馬自取駿者帝以建方有破處密之功釋而不問大理卿李道裕奏言德逸所取之馬筋力異常請實中廐帝謂侍臣曰建方出總戎麾甞愞不進德逸違法取馬自有刑名就中不和俱合深責朕以出師命將務在軍功凱旋之際便加黜免情所不忍所以特令宥之道裕法官職在決斷進馬之

事非其所司請以馬送北門妄希我意深乖法官之體豈朕行事不爲羣下所知邪朕今日咎未能即黜道裕

龍朔元年冬十月辛未狩於南山布圍大順府果毅王萬興以輒先促圍集衆欲斬之帝謂侍臣曰軍令有犯罪在不赦但恐外人謂我翫好畋獵輕斷人命又以其曾從征遼有功特令放免

薛仁貴爲邏逤道行軍大總管爲吐蕃所敗坐除名尋而高麗餘衆相率復叛詔仁貴爲雞林道總管以經畧之上元中坐事徙象州赦歸高宗思其功尋復召見謂曰往九成宮遭水無卿已爲魚矣卿又北伐九姓東擊高麗漠北遼東咸遵聲教者竝卿之力也卿雖有過豈可相忘有人言卿烏海城下故不擊賊致使失利朕所恨之唯此事耳今西邊不靜瓜沙路絶卿豈可高枕鄉邑不爲朕指撝邪於是起授瓜州長史

玄宗先天初劉幽求爲右僕射以太平公主將謀逆亂乃與右羽林郎將軍張暐請以羽林兵誅之暐洩其謀睿宗下幽求等詔獄乃流幽求于封州歲餘太平公主等伏誅其日詔徵復官爵曰劉幽求風雲感

玄川嶽萃靈學綜九流文窮三變義以臨事精能貫日忠以成謀用若投水茂勳立艱難之際嘉話盈啓沃之初存謙旨以不回爲姦邪之所忌釁萌頗露譖端潛發元宰見逐讒人孔多旣殄羣凶方宣大化期問政於經始載登賢於夢卜可依舊金紫光祿大夫守尚書右僕射知軍國重事監修國史上柱國

開元七年崔日用爲常州刺史羌降田賦特下制曰唐元之際逆黨搆釁崔日用當時潛論其事及于戡剪實豫元謀功旣居多不宜減封是年轉并州長史

十年三月制曰漳州懷恩縣尉員外置鍾紹京夙負

藝能早申誠節錄其殊効賜以崇班未荅恩私自招瑕累雷雨作解品物惟新言念舊勞稍加甄叙可郴州別駕

肅宗至德二年九月河東兵馬節度馬承光奉詔發河東兵馬屯於渭北而馮翊太守王鳳佚執異見沮軍不發承光斬之詔責不上聞使使劾之有上言稱承光有大功賊陷潼關承光收河東逆賊崔乾祐攻安邑承光引兵收陝郡解安邑圍走崔乾祐皆承光之功合得免死帝優詔免之

代宗廣德元年十二月宦官程元振先得罪放歸田

冊府元龜　帝王部　念功　卷之一百三十四　十三

里潛詣京師館于所昵司農卿陳景銓之第將圖進取京兆府擒獲以聞

二年春正月御史臺以元振獄狀聞元振配溱州百姓景銓貶爲新州新興縣尉同正元振旣行帝念其舊勳矜以遐裔特恩許江陵府安置

德宗建中三年五月壬午詔曰故尚父子儀有大勳力保乂于皇家嘗以山河爲誓琢之金石其可忘也家前時與人爲市以子儀歿後或被誣搆欲論奪之有司無得爲理子儀旣薨其女壻太僕卿趙縱少府少監李洞有光祿少卿王宰貶官相屬其子曖所尚昇平公主又以坐事幽於南宮曖亦絶其出入郭氏大震恐姦人幸其危懼多論取奪其田宅奴婢郭氏懼不敢與爭帝聞故有是詔

是年徐帥李洧卒高承宗久爲洧將軍人悅之請以爲帥洧弟淡先爲團練副使頗凶險恥居承宗下乃密使人言於李納請分兵擊徐州淡居中爲應其使路出於滕因令說滕將翟濟同叛濟表奏之詔以濟兼沂州刺史召淡至京師以其兄洧有功特赦不罪

興元元年十月中書門下奏李晟巡邊欲至涇州田希鑒潛伏兵馬謀害統帥李晟察其姦計今以伏事

冊府元龜　帝王部　念功　卷之一百三十四　十四

原其情狀合坐宗族頃以朱泚竊據希寓涇原希鑒去逆歸順閉門不納恐須録其前効特全後嗣其妻王氏幷男太子通事舍人華左金吾倉曹參軍華折衝芮折衝萱等幷請免死差綱遞送嶺南分付杜佑令配諸州從之

貞元元年八月己卯詔曰朕聞自昔哲王以道化下不竭物以充欲不勞人以樹威億兆之心戴若父母兵革不試四方來同苟昧於德綏務以力勝士旅疲耗蒸黎困窮幸以成功豈云有補李懷光出自戎伍頗著忠勞拔於等倫授以旄鉞誓師河朔奔難奉天

秉心匪彝自底不類怙衆貪亂附姦脅君朕用再遷
幾危宗社洎朕肱宣力賊泚䘮誅率土之人感懷奮
擊朕獨排羣議未忍加兵復其官封志期全貸昏迷
不反悖慢逾彰殘害使臣侵敗王畧上帝悔禍元臣
叶謀克集茂勳以夷大難良以誠信未著撫御失宜
至使功臣陷於誅戮謂之寇敵能不愧心然以懷光
一家在法無捨念其昔居將相嘗寄腹心罪雖挂於
刑書功已藏於王府以干紀之跡固合滅身以赴難
之身所宜有後務從寬宥俾洽幽明宜以懷光男一
人爲嗣賜庄宅各一所仍還懷光首及屍任其收葬

其懷光妻子孫在室女等幷遞送澧州委李皐逐便
安置使得存立其出嫁女及諸親戚等並宜釋放
是月華州節度駱元光專殺徐庭光元光累有功慮
諫官論其專殺先令宰相諭諫官勿論
三年十一月癸亥以神策軍大將軍莫仁擢爲左驍
衛上將軍丁卯以河東兵馬使兼御史大夫張元芝
爲神策軍大將軍已巳詔奉天定難功臣左神策將
軍兼御史大夫武陵郡王孟日華於洪州安置仍賜
絹百匹充家口路糧至彼委本道都團練使給十人
衣糧以時存問初仁擢出官日華自謂代之旣授張
元芝日華忿於衆曰吾於國有功且久次當遷今以
大將軍授元芝吾寧貶黜不能事也朝廷用人失序
何以致理大詬拂衣而出監軍竇文塲大怒列狀請
誅帝念其功故但黜謫之
七年十月詔曰郭晞男鋼在法叛亡已上道者斬父
毋妻子皆有連坐朕以先尚父翼載肆勤安固邦國
不忍以子忘其先勞今並原之俾復其位其諸不坐
皆釋放初鋼之走吐蕃吐蕃疑之不納置於河椳泜
流以歸杜希全得之以聞召至京是日賜自盡
穆宗長慶二年十二月勑贈工部尚書田頴夙彰忠

勇累効勳勤方議奬能遽聞棄代永言嗟悼須有優
矜宜賜絹布一百五十疋端度支逐便支給仍令所
在州縣傳遞送至許州委李光顏官給葬事其男克
素待過卒哭亦委本道量與軍中職事收管驅使頴
前爲李光顏部將淮西之役累有勝捷其後王師征
討頴常在戰陣以忠勇著聞及汴州平策勳拜宋州
刺史人皆謂頴宜受方任會以疾卒
敬宗寶曆二年正月御史臺奏右賛善大夫李方現
把笏擊損内園品官李重實款狀明具勑李方現不
自謹身有此喧競假如品官凌忽只合具實奏聞輙

肆狂疎恣行歐擊傷人見血理在難容但以父有勳勞身叨宗屬特從輕典祖以繩違宜量罰兩月俸

文宗太和四年前豊州刺史充天德軍使渾鐬坐贓七年千餘貫貶袁州司馬帝以咸寧王勳烈特異故特命有司俯從輕文（至五年春以鐬守袁王傅賜紫金魚袋以父太師忠勳故也）

五年春盧龍軍節度觀察等使李載義爲其部下楊志誠所逐因入覲帝以載義有平滄景之功又能恭順朝旨冊拜太保同平章事其年改山南西道節度觀察等使兼興元尹

後唐明宗長興四年八月顧謂侍臣曰前洋帥陳皐稱病其乞致仕信乎對曰實然帝因愴然改容良久曰陳皐昔爲健兒從吾征伐操戈擐甲氣吞豺狼今衰落如此浮生壯健都幾何時哉咄嗟久之因令孟漢瓊往勞問

王思同當明宗朝伐蜀之役爲先鋒指揮使思同特勇先入劍門大軍未相繼復爲董璋兵逐出之及班師思同以曾獲劍門之功移鎮山南西道

冊府元龜

巡按福建監察御史臣李嗣京 訂正

新建縣舉人臣戴國士參閱

知建陽縣事臣黄國琦較釋

帝王部一百三十五

愍征役 好邊功

愍征役

昔軒轅氏撫萬民度四方天下有不順者從而征之則征役之興有自來矣然而王者致治貴於無爲聖人用兵葢不得已一夫不獲則曰時予之辜一物失

所則若納之於隍况乎蒙霜露冐鋒鏑行有攻戰之苦居有征戍之勤而可不愍之者哉是以歷代帝王下蠲復之詔降賑給之命存者待以爵賞没者歛以衣衾故曰悦以使民民忘其死君子之於人序其情而閔其勞詩之東山所繇作也今之紀者非唯乘塞守邊飛芻輓粟之謂凡干力役第而次之

周文王爲西伯時西有昆夷之患北有玁狁之難以殷王之命其屬爲將帥將戍役禦西戎及北狄之難以守衛中國故歌采薇以遣之詩曰采薇采薇薇亦柔止柔始生也曰歸曰歸心亦憂止憂心烈烈載饑載渴我戍未定靡使歸聘

漢高祖爲漢王四年八月令軍士不幸死者吏爲衣衾棺歛轉送其家四方歸心焉

八月十一日令士卒從軍死者爲槥槥音衛小棺也今謂之櫝歸其縣縣給衣衾棺葬具初爲槥槥至縣更給衣及棺備其葬具耳祠以少牢長吏親葬

九年三月行如雒陽令吏卒從軍至平城及其守城邑者平城左右諸城能堅守也皆復終身勿事

武帝建元元年秋七月詔曰衛士轉置送迎二萬人鄭氏曰去故置新常二萬人其省萬人

元光六年冬詔曰夷狄無義所從來久間者匈奴數寇邊境故遣將撫師古者治兵振旅因遭虜之方入將吏新會上下未輯代郡將軍敖鴈門將軍廣所任不肖校尉又背義妄行棄軍而北少吏犯禁用兵之法不勤不教將帥之過也教令宣明不能盡力士卒之罪也將軍已下廷尉使理正之而又加法於士卒二者竝行非仁聖之心朕閔衆庶陷害欲刷耻改行復奉正義厥路亡繇無繇也其罪鴈門代郡軍士不循法者

元狩三年減隴西北地上郡戍卒半

宣帝五鳳元年夏赦徒作杜陵者

元帝初元三年六月詔曰惟烝庶之饑寒遠離父母妻子勞於非業之作衛於不居之宮(不急之事故云非業)恐非所以佐陰陽之道也其罷甘泉建章宮衛令就農百官各省費

成帝永始元年七月詔曰將作大匠萬年(解萬年也)言昌陵三年可成作治五年中陵司馬殿門内尚未加功天下虛耗百姓罷勞(罷讀曰疲)客土疏惡(取他處土以增高爲客土)終不可成朕惟其難怛然傷心(惟思也)其罷昌陵及故陵勿徙吏民令天下無有動搖之心

後漢質帝永嘉元年五月詔曰兵役連年死亡流離或支骸不斂或停棺莫收朕甚愍焉昔文王葬枯骨人賴其德今遣使者案行若無家屬及貧無資者隨宜賜卹以慰孤魂

桓帝建和元年四月詔曰比起陵塋彌歷時歲力役既廣徒隸尤勤頃雨澤不沾密雲復散儻或在茲其令徒作陵者減刑各

魏太祖爲漢丞相以建安七年令曰吾起義兵爲天下除暴亂舊土人民死喪畧盡國中終日行不見所識使吾悽愴傷懷其舉義兵已來將士絕無後者求其親戚以後之授土田官給耕牛置學師以教之爲存者立廟使祀其先人魂而有靈吾百年之後何恨哉

十四年令曰自頃已來軍數征行或遇疫氣吏死士亡不歸家室怨曠百姓流離而仁者豈樂之哉不得已也其令死者家無基業不能自存者縣官勿絕廩長吏存恤撫循以稱吾意

文帝初爲魏王漢延康元年下令曰諸將征伐士卒死亡者或未收斂吾甚哀之其告郡國給槥櫝殯斂送致其家官爲設祭

齊王嗣位詔諸所興作宮室之役皆以遺詔罷之

齊王正始七年八月詔曰吾乃當以十九日親祀而昨出已見治道得雨當復更治徒棄功夫每念百姓力少役多夙夜存心道路但當期於通利聞乃撾箠老小務崇修飾疲困流離以至哀嘆吾豈安乘此而行致馨德於宗廟邪自今以後明申勑之

高貴鄉公正元二年八月蜀將姜維寇狄道九月姜維退還詔曰朕以寡德不能式遏寇虐乃令蜀賊陸梁邊陲洮西之戰至取負敗將士死亡計以千數或沒命戰場冤魂不反或牽掣虜手流離異域吾深痛

愍爲之悼心其令所在郡典農及安撫夷二護軍各部大吏慰其門戶無差賦役一年其力戰死事者皆如舊科勿有所漏

十一月詔曰往者洮西之戰將吏士民或臨陣戰亡或沉溺洮水骸骨不收棄於原野吾甚痛之其告征西安西將軍各令部人於戰處及水次鈎求屍喪收斂藏埋以慰存亡

晉武帝太康元年五月庚午詔諸士卒年六十罷歸于家

惠帝永安元年十二月詔曰自頃戎車屢征勞費人

力供御之物皆減三分之二戶調田租三分減一蠲除苛政愛人務本清通之後當還京師

成帝咸康二年三月旱詔免所旱郡縣役

孝武帝太元四年三月詔凡諸役費自非軍國事要皆宜停省以固時務

後魏孝文延興三年二月太上皇帝至自北討死王事者復其家又詔幾內民從役死事者郡縣爲迎喪給以葬費又詔醴陽被掠之兵有得還者賜絹二十匹南部尚書公孫邃奏爲貴賤等級帝稱善

太和六年二月詔曰蕭道成逆亂江淮戎旗頻舉七州之民旣有征軍之勞深乖輕徭之義朕甚愍之其復常調三年

八年五月己卯詔賑賜河南七州戍兵

十七年十二月詔隱恤軍士死亡疾病務令優洽

十九年二月南伐齊幸八公山路中雨甚詔去蓋見軍士病者親急恤之八月詔諸徒兵從征被傷者皆聽還本處

宣武正始四年十二月詔兵士征硤石者復租賦一年

孝明熙平元年七月詔兵士鍾離沒落者復一房田

租三年

二年五月詔曰楊州硤石荆山新淮鄣城兵士戰沒者追給斂財復一房五年若無妻復其家一人二年身被三瘡賞一階雖一瘡而四體廢落者亦同此賞

孝莊永安二年二月朔詔諸禁衛之官從戎有功及傷痍者赴還先叙

出帝永熙三年六月詔曰頃年已來天步時阻干戈不戢荆棘斯生或殉節感恩奮不顧命或臨戎對敵赴難如歸身首橫分體骨不歛勳誠靡錄榮贈莫加寤寐矜之良有嗟悼可普告內外咸許言列若無親

近聽故友陳之尚書簡實隨狀科贈庶慰宽魂少申惻隱

後周明帝武成元年六月詔曰潁川從我是曰元勳無忘父城實起王業文考屬天地草昧造化權輿拯彼横流典兹頽運賴英賢盡力文武同心翼贊大功克隆帝業而披堅執鋭櫛風沐雨永言疇昔良用憮然至若功成名遂建國剖符予惟休也其有致死王事妻子無歸者朕甚傷之凡是從先王向夏州從來見在及薨亡者並量賜錢帛稱朕意焉

武帝平齊之役見軍士有跣而行者帝親脱靴以賜

之每宴會將士必自執盃勸酒或手付賜物

建德元年三月詔曰民亦勞止則星動於天作事不時則石言於國故知爲政欲靜在寧民爲治欲安在息役與起無度徵發不已加以頻歲師旅農畝廢業去秋災蝗年穀不登民有散亡家空杼軸朕每旦恭巳夕惕兢懷自今正調以外無妄有發廢時殷俗阜稱朕意焉

隋文帝開皇元年九月詔戰亡之家遣使賑給仍令使者就家勞問

六年八月詔大象巳來死事之家咸令賑恤

煬帝大業四年九月詔免長城役者一年租賦

八年二月詔曰朕觀風燕裔問罪遼兵文武叶力爪牙思奮莫不執鋭勤王捨家從役罕蓄倉廪之資兼損播殖之務朕所以夕惕愀然慮其匱乏雖復素飽之衆情在忘私悦使之人宜從其厚諸行從一品以下佽飛募人以上家口郡縣宜數存問若有糧食乏少皆宜賑給或有田疇貧弱不能自耕種可於多丁富室勸課相助使之居者有斂積之豊行役無顧後之慮

十年二月詔曰竭力王役致身戎事咸繇徇義莫匪

勤誠委命草澤棄骸原野興言念之每懷愍惻往年出軍問罪將届遼濱廟筭勝畧具有進止而楊諒惛凶罔識成敗高熲愎很本無智謀臨三軍猶兒戯視人命如草芥不遵成規坐貽撓退遂令死亡者衆不及埋藏今宜遣使人分道収葬設祭於遼西郡立道塲一所恩加泉壤庶弭窮魂之寃澤及枯骨用弘仁者之惠

唐高祖武德三年六月以沁州被圍一載忠勤可嘉乃以絹三千疋頒賜將士

八年八月令民部尚書皇甫無逸於幷州設祭戰亡

將士

太宗貞觀十年十月征遼廻次營州詔遼東道戰亡人骸骨並集柳城東南有司設太牢以祭之太宗臨哭盡哀從臣無不流涙御製祭文曰夫忠烈盡世往賢明執忘身殉國先哲良規惟爾等心苞鐵石志烈風霜勇氣雄圖衝冠裂眥懐忠立節重義輕生奮劒提戈摧城陷陣冒鋒刃而不顧赴湯火而如歸殞命戰場殘形寇壘膏潤原鉞身喪名存摧落寒關遂非生入蒼茫雷野無復餘蹤涉出塞之前途掩靈櫬而反骨歌陽春之徃路黯長夜之歸魂山川宛其不殊

存亡颯焉昔非然則身者今之所重名者後之所貴身乃當有而愚夫怯焉功則難立惟烈士成焉若以一生之短期收千載之令譽此聖賢之操也豈直忠勇者乎所以按轡停輿撫膺一慟嘉乃誠節痛爾遺靈灑俎設陳魂其斯享

十五年十一月贈戰亡將士官三轉聽授一子遞其尸櫃還鄉棺斂而葬焉

十九年三月征遼輿駕在定州將士每到者遣於定州北門過太宗御城樓撫慰之明告賞罰優劳甚至悉踊躍歌呼足蹈手舞有從卒一人病不能進太宗召至御牀親加撫慰付州縣療之是以將士莫不欣然願從其役有不預征名而請以私裝從軍者動以千計皆云不願受國家官賞乞於高麗城下効一旦之命詔皆不許其人心齊一自古出師命將未之有也七月詔以征遼從行及遼東平壤二道軍人戰死者各加四級聽一子承襲分遣使人就家弔祭又詔從軍死亡之徒恐致湮沒埋人之處宜立標牓軍廻之日各令將還幷給棺以葬焉

二十二年二月制渡遼有功之徒未授勳班而犯罪者與成官同優之也六月令陝州刺史孫伏伽與河

南太子詹事張行成於河北渭州親見父老存撫百姓從軍之家州縣爲之營農

高宗龍朔中左武衛大將軍鄭仁泰等討鐵勒無功遣右驍衛大將軍契苾何力爲鐵勒道安撫使左衛將軍姜恪爲副以輯其餘衆其兵士道死者令所在差軍收瘞之仍蠲免其家

睿宗唐隆元年六月郎位詔諸道征鎮人家令州縣簡較

玄宗開元二年六月詔曰吐蕃小寇僻處大荒先朝外撫許其內屬結以和戎之好優以外臣之禮野心

易動朝獎遽忘不度德以量力敢窺邊而犯塞薛納等擁旄爲將按節持兵驅之逐之指期殄滅使苞桑莫繫破竹無遺實賴宗廟之靈兼資將士之力比來酬叙多歷歲年命賞踰時有乖勸善已令紫微舍人倪若水就軍叙録即有處分

五年五月詔曰王者制五服綏四方申畫郊畿愼固封守是乃選徒興役禦戎備邊欽若前載率繇兹道朕以薄德紹膺丕運奉天明命爲人父母永惟綏養監寐以之每念征戍良可矜者其有涉河渡磧冒險乘危多歷年所遠辭親愛壯齡應募華首未歸眷此

勞止期於折衷但磧西諸鎭道阻且長數有替易難於煩擾其鎭兵宜以四年爲限散之州縣務取富戶丁多差遣後量免戶納雜科稅其諸軍鎭兵近日遞加年限者各依舊以三年二年爲限仍並不得延留其情願留鎭者卽稍加賜物得代願往聽令復行爲費勞逸且均公私咸適宣布遐邇識朕意焉

九年二月詔諸府衛士役重人微旣每征行又嘗番上言念艱辛更無是過不稍優矜何以存濟自今已後征行及當番處衛士除公乘配手力廳事及復身以外官人輙私抽役使宜令御史金吾按察使嚴加採察

十二年九月詔曰爲國之道莫不欲家給人足令行禁止而族談者苦邊疆之戎役偶語者傷戶口之凋殘且夫懷土重遷人之常性離邦去里孰無其情或委非其材或政非其要致令父不保子兄不寧弟井邑有流離之怨道路有吁嗟之聲靜言思之良可歎息是以晝分不食夜不安寢庶息彼弊政就此凉風故發使車以廵郡縣其承前處置不便不利於人卽宜當處商量隨事釐革其緣邊兵士等或遠辭鄉壤久事戎旃饑寒而衣食不充疾病而醫藥不拯邊烽

忽警將何以堪宜令使人各親勞苦其有年齒衰暮或抱痼羸弱卽與軍司選擇給糧放還行人之家委州縣優卹所到宣撫稱朕意焉

十三年正月詔曰陽和布氣是物萌芽仁者用心無遺枯朽自開元元年已來諸軍兵士殞歿骸骨不歸墳壠者宜令軍使爲造棺遞送本貫委州縣府助其埋殯河曲隴外往歲戰場殂歿無歸陰雨猶哭言念於此良用惻然亦委朔方隴右河西節度使聚斂骸骨就高燥處同葬祭以酒脯高大築墳使久遠標識

又詔曰乘塞守邊義不可輟遠征久戍人亦告勞朕

身處九重心在四遠困時遇物無日不思停障有行
役之勤室家無杼軸之用不必優惜何以爲安方春
發生須急農事其諸軍長征人家單貧乏無力者宜
令本管州縣勸率其家助其營種使有秋望
十四年六月詔曰朕爲人父母撫有海内以百姓爲
心恐一夫失所至於兵募尤令存䘏去給行賜還給
程糧以此優矜不合辛苦如聞比來兵募年滿者皆
食不充腹衣不蔽形駄募什物散落畧盡旣不能致
便流浪不歸丁壯减耗實繇於此自今已後諸鎮兵
募每准額至交替時所司預簡勘兩月前奏聞當差

御史分道簡察若涉欺隱委御史彈奏其有衣資盡
者量以逃死兵衣給三兩軍使得支濟如病患者遞
給驢乘令及伴侶
十五年二月命中官李善才宣慰于河南河北州縣
制曰北河遭水處城旁及諸蕃投降人先令安置及
州縣被差征行人家口等去年水潦漂損田苗頻遭
使人所在巡撫兼令州縣倍加矜恤不知並得安存
以否今舊穀旣没新麥未登丁壯旣差遠行老少慮
不支濟朕身居黄屋念在蒼生每思優養無忘鑒寐
今故遣中使左監門衛將軍李善才重此宣慰宜令

州縣簡責有乏絶者准例給糧俾令安堵以副朕意
十六年三月詔曰諸軍鎮行人家緣其身在征戍事
須優矜比來頻有處分令州縣長官存問簡較如聞
每事牽挽不異居人竟不存恤是何道理宜令所司
申明前後勑嚴加處分如是侵擾委御史臺採訪奏
聞
十二月詔曰邊鄙未清尚須式遏旣加鎮守遂勞力
役朕宵衣旰食務在安人求瘼恤隱宜從簡要如聞
諸軍兵募處置多乖年滿之日逃亡甚衆自今已後
各委本道節度使及兵部侍郎裴光庭同簡較年終

類會文奏使健兒長鎮何以克堪可分爲五番每一
年放一番洗沐遠取先年人爲第一番周而復始每
五年共酬勳五轉
二年四月詔曰王者經畧以正區夏武夫干城式固
封域將以戢兵禁暴安國庇人朕所以選擇忠良鎮
守疆埸念踐更之役有徭戍之勤備以武守示之威
惠故得夷狄款附靡然順風九有晏如四方無事雖
備豫之誡不可暫闕而鰥寡之徒思有矜憫其天下
諸州鎮兵募及健兒等或年月已久頗亦辛勤或老
疾尫羸或單弱貧窶或親老孤獨致闕晨昏言念於

斯深用矜嘆宜委節度使及軍州簡擇有如此色一切放還咸宜精審以稱朕意

二十六年春正月親迎氣於東郊畢制曰朕每念黎甿弊於征戍親戚多別離之怨關山有往復之勤何嘗不惻隱於懷寤寐增嘆所以別遣召募以實邊軍賜其厚賞便令長往今諸軍所召人數向足在於中夏自可罷兵旣無金革之事足保農桑之業自今已後諸軍兵健並宜停遣其見鎮兵並一切放還京畿之內雜役殷繁言念劬勞豈忘優恤

二十九年詔曰諸軍行人皆遠離鄉貫扞彼疆埸動

即逾年言念艱勞豈忘優恤有疾病老弱不堪鬬戰者委節度揀擇放還

天寶三載正月詔曰凡在黎獻實資存恤一失生業則流痛不歸每軫于懷深可矜愍諸色當番人應送資課者宜當郡具申尚書省勾覆如身至上處勿更抑令納資致使往來辛苦從閏二月至六月已來其當上人中有單貧老弱者委郡縣長官與所繇計會便放營農

十二月制曰諸軍行人遠爲邊扞修短之外雖有定期從役而終良深軫念其有陣亡及在軍亡殁骸骨尚未還本貫者宜令節度使給其棺櫬遞歸本鄉若家內無人付近親收瘞仍令所繇郡縣量事優恤使得濟辦

八載閏六月上尊號大赦詔曰征鎮之役其來自久雖存素備諒在變通頃者用兵蓋非獲已今西戎摧殄北虜歸降南蠻東夷咸來稽顙亦可謂四海無事萬里廓清戍息人思弘善貸其軍鎮兵非切要可均減者宜令本道節度使與所司商量處置聞奏其百姓有頻經鎮戍者已後差點之次不在取限

十載正月南郊詔曰京兆府及三輔三郡百役殷繁

自今已後應差防丁屯丁宜令所繇支出別郡

肅宗至德二年詔陣亡將士郡縣具棺櫬瘞埋之遇傷者特加恤養

十二月詔曰陣亡人令所在郡收骸骨瘞埋具酒食致祭各與追贈其家給復二載

乾元元年四月甲寅詔曰陣亡人家並損免戶州縣隨事優恤賑給

上元二年五月詔曰百司及州縣興功力役不急之務一切並停諸軍兵健應在行營有羸老病疾不任戰陣者各委節度使速揀擇放還路次州縣量加濟

卹諸色番役各令所司減省放其營農

代宗廣德二年二月南郊祀昊天上帝禮畢制曰自凶孽亂常王室多故干戈不息今已十年軍國務繁關輔尤劇念茲疲耗久困徵科其京城諸司諸使應配彍騎官散官諸色丁匠幕士供膳音聲人執祭齋郎問事掌閑魚師幷諸司門僕京兆府驛丁屯丁及諸色納資人每月摠八萬四千五十八人數內宜每月共支二千九百四十四人仍令河東關内諸州府配不得偏出京兆府餘八萬一千一百一十四人並停所須諸衛役使宜樽節定數官給資錢不得干擾

百姓又曰征人不息勤戍斯久丁壯疲斃老弱困窮光武有言頭爲之白戢藏鋒刃牧養元元方面重臣宜悉朕意

大曆七年十一月詔以淮南數州秋夏無雨楊洪宜等三州作坊往以軍興是資戎器旣屬時歲大歉慮乎人不寧居徵夫役工損費尤甚務從省約以息疲人亦宜並停

九年四月制曰在軍將士有刀箭所傷久嬰沉疾者戮力疆埸致身鋒刃各委所繇量給藥物厚加優賞其陣亡將士亦仰本使隨事優䘏妻子各申錫賚

十二年十一月日長至帝不受朝賀以防秋將士暴在野故也

德宗建中元年六月命給事中蔣鎮弔祠涇州將士之戰亡者

三年二月旣誅李惟岳下詔易定深趙當與節觀察管内自官軍出征所有誅戮並令州縣瘞埋勿令暴露有家屬者並許收瘞

興元元年四月帝在梁州山南地偏及夏尤熱將士未給春服帝亦御裌服以視朝左右請御衫帝曰將士從我者冬服未易我豈可獨衣衫乎將士聞之無

不感涕至五月諸道財賦稍至先令給將士衣服而後御衫

六月帝發興元郎七月至京師帝自發興元即路踰月時當盛暑赫日未嘗張盖加幅左右數以爲請帝曰從官將士皆以朕之故尙露首於赫曦之中朕寧以己之適而不同其寒暑也竟不從

貞元二年四月李希烈平詔曰淮西百姓等久經淪陷兼被傷痍想茲彫殘實足哀愍除供當道軍用之外宜給復二年將士之中不樂在軍願歸農業者委節度使刺史量給逃戶田宅幷錢借貸種糧優復終

身使之存濟
三年閏五月崔漢衡副渾瑊會盟吐蕃漢衡及判官鄭叔矩皆爲吐蕃所執六月辛亥詔賜崔漢衡鄭叔矩家粟布
四年正月赦書涇隴邠寧振武靈鹽銀夏官健嘗例之外每年加賜兩段
三月涇原節度劉昌以平京盟會所亡歿將士骸骨在焉乃令聚而瘞之因感夢於昌有媿謝之意遂以上聞帝乃下詔深自尅責仍遣秘書少監孔述睿及中官以御廚饌物及内造衣服數百襲令劉昌収其

骸骨以歸分爲大將三十人將士一百人皆棺櫬斂以衣服葬於淺水原置二塚其大將曰旌義塚將士曰懷忠塚詔翰林學士撰二塚誌文及祭文其日劉昌陳兵於葬所先設幕次具牢饌祖祭之禮昌及大將皆素服臨之焚其衣及紙錢千幅又立二堠題以塚名監於道傍師人觀之莫不感泣
十五年四月詔應在城諸州軍及畿内諸縣鎮兼京西步鋒弃奉天行營雜職掌所錄兼長行官健共五萬八千二百七十二人宜令所司每人賜粟一石
憲宗永貞元年八月詔曰諸道節度使團練經畧防禦等將士久執干戈式遏封畧勤勞王室深用嘉之據其優勞並與甄錄各委本軍本使卽具名銜奏聞
元和元年春正月南郊大赦天下京兆府諸司色役人各令條流簡省
十一年春正月朔不受朝賀以師在原野故也
十二年十月淮西平詔其官軍陣亡將士等審勘名銜卽與褒贈其家口委本軍優賞仍五年不停衣食其將士因戰陣傷損尤宜優異至殘廢者各委本軍厚加優恤仍勿停衣糧其陷在賊中官吏將士百姓等應節義著明無辜受戮者宜令長吏致祭収葬並

委節度具名跡聞奏當有褒贈仍優賞其家
穆宗長慶元年七月十八日詔應經戰陣之處所在州縣収瘞遺骸仍量事與棺櫝兼以禮致祭
敬宗以長慶四年正月卽位十月賜山陵持路夫絹各二疋時屬連雨役人饑凍頗甚至有持鍤抱籌而死者帝聞而惻然故有賜
文宗太和二年七月賜魏博行營將士裹瘡帛一千疋金瘡散一千貼便令奏事官押送本道
四年七月内庫出綾三千疋赴宥州賜修城將較
七年正月詔諸色工役非灼然交切者勒停

開成元年十月京兆尹薛元賞奏昆明池條造功畢欲大爲其防上曰時方凝沍築堤可否元賞曰正當人閑上曰王者動作必法時令不計人閑遂罷之

二年五月帝御紫宸殿宰相鄭覃李石奏襄陽殷侑論當道防秋兵請就邊上招召徐泗薛元賞請留舊防秋兵二年帝曰殷侑所請邊上幕兵恐不得其實又遷動農者防秋既有年限元賞豈得苟留念其邊戍鄉情不可爽及瓜之信

懿宗咸通五年五月丁酉詔邕州巴西黎嶲界內昨因蠻叛互有殺傷宜令本道收拾埋瘞量設祭酬

後唐莊宗初嗣晉王位栢鄉之役日晚戰酣突陣都將遼州刺史安元信傷重帝自臨傳藥撫諭

同光元年十二月勑自十數年來累經戰陣殺傷暴露有足惻嗟其德勝寨莘縣楊劉鎮遥津鎮胡栁陂戰陣之所宜令逐處差人簡收骸骨埋瘞取係省錢備酒紙招祭以慰亡魂

明宗天成元年五月丙寅差供奉官張殷祚押夏衣一萬副賜湖南行營將士

十月詔曰嫌疑之釁多起於萑黄似是之名卒難於明辨應去年四月一日諸州府軍變內有詿誤身殁者並許子孫禮葬頃以兩軍對壘仍歲交鋒亡殁甚多暴露不少宜令滑濮鄆澶衛等州各據地界內應有暴露骸骨並與埋瘞

長興三年三月帝謂六軍副使石敬塘曰神武馬軍就糧莘縣昨日雨甚何不賜油衣敬塘對曰去京師近不敢奏請帝曰百寮入朝至近尚須油衣縱與未必霑濕然表朕意耳十二月賜修雒水堤岸工徒每人酒一升十夫共一羊癸丑帝幸龍門觀工徒修伊河石堰以羊酒賜役夫如雒堰側伊水中流榜夫墮水遣人拯之以錦袍賜之

四年二月乙丑勑倉門開河役夫數日春寒稍甚宜俟晴暖作役

十二月樞密使安重誨奏欲近南別開一河以導水計功六十萬權倩京師戶人帝曰勞役百姓不宜有此商量遂止

末帝清泰元年七月甲子詔鳳翔西面來往兵士或疾病傷損者留醫養候住行李則人給千錢勒歸本處

晉高祖天福二年十二月宣遣承旨劉貞義押風藥往軍前賜中傷將較

少帝開運二年二月乙酉敕曰契丹違天背惠猾夏渝盟無名侵犯於封疆縱暴殺傷於生聚毒流數郡怒積羣情果敗衄於漳州乃退歸於燕塞今則長驅虎旅誓殄胡塵雪萬姓之沉寃期四方之昭泰每念蕃寇經過之處邊隅陷没之人未掩殭尸何安恨魄軫傷既切惠澤宜加其嘗定邢洺管界蕃寇經過之處枉遭殺害無主收葬者宜令本州差大將一人所在收瘞量事祭奠訖具事以聞

漢隱帝乾祐元年四月庚辰敕青州收瘞用兵討楊光遠時骸骨癸卯敕三京鄴都諸道州府自北虜入

寇羣盜刼傷所有被殺暴露骸骨及墳墓被發掘者並令逐處長吏據地分收拾埋瘞初契丹犯闕四郊墳墓無不發掘故有是詔

三年正月丙寅詔遣供奉官梁再筠使河中侯樞使鳳翔並爲收拾用兵時城内外殺傷餓殍遺骸令瘞而祭之時已有僧收拾尸首至二十萬

周太祖廣順二年五月平慕容彦超於兖州詔諸軍將士等有歿於王事者各等第給孝䌷仍以本人半分衣糧給與本家一年有親子若官中並與收録安排自軍使都頭已上皆與贈官九月勑兖州自逆臣盜據多有殺傷永爲葬朽之仁式示掩骸之義宜令樂院使黄知筠往兖州收暴露骸骨於高地爲壙埋瘞祭奠以聞

世宗顯德元年正月赦文諸軍將士年老病患不任征行情願歸農者本軍具以名聞給憑繇放免

四月討太原迴詔昨殺戮賊軍處四面山谷間屍首絶多宜令逐處官吏差人收歛埋瘞勿令暴露

二年十一月以秦鳳平詔城下功役百姓爲矢石所害致死者本戸除二税外放免三年差徭仍賜本家孝服絹三疋其部署人夫州縣官並與加階減選

四年二月壬戌詔諭淮南招討使李重進都監向訓廬州行府劉重進等令於淮南管内戰陣之處收其骼胔悉埋瘞之

三月詔曰自攻討壽州已來應有將士歿於王事者宜差殿直劉漢卿於壽州四面收歛其屍以官物祭奠本家仍以優給有男者量與叙用

五年五月帝以征淮南迴降德音云疾風勁草旣驗忠誠臨難捐軀所宜旌異應淮南行營將士歿於王事者各與贈官逐人若有親的子孫並與叙録内有中傷殘廢不任征行者等第給救接錢帛排難疆埸

馬革無慙於壯志遺骸暴露牛剛有軫於深仁載循掩骼之文俾釋窮泉之恨凡經戰陣處應有暴露骸骨仰逐處州縣收拾埋瘞淮南界內逐處墳墓有曾遭發掘處委逐州縣差人掩閉

好邊功

聖人制兵以威天下五材並用弗可闕也然而有道之守實在於外夷好戰之危蓋存於深戒其或中區大定海內同軌乃復恃其富疆肆其材力采疆吏之茸言信行人之詭計貪其土地利其俘獲出師命將窮兵黷武靡思餽運之苦罔念征戍之役以致百姓

騷動中國罷弊損多益寡得虛喪實久而迷復何救於治哉

周穆王將征犬戎（犬一作畎）祭公謀父諫（祭畿內之國周公之後為王卿士謀父字也）曰不可犬戎氏以其職來王天子曰予必以不享征之且觀之兵無乃廢先王之訓而王幾頓乎吾聞犬戎樹敦（樹一作樹一立也言犬戎立惟敦篤也）率舊德而守終純固其有以禦我矣王遂征之得四白狼四白鹿以歸自是荒服者不至

漢武帝建元六年八月閩越王郢攻南越遣大行王恢將兵出豫章大司農韓安國出會稽擊之未至而越人殺郢以報恢因兵威使番陽令唐蒙風曉南粵（番音皤風讀曰諷）蒙歸至長安上書曰南粵王黃屋左纛（言為天子之車服）地東西萬餘里名為外臣實一州主今以長沙豫章往水道多絕難行竊聞夜郎所有精兵可得十萬浮船牂柯出不意此制粵一奇也誠以漢之疆巴蜀之饒通夜郎道為置吏甚易帝許之乃拜蒙以郎中將將千人食重萬餘人（食糧度衣重也重音直用也）從巴莋關入遂見夜郎侯多同（多同其侯名也）厚賜諭以威德約為置吏使其子為令（比之于漢縣也）夜郎旁小邑皆貪漢繒帛以為漢道險終不能有也迺且聽蒙約還報迺以為

犍為郡發巴蜀卒治道自僰道指牂柯江蜀人司馬相如亦言西夷邛莋可置郡使相如以郎中將往諭皆如南夷為置一都尉十餘縣屬蜀元光四年夏發巴蜀治南夷道作者數萬人千里負擔餽饟（餽亦饋字饟古餉字也）率十餘鍾致一石（言其勞費再功重）散幣於邛僰以輯之（邛今邛州也僰今僰道縣也輯與集同謂安定也）數歲而道不通蠻夷因以數攻吏發兵誅之悉巴蜀租賦不足以更之（悉盡也更償也雖盡租稅不足償其功費也更音庚）迺募豪民田南夷入粟縣官而內受錢於都內（都內京師主藏者也大司農屬官有師內令丞也）西南夷又數發兵興擊耗費亡功帝患之使公孫弘往視問焉

還報言其不便及弘爲御史大夫時築朔方據河逐胡弘等因言西南夷爲害言通西南夷大爲損害可且罷專力事匈奴帝許之罷西夷獨置南夷兩縣一都尉稍令犍爲自保就今自保守且修成其業犍爲今嘉州縣

元朔二年春収河南地置朔方五原郡興十餘萬人築衛朔方既築其城又守衛之轉漕甚遠自山東咸被其勞費數十百鉅萬數十百萬乃至百萬府庫並虛迺募民能入奴婢得以終身復爲郎增秩庶人入奴婢則復終身而爲郎者就增其秩也一日入奴婢少者復終身多者得爲郎舊爲郎更增秩也及入羊爲郎是時主父偃盛言朔方地肥饒外阻河蒙恬城以逐匈奴內省轉輸

戍漕廣中國滅胡之本也上覽其說下公卿議皆言不便公孫弘曰秦時嘗發三十萬衆築此河終不可就就城也已而棄之朱買臣難詘弘遂置朔方本偃計也

元狩元年博望侯張騫言使大夏時見邛竹杖蜀布問安得此大夏國人曰吾賈人往市之身毒國毒音篤一名天篤則浮屠胡是也身毒國大夏東南可數千里其俗土著土著有謂城郭常居不隨畜牧移徙也著音直畧切其下亦同與大夏同而卑溼暑熱其民乘象以戰其國臨大水焉以騫度之度計也大夏去漢萬二千里居西南今身毒又居大夏東南數千里有蜀物此其去蜀不遠矣今使大夏從羌中險羌人惡之少北則爲匈奴所得從蜀宜徑又無寇徑直也宜猶當也從蜀而大夏其道當直天子既聞大宛及大夏安息之屬皆大國多奇物所著頗與中國同俗而兵弱貴漢財物其北則大月氏康居之屬兵彊可以賂遺設利朝也設使也施者以利誘令入朝誠得而以義屬之謂不以兵革則廣地萬里重九譯致殊俗威德徧於四方天子欣欣以騫言爲然迺令因蜀爲發間使四道並出間使者求間隙而行出駹出莋出徙邛出僰皆夷名駹音龍莋音材各切徙音斯僰蒲北切皆各一二千里其北方閉氐莋漢使見閉于夷也氐與莋二種也南方閉嶲

昆明嶲昆明亦皆夷種名也嶲先橤切昆明之屬無君長善寇盜輒殺畧漢使終莫得通然聞其西可千餘里有乘象國名滇越滇音顛滇馬出其國而蜀賈間出物者或至焉間出物謂私往市者於是漢以求大夏道始通滇國時吏士爭上書言外國奇怪利害求使天子爲其絕遠非人所樂聽其言人皆不樂去故有自謂爲使者即聽而遣之予節募吏民無所從來不爲限禁遠近雖家人私隷並許應募爲其備人衆遣之以廣其道來還不能無侵盜幣物及使失指乘天子指意天子爲其習之輒覆按致重罪言其串習不以爲難必當敬求充使地以激怒令贖令立功以贖罪復求使使端窮而輕犯法其吏卒亦輒盛推國

所有言大者予節言小者爲副故妄言無行之徒皆
爭相効其使皆私縣官齎物（言所齎官物竊自用之同于私者）欲賤
市以私其利（所市之物得利多者不盡入官也）外國亦厭漢使人人
有言輕重（漢使言于外國人人輕重不實）度漢兵遠不能至而禁其
食物以苦漢使（令其困苦也）漢使乏絕積怨至相攻擊樓
蘭姑師小國當空道（空即孔也）攻劫漢使王恢等尤甚而
匈奴奇兵又時時遮擊之使者爭言外國利害（言服之則
利不討則爲害）皆有城邑兵弱易擊於是天子遣從票侯趙
破奴將屬國騎（謂外國屬漢者）及郡兵數萬擊姑師王恢數
爲樓蘭所苦帝令恢佐破奴將兵破奴與輕騎七百

人先至虜樓蘭王遂破姑師因暴兵威以動烏孫大
宛之屬（暴謂顯揚也）還封破奴爲浞野侯恢爲浩侯於是
漢列亭障至玉門關矣（玉門關龍勒界）而大宛諸國發使隨
漢使來觀漢光大以大鳥卵及黎軒眩人獻於漢（鳥卵
大如汲水之甕眩讀與幻同即今吞刀吐火植瓜種樹屠人截馬之術皆是也）天子大悅
太初元年八月遣貳師將軍李廣利發屬國六千騎
及郡國惡少年數萬人伐宛期至貳師城取善馬故
浩侯王恢使道軍旣西過鹽水當道小國各堅城守
不肯給食攻之不能下下者得食不下者數日則去
北至郁成士財有數千（北音必寐切財與才同）皆饑罷（罷讀曰疲）攻

郁成城郁成距之所殺傷甚衆貳師將軍與左右計
至郁成尙不能舉況至其王都乎失利而還往來二
歲至敦煌士不過什一二（十人之中一二人得還）使使上書言
道遠多乏食且士卒不患戰而患饑人少不足以拔
宛願且罷兵益發而復往（益多也）天子聞之大怒使使
遮玉門關曰軍有敢入斬之貳師恐因留屯敦煌其
夏漢亡浞野之兵二萬餘於匈奴（趙破奴後封浞野侯浞音士角切）
公卿議者皆願罷宛軍專力攻胡天子業出兵誅宛
小國而不能下則大夏之屬漸輕漢而善馬絕不來
烏孫輪臺易苦漢使（易輕也輪臺亦國名）爲外國笑迺案言伐

宛尤不便者鄧光等（案其罪而行罰）赦囚徒扞寇盜（使從軍爲斤）
發惡少年及邊騎歲餘而出敦煌六萬人（與發部署歲餘乃行）
負私從者不與（負私糧食及私從者不在六萬人數中也與讀曰豫）牛十萬馬
三萬匹驢橐駝以萬數齎糧兵弩甚設（設張甚具也）天下
騷動轉相奉伐宛五十餘較尉宛城中無井汲城外
流水於是遣水工徙其城下水空以穴其城（空孔也從其城
下水者令從也道流不迫其城也空以穴其城者圍而攻之令作孔使穿穴也下云決其水原移之又大
圍其城攻之皆再叙其事也曰既徙其水不令千城下流而因其舊引水入城之孔攻而穴之）益發
甲卒十八萬酒泉張掖北置居延休屠以衛酒泉（立二
縣以衛邊也或曰置二部都尉）而發天下七科適（適讀曰適）及載糒給貳

師（糒乾飯音備）轉車人徒相連屬至敦煌而拜習馬者二
人爲執驅馬校尉（習便也一人爲執馬校尉一人爲驅馬校尉）備破宛擇
取其善馬云於是貳師後復行兵多所至小國莫不
迎出食給軍至輪臺不下數日屠之自此而西平行
至宛城（平行言無宛難）兵到者三萬宛兵迎擊漢兵漢兵射
敗之宛兵走入保其城貳師欲攻郁成城恐留行而
令宛益生詐（留行謂留上軍滯其行）迺先至宛决其水源移之
則宛固已憂困圍其城攻之四十余日宛貴人謀曰
王毋寡匿善馬殺漢使（毋寡宛王名）今殺王而出善馬漢
兵宜解卽去迺力戰而死未晚也宛貴人皆以爲然

共殺王其外城壞虜宛貴人勇將煎靡（宛之貴人爲將而勇者名
煎靡也）宛大恐走入中城相與謀曰漢所爲攻宛以王
毋寡持其頭遣人使貳師約曰漢無攻我我盡出善
馬恣所取而給漢軍食卽不聽我我盡殺善馬康居
之救又且至我居內康居居外與漢軍戰孰計之何
從（令二師熟計之而欲攻戰乎欲不攻而取馬乎）是時康居候視漢兵尚盛
不敢進貳師聞宛城中新得漢人知穿井而其內食
尚多計以爲來誅首惡者毋寡頭已至於此不許則
堅守而康居候漢兵罷來救宛破漢軍必矣（罷讀曰疲）軍
吏皆以爲然許宛之約宛迺出其馬令漢自擇之而
多出食食漢軍（下食讀曰飤）漢軍取其善馬數十匹中馬
以牝牡三千餘匹而立宛貴人之故時遇漢善者名
昧蔡爲宛王（昧音本末之末蔡音千曷切）與盟而罷兵終不得入
城中罷而引歸賈捐之曰武帝元狩中太倉之粟紅
腐而不可食（粟久腐壞則色紅赤也）都內之錢貫朽而不可較
（計也）迺採平城之事（追計其事故言採）錄冒頓以來數爲邊害
厲兵馬因服民以攘服之（攘却也）西連諸國至于安息
東過碣石以玄菟樂浪爲郡（樂音落浪音郎）北郤匈奴萬里
更起營塞制南海以爲八郡則天下斷獄萬數民賦
數百造鹽鐵酒榷之利以佐用度猶不能足當此之

時寇賊竝起軍旅數發父戰死於前子鬬傷於後女
子乘亭鄣孤兒號於道老母寡婦飲泣巷哭（淚流被面以入
于口故言飲泣也）遥設虛祭想魂乎萬里之外淮南王盜寫
虎符陰聘名士關東公孫勇等詐爲使者是皆廓地
泰大征伐不休之故也
後魏太武神䴥二年練兵于南郊將襲蠕蠕公卿皆
不願行保太后固止帝皆不聽唯太常卿崔浩贊成
帝從浩計而行帝緣粟水西行過漢將竇憲故壘平
城三千七百餘里分軍搜討東至瀚海西接張掖水
北渡燕然山東西五千餘里南北四千里

隋煬帝大業三年令羽騎尉朱寬入海求訪異俗海師何蠻言每春秋二時天清風静東望依稀似有煙霧之氣亦不知幾千里遂與蠻俱往因到流求國言不相通掠一人而返明年帝復令寬慰撫之流求不從取其布甲而還時倭國使來朝見之曰此夷邪久國人所用也帝遣武賁郎將陳稜朝請大夫張鎮州率兵自義安浮海擊之至高華嶼又東行二日至鼊鼊嶼又一日便至流求初稜將南方諸國人從軍有崑崙人頗解其語遣人慰諭之流求不從拒逆官軍稜擊走之進至其都頻戰皆敗焚其宮室虜其男女

數千人載軍實而還自爾遂絶

五年五月吐谷渾王率衆保覆袁州帝分命將擊之六月癸卯大升拔谷山路隘險魚貫而出風霰晦暝與後宮相失士卒凍死者大半

八年正月親征高麗大軍集于涿郡摠管一百一十萬三千八百號二百萬其饋運者倍之三月帝御師于遼水四月進遼東時諸將各奉旨不敢赴機旣而高麗各城守攻之不下六月巳未幸遼東責怒諸將止城西數里御六合城七月壬寅宇文述等敗績于薩水右屯衛將軍辛世雄死之九軍並陷一日一夜還至鴨淥水行四百五十里初度遼九軍三十萬五千人及還至遼東城唯二千七百旣班師敗將宇文述于仲文等除名爲民斬尚書右丞劉士龍以謝天下

九年正月徵天下兵募民爲驍果集于涿郡復宇文述等官爵又徵兵討高麗四月庚午車駕度遼壬申遣宇文述楊義以趣平壤六月禮部尚書楊玄感反於黎陽遂逼東都兵部侍郎斛斯政奔于高麗帝乃班師

十年二月詔百寮議伐高麗數日無敢言者遂下詔

親征三月壬子行幸涿郡四月甲午次北平七月甲子高麗遣使降囚送斛斯政帝大悦遂班師初帝以天下承平日久召募行人分使絶域諸番至者厚加禮賜有不恭命以兵擊之盛興屯田於玉門柳城之外課天下富實益市武馬匹直十餘萬坐而凍餒者十家而九

唐太宗貞觀十八年二月謂侍臣曰莫離之賊弑其主盡殺大臣用刑有同坑穽百姓轉死怨痛在心道路以目夫出師弔伐須有其名因其弑君虐下取之甚易也十九年命刑部尚書張亮爲平壤道行軍大

摠管領將嘗何等率江淮嶺硤勁卒四方戰船五百艘自萊州汎海趍平壤又以特進英國公李勣為遼東道行軍大摠管禮部尚書江夏王道宗為副領將軍張仕貴等率步騎六萬趍遼東兩軍合勢太宗親御六軍以會之後張亮與高麗再戰於建安城下皆破之及道宗遣果毅都尉傅伏愛領隊兵於山頂以防敵土山自高而陊排其城城隙會伏愛私離所部高麗百人自頹城而戰遂據有土山而塹斷之積火縈排以自守固太宗大怒斬伏愛以徇命諸將擊之三日不能克太宗以遼東倉儲無幾士卒寒凍乃詔

班師

二十二年又遣右武衛大將軍薛萬徹等往青丘道伐之萬徹渡海入鴨淥水進破其泊灼俘獲甚衆太宗命江南造大船遣陜州刺史孫伏伽召募勇敢之士萊州刺史李道裕運糧及器械貯於烏湖島將欲大舉以伐高麗不果行初太宗征高麗雖有功所損亦甚謂左右曰使復有魏徵在必無此行

高宗嗣位又命兵部尚書任雅相左武衛大將軍蘇定方左驍衛大將軍契苾何力等前後討之皆無大功而還

乾封元年十一月命英國公李勣為遼東行軍大摠管率裨將郭待封等以征高麗總章元年十一月拔平壤

册府元龜

巡按福建監察御史臣李嗣京訂正

分守建南道左布政使臣胡維霖參閱

知建陽縣事臣黄國琦較釋

帝王部 一百三十六

慰勞

周禮小行人之職國師役則犒之所以省䘏罷勞激厲壯武也詩云我姑酌彼金罍維以不永懷又以均錫宴飲昭示慈惠也自小雅之作厥義彌著施及後世斯可槩舉若乃遣帥徂征宿兵在野邊候方警戍

守斯久迨夫弔伐弭寧振旅凱入則必親迓戎輅巡省和門亦復臨遣將臣申諭恩旨是古者撫士慰下勞還勸歸之道也至於敦諭反側綏懷寇亂安輯降附案覆詿累咸政之大者良可述焉

周文王爲西伯之時以殷王之命命將率遣戍役以守衛中國故歌采薇以遣之出車以勞還杕杜以勤歸又使臣以王事徃來於其職於其來也陳其勤苦以歌樂之故作四牡詩

漢高祖初爲漢王二年十一月自廣武之間西入關至櫟陽存問父老置酒留四日復如軍

文帝六年匈奴大入邊以宗正劉禮爲將軍軍霸上祝兹侯徐厲爲將軍軍棘門以河内守周亞夫爲將軍軍細柳以備胡帝自勞軍

魏明帝景初二年司馬宣王爲太尉帥師討公孫文懿于遼東旣平天子遣使者勞軍于薊

齊王正始二年司馬宣王破吳軍追至三州口斬獲萬餘人收其舟船軍資而還天子遣中常侍勞軍于宛

嘉平三年司馬宣王帥中軍至甘城縛王凌以歸京師天子遣侍中韋誕持節勞軍于五池

高貴鄉公甘露元年七月安西將軍鄧艾大破蜀大將姜維於上邽詔曰兵未極武醜虜摧破斬首獲生動以萬計自頃戰克無如此者今遣使者犒賜將士大會臨饗飲宴終日稱朕意焉

陳留王即位使侍中衛瓘慰勞河北

晉武帝太康元年三月龍驤將軍王濬平吳詔遣使者犒濬軍又遣兼侍中張側黄門侍郎朱震分使楊越慰其初附

穆帝永和十年桓温北伐進至霸上苻健以五千人深溝自固居人皆安堵復業持牛酒迎温於路者十

八九耆老感泣曰不圖今日復見官軍初温恃麥熟
取以爲軍資而健芟苗清野軍粮不屬收三千餘口
而還帝使侍中黄門勞温于襄陽
海西公太和四年桓温北伐至枋頭爲慕容垂所敗
温甚耻之歸罪于袁真表廢爲庶人真怨温誣已據
壽陽以自固潜通苻堅慕容暐帝遣侍中羅含以牛
酒犒軍于山陽使會稽王昱會温于涂中
簡文咸安二年詔曰吾承祖宗洪基而昧于政道懼
不能允釐天工克隆先業夕惕惟憂若涉泉水賴宰
輔志德道濟伊望群后竭誠協契斷金内外盡翼賛

之規文武致匪躬之節與因斯道終克弘濟每念干
戈未戢公私疲悴藩鎮有釐理之務征戍懷東山之
勤或白首戎陣忠勞未叙或行役彌久擔石靡儲何
嘗不昧旦晨興夜分忘寢雖未能撫而巡之且欲達
其此心可遣大使詣大司馬并問方伯逮于邊戍宣
詔大饗求其所安又籌量賜給悉分周普
孝武大元八年謝玄謝琰桓伊等破苻堅詔衛將軍
謝安勞旋師于金城
後魏孝文太和十七年十二月帝罷南伐廵省六軍
宣武正始三年四月詔遣使者廵慰北邊酋庶

永平元年鎮北將軍李坪討京兆王愉於冀州既平
宣武遣兼給事黄門侍郎秘書丞元梵宣旨慰勞
孝明孝昌元年徐州刺史元法僧叛入于梁梁遣其
豫章王蕭綜入據彭城時安豊王延明爲大都督大
行臺率臨淮王彧等衆軍討之既而蕭綜降附徐州
清復遣散騎常侍常景兼尚書持節馳與行臺都督
觀機部分時尚書令蕭寶寅都督崔延伯都督北海
王顥都督車騎將軍元嘗芝等並各出持詔詣軍宣
旨勞問
又撫軍將軍兼行臺尚書源子雍破賊大破蕭寶寅

佗單步胡提于曲沃堡帝璽書勞勉之子雍在白水
郡復破阿非軍于白水郡多所斬獲詔遣侍中尚書
令城陽王徽於潼關宣旨慰勞
廢帝普泰初以李奇爲持節散騎常侍安北將軍兼
給事黄門侍郎慰勞山東大帥
出帝永熙三年五月丁酉帝幸華林都亭集京城都
督及軍士三千餘人慰勉之
後周太祖爲西魏相國大統八年十月北齊神武以
衆攻玉璧城晉州刺史韋孝寛拒之苦戰六旬神武
夜遁太祖嘉孝寛功令殿中尚書長孫紹遠左丞相

王悅至玉璧勞問授驃騎大將軍
武帝保定四年十月詔大冢宰護等伐齊丁卯幸沙苑勞師癸酉還宮
建德五年東伐十二月次於晉州初齊攻晉州恐王師卒至於城南穿塹自喬山屬於汾水庚戌帝帥諸軍八萬人置陣東西二十餘里帝乘常御馬從數人巡陣處分所至輒呼主帥姓名以慰勉之將士感見知之恩各思自勵
隋煬帝以仁壽四年即位八月并州總管漢王諒反詔左僕射楊素并州道行營總管討平之帝遣素弟

脩武公約齎手詔勞素曰我有隋之御天下也于今二十有四年雖復外夷侵叛而內難不作脩文偃武四海晏然朕以天不銜恤在疚號天叩地無所逮及朕本以藩王謬膺儲副復以庸虛纂承鴻業然天下者先皇之天下所以戰戰兢兢弗敢失墜況復神器之重生民之大哉賊諒包藏禍心自幼而長羊質虎皮假託名譽不奉國諱先圖叛逆違君父之命成莫大之罪誑惑良善委任姦回稱兵內侮毒流百姓私假署置擅相謀戮小加大少凌長民怨神怒衆叛親離爲禍不同同歸於亂朕寡兄弟猶未忍言是故開關門而待悛悔干戈而不發朕御之天生蒸民爲之置君仰惟先旨每以子民爲念朕豈得枕伏苫廬顛而不救也大義滅親春秋高義周旦以誅二叔漢啓乃戮七藩義在茲乎事不獲已是以授公戎律問罪大原且逆子賊臣何代不有豈意今者近出家國所歎荼毒甫爾便及此事繇朕不能和兄弟不能安蒼生德澤未弘兵戈先動賊亂者止一人塗炭者乃衆庶非唯寅畏天威亦乃孤負付屬薄德厚恥愧乎天下公乃先朝功臣勳庸克茂至如皇基草創百物惟始便匹馬歸朝誠識兼至汴部鄭州風捲秋籜荊南

塞北若火燎原早建殊勳夙著誠節及獻替朝端具瞻惟允爰弼朕躬以濟時難昔周勃霍光何以加也賊乃竊據蒲州關梁斷絶公以少擊衆指期平殄高壁據嶮抗拒官軍公以深謀出其不意霧廓雲除氷消瓦解長驅北邁直趣巢窟晉陽之南蟻徒數萬諒不量力猶欲舉斧公以稜威外討發憤於內忘身殉義親當矢石兵刃暫加魚潰鳥散僵屍蔽野積甲若山諒遂守窮城以拒鈇鉞公董率驍勇四面攻圍使其欲戰不敢求走無路智力俱盡面縛軍門斬將搴旗伐叛柔服元惡旣除東夏清晏嘉庸茂績於是乎

在昔武安平趙淮陰空齊豈若公建而不勞逑而克
捷者也朕殿憂諒闇不得親御六軍未能問道於上
庠遂使劬勞於行陣言念於此無忘寢食公乃建累
世之元勳執一心之確志古人有言曰疾風知勁草
世亂有誠臣公得之矣方乃銘之嘗彝豈止書勳竹
帛哉功之克諧哽歎無已稍令公如宜軍旅務殷殊
當勞慮故遣公弟指宣往懷遂塞不次　素上表陳言
日臣自惟虛
薄志不及表州郡之下敢憚劬勞卿相之榮無階覬
望然時逢昌運王業維始涓流赴海誠心屢竭輕塵
集嶽功大人微徙以南陽里閭凡沛子弟高位重爵
榮顯一時遂復入處端赴總戎侍愛文武之任預帷
幄之謀豈曰才能實繇恩澤欲報之德義極昊天伏
惟陛下紹重日之明養繼天之德收臣於疎遠招臣

以光輝甫服人就道之書春宮奉肅成之旨然草木
無心尚榮枯候時況臣有心寔自効無路晝夜遑遑
寢食怵惕嘗恐朝露奄至虛負聖慈賊諒包藏禍心
有自來矣因幸國衰便肆凶逆興兵晉代搖蕩山東
陛下拔臣於日流授臣以戎律蒙心腹之寄稟平亂
之規蕭王赤心人皆為死漢皇大度天下爭歸妖氛
廓清豈臣之力曲蒙使臣弟約賫詔書問勞高旨峻
筆有若天臨洪恩大澤同于海運雖百殞無以自酬
唐高祖初為唐王隋義寧二年四月勞東都旋師於
長樂宮
武德元年十月遣右武侯大將軍龐玉率師西討帝
幸開遠門勞將士而還
十一月秦王征薛仁杲凱旋帝享勞旋師
三年四月秦王平并州帝遣司農卿韋雲起勞軍
四年三月益州道行營僕射竇軌率兵擊東都帝引
其將軾五百人宴賜而遣之
四月皇太子討張長遜迴班師帝於玄武門宴勞將
士賜帛各有差
五月王世充降遣尚書右僕射裴寂持節勞軍又遣
侍中陳叔達齎百牢上鐏酒醼勞秦王於近郊
五年十二月皇太子建成與劉黑闥戰於魏州城下
破之黑闥抽軍北遁詔尚書右僕射裴寂馳往勞之
六年十月秦王屯并州以備突厥及班師帝迎勞於
忘武頊

太宗貞觀十六年遣安西都護郭孝恪伐焉耆虜其
王齒龍突騎帝大悅璽書勞之曰知破焉耆虜其偽
王功立威行深副所委但焉耆絕域地阻天山恃遠
憑深敢懷叛逆卿望崇位重報效情深遠涉沙場躬
行罰罪取其堅壁曾不崇朝再廓遊魂遂無遺寇緬
思竭力必大艱辛超險成功深足嘉尚
十九年帝征遼二月李勣所領之衆頓於幽州詔遣
通事舍人盧師讓齎璽書詣軍中勞勉之將士咸悅
二十年六月平薛延陁詔曰朕聞獯獫強暴歷代憑
凌結晦關都凝氣大漠家山宅野時聚而會分幕

羲盧鞮乍詭屯而集塞退因利飽進爲財餞前王獘其貪殘中夏俾其薦食然而三策知慮非爲禦寇之方千里長城豈謂静邊之計故以百王靡服千古不賓種落實繁姦華孔熾武德之際飲馬渭濱貞觀之初敢恣凌逼朕載懷慷慨命將出師旗皷一臨沙漠大定雪涇陽之周耻報白登之漢讐截瀚海以開池籠天山而桒苑其餘醜類自巳羈縻勞我邊甿軫余遐念將奮鈇鉞受命上玄延陁惡積禍盈今日夷滅醜徒内潰酋黨外離契苾迭款來降其餘相率歸附唯僕骨同羅猶懷假息氷消雹碎匪夕伊朝豈朕威

思所懷故乃奢旻之惠觀賊此勢何能自全今不乘機恐貽後悔故欲暫往靈州親自招撫安邊静亂下固甿基一軌同文永弘家業使萬里之外不有半烽百郡之中猶無一戍永絶鎮防之役豈非黎元樂見雖復去歲東征士馬倦勞甫施京邑曾未踰年今秋復行理多疲頓但以良藥苦口非病者茸之而人必焉思去膏肓之疾私種獘力豈農夫樂焉而必履之求其倉庫之益斯皆忍小惡而成大美就輕害而得殊功朕積疾累時今尚虛倦必欲牵痾就路以赴天機百辟士庶幸勿辭也遼東從兵皆不差發布告天下悉朕意焉

二十二年三月庚戌遣通事舍人常煇往使歸兵道行軍宣慰士衆是年右武候將軍梁建方擊松外蠻破之其帥盛逐稽六請降遣首領十人來詣軍門建方振旅而還及至帝勞其勤苦賜以上驷

高宗永徽四年十月以睦州女子陳碩真率衆反揚州長史房仁裕平之詔刑部尚書唐臨馳傳案覆被詿誤者悉免之人吏爲賊所殺者官爲殯斂

龍朔元年遼東道行軍揔管蘇定方拔百濟之貞都城其王義慈來降遣左衛郎將王文庶齎璽書慰勞

定方巳下將士及百濟百姓各令安堵如舊有才者節級録用若能便經畧高麗者委定方揀擇將士可否聞奏

玄宗開元三年三月遣兵部員外郎王上客刑部員外郎楊欽明等分往諸軍宣慰將士

四年十二月命衞尉少卿李暠齎璽書慰勞朔方降户

九年九月詔曰如聞鹽夏兩州百姓及六州胡等被胡賊殺掠宜令御史韓朝宗皇甫翼齎書分往慰問便復損數其被損之家務令存恤應須給貸蠲免量

事處置訖廻日奏聞

十二年七月以黔州道招討使內侍楊思朂討溪州賊帥有功特加輔國大將軍兼內侍祿俸防閤一事已上並依品級宴思朂以下立功將士於朝堂詔曰蠻夷不道賊害平人卿等竭誠一舉而定窮深盡險罔不率從徃返若飛當甚勞獎各賜卿少物宴畢領取

十五年涼州都督王君㚟破吐蕃凱旋詔置酒朝堂宴之及將士等並賜物有差帝謂君㚟及將士等曰吐蕃小醜敢懷逆命趣竊亭鄣以逞凶狂卿等智勇

夙彰軍威克振整旗鼓屢翦渠魁深入寇庭當甚勞耳

十六年二月乙未令朔方節度副大使左金吾大將軍信安郡王禕宣慰嶺南

二十六年十月壬申命侍御史陳懿使于劍南安戎城宣慰將士勑曰吐蕃醜類背約孤恩卿等同嫉寇讐爲國展效深入賊境久冒艱危至於勤勞豈不知委須聞在彼小有喪敗卿等非不盡力自是主將無謀古之用兵在於責帥王昱緣此亦已貶官卿等但須悉心不可因茲阻氣遞相激勵以保功名戰亡之人深可憫惜並申弔祭用慰幽魂其病醫及陣亡之家宜委陳懿與州縣相知優恤

天寶十四年十一月命榮王琬爲元帥東征安祿山帝御勤政樓宴將士

肅宗至德元年十月皇弟潁王璬陳王珪自蜀至上皇有詔慰問朝臣及將士等

代宗寶應元年冬以初平河朔拜宗正少卿李涵左庶子兼御史中丞河北宣慰使

廣德二年正月以尚書右丞顏真卿爲刑部尚書兼御史大夫充朔方宣慰使

永泰元年七月遣尚書左丞李涵以本官兼御史大夫于河北道宣慰

大曆二年九月詔曰河朔一隅地方千里外捍夷狄內輔成周撫勤王之師脩任土之貢顧其方鎮可謂崇重眷我侯伯實有勳勞且將相朕之股肱兆庶君之支體事同休戚寧忘鑒寢思撫巡而未獲念征鎮而未懷爰命宗臣徃申旨諭銀青光祿大夫行尚書左丞襄武縣開國公李涵朕之茂親腹心攸寄純固所以致命文質所以經邦温恭禮讓誠信易直勵匪躬之節秉憂國之心美其公才當所委任再令宣撫

皆合事宜旣述慊誠之詞兼陳理化之績慰我憂念意甚嘉之今秋冬在候徭戍勤止將較有介胄之勞黎元有稅賦之役代予親問詔爾使臣仍兼副相之勞式重登車之務可兼御史大夫充河北宣慰使

三年六月命兵部侍郎李涵兼御史大夫充河北道宣慰使以幽州之難故也

六年八月命左散騎常侍孟皥使河北道宣慰

八年八月辛未幽州盧龍節度觀察等使簡較左散騎常侍幽州大都督府長史朱泚遣弟滔領防秋兵馬五千騎至自幽州詔發六軍將士千餘騎迓於國

門許便道繇皇城南面出開遠門赴涇州行營命有司大置酒于開遠門宴慰遣之騎卒精銳冠絕諸軍道路觀者如堵

十年正月命內侍孫知古使于魏州宣慰因脫示田承嗣各守封疆

德宗建中四年三月遣太子太師顏眞卿宣慰淮寧節度李希烈

十二月帝在奉天加給事中孔巢父兼御史大夫淄青宣慰使以潼關防禦鎮國軍使華州刺史董晉爲國子祭酒兼御史大夫河北宣慰使

興元元年正月帝在奉天以兵部員外郎李充兼御史中丞鎮冀宣慰使

四月帝在梁州以屯田郎中沈房爲太常少卿兼御史中丞諸蕃計會及安西北庭宣慰使

六月乙巳詔曰朕獲承先顧付以大器懼德不類貽列聖羞虔恭惕厲罔敢暇逸將期布令齊一致俗和平然而誠信未孚衆心遂阻理化乖當百度失中君臣之間鬱堙不達致寇雖深於罪已興戎尚昧于省躬思靖亂以濟人反勞師而黷武行者被殺傷之苦居者重齎送之勤四海騷然靡有寧處京邑之下轉

軸亦空環列之中徵發靡息畧內以勤遠居安而忘危賊臣誘姦乘間竊發豺狼穢于宮闕士庶陷于塗炭作威肆毒仇視我人萬姓嗷嗷呼天無告有隕踣以抗節有脅從以假命且一夫不獲辜實在予况君臨萬邦作人父母旣不克以覆育又從而咎之其心愧耻一食三歎出舍內省介于梁岷庶乎有瘳以荅譴戒皇天悔禍社稷降靈腹心爪牙奮謀宣力元惡稔慝脫身遁逃餘孽拒威所向摧殄掃氛沴而闢閶闔翦鯨鯢以淸郊原函夏載寧室家相慶非我將相夾輔王室卿士交脩予違軍旅協心畢命盡敵豈伊

寡昧克復興運戡定大難念之感懷宜令吏部侍郎班宏充宣慰使勞問將士撫諭烝黎必躬必親如朕臨涖朕整飭法駕即日還京策勳行賞大報忠烈銘功百代與國同休然後請罪祖宗不敢自蔽宣布中外明朕意焉

七月命給事中兼御史大夫孔巢父宣慰于河東諸軍

貞元元年六月以兵部侍郎李紓宣慰于河東諸軍中書舍人齊映宣慰于朔方河中同絳陜虢等州諸軍兵部尚書崔漢衡宣慰于幽州

二年四月淮西李希烈平命尚書左丞鄭叔則往淮西宣慰詔曰自希烈叛命于今五年王澤不通下情亦沮所宜宣我信命以釋危疑敷我惠和以慰傷瘵滌清汙俗咸與惟新底綏一方以稱朕意

十六年七月以徐州張建封卒其子愔爲將較所迫俾領軍務詔擇臨難不撓者即其軍以諭之遂命吏部員外郎李鄘爲宣慰使

憲宗元和元年正月庚午詔萬年縣令薛彤赴彰義軍宣慰

二年八月戊寅命給事中房式充幽州成德義武等軍宣慰使時三節度劉濟王士貞張茂昭各持宿嫌交惡聞於朝故有是命

四年八月命京兆少尹裴武宣慰於鎮州

十二月以太府卿鄧泳爲東道行營諸軍宣慰使左武衞大將軍田景慶爲北道行營諸軍宣慰使

十年正月丙戌以左羽林軍李文通爲左金吾衞將軍兼御史中丞充壽州宣慰使

十一年五月丁亥易定節度使渾鎬以累敗承宗之衆上聞即日命使宣勞

六月庚子命給事中柳公綽宣慰于淄青右補闕張

宿爲判官

八月命尚書右丞許孟容宣慰汴宋陳許河陽行營諸軍

十一月己巳命比部員外郎張宿宣慰隨唐等州軍

十三年正月庚寅命諫議大夫張宿往淄青宣慰李師道以起居舍人唐敬休爲副宿至東都暴卒命左嘗侍李遜宣慰于淄青仍依前以唐敬休副之

十四年二月壬戌魏博田弘正奏淄青兗鄆十二州平詔戶部侍郎楊於陵以本官兼御史大夫充淄青宣撫使

六月癸酉制曰周禮政官之屬掌導王志以延天下之邦國六郡統臨二庭縣邈居必申儆動當懾懷自頃東夏有虞近郊多壘沙朔之外剪爲寇戎亭障烽櫓之嚴遐張塞下使譯道途之要遠屬湟中今妖氛甫清師旅方息思欲肅關隴之右地制昆夷於盛秋而慮師無見粮卒有虛籍之守禦之全備積愁歎之餘音臨軒永懷宜俾宣導非夫忠良練達文武兼資信厚足以得人心恪恭足以奉王事則何以膺茲選任布我憂勞至於問戍役之勤詳山澤之要稽軍實之名數計餽餉之盈虛宿獘有未除衆情有未達兵

機虜態一以上聞奧在此行所至循拊宜令左金吾衛大將軍兼御史大夫胡証充京西京北巡邊使所經過州鎮與節度防禦使刺史審量利害具事實聞奏因程异之請也

穆宗以元和十五年正月即位二月命監察御史楊虞卿盧周仁高銖路群分往京西京北監賞設將士

十月成德軍節度王承宗卒弟承元密獻忠款命起居舍人栢耆往鎮州宣慰

十一月命諫議大夫鄭覃往鎮州宣慰以起居舍人王璠副之

長慶元年正月丁巳以京兆府司録參軍温造爲太原鎮州等道宣慰使以王承元請入朝也

二月辛未命給事中韋弘景爲容州邕州安南宣慰使監察御史杜周士副爲

九月辛亥遣太子中允兼侍御史李寮往幽州宣慰

二年正月命太子中允李寮宣慰深州及魏博行營以鎮州兵亂殺節度使田弘正而牛元翼不從亂圍守深州也

二月詔雪鎮州王廷湊仍令兵部侍郎韓愈充宣慰使又命戶部郎中崔護宣慰于昭義軍將劉悟爲昭

義節度監軍劉承偕頗恃恩權嘗對衆辱悟又縱其下以亂法悟不能平異日有中使至承偕宴之請悟悟欲往左右皆曰往則必爲其困辱矣軍衆因亂悟不止之遂擒承偕至牙門殺其二傔欲并害承偕悟救之獲免故有慰撫之命

七月甲寅命司勳郎中崔護均王府長史李彦璋分往昭義魏博兩道宣慰又以汴州李岕叛命光禄少卿李寮宣撫汴州

文宗太和元年十一月天平橫海等軍節度使烏重裔卒命吳守志宣慰鄆州仍領繒帛五萬疋就賜軍

士以鄆帥新殁撫而安之也
二年二月辛亥命司封郎中王彥魏傳宣慰
五月命左散騎常侍馮宿往河南道行營宣慰以滄州李同捷拒命而諸軍進討也
七月命諫議大夫柏耆往昭義宣慰
十二月又命柏耆往魏博宣慰仍與河陽滑州計會發軍便以兩處兵勢曉諭魏博將士令知赴救之師四面皆至
三年正月命鴻臚卿張賈往昭義魏博宣慰
三月命諫議大夫柏耆往德州城下宣慰

五月命給事中崔瑄往幽州宣慰中書舍人常詢往德州宣慰
四年正月勑諫議大夫崔戎宣充劍南西川宣撫使以南蠻入寇也
二月興元三軍作亂節度使李絳及家並被處置訖命給事中崔琯充山西道宣慰使戶部員外郎嚴譽爲副又命中使先義逸赴興元宣慰
武宗會昌三年七月以御史中丞李回使幽鎮魏三道時中書奏云秋氣已至將議進軍幽州須早取可汗鎮魏須速平劉稹各要遣使諭旨兼探三鎮軍情今日延英面奉聖旨欲遣張賈充使臣等商量張賈幹濟有才甚諳軍中體勢然性氣稍直慮不安帖恐不如且輟李回充使若以臺綱不可暫闕郎兵部侍郎鄭涯久充戎鎮判事精敏雖無詞辨言亦分明官重事閑最似相稱帝乃以李回使焉
昭宗乾寧二年十二月以前大理卿李堈爲黔中宣慰使制曰將我詔命使于四方必惟其人朔乃舊服咨于輔相僉曰汝諧用之不疑行矣思濟李堈國朝名相之令嗣也文行器業雅有家風政事規矱克紹先志踐履函便於中外練達淬得其本根頃鎮黔江

洽聞善政四年問俗五郡懷仁恩信被於昆夷盛名振於縣道壽移旌蓋往理桂林載揚休聲屢著嘉績兩地遺愛萬人去思今聞黔巫易帥之時頗失睦隣之道慮成間隙又動干戈念遠俗之無辜何中霄而不寐畀爾揆路爲吾使星尚念漢地人情必懷龔遂河内風俗未忘寇恂宜其宣我憂勤導予霄旰強者抑之弱者撫之無俾黔人又陷塗炭用爾專達膺予簡求佇其嚮風聞爾稱職殊恩好爵無所悋焉
後唐莊宗同光四年二月丁巳遣宣徽使宋唐玉往鄴都宣諭諸軍

明宗天成二年四月有内臣自荆南至云暑雨方甚兵士苦之及劉訓有疾是日差孔循逕往勞問及續賜孔循詔曰朕以荆門伐叛方委勳臣而聞統帥縈切戎機勤劬王事致乖攝理浮軫寤懷輟卿樞近之繁達我優隆之旨固於旬朔已就宜和苟或尚未全平且要暫還本道便於將息亦可允俞委卿精白凡事詳酌審於準節庶協籌謀料度攻收撫綏軍旅咸繫明畧更集殊庸倚注之心再三在念

九月戊午北面屯戍上言經夏戰馬多死是日出内廐馬三百匹賜之帝猶慮邊將憂慮召來人慰諭之

曰盛夏酷熱人尚多疾其況馬邪但令勉於王事無以此爲恐仍以搶斂賜其主將又曰沿路芻粟館驛相接爾愼勿擾人

三年六月命閤門使馬知兆往定州犒宴將校

末帝淸泰元年十二月壬申遣李讓勲馳驛代北犒享防邊將士

三年八月詔端明殿學士吕琦往河東代諸屯戍犒軍

晉少帝天福九年三月契丹寇河北帝親征駐蹕澶淵丙午先鋒指揮使石公覇遇賊數萬騎於戚城之北爲賊所圍高行周符彦卿在戚城之東南方息於林下忽聞賊至駭愕督軍而進纔數千騎衆寡不敵行周遣人馳告景延廣請益師延廣遲留候帝進止旣而行周等爲賊圍之數重三人大譟瞋目奮擊賊衆傷死者甚衆帝自御親兵援之前軍獲免帝登戚城南右臺置酒以勞二將

漢高祖天福十二年十月討杜重威于魏府二十日帝乘馬環城幸副部署慕容彦超尚洪千聶章周殿等營遍加撫諭衆心咸懌

十一月將伐鄴壬午車駕次長垣因賜宰臣竇貞固

蘇逢吉蘇禹珪李濤及從官食帝曰朕少親戎馬險阻艱難備嘗之矣公等儒臣也從朕蒙犯霜露得無勞苦乎群臣蹈舞稱謝

周太祖廣順二年五月親征兖州至兖州城下於西屯寨下慰勞兵士賜監押使臣將校茶酒

十一月荆南上言覘知湖南事宜朗州大將劉言十月三日以兵入長沙界十五日至潭州其淮南所署僞節度使邊鎬焚城而遁岳州僞刺史宋權亦棄城去帝遣供奉官齊藏琦乘馹往湘潭慰撫三軍將吏

三年九月涇州節度使史懿疾復作遣客省使楊廷

章往知州事賜襲衣金帶縑帛詔諭彰義軍民吏曰
朕以史懿自鎮邊番克勤王事眷言勳舊洊副倚毗
爰自近年多嬰疾苦邇來頻有發動乞赴闕尋醫既
覽奏陳須議俞允已差客省使楊廷章往彼知軍州
事即令史懿發來京師朕念涇州久夾瘡痍之地軍
人百姓撫愛皆同今已指揮楊廷章候到日凡事倍
加撫安不得輙有科率俾令衆庶皆遂蘇舒
世宗顯德元年五月親征河東丁丑觀兵於城下帝
巡撫諸軍親自慰免賜賚有差
五年四月丁丑吳越王錢俶上言四月十日夜杭州

火災燒府署殆盡帝憫之遣命内臣齎璽書恤問

冊府元龜

巡按福建監察御史臣李嗣京訂正

知長樂縣事臣夏允彝參閱

知建陽縣事臣黃國琦較釋

帝王部一百三十七

旌表第一

王者甄明高義顯異至行所以激揚風化敦率人倫也盖天下至大士民至衆不可家喻而戶曉故顯其忠所以勵事君也褒其孝所以勸事親也尊賢者所以發善也表烈士所以興義也或授之爵秩或祿其

子孫或旌其門閭或賜以穀帛以至復其征賦申以祠祀皆因事以立教獎一而勸百故能述宣王度丕變薄俗民德歸厚有耻且格盖上之行化速於置郵下之從風易如偃草緜斯道矣

周武王既克商釋箕子之囚封比干之墓表商容之閭

惠王二十一年齊會諸侯伐楚許穆公卒於師葬之以侯禮凡諸侯薨于朝會加一等死王事加二等於是有以衮斂

漢高帝五年既平項羽齊王田橫廼與其客二人乘傳詣雒陽至尸鄉自剄令二客奉其頭馳奏之高帝曰嗟乎有以起布衣兄弟三人更王臣欽若等曰三人謂儋榮及橫豈非賢哉爲之流涕而拜其二客爲都尉發卒二千以王者禮葬橫

十二年十二月詔曰秦皇帝楚隱王陳勝魏安釐王昭王之子齊愍王宣王之子趙悼襄王孝成王之子皆絕亡後其與秦始皇帝守冢二十家楚魏齊各十家趙及魏公子無忌各五家無忌即信陵君也令視其冢復無與他事初帝微少時數聞魏公子無忌賢及即天子位每過大梁常祠公子至是擊黥布還爲公子置守冢五家世世歲以四時奉祠公子

成帝時爲霍光置守冢百家吏卒奉祠焉

平帝元始二年詔曰漢興以來股肱在位身行儉約輕財重義未有若公孫弘者也位在宰相封侯而爲布被脫粟之飯奉祿以給故人賓客無有所餘可謂減于制度禮貴有常尊衣服有品而率下篤俗者也與內富厚而外爲詭服以釣虛譽者殊科夫表德章義所以率世勵俗聖王之制也其賜弘後子孫之次見爲適者爵關內侯食邑三百戶

後漢光武時來歙攻公孫述爲刺客所中自書表託投筆抽刀而絕帝聞大驚省書覽涕乃賜策曰中郎

將來歆攻戰連年平定羌隴憂國忘家忠孝彰著遣命遇害嗚呼哀哉使大中大夫贈歆中郎將征羌侯印綬謚曰節侯謁者護喪事還雒陽乘輿縞素臨弔送葬以歆有平羌隴之功故改汝南之當鄉縣爲征羌國焉

常少張隆初事公孫述少隆皆勸述降述不從並以憂死及述旣滅帝下詔贈少爲太常隆爲光祿勳以禮改葬之其忠節志義之士並蒙旌顯

劉茂太原人爲郡門下掾建武二年赤眉二十餘萬衆攻郡縣殺長吏及府掾吏茂負太守孫福踰牆藏

空穴中得免其暮俱奔盂縣晝則逃隱夜求粮食積百餘日賊去乃得歸府明年詔書求天下義士福言茂曰臣前爲赤眉所攻吏民壞亂奔走趣山臣爲賊所圍命如縣髮賴茂負臣踰城出保盂縣茂與弟觸冒兵刃緣山負食臣及妻子得度死命節義尤高宜蒙表擢以厲義士詔書即徵茂拜議郎

譙玄巴郡閬中人也能說易春秋公孫述遣使者備禮徵之若不起便賜以毒藥玄受毒藥其子瑛泣血叩頭於太守奉錢千萬以贖父死述許之玄遂隱藏田野終述之世建武十一年卒明年天下平定玄弟慶以狀詣闕自陳帝美之策詔本郡祠以中牢勑所在還玄家錢

李業廣漢梓潼人也公孫述聞業賢徵之業固疾不起述羞不致之乃使大鴻臚尹融持毒酒劫業業遂飲毒而死蜀平帝詔曰表其閭益部載其高節圖畫形像

溫序爲護羌校尉隗囂別將苟宇所拘伏劒而死王簿韓遵從事王忠持其屍歸斂帝聞而憐之命忠送喪歸雒陽賜城傍爲冢地賜穀千斛縑五百疋除三子爲郎中

李善淯陽人本同縣李元蒼頭也元死唯孤兒續始生數旬貲財千萬諸奴婢欲殺續而分其財善不能制乃負續逃亡瑕丘界中十餘歲與歸本縣脩理舊業時鍾離意爲瑕丘令上書薦善行狀帝詔拜善及續並爲太子舍人

明帝永平二年十一月遣使者以中牢祠蕭何霍光帝謁陵園過式其墓

姜詩廣漢人事母至孝母好飲江水嗜魚膾夫婦力作供膳舍側忽有涌泉味如江水每旦輒出雙鯉常以供母膳永平三年察孝廉帝詔曰大孝入朝凡諸

舉者一聽平之𨞥是皆拜郎中
章帝建初七年西巡狩幸長安以中牢祠蕭何霍光
元和二年東廵狩至沛使使祠故六安郡丞桓譚冢
鄉里以爲榮
和帝永元二年十一月有事于十陵遣使者以中牢
祠蕭何曹參蕭何墓見上註曹參墓在長陵旁道北
安帝永初二年劉雄爲平原令劇賊平豪等入平原
界雄將吏士乘船追之至厭次河與賊合戰雄敗執
雄以矛刺之時小吏所輔前叩頭求哀願以身代雄
豪等縱雄而刺輔貫心洞背而死東郡太守捕得豪

等具以狀上詔書追傷之賜錢二十萬除父奉爲郎
中
元初中鮮卑數百餘騎寇漁陽太守張顯率吏士追
出塞遥望虜營煙火急趣之兵馬掾嚴授慮有伏兵
苦諫止不聽鮮賊入進授不獲已前戰伏兵發授身
被十創殁於陣顯拔刃追散兵不能制虜射中顯主
簿衛福功曹徐咸遽赴之顯遂墮馬福以身擁蔽虜
并殺之朝廷愍授等節詔書褒歎厚加賞賜各除子
一人爲郎中
延光三年幸長安以中牢祠蕭何曹參霍光

桓帝延熹三年武陵蠻寇江陵荆州刺史劉度謁者
馬睦南郡太守李肅並奔走肅主簿胡爽扣馬諫止
肅遂殺爽而走帝聞之徵肅棄市度睦減死一等復
爽門閭拜家一人爲郎中
王渙爲雒陽令以平正居身得寬猛之宜元興元年
病卒民思其德爲立祠安陽亭
延熹八年特詔密縣存故太傅卓茂廟雒陽留渙祠
焉
靈帝中平中陳寔子紀字元方遭父憂每哀至輒嘔
血絶氣雖衰服已除而積毁消瘠殆將滅性豫州刺

史嘉其至行表上尚書圖象百城以厲風俗
袁秘汝南汝陽人也爲郡門下議生黄巾起秘從太
守趙謙擊之軍敗秘與功曹封觀主簿陳端門下督
范仲禮賊曹劉禕德主記史丁子嗣記室史張仲然
等七人拔刃突陣與戰並死謙以得免詔復秘等門
閭號曰七賢
獻帝初卽位遣使弔祠故太傅陳蕃太將軍竇武又
贈射聲校尉沮儁爲弘農太守旌死節也
王允爲司徒爲李傕郭汜所害後帝遷都於許思允
忠節使改殯葬之遣虎賁中郎將奉策弔祭賜東園

秘器贈以本官印綬送還本郡封其孫黒爲安樂亭
侯食邑三百戸
元尚爲兗州刺史袁術將僭號欲以尚爲太尉尚拒
之建安初逃還爲術所害其後尚喪與太傅馬日磾
喪俱至京師帝嘉尚忠烈爲之咨嗟詔百官弔祭拜
子瑋郎中而日磾不與焉
魏太祖北征柳城過涿郡令告太守曰故北中郎將
盧植名著海内學爲儒宗士之楷模國之楨幹也昔
武王入殷封商容之閭鄭喪子産而仲尼隕涕孤到
此州嘉其餘風春秋之義賢者之後有異於人敬遣

丞椽脩墳墓并致薄醊以彰厥德植仕漢爲尚書以
老疾去官隱居上谷軍都山獻帝初平三年卒
衞玆字公振陳留襄邑人也少有大節不應三公之
辟太祖初至陳留玆曰平天下者必此人也太祖亦
異之數詣玆議大事從討董卓戰於滎陽而卒太祖
每涉郡境輒遣使祠焉
龎余爲南陽郡功曹宛將侯音叛射太守東里袞余
以身捍袞前被七創而死及征南將軍曹仁討平音
表余行狀並脩祭醊太祖聞之嗟嘆良久下荆州復
表門閭賜穀千斛

文帝行幸自譙過梁遣使以太牢祀漢太尉橋玄
黄初初大理王朗與太尉鍾繇連名表上主簿趙郡
張登昔爲本縣主簿值黒山賊圍郡登與縣長王雋
帥吏兵七十二人直往赴救與賊交戰吏兵散雋殆
見害登手格二賊以全雋命又守長夏逸爲督郵所
枉登身受考掠理逸之罪義齊二君宜加顯異兼稱
登在職勤勞詔曰登忠義彰著在職功勤名位雖卑
直亮宜顯饔膳近任當得此吏今以登爲太官令（朗太祖初已曾表聞太祖以所急者多未遑褒擢至是復表之乃有此命）
明帝青龍中東征乘輦入故豫州刺史賈逵祠詔曰

昨過項見賈逵碑像念之愴然古人有言患名之不
立不患年之不長逵存有忠勳没而見思可謂死而
不朽者矣其布告天下以勸將來
齊王嘉平中吳將諸葛恪圍於合肥新城時城中遣
士劉整及鄭像出城傳消息皆爲所執皆守節不回
爲其所害後毋丘儉上言因下詔曰夫顯爵所以褒
元功重賞所以寵烈士整像召募通使越蹈重圍冒
突白刃輕身守信不幸見獲抗節彌厲揚六軍之大
勢安城守之懼心臨難不顧畢志傳命昔解楊執楚
有隕無貳齊路中大夫以死成命方之整像所不能

加今追賜整像爵關中侯各除士名使子襲爵如部曲將死事科

高貴鄉公甘露二年四月詔曰玄菟郡高顯縣吏民反叛長鄭熈爲賊所殺民王簡負擔熈喪晨夜星行遠致本州忠節可加其特拜簡爲忠義都尉以旌殊行

七月車駕東征屯項復入賈逵祠下詔曰逵没有遺愛歷世見祠追聞風烈朕甚嘉之昔先帝東征亦幸於此親發德音襃揚逵美徘徊之心益有慨然夫禮賢之義或掃其墳墓或脩其門閭所以崇敬也其掃

除祠堂有穿漏者補治之

八月詔曰昔燕剌王謀反韓宜等諫而死漢朝顯登其子諸葛誕創造凶亂主簿宣隆部曲督秦絜秉節守義臨難固爭爲誕所殺所謂無比干之親而受其戮者其以隆絜子爲騎都尉加以贈賜光示遠近以殊忠義

三年六月丙子詔曰昔南陽郡山賊擾擾欲劫質故太守東里衮功曹應余獨身捍衮遂免於難余顛沛隕斃殺身濟君其下司徒署余孫倫吏使蒙伏節之報

晉武帝詔曰蜀將軍傅僉前在閻城身拒官軍致命不顧僉父彤復爲劉備戰亡天下之善一也豈繇彼此以爲異僉息著募後没入官免爲庶人

泰始四年以東海劉倹有至行拜爲郎中

五年詔諸葛亮孫京隨才署吏

李密字令伯犍爲人也父早亡毋更適人密見養於祖母蜀平後帝徵爲太子洗馬密上疏曰臣生孩六月慈父見背行年四歲舅奪母志祖母劉愍臣孤弱躬見撫養臣無祖母無以至今日祖母無臣無以終餘年母孫二人更相爲命是以區區不敢廢遠臣今

年四十有四祖母劉今年九十有六是臣盡節於陛下之日長報養劉之日短也烏鳥私情願乞終養臣之辛苦非徒蜀之人士及二州牧伯所見明知皇天后土實所共鑒願陛下矜愍愚誠聽臣微志庶劉僥倖保卒餘年臣生當隕首死當結草臣不勝犬馬怖懼之情帝覽表曰密不空有名也嘉其誠欵賜奴婢二人下郡縣供養其祖母

惠帝永康元年詔以光禄大夫劉頌誅賈謐督攝衆事有功追封梁鄒縣侯食邑千五百戸

索靖太安末爲游擊將軍領雍秦凉義兵與賊戰被

傷而卒追贈太常後贈司空追封安樂亭侯謚曰莊

周處義興陽羨人也爲御史中丞征氐人齊萬年力戰而没帝追贈平西將軍賜錢百萬塋地一頃京城地五十畝爲第又賜其家近田五頃詔曰處母年老加以遠人朕每愍念給其醫藥酒米賜以終年

劉殷新興人也性至孝曾祖母王氏盛冬思堇而不言食不飽者一旬矣殷時年九歲乃於澤中哭不絶聲者半月堇爲生焉太傅楊駿輔政備禮聘殷殷以母老固辭駿於是表之優詔遂其高志聽終色養敕所在供其衣食蠲其徭賦賜帛二百疋穀五百斛

元帝爲左丞相承制以稽紹死節事重而贈禮未副勳德表贈太尉祠以大牢及即位賜謚曰忠穆復加大牢之祀

虞悝長沙人也與弟望並有士操譙王承之討王敦以悝爲長史望爲司馬督諸軍湘東太守鄭澹敦之姊夫也不順承旨遣望討之望率一旅直入郡斬澹以徇四境及魏乂來攻望每先登力戰而死城破悝復爲乂所執將害之子弟對之號泣悝謂曰人生有死闔門爲忠義鬼亦何恨哉及王敦平贈悝襄陽太守望榮陽太守遣謁者至墓祭以少牢

許孜東陽吳寧人也惠帝元康中郡察孝廉不起巾褐終身年八十餘卒于家邑人號其居爲孝順里咸康中太守張虞上疏曰臣聞聖賢明訓存乎舉善褒賢所興不遠千載謹案所領吳寧縣物故人許孜至性孝友立節清峻與物恭讓言行不貳當其奉師則在三之義盡及其喪親實古今之所難咸稱殊類致感猛獸弭害雖臣不及見然備聞斯語竊謂蔡順董黯無以過之孜没積年其子尚在性行純愨今亦家於墓側臣以爲孜之履操世所希逮宜標其令跡甄其後嗣以疇既往以獎方來春秋傳曰善善及其子

孫臣不達大體請臺量議疏奏詔旌表門閭蠲復子孫

卞壺爲尚書令右將軍蘇峻稱兵壺苦戰死之二子眕盱見父没相隨赴賊同時見害眕子誕嗣咸康六年成帝追思壺下詔曰壺立朝忠恪喪身凶寇所封懸遠租秩薄少妻息不贍以爲慨然可給實口廩其後盜發壺墓尸僵鬢髮蒼白面如生兩手悉拳爪甲穿達手背安帝詔給錢十萬以脩塋兆

虞潭母孫氏吳郡富春人吳大帝族孫女也永嘉末潭爲南康太守值杜弢構逆率衆討之孫氏勉潭以

必死之義傾其資産以餽戰士潭遂克捷及蘇峻作亂潭時守吳興又假節征峻孫氏戒之曰吾聞忠臣出孝子之門汝當捨生取義勿以吾老爲累仍盡發其家僮令隨潭助戰貿其所服環珮以爲軍資于時會稽内史王舒遣子允之爲督護孫氏又謂潭曰王府君遣兒征汝何爲獨否潭即以子楚爲督護與允之合勢其憂國之誠如是拜爲武昌侯太夫人加金章紫綬潭立養堂於家王導以下皆就拜謁咸和末卒年九十五成帝遣使弔祭謚曰定夫人

張茂妻陸氏吳郡人也茂爲吳郡太守被沈充所害

陸氏傾家產率茂部曲爲先登以討之充敗陸詣闕上書爲茂謝不赴之責詔曰茂夫妻忠誠舉門義烈宜追贈茂太僕

穆宗升平中慕容恪侵逼山陵時冠軍將軍陳祐守雒陽衆不過二千時有沈勁者少負志節自表求配祐效力因以勁補冠軍長史令自募壯士得千餘人以助祐擊賊頻以寡制衆而粮盡援絶祐懼不能保全會賊寇許昌祐因以救許昌爲名興寧三年留勁以五百人守城祐率衆而東會許昌已没祐因奔崖塢勁志欲効命欣獲死所尋爲恪所攻城陷被執神氣自若恪奇而將宥之其中軍將軍慕容虔曰勁雖奇士觀其志度終不爲人用今若赦之必爲後患遂遇害恪還從容言於慕容暐曰前平廣固不能濟辟閭今定雒陽而殺沈勁實有愧於四海朝廷聞而嘉之賜東陽太守子赤黔爲大長秋

毛寶爲征虜將軍豫州刺史州陵縣開國侯守邾城石季龍遣將攻邾城城陷寶率左右突圍出赴江溺死穆帝詔曰寶之傾敗宜在貶裁然蘇峻之難致力王室今咎其過故不加贈祭之可也其後公卿言寶有重勳加死王事不宜奪爵昇平三年乃下詔復本

封

孝武太元中功臣普被減削司空何充等止得六家守冢以故司空興平伯陸玩有佐命之勳先陪陵而塋縣是特置興平伯官屬以衛墓

又詔曰褒德顯仁哲王令典故左尉忠穆公（嵇紹也）執德高邈在否彌宜貞槩之風義著千載每念其事愴然傷懷忠貞之裔蒸嘗宜遠所以大明至節崇獎名教可訪其宗裔襲爵主祀

丁穆爲順陽太守苻堅兵至爲其所執至長安稱疾不仕僞朝堅又領國南寇穆與關中人士唱義謀襲

長安事泄遇害臨死作表以付其妻周其後周得至
京師詣闕上之帝下詔曰故順陽太守貞定侯丁穆
力屈身陷而誠節彌固直亮壯勁義貫古烈其喪柩
始反言尋傷悼可贈龍驤將軍雍州刺史賻賜一依
周撫故事爲置屋宅并給其妻衣食以終厥身
周撫爲西夷校尉領梓潼太守陷于苻堅不屈節而
死其子興迎致其喪冠軍將軍謝玄親臨哭之因上
疏曰臣聞旌善表功崇義明節以振揚聲教垂美來
葉故西夷校尉梓潼太守周撫執心忠烈勵節寇庭
遂嬰禍荒裔痛貫泉壤臣每悲其志以爲蘇武之賢

不復過也前宣告并州訪撫喪并索其家負荷數千
始得來至卽以資送還其舊隴伏願聖朝追其忠心
表其殊節使負霜之志不墜於地則榮慰存亡惠被
幽顯矣帝詔曰撫厲志貞亮無愧古烈未及拔身奄
隕厥命甄表義節國之典也贈龍驤將軍益州刺史
賻錢二千萬布百疋又贈賜其家
謝琰隆安四年討孫恩兵敗琰帳下督張猛於後斫
琰馬琰遂遇害後左里之捷宋高祖令擒猛送琰小
子混混刳肝生食之詔以琰父子殞於君親忠孝萃
於一門贈琰侍中司空謚曰忠肅二子肇峻肇歷驃
騎參軍峻以琰勳封建昌侯及没於賊詔贈肇散騎
常侍峻散騎侍郎
安帝義熙初檀憑之與桓玄將皇甫敷戰死賜冀州
刺史詔曰夫旌善紀功有國之通典没而不朽節義
之篤行故冀州刺史檀憑之忠烈果毅亡身爲國旣
義敦其情故臨危授命考諸往迹古人無以遠過近
者之贈意猶恨焉可加贈散騎常侍本官如故旣隕
身王事亦宜追論封賞可封曲阿縣公邑三千戶
孫季高義熙中討盧循於番禺循走交州季高病卒
贈龍驤將軍宋高祖爲南海太守念季高之功乃表

曰孫季高嶺南之勳已蒙褒贈臣更思惟盧循稔播也
惡一紀據有全城若令根本未拔投奔有所招合餘
燼猶能爲虞懸師遠討方勳廟筭而季高泛海萬里
投命洪流波激電邁指日遄至遂奄定南海覆其巢
窟使循進退靡依輕舟遠遁曾不旬月妖凶殲殄蕩
滌之功實此爲大往年所贈猶爲未優愚謂宜更贈
一州卽其本號庶令忠勳不湮勞臣增厲重贈交州
刺史將軍如故
何無忌義熙二年遷都督江荊二州進鎮南將軍征
盧循兵敗握節死之詔曰無忌秉哲履正忠亮明允

亡身殉國則契協英謨經綸屯昧則重氣載庸及敷
政方夏實播風惠妖寇搆亂侵擾邦畿投袂致討志
清王略而事出慮外臨危彌厲握節隕難誠貫古賢
朕用傷慟于厥懷其贈侍中司空本官如故謚曰忠
肅
毛璩爲征西將軍督益梁秦寧凉五州軍事譙從之
亂璩遇害及璩弟瑾瑗子姪之在蜀者一時殄没璩
子弘之嗣義熙中時延祖爲始康太守上䟽訟璩兄
弟於是詔曰故益州刺史璩西夷校尉瑾蜀太守瑗
勤王忠烈事乖慮外葬送日近益懷惻愴可皆贈先

所授官給錢三十萬布三百疋論璩討桓玄功追封
歸鄉公千五百戶又以祐之斬玄功封夷道縣侯
後魏道武平中原贈李緫宣威將軍蘭陵太守緫恬
靜好學有聲趙魏間至是巳亡帝哀惜之故有是命
王憲字顯則北海劇人祖猛苻堅丞相父休河東太
守憲幼孤隨伯父永在鄴苻丕稱尊號復以永爲丞
相永爲慕容永所殺憲奔清河匿於民家皇始中輿
駕次趙郡之高邑憲乃歸誠帝見之曰此王猛孫也
厚禮待之以爲本州中正領選曹事兼掌門下
太武討赫連經庚岳墓宅愴然動容遂下詔爲立廟
令一州之民四時致祭岳先事道武爲將有謀略名
冠軍中道武猜忌誅之
叚進爲白道守將蠕蠕大檀入塞圍之力屈被執進
抗聲大駡遂爲賊所殺帝愍之追贈安北將軍賜爵
顯美侯謚曰莊
石文德中山蒲陰人也有行義眞君初縣令黄宣在
任喪亡宣單貧無朞親文德祖父苗以家財殯瘞持
服三年奉養宣妻二十餘載及亡又衰絰斂附率禮
無闕自苗逮文德刺史守令卒官者制服送之五世
同居門庭雍睦又梁州上言天水白石縣人趙令安

孟蘭彊等四世同居行著州里詔並標榜門閭
獻文末富農北陝人王玄威立草廬於州城門外衰
服蔬粥哭踴無時刺史苟頹以事表聞詔令問狀云
先帝澤被蒼生玄威不勝悲慕戀心如此不知禮式
詔問玄威欲有所訴聽爲表列玄威云聞諱悲號竊
謂臣子同例無所求謁及至百日乃自竭家財設四
百人齋至忌日又設百僧供至大除日詔送白紬袴
褶一具與玄威釋服下州令表異焉
孝文帝初都雒陽嘗幸北印遂幸洪池命任城王澄
侍昇龍舟因賦詩以序懷帝曰朕昨夜夢一老公頭

鬓皓白正理冠服拜立路左朕怪而問之自云晉侍中嵇紹故此奉迎神爽卑懼似有求焉澄對曰晉世之亂嵇紹以身衛主殞命御側亦是晉之忠臣比干遭紂兇虐忠諫剖心可謂殷之良士二人俱死於王事墳塋並在於道周然陛下徙御瀍雒經殷墟而弔比干至雒陽而遺嵇紹當是希恩而感夢帝曰朕何德能幽感達士也然實思追禮先賢樹揚忠懿比干嵇紹皆是古之誠烈而朕務濃比干禮略嵇紹情亦有愧然既有此夢或如任城所言於是求其兆域遣使弔祭焉

郭祚從帝出征及還正授黄門車駕幸長安行經渭橋過郭淮廟問祚曰是卿祖宗所承也祚曰是臣七世伯祖帝曰先賢後哲頓在一門祚對曰昔臣先人以通儒英博惟事魏文微臣虚薄遭奉明聖自惟幸甚因敕以太牢祭淮廟令祚自撰祭文

宣武景明三年九月車駕幸鄴詔使者弔殷比干墓

董吐渾東郡小黄縣人也吐渾養兄事親至孝三世同居閨門有禮景明中畿内大使王凝奏請標異詔從之

正始元年六月立周公旦夷齊廟於首陽山

李伯貴宣武時爲郡守有孝行居父喪哀戚過禮遂以毁卒帝嘉之賜渤海相

王續生滎陽京縣人也遭繼母憂居喪杖而後起及終禮制鬚髮盡落有司奏聞帝詔標旌門閭甄其傜役

劉侯仁豫州人也永平元年城人白早生殺刺史司馬悅據城南叛悅息朏走投侯仁賊雖加購募又嚴其捶撻侯仁終無漏泄朏遂免禍事寧有司奏其操行議免府籍叙一小縣詔可

李謐延昌四年卒其年四門小學博士孔璠等四十

五人上書論其行業帝詔曰謐屢辭徵辟志守冲素儒隱之操深可嘉美可遠傍惠康近准玄晏謚謐曰貞静處士并表其門閭以旌高節於是表其門曰文德里曰孝義

高道悦爲太子中庶子太子詢以道悅數規諫殺之高祖甚加悲惜謚曰貞侯至帝又追録拜其子給事中

秦榮先性至孝遭父母喪哀慕不已遂以毁卒邑里化其孝行帝嘉之乃下詔曰孝爲政本德乃化先旣表天經又明地義居喪致疚至感過人窮號不反迄

乎臧性行標當世理鏡幽明此而不顯道將何述可
贈滄州刺史以旌厥異
晁清遼東人也祖暉濟州刺史潁川公清襲祖爵例降爲伯爲梁城戍將梁武攻圍粮盡城陷清抗節不屈爲賊所殺帝褒美贈樂陵太守謚曰忠
孝明正光三年太保崔光奏劉昞著業凉城遺文在茲篇籍之美頗足觀採如或愆豐當蒙數世之宥况乃維祖逮孫相去未遠而令久淪皂隸不獲收異儒學之士所爲竊歎臣忝職史教曾以奏聞乞敕尚書簡准所屬甄免雜役用廣聖朝旌善繼絶敦化厲俗

詔曰昞德冠前世蔚爲儒宗太保啓陳淳合勸善其孫等三家特可聽免河西人以爲榮
高諒正光中爲驍騎將軍徐州行臺屬元法僧反叛逼諒同之諒不許爲法僧所害時年四十一朝廷痛惜之贈左將軍滄州刺史
馮景正光中爲蕭寶寅關西大行臺都令從寶寅征討寶寅將舉兵景固諫不從寶寅敗後景還雒朝廷先聞景有諫言故免之除奉車都尉
貞孝女宗者趙郡栢仁人趙郡太守李叔胤之女范陽盧元禮之妻率性至孝聞於州里父卒號慟幾絶者數四賴母崔氏慰免之得全三年之中形骸銷瘠非人扶不起及歸夫氏與母分隔便飲食日損涕泣不絶日就羸篤盧氏令家人慰喻不解乃遣歸寧還家乃復如故如此者八九焉後元禮卒李追亡撫存禮無違者事姑以孝謹著母崔以神龜元年終於雒陽凶問初到舉聲慟絶一宿乃蘇水漿不入口者六日其姑慮其不濟親爲奔喪而氣力危殆自范陽向雒八日方達攀櫬號踊遂卒有司以狀聞詔曰孔子稱毁不滅性蓋爲其廢養絶類也李既非嫡子而孝不勝哀雖乖俯就而志厲義遠若不加旌異則無以勸引

澆浮可追號曰貞孝女宗易其里爲孝德里標李盧二門以惇風俗
王榮世陽平舘陶人也爲三城戍主方城縣子梁武攻圍力窮知不可全乃先焚府庫後殺妻妾及梁軍陷城與戍副鄧元興等俱以不屈被害帝下詔褒美忠節進世爵爲伯贈齊州刺史元興開國子贈雒州刺史
莊帝建義初以鄭仲明兄洪建李冲女壻仲明舅氏之親其弟與謀扶戴仲明之死也且有奉國之意乃追封安平縣開國侯邑七百戶贈侍中車騎大將軍

儀同三司尚書左僕射雍州刺史

永安初彭城石縣人孫道登初爲梁武將韋休等所虜面縛臨刃巡遶村塢令其招降鄉曲道登厲聲唱呼但當努力賊所不能遂屠戮之荆州被圍行臺宗靈恩遣使宗女等四人入城曉諭爲賊將所獲執女等巡城令其改辭女等大言天軍垂至堅守莫降賊忿各刳其腹然後斬首二州表其節義道登等並賜五品郡五等子爵聽子弟承襲遣使詣所在弔祭

廢帝時刁思遵妻魯氏女也始笄爲思遵所聘未踰

月而思遵亡其家矜其少寡許嫁已定魯聞之自誓父母不違其志遂經郡訴稱刁氏怜護寡女不使歸寧魯乃與老姑徒步詣司徒府自告情狀普泰初有司聞奏帝詔曰貞夫節婦古今同尚可令本司依式標牓

冊府元龜

巡按福建監察御史臣李嗣京訂正
知閩縣事臣曹學臣叅閱
知建陽縣事臣黃國琦較釋

帝王部一百三十八

旌表第二

西魏武帝永熙中以故殷州刺史鄭楷兄弟父子並死王事朝野傷歎特贈侍中都督冀定湘三州諸軍事驃騎大將軍儀同三司冀州刺史

倉跋滎陽京縣人也喪母水漿不入口五月吐血數

升居憂毀瘠見稱州里有司奏聞帝詔標門閭

楊弘鄉郡襄垣人也三歲喪父爲叔所養母年九十三弘年七十五哀毀過禮三年服畢恨不識父追服斬衰食粥麤服誓終身命經十三年哀慕不改爲郡縣鄉閭三百餘人上狀稱美有司奏宜旌賞復其一門樹其純孝詔別勑集書標楊弘至行又可假以散員之名也（自弘以下十人史不載年月今附于本朝之末）

郭文恭太原平遥人爲太平縣令年踰七十父母喪亡文恭孝慕罔極乃居祖父墓次晨夕拜跪跣足負土培祖父二墓寒暑竭力積年不已見者莫不哀歎尚書聞奏標其門閭

董雒生居父喪過禮詔遣秘書中散温紹伯奉璽書慰之令自抑割以全孝道又詔其宗親使相喻奬勿令有滅性之譏

王崇字乾邕陽夏雍丘人也兄弟並以孝聞身勤稼穡以養二親仕梁州鎮南府主簿母亡扶而後起鬢髮墮落未及將葬權殯宅西崇廬於殯所晝夜哭泣鳩鴿群至一小鳥素質黑眸形大如雀栖於崇廬朝夕不去母喪始闋復丁父憂哀毀過禮是年夏風雹所經處禽獸暴死草木摧折至崇田畔風雹便止禾

麥十頃竟無損落及過崇地風雹如初咸稱至行所感崇雖除服仍居墓側於其室前生草一根莖葉甚茂人莫能識至冬中復有鳥巢崇屋乳養三子毛羽成長馴而不驚守令聞之親自臨視州以聞奏標其門閭

張昇滎陽人居父母喪鬢髮墮落水漿不入口吐血數升詔表門閭

王閭北海密人也數世同居有百口又太山劉業興四世同居魯郡蓋儁六世同居並共財產家門雍睦鄉里敬異有司申奏皆標門閭

張安祖河陽人也襲世爵山北侯時有元承貴曾爲河陽令家貧且赴尚書求選逢天寒甚凍死路側一子年幼停屍門巷棺斂無托安祖悲哭盡禮買木爲棺手自營作斂殯周給朝野嘉歎尚書聞奏標其門閭

馬八龍武邑武強人也輕財重義友人武遂縣尹靈哲在軍喪亡八龍聞即奔赴負屍而歸以家財殯葬爲制緦服撫其遺孤恩如所生州郡表列詔標門閭

李几博陵安平人也七世共居同財家有二十二房一百九十八口長幼濟濟風禮著聞至於作役甲幼

競進鄉里嘆美標其門閭

邵洪哲上谷沮陽人也縣令范道榮先自朐城歸款已除縣令道榮鄉人徐孔明妄經公府訟道榮非勳道榮坐除名羈旅孤貧不能自理洪哲不勝義憤遂代道榮詣京師明申曲直經歷寒暑不憚劬勞道榮卒得復雪又北鎮反亂道榮孤單無所歸附洪哲兄伯川復率鄉人來相迎接送達幽州道榮感其誠節訴省申聞詔下州郡標其里閭

後周太祖時荆可河東猗氏人喪母悲號擗踊絶而復蘇者數四廬於墓側負土成墳鄉人以可孝行之至足以勸勵風俗乃上言焉帝令州縣表異之

竇榮定文帝欲以爲三公榮定上書固辭陳畏懼之道帝乃止前後賞賜不可勝計及卒帝爲廢朝令左衛大將軍元旻監護喪事賻絹三千疋上謂侍臣曰吾每欲致榮定於三事其人固讓不可今欲贈之重遠其志於是贈冀州刺史陳國公謚曰懿

令狐熙早以名德著聞仕歷瓜州司馬燉煌郡守郢州刺史西魏文帝大統末卒於家帝傷悼之遣使者監護喪事又敕鄉人爲營墳壟贈龍驤將軍瓜州刺史

武帝初河東安邑人紆回性至孝武成中父母喪廬於墓側負土成墳廬前生麻一株高丈許圍之合拱枝葉鬱茂冬夏當青烏棲其上回舉聲哭烏即悲鳴時人異之帝表其閭擢授井棠令

慕容三藏爲右衛將軍周師入鄴齊後主失守東遁委三藏等留守鄴宮齊之王公以下皆降三藏猶率麾下抗拒周師及齊平帝引見禮甚厚詔曰三藏父子誠節久聞宜加榮秩授開府儀同大將軍

建德元年晉公護誅詔曰故使持節柱國大將軍大都督陽平郡開國公李遠早蒙驅任夙著勳績內參

帷幄外屬藩維竭誠王室乃罹横禍言念貞良追增傷悼宜加榮寵用彰忠節贈本官加陝州等十五州諸軍事陝州刺史謚曰忠遠初爲晉公護所害也

六年詔曰僞齊之末奸佞擅權濫罪濡刑動挂羅網僞右丞相咸陽王故斛律明月僞侍中特進開府故崔季舒等七人或功高獲罪或直言見誅朕兵以義動剪除凶暴表閭封墓事切下車宜追贈謚并加其見在子孫各隨蔭叙録家口田宅没官者並還之

秦族性至孝母没哭泣無時唯飲水食菜而已終喪之後猶蔬食不入室房二十許年鄉里咸歎異之其

邑人王元達等七十餘人上狀有詔表其門閭

張元字孝始祖父成没元號踊絶而後蘇後其父延雋卒水漿不入口三日鄉里歎異之縣博士楊軌等二百餘人上其狀有詔表其門閭

皇甫遐河東汾陰人遭母喪廬於墓側負土爲墳郡縣表上其狀有詔旌異之

隋文帝開皇初詔曰昔漢高欽無忌之義魏武挹子幹之風前代名賢後王斯重魏故度支尚書美陽伯蘇綽文雅政事遺跡可稱展力前王垂聲著績宜開土宇用旌善人於是追封邳國公邑三千戶

宇文孝伯以忠諫爲周宣帝所殺及帝踐極以孝伯及王軌忠而獲罪並令收葬復其官爵又嘗謂高熲曰宇文孝伯實有周之良臣若使此人在朝我輩無措手處也

紆士雄圓之子也少質直孝友父喪廬於墓側負土成墳其庭前有一槐樹先甚蔚茂及士雄居喪樹遂枯死服闋還宅死槐復榮帝聞之歎其父子至孝詔書褒揚號其所居爲累德里

郎方貴淮南人也少有志尚與從父弟雙貴同居開皇中方貴嘗因行出遇雨淮水泛長於津所寄渡船人

怒之撾方貴臂折至家其弟雙貴驚問所繇方貴具言之雙貴恚遂向津毆擊船人致死守津者執送之縣官案問其狀以方貴爲首當死雙貴從坐當流兄弟二人爭爲坐首縣司不能斷送詣州兄弟各引咎州不能定二人爭欲赴水而死州狀以聞而異之特原其罪表其門閭賜物百段

田德懋觀國公仁恭之子也少以孝友著名開皇初以父軍功賜爵平原郡公授太子千牛備身丁父艱哀毁肯立廬於墓側負土成墳高祖聞而嘉之遣員外散騎侍郎元志就弔焉復降璽書曰皇帝謝田德

㷀知在窮疾哀毀過禮倚廬墓所負土成墳朕孝理天下思弘名教復以爾通家情義素重有聞孝感嘉歎兼深春日暄和氣力何似宜自抑割以禮自存也兼賜縑二百匹米百石後下詔表其門閭

杜猷爲濟陰太守開皇三年死王事詔曰行仁蹈義名教所先厲俗敦風宜見褒獎往者山東河表經此叛亂孤城遠守多不自全濟陰太守杜猷身陷賊徒命懸寇手郡省事范臺玫傾産營護免其戮辱眷言誠節實有可嘉宜超常賞用明激勸臺玫可大都督假湘州刺史

薛濬開皇中爲考功侍郎丁母艱不勝喪病卒有司以聞帝爲之屑涕降使齎冊書弔祭曰皇帝咨故考功侍郎薛濬於戲惟爾操履貞和器業詳敏允膺列宿勤蹇克彰及遘私艱奄從毀滅嘉爾誠孝感於朕懷奠酹有加抑惟朝典故遣使人指申往命魂而有靈歆茲榮渥嗚呼哀哉

楊慶字伯悅年二十五郡察孝廉以侍養不行其母有疾不解襟帶者七旬及居憂哀毀骨立負土成墳齊世表其門閭賜帛三十疋綿十屯粟五十石高祖開皇中屢加褒賞

郭儁字引文太原文水人也家門雍睦七葉共居犬豕同乳烏鵲通巢時人以爲義感之應州縣上其事高祖遣平昌公宇文弢詣其家勞問之侍書御史栁彧巡省河北表其門閭

劉方爲驩州都督平林邑國紀功而還方在道遇患而卒帝甚傷惜之乃下詔曰方肅承廟筭恭行天討飲氷遄邁視險若夷摧鋒直指出其不意鯨鯢殄殲巢穴咸傾役不再勞肅清海外致身王事成績可嘉可贈上柱國盧國公

煬帝大業二年五月乙卯詔曰旌表先哲式在饗祀

所以優禮賢能顯彰遺愛朕永鑒前脩尚想名德何嘗不與歎九原屬懷千載其自古以來賢人君子有能樹聲立德佐世救時傳利殊功有益於人者並宜營立祠宇以時致祭墳壟之時不得侵踐有司量爲條式稱朕意焉

三年四月己亥次赤岸驛以太牢祭故太師李穆

五年二月戊戌次于閿鄉詔祭開皇功臣墓三月庚午有司言武功男子史永遵與從父昆弟同居帝嘉之賜物一百段米二百石表其門閭

陶模爲嵐州司馬漢王諒據并州反刺史喬鍾葵

發兵赴逆模諫之鍾葵失色曰司馬反邪臨之以兵辭氣不撓鍾葵義而釋之軍吏進曰若不斬模何以壓衆心於是囚之於獄悉掠取資財分賜黨與及諒平帝嘉之拜開府授大興令

皇甫誕爲漢王諒并州司馬諒反誕諫之爲諒所囚及楊素至諒屯清源誕出獄謀閉城拒之又爲諒所害煬帝以誕亡身狥國嘉悼者久之下詔曰褒顯名節有國通規加等飾終抑惟令典并州總管司馬皇甫誕性理淹通志懷審正効官贊務聲績克宣值狂悖稱禍凶威孔熾確殉單誠不從妖逆雖幽執寇手

而雅志彌厲遂潛與義徒據城抗節衆寡不敵奄致非命可贈柱國封弘義公謚曰明

華秋汲郡臨河人也事母以孝聞母終廬於墓側大業初調狐皮郡縣大獵有一兎人逐之奔入秋廬中匿秋膝下獵人至廬所異之自爾此兎甞宿廬中馴其左右郡縣嘉其孝感具以狀聞帝降使勞問表其門閭

翟普林楚丘人也性至孝事親以孝聞州郡辟命皆固辭不就躬耕色養鄉鄰謂爲楚丘先生後父母疾親易燥濕不解衣者七旬大業初父母俱終哀毁殆將滅性廬於墓側負土成墳盛冬不衣繒絮唯單縗而已家有一烏犬隨其在墓若普林哀臨犬亦悲號見者嗟異焉有二鵲巢其廬前樹每入其廬馴狎無所驚懼大業中司隸巡察奏其孝感擢授孝陽令

游元大業中爲侍御史奉使黎陽楊玄感作亂元數其罪玄感怒而囚之屢脅以兵竟不屈節於是害之帝甚加歎贈銀青光祿大夫賜縑五百疋拜其子仁宗爲正議大夫弋陽郡通守

松贇大業末爲石門府校正賊帥楊厚執之令告北海縣云郡兵已破宜早歸降贇至城下言賊弱不足

憂遂爲厚所害帝遣戶曹郎郭子賤討厚破之以贇亡身狥節嗟悼不已上表奏之優詔褒揚贈朝散大夫本郡通守

唐高祖武德元年八月以高頻賀若弼張衡宇文弼薛道衡董純等忠於前朝李金才李敏見忌隋室皆被煬帝所誅於是贈其官爵

裴仁基初仕隋爲左光祿大夫陷於王世充後謀歸國事洩遇害武德中贈原州都督謚曰忠

二年五月詔曰民稟五常仁義斯重士有百行孝敬爲先自古哲王經邦致治設教垂範莫尚於茲叔世

澆訛民多僞薄脩身克己事資誘勸朕恭膺靈命臨馭遐荒愍茲弊俗方思遷道雍州萬年縣樂遊鄉民王世貴孝性自天力行無怠喪其所怙哀毀絶倫負土成墳結廬墓側鹽酪之味在口不嘗哭泣之聲感於行路安福鄉民宋興貴立操雍和主情友睦同居合爨累世積年務本力農崇謙履順弘長名教敦厲風俗宜加褒顯以勸將來可並旌表門閭蠲免課役布告天下使明知之

四年表南豐州漢陽縣令姜世雄之閭褒義門也世雄立性仁厚夙敦教義私門之内友悌着聞累葉共

居合宗同爨鄉黨稱慕曾無閒言屬隋末寇盜經其里者皆感其義節不忍侵掠帝聞而嘉尚言其孝行堪勵風俗下詔褒美課役並從蠲免

楊太寶武德初爲龍門令劉武周陷晉絳攻之不降城破被害褒贈全節侯

劉感岐州鳳泉人後魏司徒高昌王豐生之孫也武德初以驃騎將軍鎮涇州薛仁杲率衆圍之感嬰城拒守城中粮盡遂殺所乘馬以分將士將士感之一無所噉唯煑馬骨取汁和木屑食之城垂陷者數以長平王叔良援兵至仁杲解圍而去感與叔良出戰爲賊所擒仁杲復圍涇州令感詣城中云援軍已敗徒守孤城何益也宜早出降以全家室感及至城下大呼曰逆賊饑餓亡在朝夕秦王率數十萬衆四面俱集城中勿憂宜各自勉以全忠節仁杲大怒執感於城邊埋脚馳騎射殺之至死聲色逾厲賊平帝購得其屍祭以少牢贈瀛州刺史封平原郡公謚曰忠壯令其子襲官爵并賜田宅

嘗達陜人也初仕隋爲鷹擊郎將數從帝征伐甚蒙親待及義兵起達在霍邑從宋老生來拒戰老生敗達懼自匿不出高祖謂達已死令人閱屍求之及達

來見高祖大悦以爲統軍武德初拜隴州刺史時薛舉屢攻之不能克乃遣其將仵士政以數百人僞降達達不之察厚加撫接士政伺隙以其徒刼達擁城中二千人而叛牽達以見於舉達詞色抗厲不爲之屈舉指其妻謂達曰識皇后不達曰止是瘿老嫗何足可識竟釋之有奴賊帥張貴謂達曰汝識我不達曰汝逃死奴瞋目視之貴怒持刀將斧達人救獲免及仁杲平帝見達謂曰卿之忠節便可求之古人命起居舍人令狐德棻曰劉感嘗達須載之史策也執仵士政撲殺之賜達布帛三百段復拜隴州刺史

魏衡妻王氏梓州郪人也武德初薛仁杲舊將房企地侵掠梁部因獲王氏逼而妻之後企地漸強盛衡謀以城應賊企地領衆將趍梁州未至數十里飲酒醉卧王氏取其佩刀斬之携其首入城衆乃散帝大悅封爲崇義夫人仍赦衡同賊之罪

獨孤武都謀叛王世充歸國事覺詠死武都子師仁年始三歲世充以其年幼不殺使禁掌之乳母王氏號蘭英請髠鉗求入保養世充許之蘭英撫育提携備盡劬力時丧亂年饑人多餓死蘭英扶路乞丐摭拾遇有所得便歸與師仁蘭英唯噉土飲水而已後

冊府元龜　帝王部　旌表二　卷之一百三十八　十三

詐採拾乃竊師仁歸於京師帝嘉其義下詔日師仁乳母王氏慈惠有聞撫鞠無倦提携遺幼背逆歸朝宜有褒隆以賜其號可封永壽鄉君

張善相許州襄城人也大業末爲里長每督縣兵逐小盜爲衆所附遂據本郡歸于李密密敗以城歸國帝授伊州總管王世充數攻之善相頻遣使請救兵旣不赴城中粮盡自知必敗謂寮屬日吾荷國恩要當効命諸君無爲同死當斬吾頭以歸世充衆皆泣日寧與公同死終不獨生後城陷被禽送於世充所辭色不撓罵世充極口尋被害帝歎日吾負善相善相不負吾封其子爲襄城郡公

張志寬河東安邑人也武德八年丁毋憂廬於墓側負土成墳有烏巢于廬前樹上志寬哭臨烏輙悲鳴帝聞之遣使就第吊授員外散騎常侍賜物三百段表其門閭

太宗貞觀元年勑召臨淮劉子翼入京辭以繼毋年老不赴色養之美鄉里稱焉江南道大使李襲譽奏旌表之仍賜以米布改所居爲孝慈里及毋卒摧毀傷慼行路

二年九月涇陽人田伯明高陵寡婦李氏各賜帛三

冊府元龜　帝王部　旌表二　卷之一百三十八　十四

十疋旌孝義也

六年正月蠲布衣邊鳳舉常引宗崔定仁陳嗣等四家課役褒孝義也鳳舉渤海人引宗邑西人並以至孝聞於鄉黨葬父毋皆廬墓次負土成墳鳳舉植栢而爲嘉樹引宗廬前生芝草七十餘莖見者以爲孝感丁父毋憂縗服齋居二十餘年不釋定仁博陵人爲偶像晨昏定省若平生焉隋末群賊蜂起莫有侵掠者嗣隴西人四葉同居稱爲邕睦帝異之並下書褒美

七年十一月以少牢祭杜如晦杜淹李綱之墓

十二年二月帝幸長春宫表王隴德之閭褒節義也隴德本馮翊人王藏仁之蒼頭也藏仁父母先歿未葬合葬既而從役物故其妻孀居旁無親屬隴德迎致其屍并其父母而葬之因廬其墓次負土成墳每有白雉悲鳴於墳上焉

十月表通事舍人薛萬備之閭旌孝行也萬備者營州都督萬淑之季弟也初丁母艱截髮爲髦以充斂及葬廬於墓次負土成墳帝聞而嘉之降璽書弔慰焉

十五年二月表華州鄭人王瞿曇之閭旌孝行也瞿

曇事親以孝養聞閭里稱其敬讓葬祖父母及伯父皆負土成墳三年乃畢母終亦如之晝夜悲號哀感行路頭髮盡落形體枯悴墓門三年不掩夜嘗寢於棺側服終之後仍不離墓焉

十一月壬戌賜孝女夏侯碎金布帛二十段粟十石仍標其門閭碎金滑州胙城人先適河間劉氏已產一女其父因疾喪身碎金遂求離其夫以終侍養夫不違其志分留一女碎金供養其父兼事後母以孝聞鄉里方之曾閔父亡號哭之聲朝夕不絕哀毁之至殆不勝喪寒不衣絮被髮徒跣負土成墳廬於墓側至是已歷五年日一食而止

十七年齊王祐舉兵祐初遣沓君謩將數百騎擊平陵平陵人拒守獲全詔嘉之改平陵爲全節縣

十九年二月庚戌輿駕發雒陽丁巳詔曰昔望諸列國之相漢王尚求其後夷吾霸者之臣魏君猶禮其墓況正直之道邁青松而孤絶忠勇之操掩白玉而振彩者哉殷故少師比干貞一表德鄰幾成性以明允之量屬無妄之辰玉馬遽馳愍其邦之殄悴寶衣將燎惜其君之覆亡其義不回懷忠蹈節讜言纔發輕百齡之命濡刑既逞碎七尺之軀雖復周王封墓

莫救焚圖之禍孔聖稱仁寧追剖心之痛朕自趙魏問罪遼碣經途秀麥之墟緬懷梓林之地駐蹕而瞻荒隴顧以爲臣撫躬而想幽泉思聞其諫豈可使慎終之義久闕於往冊易名之典無聞於後代宜錫寵命以展宿心可追贈太師謚曰忠烈所司崇其墓而葺祠堂州縣春秋二時祀以少牢給隨近五戶以供灑掃帝自爲祭文

壬戌次安陽遣使以少牢祭齊清河王高岳之墓

是年帝征遼攻安市城不剋其城中皆屏聲偃幟城主升城拜手奉辭太宗嘉其堅守賜絹百疋以勵事

君之節

又遼東城長史爲部下所殺而省事（省事郡吏也）携其妻子奔白巖城降帝義之賜省事帛五疋仍爲造靈輿歸平壤

二十一年二月甲戌賜滑州胙城女子劉少娘粟帛仍表其閭旌孝行也少娘母夏侯碎金亦以至孝聞少娘年十五而母亡遂廬於墓側負土成墳

許坦豫州人也年十歲父入山採藥爲猛獸所噬即號呼以杖擊之獸遂奔走父得以全帝聞而謂侍臣曰坦雖幼童遂能致命救親至孝自衷深可嘉尚授

文林郎賜物五十段

堯君素隋大業末爲鷹揚郎將鎮河中義兵起固守不下高祖遣其妻至城下諭令降君素引弓射殺後人心離叛左右斬之傳首京師梟於都市後帝幸河中歎其忠於隋室贈蒲州刺史以勵事君

楊三安妻李氏雍州涇陽人也事舅姑以孝聞及舅姑亡没三安亦死二子孩童家貧窶李晝則力田夜則紡績數年間舅姑及夫之叔姪兄弟七喪深爲遠近所嗟尚帝聞而異之賜帛二百段遣州縣存恤

孝女衛氏字無忌絳州夏縣人也初其父爲鄉人衛長則所殺無忌時年六歲母又改嫁更無兄弟及長嘗思復讎無忌從伯嘗設宴爲樂長則時亦預坐無忌以塼擊殺之既而詣吏稱父讎既報請就刑戮巡察大使黄門侍郎褚遂良以聞帝嘉其孝烈特令免罪給傳乘徙於雍州并給田宅仍令州縣以禮嫁之

王少玄者博州聊城人也父隋末於郡西爲亂兵所害少玄遺腹生年十餘歲問父所在其母告之因哀泣便欲求屍以葬時白骨蔽野無繇可辨或曰以子血霑父骨即滲入焉少玄乃刺其體以試之凡經旬日竟獲父骨以葬盡體病創歷年方愈貞觀中本州

聞薦拜除王府參軍

阿史那社爾本突厥處羅可汗第二子貞觀中爲行軍總管以高昌凱旋帝謂社爾曰諸軍並分外求財爾獨能不取深可尚也高昌有一寶鈿刀是其國所寶即以賜之并雜綵千段

李乾祐爲侍御史母卒廬於墓側負土成墳帝遣使就吊仍旌表其門

高宗永徽三年九月以周司沐大夫裴融尚書左丞封孝琰有忠節於前代制擢其子孫以旌介烈

五年二月庚申故維州都督贈尚書左僕射屈突通

故吏部尚書贈陝東道大行臺尚書右僕射殷開山並贈司空故澤州刺史贈荆州都督邳國公長孫順德贈開府儀同三司故左領軍大將軍實琮贈特進故右武衛大將軍史大柰贈輔國大將軍故禮部尚書温大雅贈尚書右僕射故太僕卿贈兵部尚書權引壽贈太子少師故洪州都督贈戶部尚書劉政會故荆州都督贈禮部尚書應國公武士彠並贈并州都督故襄州都督贈左驍衛大將軍張公謹贈荆州都督故資州刺史李高遷贈京州都督故嘉州刺史李思行贈洪州都督故右光祿大夫張平高贈潭州

都督並追錄武德功臣也

六年正月親謁昭陵詔貞觀以來動賢大臣陪葬者宜以少牢於墓致祭其子孫有淪屈者所司奏聞

三月丁酉遣北部員外李文禮致祭名臣圖形於凌煙閣者凡七人故太子太師魏徵右僕射高士廉特進蕭瑀輔國大將軍段志玄褒國公劉弘基徐州都督秦叔寶秘書監虞世南皆始終著名者也

四月丙寅鎮軍大將軍阿史那杜爾卒贈并州都督陪葬昭陵謚曰元仍令起冢象葱山以旌平龜兹之功也

顯慶元年八月賜相州司兵參軍武弘度宋州人程表師粟帛標其門閭旌孝行也

二年二月高宗在雒陽宮遣使祭伊尹周公伯夷叔齊許由等廟十月車駕幸許州次白善頓遣有司祭鄭子產及漢太丘長陳實之墓

五年二月車駕幸并州其義旗初職事五品已上身亡沒墳墓在州者令所司致祭

麟德元年十月巳卯詔曰周京兆尹少冢宰廣陵郡守宇文孝伯忠亮基心貞堅表志淫刑既逞方納諫而求人忍忌將加井捐軀而狗節年祀雖永風烈猶

生宜峻徽章式旌華胄其孫左威衛長史思純可朝散大夫

二年十月命有司致祭伊尹周公桓榮楊彪杜預等墓及祠廟

十一月巳卯至滎陽祭紀信墓追贈驃騎大將軍

三年有事泰山路過鄆州聞壽張人張公藝九世同居帝親幸其宅問其義蹤其人請紙筆但書百餘忍字帝為之流涕賜以縑帛焉（初北齊安王高樂詣宅慰撫旌表隋開皇中大夫郃陽公梁子恭親慰撫重表其門貞觀中特勑更加旌表）

咸亨三年十月丁亥詔脩葺傅說祠廟仍令所司少

牢致祭
儀鳳二年吐蕃寇扶州之臨河鎮鎮將杜孝昇爲賊所執賊令送書松州以邀其降孝昇身遭六鎗竟不從俄而賊衆捨孝昇而退又率餘衆拒守詔贈孝昇游擊將軍以旌其忠烈仍賜物二百段孝昇俄以劇甚去職詔令給祿終身
三年九月詔賜雍州司法參軍楊譔故妻常氏物百段旌孝行也常氏鄜州刺史吉甫之女其父初嬰疢疾累月不觧衣而寢及父卒一慟而絶帝嘉其至行特賜繒帛仍令編入國史

永隆二年四月贈故吉州長史陳行焉隆州刺史旌忠節也初行焉使吐蕃吐蕃大臣欽陵使行焉拜伏行焉擁節不屈臨之以兵竟不從因被拘留十餘年而卒至是喪還帝深嘉歎之故贈官焉
永淳二年正月車駕發東遣使祭巢父許由等祠廟
五月以雍州人元讓爲太子右内率府長史旌孝行也讓弱冠明經擢第以母疾遂不求仕躬親藥膳蒸蒸致養不出閭里十餘年及母終廬於墓側蓬髮不櫛沭菜食飲水而已咸亨中孝敬監國下令表其門閭至是廵察使奏讓孝悌殊異銯是拜職

孝女賈氏濮州鄄城人也年始十五其父爲宗人玄基所害其弟疆仁年纫賈氏撫育之誓以不嫁及疆仁成童思共報復乃候玄基殺之取其心肝以祭父墓遣疆仁自列於縣司斷以極刑賈氏詣闕自陳已爲請代疆仁死帝哀之特下制賈氏及疆仁免罪移其家於雒陽
東夷都護張儉第二女左千牛敏直之妻性至孝數歲時父母微有痾恙卽觀察顔色晝夜不離左右初聞儉有疾自傷不獲奔赴期於必死及凶問至號叫一慟而絶帝聞之下詔褒美贈物一百段仍令編入

國史
楊紹宗妻王氏華州華陰人也初年二歲所生母亡爲繼母鞠養至年十五父又征遼而殁繼母壽亦卒王乃收所生及繼母屍柩并立父形像招魂遷葬訖廬於墓側培其祖及父母墳永徽中詔曰故楊紹宗妻王氏因心爲孝率性成道年迫桑榆觔力衰謝以徃在隋朝父殁遼左招魂遷葬負土成墳又葬其祖父母等竭此老年親加板築痛結晨昏哀感行路永言志行嘉尚良深宜標其門閭用旌敏德賜物三十段粟五十石

蘇定方爲左武衛大將軍卒帝傷惜久之謂侍臣曰蘇定方於國有功例合褒贈卿嘗不言遂使哀榮未及興言及此不覺嗟悼遽下詔贈幽州都督謚曰莊

册府元龜

册府元龜 帝王部 旌表二 卷之一百三十八 二十三

册府元龜

廵按福建監察御史臣李嗣京　訂正

知甌寧縣事臣孫以敬叅閲

知建陽縣事臣黄國琦較釋

帝王部　一百三十九

旌表第三

唐中宗神龍元年詔曰虢州人故楊初成往者運屬殷憂志懷忠讜將迎六飛之駕奄罹五刑之罰身既伏誅家又從坐言念誠節深可哀矜宜有褒榮式旌忠順可贈左驍衛左一府郎將初成虢州人垂拱中

僞稱郎將於東都市宣勑募人欲迎帝於房陵事覺坐斬籍没其家至是旌表焉又故司空太子太師英國公李勣徃坐其孫敬業搆逆毁廢墳塋至是帝思其佐命功追復官爵命所司爲起墳改葬

三月以故司僕少卿徐有功執法平恕追贈越州都督仍遣使就其家吊祭令所司與一子官

二年十二月贈廬州刺史朱敬則秘書監褒異行也敬則亳州人嘗與三從兄同居四十餘年財物無異

三年六月乙亥旌表江夏滑元祚門閭以其居喪結廬墓次負土成墳也

睿宗唐隆元年六月下詔曰故許州司兵燕欽融先陳忠讜頗列章奏雖干非其位而進不顧身永言奄忽誠可傷悼方開諫路宜慰窀穸可贈諫議大夫仍令備禮改葬初景龍四年欽融以韋后干政連上疏切諫韋氏等大怒勸中宗召之欽融因而致死帝踐祚以其言多切三下制贈焉

郎岌定州人也亦備諫韋氏韋氏又勸杖殺之帝即祚甚加傷悼贈諫議大夫

又制曰愼終追遠斯乃舊章表德旌賢有光胥策故中書令裴炎含和稟粹履信居貞望重國華才稱人

秀惟幾成務績宜於代工偶俱無猜義深於奉上文明之際王室多虞保乂朕躬實著誠節而危疑起釁倉卒罹災歲月屢遷丘封莫樹永言先正感悼良多宜追賁於九原俾增榮於萬古可贈益州大都督先是永淳中太后臨朝武承嗣請立武氏七廟中書令裴炎進諫太后不悅而止後崔詧上言炎有異圖胡元範等儀皆明其無罪太后不納令斬于都亭驛前故有是贈

七月册立皇太子大赦天下自神龍已來直諫枉遭非命咸令封植其墓又追贈故韋月將爲宣州刺史

景雲二年八月追贈故滑州韋城縣尉張仲之爲饒州長史旌義烈也

玄宗即位下制曰以忠報國典冊所稱感義捐軀名節斯在故右羽林衛大將軍上柱國遼陽郡王李多祚三韓貴種百戰餘雄甫寵禁營迺心王室挺茲誠信翻陷誅夷賴彼神明重覆姦慝永言徽烈深合褒崇宜追殁後之榮以復生前之命可還舊官仍宥其妻子多祚初爲右羽林將軍節愍太子之舉兵也令多祚率衆先至玄武樓下集帝聞以誅三思之意竟案兵不戰俄爲左右所殺時年五十餘是日并其二

子塔併命焉妻子並從籍没至是追復又下制曰故蘇安常文學基身鯁直成操往年抗疏忠讜可嘉屬回邪擅權奄從非命興言軫悼用惻于懷宜贈寵章式旌徽烈可贈諫議大夫仍宥其妻子安常中宗時以事連節愍太子被殺故旌之

先天二年七月詔曰太平公主子薛崇簡執心奉國厲節忘私早辯忠邪每有規諫因被嫌嫉加以鞭笞事不見從忠實可紀宜甄逆順復其官爵仍賜姓李太平公主謀逆諸子皆伏誅唯崇簡以先諫公主屢被鞭撻故得賜姓官爵如故

是歲有司奏孝子王知道母患肯蒸醫云須得生人肉食之知道遂密割股上肉半斤許加五味以進母母食之便愈即託他疾卧不令母知州縣以狀聞宰相請賜束帛帝曰宜與一官以旌孝行是年江西道按察使上言東陵人唐君祐丧母哀感鄉曲廬於墓側有芝草三莖生焉長沙人嚴待封少爲祖母所養祖母死居丧三載負土成墳手植松檟百餘株澧陽人張仁與五代同居其家堂後生一草彩色甚茂並有勑旌表門閭

開元二年正月乙酉制曰崔玄暐張東之等往以神

龍之初保乂王室奸臣所忌謫居炎海流落變衰感激忠義玄暐嗣子吏部郎中璩清才雅韻靜守專直東之嫡孫毖祖考繼殁遺孤可傷彼勳業之下淪佇名賢之必復是得景倩而悲仲宣者也高祖封樂毅之後武帝求蕭何之裔斯不遠哉昭於德義緬懷前烈宜加後命璩毖並可朝散大夫

二月乙亥以徐有功之子日倫自大理司直爲恭陵令勑曰其父昔爲理官時審刑綱遂能堅守忠直每抗回邪海內稱其不寃朝廷賴其惟恤永言種德必歸餘慶宜甄嗣子俾勸群臣

十月帝以王海賓單騎赴難勇冠群帥及臨洮之役輕敵致陷身殁功存誠節尤著乃詔贈左金吾衞大將軍賻物三百匹米粟三百石喪事並官供命紫微舍人倪若水吊祭仍與一子五品官下制曰盤矛赴敵義光忠壯免冑捐軀情殷悼惜故防禦群牧使豐安軍使右衞率府率王海賓乞卒楨幹萬里長城抱鐵石於胸襟運韜鈐於掌握屬犬羊爲寇牧圉罹災出車徇其征討躍馬先其掩襲挫彼鋒鋭殲厥渠魁克國持邊佇終文略建威臨陣忽喪驍雄興言震悼思有褒美宜加大將之禮蕪茂后昆之秩

四年十一月黄門盧懷慎卒明年帝於城南望見懷慎别業方設大祥齋帝憫其貧困歎息乆之下詔曰故銀青光祿大夫簡較黄門監上柱國范陽縣開國伯贈荆州都督盧懷慎衣冠重望廊廟周材訏謨當三傑之一學行揔四科之二等平勃之輔漢同季文之相魯質廉於古儉實可師雖清白燕翼籯金非寶然妻孥貧窶擔石屢空言念平昔彌深軫悼宜恤凌統之孤用旌晏嬰之德宜賜其家物一百段米粟二百石因制中書侍郎蘇頲爲之碑文仍親禮焉

六年十二月以鄂州人潘元祚屢辭子旌獨守墳墓行能厲俗學可爲師拜左拾遺内供奉仍直左春坊侍皇太子讀書

十一年行幸北都太原人趙栖桐隱居有道年暮羸瘵詔就其私第拜著作郎仍聽致仕賜帛五十疋

十四年宋州奏單父人劉九江三代同居有慈烏巢于庭户鄉里榮之名其鄉曰邕睦鄉里曰同居里請旌表其門許之

是年鎮州鹿泉人李處恭張義貞青州北海人吕元簡定州鼓城人彭思義及蔡州孝女楊氏等並以孝義聞著旌表其門處恭與義貞異姓同居於今三代

凡百餘年元簡四代同居所食六畜皆異母同乳思義居喪至孝廬於墓側有嘉禾生及白兎馴擾

十五年九月制曰故益州長史張守絜故桂州都督員嘉静等並授委藩鎮克著勤勞奄隨化往良深震悼言念旅櫬猶在遐方用加優恤以慰泉壤宜官造靈轝給傳還鄉所緣葬事並委有司支給

是歲華陰人韓思訥六代同居特旌其門

二十年三月以右驍衞將軍同正員安金藏忠節見於先朝特封爲代國王仍於東嶽西嶽等鐫碑勒其名制曰義不辭難忠爲令德保祐君王安固邦家則

必荷寵光之休膺土宇之錫安金藏忠義奉國精誠事君往屬酷吏肆兇潛行誅構當疑懼之際激忠烈之誠寔刄刻心保明先聖見危授命沮奸邪之慝轉禍存福獲明夷之貞雖鳴玉銜珠已備於休命而疇庸踐爵未洽於殊榮宜錫寵於珪組兼勒名於金石

二十三年三月河北採訪使張守珪奏相州湯陽縣有孝子石作奴請旌表門閭許之作奴三歲喪親廬於墓側凡二十餘年塋內有枯樹重生枝葉群烏馴擾鄉里咸敬異之閏十一月相州又奏孝子石作奴塋內有寒竹抽笋數十莖望旌表其門以章孝理許之

二十四年制曰貴德尊賢飾終念往此聖人所以理天下厚風俗也王友貞禀氣元精遊心太朴孝惟不匱獨貫於明時道則難名高謝於人代言念錫類方期化俗遽爾凋殂良深愍悼生無大位雖隔外臣之儀沒有餘榮宜贈上卿之服可贈光祿大夫仍令州縣長官吊祭友貞長安人歷位長水縣令後罷歸田里中宗在春宮召爲司議郎不就神龍初又拜太子舍人仍令所司以禮徵赴乃以疾辭制曰敦夷齊之行可以激貪尚顏閔之道用能勸俗新除太子中舍人王友貞德義泉藪人倫茂異孝愛始於事親忠信表於行已富在文史蔑於財貨久歷官嘗累闢課績有古人之風保君子之德乃抗志塵外棲情物表深歸解脫之門誓守薰脩之誠須加徵命作護儲闈固在辭榮陳情懇至朕方崇獎蔑退懲靜澆浮雖思廊廟之賢豈違山林之願宜加優秩仍遂雅懷可太子中舍人員外置給全祿以畢其身任其在家脩道仍令所在州縣存問四時送祿至其住所帝在東宮又表請脩禮徵之以年老竟辭疾不赴是歲九十餘卒故有褒贈

二十五年五月己亥京兆人張阿九母疾阿九割股

肉饋之厥疾遂愈先是同郡趙言亦以割股養母聞帝嘉之賜阿九及言物各五十段以旌孝行

天寶四載二月京兆府奉天縣人趙正言母病割股肉以餌母疾瘳賜物五十段以資孝養華原人韓難陀父亡廬於墓側凡十六載金城女董氏家無兄弟孝養不嫁父亡廬於墓側凡六載並表其門閭賜以粟帛

三月陳留郡封丘人楊嵩珪母亡負土成墳於所居別立靈几畫父母形貌享祀十有餘載尉氏縣人楊思貞父亡廬於墓三十八載有芝草白兎甘露等瑞

並賜粟帛旌表門閭
四月輿州人燕遺倩旣孤於堂中刻木爲父母形象施帷帳衣服如存朝夕奠祭鄉閭甚敬異之
蜀郡人郭景華孝行過人父喪明景華晝夜啼泣宅中忽湧井泉因以洗目漸明東陽郡人應先父亡廬於墓側有芝草連理樹生並旌表門閭以昭孝行
十五載袁光庭爲伊州刺史祿山之亂西北邊戍兵入赴難河隴郡邑皆爲吐蕃所拔惟光庭守伊州累年救不至虜乃百端誘說終不降屈部下如一及矢石旣盡粮儲並竭城將陷没光庭手殺其妻子自焚

而死朝廷聞之贈工部尚書
王君奐判涼州都督爲吐蕃所殺帝甚痛惜之制贈特進荆州大都督給靈轝遞歸京師葬事並官給賻物三百段粟三百斛仍令鴻臚卿一人充使監護
韓思復肅宗朝爲給事中活嚴善思於雷霆之下拒武三思於諂附之中帝御筆題碑云有唐忠孝韓長公之墓
肅宗至德二年二月大赦詔曰賊陷兩京文武嘗參官及諸州刺史有絶脰仰藥不事叛人爲衆所知者量加優贈十二月詔曰忠臣事君有死無貳烈士徇義雖殲猶存其李憕盧奕顔杲卿袁履謙許遠張巡張介然蔣清龐堅等即與追贈臣欽若等曰自李憕以下並爲安祿山亂死王事也
三年正月詔内外文武官陷在縣中潛藏不出或託疾不仕忠節可嘉並與成考
是月京兆尹李峴奏奉天縣百姓滑清泌父茂先疾亟清泌割右股肉方圓二寸與父食之病乃痊詔清泌宜與官以旌孝道
二月詔天下州縣有遭逆賊攻擊堅守不下竟以獲全其官人百姓中有誠効灼然爲衆所知者宜令本

道使案驗奏聞據狀迹酬其官賞身亡没者重加褒贈有父母存者仍與一官及邑號無父母者與一官如有一家丁壯盡被屠害其父母妻子仍令州縣以官物賑恤并量造舍宇使得安存
乾元二年北庭行營使李嗣業自正月與諸將同圍相州是時築隄引漳水灌城經月餘城不拔時軍無統帥諸將各自圖全人無鬬志賊每出戰嗣業被堅衝突履鋒冒刃爲流矢所中數日瘡欲愈臥於帳中忽聞金鼓之聲因而大叫瘡中血出數升注地而卒帝聞之痛悼而嘆惜之下詔曰臨難亡身爲臣之大

節念功加贈經國之常典故衛尉卿兼懷州刺史充
北庭行營節度使虢國公李嗣業植操沉厚秉心忠
烈懷幹時之勇略有戡難之遠謀久仕邊陲備經任
使自兇渠搆亂中夏不寧特感激之誠摠驍果之衆
親當矢石頻立勳庸壯節可嘉將謀於百勝忠誠未
遂空恨於九泉言念其功良深憫悼死於王事禮有
可嘉宜增裂土之封用廣飾終之義可贈武威郡王
其明贈及緣葬事所司倍於常式仍令官給靈轝遞
還所在以其子佐國襲其官爵實封二百戶
代宗寶應元年鳳翔天興人楊播隱居以孝行旌表

門閭一云播登進士第隱居不仕玄宗徵爲諫議大
夫棄官就養以孝行禎祥表其門閭肅宗就加散騎
常侍賜號玄靜先生初播父哲以孝行有異旌其門
閭後播子炎爲起居舍人辭祿就養岐下丁父憂廬
於墓前號泣不絕聲有紫芝白雀之祥又表其門閭
孝著三代門樹六闕焉
八月梁州刺史臧希讓上言南鄭縣百姓李貞古孝
行彰聞請付所司旌表從之貞古六歲而孤母欲改
嫁貞古雨泣留之母遂守志母未食寢貞古不食寢
及母亡負土成墳廬於墓側有猛虎馴於廬前白鼠
見於墓門村人異之
永泰元年正月京兆尹第五琦奏奉天縣寶昇朝二
女伯娘仲娘雖長於村野而幼有志操住於邠州按
界草賊數千人持兵刃入其村落行剽劫聞二女有
容色姊年十九妹年十六歲藏於巖窟間賊徒擬爲
逼辱乃先曳伯娘出行數十步又曳仲娘出賊相顧
自慰行臨深谷伯娘曰我豈受賊汚辱乃投身於谷
賊方驚駭仲娘又投於谷谷深數百尺姊尋卒仲娘
腳折首破血流被體氣絕良久而蘇賊義而去琦感
其貞烈奏之詔旌表門閭仍長免丁役二女葬事官

給京兆戶曹陸海首賦詩以美之
三月河南等道都統黃門侍郎同中書門下平章事
王縉奏徐州處士皇甫暅養母以孝聞請旌表門閭
許之
是月追贈故徐州蘄縣令李瀾瀾弟渤等官先是東
都未平梁宋間群盜連衆或至二千餘衆攻陷城邑
瀾守蘄縣力屈爲盜所執將害之瀾弟渤詣盜請代
兄死瀾又請殺身貿弟兄弟爭死俱爲盜害瀾女原
武尉盧甫妻也見父被執號泣請代死亦爲盜所害
宣慰使吏部侍郎李季卿以節義聞有尉氏尉王泛

妻裴氏儀王傳臣卿之女也素有容範爲賊所俘賊逼之裴曰吾衣冠之子當死即死終不苟全一命受汙於賊賊偕之臨之以兵逼之以力裴堅罵抗之賊怒乃支解裴氏至死不屈季卿亦以狀迹聞詔曰鄭州原武尉盧甫亡妻李氏沂州尉氏尉王泛妻裴氏等懿範傳家柔明植性頃因寇難克彰義烈或請代父死表因心之孝或誓逐夫亡標難奪之節宜膺贈餙俾光休美李氏可贈孝昌縣君裴氏贈河南縣君仍編入史册瀾渤亦贈官秩

二年六月賜安南節婦金氏兩丁侍養金氏本賊帥

陶彝亮之母以忠義訓彝亮不受遂與彝亮絶自績而衣自田而食州里稱之仍詔本道使每季給錢二兩并衣服以終其身

大曆四年二月左千牛薛鋒母病割股肉啖母病愈詔下有司旌表門閭

三月睦州司士參軍許利川居母喪以孝聞有芝草八莖及連理樹一株産於墓廬詔旌表其門閭

六月詔曰武德貞觀之間有若魏徵王珪李靖李勣房玄齡杜如晦等扶翼大運勤勞王家尊主庇人匪躬致命咸有一德格于皇天緬然長懷風烈猶在其後嗣沈翳特加優奬如廟宇荒毀即宜脩葺無德不報何日忘之

六年十月邛州上言依政縣百姓樊濟居父母喪負土成墳廬於墓側有兎鴿馴擾木連理慈竹自生詔旌表門閭

七年七月鎮州上言鼓城縣人陳岵居父喪被髮廬於墓側不掩墓門哀毀過禮望旌表門閭許之

十一月京兆府上言櫟陽縣人董思寵五代同居子孫凡八十餘人友愛敦睦鄉里稱之天寶末寇盜剽掠村閭此家獨全年遭水旱此家獨免至於征稅每

先於人伏望旌表門閭編諸史册許之

八年十二月江南西道觀察使路嗣恭上言信州弋陽人張球父歿五年廬於墓側哀毀過禮墓門塼土生芝草七莖有鵲巢于墓之叢竹請旌表門閭許之

九年二月庚辰追贈故河西隴右副元帥都知兵馬使秦州刺史郝廷玉爲工部尚書録勳也

四月追贈故平盧節度使柳城郡太守劉正臣爲工部尚書正臣本名客奴初祿山叛逆正臣越海遣使奉順帝録其誠節故寵之

德宗建中元年十一月詔故侍中平陽郡公贈秦州

刺史敬暉重贈太尉故吏部尚書漢陽郡公贈中書令越州刺史張柬之贈司徒故侍中扶陽郡公贈兗州刺史桓彥範贈司徒故中書令博陵郡公贈幽州刺史崔玄暐贈太子太師故中書令南陽郡公贈洪州刺史袁恕己贈太子太傅故中書令贈荆州大都督張九齡贈司徒故中書令越國公鍾紹宗贈太子太傅時以國朝將相雖嘗贈而未稱者再贈之故有是命

二年三月代州刺史贈太子太師賈循重贈太尉并妻子皆備禮改葬故蘄州刺史贈華州刺史姚誾重

贈潞州大都督與其子一人官皆以死王事也

五月以澤州人雍先五代共居表其門閭

七月贈故伊州刺史袁光庭工部尚書初光庭守伊州虜圍之連歲不能拔及力竭將陷先殺其孥而自焚死焉

三年二月贈故成德軍節度判官簡較司封郎中兼御史中丞邵真戸部尚書與一子五品正員官真嘗爲李寶臣掌文翰深所信任寶臣死其子惟岳僞領父衆李正巳田悅欲其同反各遣使於惟岳真泣諫曰先公位兼將相受國厚恩大夫縗絰之中遽欲違命同隣道之惡背先公之志不可田悅與我寄邇絶之恐速禍正巳稍遠絶之易耳但令悅使還報請徐思其宜執正巳使于京師因請致討朝廷必嘉大夫忠而旌節可得若受節於正巳即當臣之爲之柰何惟岳許之令真草奏將發孔目吏胡震頗任事言於惟岳曰此事非細請與諸將吏議之至會議其鎮州刺史畢華曰先公與二道親好二十年一朝背之不可今執其使送京師大善脫未爲朝廷所信正巳兵疆忽來襲我孤軍無援何以敵之不若仍舊勿絶徐觀其變惟岳又從之真又勸惟岳遣其弟惟簡入朝

仍遣軍吏薛廣嗣詣河東節度馬燧軍請從順屯兵東鹿田悅聞其謀使使謂惟岳曰邵真惑亂軍政必速殺之不然吾且自討其罪矣惟岳懼遂殺之故有褒贈

四月贈故右僕射褚遂良太尉

五月詔曰故河西兼伊西北庭節度觀察使簡較工部尚書兼御史大夫贈太子太保楊休明故河西節度觀察使簡較工部尚書兼侍御史大夫周鼎故西州刺史兼御史中丞李秀璋故瓜州刺史兼御史中丞知河西節度留後張銑或寄崇方鎮或攝總留務

時屬殷憂並抗貞節率勵將吏誓一其心固守西陲以俟朝命羌戎乘間驟逼城池國家方有內虞未遑外救河隴之右化爲虜塲俾我忠良殁身異域彌歷年紀以逮于茲旅櫬方旋誠深憫悼故遽加寵贈俾極朝榮式彰茂烈永賁幽壠休明可贈司空嵎可贈太保秀璋可贈戶部尚書銑可贈兵部侍郎休明等自至德後陷没於吐蕃至是其族各以其柩至故加褒贈休明男嬋并將較等追贈者十餘人仍官爲殯葬

八月太子賓客第五琦卒琦之子峯峯婦鄭氏女皆

以孝著旌表其門

四年二月將作藍田昂亡毋亡姨亡妻汾州刺史李再春亡妻其子瑤亡妻等並追贈國夫人昂瑤亡子亡女皆贈官封初昂再春瑤棄其族來降田悅盡滅其家少長無類瑤至京師授左監門衛將軍再春爲汾州刺史兼寵贈其家

三月贈故淮寧軍都虞候兼御史大夫實封一百戶周曾太尉益實封二百戶故許州鎮遏兵馬使兼御史中丞實封五十戶王玢司徒益實封一百五十戶故淮寧軍兵馬使兼御史中丞實封五十戶呂從賁左僕射益實封一百戶故十將試太常卿康秀琳右僕射益封一百戶故節度押衙監察御史裏行姚憺兵部尚書賜實封二百戶故十將試太子賓客梁典朝戶部尚書賜實封一百戶故十將試太常卿賈櫟卿刑部尚書賜實封一百戶故試太常卿侯仙欽工部尚書實封一百戶命散騎常侍蕭昕往汝州境上以禮致祭并委李勉哥舒曜訪其家以名聞有子者得回受官爵子孫三代過犯者减一等論以淮寧軍節度押衙試殿中監當清爲太子賓客兼御史中丞封安定郡王賜實封一百戶其周曾等所賜實封可

載於典冊傳其子孫初希烈怒哥舒曜收汝州令周曾等以兵三萬來擊曜曾玢憺清等自號四公子因希烈之親吏梁銳動靜輒馳告勉至是曾乃謀於周志欲廻軍據蔡州王玢應於許州姚憺當清居中殺希烈議定密令奏之且請毒藥以寘其食得陳藥一丸無效曾等以故久不發初希烈令養子十人從曾曾次襄城欲行其志養子等知其謀亡告希烈乃使其將李克誠率騾軍千人攻殺曾等而收其兵復殺玢憺等始當清約事洩無得相引清以故幸免然終懼不得脫乃說希烈曰今兵寡勢弱不足以集事請

與朱滔使宋少直詣滔乞師希烈信然遣之夜次襄
邑境乃奔歸劉洽希烈聞曾等有變兵亂乃閉壁數
日鄭州尉氏賊亦惶駭奔去希烈乃上疏歸罪曾等
率兵還保蔡州
是月又贈故衛尉卿兼御史中丞顔杲卿司徒故常
山郡太守袁履謙左散騎常侍故許州長史龎堅右
散騎常侍故鞏縣主簿蔣清禮部侍郎并録其子孫
履謙妻封氏封申國夫人臣欽若等曰自顔杲卿已下並爲安祿山亂死王事
也
又贈故右驍衛將軍代國公安金藏兵部尚書授其

子承恩銀青光祿大夫試殿中監兼廬州長史
四月贈故禮部尚書李之芳亡女隴西郡夫人初李
克誠既陷汝州殺掠居人士女賊至李氏家李氏恐
逼辱遂投井死
八月贈曹孝昌左僕射實封二百户孝昌李希烈之
將孝昌以隨州降壽爲其將康叔夜所殺復叛故有
是贈
十月贈左龍武大將軍吕希倩太尉賜實封三百户
子孫不絶官爵又贈將軍高仲傑司空實封三百户
子孫不絶官爵初帝避難於奉天朱泚之賊於城東

西南三面踰城渾瑊率招召突將三百人分道連戰
鼙日辰時殺傷太甚賊力屈而退希倩死之俄賊復
攻城仲傑力戰而死故有是贈仍官給棺櫬衣服遣
宰臣宣旨致祭
興元元年二月帝在奉天詔曰見危致命之謂忠臨
義有勇之謂烈惟爾克勵臣節不憚殺身惟朕式嘉
乃勳懋昭大典日台不德罔克若天遘兹殷憂變起
都邑惟爾卿士嗷然靡依逼畏所加淄澠共混故開
府儀同三司簡較禮部尚書司農卿上柱國張掖郡
王段秀實操行嶽立忠厚精至義形於色勇必有仁

頃者掌鎮涇原克著威惠叛卒知訓咨爾以誠賊泚
藏姦欺爾以詐守人臣之大節洞元惡之浮情端委
國門挺身白刃誓碎兇渠之首以敵君父之讎視死
如歸履虎致咥噫天未悔禍事乖垂成雄風壯圖振
駭群盗昔王蠋守死以全節周顗正色而抗詞惟我
信臣無愧前哲聲聞寰宇義冠古今足以激勵人倫
光昭史册不有殊等之賞孰表非常之功爰議疇庸
特超簡限著之甲令樹此風聲可贈太尉謚曰忠烈
宣行史官仍賜實封五百户莊宅各一區長子與三
品正員官諸子並與五品正員官仍廢朝三日收京

城之後以禮葬祭旌表門閭朕承天子人臨馭億兆一夫不獲則予之辜況誠信不違屢致寇戎使抱義之臣陷于凶逆有臨危致命殁而愈彰有因事成功權以合道苟利社稷存亡一致酬報之典豈限常員並委所司訪其事跡續具條奏當加褒異錫其井賦圖形雲閣書功鼎彝以彰我有服節死誼之臣傳于不朽是月又贈故商州刺史謝良輔左散騎常侍初涇原兵亂京師後數日商州團練兵亦作亂害良輔焉及此追贈

四月贈故吏部郎中郭雄同州刺史詔曰朕越自邦

畿至于梁漢而庶尹卿士各勤其職雄以鋒刃之下倉卒遇害親戚阻絕孤魂何依豈不以予一人不德而使子大夫罹其禍也永言惆惻增軫於懷爰申寵贈俾如常典

六月故神策京西兵馬使簡較工部尚書兼御史大夫楊惠元贈右僕射仍賜絹百疋惠元男故尚食奉御晟贈殿中監故左衛兵曹參軍暠贈邠州刺史褒死難也惠元以兵屬李懷光建中四年冬自河朔同赴國難解奉天之圍明年四月懷光既圖叛逆惠元義不受汙脫身奔寘至奉天會乘輿南幸李懷光怒惠元之逸令其將冉宗以百餘騎追及於好畤殺惠元計窮父子三人並投人家井中冉宗並出而害之及是各加追贈焉

是月給事中孔巢父往河中宣慰李懷光遇害帝聞而驚悼久之贈尚書左僕射賜其家布帛粟米甚厚仍授一子正員官收復河中日所司備禮葬祭之

七月詔曰贈太尉段秀實天授貞烈激其頹風蓄賁之中密蘊雄斷將紓國難詭收寇兵撓其兇謀果集吾事挺身徑進奮擊渠魁英名凛然振邁千古宜差官致祭并旌表門閭緣葬所要一切官給仍於墓所

官爲立碑以揚徽烈諸軍將士有身死王事委本使具名銜聞奏即與褒贈

又贈故左驍衛大將軍樂平郡王劉海賓太子太保追贈實封一百戸臣欽若等曰海賓事具後

八月詔贈太尉段秀實宜令所司即與置廟立碑

九月贈故涇原都知兵馬使試大常卿何明禮兵部尚書故推官試晋州別駕岐靈岳贈同州刺史旌死節也初段秀實與劉海賓及明禮靈岳潛與約剋期誅朱泚事洩皆遇害故有斯贈

十月以前太常卿蕭定爲太子少師前大理卿蔣沇

爲右常侍前秘書監程鎮之爲太子賓客並以陷賊不仕褒之也

十二月以前祠部郎中王磋爲比部郎中前起居舍人鄭南史爲司封員外郎前工部員外郎史官脩撰荀尚爲駕部員外郎前左庶子張莅爲彭州刺史磋等並朱泚時潛不仕也

貞元元年正月詔曰君臣之義生錄其功没厚其禮況才優任國忠至滅身朕每興歎勞於寤寐故光祿大夫守太子太師上柱國魯郡公顏真卿器質自天公忠傑出出入四朝堅貞一志屬賊臣擾亂委以存

諭拘脅累歲死而不撓稽其盛節寔謂猶生朕致移斯禍慙悼靡及式崇嘉命兼延爾嗣可贈司徒仍賻絹帛五百端米三百石男頵碩等至喪制終後所司聞奏超授官秩時李希烈陷汝州宰相盧杞奏顏真卿使諭之既爲所迫不從遂縊殺之

四月加朔方將石崇憲簡較工部尚書來重隨簡較太子詹事兼御史中丞初馬燧渾瑊統兵討李懷光懷光俾部將徐光將數千衆保長春宮復俾石崇憲將驍兵援徐光崇憲以數千騎來降懷光遂屠其家故加官

九月贈朔方節度都虞候呂鳴岳工部尚書鳴岳前欲圖李懷光以從順事洩爲懷光所殺故追贈焉

十一月贈朔方邠寧節度兵馬使兼御史大夫石演芬兵部尚書仍賜錢三百千演芬本西域胡人以武勇爲朔方節度李懷光養子以至右武鋒都將時懷光軍屯三橋將與朱泚通謀演芬乃使食客郜成義密疏具言懷光反狀請即罷其總統成義至奉天乃反以其言告懷光子璀璀密報其父懷光乃召演芬責之曰我以爾爲子柰何欲破我家耶今死可乎演芬對曰天子以公爲腹心公以演芬爲腹心公上負

天子安可下責演芬且演芬胡人不解異心欲守死以事一人幸得免呼爲賊死當分也懷光初使左右臠食之皆曰此忠烈之士也可令快死乃以刀斷其頸至是上念其義烈故加追贈

二年十月以前淮西行軍司馬簡較左庶子兼御史中丞呂仲客爲刑部郎中前溵州刺史張廌爲吉州刺史仲容廌皆陷李希烈受其僞署官數有章表陳賊中事宜帝每嘉歎及希烈平徵至特加賜賚而命官焉

三年四月贈故淮西節度使簡較工部尚書兼御史

大夫陳仙奇太子太保賻布帛粟米有差喪事官給仙奇起於行間性特忠果自李希烈死頗竭誠節而吳少誠輩十數大將素兇悖醜正遂結黨害仙奇焉

閏五月朔方河中副元帥渾瑊與蕃相尚結贊會盟於平京瑊與副使兵部尚書崔漢衡監軍特進宋奉朝等皆入幕次結贊伐鼓三聲其衆呼譟而至瑊遽出自幕後偶得他馬奔歸奉朝爲亂兵所殺六月贈奉朝開府儀同三司右衛大將軍以死王事也

十一月彭城李子尹務榮喪親廬於墓側六年有芝草之祥詔旌其門閭

五月建州奏邵武縣人黃天喪母廬於墓側有紫芝生詔旌其門閭

五年二月潤州奏句容人張常洧居父喪孝行著聞詔旌表其門閭

八年閏正月贈故御史中丞張巡妻隴西郡夫人李氏申國夫人帛百疋追舊勳也臣欽若等曰巡事具前

十二年七月宣武軍節度李萬榮病疾署其子迺爲兵馬使迺殺大將伊婁涗張伾倉官劉叔向等大將鄧惟恭等執迺送京師詔涗等三人委中書門下即與追贈仍各與一子八品正員官

順宗以貞元二十一年正月即位六月詔曰前昭義軍泗州管衙前兵馬使大中大夫試太子賓客兼監察御史張重政門有勳力性推毅勇夙聞克家之美嘗稱撫衆之才近者其父初亡群小扇惑誘以奇計俾執軍麾而重政與其母兄號泣固拒遂全懇願奔告元戎不爲利回成其先志於家爲孝子在國爲忠臣軍郡乂安行義昭著念茲名節感歎良深宜洽恩榮俾弘激勸禮無辟於金革理當申於權奪戎章憲府式崇兼學可起復雲麾將軍守左金吾衛大將軍員外置同正員簡較太子詹事兼御史中丞仍委淮

南節度使與要職事任使重政泗州刺史伾之子伾在州十餘年拜金吾詔未至病卒軍令欲令重政代爲將重政與其母徐氏拒不從獲免故寵之

七月贈故忠州別駕陸贄兵部尚書故道州刺史陽城左散騎常侍仍賜其家錢二百千令所在州縣給遞以喪柩

冊府元龜

巡按福建監察御史臣李嗣京 訂正
新建縣舉人臣戴國士 条閱
知建陽縣事臣黃國琦 較釋

帝王部 一百四十

旌表第四

唐憲宗元和元年十二月贈故嘉州刺史崔佐時大理卿佐時爲西川留後劉闢所殺故也

二年七月詔曰王者旌表通乎異代況音徽未遠名迹可尋風流所傳奬俗興起舉其遺直足勸事君故

朝議大夫守給事中襲南陽郡公袁高茂功之後清德冠時貞元初職在論駁嘗執讜議封還詔書居平蹈常則汎然而無忤會節有立皆卓爾而難踰故能望重朝端行滿天下未踰大任遽殁中身德之不忘久而彌著朕方弘景化寤寐前良用旌尚德之懷俾申加等之贈哀榮所被勸奬斯存可贈禮部尚書高貞元初抗論盧杞中外相賀數正直者以高爲第一李吉甫爲相備陳其事始下詔贈

十月潤州李錡平制曰王澹趙琦等伏節死義殺身成仁無罪無辜受茲殘酷所宜褒表以勸忠貞即加追贈仍令州府致祭收葬其王澹如有子弟服滿日與一子八品正員官如更無辜受戮及殁身效順者亦委李元素具事跡聞奏當有褒贈及加甄録如受戮之中有長行官健勿停糧賜優給其家初澹爲錡判官及錡言歸闕署爲留後錡旣無行意辭托疾屢攻發期澹與中使頻諭之錡不悅澹旣摠留務或有制置錡益不能平澹諷親兵令殺澹者數矣因散冬衣澹入謁錡兵士數百人持刃拽於階下臠食之監軍聞亂遣衙官趙錡慰諭又臠食之及錡敗故有詔贈

三年二月贈故布衣崔善貞睦州司馬旌忠諫也初李錡鎮浙西恃恩驕恣善貞詣闕上封言錡罪狀德宗械送錡錡坑殺之錡敗贈官

五年正月贈故左神策軍大將軍陽山郡王酈定進兵部尚書賻布米粟有差定進時號勇將嘗征蜀有功及討王承宗力戰陣敗馳歸馬倒賊識曰酈王也遂爲所害官軍爲之喪氣繇是褒贈

四月睦州上言州人方良琝六代同居請表其門閭從之

五月贈故昭義軍將軍曹公乂左金吾衛大將軍公乂

母鄭氏封武威郡太夫人仍賜錢三十萬先是謀擒盧從史公乂參之倉卒爲亂兵所害故加贈而又褒封其母焉

六月丁亥贈故禮部尚書鄭叔矩太常卿贈故朔方河中副元帥判官簡較戶部郎中兼侍御史路泌絳州刺史仍各賜其家絹二百匹至葬日委所在州府量給助喪事泌爲渾瑊從事貞元三年隨瑊與吐蕃會盟而陷旣在絶域棲心於釋氏之教爲賛普所重待以賓禮貞元十九年吐蕃遣邊將書求和少子隨哀泣疏陳願允其請表三上德宗命中使諭旨以朝

廷慭其宿詐使吏要於後信迄數歲不報及帝卽位前年蕃使復款塞隨五獻章上陳又投書哀訴於宰相裴垍李藩皆恊力爲奏言帝允之命徐復等報聘乃特於荅詔疏名氏令以歸中國吐蕃因復等還遣使來朝遂以泌及淑矩之喪與銘及遺錄至朝野傷歎帝憫之命贈賻焉

六年二月浙江西道觀察使以前集賢殿校書郎丁公著孝行聞詔曰丁公著辭官侍親不顧榮利高行至性人倫所稱今執喪致毁又聞過禮其所請旌表門閭宜依仍委本州刺史親自慰問并量給粟帛

三月甲子贈故金吾衛張克讓尚書右僕射克讓茂昭長男也前爲易定將木力溝之捷克讓有功焉

十年十二月贈故嶲州刺史陳孝陽洪州大都督旌善狀也

八年四月贈故左神策軍兵馬使嚴奉刑部尚書追平蜀之功也

七月以蜀將郝同美爲黎州刺史褒其節也同美元和初以劉闢之衆歸而闢屠其家故旌寵之

十二月勅張茂昭立功河朔舉族歸朝義烈之風史冊攸載或聞身殁之後家無餘財追懷舊勳特越常

典宜每年賜其家絹二千疋春秋二時給付

元年閏八月詔曰存樹風節謂之立名殁加褒飾所以勸善故朝散大夫試秘書省著作郎兼侍御史甄濟昔以文雅見稱當時嘗因辟召亦佐戎府而能保堅貞之正性以履危機覩逆亂之潛萌不從脅汙義聲可傳於竹帛顯贈未賁於松楸藩方上陳允叶彝典追加命秩尚服殊榮可贈秘書少監濟初爲安禄山范陽掌書記天寶十三年濟察祿山有異圖謀以智免以衛縣令辭理誠信可托乃求使至衛縣具以誠告令弟澄密求羊血以爲備至夜僞嘔血疾不能

支遂舁歸及祿山反使僞節度使蔡希德令行戮者李揆等二人封刀來召察詐不起即就戮之濟以左手書云不得李揆持刀而前濟引首以待希德欷歔嗟嘆李揆等退以實病報後慶緒繼逆又使郡縣強舁至東都安國觀經月餘代宗統師收東都濟起詣軍門表送上都肅宗館于三司使臣於賊者瞻望以愧其心尋授秘書郎轉太子舍人寶應初拜刑部員外郎因蕃寇逃難客於襄州大曆中江西觀察使魏少遊奏授著作郎兼侍御史充莫偟副使終於襄州至是山南東道節度使袁滋奏其節操與權皐同科

合載國史勑甄濟頃逢屯難不受染汙風塵之內名迹獨全宜付史館旋又下制褒贈焉

是月又詔曰孝子劉敦儒生於儒門稟此至性王祥篤行起孝敬而不移曾參養志積歲年而罔怠用弘勸獎宜服官常分曹維司俾遂私志可守右龍武軍兵曹參軍分司東都敦儒子玄之曾孫母終居喪致毀維中謂之劉孝子權德輿留守東都表其志行故擢以官

十月虢州湖城縣百姓閻炤五代同居命旌表之

十年四月贈工部尚書致仕高彥昭陝府都督如有子孫委中書門下服闋後量材敘用彥昭不知何許人初事李正巳及李納叛彥昭以濮州降于河南都統劉玄佐納怒殺其妻子有女九歲初見其母幾將就害拜天而視女問其故荅曰以天之神明將有祈也女曰天如神明豈使吾效順而族戮也如其無知即又何拜獨不拜而死帝聞詔下太常謚曰愍女當時文士屬詞以誄之

十一月贈故壽州死難之將張抱鄒劉榮周和等刺史仍以米粟給其家（臣欽若等曰時討淮西吳元濟抱劍等死王事也）

十一年正月贈故成德軍節度掌書記殿中侍御史

李庌工部郎中庌安平人百藥五代孫舉進士嘗謁王士貞署爲掌書記士貞死庌後以他事忤承宗被殺故加贈

四月山南東道故大將軍李仲暮呂中庸石鍠黃士榮等以死難皆贈刺史（時諸道之師討鎮州王承宗故也）

五月山南東道故將南珍曄等十六人忠武軍故將喬鏑等三人河東故將徐宙等二人並以死難贈刺史（亦以鎮州用師故也）

十二年三月贈故冀州刺史正怡尚書左僕射仍令存訪親族授以封爵怡武俊從子以戰功歷洊冀趙

三州刺史承宗之叛怡守南宮縣以當王師及王士則爲邢州刺史怡誠欵通之及士則去邢州怡倩頗洩於賊遂遇害并屠其家怡男元伯先潛來京師過定州張茂昭知而留之於是授監察御史委茂昭軍中任使

七月昭義故將衞重興等三十二人以死難並贈刺史鎮州用師也

十一月以楊元卿爲左金吾將軍元卿以淮西從事歸朝其妻及男五人皆爲賊所害及賊平朝廷方驗其事命中使至宅爲發哀故有此授

十四年四月詔曰圖難忘死爲臣之峻節顯忠旌善有國之令猷日者妖竪反覆侮我朝章而濮州刺史高沐刼在兇威潛輸忠欵諷其不庭之咎將異革心數其貪海之饞聿求利國伏奏必陳其逆節漏師當破其陰謀竟以盜憎遂死王事歿而不朽風聲凛然式表漏泉之澤且彰勁草之節可贈吏部尚書仍委馬摠訪其遺骸以禮收葬優恤其家如有子孫具名聞奏沐爲李師古判官師道擅襲每諫不順沐廣引古今成敗諭之前後說師道爲善者數千言判官李文會等構於師道沐遂遇害

九月贈淄州刺史張頲左散騎常侍登州刺史高嶒右散騎常侍萊州刺史李廷遠洪州都督萊州長史蔡成鄆州左司馬尚振兗州長史沈皆並贈刺史皆以嘗謀殺李師道歸國爲師道所害故也

李湍妻湍吳元濟之軍人也元和中淮西未平湍心懷向順乃忽渡溵河來降烏重胤其妻遽爲賊束縛在樹臠而食之至死呼其夫曰善事烏僕射觀者義之至是烏以其事請列於史策十三年憲宗下詔從之

董昌齡母楊氏昌齡嘗爲泗州長史世居於蔡少孤

受訓於母累事吳少誠少陽至元濟時爲吳房令楊氏潛誡曰逆順之禮成敗可知汝宜圖之昌齡志未果元濟又署爲郾城令楊氏復誡曰逆黨欺天天所不福汝當速降無以前敗爲慮無以老母爲念汝爲忠臣吾雖歿無恨矣及王師逼郾城昌齡乃以城降且說賊將鄧懷金歸欵於李光顏憲宗聞之喜急召昌齡至闕眞授郾城令兼監察御史仍賜緋魚昌齡泣謝曰皆老母之訓憲宗嗟嘆良久元濟囚楊氏欲殺之而止者數矣蔡平楊氏幸無恙元和十五年陳許節度使李遜䟽楊氏之強明節義以聞乃封北平

郡太君

孝女王和子者徐州人其父及兄爲防秋卒戍涇州元和中吐蕃寇邊父兄戰死無子母先亡和子時年方十七聞父兄歿於邊上被髪徒跣縗裳獨往涇州乞取父兄之喪歸徐營葬手植松栢剪髪壞形廬於墓所節度使王智興以狀聞詔旌表之

穆宗長慶元年正月以前坊州刺史班肅爲司封員外郎時宰臣上言曰將欲清風俗必在厚人倫竊見皇甫鎛權位盛時班行之中多所親附及得罪後議論立變增嫉如讐俗之衰薄一至於此唯班肅以曾

爲郎官判度支案終始如一獨送出城周行之間多美其事今即秩已罷望授一省官以表其行故有是拜

是月河陽奏百姓劉士約母疾割股肉以奉母請表門閭從之（議者以神農記辯藥物凡陸行泉游草伏木棲金石之類荒裔之産可攻於疾者無不悉載未嘗言人之肌膚可以愈疾及開元末有明州域門山里人陳藏器著本草拾遺云人膩主羸疾自後閭閻相傚自殘往往而有）

二年正月詔曰故魏博等州節度觀察處置等使起復寧遠將軍簡較工部尚書兼魏州大都督府長史御史大夫賜紫金魚袋田布朕以寡昧臨御萬邦威刑不能弭干紀之變道化不能馴多僻之俗致使上公罹禍田氏積寃爰整旅以徂征每終食而三歎白茲弔伐驟涉寒暄雖良將銳師皆云協力而侯時觀釁未即齊驅嗟我誠臣結其哀憤引遷延之咎以自刻責奮决烈之志以謝君親白刄貫於肝心鴻毛喻其生死忠臣孝子一舉兩全晉稱卞氏之門漢表尸鄉之節比方於布今古爲隣况其臨命須臾處之不撓載形章表益見深衷問使發函悼心疾首從先臣於厚載爾則無愧覩遺像於麟閣予何可堪端揆崇名職丧褒典匪以爲報聊攄永懷可尚書右僕射賻

布三百段米粟二百石

六月乙酉詔曰田布頃因戎旅發憤自裁言念忠誠豈忘贈卹宜賜錢一千貫絹一千疋以充葬用

九月贈沂州故將郭昌晏禮部尚書昌晏前欲審謀誅留後李夰以其謀通於韓充（臣欽若等曰李夰卞守將逐其帥李厚自爲留後韓充弘之弟也）事洩被害故加寵贈

三年十月以潞州左司馬賈直言爲諫議大夫直言以孝聞人稱其代父飲酖救得不死而手足枯瘠於鄆州累有忠言激李師道不聽亦不忍殺

敬宗寶曆元年六月虢州刺史陸亘上言玉城縣百

姓閻鄧五代同居請旌其門閭兼追贈鄧五代祖庭
訓一官從之
文宗以寶曆二年即位賜劉克明母錢一千貫絹五
百疋姊二人以其不從克明爲亂賞之也
太和二年九月詔曰見危致命之死不顧慮其義則
白刃可蹈得其所則鴻毛猶輕此忠臣烈士所以垂
名不朽者也故棣州刺史充本州鎮遏兵馬使欒濛
禀受正氣發揮壯猷屬逆豎亂常反形潛具濛於此
時密獻成筴朕且欲諭以文告革其非心重難興師
因寢其奏而沉謀中泄遘兹浮寃眷言此心傷恨何

已可贈工部尚書仍許歸葬上都令所在路次州縣
供熟食無遞夫等應緣葬事所須並令官給賊平之
後仍訪其子孫親屬
三年六月録諸道戰殁大將並贈以官
四年正月故東州將李載等九人並加褒贈殁於蠻
寇故也
六年九月賜故幽州觀察判官攝監察御史常雍妻
蕭氏蘭陵縣君雍故太子賓客張弘靖在幽州日所
署判官當是時屬朝廷制置未備幽州俗本兇悍尤
不樂文儒爲主帥賓佐習於嘗態忌其變通議論不
密卒然起亂雍時家亦從刼暴蕭氏聞難號呼專就
夫袂左右格云以死不從及雍臨刃蕭氏涕而告曰
妾不幸年少義不苟活今日之事願先就死執刃者
斷其臂詞氣不撓雖兇悍圜視無不傷歎其夕蕭氏
亦卒幽州節度使楊志誠表明其事故追封焉
十月山南東道觀察使奏郢州長壽縣竟陵鄉村山
孝子史慱年齒尚幼母亡廬墓被髮泣血誓志終身
詔表其門閭
十二月宣州觀察使沈傳師奏涇縣遊道鄉百姓萬
晏自高祖頵至仲芳五代同居詔表其門閭

七年三月壬子浙江東道奏越州蕭山縣百姓李渭
幼失父母與兄二人同居兄病渭割股療之因差後
兩兄俱死奉寡嫂孤姪二十餘年衣食無偏莊田租
税渭自主辦資財莞鑰寡嫂掌之孤姪婦孫其三十
三人其家生芝草請旌表從之
開成元年贈太尉段秀實子太僕卿伯倫卒宰臣李
石奏曰伯倫秀實之子自古殁身以利社稷者無如
秀實之賢帝憫然曰伯倫宜加賻賜仍輟朝一日以
禮忠臣之嗣
二月丙戌詔曰故邕州都督府録事參軍衛方厚妻

程氏乃者吏爲不道䨇殺爾夫詣闕申寃徒步萬里崎嶇偪畏濵於危亡血誠旣昭幽憤果雪雖古之烈婦何以加焉如聞孤孀無依晝哭待盡俾榮祿養仍錫疏封可武昌縣君仍賜一子九品正員官方厚爲董昌齡所殺程氏知其夫爲昌齡所害力不能克遂抑其哀如非寃者昌齡雅不疑聽其歸喪故得以徒行詣闕帝因諫官論昌齡不宜爲郡再譴昌齡遂有此命

是月以鹽鐵宣歙院官簡較膳部員外郎顏從覽爲主客員外郎贈太師顏眞卿曾孫弘式爲同州參軍

詔曰朕每覽國史見忠烈之臣未嘗不嗟歎久之思有以報如聞從覽弘式實杲卿眞卿之孫永惟九原旣不可作旌其嗣續諒叶典彝考績已滓於官途者命列於中臺官次未齒於縉紳者俾佐於左輔庶使天下再新義風

三年十一月甲戌戸部侍郎李珏奏廬州舒城縣太平鄉百姓徐行周叔伯兄弟五代同居請免其同籍戸稅從之

十二月宣歙觀察使崔鄲奏溧陽縣百姓陳珽五代同爨請蠲除賦稅旌表門閭從之

四年十二月贈故易定觀察判官兼侍御史李士季給事中其家委韓威安存喪事官給仍賜一子官待服闋日具名聞奏士季爲易定節度張璠從事璠卒之初士季知留務三軍欲立璠之子元益士季不從遂爲亂兵所害至是舉褒贈之典

武宗會昌元年三月贈裴度太師制曰堯之舊臣伯益顯庸於舜禹周之元老邵公流美於成康永惟其人是屬良相裴度始以謀策除害佐烈祖之中興終以忠貞立朝毗累聖之鴻業經綸之志華皓不衰功勲爛然圖史輝煥姦邪所忌覬覦于時暨氛霧旣開

魚水將協條風兟見其喜愠零雨皆美其來歸未踐明庭遽嬰沉痼威鳳莫翔於舊沼虛舟長往於夜川殂謝之初朋黨異議贈典不稱人情鬱然屬告顗上玄渙流大號載懷先正宜有褒稱寵旣及於稚師恩有加於在昔豈必望鄭侯之壟方念茂功過馮道之祠乃思遺美以茲爲勸可不務乎

宣宗太中六年六月兗海節度使蕭俶奏臣當道先差赴慶州行營陣殁押官鄭神佐在室女年二十四先亡父未行營巳前許嫁與右驍雄將官健李玄慶並未受財禮阿鄭知父神佐陣殁遂與李玄慶休親

截髮壞形自往慶州北淮安鎮收亡父遺骸到兖州瑕丘縣與亡母合葬訖便於塋内廬墓手植松栢誓不適人伏以閭里之中罕知禮教女子之性尤昧義方阿鄭痛結窮泉哀深陟岵捘身砂磧收父遺骸遠自邊陲得還閭里感蓼莪以起恨侍丘墓以誓心此皆陛下孝理弘深德風煦被遂變獷野之性潜知禮義之方求之古人斯爲烈女臣依忝廉察敢不上聞伏望天恩宣下有司特賜旌表仍放本户兩稅以彰至行勑旨宜依

懿宗咸通三年正月壽州奏裨將何武討賊死於盛

唐縣詔贈簡較左散騎常侍制曰地連山藪境有逋逃武能首率郡兵身歿王事旣嘉忠藎宜示褒贈不惟慰彼漏泉將亦激其群較

鄭畋爲鳳翔節度使簡較司空同中書門下平章事卒昭宗冊贈司徒謚曰文昭初李茂貞表曰臣聞有勳不廢前代格言無美不稱先王令典是垂休於國牒將衍示於孫謀其有漢閣元勳岐山茂政霜露已彫於大樹蓬蒿將没於豊碑歎泉扃而緜禮未加顧藩翰而清風晝在是敢數陳往事啓廸前功庶雅頌而重興與徽猷而復舉臣伏見故鳳翔尹同中書門下平章事鄭畋瑞應星精祥開日角建洪鑪於聖代成庶類於明時鳳毛方洛於春池龍節忽移於右輔旋於群鴟聚噪方蝟攢鋒蒼黄而玉輦省方次第而金門撤鏁九州相望初猶豫以從風百辟無歸半狐疑而委質鄭畋峩冠豎髮褁袖運籌羅將較於帳前列貔貅於麾下乃言曰封豕肆兇長鯨噴毒寘生靈於塗盧委神器於腥羶我國家時運雖艱天曆方遠豈可以大朝簪紱當屈節於豺狼近甸藩籬欲輸誠於虺蜥繇是埋牲誓衆纍鼓出師飛羽檄於四方會諸侯於萬里擎廻地軸決驚波而盡入東溟抽轉天

關驅列宿而咸尊北帝雷喧鞞鼓山轟旌旗五兵纔入犬牙一陣盡塗龍尾值大憝建瓴之勢在元臣反掌之間不意天枉朝權將星夜殞竹帛徒懸於彼日衣冠已隔於隹城始舉義師爰從指顧禀三令五申之訓職囊沙減竈之謀今則謬以微功叨居重鎮仰高蹤而如在念遺烈而未書伏乞皇帝陛下顯舉舊勳榮加盛禮俯畫褒酬之典遐追鎔範之功俾四海有聞致九泉無恨時朝廷覽表方有是贈

哀帝天祐元年十月郢州節度使雷彦恭奏楚大夫屈原廟在當道請賜封崇勑曰楚三閭大夫屈原正

直事君文章餙巳當椒蘭之是佞俾蕙蒞之不香顯比干之赤心躡彭咸於緑水雖楚煙荆雨隨強魄於故鄉而福善禍淫播明靈於巨屏名早流於竹素功有益於州閭爰表豚封用旌艮美宜封爲昭靈侯

後唐莊宗同光二年四月即位於魏州下制曰應有奉使危邦罹殃殄戮旣遭陷害深可憫傷如伊鐔葢寓戴漢超李承勲之徒仰所司具名録奏朝廷必議褒贈

十月平汴州詔有交鋒戰陣没於王事未經追贈各與贈官

二年三月安義李存霸奏屯留縣坊市百姓韓德兄弟累世同居毋死割乳以祭廬於墓側累年種瓜合歡同蔕旌表之

明宗天成二年十一月勅太宗朝僕射李靖贈太保鄭州僕射陂改爲太保坡（此坡葢後魏時賜僕射李冲今云李靖非也）

三年九月寄州上言輔唐縣民華延福事父母有至孝之行旌表之

十一月詔賜故夔州節度使西方鄴男錢絹各五百貫疋布一百疋米麥共二百石以父没王事故也

夏魯奇天成四年鎮遂州軍府將吏上言以節度使到任巳來有善政七條以安百姓奏勅魯奇宣力兩朝統戎三鎮居富庶之地無奢侈之心上爲國家下安生聚每行公道全塞倖門儻非大洽人情詎致遽聞余聽有兹爲作宜示褒稱仍下諸州令各知悉時孟知祥董璋據有兩川魯奇併居南鄙董璋之叛與知祥攻遂州旬月援路斷絶兵盡食窮勢知必屈乃自刎而卒上以其盡節王事聞其死也慟哭久之給其家錢百萬絹千疋粟麥等贈太師封齊國公

長興元年正月賜故靈武行營馬軍指揮使邢彦洪男恩進錢絹米麥以其父殁王事故也

十二月邢州奏光山彭爽四世義居乞改鄉里名號從之

巳未滄州乾符縣人張建立乾寧五年割股治母病毋卒割心瀝血祭辮髮跣足廬於墓所三十年勑旨以其鄉爲孝友鄉和順里

二年九月登州黄縣人苗珣四世義居宜改爲和孝鄉邕順里

十月棣州渤海縣人邢釗四世義居旌表門閭

四年正月丙戌磁州武安縣崇禮鄉萬善里人馬肇三世義居旌表門閭仍改崇禮鄉爲崇孝鄉萬善里

爲和慶里

九月壽州奏登州黃縣累世義居人王義雲下所司旌表門閭所司初言自喪亂已來亍失旌表式樣令式雖載條目別無制度時有明經生王守誠者即義雲之孫自言累代義居今鄉里尚有載初元年旌表門閭見在載初中奏臣遠祖六代同居有白雀嘉禾之瑞其旌表門閭樣請下本州簡驗以聞即召房知溫遣畫工至王義雲鄉里畫門閭以進所司方得安行

末帝清泰二年七月鎮州元氏縣文成鄉七義里民曹重與七世義居孝義聞於鄉黨詔文成鄉改爲仁孝鄉七義里改爲旌義里仍委本道依令式旌表門閭其曹重與宜令授本府不赴任文參

十月晉州臨汾縣平陽鄉聖泉里民宗連同縣原隰鄉百祉里民劉環累世同居義聞州里詔改平陽鄉聖泉里爲敦俗鄉崇仁里劉環改爲廣孝鄉永和里仍委本道版署文參之名

晉高祖天福元年閏十一月壬午勑應自起義已來或盡節捐軀歿於王事宜加褒贈兼恤妻孥俾義激於忠貞庶恩霑於幽顯

二年四月丁亥制曰遇榮陽而因思紀信届夷門而尚想侯嬴著高義者猶足歎嘉蹈忠節者固宜旌賞事資激勸恩在褒揚梁故滑州節度使王彥章効命當時致身所事稟千年之正氣流百代之令名宜令超贈太師子孫量才叙錄

六月宗正卿石光贊奏昔周武王奄有天下過商容之閭必式見比干之墓即封蓋褒賞賢良尊崇忠義伏惟皇帝陛下顯膺天命開創鴻圖解網行仁救時順動樂業不知於帝力悅隨但聽於山呼盛德難名太平可待臣伏見滎陽道左有萬石君廟本前漢大中大夫石奮之廟奮有子四人各二千石祿景帝曰人臣尊寵畢集其門故號萬石君德行懿績備列前書唐大中十三年鄭州司馬石貫稱裔孫刋石廟廷

備紀其事伏遇皇帝行幸浚郊經過滎水展義已闡於岐路覃恩宜布於幽明其萬石君廟伏乞俯弘霈澤特降封崇俾光遠祖之徽猷益茂我朝之盛典勑漢大中大夫石奮德盛軒裳道光簡素享萬石休明之祿成一門忠孝之名彰茂實於前脩契興隆於景運宗正卿石光贊特上章疏欲示封崇與表深原式昭豐祚宜贈太傅

七月詔曰東都奏留守判官監左藏庫李遐當張從賓作亂之際遣李彥珣強取錢帛李遐稱不奉詔旨安敢從命尋遇害朕以李遐讀古人書持君子行攻

苦食淡承家不墜於素風激濁揚清歷宦咸推於貞操一昨叛臣倡亂兇黨憑陵而能守正不回臨難無懼忘身徇節雖死猶生若無優異渥恩何以光揚忠烈仍聞母老子幼鄉遠家貧宜超贈於華資兼賞延於嫡嗣是覃漏澤慰彼沈冤可贈右諫議大夫其母田氏封京兆郡太君所有子孫俟服闋日量才叙録朝廷雖已特支救接錢帛粟麥其本官賻贈物色宜依常例指揮仍長給遐在生官俸祿終母一世噫朕以薄德屬茲多難致害忠良實多軫惻以子之俸終母之年用表盡傷俾慰存殁布告中外當體朕懷

是月又以東頭供奉官王思勲前齎詔撫諭河陽爲張從賓所害制曰思勲早承家蔭久列内廷奉王命而不辭顧賊衆而無懼宣揚朝旨勸諭兵師遂被兇徒横加殺害而聞厥父抱疾其家甚貧不有旌酬何彰忠烈可贈左武衛大將軍仍以思勲舊請俸祿終王元正一世思勲男候有長成者量才叙録兼令所司厚給賻贈噫以子之俸終父之年足表渥恩以慰存殁布告中外咸使聞知

四年正月尚書戸部奏浮州司功參軍李自倫六世義居奉勑准格處分按格勑節文孝義旌表苟存虛濫不可褒稱必在累世同居一門和睦尊卑有序財食無私遐邇欽承鄉閭推伏州縣親加按驗狀迹殊尤簡覆既同准令申舉方得旌表當司當本州審到鄉老呈言等自倫高祖訓訓生粲粲生財財生忠忠生自倫自倫生光厚六從弟兄同居不妄勑以所居飛鳧鄉爲孝義鄉孕聖里爲仁和里仍准式旌表門閭自倫委吏部以本道一官注擬　閏七月丙子尚書戸部奏李自倫義居六世准勑旌表門閭先有登州義門王仲昭六代同居其旌表府廳事步欄前列屏樹烏頭正門閥閲一丈二尺二柱相去一丈柱端安瓦桶墨染号烏頭築雙闕一丈在烏頭之南三丈七尺去街十有五步槐柳成列今舉此爲例則令式不該勑日仲昭正廳烏頭門等事不載令文又無勑命既非故事難賫大

倫凡創業之朝求理是務靜執守常之本動爲經久之期志在普勵人情永孚王化據自倫之家所立實耀時風依仲昭之語便行何成世範至於問右官於㓰子得隆典于伏生以昔方今彼與此異宜從令式只表門閭於李自倫所居之前量地之宜高其外門人安集䙡門外右左各建一臺高一丈二尺廣狹方正稱臺之形圬以白泥四隅染赤其行列樹鎮隨其事力使不孝者見以悅心不義者聞而易行豈獨榮於趙國實亦光於晉朝廣訓黔黎永標青史其同籍課役一准令文

十月故房州刺史李廷諤贈太保張從賓虎牢之亂没于王事故也

十二月丁未趙郡民曹典義居七世表其門閭

五年七月己巳詔曰故銀青光禄大夫簡較左散騎常侍兼御史大夫賈仁詔頃自内廷出爲外職李金

全愚寘而猜忌胡漢笏邪佞而貪殘竟罹塗地之殃誠堪歎息爰示漏泉之澤用表褒崇必有貞魂欽兹茂典可贈右衞將軍又曰故安州馬步軍副都指揮使桑千威和指揮使王萬金成彥温等皆精武略咸著軍功或列偏裨或嘗屯戍當姦臣之叛國或執節不從全烈士之徇名或銜冤而死實興永歎宜示追崇或列部符或升環衞責諸幽壤彰彼明誠千可贈峽州刺史萬金可贈左監門衞將軍彥温可贈左千牛衞將軍

八月辛亥磁州武安民郝平義居五世改所居武成

鄉爲興孝鄉崇福里爲光和里仍旌表其門閭

六年十月壬寅詔曰唐室中玘賢臣挺生凛然英風逈冠千古不有典册曷旌忠良唐梁國公狄仁傑稟五行正氣聳九諫直操哭祚危而復安黜庶否而獲泰惠流河北名振寰中惟爾事君無愧臣節用光遺像式示明恩笏筒賽函著周官之貴位貞魂英爽煥魏土之靈祠副是寵嘉永光緹素可追贈太師仍令所司擇日備禮册命

七年閏三月辛丑旌表陳州西華縣人張厚門閭仍改禮教鄉爲孝義鄉株林里爲和順里厚家四十餘口五世聚居家門雍睦鄉黨稱之本州以聞故有是命

六月戊午勑故襄州元隨都押衙王令謙贈忠州刺史押衙潘知麟贈順州刺史令謙與知麟早事節度使安從進歷數鎮從進臨漢上所爲多不法令謙知麟每諫之及萌逆節數形讒言會從進子弘超自宫苑副使省父至郡郡有山寺弘超率令謙登賞酒酣臨峭壁使人推落誣云令謙因醉墮崖而死皆從進之意也知麟相次遇害朝廷聞其事故有贈典旌其忠也時詔旨仍委高行周候收復城池訪覓兩家骨

肉切加安撫具以名聞當與叙錄潘知麟本貫陝州蕪下本處如有親的骨肉亦仰錄奏

少帝開運元年勑日故淄州刺史翟進宗不毅不德管兵叛予階爾厲階力屈遇害念兹忠瘁實用盡傷蜀王恕其黃權魯繆誅其卜國皆非罪也吾將贈之用慰貞魂宜須漏澤可贈左武衞上將軍

曹敏蔡州汝陽縣荆河鄉蘇村人數世義居鄉人耿温等五十五人論奏請加旌表勑旨荆河鄉宜改爲孝義鄉貴鄭里改爲仁和里

三年勑孟州奏河陰縣版籍鄉謝明里義居百姓王

均宜改版籍鄉爲孝悌鄉謝明里爲積慶里餘准格
文處分
漢隱帝乾祐三年春汝州防禦使劉審交卒汝爲近輔號爲難治審交盡去煩弊無擾於民百姓歌之及卒郡人聚哭於柩所列狀乞留葬本州界立碑起祠以時致祭本州以聞詔曰朝廷之制皆有舊章牧守卒官比無贈典其或政能殊異惠及蒸黎生有令名歿留遺愛褒賢奬善豈限彝章可贈太尉吏部所請宜依
周太祖廣順元年八月契丹遣幽州教練使曹繼筠

護送趙瑩喪柩至其家制曰禮云利祿先死者而後生者則民不悖先亡者後存者則民可以託聖人垂訓與我同心因嗟歿之賢俾舉追崇之典晉故中書令趙瑩行高言善性達心平冑號函牛斯爲重器斂稱斬馬可謂靈鋒遺淸白於子孫行忠信於蠻貊斷魂外境歸骨中華於是盡傷載深軫悼俾贈三師之秩以伸一去之悲可贈太傅
二年三月乙丑故控鶴指揮使郭超贈鎮海軍節度使超從曹英攻兗州用命中流矢而卒
四月乙未供奉官盖繼明自樂壽來言齊州兵作亂之日只有鎮州雄勝都頭楊肇十將李鐸二人部署兵士登城守禦遂保安城池詔褒之
五月太祖平兗州乃下勑曰閻弘魯崔周度死義之臣禮加二等所以滲漏澤而賁黃泉也爾等貞節昭彰正容肅厲以從順爲己任以立義作身謀履此禍機併罹寃橫宜伸贈典以慰貞魂弘魯贈驍衛大將軍周度贈秘書少監
六月壬子以故虎捷左第三都指揮使景進贈靜江軍節度使故虎捷第七都指揮使杜珣贈武淸軍節度使皆軍興兗州時没于王事也

三年五月戶部言濟州金鄉縣民索修已陳州項城縣民甞眞皆散髮跣足守墳本州以聞戶部以赦書節文孝子義夫所宜旌表以厚時風勑宜依令文施行
顯德元年正月丙子朔赦文自開創已來諸軍將校死王事者軍使都頭已上並與追贈已追贈者更追贈有親嫡子孫量才錄用
世宗以顯德元年正月丙申卽位三月詔諸軍將校自開拓已來有歿於戰陣及身死疆場者並與追贈如有親嫡子孫未曾錄用者並與錄用

七月辛卯制曰故輸忠翊戴功臣鎮國軍節度華商等州觀察處置等使兼河東道行營先鋒都指揮使簡較太保史彥超嚴能齊衆武可推兇振鐸號軍伸其膽勇登鋒捍寇誓以身先一昨北戎阻兵同惡相濟爾乃力排群醜體中重瘡雖虜騎已大奔而將軍之先殁稚金華而剛強已矣聽鼓鼙而傷歎如何言念純臣宜膺褒美俾追贈於崇秩用報慰於重泉可贈簡較太師

三年二月庚辰贈故右金吾衞將軍蕭處仁漢州防禦使處仁晉漢之間繇通事舍人歷閤門客省之職

而昇於環衞繼護兵於外頗有聲望帝率兵渡淮以爲先鋒兵馬都監攻陷滁州日爲流矢所中而卒以其殁于王事故優其贈典

九月庚寅朔辛卯贈故濟州刺史李實睦州防禦使贈故蘄州刺史解行德明州防禦使贈故引進使王演太府卿皆以淮甸之役殁於王事故也

六年贈故華州節度使史彥超爲太師先是大軍至河東城下契丹嘗於忻代之間遥應賊勢詔天雄軍節度使符彥卿率諸將屯忻州以拒之彥卿襲契丹於忻口彥超以先鋒軍追奔寇離大軍稍遠賊兵伏發爲賊所陷世宗痛惜久之故有是命

册府元龜

巡按福建監察御史臣李嗣京　訂正
分守建南道左布政使臣胡維霖　參閱
知建陽縣事臣　黄國琦較釋

帝王部一百四十一

念良臣　抑外戚　尊外戚

念良臣

良臣之於君也有股肱之喻有腹心之寄故存則倚任没而追思此哲王之所同也漢氏而下乃有懷其勳烈念其才德形於震悼發乎嘆喟以至申命文學

頌其畫像親枉輿駕臨其館舍或哀述其懿範或存記其讜言稱詠發于章句賙賻越於彝等逮夫罷宴停景驚食流涕靡消日而發哀遙望車而增慟極云亡殄瘁之痛深懃遺畀予之嗟斯足以篤愛賢之心厚同體之義者傳所謂聽鼓鼙琴瑟而必有所思焉其是之謂矣

漢成帝時西羌嘗有警帝思將帥之臣追美趙充國乃召黄門郎楊雄即充國圖畫而頌之充國宣帝時以功德與霍光等列畫未央宮

後漢光武時祭遵為征虜將軍屯隴下建武九年春卒於軍光武愍悼之尤甚遵喪至河南縣詔遣百官先會喪所車駕素服臨之望哭哀慟還幸城門過其車騎涕泣不能已喪禮成復親祠以太牢旣葬車駕復臨其墳存見夫人室家其後會朝帝每嘆曰安得憂國奉公之臣如祭征虜者乎遵之見思若此帝數嗟嘆衛尉銚期見帝感動對曰陛下至仁哀念祭遵不已羣臣各懷慚懼

祭肜為太僕坐伐北匈奴逗撓下獄免嘔血死帝雅重肜方更任用聞之大驚召問其疾狀嗟嘆者良久焉

賈復與五校戰於真定大破之復傷創甚光武大驚曰我所以不令賈復別將者為其輕敵也果然失吾名將聞其婦有孕生女邪我子娶之生男邪我女嫁之不令其憂妻子也

明帝永平四年郭丹為司徒坐事免卒於家後帝回朝會問羣臣郭丹家今何如宗正劉匡對曰昔孫叔敖相楚馬不秣粟妻不衣帛子孫竟蒙寢丘之封丹出典州郡入為三公而家無遺產子孫困匱帝乃下南[illegible]訪求其嗣

鍾離意為僕射以上疏出為魯相後德陽殿成百官

大會帝思意言謂公卿曰鍾離尚書若在此殿不立

章帝建初三年光禄大夫周舉卒朝廷以舉清公亮直方以爲宰相深痛惜之乃詔告光禄勳汝南太守曰昔在前世求賢如渴封墓軾閭以光賢哲故公叔見誄翁歸蒙述所以昭忠厲俗作範後昆故光禄大夫周舉性侔夷魚伯夷史魚也忠踰隨管隨會管仲前授牧守及還納言出入京輦有欽哉之績在禁闈有密靜之風予録乃勳用登九列方欲式序百物亮協三事不永夙終用垂遠圖朝廷愍悼良爲愴然詩不云乎肇敏戎功用錫爾祉其令將大夫以下到喪發日復會

弔加賜錢十萬以旌委蛇素絲之節焉

靈帝時楊賜爲太尉以寇賊免先是黃巾帥張角等執左道稱大賢以誑燿百姓天下繈負歸之賜時在司徒召掾劉陶告曰張角等遭赦不悔而稍益滋蔓今若下州郡捕討恐更播擾速成其患且欲切勑刺史二千石簡別流人各護歸本郡以孤弱其黨然後誅其渠帥可不勞而定何如陶對曰此孫子所謂不戰而屈人之兵廟勝之術也賜遂上書言之會去位事留中後帝乃徙南宮閱録故事得賜所上張角奏及前侍講注籍乃感悟下詔封賜臨晉侯邑千五百戶

獻帝時尚書令荀彧卒帝哀惜之祖日爲之廢讌樂祖日謂祭祖神之日因爲廢樂也共工氏之子曰脩好遠遊祀以爲祖神

魏太祖時郭嘉字奉孝爲軍祭酒深見委遇會疾篤帝問疾者交錯及薨臨其喪哀甚謂荀攸等曰諸君年皆孤輩惟奉孝最少天下事竟欲以後事屬之而中年夭折命也夫又與荀彧書追傷嘉曰郭奉孝年不滿四十相與周旋十一年險阻艱難皆共罹之又以其通達見世事無所凝滯欲以後事屬之何意卒爾失之悲痛傷心今表增其子滿千戶然何益亡者

追念之感深且奉孝乃知孤者天下人相知者少又以此痛惜柰何柰何又與彧書曰追惜奉孝不能去心其人見時事事過絶於人又人多畏病南方有疫當言往南方則不生還然與共論計之當先定此爲不但見計之忠厚必欲立功名推命定事人心乃爾何得使人忘之後太祖征荊州還於巴丘遇疾疫燒船嘆曰郭奉孝在不使孤至此初陳羣非嘉不治行檢數廷訴嘉嘉意自若太祖愈益重之然以羣能持正亦悅焉傅子曰太祖又云哀哉奉孝痛哉奉孝惜哉奉孝又表於天子曰臣聞褒忠寵賢未必當身念功繼續恩隆後嗣是以楚宗孫叔顯封厥子岑彭既沒爵及支庶故軍祭酒郭嘉忠良淵淑體

遒性達每有大議發言盈庭執中處理動無遺策自在軍旅十有餘年行同騎乘坐共幄席東禽呂布西取睢固斬袁譚之首平朔土之衆踰越險塞盪定烏丸震威遼東以梟袁尚雖假天威易爲指麾至於臨敵發揚誓命凶逆克殄勳實緜嘉方將表顯短命早終上爲朝廷欽惜良臣下自毒恨喪失奇佐宜追增嘉封并前千戶褒亡爲存厚往勸來也

王粲字仲宣爲侍中從征吳道卒二子爲魏諷所引誅後絶太祖時征漢中聞粲子死嘆曰孫若在不使仲宣無後

荀攸字公達爲尚書令從征孫權道薨太祖言則流涕令曰孫與荀公達周游二十餘年無毫毛可非者真賢人也

冊府元龜 帝王部 念良臣 卷之一百四十一 五

明帝太和中中護軍蔣濟上疏曰宜遵古封禪詔曰聞濟斯言使吾汗出流足事寢歷歲後遂議修之使高堂隆撰其禮儀帝聞隆没歎息曰天不欲成吾事高堂生舍我亡也

晉武帝時太保睢陵公王祥薨時文明皇太后喪始踰月其後詔曰爲睢陵公發哀事乃至今雖每爲之感歎要未得特敘哀情今便哭之

劉毅爲青州大中正卒武帝撫几驚曰失吾名臣不得生作三公卽贈儀同三司使者監護喪事

羊祜爲征南大將軍都督荆州諸軍事及薨武帝素服哭之甚哀是日大寒帝涕沾鬚鬢皆爲冰焉

李裔爲司徒薨武帝後思其清節詔曰故司徒李裔太常彭灌並履忠清儉身没家無餘積賜裔家錢二百萬穀千斛灌家半之

惠帝時嵇紹爲侍中成都王穎兵向京師帝出禦之紹被害於帝側血濺御服天子深哀惜之及事定左右欲浣衣帝曰此嵇侍中血勿去之

明帝時王廙爲荆州刺史及卒明帝與大將軍温嶠書曰痛謝鯤未絶於口世將世將廙字復至於此並盛年儁才不遂其志痛切于心廙明古多通鯤遠有識致

冊府元龜 帝王部 念良臣 卷之一百四十一 六

其言雖未足令人攺聽然味之不倦近未易有也坐視盡如何

成帝時劉超爲右衛將軍爲帝所親遇蘇峻之亂超侍帝石頭峻使任讓將兵入收超及侍中鍾雅帝抱持悲泣曰還我侍中右衛任讓不奉詔因害之及峻平任讓與陶侃有舊侃欲持不誅之乃請於帝帝曰讓是殺我侍中右衛者不可宥繇是遂誅讓及超將改葬帝痛命之不已詔遣高顯近地葬之使出入得瞻望其墓追贈衛尉謚曰忠

穆帝時荀羡爲兗州刺史鎮下邳以疾篤辭職升平

二年卒帝聞之嘆曰苟令則王敬和相繼凋落股肱腹心將復誰寄乎

後魏太武監國以穆觀爲右弼出則統攝朝政入則應對左右事無巨細皆關決焉泰常八年暴疾薨帝親臨其喪悲動左右及即位每與羣臣談宴未嘗不歎息懇歎以爲自秦以來佐命勳臣文武兼濟無及之者其見稱如此

于栗磾爲鎮南將軍卒栗磾自少治戎迄于白首臨事善斷所向無前加以謙虚下士刑罰不濫太武甚悼惜之

屈桓爲鎮東大將軍歷官公正帝信任之眞君四年墜馬卒時太武幸陰山恭宗遣使乘傳奏狀太武甚惜之謂使人曰汝等殺朕良臣何用乘馬遂令步歸贈征西大將軍

崔浩爲司徒浩死後太武北伐時宣城公李桓疾篤傳者以爲卒帝聞而悼之謂左右曰李宣城可惜又曰朕向失言崔司徒可惜李宣城可哀

孝文時李冲爲僕射卒葬於覆舟山後帝車駕自鄴還雒路經冲墓左右以聞帝時臥疾望墳掩涕久之詔曰司空文穆公德爲時宗勳簡朕心不幸殂逝託墳邙嶺旋鑾覆舟眄睇瑩域悲仁惻舊有慟朕哀可遣太牢之祭以申吾懷及與留京百官相見皆敘冲亡沒之故言及流涕

孝明時崔光爲車騎大將軍儀同三司薨車駕親臨撫屍慟哭御輦還宫流涕於路爲減常膳言則追傷每至光坐講讀之處未曾不改容悽悼

孝莊帝時李苗爲冠軍將軍討爾朱世隆於河南橋左右盡死浮於河帝聞苗死哀傷久之曰苗若不死當應更立奇功

後周太祖時蘇綽爲大行臺度支尚書卒於位帝痛

惜之哀動左右及將葬乃詔公卿等曰蘇尚書平生謙退敦尚儉約吾欲全其素志便恐悠悠之徒有所未達如其厚加贈謚又乖宿昔相知之道進退維谷孤有疑焉尚書令史麻瑤越次而進曰昔晏子齊之賢大夫一狐裘三十年及其死也遣車一乘齊侯不奪其志綽既操履清白謙挹自若愚謂宜從儉約以彰其美太祖稱善及綽歸葬武功唯載以布車太祖與羣公皆步送出同州郭門外太祖親於車後酹酒而言曰尚書平生爲事妻子兄弟不知者吾皆知之惟爾知吾心吾知爾意方欲其定天下不幸遂捨我

去柰何因舉聲慟哭不覺失危於手至葬日又遣使祭以太牢太祖自爲其文

劉亮爲車騎大將軍東州刺史卒喪還京師太祖親臨之泣而謂人曰股肱喪矣腹心何寄

隋文帝時劉行本爲太子左庶子太子虚心敬憚未幾卒官帝甚傷惜之及太子廢帝曰嗟乎若使劉行本在男不及此又裴政爲太子左庶子多所規正見称純終出爲襄州總管卒官及太子廢高祖追憶之曰向遣裴政劉行本在共輔弼之應不令至此

王韶字子相爲晉王并州行臺右僕射秦王俊爲并州總管仍爲長史歲餘馳驛入京勞敝而卒時年六

十八高祖甚傷惜之謂秦王使者曰語爾王我前令子相緩來如何乃遣馳驛殺我子相豈不緣汝耶言甚悽愴使有司爲之立宅曰往者何用宅爲但以表我深心耳人曰子相受我委寄十有餘年終始不易寵章未極舍我而死乎發言流涕因命取子相封事數十紙傳示羣臣帝曰其直言規正裨益甚多吾每披尋未嘗釋手

元巖爲蜀王秀益州總管長史王性好奢侈憚巖爲人每循法度巖卒之後王漸致非法索佐無敢諫正者及秀得罪帝曰元巖若在吾兒豈有是乎

柳裘開皇初爲曹州刺史高祖思裘定策功欲加榮秩將徵之顧問朝臣曰曹州刺史何當入朝或對曰即令冬也帝乃止裘尋卒高祖傷惜者久之

煬帝時長孫晟爲右驍衛將軍卒帝深悼惜之賵贈甚厚後突厥圍鴈門帝歎曰向使長孫晟在不令匈奴至此

元壽爲右光禄大夫大業七年兼左翊衛將軍從征遼東行至涿郡遇疾卒時年六十三帝悼惜焉哭之甚慟贈尚書右僕射光禄大夫後帝追思之擢子敏爲守伕史舍人

唐高祖武德中許紹爲陝州刺史行軍總管趙郡王孝恭之擊蕭銑也復令紹督兵以圖荆州會紹卒帝聞而傷惜爲之流涕

太宗貞觀四年尚書右僕射杜如晦薨帝手詔著作郎虞世南曰朕與如晦君臣義重不幸奄從物化追念勳舊痛惜于懷卿體吾此意爲製碑文也後因食瓜而美愴然悼之遂輟食之半遣使置之靈座焉後賜房玄齡黄銀帶因謂玄齡曰如晦與公同輔朕今日所賜唯獨見公因泫然下泣以黄銀辟惡恐爲鬼神所畏令取金帶遣玄齡親送于靈所其後帝夢見

如晦若平生及旦以告玄齡言畢歔欷侍衛莫不掩涕因遣送御食以祭焉明年如晦忌日帝復遣尚書官至第慰問妻子其國官府佐皆不之罷終始恩遇未之有焉

六年襄州都督張公謹卒太宗聞而嗟悼出次發哀有司奏言陰陽書日子在辰不可哭泣又爲流俗所忌帝曰君臣之義同於父子情發于中安避辰日遂哭之

十二年弘文館學士虞世南卒帝手勅魏王泰曰虞世南於我猶一體也拾遺補闕無日暫忘寔當代名

臣人倫準的吾有小失必犯顔而諫之今其云亡石渠東觀之中無復人矣痛惜豈可言也未幾作詩一篇追思往古興亡之道旣而嘆曰鍾子期死伯牙破琴朕之此篇將何所視因令起居郎褚遂良詣其靈帳讀而焚之冀世南神識感悟

十六年太子太師魏徵薨帝追思不已謂侍臣曰夫以銅爲鏡可以正衣冠以古爲鏡可以知興替以人爲鏡可以明得失朕嘗保此三鏡以防己過今魏徵殂逝遂亡一鏡矣

十八年宴司徒長孫無忌以下十餘人於丹霄殿各賜以貘皮右衛大將軍薛萬徹謬焉帝意在賜萬徹而誤呼其兄萬均愴然不樂曰萬均朕之兄舊不幸早亡朕不覺呼名豈其魂靈欲朕之賜也因令取皮呼萬均以同賜而焚之於前侍坐者無不感嘆是歲右衛大將軍工部尚書李大亮卒帝素服哭於雒陽苑甚慟

十九年車駕征遼中書令岑文本卒帝親臨視撫之流涕其夕帝聞嚴鼓之聲曰文本殞逝情深惻怛今宵夜警所不忍聞遂命停之

溫彥博爲中書令薨太宗謂侍臣曰彥博以憂國之

故勞精竭神我見其不逮已二年矣恨不縱其閒逸致夭性靈

姜確爲左屯衛將軍遼東之役以行軍總管督兵攻蓋牟城中流矢而卒時年五十一太宗甚哀悼之爲五言詩曰鑿門初奉律伏節始臨戎振鱗方躍浪騁翼正凌風未展六騎術先虧一簣功防身不足智狥命有餘忠悲驂嘶向路哀笳咽遠空凄凉大樹下流悼滿深衷時人榮之子諫嗣以確死王事拜朝散大夫

高宗總章二年司空因國公李勣薨帝謂左相姜恪

等曰貞觀之初勳已經事朕荏苒之間四十餘載歲月既久情素可知此人奉上忠貞事親孝謹執心平直終始不渝歷事三朝未嘗有過自古賢臣罕有其比忽此殂逝痛惜良深此公爲性廉慎不營產業今既亡歿當無餘財所有賵賻務令優厚因泣下久之

開耀元年十二月太子少保郝處俊卒贈開府儀同三司荆州大都督帝甚傷悼之顧謂侍臣曰處俊志存忠正兼有學識至於雕飾服翫雖極知無益然當人不能抑情棄捨皆好尚奢侈處俊嘗保其質素終始不渝雖非元勳佐命固亦多時驅使又見遺表憂

國忘家今既云亡深可傷惜即於光順門舉哀一日不視事祭以少牢

玄宗開元八年右散騎常侍褚元量卒帝震悼久之謂宰相宋璟蘇頲等曰元量碩儒且有德業朕蚤所師習每用尊崇三史九經前言往行有可以裨益時政規正朕躬未嘗不膫膫切論昨聞其屬纊之時唯以修書爲意永念其逝寔軫于懷庶事宜皆優厚

十五年蘇頲卒其葬日帝遊咸宜宮將出獵聞頲喪出愴然曰蘇頲今日葬吾寧忍娛遊遂中路還宮

二十二年八月追贈故大理卿袁仁敬爲越州刺史仁敬修身簡儉爲政以清介稱帝思其爲人乃詔褒贈

肅宗時辛雲京太原節度回紇畏之數年無烽警之虞卒肅宗爲之流涕後宰臣子儀元載等見帝言及雲京泫然久之

代宗大曆中宰相楊綰薨帝驚悼久之詔贈司空仍宣旨謂百官曰天不使朕致太平奪我楊綰之速也甫及大斂與卿等悲悼同懷宰輔賻贈恩遇哀榮之盛近來未有其比

德宗興元元年二月在奉天贈故永平軍節度行營

兵馬使右散騎常侍兼御史大夫武威郡王賈隱林左僕射賜實封三百戶隱林累有殊功性頗朴直初奉天圍解百寮稱賀隱林抃舞因質言曰朱泚奔遁臣下大慶此皆宗社無疆之休然陛下性靈太急不能容忍若舊性不改雖朱泚敗亡臣亦恐憂未艾也帝虛懷納之及是思其讜言功效故褒贈有加焉仍贈絹百疋米百石喪官給

貞元元年八月西平王李晟既卒時初城鹽州復鹽池帝賜宰相新鹽惻然思之命致鹽於靈座又特遣中使至晟第存撫諸子教戒備至聞愿等有一善帝

喜見於色九月以贈太師李晟薨日近罷九日宴會
十一年十一月辛亥以前太子賓客李愿爲左領軍大將軍李憲爲右威衛大將軍依前兼中丞皆太尉晟之子以免喪故晟諸子同日授官者凡九人晟薨李愿及諸弟等九人召見於延英帝見愿等憫然久之曰朕雖在此嘗念卿等追懷勳舊何日忘之卿等成善居喪咸出於等倫朕甚嘉之各賜衣一襲帛三十疋
張弘靖爲監察御史時德陽公主下嫁治地將侵弘靖家廟弘靖拜章陳情具述祖考之德弘靖祖嘉貞相玄宗父延賞相德宗德宗慰撫之不令毀廟

憲宗元和四年覽貞觀故事見侍中魏徵諫諍匪躬詔令京兆尹訪其子孫及故居其居在永興坊已貿賣更無魏姓析爲九家矣帝愍之出内庫錢二百萬贖之以賜其孫稠及善仍禁其貿賣
文宗開成四年司徒中書令裴度以疾歸第帝思其勳舊勞問賜與中使旁午仍形於詠言御札及聞度已薨殁帝震悼久之重令繕寫置於靈座
周太祖時翟光鄴權知京兆尹光鄴卒帝初聞訃至愀然驚嘆曰天不助余爲治賢良之臣遽此奄忽非獨予之不幸亦民之不幸也傷哉
世宗顯德六年三月樞密使王朴暴卒帝聞之駭愕即時幸其第及柩前以所執玉鉞卓地而慟者數四

抑外戚

王者膺天禄之重履至尊之勢非獨内德茂也蓋有外戚之助焉其所繇來尚矣然而地居貴寵家承豐富驕侈不期而自至禮度因縱而致敗自非見之於未朕防之於將然曷以免夫禍機而綏乎吉禄者矣故有挺英果之斷躬哲惠之美志絶乎私愛慮極乎幾深避閨闈之嫌思名器之重察其才智鑒乎古昔

但加體貌之禮莫參帷幄之議至有爲惡自敗寘之於典刑簡身無狀申之以教督抑損斯在懲艾無至用能愜至公之道符大中之訓垂之嘉話爲方來之軌範焉
漢文帝以皇后弟竇廣國賢有行欲相之曰恐天下以吾私廣國久念不可而高祖時大臣餘見無可者見謂見在之人乃以御史大夫嘉爲丞相
宣帝后霍光女也宣帝自在民間聞知霍氏尊盛日久内不能善光薨帝始躬親朝政御史大夫魏相給事中光妻顯謂其子禹雲山曰汝曹不務奉大將軍

餘業曹輩也今夫給事中他人一間汝能復自救邪會
魏大夫爲丞相數宴見言事平恩侯與侍中金安上
等徑入出省中時霍山自若領尚書自若猶言如故也帝令
吏民得奏封事不關尚書羣臣進見獨來往謂各各得盡言于上也於是霍氏甚惡之
元帝時馮野王爲大鴻臚數年御史大夫李延壽病
卒在位多舉野王帝使尚書選第中二千石定其高下之差也而野王行能第一帝曰吾用野王爲三公後世必
謂我私後宮親屬以野王爲比比例比音必媚之乃下詔曰
剛強堅固確然亡欲大鴻臚野王是也心辨善辭可

使四方少府五鹿充宗是也廉潔節儉太子少傅張
譚是也其以少府爲御史大夫上錄下第而用譚越
次避嫌不用野王以昭儀兄故也野王乃歎曰人皆
以女寵貴我兄弟獨賤野王雖不爲三公甚見器重
有名當世成帝立有司奏野王王舅不宜備九卿以
秩出爲上郡太守哀帝少在國見成帝委政外家王
氏僭盛常內悒悒卽帝位多欲有所規正封拜丁傅
奪王氏權
後漢光武時馮衍與外戚陰興陰就交結帝懲西京
外戚賓客故皆以法繩之大者抵死徙其餘至貶黜
明帝永平中馬援女立爲皇后帝圖畫建武中名臣
列將于雲臺以椒房故獨不及援東平王蒼觀圖言
於帝曰何故不畫伏波將軍像帝笑而不言馬防以
特進就第多牧馬畜賦斂羌胡帝不善之數加譴勑
所以禁遏甚備繇是權勢稍損賓客亦衰
館陶公主爲子求郎明帝不許而賜錢千萬謂曰郎
官上應列宿出宰百里有非其人則民受其殃是以
難之
閻章永平中爲尚書以二妹爲貴人章精力曉舊典
久次當遷以重職帝以後宮親屬竟不用出爲步兵

校尉
魏太祖初卞后弟秉當建安時得爲別步司馬后嘗
對太祖怨言太祖答言但得與我作婦弟不爲多邪
后又欲太祖給其錢帛太祖又曰但汝盜與不爲足
邪故訖太祖世秉官不移財亦不益又詔曰后族之
家不得當輔政之任又不得橫受茅土之爵以此詔
傳後世若有違背天下共誅之
文帝黃初中欲封太后父母尚書陳羣奏曰陛下以
聖德應運受命創業革制當永爲後式按典籍之文
無婦人分土命爵之制在禮典婦因夫爵秦違古法

漢氏因之非先王之令典也帝曰此議是也其勿施
行以作著詔下藏之臺閣永爲後式
後魏孝文時李比思皇后從父鳳之子也爵柏人侯
弟安祖浮陽侯典祖安喜侯道念真定侯昆弟四人
以外戚蒙見詔謂曰卿之先世内外有犯得罪於時
然官必用才以親非典邪之遷外氏之寵超於末葉
從今已後自非奇才不得復外戚謬班抽舉既無殊
能今且可還後例降爵安祖等改侯爲伯並去軍號
唐德宗貞元六年閏四月詔原富平令侯遵罪停其
官初遵縣人李載配納元陵園糞兩車愆期或譖毀

載於遵者因寄怒以痛絶之載所負之直不過數千
而罰之三百貫又枷禁拽辱焉載妹壻昭德皇后弟
王果奏言帝命御史臺鞫之具款伏宰臣董晉竇參
進曰李載不納差科未爲巨蠹侯遵峻其懲罰頗越
常倫況是國親去就有禮毀損過甚理當罪責望貶
澧州司戸參軍帝不欲以戚屬之故而貶吏故有是
命
憲宗元和元年九月戊戌詔曰公主郡主駙馬等所
養鷹鷂按放但於城南不得輒越諸界其故違者府
縣切加簡察録名聞奏
十二年十二月以駙馬都尉張克禮鄭何劉士涇等
並停正官慮以戚屬不脩官業故也
文宗開成四年正月丁卯夜於咸泰殿觀燈延安公
主衣裾寬大即時遣歸駙馬都尉竇澣待罪勑曰公
主入參衣服踰制從夫之義過有所歸竇澣宜奪兩
月賜錢
宣宗大中五年八月庚子勑曰應公主家有庄宅邸
店宜依百姓例差役徵科如邑司擅行文牒隱庇蕪
藏匿要人便委諸軍諸使及府縣當時捕捉收禁聞
奏其邑司官吏及印本緣徵封須行文牒今即便因

他事攬擾府縣自今以後除徵封外如緣公事並令
邑司申宗正寺寺司與酌量公事行牒其邑司並不
得擅行文牒

尊外戚

春秋褒紀侯之義大雅詠申伯之思蓋外戚之尊其
所由來者尚矣肇自周室降及漢家厥政彌文其制
增重崇母后之族貴皇嬪之親慶延祖考寵被存没
或追崇名謚建置寢園或茂錫珪璋大啟土宇盡飾
終之禮以賁於泉扃極加等之榮以光其門閥蓋王
者展因親之孝重齊體之道焉然能抑河潤之勢監

肺腑之私時中而行蓋可宗也

周桓王將納后於紀紀本子爵故先褒爲侯一云天子將娶于紀與之奉宗廟傳之無窮故封之百里蓋以爲天子得娶庶人女以其得專封也

漢高祖爲漢王元年封吕后父吕公爲臨泗侯

文帝卽位薄太后母前死葬櫟陽北帝乃追封太后父爲靈文侯會稽郡置園邑三百家長丞以下使奉守寢廟上食祠如法櫟陽亦置靈文夫人園令如靈文侯園儀（又景竇皇后景帝母也親早卒葬觀津薄太后詔有司追封竇后父爲安成侯母曰安成夫人令淸河置園邑二百家長丞守比靈文園法）

武帝卽位尊皇太后（帝母景帝王后也）母臧兒爲平原君追尊皇太后父仲爲共侯仲槐里人也槐里起園邑二百家長丞奉守及平原君薨葬長陵亦置園邑如共侯法

昭帝卽位追尊皇太后（帝母武帝趙婕妤也）外祖趙父爲順成侯詔右扶風置園邑二百家長丞奉守如法

上官安上官皇后父祖將軍桀子也初安女入爲昭帝婕伃安爲騎都尉月餘立爲皇后安以后父封桑樂侯遷車騎將軍后母前死葬茂陵郭東追尊曰敬夫人置園邑二百家長丞奉守如法

宣帝地節三年求得悼后（帝母史皇孫王夫人也）母王媼制詔御史賜外祖母號爲博平君以博平蠡吾兩縣戶萬一千爲湯沐邑追賜外祖王廼始謚曰思成侯詔涿郡治冢室置園邑四百家長丞奉守如法歲餘博平君薨謚曰思成夫人詔徙思成侯合葬奉明顧成廟南置園邑長丞（本號廣明故戾太子傅云皇孫及王夫人皆葬廣明其後以置園邑奉守改曰奉明）罷涿郡思成園

許廣漢宣帝許后王父也帝卽位歲餘封爲昌成君後封爲平恩侯位特進廣漢薨謚曰戴侯葬南園旁置邑三百家長丞奉守如法

王奉光宣帝皇后父也后立帝封奉光爲邛城侯元帝卽位二年奉光薨謚曰共侯葬長門南園邑二百家長丞奉守如法

元帝卽位以太子母王妃爲婕伃封其父楚爲平陽侯後三日婕伃立爲皇后楚位特進永光二年薨謚曰頃侯

成帝許皇后父平恩侯嘉元帝舅也嘉自元帝時爲大司馬車騎將軍輔政八九年矣及成帝立久之以特進侯就朝位後歲餘薨謚曰恭侯

趙臨成帝趙后父也后初入宮爲婕伃帝封臨爲成

陽侯
哀帝傅皇后定陶傅太后從弟子也哀帝卽位傅太后封傅妃父晏爲孤鄉侯傅氏既盛安冣尊重
後漢光武郭皇后父昌真定人仕郡功曹娶真定恭王女號主（恭王名普景帝七代孫）建武二十六年后母郭主薨帝親臨送葬百官大會遣使者迎昌喪柩與主合葬追贈昌陽安侯印綬謚曰思侯
陰隆光烈陰皇后父也南陽人建武九年追爵謚隆爲宣哀侯
樊重光武外祖也建武十八年帝南祠章陵過湖陽

祀重墓追爵謚爲壽張敬侯立廟於湖陽
章帝竇皇后父勳大司徒融孫也建初七年追爵謚勳安成思侯
和帝永元九年追尊貴人（帝冊章帝梁貴人也）爲恭懷皇后制詔三公大鴻臚曰夫孝莫大於尊尊親親其義一也詩云父兮生我母兮鞠我撫我畜我長我育我顧我復我出入腹我欲報之德昊天罔極朕不敢興事覽於前世太宗中宗是有舊典（太宗文帝中宗宣帝）追命外祖以篤親親其追封謚皇太后父竦爲褒親愍侯比靈文順成侯魂而有靈嘉斯寵榮好爵顯服以慰母心遺中謁者與嫕及扈備禮西迎竦喪（竦死漢陽獄故西迎也）詣京師改殯賜東園畫棺玉匣衣衾建塋於恭懷皇后陵旁帝親臨送喪百官畢會
鄧訓鄧皇后父也爲護羌校尉永元二年卒官十四年后立元興元年和帝以訓皇后之父使謁者持節至訓墓賜策追封謚曰平壽敬侯中宮自臨百官大會
安帝永初元年爵號太夫人爲新野君萬戸供湯沐邑
安帝元初二年立閻貴人爲皇后二年以后父侍中

暢爲長水校尉封北宜春侯食邑五千戸四年卒謚曰文侯延光元年追尊后母宗爲榮陽侯
宋楊女爲章帝貴人安帝之祖母也安帝卽位追封謚楊爲當陽穆侯
順帝梁皇后父商恭懷皇后弟樂氏侯雍子也爲黃門侍郎永建元年襲父封三年選商女及妹入掖庭遷侍中屯騎校尉陽嘉元年女爲皇后妹爲貴人加商位特進更增國土賜安車駟馬其歲拜執金吾三年以商爲大將軍固稱疾不起四年使太常桓焉奉策就第卽拜商乃詣闕受命明年夫人陰氏薨追號開

封君贈印綬
桓帝鄧皇后父香和熹皇后從兄子也后立帝追贈香車騎將軍安陽侯印綬封后母宣爲昆陽君宣卒贈葬禮皆依后母舊儀
竇武扶風平陵人桓思皇后父也延熹八年后初入掖庭爲貴人帝拜武郎中其冬立爲皇后武遷越騎較尉封槐里侯五千户明年冬拜城門校尉靈帝立拜武爲大將軍更封武爲聞喜侯
靈帝建寧四年宋皇后立帝拜后父酆執金吾封不其鄉侯

何真南陽宛人靈思皇后父也后以選入掖庭光和三年立爲皇后明年追號真爲車騎將軍舞陽宣德侯因封后母興爲舞陽君
獻帝伏皇后父完爲侍中興平二年后立完遷執金吾建安元年拜完輔國將軍儀同三司
魏明帝太和元年三月以中山魏昌之安城鄉戸千追封帝母文昭甄皇后父上蔡令追謚曰敬侯
毛嘉河内人明悼毛皇后父也太和元年后立明帝拜嘉騎都尉進爲奉車都尉又封博平鄉侯遷光祿大夫
卞廣文帝母武宣皇后祖父明帝太和四年追謚廣曰開陽君侯后父遠曰敬侯祖母周封陽都君爲恭侯夫人皆賜印綬
郭永安平廣宗人文德皇后父也明帝太和四年追謚永爲安陽鄉敬侯母董爲都鄉君青龍三年又追改封永爲觀津敬侯世婦董爲堂陽君使使者奉策祠以太牢
齊王甄后文昭皇后兄儼孫女也后立父巳沒帝封后母三人樂鄉君
郭滿西平人明元皇后父也齊王即位追封謚滿爲

西都定侯太后母杜爲郃陽君
高貴鄉公卞后父隆武宣皇后弟秉孫也以后父爲光祿大夫位特進封睢陽侯妻王爲曰陽鄉君追封隆前妻劉爲順陽鄉君后親母故也
陳留王卞后父琳秉弟蘭子也后立時小巳殁封大妻劉曰上陽鄉君
晉武帝泰始九年追贈景獻羊皇后母漢左中郎將蔡邕女陳留蔡氏爲之陽縣君謚曰穆
王肅妻羊氏武帝母文明王皇后母也未崇謚號泰始三年下詔曰昔漢文追崇靈文之號武宣有平原

傅平之封㦤所以奉尊尊之敬廣親親之恩也故衛將軍蘭陵景侯王肅夫人羊氏含章體順仁德醇備內承世胄出嬪大國三從之行率禮無違仍遭不造頻喪統嗣撫育衆裔克成家道母儀之教光于邦族誕啟聖明祚流萬國而早世殂殞不遇休寵皇太后孝思烝烝永慕罔極朕感存遺訓追遠傷懷其封夫人爲縣君依德紀謚主者詳如舊典於是使使持節謁者何融追謚爲平陽靖君其後帝追慕不已復下詔曰外曾祖母故司徒王朗夫人楊氏舅氏尊屬鄭劉二從母先后至愛每惟聖善敦睦遺言渭陽之感

永懷靡及其封楊夫人及從母爲鄉君邑各五百戶

太康七年追贈后祖母夏侯氏爲榮陽鄉君

楊文宗武元皇后父也初事魏爲通事郎早卒武帝以后父追贈車騎將軍謚曰穆皇后終于明光殿詔曰皇后逮事先后常冀能終始永奉宗廟一旦殞殂痛惜傷懷每自以夙喪二親於家門之情特隆入有心欲改葬父祖以頃者務崇儉約初未有言近垂困說此意情益愍之其使領前軍將軍駿等自克改葬之宜至時主者供給葬事賜謚母趙氏爲縣君以繼母段氏爲鄉君傳不云乎慎終追遠民德歸厚且使亡者有知尚式嘉之

楊駿武悼皇后父也爲鎮軍府司馬武帝以后父超居重位自鎮軍將軍遷車騎將軍封臨晉侯惠帝即位進駿爲太傅大都督假黃鉞錄朝政

惠帝賈皇后父充爲太宰魯公惠帝即位充廟備六佾之樂母郭氏爲宜城君及郭氏亡謚曰宣特加殊禮

羊玄之惠帝羊皇后父也初爲尚書郎帝以后父拜光祿大夫特進散騎常侍更封興晉侯遷尚書右僕射加侍中進爵爲公成都王穎之攻長沙王乂也以

討玄之爲名遂憂懼而卒追贈車騎將軍開府儀同三司

明帝即位追贈元敬虞皇后父故南陽王文學豫爲散騎常侍驃騎大將軍開府儀同三司平山縣侯又追懷母養之恩贈豫妻王氏爲邵陽縣君

庾琛明穆皇后父也爲丞相軍諮祭酒卒官明帝以后父追贈左將軍妻毋丘氏追封鄉君子亮陳先志不受咸和中成帝又下詔追贈琛驃騎將軍儀同三司亮又辭焉

成帝恭杜皇后父乂鎮南將軍預孫襲封當陽侯爲

丹陽丞卒咸康初追贈金紫光祿大夫謚曰穆后母裴氏封高安鄉君至孝武帝崇進爲廣德縣君裴氏壽考號曰杜姥

康帝即位徵拜褚皇后父豫章太守裒爲侍中遷尚書封后母謝氏爲尋陽鄉君穆帝即位尊后曰皇太后帝幼冲未親國政太后臨朝有司以裒皇太后父議加不臣之禮拜侍中衛軍録尚書事永和五年卒贈侍中太傅謚曰元穆六年正月帝臨朝以裒喪故懸而不樂十二年正月帝臨朝又以裒妻皇太后母喪懸而不樂

穆帝即位徵拜何皇后父準散騎侍郎不起卒升平元年追贈金紫光祿大夫封晉興縣侯子惔以父素行高潔表讓不受

哀帝即位贈王皇后母爰氏爲國安鄉君

孝武寧康初追贈簡順王皇后父故光祿勳遐爲光祿大夫加散騎常侍

王蘊孝武定王皇后父也爲吳興太守定后立蘊以后父遷光祿大夫領五兵尚書封建昌縣侯蘊不肯拜乃授都督京口諸軍事左將軍徐州刺史假節鎮于京口徵拜左僕射遷丹陽尹復爲都督浙江東五郡鎮軍將軍會稽内史太元九年卒贈左光祿大夫開府儀同三司

安帝即位追贈王皇后父故中書令獻之侍中特進光祿大夫

恭帝褚皇后父爽爲義興太守早卒帝以后父追贈金紫光祿大夫

後魏道武慕容皇后立母孟爲溧陽君

文成和平二年追贈母閭后祖父延襄康公成定襄懿王

馮熙文成馮皇后父爲太師内都大官文成母詔熙

上書不臣入朝不拜孝文太和十九年薨于代將葬贈假黃鉞侍中都督十州諸軍事大司馬太尉冀州刺史加黃屋左纛備九錫前後羽葆鼓吹皆依晉太宰安平王故事

宣武立高貴嬪爲皇后八座奏封后母王氏爲武邑郡君

高颺宣武母文昭皇后父也景明中贈颺左光祿大夫賜爵渤海公母蓋氏追封清河郡君

于勁宣武于皇后父也初爲征虜將軍宣武納其女爲后封太原郡公妻劉氏爲章武郡君勁卒贈司空

孝明踐祚以宣武胡后帝母也父河州刺史國珍爲光祿大夫後妻梁爲趙平君

唐高宗王皇后父仁祐爲羅山令高宗爲皇太子以仁祐爲陳州刺史永徽初以仁祐爲特進魏國公母栁氏爲魏國夫人仁祐尋卒贈司空

中宗和思趙皇后父瓌爲壽州刺史坐越王貞連謀被誅神龍元年贈左衛大將軍

韋玄貞中宗韋庶人父也爲晉州參軍庶人初納爲太子妃以玄貞爲豫州刺史神龍元年中宗卽位追贈玄貞爲上洛郡王

睿宗肅明劉皇后父延景陝州刺史景雲元年追贈尚書右僕射沛國公

竇孝諶睿宗昭成竇皇后父也爲潤州刺史景雲元年追贈太尉邠國公

玄宗王皇后父仁皎下邽人先天元年以仁皎爲太僕卿累加開府儀同三司祁國公

肅宗張皇后父去逸爲太僕卿肅宗卽位贈左僕射母竇氏封義帝縣主

代宗寶應二年追贈肅宗章敬吳皇后代宗母也祖神泉司徒贈后父令珪太尉贈后母李氏秦國夫人

德宗建中元年贈代宗睿眞沈皇后德宗母也父故秘書監易直太師貞元七年詔贈外祖隨令沈琳贈司徒追封徐國公與外祖易直等立五廟以琳爲始祖祿祠廟所須官給

王遇德宗昭德王皇后順宗母也父也官至秘書監貞元中贈楊州大都督

順宗莊憲王皇后憲宗母也曾祖思敬試太子賓客祖難得英武軍使贈潞州都督父子顏衛尉卿順宗內禪贈思敬司徒難得太傅子顏太師

穆宗卽位詔皇太后憲宗懿安郭皇后穆宗母也曾祖贈太保追

封岐國公敬之贈太傅太后父駙馬都尉太尉母號國大長公主贈齊國大長公主

敬宗卽位崇重母族贈穆宗恭僖王皇后敬宗母也父故婺州金華令詔卿司空母張氏贈趙國夫人

文宗卽位贈穆宗貞獻蕭皇后文宗母也曾祖俊爲太保祖聰爲太傅父俊爲太師

冊府元龜

廵按福建監察御史臣李嗣京　訂正・

知長樂縣事臣　夏允彝叅閱

知建陽縣事臣　黃國琦較釋

帝王部一百四十二

弭兵　和好

弭兵

夫王者之兵本於禁暴聖人之武先乎不殺用以拯溺豈云耀威其出征也慰時雨之望其成功也思燎原之戒雖有忘戰必危之論亦著佳兵不祥之説歷

觀中古以迄後世或因疆理之甫定乘寇之方息以殘民盡財而爲念將戢戈櫜弓之是圖録是睿發明詔深惟遠馭示不復用以愛養於羣生悉罷以歸俾轉緣於農作以至厭於遠略疲於出師謹守備以息攻戰節經費而完物力使夫金革罔試而方夏以寧養老長幼不失其所斯之謂至德矣

周武王既克商乃偃武脩文 倒載干戈包以虎皮示不用行祇射設庠序修文教 歸馬於華山之陽放牛於桃林之野示天下弗服 山南日陽桃林在華山東皆非長養牛馬之地欲使自生自死示天下不服乘祇記日武王克商濟河而西車甲衅而藏之府庫而弗復用倒載干戈包之以虎皮將帥之士使爲諸侯名之日連櫜然後天下知武王不服用兵也史記云武王藏紂繼馬于華山之陽放牛於桃林之虛音墟偃于戈振兵釋旅示天下不復用也

漢高祖五年十二月旣平項羽五月兵皆罷歸家帝下令曰兵不得休八年萬民與苦甚前或相聚保山澤不書名數 保守也安也守而安之以避難也名數謂户籍也 今天下已定令各歸其縣復故爵田宅 復还也 使之以法教訓辨告勿笞辱 辯告者分別義理以曉諭之

武帝征和四年封丞相田千秋爲富民侯以明休息思富養民也初帝通西域置較尉屯田渠犂是時軍旅連出師行三十二年海内虛耗貳師將軍李廣利

以軍降匈奴帝既悔遠征伐而搜粟都尉桑弘羊與丞相御史奏言故輪臺東捷枝渠犂皆故國地廣饒水草有溉田五千頃以上處温和田美可益通溝渠種五穀與中國同時熟其旁國少錐刀貴黃金綵繒可以易穀食宜給足不可乏 言以錐刀及黃金綵繒與此旁國易穀食可以給田卒不憂乏粮 臣愚以爲可遣屯田卒詣故輪臺以東置較尉三人分護各舉圖地形通利溝渠務使以時益種五穀張掖酒泉 益多也 遣騎假司馬爲斥堠屬挍尉事有便宜因騎置以聞 騎置卽今之驛馬也 田一歲有積穀募民壯健有累重敢徙者詣田所 累重謂妻子家屬也 就畜積爲

本業益墾溉田稍築列亭連城而西以威西國輔烏孫爲便臣謹遣徵事臣昌分部行邊嚴敕太守都尉明烽火選士馬謹斥候蓄茭草願陛下遣使使西國以安其意臣昧死請帝迺下詔深陳旣往之悔曰前有司奏欲益民賦二十助邊用（二十者每口轉增二十錢也）是重困老弱孤獨也而今又請遣卒田輪臺西於車師千餘里前開陵侯擊車師時（開陵侯匈奴界和王來降者）危須尉犂樓蘭六國子弟在京師者皆先歸發畜食迎漢軍（畜謂馬牛羊等也）又自發兵凡數萬人王各自將兵圍車師降其王諸國兵便罷力不能復至道上食漢軍（食讀曰飤）漢

軍破城食至多然士自載不足以竟師（士雖各自載量而在道巳盡至於歸塗尚若乏食不足不能終師旅之事也）彊者食盡畜產羸者道死數千人朕發酒泉驢橐駝負食出玉門迎軍吏卒起張掖不甚遠然尚廝留甚衆（廝留言其前後雖廝不相連及也廝音斯）曩者朕之不明以軍候弘上書言匈奴縛馬前後足置城下馳言秦人我匄若馬（謂中國人爲秦人習故言也匄乞與也若汝也乞音愾）又漢使者久留不還故興師遣貳師將軍（興事而遣之）欲以爲使者威重也古者卿大夫與謀（與讀曰豫）參以蓍龜不吉不行（謂公卿大夫謀事尚不專決猶親問蓍龜）迺者以駙馬書徧視丞相刺史二千石諸大夫郎爲文學者（視讀曰示爲文學謂經書之人）迺西郡屬國都尉成忠趙破奴等皆以虜自縛其馬不祥甚哉或以爲欲以見彊（見顯示）夫不足者視人有餘（言其夸張也視亦讀曰示）易之卦得大過爻在九五（其繇曰枯楊生華象曰枯楊生華何可久也謂匈奴破不久也）匈奴困敗公車方士太史治星望氣及太卜龜蓍皆以爲吉匈奴必破時不可再得也（今便利之時後不可再得）又曰北伐行將於鬴山必克卦諸將貳師最吉（上遣諸將而於卦中貳師最吉也）故朕親發貳師下鬴山詔之必毋深入今計謀卦兆皆反繆（言不效也繆妄也）重合侯得虜候者言聞漢軍當來匈奴使巫埋羊牛所出諸道及水上以詛軍（於軍所行之道及水上埋牛羊）單于遺天

子馬裘常使巫祝之縛馬者詛軍事也又卜漢軍一將不吉匈奴嘗言漢極大然不能饑渴（能音耐）失一狼走千羊迺者貳師敗軍士死略離散（言死及被虜略幷自離散也）悲痛常在朕心今請遠田輪臺欲起亭隧（隊者依深險之處開通行道也）是擾勞天下非所以優民也今朕不忍聞大鴻臚等又議欲募囚徒送匈奴使者明封侯之賞以報忿五霸所弗能爲也（五霸尚恥不爲況今大漢也）且匈奴得漢降者嘗提掖搜索問以所聞（搜索者恐其或私齎文書也）今邊塞未正闌出不禁障候長吏使卒獵獸以皮肉爲利卒苦而烽火乏失亦上集不得（言邊塞有闌出逃亡之人而主者不禁又長吏於皮

肉多使障候之卒獵獸故令烽火有乏又其人勞苦因致奔亡凡有此故令失皆不集於所上文書後
降者來若捕生口虜乃知之既不上書所以當時不知至有降者來及捕生口或虜得匈奴人言知乃知此事當今務在禁苛暴止擅賦力本農
修馬復令馬復因養以免徭以補缺毋乏武備而已郡國二
千石各上進畜馬方略補邊狀與計對與上計者同來赴對也
鏁是不復出軍
宣帝地節三年十月詔曰朕既不德不能附遠是以
邊境屯戍未息今復飭兵重屯久勞百姓非所以綏
天下也其罷車騎將軍右將軍屯兵
後漢光武建武六年關東悉平帝積苦兵間以隗囂

遣子內侍公孫述遠據邊陲乃謂諸將曰且當置此
兩子於度外耳因數騰書隴蜀告示禍福
十二年既平隴蜀帝在兵間久厭武事且知天下疲
耗思樂息肩自隴蜀平後非警急未嘗復言軍旅皇
太子嘗問攻戰之事帝曰昔衛靈公問陳孔子不對
此非爾所及
二十七年臧宮乃與楊虛侯馬武上書曰匈奴貪利
無有禮信窮則稽首安則侵盜緣邊被其毒痛中國
憂其抵突虜今人畜疫死旱蝗赤地役困乏力不當
中國一郡萬里死命懸在陛下福不再來時或易失
豈宜固守文德而墮武事乎今命將臨塞厚縣購賞
喻告高句驪烏桓鮮卑攻其左發河西四郡天水隴
西羌胡擊其右如此北虜之滅不過數年臣恐陛下
仁恩不忍謀臣狐疑令萬世刻石之功不立于聖世
詔報曰黃石公記曰柔能勝剛弱能勝強柔者德也
剛者賊也弱者仁之助也強者怨之歸也故曰有德
之君以所樂樂人無德之君以所樂樂身樂人者其
樂長樂身者不久而亡舍近謀遠者勞而無功舍遠
謀近者逸而有終逸政多忠臣勞政多亂人故曰務
廣地者荒務廣德者強有其有者安貪人有者殘殘

滅之政雖成必敗今國無善政災變不息百姓驚惶
人不自保而復欲遠事邊外乎孔子曰吾恐季孫之
憂不在顓臾且北狄尚強而屯田警備傳聞之事當
多失實誠能舉天下之兵以滅大寇豈非至願苟非
其時不如息人自是諸將莫敢復言兵事者
魏文帝討孫權臨江而還詔三公曰三世爲將道家
所忌窮兵黷武古有成戒況連年水旱士民損耗而
功作倍於前勞役兼於昔進不滅賊退不和民夫漏
屋在上知之在下然迷而知反失道不遠過而能改
謂之不過今將休息棲備高山沈權九淵割除擯棄

投之畫外車駕當以今月中旬到譙淮漢衆軍亦各還反不徵西歸矣

隋高祖開皇元年正月丙子陳國平四月壬戌詔曰徃以吳越之野羣黎塗炭干戈方用積習未寧今率士夫同含生遂性太平之法方可流行凡我臣僚澡身浴德開通耳目宜從茲始喪亂已來緬將十載君無君德臣失臣道父有不慈子有不孝兄弟之情或薄夫婦之義或違長幼失序尊卑錯亂朕爲帝王志在愛養時有臻道不敢寧息内外職位遐邇黎民家家自修人人克念使不軌不發蕩然俱除兵可立威

不可不戢刑可助化不可專行禁衛九重之餘鎮守四方之外戎旅軍器皆宜停罷代路既夷羣方無事武力之子俱可學文人間甲仗悉皆除毁

唐太宗貞觀十五年八月職方郎中陳大德使高麗廻言於帝曰其國聞高昌之滅大懷震懼大德封盧三至館候五接之禮加於常數太宗曰高麗所居本四郡發卒數萬攻遼東諸城其國精兵必來救援又遣册師自東萊横海以趣平壤水陸合勢此固取之不難但關東諸州户口未復朕意在含育不欲勞之耳

十六年十一月亳州刺史裴思莊奏請伐高麗帝曰高麗附庸之主朝貢不絕聞有篡弒哀之甚深因喪致討乘危取亂雖必得之君子不貴且復山東諸州凋弊未復吾不忍發言舉兵耳

高宗龍朔三年八月御内殿謂侍臣曰比爲海東負釁須申弔伐是數年已來頻有勞役所在百姓誠大辛苦况緣軍機調發科喚百端貪殘之徒恣意侵暴兼復造船諸州辛苦更甚前令借問異欲知其事實然四方使至略不盡言表疏所陳皆涉順旨我客加廉察在下非無怨咎如聞隋朝破亡緣爲征役不息

隋亡何必不繇此相傳其有此議且越海行兵備經難阻或斃鋒刃或遭沉溺追想非命有悼於懷昔漢武帝征伐四夷户口衰減晚年感悟封丞相爲富民侯此即故事分明足爲龜鏡前令三十六州造船舫者今欲總停使遠近百姓無役豈不善耶即日下詔曰朕以寡昧纂承鴻烈肅宸扆巖廊之上凝襟華裔之表馭奔深於日慎儲祉存於勿休勉巳勵精詳求大化徃爲奉成先志雪恥黎元是以數年之間稱兵遼海雖除凶戡暴義匪諸身疲人竭財役興於下泛滄流而遐濟踐危途而遠襲風之競海或取淪亡鋒鏑

交揮非有捐仆顧惟匪德事有乖於七旬在躬延責情致慙於四海湯年罪己暨寐斯在漢載富人周旋切念日者麹車聯映貢帛相輝庖畀之前猶潛秀異關柝之下未盡英奇傳逸翰於西雍収殊寶於東序此王師薦發戎務實繁州縣官僚緣茲生過力役無度賄賂公行蠹政傷風莫斯爲甚前令三十六州造船已備東行者卽宜並停凡百在位宜極言得失悉無隱以救不逮

玄宗開元二年十月薛訥引兵至源渭遇吐蕃戰擊克捷帝遂停親征乙丑勅曰犬戎背恩豕荐爲孽犯

塞侵牧乘洮步渭朕託王公之上居司牧之尊憫彼蒼生情動整旅戒嚴有日先命偏師前驅進討扼喉拊背拉朽摧枯今諸將追奔相望獻捷遁逃已來邊鄙方寧夫出師天上觀兵塞下所以用威武也念人勞斃與人休息所以暢恩惠也彼戎狄之爲患必在誅夷苟黎元之獲安寧資順動况去有徒費追無所及蕪懷供帳之勞宜輟共行之典前取今月十二日親征者宜停

二十五年六月勅曰今邊隅無事寰宇乂安甸内置烽誠則非要其蒲絳等二十二州置絳師等共一萬八千九十八人宜並停勒還本邑

代宗廣德二年二月制應諸州團練將士等委本道節度及都防禦使等審與州府商議如地非要害無所防虞其團練人等並放營農休息

六月勅曰國中有事海内不康殲厥渠魁人自爲戰其死亡者可勝紀乎非其父兄卽其子弟責實繇朕禍非自天念茲恟恟痛入骨髓明神散亂元惡就誅四胡旣平罔不相賀遂欲衣裳爲國天下偃兵備七德之武同五星之色成朕之志實惟良臣關内侯東副元帥朔方河東節度使兼侍中中書令汾陽郡王

子儀邁德齊時盡忠憂國切勤王之義急偃伯之期思拯生人免其湯火善陳利害屢進封章以艱阻底寧務於清靜地非要害不可猶聞幕府事無防過不可更置轅門請停河中節度并耀德軍宜依罷茲凶器姑欲息人離散可要瘡痍可復率是道也仁遠乎哉朕心所嘉期于至理宣示中外明政體焉

大曆五年正月罷河南淮西淮南山南東道副元帥其所管兵馬權隸東都留守時四方無虞務息人也

憲宗元和十二年十一月淮西平御史中丞崔元略論侍御史唐武當改官帝曰人之取名多矣何必武

爲曩時蔣武已請改矣遂改唐武爲慶時議者見淮西初平謂帝遂喜武功及見改唐武名乃知帝厭兵人人相賀

和好

自建安以來三國鼎分當塗外禦吳蜀近夷及西晉喪亂五胡僭竊瑯琊南渡司牧遺黎其後元魏勃興上承正統諸國迭主分據中原秣陵更乎五朝華夏禪于三姓附之高齊載於二百當其繕兵鬬力傳世撫封疆理交侵干戈迭用及夫天將悔禍民思息肩繇是冠蓋相望玉帛修聘咸築待賓之館相高專對

之能遂使烽鼓稍停耕桑漸復免罹鋒鏑之苦少救塗炭之災迺後雖興取亂之師亦行繼絶之禮遵用古道良足稱焉

魏文帝黄初二年八月吳孫權遣使奉章并遣于禁等還丁巳使太常邢貞持節拜孫權爲大將軍封吳王加九錫帝又欲封權子登年幼上書辭封重遣西曹掾沈珩陳謝并獻方物

三年正月吳孫權上書説劉備支黨四萬人馬二三千匹出秭歸請往掃撲以克捷爲效帝報曰昔隗囂之弊禍發栒邑子陽之擒變起扞關將軍其亢勵威武勉蹈奇功以稱吾意又云帝以素書所著典論及詩賦餉權又以紙寫一通與張昭

晉武帝泰始二年吳少帝孫皓遣人來弔祭有司奏爲答詔帝曰昔漢文光武懷撫尉陀公孫述皆未正君臣之儀所以羈縻來賓也皓遣使之始未知國慶但以書答之

後魏道武天興三年五月詔謁者僕射張濟使於後秦姚興

六年冬十月晉遣使來聘

明元神瑞元年八月詔馬邑侯元陋孫使聘於姚興

又詔平南將軍相州刺史尉太真與晉太尉劉裕相聞使博士王諒假爲平南參軍將命焉後劉裕伐姚泓詔長孫嵩持節督山東諸軍事傳詣平原緣河北岸列軍次於畔城軍頗失利詔假裕道裕於舟中望嵩麾蓋遺以酃酒及江南食物嵩皆送京師詔嵩厚答之

泰常六年宋遣使來聘

太武始光二年四月詔龍驤將軍步推謁者僕射胡覲使於宋

三年八月宋遣使來聘

四年四月詔員外散騎常侍步越謁者僕射胡覲等
使於宋
神䴥二年四月宋遣使來聘
四年六月詔散騎侍郎周紹使於宋
延和元年五月宋遣使來聘
六月詔兼散騎常侍鄧穎使於宋
二年二月詔兼散騎常侍宋宣使於宋
九月宋遣使朝貢奉馴象一
十二月詔兼散騎常侍盧玄使於宋
太延二年三月宋遣使朝貢

七月詔散騎侍郎廣平子游雅等使於宋
二年三月宋遣使來聘
四年十二月詔兼散騎常侍高推使於宋
五年十一月宋遣使朝貢并獻馴象一
太平真君元年二月詔假通直常侍邢穎使於宋
二年四月宋人來聘
八月詔散騎侍郎張律使於宋
十二月宋人來聘
五年八月詔員外散騎常侍高濟使於宋
十一月宋人來聘

六年正月詔兼員外散騎常侍宋愔使於宋
九年正月宋人來聘
十一年十二月南伐車駕臨江宋文帝使獻白牢貢
其方物又請進女於皇孫爲書致馬通問焉
正元元年十月宋人來聘詔殿中將軍郎法祐使於
宋
文成和平元年正月詔散騎侍郎馮闡使於宋
七月宋遣使朝貢
十一月詔散騎侍郎盧度世員外郎朱安興使於宋
二年三月宋遣使朝貢

十一月詔假員外散騎常侍游明根員外郎昌邑侯
和天德使於宋
二年三月宋遣使朝貢
十月詔員外散騎常侍游明根員外郎昌邑侯和天
德使於宋
四年十月詔員外散騎常侍游明根驍騎將軍昌邑
子婁內近寧朔將軍襄平子李五鱗使於宋
獻文皇興元年正月癸巳宋遣使來聘宋明帝也
二年三月戊午宋遣使來聘
三年四月壬辰宋遣使來聘

四年六月宋遣使來聘
孝文延興元年八月宋遣使來聘
二年正月詔假員外郎散騎常侍邢祐使於宋
四年宋遣使來聘是月宋明帝子後廢帝立
三年正月詔員外散騎常侍崔演使於宋
九月宋遣使來聘
四年三月詔員外散騎常侍許赤虎使於宋
十一月宋遣使來聘
五年五月詔員外散騎常侍許赤虎使於宋
十一月宋遣使來聘

太和元年八月宋遣使朝貢是年七月宋順帝嗣位
十一月詔員外散騎常侍李長仁使於宋
二年四月宋遣使朝貢
十月詔員外散騎常侍鄭義使於宋
三年四月宋遣使來聘是年宋順帝爲齊高祖所廢
五年秋七月齊遣使來聘
七年七月詔假員外散騎常侍李彪員外郎蘭英使
於齊齊武帝也
十一月齊遣使來聘
八年五月詔員外散騎常侍李彪員外郎蘭英使於
齊
九月齊遣使來聘
十一月詔員外散騎常侍李彪員外郎蘭英使於齊
九年五月齊遣使朝貢
十月復詔員外散騎常侍李彪尚書郎公孫阿六頭
使於齊
十年三月齊遣使來聘
十三年八月詔兼員外散騎常侍邢產兼員外散騎
侍郎侯靈紹使於齊
十二月齊遣使來聘

十四年四月詔兼員外散騎常侍邢產兼員外散騎
侍郎蘇季連使於齊
十一月齊遣使來聘
十五年四月詔員外散騎常侍李彪尚書郎公孫六
頭使於齊
九月齊遣使來聘
十一月詔假通直散騎常侍李彪假散騎侍郎蔣少
游使於齊
十六年三月齊遣使朝貢
七月詔兼員外散騎常侍宋弁兼員外散騎侍郎房

亮使於齊
十二月齊遣使來聘
十七年正月詔兼員外散騎常侍邢巒兼員外散騎侍郎劉家叔使於齊
九月詔兼員外散騎常侍高聰兼員外散騎侍郎賈禎使於齊時帝定都雒陽追詔聰等曰比於雒陽勑卿仍留瀍雒周視舊業依然有懷罔欲先之後乃薄伐且以蕭賾喪甫爾使通在昔乘危幸凶君子弗取是用輟兹前圖遠期來會爰思六師三川是宅將底居成周永恢皇宇今更造璽書以代往詔比所勑較

隨宜變之善勗皇華無替指意
十八年二月齊遣使來聘
六月詔兼員外散騎常侍盧昶兼員外散騎侍郎王清石使於齊（七月齊鬱林王爲明帝所殺立弟昭文是爲海陵王十月又殺昭文自立）
十二月車駕南伐遂絶齊和好初梁武帝屢侵魏邊豫州城人成早生以城歸之詔遣中書舍人董紹慰勞紹至上蔡爲梁軍所襲囚往江東仍被禁錮領軍將軍呂僧琛暫與紹言便相器重梁武聞之遣使勞紹云忠臣孝子不可無之今當聽卿還國紹對曰老母在雒無復方寸既奉恩貸實若更生梁武又遣主書霍靈秀傳詔曰今放卿還令卿通兩家之好彼此息民豈不善也對曰通好息民乃兩國之事旣蒙命及輒當聞奏本朝梁武賜紹衣物引入見之令其舍人周捨慰勞并稱戰爭多年民物塗炭是以不耻先言與魏朝通好比亦有書都無報旨卿宜備申此意故遣傳詔霍靈秀送卿還國遲有嘉問又令謂紹曰卿之所以得不死否今者獲卿乃天意也夫千人之聚不散則亂故須立君以治天下不以天下養一人凡在民上胡不思此若欲通好今以宿豫還彼彼當以漢中見歸先是詔有司以所獲齊將齊苟兒等二

人欲以換紹及紹還宣武愍之秉平中除給事中仍兼舍人紹雖陳說和計朝廷不許
後周高祖武帝保定元年六月遣治御正殷不害等使於齊
十二月陳遣使來聘
二年正月以陳主弟頊爲柱國送還江南
九月陳遣使來聘
三年七月陳遣使來聘
十月陳遣使來聘
四年九月陳遣使來聘

五年十一月陳遣使來聘
天和三年八月齊請和親遣使來聘詔軍司馬逞兵部尹公正報聘焉
十一月遣開府崔彦小賓部元暐使於齊時韋孝寛爲驃騎大將軍鎭玉壁齊人遣使至玉壁求通好而晉公護以其相持日久絶無使命一日忽來求交易疑別有故又以皇姑皇世母先捉在彼因其請和之際或可致之遂令司門下大夫尹公正至玉壁共孝寛詳議孝寛乃於彼盛設供帳令公正接對使人兼述皇家親屬在東之意使者辭色甚悅時又有汾州

胡抄得關東人孝寛復放東還并致書一牘具陳朝廷欲敦隣好齊遂以禮送皇姑及護母等先是護母閻姬與皇第四姑及諸戚先沒在齊皆被幽縶護爲宰相之後每遣間行尋求莫知消息至是並許還朝且請和好四年皇姑先至齊主以護旣當重權乃留其母以爲後圖仍令人爲書與護曰天地隔塞母子異所三十餘年存亡斷絶肝腸之痛不能自勝想汝悲思之懷復何可處吾自念十九入汝家今已八十矣凡生汝輩三男三女今日目下不覩一人興言及此悲纏肌骨頼皇齊恩恤差安衰暮又得汝楊氏姑及汝嫂劉及汝新婦等同居頗亦自適但爲微有耳疾大語方聞行動飲食幸無多損今大齊聖德遠被特降鴻慈旣許歸吾於汝又聽先致音耗積稔長悲豁然獲展此乃上侔造化將何報德汝與吾別之時年尚幼小以前家事或不委曲昔在武川鎭生汝兄弟大者屬鼠第二者屬兎汝身屬蛇鮮于修禮起日合家大小先在博陵郡住相將欲向左人城行至唐河北被定州官軍打散汝祖及第二叔時俱戰亡汝叔母賀拔及兒元寳汝叔母紇干及兒菩提并吾與汝六人同被擒捉入定州城未幾間將吾及汝送與

元寳掌賀拔紇于各州分散寳掌軍營在唐城內經停三日寳掌所掠得男人婦女可六七十人悉送向京吾時與汝同被送限至定州城南夜宿鄉人姬庫根家茹茹奴望見鮮于修禮營大語吾云我今走向今軍旣至營遂告我輩在此明旦日出汝叔將兵要截吾及汝等還得向營汝年十二共吾並乘馬隨軍可不記此因緣也於後吾共汝在壽陽住時元寳菩提及汝姑兒賀蘭盛雒並汝身四人同學博士姓成爲人嚴惡汝等四人謀欲加害吾共汝叔母聞知各捉其兒打之唯盛雒無母獨不被打其後爾朱天柱

亡歲賀拔阿計泥在關西遣人迎家累時汝叔亦遣
奴來富迎女并盛雒等汝時著緋綾袍銀裝帶盛雒
著紫纈成襖通身黃綾褁並乘騾同去盛雒小於汝
等二人並喚吾作阿摩敦如此之事當分汝明記之
耳今又寄汝小時所著錦袍表一領至宜簡看知吾
含悲抱戚多歷年祀屬千載之運逢大齊之德矜老
開恩許得相見一聞此言死猶不朽況如今者勢必
聚集禽獸草木母子相依吾有何罪與汝分隔今復
何福還望見汝言此悲喜死而更蘇世間所求皆可
得母子異國何處可求假汝貴極王公富過山海有

一老母八十之年飄然千里死亡旦夕不得一朝相
見不得一日同處寒不得汝衣饑不得汝食汝雖窮
貴極盛光耀世間汝何用爲於吾何益今日之前汝
既不得申其供養事往何論今日已後吾之殘命唯
繫於汝耳戴天履地中有鬼神勿云冥昧而可欺負
楊氏姑今雖炎暑猶能先發關河阻遠隔絶多年書
依當體慮汝致惑是以每存款質兼亦載吾姓名當
識此理不以爲怪護性至孝得書悲不自勝左右莫
能仰視報以書曰區宇分隳遭逢災禍違離膝下二
十五年受形禀氣皆知母子誰同薩寶如此不孝宿

殃積戾合鍾此身豈悟網羅上嬰慈母但立身立行
不負一物明神有識宜見哀憐而子爲公侯母爲俘
隸熱不見母熱寒不見母寒衣不知有無食不知饑
飽泯如天地之外無由暫聞晝夜悲號繼之以血分
懷冤酷終此一生死若有知冀奉見於泉下耳不謂
齊朝解網惠以德音摩敦四姑並許歸放初聞此旨
魂魄爽飛號天叩地不能自勝四姑即蒙禮送平安
入境遠奉顏色摧動肝腸但離絶多年存亡阻隔相
見之始口未忍言惟敘齊朝寬弘每存大德云與摩
敦雖處宮禁常蒙優禮摩敦垂敕曲盡悲酷備述家

事伏讀未周心情屠割書中所道無一事敢忘摩敦
年尊又加憂苦常謂寢膳貶損或多遺漏伏奉論述
次第分明一則以悲一則以喜當鄉里敗破之初薩
寶年已十歲隣曲舊事猶自記憶況家門禍難親戚
流離奉辭時節先後慈訓刻肌刻骨常纏心腑天長
喪亂四海橫流太祖乘時齊朝撫運兩河三輔各值
神機原其事迹非相負背太祖升遐未定天保薩寶
屬當猶子之長親受顧命雖身居重任職當優貴至
於歲時稱慶子孫盈庭顧視悲摧心情斷絶胡顏戴
視負愧神明齊朝沛然之恩既已霑洽愛敬之至施

及旁人草木有心禽魚感澤況在人倫而不銘戴有
國有家信義爲本伏度來期已應有日得奉見慈顏
永畢至願生死骨肉豈過今恩負山戴嶽未足勝荷
二國分隔理無書信主上以彼朝不絶母子之恩亦
賜奉答不期今日得通家問伏紙嗚咽言不宣心蒙
寄薩寶別時所留錦袍表年歲雖久宛然猶識抱此
悲泣至於拜見事歸恐此知復何心齊朝不即發遣
更令重與護書要護重報護復書往返至于再三而
母竟不至朝議以失期信令有司移齊曰夫有義則
存無信不立山嶽猶輕兵食非重故立誓弗違重耳

所以享國祝史無愧隨會所以爲盟未有司牧生民
君臨有國可以忘義而多食言者也自數屬屯夷時
鍾圮隔皇家親戚淪陷三紀仁姑世母望絶生還彼
朝以去夏之初德音爰發已送仁姑許歸世母乃稱
煩暑指克來秋謂其信必由衷嘉言無爽今落木戒
時申霜行及方爲世母虚設詭辭未議言歸更徵酬
答子女玉帛既非所須保境寧民又云匪報詳觀此
意全乖本懷愛人以禮豈惟姑息要子責成質親求
報宴傷和氣有悖天經我之周室太祖之天下也焉
可捐國顧家殉名虧實不害所養其曰仁人卧鼓潛
鋒孰非深計若令迭爭尺寸兩競錐刀瓦震長平則
趙分爲二兵出函谷則韓列爲三安得獨全謂無損
益大冢宰位隆將相悼兼家國銜悲茹血分畢究魂
豈意噬指可尋倚門應至徒聞善始卒無令終百辟
震驚三軍憤慨不爲孝子當作忠臣去歲北軍深入
數俘城下雖日班師餘功未遂今茲馬首南向更期
重入晉人再之我之職矣聞諸道路早已戒嚴非直
北拒又將南略儻欲自送此之願也如或嬰城未能
求敵詰朝請見相與周旋爲惠不終徒增深怨愛親
無慢垂訓尼父矜恤窮獨貽則周文環玦之義事不

繇此自應內省豈宜有問移書未送而母至

四年正月遣司會河陽公李倫等會葬於齊仍弔賻焉

五月齊遣使來聘

六年五月遣納言鄭詡使於齊

十月遣右武伯谷會琨御正蔡斌使於齊

十一月齊遣使來聘

建德元年二月遣司宗李祭小賓部賀遂禮使於齊

三月齊遣使來聘

四月遣工部成公建小禮部辛彥之使於齊

七月陳遣使來聘
十一月遣小匠師楊緦齊馭唐則使於齊
二年閏正月陳遣使來聘
二月遣司會侯莫陳凱太子宮尹鄭譯使於齊
九月陳遣使來聘
十月齊遣使來聘
三年四月齊遣使來會皇太后葬
十月詔御正楊尚希禮部盧愷使於陳
四年三月遣小司寇淮南公元偉治納言伊婁謙使於齊

七月陳遣使來聘
五年八月陳遣使來聘
十二月陳遣使來聘
六年五月陳遣使來聘是歲帝既平北齊後梁明帝蕭巋朝於鄴帝雖以禮接之然未之重也巋知之後於宴承間乃傳其父荷太祖拯救之恩并敍二國艱虞唇齒犄角之事辭理辯暢因涕泗交流帝亦為之歔欷自是大加賞異禮遇日隆後帝復與之宴齊氏故臣叱列長義亦預焉帝指謂巋曰是登陴罵朕者也巋曰長義未抱樂劉敢吠堯帝大笑及酒酣又命琵琶自彈之仍謂巋曰當為梁主盡歡巋乃起請舞帝曰梁王乃能為朕舞乎巋曰陛下既親撫五絃臣何敢不同百獸帝大悅賜雜繒萬段良馬數十匹并賜齊後主妓妾及帝所乘五百里駿馬以遺之
宣帝大象元年九月遣御正杜果禮部薛舒使於陳
隋高祖開皇元年二月丁未梁主蕭巋使其太宰蕭巖司空劉義來賀
四月陳遣散騎常侍韋鼎兼通直散騎常侍王瑳來聘於周而帝已受周禪致之介國
二年正月陳遣使請和歸胡墅

三年四月陳郢州城主張子譏遣使請降帝以和好不納遣兼散騎常侍薛舒兼通直散騎常侍王劭使於陳
十二月陳遣散騎常侍周墳通侍散騎常侍袁彥來聘
閏月遣兼散騎常侍唐令則通侍散騎常侍魏澹使於陳
四年正月梁明帝蕭巋來朝初帝在周執政時尉遲迥王謙司馬消難等各起兵時巋羣臣皆勸請興師與迥等為連衡之勢進可以盡節於周氏退可以席捲山南巋固以為不可俄而消難奔陳迥等相次破滅及帝既踐極恩禮彌厚遣使賜金五百兩銀千兩布帛萬疋馬五百匹開

皇二年帝備禮納巋女爲晉王妃又欲以其子瑒尚蘭陵公主緣是罷江陵總管巋專制其國至是來朝長安帝甚敬待之設巋位在王公之上賜縑萬疋珍玩稱是及還親執其手謂之曰梁主久滯荊楚未復舊都故鄉之念長軫懷抱朕當振旅長江相送旋反耳

七月陳遣兼散騎常侍謝白兼通直散騎常侍賀德基來聘

十一月遣兼散騎常侍薛道衡通直散騎常侍豆盧寔使於陳

五年七月陳遣兼散騎常侍王話兼通直散騎常侍阮卓來聘

九月遣散騎常侍李若通直散騎常侍崔君贍使於

陳

六年四月陳遣兼散騎常侍江椿來聘

八月陳遣散騎常侍王亨兼通直散騎常侍王昚來聘

七年二年陳遣兼散騎常侍裴豪兼通直散騎常侍劉顗來聘

四月遣兼散騎常侍楊同兼通直散騎常侍崔儦使於陳

八年正月陳遣散騎常侍袁雅兼通直散騎常侍周止水來聘

二月甲戌遣兼散騎常侍何尚賢兼通直散騎常侍韋惲使於陳

冊府元龜

巡按福建監察御史臣李嗣京　訂正
知閩縣事臣曹學佺參閱
知建陽縣事臣黃國琦較釋

帝王部　一百四十三

弭災

傳曰天之愛民甚矣豈使一人肆於民上若乃司牧之重政治或失必示災祥以申警戒聖帝明王覩而脩德懼刑政之壅蔽則勤於聽納恐驕盈之易至則身先節儉憂億兆之未泰則矜微䘏隱念賦役之尚

繁則省財節用思忠賢之未進則寤寐遺逸慮邪佞之或邇則斥去羣小補禍爲福變災成祥惟德是輔其理何遠是以堯之水湯之旱太戊之桑穀高宗之雊雉皆明德格天至誠感神而咎徵自消妖不能勝矣

殷湯時大旱七年洛川竭使人持三足鼎祝於山川曰政不節邪使人疾邪苞苴行邪讒夫昌邪宮室崇邪女謁盛邪何不雨之極也殷使卜曰當以人禱湯曰吾所爲請雨者民也若必以人禱吾請自當遂齋戒剪髮斷爪以已爲牲禱於桑林之野祝曰惟予小子履（履湯名）敢用玄牡告于上天后土曰今天大旱卽當朕身履未知得罪于上下有善不敢蔽有惡不敢赦簡在帝心萬方有罪卽當朕躬朕躬有罪無以爾四方無以一人之不敏使上帝鬼神傷民之命言未已而雨大至方數千里

太戊時亳有祥桑穀共生于朝一暮大拱（祥妖怪也穀音遘今之楮樹二木合生不恭之罰兩手搤之曰拱）太戊懼問其相伊陟（尹之子）伊陟曰臣聞妖不勝德帝之政有闕與帝其脩德太戊從之而祥桑枯死（與讀曰歟）

武丁祭成湯之明日有飛雉登鼎耳而雊武丁懼祖已曰王勿憂先修政事祖已乃訓王曰唯天監下民典厥義（言天視下民以義爲常也）降年有永有不永非天夭民民中絕命民有不若德不聽罪天既孚命正厥德（若順聽服也不順德言無義也不服罪不改修也天既孚命正其德謂其有永有不永）乃曰其如台嗚呼王司敬民罔非天胤典祀無豐于昵（王者主民當敬民事天祭祀有常不當特豐于近也）武丁修政行德天下咸驩殷道復興

周文王之莅國八年六月文王寢疾五日而地動東西南北不出國郊有司皆曰地之動也人主也今者君王寢疾五日而地動四面不出國郊羣臣皆恐曰請移之文王曰奈何其移之也對曰興事動衆以增

國城其可移之乎文王曰不可夫天之道見妖以罰有罪也我必有罪也故以此罰我也今又專興事動衆以增國城是重吾罪也昌也請改行重善移之其可以免乎於是遂謹其禮節秩皮革以交諸侯飾其辭令幣帛以禮俊士頒其爵列等級田疇以賞遂與羣臣行此幾何而疾止文王即位八年而地動之後四十三年凡蒞國五十一年而終此文王之所見踐妖也詩曰畏天之威于時保之此之謂也

宣王時天大旱二年王以不雨遇災而懼側身修行欲消去之祈于羣祀珪璧既卒乃雨大夫仍叔作雲

漢之詩以美之

漢文帝二年十一月癸卯晦日有食之詔曰朕聞之天生民爲之置君以養治之人主不德布政不均則天示之災以戒不治（治音直使切）乃十一月晦日有食之適見于天（適讀曰讁責也見音乎甸切）災孰大焉（災莫大於此）朕獲保宗廟以微眇之身託于士民君王之上天下治亂在予一人唯二三執政猶吾股肱也朕下不能治育羣生上以累三公之明（累音力瑞反）其不德大矣令至其悉思朕之過失（令此謂詔書）及知見之所不及匄以啓告朕（匄音蓋乞也啓開也言以過失開告朕躬是則於朕爲恩惠也）及舉賢良方正能直言極諫者以輔朕之不逮

景帝後二年春以歲不登禁內郡食馬粟沒入之

武帝建元六年四月壬子高園便殿火（凡言便殿便室便坐者皆非正大之處所以就便安也園者於陵上作之既有正寢以象平生正殿又立便殿爲休息閒宴之處也）帝素服五日

昭帝始元六年夏旱大雩不得舉火（抑陽助陰也）

元鳳四年五月丁丑孝文廟正殿火帝及羣臣皆素服

宣帝本始四年四月壬寅郡國四十九地震或山崩水出詔曰蓋災異者天地之戒也朕承洪業奉宗廟

託于士民之上未能和羣生迺者地震北海瑯邪壞祖宗廟朕甚懼焉丞相御史其與列侯中二千石博問經學之士有以應變輔朕之不逮毋有所諱令三輔太常內郡國舉賢良方正各一人律令有可蠲除以安百姓條奏被地震壞敗甚者勿收租賦大赦天下帝以宗廟墮素服避正殿五日（墮與隳同）

地節三年十月詔曰迺者九月壬申地震朕甚懼焉有能箴朕過失及賢良方正直言極諫之士以輔朕之不逮毋諱有司（諱避也言雖有司顯戒皆言其過勿避之）

甘露元年四月丙申太上皇廟火甲辰孝文廟火帝

素服五日

元帝初元元年六月以民疾疫令大官損膳減樂府員省苑馬以賑困乏

九月關東郡國十一大水饑或人相食轉旁郡錢穀以相救詔曰間者陰陽不調黎民饑寒無以保治惟德淺薄不足以充入舊貫之居（言已德淺薄不足充入先帝之居室）其令諸宮館希御幸者勿繕治太僕減穀食馬水衡省肉食獸

二年二月戊午地震三月詔曰蓋聞賢聖在位陰陽和風雨時日月光星辰靜黎庶康寧考終厥命（言德壽考

終其天命）今朕恭承天地託於王公之上明不能燭德不能綏災異竝臻連年不息乃二月戊午地震於隴西郡毀落太上皇廟殿壁木飾壞敗豲道縣城郭官寺及民室屋壓殺人衆（豲道屬天水凡府庭所在皆謂之寺豲音桓）山摧地裂水泉涌出天惟降災震驚朕師（師衆也）治有大虧咎至于斯夙夜兢兢不通大變深惟鬱悼未知其序（鬱不通之意也）間者歲數不登元元困乏不勝饑寒以陷刑辟朕甚閔之郡國被地震災甚者無出租賦赦天下有可蠲除減省以便萬姓者條奏毋有所諱丞相御史中二千石舉茂材異等直言極諫之士朕將親覽焉

六月關東饑齊地人相食七月詔曰歲比災害民多菜色（五穀不登人但食菜故其色變惡）慘怛于心已詔吏虛倉廩開府庫賑救賜寒者衣今秋禾麥頗傷一年中地再動北海水溢流殺人民陰陽不和其咎安在公卿將何以憂之其悉意陳朕過靡有所諱

三年四月乙未晦茂陵白鶴館災詔曰迺者天災降於孝武園館朕戰慄恐懼不燭變異咎在朕躬羣司又未肯極言朕過以至于斯將何以寤焉百姓仍遭宂阨無以相賑（阨古厄字）加以煩擾乎苛吏拘牽乎微文不得永終性命朕甚閔焉其赦天下

五年四月有星孛于參詔曰朕之不逮序位不明（逮及也言官人之位失其次序）衆僚久懬（懬古曠字）未得其人元元失望上感皇天陰陽爲變咎流萬民朕甚懼之迺者關東連遭災害饑寒疾疫夭不終命詩不云乎凡民有喪匍匐救之其令大官毋日殺（不得日日宰殺）所具各減半（食具也）乘輿秣馬無乏政事而已

永光二年二月詔曰蓋聞唐虞象刑而民不犯殷周法行而姦軌服（軌與宄同亂在外曰姦在內曰宄）今朕獲承高祖之洪業託位公侯之上夙夜戰栗永惟百姓之急未嘗有忘焉然而陰陽未調三光晻昧（晻與暗同又音烏感反）元元

大困流散道路盜賊並興有司又長殘疾失牧民之術是皆朕之不明政有所虧咎至於此朕甚自恥爲民父母若是之薄謂百姓何其大赦天下三月壬戌朔日有食之詔曰朕戰戰栗栗夙夜思過失不敢荒寧惟陰陽不調未燭其咎屢勑公卿日望有效（婁古屢字）至今有司執政未得其中（中音竹中切）施與禁切未合民心（施惠褊薄禁令煩苛）暴猛之俗彌長和睦之道日衰百姓愁苦靡所錯躬（錯置也音厝）是以氛邪歲增侵犯太陽正氣湛掩月乆奪光（湛讀與沈同湛掩者是掩而湛沒）迺壬戌日有食之天見大異以戒朕躬朕甚悼焉其令內郡國舉茂材

異等賢良直言各一人

四年六月甲戌孝宣園東闕災戊寅晦日有食之詔曰蓋聞明王在上忠賢布職則羣生和樂方外蒙澤今朕晻于王道夙夜憂勞不通其理靡瞻不眩靡聽不惑（眩亂也）是以政令多還民心未得（還返也）邪說空進事亡成功此天下所著聞也公卿大夫好惡不同（愛憎各異也）或緣姦作邪侵削細民元元安所歸命哉迺六月晦日有食之詩不云乎今此下民亦孔之哀（孔甚也言災異既多百姓甚可哀也）自今以來公卿大夫其勉思天戒慎身修永以輔朕之不逮（謂當慎修其身思爲嘗乆之道也）直言盡意無有所諱

成帝建始元年二月詔曰迺者火災降于祖廟有星孛于東方始正而虧（言始即帝之正而孛星之虧也）咎孰大焉書云惟先假王正厥事（假至也言先古至道之君若遭災變則正其行事修德以應之）羣公孜孜師先百僚輔朕不逮崇寬大長和睦凡事恕已毋行苛刻（恕者仁也仁巳之心以度於物）其大赦天下使得自新

三年十二月日有食之夜地震未央宮殿中詔曰蓋聞天生衆民不能相治爲之立君以統理之君道得則草木昆蟲咸得其所（昆衆也昆蟲言衆蟲也）人君不德謫見天地災異屢發以告不治朕涉道日寡舉錯不中乃

戊申日食地震朕甚懼焉公卿其各思朕過失明白陳之汝無面從退有後言（言我有違道汝當正之無得對面順從唯唯退後則有誹謗之言也）丞相御史與將軍列侯中二千石及四郡國舉賢良方正能直言極諫之士詣公車朕將覽焉

河平元年四月己亥晦日有食之旣詔曰朕獲保宗廟戰戰栗栗未能奉稱（謂不副先帝之業）傳曰男教不修陽事不得則日爲之食天著厥異辜在朕躬公卿大夫其勉悉心輔予不逮百寮各脩其職惇任仁人退遠殘賊（惇厚也遠離也）陳朕過失無有所諱

永始二年二月乙酉晦日有食之詔曰乃者龍見于

東萊日有食之天著變異以顯朕郵（郵與尤同謂過也）朕甚懼焉公卿申敕百寮深思天誡有可省減便安百姓者條奏所賑貸貧民勿收

四月六月詔曰廼者地震京師火災屢降朕甚懼焉有司其悉心明對厥咎朕將親覽焉

元延元年七月有星孛于東井詔曰廼者日蝕星隕謫見于天大異重仍在位默然罕有忠言今星孛見于東井朕甚懼焉公卿大夫博士議郎其各悉心惟思變意明以經對無有所諱

哀帝以綏和二年四月即位是秋詔曰朕承宗廟之

重戰戰兢兢懼失天心間者日月亡光五星失行郡國比比地動（比比猶言頻也）廼者河南潁川郡水出流殺人民壞敗廬舍朕之不德民反蒙辜朕甚懼焉已遣光祿大夫循行舉籍（舉其名籍也）賜死者棺錢人三千

元壽元年正月辛丑朔日有蝕之詔曰朕獲保宗廟不明不敏宿夜憂勞未皇寧息（皇暇也）惟陰陽不調元元不贍未覩厥咎屢敕公卿庶幾有望至今有司執法未得其中或上暴虐假埶（古勢字）獲名溫良寬柔陷於亡滅是故殘賊彌長和睦日衰百姓愁怨靡所錯躬乃正月朔日有食之厥咎不遠在余一人公卿大夫其各悉心勉帥百寮敦任仁人黜遠殘賊期於安民陳朕之過失無有所諱其與將軍列侯中二千石舉賢良方正能直言者各一人

平帝元始二年大旱遣使者捕蝗民捕蝗詣吏以石㪷受錢天下民貲不滿二萬及被災之郡不滿十萬勿租稅民疾疫者舍空邸第爲置醫藥賜死者一家六尸以上葬錢五千四尸以上三千二尸以上二千罷安定呼沲苑以爲安民縣（中山之安定也沲音大河切）起官寺市里募徙貧民縣次給食至徙所賜田宅什器假與犂牛種食又起五里於長安城中（民居之里）宅二百區以

居貧民

後漢光武建武七年三月癸亥晦日有食之帝避正殿寢兵不聽事五日詔曰吾德薄致災讁見日食戰栗恐懼夫何言哉今方念愆庶消厥咎其令有司各修職任奉遵法度惠茲元元百僚各上封事無有所諱其上書者不得言聖

二十二年九月戊辰地震裂詔曰日者地震南陽尤甚夫地者任物至重靜而不動者也而今震裂咎在君上鬼神不順無德災殃將及吏人朕甚懼焉其令南陽勿輸今年田租芻藁遣謁者案行其死罪繫囚

在戊辰以前臧死罪一等徒皆弛解鉗衣絲絮賜郡中居人壓死者棺錢人三千其戶賦逋稅而廬宅尤破壞者勿收責吏人死亡或在壞垣毀屋之下而家羸弱不能收拾者以見錢谷取傭爲尋求之

明帝永平三年八月壬申晦日有食之詔曰朕奉承祖業無有善政日月薄蝕彗孛見天水旱不節稼穡不成人無宿儲下生愁墊雖夙夜勤思而知能不逮昔楚莊無災以致戒懼魯哀禍大天不降譴今之動變儻尚可救有司勉思厥職以輔無德古者卿士獻詩百工箴諫其言事者靡有所諱

八年十月壬寅晦日有食之既（既盡也）詔曰朕以無德奉承大業而下貽人怨上動三光日食之變其災尤大春秋圖讖所謂至譴永思厥咎在予一人羣司勉脩職事極言無諱於是在位者皆上封書各言得失帝覽章深自引咎乃以所上班示百官詔曰羣寮所言皆朕之過人寃不能理吏黠不能禁而輕用人力繕脩宮宇出入無節喜怒過差昔應門失守關雎刺世（春秋說題辭曰人主不正應門失守故歌關雎以感之注曰應門聽政之處也言不以政事爲務則有宣淫之心關雎樂而不淫思得賢人與之共化修應門之政者也）飛蓬隨風微子所嘆（管子曰應門聽政無儀法程式飛搖而無所定謂之飛蓬飛蓬之問明王不聽此言微子未詳）永覽前戒竦然驚懼徙恐薄德久而致怠耳

十三年十月壬辰晦日有食之三公免冠自劾制曰冠履勿劾災異屢見咎在朕躬憂懼皇皇未知其方將有司陳事多所隱諱使君上壅蔽下有不暢乎昔衛有忠臣靈公得守其位今何以和穆陰陽消伏災譴刺史太守詳刑理寃存恤鰥孤勉思職焉

十八年四月巳未詔曰自春以來時雨不降宿麥傷旱秋種未下政失厥中憂懼而已其理寃獄録輕繫二千石分禱五嶽四瀆郡界有名山大川能興雲雨者（周禮職方氏掌天下之地揚州其山曰會稽其川曰三江荆州其山曰衡山其川曰江漢豫州其山

曰華山其川曰滎洛青州其山曰沂山其川曰淮泗兖州其山曰岱山其川曰河泲雍州其山曰嶽其川曰涇汭幽州其山曰醫無閭其川曰河泲冀州其山曰霍其川曰漳并州其山曰常其川曰滹沱此謂九州名山大川　泲音子禮切）長吏各絜齋禱請冀蒙嘉澍

章帝以永平十八年八月即位十一月晦日有食之於是避正殿寢兵不聽事五日詔有司各上封事

建初五年二月庚辰朔日有食之詔曰朕新離供養愆咎衆著上天降異大變隨之詩不云乎亦孔之醜又久旱傷麥憂心慘切公卿已下其舉直言極諫能指朕過失者各一人遣詣公車將親覽問焉其以巖穴爲先勿取浮華又詔曰春秋書無麥苗重之也去

秋雨澤不適今時復旱如炎如焚凶年無時而爲備未至朕之不德上累三光震慄切切痛心疾首前代聖君博思咨諏雖降災咎輒有開匱反風之應今予小子徒慘慘而已其令二千石理冤獄録輕繫禱五嶽四瀆及名山能興雲致雨者冀蒙不崇朝徧雨天下之報務加肅敬焉

和帝永元七年四月辛亥朔日有食之帝引見公卿問得失令將大夫御史謁者博士議郎郎官會廷中各言封事

八年九月京師蝗吏民言事者多歸責有司詔曰蝗

蟲之異殆不虚生萬方有罪在予一人而言事者專咎自下非助我者也朕寤寐恫矜思弭憂釁昔楚嚴無災而懼成王出郊而反風將何以輔朕不逮以塞災變百寮師尹勉脩厥職刺史二千石詳刑辟理冤虐恤鰥寡矜孤弱思致災興蝗之咎

十六年秋七月戊午詔曰今秋稼方穗而旱雲雨不霑疑吏行慘刻不宜恩澤妄拘無罪幽閉良善所致其一切囚徒於法疑者勿決以奉秋令（禮記月令孟秋之月命有司修法制繕囹圄具桎梏斷薄刑决小罪）方察煩苛之吏顯明其罰

安帝永初三年三月京師大饑民相食壬辰公卿詣闕謝詔曰朕以幼沖奉承鴻業不能宣流風化而感逆陰陽至令百姓饑餓更相噉食永懷悼歎若墜淵水咎在朕躬非羣司之責而過自貶引重朝廷之不德其務思變復以助不逮

四年正月元日會以年饑徹樂不陳充庭車（每大朝會必陳乘輿法物車輦於庭故曰充庭車也）

建光元年十一月郡國三十五地震或坼裂詔三公以下各上封事陳得失

順帝永建三年七月丁酉茂陵園寢災帝縞素避正殿

陽嘉元年二月京師旱庚申勑郡國二千石各禱名山嶽瀆遣大夫謁者詣嵩高首陽山并祠河雒請雨戊辰雩甲戌詔曰政失厥和陰陽隔并冬鮮宿雪春無澍雨分禱祈請靡神不禜（音詠）深恐在所慢違如在之義今遣侍中王輔等持節分詣岱山東海滎陽河雒盡心祈焉（濟水四瀆之一至河南溢爲滎澤故於滎陽祠焉）

二年四月己亥京師地震五月庚子詔曰朕以不德統奉鴻業無以奉順乾坤協序陰陽災眚屢見咎徵仍臻地動之異發自京師兢兢祇畏不知所裁羣公卿士將何以輔其不逮奉答戒異異不空設必有所

應其各悉心直言厥咎靡有所諱
桓帝建和三年四月丁卯晦日有食之五月乙亥詔曰蓋聞天生蒸民不能相理爲之立君使司牧之君道得於下則休祥著乎上庶事失其序則咎徵見乎象閒者日食毁缺陽元晦暗朕祗懼潛思匪遑啓處傳不云乎日食脩德月食脩刑昔孝章帝愍前世禁徙故建初之元並蒙恩澤流徙者使還故郡没入者免爲庶民先皇德政可不務乎其自永建元年迄乎今歲凡諸妖惡支親從坐及吏民减死徙邊者悉歸本郡唯没入者不從此令

永興二年九月詔曰朝政失中雲漢作旱川靈涌水蝗螽滋蔓殘我百穀太陽虧光饑饉荐臻其不被害郡縣當爲饑餧者儲天下一家趣不糜爛則爲國寳其禁郡國不得賣酒祠祀裁足
延熹九年正月詔曰比歲不登人多饑窮又有水旱疾疫之困盜賊徵發南州尤甚災異日食譴告累至致亂在予仍獲咎徵其令大司農絶今歲調度徵求及前年所調未畢者勿復收責其災旱盜賊之郡勿收租餘郡悉半入
魏明帝太和五年三月辛巳以四年十月至是不雨大雩
景初二年有彗星見張宿史官言於帝曰此周之分野也雒邑惡之於是大修禳禱之術
齊王正始元年三月以旱詔令獄官亟平寃枉理出輕微羣公卿士讜言嘉謀各悉乃心
晉武帝太始七年閏五月大雩大官减膳
咸寧二年正月以疾疫廢二月帝不豫及瘳羣臣上壽詔曰每念頃遇疫氣死亡爲之愴然豈以一身之休息忘百姓之艱邪諸上禮者皆絶之
四月丁巳詔曰諸旱處廣加祈請五月庚午始祈雨

于社稷山川
五年二月以百姓饑饉减御膳之半
愍帝建興元年六月旱帝親雩
元帝大興元年十一月詔曰朕以寡德纂承洪緒上不能調和陰陽下不能濟育群生災異屢興咎徵仍見壬子乙卯雷震暴雨蓋天災譴誡所以彰朕之不德也羣公卿士其各上封事具陳得失無有所諱將親覽焉
二年五月以三吴大饑詔曰天下凋弊加以災荒百姓困窮國用並匱吴郡饑人死者百數天生蒸民而

樹之以君選建明哲以左右之當深思以救其弊昔吳起爲楚悼王明法審令捐不急之官除廢公族疎遠以附益將士而國富兵強況今日之弊百姓凋困邪其當去非急之務非軍事所須者皆削之使黃門侍郎虞騑(音斐)桓彝開倉庫振給幷省衆役百官各上封事

成帝咸和九年六月以大旱詔大官撤膳省刑恤孤寡貶節用

咸康二年三月以旱詔大官減膳免所旱郡縣徭役

哀帝隆和元年四月以旱詔出輕繫振困乏十二月

冊府元龜　帝王部　弭災一　卷之一百四十三　十七

詔曰戎旅路次未得輕減賦役玄象失度亢旱爲患豈政事未治將有版築渭濱之士邪其搜揚隱滯蠲除苛碎詳議法令咸從損要

孝武太元元年十一月己巳朔月有蝕之詔太官撤膳

四年二月詔曰年谷不登百姓多匱其詔御所供事從儉約九親供給衆官廩俸權乃減半凡諸役費自非軍國事要皆宜停省以周時務

後魏文成和平五年四月以旱故減膳責躬是夜澍雨大降

孝文時太極殿成將行考室之禮引集羣臣而雪不克饗帝曰朕經始正殿功構初成將集百寮考行大禮然彤雲仍結霏雪驟零將繇寡昧未能仰答天心此之不德咎竟焉在卿等宜各陳所懷以救不逮鎮東將軍定州刺史樓毅稽首對曰雪霜風雨天地之常夏霖冬霰四時之節今隆冬雨雪固是其時又禮云雨沾服失容則廢禮自古而然不足爲異帝曰昔劉秀將濟滹沱爲之冰合但朕德謝古人不能仰感天意

太和四年二月癸巳詔曰統承乾緒君臨海内夙興

冊府元龜　帝王部　弭災一　卷之一百四十三　十八

昧旦如履薄冰今東作方興庶類萌動品物資始膏雨不降歲一不登百姓饑乏朕甚懼焉其勑天下祀山川群神及能興雲雨者修飾祠堂薦以牲璧民有疾苦所在存問

五年四月甲寅詔曰時雨不霑春苗萎悴諸有骸骨之處皆勑埋藏勿令露見有神祇之所悉可禱祈

十二年九月甲子詔曰日月薄蝕陰陽之常度耳聖人懼人君之放怠因之以設誡故稱日蝕脩德月蝕修刑迺癸巳夜月食盡公卿已下宜慎刑罰以答天意

十五年正月不雨至于四月有司奏祈百神詔曰昔成湯遇旱齊景逢災並不繇祈山川而致雨皆至誠發中澍潤千里萬方有罪在予一人今普天喪恃幽顯同哀神若有靈猶應未忍安饗何宜四氣未周便欲祀事唯當考躬責己以待天譴時帝居太后哀故有此詔

十七年五月丁丑以旱撤膳

宣武景明四年四月戊戌詔曰酷吏爲禍繇古同患孝婦淹刑東海燋壤今不雨十旬意者其有寃獄乎尚書鞫京師見囚務虛聽察之理己亥帝以旱減膳撤樂辛丑澍雨大洽

正始元年六月以旱撤樂減膳公卿以下引咎責躬詔曰朕以非德政刑多舛暘旱歷旬京師枯悴在予之責夙宵疚懷有司可循案舊典祗行六事囹圄寃滯平處決之庶尹廢職量加修舉鰥寡困窮所在存恤役賦殷煩咸加蠲省賢良讜直以禮進之貪殘佞諛時加屏黜男女怨曠務令媾會稱朕意焉又親薦享於太廟及録京師見囚殊死以下皆減一等鞭撻之坐悉皆原之

永平元年五月帝以旱故減膳撤樂

二年五月帝以旱故減膳撤樂禁斷屠殺

延昌元年四月丁丑帝以旱故減膳徹樂詔尚書與郡司鞫理獄訟又詔食粟之畜皆斷之

三年二月詔曰肆州秀容郡敷城縣鴈門郡原平縣並自去年四月以來山鳴地震于今不已告譴彰咎朕甚懼焉祗畏兢兢若臨淵谷可恤瘼寬刑以答災譴

孝明熙平元年五月丁卯朔詔曰災旱積辰苗稼萎悴比雖微澍猶未霑洽晚種不納企望憂勞在予之責思自兢厲尚書可釐恤獄犴辯其淹枉簡量輕重隨事以聞無使一人怨嗟增傷和氣土木作役權皆

休罷勸農省務肆力田疇庶嘉澤近降豐年可必

神龜二年二月詔曰農要之月時澤弗應嘉谷未納三麥枯悴德之無感歎懼兼懷可敕內外依舊雩祈率從祀典察獄理寃掩胔埋骼冀瀛之境狂冦暴野死者既多白骨橫道可遣專令收葬賑窮恤寡救疾存老准訪前式務令周備三月澍雨大洽

正光元年五月詔曰朕以寡薄運膺寶圖雖未明求衣惕懼終日而闇昧多闕炎旱爲災在予之媿無怠寢食今刑獄繁多囹圄尚積宜敷仁惠以濟斯民八座可推鞫見囚務申枉濫又詔曰禳災招應脩政爲

本民乃神主寔宜率先剌史守令與朕共治天下宜哀矜勿喜視民如傷况今災旱歷時萬姓彫弊而不撫恤窮究理決庶訟可嚴勅州郡善加綏隱務盡聰明加之祗肅必使事允人神時致靈應其賦役不便於民者具以狀聞當便蠲罷

二年七月癸丑詔曰時澤弗霑禾稼凋損在予之責夙宵震懼雖尅躬徹樂仍無昭感有司可循案舊典祗行六事囹圄淹枉隨速勒決庶尹廢職量加脩厲鰥獨困窮在所存恤役賦煩民咸加蠲損賢良讜直以時昇進貪殘邪佞即就屏黜男女怨曠務令會遇

庶革正懲違有弭災沴

三年六月詔曰朕以沖昧夙纂寶曆不能祗奉上靈感延和氣致令災旱頻歲嘉雨弗洽百稼焦萎晩種未下將成災年秋稔莫覬在予之責憂懼震懷今可依舊分遣有司馳祈嶽瀆及諸山川百神能興雲雨者盡其虔肅必令感降玉帛牲牢隨應薦享上下羣官側躬自勵理冤獄止土功減膳徹樂禁止屠殺

四年八月戊寅詔曰朕以眇闇忝承鴻緒因祖宗之基託王公之上每鑒寐屬慮思康億兆比雨旱愆時皇運舛錯政理闕和靈祇表異永尋夕惕載惡于懷宜詔百司各勤厥職諸有鰥寡窮疾冤滯不申者並加隣恤若孝子順孫廉貞義節才學超異獨行高絜者具以言上朕將親覽加以旌命

後周武帝保定二年以久不雨降宥罪人京城三十里內禁酒四月又禁屠宰

建德元年五月帝以大旱集百官于庭詔之曰盛農之節亢陽不雨氣序愆度蓋不徒然豈朕德薄刑賞非中歟將公卿大臣或非其人歟宜盡直言無得有隱公卿各引咎自責其夜澍雨

二年三月不雨至于七月集百寮于大德殿帝責躬

罪己問以治政得失

宣帝大象元年十二月戊午以災異屢見帝御路寢見百官詔曰穹昊在上聰明自下吉凶繇人妖不自作朕以寡德君臨區宇大道未行小信非福始于秋季及此玄冬幽顯殷勤屢貽深戒至有金入南斗木犯軒轅熒惑干房又與土合流星照夜東南而下然則南斗主於爵祿軒轅爲於後宮房曰明堂布政所也火土則憂孽之兆流星乃兵凶之驗豈其官人失序女謁尚行政事乖方憂患將至何其昭著若斯之甚上瞻俯察朕實懼焉將避正寢齋居哀念惡衣減

膳去飾徹樂披不諱之誠開直言之路欲使刑不濫及賞勿踰等選舉以才官闕修德告諸内外庶盡弼諧允叶民心用銷天譴于是含伏衛往天與宮百官上表勸復寢膳許之甲子還宮
隋高祖開皇三年四月旱帝親祀雨師于國城之西南
十四年正月以歲旱祀泰山以謝愆咎大赦天下

冊府元龜

巡按福建監察御史臣李嗣京　訂正
知甌寧縣事臣孫以敬參閱
知建陽縣事臣黃國琦較釋

帝王部　一百四十四

弭災第二

唐高祖武德二年閏二月乙卯詔曰酒醪之用表節制於懽娛芻豢之滋致甘旨於豐衍然而沈湎之輩絶業忘資惰窳之民騁嗜奔慾方今烽燧尚警兵革未寧年穀不登市肆騰踴趣末者衆浮冗尚多有羞

麴糵重增其費救弊之術要在權宜關內諸州官民宜斷屠酤

四年三月帝以旱故親録囚徒俄而澍雨

太宗貞觀元年七月關東河南隴右及緣邊諸州霜害秋稼九月辛酉詔曰蟲霜爲害風雨不時政道未康咎徵斯在朕袛奉明命撫育黔黎憂慇之至實切懷抱輕徭薄賦務本勸農必望民殷物阜家給人足而陰陽不和氣候乖舛永言罪已撫心多愧河北燕趙之際山西并潞所管及蒲虞之郊爰延以北或春逢亢旱秋遇霜澇或蟲賊成災嚴凝早降有致饑饉慚惕無忘特宜矜恤救其疾苦可令中書侍郎溫彥博尚書右丞相魏徵治書侍御史孫伏伽簡較中書舍人辛諝等分往諸州馳驛檢行其苗稼不熟之處使知損耗多少戶口乏糧之家存問若爲支計必當細勘速以奏聞待使人還京量行賑濟

十月丁酉以歲饑貶膳

三年四月丙午以旱甚避正殿六月詔曰朕以眇身袛膺大寶託王公之上居億兆之尊勵志克已詳求至治兢兢業業四載于茲矣上不能使陰陽順序風雨以時下不能使禮樂興行家給人足而關輔之地

連年不稔自春及夏亢陽爲虐雖復潔誠祈禱靡愛斯牲膏雨愆應田疇廢業斯乃上玄貽譴在予一人元元何辜罹此災害朕是用食不甘味寢不安席瞻西郊而載惕仰雲漢而疚心內顧諸已永懷前載既明不自見德不被物豈賞罰不衷任用失所將奢侈未革苞苴尚行者乎文武百辟宜各上封事極言朕過勿有所隱是月遣開府儀同三司長孫無忌左僕射房玄齡工部尚書段綸刑部尚書韓仲良祈雨於名山大川

八年七月隴右山摧大蛇見山東河南淮海之地多

大水帝以問祕書監虞世南曰是何祥也脩何術可以禳之對曰蛇見山澤蓋深山大澤必有龍蛇亦不足恠也山東足雨雖則其常陰慘過久恐有寃獄伏願科省係囚庶幾或當天意且妖不勝德唯修德可消變帝然之遣使者分道賑恤餓人申理獄訟多所原免

十月彗星見帝謂羣臣曰天見彗星是何妖也秘書監虞世南對曰昔齊景公時有彗星見公問晏子晏子對曰公穿池沼畏不深起臺榭畏不高行刑罰畏不重是以天見彗星爲公誡景公懼而修德後十六

日而星沒臣聞天時不如地利地利不如人和若政德不修麟鳳數見終是無補但使百姓安樂朝無闕政雖有災變何損于時然願陛下勿以功高古人而自矜大勿以太平漸久而自驕怠慎終如始彗星未足爲憂帝曰吾之治國良無景公之過但吾纔弱冠舉義兵年二十四平天下未三十而居大位自謂三代以降撥亂之主莫臻於此重以薛舉之驍雄宋金剛之鷙猛竇建德跨河北王世充據雒陽當此之時足爲勍敵而皆爲我所擒及逢家難吾復决意安社稷遂登九五降服北夷吾頗有自矜之志以輕天下之士此吾之罪也上天見變良爲是乎秦始皇平六國隋煬帝富四海既驕且逸一朝而敗吾亦何得自驕言念于此不覺惕焉懼矣温彦博進曰昔宋公一言彗星三徙陛下見變而懼災其消乎

十一年七月車駕廵雒陽詔以水災諸司供進悉令減省凡在供役量事停廢

十五年六月有星孛于太微宫帝既罷封禪于是避正寢減當饌申以祗誡星退乃復

十七年三月甲子以久旱詔曰去冬之間雪無盈尺今春之内雨不及時載想田疇恐乖豐稔農爲政本

食乃人天百姓嗷然萬箱何冀昔潁城之婦隕霜之臣至誠所通感應天地今州縣獄訟常有寃滯者是以上天降鑒延及兆庶宜令覆囚使至州縣科簡刑獄以申枉屈務從寬宥以布朕懷庶使桑林自責不獨美於殷湯齊郡表墳豈自高於漢代

六月癸巳以旱不視朝乙巳謂侍臣曰殷湯周宣求雨穰禱昔聞其語今見其心比望雲蒸雨濃重於金膏玉液又詔曰朕以寡德祗膺寶命而政慙稽古誠闕動天和氣愆于陰陽亢旱涉於春夏靡愛斯牲莫降雲雨之澤詳思厥咎在予一人今避茲正殿以自

剋責尚食嘗膳亦宜量減京官五品已上各進封事
極言無隱朕將親覽以答天譴
高宗永徽五年正月以時旱手詔京官文武九品已
上及朝集使各進封事極言厥咎
顯慶元年二月上封人奏稱去歲粟麥不登百姓有
食糟糠者帝命取所食物視之驚嘆手詔曰上封人
所進食極惡情之憂灼中宵輒寐求言給足取愧良
深夫國以人爲本以食爲天百姓不足君孰與足朕
臨御天下于今七年每留心庶績軫慮農畝而政道
未凝仁風猶缺致令九年無備四氣有乖遂使去秋

霖滯便即蘁竭所以佇西郊而結念眷東作以勞懷
豈下乏農夫上𠀤㳂饌宜令所司嘗進之食三分減
二羣臣奏言伏見手詔以近畿諸州百姓少食特爲
減膳去年雖不善熟未是大饑陛下憂勞情深發使
賑給復爲減膳在外黎庶不勝喜慶帝曰比日亦聞
百姓食少不足爲至是今所見者乃非人所食物朕
聞天子以百姓心爲心豈有見有如此一身獨供豐
饌自見此食憂歎不能已也三月澍雨百寮請復嘗
膳許之
四年七月以亢旱避正殿

總章元年四月丙辰彗星見於五車帝避正殿御延
福殿前東廊事令中御減膳奉嘗停樂仍令內外文
武九品已上各上封事極言得失勿令有隱太子少
師許敬宗等奏稱星雖孛而光芒小此非國告不足
上勞聖慮請御正殿復嘗膳帝曰朕獲奉宗廟臨馭
億兆譴見于天誡朕之不德也不從所請敬宗等又
奏曰陛下至仁被物克享靈心東封告成休徵應兆
伐叛懷柔無遠不屆若不上符天意豈能致此雖有
高麗一隅上阻王命天軍問罪殄滅有期譴見東北
當其分野上玄星象見彼咎徵臣等不勝慶悅帝曰

天道既遠非人所測我爲萬國主豈可推過於小蕃
哉戊辰彗星滅
二年二月戊辰以旱親慮京城囚徒其天下見禁囚
委當州長官慮之仍令所司分禱名山大川
咸亨元年三月以歲旱穀貴詔司成弘文崇賢館及
書筭律醫胡書等諸色學生并別勑修饌寫經書官
典及書手等官供食料者宜並權停其有職任者各
還本司自餘放歸本貫秋熟已後更聽進止
八年以時旱親慮囚徒多有原宥仍令沛王賢慮諸
司囚周王顯慮雍州及兩縣囚

上元二年四月以旱避正殿減膳徹懸兼令百官極言得失勿有所隱仍令禮部尚書楊思敬往中嶽以申祈禱

三年七月彗星見于東井光芒長至三丈掃中台指文昌宫帝避正殿詔中殿徹膳太常停樂兼減食粟之馬遣使慮岐州及京城囚徒内外文武官各進封事勿有所隱

八月青州大風齊淄等七州大水詔停此中尚梨園等作坊減少府監雜匠放還本邑兩京及九成宫土木工作亦罷之天下囚徒委諸州長官慮之

儀鳳三年四月朔以旱避正殿親慮京城繫囚悉原宥之

永隆二年正月己亥詔曰朕聞受上天之命者其道在乎愛人處皇王之位者其功先於濟物然則所修在德池籞可以假貧人所寶惟賢琛玩不足奉諸己自朕臨馭天下三十餘年永念黎元情深撫育頻頒制命猶未遵行所有差科尚多勞擾關中地狹衣食難周山東遭澇糧儲或少刺史縣令寄以字人長史司馬職惟毗贊若能恤隱求瘼清直無私則囹圄于是空虛鰥寡自然蘇息而在外官司罕能奉法志存苟且不舉綱維欲使訟息刑清家給人足無爲而化其路何繇今當勵精求政先身理物救乏賙無自邇及遠凡在寮庶宜識至懷其殿中太僕寺馬並令減送羣牧諸方貢獻物及供進口味百司支料並宜量事減省雍岐華同四州六等已下户宜免兩年地稅河北澇損戸嘗式蠲放之外特免一年調其有屋宇遭水破壞及糧食乏絶者令州縣勸課助修并加給貸

永淳元年正月朔以年饑受朝賀而不設會放雍州諸府兵士於鄧綏等州就穀

中宗神龍二年正月以旱親録囚徒多所原宥其東都及天下諸州委所在長官詳慮又遣使祭五嶽四瀆并諸州名山大川能興雲雨者

五月以旱避正殿尚食減膳

睿宗延和元年七月丙戌以炎旱命減膳囚徒並決斷勿使冤滯土木之功並停

玄宗先天二年六月以久霖雨告乾陵及太廟帝減膳避正殿

開元二年正月關中饑下詔曰朕聞諸易曰先天而天不違後天而奉天時天且弗違況於人乎因斯而

言則君事於天養於人行月令順時物也朕以不德恭膺斯運靜言詢政每用憂勞屬獻歲發春東風觧凍土膏脉散草樹自榮而天久不雨元元何辜孰可以授農事拯彼饑者豈布德利施慶惠尚不及歟豈掩骼埋胔無麛無卵尚不及歟豈名山大川修祭命祀尚不及歟欽若令典惟增所懼緬懷大猷思補其闕有司可稽春令以稱朕心其有直諫昌言弘益政理者朕將親覽罔或隱避不急之務一切停息見禁囚徒速令處置宜從寬大勿使稱究本州本軍刺史軍將境内所有名山大川能興雲致雨者並宜祈祭

其有傴屍暴骸無主收斂者亦仰埋掩量致祭訖各具狀奏聞應須酒脯宜用官物古者雪冤婦於東海問刑人于北寺則以旱之故應時如響至于山不童澤不竭使霈然以降典而致之復何遠也將達精誠務修蠲潔俾幽坎遂性飛走從宜則冀天之愛人月離于畢顒顒之望感而遂通布告遐邇令知此意二月帝親慮囚徒宰臣等奏曰陛下亢旱親降德音減膳徹樂朝野之人無任欣感然食粟之馬在廐猶多臣請馬料日減其半廻給饑戶則人畜偕濟免供廄之乏許之

四月壬子以久雨命有司禜京城門

三年五月戊申以旱故下詔曰司牧生人愛之如子睠茲災旱倍切憂勤將理政不明邪冤囚有滯邪疵癘道長邪陰陽氣隔邪何崇朝密雲布未洽也載加寅畏弗敢荒寧誠不動天歎深罪己思從避減以塞愆尤俾月離有期星退何遠朕今避正殿減常膳仍令諸司長官各言時政得失以輔朕之不逮天下見禁囚徒中或以痛自誣者各令長官審加詳覆疑有冤濫隨事案理仍告於社稷備展誠祈諸州旱處有山川能興雲致雨者亦委州縣官長速加禱祀

四年五月甲辰詔曰今年蝗蟲暴起乃是孳生所繇官司不早除遏信蟲成長闕食田苗不恤人災自爲身計向若信其拘忌不有指麾則山東田苗掃地俱盡使人等至彼催督其中猶有推託以此當委官員責實若有勤勞用命保護田苗須有褒貶以明得失前後使人等審定功過各其所錄州縣長官等姓名聞此蟲若不盡除今年還更生子委使人分州縣計會勿使遺類是時山東諸州蝗蟲五月末在處生子陂澤鹵田尤甚縣官或隨處掘穽埋瘞放火焚滅殺百萬餘石餘皆高飛湊海蔽天掩野會潮水至盡漂

死馬蝗蟲積成堆岸及爲鶂鵞白鷗練鵲所食種類遂絶

八月詔河南北簡較蝗蟲使狄光嗣康敬昭高道昌賈彦璿等宜令待蟲盡看刈禾有次第然後入京奏事恐山澤之内或遺子息農隙已後各令府州縣長簡較仍告按察使如來年廵察更令蟲出所緣官量事貶降

六年七月帝以亢旱不御正殿於小殿視事詔曰皇天應人必有所謂此月少雨蓋非徒然滯慮繫囚或有寃滯京城内諸司見禁囚徒並以來日過朕將親

慮所司量准舊典其杖以下情不可恕者速决自餘即放却

七年五月朔日有食之帝素服以候變徹樂减膳令中書門下省察囚繫及天下水旱之州皆令賑恤不急之務一切停罷七月詔曰今月之初雖降時雨自此之後頗愆甘液如聞側近禾豆微致焦萎滞用憂勞式資祈請丘禱則久嘗典宜遵即令禮部侍郎王丘太常少卿李暠分往華嶽河瀆祈求甲申親慮囚於宣政殿事非切害悉原之詔曰朕以匪德嗣膺丕命雖日愼爲誠政期以康而天災流行誠或未感自孟秋在候雨澤愆足永念農畝用懷宵旰在予之責萬方何罪視人如傷一物增怵且夫修政之要恤刑之重雖得情勿喜寧僭無濫將恐此輩猶有寃人或傷於和而作此厲法惟明愼事藉躬親故爰加案省開其幽滯雖士師不寃時稱閱實而愚者自陷朕甚愍焉故屈常法特申寛典丙戌詔曰爰自春首頗愆甘澤眷兹近甸將損嘉苗人天謂何夙夜增怵豈刑罰莫省罪獄其紛儻致吁嗟是生炎亢故京師囚繫親慮原減而郡縣徙牢將何塡恤平分之道載軫于懷天下諸州見繫囚徒宜令所繇長官便慮有司即

此類作條件處分

九年夏五月巳未勑諸州水旱時有其五嶽四瀆宜令所司差使致祭自餘名山大川及古帝王并名賢將相陵墓並令所司州縣長官致祭仍各修飾灑掃

十二年七月河東河北旱命中書舍人寇泚宣慰河東道給事中李昇期宣慰河北道百姓有匱乏者量事賑給帝親禱于内壇塲三日曝立

十四年六月丁未以久旱分命六卿祭山川詔曰五嶽視三公之位四瀆當諸侯之秩載于祀典亦爲國章方屬農功頗増旱暵虔誠徒積神道未孚用申虔

愛之勤冀通能潤之感宜令工部尚書盧從愿祭東
嶽河南尹張敬忠祭中嶽御史中丞兼戶部侍郎宇
文融祭西嶽及西海河瀆太常少卿張九齡祭南嶽
及南海黄門侍郎李暠祭北嶽右庶子何鸞祭東海
宗正少卿鄭繇祭淮瀆少詹事張晤祭江瀆河南少
尹李暈祭北海及濟瀆且潤萬物者莫先乎雨動萬
物者莫先乎風眷彼靈神是稱師伯雖有常祀今更
陳祈宜令光祿卿孟温祭風伯左庶子吴兢祭雨師
各就壇壝務加崇敬但羞蘋藻不假牲牢應緣奠祭
尤宜精潔壬戌以旱及風災命官及州縣長官上封

事指言時政得失無有所隱
十六年九月以久雨帝思宥罪緩刑乃下制曰古之
善爲邦者重人之命執法之中所以和氣洽嘉生茂
今秋京城連雨隔月恐耗其膏粒而害于粢盛抑朕
之不明何政之闕也永惟久雨者陰氣凌陽宪塞不
暢之所致也持獄之吏不有刑罰生於刻薄輕重出
於愛憎邪詩曰此宜無罪汝反收之刺壞法也書曰
與其殺不辜寧失不經明慎刑也好生之德可不務
乎兩京及諸州繫囚應推徒已下罪並宜釋放死罪
及流各減一等庶得解吾人之愠結迎上天之福祐
布告遐邇知朕意焉
二十一年四月以久旱命太子少保陸象先戶部尚
書杜暹等七人往諸道宣慰賑給仍令黜陟官吏疎
決囚徒
天寶十二年八月京師連雨二十餘日米涌貴令中
書門下就京兆大理疎決囚徒
十四載三月詔曰近日以來時雨未降在於宿麥慮
有所傷雖憂勤之心不忘於黎庶而精誠之至冀展
於靈祇宜令太子太師陳希烈祭玄冥光祿卿李憕
祭風伯國子祭酒李麟祭雨師仍取今年二十三日

各申誠請務令蠲潔如朕意焉又詔曰關輔郡邑霑
澤屢施京城在近時雨未降是用軫慮匪寧于懷其
諸郡壇雖已勤請攸資遍祭庶達誠心宜令吏部侍
郎蔣烈今月二十五日祭天皇地祇給事中王維等
分祭于五星壇務申虔潔以副朕懷
肅宗至德二年三月癸亥大雨至癸酉不止帝令恤
獄緩刑詔三司條件疎理處分甲戌雨止
乾元元年五月己亥亢旱陰陽人李奉先自大明宫
出金龍及紙錢太常音樂迎之送於曲江池投龍祈
雨宰相及禮官並於池所行祭禮畢奉先投龍於池

二年三月癸亥以久旱徙東西二市於是祭風伯雨
師修雩祀壇爲泥人土龍及望祭名山大川而祈雨
代宗永泰元年七月以久旱遣近臣分録大理京兆
囚徒
三年六月庚子以大旱分遣左僕射裴冕等禱祝川
瀆及徙市閉諸坊門祀風伯雨師是日乃雨
大曆四年自四月雨連霖至秋京師米斗至八百官
出米二萬石分場出糶貧人閉坊市北門置土臺及
黃幡以祈晴是日雨止
德宗貞元元年五月癸卯命右庶子裴諝殿中少監

馬錫鴻臚少卿韋俛分禱終南秦嶺諸山以祈雨
十二月丁亥詔曰朕以眇身纘明列聖不能纂修先
志以洽昇平馴致寇戎屢興兵革上玄降警蝗旱爲
災年不順成人方歎食言念於此實用傷懷是以齊
心別宮與人祈穀雖陽和在候而黔首無聊稱慶于
予竊所不敢其來年正月一日朝賀宜罷
二年正月壬辰朔以關輔荒饉停朝賀之禮丙申詔
曰朕以薄德託于人上勵精思理期致雍熙而鑒之
不明百度多缺傷痍未瘳而征役荐起流亡既甚而
賦歛彌繁人怨上聞天災下降連歲蝗旱盪無農收
惟茲近郊遭害尤甚豈非昊穹作沴浮譽予衷踊踏
憂懃罔知攸措今穀價騰踊人情震驚鄉閭不居骨
肉相棄流離殞斃所不忍聞公私之間廩食俱竭既
無賑恤猶復徵求財殫力盡掊楚仍及弛征則軍莫
之贍厚取則人何以堪念茲困窮痛切心骨思所以
濟活無津涯補過實在於增修救患莫如于息費致
咎之本既繇朕躬謝譴之誠當自朕始尚食每日所
進御膳宜各減一半應宮內人等每月唯供給糧米
一千五百石其飛龍廄馬從今已後至四月三十日
並減半料京兆尹應科徵諸色名目一切並停如有

能減有均無賙救貧乏者當受以官秩
五月百寮上表請復御膳先以旱蝗寇盜充斥故從
貶省至是從之
六年三月以旱故遣使分禱山川是春京畿關輔河
南大無麥苗
十一年五月以旱故令禮部尚書董晉巡覆百司禁
四
十三年四月以久旱令百司速決囚徒
十五年三月以久旱令李巘鄭雲逵於炭谷秦嶺祈
雨

四月以久旱令陰陽術士陳混常呂廣順及摩尼師
祈雨
十九年正月至於六月不雨分公卿望祈于嶽鎮海
瀆名山大川精禱于太社太稷太廟天皇地祇及山
川能出雲爲雨者
六月詔曰京師近郊時雨未洽慮囹圄寃滯致傷和
氣是用軫於朕心其御史臺大理寺及京兆府等諸
司繫囚中書門下與有司亟議條理寃滯以聞
憲宗元和七年三月庚午以旱故詔京畿內禁囚徒
據罪輕重宜疎理處分

八年六月辛丑命出官人二百車許人得娶以爲妻
以水害誠陰盈故也

巡按福建監察御史臣李嗣京 訂正
新建縣舉人臣戴國士參閱
知建陽縣事臣黃國琦較閱

帝王部 一百四十五

弭災第三

唐穆宗長慶二年十二月巳亥詔曰自冬以來甚少雨雪農耕方始災旱是虞慮有寃滯感傷和氣宜委御史臺大理寺及府縣長吏自錄囚徒仍速决遣除身犯罪應支證追呼近繫者一切並令放出須辨對

者任其責保兾得克消沴氣延致休祥

四年六月辛巳詔曰近者夏麥垂熟霖雨稍多雖不甚損傷亦是陰陽小沴必慮囚徒之中或有寃濫宜令御史中丞刑部侍郎大理卿同疎理決遣訖聞奏其在内諸軍使囚徒亦委本司疎決聞奏

敬宗寶曆二年六月癸亥詔曰近日京城雖已得雨畿甸之内霑灑未周災歉是虞黎元重困救旱之備深所注懷宜令京兆府各勅諸縣令長疎理見禁囚徒除首罪外餘支證並責保放出其有法不得原情有可恕者府司一一條舉當爲蠲免御史臺大理寺亦委本司長官親自覆視准前處分炎熾方甚狴牢可矜京城及畿内諸獄亦宜並與除放兾得存活

文宗太和元年六月庚子詔緣自夏少雨應見禁囚徒宜差清彊御史各就諸司巡勘速理聞奏無令寃滯是月以霖潦詔京城見禁囚徒慮有寃滯宜令御史臺府縣及諸司各量輕重疎决三日内聞奏

六年五月庚申詔曰朕聞王者之理天下一物失所輿納隍之咎一夫不獲歎時予之辜雖饑疫凶荒國家代有而陰陽祲沴儆戒朕躬自諸道水旱害人疫疾相繼宵旰罪已輿寢疚懷屢降詔書俾副勤恤發

廪蠲賦救患賑貧亦謂至矣今長吏申奏札瘥猶甚蓋教化未感於蒸人精誠未格於天地法令之或爽官吏之或非百姓稱寃税役多弊姦贓未去農業失時有一于兹皆傷和氣並委内外文武常參官一一條疏各具所見聞奏必當親覽無憚直言其諸道應災荒處疾疫之家有一門盡殁者官給凶具隨事瘞藏一家如有口累疫死一半者量事與本户税錢三分中減一分死一半已上者與減一半本户税其疫未定處並委長吏差官巡撫量給醫藥詢問救療之術各加拯濟事畢條疏奏來其有一家長大者皆死

所餘孩稚十二至穉稀者不能自活必致夭傷長吏勒其近親收養仍官中給兩月糧亦具都數聞奏江南諸道既有凶荒賦入上供悉多蠲減國用嘗限或慮不充宗廟切急所須外所有舊例市買貯備雜物一事已上並仰權停待歲熟時和則舉處分於戲朕自臨御于今七年兢兢乾乾不敢自逸而冲眛寡德未能燮調艱旱水災或罹於藩郡夭亡疾苦或害於生人悼於厥心省已自責其州府長吏各奉詔條勉加拯卹

七月壬寅詔曰秋稼方茂時稍愆亢慮有冤繫致傷

和氣應內外諸司見禁囚徒各委本司長吏隨罪疎決務從寬典副我憂懷

七年正月壬子詔曰朕承上天之眷佑荷累聖之丕圖宵旰兢勞不敢暇逸思致康乂八年于今而水旱流行疾疫作沴兆庶艱食札瘥相仍蓋德未動天誠未感物一類失所有過在予載懷罪已之心深軫納隍之歎宜敷惠澤式表憂勤如聞去年以來河東開輔亢旱爲災秋稼不收人甚窮困今方春之時須務農事若不賑救恐至流亡其京兆府河中等九州府宜賜七萬石同華陝虢晉等州各賜十萬石並以常平義倉及折糴斛𣁾充無本色以還米折給爲本州府長吏明作等第差官吏對面宣賜先從貧下起給京兆府太和六年青苗搉酒錢在百姓腹內並放免京兆河中同華陝虢晉絳等州府自太和六年秋稅以前諸色逋懸在百姓腹內悉放免議獄恤刑前王攸重苟有冤滯卽傷陽和應在城諸司諸使應有囚徒限七月內處分訖奏聞河南府八州府勑到准此處分諸色功役非灼然交切者勒停應管內名山大川能致風雨者委長吏精誠禱請水旱之數雖云嘗理導化失節亦致咎災顧惟寡昧敢忘兢責嘗參官

及外州府長吏如有規諫者各上封事極言得失俟有規正期於阜安咸啓乃誠用致予理無或有隱以忝在公內外官有貪暴殘害人者臺司紀察聞奏朕爲人父毋虔奉丕業夕惕若厲夙興匪寧減膳徹樂庶答天戒咨爾長吏實分予憂勉加撫綏用副惻隱庶切救災之義爰申爲上之懷中外臣僚宜體朕意

七月己酉勑曰今緣稼穡方滋旬月少雨慮其冤滯或有感傷宜委左僕射李程及御史大夫鄭覃同就尚書省疎理諸司囚徒務從寬降限五日內畢聞奏

其外州府爲有稍旱處委長吏速准此處分壬子以旱命吏部尚書令狐楚御史大夫鄭覃同疎決囚徒

甲寅徙市

閏七月乙卯詔曰朕嗣纂聖圖覆育生類兢業寅畏上承天休而陰陽失和膏澤愆候害我稼穡災于黔黎有過在予敢忘咎責是用避殿徹樂減膳省刑思惕慮以覃思庶薦誠而致雨時澤未降已來朕當避正殿減供膳太常教坊聲樂權停閑習飛龍廐馬量減食粟其百司官署厨饌亦且權減陰陽鬱堙禁繫傷害有紊和氣是乖爕調今放出宮人一千人其諸

道今年合進鷹犬宜數內停減一百頭聯在五坊者宜減放一百頭聯京城囚徒慮有寃滯已委疎決務從寛降宜令鄭覃令狐楚速具條疏聞奏內外諸司先有脩造稍非急切者並宜停省公卿百寮及戚里舊將相之家如有僭侈踰制委御史臺糾察聞奏諸州府長吏及縣令有貪縱苛暴者委御史臺訪察聞奏名山大川及能興雲致雨者各委長吏精誠祈禱於戲朕受天眷佑爲人父母曠旱作沴焦勞匪寧徧祀山川靡愛珪璧非食罪已緩獄消災載深勤雨之心冀警納隍之戒凡百士庶宜諒予懷時以久無雨帝徧走羣望至是復有此詔旣而甘澤普霑人心大悅

八年六月甲午詔曰近者咎徵所集陽亢成災靡神不宗未獲嘉應豈刑政之尚乖其當將獄犴之未察其寃夙典以思庶答天譴宜令尚書右僕射李逢吉御史大夫鄭覃於尚書省疎理刑獄輕繫者咸從於決遣重條者議所以矜寛小大以情必詳必慎致誠無怠稱朕意焉丁酉詔曰時屬亢陽慮有寃繫應諸州府囚徒各委所在長吏疎理處分務從寛降其緣制獄未決遣者委刑部大理寺速立限奏覆稍涉留

滯者仍令御史臺糾劾舉奏

九年三月乙丑制以仍歲水旱黎民艱食其宰牧非才貪殘爲害及承前積弊須有條疏或寃獄留滯速宜疎决者並委觀察使糾察詳訪具狀聞奏用弭天眚

七月詔曲江雩土龍

開成二年三月壬申以妖星見降詔誡百司及天下州府見禁囚徒死者從流流已下並釋放膏澤不愆播種伊始土木興役恐妨農功禁中及百司所有修造並宜權停韶陽御辰生氣方盛思全物類以順天

時內外五坊凡有籠養鷹鷂及鷄鴨鳥雀狐兎等悉宜放之朕今素服避殿命太常徹樂太官減膳一日嘗分爲一旬嘗祭官及諸州府長吏如有規諫者各上封事極言得失陳救災之本明致理之方咸竭乃心以輔厥辟於戲朕明誠未感化理未孚譴告在天丁寧斯甚所宜盡意其與同憂勉進嘉言共凝庶績弼違納誨副茲虛懷宜示內外各令知悉甲戌以彗星見命京師諸佛寺開仁王經道場

四月戊申詔曰自春以來未降甘澤從來但以過時無雨議祈禱及至降洒已似後時今雖未旱亦要沾

洽各宜差官精誠祈禱

七月庚午詔曰農人徧野甘澤稍愆眷言時苗未保收穫齋心懇禱猶望有成各宜差長吏所在靈廟禱祈乙亥以久旱移市開坊市南門乙酉詔曰秋旱未雨慮有幽冤縲禁多時須議疎決京司刑獄宜令右僕射兼門下侍郎平章事鄭覃親往疎理乃分命宰臣祈雨於太廟太社白帝壇已丑遣侍御史崔虞孫範各往諸道巡覆蝗蟲并加宣慰

三年正月乙亥京兆尹崔珙奏畿內去冬少雪宿麥未滋今欲差少尹於終南廣惠公廟祈禱諸縣各委令長於靈跡處精誠祈請從之癸未詔曰朕自守丕訓恭臨大寶兢兢業業十有三年何嘗不惠下以愛人克己以利物外無畋遊之樂內絕土木之功浣衣菲食宵興夕惕厚於身者無不去便於人者無不行損羣方之底貢驅時風於樸素將以弘祖宗法制致夷夏雍熙勤求理道日冀平泰而去秋旱蝗所及稼穡卒瘁哀此烝人懼罹艱食是用順時布令助煦育之深仁施惠覃恩法雨露之殊澤其淄青兗海鄆曹濮去秋蝗蟲害物偏甚其三道有去年上供錢及斛㪷在百姓腹內者並宜放免今年夏稅上供錢及斛

㪷亦宜全放仍以當處常平義倉斛㪷速加賑救京兆府諸州府應有蝗蟲米穀貴處亦宜以常平義倉及側近官中所貯斛㪷量加賑賜閉糴禁錢爲時之蠹方將革弊尤藉通商其見錢及斛㪷所在方鎮州府輙不得擅有壅遏任其交易必使流行仍委出使郎官御史及所在度支鹽鐵巡院切加勾當兼委車運使設法般運江淮糙米於河陰貯積以備節級賑救應方鎮州府借使度支鹽鐵戶部錢物斛㪷經五年已上者並宜放免刑獄之重人命所懸將絕冤濫必資慎恤京城百司及畿內見禁囚徒委中書門下

差官疎理無使滯寃於戲唯此凶災是彰菲德情敢
怠於罪已惠所貴於及人施令布和期於蘇息凡厥
臣庶宜體朕懷
十一月壬戌帝以妖星見詔京城百司及諸道州府
十一月八日以前見禁囚徒未經勅斷者犯死罪並
降從流流已下遞減一等其十惡及謀殺人刼盜賊
并官典犯贓不在此限諸道今年遭水及蝗蟲州縣
人戶等宜委觀察使與州縣長吏計會精加訪察勿
憚奏論諸道所有進獻時新委中書門下更點勘撙
減以稱朕意京畿之內百役繁興欲其阜安切在憂

郵其今年二月二十五日勅賑貸諸縣百姓糧種粟
八萬四千九百七十八石如聞數內半是義倉斛㪷
此乃救災之備豐年自合收填其餘有戶部晉係者
並宜停徵以俟來歲畿內諸縣應有開成元年已前
諸色逋欠仍委度支與府司同撿勘聞奏如是官吏
破用不在此限皇太子葬事縁卜日稍近但令粗及
禮制不必過務虛儀以涉繁冗則須裁減冀無害物
夫豈傷恩易定兩州地里深阻近者守臣喪殁軍中
初有異圖累譴詔書申明事理革心遷善章表繼來
張元益出定州後應是初扶樹元益有違朝旨者自

將較至于官徤委新節度使安存撫諭並從洗釋如
或輙相告訐却以其罪罪之冀使籓方永無疑懼文
武百寮及諸色人有能通達刑政之源參考天人之
際任各上章疏指言得失至於徹樂減膳抑亦舊章
便當內自指揮不復更形綸翰宣示中外宜體朕懷
懿宗咸通十年六月戊戌制曰動天地者莫若精誠
致和平者莫若修政朕顧惟庸昧託于王公之上于
茲十一年矣祗荷丕搆寅畏小心慕唐堯之欽若昊
天遵周王之昭事上帝念茲夙夜靡替虔恭同馭朽
之憂勤思納隍之軫慮內戒奢靡外罷畋遊匪敢期

於雍熙祈自得於清淨上望寰區無事稼穡有年而
燭理不明涉道惟淺氣多堙鬱誠未感通旱暵是虞
蟲螟爲害蠻蜑未賓於遐裔冦盜復蠹於中原尚駕
戎車益調兵食俾黎元之重困每宵旰而忘安今盛
夏驕陽時雨久曠憂勤蒸庶旦夕焦勞內修香火以
虔祈外罄牲玉以精禱仰俟玄貺必致甘滋而油雲
未興秋稼闕望覩茲愆亢軫于誠懷復慮暴政煩刑
強官酷吏侵漁囊橐陷害孤煢致有寃抑之人搆成
災沴之氣主守長吏無怠奉公伐叛興師蓋非獲已
除姦討逆必使當辜苟或陷及平人自然風雨愆候

凡行營將帥切在審詳昭示惻憫之心敬聽勤䘏之旨應京城天下諸州府見禁囚徒除十惡五逆官典犯贓故意殺人合造毒藥光火持杖開刼墳墓及關連徐州逆黨外並宜量罪輕重速令決遣無久繫留雷雨不周田疇方瘁誠宜愍物以示好生其京城未降雨間宜令坊市權斷屠宰昨陝虢中使廻方知䵝旱有損處諸道長吏分憂共理宜各推公共思濟物界内有饑歉切在慰安哀此烝人無俾艱食徐方寇孽未殄師旅有征凡合誅鋤審分淑慝無令脅從橫死元惡偷生宜申告代之文使知逆順之理於戲每

思禹湯之罪已其庶成康之措刑孰謂德信未孚教化猶梗咎爾多士毗予一人旣引過在躬亦漸幾于理布告中外稱朕意焉

哀宗天祐二年三月詔曰朕以宿麥未登時暘久亢慮闕粢盛之備軫予宵旰之憂所宜避正位於寢居减珍羞於嘗膳諒惟眇質深合罪躬庶其昭感之祥以致滂沱之澤今月八日巳後不坐正殿及减常膳

四月壬申詔曰朕以冲幼克嗣丕基業業兢兢敬恭夕惕今以彗星謫見深宜罪躬雖已降恩赦更起今月二十四日避正殿减常膳明自思過咎也已未司天臺奏星文彗見請于太清宮建黃籙道場從之

三年九月詔以久雨恐妨農事遣工部侍郎孔績禜定鼎門如不止止于三日

後唐莊宗同光元年十二月庚寅自冬無雪差官分道禜於百神

二年二月自冬不雨命禱百神

三年勑時雨稍愆差官祈禱

八月乙未勑旬日霖雨恐傷秋稼須命祈止冀獲開晴可差官分禱祠廟

九月有司上言以八月二日夜五鼓四籌熒惑犯星

二度星周之分請依法禳之於京城四門懸東流水一甖兼令關坊都市嚴備盜火止絶夜行從之

十二月戊寅勑節及杪冬稍愆時雪須命祈禱以濟農功宜令有司差官分命祈祭諸神廟乙酉輿駕幸廣化寺祈雪

三年正月戊午時雨稍愆命興唐府差官分禱祠廟

二月辛丑帝祈雨於郭伯神祠

四月丁卯勑時雨少愆恐妨農事須命祈禱冀遂豐登宜令差官分道祈禱百神癸酉租庸院奏時雨少愆恐傷宿麥慮有妨耕稼請諸道州府依法祈禱

從之辛巳勑亢陽稍甚祈禱未徵將致感通難避勞擾宜令河南府於府門造五方龍集巫禱祭徙市

五月壬子勑時雨尚未沾足宜令河南府徙市閉坊門依法畫龍置水祈請令宰臣於諸寺燒香戊申帝幸龍門之廣化寺開佛塔請雨

七月丁酉勑河南尹依法祈晴己亥勑淫雨稍甚宜差官分道祈晴

九月辛卯朔勑霖雨未止恐傷苗稼及妨收穫宜令差官於諸寺觀神祠虔心祈禱仍令河南府差官應有靈迹處精虔祈止丙午勑霖雨未晴宜令宰臣尚

書丞郎分於寺觀祈晴

四年正月諸道各奏准宣爲去年十月地震命僧道置消災道場

明宗天成元年五月辛未以時雨稍愆分命朝臣禱祠嶽瀆八月勑久雨不晴慮傷農稼可申命禱禜仍曉諭天下州府疏理繫囚無令冤滯

十月己丑日月色皆赤庚寅日月尚赤遣使祠五嶽

丁酉勑自秋涉冬稍愆雨雪慮傷宿麥宜令禱祠分遣朝臣告祠羣望宜付所司

二年正月司天奏今年歲日五鼓後東方有青黒雲主歲多陰雨宜行禳禜禱祠從之

六月癸未宜宰臣於諸寺祈雨辛丑勑近以時雨稍愆恐傷禾稼爰命祈禱果獲感通宜令本官各於本處賽謝

三年七月霖雨稍甚命宰臣散於寺觀祈晴八月汴州稍旱命丞相祈雨於寺觀

十二月以十月至是月少雪命公卿散祈於祠廟

四年十二月丙午中書舍人程遜奏三冬未降時雪請命臣僚虔申祈禱從之

長興元年四月甲辰勑自夏以來稍愆時雨宜差官

祈禱

二年三月勑自春以來稍愆時雨宜分命朝臣祈禱

四月乙巳帝幸龍門寺祈雨至晚還宮乙卯勑久愆時雨浮疚予心雖遍虔祈猶未溥足宜廣推恩之道更敷恤物之懷貴獲感通必彰靈應宜令諸道州府各委長吏親問刑獄省察冤濫應見禁囚徒除犯死刑外餘盡時疎放除省司主持廻圖敗闕軍將及諸色人等見別指揮三司商量或有情可矜憫或非欺罔積年致有逋懸各具分析續行勑命并公私債負放至秋熟填納今年取者不在此限

八月丙子勑陰雨稍頻慮妨收穫宜令河南府依古法祈晴

三年三月丙申帝以春雨稍頻慮妨耕種宜令河南府依古法祈晴帝問翰林叅諫趙延文自春以來頻雨何故奏曰緣火化井所以頻雨兼雷聲似夏並不益時乞寛刑獄從之壬寅司天奏以時雨過多請差官禱禜從之六月辛酉命文武百官應在京寺觀神祠祈晴又勑霖雨積旬尚未晴霽睠言刑獄慮在滯淹京城諸司繫囚並宜疎理釋放

七月以久雨未晴分命禱禜勑天下州府見禁囚徒

據事理疾速斷決不得滯淹久雨未晴恐至淹抑

四年七月壬午勑時雨稍愆慮傷時稼分命朝臣禱禜諸神

末帝清泰元年六月丙子諸內外差官祈雨自去年秋不雨冬無雪帝初至至德宮雨數寸至是旱京師暍死十數人帝命韓昭裔開廣化寺三藏塔是夕雨至三寸丁酉以久旱京師酷熱自七日至十三日暍死者數百道路死者相望帝深惻側日遣中使往龍門廣化寺禱雨百僚奔走祠宇至十三日雨四寸

七月己亥分命宰臣百僚諸祠廟祈雨甲辰幸龍門佛寺禱雨至晚還宮又詔以京畿旱遣供奉官賀守圖湯王廟取聖水澤州西界有析城山山巔有池水側有湯廟土人遇旱取水禱雨多驗先是帝憂旱甚房暠言聖水可以致雨故也

八月甲申詔曰霖雨稍頻慮妨收穫分命朝臣諸祠宇祈晴乙未詔曰苦雨連綿已逾旬浹差官祈禜尚未晴明宜令宰臣李愚劉昫盧文紀姚顗各於諸寺觀虔告自十一日後霖不止至是日稍霽

九月己亥詔曰久雨未霽禮有祈禳禜都城門三日不止乃祈山川告宗廟社稷宜令太子賓客李延範

等禜諸城門太常卿李懌工部尚書崔居儉告宗廟社稷甲辰詔曰霖霪稍甚愆伏爲災朕燭理不明慮傷和氣都下諸獄委御史臺差官慮問西都差留守判官藩鎮差觀察判官刺史州委軍事判官諸縣委令録據見繫罪人一一親自録問恐姦吏逗留致其淹抑晝時疎理如是大獄即具奏聞癸卯司天監靈臺郎李德舟以霖雨爲災獻唐初太史令李淳風祈晴法天皇大帝北極北斗壽星九曜二十八宿天地水三官五嶽神又有陪位神五嶽判官五道將軍風伯雨師名山大川醮法用紙錢馳馬有差詔曰李德

冊顯陳藝術特貢封章以霖雨之爲災恐粢盛之不稔請修祈醮以示消禳恭以天地星辰宗廟社稷雨師風伯皆遵祀典薦告不虧名山大川屢行祈禱今據德冊所陳據祠禱不該者所司嚴潔祠祭以表精虔

十一月辛亥詔曰朕君於人上燭理不明自冬初迄今未降密雪虞慾伏災及黎民宜令宰臣百寮分詣諸祠壇祈告

十二月戊子以自冬無雪詔宰臣盧文紀祈嵩嶽庚寅幸龍門廣化寺開無畏塔祈雪自卯至申時還宮

又侍御史陳保極上疏玄冬告謝密雪未零竊慮今夏龍德啓圖鑾旌赴闕擁十萬衆臨九重城讋怖龍神震驚方位致瘥札爲沴風雨失時請在京諸寺觀置迎年消災資福安土地龍神道場優詔從之甲午詔曰李元龜官處法司次當候對以稍愆於時雪請特降於優恩初則以貶謫官亡歿外州乞容歸葬次則以亡歿者兒孫絶嗣請本處瘞埋宜依所陳須告諸道時元龜爲刑部郎中上言以開成格凡貶官降本處春秋以存亡報省如歿於貶所有骨肉許歸葬如無骨肉本處便與葬埋故有是命

二年三月丙申詔宰臣姚顗告嵩嶽右丞陳韜光告亳州太清宮祈雨

四月壬午以京畿旱命宰臣盧文紀告太微宮太廟姚顗告嵩嶽七月戊辰以京師苦雨遣左武衛將軍穆延輝嵩山祈晴

九月乙酉京師以大雨霖祈晴

十二月癸未詔曰陰陽爽候時雪稍愆分命臣僚詣祠廟祈請

三年正月戊戌以自去冬少雪幸龍門廣化寺開無畏師塔祈禱三月庚寅詔曰時雨稍愆宜分命朝臣祠廟祈禱

五月庚午詔曰時雨稍愆頗傷農稼分命朝臣祈禱居數日以庶官禱請不虔乃命宰臣盧文紀禱太微宮姚顗崇道宮馬裔孫清宮嵩嶽又無雨帝問宰臣愆伏之故文紀等奏曰愆伏之本洪範有其說若考較往代理義相違臣等思之此蓋時數若求於政失則兵戰之氣生陰霖擾攘之氣生蝗旱稍近理也自頃皇祚甫寧徵求過當雖宸念疾心事不獲已無足論其變沴也帝俛首而已

七月丁亥同華言自夏不雨京畿旱遣供奉官杜紹懷往析城山取聖水

晉高祖天福元年十二月辛卯以自秋不雨經冬無雪命羣官散禱山川

二年十二月甲辰幸相國寺祈雪

四年六月巳亥司天臺奏七月一日太陽有虧缺於北極於東於南未盈而没太常禮官詳舊制日有變天子素服避殿太史以所司救日於社陳五獻五鼓麾東戟南矛西弩北楯中央置鼓服從其位百職廢務素服守司重列於庭每等異位向日而立明復而罷今所司法物或不能具且去歲正旦日有食之唯謹藏兵伏皇帝避正殿尚素食百官守司而已中奏

欲行近禮從之

十二月丁巳帝御便殿謂馮道曰大雪害民五旬不止京城之下十八神祠六寺二觀悉令祈禱了無其驗得非朕之凉德不儲神休者乎道對曰陛下克巳恭儉無荒無怠推恩四海必合天心但愛民愼刑始終如一雖星宿之變水旱之沴亦將警聖人而成其德也帝曰朕聽斷有誤卿當再三正之安静小心共相保守因令出薪炭米粟給軍士貧民等

七年三月壬戌以春旱分命朝臣諸寺觀神祠禱雨丁丑詔宰臣馮道等於開元諸寺及紫極宫祈雨

少帝天福八年五月癸巳勅以久愆時雨遣宰臣馮道等諸寺觀虔祈其餘祠廟仍下開封府徧差官禱之甲辰勅以飛蝗作沴膏雨久愆應三京鄴都諸道州府見禁囚人除十悪行刼諸殺人者及僞行印信合造毒藥官典犯贓外罪者減一等餘並放內有欠官錢者宜令三司酌量與限監出徵理乙巳幸相國寺祈雨

六月庚戌宣差侍衛馬軍都指揮使李守貞以蝗爲害往皐門村祭告丁巳宣遣供奉官衛延韜嵩山投龍祈雨壬戌宣供奉官朱彦威等七人各部領奉國

兵士一指揮於封丘長垣陽武浚儀酸棗中牟開封等縣捕蝗又遣内班秦宗超亳州太清宫祈雨

開運元年九月詔曰朕虔承顧命獲嗣丕基常懼顛危不克負荷宵分日昃罔敢怠荒夕惕晨興每懷祗畏但以恩信未著德教未敷理道不明咎徵斯至何者頻年災沴稼穡不登萬姓饑荒道殣相望上天垂譴凉德所招仍屬干戈尚興邉陲多事倉廩不足則輟人之饌食帑倉不足則率人之資財兵士不足則取人之中丁戰騎不足則假人之乘馬雖事不獲已而理將若何訪聞差去使臣殊乖體認不能敦於勉

諭而乃臨以威刑自有所聞盍深愧悼旋屬守臣叛命戎虜犯邊致使甲兵不暇休息軍旅有戰征之苦人民有飛輓之勞瘢瘵未蘇科歛尚急言念于此寢食何安得不省過興懷側身罪己載深裁損思召和平所宜去無用之資罷不急之務棄華取實惜費省功一則符先帝慈儉之規一則慕前王樸素之德何者造作軍器破用稍多但取堅剛不須華靡今後作坊製造器械不得更用金銀裝飾比於遊畋素非所好凡諸服御尤欲去奢應天下州府不得以珠寶玩好及鷹犬爲貢在昔聖帝明君無非惡衣菲食況予

薄德所合恭行今後太官當膳減去多品衣服帷帳務去華飾在禦寒濕而已峻宇雕墻昔人攸誡玉杯象箸前代所非今後凡有營繕之處丹堊雕鏤不得過度宮闈之内有非理費用一切禁止於戲繼聖承祧握樞臨極昧於至道若履春冰屬以天災流行國步多梗因時致懼引咎推誠期於將來庶幾有補更賴王公將相貴戚豪宗各敬乃心率繇茲道共臻富庶以致康寧凡百臣僚宜體朕意

三年二月壬戌勑令以漸及春農乆愆時雨深慮囹圄或有滯淹宜卹刑章肅召和氣其諸道州府見禁人等並須據罪輕重疾速斷遣仍限半月内有斷遣訖奏

四月巳未以乆旱命宰臣趙瑩與羣官禱雨戊寅帝幸相國寺祈雨

漢隱帝乾祐元年四月庚辰朔以自春不雨勑青州收瘞用兵討楊光遠時骸骨丁亥以旱幸道宮佛寺禱雨賜僧道帛有差未時還宮

正月戊午勑以旱分命羣官於諸寺觀神祠祈雨

七月乙卯以乆旱帝幸道宮佛寺禱雨仍分命羣官祈諸神祠賜僧道帛有差日晚還宮玄雲四布猛風

北至俄而澍雨尺餘人情熙熙

周太祖廣順二年夏四月戊子勑以旱分命羣臣於諸祠廟祈禱雨

三年正月丁卯以自去冬京師無雪是日分命朝臣於祠廟祈禱

冊府元龜

巡按福建監察御史臣李嗣京　訂正

分守建南道左布政使臣胡維霖　參閱

知建陽縣事臣黃國琦　較釋

帝王部　一百四十六

卹下第一

周官大司徒之職以慈幼養老賑窮恤貧寬疾之道佐天子保安萬民傳亦云孤獨矜寡天民之窮而無告者也皆有常餼蓋任天下之重司生民之命一夫不獲其所若已推之溝中斯堯舜之用心也中代而

下哲王繼踵取憲前軌勤恤人隱乃有哀其惸獨軫其凶沴賜穀帛以助其飬葺廬舍以寧其居流徙者加之存撫夭札者與之藏斂復丁年以待老寬繇遣以利民獸爲暴者爲之驅除行所過者賦以直物蒐狩之所及戒其侵暴寒暑之邁厲資以醫砭以至群司百執恪居朝夕或畏景流爍嚴飈栗烈塗潦洳沮亦免其朝謁斯皆在人上者厚下安宅表微惻隱之至也詩曰哿矣富人哀此惸獨易所謂損上益下民說無疆者是之謂歟

漢文帝十三年六月賜天下孤寡布帛絮各有數

景帝元年正月詔曰間者歲比不登民多乏食夭絕天年朕甚痛之郡國或磽陿無所農桑毄畜（磽謂磽确瘠薄也陿隘也毄謂食養之也畜牧放也）廣薦草莽水泉利而不得從（麋鹿食日薦一日草稠日薦深日莽）其議民欲徙寬大地者聽之

武帝元狩元年四月詔朕哀夫老眊孤寡鰥獨（八十日眊老稱也一日眊不明之貌）或匱於衣食甚憐愍焉其遣謁者巡行天下存問致賜（致送至也）九十已上及鰥寡孤獨帛人二疋絮三斤八十已上米人三石

六年六月遣博士大等六人（褚大也）分循行天下存問鰥寡廢疾無以自振業者貸與之

元封元年十月行所巡至博奉高蛇丘歷城梁父加年七十已上孤寡帛人二疋

二年春幸緱氏遂至東萊四月還祠泰山至瓠子臨決河賜所過孤獨高年米人四石

六年三月幸汾陰祠后土神光三燭賜天下貧民布帛人一疋

太始三年二月行幸東海琅琊登之罘浮大海賜行所過戶五千錢鰥寡孤獨帛人一疋

昭帝始元四年七月詔曰比歲不登民匱於食流庸（流庸謂去其本鄉而行爲人庸作）未盡還往時令民共出馬其止勿

出諸給中都官者且減之

元鳳二年六月詔曰朕閔百姓未贍前年減漕三百萬石頗省乘輿馬及苑馬以補邊郡三輔傳馬其令郡國毋斂今年馬口錢（所謂租及六畜也）

宣帝地節三年三月詔曰鰥寡孤獨高年貧困之民朕所憐也前下詔假公田貸種食其加賜鰥寡孤獨高年帛二千石嚴教吏謹視遇毋令失職（職常也失職謂失其常業也）

四年九月詔曰朕惟百姓失職不贍遣使者循行郡國問民所疾苦吏或營私煩擾不顧厥咎朕甚閔之

今年郡國頗被水災已賑貸鹽民之食而賈咸貴衆重困其減天下鹽賈

元康元年三月以鳳凰集泰山甘露降未央宮賜鰥寡孤獨帛

二年三月以鳳凰甘露降集賜天下鰥寡孤獨高年帛

三年春以神爵數集泰山賜鰥寡孤獨高年帛

四年三月詔以神爵集長樂未央宮賜鰥寡孤獨帛各一疋

神爵元年三月改元賜鰥寡孤獨高年帛

四年二月以修興泰一五典后土之祠神光顯著賜鰥寡孤獨高年帛

五鳳三年三月以鸞鳳又集長樂宮加賜鰥寡孤獨高年帛一

元帝初元元年四月賜鰥寡孤獨帛人二疋

五年四月賜鰥寡孤獨帛人二疋

永光二年三月賜鰥寡孤獨高年帛

三年三月賜鰥寡孤獨高年帛

四年十月詔曰安土重遷黎民之性骨肉相附人情所願也頃者有司緣臣子之義奏徙郡國民以奉園

陵令百姓遠棄先祖墳墓破業失產親戚別離人懷思慕之心家有不安之意是以邊陲被虛耗之害關中有無聊之民非久長之策也詩不云乎民亦勞止汔可小康惠此中國以綏四方今所爲初陵者勿置縣邑使天下咸安土樂業亡有動搖之心布告天下令明知之

五年秋潁川水出流殺人民吏從官縣被害者與告（從官郎上侍從之官也言凡爲吏爲從其官本縣有被害皆與休告）士卒遣歸

成帝建始元年三月賜鰥寡孤獨錢帛各有差

河平四年三月遣光祿大夫博士嘉等十一人行舉

潁河之郡（趣行而舉其狀潁水厓也潁河言傍河也）水所毀傷困乏不能
自存者財振貸（財與裁同謂量其等差而賑貸之）其爲水所流壓死
不能自葬令郡國給槥櫝葬埋（槥櫝謂小棺）已葬者與錢
人二千避水它郡國在所冗食之（冗散廪食使得生活不占著戶給役
役也）謹遇以文理無令失職
陽朔二年秋關東大水詔流民欲入函谷天井壺口
五阮關者勿苛留（天井在上黨高都壺口在壺關五阮在代郡苛細刻也）遣諫
議大夫博士分行視
鴻嘉元年二月詔加賜鰥寡孤獨高年帛
四年正月詔水旱爲災關東流冗者衆（冗散失其事業也）青
册府元龜　帝王部　卹下　卷之一百四十六　五
幽冀部尤劇朕甚痛焉已遣使者循行郡國流民欲
入關輒籍內（錄其名籍而內之）所之郡國謹遇以理（之往也）務
有以全活之恩稱朕意
哀帝以綏和二年四月卽位是年秋詔曰迺者河南
潁川郡水出流殺人民壞敗廬舍遣光祿大夫循行
舉籍（舉其名籍）賜死者棺錢人三千
平帝元始二年四月郡國大旱民疾疫者舍空邸第
爲置醫藥（舍止也）賜死者一家六尸以上葬錢五千四
尸以上三千二尸以上二千起官寺市里募徙貧民
縣次給食至徙所賜田宅什器假與犂牛種食又起

五里於長安城中（民居之里）宅二百區以居貧民
四年二月賜天下鰥寡孤獨高年帛
後漢光武建武六年正月詔曰往歲水旱蝗虫爲災
穀價騰踊（言踊貴也）人用困乏朕惟百姓無以自贍惻然
愍之其命郡國有穀者給廩（廩賜穀也）高年鰥寡孤獨及
老癃無家屬貧不能自存者如律（漢律令云）二千石勉加
循撫無令失職
二十二年九月詔曰日者地震南陽尤甚賜郡中居
人壓死者棺錢人三千吏人死亡或在壞垣毀屋之
處而家羸弱不能收拾者其以見錢穀取傭爲尋求
册府元龜　帝王部　卹下　卷之一百四十六　六
之
二十九年二月丁巳朔日有食之賜天下鰥寡孤獨
老癃貧不能自存者粟人五斛
三十年五月大水賜天下鰥寡孤獨老癃貧不能自
存者粟人六斛
明帝永平二年十月行養老禮詔有司其存耆耋恤
幼孤惠鰥寡稱朕意焉
三年二月立皇太子賜天下鰥寡孤獨老癃貧不能
自存者粟人五斛
十二年五月賜天下鰥寡孤獨老癃貧無家屬不能

自存者粟人三斛
十七年五月賜天下鰥寡孤獨老癃貧不能自存者粟人三斛
十八年四月詔自春已來時雨不降宿麥傷旱秋種未下其賜天下鰥寡孤獨老癃貧不能自存者粟人三斛
章帝以永平十八年八月卽位十月大赦賜鰥寡孤獨老癃貧不能自存者粟人三斛
建初元年正月詔三州郡國方春東作恐人稍受廩往來煩劇或妨農耕（廩給也稍謂少少給之不頻與也）其各實覈尤

貧者計所貸并與之流人欲歸本者郡縣其實廩令足還到聽過止官亭無孤舍宿長吏親躬無使貧弱遺脫小吏豪右得容姦妄詔書旣下勿得稽留刺史明加督察尤無狀者
三年三月立皇后賜鰥寡孤獨老癃貧不能自存者粟人五斛
四年四月立皇太子賜鰥寡孤獨老癃貧不能自存者粟人五斛
元和元年二月詔曰自告疫以來穀食連少其令郡國募人無田欲徙地界就肥饒者恣聽之到在所賜給公田為雇耕傭賃種鮹（鮹報也與餉同）貰與田器勿收租五歲除筭三年其後欲還本鄉者勿禁
三年正月詔曰蓋君人者視民如父母有憯怛之愛有忠利之教匍匐之救其嬰兒無父母親屬及有子不能養食者廩給如律
和帝永元三年十月行幸長安賜行所過鰥寡孤獨篤癃貧不能自存者粟人三斛
五年二月詔曰去年秋麥入少恐民食不足其上尤貧不能自給者戶口人數往者郡國上貧民以衣履釜鬵為貲而豪右得其饒利（方言曰甑自關而東謂之鬵貧人旣計釜甑以

為貲財懼於役重多卽賣之以避利稅豪富之家乘賤買故得其饒利）詔書實覈欲有以益之而長吏不能躬親及更徵召會聚令失農作愁擾百姓若復有犯者二千石先坐
八年二月立皇后賜天下鰥寡孤獨篤癃貧不能自存者粟五斛
十二年二月詔賜被災諸郡鰥寡孤獨不能自存者及郡國流民聽人陂池漁採以助蔬食
三月詔曰比年不登百姓虛匱（匱乏也）京師去冬無宿雪（以其經冬故言宿也）今春無澍雨黎民流離困於道路其賜鰥寡孤獨老癃貧不能自存者粟人三斛

十五年閏正月詔流民欲歸還本而無根食者所過
實廩之疾病加致醫藥其不欲還歸者勿強
元興元年十二月立皇太子賜天下鰥寡孤獨老癃
貧不能自存者粟人三斛
安帝永初元年十一月勅司隸較尉冀幷二州刺史
民訛言相驚棄捐舊居老弱相攜窮困道路其各勑
所部長吏躬親曉諭若欲歸本郡在所爲封長檄不
欲勿強封謂印封之也長檄猶今長牒也欲歸者皆給以長牒爲驗
元初六年二月詔曰夫政先京師後諸夏月令仲春
養幼小存諸孤季春賜貧窮賑乏絶省婦使婦使謂組紃之
册府元龜　帝王部　卷之一百四十六　九
事表貞女所以順陽氣崇生長也其賜尤貧困孤弱
單獨穀人三斛
四月會稽大疫遣光祿大夫將太醫循行疾病死者
賜棺木除田租口賦
永寧元年四月賜鰥寡孤獨貧不能自存者穀人三
斛
十一月郡國三十五地震或拆裂遣光祿大夫按行
賜死者錢人二千
延光元年三月改元大赦加賜鰥寡孤獨老癃貧不
能自存者粟人三斛是歲京師及郡國二十七雨水
大風殺人詔壓溺死者年七歲以上錢人二千其壞
廬舍已失穀食粟人三斛若一家人皆災害而弱小
存者郡縣爲收斂之
順帝永建元年正月大赦賜鰥寡孤獨老癃貧不能
自存者粟人五斛
二年二月詔荆豫兗冀四州流冗貧人所在安業之
疾病致醫藥
三年正月京師地震漢陽地裂詔實覈傷旱者賜年
七歲已上錢人二千一家被害郡縣爲收斂
四年正月帝加元服賜鰥寡孤獨老癃不能自存者
册府元龜　帝王部　卷之一百四十六　一
帛人一疋
八月以五州雨水遣使實覈死亡收斂稟賜
陽嘉元年正月立皇后賜鰥寡孤獨老癃貧不能自
存者粟人五斛
十一月甲申望都蒲陰狼殺女子九十七人詔賜狼
所殺者錢人三千
永和二年十月行幸長安所過鰥寡孤獨貧不能自
存者賜粟人五斛
三年二月京城及金城隴西地震山摧地陷遣使按
行三郡賜壓死者七歲以上錢人二千一家皆被害

爲收歛之
建康元年正月辛丑詔曰隴西漢陽張掖北地武威武都自去年九月巳來地百八十震山谷圻裂壞敗城寺殺害民庶夷狄叛逆賦役重數内外怨曠惟咎歎息其遺光祿大夫按行宣暢恩澤惠此下民勿爲煩擾
質帝本初元年二月庚辰詔曰九江廣陵二郡數罹寇害殘夷最甚生者失其資業死者暴尸原野昔之爲政一物不得其所若巳爲之況我元元嬰此困毒方春戒節賑濟之厄掩骼埋胔之時其調北郡見穀

出廩窮弱收葬骨骸務加埋䘏以稱朕意五月海水溢使謁者按行收葬樂安北海人爲水所漂沒死者
桓帝建元元年正月大赦賜鰥寡孤獨老癃貧不能自存者粟人五斛
三年十一月詔曰朕攝政失中災眚連仍三光不明陰陽錯序監寐寤歎疢如疾首（監寐言雖寢而不寐也寤覺也）今京師厮舍死者相枕郡縣阡陌處處有之甚違周文掩胔之義其有家屬而貧無以葬者給直三千喪主布三疋若無親屬可於官壖地葬之表識姓名爲設祠祭又徙在作部疾病致醫藥死亡厚埋藏民有不能自流及振移者廩穀如科州郡撿察務崇恩施以康我民
元嘉元年正月京師疾疫使光祿大夫將醫藥按行
永興二年六月詔司隷校尉部刺史曰蝗災爲害水變仍至五穀不登人無宿儲其令所傷郡國種蕪菁以助人食
永壽元年六月雒水溢又南陽大水詔被水死流失屍骸者令郡縣鉤求收葬及所唐突壓溺物故七歲巳上賜錢人二千
永康元年八月六州大水勃海溢詔州郡賜溺死者

七歲以上錢人二千一家皆被害者悉爲收歛
靈帝建寧四年三月大疫使中謁者巡行致醫藥
熹平二年正月大疫使使者巡行致醫藥
光和二年春大疫使常侍中謁者巡行致醫藥
魏明帝太和六年三月癸酉東巡所過存問高年鰥寡孤獨賜穀帛
晉武帝太始七年六月大雨霖伊雒河溢流居人四千餘家殺三萬餘人有詔賑貸給棺
咸寧二年七月河南魏郡暴水殺百餘人詔給棺
三年三月帝將射雉慮損苗而止

太康元年三月改元大赦詔恤孤老困窮
惠帝永平元年五月賜鰥寡孤獨帛人三疋
明帝太寧三年三月立皇太子賜鰥寡孤獨帛人二疋
成帝咸和元年二月改元大赦賜鰥寡老孤米人二斛
康帝建元元年正月改元賑恤鰥寡孤獨
穆帝升平元年八月立皇后賜鰥寡孤獨米人五斛
五年五月戊戌大赦賜鰥寡孤獨不能自存者粟人五斛

海西公太和六年四月賜窮獨米五斛
簡文帝咸安元年十一月即位賜鰥寡孤獨米人五斛
孝武帝太元五年六月以比歲荒儉大赦其鰥寡孤獨老不能自存者人賜米五斛
安帝義熙元年正月賜鰥寡孤獨穀人五斛
後魏道武天興元年正月庚子自中山行幸常山之真定次趙郡之高邑遂幸於鄴民有老不能自存者詔郡縣賑恤之
太武太延元年二月詔長安及平涼民徙在京師其孤老不能自存者聽還鄉里
三年二月幸幽州存孤老問民疾苦
獻文皇興四年三月詔曰朕思百姓病苦民多非命明發不寐疚心疾首是以廣集良醫遠採名藥欲以救護兆民可宣告天下民有病者所在官司遣醫就家診視所須藥物任醫量給之
孝文延興三年九月詔曰今京師及天下囚未判在獄致死無近親者給衣衾棺櫝葬之不得暴露
太和三年十一月賜京師貧窮高年疾患不能自存者衣服布帛各有差

五年二月大赦賜窮孤不能自存者穀帛各有差
六年三月辛巳幸武州山石窟寺賜窮老者衣服
四月甲申賜畿內鰥寡孤獨不能自存者粟帛有差
七年四月壬子幸崞山賜所過鰥寡不能自存者衣服粟帛
十二年正月詔曰鎮戍流徙之人年滿七十孤單窮獨雖有妻妾而無子孫諸如此等聽解名還本諸犯死刑者父母祖父母年老更無成人子孫旁無朞親者具狀以聞
十三年四月詔曰昇樓散物以賚百姓至使人馬騰

賤多有毀傷今可斷之以本所費之物賜窮老貧獨者

十七年七月立皇太子賜鰥寡孤獨不能自存者粟人五斛

九月幸并州詔雒懷并肆所過四州恤鰥寡孤獨各有差

十八年正月南巡詔相兗豫三州鰥寡孤老各有差

八月幸懷朔武川撫寘柔玄等四鎮問人疾苦貧窘孤老者賜以粟帛又詔禦夷城人年滿七十已上及廢疾之徒較其元犯以准新律事當徒坐者聽一身

還鄉又令一子扶養終命之後乃遣歸邊自餘之處如徒之犯年八十已上皆聽還

十一月詔冀定二州恤鰥寡各有差

十二月南伐詔鄴豫二州恤鰥寡孤老各有差

十九年四月曲赦徐豫二州恤孤寡老疾各有差

六月南伐還詔車駕所經者恤孤寡老疾各有差

十月幸鄴還詔曲赦相州恤孤老痼疾各有差

二十年七月丁亥詔疾苦六極人神所矜宜時訪恤以窮癃鰥寡困乏不能自存者明加矜恤令得存濟又詔夫婦之道生民所先仲春奔會禮有達式男女失時者以理會之

二十一年五月幸長安還汎渭入河詔孤寡鰥貧爲賜穀帛

九月丙申詔曰哀窮恤老王者所先鰥寡六疾尤宜矜愍可勑司州雒陽之民年七十已上無子孫六十已上無期親貧不能自存者給以衣食及不滿六十而有廢痼之疾無大功之親窮困無以自療者皆於別坊遣醫救護給太監帥四人豫請藥物以療之

宣武景明二年三月詔曰比年以來連有軍旅役務既多百姓凋弊宜時矜量以拯民瘼正調之外諸坊

調損民一時蠲罷

永平三年十月詔曰朕乘乾御曆年周一紀而道謝擊壤教慙刑厝至於下民之煢鰥疾苦心常愍之此而不恤豈爲民父母之意也可勑太常於閑敞之處別立一館使京畿內外疾痼之徒咸令居處嚴勑醫署分師療治考其能否而行賞罰雖齒數有期脩短分定然三疾不同或賴針石庶秦扁之言理驗今日矣又經方浩博流傳處廣應病投藥卒難窮究更令有司集諸醫工尋篇推簡務存精要取三十餘卷以班九服郡縣備寫布下鄉邑使知救患之術耳

延昌元年四月詔曰肆州地震陷裂死傷甚多言念
毁没有酸懷抱亡者不可復追生病之徒宜加療救
可遣太醫折傷醫并給所須之藥就治之
六月詔曰去歲水災今春炎旱百姓饑餒救命靡寄
雖經蠢月不能養績今秋輸將及郡縣共於青辨尚
書可嚴勒諸州量民貲産明加撿簡以救艱敝
二年十二月詔以鎮肆地震人多罹災其有課丁役
盡老幼单立家無受復各賜廪米以接來稔
孝明熈平元年十二月詔雒陽河陰及諸曹雜人年
七十已上鰥寡貧困不能自存及年雖少而癎疾長

廢窮苦不濟者宰司研實具列以奏聞
神龜元年正月詔賜京畿及諸州鰥寡孤獨粟帛
出帝太昌元年五月丁未詔曰無侮惸獨事炳前經
惠此鰥寡聲留往册朕以薄德作民父母乃眷元元
寤言增歎今理運惟新哀矜伊始如有孤老疾病無
所歸依者有司明加隱括依格賑贍
後周明帝武成元年六月大霖雨詔遭水者有司時
巡撿簡條例以聞
武帝建德三年十月詔蒲州民遭饑乏絶者令向鄜
城以西及荆州管内就食

六年二月平齊詔曰毋侮煢獨事顯前書哀彼矜人
惠流往訓僞齊末政昏虐實繁哭甚稽天毒流比屋
無罪無辜係虜三軍之手不飲不食僵仆九逵之間
朕爲民父母職養黎人甚念泣辜誠深罪已除其苛
政事屬攻張宜加寛宥兼行賑卹其癃殘孤老饑餒
絶食不能自存者仰刺史守令及親民長司躬自撿
較無親屬者所在給其衣食務使存濟
隋高祖開皇十四年八月闗中大旱人饑行幸雒陽
因令百姓山東就食從官並准見口賑給不以官位
爲限

十二月東巡狩闗中戸口就食雒陽者道路相屬帝
勑斥候不得輒有驅逼男女參厠於仗衛之間遇逄
扶老攜幼者輒引馬避之慰勉而去至艱險之處見
負擔者遽令左右扶助之

冊府元龜

廵按福建監察御史臣李嗣京 訂正

知長樂縣事臣夏允彝參閱

知建陽縣事臣黃國琦較釋

帝王部 一百四十七

恤下第二

唐高祖武德元年五月即位詔鰥寡孤獨量加賑恤

七月己酉詔曰隋政不綱行止無度東西奔騁靡歲獲寧遂使父子乖離室家分析親老絕晨昏之養嬰孩無撫育之恩人懷戀本之心家有望鄉之歎朕上

膺靈命下字黔黎一物失宜情深軫悼思裨惠澤逮于鰥寡其隋代公卿已下爰及民庶身往江都家口在此不預義軍者所有田宅並勿追收若有困窮振食交絕具錄名簿速加賑贍

四年六月庚寅詔鰥寡孤獨以時恤理

七月丁卯大赦詔高年惸獨量加賑恤

六年三月詔曰詩不云乎民亦勞止汔可小康自有隋失馭政刑版蕩豺狼競起肆行暴虐徵求無度侵奪任己下民困擾各靡聊生喪亂之餘百不存一上天降監爰命朕躬廓定凶災乂寧區域念此黎庶凋弊日久新獲安堵衣食未豐所以每給優復蠲減徭賦不許差科輒有勞役義行簡靜使務農桑至如大河南北離亂永久師旅薦興加之饑饉百姓勞弊此焉特甚江淮之間爰及嶺外塗路懸阻土曠民稀流寓者多尤宜存恤此等諸處往隔寇戎自經開泰歲月未久猶恐士民積習不改前弊州縣官人未稱所委迎送往來尚致勞費其河北江淮以南及荊州大總管向西諸州所司宜便班下自今以後非有別勅不得輒差科徭役及迎送供承庶令安逸明加簡約稱朕意焉

四月詔曰隋末喪亂豺狼競逐率土之衆百不存一干戈未靜桑農咸廢凋弊之後饑寒重切永言於此悼于厥心今寇賊已平天下無事百姓安堵各務稱職家給人足即事可期所以新附之民特蠲徭賦欲其休息更無煩擾使獲安靜自脩產業猶恐所在州縣未稱朕懷道路迎送廨宇營築率意徵求擅相呼召諸如此例悉宜禁斷非有別勑不得差科不如詔者重加推罰布告天下咸知此意

太宗以武德九年八月即位詔鰥寡孤獨不能自存者量加優恤

貞觀元年二月詔曰昔周公治定制禮垂裕後昆命媒氏之職以會男女每以仲春之月順時行令蕃育之理既弘邦家之化攸在及政教陵遲諸侯力爭官失其守人變其風致使謳俗有失時之譏鰥寡無自存之術漢魏作教事非師古道隨世隱義逐時乖重以隋德淪胥數鍾弛剝五都俱覆萬方咸蕩暨參墟奮旅救彼難危區縣削平總斯圖籍顧瞻禹跡提封尚存乃眷周餘掃地咸盡痛心疾首寤寐無忘蓋惟上玄之大德曰生蒸民以最靈爲貴一經喪亂多罹豺狼朕肅奉天命爲之父母平定甫爾劬勞未堪厚

生樂業尚多疎簡永言亭育用切於懷若不申之以婚姻明之以顧復便恐中饋之禮斯廢絕嗣之釁方滋有懷怨曠之情或致淫奔之辱憲章典故實所庶幾宜令有司所在勸勉其庶人男女之無室家者竝仰州縣官人以禮聘娶皆任其同類相求不得抑取男年二十女年十五已上及妻喪達制之後孀居服紀已除竝須申以媒媾令其好合若貧窶之徒將迎匱乏者仰於其親近及鄉里富有之家裒多益寡使得資送以濟其鰥夫年六十寡婦年五十已上及婦人雖尚少而有男女及守志貞潔者竝任其情無勞抑以嫁娶

七月詔曰周氏設官分掌邦事漢家創制允定章程故使百工咸理五材異用雖沿革有時而此塗莫爽但欽明之后役自子來昏亂之朝期盡民力或祁寒隆暑未獲小康或俾夜作明繼之以燭淫費不已凋喪爲期朕祗奉明命撫臨億兆愛育之心發於寤寐每咨謀卿士詢訪芻蕘何嘗不以節儉爲懷憂矜在念自非田疇耘藉軍國資須未曾別使一人輒求一物每有丁匠之所常申戒作之司令其寬大功程務從簡逸少府僚屬莫不聞知而營造矛鎧催督非理

竭人之力以求已功朝夕左右尚乖期約遠方勞役何以克堪雖四海之内無餘經始然繕治器械脩葺城隍及隄防浸決橋梁壞毀事不獲已必藉人功須慰彼民心緩其日用宜班告天下知朕意焉

六年三月幸九成宮詔岐雍豳三州行經之所鰥寡惸獨賜以粟帛

九月三月大赦鰥寡惸獨不能自存者所在官司量加賑恤

十年關內河東疾病醫齎藥療之

十一年二月幸雒陽宮詔從兵有父母年八十已上

者悉罷遣
七月詔曰雒陽宮室創自有隋朕因其成功無所改
作今屋宇湮壞者宜量加脩葺使纔充居處自外材
木宜分賜雒州廓內貧民因水損居宅者是月以廢
明德宮之玄圃院分給河南雒陽遭水者
十三年正月朝獻陵詔鰥寡惸獨有篤疾者賜物各
有差
十五年正月幸雒陽詔從行士卒家貧親老者並放
還所過賜高年篤疾穀帛有差
三月戊辰如襄城宮澤州疾疫遣醫就療

十六年夏穀涇徐虢戴五州疾疫遣賜醫藥焉
十七年四月中郎將李安儼與太子承乾謀反誅籍
沒其家其父年九十餘太宗愍焉特賜奴婢以養之
閏六月潭濠廬三州疾疫遣醫療焉
十八年自春及夏廬濠巴普郴疾疫遣醫往療
二十一年十二月大寒帝謂侍臣曰朕在九重之內
身御珍裘且將臨朝猶覺氣之嚴厲況臣下遠趨北
闕掌犯霜露乎朕思若此遂減衣裘而出
二十二年九月邠州大疫詔醫療之
高宗永徽元年六月新豐南大雨零口山水暴出漂
廬舍溺死者九十餘人詔給死者絹布三疋仍給棺
瘞埋之乏絕者給貸之宣歙饒常等州暴雨水漂殺
四百餘人詔爲瘞埋仍給貸之
六年六月辛丑商州山水漂壞居人廬舍遣使存問
之
顯慶元年七月己卯宣州涇縣山水暴漲高四丈餘
漂蕩村落溺殺二千餘人制賜死者物各五段廬舍
損壞者量爲營造并賑給之
十一月饒州火焚州城廨宇倉獄延燒居人廬舍有
死者詔給死者家布帛以葬之

四年七月連州山水暴漲漂沒七百餘家詔鄉人爲
造宅宇仍賑給之
龍朔二年十二月詔曰海東二蕃久愆職貢近者命
師薄伐軍務事殷緣河州縣勞於征役此雖多有蠲
免庶事優矜萬邦俱會致恐煩擾勞逸二途理無兼
遂介立大禮及幸東郡並宜立停
總章二年九月海水泛溢壞永嘉安固二縣郷居人
廬舍六千餘家遣使脩葺宅宇溺死者各賜物五段
咸亨元年八月以天下四十餘州旱及霜虫百姓饑
乏關中尤甚詔雍同華蒲絳五州百姓乏絕者聽於

興鳳梁等州逐糧
十月詔貧窶之家有年十五已下親屬不能收養者竝聽爲男女及驅使京官六品以下情願將家口歸本貫及往豐熟之處竝聽之
上元三年八月青州大風海水泛溢漂損居人廬宅五千餘家齊淄等七州大水詔賑貸貧乏溺死者賜物埋殯之舍宅壞者助其營造
鳳儀三年四月以同州饑涉苑及長春宮竝許百姓樵採漁獵
永隆元年秋河南北諸州大水詔遣使分往存問其

漂溺死者各給棺櫬仍贈其物七段屋宇破壞者勸課鄉閭助其脩葺糧食乏絶者給貸之
二年八月河南河北大水詔溺死者各贈物三段
中宗神龍元年四月雍州同官縣大雨雹鳥獸死及大水漂流居人四五百家遣員外郎一人巡行賑給被溺死者官爲埋殯
七月雒水瀑漲壞人廬舍二千餘家溺死者數百人令御史存問賑䘏官爲瘞埋
景龍二年三月築朔方軍城四月以兵匠有疾病者令醫人齎藥巡療
玄宗先天二年五月詔曰卑宮致美愛人之力靈臺罷營重費之廣景彼前烈吾無間然頃以所居殿院素非弘敞時方暑雨頗有蒸鬱上稟聖慈式遵時令將脩別寢順彼高居雖復庀徒所須止於蕃匠補葺所擬無煩外力然以麥秋爰及農務方勤維夏在辰執役爲獘營之則衆物有勞而一身逸罷之則我躬未泰而萌庶安夫生人樹君將利之也勞人自奉予所不爲其脩大明宮宜即待至閑月方使畢功宣示具寮使知予意所有先役工匠即優還價直勿令懸欠仍即放散

開元三年七月詔曰古之爲國者藏之於人百姓不足君孰與足比者山東邑郡歷年不稔朕爲之父母欲安黎庶恤彼貧獘拯其流亡靜而思之非不勤矣今者風雨咸若京坻可望若貸粮地稅庸調正租一時併徵必無辦法河北諸州宜委州縣長官勸責灼然不能支濟者稅租且於本州納不須徵却待至春中更別處分有貸粮迴溥等亦量事減徵
四年正月詔曰如聞江淮南諸州大虫殺人村野百姓頗廢生業行路之人嘗遭死失州縣不以爲事遂令猛獸滋多泗州連水縣令李全確前任宣州秋浦

縣令界内先多此獸全確作法遮捕掃除略盡迄今人得夜行百姓實賴其力宜令全確馳驛往淮南大虫爲害州指授其教與州縣長官同除其害緣官路兩邊去道各十步草木嘗令芟伐使行人往來得以防備

七年九月詔曰東都道俗有來請駕者東西來去雖則爲嘗每歲來請豈能無擾宜以理告示仍於朝堂賜食即發遣并勑陸象先莫令更相倣効

八年六月河南府穀雒涯三水泛漲漂溺居人四百餘家壞田三百餘頃諸州當防丁當番衛士掌閑廐

者千餘人遣使賑恤及助脩屋宇其行客溺死者委本貫存恤其家

十年五月東都大雨伊汝等水泛壞河南府及許汝仙陳四州廬舍數千家溺死者甚衆詔河南府巡行所損之家量加賑貸并借人力助營宅屋

十一年七月丁亥勑曰神農嘗草以療人疾岐伯品藥以輔人命朕銓覽古方永念黎庶或榮衛内壅或寒暑外攻因而不救良可歎息今遠路僻州醫術全少下人疾苦將何恃賴宜令天下諸州各置職事醫學博士一員階品同于錄事每州寫本草及百一集驗方與經史同貯其諸州子錄事各省一員中下州先有一員者省訖仰州補勲散官充帝新製廣濟方須於天下

十二年三月詔曰河南河北去歲雖熟百姓之間頗聞辛苦今農事方起蠶作就功宜令御史分往巡行其有貸粮未納者並停到秋收

十三年十二月詔曰應緣朕巡行處有損百姓竹樹者所司即酬其錢

十四年七月以懷鄭許滑衛等州水潦遣右監門衛將軍知内侍省事黎敬仁宣慰如有遭損之處應須

營助賑給並委使與州縣相知量事處置

九月命御史中丞兼戸部侍郎宇文融往河南河北道遭水州宜撫若屋宇摧壞牛畜俱盡及征人之家不能自存立者量事助其脩葺

十一月詔曰近聞河南宋沛等州百姓多有沿流逐熟去者須知所詣有以安存宜令本道勸農事與州縣撿責其所去及所到戸數奏聞

十五年四月詔曰河南河北諸州去年緣遭水潦雖頻加賑貸而恐未小康言念於茲無忘鑒寐爰自春夏雨澤以時兼聞夏苗非常茂好既即收穫不慮少

粮然以產業初營儲積未贍若非寬惠不免艱辛其貸粮麥種穀子廻轉變造諸色欠負等竝放候豐年以漸徵納蠶麥事畢及至秋收後竝委刺史縣令專勾當各令貯積勿使妄有費用明加曉諭知朕意焉

十六年正月庚申御興慶樓宴群臣下制曰朕昔在藩國此惟邸第乾坤未泰陰陽尚蒙則有神祇効靈祥符肇既飛隹氣於在田之際湧瑞日於或躍之池惟此舊居式加新宇周墻僅板於百堵卑宮不階於三尺棟梁之用毀徹所餘聊以紀天地之休徵貽子孫之儉約耳屬春令爰始時惟發生萬方來朝千官

入賀既稱觴以獻壽宜施惠以布德况田農在候稼穡方興或迫於程徭不遂農桑之務言及於此軫歎良深其徒已下且令貴保并應當番兵士等灼然單貧者所由勘會竝放營農所在訴訟長官隨事竦理勿使寃滯非軍國所要餘不急之務一切竝停仍加勸課脩植農穡其河北水損戶既屬春事慮有乏絕不支濟者宜委採訪使與州縣相知量加賑恤諸處行人之家及鰥寡惸獨不能自存者州縣長官親加優撫使得存濟應有差科量事矜放宜宣風緝化職在令長有司銓擇之次特宜審擇其才惟德與刑爲政之要頃無聞於風化多取威於檟楚理人之道其若是乎愚昧之流或輕抵犯宜加曉諭使識章程其含生之類不得輒有屠殺天下捕獵亦宜禁斷仍嚴加捉搦百司各遵時令務弘寬大之典使政理無失稱朕意焉

二十三年五月詔曰如聞關輔蠶麥雖稍勝常年百姓所收纔得自給若無優假還慮艱弊其先欠百司職田及諸色應合至蠶麥時徵巳有處分訖其公私舊債亦宜停徵貧下百姓有傭力買賣與富兒及王公已下者任依常式

天寶三載八月詔曰育物者所貴於從宜養人者必資於遂性况加疾苦豈忘哀矜内外廂二衛彍騎等如聞因當上染患者番滿之後既不勝致還鄉又不容在職掌將息進退無據何所依投溝壑是憂宜誅朝夕永言及此深軫于懷自今以後如有此色宜移就三衛厨給食料將養各委左右金吾將軍存意簡較所須藥物仍與太常計會量事供擬并差醫人救療其諸門及諸舖職掌人等各移就本衛將養所須食料各委將軍以當衛諸色廻殘官物等且量事支給其醫藥宜准内外廂例自餘諸色當番人等有疾

疾者並准此處分其死者各委所由隨事埋瘞當日牒報本貫令家人親族運致還鄉

五載八月癸未詔曰朕頃所撰廣濟方救人疾患頒行已久計傳習亦多猶慮單貧之家未能繕寫閭閻之內或有不知儻將療失時因致橫夭性命之際寧忘惻隱宜令郡縣長官就廣濟方中逐要者於大板上件錄當村坊要路牓示仍委採訪使勾當無令脫錯

十三載二月詔鰥寡惸獨乏絶者量加賑給

肅宗至德元年正月大赦詔左降官非反逆侵坐及

犯惡逆名教枉法強盜贓如有親年八十已上及疾患在牀枕者不堪扶持更無兄弟許其停官終養其流人亦准此

乾元元年四月詔曰應緣南郊百司張設有損百姓苗稼者委京兆尹隨損多少倍酬所損錢物便即聞奏

十月詔曰應行營人家及羸老單貧鰥寡惸獨已頻有處分宜令州縣長官倍加賑恤

上元二年九月詔鰥寡惸獨不能自存立者委刺史縣令量加賑恤

代宗寶應元年十月乙卯勅曰浙江東西去歲旱損所出租賦頗甚艱辛今秋已來復聞遭水百姓重困何以克堪朕所以未明求衣日旰忘食思弘理道良用疚懷今所徵收唯正租庸而已其餘差役咸使矜量頗亦申明冀稍安緝如聞諸道節度使不承正勅妄有徵科州縣望風便行文牒務爲逼廹自應誅求事且因循轉用生弊不有懲革何以息人自今已後宜令本道觀察及租庸使嚴加訪察其州縣除正勅支遣外不得轉承諸使文牒徵率一物已上如或有犯便仰停務具名彈奏又聞杭越閒疾疫頗甚戶有

死絶未削版圖至於稅賦或無舊業田宅延及親隣言念疲人豈堪兼役致令逃散誠有哀矜亦委租庸使與本州審細勘責據實戶差遣處置訖具狀聞奏仍委刺史縣令敎法招攜課最之間襃貶斯在其有死絶家無人收葬仍令州縣埋瘞朕臨御寰瀛爲人父母一物失所每勤罪己之心四方未寧彌軫納隍之慮庶尹卿士友邦冢君宜悉朕懷共敷至理

大曆九年四月制曰其百姓鰥寡孤獨不能存濟者困窮無主誠可哀傷仰所在州縣府長官每年以諸色官物量加賑恤令其得所

德宗貞元元年正月詔曾陷賊百姓屋宇焚毁貧病老弱咸加優恤

十二年越州刺史皇甫政奏云貞元十年綾縠一千七百疋至汴州値兵潰叛物皆散失請率新來客戶續補前數帝謂宰臣曰百姓有業則懷土爲居戶失業則去鄉爲客戶去鄉者咸遭羅苛暴瘡痍之人豈可重傷可罷其率特免所失物

十四年閏五月貶太子詹事蘇弁爲汴州錄事參軍又貶其兄贊善大夫衮爲永州司戶俄降敕曰左降官蘇衮貶官本緣并連坐矜其年暮加以疾患宜令

所在勒廻任歸私第衮年七十兩目無所見已逾年以弁之故竟未停官及貶帝聞之哀憫故許還家

十八年七月詔曰朕獲主兆人以臨方夏憂勤于政思底康寧然而理化未孚水旱爲沴或傷壞廬舍漂損田疇朕爲人父母用切于衷其諸道應遭水損州縣令委本道觀察使速具條疏聞奏當有處分又詔曰政在養人實爲邦本朕庶存節用以拯凋殘咨爾長吏宜加安撫申明曉示令悉朕懷

十九年七月以關輔饑罷今歲吏部選集

德宗元和二年八月以沒蕃人僧良闡等四百五十人自吐蕃使還中國命京兆府勘責先身亡及送在神策軍餘三百九十人詔良闡等頃因淪陷久在殊方或有平日遺人或是衣冠舊族萬里歸國尤所哀矜應歸及分配并侍親等人委所在特加優恤

四年九月普寧公主奏出城行田帝令中使彭希昭宣以禾稼初登或慮蹂踐且歸第以俟來月

七年十月制册皇太子其天下高年廢疾者委所管州縣各加存恤

十年二月以朗州司馬劉禹錫爲播州刺史中丞裴度奏禹錫母年八十今播州乃猿狖所居人跡罕至

禹錫誠合得罪然其老母必去不得則須與子爲死別傷陛下孝理之風伏請屈制稍移近處使得終養帝曰夫爲人子者每事尤須脩謹嘗恐貽親之憂今禹錫所坐更合重於他人豈可以此論救度不能對帝乃曰我所言是責人子之事然終不能傷其所親之心明日改授禹錫連州刺史

十二年二月撰貞元集要廣利方憲宗親爲之制序散題於天下通衢其方揔六千三種五百八十六首

九月詔諸道遭水州府其人戶中有漂溺致死者委所在收瘞其屋宇摧倒亦委長吏量事勸課脩葺使

得安存
穆宗長慶元年七月大赦制天下百姓年九十以上委所在長吏量加存問
文宗太和元年十一月詔應配流靈夏等州及天德軍人等自今後宜許將家口赴流所除本身外亦據口數給熟食遞送
六年正月詔京城內有鰥寡孤獨不能自濟瘖聾跛躄窮無告者委京兆尹量事賑恤具所破數聞奏
五月庚申詔諸道應災荒處疾疫之家有一門盡歿者官給凶具隨事瘞藏一家如有口累疫死一半者

量事與本戶稅錢三分中減一分死一半已上者與減一分本戶稅其疫未定處並委長吏差官巡撫量給醫藥詢問救療之術各加拯濟事畢條疏奏聞天下有家長大者皆死所餘孩稚十二至襁褓者不能自活必致夭傷長吏勸其近親收養仍官中給兩月糧亦具都數聞奏江南諸道既有凶荒賦入上供悉多蠲減國用常限或慮不充宗廟切急所須外有舊例市買貯備雜物一事已上並仰權停待歲熟時和例舉處分
七年八月詔百姓困窮獘繇姦吏政苛不擾人皆自安其司農寺供宮內及諸廚冬藏菜並委本寺自供其菜價仍委京兆尹約每年時價支付更不得配京兆府和市其諸陵守當夫宜委京兆府以價直送陵司令自雇召並不得差配百姓應寒食雜差配及樹栽脩橋柴木選場棘等便於戶稅錢內尅折不得更令和市天下諸州府應納義倉及諸色斛斗一分耗外切宜禁斷仍委度支鹽鐵分巡院及出使郎官切加訪察
九年八月以責授閬州刺史權璩為鄭州刺史璩宰相文公德輿之子少負名譽籍甚於士大夫間會德

輿門生李宗閔為相璩為中書舍人宗閔敗璩不自安頻審上章自雪黨比遂改授閬州及是帝知璩所生母抱病因有是命
開成元年正月已巳東都留守司徒兼中書令裴度上言前懷州武德縣令王賞以失縣庫子賞乃盡償所欠緡錢庫子莫可得獄固難竟河陽節度使溫造嚴刻禁賞三年母老不得侍疾母亡不得服喪大理寺執文斷疏疑似之間究滯浮久帝方留情刑獄聞之卽時詔釋賞
宣宗大中四年正月詔有水旱處宜令州縣長吏多

方優恤務使安存如有甚不支濟仰具事繇聞奏別議處分

懿宗咸通四年七月朔制曰安南寇陷之初流人多寄溪洞其安南將吏官健走至海門者人數不少宜令宋戎李晨瑛察訪人數量事救䘏

哀帝天祐二年四月詔鰥寡孤獨不濟者長吏量加賑䘏

後唐莊宗天祐二年四月卽位制曰應諸道管內有高年踰百歲者便與給復永俾除名自八十至九十者與免一子色役州縣不得差徭

同光元年十月詔應鰥寡惸獨無所告仰者所在各議拯救或有年過八十者免一子從征

十一月敕左降官均州司馬劉岳有母年踰八十近聞身故旣鮮兄弟別無骨肉孤魂旅寄誰爲蓋指准本朝故事許歸終三年喪服闋如未量移卽赴貶所

明宗天成三年十一月巳丑出潛龍宅粟以賑百官

長興二年十二月丁丑帝謂三司使曰先是兩川隔道兵士所有家屬常加贍給勿令失所時孟知祥初有全蜀之地

三年七月丙戌詔賜諸軍救援有差

四年九月丁丑范延光奏隔在兩川兵士家口自來支給衣糧今緣國計不充欲權停支給帝曰彼非頑留因事睽阻父子仳離非人情也不可頓絕支給其間願歸鄉貫者從之如有子弟許繼其父兄本軍名粮如無鄉里可歸無子弟承繼且量支一年以是曉諭其家

漢高祖卽位太原至東京謂左右曰過陳橋見百姓桑棗空有餘折其廬室悉墻垣耳因荒邪因兵邪左右對曰此契丹犯闕時杜重威宿漢軍之所也上惻然嗟嘆曰重威破國殘物一至於此而不討是朕養惡蓄姦何以爲蒼生父母副海內徯望之心也左右皆稱萬歲

周太祖廣順元年八月契丹瀛莫幽州界大水饑饉流散襁負而歸者不可勝計比界州縣亦不禁止太祖愍之詔沿邊州郡安䘏流民仍口給斗粟前後繼至數十萬口

三年正月庚午萊州刺史葉仁魯犯贓法等斷處死賜自盡將死太祖遣中使賜酒食宣曰汝自抵刑憲國法如此爾有老母當遣存恤耳仁魯感恩泣下尋死之

顯德元年正月赦天下年高殘疾鰥寡孤獨所屬官

吏務行存恤

冊府元龜帝王部　恤下　卷之一百四十七　二十一

冊府元龜

冊府元龜

巡按福建監察御史臣李嗣京　訂正

知閩縣事臣曹冉臣叅閲

知建陽縣事臣黃國琦較釋

帝王部一百四十八

知子　知臣

知子

夫帝王者淵默而神清明在躬精鑒外融靈機內炤有所燭視合若符契況乃父子之際天性之親故可以察其誠心願其微隱則有鑒乃儻量可付大事宜

承天位能繼緒業精斷之下無所差焉若乃堯廢丹朱周舍伯邑戒吳濞之必反鑒蜀秀之終惡帝王之識不其明歟所謂知臣莫若君知子莫若父在於斯矣

堯曰疇咨若時登庸疇誰庸用也誰能順是事將登用之放齊曰胤子朱啓明帝曰吁嚚訟可乎放齊臣名胤國子爵朱名啓開也吁疑怪之辭言不忠信爲嚚又好爭訟可乎言不可也一說堯知子丹朱之不肖不足授天下於是乃權授舜授舜則天下得其利而丹朱病授丹朱則天下病而丹朱得其利堯曰終不以天下之病而利一人而卒授舜舜子商均亦不肖舜乃豫薦禹於天遂禪禹

周文王爲西伯舍伯邑考而立武王

漢高祖十二年封兄仲之子沛侯濞爲吳王已拜受印帝召濞相之曰若狀有反相若汝也獨悔業已拜獨悔者心自懷悔不以語人也旣以封拜爲事臣不知之故不改因拊其背曰漢後五十年東南有亂豈若邪然天下同姓一家慎無反濞頓首曰不敢景帝立濞果反

宣帝時元帝爲太子嘗侍燕從容言陛下持刑太深宜用儒生帝作色曰漢家自有制度本以霸王道雜之柰何純任德教用周政乎且俗儒不達時宜好是

古非今使人眩於名實不知所守何足委任乃嘆曰亂我家者太子也

後漢章帝時和帝爲皇子自岐嶷至於總角孝順聰明寬和篤仁帝曰是深珍之以爲宜承天位

魏太祖時文帝子明帝生而有岐嶷之姿帝異之曰我基於爾三世矣每朝宴會同與侍中近臣竝列帷幄

晉宣帝爲魏太傅時將誅曹爽其深謀秘策獨與景帝潛畫文帝弗之知也將發夕乃告之旣而使人覘之景帝寢如常文帝不能安席晨會司馬門鎮靜內

外置陣甚整宣帝曰此子竟可也
後魏道武時太武以皇孫生於東宮體貌瓌異道武奇而悅之曰成吾業者必此子也
太武時北巡文成以皇孫從在後逢虜師桎一奴欲加其罰文成謂之曰如今遭我汝宜釋之帥奉命解縛太武聞之曰此兒雖小欲以天子自處意奇之
後周太祖兄子護魏普泰初始自晋陽至平凉時年十七太祖諸子竝幼遂委護以家務內外不嚴而肅太祖乃嘆曰此兒志度類我及太祖西巡至牽屯山遇疾馳驛詔護至涇州見太祖太祖疾已綿篤謂護

曰吾形容若此必是不濟諸子幼小寇賊未寧天下之事屬之於汝宜勉力以成吾志護涕泣奉命時嗣子冲弱寇賊在近人情不安護綱紀內外撫循文武於是衆心乃定先是太祖嘗云我得胡力當時莫曉其旨至是人以護字當之
武帝太祖第四子也幼而孝敬聰敏有器質太祖異之曰成吾志者必此兒也
齊殤王憲太祖第五子太子嘗賜諸子良馬唯其所擇憲獨取駁者太祖問之對曰此馬色類既殊或多駿逸若從軍征伐牧圉易分太祖喜曰此兒知識不凡當成重器後從獵隴上經官馬牧太祖每見駁馬輒曰此我兒馬也因令左右取以賜之
隋高祖第四子秀有膽氣容貌瓌偉美鬚髯多武藝甚爲朝臣所憚帝每謂文獻皇后曰秀必以惡終我在當無慮至兄弟必反秀初鎮蜀兵部侍郎元衡使於蜀秀深結於衡以左右爲請衡旣還京師請益左右帝不許大將軍劉噲之西討爨也高祖令上開府楊武通將兵繼進秀使嬖人萬智光爲武通行軍司馬帝以秀任非其人譴責之因謂群臣曰壞我法者必在子孫乎譬如猛虎物不能害反爲毛間虫之所

損食耳於是遂分秀所統
唐高祖初爲唐公太宗旣舉義師高祖知其英略入神軍機大事皆令所司諮決因從容謂太宗曰汝功業旣重成事之後天下繇汝致之吾當以爾爲太子太宗拜謝且固辭
太宗貞觀十八年四月己酉御兩儀殿高宗時爲皇太子侍側太宗謂侍臣曰太子志行性度外人頗亦知否司徒長孫無忌曰古人云桃李不言下自成蹊殿下仁孝自然德義高遠四海之內莫不聞知太宗曰朕如某年（某高宗名）性頗不依節度其　幼歲便懷寬

厚生男如很猶恐其厄冀其年齡轉壯或自不同今日無忌曰陛下雄武冠時誠撥亂之才殿下仁愛自天乃守文之德所向雖别而各當其分此上天所授以養蒼生者也是年十一月乙酉日南至皇太子王公以下展賀於貞觀殿太宗曰朕一二年中始見太子拜賀太子宗社之本四海所繫而某天資仁孝内外傾服朕之此舉無愧於神人也

後唐太祖龍紀元年討孟方立於邢州旋師于路因較獵於三垂崗有玄宗原廟太祖於祠前置酒樂作伶人奏百年歌者陳其衰老之歲聲調悽苦太祖引

冊府元龜 帝王部 知臣 卷之一百四十八 五

滿捋髯指莊宗曰老子壯心未已二十年後此郎子必戰於此及夾城之役果符是言時莊宗纔五歲及太祖有疾召監軍使張承業大將吳珙謂曰吾嘗愛此子志氣遠大可付後事

周太祖微時世宗事之以孝謹聞太祖嘗謂人曰此吾家之寶也

知臣

書曰知人則哲惟帝其難之非夫躬徇齊之美蘊聰明之德英識卓越偉量疏達旌别淑慝而無所凝滯選任賢能而適其位量又曷能屏斥巧佞黜放姦宄使疲軟罷去而羇孤並進者乎自帝堯欽明擅如神之譽漢高善任載良史之説由是之後以叡智而處民上者或疇咨俊乂並居左右或簡拔豪英委之經略揣摩其志輒申之保任揚推其器質形於品藻用能幹事功於一代樹風聲於來裔藹然佳話斯可述焉

帝堯曰疇咨若時登庸疇誰庸用也誰能咸熈庶績順我事者將登庸也放齊曰胤子朱啓明放齊臣名胤國子爵朱名啓開帝曰吁嚚訟可乎也吁疑怪之辭言不忠信爲嚚又好爭訟可乎言不可帝曰疇咨若予采采事也復求誰能順我事者驩兜曰都共工方鳩僝功驩兜臣名都歎美之辭共工官

冊府元龜 帝王部 知臣 卷之一百四十八 六

稱鳩聚僝見也歎工能方方聚見其功帝曰吁靜言庸違象恭滔天靜謀滔漫也言共工自爲謀言起用行事而背違之貌象恭敬而心傲很若漫天言不可用帝曰咨四岳四岳卽羲和之四子分長四岳之諸侯故稱焉湯湯洪水方割湯湯流貌洪大割害也言大水方方爲害蕩蕩懷山襄陵浩浩滔天蕩蕩言水奔突有所滌除懷包襄上也包山上陵浩浩盛大若漫天下民其咨有能俾乂俾使乂治也言民咨嗟憂愁病水困苦故問四岳有能治者將使之僉曰於鯀哉僉皆也鯀崇伯之名朝臣舉之帝曰吁咈哉方命圮族凡言吁者皆非帝意咈戾圮毀族類也言鯀性很戾好此方名命而行事輒毀敗善類岳曰异哉試可乃已异音已退也言餘人進已唯鯀可試無成乃退帝曰往欽哉帝勑鯀往治水命使敬其事堯知其性很戾圮族未明其所能而據衆言可試故用之九載績用弗成載年也三考九年功用不成則放退之

漢高祖五年置酒雒陽南宮帝曰通侯諸將毋敢隱朕皆言其情吾所以有天下者何項氏之所以失天下者何高起王陵對曰（漢帝年紀高帝時有信平侯陵都武侯起魏相奏高帝時奏事有臣陵臣起）陛下嫚而侮人項羽仁而敬人然陛下使人攻城略地所降下者因以與之與天下同利也項羽妬賢嫉能有功之賢者疑之戰勝而不與人功得地而不與人利此其所以失天下也帝曰公知其一未知其二夫運籌帷幄之中決勝千里之外吾不如子房塡（塡與鎭同）國家撫百姓給餉饋不絕糧道吾不如蕭何連百萬之衆戰必勝攻必取吾不如韓信三者

皆人傑吾能用之此吾所以取天下也項羽有一范增而不能用此所以爲我禽也羣臣悅服

陳平因魏無知求見漢王漢王召入是時萬石君石奮爲中涓受平謁平等十二人俱賜進食王曰罷就舍矣平曰臣爲事來所言不可以過今日於是漢王與語而說之（說讀曰悅）問曰子居楚何官平曰爲都尉是日拜平爲都尉使參乘典護軍諸將盡讙（讙囂而議也）曰大王一日得楚之亡卒未知高下卽與共載使監護長者漢王聞之愈益幸平

周勃爲人木彊敦厚（木謂質樸）高帝謂可屬大事（屬委也）高帝疾病呂后問曰陛下百歲後蕭相國旣亡誰令代之帝曰曹參可問其次曰王陵可然少戇陳平可以助之陳平智有餘然難獨任周勃重厚少文然安劉氏者必勃也可令爲太尉呂后復問其次帝曰此後亦非乃所知也及呂后聽朝諸呂將危劉氏勃平等誅之

惠帝時相國蕭何病帝自臨視何疾因問曰君卽百歲後誰可代君帝曰知臣莫若主帝曰曹參何如何頓首曰帝得之矣何死不恨矣

文帝末周亞夫爲中尉帝戒太子曰卽有緩急周亞

夫眞可任將及景帝卽位亞夫爲車騎將軍三年吳楚反亞夫以中尉爲（大尉）擊吳楚平之

景帝時竇嬰以太后宗屬封魏其侯桃侯免相（劉舍也）竇太后數言魏其侯帝曰太后豈以臣有愛相魏其者（愛猶惜也）魏其沾沾自喜耳多易（沾沾輕薄也）難以爲相持重遂不用用建陵侯衛綰爲丞相

武帝時韓安國爲御史大夫爲人多大略知足以當世取舍（言可取則取可止則止）而出於忠厚貪嗜（嗜與耆同）財利然所舉皆廉士賢於已者於梁舉壺遂臧固至他皆天下名士（於梁舉二人至於余所舉亦皆名士也）他士亦以此稱慕之唯天

子以爲國器

汲黯爲九卿多病病且滿三月帝賜告者數終不瘉最後嚴助爲請告帝曰汲黯何如人也曰使黯任職居官亡以瘉人（瘉勝也瘉與愈同）然至其輔少主守成雖自謂賁育弗能奪也（孟賁夏育皆古之勇士也）帝曰然古有社稷之臣至如汲黯近之矣

倪寬爲廷尉吏以不習事除爲從史之北地視畜數年（之往也畜謂廷尉之畜在北地者若今試司公廨牛羊）還至府上畜簿會廷尉時有疑奏已再見卻矣（卻退也）掾吏莫知所爲寬爲言其意掾史因使寬爲奏成讀之皆服以白廷尉湯

湯大驚召寬與語乃奇其材以爲掾上寬所作奏卽時得可異日湯見帝問曰前奏非俗吏所及誰爲之者湯言倪寬帝曰吾固聞之久矣湯繇是鄉學（鄉讀曰嚮）以寬爲奏讞掾以古法義决疑獄甚重之

褚大爲梁相通五經爲博士時倪寬爲弟子及御史大夫缺褚大爲梁相詔徵自以爲得御史大夫至雒陽聞倪寬爲之褚大笑至與寬議封禪於上前大不能及退而難曰上誠知人

李廣文帝時爲郎騎常侍數從射獵格殺猛獸帝曰惜廣不逢時令當高祖世萬戸侯豈足道哉及孝武時爲前將軍與大將軍衛青俱擊匈奴青陰受武帝指以爲李廣數奇（言廣數爲匈奴所敗命隻不耦合也）毋令當單于恐不得所欲果以失道自殺

霍光爲奉車都尉衛太子爲江充所敗而燕王旦廣陵王胥皆多過失是時武帝年老寵姬鉤弋趙婕伃有男（婕伃居鉤弋宮古稱之）心欲以爲嗣命大臣輔之察羣臣唯霍光任大重可屬社稷帝迺使黄門畫者畫周公負成王朝諸侯以賜光（黄門之署職任親近以供天子百物在焉故亦有畫工）後光二年春帝遊五柞宮病篤光涕泣問曰如有不諱誰當嗣者帝曰君未諭前畫意邪立少子君行周

公之事光頓首讓曰臣不如金日磾日磾亦曰臣外國人不如光帝以光爲大司馬大將軍日磾爲車騎將軍及太僕上官桀爲左將軍搜粟都尉桑弘羊爲御史大夫皆拜卧内牀下（於天子所臥牀前拜職）受遺詔輔少主明日太子襲尊號是爲孝昭皇帝帝年八歲政事一決於光

宣帝時大將軍霍光薨子禹復爲大司馬兄子山領尙書（霍光去病之孫今云兄子者轉寫誤耳）親屬皆宿衛内侍地節三年夏京師雨雹蕭望之因是上疏願賜清閒之宴口陳災異之意（閒讀曰閑）帝昔在民間聞望之名曰此東海

蕭生邪下少府宋琦問狀無有所諱拜爲謁者歲中三遷官守少府宣帝察望之經明持重論議有餘材可任宰相欲詳試其政事復以爲左馮翊入爲御史大夫

後漢光武嘗與功臣諸侯讌語從容言曰諸卿不遭際會自度爵祿何所至乎高密侯鄧禹先對曰臣少嘗學問可郡文學博士帝曰何言之謙乎卿士子志行修整何不爲掾功曹餘各以次對至馬武曰臣以武勇可守尉督盜賊帝笑曰且勿爲盜賊自致亭長斯可矣

馬援爲伏波將軍善兵策帝嘗言伏波論兵與我意合每有所謀未嘗不用

賈復爲漢中王劉嘉校尉更始以光武爲大司馬安撫河北復持嘉書及光武於柏人因鄧禹得召見光武奇之署復破虜將軍督盜賊官屬以復後來而好陵折等輩調補鄗尉光武曰賈督有折衝千里之威方任以職勿得擅除東觀記曰時帝置兩府官屬賈復與段孝共坐孝謂復曰卿將軍督我又司馬督不得共坐復曰俱劉公吏有何尊卑官屬以復不遜帝調官屬補長吏共白欲以復爲鄗尉上署報不許也光武至信都以復爲偏將軍復從征伐未嘗喪敗與諸將潰圍解急身被十二創帝以復敢深入希令遠征而壯其勇節嘗自從故復少方面之勳東觀記曰吳漢擊蜀未破上書請復自助上不遣諸將每論功自伐復未嘗有言帝輒曰賈君之功我自知之

寇恂爲河內太守更始遣將朱鮪攻之時傳聞鮪破河內帝以爲不然有頃恂檄至恂大破鮪等光武大喜曰吾知寇子翼可任也

劉嘉字孝孫光武族兄義兵起嘉隨更始征伐封漢中王赤眉破其相李寶等聞鄧禹西征擁兵自守勸嘉且觀成敗光武聞之告禹曰孝孫素謹善少且親愛當是長安輕薄兒誤之耳禹即宣帝旨嘉乃因來

歙詣禹於雲陽三年到雒陽從征伐拜爲千乘太守

明帝時牟融爲大司農是時方勤萬機公卿數朝會每輒延謀政事判折獄訟融經明才高善議論朝廷皆服其能帝數嗟嘆以爲才堪宰相明年代伏恭爲司空舉動方重甚得大臣節

質帝少而聰慧知梁冀驕橫嘗朝群臣目冀曰此跋扈將軍也冀聞深惡之

魏太祖知人善察難眩以僞拔于禁樂進於行陣之閒取張遼徐晃於亡虜之内皆佐命立勳列爲名將其餘拔出細微登爲牧守者不可勝數

荀攸字公達太祖毎稱曰公達外愚內智外怯內勇外弱內強不伐善無施勞智可及愚不可及雖顔子寗武不能過也又下令曰孤與荀公達同遊二十餘年無毫毛可非又曰荀公達眞賢人也所謂温良恭儉讓以得之孔子稱晏平仲善與人交久而敬之公達卽其人也文帝在東宮太祖謂曰荀公達人之師表也汝當盡禮敬之荀彧初爲漢尚書令所舉者命世人才攸爲魏尚書令亦推進賢士太祖曰二荀令之論人久而益信吾沒世不忘

曹純所督虎豹騎皆天下驍鋭或從百人將補之太

祖難其帥純以選爲督撫循甚得人心及卒有司白選代太祖曰純之比何可復得吾獨不中督邪遂不選

郭嘉字奉孝潁川人先是潁川戲志才籌畫士也太祖甚器之早卒太祖與荀彧書曰自志才亡後莫可與計事者汝潁固多奇士誰可以繼之彧薦郭嘉召見論天下事太祖曰使孤成大業者必此人也嘉出亦喜曰眞吾主也表爲司空軍祭酒嘉深通有美略達於事情太祖字之曰唯奉孝爲能知孤意

程昱爲衞尉性剛戾與人多迕人有造昱謀反太祖賜待益厚

晉宣帝輔政時鄧艾少爲典農綱紀上計吏因使見帝帝奇之辟之爲太尉掾

荀顗字景倩魏尚書令彧之第六子以父勳除中郎宣帝輔政見顗奇之曰荀令君之子也擢拜散騎侍郎

石苞字仲容景帝初以爲中護軍司馬宣帝聞苞好色薄行以讓景帝景帝荅曰苞雖細行不足而有經國才略夫貞廉之士未必能經濟世務是以齊桓忘管仲之奢僭而錄其糾合之大謀漢高舍陳平之汙

行而取其六奇之妙筭苞雖未可以上儔二子亦無今日之選也意乃釋後苞武帝時以功至司徒

明帝時紀瞻爲僕射帝常獨引瞻於廣室慨然憂天下曰社稷之臣殆無復十人如何因屈指曰君便其一瞻辭讓帝曰方欲與君善語復云何崇謙讓邪

簡文帝爲相時謝安寓居會稽累辟不就帝謂人曰安石旣與人同樂必不得不與人同憂召之必至後卒爲相

王述字德祖簡文帝每言述才旣不長直以眞率便敵人耳謝安亦嘆美之

後魏道武初許謙爲右司馬時慕容寶來冦也道武使謙告難於姚興興遣將來援明年慕容寶復來冦帝謂謙曰今事急矣非卿豈能復致姚師卿其行也謙未發而寶退乃止

太武能知人拔士於卒伍之中唯其才所長不論本末古弼爲尚書令弼頭尖帝嘗名之曰筆頭是以時人呼爲筆公車駕略於山北大獲麋鹿數千頭詔尚書發車牛五百乘以運之太武尋謂從者曰筆公必不與我汝輩不如馬運之速遂還行百餘里而弼表至曰今秋穀懸黄麻菽布野猪鹿竊食鳥鴈侵費風

波所耗朝夕三倍乞賜矜緩使得收載太武謂左右曰筆公果如朕所上可爲社稷之臣

李訢爲中書學生太武幸中書學見而異之謂從者此小兒終効用於朕之子孫矣因職聘之太武舅陽平王杜超有女將許貴戚太武聞之謂超曰李訢後必官達益人門戸以女妻之勿許他族遂勸成婚杜超之死也太武親哭三日訢以超壻得在喪位出入帝因而指之謂左右曰觀此人舉動豈不有異於衆必爲朕家幹事之臣後爲侍中鎮南將軍卒

李孝伯美風儀動有法度從兄順言之於太武徵爲中散太武見而異謂順曰眞卿家千里駒也

文成時李伯尚少有重名弱冠除秘書郎文成每云此李氏之千里駒

陸馥父俟封東平王聰慧有策略馥多智有父風文成見馥而悦之謂朝臣曰吾嘗歎其父智過其軀是復踰於父矣

孝文時穆弼有風格涉獵經史孝文欲以弼爲國子助教會司州牧咸陽公禧入孝文謂禧曰朕與卿作州都舉一主簿即令弼謁之因爲孝文所知輿駕南征特勑隨從

于烈爲散騎常侍穆太等謀反舊京伏法烈一宗無所染孝文歎曰元嚴治斷威恩浮自不惡然爲臣盡忠猛決不如烈也爾自烈在代都必卽斬其五三元首耳烈之節槩不謝金日磾也詔除領軍將軍

崔亮爲尚書二千石郎孝文在洛欲椒革舊制選置百官謂羣臣曰與朕舉一吏部郎必使才望兼允者給卿三日假又一日孝文曰朕已得之不煩卿輩也馳驛徵亮兼吏部郎

崔光爲散騎常侍兼侍中雖處機近曾不留心文案唯從容論議參贊大政而已孝文每對羣臣曰以崔

光之高才大量若無意外咎譴二十年後當作司空其見重如是光後至司徒

裴聿字外興以操尚貞立爲孝文所知自著作佐郎出爲北中府長史孝文以聿與中書侍郎崔亮竝清貧欲以幹祿優之乃以亮帶野王縣聿帶温縣時人榮之

張烈孝文時入爲太子步兵較尉南齊將陳顯達治兵漢南謀將入寇順陽太守王清石世官江南荆州刺史廣陽王嘉慮其有異表請代之孝文詔侍臣各舉所知方有申薦孝文曰此郡今當必爭之地須得

冊府元龜　帝王部　知臣　卷之一百四十八　十七

堪濟之才何容泛舉也太子步兵張烈每論軍國之時有會人意處朕用之何如彭城王勰稱讚之遂除陵江將軍順陽太守

劉道斌舉孝廉入京拜較書郎轉主書頗爲孝文所知從征南陽還加積射將軍給事中孝文謂黃門侍郎邢巒曰道斌是段之舉便異儕流矣卒於岐州刺史

宣武時李處自太尉從事中郎出爲河清太守屬京兆王愉反處棄郡奔闕宣武聞處至謂左右曰李處在冀州日久思信著物今接難而來衆情自解矣乃令處別領軍往前慰勞

孝武初楊寬攺授散騎常侍驃騎將軍給事黃門侍郎監内典書事時夏州戍兵數千人據兗州反詔寬兼侍中節度諸軍討平之中尉綦儁與寬有宿憾誣以他罪劾之孝武謂侍臣等曰楊寬清直朕極知其無罪但不枉法官之奏耳事下廷尉得申釋

後周太祖時王述驃騎大將軍羆之孫少聰敏有識度年八歲太祖見而奇之曰王公有此孫足爲不朽即以爲鎮遠將軍拜太子舍人

蘇綽爲行臺郎中太祖與僕射周惠達論事惠達不

冊府元龜　帝王部　知臣　卷之一百四十八　十八

能對請出外議之乃召綽告以其事綽即與量定惠達入呈太祖稱善謂惠達曰誰與卿爲此議者惠達以綽對因稱有王佐之才太祖曰吾亦聞之久矣尋除著作佐郎

蘇椿魏孝明正光四年出爲武都郡守攺授西夏州長史除都督行弘農郡事當官強濟特爲太祖所知

宇文測爲大都督行汾州事或有告測與外境交通懐二心者太祖怒曰測爲我安邊吾知其無貳志何爲間我骨肉生此貝錦乃命斬之仍許測以便宜從事

李旭初謁太祖太祖深奇之厚加資給令入太學太祖每見學生必問才行於旭旭神情清悟應對明辯太祖每稱歎之

韓擒虎少慷慨以膽略見稱容貌魁岸有雄傑之表性又好書經史百家皆略知大旨太祖見而異之令與諸子遊集後以軍功拜都督新安太守

薛端爲吏部郎中軍東討齊柱國李弼爲别道元帥妙簡英僚數日不定太祖謂弼曰爲公思得一長吏無過薛端弼對曰眞才也乃遣之

趙剛爲潁州郡守時高中密以北豫州來附兼大行

臺佐丞持節赴潁州節度義軍師還剛别破侯景前驅於南陸後獲其郡守二人時有流言傳剛東叛齊神武因設反間聲遣迎接剛乃率騎襲其守塢拔之帝知剛無貳乃加賚焉除營州刺史進爵爲公

武帝平北齊其大理公孫茂甚有能名帝聞而召見與語器之授濟北太守

隋高祖時蘇威爲太子少保漸見親重與高熲參掌國政尋兼大理卿京兆尹御史大夫官悉如故治書侍御史梁毗劾威兼領五職安繁戀劇無舉賢自代之意高祖曰蘇威朝夕孜孜志存遠大舉賢有闕何遽迫之顧謂威曰用之則行舍之則藏唯我與爾有是夫因謂朝臣曰蘇威不值我無以措其言我不得蘇威何以行其道楊素才辯無雙至若斟酌古今助我宣化非威之匹也蘇威若逢亂世南山四皓豈易屈哉其見重如此又謂羣臣曰世人言蘇威詐清家累金玉此妄言也然其性很戾不切世要求名太甚從己則悦違之必怒此其大病耳

李景遼東之役爲馬軍總管及還配事漢王高祖奇其壯武使袒而觀之曰卿相表當位極人臣後至柱國

楊義臣爲陝州刺史性謹厚能馳射有將相之才繇是高祖甚重之

煬帝時薛世雄爲右監門郎帝嘗從容謂羣臣曰我欲舉好人未知諸君識否羣臣咸曰臣等何能測聖心帝曰我欲舉者薛世雄羣臣皆稱善帝復曰世雄廉正節槩有古人之風於是超拜右翊衛將軍

李密以父蔭爲左親侍嘗在仗下煬帝顧見之退謂許公宇文述曰向者左仗下黑色小兒爲誰許公對曰故蒲山公李寬子密也帝曰箇小兒瞻視異常勿令宿衛他日述謂密曰弟聰令如此當以才學取官

三衛叢脞非養賢之所容大喜因謝病專以讀書爲
事時人希見其面
唐高祖時姜寶誼爲右武侯大將軍與尚書右僕射
裴寂拒宋金剛于介州戰始合寂棄軍而走兵遂大
潰寶誼爲賊所擒高祖初聞其没也泣曰寶誼烈士
必不生降賜其家物千段米三百石寶誼後謀背賊
事泄遇害臨死西向大言曰臣無狀負陛下被屠潰
是所甘心但敗軍喪師九泉所恨
太宗謂司徒長孫無忌等曰朕今面談公等得失以
爲鑒誡言之者可以無過聞之者可以自改侍臣拜
冊府元龜　帝王部　知臣　卷之一百四十八　二十一
謝太宗曰長孫無忌善避嫌疑應物敏速至決斷事
理求之古人而總兵攻戰非其所長也高士廉涉獵
古今心術聰俊臨難既不改節爲官亦無朋黨所少
者骨鯁規諫耳唐儉言辭俊利善和解人稱材既行
發言啓齒事朕三十載遂無一言論國家得失楊師
道性行純善自無愆過而情實怯懦未甚便事急緩
不可得力岑文本性道敦厚文章自其所長而持論
嘗據經遠自當不負於物劉洎性最堅貞有利益然
而意尚然諾偏於朋友能自補闕亦何以尚焉馬周
見事敏速性甚貞正至於論量人物直道而言朕比

任使多所稱意褚遂良學問稍長性亦堅正既寫忠
誠甚親附於朕譬如飛鳥依人自加憐愛比日以來
每試鞫大獄將有任使亦何以加之
薛萬徹爲右衛大將軍太宗從容謂近臣曰當今名
將唯李勣道宗萬徹三人而已李勣道宗不能大勝
亦不大敗萬徹非大勝卽大敗
契苾何力爲葱山道副大揔管討平萬昌時何力母
姑臧夫人及母弟賀蘭州都督沙門竝在凉府何力
歸省其母兼撫巡部落時薛延陁強盛契苾部落皆
願從之於是衆兵執何力至延陁致於可汗牙前何
冊府元龜　帝王部　知臣　卷之一百四十八　二十二
力箕踞而坐拔佩刀東向大呼曰豈有大唐烈士受
辱蕃庭天地日月願照我心又割左耳以明志不可
奪也可汗怒欲殺之爲其妻所抑而止或言太宗曰
人心各樂其土何力今入延陁猶魚得水也太宗曰
不然此人心如鐵石必不背我會有使自延陁至具
言其狀太宗謂群臣曰契苾何力竟如何遽令兵部
侍郎崔敦禮持節入延陁許降公主以和何力由是
得還
代宗時裴遵慶爲吏部尚書右僕射復知選事敦宗
儒行老而彌謹嘗爲風狂族姪撾登聞鼓告以不順

代宗知其大謬不省其見信如此
大曆中鳳翔李抱玉奏馬燧爲隴州刺史會抱玉入覲燧與俱來留京師久之代宗知其能召見拜商州刺史兼御史中丞防禦水陸運使
德宗時渾瑊爲金吾大將軍兼左街使李希烈遣間諜詐爲瑊書與希烈通瑊奏其狀德宗特保證之仍賜瑊馬一匹并鞍轡綵二百疋
崔縱爲京兆尹德宗在奉天數奏李懷光剛愎反復宜陰備之及行幸梁州左右或短之曰縱素善懷光必不來矣帝曰他人不知縱吾可保不數日縱至拜

御史大夫
竇申爲給事中宰相參之族子也與從父舅嗣虢王則之相得歡甚洽以爲重嘗同宴遊參特愛申每議除授多詢於申申或泄之招權受賂每所至人謂之喜鵲德宗頗聞其事數謂參曰卿他日必爲申所累不如出之以厭衆王曰臣無強子姪申雖疎屬臣親之不忍出請保無他犯德宗曰卿雖自保如衆人何三問如前對申聞之不悛後果敗焉
李藩爲徐州從事節度使張建封卒濠州刺史杜兼誣奏藩搖動軍情德宗詔杜佑殺之及杜佑救解德宗怒釋亟追藩赴闕及召見望其儀形曰此豈作惡事人乃釋然除祕書郎後爲給事中制勑有不可遂於黃勑後批之吏曰宜別連白紙藩曰別以白紙是文狀豈曰批勑裴洎言之憲宗以爲有宰相器屬鄭絪罷免遂拜藩門下侍郎平章事武元衡爲御史中丞嘗因延英對罷德宗目送指示左右曰武元衡眞宰相器也後果爲相
憲宗時郗士美爲昭義節度使號令甚肅及討王承宗士美以兵馬使王獻領勁卒一萬爲前鋒獻兇惡怙亂逗撓不進遽使召至數其罪立斬之且令曰敢

後出者斬士美親鼓之兵既合而賊軍大敗下三營環柏鄉以告語聞憲宗大悅曰吾固知士美之能辦吾事
鄭餘慶居將相出入垂五十年所得皆給親黨家頗寒素自至德已來方鎮除授必遣中使令旄節就地宣賜皆厚遺金帛求媚者雖恐其少故王人一來有獲錢數百萬者餘慶每授方任憲宗必誡其使曰餘慶家貧不得妄有求取
後唐莊宗爲晉王梁冀王朱友謙爲友珪所代乞師於帝帝親總軍赴援與汴軍遇於平陽大破之因與

友謙會於衛氏友謙盛陳感慨願敦盟約帝歎甚友謙乘醉鼾於帳中帝熟視之謂左右曰冀王真貴人也但恨其臂短耳

明帝初入繼遽謂近臣安重誨曰先帝時馮道郎中何在重誨曰近除翰林學士明帝曰此人朕素諳委甚好宰相遂大用又嘗謂侍臣曰馮道性純儉頃在德勝寨所居一茅庵與從人同器食臥則芻藁一束其心晏如及以父憂退歸鄉里自耕耘樵採與農夫雜處略不以素貴介懷真士大夫也

大成元年以康思立爲應州刺史思立本出陰山諸

部性純厚善撫御帝素喜之故卽位之始以應州所生之地授焉其後歷二郡三鎮皆有百姓之譽

冊府元龜

巡按福建監察御史臣李嗣京訂正
知甌寧縣事臣孫以敬參閱
知建陽縣事臣黃國琦較釋

帝王部　一百四十九

辨謗　捨過

辨謗

邪逕之敗良田者蠅之玷垂棘聖賢所共患也乃有臨宸極之重躬濬哲之姿浮居高視邈聽虛受辨浸潤之譖悟萋菲之謗燭其丹腑保其素履俾服讒蒐

慝者無所施巧含忠履潔者有以自明孤直者不憚於回邪中正者靡畏於朋比大臣任重而無懼賢者盡節而不疑緝緝翩翩之道消平平蕩蕩之化洽蓋虞舜之寬而有辯成湯之勇智文王之廸哲率繇是矣

漢昭帝即位霍光為大將軍政事壹決於光光長女為左將軍上官桀子安妻桀因帝姊鄂邑蓋主內安女後宮為婕妤數月立為皇后父安為驃騎將軍封桑樂侯桀父子既尊盛而德長公主(德其恩也)公主近幸河間丁外人桀安欲為外人求封以列侯尚公主光不許長主以是怨光桀父子並為將軍皇后親安女光乃其外祖而顧專制朝事(顧猶反也)繇是與光爭權燕王旦自以昭帝兄常懷怨望及御史大夫桑弘羊建造酒榷鹽鐵為國興利伐其功(伐矜也)欲為子弟得官亦怨恨光於是蓋主上官桀安及弘羊皆與燕王旦通謀詐令人為燕王上書言光出都肄郎羽林道上稱蹕(都試也肄習也謂總閱試習武備也)太官先置(供飲食之具)又引蘇武前使匈奴拘留二十年不降還迺為典屬國而大將軍長史敞亡功為搜粟都尉(楊敞也)又擅調益莫府校尉(調選也莫府大將軍府也)光專權自恣疑有非常臣旦願歸

符璽入宿衛察姦臣之變候伺光出沐日奏之桀欲從中下其事(下謂下有司也)桑弘羊當與諸大夫共執退光書奏帝不肯下明旦光聞之止畫室中不入(雕畫之室也)帝問大將軍安在左將軍桀對曰以燕王告其罪故不敢入有詔召大將軍光入免冠頓首謝帝曰將軍冠(令復着冠也)朕知是書詐也將軍亡罪光曰陛下何以知之帝曰將軍之廣明都郎屬耳(之往也廣明亭名也屬耳近耳也)調校尉以來未能十日燕王何以得知之且將軍為非不須校尉(帝云將軍欲反不由一校尉)是時帝年十四尚書左右皆驚而上書者果亡捕之甚急桀等懼曰此小事

不足遂（遂猶竟也不須窮竟）帝不聽後桀黨愈有譖光者帝輒怒曰大將軍忠臣先帝所屬以輔朕身（屬委也）敢有毀者坐之自是桀等不敢復言

元帝時夏寒日青無光弘恭石顯及許史皆言周堪張猛等用事之咎詔左遷堪猛後三歲餘孝宣廟闕災其晦日有食之於是帝召諸前言日變在堪猛者責問皆稽首謝乃因下詔曰河東太守堪先帝賢之命而傳朕資質淑茂道術通明議論正直秉心有常發憤悃愊（悃愊至誠也）信有憂國之心以不能阿事尊貴孤特寡助抑厭遂退（謂不伸也）卒不克明往者衆臣見異

（異災異也）不務自修浮惟其故而反晻昧說天托咎此人（晻不明也）朕不得已出而試之以彰其材堪出之後大變仍臻亦嘿然堪治未期年而三老官屬有識之士詠訟其美使者過郡靡人不稱此固足以彰先帝之知人而朕有以自明也俗人乃造端作基非議詆欺或引幽隱非所宜明意疑以類欲以陷之朕亦不取也朕迫於俗不得專心乃者天著大凶朕甚懼焉今堪年衰歲暮恐不得自信（信謂曰伸）排於異人將安究之哉（究竟也明也）其徵堪詣行在所拜爲光祿大夫秩中二千石領尚書事猛復爲太中大夫給事中

哀帝即位而傅氏在位者（傅太后之親）與朱博爲表裏共毀譖丞相博山侯孔光既策免退閭里杜門自守（杜塞也）而朱博代爲丞相數月坐承傅太后指妄奏事自殺平當代爲丞相數月薨王嘉復爲丞相數諫爭忤指旬歲間閱三相（閱由歷也）議者皆以爲不及光帝繇是思之後因問日食事帝說賜光束帛拜爲光祿大夫秩中二千石給事中次丞相及御史大夫賈延免光復爲御史大夫二月爲丞相復故國博山侯帝乃知光前免非其罪過以近臣毀短光者免傅喜曰前爲侍中毀諸仁賢誣愬大臣令俊艾者久失其位喜傾

覆巧僞挾姦以罔上崇黨以蔽賢傷善以肆意詩不云乎讒人罔極交亂四國（小雅青蠅之詩）其免喜爲庶人歸故郡

後漢章帝爲太子時楊仁爲北宮衞士令明帝崩代諸馬盛貴各爭欲入宮仁被甲持戟嚴勒門衞莫敢輕進者帝既立諸馬共譖仁刻峻帝知其忠愈善之

班超率疏勒康居于寘拘彌兵攻姑墨石城破之超欲因此叵平諸國（叵猶遂也）乃上疏請兵建初八年遣衞候李邑護送烏孫使者賜大小昆彌以下錦帛李邑始到于寘而值龜茲攻疏勒恐懼不敢前因上書陳

西域之功不可成又盛毁超擁愛妻抱愛子安樂外國無内顧心超聞之歎曰身非曾參而有三至之讒恐見疑於當時矣遂去其妻帝知超忠乃切責邑曰縱超擁愛妻抱愛子思歸之士三千餘人何能盡與超同心乎令邑詣超受節度

順帝時梁商爲大將軍商簡御門族未曾以權盛干法而性愼弱無威斷頗溺於内豎以小黄門曹節等用事於中遂遣子冀不疑與爲交友然宦者忌商寵任反欲陷之永和四年中常侍張逵蘧政内者令石光尚方令傅福見從僕射杜永連謀共譖商及中常

侍曹騰孟賁云欲徵諸王子圖議廢立請收商等案罪帝曰大將軍父子我所親騰賁我所愛必無是但汝曹共妬之耳逵等知言不用懼廹遂出矯詔收縛騰賁於省中帝聞震怒勑宦者李歙急呼騰賁釋之收逵等悉伏誅

魏太祖時蔣濟爲楊州別駕民有誣告濟爲謀叛主率者帝聞之有令與左將軍于禁沛相封仁等蔣濟寧有此事如有此事吾爲不知人也此必愚民樂亂妄引之耳促理出之辟爲丞相主簿西曹屬

明帝時陳矯爲尚書令劉曄以先進見幸因譖矯專權矯懼以問長子本本不知所出次子騫曰主上明聖大人大臣今若不合不過不作公耳後數日帝見矯矯又問二子騫曰陛下意解故見大人也旣入盡日帝曰劉曄構君朕有以迹君朕心故已了以金五餅授之矯辭帝曰豈以爲小惠君已知朕心顧君妻子未知故也

後魏文成帝時源賀爲冀州刺史武邑郡姦人石華告沙門道可與賀謀反有司以聞帝謂群臣曰賀誠心事國朕爲卿等保之無此明矣乃精加訊簡華果引誣於是遣使者詔賀曰卿以忠誠款至著自先朝

以丹青之潔而受蒼蠅之汙朕登時研簡已加極法故遣宣意其善綏所涖勿以譖謗之言致損慮也賀上書謝書奏文成顧謂左右曰以賀之忠誠尚致其誣不若是者可無愼乎

薛虎子爲徐州刺史沛郡太守邵安下邳太守張攀咸以贓汙虎子按之於法安等遣子弟上書誣虎子南通于宋文成曰此其妄矣朕度虎子必不然也推按果虚乃下詔曰夫君臣體合則功業可興上下猜懼則治道替矣沛郡太守邵安下邳太守張攀咸以貪惏獲罪各遣子弟詣闕告刺史虎子縱民通賊妄

搆無端安宜賜死擧子僧保鞭一百配燉煌安息他生鞭一百可集州官兵民等宣告行決塞彼輕狡之源開此陳力之効

後周太祖時唐瑾爲吏部尚書于謹伐江陵以瑾爲元帥府長史及軍還諸將多因虜掠大獲財物瑾一無所取唯得書兩車載之以歸或白太祖曰唐瑾太有輜重悉是梁朝珎玩帝初不信然欲明其虛實密遣簡閱之唯見墳籍而已乃嘆曰孤知此人來三十許年明其不以利干義若不令簡視恐嘗人有投杼之疑所以益明之耳凡人受委任當如此也

宇文測歷位侍中開府儀同行汾州事政在簡惠頗得人和地接東魏數相抄竊或有獲其爲寇者多縛送之測皆命解縛置之賓館然後引與相見如客禮焉仍設宴放還其國衛送出境自是東魏人大慙乃不爲冠兩界遂通慶弔時論方之羊叔子或有告測懷貳文帝怒曰測爲我安邊何爲間我骨肉乃命斬之仍許測便宜從事

隋文帝初常冲爲南寧州總管兄子伯仁隨冲在府掠人之妻士卒縱暴邊人失望帝聞之大怒令蜀王秀按其事益州長史元巖性方正按冲無所寬貸竟坐免官其弟太子洗馬世約譖巖於皇太子謂太子曰古人云酤酒酸而不售者爲噬犬耳今何用約乎世約遂除名

高熲開皇中爲晉王元帥長史伐陳及軍還熲以功授上柱國進爵齊國公文帝因勞之曰公伐陳後人言公反朕已斬之君臣道合非蒼蠅所間也是後衞將軍龐晃及將軍盧賁等前後短熲於帝帝怒之皆被疎黜因謂熲曰獨孤公猶鏡也每被磨瑩皎然益明（熲父賓仕周爲獨孤信寮佐賜姓獨孤氏）

唐高祖武德初皇甫無逸爲御史大夫時益部新開

長吏橫恣帝令無逸持節巡撫之有皇甫希仁者見無逸專制方面徼倖上變云臣父見在雒陽無逸爲母之故陰遣臣與王世充相知高祖審其詐數之曰無逸偏於王世充棄母歸朕今之委任異於衆人其在益州極爲清正此盖群小不耐欲誣之也此乃離間君臣惑亂我視聽於是斬希仁於順天門遣給事中李公昌馳慰諭之俄而有告無逸陰與蕭銑交通者無逸時與益州行臺僕射竇璡不恊於是上表自理又言璡狀帝覽之曰無逸當官執法無所廻避必邪佞之徒惡直醜正共相搆扇也因令劉龍溫彥將

按其事率無驗而止所告者坐斬竇璡亦以罪黜無逸既反命帝勞之曰公立身行已朕之所悉比多譖訴者但爲正直致邪佞所憎耳無逸頓首陳謝帝又曰卿不負朕何煩多謝

崔善武德中爲尚書左丞甚獲當時之譽諸令史惡其明察爲謗書曰崔子曲如鉤隨例得封侯高祖聞而勞勉之曰澆薄之後人多醜正昔齊末姦吏歌斛律明月高緯愚闇遂滅其家朕雖不明幸免斯事因下勑購流言者將加罪焉

太宗貞觀初司空裴寂以罪流靜州俄逢山羌爲亂

或言僚反刼寂爲王太宗聞之曰我國家於寂有性命之恩必不然矣未幾果稱寂率家僮破賊

劉師立爲左驍衛將軍奉使幽州道簡點軍團陝州楊表上書告師立自云眼有赤光體有非常之相姓氏又應符讖及師立還太宗謂之曰人言卿欲反師立大懼曰臣仕於隋不過七品身才駑下不敢輒希富貴過蒙陛下非常之遇嘗以性命許國而陛下功成事立臣致位將軍顧已循省實踰涯分臣是何人輒敢言反帝笑曰知卿不然此人妄言耳宜勿爲懷賜帛六十疋召入臥內而慰諭之

中宗朝節愍太子舉兵遇魏元忠子昇於永安門脅令從已因爲亂兵所殺是時宗楚客等執證元忠及昇云素與節愍同謀請夷三族制不許俄而監察御史袁守一彈之遂左授元忠婺川尉守一又奏言昔在三陽宮則天皇后不豫內史狄仁傑奏請陛下監國元忠遂密進狀云不可據此則知元忠懷逆日久伏請加以天誅帝謂宰臣曰以朕思之此是守一大錯人臣事主必在一心豈有主上少有不安即請太子知事乃是狄仁傑自樹私惠未見元忠有失守一假借前事羅織元忠無罪爲辜豈是道理

憲宗元和三年十月以御史中丞竇群爲潭州刺史充湖南觀察等使既行又貶爲黔州刺史充黔中觀察等使群初與李吉甫善吉甫擢爲御史中丞性險躁喜云爲及得權反與知雜事呂溫侍御史羊士諤等黨比同構陷吉甫每陰伺其過吉甫嘗召術者陳登宿於安邑里第翼日群命吏捕登考鞫僞構吉甫陰事密以上聞帝召登立辨其僞貶溫爲均州刺史士諤資州刺史群亦再貶焉自天寶末李林甫專權傾覆人家誣搆左道及建中初盧杞楊炎作相謀陷亦兆此有之及是帝英悟立斷故邪黨不能搆其險

天下之人無不推抑聖德焉

敬宗寶歷二年二月以山南西道節度使裴度爲司空門下侍郎平章事初李逢吉在相位不直中外人情咸思度入相帝亦微聞其事每有中官出使至興元必傳秘旨且有徵還之約及獻疏請覲逢吉之徒皆不自安百計嘿沮拾遺張權輿者旣爲所嗾尤出死力乃上疏云度名應圖讖宅據岡原不召而來其旨可見蓋嘗有人與僞作讖詞云非衣小兒坦其腹天上有口被驅逐言度曾征討淮西平吳元濟也又帝城東西橫亙六岡符易象乾坤之數度永樂里第

偶當第五岡故權輿得以爲詞兄弟忠孝以盡郤成事賴帝聽察竟不能動搖

周太祖時慕容彥超鎮兖州進呈鄆州節度使高行周來書其書意卽行周毀讟太祖結連彥超之意帝覽之笑曰此必是彥超之詐也試令驗之果然其鄆州印元有缺文不相接其僞印卽無缺處帝尋令賫書示諭行周行周上表謝恩辨認奸詐

捨過

君之於臣也有罪旣斥之有才復用之不以一眚掩大德於是乎有捨過之道焉有自新之意焉何則人之行已必有過差人之負累皆欲湔洗圖其新而棄其舊掩所失而彰所能或起於縲囚或負於亡命或拔於反側之際或任於修省之後責功補過唯明王能之君陳曰爾無忿疾於頑無求備於一夫又曰必有忍其乃有濟有容德乃大斯其義也

漢文帝時魏尚爲雲中守以罪削爵後帝輦過郎中署問馮唐以趙將李齊之賢唐對曰齊尚不如廉頗李牧之爲將也帝乃拊髀曰嗟乎吾獨不得廉頗李牧爲將豈憂匈奴哉唐曰主臣（恐懼之言）陛下雖有廉頗李牧不能用也帝復問唐曰公何以言吾不能用頗

牧也唐對曰臣竊聞魏尚爲雲中守軍市租盡以給士卒出私養錢五日一殺牛（私借錢也）以饗賓客軍吏舍人是以匈奴遠避不近雲中之塞虜嘗一入尚率車騎擊之所殺甚衆夫士卒盡家人子起田中從軍安知尺籍五符（家人子謂庶人之家子也尺籍所以書軍令伍符軍衆伍伍相保之符信也一云伍符亦什伍之符要節度也）終日力戰斬首捕虜上功莫府一言不相應文吏以法繩之其賞不行吏奉法必用愚以爲陛下法太明賞太輕罰太重且雲中守尚坐上功首虜差六級陛下下之吏削其爵以罰之繇此言之陛下雖得頗牧不能用也臣誠愚觸忌諱死罪文帝

説是日令唐持節赦魏尚復以爲雲中守

景帝時韓安國爲梁孝王國中大夫坐法抵罪蒙（蒙梁國之縣也）居無幾梁内史缺（無幾未多時也）漢使使者拜安國爲梁内史起徒中爲二千石

宣帝五鳳中京兆尹張敞坐與光祿勳楊惲厚善惲坐大逆誅公卿奏惲黨皆免而敞奏獨寢不下敞使賊曹掾絮舜有所案驗舜以敞劾奏當免不肯爲敞竟事曰五日京兆耳敞聞舜語即部吏收舜繫獄晝夜驗治致其死事棄市會立春行寃獄使者出舜家載尸自訴使者奏敞賊殺不辜天子薄其罪欲令敞

得自便利即先下敞前坐楊惲奏免爲庶人敞詣闕上印綬便從闕下亡命而冀州部中有大賊天子思敞功効使使者即家在所召敞（就其所居處而召之）敞身被重劾（謂有賊殺不辜之事）及使者至妻子家室皆泣惶懼而敞獨笑曰吾身亡命爲民郡吏當就捕今使者來此天子欲用我也裝隨使者詣公車上書曰臣前幸得備位列卿待罪京兆坐殺賊捕掾絮舜絮舜本臣敞素所厚利數蒙恩貸以臣有章劾當免受記考事（記書也若今之州縣記符也）便歸臥家謂臣五日京兆背恩忘義傷薄俗化臣竊以舜無狀枉法以誅之臣敞賊殺無辜鞫獄故不直雖伏明法死無所恨天子引見敞拜爲冀州刺史

元帝建昭中西域副校尉陳湯與西域都護騎都尉甘延壽共矯制誅斬郅支單于先是中書令石顯嘗欲以姊妻延壽延壽不取及丞相御史亦惡其矯制皆不與湯（與猶許也）湯素貪所鹵獲財物入塞多不法司隸校尉移書道上繫吏士按驗之湯上疏言臣與吏士共誅郅支單于幸得禽滅萬里振旅宜有使者迎勞道路今司隸反逆收繫按驗是爲郅支報讎也帝立出吏士令縣道具酒食以過軍後封延壽義成侯

湯關内侯食邑各三百戶

後漢光武初爲蕭王時岑彭爲更始潁川太守會舂陵劉茂起兵略下潁川彭不得之官乃與麾下數百人從河内太守邑人韓歆會光武徇河歆議欲守彭止不聽既而光武至懷歆迫急迎降光武知其謀大怒收歆置鼓下將斬之召見彭彭因言韓歆南陽大人（大人謂大家豪右）可以爲用乃貰歆（貰寬也）以爲鄧禹軍師

王梁建武二年爲大司空與大司馬吳漢等俱擊檀鄉有詔軍事一屬大司馬而梁輒發野王兵帝以其不奉詔勅令止在所縣而梁復以便宜進軍帝以梁

前後違命大怒遣尚書宗廣持節軍中斬梁廣不忍乃檻車送京師既至赦之月餘以爲中郎將行執金吾事

朱浮建武三年爲幽州牧漁陽太守彭寵反舉兵攻浮上谷太守耿況遣騎來救浮浮乃得遁走南至良鄉其兵長反遮之浮恐不得脫乃下馬刺殺其妻僅以身免城降於寵尚書令侯覇奏浮敗亂幽州搆成寵罪徒勞軍師不能死節罪當伏誅帝不忍以浮代賈復爲執金吾

董宣建武中爲北海相大姓公孫丹令子殺人宜收

冊府元龜　帝王部　捨過　卷之一百四十九　十五

丹父子殺之丹宗黨三十餘人稱寃宣使書佐水丘岑盡殺之坐徵詣廷尉當刑同刑九人次應及宣光武馳使騶騎特原宣刑且令還獄遣使者詰宣多殺無辜宣具以狀對言水丘岑受臣旨意罪不繇之願殺臣活岑使者以聞有詔左轉宣懷令

鮑永爲東海相坐事被徵至成皐詔書迎拜爲兖州牧

章帝時楊終爲蘭臺較書坐事繫獄帝徵諸儒論定五經於白虎觀博士趙博較書郎班固賈逵等以終深曉春秋學多異聞表請之終亦上書自訟卽日貰出乃得與白虎觀焉

魏太祖建安初舉魏种孝廉爲內黄太守屬以海北事及兖州叛帝曰唯魏种且不棄孤也及聞种走帝怒曰种不南走越北走胡不置汝也旣下射犬生禽种帝曰唯其才也釋其縛而用之

文帝黄初中復于禁等官禁初守樊城兵敗降關羽會孫權禽羽獲其衆禁復在吳及帝踐祚權稱藩遣禁還帝見禁鬚髮皓白形容憔悴泣涕頓首帝慰諭拜爲安遠將軍制曰昔荀林父敗績於邲孟明喪師於殽秦晉不替使復其位其後晉獲狄土秦覇西戎

冊府元龜　帝王部　卷之一百四十九　十六

區區小國猶尚若斯而況萬乘乎樊城之敗水災暴長非戰之咎其復禁等官

晉惠帝時傅祗當趙王倫之篡爲右光祿開府加侍中及帝還宮祗以經受僞職請退不許先是孫秀與義陽王威等十餘人預撰儀式禪文及倫敗齊王冏收侍中劉逵常侍騶捷杜育黄門侍郎陸機右丞周道王尊等付廷尉以禪文出中書復議處祗罪會赦得原復以禪文草本非祗所撰於是詔復光祿大夫

明帝時旣平王敦有司奏江州刺史王彬及安成太守籍之並是敦親皆除名詔曰司徒導以大義滅親其後昆雖或有違猶將百世宥之况彬等公之近親乃原之徵拜光祿勳

後魏大武時高陽侯和歸以罪徙配凉州爲民蓋吳作亂於關中復拜歸龍驤將軍往討之

盧度世以崔浩事逃於高陽鄭羆家後大武臨江宋文帝使其殿上將軍黄延年朝貢大武問延年曰范陽盧度世坐與崔浩親通逃命應巳至彼延年對曰都下無聞當必不至太武詔東宫赦度世宗族逃亡及籍没者度世乃出赴京拜中書侍郎

西魏文帝時賀拔勝都督荆州爲侯景所敗南奔于梁三年乃求還既至長安詣闕謝罪朝廷喜其還乃授太師

後周宣帝時鄭譯爵梁國公王爲内史下大夫譯頗專權時帝幸東京譯取官材以自營寺坐是復除名爲民小御正劉昉數言於帝帝復召之顧待如初

唐高祖鎮并州李靖爲馬邑郡丞會突厥入寇高祖率兵至馬邑擊虜敗之靖察高祖將有四方之志因而上變至長安高祖由是惡之及剋京城執靖將斬之靖厲聲大呼曰公起義兵爲天下除暴亂救蒼生安得挾私怨而殺義士邪高祖奇而捨之後爲將破開州蠻賊高祖甚悅手詔勑靖曰既往不咎何憂何懼今日以去心中更不須憶舊事吾久忘之矣

太宗貞觀初徵鄧隆爲國子主簿初王世充兄子太之守雒陽也引隆爲賓客大見親遇及太宗攻雒陽遣書諭大隆爲大復書言辭不遜雒陽平後隆懼罪變姓名自號隱玄先生竄於白鹿山黄冠野服不接人事至是徵之與博陵崔仁師昌黎慕容善行弘農劉顗新野康安禮河東敬播俱爲修文學士隆頁宿罪猶不自安太宗聞之遣房玄齡謂之曰爾爲王太作書誠合重責但各爲其主於朕有惡朕今爲天子何能追責匹夫之過爾宜坦然勿懷危懼也擢授著作佐郎

高宗咸亨初薛仁貴爲邏娑道行軍大總管擊吐蕃官軍大敗仁貴坐除名尋而高麗餘衆相率復叛詔起仁貴爲鷄林道總管以經略之上元中坐事徙象州會赦歸高宗思其功開耀元年復召見謂曰往九成宫遭水無卿巳爲魚矣卿又北伐九姓東擊高麗漠北遼東咸遵聲教者並卿之力也卿雖有過豈可相忘有人云卿烏海城下故不擊賊致使失利朕所恨者唯此事耳今西邉不靜瓜沙路絶卿可高枕鄉邑不爲朕指撝邪於是起瓜州長史尋拜右領軍衛將軍簡較代州都督

玄宗開元二年八月吐蕃冦臨洮軍又進冦蘭州及滑州之渭源縣侵我牧圉勑薛訥白衣攝左羽林軍將軍爲隴右防禦使與太僕少卿王晙等率兵擊之勑曰棄瑕録用有國通典捨罪責功先王舊式薛訥藴韜鈐之略總文武之任委以分閫冀靜邊塵遠闘喪律實負朝寄准其所犯合實嚴刑言念老臣寛其小衂卽捨孟明之罪佇收馮異之功可隴右道防禦軍大使是年七月薛訥爲和戎大武等軍節度爲虜所敗除名爲庶人至是復用之

肅宗至德二年十二月既收雒陽先是博陵太守張萬頃陷賊僞授河南尹安撫百姓全活宗枝帝嘉之

捨其罪授濮陽太守

德宗建中四年汾陽郡王郭子儀子曖尚代宗昇平公主坐事留之禁中曖亦不令出入既而朱泚之亂不知德宗幸奉天爲賊所逼欲授僞官曖辭以居喪被疾既而與兄晞弟曙及昇平公主皆奔奉天德宗喜並釋前咎待之如初復銀青光祿大夫簡較左散騎常侍

興元二年朱泚平御史臺奏賊中守舊官人及被逆賊除官不出者先奉進止並宜釋放未奉正勑不敢不奏詔賊中守舊官人並宜却復本官

貞元九年滄景節度使程懷直畋遊無度不恤其下爲將較所逐遂來歸帝優容之除統軍依舊簡較僕射

憲宗元和元年程异以王叔文黨貶柳州司馬鹽鐵使李巽薦异曉暢錢穀請棄瑕録用繇是拔爲御史

後唐莊宗同光初既平朱梁齊州刺史孟璆上章請死帝原之璆初爲騎將天祐十三年帝與劉鄩莘縣對壘璆領七百騎奔投梁末帝以爲齊州刺史至是首過帝恨之曰爾當吾急時引我七百騎投賊何過之有但于推心御物不欲坐汝我不阻爾來將何面

相視耶璆皇懼請死帝怒之移爲貝州刺史

明宗天成三年二月勑朕聞爲賢諱過含垢匿瑕而皆載在春秋顯其懲勸是以孟明不黜遂覇西戎曹沫有謀克寧東魯列國之臣尚爾爾何異焉責授檀州刺史劉訓早負變通咸推忠壯自隰川而向化繼領竹符平汝上以立功遂分茅社去春以荆門叛逆須議討除將戮賊臣俾司戎律攻城稍滯略地未前屬炎熇以班師責逗遛而削爵自居遠郡俄換流年亟聞惕厲以自新宜降恩華而求舊使昇環列取象鉤陳可守右龍武大將軍

長興二年八月庚申以右金吾衛大將軍充街使高允貞爲右衛大將軍先是以據占編戶役于仗下故免其官今復叙任

晉高祖天福三年四月詔責授朝散大夫衛尉寺丞陳保極夙蘊才名早登科第洎居班列涥顯器能近者假限既爲朝章是舉自聞左降涥悟前非宜推宥罪之恩俾奉自新之命勉伸傾竭繼侯陟遷可復行尚書倉部員外郎賜紫金魚袋

冊府元龜

巡按福建監察御史臣李嗣京　訂正
新建縣舉人臣戴國士參閱
知建陽縣事臣黃國琦較釋

帝王部　一百五十

寬刑

書曰與其殺不辜寧失不經斯寬刑之謂也故虞夏之道寡悠於民漢興之初禁網疏闊爾後或下民多辟自投罪呂爲之司牧不忘隱惻以至理官閱獄法科無爽中嚴攸屬國章是舉而乃錄其昔款察其素

心申恩以矜老推仁而錫類寬其連及之典恕以狂愚之罰奉順時令重惜髦彥霽雷霆之威佩川澤之量霈然發號以原以降斯皋陶所謂好生之盛德仲尼所述濟猛之善政者也

漢文帝十三年太倉令淳于意有罪當刑少女緹縈上書曰妾父爲吏齊中皆稱其廉平今坐法當刑妾傷夫死者不可復生刑者不可復屬（屬聯也一作續）雖欲改過自新其道亡繇也妾願沒身入爲官婢以贖父刑罪使得自新書奏帝憐悲其意是歲除肉刑（具法官定律門）

後漢光武建武中董宣爲北海相大姓公孫丹子殺人宣收丹父子殺之丹宗黨三十餘人稱冤宣使書佐水丘岑盡殺之坐徵詣廷尉當刑同刑九人次應及宣光武馳使騶騎特原宣刑且令還獄遣使者詰宣多殺無辜宣具以狀對言水丘岑受臣旨意罪不繇之願殺臣活岑使者以聞有詔左轉宣懷令令青州勿案岑罪

二十八年十月癸酉詔死罪繫囚皆一切募下蠶室其女子宮（謂幽閉也）

三十一年九月甲辰詔令死罪繫囚皆一切募下蠶室其女子宮

章帝建和中有人侮辱人父者而其子殺之帝貰其死刑而降宥之

和帝永元元年十月令郡國弛刑輸作軍營其徒出塞者刑雖未竟皆免歸田里

十一年二月詔郡國中都官徒及篤癃老小女徒各降半刑其未竟三月者皆免歸田里

順帝即位初詔司隸校尉惟閻顯江京近親當伏辜誅其餘務崇寬貸

陽嘉元年九月詔郡國中都官繫囚皆減死罪一等亡命者贖各有差

楊倫順帝時爲侍中會邵陵令任嘉贓罪千萬倫上請并罪本舉之主尚書奏探知密事徼以求直坐不敬結鬼薪（結正其罪也鬼薪取薪以給宗廟三歲刑也）詔書以倫數進忠言特原之免歸田里

魏太祖時魏諷反劉廙弟偉爲諷所引當相坐帝下令曰叔向不坐弟虎古之制也特原不問徙署丞相倉曹屬廙上疏謝曰臣罪應傾宗禍應覆族遭乾坤之靈值時來之運揚湯止沸使不燋爛起烟於寒灰之上生華於已枯之木物不荅施於天地子不謝生於父母可以死効難用筆陳

文帝黄初中韓宣爲尚書郎嘗以職事當受罰於殿前已縛束杖未行帝輦過問此爲誰左右對曰尚書郎勃海韓宣也帝追念前臨菑侯説乃寤曰是子建所道韓宣邪（韓宣爲軍謀掾嘗與臨菑侯植相值值天雨潦以扇自障住道邊植使人往問宣問荅往還數四宣枝柱難窮植爲太子言以爲辯）特原之遂解其縛時天大寒宣前以當受杖豫脱袴纏褌面縛及其原褌要日不下乃趨而去帝目而送之笑曰此家有瞻諦之士

晉武帝太始中西平人趙路伐登聞鼓言多祓謗有司奏棄市帝曰朕之過也釋而不問

元帝時羊聃爲廬陵太守疑郡人簡良等爲賊殺二百餘人有司奏聃當死兄子賁尙公主自表求解婚詔曰罪不相及古今之令典也聃雖極法於賁何有其特不聽離婚琅邪太妃山氏聃之甥也入殿叩頭請命王導又啓聃罪不容恕宜極重法山太妃憂感成疾陛下罔極之恩宜蒙生全之宥於是詔下曰太妃惟此一舅發言摧咽乃至吐血情慮深重朕往丁荼毒受太妃撫育之恩同於慈親若不堪難忍之痛以至頓斃朕亦何顔以寄今使原聃生命以尉太妃渭陽之恩於是除名

後魏明元時封玄之坐與司馬國璠温楷等謀亂伏誅臨刑帝謂之曰終不令絶汝種也將宥爾一子玄之謂曰弟處之子磨奴宇君平早孤乞全其命乃殺玄之四子而赦磨奴

孝文太和五年三月詔曰法妖詐亂常妄説符瑞蘭臺御史張永等一百餘人招結奴隷謀爲大逆有司科以族誅誠合刑憲但矜愚重命猶所弗忍其五族者降止同祖三族止一門誅止身

陸叡爲征北將軍與穆泰等同謀搆逆賜死獄中免孥戮徙其妻子爲遼西郡民詔僕射李冲領軍于烈曰陸叡少年早蒙寵祿位極人臣爰自典卿等同受

非嘗之詔朕許以不死之旨思得上下齊信以保大義朕於卿等嘗忘短棄瑕務相含養豈謂陛叡無心之甚一至於斯乃與穆泰結禍數圖反噬以朕遷雒內懷不可擬舉諸王議引子恂若斯之論前後非一始欲推故南安王次推陽平王若不肯從欲逼樂陵王訕謗朝廷書言炳然事既番就叡以各都休明勸令小緩於是之後兩人復競然猶隱而弗聞賴陽平王忠貞奮發獲泰之言便爾馳表得使人糾慝當岳無塵是以叡之愆失處入門誅朕諦尋前旨許不盡法反逆之志自負幽冥違誓在彼不關朕也反心逆

意既異餘犯雖欲矜恕無如之何然猶憶先言兼以未塞異議聽自死別府免厥孥戮其一門子孫永不齒元丕二子一弟自為賊端其父無人明證理在可覩但以言無炳灼隱而弗窮以連坐應死特恕為民朕本期有終而彼自棄卿等之間忽及今日違心乖念一何可悲此別爾想無致怪也謀反之外皎如白日耳冲烈表曰臣等遭逢幸會生遇昌辰才非利用坐班位列功無汗馬猥受山河叨忝之寵終古無比莫大之施萬殞靡酬而叡丕職乖犬馬心同梟獍潛引童推搆茲妖逆違悖天常罪踰萬殞叡結舋在心

陰搆不息間說戚藩擬窺乾象雖覩休平未懷疑惑可嘗片辭披露宿志原心語跡實為賊首丕之二子從惡累年交扇東西規擾并夏測觀此狀無容不知雖聖慈含育恕其生命其若天地何其若神祇何夫劾誠盡節為下之嘗分刑茲無赦在上之嘗法況曲蒙莫大之恩獎以忠貞之義而更違天背道包藏姦逆求情推理罪乃嘗誅而慈造寬渥更流恩貸贖叡三斷之骸還丕已絕之魄二三縱宥實虧憲典猶復上延天眷言念疇日以臣等背負餘黨別番明詔再申齊信之恩重諭皓日之旨伏讀悲慙惟深愧惕

沈保冲為南徐州冠軍長史坐援連口臣欽若等曰孝文太和二十一年南討諸將致於連口退敗有司處之死刑孝文詔曰保冲文秀之子可特原命配雒陽作部終身既而獲免

新興公丕子隆謀舉兵斷關丕當連坐孝文以先許不死之詔躬非染逆之身聽免死以為太原百姓其後妻二子聽隨隆母弟及餘庶兄弟皆徙燉煌

李彪為散騎嘗侍孝文南伐彪為度支尚書與僕射李冲任城王等參理留臺事彪素性剛豪與冲等意義乖異冲積其前後罪過奏之帝在懸瓠覽表歎愕日不意留京如此也有司處彪大辟帝恕之除名焉

宣武時蕭寶夤以南齊宗室來奔除爲鎮東將軍及中山王英南伐寶夤又表求征乃爲使持節鎮東將軍別將以繼英配羽林虎賁五百人與英頻破梁軍乘勝遂攻鍾離淮水汎溢寶夤與英狼狽引退士死沒者十四五有司奏寶寅守東橋不固軍敗繇之處以極法詔曰寶夤因難投誠宜加矜貸可恕死免官削爵還第

隋高祖開皇六年詔免尉遲迥王謙司馬消難三逆人家口配沒者悉官酬贖使爲編戶因除孥戮相坐之法

陸讓爲蕃州刺史贓貨當死母馮氏上表求哀詞情甚切文帝愍然爲之改容獻皇后甚奇其意致請於帝治書侍御史柳彧進曰馮氏母德之至有感行路如或殺之何以爲勸帝於是集京城士庶於朱雀門遣舍人宣詔曰馮氏以嫡母之德足爲世軌慈愛之道義感人神特宜矜免用奬風俗讓可減死除名爲民

賀若弼平陳之役自謂功名出朝臣之右每以宰相自許既而楊素爲右僕射弼仍爲將軍甚不平形於言色繇是免官弼怨望愈甚後數年下弼獄文帝謂之曰我以高熲楊素爲宰相汝每唱言云此二人惟堪啗飯耳是何意也弼曰熲臣之故人素臣之舅子臣並知其爲人誠有此語公卿奏弼怨望罪當死帝惜其功於是除名爲民

唐高祖武德四年二月親錄囚徒謂僕射裴寂曰離亂之後犯法者多限以常條死者更衆其劫賊傷財主征人逃走官人枉法如此之徒理在難恕自餘之輩朕欲法外赦之於是多所原放

太宗貞觀十六年十一月廣州都督黨仁弘坐枉法取財及受所監臨贓百餘萬當死太宗哀之曰吾一

昨見大理進殺仁弘弟五奏中心愴然臨餔食遂令輟案愍其白首就戮將全活之而爲其求理永無濟路今曲法就公等乞之十二月壬午朔召五品以上至太極殿前而謂之曰夫人君執賞罰貴在必信同天地法四時也党仁弘犯罪當死朕欲哀矜是朕自弄文法誠負天地臣有過請罪於君君有過須請罪於天因命有司設草度於南郊壇內日一進蔬食朕將三日告天請罪焉司空房玄齡等曰陛下躬履行陣撥亂平敵天下戶口千六百萬賴陛下而生禮洽化行政寬刑簡仁弘受財議當極法陛下哀其齒耋

賜以更生殺生之柄屬在人主今欲請罪於天臣等不勝悚懼請停太宗不聽自左序門入百寮於殿廷頓首三請且至日昃太宗乃手詔荅曰夫爲政之大愼枉刑獄縱捨任心以欺衆庶罪一也知人不明委用貪冒罪二也善善未賞惡惡不誅罪三也若斯三者豈得無過以公固諫且依來請於是宥仁弘爲庶人徙欽州

十七年吏部尚書侯君集以反伏誅臨刑容色不攺顧謂監刑將軍曰君集豈反者乎蹉跌至此然昔自藩邸早奉羈紲及蒙驅策謬當分閫擊滅二國頗有

微功爲言於陛下乞全一子以爲禋祀繇是特原其妻及子爲庶人徙嶺南

二十二年九月齊州人段志冲上封事請帝致政於皇太子太子聞之憂見於色發言涕流長孫無忌等請誅志冲帝手詔荅曰朕聞以德下人者昌以貴高人者亡是以五岳凌霄四海亘地納汙藏疾無損高深志冲欲以匹夫解位天子朕若有罪是其直也若當無罪是其狂也譬尺霧鄣天不虧於大寸雲遮日何損於明今卿等皆欲致以極刑意所不忍可更許議任流遠方

高宗永徽四年十二月代州都督劉大器坐妄誂圖讖情有窺窬特免死流配峯州手詔示百寮曰窺窬圖讖必以亡身滅族斯皆先賢設教歷代舊章今大器乃與妖人往還虛占禍福矯託天命包藏逆心非意自彰已歸嚴憲今屈法免死者繇朕寡德所致故也去春遺愛等逆起於前今冬大器禍彰於後一歲之內再有此釁朕宵興自思非無浮愧御史大夫長孫祥大理卿段寶玄奏言劉大器包藏禍心罪合極法天恩寬貸特免其罪臣聞君親無將將而必誅此法歷代常行大器不可縱捨臣等忝是法官敢以死

請帝曰卿等執奉誠知守法朕已恕其性命不敢二三竟赦之

睿宗景雲二年十二月張奉先詐稱尚乘奉御僞宣勑取內廐馬司農丞獨孤璿犯贓並命斬之臨刑有制免死各杖一百放于嶺表

太極元年金城人段萬謙昇太極殿登御床自稱天子呼宿衛兵士令稱萬歲有司固請誅之帝以爲風狂特免其死配流嶺表

玄宗開元二年九月己亥詔曰明王垂訓則罪不相及善人懼罰則刑不可濫由是毋嘗有言豈坐趙括

魚既從戮寧遺叔向古之道也朕所務焉衛尉少卿崔滌竭誠奉國忘軀事君曾同下杜之遊頗寄中陽之舊誠表於先覺節全於後凋其兄湜素蓄異圖交結兇黨滌雖懷在原之戚浮憂鬩室之刑動靜則聞始終必盡爲臣無隱唯滌有之言念厥功曷云從坐况老父就殞諸兄繼殁提落變衰有聞矜惻賞罰勸懲宜判忠邪滌家除兄湜一房外餘並不須爲累

十四年詔曰陳州刺史李樂許盜受贓其數甚廣法司斷死國有常刑時屬發生特申寬典宜免死貶爲欽州道化縣尉員外置長任

二十五年正月宣州溧陽令宋廷暉涇州良原令周仁公寧州彭原令裴裔皆犯贓坐死刑帝以陽和在候特恕之悉杖六十配流於襲州

是年四月皇太子瑛鄂王瑤光王琚駙馬都尉薛鏽並得罪特免瑤妃韋氏詔曰鄂王瑤妃韋氏時標令德作配藩邸夫義已薄婦道惟勤規誡之言無聞見納輔佐之道空竭乃誠但恭肅以奉上每柔明以撫下周旋禮度固所未聞不有家風何至於此今因罪累倒如本族有善不紀何以勸下其韋氏不須爲累

德宗貞元六年閏四月詔原富平令侯遲罪但停其官初遲縣人李載配納元陵園蕃兩車愆期或讚毀載於遲者因寄怒以痛繩之載所負之直不過數千而罰之三百貫文枷禁拽辱焉載妹婿昭德皇后弟王果奏言帝命御史臺鞫之遲具欵伏宰臣董晉竇參進曰李載不納差科未爲巨蠹侯遲峻其懲罰頗越常倫况是國親去就有禮毀損過甚理當罪責望貶澧州司戶參軍帝不欲以戚屬之故而罪吏故有是命

憲宗元和十二年七月宰相裴度爲淮西行營處置使用兵討吳元濟建牙赴行營奏用左衛武將軍張

茂和爲都押衙茂和嘗以膽氣才略自贊於相府故度奏用之茂和慮度無功淮蔡不可平乃辭之以疾度怒甚奏請斬茂和以厲行者憲宗曰予以家行忠順爲卿遠貶

十二月戊寅貶淮西將降董重質爲春州司戶凌朝江播州司戶吳元濟拒命重質等屢與官軍力戰李愬平蔡州始來降以先許其不死故遠貶焉

十四年五月戊寅前平盧營田判官陸行儉忍棄慈親偷安異俗臣節既虧子道亦虧顧其積惡合寘重典但以好生爲德來遠爲心姑務含弘示其養理可

守高州司戶參軍

巳亥詔李師古嘗經任使待以始終雖是師道近親典章宜有差降其妻裴氏及女宜娘並於鄧州安置淄青平帝謂宰臣曰李師古雖自襲祖父然朝廷待以終始其妻於師道即嫂叔也雖曰逆人親屬量其輕重亦宜降等故有是詔

七月鹽鐵福建院官權長孺坐贓一萬三百餘貫詔付京兆府杖殺之其母劉求哀於宰相崔群因對言之帝愍其母老乃曰朕將捨長孺之死何如群對曰陛下即捨之當速遣人往若待正勑不及矣帝乃使

品官馳往止之翼日詔杖八十長流康州

李宗奭爲滄州刺史與本道節度鄭權不叶不禀節制權奏之憲宗令中使追之宗奭諷州留以上言懼亂未敢離郡滄州將吏懼其逐宗奭宗奭奔歸京師詔以悖亂之罪斬於獨栁之下後下詔曰李宗奭本於兇狠自抵誅夷用戒猖狂合從孥戮顧其微細已正刑章特示含弘載寬緣坐其妻常氏及男女等先收在掖庭並宜放出前數日帝謂宰臣曰李宗奭雖抵嚴憲其情比之大逆亦有不同其妻士族也今與其子女俱在掖庭於法皆似過浮卿等曾留意否崔群對曰聖情仁惻罪止兇魁其妻子近屬儻獲寬恕實合弘覆之道帝遂出之唯法逆人親屬得原免者唯止一身至是其奴婢資貨悉令還付

穆宗長慶二年六月有于方者故司空頔之子欲以譎謀求進言於宰相元稹稱有奇士王昭等可反間出牛元翼於深州之圍貨誘兵吏部印爲告身二十通以便宜給賜稹皆然之尋有告事人李賞上言稹設計陰謀令王昭等三人謀害宰相裴度詔三司案鞫無害裴度事而餘事並露獄成詔曰于方罪犯合處極刑以其父頔頃在襄陽頗能獎諫不陷不義方

實有之又念其弟季友嘗聯國姻特宜免死長流端州李賞流潮州郭玄覽于啓明王昭以于方既從減論並放杖郭玄覽配流封州于啓明配流新州王昭配流雷州

敬宗寶曆三年正月御史臺奏右諫善大夫李方現把笏擊損內園品官李重實欵狀明具勑李方現不自謹身有此喧競假如品官陵忽只合詣實奏聞輙肆狂疎恣行毆擊傷人見血理在難容但以父有勤勞身叨宗屬特從輕典柤以繩違宜量罰兩月俸料

三月丙子御史臺推勘京兆府藍田縣令劉伉在任

日將諸色錢隱没破用凡九十餘萬制曰劉伉所犯贓私其數至廣恣爲貪猾固抵刑章若據本條合當極法以其大父於國有勞特爲矜量俾從寬宥宜除名流雷州伉故宰相晏之孫也

文宗太和三年五月滄州平制李同捷力屈計窮方圖轉禍在途陰懷狡計夜縱火號潛誘家僮更謀網漏自速梟獻其母并妻男及家口等宜並特從寬宥今於潮南館內諸有空閑處安置是月李載義進滄鎮兩州生口除在路死損外見在將健共七百五人鎮州三百九十人已誅元惡按問其餘並宜減死分

配邊州充鎮諸州防秋便充正額官健度支給衣糧

六月勑李同捷弟同志乂因貶謫不涉逆謀又知異出特寬緣坐宜聽隨母於所配居止

六年七月刑部奏大理寺申斷和州刺史徐登加徵税錢據其贓犯合處極法特勑徐登減死決四十流潮州

七月慈州刺史杜叔近犯贓法當死庚申詔叔近以時屬元陽務從寬宥決八十流儋州

後唐莊宗以同光四年四月即位下詔曰朕臨御寰區當明賞罰刑既加於有罪道貴洽於無私據親疎宜分皂白特行寬宥俾釋憂疑罪人元行欽孔謙及應犯法人田宅已從籍没其門人使下任從穩便不詰罪尤灼然有才能者仍許所司錄任

長興三年三月殿直張紹謙奏父靈武節度使希崇先借官馬十五匹遣軍將裴昭隱等二人進納其人與進奏官范順之隱留一匹合抵極法帝曰不可以一馬而戮三人笞而釋之

十一月甲辰勑龍隱毛璋陶玘曹廷隱成景弘等或子或弟本無相及之刑尋示寬恩各免連坐止令州府別係職官而聞收管已來廉係之後頗極窮困宜

放營生仰逐處開落姓名乃給公憑放逐穩便

末帝清泰元年七月詔曰朕自中春纂生家國長子重吉遽陷無辜其供奉官楚祚秉幼主之猜嫌徇賊臣之指使纔聞差使遽自請行坐情過甚於仇讐臨法不依於制度恣加凌辱隱奪資財縱便致於族誅亦未平於深恥朕再惟大體不欲極刑抑沉痛於恩情示好生于天道且令遠斥粗釋幽冤宜配登州長流百姓當知所在其父西京副指揮使處章放令自便縱逢恩赦不在齒錄之限重吉明宗時爲控鶴指揮使鄂王時朱馮忌嫉出爲亳州團練使重吉初不

奉詔令宋州節度使召赴州令楚祚往害之帝息嗣不多併羅非禍言發涕零後知祚殺重吉時詬辱箠掠以責家財時祚在外位立令追攝將加極刑韓昭裔曰帝王天下君父臣下皆爲赤子論刑定罪須合人心楚祚承命簡較家財理須窮詰若以此加法懼失物情今便族楚祚之門亦逝者何救臣受恩殊等安敢惜言帝曰吾兒不可復得殺一楚祚何足與言帝性仁恕終爲韓闕釋而祚免死是年詔陝州放左龍武統軍王景勘絳州刺史張從諫先是二人從康義誠出軍皆爲部下所執歸帝初欲誅之從諫大言

曰臣從殿下千征萬戰臣之材力殿下所知豈童竪輩安能制臣誘臣歸首翻以爲擒而欺也帝惜其才用令拘於陝獄至是釋之

晉高祖天福二年七月諸衛將軍婁繼英坐張從賓叛梟首闕下勑河府奏收到婁繼英男萬泉令懷德椽婁繼英已行處斬家業投官其婁懷德令河府追取舊受告身毀抹特從釋放

三年八月大理寺以左街使從人韓延嗣招爲百姓李延暉衝省街使連喝不往遂驅趂毆擊致延暉身死准律鬬毆人者元無殺心因相鬬毆而殺人者絞故殺人者斬其韓延嗣准律皆斬准刑法絞類節文絞斬刑決重杖一頓處死勑曰韓延嗣因別喝見不避路者輒行毆擊致傷人命法寺定刑比不因鬬故毆傷人辜內死者依殺人論蓋徵相類且非本條有所疑法當在宥宜決脊杖十八黥面配華州發運務收管

周太祖廣順二年九月同州節度使薛懷讓并子有光受夏陽縣民張延徽獻送廹促判官劉震斷殺里人康重等訴究臺司奏薛懷讓并子有光及隨幕判官軍將等並令追攝勘問帝以懷讓武臣位兼使相

不欲責辱只令臺司據見勘到款占結案獄成上付大理寺詳斷劉震王延誨並處死刑部郎中劉延詳覆稱

冊府元龜

巡按福建監察御史臣李嗣京訂正
分守建南道左布政使臣胡維霖參閱
知建陽縣事臣黃國琦較釋

帝王部一百五十一

愼罰

夫震曜殺戮上天之顯道也刑罰威獄王者之大柄也聖人則象天明司牧民命所以糾虔姦慝章明軌度則刑辟之設禮樂之助也然而丕蔽或爽頗類有彰巧詆致其深文平民陷於非辟則嘗寒揔至作沴

於陰陽咎愆悉聞無措於手足是故帝媯勑法形欽恤之言穆滿制刑敎簡孚之訓皐陶作士寧失於不經盤庚誥民敢動於非罰皆所以昭明愼之旨懲糾紛之弊也稽古舊史足示方來后辟紛綸光猷輝映至如齋居論決深形於勤恤覆鞫惻愴無憚於淹久動遵經義以取乎大中時下教告式申於服念若斯之類實繁其徒有足明徵并從論決

舜旣受禪乃命象以典刑象法也法用常刑用不越法流宥五刑宥寬也以流放之法寬五刑鞭作官刑以鞭爲治官事之刑扑作教刑扑夏楚也不勤道業則撻之金作贖刑金黃金誤而入刑出以贖罪眚災肆赦怙終賊刑眚過災害肆緩賊赦也過而有害當緩赦之怙姦自終當刑殺之欽哉欽哉惟刑之恤哉皐陶曰帝德罔愆臨下以簡御衆以寬愆過罰弗及嗣賞延於世嗣世俱謂子孫延及也父子罪不相及而善則賞及于其世也善則歸君人臣之義也宥過無大刑故無小過誤所犯雖大必宥不忌故犯雖小必刑罪疑惟輕功疑惟重刑疑從輕賞疑從重忠厚之至與其殺不辜寧失不經好生之德洽于民心茲用不犯于有司辜罪經常司主也皐陶因帝勉巳遂稱帝之德所以明民不犯上也寧失不常之罪不枉不辜之善仁愛之道

漢高帝七年制詔御史獄之疑者吏或不敢決有罪者久而不論無罪者久繫不決自今以來縣道官獄疑者各讞所屬二千石官二千石官以其罪名當報

當謂處斷也所不能決者皆移廷尉廷尉所不能決謹具爲奏傅所當比律令以聞

武帝征和四年九月詔曰法令度量所以禁暴止邪也獄人之大命死者不可復生吏或不奉法令以貨賂爲市朋黨比周比音頻寐切以苛爲察以刻爲明令亡罪者失職朕甚憐之職當也失其當理也有罪者不伏罪姦法爲暴甚亡謂也諸獄疑者雖文致於法而於人心不厭者輒讞之後元年正月詔曰獄重事也人有愚智官有上下獄疑者讞有司所不能決移廷尉有令讞而後不當讞者不爲失假令讞訖其理不當所讞之人不爲罪失欲令治

者務先寬

宣帝卽位以武帝末法令滋彰禁網寖密時廷尉史路溫舒上疏言秦有十失其一尚存治獄之吏是也帝深愍焉廼下詔曰間者吏用法巧文寖深是朕之不德也夫決獄不當使有罪興邪不辜蒙戮當重而輕使有罪者起邪惡之心也有罪者更興邪惡無辜者反陷罪刑是決獄不平也父子悲恨朕甚傷之今遣廷史與郡鞫獄任輕祿薄鞫謂窮獄也事窮竟也其爲置廷平秩六百石員四人其務平之以稱朕意於是選于定國爲廷尉舉明察寬恕黄霸等以爲廷平季秋後請讞時帝嘗幸宣室齋居而決事未央宮中有宣室殿賈

誼傳亦云受釐坐宣室蓋其殿在前殿之側也齋則居之獄刑號爲平矣

地節四年九月詔曰令甲死者不可生刑者不可息此先帝之所重而吏未稱今繫者或以掠辜若飢寒瘐死獄中瘐病也囚以飢寒而死曰瘐何用心逆人道也朕甚痛之其令郡國歲上繫囚以掠笞若瘐死者所坐名縣爵里丞相御史課殿最以聞

元康二年詔曰獄者萬民之命所以禁暴止邪養育群生也能使生者不怨死者不恨則可謂文吏矣今則不然用法或持巧心析律貳端深淺不平增辭飾非以成其罪奏不如實上亦亡繇知此朕之不明吏之不稱四方黎民將何仰哉二千石各察官屬勿用此人吏務平法或擅興繇役飾廚傳稱過使客越職踰法以取名譽譬猶踐薄氷以待白日豈不殆哉

後漢光武建武二年詔曰頃獄多冤人用刑深刻朕甚愍之孔子云刑罰不中則民無所措手足其與中二千石諸大夫博士議郎議省刑法

明帝永平三年詔曰有司其詳刑愼罰明察單辭夙夜匪懈以稱朕意

章帝建初五年三月甲寅詔曰孔子云刑罰不中則民無所措手足今吏多不良擅行喜怒或案不以罪

迫脅無辜致令自殺者一歲且多於斷獄甚非爲人父母之意也有司其議糾舉之

質帝太初元年正月丙申詔曰昔堯命四子以欽天道洪範九疇休咎有象夫瑞以和降異因逆感禁獄應天前聖所重頃者州郡輕慢憲防競逞殘暴造設科條陷入無罪或以喜怒驅逐長吏恩阿所私罰枉仇隙至令守官訴訟前後不絶送故迎新人離其害怨氣傷和以致災眚書云明德愼罰方春東作育微敬始其勑有司罪非殊死且勿案驗以崇在寬

靈帝熹平五年四月使侍御史行詔獄亭部理冤枉

原輕繫休囚徒
魏武帝令曰夫刑者百姓之命也軍中典獄者或非其人而任以三軍死生之事吾甚懼之其擇明達法理者使持典刑於是置理曹掾屬
文帝黃初五年詔曰延之不綏何遠之懷今事多而民少上下相衆以文法百姓無所措其手足昔泰山之哭者以爲苛政甚於猛虎吾備儒者之用服聖人之遺教豈可以目翫其辭行違其誠者哉廣議輕刑以惠百姓
明帝太和三年十月改平望觀曰聽訟觀帝常言獄

者天下之性命也每斷大獄常幸觀臨聽之
青龍四年六月壬申詔曰有虞氏畫象而民弗犯周人刑措而不用朕從百王之末追望上世之風邈乎何相去之遠法令滋彰犯者彌多刑罰愈衆而姦不可止往者案大辟之條多所蠲除思濟生民之命此朕之至意也而郡國斃獄一歲之中尚過數百豈朕訓導不醇俾民輕犯罪苛法猶存爲之陷阱乎有司其議獄緩死務從寬簡及乞恩者或辭未出而獄已報斷非所以究理盡情也其令廷尉及天下獄官諸有死罪具獄以定非謀反及手殺人亟與親治有乞恩者便與奏當文書俱上朕將思所以全之其布告天下使民知朕意
晉武帝太康九年詔郡國五歲刑以下決遣無留庶獄
後魏明帝永興三年十二月詔南平公長孫嵩任城公稽拔白馬侯崔宏等坐朝堂錄決囚徒務在平當
太武太平眞君六年詔諸有疑獄皆付中書以經義量決
獻文末年尤重刑罰言及常用惻愴每於獄案必令覆鞫諸有囚繫或積年不斷群臣皆以爲言帝曰獄

滯雖非治體不猶愈乎倉卒而濫也夫人幽苦則思善故囹圄與福堂同居朕欲其改悔而加以輕恕耳繇是囚繫雖滯淹而刑罰多得其所
孝文延興四年以中書覆案頻上下其法遂罷之獄有大疑乃評議焉先是諸曹奏事多有疑請又口傳詔勅或致矯擅於是時事無大小皆令據律正名不得疑奏合則制可失衷則彈詰之盡從中墨詔自是事咸精練群下莫敢相罔
太和四年幸廷尉籍坊二獄引見諸囚詔曰廷尉者天下之平民命所懸也朕得惟刑之恤者在獄官之

稱其任也一夫不耕將或受其餒一婦不織將或受其寒今農時要月百姓肆力之秋而愚民陷罪者甚多宜隨輕重決遣以赴耕耘之業

五年五月朔詔曰迺者邊兵屢動勞役未息百姓因之輕陷刑網獄訟煩興四民失業朕每念之用傷懷抱農月要時民須肆力其勑天下勿使有留獄久囚

十一年十一月戊申詔曰朕惟上政不明令民陷身罪戾今寒氣勁切杖棰難任自今月至來年孟夏不聽拷問罪人又歲既不登民多飢窘輕繫之囚宜速決了無令薄罪久留獄犴

二十年七月丁亥詔曰法爲治要民命尤重在京之囚悉命條奏朕將親案以時議決

宣武永平元年七月詔曰察獄以情審之五聽枷杖小大宜各定準然比廷尉中尉司州河南雒陽河陰及諸官鞫訊之理未盡矜恕掠拷之苦每多切酷非所以祇憲量衷愼刑重命者也推濫究枉良軫於懷可付尚書精簡枷杖違制之處斷罪問奏

出帝永熙三年五月庚寅詔諸幽枉未申事經一周已上悉集華林朕將覽察脫事已經年有司不列者聽其人各自陳訴若事連州郡疑滯淹歲月亦仰尚書摠集以聞

隋文帝開皇五年侍官慕容天遠糾都督田元冐請義倉事實而始平縣律生輔恩舞文陷天遠遂更反坐帝聞之乃下詔曰人命之重懸在於法律文刊定科條易曉分官命職當選循吏小大之獄理無疑舛而因襲往代别置律官報判之時推其爲首殺生之柄嘗委小人刑罰所以未清威福所以妄作爲政之失莫大於斯其大理律博士尚書刑部曹明法州縣律生并可停廢自是諸曹決事皆令具寫律文斷之

十二年帝以用律者多致踳駮罪同論異八月甲戌

制天下死罪諸州不得便決皆令大理覆治事盡然後上省奏裁

十六年詔死者罪三奏而後行刑

唐高祖武德四年四月詔曰緩刑議獄哲后彝訓解網泣辜前王茂軌朕君臨海內撫育黎元一物乖所納隍興慮其益州道行臺及夔州摠管府衆務臻集統攝遐長囚徒禁繫其數不少或控告未申多有究屈或注引肆志濫及貞良致使文案稽延獄訟繫擁念彼枉滯情深愍惻其益州總管內諸州委御史大夫光逸簡較夔州管內委趙郡公孝恭簡較所有四

悉令覆察務從寬簡小大以情但有負罪逃亡離棄鄉邑無問輕重悉令歸首明加勸導務脩懇植庶使家給人足稱朕意焉

太宗貞觀元年七月戊甲詔曰朕恭膺寶命撫臨率土永鑒前王憲章典故雖文質遞變沿革不同而發號施令殊塗一揆皆所以成當世之典謨開生民之耳目納之軌度令行禁止自律令班下積有歲時內外群官多不尋究所行之事動乖文旨此乃臣有所隱民不見德與夫不令而誅何以異也斯豈守道履正徇公奉法者乎自今以後官人行事與律乖違者

仰所司糾劾具以名聞

二年三月帝謂侍臣曰古者斷獄必訊於三槐九棘之官自今大辟罪皆令中書門下五品已上及尚書議之庶無冤濫

三年四月詔曰泣辜慎罰前王所重枉繫一日事等三秋州縣法司特宜存意普告天下知朕意焉

五年八月制決死刑雖令即決仍三覆奏十二月制決死刑二日中五覆奏下諸州三覆奏行之其日尚食勿進酒肉皆令門下覆覈有據法當死而情有矜者錄狀奏聞

十七年九月丁卯帝謂太理卿孫伏伽曰夫作甲者欲其堅恐人傷作箭者欲其銳恐人不傷何則各有司存利在其中故也朕嘗問刑罰輕重每稱法網寬於往代仍恐主獄之吏利在殺人危人自達以釣聲價今所憂正在此耳深宜防禁務在寬平

二十年帝征遼回二月次行臺石縣宿獄囚謂皇太子曰此何謂也皇太子對曰此所謂圜獄將繫罪人帝因曰文王作罰刑茲無赦而漢文帝志在輕刑但以平之爲佳非謂有罪即釋也濫殺無辜則政道缺久滯有罪則怨氣生圜土之中視青天有同懸鏡而

鏁械膚體蘊結其中夫脩已者可以知物傳曰其恕乎誠此言之不可不慎

高宗以貞觀二十三年即位九月帝問大理卿唐臨獄繫囚之數臨對曰見囚五十餘人唯二人合死帝聞囚數不多怡然形於顏色謂臨曰昔東宮卿已事朕朕承大位卿又居近職以疇日相委故授卿此任然爲國之要在於刑法刑急則人殘法寬則失罪務令折衷稱朕意焉

永徽六年十一月癸巳詔曰朕聞小大以情義重前誥哀矜勿喜道光遐冊朕恭膺寶業嗣臨億兆留心

聽斷劬勞日昃一物乖方納隍軫慮今旣科格咸備憲制久行鞫訊之法律條具載深文之吏猶未遵奉肆行慘虐曾靡人心在含氣之倫稟柔脆之質乃有懸枷著械經日不觧脫衣迴立連宵忍凍動轉有碍食飲乖節殘酷之事非復一途楚痛切身何求不得言念於此深以矜懷又挾匿名書國有嘗禁凡厥寮庶咸應具述近遂有人向朝廷之側投書於地隱其姓名誣人之罪朕察其所陳皆極虛妄此風若扇爲蠹方深自今以後內外法司及州府准事宜並依律文勿更別爲酷法其匿名書亦宜准律處分庶使泣

辜之情遠覃於四海卹刑之旨長垂於萬葉

龍朔二年八月詔曰哀矜折獄義先呂訓明愼用刑事昭姬象朕以寡昧嗣纂宸極思闡大猷式隆景運陷氷是懼履想於懷中御朽彌兢馳襟於裕下書已待物每從寬政如聞率土州縣留獄尚繁困於囚繫致於病死一歲之中數盈二百蓋繇上愆亭育之化下乖堯舜之心深責在躬興言多媿抑又聞之與我理天下者其惟良二千石今之所任或虧政道未許欽恤之旨但徇刻苛之情幽縶囹滯證逮遐廣寒暑相襲風露交浸淹乎年月成其病苦加以榜笞失度挃告違法巧詆深文去將安適獄市之寄何其爽歟自茲以後宜革前弊罪無大小不得稽留其囚病患及罪輕并笞杖等雖法有嘗規恐典吏妄生威福官人不存簡較或顏面囑請觸類以之若仍舊不悛當加重罰布告天下知朕意焉

麟德二年三月戊午詔曰今陽和布氣東作聿興膏澤雖霑猶未周洽睠茲南畝彌用憂勤瞻彼西郊良深兢惕宜順發生之序以申簡恤之恩西京及東都諸司雍雒二州見禁囚徒宜准龍朔元年恩例處分其西京令左侍極兼簡較大司憲陸敦信充使東

都令右肅機盧承慶充使必令息彼冤滯稱朕意焉

咸亨三年十一月駕幸許汝等州分遣使覆見禁囚徒

中宗神龍元年三月制曰自今內外法官咸宜敬愼其文深次骨跡徇凝脂高下任情輕重失衷必寘嚴典以彰痛惡

景龍二年七月大理正王志愔奏言法令者人之隄防隄防不立則人無所禁竊見大理官寮多不奉法以縱罪爲寬恕以守文爲苛刻臣愚少執刑典郎爲衆所謗帝謂曰法急則傷人寬則漏罪情實寘罰在

於中平宜愼之志愔因奏上應正論以見意
玄宗先天二年四月詔曰法憲之設期於無私本以救人盖非獲已故得情存於勿喜折獄貴於哀矜至如斷決諸罪皆著科條若守而不失自爲良吏如聞近日州縣罕習章程率情嚴酷或致殞殂假令事應重辟固當明啓刑書豈可輙因夏楚輕絶人命太上皇仁覃萬寓澤被群生子愛黎甿愼恤刑罰予恭承天訓虔奉睿圖旰食載勤納隍兢慮凡厥長吏宜達此懷務遵法式勿仍前弊如或有違當寘嚴法宜示黔庶咸使聞知

開元三年二月庚午詔曰無知之徒自罹刑憲一遭縲紲坐變星琯長吏依違不時疏決過成滯獄豈曰當官況三陽在辰德澤思布一物失所勤恤是殷惟懷永圖俾申幽枉其所在見禁囚未斷決者令所在長官親加按理仍令御史及按察使訪察隨事糾繩
六年二月巳卯詔曰仲春在候膏雨頻流故當法天布和順時行令天下諸繫囚宜令所繇作速疏理斷決勿有寃滯
八年詔曰庸愚之人自犯踈網至於公憲誠則難容然服念泣辜昔賢懿躅惟刑是恤不可暫忘如聞囚徒或有寃滯久在幽縶情何以堪其外州巳有使覆京城內宜令中書門下就禁司按理如有枉濫隨事奏聞
十四年四月詔曰時屬正陽事殷蠶穡愍彼囹圄或多寃濫宜弘愼恤之恩俾助生育之德其所有囚徒除死囚巳外所司長官郎疏決處分庚戌又詔曰孟夏麥秋尚決小罪況天時漸熱深愍繫囚徒宜令中書門下巡城內囚徒量事處置畿甸徒囚赤縣縣令疏理斷決勿滯禁人
二十年二月駕發東都北巡狩申命宰臣所在疏決

囚徒
二十三年四月壬子詔曰農作是時人無棄日所在獄訟或有滯留其都城巳令中書門下疏理其京城及北都各委留守天下諸州委本道採訪使及本州長官隨事決斷勿令寃繫徒以下罪並量決罰便訪其官典犯贓宜准嘗式
二十五年正月壬午制曰朕猥集休運多謝哲王然而哀矜之情大小必愼自臨寰宇子有黎蒸未嘗行極刑起大獄上玄降鑒應以祥和思叶平邦之典致之仁壽之域自今有犯罪死除十惡宜令中書門下

與法官詳所犯輕重具狀奏聞

天寶十載正月詔曰法以輔德刑以閑邪豈在煩苛必資簡易朕永懷至理思致還淳每懷哀矜之心屢申寬大之詔寔欲人皆知禁化洽無爲頃者已令法官每刑刑典蓋繇此也

肅宗乾元三年閏四月己卯御明鳳門大赦改元詔曰自古百王欽慎刑罰蓋以法者人之命刑者國之權苟或失其科條固難措其手足頃以姦臣擅命中典不倫造次便行哀矜何在自今已後其有犯極刑者宜命本司依舊三覆庶平反之際人謂不寃幽明

之間理皆無濫

代宗寶應三年七月壬寅大赦改元制曰天下刑獄須大理正斷刑部詳覆不得中書門下便即處分

大曆四年七月癸未詔曰如聞州縣官比年來率意恣行麤杖不依格令致其殞斃深可哀傷頻有處分仍聞乖越自今以後非灼然蠹害者不得輙加非理仍委觀察節度使嚴加捉搦勿令有犯錄名聞奏宜示中外宜悉朕懷

德宗貞元六年十一月南郊赦書曰近日州縣官吏專殺立威杖或踰制自今以後有責情決罰致死者宜令本道觀察使具事繇聞奏并申刑部御史臺

順宗初即位制曰天下官吏應行鞭捶本罪不至死者假以責情致令殞斃每念於此良增惻然宜切加察訪

憲宗元和二年正月制曰天下官吏應行鞭捶責情致死者切令察訪

三年九月給事中穆質奏諸州府鹽鐵使巡院應決私鹽死囚請州縣同監免有寃濫從之

四年正月詔曰自今以後在京諸司應決死囚者不承正勑並不在行決之限如事迹兇險須速決遣并

特勑處分者宜令一度覆奏（時左街功德使吐突承璀牒京兆府稱奉進止令杖死殺人僧惠寂府司都不覆奏便行御史臺奏故有是詔）

九年八月袁州刺史李將順坐掊擾人貶道州司户叅軍大僚詣執政以爲刺史抵禁不經按訊遽貶官恐不可乃追詔遣御史馳往推究

穆宗長慶元年七月赦書刑獄所繫理道最切如聞比來多有稽滯一拘囹圄動變炎凉自今已後宜令御史臺切加訪察每季差御史巡囚事涉情故或斷結不當有失刑政具事繇聞奏其天下州縣并委御史臺并出使郎官御史兼諸道巡院切加察訪

四年三月壬子赦書天下諸州府縣官吏應行鞭撻本罪不至死者假以責情致令殞斃每念於此良增惻然宜委御史臺及出使郎官御史等切加察訪具事繇聞奏

敬宗寶曆元年四月制如聞京城諸司捕繫推鞫動經旬時每季御史巡囚罕能舉劾積成冤滯爲獘頗深宜重舉明長慶元年七月十八日赦件聞奏

文宗太和四年四月丁丑詔曰如聞時稼甚滋人心望歲近者時雨稍乏憂懷載深慮有留獄致傷和氣應京城諸司見禁囚徒宜令御史臺選清強御史二

人各就司疏決處分具輕重以聞

六月壬申詔如聞御史臺大理寺京兆府及諸縣囚徒近日訊鞫例多停滯自今已後宜令所司速詳決處分其諸司應推獄有稽緩稍甚與奪或乖者仍委尚書左右丞及分察御史糾舉以聞

十月詔自今已後有特決囚不令覆奏者有司亦須準故事奏覆先是命中人送教坊樂官劉楚才等四人付京兆府杖殺之不令覆奏又送宮人張　等十人於西內處置宰臣楊嗣復等奏伶人賤類出入宮禁定刑議罪有異平人若不痛繩即難簡肅准宣各決痛杖一處死事亦相參宜下之事未有正勑府司准宣處置又不覆奏稍乖舊例有惑衆情詔荅曰宜下之時不令覆奏稍乖舊制良用慨然遂有是詔

五年二月丁丑詔以方春用事寒氣稍侵京城見禁囚徒慮有冤結宜令御史兩人各就本司疏理以聞

七年正月壬子詔曰議獄恤刑前王攸重苟有冤滯即傷陽和應在城諸司諸使有囚徒限七月內處分訖奏聞河南府八州府勑到准此處分

閏七月乙卯朔詔京城囚徒慮有冤滯已委疏決務從寬降宜令鄭覃令狐楚速具條疏以聞

八年四月丙戌詔曰朕比屬暇日周覽國史伏讀太祖因閱明堂經見五臟之係咸附於背乃下制決罪人不得鞭背且人之有生繫於臟腑多針失所尚致

夭傷鞭朴苟施能無枉橫况五刑之內笞最爲輕豈可以至輕之刑傷至重之命朕躬承丕業思奉貽謀言念於茲載懷惻隱其天下州府應犯輕罪人除情狀巨蠹法所難原者其他過誤罪愆及尋常公事違法並宜準貞觀四年四月十七日制處分不得鞭背今年已後每至夏至已後立秋已前就州府常條之中亦宜量與矜減速爲疏理不得久令禁繫委御史臺切加糾察永爲常式

五月辛亥朔癸丑詔曰如聞大理寺所覆諸州府刑獄皆盤勘微細節目不早詳斷道路遐遠往返經年

非惟囚禁多時有傷和氣兼亦覬望恩澤故涉稽留爲奬頗深須有提擧宜令御史臺切加糾察准勑限較科推狀中有贓數異同及罪人伏欵未盡者郎許移牒盤問其他煩碎事條不關要節者并不得更令移牒勘覆

開成四年四月詔曰京城百司及府縣禁囚動經歳年推鞫未畢葢繇官吏因循致此留獄欝蒸在候究滯難堪宜付御史臺委中丞高元裕及强明御史三兩人各就本司應見禁囚分閲案牘據理疏决聞奏

宣宗大中四年四月詔法司使法或持巧詐分律兩

端遂成其罪旣奸吏得計則黎庶何安自今已後應書罪定刑宜令直指其事不得舞文妄有援引須示天下長吏嚴加覺察不得輒使奸吏如有此色當議停解

九月御史臺奏准舊例京兆府准勑科决囚徒合差監察御史一人到府門監决伏請自今已後許令御史到府粗精引問以寃獄情如囚不稱寃方許行决與其濫刑永息寃濫獲申勑旨宜依其河南府亦令准此諸州應有死囚仍委長吏差官監决

八年三月甲辰詔此後除巨蠹所不原外每立夏至立秋前犯罪人就州府當條之中量與減貸速爲疏理無令淹繫

懿宗咸通元年詔曰至道所先刑柄最切向聞鞫斷動隔炎凉不惟理且未伸多致疾而成夭寃覊旣聚和氣乃傷日月星辰繇此失度水旱蝗賊所以爲災自此委刑法官條示天下州府長吏旋郎疏理無致淹延

後唐莊宗天祐五年四月下令曰議獄恤刑比求寃濫頑民下輩輕侮憲章苟非五聽之通明何辨二門之邪正自今後法司如有疑獄予自據格令以决之

此法旣行雖親無赦

同光二年六月己巳勑應御史臺河南府行臺馬步司左右軍巡院見禁囚徒據罪輕重限十日内并恐决遣申奏仍委西京諸道州府見禁囚徒速宜疏决不得淹停兼恐内外刑勢官員私事寄禁切要止絶俾無寃滯

三年五月己未在京及諸道州府所禁罪人如無大過速令疏决不得淹滯

六月甲寅勑刑以秋冬雖開惻隱罪多連累翻慮淹滯若或十人之中止爲一夫抵死豈可以輕附重禁

錮逾時言念哀矜又難全廢其諸司囚徒罪無輕重並宜各委本司據罪詳斷申奏輕者卽時疏理重者候過立春至秋分然後行法如是事繫軍機須行嚴令或謀惡逆或畜姦邪或行刼殺人難於留滯並不在此限

明宗天成元年十一月庚申勅應天下州使繫囚除大辟罪已上委所在長官速推勘決斷不得傍追證對經過食宿之地除當死刑外並仰釋放兼不徵治

二年春左拾遺李同上言天下繫囚請委長吏逐旬親自引問質其罪狀眞虚然後論之以法庶無枉濫

從之

六月大理少卿王鬱上言凡決極刑合三覆奏近年已來全不守此伏乞今後前一日令各一覆奏奉勅宜依

八月西京奏奉近勅在京犯極刑者令決前一日各一覆奏伏緣當府地遠此後凡有極刑不審准條疏奏覆奉勅旨昨六月二十日所降勅文秖爲應在雒京有犯極刑者覆奏其諸道已降旨命准舊例施行今詳西京所奏尚未明近勅兼慮諸道有此疑惑故令曉喻

十月辛丑德音爲政之要切在無私聽訟之方惟期不濫天下諸州府官員如有善推疑獄及曾雪寃濫兼有異政者當具姓名聞奏別加甄獎

三年正月丁巳內出御札曰朕聞堯舜有恤刑之典貴務好生禹湯申罪已之言庶明知過今月七日據巡簡軍使渾公兒口奏稱有百姓二人以竹竿習戰鬬之事朕昨初聞奏報實所不容率爾傳宣令付石敬瑭處置今旦安重誨數奏方知悉是幼童爲戲旣載聆讜議方覺失刑循揣再三愧惕非一亦以渾公兒誣誑頗甚敬瑭詳覆稍乖致人當枉法而殂處朕於

有過之地今減嘗膳十日以謝幽枉其石敬瑭是朕懿親合施規諫旣茲錯誤宜示省循可罰一月俸渾公兒決脊杖二十仍削在身職銜配流登州嘗知所在其小兒骨肉各賜絹五十疋粟麥各百石便令如法埋葬兼此後在朝及諸道州府凡有極刑須子細裁遣不得回循付中書門下百僚進表稱賀

十二月癸丑諸州使數奏四人死於獄中奉勅朕以握圖纘位端已臨民每於刑獄之間倍軫憂勤之念慮多淹滯累降指揮儻一物以卿寃撫萬機而是愧近聆數處申奏四人獄內身殂事旣不明理難取證

將絶欺罔之弊須頒條理之文宜令今後凡有刑獄
切依前准勑命施行斷遣不宜淹停如有賊徒推尋
及證斷遣未聞在獄疾病者委隨處官吏當面錄問
令醫人看候無致推司官吏別啓倖門
長興元年二月郊祀畢下制曰欲通和氣必在申寃
將設公方實資奬善州縣官察能雪寃獄活人生命
者許非時選仍加階超資注官與轉服色巳著緋者
與轉兼官
二年三月辛亥勑朕猥以眇躬薦承鴻業念彼疲瘵
勞於寢興或慮官不得人因成紊亂或慮刑非其罪

遂致怨嗟王化所興獄訟爲本茍無訓勵必有滯淹
近日諸道百姓或諸多違犯或小可鬬爭官吏曲縱
吏人巧求瑕釁初則滋張節目作法拘囚終則誅剝
貨財爲恩出放外憑公道內徇私情無理者轉務遷
延有理者却思退縮積成訛弊漸失紀綱自今後切
委逐處官吏州牧縣宰等深體予懷各舉爾職凡關
推究速與剸裁如敢苟縱依違遂成枉濫或經臺訴
屈或投匭申寃勘問不虚其元推官典并當責罰其
逐處觀察使刺史別議朝典宜令諸道州府各依此
處分所管屬郡委本道嚴切指揮

八月丁亥勑三京諸道州府刑獄近日訪問依前禁
繫人多不旋決諸道宜令所在各委長吏專切推窮
不得滯淹
愍帝應順元年三月戊午詔曰刑柄爲制禮之先獄
訟乃有國之重一成共守四海同文咸符欽恤之言
乃致太平之道以近及遠列職分司申明皆有其舊
規決斷各繇其所屬惟理則罪疑可定惟正則刑措
可期諒在舉行方無壅滯應三京諸道州府繫囚據
罪輕重疾速斷遣比來停滯須奏取裁不便區分故
爲留滯今後凡有刑獄據理斷遣如有勑推按理合

奏聞不在此限
末帝清泰元年五月丁丑詔在京諸獄及天下州府
見繫罪人正當暑毒之時未免拘囚之苦誠知負罪
特軫予懷恐法吏生情滯於決斷詔至所在長吏親
自慮問據輕重疾速斷遣無令淹滯
二年四月辛丑詔曰運當昭泰時屬樂康思欲導和
氣於雍熙布休光於幽隱將期恤物必軫深仁今以
甫及蕤賓適茲炎毒宜茂好生之德俾敷在宥之文
足以寛肺石之寃辭叶薰風之解慍庶遵時令獲奉
天心宜令御史臺河南府運巡諸道州府自五月一

日巳前見繫罪人嘗赦不原及巳見情狀之外悉令
疾速斷遣勿至淹停
晉高祖天福三年正月勑應諸道州府刑獄慮有淹
延宜令逐處應用禁繫人等并仰各據罪戾詳事理
速斷遣不得停滯仍付所司
三月庚午詳定院奏前守洪洞縣主簿盧琰進策云
伏以刑獄至重朝廷所難尚書省分職六司天下謂
之會府且諸道決獄若關人命郎刑部不合不知欲
請州府凡決大辟罪人請逐季具有無申報刑部仍
具錄案款事節并本判官馬部都虞候司法參軍法

直官馬部司判官名銜申聞所貴或有案內情繇不
圓刑部可行覆勘如此則天下遵守法律不敢輕議
刑書非唯免有寃抑亦勸其立政者臣等參詳伏
以人命至重而國法須精雖載舊章更宜條理誠爲
允當望賜施行從之
五月詔曰刑獄之難古今所重但關人命實動天心
或有寃魂則傷和氣應諸道州府凡有囚徒據推勘
到案款一一盡理子細簡仵令合格勑其間或有疑者
准令文讞大理寺亦宜申尚書省省寺明有指歸州
府然後決遣

五年三月丙子詔曰自大中六年巳來務耳稱寃決
杖流配訴内雖有理不在申明今後據其所陳與爲
勘斷務耳之罪准律別科
六年秋七月庚辰詔曰政刑所切獄訟惟先推窮須
察於事情斷遣必遵於條法用弘欽恤以致和平應
三京鄴都及諸道州府縣見禁諸色人等宜令逐處
長吏常切提撕疾速決遣每務公當勿使滯淹
少帝天福八年四月壬申勑詔自臨寰宇思致和平
以四海爲家慮一物失所每念狴牢之内或多枉撓
之人屬此炎蒸倍加軫憫與絶滯淹之嘆用資欽恤

之仁應三京鄴都及諸道州府見禁罪人等宜令逐
處長吏嚴切指揮本推司及委本所判官疾速結絶
斷遣不得淹延及致寃濫仍付所司
開運二年五月壬戌殿中丞桑簡能上封事曰伏以
天地育萬物廣博厚之恩帝王牧黎元行寬大之令
是知恤刑緩獄乃爲政之先布德行惠寔愛民之本
今盛夏之月農事方殷是雷風長養之時乃動植蕃
廡之際宜順時令以弘至仁竊以諸道州府都郡縣
應見禁罪人或有久在囹圄稍滯區分胥吏舞文枝
蔓及衆棰楚之下或陷無辜縲絏之中莫能自理苟

一人拘繫則數人營財物用旣殫功業亦罷若此之類寔繁有徒切恐官吏因循寖成斯獘伏乞降詔旨令所在刑獄委長吏親自錄問量罪疾速斷遣務絕冤濫勿得淹留庶免虐禁平人妨奪農力冀召和氣以慶明時敕曰囹圄之中縲絏之苦奸吏苟窮於枝蔓平人用費於貨財繇茲滯淹兼致屈塞桑簡能體茲軫惻專有敷陳請長吏躬親免獄官抑遏深爲允當宜在頒行

十月甲子祕書省著作郎邊玕上封事曰臣聞從諫如流人君之令範極言無隱臣子之嘗規盍欲表大

國之任人致萬邦之無事前文備載可舉而行伏以皇帝陛下德合上玄運膺下武旰食宵衣而軫念好生惡殺以推仁幾措典刑固無冤枉然以怊臨之內州郡尤多若不再具舉明伏恐漸成奸獘臣竊見諸道刑獄前朝曾降敕文凡是禁繫罪人五日一度錄問但以年月稍遠漸致因循或長吏事煩不躬親點簡或胥徒啓倖妄要追領證明慮有涉於濫刑卽恐傷於和氣伏乞特降詔敕自今後諸道并委長吏五日一度當面同共錄問所異處法者無恨銜冤者獲伸俾令四海九州咸歌聖德五風十雨永致昌期敕曰人之命無以復生國之刑不可濫舉雖一成之典務在公平而三覆其詞所宜詳審凡居法吏合究獄情邊玕近陟周行俄陳讜議更彰欽恤宜允申明

三年十一月丁未左拾遺竇儼上疏曰臣伏覩名律例疏云死刑者古先哲王則天垂象本欲生之義期止殺絞斬之坐皆刑之極也又准天成三年閏八月二十三日敕行極法日宜不舉樂減常膳又刑部式決重杖一頓處死以代極法斯皆仁君哀矜不捨之道也竊以蚩尤爲五虐之科尚行鞭扑漢祖約三章之法止有死刑絞者筋骨相連斬者頭項異處大辟

之目不出兩端濫刑所興近聞數等蓋緣外地不守通規肆率情性或以長釘貫簽人手足或以短刀臠割人肌膚乃至累朝半生半死俾冤聲而上達致和氣以有傷將弘守位之仁在峻惟刑之令欲乞特下明敕嚴加禁斷者敕曰文物方興刑罰須當有罪宜從於正法去邪漸契於古風竇儼所貢奏章實裨理道宜依所奏准律令施行

漢隱帝乾祐二年正月敕政貴寬易刑尚哀矜慮茲蔓之生姦寔軫傷而是念今屬三元改候四序履端將異和平無如獄訟應三京鄴都諸道州府見繫罪

人委逐處長吏躬親慮問其於決斷務在公平但兒
其情節爲具獄勿令牽引遂致淹滯無縱舞文有傷
和氣
四月甲午勅日月戒正陽倏當小暑乃挺重出輕之
日是恤刑議獄之辰有罪者速就勘窮薄刑者晝時
疏決用符時令勿縱滯淹三京鄴都諸道州府在獄
見繫罪人宜令所司疾速斷遣無致淹滯枉濫
五月辛未勅王化所先獄訟攸切不唯枉撓兼慮滯
淹適當長養之時正屬熇蒸之候累行條貫俾速施
行靡不丁寧未曾奏報再須告諭無或因循應三京

鄴都諸道州府詔至宜具疏放已行未行申奏無致
逗留
周太祖廣順元年五月壬戌朔勅朕肇啓丕基躬臨
庶政深慕泣辜之道以弘恕物之心今則方屬炎蒸
正當長養黃沙繫縶宜矜非罪之人丹筆重輕切戒
舞文之吏凡有獄訟不得淹延務令囚絶拘留刑無
枉濫冀叶雍熙之化用符欽恤之情應京都諸道州
府見禁人等宜令逐處長吏限勅到應有獄囚當面
錄問事小者便須遣決案未成者即嚴切指揮疾速
勘決攄罪詳斷疏放勿令停滯及致寃抑庶召和氣
俾愜群心
二年四月壬辰勅朕以寡昧獲主黎元將以召天地
之和每思去刑政之弊寅恭於此宵旰爲勞今以節
及長嬴時臨暑熱耕農之户蠶麥將忙宜於獄訟之
間特示憂勤之旨應有刑獄切慮淹滯詔至所有重
輕繫囚疾速勘鞫斷遣無令寃抑慮有淹延若輕罪
晝時決遣其婚田爭訟務内勿治若事要定奪即須
疾速區分若斷遣不平許人糾告官典必議徵斷
三年四月乙亥勅朕以時當化育氣屬炎蒸乃思縲
絏之人是軫哀矜之念慮其非所案鞫淹延或枉濫

窮屈而未得伸宜或飢渴疾病而無所控告以罪當
刑者唯彼自召法不可移非辜受苦者爲上不明安
得無慮欽恤之道夙宵靡寧應諸道州府見繫罪人
宜令官吏疾速推鞫據經遣斷不得淹滯仍令獄吏
洒掃牢獄當令虛歇滌洗枷械無令蚤虱供給水漿
無令飢渴如有疾患令其家人看承囚人無主官差
醫工診候勿致病亡循典法之成規順長嬴之時令
俾無滯淹以致和平又賜諸州詔曰朕以敷政之勤
惟刑是重既未能化人於無罪則不可爲上而失刑
況時當長嬴事貴清適念囹圄之閒固復桎梏之拘

縻處於炎蒸何異焚灼在州及所屬刑獄見繫罪人卿可躬親錄問省略區分于入務不行者令俟開繫有理須伸者速期疏决俾皆平允無至滯淹又以獄吏逞任情之奸囚人被非法之苦宜令加簡察勿縱侵欺嘗令靜掃獄房洗刷枷匣知其飢渴供與水漿有病者聽其骨肉看承無主者遣醫工救療勿令非理致斃以至和氣有傷卿忠幹分憂仁明溢事必能奉詔體我用心睠委於茲興寐無已餘從勑命處分

世宗顯德元年十一月帝謂侍臣曰天下所奏獄訟多追引文證甚致淹延有及百餘日而未决者其中

有徒黨反告者却主陳訴者及妄遭牽引者慮獄吏作倖遲留致生人休廢活業朕每念此彌切疚懷此後宜條貫所在藩郡令選明幹寮吏掌其訴訟如有獄不滯留人無枉撓明具聞奏量與甄奬

册府元龜

巡按福建監察御史臣李嗣京　訂正

知長樂縣事臣夏允彝參閲

知建陽縣事臣黄國琦較釋

帝王部　一百五十二

明罰

雷電有震耀之象秋冬行肅殺之令王者法之以制刑典其來尚矣故士師用弼於五教犯雖小而必刑王制具列於四誅害爲大而無赦益聖人躬明哲之性通天地之心佐德以威順時行罰威克厥愛而事

允齊罰當其罪而衆知勸大則殛竄殊死非所以爲重也小則鞭朴入贖非所以爲輕也然而閲罪簡孚有司之詳慎好生宥過王者之寛恕不及於嗣刑期無刑隨世損益厥有論要吕刑云屬於五極咸中有慶其是之謂乎

舜流共工於幽州象恭滔天足以惑世故流放之幽州北裔放驩兜於崇山黨於共工罪惡同崇山南裔竄三苗於三危三苗國名縉雲氏之後爲諸侯號饕餮三危西裔殛鯀於羽山方命圮族績用不成殛竄放流皆誅也異其文述作之體羽山東裔在海中四罪而天下咸服

周武王既伐紂乃殺惡來惡來紂臣善讒毁諸侯

漢高祖嘗爲項羽將丁公逐窘丁公名固高祖彭城西短兵接漢王急顧謂丁公曰兩賢豈相戹哉丁公引兵而還及項王滅丁公謁見高祖以丁公徇軍中曰丁公爲項王臣不忠使項王失天下者也遂斬之曰使後世之爲人臣者無倣丁公也

文帝十六年東莞侯劉吉坐事國人過員免事見役使之員數也

景帝三年冬十二月詔曰襄平侯嘉紀通子也子恢說不孝謀反欲以殺嘉大逆無道恢說有私怨于其父而自謀反欲令其父坐死也說讀曰悅其赦嘉爲襄平侯及妻子當坐者復故爵律大逆不道父母妻子同坐皆棄市今赦其餘子不與恢說謀者復其故爵論恢說及妻子如法

武帝元封六年黎侯召延坐不出持馬要斬待發馬給軍匿不出也

征和二年春制詔御史故丞相賀臣欽若等曰姓公孫倚舊故乘高埶而爲邪帝爲太子賀已爲舍人故爲舊故興美田以利子弟賓客不顧元元無益邊穀戍邊卒糧乏不能爲方計以益之也貨賂上流丞相貪冒受金於下故使衆庶貨賂上流執事朕恐之久矣終不自革革改也迺以邊爲援使內郡自作車耕者自轉所以饒邊所以行恩施爲已名援也或曰以胡爲援也使內郡自省作車邊州無事之時宜自治作車以給軍用而令內郡自省減

（諸餘功用而作車也省音所領切）又令耕者自轉（自轉穀于邊）以困農煩擾畜者重馬傷耗武備衰減（重謂懷孕者言轉運之勞畜産疲困故反使懷孕者爲之傷耗以減武備也）下吏妄賦百姓流亡又詐爲詔書以姦傳朱安世（傳逮捕也）獄已正於理

昭帝元鳳四年五月丁亥孝文廟正殿火太常及廟令丞郎吏皆劾大不敬會赦太常轑陽侯德免爲庶人

元帝時諸葛豐爲司隸校尉以春夏繫治人在位多言其短徙豐爲城門校尉豐上書告光祿勲周堪光祿大夫張猛帝不直豐迺制詔御史城門校尉豐前

與光祿勲堪光祿大夫猛在朝之時數稱言堪猛之美豐前爲司隸校尉不順四時脩法度專作苛暴以獲虚威朕不忍下吏以爲城門校尉不内省諸己（省審也）而反怨堪猛以求報舉（舉言其事以報怨）告案無證之辭暴揚難驗之罪毀譽恣意不顧前言（前言謂稱堪猛之美今乃更言其短是不顧也）不信之大者也朕憐豐之耆老不忍加刑其免爲庶人

成帝即位丞相御史條奏長信中太僕石顯舊惡及其黨牢梁陳順皆免官顯與妻子徙歸故鄉憂懣不食道病死先是元帝時顯爲中書令巧慧習事能探人主微旨深賊持詭辨以中傷人至是免官及諸所交結以顯爲官皆廢

永始二年十二月詔曰故將作大匠萬年佞邪不忠妄爲巧詐多賦斂煩徭役興卒暴之作卒徒蒙辜死者連屬毒流衆庶海内怨望雖蒙赦令不宜居京師於是湯與萬年俱徙燉煌（初將作大匠解萬年與關内侯陳湯上封事起昌陵其後卒不就）

哀帝建平二年秋八月詔曰待詔夏賀良等建言改元易號增益漏刻可以永安國家朕過聽賀良等言（過誤也）冀爲海内獲福卒亡嘉應皆違經悖古不合時

宜六月甲子制書非赦令也皆蠲除之（改元易號大赦天下以求延祚而不蒙福哀帝悔之故更下制書諸非赦罪事皆除之謂改制易號令皆復故也非赦令也猶言自非赦令耳也語終辭也而讀者不曉輙改也爲他字失本文也）賀良等反道惑衆下有司皆伏辜

平帝即位以冷褒段猶等哀帝時定議尊定陶傅太后爲太皇太后丁后爲帝太后與太后同尊又爲共皇立廟京師議入孝元皇帝貶褒猶皆徙合浦復免高昌侯宏爲庶人又有司奏方陽侯孫寵及右師譚等皆造作奸謀罪及主者骨肉雖蒙赦令不宜處爵位在中土皆免寵等徙合浦郡

後漢明帝時何湯爲郎中守開陽門候帝微行夜還湯閉門不納更從中東門入明旦詔詣大官賜食諸門候皆奪俸

北鄉侯初郎位大將軍耿寶中常侍樊豐侍中謝惲周廣乳母野王君王聖坐相阿黨豐惲廣下獄死寶自殺聖徙鴈門

順帝爲太子江京樊豐共搆陷廢爲濟陰王中黃門孫程等十九人迎立之閻顯兄弟聞帝立率兵入北宮尚書郭鎮與交鋒刃遂斬顯弟衛尉景遣使者入省奪得璽綬乃幸嘉德殿遣侍御史持節收閻顯及

其弟城門校尉耀執金吾晏並下獄誅

永建元年虞詡代陳禪爲司隸校尉數月間奏太傅馮石太尉劉熹中常侍程璜陳秉孟生李閏等百官側目號爲苛刻三公劾奏詡盛夏多繫拘無辜爲吏人患詡上書自訟曰法禁者俗之隄防刑獄者人之銜轡今州曰任郡郡曰任縣更相委遠百姓怨窮以苟容爲賢盡節爲愚臣所發舉贓罪非一二府恐爲臣所奏遂加誣罪臣將從史魚死郎以尸諫耳順帝省其章乃爲免司空陶敦

桓帝延嘉元年梁冀以罪自殺其他所連及公卿列校刺史二千石死者數十人故吏賓客免黜者三百餘人朝廷爲之空虛

獻帝誅諸議郎侯祈尚書馮碩侍中胡崇討有罪也

魏齊王芳嘉平中夏侯玄與李豐張緝蘇鑠劉賢樂敦同謀害司馬景王景王聞其謀先召李豐殺之事下有司收玄緝鑠敦賢等送廷尉鍾毓奏豐等謀迫脅至尊擅誅冢宰大逆無道請論如法於是會公卿朝臣廷尉議咸以爲豐等各受殊寵典綜機密緝承外戚椒房之尊玄備世臣居列侯位而包藏禍心搆圖凶逆交關閹豎授以姦計畏憚天威不敢顯謀乃

欲要君脅上肆其詐虐謀誅良輔擅相建立將以傾覆宗室顛危社稷毓所正皆如科條律報毓施行詔書齊長公主先帝遺愛匄其三子死命（李豐子韜尚公主）於是豐玄緝敦賢等皆夷三族其餘親屬徙樂浪郡

晉武帝時石鑒轉尚書時秦涼爲虜所敗遣鑒都督隴右諸軍事坐論功虛偽免官後爲鎮南將軍豫州刺史坐討吳賊虛張首級詔曰昔雲中守魏尚以斬首不實受刑武牙將軍田順以詐增虜獲自殺誣罔敗法古今所疾鑒備大臣吾所取信往者西事公欺朝廷以敗爲得竟不推究中間黜免未久尋復授用

異能補過而乃與下同詐所謂大臣義得爾乎有司奏是也顧未忍耳令遣歸田里終身不得用勿削爵土也

穆帝升平二年佽飛督王饒獻鴆鳥帝怒鞭之二百使殿中御史焚其鳥於四達之衢

後魏道武天興三年李栗爲左將軍性簡慢矜寵不率禮度每在帝前舒放倨傲帝積其宿過誅之於是威嚴始厲制勒羣下盡卑遜之禮自栗始也

天賜六年秋七月慕容支屬百餘家謀欲外奔發覺伏誅死者三百餘人

太武太平眞君五年二月中山王辰等八人以北伐後期斬于邢南

八年六月西征諸將軍扶風公處眞等八將坐盜沒軍資所在虜掠贓各千萬詔並斬之

封磨奴渤海人被刑爲官人崔浩之誅也太武謂磨奴曰汝本應全所以致刑者繇事浩之故

文成興安三年十一月辛酉行幸信都中山觀察風俗十二月誅河間鄚民爲賊盜者男生十五以下爲生口班賜從官各有差

孝文延興四年十二月詔西征吐谷渾兵在句律城初叛軍者斬次分配柔玄武川二鎮斬者千餘人

城陽王鸞與安南將軍盧淵李佐攻赭陽不利敗退而還時孝文幸瑕丘鸞等請罪行宮孝文引見鸞等責之曰卿等摠率戎徒義因奮節而進不能夷拔賊城退不能殄茲小寇虧損王威罪應大辟朕革變之始事從寬貸今赦卿等死罪城陽降爲定襄縣王削戶五百古者軍行必載廟社之神所以示其威恵各有攸歸今懲卿等敗軍之罪於社之前以彰厥咎

李洪之爲秦益二州刺史洪之素非廉靖每多受納時孝文始建祿制法禁嚴峻司察所聞無不窮糾遂

鏁洪之赴京孝文臨太華庭集群臣有司奏洪之受贓狼藉又以酷暴孝文親臨數之以其大臣聽在家自裁

宣武時高聰爲散騎常侍兼護軍稱貴因權耽於聲色賄納之音聞於遐邇中尉崔亮面陳聰罪帝乃出聰爲平北將軍孝明踐祚以其素附高肇出爲幽州刺史

孝莊建義三年四月爾朱天光討醜奴蕭寶寅於安定破禽之送於京師醜奴斬於東市寶寅死於駝牛渚

後周閔帝元年二月丁亥楚國公趙貴謀反伏誅詔曰朕聞文考昔與群公洎列將衆官同心戮力共治天下始終二十三載迭相輔弼上下無怨是以群公等用升余於天位朕雖不德豈不識此是以朕與群公同姓者如兄弟同於一心平定宇內各令子孫享祀百世而朕不明不能輯睦致使楚公貴不悅于朕與侯幾通此奴與王龍仁子孫衍等陰相假署圖危社稷事不克行爲開府宇文盛等所告及其推究咸伏厥辜興言及此心焉如痗音海病也但法者天下之法朕既爲天下守法安敢以私情廢之書曰善善及後

世惡惡止其身其貴遍與龍仁罪止一家衍止一房餘皆不問

武帝建德六年伐齊於陣獲其齊昌王莫多婁敬顯帝責之曰汝有死罪三前從并走鄴攜妾棄母是不孝外爲偽主戮力內實通啓於朕是不忠送欵之後猶持兩端是不信如此用懷不死何待遂斬之

隋高祖開皇九年以陳都官尚書孔範散騎常侍王瑳王儀御史中丞沈瓘等邪佞於其主以致亡滅皆投之邊裔

沈君公自梁元帝敗後嘗在江陵禎明中與蕭巖蕭巖叛隋歸陳後主擢爲太子詹事君公博學有材辨善談論後主深器之陳亡隋文帝以其叛亡命斬於建康

王誼爲郢國公以恩禮稍薄頗懷怨望上柱國元諧亦頗失意誼數與相往來言論醜惡胡僧告之公卿奏誼大逆不道罪當死帝見誼愴然曰朕與公舊爲同學甚相憐愍將柰國法何於是下詔曰誼有周之世早預人倫朕共遊庠序遂相親好然性懷險薄巫覡盈門鬼言怪語稱神道聖朕受命之初深存誡約口言悔過心實不悛乃說四天王神道誼應受命書

載誼讖天有誼星桃鹿示岐州之下歲在辰巳興帝王之業密令卜問伺殿省之災又說其身是明王信用左道所在詿誤自言相表當王不疑此而赦之將或爲亂禁暴除惡宜伏國刑帝復令大理正趙綽謂誼曰時命如此將若之何於是賜死於家

煬帝大業元年八月并州總管漢王諒反左僕射楊素討平之三年正月癸亥詔并州逆黨已流配而逃亡者所獲之處即宜斬決

九年斛斯政奔高麗十年帝親征高麗高麗囚送政帝大悅八月班師十月帝還京師十一月支解政於

金光門外

唐高祖武德元年十一月高祖見奴賊帥張貴數之曰汝之爲賊事絶人理不可恣言至乃對人父婿辱其妻女古來群盜未有如斯之酷爲人若此何可久全左右搤而腰斬之

三年太宗破王行本面縛請降引見於華陰高祖恐其亡逃慰勉之還令入城高祖尋至蒲州數之曰汝請援建德求助武周彌歷多時竟無至者知窮食盡方始出降遂使城内官民久罹荼毒若不戮汝何謝冤魂於是斬之籍没其妻子

冊府元龜　帝王部　明罰一　卷之一百五十二　十一

太宗貞觀二年六月下詔曰天地定位君臣之義以彰卑高既陳人倫之道斯著是用篤厚風俗化成天下雖復時經治亂主或昏明疾風勁草芬芳旣絶割心焚體赴蹈如歸夫豈不愛七尺之軀重百年之命諒繇君臣義重名教所先故能明大節於當時立清風於身後至如趙高之殞二世董卓之鴆弘農人神所疾異代同憤况凡庸小豎有懷凶悖遐觀典策罔不誅夷辰州刺史長蛇男裴虔通昔在隋氏委質藩寮煬帝以舊邸之情特相愛幸遂乃志蔑君親潛圖弑逆密伺間隙招結群醜長戟流矢一朝竊發天下之惡孰云可忍宜其夷宗焚首以彰大戮但年代異時兼累逢赦令可特免極刑投之四裔用明逆順之理以獎君臣之義可除名削爵遷配驩州初宇文化及得志大見親委及王世充敗以彭城歸國高祖方以綏懷爲務不之罪也初授滁州總管太宗嘗從容謂侍臣曰君雖不君臣不可以不臣虔通煬帝故人也而親爲亂首朕方崇教義何得忘之後數日而發詔虔通平常時每云身除隋室以啓大唐自以爲功頗有觖望之色及得罪怨憤歲餘而死

七月戊申詔萊州刺史牛方裕絳州刺史薛世良廣州都督府長史唐奉義隋武牙郎將元禮並於隋代俱蒙任使乃協契宇文化及構成弑逆宜依裴虔通除名配流嶺表

冊府元龜　帝王部　明罰一　卷之一百五十二　十二

七年春正月戊子詔曰宇文化及弟智及司馬德戡裴虔通孟康元禮楊覽唐奉義牛方裕元敏薛世良馬舉元武達李本李孝質張愷許弘仁令狐行韋席德方李覆等大業季年咸居列職或恩結累世任重一時乃包藏凶慝忘茲忠義爰在江都遂行弑逆罪百間越釁深梟獍雖事是前代歲月已久而天下之惡古今同棄宜從重典以厲臣節其子及孫并宜禁錮勿令齒叙化及爲魁首又竊名號一門之内凶惡尤甚但其兄士及不預逆謀雖云昆季僅免誅戮自委質皇朝勲庸克著彰善癉惡抑有舊章士及一房不

在此倒布告天下咸使聞知
十九年十一月庚辰帝征遼廻次易州界司馬陳元璹令百姓種蔬坑上而微火煦之欲其速生以擬供進太宗聞之責其諂媚詔免官
高宗永徽四年二月甲申司徒荆王元景司空吳王恪房州刺史駙馬都尉房遺愛寧州刺史駙馬都尉薛萬徹嵐州刺史駙馬都尉柴令武等坐謀反遺愛萬徹令武并斬元景及恪遺愛妻高陽公主令武妻巴陵公主并賜死帝引遺愛謂曰與卿親故何假遂欲謀反遺愛曰臣包藏姦慝誠合誅夷但臣告吳王

恪冀以贖罪竊見貞觀中紇干承基游文芝并與侯君集劉蘭同謀不軌於後承基告君集文芝告劉蘭並全首領更加官爵帝曰卿承籍緒餘身尚公主豈比承基等且告吳王反事無乃晚乎遺愛遂伏罪
龍朔三年四月壬辰右史董思恭以知考功貢舉事預貢策問受贓帝令於朝堂斬之百僚畢集帝使謂之曰古者帝王皆不獨理藉股肱舟楫共安百姓今委寄公等本望副朕心董思恭貢策問取錢物悉已搜獲亂我憲章蠹害特甚事須以殺止殺懲警後來公等宜看決思恭與衆共棄使語思恭曰汝是百代寒微未及倫伍只如右史簡英俊爲之爲汝薄解文章所以不次擢授計應少自勉厲深荷恩榮遂敢狼藉取錢自觸刑綱汝須甘心服死爲天下鑒誡思恭臨刑告變免死長流嶺表
咸亨二年婺州司馬秦懷恪坐贓特令朝堂斬之仍集百寮及朝集使宣勑謂之曰王者統天理物莫不先安百姓百姓安者止在庶寮朕所以每精簡岳牧及諸州上佐自非至誠清白景行循良者不輒畀此職庶其各申智效以裨政道秦懷恪法司抵罪但合處流朕以刑政之典須越常憲豈不知哀敬折獄惜

恤哀矜但以殺止惡義在懲肅又以刑人於市與衆棄之故對公等加其顯戮但法者國之權衡時之準繩也權衡所以定輕重準繩所以正曲直也罪惡難容者雖小必刑情狀可原者雖大必宥此乃彝典非故濫誅公等諸人當識朕意足爲殷鑒各宜勉之
中宗神龍元年三月制曰國之大綱惟刑與政刑之不中政乃必虧劉光業王德愛王處身屈鈞鮑思恭劉景陽等庸流淺識姦吏險夫以酷暴爲能官以凶殘爲奉法往從按察害虐在心倏忽加刑呼吸就戮暴骨流血其數甚多冤濫之聲盈於海內朕愷新布

澤恩被人群撫事長懷尤深則隱光業等五人積惡成釁并謝生涯雖其人已殂而其跡可貶光業所有官爵並宜追奪其枉被殺人各令州縣鄉里埋瘗還其官蔭劉景陽身雖見在情不可矜特以會恩免其嚴罰宜從貶降以穉究情

是月又制酷吏丘神勣來子珣萬國俊周興來俊臣魚臣曄王景昭索元禮傅遊藝王弘義張知默裴籍仁亶侯思止郭霸李敬仁皇甫文備陳嘉言等雖已身死并遣除名

睿宗唐隆元年六月以越州長史宋之問饒州刺史

冉祖雍並交通凶逆徙於嶺表

景雲元年九月制曰潞州刺史趙彥昭交結回邪諂附凶孽輿金輦貨爲寵祈榮可歸州刺史先是巫媼趙氏昵於韋庶人得封爲隴西夫人與彥昭隣居因附爲及趙氏誅自其家獲彥昭納賄賂故貶官

玄宗平韋庶人以左御史大夫竇懷貞諂事逆徒貶授濠州司馬員外郎

先天二年九月壬戌貶特進李嶠之子太子率更令暢爲虔州刺史嶠隨暢之任勑曰事君之節危而不變爲臣則忠貳乃無赦特進致仕李嶠往緣宗帝弑逆褻行戡定揖讓之際天命有歸嶠婁有窺覦不知逆順伏陳詭計朕親覽之以其早負詞學累居台輔忍而莫言將掩其惡今忠邪既辨與物惟新賞罰儻乖下安勸雖經赦典猶宜放斥於其老疾俾遂餘生聽隨子暢赴任

十月癸卯帝親講武於驪山之下徵兵二十萬旌旗連亘五十餘里戈鋋金甲照耀天地列大陣於長川坐作進退以金鼓之數節之三軍出入號令如一帝親擐戎服持況香大鎗立於陣前威振宇宙長安士庶奔走縱觀填塞道路兵部尚書郭元振以虧失軍

容坐於纛下將斬之宰相劉幽求張說跪馬前諫曰元振翼戴上皇有大功於國雖犯軍令不可加刑伏望寬宥以從人望帝乃捨之配流新州給事中知禮部事唐紹以董軍儀有失坐於纛下斬之

先天三年正月以鄭王府長史崔恪與昆弟不睦冀州刺史平嗣先久闕溫凊之禮並解見任

二月戊子勑曰滄州刺史周利貞滑州刺史裴談饒州刺史張利貞大理評事張思敬大理評事王承本京兆府華元令劉暉貝州鄃縣令楊允陳州太康令康瑋侍御史封詢行及判官張芝衛遂之公孫琰申

州司馬鍾思廉等十三人皆爲酷吏比周興來俊臣侯思止等事跡稍輕並宜放歸草澤終身勿齒

三月丙午鄜州刺史左感意坐贓杖殺勑曰好生之德雖叶於天意止殺之義用勸於生靈人者因而不犯殺者豈以爲暴前鄜州刺史左感意項居塞上拔自行間薄效未輸率情狂鄙輕侮彝憲侵擾公私贓數既多割剝滋甚曾飢狼之不若固害馬之宜除比令按問咸自承伏且緣邊人徭役辛苦朕嘗思惠養特所哀憐寧有作牧宣條恣行非法儻不懲于常典何以塞彼深怨宜其處置以謝百姓

四年正月癸未皇后姊壻尚衣奉御長孫昕與其妹壻楊仙玉於里巷間毆擊御史大夫李傑初昕以細故與傑不協自負懿戚遂肆其豪縱辱之郎日傑上表自訴曰髮膚見毀雖則痛心冠冕被凌誠爲辱國帝大怒令於朝堂斬昕等左散騎常侍馬懷素以陽和之月不可行刑累表陳諫乃下詔曰夫爲令者自近而及遠刑罰者先親而後踈長孫昕楊仙玉等憑恃戚屬恣行兇險輕侮常憲損辱大臣情特難容故令斬決今群官等累陳表䟽故有誠請以陽和之節用肅殺之時援引古今詞義深懇朕志雖從諫情亦惜法宜寬異門之罰從聽枯木之斃即宜決殺以謝百寮仍降勑書慰諭傑曰長孫昕等朕之密戚不能相遵以禮而使凌犯衣冠雖寘以極刑俾之謝罪卿志氣忠亮爲國桂臣宜以剛腸疾惡勿以兇人介意

十年閏五月乙酉上封人蔣寵言事涉邪杖四十流于藤州勑曰朕以菲德恭承大寶執天下之政奉宗廟之靈于今十載矣何嘗不日慎一日雖休勿休夙夜憂勞無忘鑒寐永惟萬事之統恐累三光之明幸天地休和群生樂業尚且內惟輔弼外咨牧宰徵諫納善舉才任賢佇求瘼以利人思進道以益化宇宙

至大軍國事殷慮一物之失所當萬方之重責故設匭敷以通諫許士庶之盡言而政教未孚澆訛日甚獻言者苟求自達論事者多涉於妄國子進士常州人蔣寵學不師古識未知今或離間君臣或非毀骨肉固是異端阿僻之説甚乖輸忠效直之意若寖以成風則姦險道長人而無禮法所宜誅朕志在好生情求進善恐求者未悟儻默而不言思存大猷務設寬典宜決杖一頓移貫藤州爲百姓自今已後貢舉及陳奏上封者必須景行循謹無使僥倖求名若制令有虧禮刑致紊失於政理責在朕躬則敬佇昌言

法當無隱百辟兆庶識朕意焉
十一年帝謂宰臣曰昨聞萬年縣界崇仁坊有黃衣長上斫殺人不見州縣奏來是何道理時左金吾衛黃衣長上楊駱持刀入烏那昇家傷昇妻女僮而免死有司懼罪將掩之及是張說等且以實奏曰陛下至明無幽不燭臣等闇劣誠負聖朝帝曰事在有司非卿之過宜令京兆尹孟溫郎收駱集衆杖殺
十五年趙州平棘縣人趙乾祐獻書妄引經義論及休咎配流安南
是年尚書左丞相張說御史大夫崔隱甫中丞宇文

融以朋黨坐說致仕隱甫免官侍母融出爲魏州刺史
十七年七月丁巳吏部侍郎崔瀣坐交游非道制曰朕聞四時之義信在不言三代之風德以歸厚道可先乎訓俗理必繇乎在位有犯無隱名教之攸先上和下睦憲章之惟舊其有辯言亂政實誠殷書僞行登朝深懲魯典朝請大夫守吏部侍郎上護軍齊瀣累踐清要誠宜至公承議郎守興州別駕麻察頻經貶逐理合遷善乃交搆將相離間君臣作諂黷之笙簧是德義之蟊賊都水監丞齊敷靈州都督府兵曹參軍郭稟等趨走末品姦謟在心左道與人橫議於下並青蠅可鑒害馬難容或任高星象或名徵草芥上耻大夫之辱下羞徒隷之刑特解嚴誅宜從遠逐瀣可高州良德縣丞員外置長任察可潯州皇化縣尉員外置長任敷宜量決一百長流崖州稟亦量決一百長流白州仍並差使馳驛領送雖萬方之過情切在予而四罪以聞刑其自爾且如非賢勿理食祿憂政庶乎文武百辟忠公事主出惟長者之遊言必先王之道光昭雅訓可不務乎如或迹在不經思出其位雖輕勿赦抑有常法布之朝綱知朕意焉

二十年六月幽州長史趙含章坐盜用庫物左監門員外將軍楊元方受含章饋餉並於朝堂決杖流瀼州皆賜死于路
二十四年四月詔曰武溫眘聚合姦黨託附權要妄搆異端爲其魁傑兼有私穢合當極法宜重杖決一百河南府福昌縣主簿魏萱前睦州桐廬縣尉王延祐相爲黨與朝夕談議旣涉非違宜各決一頓長流瀼州
天寶二年正月貶吏部侍郎苗晉卿吏部侍郎宋遙時李林甫爲尚書專在廟堂銓事唯委晉卿及宋遙

主之選人旣多每年兼命他官有識者同考定書判務求其寔是載春御史中丞張倚男奭叅選晋卿與遥以倚初承恩欲悅附之考選人刻等第凡六十四人癸甲乙丙科奭在其首衆知奭不讀書論議紛然有蘇孝蘊者嘗爲范陽令前事安祿山具其事告之祿山恩寵特異謁見不嘗因而奏之玄宗大集登科人御花萼樓親試升第者十無一二焉奭手執試紙竟日不下一字時人謂之曳白帝怒貶晋卿爲安康郡太守遥爲武當郡太守倚爲淮陽郡太守勑曰門庭之間不能訓子選調之際仍以託人時士子皆以

爲戲笑考官禮部郎中裴朏起居舍人張烜監察御史宋昱右判拾遺孟正朝皆貶官嶺外

五載十月河北道黜陟使以鄱郡鄱陽縣令楊懋等十五人清狀及善狀聞劍南道黜陟使以江油郡太守趙燈等六人贓狀聞初詔委周親舉守令及是考績乃下詔曰朕憂彼黎元寄之牧宰嘗慮授任非當撫字乖方頃所以設舉親之科廣得賢之路爰初詣闕亦旣明試以言及乎從政必欲深考其實懸之賞罰要以始終近日分遣使臣因之恝察善惡之驗事旣足明懲勸之端言斯可復其楊懋等七人黜陟使並奏清狀宜與改轉其所舉主六品已下付所司准此處分五品已上各賜一上下考李連等八人旣奏善狀除已改官者至選日各減三兩選仍稍優與處分一中上考趙燈等六人但犯贓私除已流貶者自餘並速准律科斷其舉主各量犯者罪狀輕重咸從貶黜仍宣示中外咸使知悉

六載二月丁酉嶺南五府經略採訪使彭果坐贓伏罪詔曰嶺南五府經略採訪使光祿少卿兼南海郡太守攝御史中丞彭果頃者擢以非次鎮彼方隅不能愼守名節克副朝寄而乃貪惏匪極求欲無厭官

吏恣其侵漁蒼生受其塗炭醜聲轉露穢迹彌彰及令推窮並自招伏計其贓數十萬有餘議以嘗科法當殊死但尚寬典免致嚴誅宜從杖罰俾從荒徼仍就大理寺門决六十除名長流溱溪郡仍郎差使馳驛領送至彼捉搦勿許東西

十四載正月左降官澧陽郡長史吉温坐非法伏罪詔曰太中大夫澧陽長史員外置同正員吉温頃因任使輙肆威福行刻物之法人殆不堪奮自賢之心士無敢忤况徇私傾險公行毀譽飾僞言而售詐崇詭行以釣名離貳朝廷猜携倫伍近皆發露溥從貶

黷而作孽未弭隱慝更彰且縱姦非遏人子女復受賄賂莫懼彝章或侵漁田宅取納口馬尚恐誣謬當令按劾及尋枝蔓咸悉根源人之無良乃至于此國有常憲合寘極刑時屬陽生特從寬議宜譴遐裔以戒廢寮可晉康郡端溪縣尉員外置長任所在郎馳驛發遣

十一月范陽節度安祿山反兵向闕是月斬其男太僕卿慶宗

肅宗幸靈武至安定郡初帝之北新平太守薛羽安定太守徐瑴皆棄郡走使人驚散左右勸帝斬之以

勵天下帝斬之而後行

至德元年九月肅宗引潼關敗將王思禮吕崇賁李承光等於纛下將斬之文部尚書平章事房琯救之獨斬承光餘并釋放

二年鳳翔張謙奴附子告謙與逆賊爲細作三司推鞫虛妄乃下詔曰周以五聲聽訟漢以三章約法自下訟上貶俗亂常矯誣之詞妄稱不軌忿意之嫉圖有誅夷朕處分中書門下再令按問備玆闕實其妄告張謙奴附子宜付鳳翔郡集衆决殺

十月帝自鳳翔還京西京文武脅從官免冠徒跣朝堂謝罪收付大理京兆獄分繫之

十二月受賊僞官陳希烈達奚珣等二百餘人並繫楊國忠宅付三司推鞫丙戌東京脅從官免禁繫者數百人引于朝堂免冠徒跣號泣叩頭謝罪辛亥又遣禮部尚書李峴兵部侍郎吕諲爲三司詳理使是月三司所推受賊僞官陳希烈等定六等罪於尚書省集議皆以爲極重刑之於市與衆棄之其次自盡及重杖一頓其次三等皆流貶壬申以歲除之日行刑於子城西南隅柳樹下集百寮觀焉自盡於大理寺决杖於京兆府門詔曰人臣之節有死無二爲國

之體將而必誅況乎委質賊庭宴安逆命耽受寵祿淹延歲時不顧恩義助其效用此則可宥法將何施達奚珣等或受任台輔位極人臣或累葉寵榮姻聯戚里歷踐臺閣職通中外夫以犬馬微賤之畜猶知戀主龜蛇蠢動之類皆能報恩豈曰人臣曾無感激有靦面目事於兇讐亂臣賊子何以過此自逆賊作難傾覆邦家凡在黎元皆含憤怒殺身殉國者不可勝數此等黔首猶荷國恩豈可列在崇班荷兹祿位不思君親之分唯與凶逆同心受任於梟獍之間諮謀於豺虺之輩静言思此情何可矜朕志在含弘法

務寬貸然凶惡之類自招其咎人神所棄天地不容原其本心皆合殊死就中情狀仍有處分達奚珣等一十八人並宜處斬陳希烈等七人並賜自盡前大理卿張均特宜免死長流合浦郡

代宗永泰元年殿中侍御史內供奉李鈞鈞弟京兆府法曹參軍鍔並不守名教配鈞于施州鍔于辰州縱會非常之赦不在免限鈞鍔溫州人也天寶中州舉道舉咸赴京師既升第參官遂割貫長安與鄉里絕凡二十餘載母死不舉溫州別駕知州事嗣曹王皐具以事聞下憲司訊問鈞等具伏罪帝歎息久之

曰三千之刑莫大于此合寘轘裂豈止謫竄焉

大曆二年正月逆賊周智光男元幹華州司馬元耀判官監察御史邵賁都虞候蔣羅漢並伏誅其元幹邵賁處極刑要斬勑曰大逆不道抵夷狄之誅同惡相濟當棄市之法以懲干紀式按彝章周元幹賊臣之子兇悪成性與父偕亂厥罪惟均邵賁敢有包藏恣其悖虐怙威滅義奪攘往來虔劉無辜罪浮于帥宜並處極法其周元耀蔣羅漢尹元經毛崇彬李尚林等共肆醜圖同惡相濟猶捨斧鑕俾全要領其劉憲周封崔勸等同附姦邪俱行竊惑以私情蠱國議法從寬周元清年在幼冲法當配沒並准法處分朕自臨萬國思措五刑不虞兇殘有此冐犯寘以明憲期於止殺凡百卿士知朕意焉

四年正月辛卯詔曰恃衆專殺謂之亂常合族併命謂之不道按以春秋重其責帥況自悖人理實生厲階合從棄市之論尚就議親之典夷州流人前穎州刺史李岵幸以宗屬列於藩任政之不脩亂是用長輕侮法令動搖軍州御史姚襄巡至所部其弟參於佐理諸將素有猜嫌欲加之罪不可無狀遂言使者之來事在不測俾其完聚甲兵變更將守潛覘其意

以搆禍萌而岵親自點寘詐云襄之遺墮以此疑衆因而合謀兄弟同誅宗黨咸淪脅而斃又陷數家勤兵抗威以拒所統人不堪命一方騷然頃發近臣審令按理醜圖既露姦狀甚明薄示戒懲已從流斥詢于群議頗冒常典朕思以道德在宥天下庶使一代之人登于仁壽之域風俗猶薄政教不明致令長吏專此威暴無罪無辜橫分身首冤氣憯結有傷元和惕然增懷良亦自咎期於止殺不可措刑寬其斧鑕之誅降從盤水之禮宜賜自盡雖恩不掩義道在無私而禮有緣情誠亦多愧王者之法敢忘至公凡百

卿士宜知朕意初岵專殺有司以岵當流罪帝務息人慮三軍不安乃按軍令

癸巳詔曰益議讞之道期于無刑有明罰以校其犯着有立訓以導其迷者有捨過以舉其才者有諭旨以愧其心者在於聽理必參而用之朝奉郎守京兆府奉先縣令賜緋魚袋張增忝爲奉法之吏不具獄論而自專威命雖義形嫉惡而情近深文鄜坊都防禦使衙前將右驍衛大將軍員外置同正員賜紫金魚袋叔孫勝不率戒訓自抵彝章恣其舊猛以至凌犯豈非惠姦縱暴若歟凡人之情各於其黨皆不能

屈心引義同合至公過用此生刑用此作詢于卿士咸引正議朕以增之宰邑頗有政能惠于疲人可謂良吏勝亦久服戎事備經戰守艱虞已來累有勳績並寬以常憲惜其所長俾從罷黜用佇來效宜各解見任其叔孫勝仍付抱玉軍前驅使初勝之屬怒率麾下數十人突入公府增遭歐辱僅而獲全帝聞而怒之俟御史訊鞫咸得其狀故有是命也

六年上封人李少良告宰臣元載陰事復又漏言於常頌等帝大怒乃勑曰李少良常頌等兇險悖戾反常逆理恣其讒說將構禍階離間君臣熒誣中外覬圖姦狀按驗皆明殿中侍御史陸珽幸忝清憲之職仍忝儒館之侍交結非類包藏不測豈有周行之列容此凶跡既同惡法當均罪并宜付京兆府各決重杖一頓朕每以君子小人貌同心異必先觀行然後察言豈茲譖讒能迴聽斷夫招賢納諫君之體也獻直盡規臣之節也朕仄席思理佇聞政道豈謂姦邪凶慝紊我彝倫須別是非用分涇渭再加詳鞫能正刑典凡百在位宜悉朕懷時元載專政用事所居第宅崇侈子弟縱橫貨賄公行士庶咸嫉之少良忿不見用乘衆怒以抗疏帝聞之留少良於禁中客省

少良友人常頌因至禁門訪少良少良漏其言頌不愼密遂爲載備知其旨班國子司業善經之子也少傳父業頗通經史性浮躁而踈故俱及於難自是載之惡始彰

十二年五月元載黨卓英倩李待榮李季連並付京兆府集衆杖殺

十月京畿水旱京兆尹黎幹奏損田戶部侍郎判度支韓滉執奏幹不實乃命巡覆畤渭南縣令劉澡曲附度支且善干名以縣界田並無損白于府及戶部分巡御史趙計不欲忤度支奏報協澡帝覽奏以爲

水旱咸均不宜渭南獨免中命侍御史朱敖再覆敖復命渭南損田三千餘頃帝歎息久之大怒澡因謂敖曰縣令職在字人不損猶宜稱損損而不問豈有恤隱之意耶卿之此行可謂稱職下有司訊覆澡及趙計並伏罪乃罷澡爲萬州南浦縣員外尉計爲澧州員外司户參軍

十三年三月隴右節度判官御史裴昕及昭義軍節度使李承昭之子潤之並專殺伏罪勑曰自古制刑殺人者死法不可緩斷之則行裴昕頃在軍幕遂知留務内懷私忿敢蓄凶謀曾無罪名專殺良將憲司

鞫問款占明白寄還京師擅行威戮宜付京兆府集衆決殺又李潤之賊殺無辜汙染屬籍與衆同棄何必向人朕於勳臣子孫皆欲優異但殺人之罪法不可寛國有舊條是用恭守及茲郎獘愍惻良深亦宜付京兆府集衆決殺昕左僕射晃之從兄弟也隴右副元帥李抱玉引爲判官有吏幹抱玉卒掌留務於盩厔行營以法操下有兵馬大將張肅耻爲所屬頗慢易之昕方以嚴毅取名異其趨拜會是激怒因杖殺之三軍惕駭軍吏馳驛以聞帝異之下有司訊問昕詞無所屈承罪而已潤之兇悖之徒也父承詔掌方面家産優厚肆其狂悖因姦通使酒殺人事泄金吾擒之以聞

册府元龜

册府元龜

巡按福建監察御史臣李嗣京訂正

知閩縣事臣曹肖臣參閱

知建陽縣事臣黃國琦較釋

帝王部一百五十三

明罰第二

唐德宗大曆十四年即位五月丙申詔曰兵部侍郎黎幹害若豺狼特進劉忠翼掩義隱賊並除名長流旣行皆賜死

貞元四年四月貶前福建觀察使吳詵爲涪州刺史

初詵爲叛兵所逐奔至建州遣乞師於江西浙東將議進討帝責其失於撫馭故貶之自永泰大曆已來侯希逸李忠臣皆爲叛卒所逐張伯儀敗於安州李勉陷失汴州朝廷旣無貶責更加寵任及是方黜詵官議者以爲刑典行焉

八月辛亥以前黔中觀察使李模爲雅王傅以其表奉命擅離所部赴京師示薄懲也

八年六月詔曰前祠部員外郎于公异頃以才藝升於省闥其少也爲父母之所不容宜其引慝在躬行孝不匱匿名迹於畎畝候安否於門閭俾其親之過不彰厥其誠之至必感此閔子騫王休徵所以著名於前古也而公异安於棄斥遊學遠方忘其溫凊之勤竟至存亡之隔爲人子者忍至是乎宜放歸田廬俾自循省

十一年五月以左神策軍健兒朱華枉法受贓並強奪人妻宜付本軍准法于明祐杖八十配流嶺南朱華者以按摩得幸於左神策監軍竇文瑒軍中補署皆出於華又強奪人妻置之於外無何爲人告之按驗皆首服又得贓數萬貫其諸道節度觀察使賂遺累百鉅萬本軍隱匿不敢悉奏比伏法軍中皆喜悅

十二年七月詔曰干紀挾邪罪在無赦立忠効節賞

不踰時善惡之理旣明懲勸之義攸著李萬榮男迺包藏姦險遠背君親悖慢朝章扇動軍旅縱其豺狼之性狗其梟獍之心迫脅使臣妄有希覬厥蠱其父謀害其兄名教之所不容人神之所同棄而又恣爲不道虐及無辜伊婁說張伾劉叔向並是忠良橫遭殺戮萬榮卧病不能制止永言及此深用軫懷李迺稔惡貫盈宜正刑典仍勑陰陽人張玄素以與李迺同惡付京兆府集衆決殺萬榮鎮汴州疾甚署迺爲都知兵馬使專軍政拒朝命後爲軍中所逐故有是命

十五年十一月中書令史段秀琳決痛杖一頓處死以選人諭濫故也帝自閱吏部子案方定罪加刑

十六年七月杖死紅崖冶丁匠李藏芬等三十一人以專殺長吏故也是月李倚詐稱彭城郡王并其黨七人並杖死

郭鋼爲豐州刺史其父晞恐不任職請罷之德宗令中使召還鋼懼奔吐蕃疑之不納置於河筏沿流以歸召至京賜自盡

順宗貞元二十一年八月即位改元永貞元年制曰銀青光祿大夫守散騎常侍翰林學士上柱國富陽

縣開國男王伾將仕郎前守尚書户部侍郎充度支及諸道鹽鐵運等副使賜紫金魚袋王叔文等夙以薄伎並參近署偕緣際會遂洽恩榮驟居左掖之秩超贊中邦之賦曾不自厲以效其誠而乃漏泄密令張皇威福畜姦昂進黷貨彰聞跡其敗類載深驚歎夫去邪曆杜爲國之要懲惡勸善制政之先恭聞上皇之旨俾遠不仁之害宜從貶削猶示優容伾可開州司馬員外置同正員叔文可守渝州司户參軍員外置同正員並馳驛發遣

十一月詔貶撫州刺史韓泰爲虔州司馬河中少尹陳諫爲台州司馬邵州刺史柳宗元爲永州司馬連州刺史劉禹錫爲朗州司馬池州刺史韓曄爲饒州司馬和州刺史凌準爲連州司馬岳州刺史程异爲柳州司馬泰等皆以善於王叔文前自郎官出爲刺史時議猶爲貸法故再貶焉

元和元年六月庚戌詔曰李承光身無職位假託交遊妄説異端指斥中外付京兆府決重杖一頓處死其家口委京兆府收捕承光通於中貴人因卜射於人曰某爲某官吾爲求得之某爲某官沮我而黜之朝士與交通者非一事彰故伏法

四年二月丁未國子監學生百餘人入監丞郭珗家恣其詬辱破什器既而遁逸擒獲九人決配流天德軍主簿唉元茂罰一月俸料

四月貶沈逵爲泉州參軍徐肇爲建州參軍二人爲率府掾各請演州愛州婚假御史臺奏皆萬里之外量其叙滿猶有假稱請重懲慢易五月長安縣令鄭易以擅於永平坊開渠貶汀州刺史京兆尹楊憑以不聞奏罰一月俸料左巡使殿中御史李建不覺察罰兩月俸料

九月堂後主書宣州司馬滑渙貶爲雷州司户渙久

爲王書通於内樞密劉光琦宰相杜祐鄭絪等皆低意善視之談者至謂祐等私呼爲滑八宰相每議爲光琦所異同者使渙通意未嘗不得所欲四方通貨無虚日其弟泳官至刺史及鄭餘慶爲相渙每指陳是非餘慶怒其吏人而參於政事叱之後數日餘慶罷爲太子賓客及罪發帝命宰臣闔中書四門搜簡盡得奸狀籍没家産凡數千萬中外書問綢密不可勝紀

五年五月户部尚書李元素免官以出妻無狀故也元素再娶妻王氏石泉公方慶諸孫性弱柔元素爲郎官時娶之甚禮重及貴溺情僕妾遂薄之且無子而前妻之子已長無良元素寢疾昏惑聽譖遂出之給與非厚妻族上訴乃詔曰李元素病中上表懇切披陳去妻王氏禮義殊乖願從離絶初謂素有醜行不能顯言以大官之家所以令自處置訪問不曾告報妻族亦無明過可書盖是中情不和遂至於此脅以王命當日遣歸給送之間又至單薄豈惟王氏受辱實亦朝情盡驚如此理家合當懲責宜停官仍令與王氏錢物通所奏數滿五千貫

十一月庚子黜金吾衛大將軍伊慎爲右衛將軍初慎以錢三千萬賂右神策軍護軍中尉第五從直求爲河中節度從直恐事泄奏之帝怒入其贓一千五百萬仍黜其官交通密近坐死者三人

六年正月癸丑禮部奏國子監學生郭東野怒決棘籬折明經墨義牓毁裂詔杖東野五十配流韶州

八月甲子勑賀州知場官李榆持劍殺妻雖是宗姓無可議之刑委觀察使决重杖一頓處死

十二月勑萬年縣令杜羔長安縣令許季同並宜停見任京兆尹元義方宜罰一季俸祿初義方以兩縣納税踰程繫縣吏二令交救抗詞辨列督責不爲之彝而獻酬之言厲於是二令見執政請移授散員因俱辭以府政細刻力不能奉故兩責焉

甲申勑立戟官中大夫守京兆尹上柱國臨淄縣開國男賜紫金魚袋元義方朝議大夫守尚書户部侍郎判度支護軍賜紫金魚袋盧坦立戟雖令式所著似有闕文而臺閣相承久爲定制盧坦元義方如有所見即合上聞造次而行殊乖審慎宜各罰一月俸料其戟仍令所司收納左司郎中陸則勾簡之任發付不精禮部員外郎崔備工部員外郎元禮等或以禮許人或守官假器比於申請其過尤浮各罰一季

俸料縁兵興以來勳賞超越其所立戟須有明文宜令所司准舊制徃官階勳至三品然後申請仍編於格令永爲常式近例立戟者亦有銀青階而義方獨據令上柱國官三品者十二戟無以階叙戟之文牒省司不能詰准式立戟之後轉爲四品官者自非貶授兼削勳階其戟不奪既而盧坦前任宣州刺史是三品兼帶護軍又請立戟巳列於門議者以坦居四品官狀尤無據臺司將劾而未舉吏部尚書鄭餘慶該練舊章至自東都揚言於朝以爲大不可臺司因移牒詰禮部狀稱令文内只言勳官並不言階而自貞元巳來立戟一十八家並無銀青巳下階者遂以上聞故皆坐罰而申明之續放免陞罰崔備元祐俸料甲申勑盧坦等所罰錢宜令都省收貯充省中脩補巳後別勑量罰並無都省貯納每至歲終奏數其餘贓罰依前御史臺收管

閏十二月戊申貶試太子通事舍人李涉硤州司倉

參軍涉微有詞藝而性狂險宰臣惡其爲人久不得用涉嘗窺隙求進屬初殺劉希先黜吐突承璀二人皆以久居權任莫敢竊議帝斷而不疑時稱聖明涉承釁謀結中要將投匭奏疏稱二人旣崇寵之任以腹心不當疏斥而加刑戮知匭使諫議大夫孔戣見其副章詰而不受涉遂進於光順門故爲戣所論奏而貶焉

七年六月戊戌杖僧文溆一百勒返俗配流天德軍文溆面佞口給每開筵講經專爲詼談諧笑庸人觀者奔走如不及相與效其聲調周於閭陌至是奸職

大發故及焉

八年二月御史臺奏前永樂令吳憑爲僧鑒虛受託與故邠寧節度使高崇文處納賄錢四萬五千貫並付杜黄裳男載鞫訊引伏勑吳憑曾佐使府忝履官途自宜畏法愼身豈得爲人掌貨事關非道理合懲愆宜配流韶州其付杜載錢物宰輔之任寵寄實深致茲賄財不能拒絶巳令勘問悉合徵收責全終始之恩俾弘寛大之典其所用錢物特宜矜免杜載并釋放僧鑒虛付京兆府決重杖一頓處死其財産奴婢官收鑒虛在貞元中以講說丐歛用貨利交貴權

因得交結王恩陰挾用事每受賄方鎭以厚自奉養晝服布褐夕御纖麗畧無僧行至是發覺贓錢六十餘萬爲黄裳爲近代名相然其家擁富貲於廉隅無所顧君子惜之

七月丁丑桂州觀察使房啓降授太僕少卿孫前慢命故也

九月戊午重陽節賜宰臣以下宴於曲江辛酉罰國子司業韋纁等一十四人各一月俸以其不赴曲江之宴也是月中官李建章坐受桂州觀察房啓之賄杖一百處死癸亥貶太僕少卿房啓爲虔州長史啓先賄建章口十五人旣慾其發官告事乃具上言帝

旣殺建章并黜啓

九年正月巳未詔曰光祿大夫行太子詹事路恕正議大夫泗州刺史田景慶俛求非類意望暱成迹旣涉於邪佞罪難逃於典憲恕可吉州刺史景慶可虔州刺史右武衞將軍薛昌朝惑於詿誘通是貨財可丹王府長史右衞將軍趙良金莫能儆飭妄有交通可撫州刺史

四月癸未詔曰信州刺史李位心希祕術跡狎匪人謂捕景之可求乃先風之是黜名教之内本無異端典刑之中豈容僻好可守建州司馬初上客遣中使

往洪州訊事朝野莫知其故及觀察使裴堪奏到方知信州小將韋岳告州刺史李位大逆及追至命三司使推所告不實量貶位而韋岳杖死位好黄老及鍊餌金丹遣山人王仁恭爲之兼脩道教齊籙岳有求不遂慫憾遂誣告位於當道監軍使稱與術士同謀非望三司按得情實故有是命是日京兆府奏故法曹陸賡男慎餘與兄博文居喪衣華服飲酒食肉於坊市詔各決四十慎餘流循州博文遞歸本貫

六月庚辰勅京兆府奏准勘進狀人麻南史與弟軫稱同州韓城縣黄河西岸龍門山尋獲銅銀鑛及朱砂等銷鍊得成令中使領到山中尋問皆妄麻南史宜決六十配流梧州麻軫論罪非首據年當贖尚能同惡亦合小懲宜決四十放

庚子勅河南尹職在摘發奸盜隱伏無遺今河南府界殺崔應家賊彰暴若斯收擒不獲致使漏網得非慢官其河南尹及本縣令捕賊官宜各罰一月俸料其捕賊官至較考日仍書下考其留守下本巡所縣宜委權德輿節級科罰

十年五月辛未朔詔曰河南少尹潘高陽頃以母老兄患懇求寧覲覽其章奏用遂私情而乃自求宴安

致茲淹緩理裝踰月卽路涉旬旣乖人情頗致物議憲司舉劾宜有薄懲可均王府長史

十一月戊寅盜焚獻陵寢宮永巷陵臺令武金益以無備罰一月俸官吏節級科罰

十一年正月甲申盜斷建陵門戟四十七竿執戟官及臺令宗正卿等削罰有差其戟令所司造供

七月戊子朔勅前同州澄城縣丞王澄挾恨告人出言狂妄准律誣人之罪合以本罪加之宜付京兆府決痛杖一頓處死内弓箭庫使王國文及弟國良國成各杖一百配諸陵仍並爲白身初澄告國文等欲

爲亂遺其書於中書省門外宰臣裴度得之寄以聞
上命中官陳漸李藏用雜鞫考掠無所驗故論澄死
又怒國文等交通狂妄杖而黜之
十一月元陵火詔罰臺令李祐一月俸
十二年三月甲申勑河中觀察使趙宗儒所收管內諸州錢物等旣有勑文所宜遵守縱緣軍用亦合奏陳宜罰一月俸料崔鄯所令勘覆頗未詳盡以玆奉職可謂慢官宜罰一季俸
是月重貶江陵府兵曹參軍韋楚材爲澧州司法參軍制曰頃因按事兼舉憲章閱實繩違有乖詳審旣

溥其責仍掾大藩載令研究其端頗見異同之狀況誠途祇命淹駐近郊苟於造次之間靡懍敬愼之義旣玆速戾豈謂周訪更移遠藩俾自懲省初楚材爲監察御史請按河中觀察使趙宗儒擅用貯備凶荒羨餘錢米貫石數至八萬詔發御史崔鄯覆之則宗儒以行營軍且有詔命分數不同勑趙宗儒取緡鋒等州錢物事皆繇有水旱臧錢亦爲明據遂放罰俸料以楚材舉不實貶江陵府參軍今再有是命
十四年五月勑淄青營田副使兼齊州刺史嚴纂頃在賊中頗聞惡迹比於流類自合加刑況昔歲赴官便道潛竄凶徒之狀物議不容投彼遐荒尚謂弘貸除名配流雷州

七月丁丑朔魏博執送淄青凶黨王士元等一十六人並付京兆府杖殺之初盜殺武元衡捕之未獲王承宗之叔父士平上封稱賊出於承宗乃詔悉收承宗將卒得張晏等三十人初付仗內獄鞫不得情詔送京兆府命監察御史陳中師與尹裴武同鞫之獄成皆處斬及田弘正平淄青又奏擒獲殺元衡賊二人旣至詔三司使推問以其黨與散亡情實難驗旣嘗爲師道所指使故皆笞殺之後究其實乃田弘正知承宗深以戕賊宰相爲恥嘗訴於弘正旣平師道將入覲欲遂提承宗至闕以爲己功許以翻張晏之

獄黜陳中師貶裴武爲解又乘破東平因以師道殺元衡蹤跡寘於鄆州之文簿以實其事時崔群爲相參驗前後本末知其不可且以元衡六月三日遇害前二日承宗奏事官武廷秀已印券於慈水祠待賊聞知元衡死乃倍道歸報京兆尹裴武知其事奏請追擒廷秀帝慮其或差互則使承宗有詞故不之許張晏獄旣具其後廷秀至太原王鍔鞫問奏陳獄情無差大抵山東謀結連接勢有齒寒之恐約以朝廷征討則或殺宰臣刼東都焚揚州以沮大計若舉事則首尾相應此時鎮鄆各相犄角皆發刺客入闕計

行則各竊其功競歸求賞其情如此故再擒盜而京師猶惑之

九月斬沂州叛將王弁東市北街

十二月庚申判度支皇甫鎛奏云十二月四日失火准勑推問得庫吏等狀所燒文案並是貞元已前者其近年文案見在曹司房並未納庫勑庫子趙興決杖處死餘節級科罰

穆宗元和十五年正月即位閏月丁未權罷西宮臨朝集群臣於月華門外貶門下侍郎平章事皇甫鎛爲崖州司户參軍制曰朕顧眇身初膺大寶思有以

上諾天意下悦人心將澄理化之源必分邪正之路言念輔弼方俟忠賢其或挾姦容身斂怨歸國罪已暴於天下法宜行於事初不速去之曷明予志皇甫鎛罷本凡近性惟險狹行靡所顧文無可觀雖早踐朝倫而素乖分望自掌邦計屬當軍興以剝下爲徇公既鼓衆怨以矯迹爲孤立用塞人言洎塵台司益蠹時政不知經國之大體不慮安邊之遠圖三軍多凍餒之憂百姓深凋瘵之弊事皆罔蔽言悉虛誣遠近咸知朝野同怒而又廣稱方士上惑先朝潛通姦人罪在難赦合加竄殛以正刑章俾黜遐荒尚存寬典凡百在位宜悉朕懷先是鎛爲門下侍郎平章事時裴度有平齊蔡及招來鎮冀之功鎛嫉之與姦人合力擠度於太原崔群有公望爲縉紳所重鎛惡之因議加尊號奏云崔群於陛下惜孝德二字憲宗怒竟黜群於湖南又與李道古叶爲姦謀薦引方士柳泌等內將軍吐突承璀恩寵莫二鎛復通書往來帝在東宮備聞其狀至是不俟聽政而逐之士君子相賀於朝六軍百姓相賀於市四方之怨殼始息壬子詔曰左金吾衛將軍兼御史大夫李道古幸以宗枝早參名級出分專面入踐通班誠宜祗慎周行恪居

官次而乃利於苟進忘彼慎身持左道以事君將行險以僥倖因緣藥術薦達妄庸上惑先朝俯招物議跡其事狀合正刑章朕以臨御之初務在寬大特緩投荒之典俾從佐郡之名無謂優容而忽弘貸可守循州司馬又詔曰山人柳泌輒懷左道上惑先朝固求牧人貴欲疑衆自知虛誕仍更波逃僧大通醫方不精藥術皆妄既延禍釁俱是姦邪邦國固有常刑人臣所宜共棄宜並付京兆府決痛杖一頓處死翰林醫官董弘景程準山人李元戢田佐元並流嶺表

八月甲申御史臺奏推勘景陵土石工作專知官京

兆府户曹參軍常正收減刻工匠價錢厨料充私用計贓八千七百餘貫又於陵所私造石䂍等詔付京兆府決痛杖一頓處死景陵皇堂石作專知官奉先縣令于翬虛竪物價及破米麵共計贓錢一萬三千六百四十六貫石數內八千餘貫石入巳餘充賂遺并官典破用詔付京兆府決重杖一頓處死

長慶二年三月景公寺僧歡以妖言惑衆下仗內鞫之多引中人無驗竟杖殺之其坐死者數人

八月汴州平丁亥逆賊李介梟首及其男四人至京師分命攝太尉三人告社稷太廟太淸宮詔曰汴州

逆賊李介竊據城池坐邀符節率其兇黨敢拒王師今旣梟首於闕下宜令所司准式其男道源道樞道倫道安等叛逆之子固不可原理須正刑宜集衆處斬以左右神策兵各三百人防押即日行刑於京城之西市

四年八月勑薛渾李元本乖於節愼陷在典嘗貸以微生斯爲屈法薛渾杖八十流崖州李元本杖六十流象州薛樞導誘薛渾等事情難恕理須懲戒以警無良杖四十流辰州渾士族元本故鳳翔節度使李惟簡之子皆白晳少年渾爲進士元本爲京兆府參軍時屬襄陽公主數遊市井駙馬張克禮不能止之樞居近主第渾因之與元本俱得幸於主主尤厚於渾每出輙訪渾居謁渾母行婦姑之禮有吏誰何者皆重賄以免焉克禮一日不勝其忿遂詣闕陳訴帝怒立召主囚於官中命仗內鞫渾樞元本欲杖殺之宰臣以渾樞皆衣冠元本祖寶臣及父皆經重任救之以免

敬宗寶曆元年六月郢州長壽縣尉馬洪沼告刺史馮定奪人妻及將闕官職田祿粟糶貸收錢入巳等事詔監察御史李顧行推鞫獄具上聞制曰馮定經

使臣推問無入巳贓私所告罰錢皆公用然長吏之體有涉無議刑賞或乖宴遊不節緣經恩赦難更科書猶持郡符公議不可宜停見任

閏七月同州韓城縣百姓王文秀等於本縣左神策軍渚田內放牧馬群牧小將劉興裔擅鞭朴攝令李元珪遣縣吏率徒擒興裔送州刺史蕭俛方繕其狀而軍司上聞命監察御史崔璜就按得實勅劉興裔付本軍科决停職李元珪罷攝仍罰宜四十自神策兵分鎭畿縣及近甸諸州若群牧採造之名其類不一干法亂政爲蠹頗甚及罪興裔而猾黨爲卹

九月丁丑衞尉卿劉遵古役人安再榮告前袁王府長史武昭謀害右僕射平章事李逢吉庚辰詔侍御史溫造刑部郎中李行脩大理正元從質充三司按武昭獄十一月甲子三司上言准勑推勘安再榮所告張少騰等三人擬潛害宰臣李逢吉事關連人並按問得實勑前袁王府長史武昭及茅彙役人張少騰宜付京兆府各決痛杖一頓處死前水部郎中李仍叔可道州司馬待服闋赴任河陽節度掌書記李仲言流象州左金吾衞兵曹參軍茅彙流崖州太學博士李涉流康州大理卿劉人古役人安再榮山人

劉審等二人續議優奬昭本陳留人性險誕元和中王師討淮西以策謁承相裴度及度督軍因得署軍職至郾城又遣昭使蔡冦懼之以兵而昭神色不變益奇之後至太原奏爲石州刺史無何昭除王府官以地散欝悒日與李涉茅彙在長安中以義俠相許是時宰臣李逢吉李程不叶而此輩皆乘隙售巳與遊其門李仍叔素依附李程知昭不得志易以皷怨亦誑昭云程欲與昭官爲逢吉所阻昭果恨怨與劉審及張少騰潛說謀害逢吉之計後審乃以昭之言告於張權輿權輿遂告逢吉逢吉召審本其狀因令茅彙致昭到所居與之深相結納而覘怨之意並息居數月少騰漏語於再榮再榮遂以狀密告因成其獄仲言於逢吉爲近從子當此際亦欲恥逢吉以傾程乃陰誡茅彙曰言武昭與李程同謀則活否則死彙曰寃死甘心誣人以自免所不爲也初逢吉之遇茅彙甚厚與彙書云足下當宇僕曰自求僕宇足下曰利見文字往復畧無虛日其間參謀議之密受金帛之賜不宜示於衆者近十餘幅異哉逢吉與程俱在相位而日與闒茸微類如此款密獄旣明具詞皆牽連天下之人無不指笑

二年四月戊午出左拾遺張權輿爲河中府虞鄉縣令坐前侵毀裴度故也庚申京兆尹劉栖楚奏准御史臺勘光陵造作東渭橋虛竪物價及將前市絹檯估給用併役工不還價直又率歛工匠錢物充官典等諸色破用都計贓二萬一千七十九貫石本典鄭位本判官前司錄參軍令任水部員外郎鄭復橋道使前令尹今任户部侍郎崔元略勑鄭位所犯罪固難容宜付京兆尹准條科决崔元略不能簡下有涉慢官宜罰一季俸料鄭復專判文案致令隱欺宜罰五箇月俸料

九月出右拾遺程昔範爲陝州安邑縣令以其附會
李逢吉與張權輿妄論裴度也
文宗以寶曆二年十二月自江王入討內難甲申詔
殿前兵馬使王士遷李忠亮張士岌各杖一百流天
德軍飛龍排馬官樊惟良閻文頴各杖一百流靈州
道士趙歸眞流儋州僧惟眞流羅州僧齊賢流雷州
僧正簡流辨州待詔辛自政杖二百流永州飛龍小
兒五人各杖一百流康羅等州高品杜金立許士菖
各杖一百流儋州品官邵士忠李務眞閻敬宗李叔
各杖一百流瓊珠崖等州左右軍杖毬軍將于登王

曰榮等六人並於本軍杖殺之又勑道士紀處玄楊
冲虛伎術人李元戢王信並配流嶺南供奉官孫從
彥王從素並杖六十配陵前宣徽使馮志恩勒隨靈
駕赴河內劉克明男行信孔目官陳簡梨園白身李
進朝各决杖二十處死以盜玉帶銀器故也
是月又詔曰其大逆魁首蘇佐明王嘉憲石定寬閻
惟亶及因兇賊姦計遂與同謀人劉克明田務成許
文瑞等汚瀦無赦梟首無論巳處斬訖家並籍沒妖
妄僧惟眞道士趙歸眞等或假於卜筮或託以醫方
疑衆挾姦矯誣干禁並從流竄以靖京師其情非奸
謀迹涉詿誤者自今以後一切不問兇徒旣殄衆宜
佇康載舉令猷用弘庥績
太和元年三月勑前鄉貢進士裴望孔門高懸百行
繇至順者其身必榮朝廷廣設衆官踐正途者其道
必達爾乃因緣險薄偷巽竊幸營居中之客職擾惑
朝權鼓移下之嚚敎因緣邪隙及衆議波沸累月不
寧司門驗繻累至三四考覆保任乃非坦途朕大啓
康莊以端群士俾從投裔之典用止嚮方之流可守
漳州司户參軍員外置同正員仍卽所在馳驛發遣
望性險果而辯口語往往得游公卿間率以大言詭

意指使時政旣用此而得進士第益務干進劉栖楚
時以不次居上列廣樹朋黨門庭無晝夜塡雜不息
望出入栖楚家雖寄廄無異陰語潛晝人無知者先
帝遊宴之餘亦時以工畫綴詩留意每將召翰林學
士礙於禮敬乃議別置東頭學士以備曲讌命採諸
卑官才堪任學士者栖楚輩卽以望名字來宰臣奏
署事未及行至是雖加貶逐議者皆以爲幸栖楚任
京兆府尹附權怙寵旦夕俟大用因諂中書請屬吏
詞氣強厲忤宰相韋處厚不堪其傲旣而面折棲楚
遂陳牒請告歸第帝聞之立出栖楚爲桂管都防禦

觀察使
二年十二月壬子朔御史中丞溫造奏云十二月二十二日初聞宮中遺火緣妖賊並禁在臺恐有奸謀遂追集人吏設備隄防然後奔走入朝到稍在後兩巡使崔宣姚合其日臺中忽聞有火遂追集所領赴朝堂到稍在後臣等職列糾律之次庶寮動皆取則若不重罰難厲衆情自罰三十直宣合請各罰二十直宰相等奏禁中失火火焰所及逼近正衙宰相已下皆在火所御史中丞合率僚屬先至闕下其日兩巡使直至申時火滅始到中丞隔宿追朝臨例方至

物情不可議論喧然其所議罰纔比臺錯失脫已上聞又不待罪有乖敬愼恐須别議責罰奉敕事出非嘗臺有妖賊官曹備警亦謂慮周即合待罪朝堂候處分量罰自許事涉乖議溫造姚合崔宣等各罰一月俸所請罰錢宜並放
三年三月敕三司准勘吏部𨒂濫官事其間要切節目皆如臺案李寶過狀稱楊虞卿奴受錢三百千勘是前年虞卿察知自送府縣奴已決責錢亦納官又稱送錢并買婢等事悉無証據但虞卿兩年專判曹務僞濫六十餘人連甲圖空遞日無例遂令祿位側胥徒雖能續自舉明終失從前鈐轄況勘官知僞又不公論隱關報銓每將私用公私且乖於較下事理固難於守官宜停見任餘准前敕處分
四年三月御史臺奏據京兆府狀稱於馮叔達追卜射武昭錢五十貫文准去年十一月十八日赦文節目合得洗雪又前門下主事田伾犯罪亡命經恩不首縱寬本坐合准赦條宜配流韶州
五年五月御史中丞宇文鼎奏當司前後推覆僞造出身文書賣官并造僞印行用等四張璹劉嘗建胡伯忠犯罪並在太和三年十一月十八日恩赦前准

刑部大理寺詳斷悉處極刑准斷獄律赦前斷罪不當者若處輕爲重宜改從輕處重爲輕宜依輕法者臣以前件四等並抵極法悉經殊恩或自赦文全生或因起請減等伏緣俱引霈澤累陳訴詞若非得中恐未服罪昨者一與一奪事關起請既生又死稱覺二三如臣所見伏請赦書以前所犯者特許減論赦書以後所犯者不得援例庶使後無僥倖令絕披陳敕張璹胡伯忠劉嘗建等宜准元敕處分
六年五月丙辰貶左衛勳二府中郎將左街副使田璹瀘州縣尉以葬妻輀車僭侈宰相因遇驚異之郎

貶時豪富奢僭下尤不制及舉是典人皆悅之
開成元年二月鄜坊節度使蕭洪奏亡妻張氏後娶
王氏請賜邑號敕方鎮班行散官大夫已上者自於
有司陳狀請妻封邑本司磨勘然後上陳如妻已亡
又無此例蕭洪黷於嘗典輒自奏章宜罰一月俸
二年六月荆南觀察使韋嘗奏教坊樂人八人到本
道求乞詔令錮身送入城委本司各杖四十
三年二月甲午詔京兆府捕捉正月五日賊徒經月
未獲官吏慢易須有科懲京兆尹崔洪宜罰一季俸
兩縣捕賊官烏行矩韋文卿並停見任餘准正月二

十四日勑處分
六月詔曰鄭州中牟縣私置壇場度僧一百六十人
并仰勒歸俗色役其刺史李款罰一季俸料攝縣令
前管城縣令秦叔良停攝官仍殿本官兩選
四年七月貶襄王傅徐元弼爲杭州刺史太理少卿
李衢爲光王府長史懲贓罪也
十一月鄭滑節度使裴弘泰奏慶成節日放當州四
徒以資聖壽詔曰弘泰以慶成令節擅放繫囚雖云
竭誠且爲干禁恐開後例須示薄懲宜罰一季俸料
武宗會昌四年八月平澤潞勑曰古者陳甲兵以正

其刑伐鐘鼓以殻其罪爰用重典以清亂邦郭誼狐
鼠之妖依丘穴以自固牛羊之力得水草以愈兇久
縱叛臣首貿逆氣劉公直安全慶各憑地險屢抗王
師每肆悖言罔懷華面及邢洺歸欵陳許進軍賣孽
童以求全據堅城而請命擐甲期於撫納要君以蓋
前愆天地神祇所難容赦其劉公直王恊安全慶李
道樞李佐堯並處斬其家屬從别勑處分張容陳揚
廷等皆兇惡無行狡詐多端頃在京師人皆嫌惡自
知險薄無所庇身投迹戎藩寄命從諫久懷悖望頗
肆陰謀或妄設妖言成其逆志或僞草章表餙以悖

詞旣無禮於君親曾不愧於日月自朕君臨萬寓姑
務含弘而怙亂益堅包藏未息誘受亡命招納逆徒
志猶恃以金湯心不利於王室近又敢爲在計助此
凶人汚我忠義之軍叶其豺豕之黨人之所棄神得
而誅劉稹弟曽九澔郎君郎姊四孃堂兄漢卿周堂
弟曽卿堯張谷并男涯涯男解愁陳揚廷並弟宣力
男醜奴張溢並男歡郎三寶門客甄戈伎術人郭諡
薛讜逆賊李訓兄仲京王涯姪孫與韓約男茂章茂
實王璠男涯並處斬夫爲善者天報以福爲禍者天
報以殃今沴氣旣消逆節咸服方布和於四海庶息

恩於五兵宜示中外各令知悉
宣宗會昌六年即位五月詔誅道士劉玄靖及山人等十二人時帝以玄靖等自會昌中以左道出入禁中惑武宗以留年之術故也
大中五年十二月盗斫景陵神門戟詔罰京兆尹傅兩月俸貶宗正卿李文舉睦州刺史陵令姜閎岳州司馬奉先令裴讓隋州司馬
九年三月吏部試宏詞舉人漏泄題目爲御史臺所劾侍郎裴諗改國子祭酒郎中周敬復罰兩月俸料考試官刑部郎中唐技出爲虔州刺史監察御史馮

顓罰一月俸料其登科十人並落下
十一年四月以朝議大夫權知京兆尹崔郢爲濮王傅分司東都以決殺府吏也
十月以入廻鶻冊禮使衛尉少卿王端章貶賀州司馬副使國子禮記博士李潯爲郴州司馬判官河南府士曹參軍李寂爲永州司户參軍端章出塞爲黒車子阻路而廻也
懿宗咸通十年八月和州防禦行官石伴等一百三十人狀訴刺史崔雍稱賊龐勛初刼烏江縣雍令步奏官二人探知雍猶不信二人並被枷紐贖差人探見賊已去州十里賊尋逼州城崔雍與賊頭吳烏約於皷角樓上飲酒許與賊同又認軍事判官李讜爲親弟表狀驅使官張立爲男只乞二人并身其餘將士一任處置便處分押牙李嗣等各脫下衣甲防虞官健束手被斬首八百餘人行官石瓊脫衣甲稍遲便被崔雍遣賊出斬其崔雍所有料錢并家口累差人押送往采石今在潤州豈有將一千人兵士之命贖拔已之一身不唯孤其神明實亦生負聖主兼科配軍州官吏脩葺城池妄稱出料錢脩城者勑曰臣子之節無如盡忠士人之風宜當遠耻崔雍任居牧

守賊犯州城禦扞曽不發言從容乃與命酒況石瓊未脫衣甲志在當鋒不能奬其赤誠翻令擒送賊所原其深意與賊通和臣節全虧情狀可見將行朝典更要推窮其崔雍家口並在宣州宜令宣歙觀察使追崔雍收禁勘責速具事繇申奏尋勑曰當崔雍守郡之日是龐勛肆逆之初屬狂寇奔衝望風和好置酒以邀賊將啓關而納兇徒城内不許持兵皆令觧甲致使三軍百姓抆血相視連頭受誅初聞奏陳涔駭覩聽錫望守城而死已有追榮杜慆孤壘獲全尋加殊奬旣褒忠節難赦罪人玉石因分懲勸斯在將

埀戒於四海尚何愛於一夫其崔雍宜差內養孟公度專往宣州賜自盡公度至雍死於陵陽館其男黨兒歸僧配流康州錮身遞送司勳郎中崔厚貶柳州司户比部員外崔福韶州司户長安縣令崔朗澧州司户左拾遺崔庾連州司户荆南觀察度支使崔序衢州司户皆雍之親黨也

十三年五月以左羽林軍張𧯴方貶康州司馬同正以部下爲盜也

冊府元龜

巡按福建監察御史臣李嗣京訂正
知甌寧縣事臣孫以敬叅閱
知建陽縣事臣黄國琦較釋

帝王部一百五十四

明罰第三

後唐莊宗同光元年十月入汴州詔曰朕旣殄僞庭顯平國患好生之令含弘雖切於予懐懲惡之規決斷難違於衆請況趙巖趙鵠等自朕收城數日布惠四方尚匿迹以潛形罔悛心而革面須行赤族以謝

衆心其張漢傑昨於中都與王彦章同時俘獲此際未詳行止偶示哀矜今旣上將陳詞群情激怒往日旣彰於僭濫此時難漏於網羅宜寘國刑以塞群論除妻兒骨肉外其他踈屬僕使並從釋放敬翔李振首佐朱温共傾唐祚屠害宗屬殺戮朝臣旣寰宇以皆知在人神而共怒敬翔雖聞自盡未豁幽寃宜與李振並族於市踈屬僕使並從原宥朱珪素聞佞蠹唯務讒邪圖惑人情枉害良善將清内外須切去除況衆狀指陳亦宜誅戮契丹撒剌阿撥旣棄其母又背其兄朕比重懐來厚加恩渥看同骨肉錫以姓名兼分符竹之榮疊被頒宣之渥而乃輒孤重惠復背明庭罔顧欺違竊歸僞室旣同梟鏡難貸刑章可並妻子同戮於市其朱氏近親趙鵠正身趙巖家屬仰嚴加擒捕其餘文武職員將較一切不問是日趙巖張希逸張漢傑張倫張漢融朱珪敬翔李振及契丹撒剌阿撥等并其妻孥皆斬於汴橋下並梁室臣佐也

二年正月丙午前新鄉鎮將李洪玫詣闕首罪斬於天津橋南洪玫先以城歸梁故也

六月蕃漢總管李嗣源遣使部送安義賊首領楊立

左重趙實韓貴等二十人到闕令兩軍號令磔於鎭國橋

十二月壬午勑周易博士冀軫貶磁州司户禮記博士宋澧貶石州司户春秋博士陳處中責授國子監丞誤保選人故也選人吳延皓取亡叔告身改舊名行事付河南府處死銓吏尹致職居行首但恣奸欺窮竒備驗於行藏積獘須去其元惡可處死鄭傳身爲堂吏事昧公心勾當踰濫選人曲委寫造文狀保奸斯在情故可知可流决邢州承旨官王處環是臺司首吏職名不卑誠宜助憲府之準繩豈得叶選人

之踰濫決流忻州裴温玉皇甫源邵仁郃勾當選人有涉踰濫或出公驗都昧精詳各決杖退充本司最下令史三銓官崔沂等既已貶謫劾其有司冀軫與諸令史共爲囊槖故也

三年正月丁酉中書門下奏選人劉卦麻温田昭遠賈思義盧琢皆是家狀内收竪丁父母憂年月不同已牓示駁放劉卦麻温塗毁告身委本州重處色役田昭遠已下殿五選從之

明宗天成元年四月辛丑勅鄧州節度使李紹欽太子少保李紹冲汴州都麴務使辛廷尉李繼宣等並

勒歸田里紹欽本姓温名韜紹冲本姓叚名凝廷尉僞開封尹王瓚之牙將也朱友貞時依瓚勢曲法亂政汙人深惡之繼事汴將孟審澄之子審澄誅亡命歸莊宗劉皇后蓄之爲子時宦掖之間穢聲流聞比之四凶帝在藩邸時惡其爲人故並誅黜之

二年二月丙午以從馬直指揮使郭從謙爲景州刺史尋令中使誅於郡夷其族以其首謀大逆弑莊宗也

三年閏八月滑州掌書記孟昇匿母憂大理寺斷流奉勅朕以允從人望嗣守帝圖政必究於化源道每從於德本貴全國法以正人倫孟昇身被儒冠職居賓幕比資籌畫以贊盤維而乃都昧操脩但貪榮禄匿母喪而不舉爲人子以何堪瀆汙時風敗傷名教五刑是重十惡難寬雖遣投荒無如去世孟昇賜自盡觀察使觀察判官録事參軍失其糾察各有殿罰襄邑縣民周威父爲人所殺不雪父寃有狀和解奉勅處死

九月勅先監送諸州罪人温韜等流言亂政在憲典以難容稔惡幸災固人祇之共怒温韜生爲黔首起自緑林依憑中夏干戈刼盗本朝陵寢段凝豺狼類

性梟獍爲謀無辜而幾害平人得便而嘗懷逆節陶記曾司藩翰恣黷貨財自處竄流彌興怨望石如納比居賓佐合務贊裨當守般門據發文字扇搖戎帥聶嶼擢從班列委佐親賢不守條章彊買店宅其後細詢行止頗駭聽聞喪妻未及於半年別成姻媾棄母動逾於千里不奉晨昏而皆自抵刑章各居竄逐都無省過但出怨詞在朕意雖欲含弘於物論固難容赦尚全大體只罪一身並令本處賜死

十一月宗正卿李紓先補虚稱試御史權公爵攝陵臺令紓欵稱公爵請假與公爵狀不同大理少卿張

之愿詳斷以報上不實者徒一年李紓前犯詐假是重今犯報上不實是輕準律雖寛酌情尤重請降特勑指揮奉勑李紓縱横詐偽重疊欺君雖奪一任告身尚屆大朝憲法玷予宗籍時乃奸訛宜奪歷任告身仍配隴州徒一年

四年二月車駕自汴還京至氾水東都留司官太子少傅李琪等奏曰伏以陛下暫違清廟綫過周星初平作孽之守殷次戮不臣之庭琉今者敗契丹之兇黨破眞定之逆城大振皇威咸蘇壓筭臣等久違宸極俱懸聖恩恨不隨獸舞於汴郊拜顏龍於梁苑豈

可只於清洛坐候廻鑾願於次舍之間得展會同之禮庶傾就望咸竭歡呼臣等今乞於偃師東排班迎駕稱賀後先赴雒陽東祇候奉勑契丹即為兇黨眞定不是逆城蓋闕審詳有茲差誤李琪罰一月俸先是定州王都叛命琪不詳鎮州為眞定誤用之故及於罰

六月有內班石重千等六人控鶴官三人矯傳聖旨宣諭臣寮多受其遺賂是日發覺殺四人鞭五人背

十二月蔡州西平縣令李商為百姓告陳不公大理寺斷止贖銅以官當罪勑旨李商招慾俱在案欵大理定罪備引格條然亦事有所未圖理有所未盡古之立法意在惜人况自列聖相承溥天無事人皆知禁刑遂從輕喪亂已來廉耻者少朕一臨寰海四換星灰嘗宣無外之風每華從前之弊勤脩一德浮念五刑寬則不威暴則無惠唯期不濫皆守無私李商不務養民專謀潤巳初聞告不公之事件决彼狀頭又為奪有主之庄田撻其本户國家給州縣篆印只為行遣公文而乃將印曆下鄉從人户取物據茲行事何以當官令王饒所告李商並招實罪宜奪歷任官重杖一頓處死元論人王饒四人並宜放仍令所

在長吏偏示衆多居高者不得貪以陵卑在下者不得驕而訕上體泣罪之意聽祝網之言各守公途共資王道

長興元年正月乙亥御史臺奏京兆府牒送到爭論莊田人詳牒內本府元未曾推勘便送赴臺伏准舊例諸道州府責勘尋常公事如曾經斷遣不了方具奏聞候勑下付臺始行追勘且無州縣直牒送臺請行推勘兼夾府尹判語指揮臺司勑旨為官未可避事夾判不合申臺既有舉明須行責罰府司官吏巳下等第書罰

九月庚午齊州僞造嘉禾七莖共兩穗本州長史皆罰宣

十月吏部侍郎王權將作監王澄太僕少卿魏仁鍔庫部郎中孔崇弼司門郎中李殷夢河南縣令郭正封等六人妻叙封郡君縣君者勑旨叙封之例勑格甚明况在所司備經其事旣成差誤蓋是因循顯有糾彈實爲允當欺卽難恕錯卽可矜然欲示戒懲須行責罰本行令史馬仁珪決臀杖七十勒停本部判郎中裴坦罰兩月俸王權等六人妻進封叙封郡縣邑號官誥宜令所司追納毁廢初郊天後赦書節文

云朝臣並與追封贈及叙封制不在此限其年七月十二日中書以前赦書節文不該據品秩依格例施行又奏覆在朝臣寮限兩月內一齊聞奏並據品秩依格例施行河南縣令郭正封制前任考功員外郎朝議郎階俱是六品後遷河南縣令加朝請大夫正五品其妻乃叙封縣君內彈侍御史呂琦舉劾乃招僞濫有涉情故

二年三月禮部令史吳知已揩改太廟齋郎李誼勑甲及堂判姓名爲張昭因僞出給優牒與張昭齋郎呂圖陳告其僞補訊於御史臺張昭呂圖李誼是諫議大夫張延雍將作少監呂道昭宗正卿李玩之子也以蔭當補獄成吳知已款伏緣張延雍習爲當省郎官令知已專主張其子齋郎文書緣奏覆未成延雍累遣人催促及召至面前苛克以此怕懼遂揩改李誼勑書張昭姓名兼蒙昧本司官人出給優牒僞使符印有實詔付大理寺定罪少卿路阮詳斷准格詐爲制勑僞行符印罪當絞其令史吳知已准格重杖一頓處死本司官祠部郎中王承弁初不精詳致彼罔冒准詐僞律合杖九十如已去官則贖等今王承弁已別除官據格放罷門下令史陳延祐雖不與

吳知已同情有涉屬託准律杖一百放堂後官何康初言屬託不至瑕疵准律杖罪呂道昭李玩呂圖事雖關連別無深罪准格並合釋放諫議大夫張延雍補蔭自有格文催促失於事體言苛尅之語雖是見人據引驗之詞蓋亦虛指伏候勑處分勑旨曰張延雍中官舊居省署蔭子合補齋郎爲優牒稽遲於本司催促苛克縱實已該肆赦之恩引驗無聞自掇兩詞之詰致淹折獄宜示罰金宜罰一季俸餘依法寺詳斷

四月以樞密院承旨李虔徽爲忠武軍行軍司馬虔

徵邢州人始爲郡史而安重誨信愛之至是驟昇厥職行巳之道非其正也重誨出鎮故有是命

五月丙子國子勒停官張崇遠受賂補人法寺定罪爲無祿者減死一等又引四月二十六日恩赦俾從釋放帝問張崇遠本官久無錢料今有春冬逐月糧者勅旨設祿任能立法懲惡苟有違犯須舉憲刑崇遠流外授官監中守職雖官不請於俸祿而職見請於依糧贓罪既彰死刑難貸宜决重杖一頓處死

閏五月誅河中節度新除太子太師致仕安重誨詔曰朕猥以眇躬纘承丕搆欲華夷之共泰於刑賞以

無私其有位極人臣寵踰涯分擅威權而積惡詢物議以難容苟緩刑章是滋凶慝安重誨始從幼稚獲備指揮旣倚注以漸深亦旌酬而益甚自朕紹興王業委掌樞機官列三公望崇四輔謂勤劬之可恃每幸暴以居懷且孟知祥董璋自守藩維素堅臣節輒從間諜令負憂疑擢任姻親往分符竹潛設猜防之計擅興割據之言兩川飲恨以俱深一旦飛章而頓絶又錢鏐位冠王公嘗輸愛戴朕方禮優元老恩遇遠人而重誨採掇瑕疵遽行止絶且去年郊天禮畢率土乂康重誨旣縮國權復希兵柄輙出渡淮之語貴邀統衆之名事雖不行謀實可懼其後終興戈甲遠討巴邛將士疲勞梯船阻絶又遣專臨寨所俾料軍儲恣威虐以復多致民兵之共怨朕尚存大體特示優恩爰自禁庭委之藩翰方繄共理旋乃貢章豈謂別有動搖潛懷怨望長子崇緒親居內職次子崇贊顯列朝行遣彼元隨偷歸本道據茲悖逆須究端繇勞千里以興師致四方之駭聽果明罪釁難逭誅夷其安重誨宜削奪自身官爵仍并男崇贊崇緒及重誨妻向張等四人宜並賜死

七月澤州沁水縣令李炤主簿樂鈞兩相關歐及追

至本州不肯交割牌印大理刑部詳斷其罪准律罪當徒及罰銅緣並該今年四月二十六日恩宥勅旨同官相歐據法當徒大理寺以所犯罪名合該恩勅雖備陳格律而合議矜寬但李炤樂鈞等處令佐之資縱屠沽之行既罵且鬭自晝經宵加以抗拒使符執留縣印全乖事體大紊紀綱至於偶在勅前合從赦限豈可遣茲兇輩親我疲民免刑巳是優弘復職實非允當其李炤樂鈞並勒停見任餘依所奏

三年正月北京大將等辭歸本道賜物有差時有鐵林都長行一人退及南廊有言聞於殿上乃有宣問

其稱爲壘臧下秋衣錢一千文別添逐月料錢五百文而不知所臧少而益多帝責其退有後言笞歸田里

四月御史臺奏禮部貢院散從官呼延昭送到應學究科人李咸雍稱於省門前高聲稱屈勑曰李咸雍旣是書生合知禮範凡關事理祇可披論尚書省前豈是喧呼之所王司在內何與詬駡之言雖妄指陳實爲兇惡苟無懲誡難儆輩流宜令御史臺監送本貫重處色役

十二月勑曰國計之重軍食爲先比防主守之隱欺

遂致監臨之斡轄丁延徽選從禁職委以倉儲叅藉忠勤特添俸給所宜廉慎以副指揮而敢與專知官田繼勳杜延德副知趙德遵楊仁祚等相狥私情擅出官物脚夫論告贓狀分明及遣推窮即稱貸借按正律則罪加於凡盜準後勑則名犯於極刑況兩司餚詳再經議讞定法旣當於不濫懲奸斷在於必行又據宰臣所問五條康澄繼陳兩表雖爲滯獄且貴盡心但丁延徽所出軍須已離當處本無文紀豈是公官宜同入已而論難逭臧身之罪宜依兩司詳議斷遣處分其丁延徽田繼勳贓滿二十疋並決重杖一頓處死杜延德已下各依本罪決杖配流實元告人絹二十疋丁延徽爲供奉官監倉與倉官田繼勳杜延德共盜倉粟三百五十石脚夫論告左軍巡禁詰稱官米爛折借粟變米頃官數及勘變米粟不曾至碾乃是糴貸錢亦破使訖刑部引統類監臨官典犯一疋已上入已者不在赦限同入已之贓今約丁延徽粟價計贓絹六十五疋二丈合犯絞二人專知官田繼勳等計贓絹三十七疋二丈爲首合犯絞副知趙德遵合流二千里其次決流有差刑部據法律定罪而大理少卿澄上表論以爲借粟有還竟合臧

等

四年四月大理寺奏滑州人程洪與鄰人不恊自焚其屋延及隣人屋燒家財蕩盡伏緣三經赦恩倒合杖罪令償所燒家財勑旨程洪宜配流德州當知所在餘依奏

五月獲嘉縣令盧嵩以户民關延韜不伏責問喧悖令從人曳撲良久致死大理寺斷旣關威力之條合處殺人之罪但以情非巨蠹事准格文爰該免死之科式表好生之德盧嵩准格配流天德曳撲人王光祚配流登州勑旨盧嵩容易宰邑造次怒人不恕法

以行刑遂尋時而致死原情則本非故殺據律則當處極刑小不忍而難追內自訟而何及法不可墜義亦須明但究彼根𨱇以緣公事罪雖甚重理稍可疑峻行則慮致民驕輕恕則恐滋吏酷永從遠竄特貸餘生聊以慰往者之魂兼可戒爲官之屬嵩宜配蔚州長流百姓縱逢恩赦不在於歸之限其出身歷任告勅付所司焚毁餘依省寺詳斷

七月户部奏諸州所貢物舊例每年冬至後到京准備正仗於殿前陳列據房州嘗貢物至今年三月方至京有違嘗式勅旨方州所尚土貢爲先苟有稽遲

誡爲怠易須加懲罰俾効恭勤其録事叅軍孔覇文宜罰一季俸刺史尹暉緣元勑不該宜放本典以下宜令本道觀察使量罪科責訖以聞

末帝自鳳翔問君側之罪至乾壕南院宣徽使孟漢瓊以帝河中失守在清化第時明宗王淑妃嘗令傳教徃來錫賜謂於已厚見帝大哭欲有所陳帝曰事不言可知仍自預從臣之列郎命斬之路隅漢瓊者鎭州王鎔之小竪也明宗在眞定時入侍性通黠能交搆朋黨初見秦王權重乃挾妃子勢援傾心事之及朱弘招馮贇謀去秦王又與之締結長興之季氣焰熾灼開府驃騎之資期月徧歷西軍旣叛人王拱手待斃鄂王悉召漢瓊欲先令入鄴漢瓊匿不奉召知帝及陜乃單馬趍陜至澠池西斬於路左

清泰元年五月中書門下言以改元分命朝臣奏告其應州四廟差左監門衛將軍孔知鄴稱疾改差右驍衛將軍華光遠稱墜馬傷足詔曰改元重事告廟嘗規凡在班行宜思策勵孔知鄴等方當任使皆合恪恭豈可居嘗則各冐寵光臨事則自圖便穩苟無懲誡何肅紀綱孔知鄴華光遠並停見任其告廟官差右武衛將軍高允崇

三年二月監察使奏薦饗太廟其月十九日尚書省受誓戒故事諸行事官質明至省候太尉其日行事官與攝太尉宰臣並先到其攝司空吏部侍郎龍敏後至雖及受誓戒其候太尉違禮詔罰一季俸料

十月詔金州斬屯戍都監陳知隱先是蜀人侵軼禦侮不嚴突至城下水寨失守故也

十二月司天冬官正朱懋訟本監胡杲通言前監徐鴻亡在殯鴻男皓方行服杲通署爲監丞下御史臺鞫問杲通言自授官後有監丞高鑾言歷筭事徐浩工於推步其祖保謙藝優所以權署攝不知徐鴻死

方在殯其署徐浩緣曆筭事大詔曰徐浩伎術勘造且宜落下别後處分高嘗備知徐浩居喪不合薦舉宜停見任杲通巳下並什放

晋高祖天福二年五月乙丑御史臺奏六宅使王繼弘前洛州團練使高信於崇禮門内相詬已伏欵罪勑曰高信曾剖郡符繼弘方叅禁職凡於語默合曉規儀豈得輙於内庭恣行私忿肆喧嘩而頗甚侮憲法以若無飭駮物情尤傷事體苟無懲沮何戒踰違尚示含容止從譴逐高信宜送復州收管王繼弘勒停送義州銜門前仍當知所在

四年十月勑李道牧前爲陸渾縣主簿狠戾求官強詞抗勑厚誣宰輔累犯乘輿措言靡顧於斥尊搆意只謀其撓政將懲狡獪須舉典刑宜令决杖配流永不齒錄

少帝開運二年春誅青州節度使楊光遠部下指揮使張迥等五人時光遠叛命帝以戎事方興慮其扇搖故也

周太祖廣順元年五月甲申勑考城縣廵簡供奉官馬彥勍處死以在廵簡所停匿赦書殺獄囚故也

二年八月勑前明經劉繼倫决杖仍追奪出身文書先是繼倫酔酒於臨街民家踞床而坐權知開封府袁義前驅騶道叱之不起又加慢罵所司詰之以聞遂有是責

三年正月責教坊樂人張錦繡等四人各杖脊十七除籍控鶴官將虞候賈超等二人各决杖二十配流商州坑冶務收管時安州節度使王令温受代入朝樂人與控鶴官詣令温求丐太祖知之故有是責

二月勑鳳翔少尹桑能責授鄧州長史能故開封尹維翰之庶弟也維翰父珙有愛姬生子歲餘珙卒姬求出遂攜兒而去兒即能也其後莫知所之及維翰

貴前遣人求訪音問微知在青州會户部侍郎王松權知青州時維翰鎮兖州以誠託松松至郡訪能果得之於博興縣民家能母適玄氏能即爲玄氏子松即送能至維翰所維翰表其事有頃晋祖授能恊律郎維翰鎮京兆以能爲衙内都指揮使維翰再入中書改太常丞累遷司封員外郎能幼稚流落長於他族不識文字性格鄙俗及維翰薨諸子幼弱能以維翰舊第得錢千緡典帖與人其宅本辛氏之業也辛氏定年限帖典與維翰及年限滿能出爲鳳翔少尹辛氏乃詣維翰子坦贖之坦辭以假取能有辛氏訴

於官樞密使王峻素知其事深所不平即追能證問
能具伏其罪故貶逐之
又相之湯陰民焦遠詣闕門伐鼓訟鎮將李柔豪奪
二女詔開封府鞫劾劾李柔配役作坊
世宗顯德元年九月辛丑斬供奉官副都知竹春琫
於寧陵縣以其先奉命在彼廵簡有群盜掠其客船
而不能登時擒殺故也十月杖死供奉官郝光庭於
府門以其在莘縣廵簡日挾私斷殺平人故也
四年三月追奪前許州行軍司馬韓倫在身官爵仍
配沙門島縱逢恩赦不在放還之限倫侍衛馬軍都

指揮使令坤之父也令坤兼鎮陳州倫罷職於許而
居於陳軍州政事多所干預及自於衙署開壚以鬻
酒掊斂之暴公私患之爲項城民武郁等所訟帝命
殿中侍御史率汀按之倫詐報汀云准詔赴闕汀即
奏之帝愈怒遽令追劾盡得事實令坤數於帝前泣
請父命故罪止於追削配流而已
五年十二月楚州兵馬都監武懐恩棄市以其擅殺
降卒廖約等四人故也
六年二月杖落第舉人趙贊朱夢叶竇浚等於省門
外仍配邉郡先是禮部貢院上言贊等酗酒厲聲詬
其考試官下御史府訊之伏罪故杖之

冊府元龜

巡按福建監察御史臣李嗣京 訂正

新建縣舉人 臣戴國士条閱

知建陽縣事 臣黄國琦較釋

帝王部 一百五十五

督吏

夫官者治亂之攸繫吏者師表之斯屬自堯舜垂拱夏商用乂逮夫周室有以寧之盛斯皆官得其人民安其業上下熙洽同底于道者也及叔世多僞淳風不競群吏之政或愆或忘罕能脩舉幾於曠廢或以

戕裂為簡或以苛刻為公官邪而姦生禁密而俗弊淪胥以敗罔克攸濟於是乎申嚴號令誕布條教周旋敷諭丁寧款密乃至形於殿最以儆其違峻其舉察以懲其枉乃至丞掾之重左右之臣詰之以告猷訓之以裕蠱逮乎寇竊姦宄董其逐捕農桑稼穡悉其勸課斯亦敏政之大端責實之舊典也

漢景帝後二年夏四月詔曰強毋攘弱衆毋暴寡老耆以壽終幼孤得遂長今歲或不登民食頗寡其咎安在或詐僞為吏詐自稱吏吏以貨賂為市漁奪百姓侵牟萬民牟食苗根蟲也縣令丞長吏也姦法與盜甚無謂也姦法因法作姦也與盜者當治而知情反佐與之是則與盜無異也其令二千石各脩其職不事官職耗亂者丞相以聞請其罪耗不明也讀與眊同

武帝時郡守尉諸侯相二千石欲為治者大抵盡效音莫報功布告天下使明知朕意王溫舒等而吏民益輕犯法盜賊滋起滋亦益也南陽有梅免百政梅百皆姓也楚有段中杜少中讀日仲齊有徐勃燕趙之閒有堅盧范生之屬大群至數千人擅自號攻城邑取庫兵釋死罪釋解也縛辱郡守都尉殺二千石為檄告縣趣具食趣讀日促小群以百數掠鹵郡里者不可稱數於是帝始使御史中丞丞相長史使督之出為

使者督察也猶弗能禁乃使光祿大夫范昆諸郡都尉及故九卿張德等衣繡衣持節虎符發兵以興擊以軍興之法而討擊也斬首大部或至萬餘級及以法誅通行飲食坐相連郡甚者數千人數歲迺頗得其渠率渠大也散卒失亡復聚黨阻山川往往為群無可柰何於是作沈命法沈没也敢蔽匿盜賊者没其命也曰群盜起不發而弗捕滿品者品率也以人數為率二千石以下至小吏主者皆坐死其後小吏畏誅雖有盜弗敢發恐不能得坐課累府府亦使不言府郡府也故盜賊寖多寖漸也上下相為匿以避文法焉

宣帝黃龍元年詔曰蓋聞上古之治君臣同心舉措曲直各得其所是以上下和洽海內康平其德弗可及已朕既不明數申詔公卿大夫務行寬大順民所疾苦將欲配三王之隆明先帝之德也今吏或以不禁姦邪爲寬大縱釋有罪爲不苛或以酷惡爲賢皆失其中奉詔宣化如此豈不謬哉方今天下少事繇役省减兵革不動而民多貧盜賊不止其咎安在上計簿具文而已務爲欺慢以避其課三公不以爲意朕將何任諸請詔省卒徒自給者皆止時有請云詔使出者省卒徒以其直自給不復取稟假雖有進入於官非舊章也故絕之又日先是武帝以用度不足自省以益官

者或奉使求不受俸祿自省其徒衆以取其稟者或自給於是姦吏緣以爲利所得多於本祿故絕之

後漢光武建武十五年詔考實二千石長吏阿枉不平者

明帝永平十八年詔曰三事大夫莫肯夙夜小雅之所傷也予違汝弼汝無面從股肱之正義也群后百僚勉思厥職各貢忠誠以輔不逮申勑四方稱朕意焉

章帝建初元年正月詔曰比年牛多疾疫墾田減少穀價頗貴人以流亡方春東作宜及時務二千石勉勸農桑弘致勞來群公庶尹各推精誠專急人事罪非殊死須立秋案驗有司明愼選舉進柔良退貪猾順時令理寃獄五教在寬帝典所美愷悌君子大雅所歎布告天下使明知朕意

二年春三月詔曰比年陰陽不調饑饉屢臻深惟先帝憂人之本詔書曰不傷財不害人誠欲元元去末歸本而今貴戚近親奢縱無度嫁娶送終尤爲僭侈有司廢典莫肯舉察春秋之義以貴理賤今自三公並宜明糾非法宣振威風朕在弱冠未知稼穡之艱難區區管窺豈能炤一隅哉其科條制度所宜施行在事者備爲之禁先京師而後諸夏

和帝永元五年三月詔曰選舉良才爲政之本科別行能必繇鄉曲而郡國舉吏不加簡擇故先帝明勑在所令試之以職乃得充選又德行尤異不須經職者列署狀上而宣布以來出入九年二千石曾不承奉恣心從好司隸刺史訖無糾察今新蒙赦令且復申勑後有犯者顯明其罰在位不以選舉爲憂督察不以發覺爲賢非獨州郡也是以庶官多非其人民彼姦邪之傷繇法不行故也

八年九月詔曰百僚師尹勉脩厥職刺史二千石詳刑辟理寃虐恤鰥寡矜孤弱思惟致灾興蝗之咎

十二年三月詔曰比年不登百姓虛匱京師去冬無宿雪今春無澍雨黎民流離困於道路朕痛心疾首靡知所濟瞻仰昊天何辜今之人三公朕之腹心而未獲承天安民之策數詔有司務擇良吏今猶不改競爲苛暴侵愁小民以求虛名委任下吏假勢行邪是以令下而姦生禁至而詐起巧法析律飾文增辭貨行於言罪成乎手朕甚病焉公卿不思助明好惡將何以救其咎罰咎罰旣至復令災及小民若上下同心庶或有瘳

安帝永初三年秋七月海賊張伯路等寇略緣海九

郡遣侍御史龐雄督州郡兵討破之四年伯路復與渤海平原劇賊劉文河周文光等攻厭次殺縣令遣御史中丞王宗督青州刺史法雄討破之

元初三年春三月蒼梧鬱林合浦蠻夷叛二月遣侍御史任逴督州郡兵討之（逴音角切）

靈帝光和元年妖異數見制下太尉司徒司空曰夫瑞不虛生災必有緣朕以不德秉統未明以招妖僞將何以昭顯憲法哉三司任政者也所當究心而各拱默訖未有聞將何以奉答天意救寧我人其各悉心思所崇改務消復之術稱朕意焉

晉武帝泰始四年詔曰郡國守相三載一巡行屬縣必以春此古者所以述職宣風展義也見長吏觀風俗協禮律考度量存問耆老親見百姓錄囚徒理冤枉詳察政刑得失知百姓所患苦無有遠近便若朕親臨之敦喻五教勸務農功勉勵學者思勤政典無爲百家庸末致遠必泥士庶有好學篤道孝弟忠信清白異行者舉而進之有不孝敬於父母不長悌於族黨悖禮棄常不率法令者糾而罪之田疇闢生業脩禮教設禁令行則長吏之能也人窮匱農事荒姦盜起刑獄煩下陵上替禮義不興斯長吏之否也若

長吏在官公廉慮不及私正色直節不飾名譽者及身行貪穢諂黷求容公節不立而私門日富者並謹察之揚清激濁舉善彈違此朕所以垂拱總綱責成於良二千石也於戲戒哉

太康九年春詔曰興化之本繇政平訟理也二千石長吏不能勤恤人隱而輕挾私故興長刑獄又多貪濁煩撓百姓其勑刺史二千石糾其能否議其黜陟令內外群官舉清能拔寒素

元帝大興元年詔曰王室多故姦雄肆暴皇綱弛墜顛覆大猷朕以不德統承洪緒夙夜憂危思改其弊

二千石令長當祇奉䇿憲正身明法抑齊豪強存恤孤獨隱實户口勸課農桑州牧刺史當互相簡察不得顧私虧公長吏有志在奉公而不見進用者有貪惏穢濁而以財勢自安者若有不舉當受故縱蔽善之罪有而不知當受闇塞之責各明慎奉行

後魏明帝神瑞二年三月詔曰刺史守宰率多逋慢前後怠惰數加督罰猶不悛改今年貲調懸違者謫出家財充之不聽徵發於民

文成太安四年五月詔曰朕卽祚至今屢下寬大之旨蠲除煩苛去諸不急欲令物獲其所人安其業而

牧守百里不能宣揚恩意求欲無厭斷截官物以入於已使課調懸少而深文極墨委罪於民苟求免咎曾不改懼國家之制賦役乃輕比年已來雜調減省而所在州郡咸有逋懸非在職之官綏導失所貪穢過度誰使之然自今常調不充民不安業宰民之徒加以死罪申告天下稱朕意

獻文以和平六年五月卽位九月詔曰先朝以州牧親民宜置良佐故勑有司班九條之制使前政選吏以待後人必謂銓衡允衷朝綱應叙然牧司寬墮不祗憲旨舉非其人愆乎典度今制刺史守宰到官之日仰自舉民望忠信以爲選官不聽前政共相干冐若簡任失所以罔上論

孝文太和二年十一月詔曰懸爵於朝而有功者必縻其賞懸刑於市而有罪者必罹其辜斯乃古今之成典治道之實要諸州刺史牧民之官自頃以來遂各怠慢縱姦納賂背公緣私致令賊盜並興侵劫滋甚姦宄之聲屢聞朕聽承太平之運屬千載之期思光洪緒惟新庶績亦望藩翰群司敷德宣惠以助沖人共成斯美幸克己復禮思愆改過使寡昧無愧於祖宗百姓見德於當時有司明爲條禁稱朕意焉

六年十二月詔曰朕以寡薄政決平和不能仰緝緯象蠲玆六沴去秋淫雨洪水爲災百姓嗷然朕用嗟愍故遣使者循方賑恤而牧守不思利民之道期於取辦愛毛反裘甚無謂也今課督未入及將來租筭一以正之有司勉加勸課以要來穰稱朕意焉

九年帝嘗引見王公卿士資留京之官司州牧咸陽王禧等曰昨望見婦女之服仍爲夾領小袖我徂東山雖不三年既離寒暑卿等何爲有違前詔禧對曰陛下聖過堯舜光化中原臣雖仰稟明規每事乖忤將何以宣布皇經敷賛帝則竝違之罪實合刑憲帝

曰若朕言非卿等當奮臂廷諍如何入則順旨退有不從昔舜語禹汝無面從退有後言其卿等之謂乎又謂尚書等曰朕仰慕乾構君臨萬宇往者稽古典章樹茲百職然尚書之任樞機是司豈惟揔括百揆緝和人務而已朕之得失實在於斯自卿等在任年垂二周未嘗言朕之一失獻可否之片規又不嘗進一賢而退一不肖此二事罪之大者

宣武景明二年三月詔曰諸州刺史不親民事緩於督察郡縣稽逋旬月之間纔一覽決滯獄又詔動延時序百姓怨嗟方成困弊尚書可明條制申下四方

令日親庶事嚴勒守宰不得因循寬息虧政六月考諸州刺史加以黜陟

孝明孝昌初梁武遣將裴邃等寇淮南詔行臺酈道元都督河間王琛討之停師城父累月不進勑廷尉少卿崔孝芬持節齎齊軍力催令赴接賊退而還

後廢帝中興二年正月詔曰自中興草昧典制權輿郡縣之官率多行督假有正者風化未均眷彼周餘專爲漁獵朕所以夙興夜寐有惕於懷有司明加糾罰稱朕意焉

唐太宗貞觀十六年四月帝謂褚遂良曰卿爲諫議比來何爲不諫遂良曰臣聞木從繩則正君從諫則聖而歷代帝王進納忠讜從善如流者國當獲安化洽殷稱厥後絕忠臣之路惡諫諍之言沉迷嗜欲賊害良善者何嘗不國敗身亡以爲後誡陛下功德之盛古今莫二視朝之餘假以顏色獎誘愚臣使罄矇瞽臣實慙駑下不稱萬一尸祿素飡誠負陛下

高宗乾封元年十一月帝引朝集使相州刺史許圉師等謂曰與朕共理在於牧守必在賢明方膺此選去歲東封覲諸州刺史大有老弱者比令改移猶未能盡此朕所以憂也又封禪舉人比望有經綸之才

遺逸藪澤者乃聞多是不第進士豈實無人物可言爲復卿等不能用心蔽賢濫舉殊不稱求賢之意何也圉師等引咎而退

中宗景龍元年十月令內外諸司長官具僚佐功過迹相勗勵勉脩其職

玄宗先天元年十一月謂御史等曰卿處憲司職當彈糾如聞百寮非常弛慢卽宜訪察聞奏如其寬縱國有常典

開元二年六月詔曰尚書禮閣國之政本郎官之選實藉良才如聞諸司郎中員外郎怠於理煩業唯養

望凡厥案牘每多停擁容縱典吏仍有貨賕欲使四方何以取則事資先令義貴能改宜令當司官長懃示諭并委左右承勾當其有與奪不當及稽滯稍多者各以狀聞

五年四月帝以尚書省天下政本乃令有司各司職事吏部員外郎褚琇等十人案牘稽遲詔曰朕居萬人之上以百姓為心嘗恐有冤不申有理見滯憂勤庶績宵旰興懷且六官分事四方取則尚書郎皆是妙選須稱其職焉可尸祿悠悠曾無斷決昨者試令詢問遂有如此稽逋動郎經年是何道理至如行判

程限素編令式令便准法科責乃是尋常但為積習寬踈欲得申明告諭自今已後各宜懲革若有犯者別當處分

十年三月詔曰國之設法本以閑邪敬無所施雖立安用朕以寡昧纘承丕業夙夜怵惕恐不克勝馭朽徒知其所危涉川罔知其所濟是用寤寐永歎嘗思罪已冕旒不欲見其臧否黈纊不欲聞其是非隱忍含容十載于茲矣不能使令行禁止訟息刑清家習禮讓之教人無廉耻之節此朕之不德也河南府雒陽縣主薄王鈞貪殘其性暴虐其心輕侮我章程也剝我黎獻處事不遵乎法理黷貨不知其紀極此而可恕孰不可容且輦轂之下事猶如此想於遠處人何以堪然而當發生之時屬陽和之月朕情存惡殺不加殊死且從杖罪以肅朝端可與朝堂集衆決殺

自今已後內外官有犯賄至解免以上縱使逢恩獲免並宜勿齒終身御史憲司職當推劾不存糾舉多有顏情綱紀不施誰任其咎又府縣寮寀上下相承犯法公然無問按詰若或知而故縱郎是職務不舉各自思審何以當官自今已後所進擬御史皆須歷職清白衆所推者不得虛相引進僥倖所榮凡厥朝

臣宜悉朕意

十一年六月帝謂宰臣曰尚書省諸曹事多因循頗虧格式僑濫之輩緣此得行可令左右丞申明勾當勿使更然

十二年二月詔曰如聞在外官人罕遵法式孤務被抑冤不獲申有理之家翻遭逼迫侵刻之吏務欲加誣州縣有好長官同寮豈敢違法御史執憲綱紀是司多借人情未聞正色內外同此何致至公宜令刺史縣令嚴加捉搦御史按其有犯彈奏

代宗大曆六年四月勑曰弛張刑政興化阜俗使吏

無貪汙之跡下無愁恨之聲不惟良二千石亦在郡主簿縣大夫親其教訓舉其綱目條察善惡惠養困窮方伯得以考求殿最故漢置刺史臨課郡國周制官刑糾繩邦理其義明矣朕思舉舊典以清時俗頻詔長吏精擇此官如聞近日猶有姦濫或未習政事素無令問因依請託尸曠祿位邪枉附法懦弱廢官人弊於下怨歸於上閭井減耗賄賂日聞豈所謂建明職守共副憂勤者也又別駕秩位頗崇若郡守廢闕掌同其任舊例補署或匪其才旣不稱職則多傷害自今後別駕縣令錄事參軍有犯贓私並暗弱老

耄疾患不稱所職戶口流散者並委觀察節度等使與本州刺史計會訪察聞奏與替其犯贓私者便禁身推問具狀聞奏其疾患者准式解所職老耄暗弱及無贓私才不稱職者量資考改與員外官餘官准前後勑處分其刺史不能覺察觀察節度使具刺史名品聞奏如觀察節度管內不能勾當郎官御史出入訪察聞奏

德宗貞元六年二月制曰朕嗣守丕圖于茲七稔每念萬方所奉惟在一人百姓未康豈安終食故所以賑贍優貸思致乂安方鎮牧守誠宜遵奉如有違越委御史臺及出使郎官御史訪察以聞於是宰臣等表賀焉

文宗太和三年十一月詔刺史分憂得以專達事有違法觀察使然後奏聞如聞州司當務巨細所裁官吏移攝將士解補占留支用刑獄等動須禀奉不得自專雖有政能無所施設選置長吏將何責成宜委御史臺及出使郎官御史嚴加察訪廉使奏聽進上本判官不能規正及刺史不守朝章並量加貶降若所管州郡控接蕃夷軍戎之間事資節制郎不在此限

宣宗大中四年正月詔曰應天下州縣或土風各異或物産不同或制置乖宜或章條舛謬或云施之歲久或緣礙于勑文有利於人而可舉行者有害於物而可革去者並委所任縣令錄事參軍備論列於刺史具以上聞委中書門下據事件下觀察使詳言列奏當與改更各從便安自當蘇息如或在官因循不舉後來者無以申明利害較然違慢可見當重加懲罰仍更不得授縣令錄事參軍刺史委中書門下具名奏聞別議殿責又曰每思前賢設官分職豈徒然哉今州有上佐縣有丞簿俗謂閑官不領公事殊乖

制作之本意也自今後州縣公事上佐丞簿得失須共參詳如有敗闕或不遵法理及百姓流亡不先舉明並須連坐與得人展其才官無冗食又日刑獄之內吏得使倩推斷不平因成寃濫無問有贓無贓並不在原免之限

六年十二月中書門下奏諸道觀察使職當廉問位在藩隅受人主之寵榮同國家之休戚不可自事富貴惟貪優游羅穀色以自娛頓凋殘而不問縱逃顯責必受陰誅自今請責其成効專彼事權使得展意盡心恢張皇化敬事以守法度節用以減征徭有利

於國者必行不以近名爲利有害於人者必去不以循例爲辭絶連夜之酣歌務盡忠之讜論當准此道方免曠官其巡屬州縣須知善惡具以上聞隱而不言罪歸廉帥應有論薦須是直書強能立事者上陳不得蔽善懦務失職者奏免非可狥情如此則遠近相臨上下相制共爲致理同歸至公勑日卿等所言甚爲切務可速行之

後唐莊宗同光四年二月吏部侍郎盧文紀上疏請責內外百司各舉其職明行考課以激其能從之

明宗長興二年閏五月勑日要道纔行則千岐共貫宏綱一舉則萬日皆張前王之法制罔殊百代之科條悉在無煩改作各有定規守度程者心逸日休率胸臆者心勞日拙天垂萬象星辰之分野靡差地載群倫岳瀆之方隅不易儻各司其局則皆盡其心且律令格式六典凡關庶政互有區分久不舉行遂至隳紊宜准舊制令百司各於其間錄出本局公事巨細抄寫不得漏落纖毫集成卷軸兼粉壁書在公廳若未有廨署者其文書委官司主掌仍每有新授官到令自寫錄一本披尋或因顧問之時應對須知次第無容曠廢每在執行使庶寮則守法奉公宰臣則

提綱振領必當彝倫攸叙所謂至道不繁何必朞年告諭催促限兩月內抄錄及粉壁書寫須畢其間或有未可便行及曾釐革事件委逐司旋申中書門下當更參酌奏酌覆施行

閔帝應順元年閏正月詔吏部三銓南北曹禮部貢院注擬考試依格疾速發遣勿令虛有滯留

冊府元龜

巡按福建監察御史臣李嗣京訂正

分守建南道左布政使臣胡維霖參閱

知建陽縣事臣黃國琦較釋

帝王部 一百五十六

誡勵第一

書曰戒之用休董之用威又曰凡我有官君子欽乃攸司周禮天官小宰之職正月令於百官府曰各脩乃職攷乃法待乃事以聽王命其有不恭則國有大刑斯所以名聳百工愼乃在位勉脩厥職無從匪彝

也故詩曰凡百君子各恭爾身傳曰惟德惟義時乃大訓斯乃王者欲物得其所人不踰閑去末歸本有耻且格故誕告多方申明約束使其感激自勵遠罪遷善無遠弗屆同底于道所以立大中之訓成一定之令也

帝舜曰咨汝二十有二人（禹垂益伯夷夔龍六人新命九職四岳十二牧凡二十二人特勑命之）欽哉惟時亮天工（各敬其職惟是乃能信立天下之功）三載考績三考黜陟幽明（三年有成故以考功九歲則能否幽明有別黜退其幽者升進其明者）庶績咸熙分北三苗（考績法明衆功皆廣三苗幽闇君臣善否分北流之不令相從善惡明也）帝曰吁臣哉鄰哉鄰哉臣哉禹曰俞（鄰近也言君臣道近相須而成）帝曰臣作朕股肱耳目（言大體若身）予欲左右有民汝翼（左右助也助我所有之民富而教之汝翼成我）予欲宣力四方汝為（布立力治之功汝羣臣當為之）予欲觀古人之象（欲觀示法象之服制）日月星辰山龍華蟲（日月星為三辰華象草華蟲雉也畫三辰山龍華蟲於衣服旌旗）作會宗彝（會五采也以五采成此畫焉宗廟彝樽亦以山龍華蟲為飾）藻火粉米黼黻絺繡（藻水草有文者火為火字粉若粟水米若聚米黼若斧形黻為兩已相背葛之精者曰絺五采備曰繡）以五采彰施于五色作服汝明（天子服日月而下諸侯自龍袞而下至黼黻士服藻火大夫加粉米上得兼下下不得僭上以五采明施于五色作尊卑之服汝明制之）予欲聞六律五聲八音在治忽以出納五言汝聽（言欲以六律和聲音在察天下治理及忽怠者又以出納仁義禮智信五德之言施于民以成化汝當聽

審之）予違汝弼汝無面從退有後言（我違道汝當以義輔正我無面從我違而退後有言我不可弼）

殷湯既黜夏命復歸于亳作湯誥曰凡我造邦無從匪彝無即慆淫（戒諸侯與之更始彝常慆慢也無從非常無就慢過禁之）各守爾典以承天休（守其常法承天美道）爾有善朕弗敢蔽罪當朕躬弗敢自赦惟簡在上帝之心（以所不蔽善人不赦己罪以其簡在天心故也）

周成王封康叔為衛侯作酒誥（康叔監殷民化紂嗜酒故以戒酒誥）王若曰明大命于妹邦（周公成王命誥康叔順其事而言之欲令民施大教命於妹國妹地名紂所都朝歌以此）乃穆考文王肇國在西土（父昭子穆文王弟稱穆將言始國在西土西土岐周之政）厥誥毖庶邦庶士越少正御事朝

夕曰祀茲酒大正共所告慎衆國衆士於少正官御事治事吏朝夕敕之惟祭祀而用此酒不當飲惟天降命肇我民惟元祀惟天下告命使令我民知作酒者惟爲祭祀天降威我民用大亂喪德亦罔非酒惟行天下威罰使民亂德亦無非以酒爲行者言酒本爲祭祀亦惟亂行越小大邦用喪亦罔非酒惟辜於小大之國所用喪亡亦無不以酒爲罪也文王誥教小子有正有事無彝酒小子民之子孫也正官治事謂下羣吏教之皆無常飲酒越庶國飲惟祀德將無醉於所治衆國飲酒惟當因祭祀以德自將無令至醉惟曰我民迪小子惟土物愛厥心臧文王化我民教道子孫惟土地所生之物皆愛惜之則其心善聰聽祖考之彝訓越小大德小子惟一言子孫皆聰聽父祖之常教於小大之人皆念德則子孫惟傳一妹土嗣爾股肱純其藝黍稷

奔走事厥考厥長今往當使妹土之人繼汝股肱之教爲純一之行其當勤種稷黍奔走事其父兄肇牽車牛遠服賈用孝養厥父母農功既畢始牽車牛載其所有求易所無遠行賈賣用其所得珍異孝養其父母厥父母慶自洗腆致用酒其父母善子之行子乃自絜厚致用酒養也庶士有正越庶伯君子其爾典聽朕教衆伯君子長官大夫統衆士有正者其汝當聽我教勿違犯爾大克羞耇惟君爾乃飲食醉飽汝大能進老成人之道則爲君矣如此汝乃飲食醉飽之道先戒羣吏以聽教次戒康叔以君義丕惟曰爾克永觀省作稽中德我大惟教女曰汝能長觀省古道爲考中正之德則君道成矣爾尚克羞饋祀爾乃自介用逸能考中德則汝庶幾能進饋祀於祖考矣能進饋祀則汝乃能自大用逸之道茲乃允惟王正事之臣汝能以進老成人爲醇飽考中德爲用逸則此乃信

任王者正事之大臣茲亦惟天若元德永不忘在王家言此非但正事之臣亦惟天順其大德而佑之長不忘在王家王曰封我西土棐徂邦君御事小子尚克用文王教不腆于酒我文王在西土輔訓徂日國君及御治事者下民子孫皆庶幾能用上教不厚於酒言不嘗飲故我至于今克受殷之命故我周家至于今能受殷王之命王曰封我聞惟曰在昔殷先哲王迪畏天顯小民聞之於古殷先智王謂湯蹈道畏天明著小民經德秉哲自成湯咸至于帝乙成王畏相能常德持智從湯至帝乙中間之王猶保成其王道畏敬輔相之臣不敢爲非惟御事厥棐有恭不敢自暇自逸惟殷御治事之臣其輔佐畏相之君有恭敬之德也不敢自寬暇自逸豫矧曰其敢崇飲崇聚也自暇自逸猶不以況敢聚會飲酒乎明無也越在外服侯甸男衛邦伯

於在外國侯服男服衛服甸服邦國伯諸侯之長言皆化湯畏祖之德越在內服百寮庶尹惟亞惟服宗工於在內服治事百官衆正及次大夫服事尊官亦不自逸越百姓里居於百官族姓及卿大夫致仕居於田里者罔敢湎于酒不惟不敢亦不暇自外服至里居皆無敢沈湎於酒非徒不敢志在助君敬法亦不敢暇飲惟助成王德顯越尹人祗辟所以不服飲酒惟助其君成王道明其德於身於正人之道必正身敬法其身正不令而行我聞亦惟曰在今後嗣王酣身言嗣王紂也酣樂其身不愛正事厥命罔顯于民祗保越怨不易言紂暴虐施其政令於民無顯明之德所敬所安皆在於怨不可變易之誕惟厥縱淫佚于非彝用燕喪威儀民罔不衋傷心紂大惟其縱淫泆于非常用燕安喪其威儀民無不衋然痛傷其心惟荒腆于酒不惟自息乃逸言紂大厚於酒晝夜不念

自息乃過差厥心疾狠不克畏死紂疾狠其心不能畏死言無忌憚辜在商邑越殷國滅無罹紂聚罪人在都邑而任之於殷國滅亡無憂懼弗惟德馨香祀登聞于天誕惟民怨紂不念發聞其德使祀見享升聞於天大行淫虐惟爲民所怨咎庶羣自酒腥聞在上故天降喪于殷罔愛于殷惟逸紂衆群臣用酒沈荒腥穢聞在上天故天下喪亡於殷無愛於殷以紂奢逸故天非虐惟民自速辜言凡爲天下所亡天非虐民惟民行惡自召罪王曰封予不惟若茲多誥我不惟若此多誥汝我親行之古人有言曰人無於水監當於民監古賢聖有言人無於水監當於民監視水監見形視民行事見吉凶今惟殷墜厥命我其可不大監撫于時今惟殷紂無道墜失天命我其可不大視此爲我撫安天下於是予惟曰汝劼毖殷獻臣劼固也我惟告汝曰

汝當固慎殷之善臣信用之侯甸男衛矧太史友內史友侯甸男衛之國當慎接之況太史內史掌國典法所賓友乎越獻臣百宗工矧惟爾事服休服采於善臣百尊官不可不慎況汝身事服行美道服士治民乎矧惟若疇圻父薄違農父圻父司馬農父司徒身事且敬慎況所順疇咨之司馬乎況能追回萬民之司徒乎若保宏父定辟矧汝剛制于酒宏大也宏父司空當順安之司馬司徒司空列國諸侯三卿慎擇其人而任之則君道定況汝剛斷於國乎厥或誥曰羣飲汝勿佚其有告汝曰民羣聚飲酒不用上命則汝收捕之勿令失也盡執拘以歸于周予其殺盡執拘羣飲酒者以歸于京師我其擇罪重者而殺之又惟殷之迪諸臣惟工乃湎于酒勿庸殺之又惟殷家蹈惡俗諸臣惟衆官化紂惡俗日久乃沈湎於酒勿用法殺之姑惟教之用斯明享以其漸染惡俗故必三申法令

且惟教之則汝有此明訓以享國乃不用我教辭惟我一人弗恤弗蠲乃事時同于殺汝若忽怠不用我教辭惟我一人不憂汝乃不潔汝政事是汝同於見殺之罪王曰封汝典聽朕毖汝當常聽念戒所慎而篤行之勿辯乃司民湎于酒辯使也勿使汝主民之吏湎於酒言當正身勸師民又作梓材告康叔以爲政之道亦如梓人治材王曰封以厥庶民暨厥臣達大家言當與其教人之賢者與其小臣之良者通達卿大夫及都家之政於國以厥臣達王惟邦君汝當信用其臣以通王教於民言通民事於國通王教於民惟乃國君之道汝若常越曰我有師師汝惟君道使順常於是曰我有典常之師可師法司徒司馬司空尹旅曰予罔厲殺人言國之三卿正官衆大夫皆順安當而曰我無厲虐殺人之事如此則善矣亦厥君先敬勞肆徂厥敬勞亦其爲君之道當先敬勞民故

汝往治民必敬勞來之肆往姦宄殺人歷人宥以民當敬勞之故汝往之國又當群察姦宄之人及殺人賊所過歷之人有所寬宥亦有以敬勞之肆亦見厥君事戕敗人宥聽頌折獄當務從寬恕故往治民亦當見爲君之事察民以過誤殘敗人者當寬宥之王啟監厥亂爲民言王者開置監官其治爲民不可不勉曰無胥戕無胥虐至于敬寡至于屬婦合繇以容當教民無得相殘傷相虐殺至於敬養寡弱至於存恤妾婦和合其教用夫道以容之無令見冤枉王其效邦君越御事厥命曷以王者其效實國君於御治事者知其教命所施何用不可不勤引養引恬自古王若茲監罔攸辟古王用能長養民長安民用道如此監無所復罪當務之惟曰若稽田旣勤敷菑惟其陳脩爲厥疆畎言爲臣監民惟若農夫之考田已勞力布發之惟其陳列修治爲疆畔畎壟然後功成以喻教化若作室

家旣勤垣墉惟其塗墍茨如人爲室家已勤立垣墻惟其當塗墍茨蓋之若
作梓材旣勤樸斲惟其塗丹雘爲政之術如梓人治材爲器已勞力樸治
斲削惟其當塗以漆丹以朱而後成以言其教化亦須禮義然後治今王惟曰先旣勤
用明德懷爲夾言文武已後用明德懷遠爲近汝治國當法之庶邦享作兄
弟方來亦旣用明德衆國朝享於王又親仁善鄰爲兄弟之國方方皆來賓服亦已
奉用先王之明德后式典集庶邦丕享君天能用嘗法則和集衆國大來朝享
皇天旣付中國民越厥疆土于先王皇天已付中國治中國民矣能
遠拓其界壤則於先之道迷人肆王惟德用和懌先後迷民用懌先
王受命今王惟用德和悅先後天下迷愚之民先後謂教訓所以悅先王受命之義已若
茲監惟曰欲至于萬年惟王爲監所行已如此所以陳法則我周家惟欲使

至於萬年承奉王室子子孫孫永保民又欲令其子孫累世長君國以安民
文成王旣滅淮夷還歸在豐作周官言周家設官分職用人之法
王曰嗚呼凡我有官君子欽乃攸司愼乃出令令出
惟行弗惟反有官君子大夫已上歎而戒之使敬汝所司愼汝出令從政之本令出必惟行
之不惟反改若二三其令亂之道也以公滅私民其允懷從政以公平滅私情則民
其信歸之學古入官議事以制政乃不迷言當先學古訓然後入官治政
凡制事必以古義議度終始政乃不迷錯其爾嘗典作之師無以利口亂
厥官其汝爲官當以舊典章故事爲師法無以利口辯佞亂其官蓄疑敗謀怠忽
荒政不學墻面莅事惟煩積疑不決必敗其謀怠惰忽畧必荒其政人而不學
其猶正墻面而立臨政事必煩戒爾卿士功崇惟志業廣惟勤惟克
果斷乃罔後艱此戒凡有官位但言卿士舉其掌事者功高繇志業廣繇勤惟能果斷行
事乃無後艱言多疑必致患位不期驕祿不期侈貴不與驕期而驕自至富不與
侈期而侈自來驕侈以行已所以速亡恭儉惟德無載爾僞言當恭儉惟以立德
無行姦僞作德心逸日休作僞心勞日拙爲德直道而行於心逸大而名
日美爲僞飾巧百端於心勞苦而事日拙不可爲居寵思危罔不惟畏弗畏
入畏言雖居貴寵當思畏懼無所不在可畏若乃不畏則入可畏之刑推賢讓能庶
官乃和不和政厖賢能相讓俊乂在官所以和諧厖亂也舉能其官惟
爾之能稱匪其人惟爾不任所舉能修其官惟以汝之功能舉非其人惟亦
汝之不勝其任王曰嗚呼三事曁大夫敬爾有官亂爾有政
歎而勑之公卿已下各敬居汝所有之官治汝所有之職以佑乃辟永康兆民萬

邦惟無斁言當敬治官政以助汝君長安天下兆民則天下萬國惟乃無斁我周德
漢景帝後二年詔曰彊毋攘弱衆毋暴寡老耆以壽
終幼孤得遂長今歲或不登民食頗寡其咎安在或
詐僞爲吏詐自稱吏吏以貨賂爲市漁奪百姓侵牟萬民
牟食苗根蟲也縣令丞長吏也姦法與盜盜甚無謂也姦法因法作姦
也與盜謂盜也當治而知情反佐與之是則共盜無異也其令二千石各脩其職
不事官職耗亂者丞相以聞請其罪耗不明也讀與眊同音莫報切
布告天下使明知朕意
宣帝元康二年詔曰獄者萬民之命所以禁暴止邪
養育羣生也能使生者不怨死者不恨則可謂文吏

矣今則不然用法或恃巧心析律貳端浮淺不同增亂飾非以成其罪奏不如實上亦亡繇知此朕之不明吏之不稱四方黎民將何仰哉二千石各察官屬勿用此人吏務平法或擅興繇役飾廚傳稱過使客越職踰法以取名譽譬猶蹈薄冰以待白日豈不殆哉

成帝建始元年二月詔曰迺者火灾降於祖廟有星孛于東方始正而虧（言始即帝之正而有彗星之虧也）咎孰大焉書云惟先假王正厥事（假至也言先古至道之君遭遇災變則正其行事脩德以應之）羣公孜孜帥先百僚輔朕不逮崇寬大長和睦凡事

恕已毋行苛刻（恕者仁也仁者之心心度於物）

後漢光武時馮勤爲司徒先是三公多見罪退帝賢勤欲令以善自終乃因讌見從容戒之曰朱浮上不忠於君下陵轢同列竟以中傷至今（朱浮爲大司空坐賣弄國恩免又爲陵轢同列帝御之惜其功不忍加罪）死生吉凶未可知豈不惜哉人臣放逐受誅雖復追加賞賜賻祭不足以償不訾之身（訾量也言無量可比之貴重之極也訾與訾同）忠臣孝子覽炤前世以爲鏡誡能盡忠於國事君無二則賞爵光乎當世功名列於不朽可不勉哉勤愈恭約盡忠號稱任職

中元二年詔曰今選舉不實邪妄未去權門請託殘吏放手百姓愁怨情無告訴有司明奏罪名并正舉者又郡縣每因徵發輕爲姦利詭責羸弱先急下貧其務在均平無令枉刻

明帝永平十八年詔曰三事大夫莫肯夙夜小雅之所傷也予違汝弼汝無面從股肱之正義也羣后百僚勉思厥職各貢忠誠以輔不逮申勑四方稱朕意焉

章帝建初元年詔曰比年牛多疾疫墾田減少穀價頗貴人以流亡方春東作宜及時務二千石勉勸農桑弘致勞來羣公庶尹各推精誠專急人事罪非殊

死須立秋案驗有司明慎選舉進柔良退貪猾順時令理冤獄五教在寬帝典所美愷悌君子大雅所歎布告天下使明知朕意

二年三月詔曰比年陰陽不調饑饉屢臻深惟先帝憂人之本詔書曰不傷財不害民誠欲元元去末歸本而今貴戚近親奢縱無度嫁娶送終尤爲僭侈有司廢典莫肯舉察春秋之義以貴理賤今自三公竝宜明糾非法宣振威風朕在弱冠未知稼穡之艱難區區管窺豈能炤一隅哉其科條制度所宜施行在事備爲之禁先京師而後諸夏

和帝永元八年九月京師蝗詔百僚師尹勉脩厥職刺史二千石詳刑辟理冤虐恤鰥寡矜孤弱思惟致灾興蝗之咎

十二年三月詔曰比年不登百姓虚匱京師去冬無宿雪今春無澍雨黎民流離困於道路朕痛心疾首靡知所濟瞻仰昊天何辜於人三公朕之腹心而未獲承天安民之策數詔有司務擇良吏今猶不改競爲苛暴侵愁小民以求虚名委任下吏假執行邪是以令下而姦生禁至而詐起考法析律節文增辭貨行於言罪成乎手朕甚病焉公卿不思助明好惡將

何以救其咎罰咎罰既至復令灾及小民若上下同心庶或有瘳

安帝元初四年七月京師及郡國十雨水詔曰今年秋稼茂好垂可收穫而連雨未霽懼必淹傷夕惕惟憂思念厥咎夫霖雨者人怨之所致其武吏以威暴下文吏妄行苛刻鄉吏因公生姦爲百姓所患苦者有司顯明其罰又月令仲秋養衰老授几杖行糜粥方今按比之時郡縣多不奉行雖有糜粥糠秕相半長吏怠事莫有躬親甚違詔書惠養之意其務崇仁恕賑護寡獨稱朕意焉

五年七月丙子詔曰舊令制度各有科品欲令百姓務崇節約遭永初之際人離荒戹朝廷躬自菲薄去絶奢飾食不兼味衣無二綵比年雖獲豐穰尚乏儲積而小人無慮不圖久長嫁娶送終紛華靡麗至有走卒奴婢被綺縠著珠璣京師尚若斯何以示四遠設張法禁懇惻分明而有司任情訖不奉行秋節既立鷙鳥將用且復重申以觀後效

桓帝永興二年詔曰比者星辰謬越坤靈震動災異之降必不空發勑已脩政庶望有補其輿服制度有踰侈長飾者皆宜損省郡縣務存儉約申明舊令如

永平故事

靈帝光和元年妖異數見制下太尉司徒司空曰天瑞不虚至灾必有緣朕以不德秉統未明以招妖僞將何以昭顯憲法哉三司任政者也所當夙夜而各拱默訖未有聞將何以奉答天意救寧我人其各悉心思所崇改務消復之術稱朕意焉

魏太祖征孫權使臨菑侯植留守鄴戒之曰吾昔爲頓丘令年二十三思此時所行無悔於今今汝年亦二十三矣可不勉與又代郡烏丸反以鄢陵侯彰爲北中郎將行驍騎將軍臨發太祖戒章曰居家爲父

子受事爲君臣動以王法從事爾其戒之護軍將軍夏侯淵雖數戰勝太祖常戒曰爲將軍當有怯弱時不可但恃勇也將當以勇爲本行之以智計但知任勇一匹夫敵耳

晉武帝泰始四年詔曰郡國守相三載一廵行屬縣必以春此古者所以述職宣風展義也長吏觀風俗恊律禮考度量存問耆老親見百年錄囚徒理寃枉詳察政刑得失知百姓所患苦無有遠近便若朕親臨之敦喻五教勸務農功勉勵學者思勤政典無爲百家庸末致遠必泥士庶有好學篤道孝弟忠信清

白異行者舉而進之有不孝敬于父母不長弟於族黨悖禮棄常不率法令者糾而罪之田疇闢生業脩禮教設禁令行則長吏之能也人窮匱農事荒姦盜起刑獄煩下陵上替禮義不興斯長吏之否也若長吏在官公廉慮不及私正色直節不飾名譽者及身行貪穢諂黷求容公節不立而私門日富者竝謹察之揚清激濁舉善彈違此朕所以垂拱總綱責成於良二千石也於戲戒哉

咸寧三年詔曰宗室戚屬國之枝葉欲令奉率德義爲天下式然處富貴而能慎行者寡召穆公糾合兄弟而賦棠棣之詩此姬氏所以本枝百世也今以衛將軍扶風王亮爲宗師所當施行皆諮之於師也

太康元年春詔曰興化之本繇政平訟理也二千石長吏還能勤恤人隱而輕挾私故興長刑獄又多貪濁煩撓百姓其勑刺史二千石糾其能否議其黜陟令內外羣官舉清能㧞寒素

荀勖爲尚書令在尚書課試令史以下覈其才能有闇於文法不能決疑處事者卽時遣出武帝嘗謂曰魏武帝言荀文若之進善不進不止荀公達之退惡不退不休二令君之美亦望於君也

元帝太興元年三月壬申詔曰昔之爲政者動人以行不以言應天以實不以文故我清淨而人自正其次聽言觀行明試以功其有政績可述刑獄得中人無怨訟久而自新及當官軟弱茹柔吐剛身行穢濁脩飾時譽者各以名聞令在事之人仰思前烈同心戮力深思所以寬衆息役惠益百姓無廢朕命遠近禮贊一切斷之

七月戊申詔曰王室多故姦凶肆暴皇綱弛墜顚覆大猷朕以不德統承洪緒夙夜憂危思改其弊二千石令長當祗奉舊憲正身明法抑齊豪彊存恤孤獨

隱實戸口勸課農桑州牧刺史當互相簡察不得顧私虧公長吏有志在奉公而不見進用者有貪惏穢濁而以財勢自安者若有不舉當受故縱蔽善之罪有而不知當受闇塞之責各明慎奉行

簡文咸安二年詔曰朕居阿衡三世不能濟彼時雍乃至海西失德殆傾皇祚賴祖宗靈祇之德皇太后淑體應期藩輔忠賢百官戮力用能蕩氛霧於昊蒼耀晨輝於宇宙遂以眇身託于王公之上思賴羣賢以弼其闕夫敦本息末抑絶華兢使清濁異流能否殊貫官無秕政士無謗讟不有懲勸則德禮焉施且

彊寇未殄勞逸未息自非軍國戎祀之要其華飾煩費之用皆省之夫肥遯窮谷之賢滑泥揚波之士雖抗志玄霄潛默幽岫貪屈高尚之道以隆協贊之美孰與自足山川棲遲丘壑徇匹夫之潔而忘兼濟之大耶古人不借賢於曩代朕所以虚想於今日内外百官各勤所司使善無不達惡無不聞令詩人無素飡之刺而吾獲虚心之求焉

後魏道武天興三年太史局奏天文錯亂帝親覽經占多云改政易故數革官號一欲防塞凶狡二欲消灾應變已而慮羣下疑惑心謗腹非乃下詔戒厲天下丙申復詔曰上古之治尚德下名有任而無爵易治而事序故邪謀閉而不起姦慝絶而不作周姬之末下凌上替以號自定以位制祿卿世其官大夫遂事陽德不暢議發家陪故釁由此起兵由此作秦漢之弊捨德崇侈能否混雜智愚相亂庶官失序任非其人於是忠義之道寢廉耻之節廢退讓之風絶毁譽之議興莫不係乎貴尚名位而禍及之矣古置三公職任大憂重故曰待罪宰相將委任責成非虚寵祿也而今世俗僉以台輔爲榮貴企慕而求之夫此職司在人主之所任耳用之則重捨之則輕所貴者

至矣何取於鼎司之虚稱也夫桀紂之南面雖高而可薄姬旦之爲下雖卑而可尊一官可以効智蓽門可以垂範苟以道德爲實賢於覆餗蔀家矣故量已者令終而義全昧利者身陷而名滅利之與名毁譽之疵競道之與德神識之家寶是故道義治之本名爵治之末名不本於道不可以爲宜爵無補於時不可以爲用用而不禁爲病深矣能通其變不失其正者其唯聖人乎來者誠思成敗之理察治亂之係鑒殷周之失革秦漢之弊則幾於治矣

太武神䴥三年五月詔曰夫士之爲行在家必孝處

朝必忠然後身榮於時揚名後世矣近遣尚書封鐵
剪除亡命其所部將士有盡忠竭節以殞軀命者令
皆追贈爵號或有蹈鋒履難以自效者以功次進位
或有違叛軍法私離幢較者以軍法行戮夫有功蒙
賞有罪受誅國之常典不可暫廢自今以後不善者
可以自效矣其宣勑內外咸使聞之
太延元年詔曰操持六柄王者所以統攝平政理訟
公卿之所司存勸農平賦宰民之所專急盡力三時
黔首之所克濟各脩其分謂之有序今更不然何以
為治越職侵局綱紀紛亂上無定令民知何法自今

以後亡匿避難羇旅他鄉皆當歸還舊居不問前罪
民相殺害牧守依法平決不聽私輒報復敢有報者
誅及宗族鄰伍相助與同罪州郡縣不得妄遣吏卒
煩擾民庶若有發調縣宰集鄉邑三老計貲定課裒
多益寡九品混通不得縱富督貧避強侵弱覆簡能
否覈其殿最列言屬州刺史明考優劣抑退姦吏升
進貞良歲盡舉課上臺牧守荷治民之任當宣揚恩
化奉順憲典與國同憂直道正身肅居官次不亦善
平
源賀為征西將軍從駕臨江為前鋒大將賀為人雄

果每遇強寇輒自奮擊太武戒之曰兵凶戰危不宜
輕犯卿可運籌處分勿恃身力也
襲當山王素長子可悉陵年十七從太武獵遇一猛
獸陵遂空手搏之以獻帝曰汝才力絕人當為國立
功立事勿如此也
文成太安四年五月壬戌詔曰朕即祚至今屢下寬
大之旨蠲除煩苛去諸不急欲令物獲其所人安其
業而牧守百里不能宣揚恩義求欲無厭斷絕官物
以入於已使課調懸少而深文極墨委罪於民苟求
免咎曾不改懼國家之制賦役乃輕比年已來雜調

咸省而所在州郡咸有逋懸非在職之官綏導失所
貪穢過度誰使之然自今常調不充民不安業宰民
之徒加以死罪申告天下稱朕意焉
獻文以和平六年五月即位九月詔曰先朝以州牧
親民宜置良佐故勑有司班九條之制使前政選吏
以待後人必謂銓衡允衷朝綱應敘然牧司寬墮不
祇憲旨舉非其人愆于典度今制刺史守宰到官之
日仰自舉民望忠信以為選官不聽前政共相干冒
若簡任失所以罔上論
皇興中蠕蠕犯塞仇池氐羌又反叛秦益二州刺史

呂羅漢大破之詔羅漢曰卿以勳勞獲叙才能致用内總禁旅外臨名岳褒寵之隆可謂備矣自非盡節竭誠何以垂名竹帛仇池地接邊境兵革屢興旣勞士卒然亦動民庶皆由鎮將不明綏禁不理之所致也卿應機赴擊殄此兇醜隴右土險民亦剛悍卿可召集豪右擇其事宜以利民爲先益國爲本隨其風俗以施恩惠其有安土樂業奉公勤私者善加勸督明相宣告稱朕意焉

孝文臨朝堂謂羣臣曰兩儀旣闢人生其間故上天不言樹君以代是以書稱三考之績禮云考成之章

自皇王已降斯道靡易朕以寡德猥荷洪基思與百辟允釐庶務然朕識乏知人不能使朝絶素飡之譏野無考槃之刺夙宵寤寐載懷怵惕卿等皆是朝賢國彦輔弼是寄各率乃心以旌考績之意如乖忠正國有常刑賢者雖疎必進不肖者雖親必黜又謂尚書等曰朕仰纂乾構君臨萬宇往者稽古典章樹兹百職然尚書之任樞機是司豈惟總括百揆緝和人務而已朕之得失寔在於斯自卿等在任年垂二周未嘗言朕之一失獻可否之片規又未嘗進一賢而退一不肖此二事罪之大者又引見王公卿士責留京之官曰昨望見婦人之服仍爲夾領小袖我徂東山雖不三年旣離寒暑卿等何爲而違前詔咸陽王禧曰陛下聖過堯舜光化中原臣雖仰禀明規每事乖互將何以宣布皇經敷贊帝則舛違之罪實合刑憲高祖曰若朕言非卿等當奮臂廷論如何入則順旨退則不從昔舜語禹汝無面從退有後言其卿等之謂乎

後皇太子恂冠孝文臨光極東堂引恂入見誡以冠義曰夫冠禮表之百代所以正容體齊顏色順辭令容體正顏色齊辭令順故能正君臣親父子和長幼

然毋見必拜兄見必敬責以成人之禮字汝元道所寄不輕汝當尋名求義以順吾旨二十年改字宣道遷雒詔恂詣代都其進止儀禮孝文皆爲定及恂入辭孝文曰今汝不應向代但太師薨於長壤朕旣居皇極之重不容輕赴舅氏之喪欲使汝展哀舅氏拜汝母墓以寫爲子之情山陵在北海汝至彼太師事畢後日宜一拜山陵拜訖汝族祖高安可一就問許在途當温讀經籍如每日親見吾也

南安王楨性忠謹事母以孝聞詔徵講武孝文引見於皇信堂戒之曰翁孝行著於私廷令聞彰於邦國

每欽忠懿思一言展故因講武遠徵赴闕仰戀仁慈情在未已但長安鎮年饑民儉理須綏撫不容久留翁今還州其勤隱恤無令境内有饑餒之民翁既國之懿親終無貧賤之患所宜慎者畧有三事一者恃親驕矜違禮僭度二者傲慢貪奢不恤政事三者飲酒遊逸不擇交友三者不去患禍將生但能慎此只以全身遠害光國榮家終始之德成矣

趙郡王幹都督關右諸軍事孝文既篤愛諸弟以幹總戎别道誡之曰司空穆亮年器可師散騎常侍盧淵才堪詢訪汝其師之又除都督冀定瀛三州諸軍

事孝文親餞於近郊詔幹曰夫刑獄之理先哲所難然既有邦國得不自勵也汝我之懿弟當聿脩厥德光崇有魏浮思遠圖如臨深履薄若恃親重不務世政國有常憲方增悲感北海王詳行中領軍留守孝文賜詳璽書曰比神遊何業也丘墳六籍何事非娛善正風猷肅是禁旅後朝行宫及還雒高祖餞之詔詳曰昔者淮夷叛命故有三年之舉鬼方不令乃致淹載之師况江吴竊命于今十紀朕必欲蕩滌南海然後言歸今夏停此故與汝相見善守京邑副我所懐廣陵王羽孝文南伐除開府青州刺史親餞之華林園後詔羽曰吾因天歷運乘時樹功開荆拓沔威振楚越時暨炎天息駕汝潁勢臨荆徐聲過江外未容解甲凱入三州纂兵脩律俟秋方舉海服之寄故唯宗良善開經策寧我東夏敬慎汝儀勿墜嘉問唯酒唯田可不戒歟後爲太保録尚書事孝文臨朝堂議政事謂羽曰遷都雒陽事格天地但汝之迷途未開沉部耳朕家有四海往來何難朕初發雒陽教示永壽皆謂分别比自來後諸處分之事已差前勑命舉大功寧爲虚費且朕無周召之勞弟豈容宴安自逸今便北巡遷留之事當任朕懐

咸陽王禧字永壽爲中都大官孝文以諸弟典三都戒禧等曰汝等國之至親皆幼年任重三都折獄特宜用心夫未能操刀而使割錦非傷錦之尤實授刀之責皆可脩身慎行勿有乖爽又曰文王小心翼翼聿懷多福如有周公之才使驕且悋其餘不足觀也汝等宜小心畏慎勿自驕怠出爲使持節開府冀州刺史高祖又以濟陰王鬱枉法賜死之事遣使告禧因而戒之

高陽王雍除使持節鎮北將軍相州刺史常侍如故孝文戒雍曰相州乃是舊都自非朝賢德望無由居

此是使汝作牧爲牧之道亦難亦易其身正不令而行故易其身不正雖令不從故難又當愛賢士存信約無因人言而輕與奪也

慕容契爲中散初南安王禎有貪暴之聲遣中散閭文祖察之文祖受賂隱而不言事發殺之孝文太后引見羣臣謂之曰前論貪清皆云尅脩文祖時亦在中後竟犯法以此言之必信不可知孝文曰古者待放之臣亦有離俗之士卿等自審不勝貪心者聽辭位歸第契進曰臣卑微小人闇識不遠過蒙曲炤虗忝今職小人之心無定帝王之法有常以無常之心

奉有常之法非所克堪乞垂退免孝文曰昔鄭相嗜魚人有獻魚者相告曰若取此魚恐削名祿遂不敢受契若知必不可常即知貪之惡矣何爲求退遷契宰官令

盧昶爲太子中舍人使南齊孝文詔昶曰卿使至彼勿存彼我密邇江揚不早定計會是朕物卿等欲言便言無相疑難又勑副使王清石曰卿莫以本是南人言語致慮若從先有所知識欲見但見須論即論盧昶正是寛柔君子無多文才或主客命卿作詩率卿所知莫以昶不作便復罷也凡使人之體以和爲貴勿迭相矜誇見於色貌失將命之體卿等各率所知以相規誨

宣武時盧昶爲鎮東將軍徐州刺史既克梁朐山置戍累表乞師帝遣虎賁四千人赴之又詔昶曰取朐置戍並是卿計始終成敗悉歸於卿以兵許請益今已遂卿如聞東唐陸道甚狹一軌之外皆是大水彼必據之以斷軍路若巳如此更設何策其軍寄兵變遷以表聞又聞蕭衍軍將帥每有流言云魏博淮陽宿豫乃是兩宜若實有此卿可量朐山薪水得支幾時脫事容往返馳驛速聞如薪水少急即可量計

若理不可爾亦將軍裁決昶既儒生本少將畧又全祉子爕爲昶司馬專征戎事掩昶耳目將士怨之朐山戍主傅文驥糧樵俱罄以城降梁

後周武帝建德三年正月丙子停二十四軍督將以下誡以軍旅之法縱酒盡歡

宣帝之在東宮也武帝慮其不堪承嗣遇之甚嚴朝見進止與諸臣無異雖隆寒盛暑亦不得休息性既嗜酒武帝遂禁醪醴不許至東宮每有過輒加捶朴嘗謂之曰古來太子被廢者幾人餘兒豈不堪立耶於是遣東宮官屬錄帝言語動作每月奏聞帝憚武

嚴嬌情脩飾以是過惡遂不聞

冊府元龜帝王部　卷之一百五十六　二十四
誡勵

冊府元龜

冊府元龜

巡按福建監察御史臣李嗣京訂正
知長樂縣事臣夏允彝条閲
知建陽縣事臣黄國琦較釋

帝王部　一百五十七

誡勵第二

隋高祖見太子勇文飾蜀鎧恐致奢侈之漸因而戒之曰我聞天道無親唯德是與歴觀前代帝王未有奢華而長久者汝當儲后若不上稱天心下合人意何以承宗廟之重居兆民之上吾昔日衣服各留一物時復看之以自警戒今以刀子賜汝宜識我心

秦孝王俊以奢僭免官就第薨於秦邸俊所爲奢麗之物悉命焚之勑送終之具務從儉約以爲後法也王府僚佐請立碑高祖曰欲求名一卷史書足矣何用碑爲若子孫不能保家後與人作鎮石耳

韋洸開皇中平陳之後爲江州摠管進圖嶺南高祖遣洸書曰公鴻勲大業名高望重率將戎旅撫慰彼方風行電掃咸應稽服若使干戈不用兆庶獲安方副朕懷是公之力

煬帝大業初元德太子初薨朝野注望皆以齊王當立帝方重王府之選乃拜黄門侍郎柳謇之爲齊王長史帝法服臨軒備儀衛命齊王立於西朝堂之前北面遣吏部尚書牛弘内史令楊約左衛大將軍宇文述等從殿庭引謇之詣齊王所西面立牛弘宣勑謂齊王曰我昔階緣恩寵啓封晋陽出藩之初時年十二先帝立我西朝堂乃令高熲虞慶則元旻等從内送王子相於我于時誡我曰以汝幼冲未更世事今令子相作輔於汝事無大小皆可委之無得昵近小人踈遠君子若從我言者有益於社稷成立汝名行如不用此言唯國及身敗無日矣吾受勑之後奉

以周旋不敢失墜微子相之力吾無今日矣若與謇之從事一如子相也又勑謇之曰今以卿作輔於齊善思拯救之理副朕所望若齊王德業脩備富貴自當鍾卿一門若有不善罪亦相及

唐高祖武德元年十一月太宗降薛仁杲凱旋獻俘於太廟高祖享勞旋師因謂羣臣曰諸公共相翊戴以承帝業今若天下晏安使得同守富貴若使王世充得志公等豈有種乎正如薛仁杲君臣不能自守致此顛覆可爲殷鑑也

二年命秦王鎮長春宮初秦王自幼年嘗從高祖及

起義或總戎在外事畢則還未嘗久別至是作鎮悲不自勝高祖戒曰汝之於家則父子出則君臣父子之道豈欲分別但安天下耳汝旣情深家國時宜勉之

太宗以武德九年卽位從容謂公卿曰朕思所以安天下者有二事唯在朕與公輩耳荒淫田獵殺戮任情人君之惡也私樹朋黨阿諛順旨人臣之惡也宜各制其慾則爲治不難矣

貞觀元年正月謂侍臣曰自古帝王不能獨治唯藉輔佐共安天下古人耻其君不如堯舜諸公勉思此

義焉

十一月謂羣臣曰朕聞忠臣之事君猶孝子之事父母務其樂不遺其憂公輩亦宜濟朕所憂致朕所樂若以聲色珎奇娛朕耳目未足爲歡也唯當撫養百姓訓諭其下使朕眼不見犯法之事耳不聞刑殺之聲此則朕之懽娛公之報効耳

二年六月謂侍臣曰朕觀隋煬帝文集博而有才亦悅堯舜而惡桀紂何言行之相反也杜如晦對曰能言之者未必能行魏徵又對曰爲人君者智者爲其謀勇者爲其戰雖聖哲猶垂旒黈纊以杜聰明煬帝雖有俊才而無人君之量所謂非知之難行之實難雖解口談堯舜而躬行桀紂此其所以亡也太宗曰然昔漢武征役不息戶口減半中途能改還得傳祚子孫向使隋主早悟亦當不至於滅前事不遠朕與公輩當思自勉

三年三月帝謂房玄齡杜如晦曰公爲僕射當須廣開耳目求訪賢哲有武藝謀畧才堪撫衆者任以邊事有經明德脩性理通悟者任以侍臣有明幹清慤處事公平者任以劇務有學通今古識達政術者任以理人此乃宰相之弘益也比聞聽受辭訟日不暇

給安能助朕求賢哉因勑尚書細務屬左右丞惟枉屈大事合聞奏者關於僕射

八年十一月謂大理卿竇誕曰法官卿爲長也武德之時爲息隱王所囑便廻改文案苟事曲從此卿之短也朕以至公臨天下法之所行無捨親昵卿當保所長而棄所短無阿朕意以虧憲典

十二月謂西征將帥帝誡之曰吐谷渾妄自矜大失藩臣之禮數爲草竊侵我邊陲是行也以寡制衆良在不疑然敵不可輕寇不可玩閫外之事將軍裁之制變應機不可預筭官賞罪罰竝在此行當思自勉

也

十年三月諸王出藩帝嗚咽爲别餞而顧謂房玄齡曰朕歷觀前代撥亂創業之主生長民間識達情僞罕至於破亡逮乎繼世守文之君生而富貴不知疾苦動至夷滅朕少小以來經營多難備知天下之事猶恐有所不逮至如諸弟生自深宮識不及遠豈能念此哉朕每一食必念稼穡之艱難每一衣則思紡織之辛苦諸弟盍學朕乎今選良臣以爲藩弼庶其習近善人得免於愆過耳

十五年正月誡朝集使曰禮義者人倫紀綱卿等頒

能遜之百姓自然而化導德齊禮豈不善邪若南方諸州多統夷獠官人於彼言語不通里吏鄉首侵漁匹庶不勝忿怨挺亦相讐因是叛亡輕犯州縣興兵討捕即致殺傷每念於此嘗爲惕然卿當深識朕意制姦撫弱又不肖長吏或與富室交通積成欵狎怠忽刑典是惟蠹政特宜禁絶

四月甲午謂諸衛將軍曰元首股肱千載難合卿今委質於朕寔望魚水相資或薦所知或救不逮有犯無隱是曰人臣頃者武官多相攜貳欲有論爭衆挫必使其慙所謂不自爲善而惡人獨善者也宜改斯弊

八月謂侍臣曰朕昨觀尚書帝王之道坦然可見因顧左僕射房玄齡曰卿爲百司之首佐理陰陽朕有不逮宜矯其失謂吏部尚書侯君集曰職在選舉發言朕聽宜屏黜不肖進用賢才謂戶部尚書唐儉曰朕情存兆庶誠不懈怠宜知其疾苦體其虛實謂工部尚書杜楚客曰人君欲奇服異器以散府藏當諫而勿爲也謂鴻臚卿劉善因曰今遠方之人朝貢不絶來數則煩迎送拒之便絶通和宜處之以道令懷而不怨朕每庶幾唐虞欲卿等齊肩稷契耳書云可

愛非君可畏非民爲天子者有道則人推而王無道則人棄而不用誠可畏也

九月謂公卿曰朕昨閱帝系畧有八十餘君亡國喪身者多興邦利物者少覽此興亡極懷戰惕觀其明主能任用賢才察其闇君必以聰明自任但天下至大萬機至廣以一人之身總四海之事縱令聖獻豈能無失朕今任用公等必望庶事咸康方今地平天成亦是公等振鱗之日捐軀報國盡忠奉上寧止曳朱紫於當今亦獲嘉名於後代耳

十一月朝集使貢庭實帝謂曰情在萬邦欲家給人

足州縣官寮不識朕意耳崇虐畧實激聲要譽春蟲
始篌卽呼呈蟹殖苗未生已求塡殺斯實浮煩百姓
觀者或似至公刺史一州之長縣鄉取則其下或有
煩勞爲朕禁制又蒲州刺史趙元楷課父老服黃紗
單衣迎謁路左盛飾廨宇脩營樓雉欲以求媚又潛
飼羊百餘口魚數百頭將饋貴戚太宗知而數之曰
朕廵省河雒經歷數州凡有所須皆資官物卿飼羊
養魚雕飾院宇此乃亡隋弊俗不可復行當識朕心
改卿舊態也元楷在隋有邪佞之目太宗故發此言
以誡之又喬軌爲左驍衛左監門將軍兼左武衛大

將軍出爲夏州都督軌性踈傲不能以禮自居將發
太宗誡之曰恭者禮之本愼者人之行卿在宿衛頗
失此道久留陛階下恐長朕之過夏州重鎭卿其勉
之
十六年四月帝謂褚遂良曰卿爲諫議比來何爲不
諫遂良曰臣聞木從繩則正后從諫則聖而歷代帝
王進納忠讜從善如流者國當蕃安化洽聲稱厥后
絶忠臣之路惡諫諍之言沉迷嗜欲賊害良善者何
嘗不國敗身亡以爲後誡陛下功德之盛古今莫二
視朝之餘假以顏色奬誘愚臣使罄矇瞽臣實慙鷙

下不稱萬一尸祿素飡誠負陛下
五月謂侍臣曰自知者明信爲難矣至如屬文之士
伎巧之人皆自謂已長他人弗及若明公文匠商畧
詆訶蕪音拙跡於是乃見況一人聽斷一日萬機雖
弗憂勞何能盡善嘗念魏徵正諫多中朕失明鏡鑒
形無以加也因舉觴屬房玄齡等數人以勗之
十七年正月謂漢王元昌等曰人有事不可奪汝知
之乎咸曰不知帝曰爾等祿位我得奪之行善潤身
我不能奪然善事非自爾身亦貽爾子孫矣又謂侍
臣曰頃頻有妖言謀反者此皆不識天時自取亡滅

運屬太平誰與爲亂且帝王必俟符命班叔皮論之
詳矣自非上天眷顧何以克當譬之賣笏人皆競選
或先署某買衆便絶言朕署天下十有餘載所謂分
定可絶覬覦矣朕雖不及堯舜而以公等爲稷契共
安天下可不勉哉又謂侍臣曰自古開基之主至子
孫多亂何也司空房玄齡曰此爲幼主不賢所以致
亂太宗曰公意推過於主朕意歸罪於臣夫功臣子
弟多無才行藉祖考基蔭遂處大官禮德不脩奢淫
是好崇小人之附勢蔑君子之嗚謙以無賴之臣事
幼弱之主顛而不扶豈能無亂隋煬帝錄宇文述在

藩之功擢化及於高位不思報效翻行弒逆此豈非臣下之過歟朕發此言欲公等誡勗子弟使無愆犯即國家之慶也

是月漢王元昌霍王元軌舒王元名滕王元嬰密王元曉越王貞紀王慎晉王治皆侍坐帝謂曰我弱冠之年頗愛遊獵蘧伯玉云行年五十知四十九年非非之是今復非之頃來不好畋獵不窺苑囿唯披翫書籍中宵乃寢有益於時必爲之三復乃知事弗師古無以爲政

四月立晉王爲皇太子巳亥帝御兩儀殿皇太子侍

側陳孝德以戒之是月又累歎侯君集大臣懷姦承乾爲逆因謂侍臣曰夫不善者善人之資朕嘗語皇太子以承乾爲元龜公等亦以君集爲鑒戒

閏六月帝謂侍臣曰朕自皇太子立也遇物必誨見其將飯告曰稼穡艱難不奪農時乃可嘗有其食見其乘舟謂曰舟况人君水比黎庶水能載舟亦能覆舟爾方爲人君可不懼畏見其休於屈木之下謂曰木雖曲從繩則正后雖庯從諫則聖耳

七月謂侍臣曰天子有二難追蹤上古事嘗不稱爲一難思安兆庶而或未得所二難也而爲臣亦有二難企蹤昔賢盡心事上爲一難仰止前哲居官必理爲二難然天子慕堯則堯之侶慕桀則桀之徒臣慕賢與不肖亦猶是矣

十月朔帝召雍州諸縣令誡之曰夫人君爲心百姓爲體安則心樂苦則心危然手足寒則應心政令急則傷下爾等或飭郵厨要聲譽非朕所尚平法寬安黎元使老弱窮獨皆得其所豪家富室不有侵漁朕所孜孜在此而巳

十二月帝謂吳王曰父之於子恩愛是嘗子能仁孝不騫父亦恩情自重若不順其親數有罪惡刑戮將

及何愛之有昔漢武立昭帝燕王旦譸張不服霍光遣一折簡至身死國除爲人臣不得不愼

十八年九月帝謂侍臣曰屬性含水待月而水生木性懷火因燧而發人性含靈待學而成美卿等其勉之

十月帝謂侍臣曰皇太子當學之歲須日聞所不聞乃詔太子就席而謂太子太師司徒長孫無忌等曰太子生於深宮之中未嘗知憂未嘗知懼未嘗知危未嘗知哀未嘗知勞煩公等爲陳以啟其意無忌答曰太子外温内敏天授多才但勤於博學事無不曉

太宗曰公知其梗槩而未得其理夫人主日出視朝賢人君子頰首在列而已負扆以制御之一物失理亂亡之端以此思憂則憂可知矣行至郊野周覽遠望亡國之墟將有數矣此古昔之國其巳尚爲今焉者王不求賢佐不能盡心事大國吾遣偏師擊之係頸至此流飄萬里自取滅亡以此思懼則懼可知矣夫有天下者以政化爲本以人心爲固古人有言君者舟也人者水也水所以載舟亦所以覆舟以此思危則危可知矣夫將爲人君則躬事宗廟入廟而右登自阼階俯察几筵仰觀榱桷其器皆在其親不見

以此思哀則哀可知矣古之太子行則撫軍令六軍行從是所自觀爾則乘堅驅良彼則負重致遠以此思勞則勞可知矣皇太子謝曰臣德義無聞起居上嗣拔足憂懼如臨氷谷蒙陛下誘訓愚闇遂廣條流親承音旨得此五事皆是發慮安危致言經遠臣謹奉以周旋不敢失墜

十九年帝征遼留皇太子在定州將發皇太子對帝悲啼者巳數日帝謂曰承乾內悖爾非次而得立自爲嫡長嘗在吾膝前與嬰兒孺子奚異哉而官寮皆天下著名之士吾今東征故留爾作鎮亦冀天下之人見汝風彩夫爲國施化賢者須進不肖者須黜爲善必賞積惡必誅心存於公事不僭濫勉行此而巳亦安用悲乎太子曰念臣七歲偏孤蒙陛下手加鞠養自朝及夕未嘗違離明旦辭違隕心泣血今日頓鍾於臣因悲不自支帝亦爲之灑淚又韋挺時爲御史大夫封平陽縣男帝從容謂之曰卿之此任偶朕意耳左右大臣無爲卿地者卿其勉之

二十年十二月謂羣臣曰朕聞以愚事聖爲難以明事暗亦難所以自古君臣難以道合諒繇於此朕自方禹湯以上恐有不逮至乎秦漢以降頗亦可知而

宇宙康寧蠻夷慴伏自謂古今未有然自惟暗短事藉明哲卿等竝朕之股肱心腹寄以共政必宜竭心啟沃無所私隱中書門下古稱喉舌出納言語之謂而比拱默寂寥罕聞陳說將謂朕不能受所以杜口邪僞自不能悉也

楊師道尚桂陽公主爲太常卿駙馬都尉師道卒子豫之不肖薄行太宗嘗謂羣臣曰夫子有孝與不孝臣有忠與不忠公等見不孝之子不忠之臣豈不同嫉然不孝之子父母亡歿巳後肆情爲惡虧犯名教良由闕於義方今緣師道兒喪虧禮節誠所難恕若

訓導合宜縱其頑鄙猶不很傾公等各有子弟咸須示語無賴者亦勿存育

二十一年正月謂司空房玄齡等曰朕撫四海二十餘載年已五十餘歲不我與古人輕尺璧而重寸陰然賢人君子立身成名各欲及時雖自勵不怠但恐歲月如馳德不周物因勑百官各勤其事

二十二年二月朝集使奉辭引五品以上升殿宴謂之曰調風化俗莫尚於文潤德光身莫先於學是以海蚌不剖明珠不現崑竹不斷鳳音不彰故髦俊以博識洽聞立名國家以任賢使能致治我每殷勤約

束務在勸學其所貢舉旣得其人今年貢人不多升第又少豈非公等失於勸導所致又曰育物濟人必資於食家給人足本藉於農縱使瓦礫盡作隋珠沙石皆爲和璧珍寶滿目何解饑寒比年以來亦大豐稔纔有一兩州水旱卽須開倉賑給良以不勸貯積朕爲公等不取又曰我共公等三年一度相見今日所見或非舊人我見公等非常慰意公等見我想亦歡忻宜各爲我樂飲會訖又曰古人贈遺不貴珍實其所重者相贈以言公等在州當撫馭百姓若能威惠兼舉信義不虧奉國之情無忘忠節唯以公方爲意不以私務爲心雖不求安而安自至雖不求名而名自顯若所行反道舉指乖方身名俱喪危亡斯及但正塗難踐斜徑易登各宜勉遵善道勿貽咎累朝集使等承旨下拜其預聞詔誨者竝皆悅服

又皇太子獻玉華宮山銘太宗讀之以示羣公曰朕以暇日常教其文體觀其辭彩差欲相類然詩賦非政道之急必在屈己下人至如漢武窮奢極靡肆情縱欲而得身不顛滅貽厥子孫者正以賢臣輔弼所致卿等束髮遊宦九有俱瞻宜各守其業以相翊贊無忌曰陛下自方漢武臣所未安臣等遠擬前賢誠

多慙德然有角折齒事不兩兼幸蒙庇蔭敢不自勉

高宗永徽初蜀王愔爲虢州刺史遊獵馳騁典軍楊道整叩馬陳諫愔曳而捶之又嘗毆擊所部縣令帝聞而泣謂荊王元景等曰先朝櫛風沐雨平定四方遠近肅清車書混一朕纂承鴻業懼均御朽與王共感同憂爲家爲國蜀王田獵無度侵擾黎甿縣令典軍無辜被罰呵譴卽喜忤意便嗔如此居官何以共理歷觀古來諸王若能動遵禮度慶流子孫違越朝章誅不旋踵愔爲法司所劾朕甚耻之

隴西郡王博文有妓妾數百人皆曳羅綺餘梁肉與

其弟渤海王奉慈俱以貪縱爲時所鄙高宗嘗謂曰我怨嚳有善猶擢以不次況於親戚而不委任乎聞叔等唯昵近小人好爲不軌先王墳典不聞習學今賜絹二百疋各買經史習讀務爲善道也

中宗景龍二年七月大理正王志愔奏言法令者人之隄防隄防不立則無所禁竊見大理官寮多不奉法以縱罪爲寬恕以守文爲苛刻臣愚以執刑典卽爲衆所謗帝謂曰法急則傷人寬則漏罪原情寘罰在於中平宜愼之志愔因奏上應正論以見意

四年正月丁巳內出欹器以示侍臣曰古有欹器朕

今造成置之座右以誡盈滿卿等當思自勗嘗保榮寵

睿宗景雲元年十二月帝以諸王及皇親任刺史別駕多有愆過手勅戒之曰朕聞司牧兆人有國彝訓敦敘九族前王令典念此宗枝久遭沉翳近從班命庶展才能或授外藩或居內職留念訪察屬想風謠罕立嘉聲或聞蠹政當官不存於職務處事多陷於偏私貪荒酒德者蓋多樂善敬賢者全少將性之昏昧違此義方豈朕之不明成爾薄德當從戒愼勉遂悛改如迷而不復自速愆尤已實爲之悔之無及卽宜遍相告示以副朕懷

二年三月朝集使辭帝謂之曰頃年以來國家多難朕以薄德祇膺丕緒哀疚不暇未能遠圖四海凋殘百度壞廢端憂永念氷炭盈懷卿等夙荷朝榮位班列牧正當與朕同此憂心今者考課已終各還所部將何以闡揚朝典慰彼黎甿勉思良圖日新政理年終奏計佇有所聞朕遣人分道廉問

十二月制曰設官分職本期致理惟賢是任匪私親昵若使才勝其任望重於時一日累遷固未爲速如或化工無取考績非明十年不調豈應論屈頃者官

失其序僥倖路開人不務德惟速是視在職無幾妄希遷陟又每謁見之時多請仗下奏事不聞公議唯乞榮班王爵與能豈錄干請朕雖遠慚聖哲多媿大明自臨寰宇斯焉兩載卿士人材皆所知悉不被昇擢蓋自取之當務責躬何宜往訴且難進而易退君子格言後已而先人往哲明訓周文多士虞舜舉才克讓滿朝故稱爲理今位參臺省階列通班唯務趨競餘何足紀朕方欲大革澆浮俾歸淳俗自今已後謁見之日若更有干冒祈榮者雖地處親勳才稱俊秀皆當格之清議一從屛黜崇廉恥之節洽昇平之

化
玄宗先天二年九月制曰法之所設本以懲非令之必行期於禁止致理爲要何莫繇斯至如官典受贓國有常法承前雖經處分在外多未遵奉且不戒視成爲暴不令而罰爲虐豈含容之旣久將訓導之未明歟朕情存畫一過不欲貳恐愚人陷罪莫識隄防姦吏徇私自要徼繩永言於此明發興懷今日已前旣往不咎從今已後有犯必繩朕不食言爾無荒怠所以慇懃懇懇戒爾凡百者蓋以罰止罰可不愼哉告示遐邇令知朕意

十月引京畿縣令入見謂之曰間者畿輔之地水旱有愆朕務在恤人將幸于雒恭承嚴旨遂輟東廵百姓等或有出闕恐至失業朕每自節儉惠養黎元卿等深體朕懷各敬廼事時太上皇有誥不令東幸也
開元五年六月突騎施酋長蘇祿潛窺亭障安西東護郭虔瓘及十姓可汗阿史那獻皆反側不安各以表聞乃遣使齎璽書慰諭之并降書謂虔瓘及獻曰朕聞師克在和不在於衆懷遠以德不獨以兵卿等或宿將重名或賢王貴種咸負才畧受任邊疆當須戮力同心盡誠報國捨嫌窒隙忘軀立事近得表狀更相異同又請益兵乃非長筭自從開四鎮列諸軍控扼有常置額久定卿等所統蕃漢相兼以之制邊綽有餘裕在乎善用豈藉所加或云突騎施圖逼石城則緣史獻致寇或云葛邏祿徵兵馬則被虔瓘沮謀進退遂有兩端讒邪必然二至若大將不協小人間之自保不遑何功可就卿等去日朕已面諭不謂卿今尚猶如此且史獻十姓酋長先拜可汗一方黎庶共知所屬突騎施部落雖云稍衆當應履信思順安可恃力爭高虔瓘頃將嘉言且以忠道此際尤資史獻未可即來入朝蘇祿先是大將軍未經制命

今故遣左武衛翊府中郎將王惠充使宣我朝恩冊爲國公令職朝序并賜物二千段及器物等務於綏懷得所不欲征討示威史獻前擬發兵葛邏祿其時遣衆慮於勞擾當更審思其中權宜屬在卿等王惠廻日一一奏聞昔相如能屈廉頗竟展功業寇恂不較賈復終承教命幸繇公道匪徇私情明鏡靈龜各以爲鑒
七月諸州朝集使辭詔曰朕聞御寰瀛者不可以乖化養黎獻者必存於從理故專一方親百姓有愁苦之心非牧伯之德所以精求臺閣歷選縉紳嘗舉百

察之要以光出剌之重虛想佳政用成庶績自冬入計者則循名責實詢事考言雖不無等差終未有殊異得非歲時或淺風教未洽耶故一切不遷各再臨所典至於敬耆老恤煢弱止姦盜伏豪强人不忍欺吏不敢犯田疇懇闢獄圄空虛徭賦必平逋逃自復門杜請謁庭無滯留若是者廼聞舉職思可力政至於弭災眚集休祥尚德義崇禮樂偏風大長道化滂流耕夫克讓織婦知節草木不夭昆蟲咸遂扇彼淳源登茲壽域若是者亦弘之在我仁遠乎哉豈惟祿秩就加當以公卿入拜其或靡副朝奬不恭朕言陟

旣有之黜故宜及勉旃俞往各勤我之休命

八月詔曰分命督將保寧疆埸且變無知之俗長爲不叛之臣必也仁明在乎清整若脂膏不潤豪髮無欺開懷納戎張袖延狄彼當愛官吏猶父母安國家如天地欲其亡散庸可得乎若其心不公所視唯利放縱部曲阿容子弟此乃求鷹鶻以馴乳使豺狼以掌牧欲其輯寧庸可得也往年趙鼴在營府總統乖方近日張知運在單于徵調失所遂令東胡喪亂北虜披猖爰搆征戍之勤頗致瘡痍之酷言念於此可爲深戒今諸蕃歸降色類非一在蕃者則漢官押領入附者或邊陲安置風俗未通言語不達至於畜養實務綏懷宜令所在軍州牧將等倍加存恤申其克盡其理問疾苦知饑寒公私不得有侵巨細必令無擾儻處馭多僻威恩不孚龜玉之毀典刑斯及御史出入仍訪察以聞

七年正月京畿縣令朝見敕之曰諸縣令等親百姓之官莫先於邑宰成一年之事特要於春時卿等列在三畿各知人務宜用心處置以副朕懷農功不可奪蠶事須勿擾市獄在簡典正宜肅徭賦須平豪强勿恣凡者賢能必無曠職卽宜好去

三月朝集使還本任敕之曰朕聞天生蒸人薄于四海天有成命乎于萬邦必內立公卿外建侯伯后非賢罔使賢非后罔事借耳以廣聽假目以遐覽則諭上旨通下情庶政諧而羣萌樂矣繇是三考黜陟百官會計若昔之訓茲焉是取朕以薄德祗膺寶位受乾坤之顧荷宗廟之靈凛乎若涉春氷馭朽索責在司牧所賴分憂曷嘗不想望賢才馨香至化七年于茲矣咨爾羣嶽寔邦之良朕每勤政途深佇嘉績豈爲吏罕久與人未信何尤異杜絶寂寥厥聲惟恭永圖當副虛屬孔子曰苟有用我者三年有成漢宣曰

庶人安其田里無愁恨之聲政平訟理也以爲太守數易則下不安誠哉是言今之牧守古之諸侯寵數攸加情寄尤切故躬饗廷內則飲食宴樂幣帛篚筐入至朕前則敷衽以陳命席而對所冀仁且不遠言之必行以朕憂勞之心託卿勤恤之助卿等各宜愼厥始成厥終往欽哉祗守爾典操一州之統分六條之察念茲在茲用光我班瑞之命有賞有罰朕無戲言

八年二月敕朝集使曰古者覲羣臣后比邦國黜幽陟明循政思理罔云廢也朕以虛薄屬當期運受命

穹旻司牧黎元何嘗不中夜求衣晝分忘食欲其日月所燭霜露所墜不獨親其親不獨子其子五穀豐殖萬物阜安爲無爲事無事與能共化于茲八年矣而淳源未還至道猶鬱豈朕之不德耶將吏之不賢耶徭賦或繁耶綱維或紊耶故延入軒陛躬問得失如卿所對則朕無憂矣書曰非知之難語曰仁遠乎哉我欲仁斯仁至矣卿等宜祗典厥職先正其身循于國章允茲朝寄因乎風俗示之訓誘必也導德齊禮以公滅私田里息愁恨之聲邦國聞寛厚之化乃當優賞如或依勢作威倚法以削流亡未至教令不行必加其罰自餘宜依別敕處分勤恤人隱以副朕懷又詔曰朕聞諸禮曰刑禁暴爵舉賢則政均矣好惡著則賢不肖別矣朕之虛薄祗膺景命荷宗廟之靈當億兆之貴曷嘗不早朝晏坐畏天愛人思欲保其和樂躋於仁壽則與我共理者其惟良二千石乎每計吏還州與之陛見示其罰賞錫以篚筐亦云爾而已矣朝集使豫州刺史裴綱久典荆豫爲政煩苛頃年不登合議蠲復部人有訴便致科繩縣長爲言仍遭留繫御史推案遽以實聞虐政弊人一至於此朕夙夜兢惕匪遑寧居尋遣使存問諸道有災損處

已量加賑恤水旱不時寔朕之過惠養失所分刺之繇是用黜綱於嶺裔誡彼羣嶽朕於蒼生若保赤子爲之均井邑制田廬必欲其時和年登遠安邇肅託于牧宰代以躬親故歷世難其官誠經國致理之意也夫德惟善政政在養人故土煩則草木不長水煩則魚鼈不大必也寛恕貴乎清淨諸州刺史都督宜問疾苦拯貧窮杜侵漁察寃獄至於賦役尤須減省苛刻爲事人何以堪切在求理務從折衷用存楷式其有不便穩者隨事條奏朕將親覽欽爾有官勤爾有政如風化允穆課績殊尤當擢之不次旌乃厥美

凡百庶邦敬聽朕命

冊府元龜

冊府元龜　帝王部　誡勵二　卷之一百五十七　二十三

冊府元龜

巡按福建監察御史臣李嗣京 訂正
知閩縣事臣曹𦎍臣參閱
知建陽縣事臣黃國琦較釋

帝王部 一百五十八

誠勵第三

唐玄宗開元九年三月勑朝集使等曰卿兼承朝委分職外臺陳國之法制爲人之師長將何弘宣政要阜安畊俗熙我淳德以臻太和頃年以來戶口逃逸波逝而往井邑虛弊州縣不以爲事逋亡乃是其甞

冊府元龜 帝王部 誠勵三 卷之一百五十八 一

言念下人豈無懷土之戀思皇多士未有移風之術緝寧政教仁遠乎哉提振公方道存於爾宜加招撫咸使安服又去年諸州申有旱澇流亡雖聞蠲放莫能平允多非情正守法或以暗慢順情在於公私俱不折衷自今已後務從於實卿等職在親人稍存意於此宜躬問疾苦務崇簡惠勸以桑穡敦其學較利而勿害靜則自安卿等每還之時朕亦甞有其誡及聞至彼多不遵行咸以爲朝廷甞務會同甞禮因循旣久罔以爲意卿宜敷弘朕意宣慰人心勉思政途以奉朝奬如仍舊相習當別有處置事有不便於人者各與按察使商量奏聞

十年正月朝集使各還本州勑曰朕承天休子育萬方樹之師長俾敷景化將以固玆邦本致諸昇平而大道緬然淳風未暢租賦雖減戶口猶虛水旱相仍耕桑莫贍豈朕之不德而吏之無方言念於玆良增歎息卿等與朕共理實曰分憂各勉思政途以輔不逮若人有疾苦鄉有姦豪不勤農桑不崇學較並宜敦勸以正風俗其臺省處分不便於時者具利害聞奏勿復依隨以損百姓爾其留意綏我兆人

九月勑曰朕君臨寰宇子育黎元內脩睦親以敘九

冊府元龜 帝王部 誠勵三 卷之一百五十八 二

族外協庶政以濟兆人敦戚極褒厚之恩兄弟盡友于之至務崇敦化克愼明德今小人作孽已抵憲章恐不逞之徒猶未能息凡在宗屬用申懲戒自今已後諸王公駙馬外戚等家除非至親以外不得與餘人交結其卜祝占相及非類惡人亦不得遣出入門庭妄說言語所以共存至公之道永協雍和之化克固藩翰以保厥休貴戚懿親宜書座右又下制曰百官等祿秩旣優勳賢是寄皆合守其正道無宜聽彼異端至如卜祝之流妄陳休咎占候之輩假託徵祥誑惑旣生愆違斯作因搆讒慝遂行訕毀取陷網羅

良增歎息懲一足以勸百有犯不可無刑姦佞以此
累身百寮誠宜飭已自今已後各宜謹慎並不得與
如此等色及無職人交遊來往仍令御史訪察有即
彈奏當加嚴罰
十二月朝集使各還本州勑之曰朕君臨宇內子育
黎元何嘗不簡易愛人勤恤庶政天下至廣不能獨
任故樹之牧宰咨其共理而淳化未敷至道猶鬱庸
賦尚減戶口且虛水旱相仍倉儲莫贍無聞慈惠之
政未息凋弊之流豈朕之不明吏之無術每念於此
用惻于懷卿等是行勉思厥政百姓間有鰥寡惸獨

不能存濟者務令優養游業浮惰不勤稼穡者特令
正肅敎以學較勸以農桑差役之間務使平允逃亡
之戶兼藉招攜令其下人使得蘇息諸州遭澇之處
多是政理無方隄堰不脩或溝渠未洩頻以處分竟
無承稟嘗破租庸是何簡較至州之日各宜勸勉應
合脩塞開導宜預施功若不暫勞何以獲利宜勵所
職勿犯嘗科
十三年三月詔曰御史出使舉正不法身苟不正焉
能正人如州縣祗迎相望道路牧宰祗候僮僕不若
作此威福其正人何如聞自今已後宜申明格敕不
得更爾違者州縣科罪御史貶降
十六年二月諸州朝集使還帝謂之曰朝集使等弘
風善俗寄於良吏求瘼卹隱職在親人朕並建藩牧
擇其師長欽若古訓俾人用康而教化或未洽黎甿
或未寧攘竊者時有犯禁逋亡者罕聞復業豈朕敎
諭之道尚闕而牧宰之訓未明歟永念於此不忘旰
昃卿等咸承朝寄分掌外臺共理之道期於康濟至
若率身以正馭衆以仁而下不化者未之有也卿等
還州宜禁侵漁絕浮惰惸獨孤寡尤資惠育盜賊妖
訛特宜禁斷其征鎮人每須優賞科斂之事必在均

平頃者水災薦及河朔朕思無不至憂彼元元發倉
廩濟江淮以賑之免租稅停征役以安之今屬春陽
布和農事方起或慮乏絕致妨耕桑雖已遣使宣撫
或恐事未周贍如有不支濟者即便量事賑給諸道
有損之處亦宜准此朕不欲一物失所衆情不遂納
羣生於壽域躋大化於昇平卿等各宜恭守朝章宣
布朕意雖萬方有罪敢忘在予而三載考績須微行
事安人稱職可不勉歟
七月詔曰州縣牧守等並受朕之寄助國爲理寔兾
其共康庶績俾乂羣甿頻經處分合盡誠節仍有不

遵法式自紊紀綱貿遷營利或縱親識侵暴下人或
在鄣停規求貨馬諸如此類不可具言豈教之不明
而人之多僻當宁遐想滓惕於懷各宜徇公以副所
委
十八年正月畿縣令朝見勑之日諸縣令等撫綏百
姓莫先於宰字煦育黎民須自於厥德卿等日在京
畿合親吏理務在用心以安疲瘵庶期成政以副朕
懷
二十年正月勑曰政在養人人安其業先王所以用
明宗之長求忠信之師務斯道也朕勤恤庶政保綏

羣元濟育之誠不違於終食聽理之慮每軫於宵與
將使載其清淨息其勞費如聞華轂之下政令猶煩
或廣脩器物將有供待或差歛人戶以充庖費豈副
朕薄賦輕徭息人減費之意其雒陽令韋紹縣尉顏
思賓輙有科率擬備祗供雖事未行終是專擅宜貶
出河南尹孟溫禮雖不覺察狀異知情宜特寬捨自
今巳後府縣宜洗心懲革不得更然其或不悛仍有
勞擾仰百姓即詣歷使具狀奏聞輙不得稽壅所犯
之人當有處分
二十二年三月命有司引新授縣令等見勑之日新
除河南府密縣令張稷等令長之任黎庶尤切比嘗
選衆未盡得人然而勇進之流乃非其好矯弊之政
豈爲所華今既各膺奬用當盡良能周月政成風謠
各著所列淸要唯待才賢旣爾有聞不患無位各宜
勉勵以副朕心
二十四年二月宴新授縣令於朝堂勑之曰自古致
理在其命官今之所切莫如守宰朕每嘗屬意尤重
此官有善者雖遠必升無能者縱近必廢唯取才實
非務官資事亦坦然天下所見而浮競之輩未識朕
懷俾其宰邑便爲棄地或以煩碎而不專意或以僻

遠而不專心或以徇已而貪婪或以畏法而巽懦浸
染成俗妨奪爲嘗嗷嗷下人於何寄命朕所以寢與
軫念思以濟人故命吏曹精選才幹卿等各膺推擇
用簡朕心若能理化有聲名實相副必有超擢終不
食言如其謂人不知唯利是視自速負敗兩喪身名
智者所圖應不至是各宜勉勵以副勤屬并製令長
新誡一篇須賜天下縣令其詞曰我求令長保乂下
人人之所爲必有所因侵漁浸廣賦役不均使夫離
散莫保其身徵諸善理寄爾良臣與之革故政在維
新調風變俗背僞歸眞教先爲富惠恤於貧無大無

小必躬必親責躬勸農其惟在勤墾爰行令孰不攸遵曷云被之我澤如春

二十五年正月詔曰宰輔之任簡在朕心亦旣同德是爲一體其有惡直醜正以私害公結搆讒慝圖議離間廢我軌度莫甚於斯御史中丞盧怡累登清寄爰委繩準宜遵國典以正朝綱而乃妄起猜嫌輙爲朋黨交通小吏傾側大臣潛求罔極之言欲陷無辜之善雖浸潤之譛縱盈篋而不疑而回邪之端若燎火而難近宜從遠貶以戒具寮可潮州司馬員外置且清淨者政之本和平者國之福朝多君子可不務

乎如或妄動以干時矯舉以違道遞相好惡便作比周斯爲亂甞必有明罰凡厥在位知朕意焉

七月以宗正少卿崔秀爲太子右庶子司農少卿皇甫惟明簡較司農卿少府少監李齊國簡較少府監邠王府司馬杜鵬舉爲豐王府長史課勤也勑曰古者官宿其業吏不數變寔欲觀其始終因以別其能否若用捨非當遲速不倫是開趍競之門豈曰和均之道宗正少卿崔秀等名行早著朝廷所推各效一官已經四載器能有適久次當遷宜副僉諧俾膺兹命且承平日久從任者多必憑考績方爲進轉但須愼守豈滯其能如或躁求是招其累速則不達謙而必通凡今庶寮宜悉朕意

八月御製戒六篇以示諸王其旨蓋明君臣父子之義齋祭稼穡之事也忠王璵等上表請宣付史官及示百寮許之宰臣李林甫等奏曰臣等伏以聖謩垂訓輝映千古須示朝廷未及天下兼望宣布中外帝手詔謂曰周公聖人攝行王政戒伯禽曰無以魯國驕人朕方聖雖慙豈忘戒子昭示庭訓何足以宣布中外耶

二十九年十二月帝謂新授刺史縣令等曰卿等頃

因內舉並膺明試朕廣推薦之路而一槩盡收乃至授官率皆優假朝恩若此不亦厚歟以卿等器能久從官政所莅之處固必有聲然今兹舉人將勵天下高懸賞罰俾自懲勸先宜自勉以副朕心卿所舉人皆別標名歷得知卿等能否褒貶必擬同之無累爾親當榮所薦言可復也宜悉至懷（初詔公卿各舉所親爲牧宰及對策畢上以羣臣推薦必盡忠誠遂悉收之各以資轉職）

天寶元年十月諸州朝集使廻勑曰今之牧守古之諸侯撫育黎元歲有朝會蓋問之疾苦審以安危必在適時期於不擾洎告辭處分師古前規如聞遥自

朝廷初到郡縣便遠追償道廣說滋彰由吝在還日夜疲弊過賢當無此事俗吏誠恐有之朕夙夜在心期之清淨頃聞此說深疚迺懷宜覺前非俾無後悔當道採訪固不得違寮友之間遽相戒勵宜知朕意各守章程並宜好去

三載五月長安令栁昇坐贓於朝堂杖殺之詔曰朕恭守丕業臨炤百官冀君臣一心中外勵節長安縣令栁昇往因推薦寘彼周行而乃禀性回邪恣情聚歛黷于貨賄紊我紀綱是而可容孰不可赦故令鞫按用致嚴刑豈惟懲息姦源抑欲庶寮知戒況聞朝

廷卿士多與交遊比之匪人門遍賂遺用弘寬典咸爲匿瑕且古人以廉耻立名清白貽範苟虧斯節謂忝前脩況身荷恩榮家享重祿陳力無紀徇財已彰取愧素餐自投蹤網每念於此良用憮然凡在百寮宜爲殷鑒仍宣示中外令知朕懷

五載七月敕緍雲郡太守韋堅爲江夏郡司馬乃下詔書曰無總貨寶生生自庸傳曰官之失德寵賂彰也則古先哲王不閒好貨垂以明戒無易紀律然法貴變通罰宜平典罪止其惡過從寬宥庶乎有勸與乎有懲韋堅是司潭漕妄事興易餉遺朝廷計其積賍數目甚廣朕以衣冠之士豈往求之而姦回之人是爲抑與韋堅以別有處分所司已一切不問咸令自新冀有廉隅成予德化各思變節無貳過焉宜示中外知此朕意

十三載六月引吏部新授縣令見勅曰唐虞之理命以子男周漢建官委以令宰朕稽古前哲寤寐全才委之銓衡慎擇銅墨至於上敷朝政下字淳人親其農桑均其力役使惸嫠者視之猶父母俾匱乏者賴之以安全然後八使類能六條舉最擢以含香粉署獎以秋簡霜臺是乃立身效官移忠入仕榮家報國

豈不美歟若徇己肥私擾人敗政有懷潤屋無懼害公豈惟刑網貽憂抑亦名節隳替蓋士君子之所耻亦名教之罪人鴻漸于盤豈不勉哉今卿等將欲赴官朕之所言提撕之耳所謂聽訟吾猶人也必也使無訟乎況今之人也與古人不殊今之官也與古者無別穀璧銅印其猶昔榮而卓茂魯恭逈然無繼將勸獎之道不至豈淳樸之風未還撫事君臨載深厲惕今者庶乎卿等能副此心賞既超倫刑必當罪各宜勉勵敷我皇猷無謂天高四聽必達並即於朝堂賜食食訖好去

代宗大曆五年制曰朕覽漢文詔書至陽和之時草木羣生之類皆有以自樂而吾百姓或阽於死亡而莫之省緬然遐想感歎增懷哀今之人又甚於昔思有贍恤俾安其居觀察節度使及刺史各宜訓勵所部使奉科條變貪官之節邈循吏之行其清白明著政理殊尤者具以名聞必加獎擢若干冒貨賄紊我紀綱切宜糾按當峻刑憲其官人犯贓經恩勉罪者並宜申報中書門下及所司不得容其郤上自王室多故積有歲時皆我文武之臣中外戮力今天下既定崇德報功與之剖符傳代不絶至於莅官述職各

宜明慎刑典貽慶子孫

憲宗元和四年正月以左司郎中鄭敬使淮南宣歙吏部郎中崔芃使浙西浙東司封郎中孟簡使山南東道荊南湖南京兆少尹裴武使江西鄂岳等道宣撫行日並召對告之曰朕宮中用度一疋以上皆有簿曆唯拯救百姓則不計費焉卿等今者賑卹災旱當勤於奉職勿如潘孟陽所到務飲酒遊山寺而已仍許卿等以便宜從事

七年六月中使梁守謙傳宣曰自今史官記事每須指實不得虛美時帝讀肅宗實錄見大臣傳多浮詞倚美故有是戒

穆宗長慶元年四月制曰昔者卿大夫相與讓於朝士庶人相與讓於列周成王刑措不用漢文帝恥言人過眞古理也朕甚慕焉中代以還爭端斯起掩抑其言則專蔽諺掖其說則侵誣自非責實循名不能彰善癉惡故孝宣必有敢告乃下光武不以單辭遽行語稱訕上之非律有匿名之禁所以防三至之毁重兩造之明是以爵人於朝則皆勸刑人於市則皆懼罪有歸而當於事也末代偷巧内荏外剛卿大夫無進思盡忠之誠多退有後言之謗士庶人無切磋

琢磨之益多銷鑠浸潤之讒進則諛言諂笑以相求退則羣居雜處以相譏留中不出之請蓋發其陰私公論不容之談是生於朋黨擢一官則曰恩皆自我黜一職則日事出他門比周之跡已彰尚稱介獨繇徑之蹤盡露自謂貞方居省寺者不能以勤恪莅官而日務從易簡提紀綱者不以準繩檢下而日寄奏風聞獻章疏者更相是非備顧問者互有憎愛苟非秦鏡照膽堯羊觸邪時君聽之安可不惑參斷一謬俗化一訛禍發齒牙言生枝葉率是道也朕甚憫焉我國家貞觀開元同符三代風俗歸厚禮讓偕行兵

與巳來人散久矣姑欲道之以德不欲驅之以刑然而信有未孚理有未至曾無耻格益用凋刓小則綜覈之權見侵於下輩大則樞機之重旁撓於簿徒尚念因而化之亦旣去其尤者而臣等懼其寖染未克清澄備引祖宗之書願垂戒勵之詔遂申告戒頗用殷勤各當自省厥躬與我同底于道凡百多士宜體朕懷

文宗太和四年四月壬戌詔曰蓋儉以足用令出唯行著在前志實爲理本朕自臨四海憫元元之大困日旰忘食宵興疚懷躬絶文繡之飾尚愧茅茨之儉

亦諭卿士刑于詔條如聞積習流傚餘風未革車服茅室相高以華靡之利資用貨寳罔啓于貪冐之源有司不禁後俗滋扇是朕之教導未敷使兆庶昧於耻尚也其何以足用刑令臻於至理歟永念懃歎追茲申敕自今内外列職位之士共各務樸素弘茲國風有僭差尤甚者御史列上主者宣示知朕意焉自艱難以還制度等衰蕩而無級矣帝溥於自奉布聞天下時相大臣與左右前後權貴之臣不導揚上意廣素樸以刑於下雖赦令每以爲言建此深詔意不聞少爲懲懼

七月以鴻臚卿張賈爲衢州刺史帝顧謂賈曰聞卿大善長行賈知帝不喜博遂自解說乃曰臣公事之餘聊與賓客爲戲非有所妨也帝曰豈謂好之而不妨事哉自後刺史面辭帝必慇懃戒飭曰無嗜博無飲酒

七年八月詔御史臺所置六察分糾百司比來因循不能舉職起今以後諸司如有身名僞濫隱盜官錢及違法等事他處發覺者本察御史並當貶斥

九年正月戊午對賀正使于麟德殿旣退復召諸道判官孔溫質李曁苗惲等九人問以出身所繇詞學

所工德音誨勉至于再三各別賜綵絹十疋

開成元年四月庚午朔詔御史中丞李翊兵部尚書判戶部王起禮部侍郎高諧鴻臚卿李逵司農卿李紀等各問本司事帝曰朝廷事在衆官勠力同心方得必理勉務躬親公事

十二月庚子御史中丞狄兼謩謝官帝曰御史中丞朝廷紀綱一臺理則朝廷理朝廷理則天下理無曠厥職兼謩奏曰凡天下有擬法不得中道事臣盡得以彈奏帝曰大抵以顧望畏忌爲心者自失職業卿等梁公之後將嗣家聲不可不留意

四年四月壬戌帝御紫宸殿問宰臣曰皇城使上言太廟中有麞走出安有宗廟之中得此野獸臣請宣示宗政寺使令巡簡帝曰可召宗政卿來朕自戒勵之途召宗政卿李踐方至帝曰宗廟至重卿宜恪勤官業勿俾太廟有所壞褰勿拘陰陽不旋脩葺漢有昭陽未央尚猶崇飭潔淨況宗廟乎無長蒿萊以藏野獸言訖泫然踐方叩頭請罪久之帝自即位宗廟祀事未嘗不戒勵有司俾其嚴潔

武宗會昌元年正月詔曰州縣官比聞縱情盃酒之間施刑喜怒之際致使簿書停廢獄訟滯寃其縣令

每月非暇日不得輒會賓客遊宴其刺史除暇日外有賓客須申宴餞者聽之仍須簡省諸道觀察使任居廉察表率一方宜自勵清規以爲程法四年潞州劉從諫子稹拒命詔晉絳石雄等討之七月賜雄詔書曰古者有必勝之將無必勝之人將立奇功實在謀帥朕所以求鷙鶚於累百得飛將於無雙總率諸軍以臨賊境眷言勳績深注予懷近聞劉從諫時百姓相驚云卿以七千兵至數告于衆視兆于人今天策向晨巳及成軍之候龍驤建旆必叶度江之謡舊史昭然宜符可驗加以天道在于西北順歲有功福星煥於天庭爲國大慶勉弘方略契此休徵昔鍾會以二十萬兵頓于劍閣鄧艾衆纔一萬直抵成都只在決機豈繇衆寡知卿能辨故論此懷然聞卿自履軍中嘗先士卒既爲輕敵未足耀奇借卿一舉之功將定必擒之計勇雖爲本怯亦有時勇怯之間在乎得中況卿爲萬人之帥敵十乘之行舉必貴謀動資持重報國在於平賊不在輕身爲將本於坐籌寧勞陷陣卿服此誠嘗自勗紳務立功名副茲委遇

後唐莊宗同光二年三月勅選舉二門仕進根本嘗擬掄於多士全委仗於有司苟請託是從則踰濫斯

極況方行公事已集羣材須行戒勵之文俾絶僥求之路宜令吏部禮部掄材考藝必盡於精詳滅私循公無從於請託仍委三銓貢院牓示省門曉告中外

明宗天成二年二月勑曰君使臣以禮臣事君以忠禮不可一日不順忠不可一夕不念二者全則上下順一途廢則出入差須振紀綱以嚴規矩凡在策名之列皆知辨色之朝儻不夙興是虧匪懈君上思政猶自求衣未明爲下服勤固合假寐待旦宜令御史臺徧示文武兩班自此每日早赴朝參職司既得整齊公事的無擁滯如或尚玆懈怠具録奏聞

八月以鄧州連帥陶玘贖貨得罪降詔諭天下云夫有功不賞何以激盡忠有罪不刑何以戒爲惡二者不失庶務有成朕自統華夷不求奢侈臨食念兵師之餧授衣思黎庶之寒仗中外勳賢爲國家基址邇者熒惑應犯而自退太陽暫蝕而還圓百果無不熟之方五穀無不豐之處顧茲寡德何稱嘉祥惟陝府石敬塘晉州安崇阮洺州張萬進耀州孫岳等杜絶誅求尋加獎賞今陶玘與亳州李鄴輒爲聚斂自掇悔尤功過旣分黜陟斯在玘鄴尋寘於法書

九月新授汝安州防禦使袁簡辭帝臨階召之曰爾

久從征伐甚有戰功語其威名乃關張之比也前後酬獎累任郡符皆有酷暴之名委卿理人不謂以狼牧羊乎朕今加爾驍雄復還爾於上郡汝能改節擁旄仗鉞豈後於他人如未省前非國有常典朕不能爲功臣終曲其法爾宜勉焉簡拜謝而去

十一月新授鄜州節度使米君立辭帝誨之曰擢汝於行伍令理吾民勿以左右小輩妄裁政事須與賓佐官吏商量吾賞罰無私汝宜聽之

三年八月下制誡勵長吏曰朕自承天命恭襲帝圖務令黔黎永安非止皇居獨樂當艱虞之際與良帥共靜邊塵及開泰之時於諸侯下洛官爵旣酬勳而示寵賴撫俗以經心託在無私期於共理有功者切於慶賞有過者非所顧聞陶玘以偶違勑條無柰何而從謫官（陶玘爲鄧州觀察留後稅外科配縣嵐州司馬）廷隱以全虧公道不獲已而就極刑（暫廷隱爲齊州防禦使奏孔目吏伏法不實勑自盡）乃朝典之須行實朕心之不樂備軫泣辜之念更嚴加禁之規況在藩方皆明理本節度使等時號山河之主縣令亦人呼父母之君並功爲時皆勤布化不獨榮於身世兼乃慶及子孫當虔夕惕之懷同廣日新之政各處有功之地永爲無過之人宜體朕懷共資王道

四年十月乙巳帝御中興殿謂宰臣馮道曰盧質近日喫酒否道奏曰盧質到中書臣曾勸酒不過三爵別處卽不聞飲酒帝曰盧質舊來好酒酒後多過失得不愼歟道曰酒是狂藥善後人性若不節飲便致患生陛下聖謨雅符古道

乙丑新授閬州節度使李仁矩辭帝謂之曰卿今爲節度使人臣之貴不此過矣勿作苛政以害生民便孤朝寄也

長興元年七月宣徽南院使判三司馮贇爲北京留守贇母辭赴太原明宗賜衣服銀器因謂姥曰吾輩

老矣贇昨來總角趨走吾老左右今日便得力吾願
事先朝爲將帥親節度使富貴極矣彼時吾不望爲
山河主况贇乎姥至鄉中嘗存内訓勿令失禮於耆
舊也
二年九月前遼州和順縣令劉虔膺上時務云里俗
有父母在而析財別居又宗族之間或有不義凌其
孤弱者請行止絶勑旨王者以孝理萬邦化敷兆庶
每勲賢而接部專行賞以宣風其在懲勸知方統臨
得術比屋有可委之俗六親無不和之人劉虔膺曾
州縣爲官見鄉閭弊事宜加條理免亂彝章宜令諸

道長吏嚴行誡約如有違者准法加刑
三年正月詔藥彦稠康福往方渠鎮討黨項叛命者
丁酉康福等率騎軍先進帝御興教樓誡以賞罰之
三月神武兵士輦縣就糧辭帝誡之曰無擾吾民
四月李贊華赴鎮滑州帝誡之曰吾命藩侯郡守蓋
爲養治軍民恐卿久在戎行未諳民事吾今慎擇叅
佐卿於公事宜與之叅决勿自執所見也
十月丁巳前涇原節度使李金全再進馬十五匹帝
不納召而諭之曰公患馬多耶頗有所貢金全曰臣
馬非多也非敢有所覬以妄陳奏萬愚陋無遠識頃
在西邊地無異産得此鹿馬在京無所使願進以益
邊軍帝曰卿在鎮爲治如何莫專以馬爲事金全謝
之帝雖黽勉受之而心不懌金全邊人果更名郡藩
鎮所在掊歛聚財賂結權要而掩其弊政之迹帝頗
聞其不廉故以言譏之
己巳安審琦率捧聖龍武馬軍北戍析代召將較至
中興殿面戒勵之曰邊人生梗不奈侵擾爾等咸宜
戢歛岢嵐軍地當要害城池嘗須善完軍旅之間須
明賞罰壬子秦王從榮入謁帝謂之曰爾軍務之餘
還習何事對曰臣公事之隙讀書與諸儒講經義帝

曰經有君臣父子之大要讀之益人智思吾少鍾喪
亂馬上取功名不暇留心經藉在藩邸時每見判官
論說經義予雖不能浮達其旨大綱令人開悟今朝
廷有正人端士宏才碩學者可親附之庶幾有益吾
見先帝在藩時愛自作歌詩將家子文非素習未能
盡妙諷於人口恐被諸儒竊笑吾老矣不能勉強於
此唯書義尚欲耳裏頻聞時從榮方聚新進浮薄子
以歌詩吟咏爲事帝道此言規風之
四年七月辛巳帝御廣壽殿新滄州節度使李金全
赴鎮辭帝戒之曰聞爾爲治愛擾人長吏當以卹民

爲務爾事予爲小較今仗旄秉鉞爲節度使當改故態分吾憂寄吾民愼勿擾也帝素知金全爲人故面自戒勵之

末帝清太元年七月宰臣李愚劉昫因論公事於政事堂相詬辭甚鄙惡各欲非時見訟是非帝令劉延郎宣諭卿皆輔弼之臣萬國式瞻不宜如是此後不得更然

二年詔曰近日告勅牒書寫生疎裝䙺鹵莽未欲便行罰責今後書禮裝䙺並宜如法中書舍人辭告亦可以其人揚歷功効或訓或奬並宜允當又須體認

急切如有宜取盡時應副無令稽緩

晉少帝天福元年四月分令文武臣寮三十六人使絳陝孟潞蒲岐邠涇同華秦鄧徐兗相滑邢洺澤衛隰絳慶寧沁復隨郢汝蔡沂密棣懷磁濮等州率民財產以資軍用將行帝召賜酒食戒之曰朕凉德嗣位天降薦饑强胡作梗河北凋弊社稷所賴在軍士耳乏衣匱食危之道也事不獲已議及於斯卿等宜體朕意切戒左右勿爲滋橫以重取怨讟也

周世宗顯德五年十一月諸道定稅使臣奉辭帝臨軒諭之曰夫國以民爲本本立則國家安朕以近代已來賦租不等貧者抱虛而無告富者廣植以不言州縣以舊額爲規官吏以相承爲準須行均定用致蘇舒卿等宜正身莅事副朕兹意仍與逐處長吏和順商榷但務從長共集其事無使朕之赤子枉罹於峻法也

巡按福建監察御史臣李嗣京 訂正
知甌寧縣事臣孫以敬叅閱
知建陽縣事臣黄國琦較釋

帝王部 一百五十九

革弊

春秋傳曰上思民利忠也董仲舒有言譬之琴瑟不調甚者必解而更張之乃可鼓也爲政而不行甚者必變而更化之乃可理也若夫堯舜禹之相繼也守一道而致和平逮三統更千載祀爾久夏之忠商之

質周之文若循環然迭舉以救其弊豈不以繼治世者其道同繼亂世者其道變禮樂之沿襲有損益之殊刑法之制作有貪凉之異自非酌之以隨時之義斷之以大中之計固將流蕩忘返驅斯民於塗炭矣故易曰革之時義大矣哉聖人所以開物成務由斯道也

漢元帝初元五年四月詔罷角抵

成帝建始二年三月罷六廐技巧官巧藝之技也

後漢明帝永平十二年五月詔車服制度恣極耳目田荒不耕游食者衆有司其申明科禁宜於今者宣下郡國

和帝永元十一年秋七月辛卯詔曰使民踰僭厚死傷生是以舊令節之制度頃者貴戚近親百僚師尹莫肯率從有司不舉怠於日甚又商賈小民或忘法禁奇巧靡貨流積公行其在位犯者當先舉正市道小民但申明憲綱勿因科令加虐羸弱

孝殤定平中罷魚龍曼延百戲漢官典職曰作九賓樂一利之獸從西方來獻于庭入前殿激水化比目魚漱水作霧化成黄龍長八丈出水遨戲炫耀日光曼延獸名也張衡西京賦所云巨獸百尋是爲曼延音以戰反

安帝永初二年七月庚午詔三公申明舊令禁奢侈

無作浮巧之物殫財厚葬

順帝陽嘉中大司農劉據以職事被譴詔詣尚書傳呼促步又加捶撲尚書令左雄上言九卿位亞三事班在大臣行有佩玉之節動有庠序之儀孝明皇帝始有撲罰皆非古典帝從而改之其後九卿無復捶撲者

桓帝延熹八年四月丁巳壞郡國諸房祀房祠堂也王渙傳曰時雄蜜縣傳卓茂廟洛陽留令王渙祠

魏文帝黄初五年十二月詔曰先王制禮所以昭孝事祖大則郊祀其次宗廟三神五行名山大川非此

族也不在祀典叔世衰亂崇信巫史至乃宮殿之內
戶牖之間無不沃酹甚矣其惑也自今其敢設非祀
之祭巫祝之言皆以執左道論著于令典
明帝青龍元年五月丁酉詔諸郡國山川不在祀典
者勿祠
晉武帝泰始元年十二月詔曰昔聖帝明王脩五嶽
四瀆名山川澤各有定制所以報陰陽之功故也然
以道莅天下者其鬼不神其神不傷人故祝史薦而
無媿辭是以其人敬慎幽冥而淫祀不作末世信道
不篤僭禮黷神縱欲祈請曾不敬而遠之徒偷以求

幸妖妄相煽舍正爲邪故魏朝疾之其按舊禮具爲
之制使功著於人者必有其報而妖淫之鬼不亂其
間
二年正月有司奏春分祠厲殃及禳祠詔曰不在祀
典除之又遣使兼侍中侯史光等持節四方循省風
俗除禳祀之不在祀典者又罷鳴鷄歌又除漢宗室
禁錮
八年二月乙亥禁雕文綺組非法之物
成帝咸康七年除樂府雜伎（從中散侍騎郎顧臻之議除高絚紫鹿跂鼈行食及齊王捲衣笮兒等樂又減其廩其後復高絚紫鹿焉）

孝武寧康元年三月癸丑詔除丹陽竹路等四桁稅
後魏太武太平眞君九年十月癸卯以婚姻奢靡喪
葬過度詔有司更爲科限
孝文太和六年三月庚辰行幸虎圈詔曰虎狼猛暴
食肉殘生取捕之日每多傷害旣無所益損費良多
從今勿復捕貢
七年十有二月癸丑詔曰淳風行於上古禮化用乎
近葉是以夏殷不嫌一族之婚周世始絕同姓之娶
斯皆敎隨時設法因事改者也皇運初基中原未遑
釐改後遂因循迄茲莫變朕屬百年之期當後仁之

政思易其舊式昭惟新自今悉禁絕之有犯以不道
論
九年正月戊寅詔曰圖讖之興起於五季旣非經國
之典徒爲妖邪所憑自今圖讖秘緯及名爲孔方閉
房記者一皆禁之留者以大辟論巫覡假稱神鬼妄
說吉凶及委巷諸卜非墳典所載者嚴加禁斷（帝以諸有禁忌禳厭之方非典籍所載一皆除罷）
十三載四月丁卯詔曰昇樓散物以賚百姓至使人
馬騰踐多有毀傷今可斷之以本所費之物賜窮獨
貧者

孝明神龜二年十二月庚申詔除淫祀禁諸雜神
正光三年十二月丁亥以牧守妄立碑頌輒興寺塔第宅豐侈貼肆商販詔中尉端衡肅厲威風以見事糾七品六品祿足代耕亦不聽錮貼肆爭利城市也
後周武帝建德六年六月丁卯詔曰同姓百世婚姻不通蓋惟重別周道然也而娶妻買妾有納母之族雖曰異宗猶爲混雜自今已後悉不得娶母同姓以爲妻妾其已定未成者卽令改聘
隋高祖開皇元年四月戊戌詔太常散樂竝放爲百姓禁雜百戲

冊府元龜 帝王部 革弊 卷之一百五十九 五

十八年正月辛卯詔曰吳越之人往承弊俗所在之處私造大船因相聚結致有侵害其江南諸州人間有船長三丈已上悉括入官
仁壽元年正月辛丑詔曰君子立身雖云百行唯誠與孝最爲其首故投生狥節自古稱難至於殞身王事禮加二等而世俗之徒不達大義至有致命戎旅不入兆域虧孝子之義傷人臣之心興言念此每深愍歎且入廟祭祀竝不廢闕何止墳塋却在其外自今以後戰亡之徒宜入墓域
煬帝大業六年四月乙卯詔曰夫帝圖草創王業艱難咸仗股肱叶心同德用能拯厥頽運克膺大寶然後疇庸懋賞開國承家是以山河傳之不朽近代喪亂四海未一茅土妄假名實相乖歷茲永久莫能懲革皇運之初百度伊始猶循舊貫未暇改作今天下交泰文軌攸同宜率遵先典永垂大訓自今已後唯有功勳乃得賜封仍令子孫承襲
唐太宗武德九年八月甲子卽位九月壬子詔民家不得輒立妖神妄設淫祀非禮所禱一皆禁絕其龜易五兆之外諸雜占卜亦宜停斷
十月庚子詔曰立人之道曰仁與義爲國之基德歸

冊府元龜 帝王部 革弊 卷之一百五十九 六

於厚自有隋馭宇政刻刑煩上懷猜阻之心下無和暢之志遂使朋友遊好慶弔不通鄉士聯官請問斷絕至有里門相接致胡越之乖患難在身忘救恤之義風頽俗弊一至於此化民以德豈斯之謂朕纂曆膺期思弘至道因兆民之所賴求萬國之歡心凡厥庶僚咸使輯睦君臣之際期於無隱永言前失特宜敦厲自今內外官人須相存問勿致疑阻有遇疢疾遍加訊問爲營醫療知其增損不幸物故及遭憂卹隨事慰省以申情好務從篤實各存周厚朝廷無拘忌之節交遊有久要之歡遵道而行率禮不越斯則

上下交泰品物咸亨惠政所加達於四表布告天下咸知朕意

貞觀十六年六月巳酉詔曰氏族之盛實繫於冠冕婚姻之道莫先於仁義自有魏失御齊氏云亡市朝旣遷風俗陵替燕趙右姓多失衣冠之緒齊韓舊族或乖德義之風名雖著於州閭身未免於貧賤自號高梁之胄不敦匹敵之儀問名雖在於竊貲結褵必歸於富室乃有新官之輩豐財之家慕其祖宗競乎婚媾多納財貨有如販鬻或貶其家門受屈於姻婭或矜其舊望無禮於舅姑積習成俗迄今未巳旣紊

人倫實虧名教朕夙夜兢惕憂勤政道往代蠹害咸巳懲革唯此弊風未能盡變自今巳後明加告示使識嫁娶之序務合典禮稱朕意焉

七月庚申制曰自此巳後自刑害人據法加罪仍從賦役（初自隋季政亂徵役繁多人不聊生或自折支體以避征戍無賴之輩尚習俗未悛故立此制）

十月庚申詔曰盜賊之作爲害實深州縣官人多求虛譽苟有盜發不欲陳告鄉村長正知其此情遞相勸止十不言一假有披論先劫物主爰及隣伍久嬰縲紲有一於斯甚虧政化自今巳後勿使更然所司明加深察隨事糺繩

十七年三月壬子詔曰朕聞死者終也欲物之反於眞也葬者藏也欲人之不得見也上古垂風未聞於封樹後聖貽範始備於棺槨譏僭侈者非愛其厚費美儉薄者實貴於無危是以唐堯聖帝也穀林有通樹之說秦穆明君也橐泉無丘隴之處仲尼孝子也防墓不墳延陵慈父也嬴博可隱洎乎闔閭違禮珠玉爲鳧鴈始皇無度水銀爲江海因多藏以速禍繇有利以招辱朕居四海之尊承百王之弊未明求衣中宵載惕雖送往之典詳諸儀制失禮之敬著在刑書而勳戚之家多流遁於習俗閭閻之内或侈靡而

傷風以厚葬爲奉終以高墳爲孝行遂使衣衾棺槨極雕刻之華靈輀盟器窮金玉之飾富者越法度以相高貧者破資產而不逮徒傷教義無益泉壤爲害旣深宜有懲革其王公以下爰及黎庶送終之具有乖令式者明加檢察隨狀科罪在京五品以上及勳戚之家錄狀聞奏

十九年六月丁未車駕發自遼東丙辰次於安市城列營進兵以攻之詔曰自莫離支爲主官以賄成單貧之家困於税斂一馬匹布隻兔纖鱗或進城主或輸褥薩其有自給類加箠楚編戶饑寒莫知告訴至

斫責罰即用夷刑叉挨鞭笞下手無數瘡浮快意然後乃已所以陳兵伐罪兼暢皇風使懷附之徒同霑聲教息彼貪殘除其弊俗今遼東之野各置州縣或有舊法餘風未殄宜即禁斷令遵國憲

高宗顯慶元年正月丙辰御安福門樓觀大酺胡人欲持刀自刺以爲幻戲帝不許之乃下詔曰如聞在外有婆羅門胡等每於戲處乃將劍刺肚以刀割舌幻惑百姓極非道理宜並發遣還蕃勿令久住仍約束邊州若更有此色並不須遣入朝

二年夏四月丙子詔曰朕撫育黎庶思求政道欲儉

以訓俗禮以移風菲食卑宮庶幾前軌比至五月五日及寒食等諸節日并有歡慶事諸王妃主及諸親等營造衣服雕鏤雞子競作奇巧以將進獻巧麗過度糜費極多皆緣不識朕心遂至於此又貞觀年中已有約束自今已去並宜停斷所司明加禁察隨事糾正

龍朔元年五月庚申禁婦人雜戲

二年夏四月甲戌詔曰如聞父母初亡臨喪嫁娶積習日久遂以爲常亦有送葬之時共爲燕飲遞相酬勸酣醉而歸或寒食上墓復爲歡樂坐對松櫝曾無戚容既玷風猷並宜禁斷仍令州縣捉搦勿使更然

麟德二年三月丙午禁不因大禮輒獻食者帝因謂侍臣曰吾聞隋煬帝巡遊無度志在華後不憂人力供頓之外獻食者多州縣官人更相誇尚所進之餘埋之於地此事虛費煬帝亦頗知乎許敬宗奏曰隋時李安期家有一孔雀卵遂貴買以充獻食自此競覓珍奇無所愛惜

咸亨二年九月丁酉詔曰百官家口咸預士流至於衢路之間豈可全無障蔽比來多著帷帽遂棄羃䍦曾不乘車別坐檐子遞相倣傚浸成風俗過爲輕率

深失禮容前者已令漸改如聞猶未止息又命婦朝謁或將馳馬車乘既入禁門有虧肅敬此並乖於儀式理須禁斷自今已後勿使更然

永隆二年正月丁亥帝以頻年饑饉百姓匱乏召雍州長史李義琛及萬年等四縣令謂曰朕每念還淳返樸示天下以質素必欲化行於上事成於下如聞游手惰業此類極多時稍不熟便致饑饉須加勸勵使免困乏異色綾錦并雕間褶衣等靡費既廣俱害女工天后我之匹敵嘗著七破間裙豈不知更有靡麗服飾務遵節儉耳紫服赤衣以辨貴賤遂有閭閻

僮僕公然服用又庶人之徒商賈雜類競爲厚葬違越禮度但雍州列郡之首四方取則卿等即嚴加捉搦勿使然也

中宗神龍元年九月壬午制曰在外百官婚娶之家百兩未行二親俄殞停哀之際更即成婚遂輟苴絰之容敢申牢巹之禮寧戚之心安寄罔極之志闕如敗俗傷風莫過於此自今已後宜即懲革

睿宗景雲元年八月罷斜封官先是中宗時官爵踰濫因依妃主墨敕而授官者時謂之斜封至是竝令罷免

玄宗開元元年十二月己亥禁乞寒胡戲以殊中國之儀也

二年正月丙寅紫微令姚崇上言請檢責天下僧尼以僞濫還俗二萬餘人

四月丁酉詔曰朕聞鷙鴨坊比供米粟恨不早知久令虛費今百姓饑阻未能周給鳥享人食是何理焉其料宜即停并鷄坊亦准此

七月戊申制曰如聞百官家多以僧尼道士等爲門徒往還妻子等無所避忌或詭託禪觀妄陳禍福事涉左道深斁大猷自今已後百官家不得輒容僧尼道士等至家緣吉凶要須設齋皆於州縣陳牒寺觀然後依數聽去仍令御史金吾明加捉搦

壬子詔曰佛教者在於清淨存乎利益今兩京城內寺宇相望凡欲歸依足申禮敬下人淺近不悟精微覩菜希金逐欲思水浸以流蕩頗成蠹弊如聞坊巷之內開舖寫經公然鑄佛口食酒肉手漫羶腥尊敬之道旣虧慢狎之心斯起百姓等或緣求福因致饑寒言念愚蒙深用嗟悼殊不知佛非在外法本居心近取諸身道則不遠溺於積習實藉申明自今已後林坊市等不得輒更鑄佛寫經爲業須瞻仰尊容者

任就寺禮拜須經典讀誦者勒於寺贖取如經本少僧爲寫供諸州寺觀竝准此

八月壬戌詔曰朕聞樂者起於心心者動於物物不正則不可爲樂樂不正則不能理人況天生烝黎區別男女外則導之以禮中則申之以樂苟或不臧孰云致理自有隋頹靡庶政雕缺徵聲遂於鄭衛衒色矜於燕趙廣場角抵長袖從風聚而觀之浸以爲俗所以戎王奪志夫子遂行朕方大變澆訛用清淄蠹眷玆女樂事切驕淫傷風害政莫斯爲甚旣爲令式尤宜禁斷自今已後不得更然仍令御史金吾嚴切

捉搦如有犯者先罪長官務令杜絶以稱朕意

九月甲寅詔曰自古帝王皆以厚葬爲戒以其無益亡者有損於生業故也近代以來共行奢靡遞相倣傚浸成風俗旣竭家產多至彫弊然則魂魄歸天明精識之已遠卜宅於地蓋思慕之所存古者不封未爲非達且墓爲眞宅自有便房今乃别造田園名爲下帳又盟器等物比競驕侈失禮違令殊非所宜戮屍暴骸實繇於此承前雖有約束所司曾未申明喪葬之家無所依准宜令所司據品命高下明爲節制盟器等物仍定色數長短大小園宅衣帳並宜禁絶

墳墓塋域務遵簡儉凡諸送終之具並不得以金銀爲飾如有違犯者先决杖一百州縣長官不能舉察並貶遠官

三年二月丙辰制曰帝王之政必厚風俗男女不别深蠹禮經至如别宅婦人久未悛革近令撿括配入掖庭將示小懲使及知禁朕愍其愚惑尚在含弘思屈常憲許其遷善特放出令府縣卽配嫁不得影認更爲藏匿畜别宅人容其自新並宜放免自今已後更有犯者並准法科斷五品以上仍貶授遠惡處官婦人配入掖庭縱是媵妾亦不得别處安置卽爲常式

十一月乙未詔釋氏及引本歸正法仁王護持先去邪道失其宗旨乃般若之罪人成其詭怪豈涅槃之信士不存懲革遂廢津梁養彼愚蒙將入坑穽比者白衣青髮假託彌勒下生因爲妖訛廣集徒侶稱解禪觀妄說災祥别作小經詐云佛說或輒云弟子號爲和尚多不婚娶眩惑閭閻觸類寔繁蠹政爲甚刺史縣令職在親人拙於撫馭是容姦宄自今已後宜嚴加捉搦仍令按察司採訪如州縣不能舉察所繇長官並從貶降

六年七月丙寅詔曰兩京來去乃是尋常緣頓所須皆用官物至於百姓縱暫祗承處置有條不合辛苦其中侵擾莫非横干或漁獵畜養以將進獻觸途使役以徇聲名實由綱紀未樹教令不明去年從京向都嘗亦處分蒲州刺史程行諶同州刺史李朝隱陝州刺史姜師度至其州界咸有進奉惜其能官善政故乃屈法攸情懷之於今豈能無怍冬中西幸不可踵前其有輒進送及餉遺從官并别有煩擾者必科以法御史仍明加糾察隨事奏聞

九年三月庚午濮州聖佛寺僧多摩持畫誑惑百姓

大聚財物勒其僧還俗納其財

四月壬寅詔曰内典幽徵惟宗一相大乘妙理寧啟二門聞化度寺及福先寺三階僧創無盡藏每年正月四日天下士女施錢名爲護法稱濟貧弱多肆姦欺事非眞正卽宜禁斷其藏錢付御史臺京兆河南府勾會知數明爲文薄待後處分

六月丁亥詔化度寺無盡藏財物田宅六畜並宜散施京城觀寺先用脩理破壞尊像堂殿橋梁有餘入常住不得分與私房從貧觀寺給仍令御史張搏與禮部侍郎崔據京兆尹孟温禮取元奏數揀京城大

冊府元龜　帝王部　革弊一　卷之一百五十九　十五

德戒行灼然者共簡較量事均融處置訖奏聞諸州長官及按察司所察獲錢物以委州使准此共勾當散配處分訖申所司

十年二月庚寅詔曰釋道二門施其戒律緇黃法服衆亦崇尚苟有踰濫是無憲章如聞道士僧尼多有虛掛名籍或權隸他寺或侍養私門託以爲詞避其所管互相掩匿共成姦詐甚非清淨之意也自今已後更不得於州縣權隸侍養師主父母此色者並宜括還本寺觀

八月庚戌詔曰如聞百官及庶人家殯葬頗違古則無復哀戚遞相誇尚富者踰於禮法貧者殫其資產無益於死徒損於生傷風敗化斯弊尤甚自今已後送終之儀一依令式至墳墓所仍不得聚飲肉食宜令所由嚴加禁斷更有違者科違勑罪

十四年四月壬戌詔曰如聞道俗之間妄有占筮誑惑士庶假託災祥兼託符呪遂行左道先令禁斷不合更然仍慮愚下未能悛改宜令所司申明格勑嚴加訪察

七月丁卯勑雕文刻鏤傷農事錦繡纂組害女工粟帛之本或虧饑寒之患斯及朕故編諸格令具列刑

冊府元龜　帝王部　革弊一　卷之一百五十九　十六

章冀以還淳庶皆知禁如聞三公以下爰及百姓等罕聞節儉尚縱驕奢器玩猶擅珍華車服未損珠翠此非法之不著皆由吏之不舉也宜令所司申明格令禁斷

十六年二月癸未詔曰養人施惠患在不均裒多益寡務資適中比來公私舉放取利頗深有損貧下事須釐革自今已後天下私舉質宜四分收利官本五分收利

十七年三月已巳詔曰違様綾錦等頻有處分如聞尚未懲革宜令府縣申明前勑一切禁斷所由長官

不存捉搦量事貶降
十九年四月癸未詔曰釋迦設教出自外方漢主中年漸於東土說茲因果廣樹筌蹄事涉虛玄渺同河漢故三皇作乂五帝乘時未聞方便之門自有雍熙之化朕念彼流俗淳迷至理盡軀命以求緣竭資財而作福未來之勝因莫效見在之家業已空事等繫風徧無所悔愚人寡識屢陷刑科近日僧徒此風尤甚因緣講說眩惑州閭谿壑無厭唯財是斂津梁自壞其教安施無益於人有蠹於俗或出入州縣假託威權或巡歷鄉村恣行教化因其聚會便有宿宵左

冊府元龜 帝王部 革弊 卷之一百五十九 十七

道不嘗異端斯起自今已後僧尼除講律之外一切禁斷六時禮懺須依律儀午後不行宜守俗制如犯者先斷還俗仍依法科罪所在州縣不能捉搦并官吏輒與往還各量事科貶
六月己未詔曰夫釋氏之旨義歸真寂爰置僧徒以奉法教而趨末忘本擯華棄實假託權便之門以為利養之府徒蠲賦役積有姦訛至於浮俗奔馳左道穿鑿言念靜域浸成逋藪非所以叶和至理弘振王猷宜有澄清以正風俗朕先知此弊故預塞其源不度人來尚二十餘載訪聞在外有三十已下小僧尼宜令所司及州府括責處分又曰惟彼釋道同歸凝寂各有寺觀自合住持或寓跡幽閑潛行閭里陷於非辟有足傷嗟如聞遠就山林別為蘭若兼亦聚衆公然往來或妄託生緣輒有俗家居止即宜一切禁斷
二十年四月丙申詔曰寒食上墓禮經無文近代相傳浸以成俗事庶有不合廟享何以用展孝思宜許上墓拜掃申禮於塋南門外奠祭撤饌訖泣辭食餘任於他處不得作樂仍編入五禮永為常式
二十五年五月庚子詔曰道釋二教必在護持須置

冊府元龜 帝王部 革弊一 卷之一百五十九 十八

威儀令自整肅徒衆既廣統攝尤難互相是非却成煩弊自今已後京都簡較道僧威儀事並停或恐先有猜嫌因此妄相糾告所由不煩為理
二十六年春正月丁丑親迎氣於東郊畢制曰書不云乎不作無益害有益語不云乎奢則不遜儉則固緬懷前古嘗所在心將斷彫以為樸斯上行而下效自今已後王公並不得以珠物進獻所司應緣宮室脩造務從節儉但蔽風雨勿為華飾至如金玉器物諸色雕鏤朕緣蕃客所要將充宴賞今流俗之間遞相倣傚既損財於無益仍作巧以相矜敗俗傷農莫

斯爲甚並一切禁斷以絶浮華

二十七年夏四月癸酉詔曰古之聖王先禁左道爲其蠹政犯必加刑至如占相吉凶妄談休咎假託卜筮幻惑閭閻矜彼愚蒙多受欺誑宜申明法令使有懲革自今已後緣婚禮喪葬卜擇者聽自餘一切禁斷

二十八年秋七月庚子詔曰頃緣諸州寺觀僧道闕人所以精選行業用塡其數如聞因此之際私度者多接脚冐名觸類非一遂使是非齊列眞僞難分若不澄其源流何以革茲頽弊天下諸州寺觀有此色

者聽勅到陳首免罪還俗

二十九年正月丁酉詔曰古之送終所尚乎儉比來習俗漸至於奢苟炫耀於衢路復何益於泉壤又凡庶之中情理多闕每因送葬或酣飲而歸及寒食上墓之時亦便爲宴樂在於風俗豈成禮教自今已後其緣葬事有不依禮法者委所由州縣并左右街使嚴加捉搦一切禁斷其有犯者官人殿黜白身人所在決一頓凡是庶人不兼二業或有衣冠之內寡於廉隅專以貨殖爲心商賈爲利須革其弊以清品流有犯者委京都御史臺及諸道採訪使具以狀聞當則處分宣布中外咸使知聞

六月丙辰詔曰先置陸驛以通使命苟無闕事雅適其宜如聞河南江淮兼有水驛損人之費馬甚覺勞也且使臣受命速赴程期豈有自求閑安故爲勞擾其應置水驛宜並停是歲京兆府奏兩京之間多有百姓僦驢俗謂之驛驢往來甚速有同驛騎犯罪之人因茲奔竄臣請禁絶從之尋又不行

天寳元年三月甲寅詔曰移風易俗王化之大猷掩骼埋胔時令之通典如聞江左百姓之間或家遭疾疫因而致死皆棄之中野無復安葬情禮都闕一至

於斯習以爲嘗乃成其弊自今已後宜委郡縣長吏嚴加誡約俾其知禁勿使更然其先未葬者即勒本家收葬如或無親族及行客身亡者仰所在村鄰相共埋瘞無使暴露庶叶禮經諸道有此同者亦宜准此

九載十月戊辰詔曰南北衛百官等如聞昭應縣兩市及近場處廣造店鋪出賃與人干利商賈莫甚於此自今已後其所賃店鋪每間月估不得過五百文其清資官准法不可置者容其出賣如有違犯具名錄奏

肅宗乾元二年三月丁亥詔曰比者不急之務爭已詔停如聞所司未全省減載求人瘼實切朕懷固當革弊息人勵精爲理自今已後内外不得輒别徵求妄爲進奉諸色力役造作非軍國灼然要急及諸色率稅亦一切並停太常音聲除禮用雅樂外并教坊音聲人等並仰所司疏理使敦生業非祠祭大祀及宴蕃客更不得輒有追呼其内侯將作少監及諸供司丁匠等各仰長官逐要量留餘者並委御史臺專加糾察如有違犯具錄奏彈宜示中外令知朕意

冊府元龜

巡按福建監察御史臣李嗣京 訂正

新建縣舉人臣戴國士 叅閱

知建陽縣事臣黄國琦 較釋

帝王部 一百六十

革弊第二

唐德宗大曆十四年五月癸亥即位六月己亥朔赦書應士庶自艱難以來田宅踰制車服奢侈仰所司詳前後格勑明立法度王公百官既處榮班宜知廉愼如聞坊市之内置邸舖販鬻與人爭利並宜禁斷

仍委御史臺及京兆尹糾察七月壬申毀元載馬璘劉忠翼之第自天寶中京師堂寢已極弘麗而第宅未甚逾制然魏國公李靖廟已爲嬖人楊氏廐矣及安史二逆之後法度摧壞大臣宿將競崇棟宇臺榭之飾無復界限力窮乃止人謂之木妖而馬璘之堂尤甚計錢二十萬貫他室稱是既而璘卒於軍以喪歸京師士庶欲觀其宏麗假名於故吏投刺會弔者數十百人故命撤毀之自是京師樓榭之踰制者皆毁

七月己卯令王公百官及天下長吏無得與人爭利先於楊州置邸肆貿易者皆罷之先是諸道節度觀察使以廣陵當南北之衝百貨所集多以軍儲貨販例置邸肆名託軍用實私其利焉至是乃絶

貞元三年十一月壬戌罷浙西雜罰錢初浙西觀察使王緯以諸州人吏爲前使韓滉所濫罰錢凡欠十八萬滉留府吏何士幹奏請徵以進奉緯抗疏曰滉懲人吏皆是罰錢格式正贓流徒合免況多雜罰身已當辜縱有欠繫僅存家資估賣盪盡以滉至苛至切比年猶徵不得臣自發上都頻言載路及到所部有所傳聞臣謬寄方隅特蒙天造奉辭之日親承德

音令臣開闢田疇安輯黎庶豈敢流毒無告勤人自咨特請停徵以綏下土從之

順宗以貞元二十一年正月丙申即位二月甲子大赦制舊事宫中所要市外間物令官吏主之與人爲市隨給其直貞元末以宦者爲使抑買人物稍不如本估末年不復行文書置白望數十百人於兩市及要鬧坊閎人所賣物但稱宫市則歛手付與眞僞不復可辨無敢問所從來及論價之高下者率用直百錢物買人直數千貫物仍索進奉門戶及脚價錢人將詣市至有空手而歸者名爲宫市而實奪之嘗有

農夫以驢負柴至城賣之遇內官稱宮市取之纔與絹數尺又就索門戸仍邀以驢送柴農夫啼泣以所得絹付之不肯受曰須要汝驢送柴至內農夫曰我有父母妻子待此然後食今以柴與汝不敢求直而歸汝尚不肯我有死而已遂毆內官街吏擒以獻詔黜此內官而賜農夫絹十疋然宮市亦不爲之改易諫官御史數奏疏諫不聽帝初即位即禁之及大赦又明禁焉又貞元中內要乳母皆令選京城寺觀婢以充之而給與其直例多不中選寺觀次當出者皆賣產業無業割院及地賣之貴買有姿貌者以進其

徒苦之及此亦禁焉貞元末五坊小兒張捕鳥雀於閭里者皆爲暴橫以取人錢物至於張羅網於門不許出入者或以張井上使不得汲者近之輒曰汝驚供奉鳥雀即痛毆之出錢物求謝乃去或相聚飲食於酒食之肆醉飽而去賣者或不知就索其直多被毆詈或時留蛇一囊爲質曰此蛇所以致鳥雀而捕之者今留付汝幸善飼之勿令饑渴賣者媿謝求哀乃携挈而去帝在春宮時則知其弊常欲禁之及即位遂推而行之人情大悅

憲宗永貞元年九月己巳罷教坊樂人授正員官之制

元和七年二月癸丑詔自今應有入蕃使不得與私覿正員官別給錢物以充私覿舊使絕域者許囑十數員官取貲以充私覿蓋優假遠使然殊非典法至是革焉

八年四月乙未罷宣徽院樂人所借官宅自貞元巳未選樂工三十餘人出入禁中號宣徽院長入供奉皆假以官第每奏伎樂稱旨輒蒙厚賜及帝即位令分番上下更無他賜至是收所借宅

九月詔曰比聞嶺南五管并福建黔中等道多以南

口餉遺及於諸處博易骨肉離折良賤難分念茲遠人受抑無告所以去歲處分諸道不令進獻近日路遺事覺方驗詔旨不行雖量輕重各正刑典猶慮未降明勅尚有因循自今嶺南諸道輒不得以口餉遺及將諸處博易又有求利之徒以口博易關鎮人吏容縱頗多並勒所在長吏嚴加捉搦如吏違犯必重科懲如長吏不存勾當委御史臺察訪聞奏因是宣能口臘等使

九年十一月丙子詔如聞比來京兆府每及臘日府縣捕養狐兔以充進獻深乖道理旣違天性又勞人

力自今已後宜竝停

十一年十一月壬申門下省奏諸道奏事官非急切者不得乘驛馬從之時未班師詔命曰宣洎諸軍之奏請所至驛騎不足以充傳州縣發公私乘以濟之中使力奪道中往來馬有餘則驅之以行拒者輒毆辱之雖執公劵銜王命至大鎮賓倖或爲其陵折於是有踰經山谷歷崎嶮冐蓁薈而行都邑大道乘者幾絶中人每至之處又遣驛吏搜發往來私馬驛吏因執馬求賂厚者免之甚爲時害

十三年十二月辛亥詔左右龍武六軍及威遠營應

納課戶共一千八百人所請衣糧宜勒停仍各委本軍具姓名牒送府縣收管自貞元已來長安富戶皆隷要司求影庇禁軍挂籍者什五六焉至有恃其多藏安處闤闠身不宿衛以錢代行謂之納課戶至是禁絶

十四年二月壬申詔如聞諸道州府長吏等或有本任得替後於當處置百姓莊園舍宅或因替代情庇便破除正額兩稅不出差科自今已後有此色竝勒依元額爲定

穆宗元和十五年正月辛丑卽位二月丁丑赦詔如聞度支鹽鐵院等所在影占富商高戶庇入院司不伏州縣差科疲人偏苦事轉不濟如有此色仰當日勒歸州縣

文宗以寶曆二年十二月乙巳卽位庚申詔曰蓋君天下者莫尚乎崇澹泊予困窮遵道以端本推誠而達下故聖祖之誠以慈儉爲寶大易明訓垂簡易之文未有上約而下不豐欲寡而求不給朕以眇薄遭逢內難刷君父之仇耻攄億兆之哀冤而股肱大臣羣卿庶士弘義抗請至于再三以圖宗社之安以答華夷之望俯從衆欲夙夜震兢思所以克己復禮脩

政安人宵興旰食勞慮夫儉過則酌之以禮文勝則矯之以質庶乎俗登太古道洽生靈儀刑邦家以化天下長春宮見在斛斗及絲草席等依前戶部收管鄠縣渼陂鳳翔任谷地竝還府縣教坊樂官翰林待詔伎術官并摠監諸色職事中冗員者共一千二百七十人竝宜停廢摠監中一百二十四人先屬諸軍各竝歸本營先供教坊衣糧一百分廂家及諸司新加衣糧三千分竝宜停給應緣田獵鷹雛獸犬等竝宜放除五坊加配諸道鷹鷂等長慶已來嘗進外宣索自今已後一切停進其須備蒐狩量留者宜

准憲宗朝故事其今年新宜附食度支衣糧小兒一
百人並宜停罷應別詔宣索纂組雕鏤不在當頁內
者並停度支鹽鐵戶部及州府百司應供宮禁年支
一物以上並准貞元額爲定度支檢勘具元和以來
加配合停色數二十日內分析聞奏先造供禁中牀
褟以金篩瑟瑟雜寶鈿眞珠瑪瑙裝者悉宜停進東
頭御馬坊毬場宜却還左龍武軍其殿及亭子令所
司折收餘舍並賜龍武軍收管應行從處張設不得
用花臘結綵華飾今年已來諸道所進音聲女人各
賜束帛放還本道應城外墳墓先有鬧斸道路以備

行幸處宜令兩軍及府縣曉示百姓任其脩塞於戲
昔漢文顧十室之產而天下久安我太宗皇帝勤四
海之理而帝業隆盛暨乎列聖罔不承式而歲代滋
久訛弊以生仍屬艱故未遑改作朕祗荷重器思臻
大寧將正躬以立訓爰取新而革故咨爾百辟卿士
外服侯衞其喻朕意永堅乃心無縱慾而敗度自底
身於不類率是教典用交脩焉布告中外咸使知悉
上登極纔踰旬日釐弊所革皆出自宸衷中外慶抃
見貞觀之風復行於今矣
太和二年十月勑嶺南福建桂管邕管安南等道百
姓禁掠賣餉遺前後勑制處分重疊非不分明近日
衞中行李元志等雖云買致數實至多宜令本道舉
行元和四年閏三月五日及八年九月十八日勑文
切加約勒逐道各著判官一人專知卽定名聞奏如
已後發覺當重加貶降
五年十月中書門下奏應屬諸使內外百司度支戶
部鹽鐵在城及諸監院畿內并諸州監牧公主邑司
等將健官典所繇等准承前例皆令先具挾名勑牒
州府免本身色役自艱難已後事或因循多無挾名
自補置恣行影占侵害平人自元和二年長慶元年

寶曆元年太和三年前后赦令約勒皆令條疏及勒
具挾名聞奏所司竟未遵行姦弊日滋須有釐革況
聖王在上百度惟新內外有司悉心奉法改更制置
今也其時臣等若又依違蒼生何由蘇息望合令本
軍本使本司勘會據元勑元管數額合食衣糧資課
糧料人具挾名補置年月鄉里分析聞奏此外不得
更有影占自此之后有逃死補替仍每年終具替人
挾名關聞奏其挾名限勑下三箇月內聞奏畢左右
神策六軍威遠營除請依餘一切委本軍條疏理訖
具數聞奏其餘諸司諸使並令御史臺勾當依限申

奏仍切加訪察勿許因循從之

七年七月勑諸道如有兵革水旱州府殘破及不存濟爲遠近所知者除朝廷特有借賜外輙不得自請賞設錢物又諸道戎帥除替后倉庫便屬后人賞設三軍須待新使近日皆有留別賞給自行私惠頗紊朝章向後諸道節度觀察使除替后竝須待新使賞設不得更有留別

九年十二月丁丑東川節度使馮宿奏准勑禁斷印曆日版鈒南兩川及淮南道皆以版印曆日鬻於市每歲司天臺未奏頒下新曆其印曆巳滿天下有乖

敬授之道故命禁之

開成元年正月戊辰勑度支自此後不得收貯材木如或宣索卽以其直市供諸色作料亦如之先是度支奏舊管古神策軍及諸色人假商人名中納材木計支賈直三十三萬二千四百餘貫所置材木並無至者御史臺推鞫皆王蟠受王守澄華請託中納故有是命

十二月戊申詔曰仕雜工商賈因鬻爵尚須命使改以賜材其入蕃使舊例與私覿官十員宜停別與錢五十貫文令度支分付永爲定例

二年十月詔天后所撰十二字竝却書其本字

十二月丁未詔曰制服輕重必資典禮如聞往者駙馬嘗爲公主服三年緣情之義殊非故實違經之制今乃聞知宜令行杖用通制便爲定議時駙馬杜宗以公主薨日近除官未謝帝問戶部侍郎李珏近例奏聞因言士族不願爲國戚蓋由此也帝聞之大驚遽癃下是詔

三年九月癸未詔曰左右神策所奏將例改轉比多行牒中書門下便復奏處起今巳後宜令軍司一一聞奏狀到中書然後撿勘進覆自開成初軍人奏官多不先聞奏轉遷相次僅無虛日至是方釐革之

四年六月巳丑中書門下奏請停堂厨捉錢官從之先是宰相厨廣召富人以殖錢散配息利謂之堂厨捉錢官影古富豪爲弊日久至是宰臣楊嗣復請罷之

武宗會昌元年正月赦節文每有過客衣冠皆求應

接行李苟不供給必致怨尤刺史縣令但取虛名不惜百姓夫畜皆配民戶酒食科率所由蠹政害人莫斯爲甚宜委本道觀察使條疏量縣大小及道路要僻各置本錢逐月收利或前觀察使刺史前任臺省官不乘館驛者許量事供給其錢便以留州留使錢充每至季冬申觀察使如妄破官錢依錢料配竝同入巳贓論仍委出使御史糾察聞奏

宣宗大中四年五月御史臺奏所在物產自有時價官人買賣合准時宜近日相承皆置供應戶旣資影庇多是富豪州縣科差盡歸貧下不均害理爲弊頗

涇自此巳後委觀察使嚴加覺察宜竝禁斷切慮諸道州府尚有此色諸各牒諸州府勘會巨細申臺以憑鞫理從之

六年十二月勑准開元十三年八月十四日及太和八年二月十三日勑文務耳稱寃先决四十然後依法勘當近日無良之徒等閑詣闕務耳每驚勿聽皆爲抱寃及令推窮多是虛妄若不止絶轉恣兇狂宜自今以後應有人欲論訴事自審看必有道理郎任自詣闕及經臺府披訴當爲盡理推勘不令受寃更不得輙有自卧皆務耳前有犯者便准前勑處分後

配流遠處縱有道理亦不爲申明時御史臺奏覆驗稱寃人濇進過妄務耳稱寃并伏科罪故降是勑

唐莊宗同光二年二月制鄉村糴貨斛斗及賣薪炭等物多被牙人於城外接賤糴買到房店增價邀求遂使貧困之家嘗買貴物稱量之際又因平人宜令府縣及御史臺於諸門嚴切條疏不得更令違犯又國以人爲本人困則國何所依人以食爲天食艱則人何以濟蓋聞僞朝巳來恣爲掊歛至於雜色斛斗柴草受納倉塲邀頡人戸分外課求納一斗則二斗未充納一束則三束不充互相蒙弊上下均分疲弊生靈莫斯爲甚自今巳後仰長吏選清強官吏充主納仍須嚴立條制以防姦欺兼具逐色所納加耗申奏當官者宜守於朝章力田者宜尊於王制苟容侥倖必亂規繩訪問富戸田疇多投權勢影占縣州不敢科役貧下者更代征徭轉致彫殘最爲蠹弊將安疲瘵須擇循良者

明宗天成元年四月誅租庸使孔謙停租庸名額依舊爲鹽鐵戸部度支三司委宰臣竇盧華專判中書門下奏請停廢諸道監軍使内局司租庸院大程官出放猪羊柴炭戸括田竿尺一依僞梁度制仍委節

度使通田三司不得差使量撿州使公廨錢物先被租庸院一切管係今據數却還州府州府不得科率百姓先遇赦所放逋稅租庸違制徵收並與除放今欲曉告河南府及諸道准此施行從之

九月都官員外郎于鄴奏請指揮不得書契務輙賣良人從之

二年六月詔以僧尼不歸寺院競占民舍以居之訛濫日甚勑除名額寺院外無堂殿佛像者竝勒毁之

三年八月以山南西道乆從僞命有不益於國患於民者六事咸命除之

是月帝聞隨鄧復郢均房之間父母骨肉有疾以竹竿遥致粥食於病者之側出嫁女父母有疾夫家亦不令知聞哀始奔喪者勑曰萬物之中人曹爲貴百行之内孝道爲先凡戴北辰竝遵皇化備聞南北多奬時風皆傾事鬼之心不守敬親之道於父母如此無行披日月何以立身弊乆積於鄉閭化全繇於長吏昔西門豹一縣令耳尚能投巫百姓保女子之愛絶河伯之虞斷自一時傳於千古况位居侯伯化洽封巡豈不能宣北闕之風變南方之俗宜令逐處觀察使刺史丁寧曉告自今以後父母骨肉有疾者竝

冊府元龜　帝王部　華弊二　卷之一百六十　十三

須日夕專切不離左右看侍使子奉其父母婦侍其舅姑弟不慢於諸兄姪不怠於諸父如或不移故態老者卧病少者不勤事奉子女弟姪竝加嚴斷出嫁女父母有疾不令知者當罪其夫及其舅姑

閏八月吏部郎中何澤請廢户部錭紙奉勑日月流行之處王人億萬之家旣絶煩苛無濫力役唯忠孝二柄可以旌表户門若廣給錭符浮爲弊事昨日所爲地圖方域逐閏重疊上供州郡之中皆須厚歛而猶尋降談束竝勒廢停今此倖端豈合更啟逐年錭紙宜令削去

四年六月巳丑勑自天成纉紹之初曾降勑應隨駕竝内外將校職員許奏名銜當議遷陟俾行賞舊之恩以報惟新之命自後累據奏薦人數及多已經數載尚有奏陳旣是論乞新恩豈宜積年申奏兼恐有後來補署纔改職名更望官員罔爭爵命若無止絶慮啟倖門此後諸州諸使不得更有論請新恩如是顯立功勞要行酬奬即委本處長吏特具奏聞酌其績效當議施行夫爵賞之權國家利器頃因多事歒以賞功苟利社稷夫何愛焉近緣肆赦萬方陪臣例許昇轉且聞亂離已前諸節度州職掌自兵馬使已

冊府元龜　帝王部　華弊二　卷之一百六十　十四

上或因立效或遇覃恩許奏乞憲銜每使不過十數人矣軍府有額守之不踰自僞梁已還侯伯無考秩每將去任遷補不嘗至於守門掌庫簡札小胥卜祝優倡例稱轅門劇職奏請天命少則二三百通多則五六百通三公八座之秩往往有焉金章紫綬不間於小胥賤吏於此之中猶多謬濫帝知其事故令止之

長興元年七月勑訪聞諸道州縣官自銜虚名不惜人户皆於省限已前行帖催驅須令人户貴買充納且徵科租賦乃是當規所務事集人安不必急徵暴

欽況累降勑命非不丁寧只據規程勿令踰僭此後爲徵科事辦亦不酬勞本州不得申奏如違限稽慢卽准條流責罰如灼然添得廨署招得流民無害於公私者可具事繇申奏固得特行優獎初同光時租庸使孔謙起自胥徒不知大體方中原未平所利財賦辦集乃奏請州縣官有徵科先可者則行恩獎或與擬官或賜章服繇是長吏競爲苛刻於省限前率徵暴斂以希曲恩或鬻未蕍而欲絲麥初芊而督稅皆出利求取其費數倍人皆哭泣而未訴自天成已來猶仍舊徽長吏以此成風計司奏請無已時政懲其如是屢奏改革猶未能杜其倖門惜哉又勑京百司不許影庇州縣戶人虛出課利

二年四月夏詔罷州縣官到任後率斂爲地圖

五月詔曰近聞百執事等或親居內職或貴列廷臣或宜達君恩或勾當公事經繇列鎮干撓諸侯指射職員安排親戚或潛申意旨或顯發書題自今之後一切止絕有所犯者發薦人貶官求薦人流配如逐處長吏自徇人情只仰被替人詣闕上訴長吏罰兩月俸發薦人加一等被替人却令依舊

末帝清泰二年五月庚戌詔曰朕聞奇伎淫巧增費損功古先哲王嘗戒其事朕憲章百代臨御萬方以其欲致延鴻必絕驕奢之漸將期富庶須除蠹耗之原每務實以去華期化民而成俗近者諸色進奉寶裝龍鳳雕鏤刺作組織之異曾經釐革尚敢踰違宜在舉行貴於遵守今後此色物諸處不得進奉所繇司不得輒通

晉高祖天福元年閏十一月壬午勑曰奇伎淫巧往諎不容務實去華哲王所尚應有浮虛假僞之物不得鬻於市肆委所在嘗加覺察犯者重加刑責

二年九月將作少監高鴻漸奏伏覩近年已來士庶之家死喪之苦當殯葬之日被諸色音聲伎藝人等作樂求覓錢物伏乞顯降勑文特行止絕或所在官吏等通容不與覺察請行朝典勑喪葬有期哀情條

極其或舉樂可謂乖儀始因伎藝苟求遂致澆訛漸起所陳章疏頗正時風宜下有司永令止絕

十月詳定院奏前洺州雞澤縣主簿苑恕進策五件可行者有二其一云伏見諸道行遣公事皆有前後通規定知後所繇置遞符腳力每遇緩急嘗遣往來旣有嚴程孰敢慢事近日州使多差牽攏散從承符步探官等下縣追督公事始發一替專人又致續催使者事則一件兩件使乃五人七人非唯剝削蒸黎實爲撓煩縣邑及官吏無暇區分庶事唯當祇奉專人如此弊訛特望條貫若令佐稍虧職分或後公期

顯有憲章請行法典其二曰自前兩稅徵賦已立三限條流官員懼殿罰之威節級畏科懲之罪苟非水旱敢怠區分未嘗有不了之州何處是不前之縣臣今覩諸道省限未滿州使先追仍勒官員部領胥徒云與倉庫會探務行誅剝因作瘡痍全無軫恤之心但資貪求之意外邑所懸等不免牽費非理盤纏例總破家皆闕遜役自今之後伏乞只憑倉庫納數點算便即委知仍取縣司申聞勘會以明同異若實違省司期限請依嘗典指揮會探之名特乞停寢者臣等參詳茈恕所陳事件要絕煩苛當務息民以俾求

理誠爲允當望賜施行從之

少帝開運二年秋左諫議大夫李元龜奏請禁止天下僧尼典買院舍從之

宋高祖天福十二年左衛將軍許敬遷奏臣伏見天下鞍轡器械竝取契丹樣裝飾以爲美好安有中國之人反效戎虜之俗請下明詔毀棄須依漢境舊儀勑曰近年中華兆人浮薄不依漢禮却慕胡風累致狂戎來侵諸夏應有契丹樣鞍轡器械服裝等竝令逐處禁斷

隱帝乾祐二年國子司業樊倫上言游惰之民多歸僧舍朝廷用兵須豐軍食請三五年間止絕僧尼戒壇兼禁私行剃度從之

乾祐三年九月甲申詔諸道州府自行軍副使已下至令錄佐掾不得於本部內影庇人戶名爲伏事自是州縣舊舍職役人除籍放之

周太祖廣順元年正月制天下諸侯皆有親較自可愼擇委任當必裨奉朝廷若更別差理或未當宜矯前失庶協通規其先於在京諸司差軍將充諸州郡元從都押衙孔目官內知客等竝可停廢

三月壬申勑前朝於諸州府差散從親事官等前朝

創置蓋出權宜苟便一時本非舊貫近者徧詢群議兼採封章具言前件抽差於理不甚允當一則得州縣之色役一則妨春夏之耕耘貧乏者困於供須豪富者幸於影庇旣爲煩擾須至改更況當東作之時宜罷不急之務其諸州所在差散從親事官竝宜放散自逐田農自去年四月已前州縣元管係人數一切如舊其逓鋪如已前招到者且仰仍舊今後更不得招召其諸處場院竝不得影庇兩稅人戶所有河北諸州及澤潞晉絳慈隰解等州於先差散從親事官內選到弓箭手只且留在本州管係其餘放散先

漢隱帝於諸州府百姓內差綱事散從官又差力及戶充遞舖又下三司諸場務召百姓替占役兵士帝心知其不便乃下詔革焉公私便之

四月皇子鎮寧軍節度使榮即世宗言屬州帳內有羊猪紙炭等戶并羊毛紅花紫草及進奉官月料並是影占大戶凡差役者是貧下戶今並欲放免爲散戶詔褒之曰卿作鎮王畿留心政道雖米鹽細務不懈於躬親而會斂無名盡思於蠲放能惠窮困洵協眷懷已降宣命指揮使並放爲散戶

二年四月勅諸縣鎮令佐鎮將不得乞年許人糺告

八月甲午勅諸州縣吏民緇黃繼來詣闕留舉刺史

縣令牧宰之任委寄非輕繫蒸庶之慘舒布朝廷之條法若廉勤奉職撫字及民自有政聲達於朝聽何勞民庶遠致舉留旣妨農養之時又耗路途之費所宜釐革免致勞煩今刺史縣令顯有政能觀察使審詳事狀朝廷當議獎昇百姓僧道更不舉請一切止絶

十月庚申詔諸州或罷任或朝覲不得以器械進貢先是諸道州府各有作院每日課定造軍器逐季般送京師進納其逐州每年占留係省資金不少謂之甲料仍更於本部內廣配土產物又徵斂數倍鄙民苦之除上供軍器外節度使刺史又私造器甲以進貢爲名功費又倍悉取之於民戶帝以諸州上供器甲造作不精兼占留屬省物用過多乃令罷諸州作院詔藩侯郡牧罷貢器甲仍選擇諸處作工赴京作坊以備役使

辛丑詔諸道州府所差知館驛人不得於縣界別差人戶貼助致擾貧民

十一月丙午勅曰古者封樹之制定喪葬之期著在典經是爲名教洎乎世俗衰薄風化陵遲親歿而多闕送終身後而便爲無主或羈束於仕宦或拘忌於陰陽旅櫬不歸遺骸何託但以先王垂訓孝子因心

非以厚葬爲賢只以稱家爲禮掃地而祭尚可以告虔負土成墳所貴乎盡力宜頒條令用警因循庶使九原絶抱恨之魂千古無不歸之骨縉紳人士當體茲懷應內外文武臣寮幕職州縣官選人等今後有父母祖父母亡歿未經遷葬其主家之長不得輒求仕進所縣司亦不得申舉解送如是卑幼在下者不在此役其合赴舉選者或是葬事禮畢或是卑幼在下勒於納家狀內具言不得罔冒宜令御史臺及逐處長吏本司長官所縣司覺察糺舉違犯者當行典憲如是不切覺察縱任罔冒罪在糺舉司其中有兵

戈阻隔或是朝廷特恩除拜起復追徵及內外官職員皆以金華從事並不拘此例所有勑前見任職員官今年舉選人等不在糾舉之限

是月鳳翔言義州蕃部買牛入蕃多是宰殺乞止絶沿路州縣道路百姓不得殺牛貨賣與蕃人從之

二年五月勑牓宋州曉諭管內諸縣民等省節度使常恩所進絲四萬一千四百七兩言出放在民例以五月內徵納其絲並還元契除放如已納到者委巡撿使柴進據使追戶責領歸牓到速告報知委

世宗顯德三年十一月勑廢天下淫祠仍禁擅興祠宇如有功績灼然合建置廟貌者奏取處分自是諸道奏不合典禮而享廟食者咸毀之

五年正月赳復淮南詔免豪泗楚海揚康滁和等州管內罪人及蠲其殘稅轉徵科率之物先是州人於兩稅外以茗茶及鹽抑配戶民令輸縑帛稻米以充其直謂之轉徵又歲率羊豢薪炭之類人甚苦之帝以赳復之始悉命除放民情悅甚允蘇之望

册府元龜

巡按福建監察御史臣李嗣京訂正
分守建南道左布政使臣胡維霖參閲
知建陽縣事臣黃國琦較釋

帝王部　一百六十一

命使

周官小行人之職達六節辨五物以周知天下之故其往也賦皇華以遣之其還也歌四牡以勞之蓋所以重宣命之寄慰于役之勤斯古道也得非王者居九重之深御四海之廣慮下情之未達懼一物之失

所繇是慎擇其人俾專厥任若乃察謡俗采方言賑卹孤窮興舉孝秀辨廢士之淑慝平羣盜之假擾至有乾文譴見天災流行或推賜租之恩或舉申究之典斯皆因時立制以裨政治者也

周平王四十九年使凡伯聘魯

桓王六年使南季聘魯

十二年使宰渠伯糾聘魯宰官渠氏伯糾名也王官之宰當以才授而伯糾攝父之職出聘列國故書名譏之

十三年使仍叔之子來聘魯

漢武帝元狩元年詔曰朕嘉孝悌力田哀夫老眊孤寡鰥獨或匱於衣食甚憐愍焉其遣謁者巡行天下存問致賜曰皇帝使謁者賜縣三老孝者帛人五疋鄉三老弟者力田帛人三疋年九十以上及鰥寡孤獨帛人二疋絮三斤八十以上米人三石有冤失職使者以聞縣鄉即賜毋贅聚贅會也令勿擅徵召會聚

六年六月詔曰日者有司以幣輕多姦幣錢也輕者若一馬直二十萬幣輕而物重也農傷而物衆又禁并兼之徒故改幣以約之更去半兩錢行五銖錢及幣以簡約姦邪稽諸往古制宜於今廢期有月而山澤之民未諭夫仁行而從善義立則俗易意奉憲者所以導之未明與將百姓所安殊路而撟虔

吏因乘勢以侵蒸庶邪撟與矯同其字從手撟託也虔固也妄託上命而堅固爲邪惡者也何紛然其擾也今遣博士大等六人分循行天下存問鰥寡廢疾無以自振業者貸與之諭三老孝悌以爲民師舉獨行之君子徵詣行在所朕嘉賢者樂知其人廣宣厥道士有特詔使者之任也士有殊才異行當特詔者任之使者分別之詳問隱處亡位及冤失職姦猾爲害野荒治苛者舉奏郡國有所以爲便者上丞相御史以聞

元鼎二年九月詔曰仁不異遠義不辭難今京師雖未爲豐年山林池澤之饒與民共之今水潦移於江

南迫隆冬至朕懼其饑寒不活江南之地火耕水耨方下巴蜀之粟致之江陵遣博士中（中博士名也）等分循行諭告所抵無令重困吏民有振救饑民免其戹者具舉以聞

天漢二年秋泰山瑯琊羣盜徐勃等阻山攻城（阻山者依山之險以自固也）道路不通遣直指使者暴勝之等衣繡衣持斧分部逐捕刺史郡守以下皆伏誅

昭帝始元元年九月遣故廷尉王平等五人（前爲此官今不居者皆謂之故也）持節行郡國舉賢良問民所疾苦寃失職者

宣德本始元年正月遣使者持節詔郡國二千石謹牧養民而風德化

元康四年正月遣大中大夫彊等十二人循行天下存問鰥寡覽觀風俗察吏治得失舉茂林異倫之士

五鳳四年四月辛丑晦日有蝕之詔曰皇天見異以戒朕之不逮吏之不稱也以前使使者問民所疾苦復遣丞相御史掾一十四人循行天下舉寃獄察擅爲苛禁深刻不改者

元帝元初元年四月詔曰朕承先帝之聖緒獲奉宗廟戰戰兢兢閒者地數動而未靜懼於天地之戒不知所繇（繇與由同）方田作時朕憂蒸庶之失業臨遣光祿大夫褒等十二人（上自臨勑乃遣之）循行天下存問耆老鰥寡孤獨困乏失職之民延登賢俊招顯側陋因覽風俗之化相守二千石誠能正躬勞力宣明教化以親萬姓則六合之内和親庶幾虖無憂矣書不云乎股肱良哉庶事康哉布告天下使明知朕意

建昭四年夏四月詔曰朕承先帝之休烈夙夜慄慄懼不克任閒者陰陽不調五行失序百姓饑饉惟蒸庶之失業臨遣諫議博士賞等二十一人循行天下存問耆老鰥寡孤獨乏困失職之人舉茂材特立之

士相將九卿其率意毋怠使朕獲觀教化之流焉

成帝建始二年九月詔曰迺者郡國被水災流殺人民多至千數京師無故訛言大水至吏民驚恐奔走乘城殆苛暴深刻之吏未息元元寃失職者衆遣諫議大夫林等循行天下

河平四年三月遣光祿大夫博士嘉等十一人行舉瀕河之郡水所毁傷困乏不能自存者

陽朔二年秋關東大水流民欲入函谷天井壺口五阮關者勿苛留遣諫大夫博士分行視

鴻嘉元年春二月詔曰朕承天地獲保宗廟明有所

蔽德不能綏刑罰不中衆冤失職趨闕告訴者不絶是以陰陽錯謬寒暑失序日月不光百姓蒙辜朕甚憫焉書不云乎即我御事罔克耆壽咎在厥躬此尚書文侯之命篇中辭也言我周家用事者無能有耆老賢者使國危也罪咎在其用事者也又曰咎在朕躬乎王自謂故引之以自責耳方春生長時臨遣諫大夫理等天子自臨敕而遣舉三輔三河弘農冤獄公卿大夫部刺史明申敕守相稱朕意焉

元始三年春正月巳卯晦日有蝕之詔曰天災乃重朕甚懼焉惟民之失職臨遣太中大夫嘉等循行天下存問耆老民所疾苦其與部刺史舉惇樸遜讓有

行義者各一人

平帝元始元年正月遣諫議大夫行三輔舉籍吏民以元壽二年倉卒時橫賦斂者償其直

二年九月使謁者大司馬掾四十四人持節行邊遣執金吾候陳茂假以鉦鼓將帥乃有鉦鼓今茂官輕兵小又但往諭曉之耳所以假鉦鼓者欲重其威也

四年遣大僕王惲等八人置副假節分行天下覽觀風俗

後漢光武建武二年使太史大夫伏隆持節安輯青徐二州招張步降之

二十九年二月遣使者舉冤獄出繫囚

安帝延光三年遣侍御史分行青冀二州災害督錄盜賊

順帝漢安元年八月遣侍中杜喬光祿大夫周舉守光祿大夫郭遵馮羨欒巴張綱周栩劉班等八人分行州郡班宣風化舉實臧否

建康元年正月詔曰隴西漢陽張掖北地武威武都自去年九月已來地百八十震山谷拆裂壞敗城寺殺害民庶夷狄叛逆賦役重數內外怨曠惟咎歎息其遣光祿大夫案行宣暢恩澤惠此下民勿爲煩擾

靈帝熹平五年四月使侍御史行詔獄亭部理冤枉原輕繫休囚徒

獻帝初平三年四月誅董卓遣使者張种撫慰山東

八月遣太尉馬日磾及太僕趙岐持節慰撫天下

魏文帝初嗣魏王遣使者循行郡國有違理掊克暴虐者舉其罪

黃初六年遣使者循行許昌以東盡沛郡問民所疾苦貧者賑貸之

高貴鄉公正元元年十月遣侍中持節分適四方觀風俗勞士民察冤枉失職者

晉武帝泰始二年春正月遣兼侍中侯史光等持節四方循省風俗除禳祝之不在祀典者

四年詔刺史二千石長吏曰古之王者以歲時巡狩方岳其次則二伯術職不然則行人順省故雖幽遐側微心無壅隔下情上通上指遠諭至於鰥寡罔不得所用垂風遺烈休聲猶存朕在位累載如臨深谷夙興夕惕明發不寐坐而待旦思四方水旱灾眚爲之惕然動躬約已欲令事事當宜常恐衆吏用情誠心未著萬機兼猥慮有不周政刑失謬而弗獲備覽百姓有過在予一人惟歲之不易未遑卜征巡省之

事下之未乂其何以恤之今使使持節侍中副給事黄門侍郎銜命四出周行天下親見刺史二千石長吏申諭朕心訪求得失損益諸宜觀省政教問人間患苦周典有之曰有萬姓之利害爲一書其禮俗政事刑禁之逆順爲一書其暴亂作慝犯令爲一書其禮喪凶荒厄貧爲一書其康樂和親安平爲一書每國辨異之以返命於王舊章前訓今率繇之還具條奏俾朕昭然鑒於幽遠若親行焉大夫君子其各悉乃心敬乃事嘉言令圖苦言至戒與使者盡之無所隱諱方將虛心以俟其勉哉勗之稱朕意焉其無忽

是年又遣使者侯史光循行天下

太元七年十二月遣侍御史巡遭水諸郡

後魏道武天興元年八月遣使循行郡國舉奏守宰不法者親覽察黜陟之

三年正月分命諸官循行州郡觀民風俗察覺不法

四年二月分命使者循行州郡聽察詞訟糾劾不法

天賜元年四月詔尚書郎中公孫表使於江南以觀桓玄之釁也值玄敗而還

明元即位詔鄭兵將軍山陽侯奚斤巡行諸州問民疾苦撫恤窮乏

永興三年春詔北新侯安同等持節巡行并定二州及諸山居雜胡丁零問其疾苦察舉守宰不法其寃窮失職弱强相凌孤寒不能自存者各以事聞

泰常二年春詔九州之民隔遠京邑時有壅滯守宰至不以聞今東作方興或有貧乏失農務者其遣使者巡行天下省諸州觀民風俗問民疾苦守宰治行諸有不能自申皆因以聞

七年九月分遣使者循行天下州郡觀察風俗

太武太平真君元年正月分遣侍臣循行州郡觀察風俗問人疾苦

文成大安元年六月詔曰夫爲治者因宜以設官舉賢以任職故上下和平民無怨謗若官非其人姦邪在位則政教陵遲至於彫薄思明黜陟以隆治道今遣尚書穆伏真等三十人巡行州郡觀察風俗入其境農不墾殖田畝多荒則徭役不時廢於力也耆老飯蔬食少壯無衣褐則聚歛煩數匱於財也閭里空虛民多流散則綏導無方疎於恩也盜賊公行劫奪不息則威禁不設失於刑也衆謗並興大小嗟怨善人隱伏佞邪當途則爲法混淆昏於政也諸如此比黜而戮之善於政者褒而賞之其有阿枉不能自申聽詣使告狀使者簡治若忠信淸能衆所稱美誣告以求直反其罪使者受賕斷察不平聽詣公車上訴其不孝父母不順尊長爲吏姦暴及爲盜賊各具以名上其容隱者以所匿之罪罪之

孝文延興二年十一月分遣使者巡省風俗問民疾苦

三年十一月詔以河南牧守多不奉法致新邪之民莫能上達遣使者觀風察獄黜陟幽明

四年十一月分遣侍臣循河南七州觀察風俗撫慰初附

太和二年八月分遣使者考察守宰問民疾苦

六年八月分遣大使巡行天下遭水之處丐民租賦貧儉不自存者賜以粟帛

八年正月詔隴西公元琛尚書六轂爲東西二道大使褒善罰惡

十四年二月詔遣侍臣循行州郡問民疾苦

十八年冬十月分遣侍臣巡民問所疾苦

二十一年正月己亥遣兼侍中張彝崔光兼散騎常侍劉藻巡方省察問民疾苦黜陟守宰宣揚風化

宣武以太和二十三年四月即位六月分遣侍臣巡行郡國問民疾苦考察守令黜陟幽明文武應求道著丘園者皆加褒禮 又云宣武時遣使巡行四方以直閤將軍薛曇寶爲持節兼散騎常侍龍驤將軍南道大使

景明二年正月帝始親政詔曰朕幼承寶曆嬰憂在疚庶事不親風化未洽今始覽政務義協惟新思使四方風化從率善可分遣大使黜陟幽明 是年以源懷爲車騎大將軍詔爲使持節加侍中行臺巡行冀瀛三州賑給貧乏兼採風俗考論殿最事之得失皆先決後聞

正始二年六月詔尚書李崇大府卿于忠散騎常侍游肇諫議大夫鄭㳟崇忠使持節并兼侍中㳟兼黃

門俱爲大使糾斷外州畿內其守令之徒咎失彰露者卽使施决州鎭重職聽爲表聞

七月詔曰朕纂馭寶曆於今七載德澤未敷覽燭不遠知人之寃瘼所在猶滋而糾察之獄未暢於下賢愚靡分皂白均貫非可以華民耳目使善惡勵心今分遣大使省方巡簡隨其愆負與風響相符者卽加糾黜以明雷霆之威以申旌軒之舉因以觀風辨俗採訪功過襃賞貞孝糾罰淫慝理窮恤弊以稱朕心

三年四月詔遣使者巡慰北邊酋庶

孝明熈平二年正月詔遣大使巡行四方問疾苦恤

孤寡黜陟幽明又詔選曹舉用必在得才廣求栖遁共康治道州鎭城隍各令嚴固齋會聚集糾執妖諠囹圄皆令造屋桎梏務在輕小工巧浮逬不得隱藏絹布繒綵長短合式偷竊軍階亦悉沙汰籍貫不實普使糾案聽自歸首逋違加罪

正光元年冬十月遣侍中持節分適四方觀風俗勞士民察寃枉失職者

四月詔尚書長孫稚巡撫北藩觀察風俗

孝昌元年徐州刺史元法僧以城叛入梁梁遣蕭綜來據彭城時遣大都督安豐王延明督臨淮王彧討之盤桓不進乃詔尚書三公郎兼州司別駕前將軍辛雄副太常少卿元誨爲使給齊庫力持節乘驛催軍有違卽令斬决肅宗謂雄曰誨朕家諸子摽以親懿定策機計伏卿取勝耳到軍勒令並進徐州綜送降款

孝昌末魏蘭根爲光祿大夫河北流人南度以蘭根兼尚書使齊濟青兖四州安撫置縣郡

孝莊建義元年五月以尚書右僕射元羅爲東大使征東將軍光祿勳元欣副之巡方黜陟先行後聞

後周閔帝元年正月卽天王位詔曰上天有命革魏

於周致予一人受時大廟予惟古先聖王罔弗先於省視風俗以求民瘼然後克治翊予耿耿又當草昧若弗尚於達四聰明四目之訓者其有闕之哉有司宜分命方別之使所在巡撫五教何者不宜時政有何不便得無修身潔巳才堪佐世之人而不爲上所知寃枉受罰幽辱於下之徒而不爲上所理孝義貞節不爲有司所申鰥寡孤獨不爲有司所恤曁庶黎衣食豐約賦役繁省灾癘所興水旱之處並宜具聞若有八十巳上所在就加禮餼

明帝元年六月遣使分行州郡理囚徒察風俗掩骼埋胔

武成二年二月以車騎大將軍儀同三司冀携爲大使巡歷州郡察風俗理冤滯還拜小御
武帝保定元年二月遣大使巡察天下
五年七月遣大使巡察天下
天和五年四月遣大使巡察天下
建德五年正月詔曰朕克己思治而風化未敷弘求言前古載懷夕惕可分遣大使周省四方察訟聽謡問民恤隱其獄犴無章侵漁黎庶隨事究驗條錄以聞若政績有施治綱克舉及行宜圭筆道著丘園竝須簡審依名騰奏其鰥寡孤獨實可哀矜亦宜賑給

務使周贍
六年平齊詔曰東夏既平王道初被齊民弊政餘風未殄朕劬勞萬幾念存康濟恐清淨之治未形四海下民疾苦不能上達寢興軫慮用切于懷宜分遣使人循方慰撫觀風省俗宣揚治道有司明立條科務在孔益
宣帝即位遣大使巡察諸州
隋高祖開皇元年即位遣八使巡察風俗
三年十一月遣使巡察風俗詔曰朕君臨區宇深思治術欲使生人從化以德代刑求草萊之善旌閭里之行民間情僞咸欲備聞已詔使人所在賑恤揚鑣分路將遍四海必令爲朕耳目如有文武才用未爲時知宜以禮發遣朕將銓擢其志節高妙越等超倫亦使人就加旌異令一行一善奬勸於人遠近官司遐邇風俗巨細必記還日奏聞庶使不出戶庭坐知萬里
四年八月甲午遣十使巡省天下
六年正月遣民部尚書蘇威巡省天下
十年八月遣柱國襄陽郡公韋洸上開府東萊郡公王景竝持節巡撫嶺南百越皆服

十五年七月遣邳國公蘇威巡省江南
十七年三月遣治書侍御史柳彧皇甫誕巡省河南河北
仁壽元年遣十六使巡省風俗
煬帝大業元年正月發八使巡省風俗下詔曰昔者哲王之治天下也其在愛民乎既富而教家給人足故能風淳俗厚遠至邇安治定功成率繇斯道朕嗣膺寶曆撫育黎獻夙夜戰兢若臨川谷雖則聿遵先緒弗敢失墜永言政術多有缺然況以四海之遠兆民之衆未獲親臨問其疾苦每慮幽枉莫舉冤屈不

申一物失所用傷和氣萬方有罪責在朕躬所以鑒寐增歎而夕惕載懷者也今既布政惟始宜存寬大可分遣使人巡省風俗宣揚風化薦技淹滯申達幽枉孝悌力田給以優復鰥寡孤獨不能自存者量加賑恤義夫節婦旌表門閭高年之老加其板授並依別條賜以粟帛篤疾之徒給侍丁者雖有侍養之名曾無賙贍之實明加簡較使得養存若有名行顯著操履脩潔及學業才能一藝可取咸宜訪採將身入朝所在州縣以禮發遣其有蠹政害民不便於時者使還之日具錄奏聞

二年遣十使併省州縣

唐高祖武德元年六月遣太僕卿宇文明達招慰山東之地

七年遣黃臺公瑗安撫山南之地

十月詔曰隋德下衰政荒民散九州輻裂四海瓜分元元無辜用豺狼之吻慄慄黔首罹兵革之災朕祗膺寶圖救其危墜一物失所情深納隍今趙魏之人俱承大化海岱之境思稟朝章然而尚追寇戎受枸凶暴經途遐阻未蒙自達宣風布教必佇循良柔服招携事資明恕右翊衛大將軍上柱國淮安王神通地惟近屬功參運始杖節建旗允當重寄可山東道安撫大使其山東諸軍事並受節度

二年閏二月詔曰隋末道消運爲陽九盜賊蜂起饑饉薦臻四海之民墜於塗炭是以上天降鑒爰命朕躬綏靜黎元克定凶醜府庫倉廩所在開發流冗之民隨加鎮撫言念亭育監寐匪忘然年穀不登民多困乏一物失所有甚納隍宜加存問救其疾苦可令皇太子建成巡京城側近諸縣秦王巡京城以東右僕射裴寂巡京城以西諸彼閭閻見其耆老觀省風俗廉察吏民乏絕之徒量加賑給如有冤滯並爲申

理高年疾病就致束帛是月遣馬邑都城李靖前鹿城縣令元無竭慰撫嶺南

四月遣大理卿郎楚之安撫山東夏侯端安撫淮左奏九部樂設宴而遣之

五月遣黃門侍郎楊恭仁安撫河西之地

三年二月詔曰朕承天明命撫育萬方康俗濟民無忘監寐西蜀僻遠控接巴夷厥土沃饒山川遐曠往者隋末喪亂盜寇交侵流寓之民遂相雜撓游手墮業其類寔煩頌籲矯虔因此而作王業伊始務從草創牧宰庶寮隨事遷易州縣分折權宜廢置然而王

道未洽民瘼猶存靜言思之夙興軫念澄源正本義在更張可令秦州總管鄭國公軌御史大夫滑國公無逸爲益州道安撫大使宣揚朝典進擢廉平貶黜苛暴申理寃滯孝悌貞節表其門閭鰥寡孤獨量加贍恤事有便宜並委處分

四年六月既征王世充遣驍衛將軍盛彥師安撫河南之地

九年七月遣諫議大夫魏徵宣慰山東

太宗貞觀三年五月旱六月令中書舍人杜正倫催敦禮守給事中尹文憲張玄素等往關內諸州分道

撫慰問人疾苦見禁囚徒量事斷決人有寃枉不能自申者隨狀理之事有不便於人及官人貪殘爲患者並具狀還日以聞困窮之徒比雖賑贍仍有乏絶者亦量加支給在京見禁囚徒亦令所司量事斷決務從寬簡稱朕意焉

六年三月幸九成宮發使存問高年鰥寡

七年七月遣大理少卿李弘節太子中允張玄素都水使者長孫師巡撫嶺南

八年正月詔曰昔者明王之御天下也內列公卿允釐庶績外建侯伯司牧黎元惟懼淳化未敷名教或替故有巡狩之典黜陟幽明行人之官存省方俗用能遐邇遂性情僞無遺時雍之宜率繇茲道朕祇膺寶命臨御帝圖稟過庭之義方荷上玄之嘉祉四荒八表無思不服而夙興夕惕勤躬約已日慎一日雖休勿休欲萬國歡心兆民有賴推誠待物近取諸身實謂羣官受拜咸能自勵乃聞連帥剌舉或乖共理之寄縣司主吏甚多黷貨之罪有一於此責在朕躬是用終夜憮然旻景輟食宜遣大使分行四方申諭朕心延問疾苦觀風俗之得失察政刑之苛弊耆年舊齒孝悌力田義夫節婦之家疾廢惸嫠之室須有

旌賞賑贍聽以倉庫物賜之若有鴻材異學留滯末班哲人奇士隱倫屠釣宜精加搜訪進以殊禮務盡使乎之旨俾若朕親覩焉於是分遣蕭瑀李靖楊恭仁王珪竇靜李大亮劉德威皇甫無逸韋挺李襲譽張亮杜正倫趙弘智等巡省天下

十八年十一月庚辰遣使齎璽書詣鄭汝懷澤四洲巡問高年宴賜各有差

二十年正月丁丑遣大理卿孫伏伽黃門侍郎褚遂良尚書左承楊纂太子詹事張行成太僕少卿蕭銑光祿少卿馮悰司農卿達奚懷義雍州司馬李督脊

給事中張徽册御史中丞唐臨中書舍人崔仁師柳
奭太子中允宇文節太子中舍人賀拔玄壹萬年縣
令宋行質長安縣令李乾祐戶部郎中劉翁勃刑部
侍郎劉燕客王昕尚藥奉御長孫知人大理正郭文
宗李鏡玄等以六條巡察四方各以澄清爲務多所
貶黜舉奏及使者還詣闕稱冤者前後相屬因令褚
遂良以其類具狀以聞帝親自臨決牧宰已下以能
官進擢者二十人以罪死者七人其流罪以下及免
黜者數百十人八月幸靈州所經州縣竝遣使存問
老疾并加賑恤九月遣霍王府長史段寶玄滄州別

册府元龜　帝王　命使　卷之一百六十一　十九

駕張開諒同州別駕張文會等三道使巡察嶺南諸
州

二十二年六月令陝州刺史孫伏伽於河南太子詹
事張行成於河北渭州親見父老存撫百姓從軍之
家州縣爲之營農

三十三年八月以晉州地震令尚書郎中一人充使
存問舍宅損壞者給復一年

高宗永徽四年十月甲辰遣使存問鰥寡惸獨不能
自存者

五年正月詔工部侍郎王儼往河北簡行遭水諸州
乏絶者賑貸之仍慮囚徒

顯慶元年正月令宗正卿隴西郡王博文刑部尚書
長孫祥大理卿段寶玄於畿内諸州巡撫百姓給貸
乏絶

二年十月幸許州遣少府少監鄭欽泰等分往許汝
州及所經縣省錄囚徒并搜訪孝義及經學之士

龍朔元年十二月戊寅詔諸州霜旱蟲澇之處分道
遣使存問賑給并慮囚徒

三年八月詔分遣大使巡察問人疾苦黜陟官吏

乾封二年十月遣守大司憲樂彥瑋司平少常伯皇

册府元龜　帝王　命使　卷之一百六十一　二十

甫公議太子左中護楊思敬兼西臺舍人李處澤等
分往長安萬年城外諸縣巡問百姓親簡較田苗賑
給乏絶

總章二年四月令左肅機兼簡較沛王府長史皇甫
公議往慮岐州諸縣囚徒量事原免之

二年二月遣使存問諸州逐糧百姓漸令復業仍令
州縣簡較優恤之其未情願歸者聽之

十年十月幸許汝等州分遣通事舍人員外郎御史
存問所經州縣老疾及鰥寡惸獨仍復見禁囚徒等

儀鳳二年十二月詔黃門侍郎同中書門下三品來

堂爲河南道大使中書侍郎同中書門下三品薛元超爲河北道大使尚書左丞崔知悌國子司業鄭祖玄爲河南道大使分道巡撫申理寃屈賑貸乏絶

冊府元龜　帝王 命使　卷之一百六十一　二十一

冊府元龜

册府元龜

巡按福建監察御史臣李嗣京訂正
知長樂縣事臣夏允彝条閲
知建陽縣事臣黄國琦較釋

帝王部一百六十二

命使第二

唐中宗神龍二年二月遣十使巡察風俗下制曰古之御天下者以大寶爲公器以崇高爲外物仰則乾行順性命之理俛思坤載成博厚之德將以財成至道保邦靜人用清三微（臣欽若等曰三微者天地人三正之始萬物皆微故王者法焉）以齊七政能臻夫此者豈一人之力哉實賴羣方共康庶績自李葉淪替涸棄公道官匪其人教無所習懐才修潔者則仮違以自容通方宏偉者則放蕩以求利繇是淳化日消澆風歳長典章訛弊眭俗凋殘遂迤陵頽莫能振理朕以薄德丕承寶命夙夜惟寅憂勞無怠昧旦端冕心被寰瀛日晏罷朝念周黎庶頃者屬精推擇傍求牧宰冀聞善政惠康乃乂虐已勵勤美化猶怠貪官傲吏屢黷於爰書失職流亾幾淪於板籍豈刑賞之柄不協其中將仁恩之誠未孚於下永言國本良深軫悼古者天子巡狩省方觀俗而錫鑾備駕或以爲煩故分命輶軒博採謡訟將以彰善癉惡激濁揚清散皇明以燭幽揚仁風以被物實資令德允屬通才惟懐永圖式鑒成憲宜於左右臺及內外五品以上官識理通明立性堅白無所詘撓志在澄清者二十人分爲十道巡察使二周年一替以廉案州部俾其董政郡吏觀撫兆人議獄緩刑扶危拯滞若能抗詞直筆不憚權豪仁恕爲懐黜陟咸當别加奬擢優以名器如脂韋苟全蘧蒢戚施高下在心顧望依附者將遷削平棄肅以憲章咸竭廼心以副朕意遂命易州刺史姜師度攝右御史以充此使

景龍三年八月遣十使巡察天下

睿宗唐隆元年六月庚子平韋庶人壬寅降十道使齎璽書宣撫

景雲元年八月制出十道使持節巡撫天下

二年二月降十道使按察

七月分遣都督刺史十道按察

十一月出十道使巡撫

太極元年二月出十道使巡撫

玄宗先天元年太上皇詔曰朕恭已無爲留神玄默

倅順曆數僉諧公卿式命元子祇膺寶位今庶政逌新光華肇啟但恐天下至廣未達朕心故臨遣使臣宣揚朝典宜以膳部郎中蕭瑗爲河南道宣勞使諫議大夫楊虛受爲河北道宣勞使贊善大夫薛植爲淮南道宣勞使殿中丞薛驎爲隴右道宣勞使宗正卿姜晞爲河東道宣勞使司門郎中李誠爲關內道宣勞使工部郎中高紹爲劍南道宣勞使太子右諭德蕭憲爲山南道宣勞使宋王府司馬裴綱爲江南道宣勞使諫議大夫甯悌原爲嶺南道宣勞使

二年七月壬申命益州長史畢構宣撫劍南及山南

道少府監齊景胄宣撫關內及河東道太子右庶子陸餘慶宣撫河北道宗正少卿韋璆宣撫江南及淮南道光祿少卿杜元琰宣撫隴右道廣州都督周利貞宣撫嶺南道制曰昔者明王之御天下也內有公卿允釐庶績外有方伯司牧羣黎循懼至道未孚淳風或替故有巡狩之典黜幽陟明行人之官省方察俗用能遐邇咸乂情僞無遺於變時雍率其道也朕祇膺嗣德恭守帝圖上稟過度之譏下憑衆庶之立竭精思理兩載于玆冀逮小康漸躋至化而區宇遐曠風教未同負扆長懷責深在已近者姦回構釁竊起蕭墻宗社降靈應時殲殄今又恭承聖訓總統大猷率彼百官齊兹七政恐倉廩不實禮節未興吏靡息於貪殘人或滯於幽枉未言於此明發疚懷今卜征未習時邁仍遠宜分命輶軒慰撫黎庶畢構等並操履公清識見明允茂績彰於歷試嘉譽沛於周行宜膺行李載光原隰所至之處申諭朕心並令屏絕浮華敦崇仁厚務修孝悌勤事農桑耆老鰥惸征人家口不自存者咸加恤問德舉言揚唯賢是急若有良材異行藏器下僚哲人奇士隱淪屠釣審知才行灼然者各以名聞凡百牧宰洎乎吏人咸悉朕心各

敬爾事勤則不匱仁遠乎哉勉矣朂之以副朕心

開元二年四月己巳勑曰淮海唯揚是稱豁險山川重復水陸輳湊去歲田收稍爭豐稔今玆人庶頗致饑乏朕爲之父母深用惕然近聞雨澤應節秔稻有望目前之困餬口猶切思從蠲省用救荒弊宜令給事中楊虛受往江東道安撫存問觀察疾苦詳理冤滯百姓間有偉才異行藏鱗戢羽隱淪屠博栖遲閭閻官人內有貪冒苟得背公徇私或修己自守養望克位者還日各以名聞所至之州具令宣布求瘼恤隱稱朕意焉

五年二月詔曰伊昔明王奉若天道所寶惟穀所伏惟賢故能務稽勸農興利除害朕以薄德纂承洪緒政期克己誠不動天頃歲河南河北諸州皇虫爲患雖當道遣使除瘞恐今又生有天戒若此朕甚懼焉罪實在予殃豈移歲且牧宰之任朝廷所委苟得良才式敷惠訓古有壽張飛逝中牟不入者斯其効也刺史縣令等當各竭乃心用攘厥患方考休咎大明黜陟惟爾凡百可不勉哉宜令戶部郎中蔡容往河北道侍御史崔喬往河南道觀察風俗問利害便與州縣籌度隨事處置還日奏聞

六年八月辛巳詔曰朕自臨御天下介于人上萬邦在念百姓爲心慎日以兢因時載惕春茲茂育寧忘監寐今歲河南諸州頗多水潦稼穡不稔閭閻阻饑方屬西巡更深東顧不加存問孰副憂軫宜令工部尚書劉知柔馳驛充使往河南道巡歷簡問應免租庸及賑恤並量事便處分兼察人民寃苦官吏善惡還日奏聞宋亳陳許之間遭澇尤甚其應緣賑恤宜倍優賞

八年五月置十道按察使八月以御史大夫王晙充關內道按察使楊州長史王怡充淮南道按察使右庶子齊澣充河南道按察使少府監楊孚充劒南道按察使秦州都督張守潔充隴右道按察使荊州長史盧逸充山南道按察使鴻臚少卿蕭嵩充河南道按察使襄州刺史裴觀爲梁州都督山南道按察使潤州刺史趙升卿充江南東道按察使宣州刺史霍廷王克淮南西道按察使仍下制曰苛慝不作民斯無怨寬猛相濟政是以和故周禮以官刑糾邦理以官敘正羣吏允迪前烈式惟舊章且夫寰宇至大不可以周覽黎甿至殷不可以獨化底我庶政實惟僚寀苟非其才罔以親理朕惟是夙夜不遑安寧開元

之初分遣案部糾擿姦宄頗聞懲息以其寖久則頗弄亦從其停廢縣以歲月寖成寬弛今聞在外官寮多違憲法牧守則寄任玆重令長則祿秩且優亟聞侵竊屢有章奏雖賜金爲惠未愧張武之心還珠表德罕見孟嘗之政豈敦諭之意未孚於就列將貞高之節有謝於前修永懷於此良用沉歎且政寬而慢法弊則遹弛而張之其可致理御史大夫王晙等並識通政要位以才遷茂其聲實弘此憲章宜分遣巡案以時糾察巡內有長吏貪擾獄訟寃滯暗懦尸祿苛虐在官郎宜隨事案舉所犯狀並推勘准格斷覆

訖奏聞仍便覆囚夫牧宰之職教導是先錄曹之任紀綱斯在其有政理殊尤清直獨立者咸以名爲餘官有清白者稱及諸色不善各别爲科目同狀奏聞其尋常平狀並不須逼俾夫善取其尤罰無所濫跡而不漏察而不苛必將正其源流弘彼綱目不可總此煩碎擾其吏人應是州縣常務事非損益者使人更不必干預其百姓有不支濟應須處置事狀不便於釐革者與州縣商量處分訖奏聞以副虚佇之心以光澄清之舉

九年八月詔曰朕身居九重心在萬姓恐情未達下

政或乖方頃者故命近臣分道巡撫爲屬農月且停使車今秋稼方收時亦將隙命中書舍人何鸞等宜所到之處宣慰百姓令悉朕懷其有水旱之州或須貸給不可遠更奏聞宜便量事處置征鎮之家各令州縣簡較優賞其中無兼丁存濟者仍加賑恤

十一年五月命左拾遺徐楚璧大理丞王琇大理評事宋詞班景倩河南府法曹參軍元將茂大原府司錄參軍張珣大原府兵曹參軍宋希王長安縣主簿韋利涉長安縣尉王冰雒陽王簿劉日正長安縣尉裴寬萬年縣尉崔希逸三原縣尉喬夢松吉成縣尉徐鍔汜水縣尉薛侃同州司法參軍邊冲寂汾州錄事參軍韋洽榆次縣尉郭庭等攝監察御史分巡諸道詔曰國之三典令于四方歲終則巡聽其獄訟頃因水旱貨食不足或徭稅徵逸多不折衷或租調蠲除事涉欺隱皆吏之不稱政之不修是用命兹使臣委其詳覆徐楚璧等並清白自立茂有政聲必使事合權宜刑無冤濫不損於物有益於公往數厥休副兹推擇並可攝監察御史勾當租庸地稅兼覆囚

十三年正月制天下見禁囚徒死罪降至流流已下悉原之都城内委中書門下當日疏决處分京城委

劉守制到日處分仍令中丞蔣欽緒往河南大理少卿明珪往關内刑部郎中張樽往河東兵部郎中崔珣往山南東道右庶子高仲舒往江西道職方郎鄭續之往劍南道秘書丞張履冰往淮南道殿中侍御史孫濟往隴右道贊善大夫張景幽往河西道右諭德李林甫往山南西道主客郎中張烈往江南東道並郎馳驛發遣所至之處疏决囚徒宣慰百姓其有窮乏者不自存濟及侍老征人之家有疾苦者各令州縣量加醫療及賑恤其嶺南五府磧西四鎮非流配效力等見禁囚徒各委節度使及本管都督府處

分布告遐邇知朕意焉
十四年七月詔曰朕撫有天下寅畏上玄思保太和用康庶類頃秋夏之際水潦不時懷鄭許滑衞等州皆遭泛溢苗稼潦漬屋宇傾摧有切納隍之憂良深在予之責宜令右監門衞將軍知內侍省事黎敬仁速往宣慰如有遭損之處應須營助賑給並委使與州縣相知量事處置及所在堤堰不穩便者簡行具利害奏聞
九月詔曰頃秋夏之間水潦方降閭閻損壞稼穡漂淪嘗恐一物之違況乃數州之弊故發中使循于外

冊府元龜　帝王部　命使二　卷之一百六十二　九

臺章奏屢聞州鄉稍輯朕視之如于若納諸隍于再于三情循馭朽審求人瘼更遣信臣中丞兼戶部侍中宇文融忠文竭誠夙夜匪懈當安人之任有利簡之能眷被使乎宜膺其選可往河南河北道遭水諸州宣撫仍審察有不支濟者宜更量加賑貸若屋宇損壞牛畜俱盡及征人之家不能自存立者量事助其脩葺其有官吏縱捨賑給不均亦須糾正回日奏聞
十五年三月制曰河北遭水處城旁及諸蕃殺降人先令安置及編州縣被差征行人家口等去年水澇漂損田苗頻遣使人所在巡撫兼令州縣倍加矜恤不知並得安存否以今舊穀既没新麥未登丁壯既差遠行老少慮不支濟朕居黃屋念在蒼生每思優養無忘鑒寐今故遣中使左監門衞將軍李善才重此宣慰宜令州縣即時簡責有乏絶者准例給糧俾令安堵以副朕心
七月詔曰同州鄜州近屬霖雨稍多水潦爲害念彼黎人載懷憂惕宜令侍御史劉彦回乘傳宣慰其有百姓屋宇田苗被漂損者量事賑恤
八月制曰河北州縣水灾尤甚言念蒸人何以自給

冊府元龜　帝王部　命使二　卷之一百六十二　十

朕當宁興想有勞旰昃在予之責用軫于懷宜令所司量支東都租米二十萬石賑給乃令魏州刺史宇文融充宣撫使便巡撫水損應須憂恤及合折免并仔間舍一事已上與州縣相知逐穩便處置務從簡易勿致勞擾
十六年九月詔曰河南道宋亳許仙徐鄆濮兖州奏旱損田宜令右監門衞大將軍黎敬仁往彼巡問如有不支濟戶應須賑恤與州縣長官相知量事處置訖回日具狀奏聞
二十一年二月以簡較尚書右丞相皇甫翼充河南

淮南道宣慰使簡較尚書吏部侍郎劉彤充江東江西道宣慰使尚書兵部侍郎李鏳充山南道宣慰使制曰去年江南淮南有微遭旱處河南數州亦有水損百姓等皇甫翼等咸謂能賢式將朕命其間之絶應須賑貸便量事處置回日奏聞

四月以久旱命太子少保陸象先戶部尚書杜暹等七人往諸道宣慰賑給仍令黜陟官吏疎决囚徒

二十三年二月壬寅詔曰秦州地震謫見后土朕每克念何以臻兹仲尼有云丘禱久矣而精意以告或通神明徐國公蕭嵩地在輔衡朝之端右欲重將命

暫爲此行宜往秦州致祭山川凡緣所損百姓閫事皆委嵩隨事處置迴日以聞

辛亥初置十道採訪處置使命御史中丞盧絢爲都畿採訪使御史中丞裴曠爲京畿採訪使國子祭酒汴州刺史嗣魯王道堅爲河南道採訪使華州刺史李尚隱爲關內道採訪使太原尹崔隱甫爲河東道採訪使禮部侍郎兼魏州刺史宋瑶爲河北道採訪使太常卿廣州事嶺南經畧使李朝隱爲嶺南道採訪使楊州長史韋虛心爲淮南採訪使太僕卿兼判凉州都督持節河西節度等副大使牛仙客爲河西道採訪使益州長史持節劒南節度副大使王昱爲劒南道採訪使荊州長史韓朝宗爲山南道採訪使潤州刺史劉日正爲江南道採訪使秦州刺史裴敦復爲隴右道採訪使梁州刺史宋詢爲山南西道採訪使宣州刺史班景倩爲江南道採訪使詔曰言念蒼生心必徧於天下自古良牧福循潤於京師所以歷選列城聿求連率登徒刺察將委輯寧朝散大夫簡較御史中丞關內宣諭賑給使上柱國盧絢等任寄已洊聲實兼茂咸貫通於理道並純固於公心或華髮不衰或白珪無玷可以軌儀郡國康濟黎元間

歲已來數州失稔頻致流冗能勿軫懷而吏或不畏不仁或不安不便誠須矯過必任仗賢而前此使輩下無殷鑒事皆制時務欲總權小有舉於毫髮大莫振於綱領本命條舉却用煩苛永言所期豈云自弊今既各膺重寄允於通才以蠲疾苦之源當協大中之義若今行一道利及萬人朕所設官以俟能者朝之優秩上歸令譽言可復也宜副朕懷

十一月詔令給事中韋常巡關內道中書舍人李彭年巡河南道並與本道採訪使及所聯長官商量回日奏聞

二十九年五月命大理卿崔翹尚書右丞席豫工部侍郎郭虛己御史中丞張倚中書舍人孫逖給事中趙安貞太常卿韋常班景倩分行天下詔曰三載考績以鑒吏能八使觀風因求民瘼茲事體大致理之繇朕受命昊穹臨御寰夏慮乎一物有所不安偏於萬方無忘軫念而宇宙之內官吏至多備有政失其宜即萬人受弊崔翹等或文學有稱或貞白流譽遍於理道勵是公心俾爾澄清或當委寄至於陟黜之道國之所務苟有不當將何勸人頃年使例皆遍狀其盡善者多有請求爲選調之資不善者以凡碎見

輕責奏課之數若此銜命豈副虛懷卿等所到之州宜具宣朕意其百姓閒事或有須釐革者宜與所繇長官商量處置回日奏聞其官吏中有貪冒贓私其犯名教或衰老疾病無政理者刺史已下宜停務奏聞其守職公清爲政尤異事堪激勸遠近知者具以名聞其諸道有遭損下人應須賑給先頻有處分猶慮艱弊豈忘矜恤亦宜審與州縣商量務令周濟又聞河堤穿決致有漂流諒繇州縣寬疎不時修塞亦便簡行處置勿使更然其天下道學固已有置者并鄉學等此並切於生人比來興置蓋爲教導各宜敦勸使有成並其征鎮之間或有單貧老弱不自存濟者宜令所繇倍加優賞其浮寄逃戶等亦頻處分頃來招携未有長策又江淮之間有深居山洞多不屬州縣自謂莫徭何得因循致使如此並與州縣商量處置一時錄奏卿等旣當巡按受委非輕是宜勉爾良圖以副朝選無或致有迴避不竭公忠朕之責成深宜自効

天寶五年正月命禮部尚書席豫御史中丞王鉷蕭隱之諫議大夫韋見素李麟尚書左丞崔翹鴻臚少卿源光譽分道巡按天下風俗及黜陟官吏詔曰黜

幽陟明所以察風俗求瘼恤隱所以慰黎庶不有其人孰可將命禮部尚書席豫等亮直清節其經通大才多識前言往行時政或久應任使嘗參八政之列或夙蘊忠公必副四方之委永懷兆庶用寄澄清豫巡河北道鉷巡京畿關內及河東道隱之巡東畿及河南道見素巡山南東道江南西道黔中嶺南等道麟巡河西隴西磧西等道翹巡劍南及山南西道光譽巡淮南及江南東道其百姓之間及官吏之輩如事或未該須有釐革者仍委量事處置回日奏聞其嶺南黔中磧西途路遐遠若使臣一一自到慮有稽

遲任各精擇判官準舊例分往
十四年三月給事中裴士淹禮部侍郎楊浚太常少卿姚子彥往河南河北江淮宣慰
肅宗至德二年十二月大赦令中書門下簡使郎分道宣慰所至郡縣審問百姓間有利害有須釐革處置者一一奏聞
代宗廣德二年三月庚戌詔曰歲之不易征賦繁輿河南蕭然江外尤劇供上都之國用給諸道之軍須庶務徵求未遑小息火耕水耨夏葛冬裘充饋運而屢空支戎衣而不足農人少而轉困編戶流而罕歸

自比之化未淳大東之詞方切君爲心也朕甚痛然今區宇漸寧凋殘已甚惕然恭已姑務息人懼悖婁之無告思省方以親問時邁未可日昃增勞載懷鴻鴈之詩用解吾人之恤必資循行悉以周爰皇皇者華申諭朕志宜令太子賓客兼御史大夫劉晏往諸道宣慰應百姓有徵科煩重人戶逃亡及水旱所損不能支濟者並與本道節度使計會蠲削安存遂便處置訖具狀聞奏官吏之政在邦必聞知無不爲公道斯在其租庸使及刺史縣令錄事參軍有精於政理及賦役均平州縣之間稱爲良吏者具名聞奏別有甄異如或殘忍慢法貪汚敗官有害於人不應時務者亦具狀以聞仍與本道觀察節度使會計舉按四海至廣九重至深思使下情上通俾令上旨下達務以審慎稱朕意焉
大曆二年八月以潭衡水災命給事中賀若察使於湖南宣慰
九月命比部員外郎莫藏用使於嶺南宣慰
十二年八月以京畿水旱分命御史巡苗
德宗即位初湖南山洞中王國良者聚衆爲盜都官員外郎關播往宣慰之臨行召對於別殿播奏曰臣

自今奉詔撫國良如不受命臣請便宜恩命詰鄰州速出兵翦除帝曰卿言深合朕意
建中元年二月黜陟使分往天下以右司郎中蕪侍御史庾何巡京畿職方郎中劉灣往關內刑部員外郎裴伯言往河東澤潞磁邢等道司勳郎中韋禎往山南西道劍南東西川禮部郎中趙贊往山東荊南黔中湖南等道諫議大夫吳經綸往魏博成德幽州等道給事中盧翰往河南淄青東都畿等道吏部郎中李承往淮西淮南等道諫議大夫柳載往浙江東西道刑部郎中鄭叔則往江南江西福建等道禮

部員外衛晏往嶺南五管詔曰朕聞唐虞聖人之理三載考績黜陟幽明兩漢施教之君亦命八使澄清天下朕纂承大業思服訓謩雖王公卿士內勤夙夜藩岳守將外盡公忠而兵革未寧戎狄未盡紀綱未振法令未敷封圻郡縣賦稅不一師旅上下勞逸不均所以終宵積憂寤寐增惕爰命羣士往代予言行乎四方以聽于理舉其百事以歸于正朕之深顧可不勤副也

興元元年正月帝在奉天詔曰古者天子有巡狩之義以考國典以觀人風在時多虞艮或未暇乃命卿

士使于四方問人疾苦廉吏善惡苟副所任則如親臨在理平之時尚資勤恤況流散之後得無省憂朕以不敏不明肆于人上撫育失道誠信未孚寇盜繁興阻兵拒命哀我臣庶陷于匪人顧茲田疇鞠爲茂草不念柔服遂命徂征徵發甲兵暴露營壘冒于鋒刃繼以死傷農工廢棄其生業商賈咨嗟於道路軍戎日益閭巷日空凋瘵愈窮費用愈衆以財力之有限供求取之無涯怨氣上騰咎徵斯應疫癘薦至水旱相乘人罹于灾誰任其責朕自嗣位殆今六年連兵不解已逾四稔雖本非獲已義在濟人而事有重勞良深罪已皆以朕之寡昧居安忘危致寇之繇實在於此予則不德人亦何辜媿恨積衷痛心疾首昨者改元施令悔往布新將使反側獲安干戈自息猶懼思慮不周於庶務誠感未達於遐方一理失中一夫不獲則何以謝天譴致人和俾代予言其在良弼宜令門下侍郎平章事蕭復充山南東西荆湖淮南江西鄂岳浙江東西福建嶺南等道宣慰安撫使嗚呼往率乃職敬敷朕命慰勉征戍勞來困窮訪其所安察其所弊滯淹必達寃濫必申無憚幽遠而不備無畧細微而不恤其諸道將士准前制嚴備疆界勿使侵

擾仍各令本御史具名銜聞奏悉與甄敘殊功勁節別條狀迹當特優奬百姓兩稅外徵率一切並停諸道事緣急切交須處分即與長史商度務合便宜其餘利害並還日條奏朕當詳察以擇厥中宣布遠近咸令知悉

是月給事中杜黃裳兼御史中丞江淮宣慰使

十月辛丑詔工部尚書賈耽往河陽魏博道宣慰兵部侍郎李紓往河東宣慰

十一月丁丑以秘書監崔漢衡爲兵部尚書東都河陽魏博宋亳淄青賑給宣慰使工部侍郎劉太真爲

河東澤潞鎮冀易定賑給宣慰使
貞元元年二月遣工部尚書賈耽工部侍郎劉太真宣慰於東都河南（是時東都米每斗值一千錢飢饉塞道前年蝗虫大起自山而東竟干海浮天被野草木無遺河北諸州米斗直錢九百錢死者壓道路）
八年八月詔曰朕以薄德託於人上勵精庶政思致雍熙而誠不動天政或多闕陰氣作沴暴雨薦臻自江淮而及於荆襄歷陳宋而施於河朔其間郡邑連有水災城郭多傷公私爲害損壞廬舍浸敗田苗或親戚漂淪或資産沉溺爲之父母所不忍聞興言疚疚良深惻惻夙夜祗畏悼于厥心是用寢不獲安食

而忘味時且賑恤庶洽幽明宜令中書舍人奚陟往江陵襄鄧隨郢申光蔡等州左庶子姚齊梧往陳許宋亳徐泗等州秘書少監雷咸往鎮冀德棣深趙等州京兆少尹韋武往楊楚廬壽徐潤蘇常湖等州宣撫應諸州百姓因水不能自存者委宣撫使賑給死者各加賜物所在官爲歛收埋瘞其田苗所損委宣撫使與所在長吏具奏於戲一夫不獲一物失所刑法不中賦歛不均皆可以失陰陽之和致水旱之沴其繫囚及獄訟久未决者委所在長吏卽與疏辨務從寬簡俾伸寃滯貪官暴吏倚法害公特加懲肅用明典憲災傷之後切在撫綏洽爾方鎮之臣洎于守宰咸宜悉乃心力以恤凶災宣布朕懷使各知悉是秋河南河北山南江淮凡四十餘州大水漂溺死者二萬餘人帝召見奚陟等於延英殿臨遣
憲宗以永貞元年八月卽位詔曰理天下者先脩其國國命之重寄在方鎮方鎮共理實惟列城列城爲政繫乎屬縣然則匹夫之耕匹婦之織積微成著以供國計未念蒸庶厥惟艱哉頃年以江淮租賦爰及榷稅委在藩服使其平均太上皇君臨之初務從省便遂令使府歸在中朝或恐巡院旣多職因交替新

制未立舊綱已紊况河汴而東瀕海之右各都輿壤彊理接連如或征賦不均徵輸難濟物輕貨重法弊人勞又聞江淮數道比愆時雨深憂黎庶之不足軍國之闕供政有所不宣事有所未便牧宰有課績官吏有否臧爰遣使臣申我休命宜令度支及諸道鹽鐵轉運副使戶部侍郎兼御史大夫潘孟陽專往宣諭慰安疲甿詢訪便宜蠲除疾苦安人利國稱朕意焉
元和四年正月以災旱命左司郎中鄭敬使淮南宣歙吏部郎中崔芃使浙西浙東司封郎中孟簡使山

南東道荆南京兆少尹裴武使江西鄂岳等道宣撫帝召對告之曰卿等賑恤災旱當勤於奉職勿如潘孟陽所到務飲酒游山寺而已仍許卿等以便宜從事

穆宗長慶元年八月丁亥以殿中侍御史温造爲起居舍人充鎮州四面諸軍宣慰使造前以京兆府司錄宣慰兩河衆推其材故有是命遷起居舍人無何范陽以其將朱克融爲師鎮州殺節度使田弘正奏呈又以造爲鎮州四面河東魏博澤潞横海深冀易定等軍宣慰使

文宗太和三年正月癸丑諫議大夫柏耆以奉使召

對於延英

九月命監察御史孟琯往淮南浙右巡察米價

五年七月甲申詔曰蓋天人之際相應如響祥祲之來各惟厥事乃者兵革始罷黎庶甫寧而蜀土載罹震驚方務綏輯今又水潦爲沴沉溺實多載省奏章益深惕慮諒以朕澤不逮下誠無感通五事致咎此方何罪夙夜兢媿憫歎良深宜令戶部郎中李踐方充兩川安撫使

開成元年二月庚寅中書門下奏准赦文諸道黜陟使以給事中盧均司農卿李玭吏部郎中薛廷光太常少卿盧貞刑部郎中房直温分命之

二年八月丁酉詔曰大河而南幅圓千里楚澤之北連亘數州近以水潦暴至隄防潰溢旣壞盧舍復損田苗言念黎元罹此災沴或生業蕩盡或農收索然困餓凋殘豈能自濟是用勤約疚于中懷今故臨遣使臣詳問病害紓其墊溺之苦申以勞來之方勉諭師徒安存孤老將我惠澤冀蘇疲人宜令給事中盧弘宣往許鄭滑鄆曹濮等道宣慰刑部郎中崔瑨往山南等道鄂岳等道宣慰於戲朕自君臨勵求理道常恐一物失所每以萬姓爲心誠無感通時有災害

夙夜媿悼不知所然宣示藩方喻兹詔命使寬其徭役禁其侵漁多方輯綏俾速完復布告毗庶知朕意焉

昭宗天復二年三月詔遣諫議大夫張顗示喻太原汴州使息兵通和太原後唐太祖也汴州梁太祖也

後唐明宗天福六年冬十月丁亥朔遣鴻臚少卿魏玭將作少監霍廷讓左領軍衛將軍安滲右驍衛將軍田峻于滑濮鄆澶四州簡河水害稼處并安撫百姓

周世宗顯德元年八月以諸州編戶皆以雨水害稼

上訴遣兵部郎中麻麟等二十三人分按之

冊府元龜帝王部命使二　　卷之一百六十二　　二十三

冊府元龜

冊府元龜

巡按福建監察御史臣李嗣京　訂正

知閩縣事臣曹[illegible]臣參閱

知建陽縣事臣黃國琦較釋

帝王部一百六十三

招懷

傳曰招攜以禮懷遠以德賈誼所謂降者親酌而手食之以懷其心乃五餌之一也盖王者創業垂統握契御辯征不譓討不庭推亡固存式遏亂畧必使威加于外信著于內桀驁革心英俊乂用輔成大業光

昭帝圖如斯而已矣故其始也或諭之以文告或結之以要誓推心置腹曠然不疑分茅胙土待之不次以至賜田宅以安之錫臧獲以寵之其旨也

漢高祖五年十二月既平項籍齊王田橫懼誅與其徒屬五百餘人入海居嶋中（海中山曰嶋）帝聞之以橫兄弟本定齊齊人賢者多附焉今在海中不收後恐有亂廼使使赦橫罪而召之橫謝曰臣烹陛下之使酈食其今聞其弟商爲漢將而賢臣恐懼不敢奉詔請爲庶人守海嶋中使還報帝廼詔衞尉酈商曰齊王横郎至人馬從者敢動搖者致族夷（言平除其族）廼復使使持節具告以詔意曰横來大者王少者乃侯耳（大者謂橫身少者其徒屬）不來且發兵加誅橫廼與其客二人乘傳詣雒陽

十年九月代相國陳豨反帝東至邯鄲令周昌選趙壯士可令將者白見四人（白於天子而召見也）帝嫚罵曰（嫚者渫汗也）豎子能爲將乎四人慙皆伏地帝封各千戶以爲將左右諫曰從入蜀漢伐楚賞未徧行今封此何功帝曰非汝所知陳豨反趙代地皆豨有吾以羽檄徵天下兵未有至者（檄者以木簡爲書長尺二寸用徵召也其有急事則加以鳥羽插之示速疾也魏武奏事云今邊有警輒露檄插羽）今計唯獨邯鄲中兵耳吾何

愛四千戶不以慰趙子弟皆曰善

十一年五月詔曰粤人之俗好相攻擊前時秦徙中縣之民南方三郡使與百粤雜處會天下誅秦南海尉佗居南方長治之甚有文理中縣人以故不耗減粤人相攻擊之俗益止俱賴其力今立佗爲粤王使陸賈即授璽綬佗稽首稱臣

文帝元年以南粤王佗親屬在眞定廼爲置守邑（親謂父母也）歲時奉祀召其從昆弟尊官厚賜寵之詔丞相陳平舉可使粤者平言陸賈先帝時使粤帝召賈爲大中大夫謁者一人爲副使賜佗書曰皇帝謹問南

粵王甚苦心勞意朕高皇帝側室之子(言非正嫡所生也)棄外奉北藩于代道里遼遠壅蔽樸愚未嘗致書(言未得通使於粵)高皇帝棄羣臣孝惠皇帝即世高后自臨事不幸有疾日進不衰(言疾病益甚也)以故詩暴乎治(詩乖也)諸呂爲變故亂法不能獨制迺取他姓子爲孝惠皇帝嗣賴宗廟之靈功臣之力誅之已畢朕以王侯吏不釋之故(辭讓帝位不見置也)不得不立今即位乃者聞王遺將軍陸慮侯書求親昆弟請罷長沙兩將軍(隨之昆弟在故鄉者求訪之而兩將軍將兵繫城者請罷之以賓附於漢也言親昆弟者謂有服屬者也)朕以王書罷將軍博陽侯親昆弟在真定者已遣人存問修治先

人冢前日聞王發兵於邊爲寇灾不止當其時長沙苦之南郡尤甚(言越兵寇邊長沙南郡皆厭苦之)雖王之國庸獨利乎(而漢軍亦當相拒方有戰鬭於越亦非利也)必多殺士卒傷良將吏寡人之妻孤人之子獨人父母得一亡十朕不忍爲也朕欲定地犬牙相入者以問吏吏曰高皇帝所以介長沙土也(介隔也)朕不得擅變焉吏曰得王之地不足以爲大得王之財不足以爲富服嶺以南王自治之(山嶺名也長沙南界也)雖然王之號爲帝兩帝竝立亡一乘之使以通其道是爭而不讓仁者不爲也願與王分棄前患(彼此共棄故云分)終今以來通使如故(從今通使至於終久故云今以來也)

故使賈馳諭告王朕意王亦受之毋爲寇灾矣上褚五十衣中褚三十衣下褚二十衣遺王(以緜裝衣曰褚上中下者緜之多少薄厚之差也)願王聽樂娛憂存問鄰國(謂東越及陸甌駱等)賈至南粵王恐乃頓首謝願奉明詔長爲藩臣奉貢職因使者獻白璧一雙翠鳥千犀角十紫貝五百桂蠹一器(桂樹中蝎虫也漢書嘗以獻陵廟載以赤轂小車此虫食桂故味辛而漬之以蜜食之也)生翠四十雙孔雀二雙

平帝元始二年募汝南南陽勇敢吏士三百人諭說江湖賊成重等二百餘人皆自出送家在所收事(言身既自出又各送其家人詣本屬縣邑從賊役耳)重徙雲陽(重成重也作賊長師故徙之也)

公田宅

後漢光武建元元年九月辛卯朱鮪舉城降初帝即位拜岑彭廷尉行大將軍事與大司馬吳漢大司空王梁建義大將軍朱祐右將軍侯進偏將軍馮異祭遵王霸等圍雒陽數月朱鮪等堅守不肯下帝以彭嘗爲鮪較尉令往說之鮪在城上彭在城下相勞苦歡語如平生彭因曰彭往者得執鞭侍從蒙薦舉拔擢常思有以報恩今赤眉已得長安更始爲王王所反皇帝受命平定燕趙盡有幽冀之地百姓歸心賢俊雲集親率大兵來攻雒陽天下之事逝其去矣公

雖嬰城固守將何待乎鮪曰大司徒被害時鮪與其謀（與音預）又諫更始無遣蕭王北伐誠自知罪深彭還具言於帝帝曰夫建大事者不忌小怨鮪今若降官爵可保況誅罰乎河水在此吾不食言（指河以為信言其明白也）彭復往告鮪鮪從城上下索曰必信可乘此上彭趣索上鮪見其誠即許降後五日鮪將輕騎詣彭顧敕諸部將曰堅守待我我若不還諸君徑將大兵上轘轅歸郾王乃面縛與彭俱詣河陽帝即解其縛召見之復令彭夜送鮪歸城明旦悉其衆出降拜鮪為平狄將軍封扶溝侯

二年正月更始復漢將軍鄧曄輔漢將軍于匡降皆復爵位

三年西州大將軍隗囂奉奏帝素聞其風聲報以殊禮言稱字用敵國之儀所以慰藉之良厚（慰安也藉薦也言安慰而薦藉之良甚也）初囂據涼州鄧禹承制遣使持節命囂為西州大將軍得專制涼州朔方事及赤眉去長安欲西上隴囂遣將軍楊廣迎擊破之又追敗之於烏氏涇陽間囂既有功於漢又受鄧禹爵署其腹心議者多勸通使京師囂乃上書詣闕時陳倉人呂鮪擁衆數萬與公孫述通寇三輔囂復遣兵佐征西大將軍馮異擊之走鮪遣使上狀帝報以手書曰慕樂德義思相結納昔文王三分猶服事殷但駑馬鉛刀不可強扶數蒙伯樂一顧之價而蒼蠅之飛不過數步即託驥尾得以絕羣隔於盜賊聲問不數將軍操執款誠扶傾救危南拒公孫之兵北御羌胡之亂是以馮異西征得以數千百人躑躅三輔微將軍之助則咸陽已為他人禽矣今關東寇賊往往屯聚志務廣遠多所不暇未能觀兵成都與子陽角力（臣欽若等曰子陽公孫述字也）如令子陽到漢中三輔願因將軍兵馬鼓旗相當儻肯如言蒙天之福即智士計功割地之秋也管仲

曰生我者父母成我者鮑子自今以後手書相聞勿用傍人解構之言自是恩禮愈篤其後公孫述數出兵漢中遣使以大司空扶安王印綬授囂囂自以與述敵國恥為所臣乃斬其使出兵擊之連破述軍以故蜀兵不復北出是年劉永將慶吾斬永首降封吾為列侯帝又徵馮魴為虞令魴當王莽末四方潰畔聚賓客招豪傑作營壍以待所歸待真主也時天下未定而四方之士擁兵矯稱者甚衆唯魴自守兼有方略帝聞而嘉之徵詣行在所見於雲臺拜官

五年四月河西大將軍竇融始遣使貢獻帝賜融璽

書黃金二百斤授涼州牧後融與五郡大守共砥厲兵馬上疏請師期以討隗囂帝浮嘉美之賜融外屬圖及大史公五宗外戚世家（景帝子十三人爲王而册五人同母者爲一宗故曰五宗言景帝以竇氏所生而致子孫衆多也）魏其侯列傳詔報曰每追念外屬孝景皇帝出自竇氏定王景帝之子朕之所祖昔魏其一言繼統以正長君少君遵奉師傅脩成淑德施及子孫（施延也音羊豉切）此皇太后神靈上天祐漢也從天水來者寫將軍所讓隗囂書痛入骨髓叛臣見之當股慄慙愧忠臣則酸鼻流涕義士則曠若發矇非忠孝慤誠孰能如此豈其德薄者所能尅堪囂

自知失河西之助族禍將及欲設問離之說亂惑其心轉相解構以成其姦又京師百僚不曉國家及將軍本意多能採取虛僞誇誕妄談令忠孝失望傳言乖實毀譽之來皆不徒然不可不思今關東盜賊已定大兵今當悉西將軍其抗厲威武以應期會融被詔卽與諸郡守將兵入金城後融歸朝拜冀州牧尋遷大司空

十月好畤侯耿弇等擊破張步軍於臨淄步走還劇帝勞軍至臨淄謂弇曰田橫烹酈生及田橫降高帝詔衞尉不聽爲仇張步前亦殺伏隆（三年帝遣隆諭步步殺之）若步來歸命吾當詔大司徒釋其怨（大司徒湛卽隆父）步乃肉袒負斧鑕於軍門封安丘侯

十二月西州大將軍隗囂遣長子恂入侍帝以爲胡騎校尉封鐫羌侯（鐫謂鐫鑿）

六年帝與公孫述書曰圖讖言公孫卽宣帝也代漢者當塗高君豈高之身邪（一云光武與述書曰承赤者書也姓當塗其名高也）乃復以掌文爲瑞（時述妄引讖記乃刻其掌文曰公孫帝也）王莽何足効乎君非吾賊臣亂子倉卒時人皆欲爲君事耳何足數也君日月已逝妻子少當早爲定計可以無憂天下神器不可力爭宜留三思署曰公孫皇帝述不答

是年隗囂使周游詣闕先到馮異營游爲仇家所殺帝遣衞尉姚期持珍寶繒帛賜囂期至鄭被盜（鄭今華州縣是）亡失財物帝稱囂長者務欲招之聞而歎曰吾與隗囂事欲不諧使來見殺得賜道亡帝復使來歙至汧陽隗囂書曰昔柴將軍與韓信書云（柴將軍柴武也韓信韓王也信入匈奴武與韓書也）陛下寬仁諸侯雖有亡叛而後歸輒復位號不誅也以囂文吏曉義理故復賜書深言則似不遜略言則事不決今若束手復遣恂弟歸闕庭者則爵祿獲全有浩大之福矣（浩亦大也）吾年垂四十在兵中十歲厭浮語虛辭卽不欲勿報

七年以隗囂所署明威將軍王遵爲大中大夫遵字
子春霸陵人雖與囂舉兵而常有歸漢意囂旣稱臣
於公孫述帝因令來歙以書詔遵乃與家屬東詣京
師拜爲大中大夫封尚義侯一云遵降封乙誰侯是冬盧芳臣欽
若等曰芳王莽末起兵爲西平匈奴單于立爲漢帝所置朔方太守田颯雲中
太守喬扈各舉郡降帝令領職如故
八年隗囂大將十三人衆十餘萬降囂奔西城帝復
詔告隗囂曰若束手自詣父子相見保無他也高皇
帝云横來大者王小者侯若遂欲爲黥布者亦自任
也

十二年公孫述弟恢及子壻史興並爲大司馬吳漢
輔威將軍臧宮所破戰死自是將帥恐懼日夜離叛
述雖誅滅其家猶不能禁帝必欲降之乃下詔諭述
曰往年詔書比下開示恩信勿以來歙岑彭受害自
疑今以時自詣則家族完全若或不諭委肉虎口痛
哉柰何將師疲倦吏士思歸不樂久相屯守詔書手
記不可數得朕不食言述終無降意
是歲盧芳將隨昱欲脅芳降芳知心脅内潰遂亡入
匈奴其衆盡歸昱乃隨使者程恂詣闕敘昱爲五原
太守封鐫胡侯昱弟慮武侯

十六年盧芳入居高柳縣名故城在定襄縣與閔堪兄林使使
請降乃封芳代王堪爲代相林爲代太傅賜繒二萬
疋因使知和集匈奴
魏太祖爲漢大將軍建安四年四月圍射於長楊故
長史薛洪河内太守繆尚率衆降封爲列侯
十一月張繡率衆降封爲列侯
十二月袁術所署盧江太守劉勳率衆降封爲列侯
八年十月袁尚將呂曠呂詳叛尚屯陽平率其衆降
封爲列侯是年吳以太史慈爲建昌都尉治海昏太祖具名遣慈書以篋封之發者無所道而
但貯當歸

十年正月袁熙大將焦觸張南等叛攻熙熙奔弟尚
奔三郡烏丸觸等舉其縣降封爲列侯
四月黑山賊張燕率其衆十餘萬降封爲列侯
十三年七月太祖征劉表八月表卒其子琮嗣屯襄
陽大將蒯越從事中郎韓嵩東曹掾傅巽等說琮歸
太祖後太祖軍到襄陽琮舉州降太祖以琮爲青州
刺史封列侯蒯越等侯者十五人越爲光祿勳韓嵩
大鴻臚鄧義侍中劉先尚書令其餘多至大官又以
表大將文聘爲江夏太守使統本兵
十六年十月北征楊秋圍安定秋降復其爵位使留

撫其民人

二十年七月破漢中賊帥程銀侯選詣太祖降皆復官爵銀選及李堪皆河東人興平之亂各有衆千餘家並與馬超合超破走堪臨陣死銀選南入漢中至是來降

十一月張魯自巴中將其餘衆降封魯及五子皆爲列侯

文帝初爲魏王延康元年五月馮翊山賊鄭甘王昭率衆降皆封列侯魏書曰初鄭甘王昭及盧水胡率其屬來降王得降書以示朝曰前欲有令吾討鮮卑者吾不從而降又有欲使吾及今秋討盧水胡者吾不聽今又降昔魏武侯一謀而當

有自得之色見譏李悝吾今說此非自是也徒以爲坐而降之其功大於動兵革也

七月蜀將孟達率衆降帝自筆手令曰吾前遣使宣國威靈而達即來吾惟春秋褒儀父即封拜遣使還領新城太守近復有扶老攜幼首向王化者吾聞夙沙之民自縛其君以歸神農豳國之衆襁負其子而入酆鎬斯豈區區略追脅之所致哉乃風化動其情而仁義感其衷歡心内發使之然也以此而推西南將萬里無外權備將與誰守死乎臣欽若等曰權備謂吳蜀主也

黃初三年八月蜀大將黃權及嶺南郡太守史郃等三百一十八人詣荆州刺史奉上所假印綬棨戟幢麾牙門鼓車權等詣行在所帝置酒設樂引見於承光殿權郃等人人前自陳帝爲論說軍旅成敗去就之分諸將無不喜悅賜權金帛車馬衣裘帷帳妻妾下及偏裨皆有差拜權爲侍中鎮南將軍封列侯即日詔使驂乘及封史郃等四十二人皆爲列侯爲將軍郎將者百餘人

明帝大和二年蜀將諸葛亮寇邊帝幸長安露布天下并班告益州曰劉備背恩自竄巴蜀諸葛亮棄父母之國阿殘賊之黨神人被毒惡積身滅亮外慕立孤之名而内貪專擅之實劉升之兄弟空城而已亮

又侮易益土虐用其民是以利很宕渠高定清羌莫不瓦解爲亮仇敵而亮反裘負薪裏盡毛殫刖趾適屨刻肌傷骨反更稱說自以爲能行兵於井底游步於牛蹄自朕即位三邊無事猶哀憐天下數遭兵革且欲養四方之耆老長後生之孤幼先移風於禮樂次講武於農隙置亮度外未以爲虞而亮懷季熊愚勇之智不思荆邯度德之戒驅畧吏民盜利祁山王師方振膽破氣奪馬謖高祥望旗奔敗虎臣逐北蹈尸涉血亮也小子震驚朕師猛鋭踴躍咸思長驅朕惟率土莫非王臣師之所處荆棘生焉不欲使十室

之邑忠信貞良與夫淫昏之黨同受塗炭故先開示以昭國誠勉思變化無滯亂邦巴蜀將吏士民諸爲亮所劫迫公卿已下皆聽束手

是年魏興太守申儀來朝拜樓船將軍在禮請中初儀兄耽漢末在西平上庸間聚數千家後與張魯通又遣使詣太祖加其號爲將軍因使領上庸都尉至建安末爲蜀所攻以其郡西屬黄初中儀復來還詔即以兄散號加儀因拜魏興太守封侯後與新城太守孟達不和數上言達有二心於蜀及達反儀絶蜀道使救不到達死後儀詣宛見司馬宣王勸使來朝

故有是命（一云儀久在魏興專威疆埸輒承制刻印多所假綬孟達既誅自有疑心時諸郡守以司馬宣王新克捷奉禮求賀皆聽之宣王使人諷儀儀至問承制狀執之歸于京師）

青龍元年遼東太守公孫淵通於孫權國家知淵兩端而恐遼東吏民爲淵所誤故公文下遼東因赦之日告遼東玄莵將校吏民逆賊孫權遭遇亂階因其先人劫掠州郡遂成羣凶自擅江表含垢藏疾冀其可化故割地王權使南面稱孤位以上將禮以九命權親叉手北面稽顙假人臣之寵受人臣之榮未有如權者也狼子野心告令難移卒歸反覆背恩叛主滔天逆神乃敢僭號恃江湖之險阻王誅未加比年已來復遠遣樓船越渡大海多持貨物誑誘邊民邊民無知與之交關長吏以下莫肯禁止至使周賀浮舟百艘沈滯津岸貿遷有無既不疑拒齎以名馬又使宿舒隨賀通好十室之邑猶有忠信陷君於惡春秋所書也今遼東玄莵奉事國朝紆青拖紫千百爲數戴纓垂緌咸佩印綬曾無規正納善之言龜玉毀於匱虎兕出於匣是誰之過歟國朝爲子大夫羞之昔狐突有言父教子貳何以事君策名委質貳乃辟也今乃阿順邪謀脅從姦惑豈獨父兄之教不詳子弟之舉習非而已哉若苗穢害田隨風烈火芝艾俱

焚安能自別乎且又此事固然易見不及鑒古成敗書傳所載也江南海北有萬里之限遼東君臣無怵惕之患利則義所不利貴則義所不貴此爲厭安樂之居求危亡之禍賤忠貞之節重背叛之名蠻貊之長猶知愛禮以此事人亦難爲顏且又宿舒無罪擠使入吳奉不義之使始與家訣涕泣而行及至賀死之日覆衆成山舒雖脫死魂魄離身何所逼迫乃至於此今忠臣烈將咸忿遼東反覆攜貳皆欲乘桴浮海期於肆志朕爲天下父母加念天下新定既不欲勞動干戈遠涉大川費役如彼又悼邊陲遺餘黎民

迷誤如此故遣郎中衞慎邵琄等且先奉詔示意若股肱忠良能效節立信以輔時君反邪就正以建大功福莫大焉儻恐自嫌已爲惡逆所見染汚不敢倡言末懷伊戚其諸與賊使交通皆赦除之與之更始是歲公孫淵斬送孫權所遣使張彌許晏首帝於是拜淵大司馬封樂浪公持節領郡如故

高貴鄉公甘露二年六月乙巳詔吳使持節都督夏口將軍事鎮軍將軍沙羨侯孫壹賊之枝屬位爲上將畏天知命深鑒禍福翻然與衆遠歸大國雖微子去殷樂毅遁燕無以加之其以壹爲侍中車騎將軍

假節交州牧吳侯開府辟召儀同三司依古侯伯八命之禮衮冕赤舄事從豐厚

陳留王咸熙元年九月辛未詔曰吳賊政刑暴虐賦歛無極孫休遣使鄧句勑交阯太守鎖送其民發以爲兵吳將呂興因民心憤怒又承王師平定巴蜀卽糾合豪傑誅除句等驅逐太守長史撫和吏民以待國命九眞日南郡聞興去逆卽順亦齊心響應與興協同興移書日南州郡開示大計兵臨合浦告以禍福遣都尉唐譜等詣進乘縣因南中都督護軍霍弋上表自陳又交阯將吏各上表言興創造事業大小承命郡有山寇入連諸郡懼其計異各有攜貳權時之宜以興爲督交阯諸軍事上大將軍定安縣侯乞賜褒奬以慰邊荒乃心欵誠形於辭旨昔儀父朝魯春秋所美竇融歸漢待以殊禮今國威遠震撫懷六合方包舉殊裔混一四表興首向王化舉衆稽服萬里馳義請吏帥職宜加寵遇崇其爵位旣使興等懷忠感悅遠人聞之必皆競勸其以興爲使持節都督交州諸軍事南中大將軍封定安縣侯得以便宜從事先行後上策命未至興爲下人所殺

十月丁亥詔曰昔聖帝明王靜亂濟世保大定功文

武殊塗勳烈同歸是故或舞干戚以訓不庭或陳師旅以威暴慢至於愛民全國康惠庶類必先脩文敎示之軌儀不得已然後用兵此盛德之所同也往者季漢分離九土顛覆劉備孫權乘間作禍三祖綏寧中夏日不暇給遂使遺寇僭逆歷世幸賴宗廟威靈宰輔忠武爰發四方拓定庸蜀役不浹時一征而克自頃江表衰弊刑政荒闇巴漢平定孤危無援交荆揚越靡然向風今交阯僞將呂興已帥三郡萬里歸命武陵邑侯相嚴等糾合五縣請爲臣妾豫章廬陵山民舉衆叛吳以助北將軍爲號又孫休病死主帥

改易國內乖違人各有心僞將施績賊之名臣懷疑自猜深見忌惡衆叛親離莫有固志自古及今未有亡徵若此之甚若六軍震曜南臨江漢吳會之域必扶老攜幼以迎王師必然之理也然興動大衆猶有勞費宜告諭威德開示仁信使知順附和同之利相國參軍事徐紹水曹掾孫彧昔在壽春並見虜獲紹本僞南陵督才質開壯彧孫權支屬忠良見事其遣紹南還以彧爲副宜揚國命告諭吳人諸所示語皆以事實若其覺悟不損征伐之計蓋廟勝長筭自古之道也其以紹兼散騎常侍加奉車都尉封都亭侯

彧兼給事黃門侍郎賜爵關內侯紹等所賜妾及男女家人在此者悉聽自隨以明國恩不必使還以開廣大信

晉武帝泰始八年吳西陵督步闡來降拜衞將軍開府儀同三司封宜都公

咸寧二年六月吳京下督孫階帥衆來降以爲車騎將軍封丹陽侯

成帝時涼州牧張駿遣護羌參軍陳寓從事徐虓華馭等至京師征西大將軍庾亮上疏曰陳寓等冒險遠至宜蒙銓敘詔除寓西平相虓等爲縣令

孝武帝時涼州牧張天錫旣降苻堅後堅寇淮南大敗于淮肥時天錫爲苻融征南司馬於陣歸國詔曰昔孟明不替終顯厥功豈以一眚而廢才用其以天錫爲散騎常侍左員外

後魏道武皇始二年二月幸陽城大破慕容寶衆寶所署尚書閔亮秘書監崔逞太常孫沂殿中侍御史孟輔等並降降者相屬賜拜職爵各有差初其將張驤李沉慕容文等先來降尋皆亡還是日復獲之皆赦而不問

三月慕容寶走和龍寶燕郡太守高湖率戶三千歸

國帝賜爵東阿侯加右將軍總代東諸部

五月以中山城內爲慕容普隣所脅而大軍迫之欲降無路乃密招諭之是歲寶鉅鹿太守高常率郡降賜爵經縣侯加龍驤將軍仍守鉅鹿以寶唐郡內史遼東公子文括弟一客是時代人薛達顯自姚萇率部落歸國帝嘉其忠欵賜爵聊城侯散員大夫待以上客之禮達顯閑雅恭慎帝深器之

明元太常二年八月宋滅姚泓渤海刁雍等歸國上表陳誠於南境自效帝許之假雍建義將軍

十二月詔河東河內有姚泓子弟播越民間能有迭

致京師者賞之

七年山陽公奚斤南討軍至潁川宋陳留太守嚴稜率文武五百人詣斤降驛送稜朝帝於冀州嘉其誠欵拜平遠將軍賜爵郃陽侯假荆州刺史隨駕南征還爲上客是時赫連昌寧東將軍費峻率衆來降拜龍驤將軍賜爵犍爲公

大武神䴥四年二月冠軍將軍安頡等平滑臺擒宋將朱修之帝善其固守授以内職以宗室女妻之

延和元年七月代和龍馮跋石城太守李崇率十餘郡歸降帝甚禮之呼曰李公以崇爲平西將軍北幽

州刺史固安侯

是年河西王禿髮傉檀子保周棄沮渠蒙遜來奔以保周爲張掖公

太延五年九月西征凉士乞伏西秦大夏鎮將嘗但子奐與兄仕國歸欵軍門帝嘉之賜仕國爵五品顯美男奐爲六品拜宣威將軍

太平眞君元年八月沮渠無諱降尋拜爲征西大將軍凉州牧酒泉王

三年四月凉武昭王孫李寶據燉煌遣使内附十二月遣使授寶使持節侍中都督西垂諸軍事鎮西大將軍開府儀同三司領護西戎校尉沙州牧燉煌公仍鎮燉煌四品以下聽承制假授寶隴西狄道人伯父歆爲沮渠蒙遜所滅寶徙於姑臧歲餘隨舅唐契北奔伊吾臣於蠕蠕其遺民歸附者稍至二千寶傾身禮接甚得其心衆皆樂爲用每希報雪屬帝遣將討沮渠無諱於燉煌無諱捐城遁走寶自伊吾南歸燉煌遂修繕城府規復先業遣弟懷達奉表歸誠帝嘉其忠欵故有是拜仍以懷達爲散騎常侍燉煌太守

十一年十一月南伐至鄒山太山鉅平人羊祉與魯

郡太守崔耶利及其屬縣徐遜愛猛之等俱降賜祉爵鉅平子拜鴈門太守是時合鄉令張忠歸降賜爵新昌男拜新興太守高育爲馮文通建德令值太武東封率其所部五百餘家歸命軍門帝授以建德將軍齊郡建德二郡太守賜爵服如子

獻文即位初遼東高崇歸國賜爵陽關男居遼東詔以沮渠牧犍女賜潛爲妻封武威公主拜駙馬都尉

天安元年九月宋徐州刺史薛安都以彭城内屬宋將張允沈攸之繫安都詔北部尚書尉元爲鎮戍大將軍都督諸軍事孔伯恭爲副出東道救彭城時宋

明帝自立羣情不恊共立前廢帝弟晉安王子勛安都與沈文秀崔道固甞珍奇等舉兵應之明帝遣將張永等討安都安都遣使來降請兵救援帝召羣臣議之羣官咸曰昔世祖甞有弃儀隆之心臣欽若等曰世祖太祖謚儀隆宋文帝名故親御六軍遠臨江浦今江南阻亂內外離心安都今者求降千載一會機事難遇時不可逢取亂侮亡於是乎在帝納之安都又遣第四子道次爲質并與李敷等書絡繹相繼乃遣尉元等率騎一萬赴之拜安都使持節散騎常侍都督徐南北兗州青冀五州豫州之梁郡諸軍事鎮南大將軍徐州刺

史賜爵江東公勅安都之子散騎常侍駙馬都尉拔詰彭城勞迎除拔冠軍將軍南豫州刺史

十一月宋兗州刺史畢衆敬遣使内屬

皇興元年閏正月宋青州刺史沈文秀冀州刺史崔道固並遣使請舉州内屬詔平都將軍長孫陵南平將軍侯窮奇赴援之

二年二月鎮東大將軍尉元討徐州羣盜平之宋冠軍將軍東徐州刺史張讜順於元元亦表授冠軍東徐州刺史遣中書侍郎高閭與讜對爲刺史

是年薛安都與畢衆敬朝于京師見大禮重子姪羣從並處上客皆封侯至于門生無不收敘焉又爲起第宅館宇崇麗資給甚厚安都從祖弟眞度初與安都南奔及安都爲徐州眞度爲長史頗有勇幹爲其爪牙從安都來降爲上客衆敬弟衆愛隨兄歸國以勲爲第一客賜鉅平侯衆敬子元賓爵須昌侯加平遠將軍是時清河司馬房法壽與弟從并州刺史崇吉及冀州刺史崔道固兗州刺史劉休賓俱至京師以法壽爲上客崇吉爲次客崔劉爲下客法壽供給亞於薛安都等以功賜爵莊武侯加平遠將軍給以田宅奴婢

孝文泰和十七年齊尚書左僕射王奐子肅以其父及兄弟俱爲齊武所殺乃自建業來奔帝虛襟待之除輔國將軍長史賜爵開陽伯肅固辭伯爵許之

十八年十月詔曰比聞緣邊之蠻多有竊掠致有父子乖離室家分絶既虧和氣有傷仁厚朕渾一區宇子育萬姓若苟如此南人豈知朝德哉可詔荆郢東三州勒敕蠻民勿有侵暴

十九年二月車駕至鍾離軍士擒齊卒三千帝曰在君爲君其民何罪於是免歸是年拜光城蠻酋田益員外散騎常侍都督光城弋陽汝南新蔡宋安五郡

諸軍事冠軍將軍南司州刺史光城縣開國伯食邑
邑一千戶以益宗十七年自齊歸欵故也
二十二年南討旣克宛外城命舍人公孫延景宣詔
於南陽太守房伯玉曰天無二日土無兩主是以躬
總六師蕩一四海宛城小戎豈足以慰抗王威深可
三思封侯胙土事在俯仰伯玉對曰外臣最荷國恩
忝任疆境爲臣之道未敢聽命伏惟遊鑾遠涉願不
損神又遣謂曰朕親率麾旆遠涉淸江此之小戎豈
足徘徊王師但戎路所經纖介須殄宜量力三思自
求多福且蒙蕭顧殊常之眷曾不懷恩報以塵露蕭

鸞妄言入繼道成順子了無孑遺卿不能建忠烈於
君親迈立節於逆竪卿之罪一又頃年傷我偏師卿
之罪二今鑾旆親戎淸一南服不先面縛待罪麾下
卿之罪三卿之此戍多則一年中則百日少則二旬
尅殄豈遠宜善思之後悔無及伯玉對曰昔蒙武帝
愷悌之恩忝侍左右此之厚遇無忘夙夜但繼主失
德民望有歸主上龍鳳踐極光紹太宗非直副億兆
之深望實兼武皇之遺勑是以慇懃懇懇不敢失墜
往者此師深入寇擾邊民輙厲將士以救蒼生此乃
邊戍常事陛下不得垂責及克宛伯玉面縛而降帝

引見伯玉并其參佐二百人特宥之時伯玉從祖弟
三益南陽内附孝文與語善之曰三益三益殊不惡
拜員外散騎侍郎

冊府元龜

巡按福建監察御史臣李嗣京訂正

知甌寧縣事臣孫以敬參閱

知建陽縣事臣黃國琦較釋

帝王部　一百六十四

招懷第二

後魏宣武景明元年正月齊豫州刺史裴叔業遣子芬之及兄女夫韋伯昕奉表以壽春內附驃騎大將軍彭城王勰車騎將軍王肅率步騎十萬赴之詔曰叔業明敏秀發英穎早悟馳表送誠忠高振古宜加

褒授以彰先覺可使持節散騎常侍都督豫州雍兗徐司五州諸軍事征南將軍豫州刺史封蘭陵郡開國公食邑三千戶又賜叔業璽書曰前後使反有敕想卿具一二寶卷昏狂日月滋甚虐徧宰輔暴加戚屬淫刑既逞朝無孑遺國有危解之形家無自安之計卿兼茲智勇深嘉乃勳前即敕豫州緣邊諸鎮兵馬行往赴援楊大眼奚康王鐵騎五千里言即路彭城王勰尚令肅精卒十萬駱驛繼發將以長驅淮海電擊衡巫卿其并心戮力同斯大舉殊勳茂績職爾之由崇名厚秩非卿孰賞并有敕與州佐使及彼土人士其有微功片効必加褒異軍未渡淮叔業病卒芬之以父勳授通直散騎常侍上蔡縣開國伯食邑七百戶叔業爪牙心膂所寄者裴智并授中郎將封浚儀縣王昊左軍將軍封汝陰縣趙革左中郎將封西宋縣叔業姻婭柳玄達輔國將軍封南頓縣女夫韋伯昕封雲陵縣並開國男食邑二百戶（玄達頗涉經史初仕齊歷諸王參軍叔業之鎮壽春委以管記及叔業之被猜疑將謀獻欵玄達贊成其計前後表啓皆玄達之辭伯昕叔業以其有大志故遣送子芬之爲質）李道真右軍將軍陽縣開國子食邑五百戶故文盛右軍將軍封剛陵縣魏承祖右軍將軍封平春縣並開國子各食邑三百戶以

叔業司馬帶汝陰太守李元護爲輔國將軍齊州刺史廣饒縣伯食邑一千戶便道赴職初叔業歸順元護贊同其謀及叔業疾病外內阻貳元護督率上下以俟援軍壽春尅定元護頗有力焉又以陳郡太守尹挺爲輔國將軍南司州刺史譙郡太守楊令空爲輔國將軍南兗州刺史皆以叅叔業歸誠之謀也

三年三月南齊鄱陽王蕭寶寅以梁高祖既克建業殺其兄弟將害寶寅來奔壽春四月以寶寅爲鎮東將軍東陽州刺史封齊王閏四月詔曰寶寅深識機運歸誠有道冐險履屯投命降闕微子陳韓亦曷以

過也可遣羽林監領主書劉桃符詣彼迎接其資生所須之物及衣冠車馬在京邸館付尚書悉令豫備及至京師帝禮之甚重

正始元年詔中山王英所執梁冠軍將軍監司州事蔡靈恩等隨才擢敍

永平元年八月冀州京兆王愉反詔赦冀州民雜工役爲元愉所詿誤者其能斬護逆黨別加優賞

孝明孝昌元年齊東昏侯寶卷子贊來奔先是梁武滅寶卷寶卷宮人吳氏始孕匿而不言梁武納之生贊以爲己子封豫章王及長其母告之以實贊嘗有

來奔之意後爲南兗徐二州刺史會帝遣臨淮王彧討之贊密告誠款夜投彧軍至是屆于雒陽陛見之後就館舉哀追服三載贊叔父寶寅時在關西遣使觀察闚其形貌斂眉悲感朝廷賞賜豐渥禮遇隆厚授司空封高平郡開國公丹陽王食邑七千戶是年北鎮降民二千餘萬詔給事黃門侍郎楊昱爲使分散於冀定瀛三州就食

三年邢杲反於青光之間杲光祿大夫蘭根之甥詔蘭根銜命慰勞

孝莊永安中宋廬江太守劉宗之子藻與姊夫李義俱來歸賜爵易陽子

後廢帝中興二年韓樓反於幽州樓將王懷知其無成陰結所親叛樓歸國拜征虜將軍第一領民酋長武周縣侯是時樓將薛孤延與懷等密計討樓爲樓別帥乙弗醜所覺力戰破醜遂相率歸行臺劉貴表爲都督加征虜將軍賜爵永固縣侯

出帝永熙三年二月梁假節豫州刺史南香三毛酋舉城内附授以持節安南將軍信州刺史義昌王

西魏恭帝三年梁將王琳遣使來附以琳爲大將軍

後周太祖爲西魏丞相敗齊神武于沙苑東魏河北

郡守裴果率其宗黨歸闕帝嘉之賜田宅奴婢牛馬什物等

叱列伏龜仕東魏爲大都督沙苑之敗隨例來降太祖以其豪門解縛禮之仍以邵惠公女妻之

史寧仕東魏爲涼甘瓜三州諸軍事遣使詣太祖請事太祖即以所服冠履衣被及弓箭甲矟等賜寧謂其使人曰爲我謝涼州孤解衣以衣公推心以委公公其善始令終立功名也

賀若敦初爲東魏潁州長史大統二年執刺史田迅以州降至長安太祖謂敦曰卿以潁州從我何日能

忘即拜右衛將軍散騎常侍兗州刺史

高寶初仕東魏爲立義都督同列有忌其能者譖之於齊神武寶懼及於難太統六年乃棄家屬間行歸闕太祖嘉之授安東將軍

楊乾運仕梁爲車騎將軍鎮潼州令其兄子略將二千人鎮劍閣又遣其壻樂廣鎮安州仍誠略等曰吾欲歸附關中但未有蹊耳若有使來即宜盡禮迎接會太祖令乾運孫法雝及使人牛伯友等至略即夜送之乾運遂令使人李若等入關送款太祖乃密賜乾運鐵券授持節驃騎大將軍開府儀同三司侍中

梁州刺史安康郡公

扶猛上甲黄土人初仕梁爲南雒北司二州刺史封宕渠縣男及侯景作亂猛乃擁衆自守未有所從大統十七年大將軍王雄定魏興猛率其衆據險爲堡壁特遣使微通饋餉而已魏廢帝元年魏興叛雄復率師進討猛勒兵拒戰雄擊破之猛遂以衆降太祖以其世據本鄉乃厚加撫納授車騎大將軍儀同三司加散騎常侍復爵宕渠縣男割二郡爲羅州以猛爲刺史

任果南安人梁沙州刺史褒之子世爲方隅豪族果性勇決志在立功魏廢帝元年率諸部來附太祖嘉其遠至待以優禮果因面陳取蜀之策太祖深納之乃授使持節車騎大將軍儀同三司大都督散騎常侍沙州刺史後爲始州刺史在任未久果請入謁大祖許之以其方隅首望早立忠節乃進爵樂安郡公

席固襄陽人初仕梁爲興州刺史以地來附時太祖方欲南取江陵西定蜀漢聞固之至甚禮遇之乃遣使就拜使持節驃騎大將軍儀同三司大都督侍中豐州刺史封新豐縣公邑二千戸後轉湘州刺史固以未經朝謁遂蒙榮授心不自安啓求入覲太祖許

之及固至太祖與歡燕賞賜甚厚進爵靜安郡公增邑并前三千三百戸

蕭圓肅梁武陵王紀之子紀建號圓肅守蜀太祖師至遂降封戟城郡公又以圓肅有歸款之勲別賜食思君縣五百戸收其租稅

明帝武成初南齊北豫州刺史司馬蕭雄舉州來附帝遣柱國高陽公達奚武與大軍楊忠率衆迎之

武帝保定三年詔曰梁汝南王蕭大封晉熙王蕭大圓等梁國子孫宜加優禮式分茅土實允舊章大封可封晉陵縣公大圓可封始寧縣公邑一千戸又加

大圜車騎大將軍儀同三司并賜田宅奴婢牛馬粟帛等大封大圜梁簡文子以魏恭帝三年歸太祖至是封焉

建德五年十二月帝伐齊丁巳次并州齊主高緯留從兄延宗等守并州輕騎走鄴是日詔齊王公以下曰夫樹之以君司牧黔首蓋以除其苛慝恤其患害朕君臨萬國志清四海思濟一世之人寘之仁壽之域嗟彼齊趙獨爲匪民乃睠東顧載深長想僞主凉德早聞醜聲夙著酒色是耽盤游是悅閹豎居阿衡之任胡人寄脣舌之重棟梁骨鯁翦爲仇讎狐趙餘緒降爲皁隸民不見德唯虐是聞朕懷兹漏網置之

度外正欲各靜封彊共紓民瘼故也爾之主相曾不是思欲構厲階反貽其梗我之率土咸未剸刃帷幄獻兼弱之謀爪牙奮干戈之勇嬴粮坐甲若赴私讎是以一鼓而定晉川再舉而摧逋醜僞丞相高阿那瓌驅逼餘燼竊據高壁僞定南王韓建業作守介休規相抗擬聊示兵威應時奔潰那瓌則單馬宵遁建業則面縛軍和爾之逃卒所知見也若其懷遠以德則爾難以德綏處隣以義則爾難以義服且天與不取道家所忌攻昧侮亡兵之上術朕今親馭羣雄長驅宇内六軍舒旆萬隊啓行勢與雷電爭威氣逐風雲齊舉王師所次已達近郊望歲之民室家相慶來蘇之后思副厥成僞主若妙盡人謀深達天命牽牛道左銜璧轅門當惠以焚櫬之恩待以列侯之禮僞將相王公已下衣冠士民之族如有深知事宜建功立効官榮爵賞各有加隆若下愚不移守迷莫改則委之執憲以正刑書嗟爾庶士胡寧自棄或我之將卒逃彼逆胡無問貴賤皆從蕩滌善求多福無貽後悔璽書所至咸使知聞自是齊之將帥降者相繼封其特進開府賀拔伏恩爲郡國公其餘官爵各有差又詔高緯及王公以下若釋然歸順咸許自新諸亡

入僞朝亦從寬宥官榮次序依例無失其齊制僞令即宜削除鄒魯縉紳幽并騎士一介可稱並宜銓錄百年去殺雖或難希朞月有成庶幾可勉六年正月齊平

陸玄齊大司空騰之子仕齊爲奉朝請歷成平縣令齊平武帝見玄特加勞勉即拜地官府都上士

隋高祖初爲周相後梁蕭歸令鴻臚卿柳莊奉書入關時三方搆難高祖懼歸有異志及莊還謂莊曰孤昔以開府從役江陵深蒙梁主殊眷今主幼時艱猥蒙顧託中夜自省實懷慙懼梁主奕葉重光委誠朝廷而今已後方見松筠之節君還本國幸申孤此意

于粱主也遂執莊手而别時梁之將軍咸潛請與師與尉遲等爲連衡之勢進可以盡節於周氏退可以席卷山南唯歸疑爲不可會莊至自長安具申高祖結託之意歸浮以爲然衆議遂止

唐高祖初爲唐公舉義兵於太原五原太守張長遜遣使歸附帝甚嘉之授光祿大夫封安化郡公及至河東縣賊帥孫華謁帝於汾陽具舟檝以待義師拜華爲光祿大夫前軍總管旣入關鄭縣令段確以縣來降拜御史大夫渭北賊帥李仲文遣使歸附拜上柱國襲父眞爵爲普寧鄉公弘農賊帥張士貴以所

統精兵及戶口簿帳遣使送款拜右光祿大夫

義寧元年十二月河北郡守蕭瑀與梁泉令豆盧寬率郡內文武官歸國授瑀光祿大夫上柱國封宋國公食邑三千戶加寬銀青光祿大夫仍遣河池撫慰

二年四月賊帥王君廓以衆歸國拜上柱國假河內太守封堂山郡公食邑二千戶尋轉遼州刺史封上谷郡王

六月隋安陽令呂珉以相州來降拜相州刺史

七月榆林賊帥郭子和遣使來降拜爲靈州總管

八月凉州賊帥李軌遣使來請降以軌爲凉州總管封凉王

十月李密爲王世充所敗率衆二萬來降高祖禮之甚呼爲弟拜爲光祿卿上柱國封邢國公

十一月隋東郡丞王軌以滑州來降拜滑州總管

十二月隋襄平太守鄧暠以柳城北平二郡來降以暠爲營州總管

武德二年閏二月辛丑可達寒賊朱粲遣使請降命前御史大夫段確使於粲

王世充將李公逸來降拜上柱國杞州總管陽夏郡公邑二千戶公逸黃人也隋末喪亂與其族弟善行

客居雍丘以義勇爲人所附初歸王世充知其必敗遂間遣使請降遂有是命因以雍丘置杞州

七月海岱賊帥徐圓郎以數州之地遣使請降郎授兗州總管是月王世充遣其將羅士信侵穀州士信率其衆千餘人來降世充遣步騎五千躡之不及帝素聞其勇及是大悅遣使迎勞賜物五千段廩食上音禀下音嗣其所部焉

九月王世充將張鎭州侵南陽帝遣使者諭之仍拜鎭州爲右武侯大將軍是月以和州賊杜伏威爲淮南道安撫大使和州總管伏威大業末越王侗以爲

東道大總管封楚王太宗之圍王世充遣使詔之伏威請降故有是拜

三年正月黎州總管李世勣於竇建德中自拔來歸帝大喜遣使迎勞之詔授黎州總管上柱國萊國公尋加右武候大將軍改封曹國公勣本姓徐賜姓李氏賜良田五十頃甲第一區

三月以石州賊帥劉季眞爲石州總管賜姓李氏封彭山郡王

四月戊午太宗討劉武周于栢壁其將尉遲敬德與宋金剛來拒王師敬德屯介休帝擊金剛大破之追

奔至於介休乃遣宇文士及任城王道宗等往諭敬德遂舉城來降太宗大悅賜以曲宴授秦府統軍

六月以和州總管淮南道安撫大使杜伏威爲總管江淮以南州諸軍事揚州刺史東南道行臺上書令上柱國封吳王食邑五百戶賜姓李氏附屬籍

七月王世充右建威將軍田世開來降帝嘉之待遇甚厚

九月甲午王世充將張鎭州來降拜左衛將軍封黃國公食邑三千戶

戊申高開道遣使來降乃下詔曰褒德敘功有國彝訓任賢賞善列代通規僞燕王高開道家本海隅志懷慷慨有隋之末州域彫殘招集徒旅自保邊塞繕脩斥候捍禦寇戎民吏肅清倉庫完實旣而審達機變遠慕朝風闔境獻誠歸欵内屬淸中經略輯寧燕代厥功以茂宜從褒寵禮命之善用超常級可使持節蔚州諸軍事蔚州總管加授上柱國賜姓李氏上籍宗正封北平郡王食邑五千戶是月王世充豫州豪右楊仲達以三州之地來降拜仲達爲上柱國賜食邑三千戶其子行覸爲豫州總管行模爲息州刺史

四年正月竇建德行臺尚書令胡大恩以大安鎭來降詔曰疇庸旌善哲王彝訓任賢使能有國通典胡大恩往因隋季夷狄交侵繕甲聚徒輯寧邊境旣而阻隔戎寇自保方隅遠慕朝風因機立效摧破凶黨亭徼無虞抗疏闕庭以申誠節忠義克舉宜隆寵命因其所統即加榮秩可使持節代州諸軍事代州總管加授上柱國封定襄郡王食邑五千戶賜姓李氏上屬籍宗正

五月周法明以蘄春等四郡之地歸國拜黃州刺史封譙郡公初法明依李密密敗遂是來降

是月竇建德所署右僕射裴矩將建德之妻及傳國大璽來降封矩安邑縣公

六月海州賊臧君相以五州來降拜海州總管

八月詔曰三楚之地江山遐阻五嶺之表經塗遼夐自有隋失馭盜賊交侵聲教莫通方隅隔絶朕受圖膺運君臨區宇率土之濱情均撫字方今函夏寧乂文軌大同尉侯無虞要荒率職然而江蠡之泒咸匪冠戎閩寓之鄉未聞正朔左武侯將軍黄國公張鎮州大將軍合浦縣公張知略二方首族早從歷任思展誠效輯寧州里鎮州可淮南道行軍總管智略可

嶺南道行軍總管以安撫之

九月甲子僞吳王汪華以黟歙五州之地來降華隋大盜汪寶權之族子也大業末爲山賊有兵一萬至是拜歙州總管封越國公丁卯文登賊帥淳于難率衆來降以其地爲登州拜難爲登州刺史上柱國封萊國公食邑三百戸

十二月遣安撫大使李靖徇嶺南諸州皆下之詔襄州道行臺兵部尚書劉瞻綏集嶺南

五年二月江南賊帥張善安以虔吉等五州之地來降拜洪州總管邳國公

四月隋鴻臚卿甯長真以寧越鬱林之地來降以長真爲總管長真世爲渠帥其父猛力陳末爲大守陳亡猛力自云與叔寶同日生當爲天子不肯入朝隋師討之阻瘴不能剋猛力卒以長真爲刺史隋師之討林邑也長真攻畢役諸部落得數千人從征遼左煬帝嘉之拜鴻臚卿大業十年遣還嶺表爲安撫大使遇隋亡以其地歸於蕭銑帥五越之衆攻丘和於交趾至是來降交愛之道自此始通也

五月隋日南太守李晙遣使請降以晙爲南德州總管

是年七月丁酉隋漢陽太守馮盎以越南之衆來降高祖以其地爲高羅等八州仍授盎高州總管累封國公拜其子智載春州刺史智彧東合州刺史壽徙封盎耿國公盎北燕人也初馮弘投高麗也遣其子業以三百人浮海歸宋遇弘爲魏所滅業留居番禺之新會其孫融梁初仕羅州刺史其子寶娶越女沈氏爲妻因爲南越首領自融至盎代爲牧守隋末高凉通守沈寶轍及盎擊破之因北吞廣州西幷蒼梧南牧朱崖之地自稱總管至是來降嶺表悉定矣

郭孝恪隋末率鄉曲數百人附於李密因與李勣守

黎陽密敗勣令孝恪入朝送欵高祖授上柱國封陽翟郡公宋州刺史令與李勣經管武牢巳東新德州縣委以選補

丘和隋大業末爲交趾太守隋滅遂以州從蕭銑及銑平和以海南之地歸國詔使李道裕即授上柱國譚國公交州總管和遣司馬高士廉奉表請入朝詔許之

楊恭仁大業末爲宇文化及所署吏部尚書隨至河北爲化及守魏縣時元寶藏據有魏郡會行人魏徵說下寶藏執恭仁送于京師高祖甚禮遇之拜黄門

侍郎封觀國公

李襲志隋末封始安郡公守本郡經二年而無援卒爲蕭銑所陷銑署爲工部尚書簡較桂州總管武德初高祖遣其子玄嗣齎書召之襲志乃密說嶺南首領隨永平郡守李光度與之歸國高祖又命間使齎書諭襲志曰卿昔遠久在桂州仍屬隋室運終四方圮絶率衆保境未知所統朕撫臨天下志在綏育眷彼幽遐思沾聲教况卿朕之宗姓情異於常一家弟姪竝立誠效公又分遣首領申諭諸州情深奉國甚副所望卿之子弟竝據州縣俱展誠績每所嘉歎不能巳巳令竝入屬籍著于宗正

張長遜仕隋爲五原太守天下大亂遂附於突厥與莫賀咄設結爲兄弟以自固突厥號長遜爲割利特勤及義兵起遣使歸附高祖甚嘉之授左光祿大夫封安化郡公

李藝隋末爲幽州總管聞高祖踐祚藝謂官屬曰建德開道皆劇賊耳宇文化及殺逆無道吾皆不能從之唐公起兵事符衆望入據關右自古必成吾率衆歸之意巳决矣會唐使張何傅檄至薊藝奉表歸國於是璽書封王賜姓李氏

席辯字令言隋末寓居東郡及王世充僭號署辯爲左龍驤將軍辯私謂僞將楊虔安李君義等曰充雖據有雒陽無人君之量大唐巳定關中即眞主也乃共虔安君義等遣使入京密申忠欵高祖欲發兵攻雒陽潛令以書召辯辯奉書即帥部兵入京

李育德趙郡人也祖諤隋通州刺史寓居武陟隋末亂乃繕脩器械嬰古城以自保遠近多附之王德仁等攻之皆不能克后聞隋滅與河內郡掾柳燮河陽都尉獨孤武都同降李密以育德爲總管及密爲世充所破育德以城歸國拜陟刺史

盧祖尚少以俠氣聞爲州里所歸屬宇文化及之亂遂舉兵據郡國自稱刺史尋附東都越王侗署爲光州總管沈國公后遇世充簒位遂與之絶遣使歸國因復其本任封弋陽郡公

田留安初爲王世充征南將軍大被恩遇然陰謂所親曰吾嘗聞李氏當王天下今長安威德日隆天人所尚吾知歸矣遂率所部二千人來降高祖大悦拜上柱國雲麾將軍封懷化郡公賜物七百段太宗在藩引爲右四統軍從擊宋金剛徐圓郎皆有戰功

太宗貞觀元年五月乙丑嘗安賊帥范君璋以衆來

降拜隰州都督君璋初爲劉武周腹心武周又歸突利可汗后見頡利政亂災異屢起知其必敗乃率所部來降頡利遣兵追躡逆擊走之至太州遣子孝政先入朝以是拜爲都督封國公邑三千戶賜帛四十疋

十月以嶺南首領馮盎談殿等尚阻兵更相侵掠時議者多請發兵擊之帝不許因遣員外散騎侍郎李公掩持節宣諭之使者所至之處溪洞首領皆來聽命南方悉定盎遣子智戴奉表入朝帝嘉其誠欸賞賜累至拜衛尉少卿

九年十二月吐谷渾王慕容順爲其下所殺國中大亂乃下詔曰近以吐谷渾恃其遐阻屢擾疆埸肆行凶虐種類乖離爰命將士申茲弔伐有征無戰所向摧殄渠魁竄迹自貽滅亡朝威遠暢邊庭靜謐朕君臨寰宇志在含弘不欲因彼危亂絶其宗祀乃立僞主之子大寧王慕容順撫招余燼守其舊業而順曾不感恩遽懷二志種落之內人畜怨憤遂創大義即加勦絶雖復權立其子所部又致擾亂競動干戈各行所欲朕憂勞兆庶無隔夷夏廼眷西顧良用矜惕若不早言拯救便恐塗炭未已兵部尚書潞國公侯

君集等咸才兼文武寄浮內外嘉謀著於廟堂茂績書於王府必能宣風閫外克定遐方可量其事機綏撫經略分遣使人明加曉諭如有不遵明旨敢興異志即合精鋭隨便翦撲盡威懷之道稱朕意焉

十六年正月乙丑遣使往西州撫慰其舊首望有景行淳直者量擬騎都尉以下官奏聞百姓疾患賜醫藥老病惸獨粮食乏絶者咸加賑給

十九年六月伐遼東命諸將攻白嵓城臨其西北城主孫伐音請降遂受降帝以白嵓城爲嵓州以孫伐音爲中大夫守嵓州刺史上輕車都尉賜帛一百疋

馬一匹衣襲金帶一同謀而降者並賜衣秩及諸衣物焉

肅宗至德元年七月甲子即位於靈武赦書應逆賊李林甫王鉷楊國忠近親合累者不在免限百姓官吏能率親屬去逆歸順有官加其優奬斬得逆賊父子不問首從當錫茅土别有褒崇

二年十二月安祿山僞范陽節度使史思明遣使以兵八萬上表來降嘉之授御史大夫兼范陽節度使令便統所部以討殘寇

三年正月庚子滄州刺史烏知洽延王傳樊澄並背

逆歸順知洽爲維州刺史澄爲涼王傳二月癸卯僞淄青節度大嘗卿兼御史大夫能元晧及子僞太子家令昱背逆歸順有詔加其忠義以元晧爲銀青光祿大夫鴻臚卿攝御史大夫充河北招討使子昱朝散大夫守太僕少卿

乾元元年三月丁巳逆賊軍將幽州節度副使特進獻誠王阿史那承慶特進左威衛大將軍安守忠左羽林大將軍順化王阿史那從禮蔡希德李庭訓符敬等使人齎表狀歸順詔曰承慶可大保封定襄王守忠可左羽林大將軍封歸德郡王從禮可太傅封歸義郡王希德可德州刺史庭訓可邢州刺史敬可維州刺史

十月甲辰帝御宣政殿册成王爲皇太子詔大赦天下令餘寇未殄有脅在賊中未歸順者一切不以爲罪其受賊節制能以兵降者酬其封爵

二年五月丁卯河北破賊生擒賊八人來獻帝並釋之各賜乾元錢十千文及器仗一副馬一匹絹一束並放歸賊中勅之曰任汝所適八人皆刺臂爲盟約誓梟賊首以報聖恩

九月史思明寇陷維陽淑冀守汴州戰不勝與董秦

降思明十一月甲子以開府儀同三司兼殿中監董秦封隴西郡開國公食邑三千户仍賜姓李氏改名忠臣爲秦陷賊歸順故寵之也

十月賊將高庭暉投降自五臺府果毅拜特進兼右武衛大將軍李日越投降授特進兼右金吾衛大將軍員外置同正

上元二年正月詔曰比緣寇盜之内干戈脅從白刃臨頸胡寧忍決所以陷於兇黨苟免者多前後詔書頻已該及其史思明將士及僞署官屬等有束身歸順并率衆來降官爵如初一無所問以城邑降者仍

别加封爵餘兇黨之流亦同此例天寶臨炤朕無食言

五月甲午逆賊史朝義下僞滑州刺史兼鄭汴等節度使令狐彰斬逆賊大將軍二人弁破杏園渡口賊二千餘衆以滑州歸順帝嘉之拜滑州刺史攝御史中丞充滑邢德貝相魏六州節度使仍加銀青光祿大夫

九月壬寅赦書其史朝義若能翻然改圖背逆歸順罪無所問加以勳封

元年建丑月賊中官游少連蘇茂珍等歸降以少連

爲驃騎大將軍兼少府監員外置同正員仍封臨錐縣公茂珍爲左金吾大將軍員外置同正員仍封扶風縣王

代宗寶應元年八月劒南徃賊徐知道麾下將李忠勇殺知道以降劒南州縣盡平帝以忠勇爲蜀州刺史封臨晉郡王賞功也

十月東都平史朝義逃奔汴州賊將張獻誠不納舉所統兵歸國詔拜汴州刺史充汴宋節度

十一月元帥雍王上言僞鎮州節度使張忠至以趙定深鎮易五州歸順拜忠志簡較禮部尚書兼常州刺史充武德軍節度使賜姓李名寶臣

廣德二年二月南郊大赦天下所有諸色結聚及羗渾黨項等能悔過自陳各歸生業一切並釋其罪其中有能率先來者仍特加官賞

六月癸未詔曰佐命大臣自天所授納于將相委以腹心休戚實同始終無易大保兼中書令靈州大都督府長史單于鎭北副大都護充朔方節度關內支度營田鹽池押諸蕃部落副大使知節度事六城水運使兼河中副元帥上柱國大寧郡王懷恩朕之元輔上帝賚予道備五才能包三傑長策制敵精誠感

神風奉先朝志平多難援旗朔野扈蹕岐山前驅敵行所指皆克收關河之襟帶復都邑之衣冠以義斷恩毀家徇國躬擐甲冑驅馳十年遇戰則酬逢堅必脃總統戎旅通和夷狄夬策東向殲厥渠魁掃清妖氛芟薙逋梗海隅萬里一舉蕩平遂欲息馬投戈坐而論道當朝大政並以咨之聽賡載之歌爲千古之式移軍汾上方欲凱旋疑隙之端搆於羣小浮言矜起且以彊大自嫌邪說又生或謂功高不賞以滋淹恤因而沉猜撫之若驚諭之未解朕以白日旌信明神鑒心若有負功臣是大欺天下爲人君者豈有此

乎尋聞聚族而謀知欲垂橐入覲其子猶懷反側更有遷延少年輕佻操履非正私庭跋扈違背君親朔方義師心如父子怒其懷貳遂共梟懸畜子既誅大軍方擾倉皇奔竄遠在邊州察其深衷本無他志蓋緣憂懼遂至於斯眷念之下無忘鑒寐况勳書盟府像列雲臺錄功念勞豈以小而累大君臣之義情實如初厚祿榮班固宜仍舊但以河北諸將自竭忠誠朔方三軍已有管屬不可更置統領復為節制其先任靈州都督府長史單于鎮北副大都護及河北副元帥朔方節度等使宜並停其太保兼中書令上柱

國大寧郡王並如故但當詣闕更復何疑再三言提庶早牽復欲令方寸懸示萬邦爾無我虞朕言不再久勞于外終必無成收之桑榆殊未為晚甘言之誘王者不為危而悔之將何及矣切令宣示遠副朕懷

大曆七年五月制巴南諸洲仍歲水旱迫於凍餒或至流離因有剽竊苟全性命懼刑網之所及姑嘯聚以相依抑有繇焉蓋非獲已朕言其弊用軫于懷如能相率來歸各安生業並無所問咸許自新宜示中外咸使知悉

十一月詔如聞巴南道州自項年以來其有結聚或攻陷城邑者申明朝旨曉諭令歸各許自新一切不問庶亦隨材敘用俾效誠勤各復其居勉從所務展歲時伏臘之祀洽宗黨鄰里之懽人之常情當所思慕必在長吏敦率設法安存勸其農耕恤其疾苦如刺史縣令有能政字人民使流亡日還戶口歲益宜委觀察使錄狀奏聞當別加超奬宣示士庶令知朕意

十一年九月以汴宋節度兵馬使攝節度副使開府儀同三司鴻臚卿兼御史中丞上柱國蕭國公李僧惠為宋州刺史充本州團練守捉使仍封合州郡王

食邑三千戶以大中大夫簡較尚書兵部員外郎兼侍御史賜紫金魚袋高憑為曹州刺史充本州團練守捉使以開府儀同三司攝鄆州刺史石隱金為鄆州刺史充本州鎮遏使仍封雒交郡王食邑三千戶李靈耀之叛也僧惠為之謀主至是相率歸順故有是命

冊府元龜卷之一百六十四終

冊府元龜

巡按福建監察御史臣李嗣京　訂正
新建縣舉人臣戴國士　叅閱
知建陽縣事臣黃國琦　較釋

帝王部　一百六十五

招懷第三

唐德宗建中初原州別駕劉文嘉閉城拒守帝命朱泚等攻之城中將士當受春服賜予如故

二年十月徐州刺史李洧并淄青李納以其州來降加御史大夫食實封二百戶仍充招討使

十二月以淄青李納之降將攝密州刺史馬萬通爲密州刺史兼御史中丞

三年正月魏博田悅將任履虛僞以衛州降便授衛州刺史兼御史中丞河陽節度行軍司馬

二月以田悅降將爲博州刺史兼御史中丞李再春簡較右常侍兼本官賜實封一百戶魏博招討副使初再春子瑾爲田悅裨將悅敗於洹水瑾自魏州出降馬燧再春因以其州降遷瑾銀青光祿大夫試太常卿兼侍御史

三月田悅將攝洺州刺史田昂以州降授簡較右常侍兼洺州刺史御史中丞實封一百戶

四月李納將攝德州刺史李士眞攝棣州刺史李長卿皆以州降因授士眞兼御史中丞德州刺史長卿簡較秘書監兼爲棣州刺史各實封一百戶

是月宣武軍節度使劉洽攻李納之濮陽降其守將高彥昭平恩郡王賜實封五百戶

七月以盧龍軍節度掌書記簡較祠部員外郎鄭雲逵爲諫議大夫雲逵以朱滔反因出軍乃逃歸京師帝嘉其來超拜之而留於客省

興元元年二月鎮州王武俊集三軍削僞號詔國子

祭酒兼御史大夫董晉中使王進傑自行在往鎮州宣命授武俊簡較兵部尚書成德軍節度使三月加司空同平章事兼幽州盧龍兩道節度使時朱滔連結廻紇奚契丹阻絕王命武俊旣首唱歸順帝嘉之故擢拜宰相并授幽州武俊遂悉師攻滔竟殲焉

五月庚寅詔贈故平盧軍淄青節度使司空平章事饒陽郡王李正巳爲太尉自正巳卒其子納卽阻兵構逆故追贈不及焉至是歸順故有斯命

七月庚辰詔曰李懷光往因職任頗著幹能朕嗣位之初首加拔擢託爲心膂授以旌旄頃歲河朔不寧

令往征討任兼將相恩極寵榮及朱泚倡狂誘姦作亂擾動京邑逼迫奉天懷光率領全軍奔赴國難克逆逃遁宗社再寧保安朕躬實有所賴委元帥河中府之權兼太尉中書令之秩廣增其食實及宗親人臣之盛莫與爲比豈朕於懷光不盡豈朕報懷光不崇京邑未收嫌疊已構被朱泚潛使姦人説誘又受張佋（音韶）等惑亂之辭曾不覺知自生疑阻遂與元惡通和往來朕志在推誠事皆掩覆禮遇轉厚委任轉深都不悛心凶惡日甚勑書慰問將士懷光竝不令宣三軍咸欲收城懷光竝不令出自云已共朱泚定

約不能更事國家兼朱泚所遣來人令見宣慰勑使公言迫脅無復君臣朕以耿身獲承鴻業務全大計遷幸山南蒼黃之間備歷危險賴朔方等軍將士保守忠義耻陷惡名不謀同辭誓守臣節懷光知將士之意不可改移徑往河中偷安朝夕據有罪迹情實難原然以奉天解圍嘗著勳烈昨又遣男璀（音催）等謝罪懇請束身歸朝朕憫其改過之誠念其赴難之効以功贖罪務在優容令給事中兼御史大夫孔巢父齎先授懷光太子太保勑牒河中宣慰訖三日內便與懷光同赴上都所在保護不得邀截驚動違者按以軍令仍許懷光將百人已下隨身防援如欲使令家口同行亦聽懷光若致闕庭必保全終始厚恩寵命待之如初仍賜實封五百戶子孫承襲代代無絶信如皦日朕不食言朔方軍素推忠義國家每有危難未嘗不立大功子儀兩收京城皆是此軍之力昨又遠從河北來赴奉天逆賊畏威望風奔遁眷言殊績朕豈暫忘其事將士各竭忠志叶心戮力橫遭迫脅無路自申每一念之痛心自咎比者君臣阻隔只爲懷光一人今懷光自請入朝猶捨其罪況諸將士竝是功臣各宜坦然更勿憂慮所有官爵實封竝賜

名定難功臣一切如故仍准元勑超五資與改轉

九月詔曰朱滔受任蓟門累著誠績委遇既重祿秩亦崇臣節中虧自貽伊阻洎賊泚構逆僭竊上京弟兄之親在法無赦朕以罪不相及情有可原待以如初之誠廣其自新之路執迷不復固敗是求蹙喪而歸既困方悟累獻疏深陳懇誠省之惻然良用憫歎雖將相嫉惡之志固所難容以居上懷柔之情未忍拒絶且喜莫大於改過德莫盛於好生宜委武俊抱真開示大信深加曉諭若誠心益固名跡先彰朕當掩疊錄誠與之昭雪宣告衆庶咸使聞知

十月李希烈僞署滑州節度李澄以所部歸順加澄簡較兵部尚書汴滑節度使次月封武威郡王賜實封五百户

是月詔朔方及諸軍在河中絳州朝邑將士等艱危以來嘗濟國難去歲朕在奉天兇黨攻逼解圍赴急亦賴此軍言念勳勞情均骨肉濟朕危厄感之豈忘頃以懷光背恩自生猜阻熒惑將士汚脅忠良朕頻降詔書皆被懷光隱匿朕之誠素竟未敷揚今時屬嚴凝例頒衣賜豈以懷光一人拒命遂令衆不霑恩朕於功臣義存終始其朔方將士等今年春冬衣并

賞錢宜令所司別收貯待道路通流當時支遣如有歸順者續到續給其大將先有實封並准元勑配州給牒委馬燧渾瑊逐便分付令其差人請受仍明宣諭令悉朕懷懷光擁逼朔方及諸軍將士據河中同絳等州凡數萬衆度支奏懷光下將士既同叛逆請除其冬衣不給帝謂之曰懷光一人反叛朔方將士累代忠義何罪而不給故有此命

閏十月詔曰朕臨御萬方失於君道兵革不息于今五年惆衆庶之勞悔征伐之事而李希烈蔑義棄德及天虐人朕哀彼生靈陷于塗炭苟存拯物不難屈身故於首春特布新令赦其殊死待以初誠使臣纔及於郊畿巨猾已聞於僭竊酷烈茲甚吞噬無厭將相大臣咸懷憤激繼陳章疏固請討除朕所行天誅本去人害兵戈既接玉石難分言念忠良遭罹脅制雖欲改節厥路無繇乃受汚終身嘖寃沒代淪胥以沉誠足痛傷豈孽自一夫而毒流百姓爲人父母能不愍懷宜令諸節度使將欲進軍先加曉諭王師致討唯在元兇所有脅從一切勿問如能去逆効順因事建功明設科條以示褒勸

貞元元年三月巳未以光州固始縣令孫液爲鄭州

刺史兼御史中丞始液因官陷賊李希烈寇沒汴州逼迫武牢盡爲所制託液心腹授偽師鎮鄭州希烈敗退保蔡州液以州來歸

四月詔朔方及諸軍應在河中將士頃赴奉天濟朕危難皆是功臣懷光脅其妻孥脫身無路朕屬者下詔招諭官爵實封一切如舊雖獲於陣上亦無所傷皦然此心無負忠義今馬燧渾瑊并諸軍勝捷相繼河中將校歸降頗衆皆奉國捐家足以見軍士之心興言感歎宜加優撫宜以馬燧渾瑊充招撫使棄逆歸順一切不問歸順將士仍別建營屋優給任用各

盡其才所在誘諭務稱朕意

八月李懷光手詔曰國家多難二紀于茲朕嗣位七年連兵五載追惟往事悔恨盈懷今二孽繼誅諸方甫定哀彼淮右獨爲匪人其帥不共其衆何罪諸道應與淮西連接宜各守封境非被侵軼不須進討仍委所在長吏明加招諭宣布朕懷李希烈若能歸降待之以不死其餘將士官吏百姓等一切洗滌與之更新明示庶邦自求多福無有違邇咸使聞知

二年二月詔曰李希烈負恩作亂劫脅平人朕念生靈無辜務欲息兵捨罪累行赦令皆許自新言必再

三事出誠素此朕含垢忍恥屈法爲人之心天下所明知也希烈又固執兇圖驅脅將士違我詔命犯我軍兵今月三日遣僞署申隨唐鄧四州都知兵馬使杜文朝率馬步五千人入襄州北界山南東道節度使樊澤勒兵馬與戰大破其徒斬級擒生盪除畧盡又於陣上生擒杜文朝及大將馬坦然等此皆朕德不昭感教未敷行致使平人脅從逆命其帥有罪其人何辜朕所以省表悼心感事增歎猶異改過尚可息兵明稱屈己之心式洽好生之義其陣上生擒將士馬坦然等七百九十人宜令樊澤給衣服糧食並放却還并寫前後赦文勑命宣示淮寧將士等有能向化者准赦令一切不問官爵如初其傷痍未盡復者並委醫療令其得所其陣上所殺人宜差所繇官於側近埋瘞兼立碑記無使暴露虧吾春和其杜文朝身領全軍事得繇已不能歸順力屈就擒待到日當有處分

七月以許州鎮遏使李光暉爲許州刺史薛翼爲唐州刺史光州鎮遏使夏侯沼爲光州刺史隨州鎮遏使李惠登爲隨州刺史褒歸順也

十年七月昭義行軍司馬元誼據洺州以謀亂誼之

弟諒時爲兵部員外郎素服待罪闕下帝令復職且遺諒以書諭誼焉

十一年九月昭義軍節度使掌書記試秘書郎盧項爲洺州別駕知州事賜緋魚袋賞有功也時元誼據洺州項白於節度王虔休請入城說下之項見誼爲陳利害誼請隨項歸朝故項不次授官誼亦不赴京師

憲宗元和元年正月命高崇文討劉闢三月丙子山南西道節度使嚴礪奏收梓州破賊千餘人丁丑制曰朕聞皇祖玄元之誠曰兵者凶器也不得已而用

之恭惟聖謨嘗所祗服故雖文告有所不至誠信有
所未孚姑務安人必能忍恥朕之此志亦可明徵近
者德宗皇帝舉柔服之規受宰衡之任弘我廟勝遂
康巴庸故得南詔入貢西夷寖患成績始究元臣喪
亡劉闢乘此變故坐邀符節朕以枉成命者雖乖於
禮體從權便者所冀於輯寧竟違卿士之謨遂允僥
求之志朕之於闢恩亦弘矣曾不知負牛羊之力餽
則逾宂畜梟獍之心馴之益悖誑惑士伍圍逼梓州
誘陷戎臣塞絕劒路師徒所至燒掠無遺干紀之辜
擢髮難數朕爲人司牧育彼黎元如闢之罪非朕敢

赦是用叶羣帥之謀除百姓之害永清妖孽底定一
方伐罪弔人於是乎在其逆賊劉闢在身官爵宜竝
削除今王師鼓行尋濟天險梓潼城守已解攻圍壓
卵注熒坐看撲滅其西川將士如有乘此聲勢翻然
改圖梟斬兇魁以效臣節者必當特加爵秩高位重
賞朕無愛焉其餘將吏等但能去逆效順以所領歸
降者超秩三資授官以一身降者亦與改轉長行官
健歸順者竝與敘錄仍加賞給其西川管內刺史等
當其阻亂孰克靜戈雖章表未通而衷誠可見今能
歸欵亦仍舊職如或乘機立効因事建功竝特加酬

賞務極優厚夫皇王之道弔伐所加義在除殘情非
樂戰故脅從罔理必戒於徂征焚溺是哀俾與於徯
怨禁暴止亂其在茲乎況有迹陷兇徒心非黨惡歸
我無路遂至淪胥言念斯流尤深軫惻所以明諭將
帥罪止渠魁其餘染汚一切不問布告遐邇宜悉朕
懷

九月以西川降將文悅爲戎州刺史仇良輔爲簡州
刺史

二年十月潤州將張子良等旣擒逆賊李錡制曰浙
西管內官吏及職掌人若被迫脅驅使者但情非同

惡一切不問

三年六月癸亥以邕管將黃少卿爲歸順州刺史弟
少高少溫竝授官少卿西原蠻首也貞元中屢爲邊
寇至是相率歸欵

四年鎮州王承宗拒命以護軍中尉吐突承璀將兵
討之詔曰自古哲王之有天下者懲其暴亂則法所
宜加察其情狀則罪有不及況故太尉兼中書令武
俊忠扶邦國節著艱難覽視册書想見風槩而承宗
毀棄門戶違悖君親遽肆姦兇自貽討伐舋盈干紀
寧忘武子之勳蕭延紹封無廢鄭侯之嗣矧忠而見

節禮以議親宜降浮恩庶行中典載明樵採之禁兼
茂歸降之制好生之德俾浹人心止殺之源用孚朕
志其王士平士則並宜各守舊官其武俊實封仍特
賜士則承襲鎮州大將昔者茂勳言念其勞每念增
歎其有食實封者並宜依舊不須停給如領兵軍將
以所領歸降者超二資與官賜實封二百戶仍賞錢
一萬貫文其武俊士眞松楸墳墓行營諸軍並不得
輒有毀伐除暴勝殘事非獲已布德施惠仁豈遠乎
用彰弔伐之師式示皇王之道宣布內外宜悉衷懷
十一月丁未詔鎮冀晉內諸州百姓等莫匪王人皆

同赤子蓋戀生業逐迫兇威暴賦急征旣嗟於無告
冒鋒觸刃又慮其俱焚言念于玆良深惻惻其應討
伐鎮州諸軍所到之處宜先存撫百姓使安其業勿
令虜掠傷害以副朕心
八年八月丁未鎮州賊帥張伯靖降于荊南九月辛
亥以伯靖爲右衛翊府中郎同正員兼歸州司馬仍
委荊南節度使軍前驅使
九年十月甲子制曰朕嗣膺寶位于玆十年每推至
誠以御方夏庶以仁化臻於太和宵衣旰食意屬於
此今淮西一道未達朝經擅自繼襲肆行寇掠將士
等迫於受制非是本心思去三面之羅庶遵兩階之
義宜以山南東道節度使嚴綬兼充申光蔡等州招
撫使仍與薛道衡將帥等卽同糾率共申曉諭其淮
西將士官吏等如有歸國者卽量其高下便授職任
仍具聞奏卽超官爵縱舊有罪犯一切無問吳元濟
如束身歸朝亦當乗瑕錄用其百姓有歸投者仰便
給糧食仍與田宅務加存恤使其安堵事平之後淮
西將士宜共賜錢二百萬貫百姓給復三年詔書所
不該者嚴綬量其所宜條流奏聞庶盡綏懷之義以
申生育之恩若尚執迷不能遷善至於問罪自有常

刑宜以誠懷使其知悉乙丑命內常侍知省事崔談
峻都監申光蔡等州招撫使及山南東道節度兵馬
使仍與嚴綬及諸道計會逐便宜撫
十二年二月庚申勅淮西賊中百姓窮困相率歸順
其數甚多言念生人載懷哀惻必資綏撫使獲安存
於許汝行營側近置行郾城委韓弘計議揀穩便處
置又於唐州側近置行吳房縣仍令本界節度觀察
使擇幹了官知縣事兼量置兵馬防護使免憂危時行
營諸軍兵招得淮西百姓五千餘戶賊以西南受攻
者三年貯藏內竭併食共衣戰卒之外多無粒食水
竭其魚鼈菱芡陸盡其走獸畜產以及草木又苦
賊令苛虐相帥而出賊亦慮索其食不復禁之

三月己巳以太子僕楊元卿爲蔡州刺史兼御史中丞本州團練鎮遏使詔曰淮蔡近郊久隔皇化本藏宄虐在拯生靈況今賊黨攜離相繼效順思俾阽危之俗盡霑牧養之恩勞倈招綏今之所切其新除蔡州刺史楊元卿宜令與李愬商量計會且於唐州東界選擇要便權置行蔡州如百姓官健有歸順者便准勑優恤存撫令知國恩必使全活

四月乙亥詔曰刑賞大信國令必行義勇深誠旌答斯在西文城柵歸降都將吳季琳堅拒逆之計結勤王之心翻然令圖竟效前欵高秩厚賜宜醻爾勞可

試秘書監兼御史中丞封濮陽郡王賜實封二百戶賞錢萬貫仍令李愬署以重職以奬忠臣

五月辛未詔曰見機效節誠固於危途秉義懷忠福生於死地挈其全邑誓彼萬心事且超於等倫賞豈限於班次郾城降將殿中監鄧懷金自王師壓境詔命先施識祝網之深恩感投身之有地縲俘以列介士無譁披於凶墟造我營部聆之者響振慕之者風趍銷遏亂源導迎善氣固可勒功王府播美天衢拜爵當時傳封後裔可簡較太子賓客兼御史大夫封新平郡王幷賜實封二百戶賞錢一萬貫又委李光顏署以重職仍加銀青光祿大夫

十三年正月一日赦書鎮州王承宗若能束身赴闕捨而不問仍加官爵又制曰王承宗先祖武俊有勞王家雖再加之師每從人欲而十代之宥嘗切朕懷近以三朝稱慶八表流澤廣此鴻霈開其自新而承宗果能翻然改圖披露衷懇遠遣二子進陳章表緘圖印以上聞獻德棣之名部發囷奉粟幷竄貢鹽諒申效順之心足見納忠之志抑而不撫何以示懷其王承宗所有瑕釁特宜洗雪依前銀青光祿大夫簡較吏部尚書餘如故其晉內四州百姓委承宗厚加

安慰先是命尚書右丞崔從使鎮州賜之璽書期以自新承宗素服俟罪奉表陳白帝益矜之遂復爵命以華州刺史鄭權簡較工部尚書兼德州刺史充橫海軍節度德棣滄景觀察使

四月甲寅魏博遣使將押送承宗男知感知信及其將石泚等至臺門請罪中使宣旨令於客省安置俄有詔移館於禮賓院魏博監軍遣使獻王承宗德棣二州圖印兼請入晉內租稅七月詔復承宗實封二百戶

十二月戊寅魏博及義成軍送到擒獲逆賊李師道

下都知兵馬使夏侯澄兵馬使朱澄等四十七人並從釋放仍却逦迤魏博義成軍營委收管驅使如緣父母猶在賊中或羸老病疾情切歸還者仍加賜優賞放去務於全貸何所疑留及澄等至行營賊覘知之潛相傳告懸是叛徒皆感朝恩繼有降者

十四年正月淄青僞署海州沭陽縣令蕭鎮遇兵馬使梁洞以縣降於楚州刺史李聰詔授洞簡較殿中火監兼侍御史知沭陽縣事賜實封一百戶賞錢五千貫并令淮南節度使李夷簡授之重職其縣權隷楚州加聽兼御史大夫

穆宗以元和十五年正月卽位十一月癸卯制曰朕聞帝王之宅四海子羣生如天無不覆如日無不炤其發號施令也如雨故能上符天道下感人心朕自嗣守寶圖將欲恢弘王略覃懽化有所未至恩有所不周乃睠奠方矜喪戎帥念乎三軍之士洎乎四州之人或懷忠積誠而恩用莫展或災荒兵役而望恤何階今則昌運一開誠節咸著王承元首陳章疏願赴闕庭思保父兄之名克固君臣之義已加殊奬別委重藩又念成德軍將士等叶心嚮義丹款載申方欲效其器能各宜列於爵秩大將史重歸牛元翼等已並超授榮寵今復都加厚賜普示洪恩兼以四州貧下百姓當敷賑贍之惠俾識含育之恩宜令諫議大夫鄭覃往鎮州宣慰親諭朕意仍共賜賞錢一百萬貫以內軍及戶部見在疋段支送充賞給將士兼貸四州貧下差科州縣之中或有殘破頗甚者委田弘正量便宜優卹務令存濟朕又以王澤所洽天網方收宥過釋冤與人休泰其管內繫禁囚徒罪無輕重並宜赦免其大將等雖已頒賜官爵或慮有遺并判官等且委弘正具名銜聞奏如或父母在者別具上聞當加優卹當道從前已來官吏將較等或忠義可

加而刑戮濫及如有此色亦條錄奏聞當加追贈如子孫見在者厚加優卹仍具聞奏四州之內有高年惸獨或承平遺老咸襯皇風或孤獨癈疾不能自存者差官就問量給粟帛四州之內有奉職清勤惠及百姓者具事跡聞奏當量加進改如有隱居山谷退在丘園行義素高名節可尚或才兼文武卓然可奬者具名薦聞朕以武俊之勳勞光于彝鼎士貞之恭恪繼被節旄承宗感恩亦克立效永言十代之宥俾賜一門之榮承宗兄弟並已授官爵如或未盡霑及亦當具名聞奏其承宗塋事亦差官勾當禮物之間

務令周厚嗚呼錄其遺忠延乎後嗣旌其衆善被于一方國有羡財不吝於邮隱朝有好爵無愛於功賞庶使八表大同五兵永戢宣示中外宜體朕懷

長慶元年八月鎮州監軍使宋惟澄奏七月二十八日夜節度使田弘正爲亂兵所殺并叅佐及家屬元從將吏合三百餘人共推都將王庭凑知兵馬事下詔曰朕嘗讀玄元書至於佳兵者是樂殺人因念于孫名之建於覇非不三十年不能爲成人豈忍以一朝之忿驅而殺之然而田弘正首以六州之衆歸於朝廷開先帝之雄圖變河朔之舊俗除去苛暴昭宣

惠和愛人如身養士如子拊循教訓必忠孝爲先是以魏之師徒一年而知恩二年而知禮三年而相與讓於道矣故南征淮蔡東伐青齊北定趙地元勳茂績皆自魏師肆我憲宗付之心膂入則輔弼出則藩垣推誠不疑近實無比顧朕小子獲受丕圖嗣守不遑何暇恢復而承元請覲異郡擇才苟非勳賢不敢輕授是用洛我元老釁於是邦而又寵諸將以懋官加三軍以厚賜復其租入惠彼蒸黎於此一方之人可謂無有不至而梟音未革狠顧猶存忍害忠良恣爲殘賊臨軒震悼撫几驚嗟天胡不仁一至於此朕下爲君父上奉祖宗毁弁襪於鯨鯢啗股肱於蛇豕尚欲因循恐恥苟免偷安非唯傷心於田氏之子孫亦將何顏謁先帝之陵廟人神共憤卿士叶謀咸願誅夷用申寃痛便合興師進討以翦姦兇尚念一軍之中豈得無義勇倉卒變動必非衆謀苟得其魁餘復何罪宜令魏博横海昭義河東義武軍等各出全軍以臨界首仍各飛書檄其諭朝旨如王庭凑能執首謀爲亂扇動三軍者送至隣道或就州處置然後束身歸朝必當超獎授三品正員官并與實封五百戶其餘三軍將士一切不問并大將等或有能相勸

諭翻然改圖者各隨事跡當加寵擢如王庭凑執迷不寤諸道宜便進軍以時翦滅苟不得已至於用師其有効忠則宜懸賞如有梟斬兇渠者先是六品以下官宜與三品正員官先是五品節級昇進仍與實封三百戶庄宅各一區錢二萬貫以一州歸順者便與當州刺史仍賜實封三百戶如先是本州刺史以一州歸順者超上資與官仍與實封二百戶一縣歸順者超兩資與官實封二百戶如有能率所管兵馬并以城鎮來降者並超三資與官賜爵實封一百戶賜錢一萬貫以身降者亦準前例處分其有城鎮將

士百姓等守節拒賊身死王事各委長吏優給其家仍具事跡聞奏當加褒贈其有潛謀誅斬渠魁被其屠戮者宜便加追贈并賜錢帛仍與一子官諸軍所至不得妄加殺戮焚燒廬舍掠奪資産并有拘執以爲俘馘其管内州縣有自置義營堡柵王師所至能相率來歸各加酬勞時當秋候務切農功邊界之人懼廢耕織應緣軍務所須不得干擾百姓如要車牛夫役工匠之類並宜和顧情願仍優給賞錢賊平之後應立功將士並與超資改官節級賜物其長行官健歸降者亦當優賜褒賞幽陵變擾誠謂亂常以其

旁害賓寮毒加台鉉較其輕重示以招攜尚開迷復之門用廣自新之路如聞賊中文牒妄作異端皆指朝廷徵兵欲成邊塞此皆誑詐扇動人心况今邊上甲兵足以備禦欲令知悉故重宣明仍委所在節將以此告諭昔堯舜之俗比屋可封虞芮之人讓畔可感仁義則水火可蹈忠信則蠻貊可行繇是言之亦在化之而已逮我長理何其遠哉豈朕之滿假荒寧自聖而不可教也將朝之魁梧骨鯁自持而莫我念耶二者之來皆朕不敏内省終夕其心浩然於虖封域之中干戈作矣廊廟罇俎無忘弭寧布告朕懷以須良畫

文宗初即位以故横海節度李全略子同捷爲兗海節度同捷託以三軍乞留拒命太和元年八月庚子詔曰王者之御天下也推其至誠格以大順臣子之奉君父也效以奔走竭其忠貞故能上下交感家邦用寧其有專上周旋于紀悖戾息弃彝典矯誣當時固人神之所不容古今未能制者也朕以菲德祗荷鴻業將躋俗于至厚之域致人於無過之地未用勞慮惻然疚懷李同捷幸席舊勳不思纘緒斬焉木幾私行墨縗毒殺忠良擾惑部較稽之國憲難逭常刑

朕以頃在先朝已稽中旨實遵成命來議改圖庶乎舞階以服有苗因壘而降崇國使臣旁午優詔指明而又越留務之權授之戎帥援負海之地置之中華推恩含垢斯亦至矣而同捷益懷迷執閉境搜兵大詬隣封拒捍中使遐邇憤怒中外驚嗟叛命旣彰大義當絶事非獲已良用憮然其李同捷在身官爵並削奪朕以滄溟之地宄魁竊據今若怒兹小醜遽至大刑慮金華一揮玉石同碎吊人之義深置未安宜令四面節度使各蓄兵鋒共固疆守絶其窺伺之路撫其攜叛之人嚴戈矛之備以待其窮據山川之要

以張我武如叛徒驚擾潛有侵軼當隨機禦遏以自保完勿使凌犯爲虞隄防或弛其滄景將士如有能奮揚忠義執戮渠魁者先是六品已下官者便授三品正員官其先是五品已下官者節級超奬仍賜庄宅各一區錢二萬貫文並列加寵任如能率所管兵馬以州郡來降者超三資與官便授岳牧賜錢一萬貫以城鎭來降者超兩資與官仍賜錢五千貫以一身降者亦與改轉仍賜錢帛其同捷如能知義悔過束身歸朝並與洗雪仍加寵奬若不能悛悟自取誅夷罪止一身其餘脅汚一切不問於戲佳兵者聖祖

之所誡文德者前哲之所崇肆余寡昧敢忘丕訓然以齊庶方者號令立人紀者君臣斯制苟渝大倫安設是用絶其奔軼誡以申嚴佇無戰於文告庶有瘳於迷復特此來遠諒非初心布告内外咸使知悉

二年三月己卯徐州節度使王智興奏於棣州界破賊五百餘人燒刼棣州三面城門庚辰勑曰如聞招討棣州計日降下賊收百姓多在城中時方春農必多餒迫歸降之後宜委智興據戸口人數節級賑賜使各安生業便以度支供軍斛𣁽數内充如失家業者仍以空閑屋居田地逐便安存

九月辛丑授棣州降將劉志清爲正議大夫簡較太子詹事兼侍御史龐再忠爲朝散大夫簡較少府監殿中侍御史滄州塩山縣主簿知州事張叔連爲福王友

八年二月庚寅詔邕府招討使董昌齡自邕州累平溪洞兵威所向首惡皆擒言念蒼生無非赤子況在荒徼尤當撫循其溪洞如有未歸附者向後非因侵擾更不用進討仍加存撫各使懷安所獲溪洞百姓並分配附近州縣令自營生不得没爲奴婢將充賞賜

開成二年三月壬申詔唐州劫掠縣官捷桂管聚集妖人或始於討窮或迷於誘導嘯集未散伏藏山林者委本處長吏遣人宣諭恩旨並放令歸鄉貫田里俾安家業勿更根尋

武宗會昌三年八月詔義軍劉稹叛命令河朔三鎭討積命徐許滑孟魏鎭幽并八鎭之師四面進攻制日成德軍節度使王元逵魏博軍節度使何孔敬或姻連王室或任重藩維罄陳一至之誠願揚九伐之命吳漢任職受詔而初無變顔卜式朴忠未戰而義形於色况成德軍嘗以梟騎横陣首破朱滔士氣方

醻再廻魯陽之日鼓音未息三周不洼之山魏博軍
亦以大旆涉河竟殲師道建十二州之旗鼓以列降
人削六十年之厲階盡歸皇化士博餘勇軍有雄心
必能禀鄭侯之指縱成葛亮之討伐咨爾二帥朕所
注懷元逵守本官充北面招討澤潞使孔敬守本官
充東面招討澤潞使潞州曩者列祖在藩先天啓聖
符瑞昭晰績事煥于後亭鑾輅巡遊金石列于代邸
實謂可封之俗久爲仁壽之鄉艱難已來頗著誠節
必非同惡咸許自新其昭義軍舊將士及百姓等如
保初心並赦而不問其大將等如能捨逆效順以州

郡兵衆降者必加封賞如能擒逆賊劉稹者別授土
地以報勳庸其諸道進軍不得燒毁廬舍發掘丘墓
仍委劉沔王茂元同力攻討朕以羣臣執義固爭誅
非獲已告布中外明體予懷
宣宗大中三年正月涇原節度使康季榮奏吐蕃宰
相俞懋勳以秦原安樂三州歸闕七月三州七關軍
人百姓皆河隴遺黎數千人見於闕下帝御延喜門
撫慰令其解辮賜之冠帶共賜絹五十萬疋
懿宗咸通四年七月詔徐州銀刀官健其中先有逃
竄者累降勑旨不令捕逐其今年四月十八日草賊
頭首已抵極法其餘徒黨各自奔逃所在更勿捕逐
僖宗光啓元年閏三月詔諭秦宗權近鎮制曰我國
家天曆自歸君臨無外十七聖滂流玄澤積潤山靈
三百年保定鴻基方延運祚其間數罹灾運禍起兇
狂纔聞竊命之稱已觸震雷之怒或腹心生變或骨
肉相圖近事可明靈誅不漏蓋人祇之共憤乃宗社
之儲休亦頼中外重臣佐佑薄德大恥旣雪小康可
期須申誥諭之勤用致綏懷之旨而宗權藩垣攸屬
倚仗特深章表繼來至誠可驗而兵戈未戢物論猶
疑是生交搆之端益惑親隣之聽况位崇將相爵極

侯王圖功則國禰可平快志而家寃已雪勸忠貞於
部伍莫若率先鑒成敗於古今當思釋禍猶冒屬厭
之誡適握怙亂之機且患難雖繁封疆有制各圖侵
軼自掇悔尤高潯之下澤州將攻僞帥周岌之窺臨
汝本利危邦翻爲致寇之資蓋昧啓讐之釁得土地
爲他人所有得貨財亦他人所資勢敵則相傾力均
則相忌害莫深於歸怨利莫厚於圖安况井邑皆空
耕桑盡廢數瘡痍而未復軫哀痛而難忘且維邑通
都非列蕃之所併河陽要地亦諸夏之必爭若不制
自本朝豈可公然竊據節旄寵授須俟王人賦稅均

輸合資國用至于封疆隣接續可商議指揮但當還舊尤藉近鎮継聞蒲陝已受攻圍河外既事於枝梧關中自防於漕轉廻車或阻奉國逾虧今者先在息兵各令守境爵位辛非愛惜君臣足保初終尚或執迷方知誤計若法制不行於一處即征伐須徇于衆情人亦有言理難爲黨雖萬方之罪當責朕躬而九廟之威更憑天力縱以黃巢項盜宮闕曾會師徒既戮元兇須遵後命所以寢興念慮詔示殷勤循期遠保宿心不欲便乘衆怒山河者誓當明指日之心聖哲好生必用舞干之德佇披深欸勉蹈良圖

昭宗以文德元年三月即位十二月蔡州牙將申叢執奉宗權繼折其足乞降詔中使宣諭便以叢權知留後比中使至別將郭璠殺申叢篡宗權繫送汴州

大順元年六月太原節度使李克用大將權知邢雒兵馬留後安建上表請以三州歸順遣中使往勞之

乾寧三年八月邠州王行瑜將盖寓李存信闇鞸判官王讓李襲吉等並降詔加賜賚

哀帝天祐三年十二月兩浙奏淮南楊行密僞署宣州都團練觀察處置等使簡較司徒前守舒州刺史王茂章云今年正月八日部領首下馬步還投當道其人是淮南第一都將憤以本道兇邪來慕大朝明盛覩茲忠孝令具奏聞者敕曰王茂章能分逆順捨彼狂迷弃楊渥之亂邦不同姦險投錢鏐之巨鎮思託賢良既明向國之心頗見立身之道元戎所薦義節昭然須行激勸之規用示奬酬之寵宜授金紫光祿大夫簡較太保兼御史大夫

冊府元龜

巡按福建監察御史臣李嗣京　訂正

分守建南道左布政使臣胡維霖　參閱

知建陽縣事臣黃國琦較釋

帝王部　一百六十六

招懷第四

後唐武皇大順二年三月邢州節度使安和建叛入汴軍武皇令李存孝定邢洺因授之節鉞時幽州李威與鎮州王鎔屢弱中山將中分其疆土定州王處存求援于武皇武皇命存孝侵鎮趙之南鄙又令李

存信李存審率師出井陘以會之併軍攻臨城柏鄉李威救至且議旋師

乾寧元年五月鄆州節度使朱瑄爲汴軍所攻遣使來乞師武皇遣騎將安福順安福應安福遷督精騎五百假道於魏州以應之

三年五月汴人大舉以攻兖鄆朱瑄朱瑾再乞師於武皇武皇假道於魏州羅弘信許之乃令都指揮使李存信將步騎三萬與李承嗣史儼會軍以拒汴人存信軍於莘與朱瑾合勢頻挫汴軍

四年九月河中王珂來告急言王拱引汴軍來寇武皇遣李嗣昭將兵三千以援之屯於胡壁堡汴軍萬餘人來拒戰嗣昭擊退之

天復三年梁太祖所署昭義節度使丁會以潞州歸帝納之賜甲第於太原位在諸將上

莊宗初爲晉王天祐八年正月南伐至邢州遣李存璋治械攻城時梁將王檀爲邢帥乃約矢飛書諭以禍福曰天維助順神亦害盈有道即興無道即滅昔漢朝中否俄成王莽之妖晉祚中微復起桓玄之禍莫不因緣多難構合異圖謂天地可以心欺謂帝王可以力取殊不知雪霜之後寒松驗貞翠之姿喪亂

之期義士見忠勤之節是故南陽宗室京口英雄皆懷仗順之謀悉建平勳之策逆溫萑蒲餘孽畎畝微民因黃巢將敗之秋於白水喪師之後自知勢蹙遂乃向明聖朝以方切招懷顯行恩渥使從賊將委以齊壇錫全忠之嘉名居夷門之重地爾後連侵四鎮壘擁雙旌非聖朝恩澤不深非聖朝有負此賊而乃結連姦逆攻逼河岐謀害近臣劫遷鑾輅終成大逆遂弑昭皇殺戮宗枝逼辱妃后萬民相顧而抆淚百辟飲恨以吞聲以致神堯萬代之基陷入碭山豎子之手人祇痛憤天地慘傷况復自僭逆以來狥狂愈

世忠勳舊則殺傷已盡貪財貨則溪壑難盈氏叔琮朱友恭之徒蔣玄暉張廷範之輩罪無毫髮皆被誅夷王仲師覆族於前劉知俊脫身於後如斯統馭何以扶持稍成瓜李之嫌便中讒邪之口且鎮定兩地聖唐重藩皆世嗣山河代分旄鉞各以生靈是念封壤求安旣拜表以稱臣又竭財而入貢而逆溫不察忠誠潛肆窺圖詐稱應援之師盜取深冀兩郡見利忘義一至於斯欲令天下歸心乃至舟中敵國昨鎮定大王特差人數徑告弊藩予遂統師徒躬來應援逆溫已令其將王景仁等七八萬衆屯據柏鄉日令

步騎攻圍其城終不出闘遂令引退卽便前來旣落彀中須施毒手東西掩擊勢若山摧擒戰將二百餘員奪鐵騎五千餘匹橫屍蒲野皆龍驤神捷之徒棄甲如山悉長劍銀鎗之類程思權縷陳表本張濤亦備述事機燃董卓之臍何煩再舉斬桓玄之首正在此時近又岐下淮南皆遣間使咸期春首同起義師計柏鄉之勝捷遠聞在兩地之戈鋋轉急天時人事昭然可知伏以公緜嶺名家聖唐勳族因逢國難偶在賊庭當華夷無事之時蒲朝朱紫儻社稷中興之後足顯勳名予曾高自憲宗朝赴闕以來世荷恩寵敢因此際誓復聖唐必不與碭山田夫同戴天而覆地予慕賓王緘僕射九月中鳳翔使廻劉知俊令公因遺書示兼傳密意具述足下相與之分最異他人兼憑附達絹書尋令遞送又累得潞州相公家兄文字及招得魏博子將閒得逆溫於公君臣之分已有猜嫌曾於故鎮着人密欲窺算皆言紀綱不少誅害稍難頗得事機極不虛謬且公彭門侍中之後鴻勳茂業播在史書豈忍屈節賊庭點汙盛族轉禍爲福去就奚安箕子去殷項伯歸漢棄骨肉猶稱先智全官貴固是良圖今三鎮嚴師已及城下敢假丹抱佈

達英聰儒家俯賜忠言見機知變叶同討逆興復聖唐則身與金石齊堅名與天地同固蓋以久欽重德是敢先貢直言如明鑒未廻丹誠尙阻則長濠巨塹築室返耕使飛走以無門固展覿而有日

二月南伐鄆州步騎三千自黎陽歸國其都指揮使張從楚曹儒謁見帝賜衣袍鞍馬頒其兵爲左右是月命從楚儒爲都將俱賜姓李氏從楚改名紹文曹儒曰紹武

十二年八月攻邢衛洛磁下之相州節度張筠棄城遁去邢州節度閻寶嬰城拒守帝令軍士諭以張筠

宵遁令降將張溫率汴軍五百於城下招諭之賓知勢危窘援軍路絕請以城降帝嘉之進位簡較太尉同平章事遂領天平節度東南面招討等使待以賓禮位在諸將上

九月梁將戴思遠爲滄州帥時已定魏博思遠勢蹙棄州遁走毛璋（毛璋本滄州小校）乘虛據之以城歸國因授貝州刺史轉遼州

十四年二月梁將謝彥章帥衆數萬逼楊劉城帝自魏州聞之輕騎趣于河下賊軍遂壘以自固又決河水瀰漫數里以陷我軍我軍不得進自破安彥之後

其潰亡之卒多嘯聚於兖鄆山谷間觀時勝負有投來者帝以書諭之曰夫相時達變爲智士之良圖擇福知機蓋丈夫之能事故有竄身山谷不慮危亡今古攸同豪傑共貫近聞鄆州山塞聚徒實繁並是汴維舊人兗鄆奇士見河南之失險知僞數之必亡厭血刃於連年避淫刑於虐主必想元元失所恟恟無依莫知投足之方未有息肩之地予自去冬親提虎旅徑取楊劉旣獲通津已諧大計視逆豎而便同機上算梁園而已在彀中謝彥章營葺梟巢嘯聚河上撩虎頭而難逃碎首伸螗臂而何暇爭鋒今則虐使生民決開天塹築隄壅水自固軍營偷生取笑於庸夫作事頗同於兒戲公私塗炭內外分離旣板蕩以不拔固冰消而在即予俯詳人事仰察天時旣畫成謀已圖大舉控新羈之鐵馬礪卻日之霜戈屈指定期長驅決戰誓平國耻須復家仇廓妖祲於西郊奉中興於萬葉諸君等或中州義士或大國遺民因兵革而不保田園避殘酷而深藏溪洞聞余義舉計各歡然今旣屯聚衆多已相統屬須自謀畫自立功名或則攻取城池便可跨據州縣因茲事勢以決遠圖梁寇旣西有多虞固不暇分其東去青兗則無人之

境齊鄆則喪亂之州彼若圖之必定成事斯爲上策不可後時凡有兵機予能應接當俟寰區一統海內爲家可於所得封疆遂其富貴之願蒼窘白水予所不期若守險偷生潛身匿迹終爲亡命自棄何多時不再來機須速決長謀遠算自可擇焉自是兖鄆群盜往往率衆歸于行臺

十五年梁河中節度使朱友謙來乞師友謙本名簡梁太祖畜爲假子以爲陝州節度後爲河中節度及友珪弑逆意深不懌友珪徵之友謙不奉命友珪令其將韓勍等將兵攻之友謙乞師於帝帝赴援大敗

汴軍與友謙會於猗氏陳詞瀝懇願爲附庸帝嘉其忠願賞待之

十六年攻下濮陽獲其良吏乃下教告諭曹濮百姓日干紀亂常人神共怒殺君盜國天地何容激忠良仗順之心拯黎庶倒懸之急予援從近歲親舉義師每惟艱難之謀所切弔民之患而賊黨不分逆順憑附妖兇雅偷晷漏之生不慮覆亡之禍去秋予暫歸寧覲留侍并都賊將王瓚輙渡洪河偷營巢穴不敢前來決戰遠出交兵壁閉偷安可知羸懦予親臨賊壘率士登城賊遂出營門與吾合戰纔交鋒刃便委

干戈殺甲士二萬餘人奪鐵騎三千餘匹敬千李立之輩已釁鼓於軍前拱辰侍衛之徒盡橫屍於大野所殘無幾不日翦除料彼友貞難逃鈇鉞豈能保完生聚禦捍疆陲予昨徑出偏師徇地曹濮閔其蒸庶罹此百殃空多轉餉之勞殊失保全之望予示其禍福各擇安危勿附賊以亡家須決機而保族若能自携老幼歸我封巡亦議撫綏俾令蘇息如懷鄉戀土苟免待時則須遠避兵鋒愼於去就佇平兇醜冀復鄉園其諸軍兵士州縣長吏等自解圍上黨對陣柏鄉華縣交兵楊劉接戰亦合諸吾機略可料與衰何必阿附元兇自貽伊戚不如嚮義自卜永圖旦旦之懷元元共悉

十七年秋六月梁將劉鄩尹皓寇同州先是河中節度使朱友謙取同州以其子令德王留務請梁王降節梁王怒不與遂請旄節於帝梁王乃遣劉鄩與華州節度使尹皓師圍同州友謙來告難帝遣蕃漢總管李存審昭義節度使李嗣昭代州刺史王庭及率師赴援九月師至河中朝夕濟梁人不意王師之至望之大駭明日次於朝邑與朱友謙謀遲明進軍距梁壘梁人悉衆以出蒲人在南王師在北騎軍旣

接蒲人小却李嗣昭以輕騎抗之梁軍奔潰追捕二千餘級是夜劉鄩收餘衆保營自是閉壁不出數日鄩遂宵遁王師追及於渭河所棄兵仗輜重不可勝計劉鄩尹皓單騎獲免未幾鄩憂恚發病而卒

二十年四月莊宗即位制曰澤潞封疆兄弟之國追思舊績言念疲民惠在綏懷恩加招撫各仰沿路鎮戍布命宣陳咸令樂業營生無使侵疆爲患

同光元年八月梁行營右先鋒指揮使康延孝自高陵津渡剽於臨河帝以騎軍挑戰延孝率百餘騎倒戈來歸延孝本晉陽人家世部率少隸太祖軍負罪

奔於梁漸至偏裨性剛烈負氣不居人下知賊庭終
敗來奔帝虛懷引見解御衣金帶以賜之翌日賜田
宅於鄴以爲俸日都軍使兼南面招討都指揮使簡
較司徒守懷州刺史時河朔危急延孝至軍情稍壯
十月巳卯車駕至汴州梁開封尹王瓚恐懼出城迎
降伏地請死帝曰朕與卿家世密親兵戎阻隔鄉時
竭心所事人臣之節也何罪之有乃命復舊職及誅張漢
傑朱珪輩瓚大憂駭不自安以憂病所有家財相繼入貢帝慰諭之終以憂病而卒
壬午梁將段凝所部馬步軍伍萬解甲於封丘勑旨
令於州城北十里排立俟而凝等率大將先至泥首

請死帝慰之曰偽主誤謀卿輩無罪各賜錦袍御馬
錢帛有差帝出封丘門撫勞兵士歡呼之聲殷動天
地帝慰之曰爾等皆吾赤子被賊驅率暴露征行數
十年來不安耕織今誅逆孽平一天下自此休兵罷
戰何樂如之可各復本營餘勿憂懼
癸巳勑朕親驅義旅徑下偽庭兇讐雖以翦除內外
或聞播擾貴行招諭以示綏懷應諸色官員並宜仍
舊勾當軍百姓各自安居永無勞弊之虞其睹昇
平之代如無量之輩扇動人情便仰密加追捕嚴行
處斷貴從寧謐當體朕懷是月入雒爲雒京留守河

南尹張全義羸老不勝拜蹈帝令人掖之臨軒慰勞
稠沓初全義棄澤州而趨河陽弟全武及家屬爲我
軍所得歸之大原太祖給賜田宅厚加撫䘏天復中
密令人通情至是帝重其宿望謂之曰張侯無恙卿
識機知變無繇與我早通卿家弟姪幸復相見全義
垂涕謝恩進幣馬千計謝恩帝命皇子繼岌皇弟存
紀等弟兄之是同詔曰叛之則懲服之則捨蓋前經
與旨爲當代之通規既屬纂承是務遵守應舊偽庭
位居藩翰任處專城或掌握兵權或捍防邊鄙各爲
其主以全其名既解甲以歸明或飛章而送欵變通

斯覩忠節可嘉其逐處節度觀察防禦團練等使及
諸州刺史監押及偽庭先差出行營將較都監等並
須恩詔不議改更仍許且稱舊銜當候別加新命是
月偽梁宋州節度使袁相先至覲於玄德殿泥首待
罪詔赦之
十一月梁河中節度使西平王朱友謙自河中至見
于玄德殿進金鞍名馬帝慰勞加等友謙乞割磁隰
依舊爲蒲之屬郡乃以絳州隸之又求爲安邑解縣
兩池榷鹽使亦許之尋加守太師尚書令進邑至一
萬八千戶西平王如故又賜姓名繼麟兼賜鐵券恕

死罪

是月中書奏河南諸方鎮節度刺史昭洗之後未有新官每上表章只書姓名未頒渙汗必負憂疑望宣付各降制命以表新恩從之

二年二月遣左武衛大將軍張紹虔押國信宣賜淮南

五月路州賊首領楊立遣守將韓暉奏表乞行赦宥帝令樞密副使宋唐玉齎勑招撫

四年二月癸丑中書門下奏僞蜀官員先有赦旨點降近者員數極多相次到闕並是未承前勑慮抱憂

疑宜令御史臺具所到官員出身歷任三代家狀約僞官品秩准前勑次第當擬同正官奏復如是僞蜀將相家屬稍多即於山東州府安置如位卑家屬少者或是本朝舊人有骨肉見在班行即任便居止或是三川居人願還本土亦俟三兩日放歸本處或有本朝曾登科第歷任班行材器爲衆所知可以甄錄即績其人才酌量奏擬從之是時僞蜀宰相王鍇庾傳表張格皆本朝衣冠之後也豆盧革韋說素知之既聞歸欵意欲處之善地故有是條奏以俟其來

孫彥韜字德光少以勇力聞於鄉里唐末朱氏將圖革命兼領四鎮擢彥韜于伍卒歷諸軍較偏及朱氏借竊軍鋒屢爲莊宗所敗彥韜北屯河上知大事不濟乃間行詣官渡委質來歸帝喜而納之授親從定捷右廂指揮使

劉玘梁貞明末爲晉州觀察留後莊宗收復汴州玘來朝玘在平陽八年日與上黨太原之師交鬬境上莊宗見而勞之曰劉侯無恙俯控吾晉陽之南鄙歲時久矣不早相聞今日見訪不其晏歟玘頓首謝之郊天後復令歸鎮正授旄節尋有詔改授安遠軍

明宗初以天祐九年領內衙親兵時周德威攻圍幽

州劉守光困蹙令元行欽於山北募兵以應契丹時帝攻行欽於山北與之接戰矢及帝馬鞍既而以勢迫來降帝憐其有勇奏隸爲假子後因從征恩禮特隆嘗臨敵擒生必有所獲名聞於軍中

大成元年八月以僞蜀開府儀同三司行尚書右僕射兼中書侍郎同中書門下平章事上柱國趙國公食邑五千戶張格可金紫光祿大夫簡較兵部尚書守太子賓客上柱國仍封南陽縣開國伯食邑七百戶充三司副使從判三司宰臣任圜所奏請也

九月幽州奏契丹平州守將僞置幽州節度使盧文

進率戶口歸明所率降戶孳畜人口在平州西守尾約七十里十一月鎮州又奏文進所率歸業戶口鬪免稅租三年仍每口給粮五斗是月文進及將吏四百人見賜鞍馬玉帶衣被器玩錢帛有差仍下制契丹盧龍軍節度使簡較太尉盧文進遼西飛將薊北雄才傾以被讒因而避禍雖附茹毛之俗長懷向國之誠將軍寧屈于虜庭較尉終還于漢壘洎千纂紹果卜旋歸繼飛鴈足之書累殄龍庭之虜前冐白刄中推赤心擁塞垣之車帳八千復唐土之民軍十萬氣吞沙漠義貫神明爰降寵章以旌壯節可特進依

前簡較太尉同中書門下平章事使持節滑州諸軍事守滑州刺史充義成軍節度滑濮管內觀察處置等使仍封范陽郡開國侯食邑一千三百戶兼賜推忠翊聖保義功臣

二年十月汴州節度使朱守殷閉州城拒命帝親平之辛丑德音曰衛生亡軀推宄效命偪徇脅從之勢終懷忠盡之誠首議向明理宜行賞昨車駕初到城下之時有將士率先開門及城下朝見宜令石敬塘奏聞當與甄酬

三年四月制夫忠而能力蓋臣子之嘉猷賞不踰時乃君親之大義共有一心奉國萬里勤王宜至化於遐陬振威聲於異俗宜升寵秩式示優恩竭忠建策興復功臣東南面行營副招討使寧江軍節度觀察等使光祿大夫簡較司徒使持節都督夔州諸軍事守夔州刺史西方鄴壯節挺生英材間出居家克孝事主能忠總銳旅以遄征飛捷書而薦至一日千里復峽內之土疆七縱七擒盪荊門之妖祲近令偏將徑取敵城運籌之智神輸破竹之威電速漸平鬼穴當覆梟巢方堅倚仗之誠宜降褒崇之命俾兼僑保益重殿邦既虎踞於上流佇鯨吞于下瀨於戲功名

既立節義彌高爵鐘方示於鐫銘綸綍寧煩於訓誡唯期帶礪永協雲龍可簡較太保使持節都督夔州諸軍事守夔州刺史寧江軍節度觀察等使

十月戊午契丹署平州刺史張希崇將麾下八十餘人歸闕見于玄德殿便名赴宴例加賞賜希崇幽州人陷蕃歲久契丹署于平州至是殺其蕃兵率平營人戶來歸

四年二月丁亥夏州行營都監安重益率師赴西軍時夏州李仁福身亡其子彝超擅稱留後詔邠州藥彥稠總兵赴夏州至此因降勑書曉諭夏綏銀宥等

州將吏百姓曰近據西北藩鎮聞奏定難軍節度使李仁福薨變朕以仁福自分戎閫遠鎮塞垣威惠俱行忠孝兼著當本朝藩越之後及先皇興創之初或大巢兇徒或逐尊聖王夙夜每勤于規救始終罔息於傾輸爰今眇躬益全大節協和羣虜惠養蒸民致朕端拱無爲修文偃武賴彼統臨有術遠肅邇安委伏方深凋殞何早忽窺所奏深愴于懷不朽之功既存於社稷有餘之慶宜及于子孫但以彼蕃地處窮邊每資經略厥子年幾弱冠未歷艱難或虧駕御之方定啟姦邪之便此令嗣襲貴示優恩必若践彼危

機不如置之安地其李彝超已除延州節度觀察留後前延州節度使安從進却除夏州節度留後各降宣命指揮使勤赴任但夏銀綏宥等州最居邊遠久屬亂離多染夷狄之風少識朝廷之命既作當於移易宜普示於渥恩應夏銀綏宥等州管内罪無輕重當赦所不原者並公私債負殘欠税物一切並放兼自刺史以下指揮使押衙以下皆勒仍舊勾當及與各轉官資宜令安從進到日倍加安撫連具名銜分折聞奏朕自總萬機難引一德内安華夏外撫夷狄先既懷之以恩後必示之以信且如李從曦之守岐隴疆土極寬高允韜之鎮鄜延甲兵亦衆咸能識時知變舉族來朝從曦則見領大梁允韜則尋除鉅鹿次其昆仲並建節麾下至將僚悉分符竹又若王都之貪上谷李賓之吝朔方或則結搆契丹偷延旦夕或則依憑營項竊據山河罔稟除移唯謀依拒比及朝廷差命良將徵發鋭師謀悉萬全戰皆百勝纔興討伐已見覆亡數萬騎之契丹隻輪莫返幾千族之黨項一鼓俄平尋拔孤城盡誅羣黨無遠無近悉見悉聞何必廣引古今方明利害只陳近事聊諭將來彼或要覆族之殃則王都李賓足爲鑒戒彼或要全

身之福則允韜從曦可作規繩朕設兩途爾宜自擇無貽後悔有玷前修今以天命初行人情未定或慮將較之内親要之間幸彼幼冲恣其熒惑遂成騷動致累人靈今特差邠州節度使樂彥稠部領馬步兵士五萬人騎送安從進赴任兼以別降宣命嚴切指揮安從進等委其訓戒師徒叅詳事理從命者秋毫勿犯違命者全族必誅先令後行有犯無捨更慮孤恩之輩樂禍之徒居安則廣造異端貴令擾亂臨難則却謀相害自要功勳宜令李彝超體認朕懷宣諭彼衆無聽邪説有落姦機宜布丁寧咸令知悉

六月權知京南節度高從誨上章乞許自新重修職貢初從誨父季興以請峽內三州事據城阻命繕甲締結梟夷從誨屢諫不從及王師問罪孔循令門客李湜見季興諭以禍福季興悖慢不遜從誨俟其有間私與湜曰令公性強不能遠圖此事予嘗號泣言之竟未聽從然予之操心必不負于國家苟王師退舍聖上許其改圖予必可致令公首過公為予言于朝執至是季興卒從誨屢遣使致書于湖南襄陽師請上章保明願垂昭洗先時襄湖表章交至至是從誨復自上章首罪帝曰先臣叛命不預從誨事可待

之如初

長興元年九月淮南降將海州馬步軍都指揮使王傳極率黑雲都兵士七百三十五人見于內殿各賜鞍馬衣段錢帛袍帶有差

三年三月辛丑以淮南降人潤州觀察巡官嚴澤為亳州譙縣令仍賜緋

晉高祖天福二年二月勅聞訪諸道州府等昨以朝廷近有指揮搜羅官健震驚戶口搔動鄉原致彼編甿不思樂業結集徒伴竄避山林其間亦有接便為非率意行刼事不獲已想非故心今既國步晏寧春事興作宜行告諭各使歸還但務耕農况無徭役切慮有無知之輩懼罪不歸頃示條流冀令安靜限勅到後與量地里遠近與限各令復業已前為非一切不問如限內不來者其物業許鄰近人請射承佃或有不忍拋攜尚行偷刼者一聽居停及鄰人密來陳告便許占射賊人物業充賞如賊無物業即與逐處指揮每告一人即與賞錢二十貫文如至十人已上更賜銀鞍轡馬一匹此外並依所告得人數支與賞錢仍據所願穩便處與補職安排委逐處長吏遍下管內令於山谷道口津渡如法粉壁曉諭仍不任差

人四向專切招攜如是不能悛改尚務結集者委逐處差兵掩殺

七月敕昨者魏府帥臣忽與狂悖河陽兵士小有驚搔已各命於討除跡盡平於巢窟軍興之際賊計多姦時發細人潛齎獵彈意在離間上下點污忠良朕固無疑人何懷懼近聞弘暉忽然出外不赴朝參文婁繼英懼有傳聞亦茲潛匿且尹暉婁繼英位居班列事合審詳不謂此特偶乖斟酌朕情深軫惻恩在矜寬專遣招攜時議釋放各委家人諸處招喚出來却令如舊一切不問此後諸處收捉到姦細文字等

其捉事人依舊支給優賞其細人畫時處斬文字當
處焚傷冀表推誠免令惑衆布告中外咸使聞知仍
付所司暉魏州人也少以勇健事連師楊師厚爲爪
牙莊宗竝其弟昇爲少較從戰河上每於馬前步鬬
有功莊宗即位連改諸軍指揮使明宗天成後領數
郡刺史應順中王師討潞王於岐下暉與楊師權首
歸潞王潞王約以鄴園授之潞王即僞位帝入雒嘗
遇暉通衢暉上馬横鞭揖帝帝甚怒之及因朝謁謂
僞主曰尹暉嘗才以歸命稍先陛下欲令出鎮名藩
外論皆云不當僞主乃授應州節度帝即位改西衛

將軍時延光以暉失意密使人以榮利啗之暉懼訟
下水欲奔歸淮南未出王繼爲人所殺繼英未詳何
許人也事僞梁歷爲内職唐莊宗朝歷諸衛將軍出
爲絳州刺史明宗天成中改冀州北面水陸轉運使
旋移耀州團練使入爲執命轉左監門衛上將軍繼
牧懷州金州加簡較太保帝即位復居西衛至是以
有弟爲魏州子城都虞侯故延光使人誘焉繼英不
自安逃許州匿於所親温延沼弟以繼英有女嫁延
沼之故也竟不爲温氏兄弟所容知張從賓據汜水
叛命繼英往依之尋爲杜重威所擒送闕梟首北市
時繼英有子曰德懷爲萬全令蒲中連師安審信械
而奏之尋有勅追毁所授告亦擇之以繼英因匿身
不容本非爲逆故也是時楊光遠討范延光於業送
賊軍都頭王洪等十人至大寧宫前竝釋放
三年三月詔送箭書二百遣楊光遠射入賊城除范
延光竝不爲罪
八月帝以范延光據鄴城攻之經歲不下以師老民
勞思解其役遣謁者入謂之曰卿既危蹙敗在朝夕
若能返掌轉規改節歸我我當以大藩處之如降而
殺之則何以享國明明白日可質是言因賜鐵券改

封高平郡王移鎮天平延光謂門人李式曰主上敦
信明義言無不踐許之不死則不死矣因徹去守備
素服請降
十月制七萃師徒五營吏士偶因罪累遂至逋逃念
曾効於忠勤宜顯行於招誘自用軍已來應有諸軍
及軍色負罪逃軍諸處人等限一百日内許所在陳
告竝不問罪却與收管如限内不出復罪如舊諸州
府應有見禁此色人家口骨肉竝從釋放
五年五月安州節度使李金全叛歸淮南命馬全節
以汴雒汝鄭鄆宋陳蔡曹濮周唐之兵討之帝使供

俸官劉彦瑾馳詔諭李金全曰邉藩都護三載一更古之制也嗣守世及則勞役不均朕俾全節代卿將授卿以重領何猶預熒惑而有異圖近覽復州上言云東陵洄口官波三戍皆稱江下塢集水軍大發樓楫與卿應授又賈貞蔡進等咸以蠟書章表來投闕庭故旋命六將徵兵三萬如能轉負從順朕亦待爾如初予之食言何以享國若其迷途不返卽蠥從眛則夷宗覆族良可哀也

六月淮南僞安州節度使李承裕率衆大掠輦其資貨而夜遁擒其監軍杜光業及部下將毛璘孫厚呂

太徐引李仲福等五七百人露布詣闕帝曰此等何罪乃以所獲之馬與器幣資裝豐厚而賜之及待以館穀光業等無不仰天感激涕泣請死帝終不戮一人悉放還之

六年八月制曰天覆地載無所不容改過自新於斯爲美應亡命山澤負罪潛匿者並放罪招攜各令歸業所在切加安撫如過百日不出首復罪如初

十一月襄州投來將士三百餘人到闕宜付侍衛司安排其首領賜衣帛有差

七年正月鎭州安重榮僞署涿州刺史李從禎指揮使張仁希並都頭十將長行共九十七人先歸降到闕見賜衣物有差尋人押赴鎭州

少帝開運二年宣收降到泰州刺史晉庭謙軍州官吏以下至行宮前勅令釋縛賜晉庭謙器帛鞍馬銀帶公裳又賜錄事參軍李崇義司法參軍張唯諫清苑主簿李正佑部署指揮使劉繼暉器帛有差

漢高祖以天福二年四月卽位於太原五月至霍邑詔諭鎭州趙贊曰卿燕臺大族唐室懿親作鎭方隅旣多善政應時制置素有嘉謀實兼文武之才比擅方圓之譽惟卿之身久從迫脅居胡土而當全骨肉

還漢疆而近脫鋒鏑浮沉祗係於虜情舒卷非繇於己意想其扼腕嘗所吞聲朕猥以眇躬式隆丕構承皇天眷命副群后樂推方救阽危用拯塗炭昨契丹見華人不附尋已促還今酋長爲神物所誅俄聞暴卒興亡之兆其理昭然其永康王遁入鎭州與卿嚴相疑惑今月一日於待賢館內已被縶俘所有僚屬將較並遭誅戮寃聲遙聽慘惻可量想計聞之必多酸楚卿一門忠孝三代王公須自雪家寃當共淸國難於我則旣明向日於彼則無與同天自然濟土分茅長居爵位重茵列鼎永慶來雲孟津之會宜先塗

山之期勿後況車駕按幸已及晉州無致他人別邀富貴臨軒睠注寤寐不忘所有諸道申奏蕃賊等逃遁事繇表章文狀等並同封往其三軍官吏僧道百姓等別降勑曉示撫問用符卿意當體朕懷

六月至雒詔應有契丹除授諸道節度觀察防禦團練使刺史及令錄賓僚將吏等並各安職不議改更

十一月杜重威據鄴城拒命城中散指揮使穆彥章相次與軍士等來歸彥章賜帛百段銀帶器皿鞍馬等餘有差

乾祐元年詔曰其有先曾事契丹并有骨肉見在契

丹者其本人本家所在切須安存不得妄有恐動

隱帝乾祐二年正月乙巳朔制曰河府李守貞鳳翔王景從永興趙思綰等此與國家素無讐釁偶因疑懼遂致叛違所以命將陳師徵辭問罪止期旦夕必見攻收然以彼之提封朕之黎庶久陷孤壘可念非辜易子折骸塡溝委壑爲人父母寧不軫傷但以屈已愛人先王厚德包荒含垢列聖美談宜弘濟物之恩用廣好生之道其李守貞王景從趙思綰等宜令逐處都部署分明曉諭若能翻然歸順朕並待之如初當保始終享其富貴申明信誓固無改易其或不認推誠堅欲拒命便可應時攻擊剋日蕩平候復收誠池罪止元惡其餘詿誤一切不問仍預告諸軍破城日不得殺人放火諸處草寇等拋棄耕農聚集林藪晝伏夜動害物殘人前後累令翦除繼行招諭尚恐疑懼特示寬恩如能改過知非出來陳首者應以前所有非爲一切不問宜令逐處節度刺史及巡簡使臣明行曉示宣達朝廷恩旨冀其歸業嘗切撫安不得信任節級所繇衷私恐動重念征討以來勞役滋甚兵猶在野民未息肩急賦繁徵財殫力匱矜恤之澤未下於瘦羸愁嘆之聲幾盈於道路尙以軍旅

未息帑廩無餘猶稽霑復之恩空懷愧憫之意卽俟邊烽少弭國患漸除當議優饒冀獲蘇息諸道藩侯郡守咸分寄任共體憂勞更宜念彼瘡痍倍加勤卹究鄉閭之疾苦去州縣之煩苛勸課農桑少察冤濫共挾政理用副憂勞凡百臣僚當體朕意辛未夏州節度使李彝殷獻馬謝隸靜州爲屬郡彝殷祖拓拔思恭唐光啓初得夏州節鉞自相繼襲後唐明宗時命藥彥稠等討之彝殷招引黨項攻奪餉道食不能給彝殷登城言曰夏州虛名耳無珍寶帑藏貢賦朝廷但以父子相傳寓居此郡或朝廷指使征伐願誓

衆先登幸國家哀憐錄是赦之自是傲視中原陰結叛臣朝廷知其心而羈縻之

四月永興趙思綰遣牙將劉成詣闕乞降制遂授思綰華州節度留後簡較太保以永興城内都指揮使彦眘卿爲虢州刺史

九月以契丹僞署前武州刺史高奉明爲右衛將軍奉明曾任蔚州錄事參軍頃歲契丹陷蔚州奉明爲蕃將南大王養子累授刺史戎王死永康立以奉明爲邢州節度使以代麻荅麻荅王留鎭州未幾聞高祖南渡高唐英死於安陽心不自安乃請麻荅署馬

部都指揮使留鐸爲本州副使尋令知軍府事奉明歸於鎭州麻荅被逐奉明赴闕故授環衛之官

二年三月徐州部送所獲淮南都將李暉等三十人徇于市復給與衫帽放還淮南

册府元龜

巡按福建監察御史臣李嗣京　訂正

知長樂縣事臣夏允彝參閲

知建陽縣事臣黄國琦較釋

帝王部　一百六十七

招懷第五

周太祖以漢乾祐中奉命討河中李守貞太祖令水軍沿河具戰棹長連城用步軍分守各以使臣監之賊小較劉重進高思來降補招收十將付以錦袍銀帶積於城下令誘賊軍

廣順元年正月徐州押牙鞏廷美教練使楊温據城拒守勅曰朕昨迫于軍情遂臨帝位已曾示諭想備聞知汝等初得耗音爭無疑懼一則顧身擐甲閉關須至如是今覽汝等報姚武文字備悉心誠況汝等始則爲使主竭忠終則向朝廷順命秉持甚善節義可嘉佇俟旌褒何煩憂懼近者巳有勅旨汝等並授郡符只候新節度使入州卽便施行恩命朕當示信于天下汝宜諭旨於城中凡在軍民各宜安堵其諸元從職員並宜安撫

三月丙寅與荆南高保融詔曰安審琦奏湖南船綱行監押節級官健四百九人在襄州朕以武陵長沙尋戈結釁旣道塗而梗澁致官健以淹留卿義在卹鄰志惟體國俾歸途而無滯副軫念以在兹巳降宣命下襄州取逐人便穩如願歸本道者卽差人管押至荆南候到卿可差人部送至湖南

五月丁丑勅京兆鳳翔府朕臨御以來憂勤無怠慮庶政之尚闕恐烝民之未安寢食不遑夙宵若厲早歲雍岐連叛兵革薦興迨至討平可知傷弊誠念負罪之黨尋以誅夷亡命之徒近皆滌蕩則被釋放者皆爲赤子經釐革者悉是平人雖性命之永全在生

涯之何着與言軫閔未嘗去懷其京兆鳳翔府先因攻討之時及收復之後應有諸色犯罪人第宅莊園店舍水磑曾經籍没及本主未歸者巳宜下本道却給付罪人骨肉爲主仍仰逐處嚴切指揮勿令所繇裏私闌圅邀求資金庶令存濟用副朕懷

八月滄州王景言幽州饑饉有流民入界勅朕以沿邉百姓適因災沴遂至流亡拋棄鄉園扶携老幼未有安泊之地深懷愍念之心宜切撫綏庶令存濟其邉界流移人戸差使臣與所在官吏撫恤安泊其滄景德管内甚有河淤退灘之土蒿萊無主之田頗是

膏腴少人耕種可令新來百姓量力佃蒔只不得虛占土田有妨別戶居止如是顯在別管界內居任者亦聽取便所在關津口岸不得阻滯如邊界有親識可依亦聽從便仍人給斗粟委三司支給候安泊定取便耕種放差稅

是月晉州送擒獲太原軍士二十六人各與巾履衫袴並釋之

二年正月賜兗州慕容彥超詔曰朕與卿久敘兄弟比無嫌隙自前歲奔逃之後尋時慰納如初察憂疑則推以赤心邀信誓則指之白日留男不歸大職欲

已只在舊藩動必依從斷無疑阻何故執心不定率意而行聚草寇于城中修戰具于衙內發言不遜舉事無嘗差遣元隨主持鎮務恣令殘害任便誅求率配之名三四十件搶掠事力贍養姦兇一境生靈不勝其苦南則結連淮寇北則勾喚劉崇早者差都押牙鄭麟口奏敷陳乞移藩閫朕推心嘉納回詔允俞昨上表請赴闕廷朕亦一從卿意復成欺侮繼有指名兼更僞詐鄆州書題點染齊王勳德且非奇計何必如斯近者東面諸侯相繼奏報稱卿差點管內人戶團併義營欲議發軍攻取隣道衆情不服闔境波逃其百姓皆併力同心殺却元隨鎮將倒各將家廻避散投外界潛藏或則保聚山林就便構置寨栅懼鄰挾讐屠害不保朝昏懸望官軍救護爲主朕爲人父母能不痛心弔伐之行蓋不獲已今差侍衛步軍都指揮使曹英等部領馬步大軍問卿情狀卿若能改心知過束身歸朝當許全生待之如舊朕或違信是謂自欺卿若拒張便令攻取今更飛此詔始末指陳巽卿靜慮深思庶幾轉禍爲福言盡於此卿其圖之

二月癸卯以先擒獲太原鄉軍頭周暉而下百三十

三人各賜錢鞋遣供奉官蓋繼明部送駱義界放還鄉里甲辰以先獲淮南指揮使燕敬權都頭趙筠官徤與進羅義等四人放歸本土仍賜衣服金帛以遣名見謂之曰爾歸首達吾意於爾君凡人君兇邪獎忠順天下一也我之賊臣撓亂國法嬰城作逆殃及生靈不意吳人助此兇愚驅徒領衆涉我封陲南土君臣非良算也

是月戊申以兗州兵士數百人先在金州屯戍其家口仍在本城中勑就金州撫諭之曰一昨慕容彥超結連草寇毒冠蒸民側近縣鎮鄉村無名脅從徒害

人神憤怒須議討除朝廷已發大軍往彼攻取汝等
屯戍邊境勞苦經時言念忠勤不忘寤寐所有汝等
家口並在兗州城內爲此背違想皆憂念在朕誠意
暫不弭忘已降宣命指揮曹英候收復城池日晝時
選得力負寨部領兵士率先入城占據本營安撫逐
人骨肉家口不得輒有驚恐
五月親征兗州乙丑旦次金鄉曹英送賊黨文懷美
三人至行在賜袍帶釋之癸酉賊散員都將周廷嗣
歸順自是賊黨相繼來奔皆有所賜
是月兗州行軍孫暉副使劉演及本城將較等爲軍

士所獲帝以其脅從皆賜衣裝以釋之諸村鎮要路
捕獲得賊黨者相繼而至帝多宥之彥超元隨都押
衙鄭麟李玘及伶官十數人王峻請而免之
是月兗州平制曰應曾與慕容彥超同惡之人逃避
潛藏者並與釋放仰於所在自出陳首百日不首者
復罪如初應已伏誅逆黨人等於諸處有骨肉者先
已指揮放罪招安尚慮本身抵法之後却有驚疑宜
令所在州縣明行告諭並釋放不問兗州城內幕職
及縣官吏軍府將較並令放罪及衙前州使兩院職
役人本城軍都並勒仍舊自慕容彥超違背已來鄉
村山寨豪強人等接便爲非劫掠虜殺今因收復之
後並與洗滌一切不問
八月淮南界俘獲耕牛雜畜詔送還本處
三年正月夏州李彝殷府州折德扆上言河東界僞
麟州刺史楊仲訓以蕃部攻圍繼來求便乞歸明賜
勅書曰麟州刺史楊仲訓及軍州將吏職員等拒夏
州節度使李彝殷奏得汝等狀稱劉崇拒命聖朝堅
其逆壘今被部族侵迫乞垂救解兼已稱大朝正朔
並門逆命邊郡無歸値妖孽之脅從致朝貢之阻絕
今則蕃部兵民助我討違汝等哀告蕃鄰欲謀歸向

備覩變通之意特用弘納之仁宜示撫安用獎忠順
已指揮州府及諸蕃部不令進攻汝等便宜明宣朝
旨告諭軍民應是通河東道路口岸晝時遣人守禦
不得通人來往凡有公事一一奏取朝廷指揮其官
員將較職掌一切依舊仍分析名銜申奏當議等第
加恩兼之酬賞邠州折從阮言奉詔示諭慶州諸蕃
部尋遣人告報首領其野鷄第七門族首領李萬全
及樹斁等族受勅書領袍帶等設誓其諸族猶負偭
疆見與寧州諸軍襲擊其次月戊申邠州折從阮言
奉詔討逐慶州野鷄族兼招攜諸部族臣自前月與

兵後招到樹爍等二十一族與勑書袍帶綵緞設酒食令發誓詞盟約兼排列軍士圍繞今已和斷兼補郝爽爲慶州牢城使又發龍捷一指揮赴寧州深州言蕃界内來歸老小漸多任便諸處安置二月巳前解州刺史鄭元昭爲慶州刺史充青白兩池搉鹽制置使廣順初以郭彥欽再刺慶州性貪貨及擅加搉鹺民吏流怨州北十五里寡婦山有蕃部日野鷄族多羊馬彥欽作法擾之利其賂遺蕃情憤悍易爲不法彥欽乃奏野鷄族暴盜掠奪綱商帝難於興師遣使賫詔書撫慰望其率化蕃人既苦彥欽惡政不時

報命或日野鷄部族蕃落之最狡者宜以兵誅而誅之乃移陝帥折從阮鎮邠州又令寧州張建武會合環州皇甫進兵攻之建武勇於立功徑趨野鷄族帳追擊殺數百人其喜萬玉族折思族殺牛族者皆熟戸蕃人此無猜忌又殺牛素與野鷄族有憾且聞官軍討伐相聚餉饋欣然欲奉官軍利其財貨孳畜劫奪之翻爲諸族所誘至包山負險之地官軍不利被蕃人迫逐投崖墜澗而死者數百餘折從阮等以兵自保無相救應建武陷長男餘衆僅免帝怒彥欽及建武俱罷任彥欽至京師勒歸私第竟不得見建武左遷率府率是月元昭兩地搉鹽之任故特行制置以寧邉人

其月契丹降人僞授儒州晉山簿李著鄭縣簿王裔泰州司法劉裴等著賜比明經出身裔裴比學究出身

五月沁州和州縣民百四戸來奔遣於河中安置命節度使彥超分配居止撫安

六月勑大原來降嵐州錄事叅軍丁守加朝散大夫試大理評事兼監察御史爲蔡州眞陽令

世宗顯德元年正月詔自廣順元年後來幽州淮南

西川河東等界軍人百姓投降者累令安撫所在有無荒閑田土一任請射任佃爲永業西川接界久不通商今後一任來往只須所屬官吏防閑恐夾帶奸細

三月辛巳詔應沿邉州府接近西州淮南契丹河東界處仰所在府州及廵檢使臣鈐轄兵士及邉上人戸不得侵擾外界及虜人畜務要靜守疆埸勿令搔動其投來人戸仍仰倍加安撫

是月親征河東甲午次高平縣兵士解嚴詔河東降卒二千餘人各賜絹二疋並給衣裝義軍各絹一疋

令還本部受賜者無不歡呼感泣
四月戊午僞遼州刺史張漢超待罪於行闕命釋之仍賜衣服鞍馬器備等甲子僞州防禦使董希顏僞嵐州刺史郭言等詣行闕見帝命釋罪賜賚有差丙寅僞沁州刺史李廷誨見丁卯僞憲州刺史韓光愿見皆賜賚有差癸酉忻州僞監軍李蕘殺僞刺史趙皐及契丹大將楊㩳姑來降尋以李蕘爲簡較司空忻州刺史仍遣使慰諭
是月討太原回詔河東及契丹敗散軍士其中有潛竄山谷間者並令招喚不得輒有傷害如是義軍百

姓便可放還本家若是軍人及諸色人並監送至駕前各與穩便安排遼沁二州新屬路府久陷賊境深可憫傷委本道節度使倍加安撫所有劉崇煩苛事件並與除放
二年九月甲午昭義節度使李筠遣牙將押送先擒到河東僞兵馬監押程友已下二百餘人到闕帝皆赦之仍加賜賚
是月西南面招討使王景獲西川軍較姜暉已下三百餘人來獻帝曰姜暉等悉是中朝將士昨拒王師盡力於僞主亦其忠也宜並赦之仍以錢帛賜之

閏九月潁州主言有淮南百姓邢盛等二人度淮而來言因失耕牛故來此尋覓本部以來自賊境奏稟朝旨帝曰率土之内皆吾民也豈以不庭之境便爲限隔宜速放還仍給官錢市牛與之
十一月以秦鳳卒詣秦城階等州歸明將士自長行已上等第支賜優給其官吏將較職員等並與加恩其中有西川人員除恩澤賞賜外加願駐留者厚與請受如願歸去者並給盤纏用慰衆情免違物性應捉到賊軍將較一切放罪並令押送赴闕各與恩澤自何里建等歸投西川已來訪聞管内州縣連歲飢

荒百姓軍人倍多勞役科斂頻併法令滋章旣爲吾民宜革前弊今後除秋夏兩稅征科外應僞屬所立諸般科率名目及非理徭役一切停罷德音未該者宜令所司相次指揮
十二月辛卯右領衛將軍王繼清押僞鳳州節度使王環已下四十三人到闕帝赦其罪頒賜有差先是自興師西伐至收復秦鳳前後擒獲川軍凡數千人帝皆赦之仍給以袍袴糗糧署爲懷恩指揮緜是降卒無不感悅尋以環爲左驍衛大將軍仍以服玩鞍馬賜之

三年正月親征淮南壬子次永寧鎮帝謂侍臣曰壽州圍閉數月大軍暫退淮上如聞四面百姓往日入城廻避者多來歸業今王師再舉慮其復入城中枉爲餓殍宜先告諭俾安其家乙卯次趙村軍士於戍邏間擒到敗卒數人帝問曰爾敗來數日何不走入壽州而乃日夜奔走周旋不離此地蓋心逃耳命釋其縛仍以袍袴賜之

二月丁亥僞左神衛軍使徐象等一十八人來降賜錦袍銀帶鞍馬綵帛有差

三月僞命兗州都監張承翰以城歸順授承翰集州

刺史

是月賜揚光二州先歸順員流張洪等三十五人錦袍銀帶

戊戌壽州城内天成軍使蔡暉來降賜錦袍銀帶錢絹等

壬戌壽州城内軍較陳元貞等一十三人及水砦副將李溫等並來降賜物有差

是月命供奉官安洪道押江南進奉副使王崇質李德明等二人發赴金陵初吳人聞正陽之敗其氣已消矣又聞今上敗何延錫於渦口擒皇甫暉於滁州始懼覆亡之不暇乃遣鍾謨等奉表來上謨等因面奏云臣大國主願割壽濠泗楚光海六州之地隸於大朝仍歲貢百萬之數以助軍用請罷攻討及孫晟至所奏亦然上以淮南諸郡半爲我有復又諸將捷奏日聞於行在料其事勢可以盡取江北之地乃不許之德明等上見急攻壽陽慮頃刻不保乃奏云臣之保本國向來不知大朝兵力如是願陛下寛臣等五日之誅容臣自往江南取本國章表割江北諸郡盡獻于大朝上乃許其行因令賫璽書以賜李景書曰頃自有唐失御天步方艱巢蔡喪亂之餘朱李戰

爭之後中夏多故六紀于茲海縣瓜分英豪鼎峙自爲聲教各擅蒸黎連衡而交結四夷乘釁而憑陵上國華風不競否運所鍾凡百有心孰不興憤朕猥承先訓恭荷永圖德不逮於前王道未方於往古然而擅一百州之富庶握三十萬之甲兵農戰交修士卒樂用思欲報累朝之宿怨刷萬姓之包羞是以踐位以來懷安不暇破幽并之巨寇收秦鳳之全封兵不告疲民有餘力一昨廻軍隴上問罪江干我實有辭咎將安執朕親提金鼓尋渡淮淝上順天心下符人欲前鋒所向彼寇無遺棄甲僵屍動盈川谷收城徇

地巳過滁陽豈有落其爪牙折其羽翼潰其心腹扼其吭喉而能不亡者哉早者泗州王將迺送到書一函尋又使人鍾謨李德明至賫所上表及貢奉衣服腰帶金銀器帛茶藥牛酒等近差健步進到第二表今月十六日使人孫晟等至齎到第三表及進奉金銀等到行朝深誠厚意覩其降身聽命引咎告窮所謂君子見幾不俟終日苟非達識孰能若斯但以奮武興戎所以討不服惇信明義所以來遠人五帝三王盛德大業嘗用此道以正萬邦朕今躬統戎師龔行討伐告于郊廟社稷詢于將相公卿天誘其衷國

無異論苟不能恢復外地自畫邊疆便議班師眞同戲劇則何以光祖宗之烈厭士庶之心匪徒違天兼且咈衆但以淮南部内已定六州廬壽濠黄大軍悉集指期尅日拉朽焚枯其餘數城非足介意必若盡淮甸之土地爲大國之提封猶是遠圖豈同迷復如此則江南吏卒悉遣放還江北軍民竝當留在免違物類之性俾安鄉土之情至於削去尊稱願輸臣禮非爲故事實有前規蕭詧奉周不失附庸之道孫權事魏自同藩國之儀古也雖然今則不取但存帝號何爽歲寒儻堅事大之心終不迫人于險事實眞慇詞匪枝游俟諸郡之悉來即大軍之立罷質于天地信若丹青我無彼欺爾無我詐言盡于此皆不須云苟曰未然請從茲絶竊以陽春在候庶務縈思願無廢於節宣更自期於愛重音塵匪遠風壤猶殊翹想所深勞於寤寐又賜其將佐書曰朕自類禡興師麾旆問罪絶長淮而電擊指建業以鷹揚旦夕之間克捷相繼至若兵興之所自釁起之所來勝負之端倪戎甲之次第不勞盡諭必想具知近者金陵使人繼來行闕追悔前事委質大朝非無謝咎之辭亦有罷兵之請但以南邦之土地本中夏之封疆苟失克復

之期大孤朝野之望巳興是役固不徒還必若自淮以南畫江爲界盡歸中國猶是遠圖所云願爲外臣乞比湖浙彼既服義朕豈忍人必當别議封崇待以殊禮凡爾將佐各盡乃心善爲國家之謀勉擇當久之利

四月駐蹕于壽春城下以江南僞命嘗州刺史姚鳳爲左屯衛將軍是月前湖南節度使馬希崇昆仲凡十有七人自揚州來見賜衣物鞍馬錢帛各有差賜以希崇爲左羽林統軍又以淮南僞命揚州通判尙書虞部員外郎何幼冲爲工部郎中仍賜金紫

五月以僞命東都副留守工部侍郎馮延魯爲大府
卿
六月詔以江北諸州縣有未收復處宜令行營大將
明申招諭儻能知機歸順朝廷其向來名位當一切
如故仍宜名藩大郡厚加旌賞其軍都自長行已上
並與優給其中願歸江南者亦聽自便
四年正月詔曰應淮南界南百姓宜令行營將較告
報諸軍不得俘虜傷害
三月親征淮南壬寅賜收降到淮南將卒許文稹已
下一萬五百二十四人分物有差

甲辰僞壽州節度使劉仁贍上表乞降丁未再差人
上表是日賜仁贍詔曰朕昨者再幸淮淝盡平諸砦
念一城之生靈久困重圍豁三面之疎網少寬疲瘵
果聞感義累貢來章卿受任江南鎮茲淮甸踰年固
守誠節不虧近代封疆之臣卿且無愧忠烈廻翔之
際不失事機萬民獲保於安全一境便期於舒泰卿
便可宣達恩信慰撫軍城將覩儀形良增欣沃覽奏
嘉奬再三在懷差東上閤門使張保續入城宣諭是
日仁贍遣其子崇讓上表請罪又賜詔曰朕臨御萬
邦推誠克己當五兵未戢雷霆宣震耀之功暨萬旅
投戈覆載示生成之德况卿等受任本國保茲列藩
戮力邦家將帥嘗道救援不及廻翔得宜事主盡心
何罪之有已令宣諭當體優恩勉自保調無更疑慮
稱奬在念寤思不忘戊申帝率六師於壽州城北受
仁贍以下降將仁贍已抱疾帝令不拜慰勞久之仍
賜蟒衣玉帶御馬鞍轡金銀器皿錦綺綾羅等甚厚
又賜其子崇讓等四人及監軍使周廷構節度判官
鄭收營田副使孫羽等分物又賜其軍士錢絹米麥
各有差尋除仁贍天平軍節度使特進簡較大尉兼
中書令

壬子以江南僞命西北面行營監軍使舒州團練使
朱元爲蔡州防禦使文德殿使監軍使周廷構爲衛
尉卿壽州營田副使孫羽爲大僕卿節度判官鄭收
爲鴻臚卿賞歸順也
四月辛未以江南僞命西北面行營應援使前永安
軍節度使簡較太尉許文稹爲簡較大尉左監門行
上將軍以僞命會西北面行營應援都軍使前武安軍
節度使簡較大傅邊稿爲簡較太傅左千右衛上將
軍仍各命一子爲供奉官
五月賜許文稹邊鎬王環周廷構馮延魯鄭收孫羽

等宅地各數畝又以材植緡錢等賜之俾搆居第

八月又賜許文縝等各絹三百疋綿五百兩俾備蒔服

十一月癸亥賜濠州降卒錢帛各有差

乙丑漣水縣僞雄武軍使知縣事崔萬廸以其縣來降尋授萬廸瓊州刺史充開封府馬步軍都指揮使仍以鞍馬金銀錢帛等物賜之

丙寅制以僞濠州團練使郭廷謂爲亳州防禦使以僞濠州兵馬都監泰州團練使陳遷爲忻州團練使以僞保義軍節度使陳承昭爲右監門衛上將軍仍

以錦袍金帶賜之

是日賜漣水縣歸降兵士衣物錢帛各有差

庚午僞濠州團練使郭廷謂已下詣行宮見帝優以待之咸厚加賜賚焉

十二月泗州守將范再遇以其城降尋授再遇簡較太保宿州團練使賜推誠化功臣仍厚賜加賚

五年五月甲寅韓令坤自揚州差人執江南僞閤門承旨李延祚來獻延祚稱奉李景命起遣江北人戶過江帝命釋之乃以錦袍賜焉

是月又賜海州捷到軍較卒伍錢帛有差

二月征淮南幸揚州辛酉僞天長軍使兼雄州刺史易贇及監軍使周暉已下詣行宮見尋以贇爲天雄軍節度行軍司馬以暉爲萊州團練副使咸加賜賚焉

三月己亥賜江南書云皇帝恭問江南國主劉承遇至齎到草表分割廬舒蘄黃等州畫江爲界兼重疊見謝者項逢多事莫遏玉帛之歡適自近年遂搆干戈之役兩地之交兵未息蒸民之受弊斯多一昨再辱使人重尋前意將敦久要須盡縷陳今者承遇爰來封函復至請割州郡仍定封疆偎形信誓之詞備

認始終之意既能如是又復何求邊陲頓靜於烟塵師旅便還於京闕永言欣慰深切誠懷其嘗潤一路及沿江兵棹今已指揮抽退兼兩浙荆南水路將士各降詔示竝令罷兵其廬黃蘄三路將士亦遣抽拔近外若彼中起揭逐處將員兵士及軍都家口了畢只請差人勾喚在彼將較交割州城所有江内舟船或慮上下須有往來已指揮只令靠北岸牽駕盡合披陳幸惟體認

是月命鹽城監使申屠諤齎璽書押御馬一十疋金銀鞍轡一十副散馬四十疋羊千口賜江南國主李

景謗先爲王師所擒帝釋而歸之因令齎是以往又命釋先擒到僞舒州刺史施仁望令歸江南仍加賜賚焉

四月江南進奉使馮延巳巳下辭歸賜延巳金器百兩銀器五千兩絹五十疋錢五百萬䌙馬四十蹄羊二百口及僞副給事中田霖巳下所賜各有差

五月降璽書賜李景云皇帝恭問江南國主竊以道契昌隆撫有疆宇控朱方而定霸總澤國以稱雄五嶺三江風聲自遠重光奕世基構無窮不有奇傑之才孰副民庶之望朕猥以涼德奄宅中區接風壤以

非遙幸馬牛之相及引領南望久渴徽猷果契素誠獲覩高義一昨繼勞使介頻奉好音方在行朝未遑報命近還宮闕合遣輶車俾伸玉帛之歡少答歲寒之意今遣太府卿馮延魯衛尉卿鍾謨賫押持送仍賜景御衣四對金玉帶各一錦衣綺羅縠綾帛共十萬疋金器千兩銀器萬兩御馬五匹并金玉鞍馬散馬四百蹄羊五百口又賜其世子冀國信物稱是又賜絹十萬疋俾犒其師焉

六月辛未降璽書賜李景云朕居大寶之尊爲萬邦之主體穹昊從人之意法禹湯罪己之心豁開襟懷昭示寰海方務協和之德豈忘曠蕩之恩載想融明諒應鑒認相次收到江南諸軍員寮兵士四千六百人十七人今竝放歸自是命使臣七人分番押送赴迎鑾渡過江仍以賫糧賜之南軍無不感悅

七月庚寅放江南天輝拔山長劍兵士七百餘人歸江南

十月甲午放刑部侍郎馮延魯左監門衛上將軍許文績右千牛衛上將軍邊鎬衛尉卿周廷構等竝放歸江南又勅淮南諸州舊隷江南者元置義軍宜竝放歸農

十二月庚辰江南生辰國信使曹翰辭上令齎璽書以賜李景云皇帝致書恭問江南國主星聚湖關挺生英哲命世旣崇於基構承家撫有於江山顧寡昧之膺圖與君王之契協屬茲誕日遂舉舊章仍輟近臣往修國命導所懷於樂土期福履之無疆今差樞密承旨曹翰押生辰國信往彼到希見領仍賜景金銀器千兩錦綺繒帛二千疋御衣三襲玉帶二條名馬二十匹金銀鞍勒各一副

六年幸滄州四月壬辰至乾寧軍僞寧州刺史王洪率其部衆以城來降賜物有差尋授洪隨州刺史

五月幸瓦橋關以契丹僞州刺史高彥暉爲華州刺史以僞鄭州刺史劉楚信爲寧州刺史以僞關南廵館使姚中斌爲汝州刺史皆賞歸順之智也

六月戊寅賜僞泉州節度使劉從効詔曰黃禹錫至省所上表歸附大朝兼於京都置邸務事具悉卿自保全土宇專養黎元立功早達於機權臨事固無於凝滯乃能望中原而內附陳方略以輸誠永言恭勤良多嘉獎爰自江南通和之後朝廷禮遇方深用恩信以綏懷俾寰區而是則兼以卿本道地隣江表嘗奉金陵遠有攺圖理宜盡善如上都置邸與彼抗衡

雖百谷朝宗無以異也是時從効遣牙將蔡仲興爲商人間道至京師求置邸內屬

冊府元龜
巡按福建監察御史臣李嗣京訂正
知閩縣事臣曹冑臣參閱
知建陽縣事臣黃國琦較釋
帝王部　一百六十八
郤貢獻
禹別九州以任土實周設九貢以致邦用量遠近之
宜制輕重之法各以所有陳之藝極諸侯述職非爲
重弊也四海會同非寶遠物也歸於宰旅賦之以時
其或獻未有程人匪知禁或以奇而入貢或以貴而

樂輸遠方之珍不足以登俎豆非時之物不足以充
庖廚徙聲下情靡資國用歷代王者知上之所好下
有甚者故斥之而不御還之而不有書於簡冊垂爲
軌範茲亦有國之盛美也故錯綜其事於篇云
漢文帝時曾有獻千里馬者詔曰鸞旗在前屬車在
後鸞旗編以羽毛列繫幢旁載於車上大駕出陳於道而先行屬車相連屬而陳於後也吉行
五十里朕乘千里馬獨先安之安之言何所適往於是還馬
道里費而下詔曰朕不受獻也其令四方毋求來獻
後漢光武建武十三年異國有獻名馬者日行千里
又進寶劍價兼百金詔以馬駕鼓車劍賜騎士

是年詔曰往年已勑郡國異味不得有所御獻今猶
未止非徒有豫養導擇之勞豫養謂未至其時豫前養之導亦擇也至
乃煩擾道上疲費過所其令太官勿復受太官令一人秩六百
石掌御膳飲食明勑下以遠方口實所以薦宗廟自如舊制
口實膳羞之事也
章帝建初二年四月癸巳詔齊相省氷紈方空縠吹
綸絮紈素也氷言色鮮潔如氷縠紗也方如也紗薄如空也或曰空孔也卽今之方目紗也齊有三
服官故詔齊相罷之
和帝時舊南海獻龍眼荔枝十里一置五里一堠南海
郡秦置今廣州縣也廣雅曰益智龍眼也交州記曰龍眼樹高五六丈似荔枝而小廣州記曰子似荔枝

而員七月熟荔枝樹高五六丈大如桂樹實如雞子甘而多汁安石榴有甜酢者至日禺中翕然而赤卽
可食置爲驛也奔騰阻險死者繼路時臨武長縣汝南唐羌
縣接南海臨武縣屬桂陽卽今廣州縣也乃上書陳狀元興元年帝
下詔曰遠國珍羞本以薦奉宗廟苟有傷害豈愛民
之本其勑太官勿復受珍繇是遂止焉唐羌字伯游辟公府補臨
武長縣接交州舊獻龍眼荔枝及生鮮獻之驛馬晝
夜傳送之至有遭虎狼毒害頓仆死亡不絕道經臨
武羌乃上書曰臣聞上不以滋味爲德下不以貢獻
爲功故天子食太牢爲尊不以果木爲珍伏見交阯
七郡獻生龍眼等鳥驚風發南州土濕惡蟲猛獸不
絕於路至於傷犯死亡之害死者不可復生來者猶
可救也此二物升獻未
必延年益壽帝從之
安帝永初五年二月詔省滅郡國貢獻太官口食

順帝永建四年五月詔曰海内頗有災異朝廷修政太官減膳珍玩不御而桂陽太守文龍不惟竭忠宣暢本朝而遠獻大珠以求幸媚今封以還之

晉武帝咸寧四年十二月太醫司馬程據獻雉頭裘帝以奇技異服典禮所禁焚之於殿前勑内外敢有犯者罪之

穆帝升平元年扶南天竺旃檀獻馴象詔曰昔先帝以殊方異獸或爲人患禁之今及其未至可令還本國

後魏孝文太和二年八月詔罷諸州禽獸之貢

六年三年行幸虎圈詔曰虎狼猛暴食肉殘生取捕之日每多傷害既無所益損費良多從今勿復捕貢

宣武永平二年十月郢州獻七寶牀詔不納又龍驤將軍郢州刺史韓務獻七寶床象牙席詔曰晉武帝却雉頭裘朕常嘉之今務所獻亦此之流也奇麗之物有乖佩素可付其家人

孝明時城陽王徽爲鎮軍將軍時戎馬在郊王師屢變徽以軍旅之費上國封絹二千疋粟一萬石以助軍用帝不納

隋高祖開皇元年三月詔犬馬器玩口味不得獻上

十五年六月相州刺史豆盧通貢綾文布焚之於朝堂

唐高祖武德元年十一月詔曰逸遊損德昔賢貽訓玩物喪志前典格言西旅獻獒邵公於是作誡東齊饋樂尼父所以離心脩末無道肆極奢靡内聘倡優之樂外崇耳目之娛冠蓋相望徵求不息公私擾遽徭費無窮朕受命君臨志在儉約日旰忘食昧爽求衣纂組珠璣皆云屏絶雕琢綺麗久從抑止其侏儒短節小馬痺牛異獸奇禽皆非實用諸有此獻悉宜停斷宣布遠邇咸使聞知

二年曷娑那可汗獻大珠帝曰珠信爲寶朕所寶者赤心耳何用珠爲竟不受

六年欽州總管寧長眞獻大珠昆州刺史沈遜融州刺史歐陽世普象州刺史秦元賢並獻筒中布建州刺史兼顒獻練布吳王杜伏威獻竹帳帝以勞民皆不受之

九年九月突厥頡利獻馬三千匹羊萬口帝不受詔頡利所掠中國戶口者令歸之

太宗貞觀五年新羅獻女樂帝不受并五色鸚鵡各令將還本國

二十年五月高麗王藏及莫離支蓋金遣使來謝罪并獻二美女蓋金郎蘇文也帝謂其使日歸語爾王美色者人之所重爾之所獻信爲佳冶憫其離父母兄弟于本國留其身而忘其親愛吾若取其色而傷其心我不爲也並還之

高宗永徽二年閏八月吐谷渾河源郡王慕容諾曷鉢遣使獻駿馬帝問其馬之種性對日臣國中之最者所以獻之帝日良馬人之所欲豈可輟彼不足而加我之有餘哉乃命還之

十一月詔日弋獵畋游素非所好嘗謂此志布于遠

近而蕃夷有獻鷹犬者有阻來遠之情時復爲受示以不違其意其諸州及京官仍有訪求狗馬鷹鶻之類來進深非道理自今後更有進者必加罪責

咸亨二年五月周澄國遣使上表云訶迦國有白象首垂四牙身運五足象之所在其土必豐旣有威靈又弭災患力兼十象强制百人以水洗牙飲之愈疾請發兵迎取以獻之帝謂使臣日舜用漆器而人叛紂用玉杯而國亡此亦所貴不多但是奢麗之漸不可啟也夫作法於儉其弊猶奢作法於奢豈能制止故聖人越席以昭儉茅茨以戒奢書云珍禽奇獸不育於國方知無益之源不可不遏朕安用奇象令其遠獻乃勞其使而遣之

儀鳳三年十月詔以來年正月幸東都劍南隴右諸州每年供進物一二年且停

開耀元年十二月吐火羅進金衣一領帝不受

中宗神龍二年㕑賓國遣使表請徃文單採光明珠玻黎玳瑁以獻手制不許

玄宗開元五年以康安國突騎施等貢獻多是珍異謂之日朕所重惟穀所寶惟賢不作無益之費不貴遠方之物故錦繡珠玉焚於殿庭車渠瑪瑙總賜蕃

國今之進獻未識朕懷宜收其情百中留一計價酬答務從優厚餘並卻還是年突騎施遣使獻橐駝及馬降書謂日卿遠貢忠信請獻駝馬朕玄默爲神淡泊爲德視彼部落則有勞費巳勑有司不令輒受深領厚意宜體至懷

七年二月癸未勑伊州歲貢年支米一萬石宜停

肅宗至德二年六月戊寅帝降誕日公卿以下咸以進獻帝以行在並不受

乾元元年四月詔日諸使應進鷹鶻狗豹等一切並停

元年建卯月制諸道貢獻除馬畜供軍之外其餘鷹鷂狗犳奇禽異獸竝不得輒進

代宗廣德二年七月停饒州進乳米

德宗以大曆十四年五月即位閏五月丙子詔曰天下州府及新羅渤海歲貢鷹鷂者皆罷旣來者所在放之

戊寅詔曰山南之枇杷江南之柑橘歲次第貢者取一次以供廟享餘皆罷之

是月癸未詔曰劍南歲貢生歲酒十斛罷之

六月己亥朔詔諸州府祥瑞珍禽異獸鷹犬之類奇器異服錦繡珠玉等竝不得輒有進獻

巳未詔曰揚州每歲以端午之日鑄貢鏡於江中者及幽州歲貢麝香皆罷之

七月辛巳商州歲貢黐膠罷之

十月詔九成宮歲貢立獸爐炭襄州貢蔗蒻及種蒔之工皆罷之

建中元年四月癸丑德宗降誕之日也先是元日南至端午及降誕之日四方競貢獻者數千萬及是帝以爲非故事皆不納淄青節度使李正己魏博節度使田悅各獻綾三萬疋悉以歸度支以代租稅妃父王景仙駙馬高怡獻金銅佛像以爲帝壽帝謂使曰有爲功德吾不欲悉還之

興元元年正月癸酉帝在奉天行在宮受朝賀大赦改元制諸道貢獻自非供宗廟軍國之用一切竝停

順宗以貞元二十一年正月即位二月甲子詔諸州府常貢外不得別進錢物金銀器皿奇綾異錦雕文刻鏤之類若已發在路者竝納在藏庫

己丑停鹽鐵使月進錢舊鹽鐵錢物悉入正庫以助經費其後主此務者稍以時市珍玩時新物充進獻欲以求恩澤後益甚進錢物謂之羨餘而經入益少

及貞元季月獻焉謂之月進及是而罷

憲宗永貞元年九月襄州節度使于頔進鷹詔却歸之

元和元年八月韓全義之子進女樂八人竝入見帝日吾方節約以訓天下宮中妓樂尚有出之者此獻何爲遂不受

六年四月以張茂昭妓樂女子四十七人歸之

八年九月淄青節度使李師道進鶻十二命還之

十年九月勑澤潞及鳳翔天威軍每進鷂子旣傷物性又勞人力宜停進

是歲王師討淮蔡諸侯皆貢財助軍太子賓客于頔

進銀七千兩金五千兩玉帶二詔不納復還

十一年三月詔諸道今年端午進奉宜權停

十月勑兩路兵戈尚未寧息眷言供億每慮勞煩將贍軍需必資省用其今年賀冬來年賀正進奉宜並停

十二年二月勑今年端午進奉宜權停

八月己巳處州刺史苗稷進助軍錢絹及鞋等詔曰天下成敗固有常規刺史進錢固非舊典恐爲後例弊及疲民言念于茲義在隱惻其苗稷所進助軍錢絹共二萬六千疋端麻鞋一萬量宜却還本州苗稷將代貧下戶差稅箭一萬隻令付本道都團練使收

管

辛未勑伐叛興師久勞于外餽軍給費固已爲煩獻賀之儀屢至諒非朕志務從簡約式表憂勤其今年冬至及來年元日諸司諸道進奉宜停

十三年四月劒南西川奏南詔請貢獻助軍牛羊奴婢等帝發詔褒美不令進獻

十四年六月己酉韓弘進女樂十人命還賜之

癸丑又進女妓二十人命放歸本道

穆宗以元和十五年正月即位三月罷中州歲貢茶以數少勞人從觀察使李程之請也

長慶三年正月詔應緣御服及器用在淮南兩浙宣歙等道供進並端午降誕嘗例進獻者一切權停并鷹犬之類除備蒐狩餘一切放之

十月停浙東每年進淡菜及海蚶等

四年三月壬子詔天下常貢之外更不得別有進獻縱節度觀察使入朝亦不得進奉諸道監軍自今以後在本道並入奏並不得進獻天下所貢奇綾異錦雕文刻鏤一事以上有涉踰制者悉皆禁斷鷹犬之流本備蒐狩委所司量留多少其餘並解放仍勑州府更不用進來

七月左金吾衛大將軍李祐進馬一百五十匹詔還之

敬宗寶曆元年六月乙酉詔公主郡王自今以後無得進女口

文宗以寶曆二年十一月即位是月鳳翔府淮南進女樂二十四人放還本道

太和元年三月右軍中尉梁守謙表請致仕獻馬五十匹玉帶五十條銀器五擔勑並不受

四年二月尚書左丞王起進亡兄播銀壺瓶百枚玉及通天犀帶各一條刀劍各一口器枕一副馬二匹

私白身三人有詔止令受銀瓶刀劍器杖及馬其白身却還翊日重進復不受旋命中使就宅宣白身三人更不用進來

七年五月東川浙東奏准詔立春後造新茶

是月吳蜀更以盛冬進貢帝深務仁儉逆物之時凡諸道非時而貢者詔皆禁絕

八年九月詔應進奉口味時果進獻之外不得廣爲般次煩于郵傳

開成元年正月詔諸道賀正端午降誕賀冬進奉起今權停三年其錢充折放百姓兩稅所在除藥物口

味茶果外不得輒有進獻百司及諸道應宣索製造一物已上竝停

二月勑諸道應以鷹鳥畋犬等上獻者依舊節例權停三年所進監軍嘗進者如例

十二月勑河東每年進蒲萄酒西川進春酒竝宜停

三年六月諸道征鎮各奏准詔停進奉以放貧下戶租稅

宣宗初魏謩爲戶部侍郎平章事時詹畔國獻象謩以其性不安中土請還其使帝從之

大中七年二月興元進犀牛有詔還之

哀帝天祐二年六月以福建每年進橄欖子勑曰禹別九州泰分百郡勉務隨方之職須資利物之源朕所以鄙荊簪於漢朝慕菁茅於周室用爲儆戒以省征徭福建一道遠在海隅嘗勤土貢每年所進橄欖子煩甚勞役往來本因閹竪生長甌閩自爲貺愛率令供進以爲定規況非薦熟之珍仍異厥包之禮雖彰忠藎無濟闕如每年但供進臘面茶外不要進奉橄欖子永爲常例

後唐莊宗同光元年十一月勑朕太平國患顯紹帝圖廓天地之妖氛救生靈之塗炭方懷至理永保鴻

休敦去華務實之規成革故從新之化足可塞僥倖之路絕繁費之源惕我無私告爾有位應隨處官吏務局員寮諸軍將較等如聞前例各有進獻直貢奏章不唯褻瀆于朝廷實且傍滋於誅斂速宜止絕以肅風化

明宗即位初勑曰八表來王蓋率朝宗之義四方進職咸遵任土之宜苟獻奉之過當固煩費而滋甚將隆景運以俟雍熙但思於碎桃焚裘豈悅于珍禽異寶德宜從儉法在鼎新起今後中外臣寮藩部牧伯時節獻賀量事達情不得掊斂生靈致令愁嘆鷹犬

之類勿有進獻
同光改元天成下制曰征賦上供國之常典別因進獻
懽削生靈應節度防禦等使除四正至端午及降誕
四節量事達情自於內庫圖融不得輙科百姓其四
州刺史不要貢奉
長興二年九月辛亥勑曰馳騁畋獵聖人每抑其心
奇獸珍禽明王不畜於國朕猥將寡薄虔奉宗祧覽
前代之興亡思昔人之取捨所以尋頒明詔遍諭遐
方推好生惡殺之仁罷鶻鷂鷹鸇之貢一則杜盤遊
之漸一則遂飛走之情近日諸色人不稟詔條頻獻

鷹隼既不能守茲近勑則何以示彼後人頗謂踰違
須行止絕其五方見在鷹隼之類並宜就山林解放
此後諸色人等並不得輙將進獻仰閤門使凡有此
色貢奉表章不得引進
三年二月帝謂侍臣曰自今後行幸處宜令止絕進
奉是月河東節度使石敬塘進玉帶光潤異常帝謂
之曰朕不少此物復以賜卿敬塘拜獻數四方受卽
日賜以良馬
是月藥彥稠進廻鶻可汗先遣使送金裝胡䩮遺秦
王爲黨項所掠至是獲之而獻帝曰此物已經剽掠
况曾曉諭凡破賊所獲軍中自收今後卻賜彥稠所
貴示人以信彥稠又進納黨項所刼廻鶻玉二團尋
卻賜之
十月癸酉湖南馬希範荆南高從誨並進銀及茶所
上章各稱與強寇比隣長資防捍希宜賜戰馬以助
軍容帝曰湖南接淮寇請馬爲宜荆南在內地何煩
設備趙延壽奏曰藩臣求馬不宜受直請還其獻量賜
馬數十匹帝曰然乃賜希範馬五十匹從誨二十匹
還其獻
十一月宣旨在京臣寮不得進奉賀長至馬及物色

末帝清泰元年七月蔡亳陳汾四州刺史丁審琪而
下各進馬賀中宮受冊詔不納
二年五月詔曰朕聞奇伎淫巧增費損功古先哲王
嘗戒其事朕憲章百代臨御萬方以其欲致延鴻必
絕驕奢之漸將期富庶須除蠹耗之源每務實以去
華期化民而成俗近者諸色進奉寶裝龍鳳雕鏤刺
作組織之異既經釐革尚敢踰違宜再舉行貴於遵
守今後此色物諸處不得進奉所繇司不得輙通
晉高祖天福二年四月詔下北京留守石重貴凡有
諸道禮物不得收留

四年六月陳郡民王武穿地得黃金數鉼州牧取而貢之帝曰宿藏之地旣非符寶不合入官命付所獲之家

九月勅曰朕恭已臨民虛心求理務崇儉約以致和平乃眷臣寮悉懷忠義每觀貢助備見傾輸雖嘉奉上之誠宜示酌中之道其寒食七夕重陽及十月煖帳內外羣后進獻宜停

五年四月詔罷維陽京兆進苑囿瓜菓憫勞人也

六年正月詔曰朕自御寰區每思黎庶貴除聚歛以活疲羸訪聞遐僻邊境之州或無公廨利用之物每

因節序亦備於貢輸輙官吏之俸錢率鄉閭之人戶雖云奉上其奈害公今後冬年寒食端午天和節及諸色謝賀所屬州縣處俱不得進奉

周太祖廣順元年正月庚辰御札宣示羣臣曰朕以眇末之身託王公之上深懼弗類撫躬匪遑豈可化未及人而過自奉養道未方古而不知節量與其耗費以勞人曷若儉約而克己昨者所須赦令已述至懷宮闈服御之所須悉從減損珍巧織奇之厥貢竝使寢停尚有未該再宜條舉應天下州縣舊貢滋味食饌之物所宜除減其兩浙進細酒海味薑瓜湖南枕子茶乳糖白沙糖橄欖子鎮州高公米水梨易定栗子河東白杜梨米粉菉豆粉玉屑粰子麵永興玉田紅花秔米新大麥麵興平蘇小栗子華州麝香羚羊角熊膽獺肝朱柿熊白河中樹紅棗五味子輕餳同州石鏊餅晉絳蒲萄黃消梨陝府鳳栖梨襄州紫薑新笋橘子安州折粳米糟味青州水梨河陽諸雜菓子許州御李子鄭州新笋鵞梨懷州寒食杏仁申州蘘荷亳州萆薢沿淮州郡淮白魚如聞此等之物雖郎出於土產亦有取于民家未免勞煩率多糜費至時奔迫以來獻逐歲收歛以爲嘗所奉止于朕躬

所損被于甿庶加之力役負荷馳驅道途積于有司之中甚爲無用之物此而不止孰曰知微其嘗貢上件物色今後竝不許進奉諸州府更有舊例所進食味其未該者宜奏取進止此外猶有數處時新之物不敢全罷蓋或奉于太后薦于祖宗苟至悉除恐隳嘗敬告于中外宜副朕心帝嘗于便殿謂樞密使王俊曰語云飢者不厭糟糠寒者不厭短褐是知充飲禦寒取足而已存理路者亦不可以貴賤易其操朕少孤微艱辛備歷逢時喪亂享帝王之位安敢過自奉養以困黎民卿可爲予疏錄前代州府所獻滋味

時菓之類不便于民者一切減省之故有是詔
二月鄭州吳處裕言州貢除新笋鵞梨之外令進櫻桃勑命不該令取進止勑此後勿獻
二年十月右叅議大夫裴巽右監門大將軍李崇本皆自兩浙使迴見進綾絹犀牙帝以海路艱險使臣復命不欲更令進貢却令賜之
十二月邠州侯章獻銀千兩馬七匹上壽不納又進請開宴絹千疋銀五百兩太祖顧侍臣曰諸侯入朝帝王自備宴以申魚水之樂豈俟貢奉然後致宴其侯章所進請開宴銀絹宜却賜之令後諸侯入朝更

有如此進奉亦當不受
三年正月甲子前安州節度使王令温進開宴絹五百疋教坊二百疋不納
二月前鄧州節度張彥成獻錢七千萬請開宴不納
四月丁巳鳳翔節度趙暉進奉錢絹請開宴不納
壬申前同州節度使薛懷讓進請開宴錢一百萬不納
八月戊申邢州節度劉詞獻開宴錢不納
十一月甲辰兩浙回使千牛大將軍賈延勳副使大府少卿李玭等千牛將軍安崇贊獻犀牙綾絹不納
世宗顯德元年正月通事舍人王演高麗復命進黒水馬新羅刀劒不納
六年三月巳酉迴鶻到闕進玉及碙砂皆不納所入馬量給價時帝以玉之爲用無濟于軍國故因而却之

冊府元龜

冊府元龜

巡按福建監察御史臣李嗣京　訂正

知甌寧縣事臣孫以敬參閱

知建陽縣事臣黃國琦較釋

帝王部　一百六十九

納貢獻

夫貢之不供國有常典獻或無蓺人必告勞是故王者取彼樂輸嘉其奉上宰旅歸其時事王府受其底貢大則謂之述職小則會其時事是以無有遠邇賦以重輕旣靡嘆于無時亦曷謂其勿受故禮曰各以

所有傳曰史不絕書故始則列于邇實終則資于國用其或守土者聚斂爲德希寵者悉索其賦雖甚盛德猶或忽諸徵于前篇蓋亦有矣斯則明識者可俯而觀也

漢高帝十二年十月帝過沛留置酒十餘日乃去沛中虛縣皆之邑西獻（獻中酒也之往也皆往邑西境有獻故縣中空無人）

後漢明帝永平十一年漅湖出黃金廬江太守以獻（漅湖有金廬州合肥縣東南漅音子小切）

章帝建初七年十月岐山得銅器形似酒罇獻之

魏陳留王咸熙元年六月鎭西將軍衛瓘上雍州刺史成都縣獲璧玉印各一印文似成信字（孫盛以爲公孫述自以起成都號曰成二玉之文殆述所作也）

唐高祖武德元年十二月乙亥豐州總管張長遜獻騾耳馬二匹

二年十月凉州刺史安脩仁獻百年蘇云餌之可延壽

玄宗天寶元年五月平凉郡獲古鐵鼎獻之

九月益州獻三熟蠶繭緊白淨與春蠶不殊

代宗永泰二年山南西道節度使梁州刺史張獻成獻名馬二匹絲絹雜貨共計十萬

大曆二年二月汴宋節度使田神功至自汴州獻馬十匹金銀器五十床繒綵一萬疋

六月山南劍南副元帥黃門侍郎平章事杜鴻漸自成都府召至鴻漸獻金銀器五十床綿羅十五床麝香臍五石

德宗貞元元年十二月戶部奏今年見到貢物總一百五十六州府

十一年齊映爲江西都團練觀察使映嘗自以爲相無大過當復入用乃多進獻及爲金銀器以希旨先是禁中銀缾大者高五尺餘及李兼爲江西觀察使

又獻高六尺者至是年帝降誕日及端午睽獻高八尺餘者

十二年宣歙團練使劉贊卒贊初委遇副使嚴綬政事多所咨訪贊卒綬掌留務竭府藏以進獻繇是有恩入拜尚書刑部員外郎天下賓佐貢獻專達自綬始也未幾河東節度使李悅嬰疾事曠弛行軍司馬鄭儋代總軍政遷綬代儋爲司馬遷簡較司封郎中是時姑息四方諸侯未嘗移代物故即以其軍司馬爲帥德宗嘗嘉綬之前日進獻記其姓名故驟蒙遐任未一歲儋卒拜綬銀青光祿大夫簡較工部尚書

兼太原尹御史大夫北都留守充河東節度度支營田觀察處置等使 興元初克復京師後府藏空虛諸道之有進奉以資經費復時有宣索其後諸賦既平朝廷無事嘗賦之外進奉不息韋皐劍南有日進李兼江西有月進杜亞揚州劉贊宣州王緯李錡浙西皆競爲進奉以固恩澤貢入之奉皆曰臣於正稅外方圓亦曰羨餘節度觀察使或託言密旨乘此盜貿官物諸道譴罰官吏刻削祿廩入其財通津達道者稅之蒔蔬藝果者稅之死亡者稅之節度觀察交代或先期稅入以爲進奉然十獻其二三耳其餘沒入者不可勝紀也其後裴肅爲常州刺史乃鬻薪炭貨案牘日價之上皆規利焉歲餘進奉無幾遷浙東觀察使天下刺史進奉自裴肅始劉贊卒於宣州嚴綬爲判官傾軍府資用進奉無幾徵拜刑部員外郎天下判官進奉自嚴綬始天下貢賦根本既出江淮時江淮人甚困而聚斂不息

十七年衢州刺史鄭式瞻進絹五千疋銀二千兩帝日式瞻坐事已詔御史按問進物宜付左藏庫

憲宗元和四年四月命中使劉承謙宣副度支近有敕文不盡進奉其山南東道節度使裴筠所進銀器六十事共一千五百六兩宜准數收管送納左藏庫

八年八月汴州節度使韓弘進絹五百疋

九月淮西節度使吳少陽獻征馬三百匹

十三年四月荆南節度使王諤之子稷進永寧里宅及宣義里亭子時議以諤起兵間因緣際會累居大鎮厚殖財貨營第宅頗逾侈又請京兆府籍坊以廣亭榭朝廷業以優待姑容其事既沒而入於官司固

其所也

十四年五月涇原節度使王潛進銀三千兩熟絹綾五千疋 涇州密邇戎境其上無百姓其軍皆仰給度支舊矣至若無名上獻雖吳蜀沃富猶取諸人以干媚不免于譏責今則盜削軍食以充貢獻而求恩澤蓋以時急於財勢使然也

七月宣武軍節度使韓弘進絹二十五萬疋絁三萬疋銀器二百七十事左右軍中尉各進錢一萬貫馬二匹 自淮右宿兵以來度支鹽鐵及四方進獻不已始日助軍寇平則日賀禮其后又日助賞設及帝加尊號又陳獻賀之禮

九月考功郎蕭祐詣右銀臺進古今書畫二十卷

穆宗以元和十五年正月即位八月澤潞節度使辛

祕進貓七頭五坊使進貀八頭非嘗獻也
十二月江西觀察使王仲舒進臘日箭三千隻非嘗例也
長慶元年三月范陽節度使劉總進馬一萬五千匹
二年九月鄜坊節度使崔從上言當管軍士因斸薪得古銅器十四面有篆文隨表獻之
十二月韓弘孫紹宗進亡祖白身口五人馬十匹槖駞十頭絹五千疋銀二千錠及器物刀劍弓箭等
三年二月西川段文昌進綺羅等四千八百疋
敬宗以長慶四年正月即位二月庚子西川節度使杜元穎進罨畫打毬衣五百事

八月淮南節度使王播進宣索銀粧奩二
十月淮南淮西又各進宣索銀粧奩三
寶曆元年六月以簡較右僕射兼戶部尚書薛華爲簡較司空兼河中尹御史大夫充河中節度觀察使華理青齊有政績時論方洽及是進絹萬疋旋有此拜議者甚惜
十月荆南節度使王潜於賀冬進獻嘗數外別進絹一萬七千疋
是月昭義監軍使進貀三頭
十二月荆南節度使王潜又進賀正嘗進外別貢綾絹一萬疋
二年七月鹽鐵使王播進羨餘絹五十萬疋
十月幽州節度使李載義進馬腦鞍一具
十一月昭義節度使劉從諫進貓三頭
文宗太和元年三月太原節度使李種進宣索馬鞍一百具奉先朝之命也四方諸色貢獻類是者衆不復舉
三年十月故鄆州烏重胤男從弘奏請進助南郊絹一萬疋生馬一百匹請降中使交領

五年正月詔天下方鎮端午進奉雜絲匹緞等從今後並令進生白綾絹
八年十一月太原節度使李載義進楊志誠馬千匹
懿宗咸通七年七月沙州節度使張義朝進甘峻山青骹鷹四聯延慶節馬二匹吐蕃女子二人僧曇延進大乘百法明門論
僖宗光啟元年閏三月鎮州王鎔進耕牛一千頭戎器九千三百事
昭宗乾寧元年正月鳳翔李茂貞來朝獻妓女三十人

天祐元年十二月廣州劉隱進佛哲國訶陵國羅越國所貢香藥

後唐莊宗同光元年十一月偽永平軍節度使張筠遣其弟籛（郎蘭切）進馬三十匹銀二千兩御衣千段

是月宿州朱保誣進本朝十二列聖寫真及玄宗封泰山圖

二年正月鳳翔節度使李茂貞進龍鳳玉帶

是月涇原節度使李曮進寶裝針珥錦綵於皇后宮及河南尹張全義諸籓鎮進暖殿物貢羊馬等

二月福建節度使王審知遣使奉貢

三月淮南楊溥遣其右威衛上將軍許確進賀郊天銀二千兩錦綺羅一千二百疋細茶五百斤象牙四株犀角十株

五月故秦王李茂貞遣使王修進遺留禮物水晶鞍盤龍玉帶馬瑙酒盃翡翠爵珁璃瓶玳瑁唾盂銀蓮花座珊瑚樹一株軍器繒綵錦等

九月兩浙錢鏐遣使錢詢貢方物銀器越綾吳綾越絹龍鳳衣絲鞋屐子進萬壽節金器盤龍鳳錦織成紅羅縠袍襖衫段五色長連衣段綾絹金稜祕色甕器銀裝花櫚木廚子金排方盤龍帶御衣白龍瑙紅地龍鳳錦被紅藤龍鳳箱等

十月湖南進羅浮柑子福建節度使王審知進萬壽節并賀皇太后到京金銀象牙犀珠香藥金裝寶帶錦文織成菩薩幡等

是月湖南馬殷進萬壽節銀龍鳳陷花漆浴斛一盤龍御衣龍鳳癭金鞹腰龍鳳裝箭箙龍鳳朱背弓紅絲弦金鍍頭箭銀千兩又安義孔勍進寶裝酒器

十二月淮南吳國王楊溥遣使王權進賀正金花銀器錦綵千段御衣金器洎太后禮物

三年二月桂州馬賨貢方物

是月車駕在鄴庚午皇后劉氏生辰王都樞密使各進上壽物錦綵金銀器又河中李繼麟進縑銀爲宴資又湖南馬殷進羅浮柑子

五月吳越王錢鏐獻孔雀二又淮南吳越國王遣使王浩獻重午物銀錦紗縠細茶簟扇龍鳳紗紋尉諸州府各貢端午物

九月徐州進九練神鋼刀劍各一

十月兩淮錢鏐留後錢元瓘蘇州節度錢元璙各貢進金銀錦綺數千件御服犀帶九經書史漢唐書共四百二十三卷

四年正月鎮州知州巺文矩奏准宣進花果樹栽及
樂官梅審鐸等并已赴闕
是月兩浙錢鏐貢佛頭螺子青一山螺子青十婆薩
石蟹子四空青四其表不題又沙州節度使曹義全
進謝賜旌節官誥玉鞍馬二玉團硇砂散玉鞍轡鉸
具安西白氎胡錦雄黃波斯國紅地松樹毦褐胡桐
淚金星礜大鵬沙
二月沙州曹義全進和市馬百匹羚羊角硇砂氂牛
尾又進皇后白玉符金青符白玉獅子指環金剛杵
瓜州刺史慕容歸盈貢馬

册府元龜　帝王部　納貢獻　卷之一百六十九　九

明宗天成元年五月西都知府張籛進魏王繼岌打
毬馬七十二匹
九月壬申河中進百司紙三萬張詔紙二萬張舊制
也
十一月戊辰戶部侍郎王權奏每年正仗天下貢物
陳于殿庭屬戶部司引進切以近年以來未甚齊整
本二百餘州貢物今止六十餘州伏以任土勤王本
朝故事與申尊獎所謂駿奔伏乞遍下諸州請依貢
式陳進正仗之日所貴整齊從之
是月淮南僞吳王楊溥遣使曾思鄖來賀帝登極持
銀千兩金百兩綾一千二百疋茶三百觔受之
二年四月吳王楊溥差右威衛將軍雷峴進銀千兩
綾羅錦綺千疋修重午之禮
九月潞王從珂鎮河中進青氈帳一頂制度極廣并
隨帳諸物並金銀裝雕鏤龍鳳甚有奇功帝嘉賞之
十月帝將幸汴州潞王從珂自河中聞大駕巡幸進
銀裝道遙子一頂
十一月福建節度使王延鈞進犀牙香藥海味等
三年五月西川進助大禮錢五千萬白熟布十萬疋
十月前北京皇城使李繼中弟姪三人進馬二百五

册府元龜　帝王部　納貢獻　卷之一百六十九　十

匹金器八百兩銀萬兩家機錦百疋白羅三百疋綾
三千疋絹三千疋繼中者故昭義帥嗣昭之子少有
心疾其母楊夫人自潞州積聚百萬輦于荆州私第
繼韜之叛沒之于官莊宗南郊助太平賞給繼韜伏
法其母又輦及晉者餘百兩至楊氏卒其弟湘州刺
史繼能潞府司馬繼襲聞哀俱至繼中等詣官告變
繼能繼襲伏法弟姪等遂得分其所聚故有是獻
十一月安重誨以生辰諸處人事得馬五十匹進充
內廐
四年正月青州于登州岸得風飄到新羅船進其寶

貨

五月甲午東川進助南郊錢十萬貫

八月乙丑兩浙錢鏐使袁韜進銀五千兩茶二萬七千斤謝恩加其諸子官

十月戊戌福建王延鈞進謝恩銀器六千五百兩金器一百兩錦綺羅共三千疋幷犀牙玳瑁真珠龍腦笏扇白氎紅氎香藥等又進謝恩進封母爲魯國太夫人銀四千五百兩茶蕉海蛤通犀箭等

長興元年五月靈武進野駞峯二枚

十月福建王延鈞進賀郊禮畢銀七千兩及蕉牙香

藥金器百兩

三年三月西京奏百姓侯可洪于楊廣城内掘得玉四團差三橋鎮使朱廷義呈進賜廷義絹二十疋可洪等絹二百疋別賜價錢二百貫

四年十月己巳夏州李彝超進馬五十匹

是月前秦州節度使劉仲殷受代歸京獻馬七十匹

廢帝清泰元年五月壬戌平盧軍節度使房知温來朝及與諸將歸鎮宴于長春殿始奏樂知温獻奉數萬計

七月辛丑前邠州節度使康福入朝獻金龍鞍勒馬十一匹

九月辛酉兩浙錢元瓘獻銀五千兩綾絹五千疋又元瓘弟蘇州中吳軍節度使元球及諸弟領安南桂廣節度使元球等四人共貢銀七千兩綾絹七千疋

十月丙戌皇子河南尹重美洋王從璋涇王從敏宣徽使李專美獻幄帳羊酒爐餅火具襄州趙在禮獻青氈帳紅錦織成龍鳳幄帳

甲寅河南尹重美又獻冬服綿綺綾羅三百疋

十二月戊戌靈武張希崇獻拒霜氂三毿馬十八匹控鶴都指揮使李重謙獻馬十匹時征馬少親將首

率也

二年九月甲寅兩浙貢茶香綾絹三萬六千計

是月杭州錢元瓘進銀綾絹各五千兩疋錦綺五百連金花食器二千兩金稜祕色磁器二百事

是年靜海軍節度使錢元珦中吳軍錢元球各貢銀綾羅器物等

十月己巳鎮州董温琪獻御服羅錦絹三百疋銀一千兩非禮也言貢奉可也

十一月乙未前靈武節度使張希崇入朝獻馬五十匹王國隴右地圖斜褐氁牛尾野馬皮拒霜莱

晉高祖天福二年二月丙戌故晉州節度使張敬達母朱氏進銀器馳馬謝恩賜還舊業

丁酉故青州節度使房知溫子彥儒進絹一萬疋

四月戊子房彥儒又進絹五千疋

己酉秦州康福進戰馬十匹供御馬一匹玉鞍轡一副

是年幽州趙思溫進端午鞍馬器四縑帛等物

是年襄州安從進進謝恩加官絹一千疋金一千兩銀一千兩犀三株牙一株

九月鎮州安重榮進馬三十匹

十月宋州趙在禮進織成龍鳳紅錦帳一副

是月吳越王錢元瓘進銀五千兩絹四千疋吳越異紋綾一千疋羅二百疋又進金帶御衣雜寶茶器金銀裝劍并細紅甲寶裝弓箭弩等又進雜細香藥一千斤牙五株眞珠二十斤茶五萬斤

十一月甲寅前涇州李德充進戰馬三十匹犛牛四頭

丁巳襄州安從進進絹一千疋馬二十匹

十二月丙申宋州趙在禮進助國絹三千疋

辛丑湖南馬希範進銀二千兩賀日南至

乙丑又進金漆栢木銀裝起突龍鳳茶床椅子踏床子紅羅金銀錦繡褥紅絲網子又進金銀玳瑁白檀香器四及銀結條假果花樹龍鳳鑾畫皷等物又進含膏桃源洞白茅百靈藤渠江南嶽紫蓋峰白雲洞清花等茶又進蟬翼鍾乳乳頭香石亭脂木瓜丸一萬顆帝覽之謂侍臣曰奇巧蕩心斯何用耳藥茗可進而丸可食乎但地僻海曲書以成風來遠之道遽止爲難宜令所司與收

三年正月壬戌昭義軍杜重威進助國馬二十匹銀五百兩玉帶五條

五月己巳招討使楊光遠進謝恩加官馬十匹絹一

千疋銀器一千兩

六月丁丑鄆州安審琦進謝恩加官馬十匹銀五百兩絲一千兩絹五百疋

丁亥河中安審信進謝恩加官馬三十匹

壬寅荊南節度使高從誨進謝恩加官馬二十匹銀二千兩

甲辰陝府李從敏進謝恩加官馬十匹錢一萬貫

是月北京留守安彥威進加官馬一十匹錢三千貫

七月庚戌西京留守李周進謝恩加官馬一十匹銀二千兩鎮州安重榮進謝恩加官馬十匹絹二千疋

八月丁丑秦州節度使康福進謝恩加官銀五百兩馬三十匹
乙未鳳翔李從曮進謝恩册授秦王馬五十匹
九月乙丑鄆州安審琦進添都馬五十匹徐州萇從簡宣進馬三十匹
又亳州團練使郎萬全宣進馬二十五匹
丁丑滄州馬全節進御衣織成紅錦床褥雜色綾一千疋綿五千兩
十月乙亥福建節度使王繼恭進奉天和節並賀冬端午銀共五十兩

是月王繼恭又進金器六事二百兩金花細縷銀器三千兩眞珠二十斤犀三十株銀裝交床五十副牙二十株又進大茶八十斤香藥一萬斤朱笴銀纏槍二百條通節箭笴三萬莖又進五色桐皮扇子海蛤麖靴細蕉藥木瓜等物
丁丑范延光差男守節守嚴等進謝恩累差使臣安撫馬三十匹銀一千兩絹三十二疋
乙酉青州王建立進謝恩賜册禮銀器一千兩繒帛二十疋
丙戌兩浙錢元瓘進謝恩除天下兵馬副元帥吳越國王金器五百兩銀一萬兩吳越異紋綾八千疋金條紗三千疋絹二萬疋綿九萬兩大茶腦源茶共六萬四千斤又進大排方通犀瑞象腰帶
戊子前鄆州安審琦進絹三千疋絲萬兩兩浙錢元瓘又進眞珠二十斤牙三十株乾姜五萬斤蘇木五萬斤雜香五十斤
辛卯宋州趙在禮進助國錢二萬貫
丙申魏府楊光遠進謝恩允臣朝覲馬三匹絹一千疋玉腰帶金酒器等又進謝恩賜旌節官誥馬五匹絹一千疋銀器三百兩新授晉昌安審琦進謝恩賜

旌節官誥馬二匹絹一千疋又進請開内宴金腰帶一條絲一萬兩樂官絹二百疋
壬寅徐州萇從簡進錢一千貫絹一千疋
是月鎭州安重榮進錢一萬貫
十一月乙巳鄆州范延光來朝進馬三千匹絹二千疋銀二千兩
丙午又進請開内宴絹一千疋伶官絹二百疋定州皇甫遇進絹三千疋
丁未范延光又進絲十萬兩耀州團練使安元信進添都馬二十五匹

甲寅新授西京留守楊光遠進謝恩馬三十匹銀器
三百兩絹一千疋
丁巳鄴都副留守太子太師致仕范延光進謝恩馬
十匹絹一千疋玉腰帶一條金匣盛金酒器一副
壬申前西京留守高行周進絹一千疋馬十匹
十二月己卯新授鄴都留守高行周進謝恩馬十匹
絹一千疋銀器三百兩内宴錢一萬貫
乙酉湖南馬希範進御輦一乘金漆栢木鏤金花板
銀裝真珠車渠紅絲網囊又進謝恩除江南諸道都
統絹二千疋又進謝改功臣加食邑銀鈔羅四十面

重二千兩又進土絹土絁吉貝布共三千疋謝恩放
免逐年三十五萬茶稅又進麩金五十兩
五年二月戊申湖南進臥輦一乘御衣一襲與鳳文
之靴龍玉之帶
六年八月甲寅湖南遣使進金銀器及方物
十月己丑吳越王錢元瓘進金帶一條金器三百兩
銀八千兩綾三千疋絹二萬疋金條紗五百疋綿五
萬兩茶三萬斤謝恩加守尚書令
辛卯又進象牙諸色香藥軍器金裝茶床金銀稜甆
器細茶法酒事件萬餘

甲午湖南貢諸色香藥蠟面含膏茶
壬子福州王延羲遣使進銀四千兩象牙二十株葛
五十疋乾姜蕉乳香沉香玳瑁諸物謝恩加官別進
端午節銀一千兩細葛二十疋海蛤靴裁扇子等物
又進茶五千斤福建兩浙隔閡淮南陸道不通歲以
海舩來往風濤無嘗故凡節度申貢或先時或不及
時也
癸丑福建進度支戶部商稅葛八千八百八十疋
十一月戊午殿中監劉政恩進竹牛角五對
壬申荆南遣使進金器一百兩御衣段羅綾絹一百

五十疋白龍腦香二斤九練純綱金花手劍二口謝
恩賜御馬別進賀冬至銀五百兩
己卯殿中省進麝香熊膽熊蹯從舊制也
丁酉湖南遣使獻吉貝等三千疋白蠟一萬斤朱砂
五百斤并諸香藥五千餘斤別進漆萬餘事
七年三月戊寅涇州節度使張彥澤到闕進朝見謝
恩馬九匹又進馬五十匹并銀鞍轡黑漆銀錢子馬
面人鐵甲弓箭袋渾銀裝劍共五十副又進駱駞二
十頭
己卯又進馬五十匹供御金鍍銀鞍轡一副

庚辰又進馬五十匹金鞍轡全人馬甲弓箭各五十
副彥澤在前任擅討吐蕃部族爲其所敗遂括境内馬
千餘匹以補其數至是頻有是獻
四月己巳新授龍武軍大將軍張彥澤進謝恩馬十
匹
五月甲申朔荆南遣使進賀端午白金茜緋簟扇等
物
少帝以天福七年七月即位十一月兩浙錢弘佐遣使進
鋌銀五千兩絹五千疋絲一萬兩謝恩封吳越國王
又貢細甲弓弩箭扇子等又貢蘇木二萬斤乾薑三

萬斤茶二萬五千斤及祕色甆器鞋履細酒糟薑細
紙等迴鶻托都督已下進硇砂千八百斤犛牛尾一
千斤白布一萬疋斜褐一百段玉梳玉裝刀子等物
十二月福建王延羲遣使進鋌銀二千兩花鼓六面
謝降恩命又進象牙十株紅蕉二百疋蟬紗二百疋
餅香沉香煎香共六百斤胡椒六百斤肉豆蔻三百
斤箭榦二萬隻謝賜國信又進鋌銀四千兩貢蕉二
十疋海蛤十斤扇子靴裁具等充端午天和節正冬
獻賀又宣進鋌銀一千兩葛一萬疋細蕉二百疋粉
薑五千斤象牙十株蠟面茶二百斤大茶五千斤又
進鹽鐵度支戶部三司葛一萬六千六百疋及諸口
味等
八年十月鎭州節度使杜重威宣進馬五十匹
十一月密州刺史張暉奏膠西縣孝行鄉諸城村百
姓于希得蛇吐珠一顆進之時無慰荅亦無錫賚議
者非之
開運二年十月湖南進供御細絹六千疋衣着白羅
一百疋筒卷白羅十疋錦綺褥面十牀錦綺背十合
淮南進羅縠一百疋謝恩賜御馬
三年九月前青州防禦使翟光業進絹一千疋綿三

千兩絲七千兩
十月河府侯益進馬五十匹
是月陝府焦繼勳進馬四十匹絹一千疋
是月華州安審信進馬四十匹太子太師致仕劉景
巖進馬三十匹鳳翔李從儼進馬四十匹
十月兩浙錢弘佐進謝恩授守太尉册命銀五千兩
綾五千疋絹一萬疋又茶一萬八百斤腦源茶三萬
四千斤又進乳香黃散香共一千斤又進乾薑三萬
斤蘇木三萬斤箭笴一萬莖諸色戎仗等物又進啟
聖節金大排方座龍腰帶一條御衣一襲十六事金

花銀器一千五百兩御服錦綺綾羅五百疋
漢高祖天福十二年荆南高從誨賀登極進金花銀
器一千兩異紋綺錦法錦三百疋筒卷白羅二百疋
白花羅一百疋絨毛暖座兩枚九鍊純鋼手刀一口
乾祐元年六月壬寅高從誨貢金器二百兩銀器千
兩細綿五十疋繡錦六銖五十段羅二百疋龍腦二
斤以首過自新故書
十月丁酉湖南馬希廣貢除夜遊春圖女俠畫障眞
珠枕及端午金銀彫裝物色帝年未及冠服玩好奢
嘗爲七寶枕玉枕玉缸餅盤之類而湖湘貢侈物益

蕩其心
十一月兩浙貢茶三萬四千斤及香藥兵仗湖南貢
茶五萬斤
十二月癸未史弘肇獻錢萬緡馬二十匹以助軍討
叛
又朗州節度馬希萼獻銀器千五百兩降詔奬飾仍
諭之云所修職貢舊有規程念航深梯險之勞重違
卿意在誘善勸忠之道本實朕心今後凡有進獻可
與希廣商量庶叶雍和不爽體制
二年九月壬寅湖南馬希廣獻絹二萬疋銀一萬五

千兩玳瑁寶裝龍鳳板床盤龍椅子踢床子銀戲龍
二銀食器六十八事眞珠花銀果子其銀共千兩
是年宰相侍衛使三司使以犬戎犯河朔獻馬自三
匹至二十匹
周太祖廣順元年正月荆南高保融貢銀一千兩法
錦二十疋賀登極
癸巳寒食節帝出玄化門設御幄遥拜諸陵開封府
袁義獻熟羊酒食
丁巳宰臣馮道已下獻馬賀皇太子授鎭寧軍節度
使

巳未昭義嘗思貢錢三十萬賀太子鎭澶州又貢進
錢二千五百貫布二千五百疋粟七千石故史弘肇
弟弘福貢馬五匹緜絲五百疋謝禮塟兄弘肇漢末
弘肇揚邠王章遇害帝葬以王禮喪事竝官給
四月宰臣樞密宣徽使各獻馬賀册德妃荆南高保
融貢銀二千兩謝加恩別進請開宴絹一千疋金酒器
重五十兩素羅花羅花縠子各百疋長金線絨毛暖
十二
壬子兗州慕容彥超獻龍鳳鞍轡御馬綵帛賀册德
妃高保融又貢端午銀絹青于扇等

五月甲子鎮州武行德來朝獻粟二萬石
七月邠州侯章進馬三十匹
甲申慕容彥超上章謝賜西京與教坊第一區長男衙内指揮使繼勳遥領明州刺史次男繼雲轉官進絹千疋絲三千兩别進永壽節祝壽絹二千疋
十二月荆南獻銀五百兩慕容彥超獻馬二匹皆賀正也
二年三月鄆州高行周進助軍絹五千疋并戎裝器仗五百事
四月丁未潞州襄垣縣民張紹先等八人詣闕獻羊酒以除放去年殘稅謝恩也

五月車駕親征兖州次曹州鄭孔璋獻銀射盤百雙衣著三百疋鄆澶宋許四鎮各獻茶藥
是月甲子旦次成武鄆州高行周自鎮來朝貢絹三十疋及器械單州許進來朝獻食丙寅次張康鎮徐州王晏來朝進馬七匹戊寅青州節度使符彥卿來朝獻馬十三匹己卯又進錦綵三千疋軍糧萬石
六月丁亥廻次鄆州高行周進錢絹請開宴又進車駕廻幸絹五千疋錢五百萬戊子宴于行宮行周以金酒器鞍馬爲壽辛卯次澶濮滑州扈彥珂來朝王殷獻馬十匹三千金酒器
八月昭義節度使甞思來朝獻絹三千疋銀千兩粟二萬斛草三萬圍
九月戊午故高行周男前鄆州衙内指揮使高懷德進馬五十五匹
壬戌靈武節度留後馮繼業獻馬百匹謝弔祭定州進所獲契丹馬六千一百匹
十一月甲寅兩浙錢弘俶遣判官貢奉御衣犀帶金銀裝兵仗金銀器綾絹茶香藥物祕色甕器鞍韀海味酒等涼州申師厚進馬一百一十六匹詔還其直

閑廐使史孔福獻馬謝却賜涇州物產
十二月鄭州防禦使王進以迎侍母親到郡獻馬謝恩進母先徃易州離兵革失其所在近於北蕃訪獲而歸之故喜而稱謝
戊子邠州侯章罷鎮至闕獻馬百匹絹五千疋
三年正月樞密使王峻獻戰馬二十匹宰臣獻三司李穀所傷臂漸損難任拜起進朝見馬親除天平軍節度使符彥卿進謝近鎮馬十匹帛二十疋及軍器等
丁卯朗州獻茶二萬斤宰臣樞密宣徽内諸司使禁

軍將較諸藩鎮皆進奉賀皇子嘉禮
二月延州衙內指揮使高紹基獻馬四十二匹紹基父死擅知軍政潛有覬望及軍屯近鎮故懼而獻奉
三月又獻馬五十匹駞三十頭銀千兩金器百兩
三月高懷德進絹三千疋銀三千兩金酒器六副馬十五匹勑賜亡父行周謚及立碑
四月丙寅宋州節度使常思入朝獻縑銀四兩各二千五百大絁綾五百疋又鳳翔趙暉來朝進馬一百一十七匹絹五千疋銀五千兩賜襲金帶又西凉府節度使牛師厚遣都知兵馬使拓跋貞美等四十九人朝貢駞馬又鳳翔趙暉進牽櫳官衙隊一百九十

五又進絹三千疋金三百兩
五月甲申宴于廣政殿宋州常思獻上壽金酒器同州薛懷讓獻銀五百兩馬五匹
十一月乙巳襄州安審琦獻銀萬兩助郊祭
乙亥兩浙錢弘俶貢謝恩綾絹二萬八千疋銀器六千兩綿五萬兩茶三萬五十斤御衣兩襲通犀帶戲龍金帶香藥甆器銀裝甲仗法酒海味等
戊寅涇州節度使史懿朝見獻駞馬二百銀千兩
癸卯鄭州防禦使王萬敢獻助郊祭絹二千疋

六年六月大名府王殷貢絹萬疋排州何福進獻供用羅綺二千五百疋荊南高保融進白龍腦法錦金酒器紅六銖段五十白羅花羅熟㲉鹿胎裌段六銖襌面等各一百九練神鋼陷金銀刀劍各一
十二月辛亥諸州府進南郊助祭鞍馬綵帛金銀等
世宗顯德三年二月丁亥荊南節度使高保融進御衣金帶九練純鋼手刀弓箭等
十一月丙辰吳越王錢俶進銀五千兩綾一萬疋又進天清節金花銀器千五百兩又御服金帶錦綺綾羅等

五年二月幸揚州壬申吳越王錢俶進御衣犀帶綾絹白金香藥等又進供軍稻米二十萬石
四月吳越王錢俶進綾絹各二萬疋銀一萬兩稱謝恩賜國信
閏七月癸丑吳越王錢俶遣使朝貢進銀五千兩絹二萬疋銀器三千兩細衣段二千連又御衣盤龍犀帶等
八月吳越王錢俶進銀五千兩絹萬疋稱賀車駕還京又進龍舡一隻天祿舡一隻皆以白金飾之帝幸新河亭命宰臣及從官已下觀吳越所進龍舟時京

師庶士觀者如堵

十一月吳越王錢俶進茶三萬四千八百斤綿五萬兩及香藥器甲等

十二月吳越王錢俶進銀五千兩絹三萬疋綿十萬兩稱謝恩賜國信又進賀正錢一千貫絹一千疋

冊府元龜

冊府元龜 帝王部 納貢獻 卷之一百六十九 二十七

冊府元龜

巡按福建監察御史臣李嗣京　訂正
新建縣舉人　臣　戴國士　叅閱
知建陽縣事　臣　黄國琦　較釋

帝王部　一百七十

來遠

古者天子守在四夷修其教不易其俗故曰率土之濱莫非王臣要在其勞來安輯示以洪覆日月攸燭咸俾遂性者㪍自舜敷文德聿來不庭柔服之道於茲著矣三代而下威惠竝舉用捨有術然綏懷撫接

務廣仁恕其揆一也故有漸諸聲教列於侯服悅以玩好用示羈縻或因其欵塞慮之善地或恤其懷土俾還所屬始乃敦諭犒勞接以賓儀終乃優秩厚幣申之恩紀至于拯濟災暴救育艱辛振厥匱乏通其貿易惠周於存沒德柔於荒絶是故重譯而至咸即其序實聖人之鴻化也

舜命禹征有苗三旬苗民逆命（旬十日也以師臨之一月不服責舜不先有文誥之命威讓之辭而使憚之以威脅之以兵所以生亂）益贊于禹曰惟德動天無遠弗屆（贊佐屆至也益以比義佐禹欲其修德致遠）滿招損謙受益時乃天道（自滿者人損之自謙者人益之是天之常道）帝初于歷山往于田日號泣于旻天于父母（仁覆愍下謂之旻天言舜初耕于歷山之時爲父母所疾日號泣于旻天及父母克己自責不責于人）負罪引慝祗載見瞽瞍夔夔齋慄瞽瞍亦允若（慝惡載事也夔夔悚懼之貌言舜負罪引惡以事見于父悚慄齋莊瞍亦信順之言能以至誠感頑父）至誠感神矧茲有苗（誠和矧況也至和感神況有苗乎言易感）禹拜昌言曰俞班師振旅（昌當也以益言爲當故拜受而然之遂還師兵入曰振旅言整衆）帝乃誕敷文德（遠人不服大布文德以來之）舞干羽于兩階（干楯羽翳也皆舞者所執修闡文德舞文舞于賓主階間抑武事也）七旬有苗格（討而不服不討自來明御之者必有道三苗之國左洞庭右彭蠡在荒服之列去京師二千五百里）

漢高祖初封須無爲陸量侯詔以爲列諸侯自置吏

令長受命長沙王（秦始皇本紀所謂陸量地取爲桂林郡者也）

武帝元狩二年秋匈奴渾邪王盡將其衆渡河降者數萬人號稱十萬既至長安天子所賞賜數十鉅萬封渾邪王萬戶爲漯陰侯（漯陰平原縣漯陰）封其裨王呼毒尼爲下麾侯（呼毒尼胡王名）雁庇（音膺仳）禽黎爲河綦侯（一作烏黎）大當戶調雖爲常樂侯（一作稠雖）

四年夏大將軍衛青將四將軍擊走單于於幕北先是衛尉張騫坐後期贖爲庶人帝數問騫大夏之屬騫既失侯因曰臣居匈奴中聞烏孫王號昆莫昆莫父難兜本與大月氏俱在祁連燉煌閒小國大月氏

攻殺之昆莫後攻破大月氏大月氏西走昆莫因留居今單于新困於漢而昆莫地空蠻夷戀故地又貪漢物誠以此宜厚賂烏孫招以東居故地漢遣公主爲夫人結昆弟其勢宜聽(言事勢聽從於漢)則是斷匈奴右臂也既連烏孫自其西大夏之屬皆可招來而爲外臣天子以爲然拜騫爲中郎將將三百人馬各二匹牛羊以萬數齎金幣帛直千鉅萬多持節副使(爲騫副而各令持節)道可便遣之旁國騫既至烏孫致賜諭指(以天子意指曉告之)未能得其決騫卽分遣副使使大宛康居月氏大夏烏孫發道譯送騫(道讀曰導)與烏孫使數十人馬數

十匹(與騫相隨而來報謝天子)因令窺漢知其廣大騫還拜爲大行歲餘騫卒後歲餘其所遣副使通大夏之屬者皆頗與其人俱來於是西北國始通於漢矣又帝遣從票侯(乃趙破奴也)擊破姑師虜樓蘭王而大宛諸國發使隨漢使來是時帝方數廵狩海上迺悉從外國客大都多人所過處散財帛賞賜厚具饒給之以覽視漢冨厚焉(視讀曰示言示之命其觀覽)大角氐(氐丁禮切解在武紀)出奇戲諸怪物多聚觀者(聚都邑人來觀者以誇示之觀音工喚切)行賞賜酒池肉林命外國客徧觀各倉庫府藏之積欲以見漢廣大傾駭之(見顯示)及加眩者之工角氐奇戲歲增變其益

興自此始而外國使更來更去(遞互來去前後不絶更上衡切)大宛以西皆自恃遠尚驕恣未可遽以禮羈縻而使也

宣帝神爵二年五月置金城屬國以處降羌

三年匈奴日逐王畔單于將衆來降護鄯善以西使者鄭吉迎之既至漢封日逐王爲歸德侯吉爲安遠侯乃因使吉幷護北道號曰都護

甘露二年十二月呼韓邪單于欵五原塞(欵叩也)願朝三年正月(會正旦之朝賀也)帝遣車騎都尉韓昌迎發過所七郡郡二千騎爲陳道上(所過之郡每爲發兵陳列於道以爲寵衛也)單于正月朝天子于甘泉宫留月餘遣歸國遣長樂衛

尉高昌侯董忠車騎都尉韓昌將騎一萬六千又發邊郡士馬以數千送單于出朔方雞鹿塞(在朔方渾縣北)

哀帝建平四年匈奴烏珠留單于願朝五年時帝被疾或言從上游來厭人自黄龍竟寧時單于朝中國輒有大故帝繇是難之以問公卿亦以爲虛費府帑可且勿許單于使辭去未發黄門郎揚雄上書諫之書奏帝寤焉召匈奴使者更報單于書而許之單于未發會疾復使使願朝明年故事單于朝從名王以下及從者二百餘人單于又上書言蒙天子神靈人民盛壯願從五百人入朝以明天子盛德皆許之

後漢光武建武六年令歸德侯劉颯使南匈奴匈奴亦遣使來獻帝復令中郎將韓統報命賂遺金幣以通舊好而單于驕踞自比冒頓對使者辭語悖慢帝待之如初

二十五年十月夫餘王遣使奉貢帝厚荅報之於是使命遂通

明帝卽位西羌燒何豪有婦人比銅鉗者年百餘歲多智筭爲種人所信皆從取計策時爲盧水胡所擊比銅鉗乃將其衆來依郡縣種人頗有犯法者臨羌長收繫比銅鉗而誅殺其種六七百人帝憐之乃下

詔曰昔桓公伐戎而無仁惠故春秋貶曰齊人今國家無德恩不及遠羸弱何辜而當幷命夫長平之暴非帝者之功咎繇太守長吏妄加殘戮比銅鉗尚生者所在致醫藥養視令招其種人若欲歸故地者厚遣送之其小種若束手自詣欲効功者皆除其罪若有逆謀爲吏所捕而獄狀未斷悉以賜有功者

和帝永元三年北單于弟左鹿蠡王於除鞬自立爲單于衆八部二萬餘人來歸蒲類海上遣使欵塞以耿夔爲中郎將持節衞護之

桓帝延熹元年十二月南單于諸部並畔遂與烏桓鮮卑寇緣邉九郡以張奐爲北中郎將討之單于諸部悉降奐以單于不能統理國事乃拘之上立左谷蠡王帝詔曰春秋大居正車兒一心向化何罪而黜其遣還庭（臣欽若等曰車兒單于名也）

魏文帝黄初三年三月鄯善龜茲于闐遣使奉獻詔曰西戎卽敘氐羌來王詩書美之頃者西域外夷並欵塞內附（塞門東欵叩也從服）其遣使者撫勞之是後西域遂通置戊己較尉

明帝景初二年六月倭女王遣大夫難升米等詣帶方郡求見天子朝獻太守劉夏遣吏將送詣京都其

年十二月詔書報倭女王曰詔制親魏倭王卑彌呼帶方太守劉夏遣使送汝大夫難升米次使都市牛利奉汝所獻男生口四人女生口六人班布二疋二尺以到汝所在踰遠乃遣使貢獻是汝之忠孝我甚哀汝今以汝爲親魏倭王假金印紫綬裝封付帶方太守假授汝其綏撫種人勉爲孝順汝來使難升米牛利涉遠道路勤勞今以難升米爲率善中郎將牛利爲率善校尉假銀印青綬引見勞賜遣還今以絳地交龍錦五疋絳地縐粟罽十張蒨絳五十疋紺青五十疋荅汝所獻貢直又特賜汝紺地句文錦三疋

細斑華罽五張白絹五十疋金八兩五尺刀二口銅鏡百枚真珠鉛丹各五十斤皆裝封付難升米牛利還到錄受悉可以示汝國中人使知國家哀汝故鄭重賜汝好物也至齊王正始元年太守弓遵遣建中校尉梯儁等奉詔書印綬詣倭國拜假倭王并齎詔賜金帛錦罽刀鏡綵物倭王因使上表答謝詔恩

後魏太武太延二年二月遣使者十餘輩詣高麗東夷諸國詔諭之

文成和平元年六月河西叛胡詣長安首罪遣使者安慰之

獻文時伊吾王唐契子玄達性果毅有父風與叔父和歸闕俱爲上客拜安西將軍晉昌公

孝文時爾朱新興若於爾朱川世爲酋長帝以爲右將軍及遷雒後特聽冬朝京師夏歸部落

延興五年蠕蠕求通婚娉有司以其數犯邊請絕其使發兵討之帝曰蠕蠕譬若禽獸貪而無義朕要以誠信待物不可抑絕也

太和元年蠕蠕遣使來獻良馬貂裘其使稱伏承天朝珍寶華麗甚積求一觀之乃勑有司出御府珍玩金玉文綵器物御廄文馬奇異禽獸及人間所宜用指列之市肆令其歷觀其使曰大國富麗一生所未見也

宣武延昌三年十月詔驍騎將軍馬義舒喻蠕蠕

孝明神龜元年三月秦州氐反遣龍驤將軍崔襲持節喻之

正光元年十二月壬子詔曰蠕蠕王阿那瓌遭羅寇禍遠來投庇邦分衆析猶無定主而永懷北風思還綏集啟訴情切良用愍然夫存亡恤敗自古通典可差國使及彼前後三分與阿那瓌相隨并勑懷朔都督簡驍騎二千躬自率護送達境首令觀機招納若

彼候迎宜錫箱篚車馬之屬務使優隆禮餞而還如不容受任聽還闕其行裝資遣付尚書量給

隋高祖時突厥雍虞閭與玷厥舉兵攻染于盡殺其兄弟子姪遂渡河入蔚州染于夜以五騎與隋使長孫晟歸朝上令染于與雍虞閭使者因頭特勤相辯詰染于辭直上乃厚待之又雍虞閭弟都速六棄其妻子與突利歸朝帝嘉之勑染于與都速六樗蒲稍輸以珍物用慰其心開皇末契丹別部四千餘家背突厥來降帝方與突厥和好重失遠人之心悉令給糧還本蕃勑突厥撫納之固辭不去

煬帝大業三年親巡雲中八月幸啟民可汗所居先是高麗私通使啟民所啟民推誠奉國不敢隱境外之交是日將高麗使人見勅令牛弘宣旨諭之曰朕以啟民誠心奉國故親至其所明年當往涿郡爾還日語高麗王知宜早來朝勿自疑懼存育之禮當同於啟民如或不朝必將啟民巡行彼土使人甚懼

九月至東都黄門侍郎裴矩以蠻夷朝貢者多諷帝令都下大戲徵四方奇技異藝陳於端門街衣錦綺珥金翠者數萬人勒百官及居民士女列坐棚閣而縱觀焉皆被服鮮麗終月乃罷又令三市店肆皆設

幃帳盛酒食遣掌藩率蠻夷與民貿易所至之處悉令邀延就坐醉飽而散蠻夷嗟嘆謂中國爲神仙也

十一年春正月乙卯大會蠻夷魚龍曼延之樂頒賜之各有差

唐高祖武德二年閏二月詔曰畫野分疆山川限其内外遐荒絶域刑政殊於函夏是以昔王御世懷柔遠人義在羈縻無取臣屬渠搜卽叙表夏后之成功越裳重譯美周邦之長筭有隋季世黷武耀兵萬乘疲於河源三年伐於遼外構怨連禍力屈貨殫朕祗膺寶圖撫臨四極悅近來遠追革前弊要荒藩服宜與和親其吐谷渾已修職貢高句麗遠送誠欵契丹靺鞨咸求内附因而鎭撫允合機宜分命行人就申好睦靜亂息民於是乎在布告天下明知朕意

五年賜高麗王建武書曰朕恭膺寶命君臨率土祗順三靈柔懷萬國普天之下情均撫字日月所炤咸使人安王既統攝遼左世居藩服思禀正朔遠修職貢故遣使者跋涉山川申布悉誠朕甚嘉尚方今六合寧晏四海清平玉帛既通道路無壅方申輯睦永敦聘好各保疆埸豈非盛美但隋氏季年連兵構難攻戰之所各失其萌遂使骨肉乖離室家分析多歷

年歲怨曠不申今二國通和義無阻絶在此所有高麗人等已令追括隨卽遣送彼處有此國人者王可放還務盡綏育之方共弘仁恕之道於是建武悉搜括華人以賓禮相送前後至者萬數帝大喜

七年七月康國曹國並遣使來朝高祖以二國遠至勞之甚厚康國使者羅什支頓首曰陛下聖德遠被臣故不遠萬里曹國使者曰臣本國以臣爲健兒聞秦王神武願在麾下高祖大悅因厚遇之

太宗貞觀元年以百濟爲高麗閉其道路又與新羅世爲讐敵數相侵伐賜其玉璽書曰王世爲君長撫

有東蕃海隅遐曠風濤難阻忠欵之至職貢相尋尚想徽猷甚以嘉慰朕自祗承寵命君臨區宇思弘正道愛育黎元舟車所通風雨所及期之遂性咸使人安新羅王金眞平朕之蕃臣王之隣國每聞遣師征討不息阻兵安忍殊乖所望朕已對王姪信福及高麗新羅使令具勅通和咸許輯睦王必須忘彼前怨識朕本懷共篤隣情卽停兵革因遣使奉表陳謝

十月阿史那社爾朱欵塞歸附爾朱突厥處羅可汗第二子也其叔故吉利蹟於用兵頡利旣敗其部下立社爾爲都布可汗以逼延陁太宗嘉其忠節授左

驍衛大將軍妻以南陽長公主拜駙馬都尉

十四年三月流鬼國遣使朝貢其國去京師萬五千里南與莫設靺鞨隣接未嘗通聘中國至是三重譯而來帝嘉其遠慕朝化以其使餘志爲騎尉

十九年七月詔曰西戎賢相寵光秦冊北夷嗣子榮珥漢貂蟬以長纓用表玄功之大掩茲宏網式昭天覆之愽高麗位頭大兄理大夫後部軍主高延壽大兄前部軍主高惠眞等并馬韓酋長鯷海英髦分義景於扶桑數鍾天厭竊封疆於孤竹自貽神怒臨危轉禍率衆來降申有滕行之敬成其面縛之禮向風舉踵良足可嘉咸宜收其俊才嗣烏官於郯子錄其成效映龜組於梅銷延壽可鴻臚卿惠眞可司農卿

二十年十二月戊寅鐵勒廻紇俟利發等諸姓竝詣闕朝見帝謂之曰汝來歸我領得安存猶如鼠之得窟魚之得水不知夫我窟及水能容汝否縱令不能容受我必爲汝大作窟深作水以容受汝等又云蒼蠅之飛不過一二尺及附驥尾日行千里何以致然爲所托處遠我今爲天下主無問中國及四夷皆養活之不安者我必令安不樂者我必令樂還如驥之受蠅隨其遠近不勞蠅身自然遠去

是月庚辰宴廻紇等于芳蘭殿恩賜甚渥仍勅所司加禮供給每五日一會

二十一年正月以鐵勒廻紇部置瀚海都督置金微都督府拔野古部置幽陵都督府同羅部置龜林都督府思結部置盧山都督府吐渾部置皐蘭州斛薩部置高闕州奚結部置雞鹿山阿鐵部置雞鹿州契苾羽部置榆溪州思結部置蹛林州白霫部置寘顔州鐵勒等諸部其渠帥各率所部歸附竝列地爲州卽其酋長爲刺史其都督竝給玄金魚金字先是帝擊破突厥其蕃望子弟多授以侍衛之官沙漠之人

素愛錦蜀帝既招來退域將賜其所好者因錦文所用舊纈而錯綜其色花葉翔走事各殊形或將班賜近蕃酋首大爲榮寵鐵勒等之來也帝賜其金銀器物及綾錦各有數帝又親賚其緋黃地瑞錦褾領袍鐵勒等覩而驚駭以爲未嘗聞見捧戴拜謝盤旋於塵埃中及還帝御天成殿陳十部樂宴而遣之設高坫於殿前置銀鉼於坫上自左内閤潛流酒泉通坫脚而湧入殿前鉼中又置大銀盆其實百斛傾鉼注於盆中鐵勒數十人不飲其半雜類驚駭私相謂曰天子賜我曹此鉼還部落中傾之豈不嘗足酒也又

詔文武品巳上令外厨給酒截於尚書都堂以餞之迴紇等奏奴身僻在遠野無人之地歸身聖化天至尊賜與奴等官職雜物殺身不能以報奴等既爲百姓於天至尊處往來向父母追一種總請於迴紇以南突厥以北開一道呼爲參天至尊道乃詔司徒長孫無忌司空房玄齡等與其籌之宜逐水草量置郵驛總六十八所各有群馬酒肉以供過使并請解作文奏人擬爲表疏每歲貢貂皮以充賦

是月西趙首領趙磨率所部萬餘戶内附以其地爲明州

二十二年西蕃沙鉢羅葉護率衆歸附以其俟斤屈裴祿爲忠武將軍

四月西寶厥泥伏沙鉢羅葉護阿史那賀魯率衆内屬於庭州拜爲左驍衛大將軍賜其所部綃帛有差

高宗龍朔三年六月戊申遣左武衛大將軍蘇定方率兵往涼州以安集吐谷渾

咸亨三年二月吐谷渾慕容諾曷鉢部落自涼州徙於鄯州浩亹（浩音閤 亹音門）河之南發兵以送之旣屬吐蕃熾盛諸曷鉢不安其居又鄯州地窄尋徙於靈州之境置安樂州以諾曷鉢爲刺史其吐谷渾故地並没

于吐蕃

九月置静州以處内附黨項部落

儀鳳二年二月工部員外尚書高藏加授遼州都督封朝鮮郡王遣歸遼東以安輯高麗餘衆先有編附諸州高麗悉放還本蕃司農卿扶餘隆爲光祿大夫太常員外卿加授熊津州都督帶方郡王亦令安輯百濟餘衆仍移安東都護府于新城以統之時百濟本地荒毁特令寄於高麗之境

中宗即位遣侍御史張行岌往招慰靺鞨渤海郡王大祚榮

玄宗先天二年遣郎將崔訢往冊拜渤海大祚榮左驍衛員外大將軍渤海郡王仍以其所統爲忽汗州都督自是每歲遣使朝貢

開元二年正月癸巳奚饒樂郡王李大酺等來朝帝謂之曰卿等爲朕外蕃欵誠夙著爰初内屬職貢相仍往緣任寄非才紕于綏撫因使卿等猜貳頗成阻絶而能不忘本翻然改圖所覽獻書具知至懇大酺將尚縣主失和又遣近親竝自邊隅同藩維邑朕今與卿等相見喜慰良深

閏二月突厥默啜之壻火拔頡利發名阿異失與其

妻來奔封燕山郡授左衛員外大將軍許于澤潞州編附

六月丁卯北庭大都護瀚海軍使郭獻梟都擔首獻於闕下并擒其孥及胡祿等部落五萬餘帳内屬帝降書謂獻曰十姓部落比多欵附蔑爾都擔獨爲脊誕卿以忠果令其討伐遂斬首喪元并兒及婦兼獲胡祿屋闕啜等五百餘帳壺漿塞陌襁負而來自非信著遠蕃何以翕然至此邉陲寧謐緊卿是頼雖鄭吉之護南道班超之臨西域無以過焉

十一月丙申詔曰北戎爲患南牧是虞叛而伐之服而捨之春秋格言是謂通典葛邏祿陰山都督部落驕天縱毒候月爲妖桀驁之心久矣脅從之禍深矣而冒其攜阻思我恩化來七旬而就格逾萬里而歸誠䫉顙邉陲披肝塞下宜令左散騎常侍解琬攝御史大夫持節往北庭宣慰突厥部落緣邉降戸要在便宜處分

三年四月乙卯三姓葛邏祿率衆歸國璽書慰之曰三姓葛邏祿首領散爛候斤等冒涉遠來竝平安好卿等一被驅率多歷歲年遂背逆輸忠間行歸國言念誠節嘉賞良深緣彼部落初來已令逐便安置卿

等來日大首領及將士已下竝得安穩與否所有事意具狀奏來

十月授北蕃投降九姓思結都督磨散爲左威衛將軍大首領解薛移利殊功爲右領軍衛將軍及都督邪沒施爲右威衛將軍匐利羽都督莫賀突默爲右驍衛將軍首領延陁薛渾達都督爲右威衛將軍奴頼大首領前臼登州刺史奴頼孝爲左領軍將軍跌跌首領刺史裴羅艾爲右領軍將軍竝員外置依舊兼刺史賜紫袍金帶魚袋七事綵帛各三百段放還

五年十月乙酉鴻臚寺奏日本國使請謁孔子廟堂

禮拜寺觀從之仍令州縣金吾相知簡較捉搦示之
以整應須作市買非違禁入蕃亦容之
八年二月勑關内河東河西入朝新蕃酋等日嘉爾
蕃酋慕我朝化相率歸附載變炎凉而忠懇不渝明
誠勸勵深宜輯乃戎落捍彼方隅使烽火無驚障塞
咸謐必厚賞崇班當取富貴朕比加恩貸爾實安堵
恐衣服未盡充災患且未恤永言于此良用憮然其
今春不入朝都督衙官弁箭頭將軍在蕃者巳令王
畯張悅楊敬述等取軍中庫物各賜爾等衣一副部
落有疾苦量給藥物無令田隴廢業含養失所遁相

勉諭以悉朕懷
十年閏五月戊寅勑日我國家寰宇歷年滋多九夷
同文四隩來暨夫其襲冠帶奉正朔顒顒然向風而
慕化列于天朝編於屬國者蓋亦衆矣我則潤之以
時雨煦之以春陽淳德以柔之中孚以信之玄風旣
同羣物滋遂莫不自天壤窮海域厥角以請吏執贄
而來庭皇唐之德於此爲盛今外蕃侍子久在京國
雖威惠之及自遠畢歸而羈旅之志重遷斯在宜命
所司勘會諸蕃充職宿衛子弟等放還歸國契丹及
奚斤通質子竝即停追前令還蕃首領等至幽州且
住交替者卽旋去朕欲以會歡咸若華夷俱泰來則
納其朝謁之禮去則隨其生育之恩推我至誠崇彼
大順含弘之施德莫厚焉
十二年十二月新羅王金興光遣使獻女二帝以遠
離所親特加封賞悉放還國降書謂曰卿所進女者卿
之姑姊容儀淑麗德行柔婉自非盡節向風何能割
恐愛然以辭違本俗離別所親念彼遠貢之勞矜其
懷戀之思雖阻來意竝不忍留今各加其邑號賜之
衣服以達朝恩宜知朕意
是年安東都護薛泰請於黑水靺鞨内置黑水軍更

以最大部落爲黑水府仍以其首領爲都督諸部刺
史隷屬焉中國置長史就其部落監領之
二十一年八月日本國朝賀使眞人廣成與傔從五
百九十人舟行遇風飄至蘇州刺史錢惟正以聞詔
通事舍人韋景先往蘇州宣慰勞焉
二十九年七月命左羽林將軍孫老奴與中官使于
葛羅祿部宣慰降詔書謂曰三姓葛邏祿及拔悉密
首領部落等卿等上祖已來忠赤於國往緣斬啜背
叛遂被脅從非是本心朕深知悉聞卿等首領皆是
忠良雖在遠方嘗願歸化具知此意深用嘉之况今

突厥天亡事勢如此在于豪傑多被誅夷所有諸蕃各自奔散智者料事不可失時儻或沉吟必招禍患宜即遞相曉諭勸率早來且金山故地水草豐美安置部落還於此處庶事之間倍令優恤務取安太勝於往時兼有重賞高官以待卿等今故遣使宣慰宜悉朕心

天寶元年益州長史章仇兼瓊奏吐蕃白狗國及索磨等諸州籠官三百餘人出奉州望准女國等例觧擇許令入奏餘並就奉川宴賞放還從之

八載九月隴右節度使破吐蕃獲其平章事元論捸

郭獻之詔曰吐蕃平章事元論捸郭戎帳酋渠蕃庭要重計窮力屈旣入為俘捨罪申恩特授官秩可授左威衛翊府中郎將員外置同正員留宿衛仍賜宅以安置

十三載女國南國狗國並率部落內屬其大首領皆授員外中郎將以安慰

閏十一月壬申東曹國王設阿及安國副王野解及諸胡九國王並遣上表請同心擊黑水辭甚切至帝方務以懷柔皆勞賜慰諭遣之以安西域

乙亥吐蕃白蘭二品官籠董占庭等二十人來並授左武衛員外大將軍

肅宗至德二年正月迴紇大首領葛邏支將軍等來朝耻班在武臣之下他日帝親引上殿賜食并錫賚慰其意以遣之

代宗寶應元年十一月丁亥迴紇遣使拔賀那上表賀收東京并獻逆賊史朝義旌旗等物引見于內殿賜綵物二百疋初迴紇至東京以賊界肆行殘忍士女懼之皆登善聖寺及白馬寺二閣以避之迴紇縱火二閣傷死者計萬累旬火不滅及是朝賀又縱橫辱官吏帝以外蕃功高特容之

永泰二年五月安南生蠻大首領林覩符部落新置德化州晉戶一萬六百潘歸國部落新置龍武州晉戶一千五百詔安南節度使左散騎常侍韓衛宣恩勞來之

大曆八年秋七月辛丑詔以迴紇使一百四十八人還蕃以國信物一千餘乘遣之迴紇恃功自乾元後屢遣使以馬和市束帛仍歲市以馬一匹易帛四十疋動至數萬馬其使俟遣其繼留於鴻臚寺者非一蕃人欲帛無厭我得馬無用朝廷甚苦之是時詔盈數遣之以示廣恩

八月壬申廻紇遣使赤心領馬一萬匹來求市帝以馬價出於租賦不欲重困於人有司量出入之計市六千匹

德宗以大曆十四年五月卽位七月庚辰令廻紇諸蕃在京師各服其國之服

貞元十年五月乙酉以劒南西州歸化蠻悉差爲左驍衛將軍同正

十一月正月以降吐蕃論乞髯湯没藏悉諾律爲歸德將軍又於麟德殿名對論乞髯等

憲宗元和三年六月西原蠻首黃少卿歸欵少卿爲

歸順州刺史弟少高少溫並授官

是日突厥沙陁七百人携其親屬歸於振武節度使范希朝尋授其大首領曷勒阿波左武衛大將軍同正員兼陰山府都督

十四年正月庚寅制曰朕臨御萬邦推布誠信西戎納欵積有歲時中或虧違亦嘗包貸我有殊德寧不是思重譯貢珍道途相繼申恩示禮曾無闕焉昨蕃使奏章又至京華將君長之金陳和好之誠臨軒名見館餼加厚復以信幣諭之簡書亦旣言旋纔及郊甸遽聞蟻聚來犯封陲河曲之間頗爲暴擾背惠棄約斯謂無誠公議物情咸請誅絶朕深惟德化之未被豈慮夷狄之不賓其國失信其使何罪釋其維縶以遂性示之弘覆以忘懷于衷苟孚庶使知感其蕃使論短立藏等并後般來使並宜放歸本國仍委鳳翔節度使以此意示諭

穆宗長慶元年三月平盧軍節度薛平奏新羅雖是外夷朝貢不絶其百姓多被海賊掠賣令請綠海州郡一切禁斷與賊徒永息異俗懷恩從之

文宗太和八年二月庚寅詔南海蕃舶本以慕化而來固在接以恩仁使其感悦如聞比年長吏多務徵

求嗟怨之聲達於殊俗況朕方寶勤儉豈愛遐琛深慮遠人未安率稅尤重思有矜恤以示綏懷其嶺南福建及揚州蕃客宜委節度觀察使除舶脚收市進奉外任其來往自爲交易不得重加率稅

武宗會昌元年五月天德軍奏廻鶻嗢没斯與歷支王子多賢將軍等七人與部下將三千一百六十八人來降中書奏曰廻鶻在邊人情疑恐聖化所感咸德克宣果得嗢没斯望闕歸心率徒效命必在優賞昭示四方使戎狄遠聞皆感恩信望速降中使宣慰其王子將軍賜以錦綵銀器將士等各賜綵帛從之

十月遣王會安撫迴鶻勑曰自古哲王撫寧荒服忠于國者則有繼絶之恩順于道者則有固存之義所以厚其向化優以報功迴鶻累代姻親久修臣禮服我聲教保茲信誠嘗以國難識其忠良疾風知其勁草永言勲力豈忘予懷如聞統吃斯所攻兵析衆叛産畜大耗國人薦饑流離轉徙遠逾沙漠近因太和公主遣使入貢已知新立可汗寓居塞北告窮請命未有所歸每念艱危戴深惻惻今欲救恤窮困撫慰傷痍俾四方知朕不忘勲舊報其大順昔匈奴乖離呼韓立塞漢宣帝轉粟賑救權時施宜故得三代稱

蕃朕邊罷警前王令典可不務乎宜令左金吾衛大將軍兼御史大夫王會持節充安撫大使兼御史中丞李師偃充副使專往慰問仍賑米二萬石俾其安輯離散漸就漢南再復舊疆永保恩好宜示中外宜體朕懷

宣宗大中二年正月涇原節度康季榮奏吐蕃論恐熱以安樂三州及石行七關等歸國詔遣太僕卿陸耽馳往勞焉仍令靈武節度使朱叔明邠州寧州節度使張君緒與涇原康季榮各總所部兵鎮之

五年八月沙州張義潮遣兄義潭將瓜沙伊肅等十一州圖經戶籍來獻自河隴陷蕃百餘年至是悉復隴右故地制改沙州爲歸義軍以義潮充歸義節度瓜沙等州觀察使

後唐莊宗同光二年五月以權知歸義軍節度兵馬留後金紫光祿大夫簡較尚書左僕射守沙州長史兼御史大夫上柱國曹義金爲簡較司空守沙州刺史充歸義軍節度瓜沙等觀察處置管內營田押蕃落等使瓜沙與吐蕃雜居自帝行郊禮義金間道貢方物乞受西邊都護故有是命

明宗天成三年十一月以契丹僞署平州刺史光祿

大夫簡較太保張希崇爲汝州刺史加簡較太傅隨行官員二十四人各依資授諸道官

四年正月賜迴鶻國隷臺寺僧波羅密紫衣

九月丙戌帝御中興殿蕃部進馬安重誨奏曰吐渾黨項近日相次進馬皆給還馬直對見之時別賜錦綵計其所費不啻倍價漸成損耗不如止絶帝曰嘗苦馬不足差綱遠市今蕃官自來何費之有外蕃錫賜中國常道誠知損費理不可止自是蕃部羊馬不絶於路

長興二年正月東丹王突欲率衆自渤海國內附上

御文明殿對突欲及其部曲慰勞久之賜鞍馬衣服
金玉帶錦綵器物又大將軍副將軍已下分物有差
宰臣率百寮稱賀
二月幸東丹王突欲之第賜突欲絹三百疋至晚還
宫
三月辛酉中書門下奏東丹王突欲遠泛滄波來歸
皇化旣服冠帶難無姓名兼惕隱等項以力助王都
罪同兇餒爰從必死並獲再生每預入朝各宜授氏
庶使族編姓譜世荷聖恩況符前代之規永慰遠人
之欵自突欲已下請別賜姓名仍准本朝蕃官入朝

例安排勑旨付中書門下商量聞奏宰臣按四夷入
朝蕃官例有懐德懐化歸德歸化等將軍中郎將名
號又本朝賜新羅渤海兩蕃國王官初自撿技司空
至太保今突欲是阿保機之子且類渤海國之王念
自遠夷宜加異渥冀顯賓王之道以旌航海之思其
惕隱赫邈已下始自朋兒不可同等古者保姓授氏
有以因官有以所居所掌有因歸化特賜姓名勑旨
突欲宜賜姓東丹名慕華乃授光祿大夫簡較太保
安東都護兼御史大夫上柱國渤海郡開國公食邑
一千五百戶充懷化軍節度瑞愼等州觀察處置押

蕃落等使其從慕華歸國部曲罕只宜賜姓罕名夫
逼穆葛宜賜姓穆名順義撒羅宜賜姓羅名實德易
寄宜賜姓易名師德盖禮宜賜姓盖名來賓仍授罕
只等五人歸化歸德小將軍中郎將先助兇餒擒獲
蕃官惕隱官蕃名赫邈宜賜姓狄名懷惠祠公官蕃
名担列宜賜姓列名知恩仍並授銀青階簡較散騎
常侍舍利官蕃名蔚剌宜賜姓原名知感福郎宜賜
姓服名懷造奚三副使蝎失訖宜賜姓乞名懷有三
人並授銀青階簡較太子賓客
九月勑懷化軍節度使丹慕華宜賜李名贊華仍改

封隴西郡開國公兼應有先配在諸軍契丹亘等並
宜賜姓名
三年四月癸亥以懷化軍節度使李贊華爲滑州節
度使初帝欲以贊華爲藩鎮范延光奏以爲不可帝
曰吾與其先入約爲兄弟故贊華來附吾老矣儻後
世有守文之主則此輩招之亦不來矣繇是近臣不
能抗議
末帝清泰元年正月廻紇李突安而下十人先在京
放還本部
二年六月詔北面總管沿邊馬軍會于代州指揮達

韃於雲州界安置仍少月糧
七月詔邠涇鄜耀四州出州兵應接迴鶻時迴鶻朝貢多爲河西雜虜剽掠故有是命及迴又詔邠州節度使康福遣將軍牛知柔率禁兵援送至靈武虜之爲患者隨便討之
三年西域南印土師子國婆羅門摩訶定利密多羅并州大雲寺僧邪迦悉地并賜紫袈裟百濟僧智周言元朝賜紫辭歸國賜號曰法深大師
晉高祖天福元年十二月詔封故東丹王李贊華爲燕王令前單州刺史李肅部歸葬本國

二年正月詔西天中印土摩竭陁舍衛大菩提寺三藏阿闍黎沙門室利縛囉上紲下刺宜賜號弘梵大師
周太祖廣順二年七月戊寅以契丹長慶官提轄使戶部郎中韓僚爲鄜州延慶縣令契丹虞部員外郎胡嶠爲汝州魯山縣令並以其歸化故也
九月丁丑河西節度使申師厚奏薦蕃州將吏請加恩命從之左廂押蕃副使折逋支右廂崔亮心並授銀青光祿大夫簡較工部禮部尚書楊妃谷大首領沈念般授懷化大將軍左廂大首領籛于必篤爲歸德大將軍沒林葛干凝盧伴氈折逋窮羅並爲懷化大將軍右廂大首領鹿悉迦阿羅岳騎奴並爲歸德大將軍劉念般粃與龍溫光積並爲懷化大將軍攝節度掌書記守凉州姑臧令王庭翰授監察御史裏行充河西軍節度掌書記攝節度推官溫崇業試祕書省較書郎充河西節度推官攝錄事叅軍劉少英爲凉州錄事叅軍師厚又言自安國鎮至西凉州沿路三處扼控各立州名欲補大首領爲刺史又官界部落大首領三十餘人各望賜空名告身並從之
十一月環州黨項皐家族首領越厮七移並授懷化將軍

十二月補契丹武州刺史石越爲南府知兵馬使張延煦爲許州都知兵馬使
是月契丹部建州掌書記馬震與州錄事叅軍李超晉州主簿李署可汗州懷來主簿于自眞等宣中書各授州縣叅贊之官
三年十一月延州黨項首領吳怡磨五十三人並授懷化郎將
世宗顯德二年正月沙州留後曹元忠知瓜州軍州事曹元恭各遣使進方物以元忠爲歸義軍節度使簡較太保同平章以元恭爲瓜州團練使仍各鑄印

以賜之皆旌其來王之意也

冊府元龜

冊府元龜　帝王部　來遠　卷之一百七十　二十九

册府元龜

延按福建監察御史臣李嗣京 訂正

分守建南道左布政使臣胡維霖 參閱

知建陽縣事 臣 黄國琦較釋

帝王部 一百七十一

求舊

孔子曰故舊不遺則民不偷葢以君子化民莫先敦本上行下效謂之德風王者居天下之尊崇政教之本欲民歸厚孰不務乎歷覩前世淵潛草昧之際有過從欵狎之鄉風雲感會之辰有攀附飛升之佐逮

臨震極寧忘平生遂乃幸其地示留連長飲之恩懐其人極萬戸千鍾之賜豈惟報德亦所推誠故典實多編次咸在

周文王燕朋友故舊作伐木之詩曰伐木丁丁鳥鳴嚶嚶嚶嚶兩鳥聲也

漢高祖五年正月封丞相蕭何爲酇侯酇屬南陽食邑八千戸初何以父母害爲沛主吏椽無害若言無比也一云無人能傷害之高祖爲布衣時數以吏事護高祖高祖爲亭長嘗佑之佑助也高祖以吏繇咸陽繇役也吏皆送奉錢三何獨以五至是復益何二千戸曰繇咸陽時送我獨贏錢二也贏餘也衆人送皆三百何獨五百故云贏二也

九月封盧綰爲燕王綰豐人與高祖同里綰親與高祖太上皇相愛親父也綰之父與高祖父太上皇相愛及生男高祖綰同日生里中持羊酒賀兩家及高祖綰壯學書又相愛也里中嘉兩家親相愛生子同日壯又相愛復賀羊酒高祖爲布衣時有吏事避宅綰嘗隨上下避宅謂不居其家潛匿東西及高祖初起沛綰以客從入漢爲將軍嘗侍中從東擊項籍以太尉嘗從出入卧内衣被食飲賞賜群臣莫敢望雖蕭曹等特以事見禮至其親幸莫及綰者封爲長安侯綰從擊燕王臧荼皆破平時

諸侯非劉氏而王者七人高祖欲王綰爲羣臣觖望觖謂相闕也望怨望也及虜臧荼乃下詔詔諸將相列侯擇群臣有功者以爲燕王羣臣知高祖欲王綰皆曰太尉長安侯盧綰嘗從平定天下功最多可王高祖乃立綰爲燕王諸侯得幸莫如燕王者

十二年十月封郎單右軍爲中牟侯始高祖微時有急給高祖馬故得諸侯

是月帝過沛留置酒沛宮悉召故人父老子弟佐酒助行酒發沛中兒得百二十人教之歌酒酣帝擊筑筑形似瑟而細頸也自歌曰大風起兮雲飛揚威加海内兮歸故

鄉安得猛士兮守四方令兒皆和習之帝乃起舞忼
慨傷懷泣數行下謂沛父兄曰游子悲故鄉吾雖都
關中萬歲之後吾魂魄猶思沛且朕自沛公以誅暴
逆遂有天下其以沛爲朕湯沐邑凡言湯沐邑者謂以其賦稅供湯沐之具也復其民世世無有所與沛父老諸母故人日樂
飲極歡道舊故爲笑樂十餘日帝欲去沛父兄固請
帝曰吾人衆多父兄不能給乃去沛中空縣皆之邑
西獻獻牛酒也之往也皆往邑西競有所獻故縣中空無帝留止長飲三日沛
父兄皆頓首曰沛幸得復豐未得唯陛下哀矜帝曰
豐者吾所生長極不忘耳極至也一至念不忘也吾特以其爲

雍齒故反我爲魏沛父兄固請之迺并復豐比沛
文帝三年五月幸甘泉因之高奴幸太原見故羣臣
皆賜之舉功行賞諸民里賜牛酒復晉陽中都民三
歲租留游太原十餘日宣帝微時與杜陵陳遵有故
相隨博奕博雙陸奕圍棊數負進進者會禮之財也謂博所賭也及即位用
遵稍遷至太原太守迺賜遵璽書曰制詔太原太守
官尊祿厚可以償博進矣妻君寧時在旁知狀君寧遵妻名也云妻知負博之狀者著舊恩之深也遵於是辭謝因曰事在元平元
年赦令前其見厚如此
元康元年詔爲故掖庭令張賀置守冢三十家帝自
處之其里居冢西鬭鷄翁舍南帝少時所嘗游處也
賀安世之兄初幸於衛太子太子敗賓客皆誅安世
爲賀上書得下蠶室謂腐刑也凡養蠶者欲其溫而早成故爲密室蓄火以置之而新腐刑亦有中風之患須入密室乃得以全因呼爲蠶室耳後爲掖庭令而宣帝
以皇曾孫收養掖庭賀內傷太子無辜而曾孫孤幼
所以視養拊循恩甚密焉及曾孫壯大賀教書令受
詩爲取許妃以家財聘之曾孫數有徵怪賀聞知爲
安世道之稱其材美安世輒絕止以爲少主在上不
宜稱述曾孫及宣帝即位而賀已死帝謂安世曰掖
庭令平生稱我將軍止之是也帝追思賀恩欲封其

家爲恩德侯置守冢二百家身死進封故云封家也賀有一子
蚤死無子子安世小男彭祖彭祖又少與帝同席研
書指欲封之先賜爵關內侯故安世深辭賀封又求
損守冢戶數稍減至三十戶帝曰吾自爲掖庭令非
爲將軍也安世乃止不敢復言二年封御史大夫
丙吉爲博陽侯初武帝末巫蠱事起告以故廷尉監
徵被詔至京師詔治巫蠱郡邸獄時宣帝生數月以皇曾
孫坐衛太子事繫吉見而憐之又心知太子無事實
重哀曾孫無辜吉擇謹厚女徒令保養曾孫置閑燥
處曾孫病幾不全者數焉吉數勑保養乳母加致醫

舉視遇甚有恩惠以私財物給其衣食吉爲人深厚不伐善自曾孫遭遇吉絶口不道前恩故朝廷莫能明其功也及霍氏誅宣帝躬親政省尚書事是時掖庭宮婢則（則婢名也）令民夫上書自陳嘗有阿保之功（謂未爲宮婢時有舊夫見在獄閒者）章下掖庭令民夫上書自陳嘗考問則辭引使者丙吉知狀掖庭令將則詣御史府以視吉吉識謂則曰汝嘗坐養皇曾孫不謹督笞汝安得有功獨渭城胡組淮陽郭徵卿有恩耳分別奏組等共養勞苦狀詔吉求組徵卿已死有子孫皆受厚賞詔免則爲庶人賜錢十萬帝親見問然後知吉有舊

恩而終不言帝大賢之制詔丞相朕微眇時御史大夫吉與朕有舊恩厥德茂焉詩不云乎無德不報其封吉爲博陽侯邑千三百戶臨當封吉疾病帝將使人加紼而封之及其生存也（吉時疾不能起欲如君視疾加朝服拖紳就封之也紼繫功之紼也）帝憂吉疾不起太子太傅夏侯勝曰此未死也臣聞有陰德者必饗其樂以及其子孫今吉未獲報而疾甚非死疾也後病果瘉（瘉與愈同）吉上書固辭自陳不宜以空名受賞帝報曰朕之封君非空名也而君上書歸侯印是顯朕之不德也方今天下少事君其專精神省思慮近藥醫以自持又詔曰朕微眇時御史大夫丙吉中郎將史曾史玄長樂衛尉許舜侍中光祿大夫許延壽皆與朕有舊恩及故掖庭令張賀輔道朕躬修文學經術恩惠卓異厥功茂焉詩不云乎無德不報其封賀子弟子侍中中郎將彭祖爲陽都侯追賜賀謚曰陽都哀侯吉曾玄舜延壽皆爲列侯故人下至郡邸獄復作嘗有阿保之功皆受官祿田宅財物各以恩深淺報之時張賀有孤孫霸年七歲拜爲散騎中郎將賜爵關內侯食邑三百戶哀帝爲定陶王時韋賞以明詩爲太傅及帝卽位賞以舊恩爲大司馬車騎將軍列爲三公賜爵關內侯食邑千戶

後漢光武建武初徵樊曄爲侍御史遷河東都尉引見雲臺帝微時嘗以事拘於新野曄爲市吏餽餌一笥帝德之不忘乃賜曄御食及乘輿服物因戲之曰一笥餌得都尉何如曄頓首辭謝

二年更始所置廷尉行南陽太守事王嘗將妻子詣雒陽肉袒自歸帝見嘗甚歡勞之曰王廷尉良苦每念往時共更艱戹何日忘之（艱戹謂帝敗小長安造嘗璧與嘗共破甄阜及王尋等也）莫往莫來豈違平生之言乎嘗頓首謝曰臣蒙大命得以鞭策託身陛下始遇宜秋後會昆陽幸頓

靈武輒成斷金更始不量愚臣任以南州赤眉之難喪心失望以爲天下復失綱紀聞陛下卽位河北心開目明今得見闕庭死無遺恨帝笑曰吾與廷尉戲耳吾見廷尉不憂南方矣乃召公卿將軍以下大會具爲群臣言嘗以匹夫興義兵明于知天命故更始封爲知命侯與吾相遇兵中尤相厚善特加賞賜拜爲左曹封山桑侯

三年徵房子侯鄧晨還京師數讌見說故舊平生爲歡晨從容謂帝曰僕竟辦之（王莽末讖言劉秀當爲天子或云是國師劉秀光武語晨云何用知非僕乎故晨有此言也故辦之）帝大笑

六年春征西將軍馮異來朝異字公孫初從光武徇河北及王郎起光武日薊東南馳晨夜草舍至饒陽蕪蔞亭時天寒烈衆皆饑疲異上豆粥明旦光武謂諸將曰昨得公孫豆粥饑寒俱解及至南宮遇大風雨光武引車入道旁空舍異抱薪鄧禹爇火光武對竈燎衣異復進麥飯菟肩因復渡滹沱建武三年拜征西大將軍六年來朝京師引見帝謂公卿曰是我起兵時主簿旣罷使中黃門賜以珍寶錢帛詔曰倉卒蕪蔞亭豆粥滹沱河麥飯厚意久不報異頓首謝

十七年十月帝幸章陵修園廟祠舊宅觀田廬置酒作樂賞賜時宗室諸母因酣悅相與語曰文叔少時謹信與人不欵曲唯直柔耳今乃能如此帝聞之大笑曰吾理天下亦欲以柔道行之乃悉爲舂陵宗室起祠堂

十九年九月帝幸汝南南頓縣舍置酒會賜吏人復南頓田租一歲父老前叩頭言皇考居此日久陛下識知寺舍（寺司也諸官府所止皆曰寺光武嘗從皇考至南頓故識知官府舍宇）每來輒加厚恩願賜復十年帝曰天下重器常恐不任日復一日安敢遠期十歲乎吏人又曰陛下實惜之何言謙也帝大笑復增一歲

二十六年光武延集內戚讌會歡甚諸夫人各各前言趙憙篤義多恩往遭赤眉出長安皆爲憙所濟活帝甚嘉之後徵憙入爲大僕引見謂曰卿非但爲英雄所保也婦人亦懷卿之恩厚加賞賜

張充與光武同學光武卽位求問充充已死

朱暉父岑與光武俱學長安有舊故及卽位求問岑已卒乃召暉拜爲郎

宋佑初學長安光武往候之佑不時相勞苦而先升講舍光武卽位後車駕幸佑第因笑曰主人得無捨我講乎以有舊恩數蒙賞賚（一云光武在長安時嘗與佑共買蜜合藥帝追

念之賜佈蜜數碩問何如在長安時共買蜜乎其親厚如此

嚴光字子陵一名遵少與光武同游學及光武即位光乃變姓名隱身不見帝思其賢乃令以物色訪之後齊國上言有一男子衣羊裘釣澤中帝疑其光乃備安車玄纁遣使聘之三反而後至舍於北軍給床縟大官朝夕進膳司徒侯霸與光素舊遣使奉書使人因謂光曰公聞先生至區區欲即詣造迫於典司是以不獲願因日暮自屈語言光不答乃投札與之口授曰君房足下位至鼎足甚善懷仁輔義天下悅阿諛順旨要領絕要與腰同霸得書封奏之帝笑曰狂奴

故態也車駕即日幸其館光臥不起帝即其臥所撫光腹曰咄咄子陵不可相助為理邪光又眠不應良久乃張目熟視曰昔唐堯著德巢父洗耳士故有志何至相迫乎帝曰子陵我竟不能下汝邪於是相與歎息而去復引光入論道舊故相對累日帝從容問光曰朕何如昔時對曰陛下差增於往因共偃臥光以足加帝腹上明日太史奏客星犯御坐甚急帝笑曰朕故人嚴子陵共臥耳除為諫議大夫不屈乃耕於富春山後人名其釣處為嚴子陵瀨焉建武十七年復特徵不至年八十終於家帝傷惜之詔曰下御縣賜錢百萬穀千斛

魏太祖以丁斐同鄉里特饒愛之斐性好貨數請求犯法輒得原宥與典軍校尉總攝內外每所陳說多見從之建安末從太祖征吳斐隨行自以家牛羸困乃私易官牛為人所白被收送獄奪官其後太祖問斐曰文侯文侯斐字也印綬所在斐亦知見對曰以易餅耳太祖笑顧謂左右曰東曹毛掾數白此家欲令我重治我非不知此人不清良有以也我之有斐譬如人家有盜狗而善捕鼠盜雖有小損而完我囊貯遂復斐官聽用如初

令狐邵字孔叔父仕漢為烏丸校尉建安初袁氏在冀州邵求去本郡家居鄴九年暫出到武安毛城中會太祖破鄴遂圍毛城城破執邵等輩十餘人皆當斬太祖閱見之疑其衣冠也問其祖考而識其父乃解放署軍謀掾仍歷宰守後徙丞相主簿

王陵為發干長遇事髡刑五歲當道掃除時太祖車過問此何徒左右以狀對太祖曰此子師兄子也子師王允字所坐亦云耳於是主者選為驍騎主簿

王雋汝南人太祖之為布衣時愛雋以壽終于武陵太祖聞而哀傷及平荊州自臨江迎喪改葬于江陵

表爲先賢也
司馬芳字建公爲尚書右丞太祖爲北部尉建公所
舉也及太祖爲王召建公到鄴與歡飲謂建公曰孤
今日可復作尉否建公曰昔舉大王時適可作尉耳
王大笑
橋玄爲太尉初太祖微時人莫知者嘗往候橋玄玄
見而異焉謂曰今天下將亂安生民者其在君乎太
祖嘗感其知己及後經過玄墓輙悽愴致大牢祭奠
自爲其文襃賞令載公祭文曰故太尉橋公誕敷明德汎愛博容國念明訓士思令謨靈幽体翳邈哉往矣吾以初年建升堂室特以頑鄙之姿爲大君子所納增榮益觀皆繇獎助猶仲尼稱不如顏

淵李氏之厚歎賈復士死知己懷此無忘又承從容約誓之言殂逝之後路有經繇不以斗酒隻鷄相過沃酹車過三步腹痛勿怪雖臨時戲笑之言非至親之篤好胡肯爲此辭乎匪謂靈忿能貽己疾懷舊惟顧念之悽愴奉命東征屯次鄉里北望貴土乃心陵墓裁致薄奠公其尚饗
劉勳與太祖有舊後爲盧江太守爲孫策所破自歸
太祖封列侯
婁圭字子伯少與太祖有舊初平中在荆州北界合
衆後詣太祖寵秩子伯家累千金曰婁子伯富樂於
孤但勢不如孤耳
衛臻茲之子爲漢黃門侍郎東郡朱越謀反引臻太
祖令曰孤與卿君同共舉事加欽令問始聞越言固
自不信及得荀令君書具亮忠誠會奉詔命聘貴人
于魏因表留臻參丞相軍事追錄臻父舊勳賜爵關
內侯
文帝初爲魏王延康元年六月南征軍次于譙大饗
六軍及譙父老百姓于邑東設伎樂百戲令曰先王
皆樂其所生禮不忘其本譙霸王之邦眞人本出其
復譙租稅二年三老吏民上壽日夕而罷
吳質字季重文帝爲世子時嘗在坐席後爲元城令
帝即王位與質書曰南史之游存者三人列祖龍飛
或將或侯今惟吾子棲遲下土從我游處獨不及門

瓶罄罍恥能無悁懷路不去遠今復相聞初曹眞曹休亦與質等俱在渤海游處時休眞亦以宗親並受爵封出爲列將而質故爲長史王顧質有望故稱二人以慰之
路粹漢末爲秘書令坐伏法文帝素與粹善聞其死
爲之歎惜及即帝位特用其子爲長史
楊修字德祖坐與陳留王交遊爲太祖所殺死後百
餘日而太祖崩太子立遂有天下初脩以所得王髦
劒奉太子太子嘗服之及即尊位在雒陽從容出宮
追思脩之過薄也撫其劒駐車顧左右曰此楊德祖
昔所說王髦劒也髦今焉在及召見之賜髦穀帛
何夔爲文帝太子太傅遷太僕帝踐阼封成陽亭侯

邑三百戶疾病屢乞遜位詔報曰葢禮賢親舊帝王之當務也以親則君有輔弼之勲焉以賢則君有醇固之茂焉夫有陰德者必有陽報今君病未瘳神明聽之矣君其卽安以順朕意

邢顒文帝爲太子時顒爲太傅及帝踐祚以顒爲侍中尚書僕射賜爵關內侯

明帝爲平原侯時毋丘儉爲文學及卽位爲尚書郞遷羽林監以東宮之舊甚見親待

晉宣帝爲魏太尉景初二年征遼東天子詔弟孚子師送過溫賜以穀帛牛酒敕郡守典農已下皆往會

焉見父老故舊讌飲累日帝歎息悵然有感爲歌曰天地開闢日月重光遭遇際會畢力遐方將掃羣穢還過故鄉肅清萬里總齊八荒告成歸老待罪舞陽

武帝卽位就家拜崔遊爲郞中初遊爲文帝相府舍人以廢於家帝錄敘文帝故府僚屬故及之

羊琇少與武帝通門甚相親狎及帝踐祚累遷中護軍典禁兵放恣犯法每爲有司所貸其後司隸校尉劉毅劾之應至重刑武帝以舊恩直免官而已尋以侯白衣領護軍頃之復職又云武帝與羊琇接進同席琇嘗謂帝曰若富貴見用任領護各十年帝戲而許之及帝爲撫軍命琇參軍事帝卽王位後擢爲左衞將軍封甘露亭侯帝踐祚累遷中軍加散騎常侍琇在位十二年典禁兵豫機密寵遇甚厚

何邵字敬祖少時與武帝同年有總角之好帝爲王太子以邵爲中庶子及卽位轉散騎常侍甚見親厚

鄭默爲散騎常侍初武帝以貴公子當品鄉里莫敢與爲輩求之州內於是十二郡中正僉共舉默文帝與其父褒書曰小兒得廁賢子之流愧有竊賢之累及武帝出祠南郊詔使默驂乘因謂默曰卿知何以得驂乘乎昔州里舉卿相輩常愧有累清談遂問政事

華廙少爲武帝所禮累遷侍中南中郞將都督河北

諸軍事坐事免官與陳勰共造豬闌於宅側帝嘗出視之問其故左右以實對帝心憐之帝後又登陵雲臺望見廙苜蓿園阡陌甚整依然感舊太康初大赦乃得襲封久之拜城門校尉遷左衞將軍數年以爲中書監

劉弘有幹畧政事之才少家雒陽與武帝同居永安里又同年共硏席以舊恩起家太子門大夫累遷率更令轉太宰長史

元帝太興三年七月丁亥詔曰先公武王先考恭王臨君瑯邪四十餘年惠澤加於百姓遺愛結於人情

朕應天符命創基江表兆庶宅心襁負子來琅邪國人在此者近有千戶今立爲懷德縣統丹陽郡昔漢高祖以沛爲湯沐邑光武亦復南頓優復之科一依漢氏故事

唐帝初封瑯琊王及即位詔瑯邪國及府吏進位各有差

穆帝以王洽爲中書令固讓表疏十上帝曰敬和（洽字敬和）清裁貴令昔爲中書郎吾時尚少數呼見意甚親之今所以用爲令旣機任須才且欲時時相見共講文章待以友臣之義而累表固讓甚違本懷其催洽

令拜洽苦讓遂不受

後魏道武天賜元年追錄舊臣加以封爵各有差

明元即位初問左右曰舊臣之中爲先帝所親信者有誰時新息公王雒兒對曰有李先者爲先帝所知帝召先引見問曰卿有何功行而蒙先帝所識先對曰臣至愚細才行無聞適以忠直奉上更無異能帝曰卿試言舊事先對曰臣聞堯舜之敎化民如子三王任賢天下懷服今陛下躬秉勞謙六合歸德士女能言莫不慶忭

文帝在東宮時賈秀爲太子中庶子及即位掌吏曹事帝以秀東宮舊臣進爵陽都子加振威將軍又以谷洪爲散騎常侍南部長李靈爲平陽將軍雒州刺史李訢爲儀曹尚書領中秘書賜爵扶風公加安東將軍洪靈訢皆授帝經以舊恩拜又贈訢母孫氏爲容城君帝謂羣臣曰朕始學之歲情未能專旣總萬機溫習靡暇是故儒道寔有闕焉豈惟予咎抑亦師傅之勤所以爵賞仍隆者蓋不遺舊也訢免冠拜謝

獻文與陸定國自襁褓同處及踐祚拜定國散騎常侍特賜封東郡王加征南將軍定國以承父頻辭不許又求以父爵讓弟遂乃聽之俄遷侍中儀曹尚書

孝文延興二年十二月詔以代郡事同豐沛代民先配邊戍者皆免之

宣武景明初自皇太子即位詔宮臣增位一級

前廢帝普泰初盧同除侍中進號驃騎將軍左光祿大夫同時久病强牽從務啓乞儀同初同之爲黃門也與帝俱在門下同異其爲人素相欵託至是帝以舊恩許之除儀同三司餘官如故

出帝永熙二年平東將軍致政董徵卒帝以徵昔授父業故優贈散騎常侍都督相殷滄二州諸軍事車騎大將軍儀同三司尚書左僕射相州刺史謚曰文

烈

後周太祖時侯莫陳順少豪俠有志度從征伐有功累遷驍衛將軍從魏孝武入關順與太祖同里閈素相友善且弟崇先在關中太祖見之甚歡

明帝爲公子時與少司馬蔡祐特相友善及即位禮遇彌隆御膳每有異味輒以賜祐羣臣朝宴每別被留或至昏夜列炬鳴笳送祐還宅

武帝及齊王憲之在襁褓也以避忌不利居宮中太祖令於瓜州刺史李賢家處之六載乃還宮因賜賢妻吳姓宇文氏養爲姪女賜與甚厚及武帝西巡幸

賢第詔曰朕昔冲幼爰寓此州使持節驃騎大將軍開府儀同三司大都督瓜州諸軍事瓜州刺史賢斯土良家勲德兼著受委居朕輔導積年念其規弼功勞甚茂食彼桑椹尚懷好音矧茲惠人其庸可忘今巡撫甾此不殊代邑舉目依然益增舊想雖無屬籍朕處之若親凡厥昆季乃至子姪等可並預宴賜於是令中侍上士尉遲愷往瓜州降璽書勞賢賜衣一襲及被褥并御所服十三環金帶一腰中廐馬一匹金裝鞍勒雜彩五百段銀錢一萬賜賢弟申國公穆亦如之子姪男女中外諸孫三十四人各賜衣一襲又拜賢甥厙狄樂爲儀同賢門生昔經侍奉者二人授大都督四人授帥都督六人別將奴已免賤者五人授軍主未免賤者十二人酬替放之

宇文孝伯安化公深之子其生與武帝同日太祖甚愛之養於第內及長又與武帝同學後帝從容謂之曰公之於我猶漢高之於盧綰也乃賜以十三環金帶

隋高祖少時與雒陽元諧同授業於國子甚相友愛後以軍功累遷大將軍及高祖爲丞相引致左右諧白高祖曰公無黨援譬如水間一堵墻大危矣公其

勉之尉遲迥作亂遣兵寇小鄉令諧擊破之及高祖受禪顧諧笑曰水間墻竟何如也於是賜宴極歡進位上大將軍封樂安郡公食邑千戶

郭徽初仕後魏大統末爲同州司馬與高祖有舊徵後官至洵州刺史安城縣公及高祖受禪拜太僕卿

宇文慶初仕周歷延寧二州總管高祖爲丞相以行軍總管征江表次白帝以勞進上大將軍與慶有舊甚見親待令督丞相軍事委以心腹尋加相國開皇初拜左武衛將軍進上柱國數年除涼州總管歲餘徵還不任以職初帝龍潛時甞與慶言謂曰天元實

無積德視其相貌壽亦不長加以法令繁苛恥姿聲色以吾觀之殆將不久又諸侯微弱各令就國曾無深根固本之計羽翮既剪何能及遠尉遲迥貴戚早著聲望國家有釁必爲亂階然智量庸淺子弟輕佻貪而少惠終致亡滅司馬消難反覆之虜亦非池内之物變在俄頃但輕薄無謀未能爲害不過自竄江南耳庸蜀險隘易生艱阻王謙愚蠢數無籌畧但爲人所誤不足爲虞未幾帝言皆驗及此慶恐帝遺忘不復收用欲見舊恩顧且錄前言爲表奏之帝省表大悦下詔曰朕言之驗自是偶然公乃不忘彌表誠

節深感至意嘉尚無已自是帝每加優禮

李諤初仕周爲天官都上士開皇中累遷治書侍御史高祖謂羣臣曰朕昔爲大司馬每求外職李諤陳十二策苦勸不許朕遂決意在内今此事業諤之力也賜物二千段累遷治書御史

韋師初仕後周爲賓部大夫高祖受禪拜吏部侍郎後兼晉王廣司馬從帝幸醴泉宫召師與左僕射高熲上柱國韓擒虎等於卧内賜宴令各敘舊事以爲笑樂

鄭譯初仕後周定策以高祖輔政開皇初有罪除名尋授開封隆州刺史請還治疾有詔徵之見於醴泉宫帝賜宴甚歡因謂譯曰貶退已久情相矜愍於是復爵沛國公上柱國帝顧謂侍臣曰鄭譯與朕同生共死間關危難興言念此何日忘之譯因奉觴上壽

竇榮定初仕後周爲雒州總管高祖受禪來朝京師帝顧謂羣臣曰朕少恶輕薄性相近者唯竇榮定而已賜馬三百匹部曲八十戸而遣之

司馬消難初仕後周爲交州總管府高祖秉政消難與尉遲迥不受命遂奔陳初消難自北齊歸周高祖父迎消難遂結爲兄弟情好甚篤高祖每以叔禮事

之至是陳平至京特免死配爲樂戸經二旬放免猶被舊恩

長孫覽初仕後周爲大都督周武帝在藩與覽親善及即位彌加禮焉超拜車騎大將軍每公卿上奏必令省讀開皇中高祖嘗命覽與安德王雄上柱國元諧李充左僕射高熲右衛大將軍虞慶則吳州總管賀若弼等同宴帝曰朕昔在周朝備展誠節但若猜忌每致寒心爲臣若此竟何情賴朕之於公義則君臣恩猶父子朕當與公共享終吉罪非謀逆一無所問朕亦知公至誠特付太子宜數參見之庶得輔相

親愛柱臣素望實屬於公宜識朕意其恩禮如此又
爲蜀王秀納覽女爲妃
楊義臣代人本姓尉遲氏父崇仕周爲大將軍知高祖相貌非常每自結納開皇初封泰興縣公歲餘從行軍總管達奚長儒擊突厥於周盤力戰而歿贈大將軍豫州刺史以義臣襲崇官時義臣尚幼養於宫中年未弱冠奉詔宿衛如千牛者數年賞賜甚厚帝嘗從容言及舊恩顧義臣嗟歎久之因下詔曰朕受命之初群凶未定明識之士有足可懷義臣與尉遲迥本同骨肉旣狂悖作亂鄴城其父崇時在常山典

司兵甲與迥隣接又是至親知逆順之理識天人之意卽陳丹欵慮染惡徒自執有司請歸相府及北夷内侵横戈制敵輕生重義馬革言旋操表存亡事貫幽顯雖高官大賞延及於世未足表松筠之志彰節義之門義臣可賜姓楊氏賜錢三萬貫酒三十斛米麥各百斛編之屬藉爲皇從孫
劉昶仕周尚公主官至柱國彭國公數爲將帥位望顯隆與高祖有舊及受禪甚親任歷左武衛大將軍慶州揔管
郭榮初爲高祖相府樂曹參軍俄以本官復領藩部大夫高祖受禪引爲内史舍人以龍潛之舊進爵蒲城郡公
盧賁開皇初爲右將軍與華州刺史張賓等謀黜高熲蘇威事泄免炊及爲齊州刺史民饑穀米湧貴閉人糴而自糶之坐是除名爲民後從幸雒陽帝從容謂賁曰我始爲大司馬時卿以布腹心於我及總百揆熲繁左右與卿足爲恩舊卿若無過者位與高熲齊坐與凶人交搆繇是廢黜言念疇昔之恩復當牧伯之位何乃不思報效以至於斯吾不忍殺卿是屈法申私耳賁俯伏陳謝詔復本官

虞慶則與高祖有舊因觀羣臣宴射慶則進曰臣蒙賚酒食令盡樂御史在側恐醉而被彈帝賜御史酒因遣之出慶則奉觴上壽極歡帝謂諸侯曰飲此酒願我與諸公等子孫常如今日世守富貴
權武自高祖爲丞相引之左右及受禪增邑五百戶後六歲拜淅州刺史伐陳之役以行軍總管從晉王出六合還拜豫州刺史在職數年以創業之舊進位大將軍檢校潭州總管
煬帝大業二年七月壬戌擢藩邸舊臣鮮于羅等二十七人官爵有差

九年冬十月乙酉詔曰愽陵昔爲定州地居衝要先
皇歷試所基王化斯遠故以道冠豳風義高姚邑朕
廵撫氓庶爰届兹邦瞻望郊壥懐德思止所以宣播
德澤覃被下人崇紀顯號式光令緒可改愽陵爲高
陽郡赦境内死罪已下給復一年於是召高祖時故
吏皆量才受職

趙才帝爲晉王時以上儀同三司配事及爲太子拜
右虞侯率帝即位轉左備身驃騎後遷右驍衛將軍
帝以才藩邸舊臣漸見親待才亦恪勤匪懈所在有
聲歲餘轉右武侯衛將軍

張威虔煬帝爲晉王時爲司刑參軍及王爲太子爲
太子舍人帝即位授内史舍人儀同三司尋以藩邸
之舊加開封府尋拜謁者大夫

段達煬帝爲晉王時爲參軍大業初以藩邸之舊拜
左翊衛將軍

裴虔通河東人煬帝爲晉王時以親信從稍遷至監
門較尉及即位擢舊左右授宣惠尉遷直閤

獨孤盛上柱國楷之弟也性剛烈有膽氣煬帝在藩
盛以左右從累遷爲車騎將軍及嗣位以藩邸之舊
漸見親待累轉爲左屯衛將軍

諸葛頴煬帝爲太子時爲藥藏監及即位爲著作郎
後録恩舊授朝請大夫帝嘗賜頴詩其卒章曰參翰
長洲苑侍講肅成門名理窮研覈英華恣討論實録
資平允傳芳道後昆其見待遇如此

冊府元龜

巡按福建監察御史臣李嗣京訂正

知長樂縣事臣夏允彝叅閱

知建陽縣事臣黄國琦較釋

帝王部　一百七十二

求舊第二

唐高祖初爲唐公赴京師隋左親衛竇靖德以親故之恩見之甚悅歷拜周大總管司馬遷長史

武德元年五月即位凡有賓客故吏咸加升擢率意進用不限階資

二年閏二月甲寅帝引見并州元從將校以下謂之曰朕起義并州以救元元之命實諸君之力也卿輩執羈靮從我已三歲矣朕每念之無忘寢食待東都平定當放卿還故鄉衆皆曰幸遇龍興獲展微効俱沾不次之賞今天下未定豈敢辭勞但陛下初發太原許定天下之後與臣輩同幸并州今鑾輿未動臣下何能獨去帝曰昔有此言朕所以忘於是稟食其妻子

是月己巳隋吏部侍郎楊恭仁進見帝爲之興引與同坐言疇昔爲歡者久之

三年二月辛丑隋殿内少監豆盧達自東都來奔與帝有舊引入卧内讌賜甚厚

三月戊辰隋尚食奉御郭弘道自東都來歸弘道字太實帝初爲殿中少監深喜之及踐祚弘道在東京帝每遣門人訪其在沒聞其來也遂遣使迎勞於道及此引見涕泣曰臣識龍顔在天下之先今拜闕庭在衆人之後臣之罪也於是引入卧内言及疇昔夜久乃罷賞賜萬計拜同州刺史在州思慕不肯理事徵拜衛尉卿尤蒙翫狎仍下優詔每參見奏事特令升殿

孔紹安隋末爲監察御史監帝軍深見接遇帝受禪紹安自雒陽間行來奔帝見之甚悅拜内史舍人

陳政初仕隋爲謁者兵曹宇文化及之逆以爲太嘗卿委之樂偭政數勸化及歸國化及不能乃亡歸長安化及失政之後三軍奪氣兵勢益弱帝與之有舊聞其來也大悅遣使迎勞及至賜宴極歡尋授内史舍人

許紹初仕隋爲夷陵郡通守後遣使歸國拜陝州刺史封安陸郡公帝與紹有舊因下詔曰昔在靑衿同遊庠序博士吳㸚其妻姓仇追想此時宛然在目荏

蕭歲月遂成累紀且在安州之日公家乃莅岳州渡遼之時伯裔又同戎旅安危契濶累葉同之其間遊處觸事可想公追硯席之舊歡同通家之曩好爰自荆門馳心絳闕覽此忠至彌以慰懷

張瑾隋末陷王充及雒陽平詔徵瑾入朝以舊恩歷右衛大將軍軍器太監帝哀其年老從容謂之曰公筋力漸長過爾勞曳無乃辛苦耶朕不惜官但恐相損瑾固請曰幸遇明時願得陪奉帝頷之及爲羽林將軍過突厥來寇瑾不戰保于幽州帝以其年老拜冠軍將軍優以散秩

太宗以武德九年八月即位九月戊戌賜舊邸僚舊下逮胥吏帛各有差又宴舊府佐及學士於弘教殿賜物各有差

貞觀十五年五月壬申并州道士及僧父老等二百人詣闕上表稱太原王業龍興之地登封禮畢伏願臨幸（臣欽若等曰是年四月有詔封泰山故父老日有禮畢臨幸之謂）帝賜宴于武成殿顧謂侍臣曰朕少在太原喜群聚博戲暑往寒襲將三十年矣因與舊識者陳說往事以爲笑樂又謂之曰他人之說或至面諫卿等朕之故人以實告朕即日政敎於百姓何如人間得無疾苦耶故老咸稽首言四海太平百姓歡樂陛下之力也臣等餘年日惜一日但眷戀聖化不知疾苦因固請幸并州帝曰飛鳥過故林尚徘徊躑躅況朕太原起義遂定天下永言懷舊誠所不忘俟東封還或與公相見耳各賜物而遣之其不來者仍降璽書存問之曰昔隋末喪亂百姓凋殘酷法淫刑役煩賦重農夫釋耒工女下機徵召百端寇盜蜂起人懷怨憤各不聊生水火之切未足爲喻先朝不忍塗炭思濟黎元朕稟承神筭奮劔南起與彼境英雄同心協力不顧軀命以救蒼生爰自晉陽興兵立義雄鋒接刃櫛風沐雨除凶

去暴布德行仁天下乂安戎車止息九夷八狄莫不來庭以至于今二十餘載豈予一人所能致此實賴天地之靈宗社之福賢人君子爲朕股肱文士盡其才智武夫宣其武力朕端拱無爲庶幾王道然漢祖悲歌嘗思豐沛晉皇吟咏唯在溫原此人情也況并部之地創業之基與諸父老首立大事引領北望感慕兼深思與父老一日敘舊懷之在心所不忘也但海內殷曠萬機多事巡省四方未獲周悉父老宜約勒鄉黨教導後生親疎子弟務在忠孝必使風俗敦厚異於他方副朕此懷光示遠邇使旌表門閭榮寵家

國書名竹帛豈不美乎夏序甚熱想各平安善自怡養動靜聞奏故有此勑想見朕心

十六年十一月甲子帝幸慶善宮召武功之郃城立節三時豐義四鄉士女七十巳上及居宮側數百人賜宴焉帝謂之曰朕幼遭隋亂櫛風沐雨饑不遑食以救蒼生百姓得無夭亡二十餘年矣今重還舊鄉與父老相見此宮先皇所居朕之生處至此傷心觸物增感因泣下霑襟羣臣莫不歔欷又曰今召父老言宴少自寬割耳又謂羣臣曰人或時覽物不能自知朕昔在隋朝五品初不可望公等其時多有未仕

朕今君臨四海公等並居高列君臣相遇千載一時朕與諸公豈各自知也遂縱酒盡歡其父老中或宿經役事或舊媼倉頭皆蹈舞勸醉爭前上壽或因言屈滯者帝咸理之宴畢賜帛各有差其無官者並加泛級

二十年帝征遼還幸并州引從官及太原父老宴賜物有差因下詔曰太原之地興運所階全晉之人義深惟舊自朕恭膺寶曆二紀于茲何嘗不御晨長懷想嵴陵之風雨臨軒遠感念大麓之雲雷當於此時乃忘身而拯溺實賴同德並贏糧而樂推役不踰年遂清區域諒繇成都之衆謳訟闢虞帝之功戩牧之徒歌舞興周王之業伏茲協力竟至昇平懷彼勤勞何忘晷刻既因垂拱之暇再省創業之方周歷郊原宛如疇昔訪其父老巳多長謝不見所識覩后遂以興嗟鄗彼故人漢高因而式宴前王是日哀樂交懷在朕洊衷義符于此是用具陳廣樂共申高宴取譬還譙之賞同彼幸代之情仍曲赦并州管內大辟罪巳下繫囚見徒皆赦除之嘗赦所不免者不在赦例又以前銀青光祿大夫遼山縣伯溫昂爲金紫光祿大夫保晉陽之舊也

二十一年開府儀同三司高士廉薨帝聞之流慟將往哭之房玄齡頓首諫曰陛下久御藥石不可臨喪去歲聖躬不安康復甫爾臣等敢以死請帝曰朕此行也豈獨君臣之禮歟兼以故舊情洊恩戚義重一朝長逝恐而不哭之乎卿等勿復言也乃從數百騎出興安門司徒長孫無忌哭於喪側聞駕來馳往奉見涕泣馬前諫曰餌石臨喪經方明忌臣之目見誠有所徵陛下含育黎元須爲宗社珍愛臣亡舅士廉知將不救嘗謂臣曰至尊覆載恩隆不遺簪屨亡沒之後或致親臨生存虛荷榮班無酬聖德安可以北

首夷余輒同鑾駕魂而有靈負譴斯及不願親臨期於必遂其言甚切帝終不聽無忌中道伏卧涕泣交流帝感之還入宮苑南望而哭雨泗沾衣從官無不隕涕

載胄初仕齊爲鄭州長史帝尅武牢而得之引爲士曹參軍武德末以藩邸之舊除兵部郎中

薛萬淑以屢有戰功拜上柱國封武城郡公帝與之有舊引爲護軍及嗣位拜右領軍尋鎮黃龍檢校東校尉

崔善爲尚書左丞後歷大府大理司農陝泰二州所

在之職皆名幹理雖頻以罪失官然以相府僚舊旋被昇用

蕭璟隋煬帝蕭后之弟義寧中隋王充爲工部尚書帝之平東都也引爲諮議貞觀中以藩邸僚寀歷黃門侍郎太子右庶子

褚亮爲通直散騎常侍致仕歸于家帝行幸雒陽及成翠微宮賜亮詩每有隔濶想思之句及駕幸遼東亮子遂良爲黃門侍郎詔遂良謂亮曰昔與師旅卿嘗入幕今茲遐伐君巳懸車倏忽之間移三十載眷言疇昔我勞何如今將遂良東行想公於朕不惜一兒於膝下耳故遣陳離意善居加食亮奉表陳謝其爲欸舊如此及至寢疾詔令高手醫將藥救療中使候問不絶卒時年八十八帝甚哀惜之再三言及流涕

張後裔初在太原侍帝講經史貞觀初爲燕王諮議從王入朝特被召見屢蒙顧問後裔因奏言陛下龍潛之日嘗問臣隋氏運終何族當得天下臣對曰李姓必得拯厥橫流實資仁聖公家德業天下係心若於此首謀順天而動黃河以北指撝可定然後長驅關右以圖帝業萬姓喁喁孰不幸賴帝曰此事並記

之耳因賜讌於月池言及平昔乃從容謂後裔曰今日弟子何如後裔奏曰昔孔子領徒三千達者無子男之位臣翼贊一人即爲萬乘之主計臣此功逾於先聖帝以爲笑樂乃令羣臣難問後裔左傳謂之曰朕昔就卿受春秋今猶不忘後裔謝曰陛下天縱聖德稟自生知臣不敢貪天之功以爲巳力帝大悅賜以御馬及諸物遷燕王府司馬後爲睦州刺史因入朝乞骸骨帝召問曰朕與卿刺史資以自養何謂卿求致仕後裔對曰年老筋力不健望得還私第時見闕庭帝曰卿力猶强欲何官也後裔陳謝不敢帝曰

朕昔從卿讀書卿今日從朕求官但言所欲不相違也時國子祭酒缺後裔奏言之因授國子祭酒俄遷散騎常侍又請致仕許之加金紫光祿大夫聽朝朔望

斐寂既流靜州會山羌爲亂寂率家僮破之帝思其佐命之舊徵入朝會卒帝聞而傷之贈相州刺史工部尚書河東郡公

高宗在春宮時蕭德言爲侍讀及嗣位以師傅恩加銀青光祿大夫特令全給祿俸遣通事舍人就家致問仍令乘輿至肅章門引見優禮甚厚賜帛百疋因

是晉府及東宮舊侍讀許叔牙等身没者子孫並增秩賜物焉

永徽二年十二月贈故中書令馬周爲尚書右僕射以東宮舊僚故也

顯慶二年十月幸鄭州以高祖在隋嘗牧滎陽有經事高祖任郡佐史布衣以上身見在即以名聞

五年正月幸并州至澤州之長平頓帝以歷試此境賜父老等布帛有差

龍朔元年九月幸天宮寺以是高祖龍潛舊第賜絹五百疋度僧二十七人

麟德元年九月丙子至自萬年宮便幸舊宅停七日丁丑宴羣臣賜物有差

總章二年九月幸岐州以高祖仕隋爲扶風太守故曲赦岐州仍賜高年衣物粟帛各有差

中宗神龍元年四月宴房州父老於雒城南門各賜勳一級帛十五段又以衛尉卿同平章事魏元忠爲兵部尚書韋安石爲吏部尚書太子賓客平鄉縣公李懷遠爲右散騎常侍兵部尚書同中書門下三品酒泉縣公唐休璟爲輔國大將軍中書令博陵郡公崔玄暐爲特進檢校益州都督府長史判都督事京師

留守戸部尚書同中書令下三品兼檢校雍州長史弘農郡公楊再思兼檢校揚州大都督府長史判都督事國子祭酒同中書門下三品祝欽明爲刑部尚書仍並同中書門下三品帝在春宮元忠等繼爲左右庶子等官至是故有斯授又追贈故文昌左相劉仁軌爲太尉故太子詹事蔣儼爲禮部尚書皆以春宮舊僚故也

三年四月庚寅幸薦福寺其故吏周府官從至寺者各賜勳一轉崔徵嗣則天初爲房州刺史帝爲廬陵王安置在州官吏多無禮惟徵嗣獨申禮致敬又供

給豐贍帝嘗德之及登位有益州長史崔敬嗣既同姓名每進擬官皆御筆超拜之者數四後引與語乃知誤訪敬嗣已卒乃遣中書令韋安石授其子官

睿宗景雲二年三月故吏部尚書張嘉福追復官爵嘉福神龍初爲吏部尚書兼相府長史唐隆元年同中書門下三品河北道宣勞使嘉福昵宗楚客附悖逆庶人及楚客誅有制斬之使未至嘉福次懷州牒令禁錮司法遽殺之尋後勑放于嶺表而嘉福已死帝即位以藩邸舊臣復官焉

玄宗初在春宮褚無量爲國子司業兼太子侍讀及

即位遷郯王傅兼國子祭酒尋以師傅恩遷左散騎常侍仍兼國子祭酒封國公賜實封三百戶

開元二年八月詔曰朕聞士之生代始於事親中於事君終於立身此其本也若乃移孝成忠策名委質命有太山之重義徇則爲輕事有疾風之力節全則爲勁況君臣之相遇而故舊之不遺乎銀青光祿大夫殿中監楚國公姜皎簪紱聯華珪璋特秀寬厚爲量深沉合謀靜而安仁動能體國往居藩邸潛欵風雲亦猶彭祖之同書子陵之共學朕嘗遊幸于外至長揚鄠杜之間皎於此時與之累宿私謂朕曰太上皇即當九五王必爲儲副凡如此者數四朕叱而後止寧知非僕雖玩於鄧晨可收護軍遂訶於朱祐皎復言於朕兄弟及諸駙馬等因聞徹太上皇太上皇遂奏於中宗孝和皇帝皇帝尋遣嗣王邕等鞫問皎保護無息詞意轉堅李通之讖記不言田叔之髡鉗罔憚乃爲宗楚客紀處訥等密奏請皎炎荒中宗特降恩私遷潤州長史讒邪每搆忠懇逾深戴於朕躬憂存王室以爲天且有命預覩成龍之徵人之無禮嘗懷逐鳥之志游辭枉陷旋罹貶斥嚴憲將及殆見誅夷履危本於初九遭險期於不貳雖禍福之際昭

然可圖而艱難之中是所繫賴洎朕祗膺寶位又共翦奸臣拜以寵光不忘撝挹敬愛之極神明所知造膝則曾莫詭隨匪躬則動多規諫補朕之闕斯人孔藏而悠悠之談嗷嗷妄作醜正惡直竊生於謗考言詢事益亮其誠昔漢昭帝之保霍光魏太祖之明程昱朕之不德庶幾於此刻于否當其悔則滅宗毀族朕負之必深泰至其亨則如山如河朕酬之未補豈流言之足聽而厚德之遂忘謀始有之圖終可也宜告中外咸令悉知

九月詔曰明王垂訓則罪不相及善人懼罰則刑不

可澂縣是毋嘗直言豈坐趙括魚飯從劉寧遺友向古之道也朕所務焉衛尉少卿崔滌竭誠奉國忘軀事君曾同下杜之遊頗若中陽之舊誠表於先覺節全於後凋其兄湜素昔異圖交結兇黨滌雖懷在原之恩深憂闔室之刑動靜則聞始終必盡爲臣不隱唯滌有之言念厥功曷云從坐況老父就殞諸兄繼歿搖落變衰有足矜憫賞罰勸沮宜判忠邪滌家除兄湜一房外餘並不須爲累滌令名澄玄宗在藩邸與之同里而居蘇是有舊景龍中玄宗之潞州賓友餞別者自國門而旋滌獨從至于華及登極恩眷甚厚賞賜相繼恩渥之盛當時無比帝以其朝夕宮掖出入無間慮有所漏洩乃于滌笏上親札愼密二字以誡之

五年七月制曰西漢諸將多以權貴不全南陽故人宜以優閑自保觀夫先後吉凶之數較然可知良有以也太常卿上柱國楚國公監脩國史姜皎衣纓奕代忠讜立誠明識比於橋玄密私方於朱祐朕昔在藩邸早繇款洽嘗傳我以不遺亦起予以自愛及膺大位屢賜崇班茅土列爵河山傳誓備蒙光寵特冠等夷朕每欲其戒盈用克終吉未若避榮公府守靖私第自知高尚之風不涉囂塵之境休我恩貸庇爾子孫宜歸田園以恣娛樂散官勳封並如故時皎弟晦爲吏部侍郎兄弟當朝用事侍中宋璟以其權寵太盛恐非久安之道屢奏請消損之故有是命後坐漏洩禁中語配流於雷州死于中路帝思皎舊勳令遞其柩還制曰念舊飾終抑惟令典故秘書監姜皎頃在屯難頗申誠績運屬光華遂延恩澤而過繇驕怠遠隔幽明言念往初有深矜悼宜寵泉夜以示不忘可贈澤州刺史

六年二月以少府監齊景胄爲益州大都督府長史充劍南道度支防禦兼松當姚嶲等州處置兵馬使以隰州刺史兗國公陸象先爲潤州刺史岳州刺史燕國公張說爲荆州大都督府長史海州別駕員外

置同正員韋嗣立爲陳州刺史汚州刺史張廷珪爲蘇州刺史洋州刺史賈曾爲慶州刺史皆坐累久之特恩甄敘爲其舊也

十一年正月幸潞州以歷試舊宅爲飛龍宮詔曰朕巡狩晉陽觀風問俗肆覲羣后存問百年候於境者抑爲故事今停蹕潞州勞以牛酒其外州刺史及迎駕父老道士女道士僧尼等遠來至此頗以艱辛宜並令預會刺史賜物四十疋父老以下各賜物三疋又勑太原府境內其有沈淪草澤抱德栖遲及武德功臣子孫并元從子孫才堪文武所屬官者並委府

縣捜揚具以名薦辛卯詔并州置北都改州爲太原府癸巳親製起義堂頌刻石紀功于太原府之南街二十年十月北狩至潞州勑曰朕往在藩邸遊歷潞城歲月頗多人情亦厚今因巡省再過此邦初至歡呼皆有繇衷之感將去停立益知戀主之誠言念此心孰不能變雖天下爲一政有何殊而王者無私議不謂此特宜優異以納羣心其潞府百姓丁壯等免征行令其分畨宿衛定名長從仍委長史韋虛心審問父老百姓等如此處置可否奏聞

天寶七載正月制曰哲王垂範旣有寵於勳庸先聖

立謀諒不遺於故舊贈澤州刺史姜皎身心敏識雅量通才夙懷經濟之能且著文辭之美往居藩邸早奉款誠及登寶位嘗進忠讜漢高之念盧綰魏祖之重橋玄彼此一時我亦無愧永言徽烈豈忘襃崇宜加贈於八座更開封於百室可贈吏部尚書仍賜實封三百戶與子孫永克享祀

肅宗以至德元年七月即位於靈武詔東宮官屬既會昌期合承寵命量加改轉

李泌自天寶末待詔翰林仍東宮供奉帝甚禮之泌爲楊國忠所忌出蘄春郡及帝即位遣使訪召會泌自嵩潁間行至彭原郡謁見陳今古成敗安危之機契於宸衷延至卧內動皆顧問泌稱山人故辭祿秩以散官寵之特拜銀青光祿大夫仍知元帥廣平王行軍司馬事

杜鴻漸爲朔方節度判官會帝承命北巡徵兵討逆屯于靈武鴻漸得謁見及即位之際鴻漸以定策功遷中書舍人兼判兵部侍郎

代宗寶應元年八月優詔東宮官僚並與改轉願守本官者亦聽李進初爲帝東征從事又爲皇太子元帥參佐後至兵部侍郎卒帝甚悼之制曰朕在藩邸

理兵西夏建于元子受律東郊將更否泰再同休戚其恩遇如此贈禮部尚書

德宗即位初以國子博士翰林學士張涉爲左散騎嘗侍仍爲學士帝自居春宮涉嘗爲侍讀及嗣位後庶政小大皆咨之恩禮甚崇多所弘益俄受前湖南觀察使辛杲金事覺以恩舊不之罪廢于家

建忠初帝以駙馬都尉柳譚子成嘗有硯席之舊日加渥澤

興元初贈尚書左丞趙涓禮部尚書涓永泰初爲御史禁中失火焚屋室數十間與東宮稍逼近代宗洊

驚疑之涓時爲廵使俾令即訊涓周歷墉圍按驗證據乃上直官遺火所致也推鞫明審頗盡事情旣奏聞代宗甚嘉賞焉帝時在東宮嘗感涓之究理詳細及爲衢州刺史年老旣涏又與觀察使韓滉不相得滉奏請免其官帝見其名謂宰相曰豈非永泰初御史趙涓乎對曰然即日拜尚書左丞俄知吏部選事扈從梁州而卒

順帝以貞元二十一年正月即位制以給事中馮伉爲兵部侍郎以兵部員外郎史館修撰歸登爲給事中修撰如故伉及登皆帝在東宮時侍讀以師傅恩

拜

憲宗在藩邸張宿因軍使張茂宗得出入東宮辯論敢言涓監撫登位之際驟承顧幸擢居諫列以舊恩數召入禁中終諫議大夫

武元衡仕德宗爲御史中丞順宗即位王叔文等不悅之罷爲右庶子帝始冊爲皇太子元衡贊引因識之及登極復拜御史中丞

穆宗以元和十五年正月即位閏月以駕部員外郎丁公著爲給事中兵部郎中薛放爲工部侍郎咸以東宮舊恩起獎初放爲皇太子侍讀及嗣位未聽政間放多在左右密參機務帝嘗謂放曰小子初承大寶懼不克負荷先生宜爲相以救不逮放叩頭曰臣實庸淺不足當重任乞陛下授以能者帝尤用嘉歎賜以金紫加集賢殿學士雖事任非切而恩顧轉隆又轉兵部二侍郎禮部尚書兼學士如故

二月御丹鳳樓大赦詔東宮官及侍讀普恩之外賜爵加階仍並與進改

三月以檢校司空兼太子少師判國子祭酒事鄭餘慶爲檢校司徒餘如故加太子少傅兼判太常卿事韓皐檢校太僕射並以東宮師保之舊進秩也以太

子賓客李益爲右散騎常侍太子詹事分司東都韋貫之爲河南尹太子賓客田融爲太子少保兼太子詹事依前留司益等亦以春宮舊僚進秩

四月以前虔州刺史韋綬爲尚書左丞綬前爲諫議大夫侍讀東朝帝深禮敬至是以舊恩超擢未幾復加集賢學士

敬宗長慶四年正月即位三月以太子少保張弘靖爲太子少師分司東都太子賓客令狐楚爲河南尹兼御史大夫太子賓客李益爲左散騎常侍太子賓客張賈爲右散騎常侍並以宮僚加恩也

文帝初封江王寶曆二年十二月即位太和元年正月敕江王府官去年十二月已前在任者並與進改

後唐莊宗同光元年十二月車駕在洛京丁丑太原耆老薛漢等八十人詣闕稱慶見於嘉慶殿帝以豐沛之民親自慰諭給賜有差

二年六月贈故河東節度副使右諫議大夫李襲吉禮部尚書故河東節度副使禮部尚書蘇循爲尚書左僕射故河東節度副使戶部侍郎盧汝弼爲兵部尚書故河東管內觀察判官檢校尚書左僕射司馬揆爲司空故河東留守判官工部尚書李敬義爲尚

書左僕射皆河東舊僚也

十一月贈故天雄軍節度副使王緘爲司徒緘燕人初爲劉仁恭幕吏天祐四年仁恭遣緘使鳳翔路繇太原及復命燕晉不通帝留之言不遜命繫于獄尋脫之署巡官帝待之甚厚時有馬郁者亦仁恭之幕賓也三年冬仁恭令郁將兵三萬會於晉陽攻潞州因茲亦留於晉帝以郁爲留守判官郁緘俱有文才然郁博通多識才性朗俊下筆成章郁殁軍書墨制多出於緘初從定魏州爲節度判官朞年爲副使帝寵顧甚隆及胡柳之役緘於輜重間爲亂兵所殺帝聞之愀然曰副使應至不測邪月得其喪以歸至是追贈

明宗在潛時同光中賜得梁租庸使趙巖雒中宅宅雖華以趍內遠乃與羅周敬易其第詔之其第即周敬父紹威前唐時所建在福善里後帝即位一日夢中見一人儀形環秀若素識者帝夢中曰此得非前宅主羅氏乎及寤訪其子孫左右對曰周敬見列明廷召至果符夢中所見帝謂侍臣曰朕不欲使大勳之後久無土地因授左馮翊非承家爲善何以致此

天成元年七月中書門下奏太原潛龍宅請以積慶

宫爲名從之

是月敕漢朝昇沛魏祖封譙當化家爲國之時行奉先思孝之道睠惟應郡跡乃帝鄉宜師古而建邦亦推恩而及物俾崇國本以洽人情其應州宜置彰國軍節度仍以興唐軍爲寰州隸彰國軍

九月己未幸前隰州刺史袁建豐之第帝在藩邸嘗爲副相得甚歡至是建豐風病沈廢於私第以舊愛親幸撫慰之

二年四月贈故振武軍節度使李嗣昭爲太尉嗣昭天祐十五年卒於太原帝舊敦分義臨御之後念深

故人故有是詔
十一月乙卯平盧軍節度霍彥威天平軍節度符習入覲召昇殿命樂舉酒語及佐命決策之事歡語移時
長慶元年三月以吐谷渾薛萬通爲嵐州刺史與帝有舊故也
十月北京留守馮贇謝恩賜母衣服銀器初贇父在太原潛龍第爲家老母出入第中恩意頗厚贇自宣徽使居守晉陽將之任贇母辭於宮中帝謂贇母曰吾輩老矣贇昨來總角兒走吾前今日便得氣力吾

頃在太原爲偏將視節度使富貴極矣彼時吾不敢懷望將師今贇爲留守節度使耳姥更宜內訓撫我鄉里生民是日錫以金縉及至任每因中使往即慰問之
三年二月以李從臻簡較尚書右僕射右衛將軍劉遂凝簡較戶部尚書右監門衛將軍韓昭裔簡較戶部員外郎守太子左贊善大夫仍賜紫金魚袋趙筠簡較兵部尚書王再友簡較刑部尚書胡漳簡較國子祭酒史延韜簡較右散騎常侍皆帝在藩舊參佐也

四年八月乙丑帝顧謂侍臣曰前洋帥陳皐稱病甚乞致仕信乎對曰實然帝因愴然改容良久曰陳皐昔爲健兒從吾征伐操戈擐甲氣吞豺虎今衰落如此浮生壯健都幾何時哉咄嗟久之因令孟漢瓊往勞問
安金全初仕莊宗爲騎將與帝尤善相天成初召金全歸朝授振武節鉞同平章事
何瓚初仕莊宗判留守於北京及帝纘嗣日罷歸闕見於秘殿帝念及故舊召問久之回加賜賚
李建崇初仕莊宗以不能巧宦久滯偏裨帝嘗掌牙

兵與建崇共事甚悉之連授磁洺二州刺史
曹英本常山真定人父全武事趙王鎔爲列校英因得隸鎔帳下及莊宗奄有其地錄其左右收爲散指揮使帝即位英侍於仗下問其祖考英以實對帝曰乃朕之舊也擢本班行首每加顧遇
藥縱之初依帝攝代州衙推及鎮邢洺爲書記自是移鎮常山被天平宣武兩鎮節度副使帝鎮常山被病不隨及踐阼縱之請見于雒邑安重誨怒其覬望半歲餘無所授言事者聞於帝帝曰德勝用兵時縱之饑寒相半不離我左右今有天下何人不富貴獨

委維之何以勸勞且遽召見之旬浹除磁州刺史
愍帝長興四年十一月即位丙辰以天雄軍節度判官唐汭爲左諫議大夫掌書記趙彖爲起居郎攝觀察推官吳承範爲左拾遺左都押衙宋令詢爲磁州刺史皆帝帥鄴時文武參佐也唐汭舉進士自帝帥宣武時從事歷太原真定三府帝喜儒學汭之所啓也故有此授又以天雄軍巡官殷鵬爲右拾遺鵬與吳承範俱魏州人舉進士會帝爲帥歸鄉里依之故有是超授焉
應順元年正月以前洺州團練使皇甫立爲保大軍 二十三

節度立明宗微時舊人也性不趍競同時數輩皆秉節鉞唯立纔及二千石朱馮舉勞其舊故有是命 臣欽若等曰朱弘昭馮贇皆當時宰相
末帝初天成中出鎮河中府房嵩者京兆長安人也少爲唐宰相崔魏公家臣後因亂客於蒲州於路左迎謁帝求事軍門帝受之使治賓客及登極歷南北院宣徽使
清泰元年以左諫議大夫盧損爲右散騎常侍損嘗奉使河中與帝款接故也
五月以右千牛衛上將符彥饒充左右切衛都指揮使彥饒舊典禁軍明宗朝立定亂之功今春以伯氏安州不治而入宿衛帝游舊也故復委任之
六月以前均州刺史韓遠爲羽林將軍前申州刺史李千爲右驍衛將軍前河東行軍司馬李繼忠爲左驍衛將軍前鄜州行軍司馬韓昭爲左武衛將軍前彰義行軍司馬喬神劍爲右武衛將軍前青州行軍郭師肇爲右武衛將軍前安州行軍司馬石延贇爲右監門衛將軍前同州行軍司馬趙彥歸爲左監門衛將軍帝久親戎事皆舊部校也故有是獎錄焉
辛巳以太子太傅致仕王建立兼侍中充天平軍節度 二十四

鄆齊棣等州觀察處置等使建立以微賤事明宗與帝少而周旋備嘗艱苦明宗鎮真定詔入朝以建立巡檢知留守事及即位遂用爲節度使後歷數鎮長興中致仕帝與之親舊乃有是拜
七月詔禮部郎中知制誥呂琦賜紫金魚袋初帝河中失守歸清化里第罕得出入琦寓止在帝左右凡有奏請謀度之事遣韓昭諮於琦而後行既君天下浮念疇昔故前命知制誥至是有金章之錫與申贈前京兆府高陵令郝切爲兵部郎中故鳳翔節度押衙朱廷乂爲尚書右僕射初帝在岐陽將起兵召謀

畧之士卽自言有鬼谷押闔之術廷乂自許氣俠令
二人相繼往長安說王思同二人未還會藥彥稠至
知是岐下來思同不獲已拘卽送京師廷乂初謂帝
曰必令思同効用事或蹉跌一匕首耳從者以此
語告思同乃殺之故有是贈
二年九月詔以量移同州長流人放歸鄉里司徒卽
爲相州司馬卽與帝有賓筵之舊初流寧州移同州
又放歸本貫路繇鄴下遣人慰勞便欲留之韓昭曰
同列八人卽獨異之非典也用之非晚至是欲召還
詔又曰八人類例止可復資無宜異等故有此授初

帝在河中卽爲判官明宗時諸子中秦王爲河南尹
判六軍王府最盛卽因入貢祈安重誨願不歸蒲中
乃授右補闕史館修撰無幾爲戶部員外郎充河南
府判官明宗寢疾秦王搆逆卽與諸從至天津秦王
兵敗各竄爲庶民洎帝御極卽盖懷憂悸帝念舊至
是光復資旋用爲兵部員外郎
晉高祖天福元年以王砐爲將作監砐河內人歷河
陽度支使鄴都河東少尹與帝潛龍時有舊也
四年二月中書門下上言陛下應天順人握圖御宇
電逺虹流之地旣煥禎符出潛離隱之鄉宜光稱謂
其太原潛龍莊望建爲慶昌宮使相望鄉改爲龍飛
鄉都尉里望改爲神光里從之
李瓊初仕後唐隸明宗麾下爲小校同光二年明宗
受詔以本道兵送糧入薊門時帝從行至涿州與虜
相遇帝陷于圍中瓊顧諸軍巳退密牽帝之衣指東
而遁至劉李河爲虜所襲瓊浮水先至南岸帝至河
中馬倒順流而下瓊以所執長矛援帝出之又以所
跨馬奉帝瓊徒步從之奔十里餘乃入涿州帝薦於
明宗明宗賞之尋超授軍職帝卽位補護聖都虞候
又念疇昔輟馬導護之力前後所賜金帛甚厚久之

領橫州刺史遷申州刺史
安審暉爲河東行軍司馬帝龍飛以覇府上僚授振
武兵馬留後遷河陽節度使不踰月移鎮鄜州
李崧後唐長興中爲樞密直學士時北虜寇雲中明
宗欲命重將鎮太原時帝爲六軍副使以秦王從榮
不輓懇求外任深有北門之望而大臣以帝方權兵
柄難以議之翌日明宗怒其未奏范延光趙延壽等
無對退歸本院共議其事方欲以康義誠爲之時崧
最在下位聳立請曰朝廷重兵多在北邊須以重臣
爲帥以某所見非石太尉不可也會明宗令中使促

之衆乃從其議翌日帝既受太原之命使心腹達意於崧云曡浮圖須與合却尖表感之深也及清泰末帝入雒崧與呂琦俱竄匿於伊闕氏家旬日帝召爲戶部侍郎判戶部踰月拜中書侍郎平章事與桑維翰並兼樞密使

王繼弘初爲後唐明宗爪牙時帝爲偏將與梁人戰於河壖短兵相接帝爲梁人所襲而馬甲連革斷會漢高祖以馬授之獲濟繼弘適在其部有後助之力帝即位擢爲六宅副使

漢高祖踐祚以郭謹鄉國舊臣加簡較太尉移鎮滑

臺乾祐初復授彰德軍節度使二年就加簡較太師三年春入朝加食邑是歲冬十月卒於位年六十輟視朝兩日贈侍中

周太祖廣順元年三月幸城西城南御園及史弘肇園帝嘗與弘肇遊宴其間臨觴嗟叱久之

七月昭義節度使常思上言曰臣妻王氏入貢棠陛下致敬臣惶恐無容自處詔曰朕以君臣之道則外有朝廷之儀骨肉之親則內有少長之敬且朕與卿當夙昔之共事實敘于周親安可此時使渝曩分卿執恭爲行遜懇上章雖謙謙之道可嘉而親親之義難替家人之禮朕當必行帝微時嘗思在上黨思夫婦奉帝甚謹帝德之及貴遇思益厚雖居至尊之位猶行家人之禮

三年三月賜刑部郎中景範金紫服覇府舊僚也

二年八月以安國軍節度使劉詞爲河陽三城節度使詞性忠實帝龍潛時累同征伐頗深委信永壽節來朝帝內殿與詞從容話舊曰吾輩老矣自覺心力減耗於前幸兒輩幹於庶事移公近鎮與易相面

王俊爲樞密使性輕躁率易帝以故舊諳其爲人且以佐命之故每優容之俊年長於帝二歲帝雖登大

位時以兄呼之有時呼字不忘布衣之契俊以此益自負焉

世宗即位初以給事中張可復有澶淵幕府之舊拜爲右散騎常侍

周彥頵與帝有舊及即位超授內客省使未幾知相州軍府事尋改延州兵馬留後到鎮頗以貨殖爲意窺圖贃利浸漁蕃漢部人羣情大擾會帝南征蕃部結聚圍廹州城彥頵閉壁自守求援於鄰道賴救兵至乃觧帝不悅徵赴京師然猶委曲庇護竟不之責

王朴自帝鎮澶淵朝廷以朴爲記室及帝爲開府尹

拜右拾遺充開封府推官帝嗣位授比部郎中賜紫

册府元龜

冊府元龜

巡按福建監察御史臣李嗣京　訂正

知閩縣事臣曹鼎臣參閱

知建陽縣事臣黃國琦較釋

帝王部　一百七十三

繼絶

自古受命及中興之君莫不興滅繼絶以歸天下之心焉書稱虞賓在位羣后德讓謂雖丹朱之不肖而以帝堯神明之後尊而禮之故周武克商未及下車追存賢聖爵而禄之以奉祭祀俾故老遺俗咸仁澤

之至厚繼體守文存鑒戒之悠遠致恭三恪其義盍顯於漢而下封崇尤盛至於六國餘烈佐命元勲籍其名數罔有家食斯又念功勸勞之深旨也

夏禹踐天子之位堯子丹朱舜子商均皆有疆土以唐封堯之子以虞封舜之子以奉其先祀服其服禮樂如之以客見天子天子弗臣示不敢專也

周武王勝殷封紂子武庚禄父以續殷祀使管叔蔡叔傅相之又追思先聖王乃襃封神農之後於焦弘農陝縣有焦城故焦國也黃帝之後於祝帝堯之後於薊燕國有薊縣帝舜之後於陳舜妻堯之二女居於嬀其後因以爲氏舜子商均爲封國夏後之時或失或續至是求舜後有嬀蒲封之以奉舜祀大禹之後於杞禹之苗裔殷時或封或續至是求禹之後得東樓公封之以奉夏后氏祀

成王即位少周公旦代立行政當國管蔡疑之乃與武庚作亂欲襲成王周公一云欲襲成周周公旣承成王命誅武庚殺管叔放蔡叔乃命微子開代殷後奉其先祀作微子之命封命之書王若曰猷殷王元子微子帝乙元子故順道本而稱之惟稽古崇德象賢惟考古典有尊德象賢之義言今法之統承先王修其禮物言二王之後各脩其典禮正朔服色與時王並通三統作賓于王家與國咸休永世無窮爲時王賓客與時皆美長世無窮嗚呼乃祖成湯克齊聖廣淵言汝祖成湯能齊德聖達廣大深遠澤流後世皇天眷

佑誕受厥命皇天眷顧湯佑助之大受其命謂天命撫民以寬除其邪虐撫民以寬政桀邪虐湯之德功加於時德重後裔言湯立功加于當時德澤垂及後世裔末也爾惟踐脩厥猷舊有令聞汝微子言能踐湯德久有善譽昭聞遠近恪愼克孝肅恭神人予嘉乃德日篤不忘言微子敬愼能孝肅恭神人故我善汝德謂厚不可忘上帝時歆下民祗協庸建爾于上公尹茲東夏孝恭之人祭祀則神歆享施令則人敬和用是封立汝於上公之位正北東方華夏之國宋在京師東欽哉往敷乃訓愼乃服命率繇典常以蕃王室欽哉敬其爲君之德往臨大布汝教訓愼汝祖服命循用舊典無失其常以蕃屏周室戒之弘乃烈祖律乃有民永綏厥位毗予一人大汝烈祖成湯之道以法度齊汝所有之人則長安其位以輔我一人言上下同榮慶世世享德

萬邦作式（言微子累世享德不忝厥祖雖同公侯而特爲萬邦法式）俾我有周無斁（汝世祖享德則使我有周好汝無厭）嗚呼往哉惟休無替朕命微子乃代武庚殷之餘民甚愛戴之故周頌有客微子來見祖廟也振鷺二王之後來助祭也（二王夏殷也其後杞也宋也）

漢高祖十年帝至邯鄲求樂毅後得其孫叔封之樂鄉（在洪新城）號曰華成君

文帝元年封舞陽侯樊噲庶子市人爲侯初噲子伉呂后妹呂須之子嗣舞陽侯高后崩大臣誅呂須等因誅伉數月帝立迺復封市人爲侯復故邑

後三年以絳侯周勃子亞夫爲條侯初勃子勝之嗣

絳侯尚公主不相中也（意不相可也）坐殺人死國絶一年帝乃擇勃子賢者河內太守亞夫嗣勃後

景帝二年制詔御史故相國蕭何高皇帝大功臣所與爲天下也（爲治也一曰共造其功業）今其祀絶朕甚憐之其以武陵縣戶二千封何孫嘉爲列侯（一作舞陽嘉兄有罪免）

六年以絳侯周勃子堅爲平曲侯續絳侯後（以勃子亞夫有罪死國絶）

中元年以高景侯周成孫應紹封高景侯（初成以及奇爲項籍死事子侯文帝五年謀反誅）

三年以曲周侯酈商子堅紹封曲周侯（初商子寄嗣有罪免）

六年以河陵侯郭亭孫延居紹封河陵侯（初亭孫克嗣有罪免）費侯陳賀子最紹封費侯（初賀子當嗣卒）

後元年以杜衍侯王翥子郢人紹封杜衍侯（初翥孫市臣嗣亡後）

武帝元光二年以平定侯齊受曾孫延居紹封平定侯（初受孫嗣亡後）

元狩三年詔御史以酇侯二千四百封蕭何曾孫慶爲酇侯布告天下令明知朕報蕭相國德也（初何曾孫勝嗣坐侍祠不敬耐爲隷）

元鼎四年帝祠后土還至雒陽求周苗裔封其後嘉

三十里地北列侯奉其先祭詔曰祭地冀州瞻望河雒巡省豫州觀於周室邈而無祀詢問耆老乃得孽子嘉紹繼也其封嘉爲周子南君

後元年以游擊將軍按道侯韓說子增（一作曾）紹封龍頟侯初說子興嗣征和四年坐巫蠱誅（一云坐祝詛腰斬）帝曰游擊將軍死事無論坐者（說當時掘巫蠱於太子宮爲太子所殺死於國事興雖以巫蠱見誅其昆弟宗族應從坐者可勿論之）乃復封興弟增爲龍頟侯

宣帝地節四年詔丞相御史求問蕭相國後在者得玄孫建世等十二人復下詔以酇戶二千封建世爲

鄭侯
元康元年復高皇帝功臣絳侯周勃等一百三十六
人家子孫令奉祭祀世世勿絶其毋嗣者復其次
元帝初元五年正月以周子南君姓姬名延年嘉之孫也爲周
承休侯承休國在潁川位次諸侯王是時帝使諸大夫傳士求殷後分散爲十餘姓
郡國往往得其大家推求子孫絶不能紀時丞相行
義以爲王者存二王後所以尊其先王而通三統也
其犯誅絶之罪者絶而更封他親爲始封君上承其
王者之始祖春秋之義諸侯不能守其社稷者絶今
宋國已不守其統而失國矣則宜更立殷後爲始封
君而上承湯統非當繼宋之絶侯也宜明殷後而已
今之故宋推求其嫡嫡之先已絶不當得立禮記孔
子曰丘殷人也先師所共傳宜以孔子世爲湯後帝
以其語不
經遂見寢

成帝鴻嘉元年制詔丞相御史蓋聞褒功德繼絶統
所以重宗廟廣賢聖之路也故傅陽侯丙吉以舊恩
有功而封今其祀絶朕甚憐之夫善善及乎子孫古
今之通誼也其封吉孫中郎將關内侯昌爲傅陽侯
奉吉後國絶三十二歲復續
元延元年十月封蕭相國後一云玄孫之子南蠻長嘉蠻鄼鹿邑
名嘉爲此縣長爲鄼侯時功臣子孫多廢絶杜業説曰昔唐以萬國致時雍之政虞夏以羣后饗
恭已之治湯法三聖殷民太平周封八百重譯來賀
使以内恕之君樂繼絶世隆名之主安立亡國至於
不及下車德念深矣成王察牧野之克顧羣后之勤
知其恩結于民心功光于王府也故追迹先父之志
録遺老之策高其位大其寓愛敬斯盡命賜備厚大
孝之隆于是爲至至其没也世主歎其功無民而不
思所息之樹且循不伐況其廟乎是以燕齊之祀與
周並傳子繼弟及歷載不墮豈無刑辟繇祖之竭力
故支庶賴焉迹漢功臣亦皆剖符世爵受山河之誓
存以著其號亡以顯其魄賞亦不細矣百餘年間而
襲封者盡或絶氏姓或乏無主朽骨孤於墓苗裔流
於道生爲愍隸死爲轉屍以往況今甚可悲傷聖朝
憐憫詔求其後四方忻忻靡不歸心出入數年而不
省察恐議者不思大義設言虚亡則厚德掩義遴東
布章非所以視化勸後世也三人爲衆雖
難盡繼宜從尤功於是成帝復詔蕭何
綏和元年二月詔曰蓋聞王者必存二王之後所以
通三統也天地人並爲三統二王之後並以爲三昔成湯受命列爲三
代夏商周而祭祀廢絶考求其後莫正孔吉無若孔吉最正也
其封吉爲殷紹嘉侯三月進爵爲公及周承休侯皆
爲公地各百里一云二月甲子封殷後孔子世吉適子何齊爲紹嘉侯後六月進爵爲公

地方百里元始二年更爲宋公
哀帝元壽二年封平陽侯曹參玄孫之孫本始爲平
陽侯參玄孫宗有罪免爲城旦至是以本始紹封
平帝元始元年正月令諸侯王公列侯關内侯無子
而有孫若子同産子者皆得以爲嗣子同産子者謂養昆弟之子爲
子者公列侯嗣子有罪耐以上先請宗室屬未盡而以
死絶者復其屬於是封龍頟侯韓增兄子岑爲龍頟
侯初增子寶嗣亡後岑一作共
六月封周公後公孫相如爲褒德侯
二年四月封故大司馬博陸侯霍光從父昆弟曾孫

陽宣平侯張敖玄孫慶忌絳侯周勃玄孫共舞陽侯樊噲玄孫之孫子章皆爲列侯復爵錫故曲周侯酈商等後玄孫酈明友等百一十三人爵關內侯食邑各有差（是歲賜曲逆侯陳平代後者爵關內侯不言世）

後漢光武建武二年五月封周後姬常爲周承休公（承休所封故城在今汝州東北）

五年七月壬申封殷後孔安爲殷紹嘉公

十三年二月庚午以殷紹嘉公孔安爲宋公周承休公姬常爲衛公（以爲漢賓在三公上）

明帝永平十四年封安豐侯竇融孫嘉爲安豐侯初

融子穆勳俱以罪死詔還融夫人與小孫一人居雒陽家舍至是封勳弟嘉爲定豐侯食邑二千奉融後

章帝建初元年封膠東侯賈復少子邯爲膠東侯邯弟宗爲卽墨侯各一縣初復子忠嗣忠卒子敏嗣坐誣告母殺人國除

二年封平陽侯曹參後湛爲平陽侯又封東光侯耿純孫盱爲高亭侯初純子阜嗣徙封莒鄉侯永平四年坐同族耿歙與楚人顏忠辭語相連國除

十年十月西巡狩數召奉車都尉韋彪入問三輔舊事禮儀風俗彪因建言今西巡舊都宜追錄高祖中宗功臣褒顯元勳紀其子孫帝納之行至長安乃制詔京兆尹右扶風求蕭何霍光後時光無苗裔唯封何末孫熊爲酇侯

八年以廣平侯吳漢孫旦爲灈陽侯（灈陽縣名屬汝南郡）旦卒無子國除帝徙旦弟築陽侯盱爲平春侯（平春縣名屬江夏）以奉漢祠

和帝永元三年十一月幸長安詔曰高祖功臣蕭曹爲首有傳世不絕之義曹相國後容城侯無嗣朕望長陵東門見二臣之壠（蕭何墓在長陵東司馬門道北百步曹參冢在長陵旁道北近蕭何家）循其遠節每有感焉忠義獲寵古今所同可

遣使者以中牢祠大鴻臚求之近親宜爲嗣者須景風紹封以彰厥功（大鴻臚掌封拜諸侯及其嗣春秋爲異郵日夏至四十五日景風至則封有功臣也）

安帝永初六年詔曰夫仁不遺親義不忘勞興滅繼絕善及子孫古之典也（論語曰興滅國繼絕世公羊傳曰善善及子孫惡惡止其身）昔我光武受命中興恢弘聖緒橫被四表昭格上下（昭明也格至也上下天地）光耀萬世祉祚流衍垂於罔極予末小子夙夜永思追惟勳烈披圖漢籍建武元功二十八將佐命虎臣讖記有徵蓋蕭曹紹封傳繼於今（和帝紹封蕭曹之後以彰厥功也）況此未遠而或至乏祀朕甚愍之其

條二十八將無嗣絶世若犯罪奪國其子孫應當統
後者分別署狀上將及景風章敘舊德顯茲遺功焉
初膠東侯賈復孫平鄉侯普有罪國除於是紹封普
子晨爲平鄉侯明年二十八將絶國者皆紹封焉
七年詔封安平侯蓋延曾孫恢爲蘆亭侯初延子扶嗣扶卒子
側嗣側永平十三年坐與舅王平謀反伏誅國除楊虛侯馬武孫震爲膠亭
侯初武子檀嗣坐兄伯濟與楚王英黨顏忠謀反國除昆陽侯傅俊孫鐵爲高
置亭侯初俊子昌嗣徙封蕪湖侯建初中遭母憂上書以國貧不願之封乞錢五十萬爲關內侯
章帝怒貶爲關內侯竟不賜錢參蘧鄉侯杜茂孫奉爲安樂亭侯初茂
子元嗣永平十四年坐與東平王等謀反減死一等國除櫟陽景丹孫遽爲監亭

侯初丹子尚嗣徙封余吾侯尚卒子苞嗣卒子臨嗣臨無子國除鬲陽侯朱祐曾孫
冲爲鬲侯初祐子商嗣商卒子演嗣演永平十四年坐從兄伯爲外孫陰皇后巫蠱事免爲
庶人槐里侯萬脩曾孫豐爲曲平亭侯初修子普嗣徙封泫氏侯普卒
子親嗣徙封扶柳侯親卒無子國除中水侯李忠孫純爲琴亭侯初忠子威
嗣威卒子純嗣永平元年坐母殺純叔父國除一云殺威弟季許侯馬光子朗爲合
鄉侯初光就國因竇憲奴誣光與憲逆自殺
元初元年封靈壽侯邳彤孫音爲平亭侯初彤子湯
嗣湯卒子某嗣臣欽若等曰史闕名無子國除於是紹封
三年封順侯馬廖孫度爲潁陽侯初廖子遵嗣徙封
程鄉侯遵卒無子國除於是紹封

永寧元年封朗陵侯臧宮曾孫鯀爲朗陵侯初鯀兄
松嗣侯元初四年與母別居國除至是封鯀
建光二年封舞陰侯岑彭一作舞陽曾孫杞爲細陽侯初
彭征蜀薨子遵嗣徙封細陽侯細陽縣名故城在今潁陰縣西遵卒
子伉嗣伉卒子杞嗣杞一作起元初三年坐事失國至是
復封
順帝陽嘉三年封林慮公主子耿實子箕爲牟平侯
初實弟子承襲公主爵爲林慮侯後閻太后以寶等
阿附嬖倖共爲不道策免寶及承皆貶爵爲亭侯遣
就國寶於道自殺國除大貴人耿請乃詔封之

桓帝延熹二年紹封全椒侯馬成玄孫昌爲盜陽亭
侯成六世孫配嗣棘陵侯以罪失國于是封之槐里侯萬修玄孫恭爲門
德亭侯初脩曾孫豐爲曲平亭侯豐卒子嶽嗣無子國除
魏文帝黃初中賜蓚令亭侯田疇從孫續爵關內侯
以奉其嗣疇從太祖平烏丸有功封亭侯邑五百戶疇固讓不受及卒子又早死於是封其從
孫紹封陵樹亭侯荀攸孫彪爲陵樹亭侯初攸子適嗣無子國
除都亭侯任峻中子覽爲關內侯初峻子先嗣無子國除都亭
侯蘇則子愉爲都亭侯初則子愉嗣無子
明帝青龍二年三月庚寅山陽公薨漢獻帝也八月壬申
葬于山陽國適孫桂氏鄉侯康嗣立爲山陽公

高貴鄉公正始元年紹功臣世封荆州牧昌陵鄉侯夏侯尚從孫本爲昌陵亭侯邑三百戸以奉尚後（初尚子玄嗣以謀廢司馬景王夷三族）甘露二年報封河東太守豐樂亭侯杜畿縣預爲豐樂亭侯邑百戸初畿子恕嗣免爲庶人徙章武郡是歲河東樂詳年九十餘上書訟畿之遺績朝廷感焉

陳留王景元四年封蘭陵侯王肅子恂爲蘭陵侯

晉武帝泰始元年十二月詔曰昔太尉王凌謀廢齊王而王竟不足以守位征西將軍鄧艾矜功失節實應大辟然被書之日罷遣人衆束手受罪比於求生

遂爲惡者誠復不同今大赦得還若無子孫者聽使立後令祭祀不絶

元帝時以太尉臨淮公荀顗兄玄孫序爲顗後封臨淮公又封蘭陵公衛瓘玄孫崇爲江夏郡公

明帝大寧三年七月詔曰三恪二王世代之所重興滅繼絶政道之所先及宗室哲王有功勳於大晉受命之際者佐命功臣碩德名賢三祖所與共維大業咸開國胙土誓同山河者而並廢絶禋祀不傳甚用懷傷主者其詳議請應立後者以聞

成帝咸和元年十月封魏武帝玄孫曹勱爲陳留王咸康二年十月詔曰歷觀先代莫不褒崇明祀賓禮三恪故杞宋啓土光於周典宗姬侯衛垂美漢冊自頃喪亂庶邦殄悴周漢之後絶而莫繼其詳求衛公山陽公近屬有履行修明可以繼承其祀者依舊典施行

孝武帝太元二年正月繼絶世紹功臣詔曰故太尉西平公張軌著德遐域世襲前勞強兵縱害遂至失守散騎常侍天錫拔迹登朝先祀淪替用增矜慨可復天錫西平郡公爵又封太尉臨淮公荀顗兄玄孫序之子爲臨淮公以繼顗後又封博陵王沈從孫道

素爲博陵公又封高平公陳騫玄孫襲爵高平公（以騫孫粹嗣後遇害故也）

後魏大武時求故司空封西昌侯庾岳子孫任爲將帥者得其子陵從征有功聽襲爵（岳道武時誅之人咸寃惜焉）延和初詔曰故征西將軍爵臨淮公丘堆國之肺腑勳著先朝西征喪師遂從軍法國除祀絶朕甚愍之可賜其子跋爵淮陵侯（初堆與奚斤進平赫連昌斤追擊昌弟定留堆守輜重斤爲定所擒堆棄甲走長安大武大怒遣安頡斬之）

孝文延興元年冬詔訪舜後獲東萊郡民嬀苟之復其家畢世以彰盛德之不朽

宣武繼絶世詔以故萬騎大將軍封恒農王奚斤諸弟子𩞾特詔其後以承封邑初斤毙子他觀襲爵他觀爲將征懸瓠卒於軍子延襲爵出爲萬城鎮將卒子緒襲爵開建五等封恒農郡開國侯食邑三百戸後例降爲縣改封登城縣開國侯增邑九百戸卒子遵襲爵卒無子國除又詔復故試守河內郡陸琇爵以子景祚襲陸俊爲征西大將軍封東平王毙子馥襲馥卒子琇襲琇爲祠部尚書免官試守河內郡咸陽王禧謀反令于曇和先據河內琇聞禧敗斬曇和首時以琇不先送曇和禧敗始斬首責其逼情微詣廷尉死於獄琇弟凱上書訴寃乃詔復之

隋文帝以周後宇文雒爲介國公賓於隋

煬帝大業四年十月辛亥詔曰昔周王下車首封唐虞之裔漢帝承曆亦命殷周之後皆所以褒立先代

憲章在昔朕嗣膺景業傍求雅訓有一弘益欽若令典以爲周兼夏殷文質大備漢有天下車書混一魏晉紹襲風流未遠並宜立後以存繼絶之義有司可求其冑緒別聞

唐高祖武德元年五月二十三日詔曰革命創制禮樂變於三王修廢繼絶德澤隆於二代是以鳴條尅伐杞用夏郊牧野降休宋承殷祀爰及魏晉禪代相仍山陽賜號於當塗陳留受封於典午上天廻睠授曆朕躬隋氏順時遜其寶位敬奉休命敢不對揚永作我賓宜開土宇其以莒之酅邑奉隋帝爲酅公行隋正朔車旗服色一依舊章仍立周後介公共爲二王後二年五月酅公薨追崇爲隋帝謚曰恭

大宗貞觀二年八月制曰二王之後禮數宜崇寢廟不修廩餼多闕非所以追崇先代式敬國賓可令所司量置國官營立廟宇

中宗神龍元年五月制仍舊以周隋爲二王後先永昌元年以周漢之後爲二王仍封舜禹成湯之裔爲三恪

玄宗開元三年二月勅二王後每年四時饗廟牲及祭服祭器並官給其帷帳几案有闕亦官給主客司四時省問子孫准同正三品蔭隋後每年給絹三百

匹米粟二百石並春秋支給仍准見承襲人親兄無分襲者與三分餘各一分兄弟有得職事官者其物即還見襲人

五年二月行幸東都大赦制武德貞觀以來勳臣子孫無在任者更詳求其後奏聞

十一年十一月南郊大赦詔武德以來實封功臣知政宰輔有身無大故而亡官失封子孫淪𨈆者所司勘責具以狀聞存者可疇其官榮逝者當録其裔嗣使幽明同慶知有令辰

十五年閏九月勅二王後爲賓者會賜同京官正三

品其夫人亦同諸王公以下無子孫以兄弟爲後曾經侍養者聽其承襲贈爵者亦准此若死王事雖不曾經侍養亦聽承襲又二王後犯罪當除爵者改立次賢

二十五年六月辛酉制曰夏典有虞賓之位周書載微子之封皆所以啓廸前王發揮後嗣故介國公宇文超男晏倬彼茂緒曰予嘉客肅雍成性溫潤合禮雅有助祭之容宛是宜邦之具爰復爾國以承天休可襲封介國公

天寶七載五月詔曰自古帝王建邦受命必敬先代以循舊章周備禮文既存三恪之位漢存損益唯立

二王之後自兹巳降其復因循將廣繼絶之恩式弘復古之道宜於後魏子孫中簡擇譜屬灼然相承者一人委所司勘責准酅公例定爲三恪

八載制曰胡公啓陳微子分宋位存三恪秩比二王後魏孝文帝十代孫元伯明器蘊中和業彰前烈保大明之餘慶摽幹蠱之良才謙而不渝信而可復固當纂承殷後式備虞賓頃屬覃恩爰崇繼絶王魏祀者非爾而誰受兹寵章無忝負荷宜大啓於土宇俾光膺於禮物可襲封韓國公食邑三千戶

九載處士崔昌上封事推五行之運以國家合承周漢其周隋不合爲二王後請廢詔下尚書省集公卿議昌負獨見之明群議不屈會集賢院學士衛包抗表陳論議之夜四星聚於尾宿天意昭然帝心遂定乃求殷周漢後爲三恪廢韓介酅等公以昌爲左贊善大夫包爲虞部員外郎

肅宗乾元元年四月大赦天下詔曰二王三恪各與一子官

德宗以大曆十四年即位詔二王三恪褒聖侯各與一子官

貞元五年三月詔曰懷舊念功仁之大也興滅繼絶

義之弘也昔蔡叔圮族周公封其子於東土韓信千紀漢后爵其拏以弓高侯君集之不率景化我太宗存其嗣以主祀詳考先王之道洎乎烈祖之訓皆以刑佐德俾人嚮方則斧鉞之誅兵甲之伐蓋不得巳而用也曩歲盜臣竊發國步多虞朕狩於近郊指期薄伐將振昆陽之旅以興涿鹿之功徵師未逵於諸侯衛士且疲於士卒而李懷光三軍夙駕千里勤王上假雷霆之威下逐武狼之衆議功方始守節靡終潛構禍胎拒違朝命棄同即異捨順効逆爲臣至此在法必誅猶示綏懷庶其革復而梟音益厲猿突莫

還大戮可加曾無噍類雖自貽伊戚與衆棄之而言念爾勞何嗟及此以其前效猶在孤魂無歸懷之伉然是用慘軫予欲布陳大信冀以成化保合太和期以刑措宜以懷光外孫燕八八賜姓李氏名承緒授左衛率府胄曹參軍承懷光之後仍賜錢一千貫任於懷光墓側置立莊園侍養懷光妻王氏并備四時享奠之禮嗚呼朕甚不德臨於兆人泣辜宥罪素誠所志爾其保姓受氏宣力承家勉紹乃考之建國庸無若爾父之違王命初懷光授首其子璀瑗等皆死唯妻王氏在帝特捨其死及是又思懷光舊勳哀其

絶後乃命承緒繼之

九年十一月日南至郊祀禮畢大赦天下詔九廟配享功臣封爵廢絶者宜令紹封以時享祀

十三年五月封前左衛率府兵曹同正元份爲襲三恪韓國公

順宗以貞元二十一年正月即位制曰二王三恪褒聖侯各與一子官

穆宗以元和十五年即位閏正月二王介國公宇文仲達卒命有司舉舊典葬祭

敬宗寶曆元年八月戊申以故酅國公楊造男前行左内率府胄曹參軍元亮襲酅國公食邑三千戶

文宗太和五年正月酅國公楊元亮奏臣先祖隋文帝等陵四所在鳳翔一所在楊州兩所在京兆府准去年四月九日勑二王後介國公先祖陵側每陵每月合給看守丁三人鳳翔府已蒙給丁其京兆府及楊州未蒙准勑旨各令州府准元勑處分

後唐莊宗同光二年二月詔曰皇帝御宇禮三恪而爲賓烈士敦風賴五帝而濟世當宜封崇後裔欽奉前脩應前代二王三恪及文宣王之後並可各令繼襲仍加恩命所以祖宗廟宇亦宜各與增修其隨處

合得俸戶并子孫戶下差稅徭役仍委中書門下檢本朝格律施行

明宗天成四年八月以二王後前河清縣令襲封酅國公食邑三千戶楊仁規爲秘書丞

長興三年五月以二王後前詹事府司直楊延紹爲贊善大夫仍襲封酅國公食邑三千

末帝清泰三年將作監丞襲封介國公宇文頵奏蒙恩襲封除官無襲爵俸給紹特給本官俸

晉高祖天福二年正月勑周以杞宋封夏殷之後爲二王後兼封舜之後爲三恪唐以周隋之後封公文

封魏之後爲三恪夫應天開國恭己臨人宜覃繼絶之恩以廣延洪之道宜於唐朝宗屬中取一人封公世襲兼隋之酅公爲二王後以後周介公備三恪其主祀及赴大朝會委所司具典籍申奏其唐朝宗屬中舊在朝及諸爲官者各據資歷考限蒲日循品秩序遷已有出身者任令參選

十一月二王後太子右贊善大夫襲酅國楊延壽父大理評事鄴贈太子中舍

四年九月癸未勑周受龍圖立夏殷之祀唐膺鳳曆開酅介之封歷代相沿百王不易朕顯符景運肇啓

丕基乃睠前朝載稽舊典宜開土宇俾奉宗祧周推繼絶之仁以示惟新之德宜以郇國三千戸封唐許王李從益爲郇公奉唐之祀服色旌旗一依舊制以西京至德宫爲廟牲帛器服悉從官給

五年正月庚寅以二王後前太子右贊善大夫襲封酅國公食邑三千戸楊延壽爲太子左諭德三恪後汝州襄城縣令襲介國公宇文頵加食邑三千戸

六年二月以三恪後汝州襄城縣令襲封介國公食邑三千戸宇文頵爲太子率更令

漢隱帝即位詔唐晉兩朝求訪子孫立爲二王後

周太祖廣順元年正月五日制以晉漢之裔爲二王後委中書門下處分

其年十月以李重玉爲右監門衛將軍重玉明宗之孫也父從璟莊宗末遇害至太祖授重玉官秩令主祭念請孤郇王者之後也

册府元龜

巡按福建監察御史臣李嗣京訂正
知甌寧縣事臣孫以敬參閱
知建陽縣事臣黄國琦較釋

帝王部　一百七十四

脩廢

蓋夫興滅脩廢者仁政之攸先也古之哲后未有不先於兹道而天下歸心焉若乃躬膺天祿陟於元后享歷彌久傳祚悠遠雖宗祀已絶而德施未已其或遺風餘烈藹於舊邦鴻猷大集流於載籍屬巡豫之

所出瞻軌迹而匪遐因慶賀之云始著條式而咸備縣是增飾園寢申嚴廟貌謹樵蘇之禁給掃除之戶秩以紀典垂於令甲雖餘分閏位亦俯及之蓋德之盛者蔑以加此矣

漢高祖十二年詔其與秦始皇守冢二十家令視其冢復亡與它事臣欽若等曰復除也言除其庸役不預他事

武帝元封元年十月帝行自朔方還祠黄帝在上郡周陽縣有黄帝冢

五年冬南巡狩至於盛唐望祀虞舜于九嶷

後漢章帝元和二年二月詔使者祠唐於咸陽靈臺咸陽縣濟陰郡咸陽縣東南有堯母慶都墓上有祠廟堯母陵俗亦名靈臺太母

安帝延光三年二月庚寅遣使者祠唐堯於咸陽

魏文帝黄初二年正月較獵至原陵遣使者以太牢祀漢世祖

明帝景初二年五月詔曰昔漢高創業光武中興謀除殘暴功昭四海而墳陵崩頹童兒牧豎踐蹈其上非大魏尊崇所承代之意也其表高祖光武陵四面百步不得使民耕牧樵採

後魏道武天興三年五月東巡幸涿鹿遣使者以太牢祠帝堯帝舜廟

明元泰常七年九月幸橋山遣有司祀黄帝唐堯廟

太武神嘉元年八月東幸廣甯臨觀温泉以太牢祭黄帝堯舜廟

文成和平元年正月帝東巡歷橋山祀黄帝

孝文太和十六年二月詔祀唐堯於平陽虞舜於廣甯夏禹於安邑周文於雒陽

十九年四月幸小沛遣使以太牢祭漢高祖廟

二十年五月初營方澤於河陰遣使者以太牢祭漢光武及明章三帝陵又詔漢魏晉諸帝陵各禁方百步不得樵蘇踐踏

二十一年三月南巡至平陽遣使者以太牢祭唐堯四月庚申幸龍門遣使者以太牢祭夏禹廟癸亥行幸蒲坂遣使者以太牢祭虞舜戊辰詔修堯舜夏禹廟丙戌遣使者以太牢祀漢帝諸陵

五月遣使者以太牢祭周文王於酆祭武王於鎬

孝明熙平元年七月詔曰先賢列聖道冠生民仁風盛德煥乎圖史暨曆數永終迹隨物變陵隧杳藹鞠爲茂草古帝諸陵多見踐藉可明勑所在諸有帝王墳陵四面各五十歩勿聽樵牧

隋文帝開皇十四年十月詔曰齊梁陳往皆創業一

方綿歷年代既宗祀廢絶祭奠無主興言矜念良以愴然莒國公蕭琮及高仁英陳叔寶等宜令以時脩其祭祀所須器物有司給之

煬帝大業二年十二月詔曰前代帝王因時創業君民建國禮尊南面而曆運推移年世永久丘壟殘毁樵牧相趨塋兆堙蕪封樹莫辨興言淪滅有愴于懷自古以來帝王陵墓可給隨近十戸蠲其雜役以供守視

五年二月次於閿鄉詔祭古帝王陵

唐高祖武德七年幸樓觀以太牢祭隋文帝陵

太宗貞觀四年九月詔曰朕丕承先緒積慶累仁上纂鴻基克隆寳祚欽若稽古緬想往冊英聲茂實志深爽尚始茲巡省眺矚中塗漢氏諸陵北阜斯託寂寥千載邈而無祀攬轡興懷慨然遐念開闢以降肇有司牧歷選列辟遺跡可觀良宰名卿清徽不滅宜令所司普加研訪爰自上古洎于隋室諸有名王聖帝盛德寵功定亂弭災安民濟物及賢臣烈士立言顯行緯武經文致君利俗丘壟可識塋兆見在者各隨所在條錄申奏每加巡簡禁芻牧春秋二時爲其致祭若有隳壞即宜脩補務令周盡以稱朕意

六年三月以少牢祭隋文帝陵

閏六月遣使以少牢祭漢惠帝陵

十一年二月幸雒陽勑有司祭漢文帝於霸上

十五年二月行幸經古帝王陵並遣使致祭十月行經隋文帝陵祭以太牢

高宗顯慶二年二月帝在雒陽宫遣使以少牢祭漢光武帝後魏孝文帝等陵帝自爲文

十月幸許州次自替頓遣使祭魏明帝高平陵帝自制祭文又遣使祭後漢光武原陵明帝顯節陵晉武帝峻陽陵

麟德二年十月命有司祭殷湯晉文帝武帝陵塋及祠廟

中宗神龍二年四月制自古帝王及聖賢墓並禁樵採

三年冬幸溫湯境內有自古帝王陵致祭

玄宗開元十二年十一月幸東都古帝王陵並精意致祭

十七年四月謁諸陵赦制自古帝王陵宜令所在州縣致祭

十八年正月親迎氣於東郊赦制自古帝王先有祀

廟者各於郡縣逐處設祭

二十年二月赦制自古帝王各令致祭務盡誠絜

二十二年十二月勅靈州置後魏孝文帝祠堂二所有司以時享祭是州有魏故明堂遺迹乃置廟焉

二十三年正月籍田赦制自古聖帝明王並令所在長官以禮致祭

天寶元年正月丁未朔受朝賀赦制自古帝王並令所繇州縣致祭

三載五月置周文王廟乃以同德十人四時配享

十二月祀九成宮禮畢詔自古聖帝明王陵墓有頹毀者宜令管內量事脩葺仍明立標記禁其樵採

六載正月詔曰三皇五帝道冠開闢創物垂範功濟生靈繼天之德在墳典而昭著勤人之祀於禮文而尚闕永言龜鏡宜示欽崇其三皇置一廟五帝亦置一廟即令所司卜擇吉地營建仍以時致祭其廟共置令太常寺簡較自古聖帝明王忠臣烈士陵墓有頹毀者先令脩葺並禁其採樵歲月深久摧壞或多宜令所繇郡縣明申前勅處分

七載五月詔曰古之人君存諸號氏雖事先書契而道著皇王緬懷厥初寧忘咸秩其三皇已前帝王宜

於京城共置一廟仍與三皇五帝廟相近以時致祭自古受命之主創業之君皆經濟艱難戡定禍亂雖道謝於往古乃功施於生人用率典章亦崇禋祀其歷代帝王肇迹之處未有祠宇者宜令所繇郡量置一廟以時享祭取當時將相德業可稱者二人配祭仍並圖畫立像如先有祠宇未霑享祭者亦宜准此

九載十一月周武王漢高祖於京城同置一廟并置官吏

十載九月初置三皇已前帝王廟

肅宗以至德元年七月即位詔自古聖帝明王並令

所在致祭

上元元年閏四月改元赦制自古明王聖帝並委州縣長吏擇日致祭

二年九月赦制明王聖帝所在廟祀各委州縣長官虔潔致祭

代宗廣德二年二月南郊赦制自古聖帝明王宜令所管致祭

永泰二年五月詔道州舜廟宜蠲近廟兩戶掃除從刺史元結請也

大曆四年四月鄜坊等州節度使臧希讓上言坊州

有軒轅皇帝陵闕請置廟四時享祭列於祀典從之

德宗貞元元年正月受朝賀赦制自古聖帝明王祠宇委長官祭祀

憲宗元和二年正月南郊赦詔自古聖帝明王各以禮祭

十四年正月詔以周文王武王祠宇在咸陽縣俾有司精加修飾

穆宗長慶元年七月冊尊號禮畢赦制自古聖帝明王各令所在致祭

後唐莊宗同光三年六月巡簡諸陵使工部郎中李途奏昨計三十三陵及合重修下宮殿宇法物等敕關內諸陵頃因喪亂例遭穿穴多未掩修其下宮殿宇法物等各令奉陵州府據所管陵園修製仍四時各依例薦饗及逐陵仰差近陵百姓二十戶放雜差遣充陵戶備洒掃其壽陵等十二陵亦一例修掩可量置陵戶

是月敕刑部尚書李琪可充昭宗少帝改卜園陵禮儀使又敕工部郎中李途授京兆府少尹充修奉諸陵使

明宗天成二年三月丙寅宗正丞李郁奏兩京畿甸

園陵之制其地四十里曰封山爰自唐室已來收在公田之籍今方紹襲宜正規儀

四月勑三京諸縣有園陵處每縣宜置一員陵令都勾簡較勾當

三年八月勑諸處凡有列聖眞容處並令修飾

長興元年十月辛丑宗正丞李嶠奏京畿內列聖園陵自兵亂後來人戶多於陵封內開掘燒磚窯竈掘斷岡阜驚動神靈此後請嚴切禁止奉陵州縣凡有封內窰竈並宜修塞從之

末帝清泰元年十一月己未宗正寺言御史臺轉報

百司各扒六典令式内本司事舉行職典宗廟陵園列聖陵寢多在關西梁季爲賊臣盗發同光初嘗差供奉官李説工部郎中李途往關西廵陵祭告屬朝廷有故不行明宗天成初差丞李郁簡較又長興四年詔掩閉無主墳墓況列聖陵寢伏遇中興雖有修奉之言而無掩閉之實乞差官簡討脩奉置陵令一員應屬陵之四封各乞寺司晉係詔曰所請修奉列聖陵寢及差官宜依其陵令候事畢日以聞

十二月丁卯詔曰列聖陵寢多在關西中興已來未暇修奉宜令京兆河南鳳翔等府耀州乾州奉陵諸

縣其陵園有所闕漏本處量差人工脩奉仍人給日食祭告下太常宗正寺參詳奏聞

三年五月丁酉詔京兆河南府鳳翔耀州乾州等奉陵州縣緣本廟陵寢中爲盗發脩奉未備宜令本管州府量事差人脩奉其人工給食祭料並從官給

晉高祖天福三年三月詔廵幸汴州中書奏車駕經過河南府河陽鄭州汴州管界所有帝王陵廟車駕經過日以酒醢祭告從之

十一月河陽侯益奏伏自收復汜水關日以逆賊張從賓於莊宗舊蓋亭子上與官軍鬬敵臣以爲莊皇曆數雖謝精爽猶存願静妖氛特立祠廟果應虔禱尋獲關防臣欲排此尾木往就脩營從之

四年十一月乙亥太常禮官議立唐廟按武德故事祀隋之三帝請立近朝莊宗明宗閔帝三代庶合前規詔曰德莫盛於繼絶禮莫大於敬先莊宗立興復之功明宗垂光大之業逮乎閔帝實纂本枝然則丕緒洪源皆尊唐氏繼周者須崇后稷嗣漢者必奉高皇將啓嚴祠當從茂典宜立高祖太宗及莊宗明宗閔帝五廟

漢高祖乾祐五年正月詔曰天下名山大川聖帝明

王忠臣烈士祠廟墳墓委所在量加脩葺又詔曰恭惟列祖園陵諸聖祠廟桑田變海當時之弓劒猶存精爽在天終古之威靈不泯載惟追感誠切永懷其雍州西京及諸州府應有諸帝陵廟仰所在脩奉務令完葺

隱帝乾祐元年勑我國家肇迹豐沛膺籙并汾蓋承積德之靈再享配天之業四百年之洪緒一千載之遺風乃祖陵園先時廟貌屬累朝之隔越諒如在之因循將明追孝之心當盡奉先之敬天下州府應有兩漢諸帝王陵園廟宇宜令所屬長吏檢討量加修

飾其陵園側近禁止芻牧樵採（時劉皞爲宗正卿謂宰相曰國家稱漢廟有高祖世祖室而兩都陵園諸國王子墳墓並合畧加撿飾以光聖運也雖下此勑並無撿行）

周太祖廣順元年正月制曰近代帝王所在陵寢合禁樵採俾奉神靈唐莊宗明宗晉高祖各置守陵十戶以近陵人戶充漢高祖皇帝陵置職員及守宮人時月薦享并守陵人戶等一切如故仍以晉漢之裔爲二王後委中書門下處分（是月宗正寺上言唐晉兩廟四仲行享禮今准赦書以晉漢之裔爲二王後其唐五廟合廢從之）

是月宗正寺言漢朝諸陵二仲差官朝拜今冐命歸周不合管係伏准赦書睿陵宮人職員時日薦享如舊二仲合差官朝拜勑睿陵如舊餘准令式處分

二月中書門下以太常禮院言准勑遷漢朝入昇平宮其唐晉兩朝皆五廟遷移今漢七廟未審總移只移五廟勑宜依前勑並移於昇平宮其法物神廚齋院祭器祭物饌料皆依中祠例用少牢光祿等寺給其讀文太祝及奉禮郎太常寺差仲享以漢宗子爲三獻從之

十一月勑唐明宗五廟在至德宮安置其嶽陵上下宮所管土田舍宇宜令新除右監門衛將軍李重玉爲主其嶽陵下宮及至德宮緣廟合留物外宜令內養劉延韜於金銀器物數內量事給李重玉遷葬故淑妃王氏及許王外餘並付李重玉幷尼惠能惠燈惠嚴等令重玉以時祀陵廟務在豐潔重玉即故皇城使李從璨之子明宗之孫也

三年八月辛亥敕漢睿陵顓陵今後宜係鴻臚寺

顯德元年正月赦文前代帝王陵廟及名臣墳墓無後者所在官吏簡較勿令樵採耕犂

冊府元龜

巡按福建監察御史臣李嗣京訂正
新建縣舉人臣戴國士參閱
知建陽縣事臣黃國琦較釋

帝王部一百七十五

悔過　罪已

悔過

易曰不遠復無祇悔傳曰過而能改善莫大焉蓋君人者居兆民之上總萬樞之劇雖復達聰明目逖覽慮受無適無莫不將不迎其或姦佞之言類夫忠信

誣搆之狀成乎疑似事決機而欲速刑失中而致濫而乃洗然華慮霈然出令深悟不追之悔亟救已然之非剪滅凶醜追痛賢彥發於明詔垂之話言史傳所記咸得而敘矣

商太甲既立不明不明居喪之禮伊尹放諸桐湯葬地不知朝政故曰放三祀十有二月朔湯以元祀十一月終至此二十六月服闋伊尹以冕服奉嗣王歸亳冕冠也踰月即吉服王拜手稽首曰予小子不明于德自底不類君而稽首於臣謝前過類善也闇於德故自致不善欲敗度縱敗禮以速戾于厥躬速召也言已故縱情欲毀敗禮義法度以召罪于其身天作孽猶可違自作孽不可逭孽災逭逃也言天災可避自作災不可逃既往背師保之訓弗克于厥初尚賴規救之德圖維厥終言已往之前既不能脩德於其初今庶幾賴教訓之德謀終於善悔過之辭

漢景帝既誅晁錯謁者僕射鄧公為校尉擊吳楚還上書言軍事見帝帝問曰道軍所來道路從吳軍所來也又曰道軍所來即是從軍所來耳無煩更說道路也聞晁錯死吳楚罷不鄧公曰吳為反數十歲矣發怒削地以誅錯為名其意不在錯也且臣恐天下之士鉗口不敢復言矣帝曰何哉鄧公曰夫晁錯患諸侯強大不可制故請削之以尊京師萬世之利也計畫始行卒受大戮卒竟也內杜忠臣之口外為諸侯報仇杜塞也臣竊為陛下不取也於是

帝喟然長息曰公言善吾亦恨之迺拜鄧公為城陽中尉

武帝時李陵為騎都尉擊匈奴詔強弩都尉路博德將兵半道迎陵軍博德羞為陵後距奏言方秋未可與戰帝怒疑陵悔不欲出而教博德上書乃詔博德引兵走西河遮鉤營之道胡來要害道博德遮之詔陵九月發出遮虜障後陵既敗帝悔陵無救曰陵當發出塞詔強弩都尉令迎軍坐預詔之得令老將生姦詐坐預詔強弩都尉路博德已令博德老將出姦詐至令陵見沒也迺遣使勞賜陵餘軍得脫者

戾太子以巫蠱事自經死久之巫蠱事多不信武帝知太子惶恐無他意而田千秋復訟太子寃帝遂擢千秋為丞相而族滅江充家焚蘇文於橫橋上橫郎橫門謂橋也及泉鳩里加兵刃於太子者初為此地太守後族之帝憐太子無辜乃作思子宮及歸來望思之臺於湖言已望而思之庶太子之魂歸來也其臺在今湖城縣之西閿鄉之東基址猶存天下聞而悲之

元帝時前將軍蕭望之被石顯所譖飲鴆而死帝聞之驚拊手曰曩固疑其不就牢獄果然殺吾賢傅是時大官方上晝食帝乃輟食為之涕泣哀慟左右慟動

也於是召顯等責問以議不詳詳審也皆免冠謝良久然後已望之有罪死有司請絕其爵邑有詔加恩長子及嗣為關內侯天子追念望之不忘每歲時遣使者祀祭望之冢

成帝永始元年七月詔曰朕執德不固謀不盡下言不傳謀於部下過聽將作大匠萬年過誤也萬年言解萬年也言昌陵三年可成作治五年中陵司馬殿門內尚未加功天子之藏擴中無司馬殿門也以謂陵上寢及司馬門也時皆幸作之故曰尚未加功中陵陵中正寢也天下虛耗耗損也百姓罷勞客土疏惡取他處土以增高為客土也終不可成朕惟其難怛然傷心惟思也夫過而不改是謂過矣其罷昌陵勿徙吏民令天下無有搖動之心

哀帝建平二年六月寢疾待詔夏賀良等言赤精子之讖漢家歷運中衰當再受命宜改元易號詔以建平二年為太初二年號曰陳聖劉太平皇帝漏刻以百二十為度月餘帝疾自若賀良等復欲妄變政事大臣爭以為不可許賀良等奏言大臣皆不知天命宜退丞相御史以解光李尋輔政帝以其言不驗遂下賀良等吏下詔曰朕獲保宗廟為政不得變易憂仍恐懼戰栗未知所繇待詔賀良等建言改元易號增益漏刻可以永安國家朕信道不篤過聽其言過誤

也幾為百姓獲福卒無嘉應久旱為災以問賀良等對當復改制度皆背經義違聖制不合時宜夫過而不改是謂過矣六月甲子詔書非赦令也皆蠲除之准赦令不改餘皆除之賀良等反道惑衆姦態當窮宼皆下獄光祿勳平當光祿大夫毛莫如與御史中丞廷尉雜治當賀良等執左道亂朝政當為處正其罪名傾覆國家誣罔主上不道賀良等皆伏誅李尋及解光減死一等徙敦煌郡

後漢光武時郭憲字子橫為光祿勳建武八年車駕西征隗囂憲諫曰天下初定車駕未可以動憲乃當

車拔佩刀以斷車靷帝不從遂上隴其後潁川兵起乃回駕而還帝歎曰恨不用子横之言

龎萌時爲侍中萌爲人遜順甚見信愛帝嘗稱曰可以託六尺之孤寄百里之命者龎萌是也拜爲平狄將軍與蓋延共擊董憲時詔獨下延而不及萌萌以延譖已自疑遂反帝聞之大怒乃自將討萌謂諸將曰吾嘗以龎萌爲社稷之臣將軍得無笑其言乎

明帝時有人單辭告朱浮事者帝大怒賜浮死長水校尉樊鯈言於帝曰唐堯大聖兆人獲所尚優遊四凶之獄厭服海内之心使天下咸知然後殛罰浮事

雖昭明而未達人聽宜下廷尉章著其事帝亦悔之

大司農韓歆以直言被責自殺歆數有重名死非其罪衆多不厭帝乃追賜錢穀以成禮葬之（成禮盛禮也言不以非命而降其塋禮）

安帝時太尉楊震被譖自殺時連有災異帝感震之枉乃下詔策曰故太尉震正直是與俾佐時政而青蠅玷素同茲在藩上天降威災眚屢作爾卜爾筮惟震之故朕之不德用彰厥咎山摧棟折我其危哉今使太守丞以中牢具祠魂而有靈儻其歆享

桓帝時張角爲左道妖惑小民御史劉陶與樂松袁貢連名上疏宜下明詔重募角等賞以國土帝殊不悟明年張角反亂海内咢沸帝思陶言封中陵鄉侯

魏太祖爲公時北征三郡烏丸大破之引兵自柳城還時寒且旱二百里無復水軍又乏食殺馬數千匹以爲糧鑿地入三十餘丈乃得水既還科問前諫者衆莫知其故人人皆懼公皆厚賞之曰孤前行乘危以僥倖雖得之天所佐也顧不可以爲常諸君之諫萬安之計是以相賞後勿難言之太祖既殺華佗後愛子倉舒病困太祖歎曰吾悔殺華佗令此兒彊死也又太祖嘗置校事時盧洪趙達等使察羣下法曹

掾高柔諫曰設官分職各有所司今置校事既非居下之旨又達等數以憎愛擅作威福宜簡治之太祖曰卿知達恐不如吾也要能刺舉以辨衆事使賢人君子爲之則不能也昔叔孫通用群盗良有以也達等後姦利發太祖殺之以謝於柔

晉景帝爲魏相嘉平中雍州刺史陳泰求敕并州并力討胡帝從之未集而鴈門新興二郡以爲將遠役遂驚反帝謝朝士曰此我過也非玄伯之責（玄伯泰字）於是魏人愧悦人思其報

元帝時爲平東將軍以賀循嘗爲吳國内史與循言

及吴事時因問曰孫晧常燒鋸截一賀頭是誰邪循未及言帝悟曰是賢郡也循流涕曰先父遭遇無道循創巨痛深無以上達帝甚愧之三日不出

後魏道武時崔逞初以慕容燕尚書亡歸帝以爲御史中丞詔與常山王遵爲書失旨遂賜逞死後荆州刺史司馬休之等數十人爲桓玄所逐皆將來奔至陳留南分爲二輩一奔長安一歸廣固帝初聞休之等來降大悦後怪其不至詔兖州尋訪獲其從者問其故皆曰國家威聲遠被是以休之等咸欲歸闕及聞崔逞被殺故奔二處帝深悔之自是士人有過者

多見優容

大武時李順以使沮渠蒙遜崔浩言其受金又言姑臧事不寔帝怒遂殺之順死後數年其父弟孝伯爲孝武知重居中用事及浩之誅大武怒甚謂孝伯曰卿從兄往雖誤國朕亦未能便至此繇浩譖毀朕忿遂盛殺卿從兄者浩也（崔浩爲司徒既被誅後帝北伐時宣城公李孝伯疾篤傳者以爲卒帝聞而悼之謂左右曰李宣城可惜又曰朕自失言崔司徒可惜李宣城可哀）

孝文時李韶爲太子右詹事尋出爲安東將軍兖州刺史太子恂廢爲庶人帝自鄴還洛韶朝於路言及恂事帝曰卿若不出東宮或未至此

後周大祖既平鄴都衣冠士人多没爲賊太史庾季才散所賜物購求親故帝問何能若此季才曰僕聞魏克襄陽先招異度晉平建業嘉得士衡（臣欽若等曰異度蒯越字士衡陸機字也）代國求賢古之道也今鄴都覆敗君信有罪縉紳何咎皆爲賤隷鄙人羇旅不敢獻言誠竊哀之故購耳太祖乃悟曰吾之過也微君遂失天下之望因出令免梁俘爲奴婢者數千人

宣帝昏暴滋甚京兆丞樂運陳八事切諫帝大怒將戮之内史元巖等救而獲免翌日帝頗感悟召運謂之曰朕昨夜思卿所奏實是忠臣先皇聖明卿數有

規諫朕既昏暗卿復能如此乃賜御食以罷之朝之公卿初見帝盛怒莫不爲運寒心後見獲宥皆相賀以爲幸免虎口

隋煬帝東征耿詢上書曰遼東不可伐師必無成功帝大怒命左右斬之何稠苦諫得免及平壤之敗帝以詢言爲中以詢守太史丞

唐太宗貞觀中太常少卿祖孝孫以教宮人聲樂不稱旨爲帝所讓王珪及温彦博諫曰孝孫妙解音律非不用心但恐陛下顧問不得其人以惑陛下視聽且孝孫雅士陛下忽爲教女樂而怪之臣恐天下怪

愕太宗怒曰卿皆我之腹心當進忠獻直何乃附下罔上反爲孝孫言也彥博拜謝珪獨不拜曰臣本事前宮罪已當死陛下矜恕性命不以不肖置之樞近責以忠直今臣所言豈是爲私不意陛下忽以疑事誚臣是陛下負臣臣不負陛下帝默然而罷翌日帝謂房玄齡曰自古帝王能納諫者固難矣昔周武王尚不用伯夷叔齊宣王賢主杜伯猶以無罪見殺夙夜庶幾前聖恨不能仰及古人昨責彥博王珪朕甚悔之公等勿以此而不進直言也

盧祖尚爲瀛州刺史咸稱政理時朝政前後牧作交

州者多使勳戚憑恃阻遠率爲愆過知其幹畧於是徵令入朝引之內殿恩禮殊厚太宗謂之曰交州重鎮自非宗枝莫處其任然朕子弟不才恐不稱職今以委卿無辭遠也一二年便當召卿祖尚拜謝而出既而悔之自言性不飲酒以瘴癘爲託太宗令杜如晦申諭之祖尚固辭不肯奉詔又遣其妻兄周範殷勤曉之曰常人之交猶篤言信卿許天子安可退而致辭又不納於是引見太宗親問其故祖尚對益堅太宗怒曰我使人不得何以爲政法令不可以不行驕臣不可以不罰因命左右曳出斬之于朝堂尋亦大悔命所司復其官蔭

張蘊古爲大理正貞觀中河內人李好德風疾瞀亂有妖妄之言詔按其事蘊古奏好德癲病有徵法不當坐侍書御史權萬紀劾蘊古貫屬相州好德之兄厚德爲其刺史情在阿縱奏事不實太宗曰吾常禁蓋琮於獄而蘊古與琮奕碁今復阿縱好德是亂吾法也遂斬東市既而悔之因下制令死刑雖令即決仍當三覆奏

文宗以莊恪太子宴遊敗度不可教導欲加廢黜追於公卿之議乃止太子終不悛改至開成三年暴薨

時傳云太子德妃之出也晚年寵衰賢妃楊氏恩渥方深懼太子他日不利於巳故日加誣譖太子終不自辨明也太子既薨帝意追悔四年因會寧殿宴小兒尋竿有一夫在下憂其墮地有若狂者帝問之乃其父也因感泣謂左右曰朕當有天下不能全一子遂召樂官劉楚才女樂張十千（即所昵官人也）等責之曰陷引太子皆爾輩也今巳有太子更欲踵前也立命擒去案詰前事誅之

後漢莊宗初爲晉王既誅從事司空頲尋以悔之明年駐軍於河上軍較郭夜叉者有罪伏誅死行斂巳

下措其驍勇列拜以救之帝厲聲曰殺司空顒時爾等何不救也其追惜之意如此

明宗天成三年正月丁巳內出御札曰朕聞堯舜有恤刑之典貴務好生禹湯申罪己之言庶明知過今月七日據廵簡軍使渾公兒口奏稱有百姓二人以竹竿習戰鬬之事昨朕初聞奏報實所不容率爾傳宣令付石敬瑭處置今旦妾重詢數奏方知悉是幼童爲戲載聆讜議方覺失刑循揣再三愧惕非一亦以渾公兒狂誣頗甚石敬瑭詳覆稍爭致人當枉法而廻處朕於有過之地今減嘗膳十日以謝幽寃其

石敬瑭是朕懿親合施規諫既玆錯誤宜示省循可罰一月俸渾公兒決脊杖二十仍削其在身職銜配流登州當知所在其小兒骨肉各賜絹五十疋粟麥各百石便令如法埋葬兼此後在朝及諸道州府凡有極刑並須仔細裁遣不得因循付中書門下百僚進表稱賀

末帝清泰三年千春節魏國長公主自河東入覲既上壽辭歸帝酒酣謂曰何不且留闕下促去欲與石郎反耶時以晉高祖去年爲總管巡忻州軍亂欲推崇高祖爲天子高祖斬其魁首奏之故有是詔以戲之及醒左右具告浮悔焉

罪己

書曰萬方有罪在予一人詩曰謂天蓋高不敢不局斯戒懼之謂矣蓋夫居司牧之重爲神祇之主克相上帝以綏四方其或民之多辟自投於罪咎天或降災以至於譴見事有過舉之失歲罹荐饑之患德教之靡究風化之或愆乃復歸過於躬引咎自責周旋抑畏不遑寧處以至貶損奉養之具咨求忠讜之議發於感涕以致其誠心形於詔令以申乎誕告天地之眚勿務於股肱民庶之戾不加乎刑辟用能精忠

內激善氣交應群倫奪而思效星象滅而韜芒盛德孔昭大勳舉集傳所謂禹湯罪己其興也悖焉玆不誣也

夏禹見罪人下車泣而問之左右曰夫罪人不順效使然焉君王何爲痛之至於斯禹曰堯舜之時民皆用堯舜之心爲心今予爲君而百姓各以其心爲心是以痛之

啓與有扈戰于甘而不勝（有扈夏同姓諸侯也）六卿請復之（請復戰也）夏后曰不可吾地不淺（淺褊也）吾民不寡（寡少也）戰而不勝是吾德薄而教不善也於是乎處不重席食不

貳味琴瑟不張張施也鍾鼓不脩脩設也子女不飾不文飾也
親親長長親親長長敬長者也尊賢使能朞年而有喪服服從也
商湯旣黜夏命作湯誥曰罪當朕躬弗敢自赦惟簡
在上帝之心其爾萬方有罪在予一人自責化不至予一
人有罪無以爾萬方無用爾萬方言非所及
漢文帝二年十一月癸卯日有食之詔曰朕聞之天
生民爲之置君以養治之人主不德布政不均則天
示之災以戒不治乃十一月晦日有食之適見于天
災孰大焉朕獲保宗廟以微耿之身託於士民君公
之上天下治亂在予一人唯二三執政猶吾股肱也

朕下不能治育羣生以累三光之明其不德大矣令
至其悉思朕之過失令謂此詔書及知見了所不及匄以
啓告朕匄音蓋乞也
武帝時衛太子爲江充所譖敗久之高寢郎田千秋
上急變訟太子寃所告非常故云急變帝見而說之後拜丞相
始視事見帝連年治太子獄誅罰尤多群下恐懼思
欲寛廣帝意慰安衆庶廼與御史中二千石共上壽
頌德美勸帝施恩惠緩刑罰玩聽音樂養志和神爲
天下自虞樂虞與娛同帝報曰朕之不德自左丞相與貳
師陰謀逆亂巫蠱之禍流及士大夫謂與太子戰死名也朕日
一食者累月廼何樂之聽痛士大夫常在心旣事不
咎言旣往之事不可過咎雖然巫蠱始發詔丞相御史督二千
石求捕督察視也廷尉治未聞九卿廷尉有所鞫也鞫問也
曩者江充先治甘泉宮人轉至未央椒房椒房殿名皇后所居
也以椒塗壁取其溫而芳也以及敬聲之疇李禹之屬謀入匈奴
有司無所發丞相親掘蘭臺蠱驗所明知也至今餘
巫頗脫不止巫往往尚爲蠱也陰賊侵身遠近爲蠱朕媿之
甚何壽之有敬不舉君之觴謹謝丞相二千石各就
舘謝告也舘官舍也書曰無偏無黨王道蕩蕩周書洪範之辭也毋
敢復言

魏文帝黃初二年六月戊辰晦日有食之有司奏免
太尉詔曰災異之作以譴元首而歸過股肱豈禹湯
罪己之義乎其令百官各處其職後有天地之眚勿
復劾三公
後魏孝明孝昌二年六月詔曰自運屬艱棘歷載於
玆烽驛交馳旌鼓不息祖宗盛業危若綴旒社稷洪
基殆將淪墜朕威德不能遐被經畧無以及遠俾令
蒼生罹此塗炭何以茍安黃屋無愧黔黎今便避居
正殿蔬飡素服當親自招募收集忠勇其有直言正
諫之士敢決徇義之夫二十五日悉集華林東門人

別引見共論得失須告內外咸使聞知
隋高祖嘗遇關中饑遣左右視百姓所食有得豆屑雜糠而奏之者帝流涕以示群臣深自咎責爲之撤膳不御酒肉者殆將一期
唐高祖武德二年二月武功人嚴甘羅行劫爲吏所拘高祖謂曰汝何爲作賊甘羅言饑寒交切所以爲盜高祖曰吾爲汝君使汝窮乏吾之罪也因命捨之
太宗貞觀二年三月己巳謂侍臣曰水旱不調皆爲人君失德朕之不脩天當責朕百姓何罪而尚多窮困聞有鬻男女者朕甚愍焉於是遣御史大夫杜淹

巡關內諸州出御府金寶贖之還其父母
十七年廢太子承乾帝自制文詣太廟陳謝曰臣上蒙穹旻明命中賴宗社餘祉自惟不德濫承寶位既乏元首之能實乖教子之道遂有承乾不軌君集無君元昌懷逆祐亦好亂臣睹昧既彰誡誘多闕負罪引慝漸懼增深謹造庭階躬申拜謝後隴右山摧大蛇屢見山東及江淮多大水帝以問秘書監虞世南對曰春秋時山摧晉侯召宗伯而問焉對曰國主山川故山摧川竭君爲之不舉降服乘縵徹樂出次祝幣以禮焉梁山晉所主也晉侯從之故得無害漢文帝元年齊楚地二十九山同日摧大水出令郡國無來貢獻施惠於天下遠近歡洽亦不爲災後漢靈帝時青蛇見御座晉惠帝時大蛇長三百步見齊地經市入廟案蛇宜在草野而入市朝所以可爲怪耳今蛇見山澤蓋深山大澤必有龍蛇亦不足怪也又山東足雨雖則其常然陰潦過久恐有冤獄宜省繫囚庶幾或當天意且妖不勝德唯脩德可以銷變帝以爲然因遣使者賑恤饑餧申理獄訟多所原宥後有星孛于虛危歷于氐百餘日乃滅帝謂群臣曰天見彗星是何妖也世南曰昔齊景公時有彗星見公問

晏嬰對曰公穿池沼畏不深起臺榭畏不高行刑罰畏不重是以天見彗星爲公誡耳景公懼而脩德後十六日而星沒臣聞天時不如地利地利不如人和若德義不脩雖獲麟鳳終是無補但政事無闕雖有災變何損於時然願陛下無以功高古人而自矜伐勿以太平漸久而自驕怠慎終如始彗星雖見未足爲憂帝斂容謂曰吾之撫國良無景公之過但吾纔弱冠舉義兵年二十四平天下未三十而居大位自謂三代以降撥亂之主莫臻於此重以薛舉之驍雄宋金剛之鷙猛竇建德跨河北王世充據雒陽當此

之時足為勁敵皆為我所擒及逢家難復決意安社稷遂登九五降服北夷吾頗有矜之意以輕天下之士此吾之罪也上天見變良為是乎秦始皇并六國隋煬帝富四海既驕且逸朝夕而敗吾亦何得自驕也言念於此不覺惕然震懼

德宗興元元年正月制曰致理興化必在推誠忘己濟人不吝改過朕嗣服丕構君臨萬邦失守宗祧走在草莽不念率德誠莫追於既往永言思咎期有獲於將來明徵其義以示天下小子懼德不嗣罔敢怠荒然以長於深宫之中暗於經國之務實習易溺居

安忘危不知稼穡之艱難不恤征伐之勞苦澤靡下究情未上通事既擁隔人懷疑阻猶昧省己遂用興戎徵師四方轉餉千里賦車籍馬遠近騷然行齎居送衆庶勞止或一日屢交鋒刃或連年不解甲冑祀奠之主室家靡依死生流離怨氣凝結力役不息田萊多蕪暴令峻於誅求疲甿空於杼柚轉死溝壑離去鄉閭邑里丘墟人烟斷絶天譴於上而朕不寤人怨於下而朕不知遂致亂階變興都邑賊臣乘釁肆逆滔天曾莫知懼敢行凌偪萬品失序九廟震驚上累於祖宗下負於臣庶痛心靦貌罪實在予永言愧悼若墜泉谷賴天地降祐人祇叶謀將相竭誠爪牙宣力群盜斯屏皇維載張將弘永圖必布新令朕晨興夕惕惟念前非乃者公卿百僚用加虛美以聖神文武之號被蒙暗寡昧之躬固辭不獲俯遂群議昨因內省良所瞿然體陰陽不測之謂神與天地合德之謂聖豈伊淺劣所敢當仁文者所以化成武者所以定亂朕自臨御於今六載化之不被亂是用興豈可苟徇群情猥當徽號重予不德益用懷慙自今已後中外所上書奏不得更言聖神文武之號餘具帝王赦宥門

貞元二年十二月詔曰昔我皇祖光宅天下底綏四方脩德以安邊悅近而來遠朕嗣守丕構始務息人頃以西蕃載申信約蓋欲惠康庶士協靜封陲而戎狄無厭大棄明義入我河曲害我生靈塩夏兩州淪陷蕃醜哀此蒸庶家業流離去父母之邦捐骨肉之愛繇朕薄德俾人罹殃興言疚懷若墜焚灼側身惕慮豈敢追寧所宜省躬深自咎戒今視朝避正殿十五日百僚奏事悉於延英處分庶荅天譴用惕深衷咨爾三事大夫洎于百辟所宜一乃心力共弼予違式佇嘉謀克清寇患宣示中外使悉朕懷

晋高祖天福四年十二月丁巳御便殿謂宰臣馮道曰日大雪害民五旬不止京城之下十八神祠六寺二觀悉令祈禱了無其驗得非朕之涼德不儲神休者乎道對曰陛下克己恭儉無荒無怠推恩四海必合天心但愛民慎刑始終如一雖景宿之變水旱之沴亦將警聖人而成其德也帝曰朕聽斷有悞卿當再三止之安靜小心共相保守因令出薪炭米粟給軍士貧民等

周世宗顯德二年正月甲戌謂侍臣曰去歲齊州臨邑民來訴災沴尋命使臣適與通簡所望供輸咸得

均濟昨聞廣種植戶民不欲通簡咸念其訴災者至有潛蔑其家產者朕自聞之極深軫惻侍臣對曰時季已來民多狡惡帝曰非民之狡蓋朕治之未至亦猶親人之官未當耳此後尤宜精求令長免使黎民受弊

册府元龜

冊府元龜

巡按福建監察御史臣李嗣京　訂正
分守建南道左布政使臣胡維霖　參閱
知建陽縣事臣黃國琦　較釋

帝王部　一百七十六

姑息

王者握圖御歷統制寰區必在賞慶刑威彰善癉惡秉高明之道以馭群下體剛健之德以制多方若乃運屬艱難數當百六干紀者投彼天隙切柄者橈乎國經上失其權下無其輔姑息之道繇是用焉其或

冊府元龜　帝王部　姑息　卷之一百七十六　一

廟堂有跋扈之臣藩翰有驕蹇之將或奉款來附內持於兩端或憑衆竊立坐邀乎九命或跨據河山之固包於禍心或俛倖雲雷之屯圖其非望繇是申招攜之意懲黷武之禍加之爵秩厚其恩賚此固不得已而用之者焉

後漢靈帝光和中賊帥恒山人張燕輕勇趫捷故軍中號曰飛燕善得士卒心乃與中山趙郡上黨河內諸山谷寇賊更相交通衆至百萬號曰黑山賊河北諸郡縣竝被其害朝廷不能討燕乃遣使京師奏書乞降遂拜燕平難中郎將領河北諸山谷事歲得舉孝廉計吏

獻帝初平四年袁紹與公孫瓚交惡天子使太傅馬日磾太僕趙岐和解關東岐別詣河北紹出迎於百里外拜奏帝命岐往紹營移書告瓚瓚遣使其與紹書曰趙太僕以周召之德銜命來征宣揚朝恩示以和睦曠若開雲見日何喜如之昔賈復寇恂亦爭士卒欲相危害遇光武之寬親俱陛見同輿共出時人以爲榮自省邊鄙得與將軍共同此福此誠將軍之眷而瓚之幸也紹於是引軍南還帝以紹爲太尉轉爲大將軍封鄴侯紹讓侯不受

冊府元龜　帝王部　姑息　卷之一百七十六　二

建安初馬騰爲征西將軍與鎮西將軍韓遂始甚相親後以部曲相侵連兵不解時國家紀綱始弛乃使司隸較尉鍾繇涼州牧韋端和解之

魏明帝太和二年十二月遼東太守公孫恭兄子淵劫奪恭位遂以淵領遼東太守

唐睿宗先天元年御史中丞兼左羽林將軍張暐左臺殿中侍御史鄧光賓竝放千嶺表先是太平公主之引崔湜蕭至忠也幽求等恐其爲變每有奏請爲太平所嫉玄宗不獲已奏之故有此放

肅宗元年建卯月河東節度鄧景山爲部下所殺帝

聞以景山統御失所恐因此以爲亂不復究驗其罪遣使慰喻之軍中因請以都知兵馬使代州刺史辛雲京爲節度使從之

代宗寶應元年五月壬寅以簡較戸部尚書安州刺史充淮西等十州節度使來瑱（他見反）復爲襄州刺史充山南東道兼陳蔡淮西等十州節度觀察等使初淮西節度王仲昇兵敗陷入賊詔瑱代仲昇爲淮西節度兼督許蔡等十州以瑱爲行軍司馬兼御史中丞裴茂爲襄州刺史瑱以淮西遍賊日尋干戈遲留不進茂密表以聞瑱又陳奏朝廷務姑息仍復以瑱

依舊爲襄州刺史山南東道節度等使仍兼安州刺史淮西節度茂初以行軍司馬鎮于穀城卽表瑱不奉詔懼瑱凷兵來拒乃率麾下精銳赴州襲瑱爲所敗詔罪茂

二年閏正月癸亥宥史朝義降將薛嵩田承嗣李懷仙等並以賊之所署僞刺史襲以朝命也嵩爲簡較刑部尚書相州刺史相衛等州節度使承嗣爲簡較戸部尚書魏州刺史魏博節度防禦使李懷仙爲簡較侍中兼幽州大都督府長史范陽節度使

廣德二年三月許河北四節度使立碑紀其誠節初王師討平河朔州縣風靡向化相州薛嵩魏州田承嗣鎮州張忠志幽州李懷仙皆爲賊守聞詔書一切不問趨僕固懷恩馬首乞行間自効懷恩包藏貳心乃表請以僞署官秩任之嵩等遂分鎮河北一道各擁精兵數萬帝姑務安人含弘之實懷恩啓之也

是月襄州兵馬使梁崇義殺本州大將薛南陽併其衆矯狀以聞朝廷以襄州薦屢兵禍屈法含容乃授崇義爲襄州刺史山南東道節度留後姑務息人也

永泰元年七月以鄭王邈爲開府儀同三司充平盧淄青節度度支營田等大使先是平盧淄青節度使

史希逸爲副將李懷玉所逐希逸奔于滑州上疏請罪詔赦希逸罪乃以鄭王邈爲大使令懷玉權知留後姑務息人也

二年正月同華節度使周智光以專殺鄜坊節度使杜冕家屬懼罪召不赴命朝廷外示優容俾杜冕使于梁州實避讐也

大暦三年七月瀘州刺史楊子琳竊所部兵叛寇成都府遂據其城以討崔寧爲名劒南節度留後寧之弟寬攻破之子琳潰走子琳蜀人初爲瀘南賊帥人甚惡之後有詔撫子琳束身歸罪劒南節度使驪使

屯守瀘州時崔寧爲西川兵馬使專殺節度使郭英乂成都兵亂子琳率麾下士乃募山洞群盜表請討寧寧甚憚慄州縣官吏以其奉順多有應者寧與弟寬分將精卒各數萬爲之備亦以表聞帝恐平人罹其害子琳及寧二表俱不報遣宰臣杜鴻漸出鎮成都宣恩招慰鴻漸懼寧兵強不敢同異時子琳與邛州兵馬使柏貞節犄角相應誓以靖難爲事鴻漸姑務事寧乃表讓劍南節度與寧奏貞節爲邛州刺史子琳爲瀘州刺史和解之寧既受命隨鴻漸入覲留弟寬守成都子琳聞寧出乘間以精騎數千突入成

都及子琳兵潰收合餘燼沿江而下朝廷聞之慮爲亂階特詔荆南節度安撫之

五年夏以殿中監王昂爲江陵尹御史大夫充荆南節度時荆南節度觀察使衛伯玉以内憂去職故命昂代之昂既行伯玉諷荆南大將楊鉥等拒昂乞留伯玉優詔許之

六年四月澧州刺史兼御史中丞楊子琳至自澧州赴詔也初子琳自成都丧敗退守瀘州増修軍政招延亡命之士累月後成數千人乃具舟沿江而揚言赴朝渝州忠州萬州皆震懾備餼牢申犒軍士涪州有黄牛峽峽路之隘者守捉王守仙伏兵五百人於此子琳前驅悉擒之以獻至忠州盡殺之唯守仙獲免子琳遂入夔州殺别駕張忠而以成守遣使詣闕請罪帝務安人又以子琳本謀近忠姑容之乃以爲峽州刺史子琳益不自安又移授澧州刺史澧朗兩州鎮遏使在澧州二年至是表乞朝謁帝特容之及至引見于延英殿與語甚悦賜名猷

七年詔授幽州權知留後朱泚簡較左散騎常侍兼御史中丞幽州盧龍軍節度留後泚初隸幽州李懷仙爲十將改經略副使朱希彩殺李懷仙自爲節度

以泚宗姓甚委信之希彩爲政苛酷人不堪命竟爲孔目官李瑗所殺倉卒之際未有所從泚營在城北弟滔主衙内兵亦得衆心滔變詐多端潛使百餘人於衆中大言曰節度使非朱使君莫可衆既無從因共推泚泚遂權知留後遣使奉表京師遂有是命

十一年正月魏博田承嗣乞束身歸朝時淄青節度李正己上表乞許承嗣自新承嗣乃上表帝以久勞師旅姑務息人乃下詔曰臣子之義違而必懲春秋之辭貶而先捨故武威以制其不恪文德以懷其自新田承嗣惧惑奸邪輒干紀律朝有彝憲當奉典刑

猶示含容薄令降黜與其遷悔全彼平人不赴所服之官再任造端之將遲迴師旅綿引旬時朕猶倜脅從慢茲併命其人何罪顧悼增懷深恩改過之期以救無辜之禍而承嗣果能尅責頻獻誠辭泥首東身請歸庭闕輸心瀝懇備在封章而正巳地遍藩隣其昭誠效遂屢有陳奏達其深衷故宜宥以悔非之誠全其改往之志翻然効順頗用嘉之即宜與子孫家口等同赴上都當待以殊恩永守終吉豈不美歟其魏博所管官吏將士僧道耆壽百姓等初因追脅曾受驅馳或久抗官軍辭不獲巳或徵科郡邑出入門

庭皆懼於不全蓋素非元惡既往之咎並與維新一無所問或先在昭義軍管內諸州者並宜却還本貫各安舊業其昭義所管官吏將士裁耳軍徒身及家口先在魏博等州妄有驅迫各被質留原其初心本非巨惡既因詿誤先合獨除仰即歸本州亦一切莫問各守所務無相奪倫王典無私信存賞罰脅從罔理前聖嘉謨歸命者必全知過者必宥今既納承嗣之懇請亦巳虛懷捨脅從之前非悉命原免如其論詭時日猶事逗留國有常刑法難屢屈過期不至獲罪如初其諸道兵馬即宜同力脅心大軍尅期不可

追悔轉禍爲福唯在此時至于再三非不深切想及官吏將士巳下奉而行之知朕懷也承嗣竟逗留不赴朝

十二年三月庚午有司降官永州刺史田承嗣復舊官爵詔曰昔在虞舜舞干羽于兩階而苗人服洎漢高嘗遣陸賈宣赦南越光武亦下璽書招附竇融然則太上以德撫人其次因時制宜其或有阻兵便地未從紀律將長刑以紓禍俟文誥而斯懷則明恕之道宥過爲大其來久矣永州刺史前魏博等七州節度觀察處置營內度支營田等使開府儀同三司太

尉簡較尚書左僕射同中書門下平章事兼魏州大都督府長史上柱國鴈門郡王食實封一千戶田承嗣頃因封壞之外或收郡邑是以下尺一之詔徵縣道之師既剿零陵式彰典憲而國家十連將師千里旌旗車騎緜屬於山河樓船鏁結於淮海而承嗣蘊門宿將方面舊臣授鉞持衡素經委遇乃繕甲脩備越河應敵然未離魏郡嬰壘自固頻遣章奏申聞欸誠懇祈革心永用遷善又聞聚族與歎嘗思更新廢食遺寢沉憂成疾夫爲君上者承天子人兼宥廣覆一夫不獲則曰時予之辜今河南河北之人皆朕之

人也豈可不念隱恤求遂其心令其父兄乘城子弟
攻取矢石之下骨肉相殘邑里之間敵讐交橫而又
兵連禍結廪儲取資暴賦懸征井閭罄竭男釋耒耜
女廢蠶桑流離凍餒擠于溝壑而欲勞師黷武必舉
彝章終夕惟慮誠所未忍且使蒼生罹此塗炭皆繇
朕司牧無方非朕不德誰之過也今將投膳撤懸內
省歸咎以寬承嗣宜並復承嗣本官爵仍委在鞍勾
當軍州事不須入朝弟庭琳及子姪等凡所連坐貶
降者一切仕放並還本官仍各依舊職掌驅使其魏
博相衛等管內諸州各判官兵馬使以下及州縣將

吏百姓及沂宋過河將袁奉珪祝舜并將士等並從
原宥一無所問於戲以欲從人必求諸道濟時禁
仁有被於泉流麛卵不傷德可懷於鳥獸今則偃戈
務全兆庶以茲明誠上荅天聰公卿百辟悉朕意焉
又詔曰播州帶水縣百姓田悅等王者之於典刑也
舉達是放聞義則歸雖審而有嘗亦宥而不過況本
於黜免各從親累今與之更始宜復官嘗當思遷善
之規載勤事上之命田悅可依舊魏博節度中軍兵
馬使銀青光祿大夫簡較右散騎嘗侍兼魏州大都
督府左司馬御史中丞潮州程鄉縣尉田緒可依舊
簡較尚書駕部郎中兼御史中丞柳州義章縣尉田
渚可依舊試京兆府叅軍萬州南浦縣尉田淪可依
舊試大理評事
四月命給事中杜亞使于魏州宣慰田承嗣賜承嗣
鐵券
十二月以淄青節度使李正巳之子前淄州刺史納
爲青州刺史仍賜實封五千户
十三年正月淄青節度使李正巳請附入屬籍帝從
之
三月命諫議大夫蔣鎮使于魏州宣慰以田承嗣有

弟喪故也
十四年二月癸未魏博七州節度使簡較尚書左僕
射同中書門下平章事田承嗣卒甲申以前魏博節
度中軍兵馬使簡較右散騎嘗侍兼魏州大都督府
左司馬御史中丞田悅依前本官兼御史中丞充魏
博節度觀察等使留後悅承嗣姪也承嗣軍務親兵
多委其統制及承嗣死悅即代領其衆朝廷因授焉
四月成德軍節度太子太傅簡較尚書左僕射兼御
史大夫簡較同司空中書門下平章事清河郡王張
寶臣依舊賜姓李復封隴西郡王寶臣奚之種裔本

姓張名忠志以武勇再陷逆賊僞職寳應元年河朔
平僕固懷恩舉爲將帥鎮常州帝方綏懷四海乃加
[illegible]恩寵特賜宗姓列屬籍前年抗表請歸本姓帝從
之及是心不遑安又抗表乞從賜姓帝又許之賡恩
也

德宗建中二年正月成德軍節度使李寳臣卒子惟
岳匿父喪以求襲位帝難之乃遣給事中班宏問疾
且諭惟岳

四月加山南東道節度使梁崇義平章事初崇義不
朝兇謀日甚賓僚或有忠言沮勸多遭傷害時群兇

冊府元龜　帝王部　姑息　卷之一百七十六　十一

方日熾阻朝廷將推仗大信欲來而安之以示天下
故加崇義同平章事其妻子悉加封賞且賜鐵券誓
之淮西節度使李希烈數請興師討崇義崇義懼軍
旅之事加嚴焉流人郭昔告其變崇義聞之請罪昔
坐决杖配流命金部員外郎李舟諭旨以安之

三年四月戊寅以中書侍郎平章事張鎰爲鳳翔尹
隴右節度觀察兼支度營田等使以待朱泚初泚第
滔叛於幽州故罷泚兵柄加此實封五百戶一子五
品官又賜實氏名園涇水上腴田并重錦五綵帛金
銀器甚厚以安其意

興元元年正月帝罪己大赦反側王武俊集三軍削
僞號先是武俊僭稱趙王以鎮州爲真定府僞命官
屬會大赦遂削號帝詔國子祭酒兼御史大夫董晉
中使王進傑自行在往鎮州宣命授武俊簡較兵部
尚書成德軍節度使尋加司空同平章事兼幽州盧
龍兩道節度使又魏博田承嗣子緒殺田悅朝廷因
授緒魏博節度時朱滔率兵兼引迴鶻之衆南侵緒
遣兵助王武俊李抱真等大破滔衆以加功簡較工
部尚書

貞元元年以嘉誠公主下降加緒駙馬都尉尋遷簡

冊府元龜　帝王部　姑息　卷之一百七十六　十二

較右僕射賜實封五百戶是歲加同平章事及卒廢
朝三日贈司空賻物有差又易定節度使張孝忠使
衙前將程日華使滄州州兵殺其刺史李固烈而推
日華爲刺史日華遣使間道聞於梁州因拜横海軍
節度但令歲以滄州稅錢十二萬貫資孝忠軍焉

二月甲子加朔方邠寧節度支度營田觀察六城水
運押諸蕃部落鹽池兼河中晉絳慈隰等州節度觀
察等使兗朔方邠寧同華陝虢河中晉絳慈隰等州
及晉内諸軍行營兵馬副元帥開府儀同三司行中
書令兼靈州大都督單于鎮北大都護河中尹上柱

國連城郡王李光懷太尉加賞封至二千戶仍賜鐵
券赦三死
十月劉怦爲幽州長史兼御史大夫盧龍軍節度副
大使知節度事初怦爲涿州刺史朱滔每有征伐必
令怦幽州留後時朱滔死怦素爲衆所服因有其兵
地
貞元元年九月范陽節度劉怦卒其州軍人習河朔
舊事請其子行軍司馬濟代父爲帥朝廷姑務便安
因而從之累加簡較兵部尚書
二年三日詔授淮西李希烈裨將吳少誠申光蔡等

州節度觀察兵馬留後初希烈叛少誠頗爲其用希
烈死少誠等初推陳仙奇統戎事朝廷巳命之仙奇
尋被少誠等謀殺衆共推少誠朝廷遂有是命尋正
除節度等使
三年七月宣武軍兵馬使劉昌率其衆自坊州赴靈
臺既次三原遂縱掠一夕方定淮西散兵百餘人隷
於昌及是昌歸罪於淮西兵盡殺之尋以昌爲本軍
京西行營節度使初昌衆憚戍靈臺剽三原後各欲
散歸昌招撫之乃定因加昌以董之改戍麟遊
四年福建觀察使吳詵爲叛卒所逐詵奔建州初詵
從職守於洴隴嘗以猛毅自許及領福建頗輕忿越
兵薄其糧賜苦其役使而不恤也衆卒咸叛數讓詵
而逐之且請于詵牒用大將郝誠溢掌留後而殺詵
之腹心將薛大清十餘人等而聽命於誠溢秋毫無
所犯乃抗表請罪焉帝命中使就赦而安之
五年十月詔曰法令者國之典章藩岳者朕之屏翰
封域既列彊里有經必守信誠用永終始干紀難虧
於嘗憲念功宜貸於新恩酌於厥中是有玆命義武
節度易定觀察等使簡較司空平章事張孝忠受委
旌鉞作鎮方夏頃與士旅擅入邉城朝命既臨不遠

而復有過能改此誠可嘉是用左授之授俾參論道
之職懋招來効勿替舊勲可簡較尚書左僕射同平
章事如故於戲君人執信臣人執忠忠信允叶邦家
乃乂朕奉祖宗之法期於慎守託王公之上務以存
誠畫野分圻皆有定制踰憲章則彼此交惡保封疆
則烝庶獲安偃甲息人所存者大咨爾方岳弘宣永
爲各守爾典欽承王度勲賢列辟宜體至懷初孝忠
以兵襲蔚州驅掠人畜帝連詔責之踰旬方還所部
繇是降其詔焉
八年四月庚寅以前沂州長史李志寧起復左金吾

大將軍同正兼汴州刺史御史大夫宣武軍節度觀
察使士寧故宣武節度玄佐子也初玄佐薨諸將較
列狀脅監軍上奏請士寧爲節度使旦日朝廷或不
從恐令數萬之兵東向以求生也蓋指李納以邀命
帝乃召宰相入議竇參先與吳湊不相得且曰若不
許懼合於李納則汴鄆非朝廷有也因請受士寧節
度使帝從之故有是命一云玄佐殁士寧纔十七八謀於父之親吏諷三軍請繼
父任時德宗厭兵不復討問遂授以鉞麾旣而日恣
以荒暴誅戮無不怨苦都虞候李萬榮因其獵於近
郊閉州門以拒之士寧馳歸闕下德宗撫之頗厚旣
不加責仍受以右衛將軍僅二十年累歷班序人皆
目爲
幸人

九年四月削海州刺史本州團練使張昇璘官仍令
昇璘兄昇雲示衆决杖昇雲爲定州刺史昇璘娶淄
青李納女用事於納以父喪大祥歸定州嘗於公座
慢罵成德軍節度使王武俊武俊大怒以事聞詔中
使詣定州臨决遇昇璘於太原杖而囚於別所武俊
素以定州殷富同壤嘗欲攻奪因是遣深州出兵襲
取義封又出兵驅掠安喜無極萬餘口徙於德棣悉
取其粟帛牛畜昇雲嬰城自固累遣使謝過於武俊
方止
十一年九月横海軍大將程懷信逐其節度使程懷
直歸京師懷信遂領軍士尋詔以虔王諒爲横海軍
節度使以横海節度兵馬使試殿中監程懷信起復
左武衛大將軍同正兼滄州刺史横海軍節度營田
滄景觀察留後依前兼御史大夫虔王諒不出閤故
也
十二年正月庚子洛州叛將元誼與其衆李文通嘗
悅石定蕃康秀玢等率洛州城内兵五千并家口萬
餘人叛奔田緒累路潰散入衛州者三千餘人中使
吳朝弼爲亂兵所殺二月丙午詔曰元誼李文通等
皆有勲庸久於戎旅頃者事因疑誤城守經時自致

危懼比獻章表請率師人願赴京西用申誠効亦遣
使宣慰待之如初俟至闕庭期於任使而行李之際
士衆攜離雖非本圖情亦可恕且處之東夏鎮在西
郊皆我王事誠爲一體况田緒任兼將相寄重方州
委之撫綏必能加輯言念將士素著勤勞旣有申明
各宜安堵仍委田緒切加存恤以副朕懷其元誼男
承嗣竝先在城又特召對仍令中使送赴魏州
是月以成德軍節度度支營田冀深趙德棣觀察
使開府儀同三司簡較司徒平章事兼當州長史瑯
邪郡王王武俊爲簡較太尉兼中書令依前兼當州

長史節度等使以朔方河中絳邠寧慶兵馬副元帥河中絳州節度度支營田觀察使元從奉天定難功臣開府儀同三司簡較司徒兼侍中河中尹上柱國咸寧郡王渾瑊爲簡較司徒兼中書令依前兼侍中河中尹充副元帥節度等使巳巳加山南西道節度度支營田觀察簡較左僕射兼興元尹御史大夫嚴振魏博等州節度營田支度觀察使簡較右僕射兼魏州大都督府長史兼御史大夫駙馬都尉田緒幽州盧龍節度度支營田觀察押奚契丹兩蕃經畧盧龍軍使簡較右僕射兼幽州大都督府長史御史大

夫劉濟劒南西川節度支度營田觀察統押近界諸蠻及山西八國兼雲南安撫使簡較右僕射兼成都尹御史大夫韋臯竝同平章事乙亥加陳許等州節度使簡較兵部尚書兼許州刺史御史大夫曲環淮南節度觀察營田使簡較刑部尚書兼揚州長史御史大夫賜紫金魚袋杜祐邠寧節度簡較刑部尚兼邠州刺史御史大夫張獻甫義成軍節度鄭滑觀察營田使簡較刑部尚書兼滑州刺史御史大夫賜紫金魚袋李復竝簡較左僕射山南東道節度觀察使簡較吏部尚書兼襄州刺史御史大夫賜紫金魚袋樊澤四鎭北庭行營兼涇原節度使簡較禮部尚書兼涇州刺史御史大夫劉昌右神策軍行營節度隴右大夫觀察度支營田使簡較工部尚書兼鳳翔尹御史大夫邢君牙左神策軍行營節度簡較工部尚書兼御史大夫韓全義平盧軍淄青節度度支營田觀察陸運押新羅渤海兩蕃使簡較禮部尚書兼鄆州長史御史大夫李師古劒南東川節度營田觀察使靜戎軍使簡較工部尚書兼梓州刺史御史大夫王叔邕申光蔡度支營田等使簡較工部尚書兼蔡州刺史御史大夫吳少誠徐泗濠節度觀察度支

營田使簡較禮部尚書兼徐州刺史御史大夫張建封竝簡較右僕射又加振武麟勝節度營田觀察蕃落使單于大都督兼御史大夫范希朝麟鄜坊丹延節度觀察使鄜州刺史兼御史大夫王栖曜夏綏銀節度觀察押蕃落使夏州刺史兼御史大夫韓潭竝簡較禮部尚書荊南節度觀察使江陵尹兼御史大夫裴胄宣武軍節度度支營田汴宋亳潁等州觀察使汴州刺史兼御史大夫李萬榮昭義軍節度營澤潞磁邢洺觀察使潞州長史兼御史大夫王虔休浙江西道都團練觀察及諸道鹽鐵轉運使潤州刺史

兼御史大夫王緯並簡較工部尚書又以河東節度
度支營田觀察留後太原尹兼御史大夫北都副留
守李說爲簡較工部尚書河陽三城懷州節度營田
使又加朔方靈鹽豐西受降定遠城天德軍節度營
田觀察使押蕃落使廬州長史兼御史大夫李欒浙
江東道都團練觀察使越州刺史御史中丞皇甫政
宣歙池都團練觀察使采石軍使宣州刺史御史中
丞劉贊鄂州刺史兼御史中丞何士幹等並兼御史
大夫

册府元龜

第二頁十五行後脫五段

晉簡文帝時桓温為揚州牧既廢海西公立帝
乃復還白石上䟽求歸姑孰詔曰夫乾坤合體
而化成萬物二人同心則不言所利古之哲王
咸賴元輔姬旦光于四表而周道以隆伊尹格
于皇天而殷化以洽大司馬明德應期光大深
遠上合天心含章特發用集大命在予一人功
美博陸道固萬世今進公丞相其大司馬本官
皆如故留公京都以鎮社稷温固辭仍請還鎮
遣侍中王坦之徵温入相增邑為萬户又辭詔
以西府經袁真事故軍用不足給温世子熙布
三萬匹米六萬斛又以熙弟濟為給事中

晉安帝隆安元年四月甲戌兖州刺史王恭豫
州刺史庾楷舉兵以討尚書左僕射王國寶建
威將軍王緒為名甲申殺國寶及緒以悅于恭
恭乃罷兵

元興二年盧循汎海破廣州獲刺史吳隱之自
攝州事號平南將軍遣使朝貢時朝廷新誅桓
氏中外多虞乃權假循征虜將軍廣州刺史平
越中郎將以其同黨徐道覆為始興相

後魏宣武時田益宗為安南將軍田稍衰老聚
歛無厭兵民患其侵擾諸子及孫競規賄貨部
內苦之咸言欲叛帝益深慮焉乃遣中書舍人
劉桃符宣旨慰喻庶以安之桃符還啟益宗侵
略之狀帝詔之曰風聞卿息魯生淮南貪暴擾
亂細民又横殺梅伏生為爾不已損卿誠効可
令魯生與使赴闕當加任使如欲外禄便授中
畿一郡

前廢帝初以爾朱仲遠為都督三徐二兖諸軍
事加大將軍又兼尚書令竟不之州遂鎮於大

梁仲遠遣使請准朝式在軍鳴騶帝覽啟笑而許之其肆情如此時爾朱世隆兄弟羣從各擁强兵割剝四海世隆尋讓太傅改授太保又固辭帝特置儀同三司之官次上公以世隆為之贈其父買珍使持節侍中相國錄尚書事都督定相青齊兖五州諸軍事大司馬定州刺史

第二頁十六行先天元年下脱十六字

八月睿宗為太上皇是月右僕射劉幽求

巡按福建監察御史臣李嗣京 訂正
知長樂縣事臣夏允彝參閱
知建陽縣事臣黄國琦較釋

帝王部 一百七十七

姑息第二

唐順宗貞元二十二年正月即位二月壬子淄青節度使李師古以師女滑州西界初告哀使未至鄭滑軍裨將吏自京師得遺詔本歸以示節度李元素元素以師古隣接欲爲不自外使密以其本示之師古

不受曰京師無訃告何故妄言杖其使幾死舉兵以脅元素元素懼上表請自貶朝廷兩慰解之初師古聞消息遂以師自至濮州伺候爲變借元素爲名以動衆及聞帝即位即罷界上兵

憲宗永貞元年十二月巳酉以新授給事中前劍南西川攝節度行軍司馬知留後兼御史中丞劉闢爲簡較工部尚書兼成都尹御史大夫充劍南西川節度副大使知節度事管内支度營田觀察處置統押近界諸蠻及西山八國兼雲南安撫等使於時韋臯卒闢阻兵以求節度詔除給事中異其入朝闢不受故降斯命貞元舊風也

元和元年六月淄青李師古死弟師道擅命遣判官崔承寵孔目官林英相繼奏事時杜黄裳作相欲乘其未定也以計分割之帝以蜀川方擾不能加兵於師道遂命建王審遥領節度以師道爲留後歲餘竟授以旄節

二年八月命給事中房式充幽州成德義武等軍宣慰使時三節度劉濟王士真張茂昭各持宿嫌交惡鬪於朝故有是命

四年三月以淮南節度判官孔戡爲衛尉寺丞分司

東都戡嘗佐昭義軍節度使盧從史數以事爭論不從因謝病去從史彊以禮遣而陰銜之居東都久之爲淮南節度使李吉甫所辟而從史忿嫉累請貶降故有是命

十一月彰義軍節度吳少誠卒五年三月授遂王宥節度以彰義軍兵馬使兼申州刺史吳少陽爲銀青光祿大夫簡較左散騎常侍權知蔡州刺史兼御史大夫充彰義軍節度申光蔡等州觀察等使留後仍賜上柱國初少誠疾亟家僮單于熊兒者僞以少誠意取少陽至時少誠已不知人乃僞署少陽攝副使

知軍州事少誠子元慶年二十餘先爲軍職少陽密害之及少誠死少陽自爲留後時王承宗求繼士貞位不受詔帝業以討承宗不欲兵連兩河乃以宥王遥領少陽爲留後焉

五年七月庚子鎭州王承宗遣節度巡官崔遂上表二封乞自陳首兼請吏員輸其常賦是月制曰夫蓋之如天容之如地王者之盛德叛而伐之服而捨之魯史之明義所患教化之未弘不患威令之不振所患忿懥之不當不患臣妾之不恭遂稔惡以彰典刑納忠誠以滌瑕釁糾慝宥罪其在斯乎朕嗣守丕圖

虔奉先訓明有所未燭信有所未孚德罔洽人而懲法度之未一道靡化物而慮風俗之未齊頃者誤於知人因以動衆雖亂是用長俾投於荒而靖以自思敢悛其過故太尉中書令武俊嘗拯艱危有大勳力重以親戚連其子孫壯容圖於綵績武烈書於鍾鼎十代之後尚延其寵渥四海之内豈利其土田我之初心蓋不如此盧從史首獻章表深陳便宜是以頗類于向公如流遂昧於進熟乃割二郡别爲一鎭付其密親以示無外而承宗不諭朝廷遂干國章以至于斯事豈得已既而將帥同德干戈四臨幽薊以節制之衆收城池易定以雄猛之師獻俘馘火則方燎天其可逃然而大兵所罹庶物皆顧農桑遂廢於壠畝老幼咸膏於鋒鏑爲之父母深用憫然王承宗固而能通迷而斯復冒於白刃貢以赤誠仰日月以激於中腸罄封茆而誓於後劾賦奉其常數官奉其闕員以圖境之性命祈肆赦之恩澤我亦思省至於再三違命而用刑蓋有常憲順命而赦罪是亦前經寰海之饒寧私於數縣之地雨露之溥豈遺於一境之人加恩俾復其土疆改過是還其官秩其王承宗特宜洗雪依前起復雲麾將軍守左金吾衛大將軍員

外置同正員外簡較工部尚書兼鎭州大都督府長史御史大夫上柱國充成德軍節度管内度支營田等使鎭冀深趙德棣等州觀察處置使成德軍將士官爵實封等一切如舊待之如初諸道行營將士等皆賈雄心爭輸忠力以戰則勝以攻則摧加以跋涉道途暴露原野各宜賞級仍并歸還宜共賜物二十八萬四百二十端疋並令度支隨便近即時支遣仍令糧料使與本軍計會豐厚宴設於戲帝王作兵以輔文德雷雨施澤亦酌人情况乎忠烈之遺動親之後每稱破敵嘗用愧懷聞覆衆而增傷覽捷書而興

歎一夫不獲尙泣於前王百姓何辜罹禍於玆日雖爲彼制孰非吾人事苟便時朕寧屈己庶當修政思理推誠致和奉天地之心大祖宗之業姑以濟物豈務申威虞帝之征載示兩階之舞殷王之綱式弘三面之仁惠此方隅置於安靜凡百多士宜諒予懷初王士貞卒三軍推承宗爲留後朝廷伺其變累月不問承宗懼上表請割德棣二州繇是起復授成德軍節度使又授德州刺史薛昌朝爲德棣觀察使承宗遣數百騎徑德州虜昌朝以歸乃詔削承宗官爵命左神策護軍中尉吐突承璀以討之是役也招討之

任非中外所期又諸軍多觀望養寇逗留不進轉餉糜費日以鉅萬淄青幽州累有章表請赦承宗帝乃因從史之罪歸其惡而宥承宗不得已而爲之己酉加義武軍節度使張茂昭簡較太尉兼太子太傅幽州節度使劉濟簡較司徒兼中書令魏博節度使田季安簡較司空兼太子太保辛亥加河東節度使范希朝簡較司徒淄青節度使李師道簡較尙書右僕射橫海軍節度使程執恭簡較尙書右僕射竝以兵罷加賞也乙卯幽州節度劉濟爲其子總所殺朝廷不知其事以總爲起復簡較工部尙書兼幽州大都督府長史充幽州盧龍軍節度管內支度營田觀察處置押奚契丹兩蕃經畧盧龍軍等使

七年十月魏博監軍奏當道三軍舉其將田興知軍州事甲辰制曰經邦制理先務於安人秉義納忠諒存乎體國其有堅持正性動合衆心才當與能善足埀勸則亟荷推轂之寄爲分閫之臣建侯貞師宜我利澤魏博軍步射都知兵馬使同節度副使簡較祕書監兼御史中丞浙國公田興深明有融忠孝是力介若金石通乎弛張效用思齊於昔賢潔誠期報於君父生此王國跡淪戎藩逢時乃彰會節有立曰元

臣郎代裔子幼年小人任事以作威諸將屏息而增懼政理茲紊刑章亟乖羣臣危疑幾致顛越朕用憂閔方圖輯寧而興任在轅門深惟大體義勇斯奮奸雄伏辜士心所歸不令而肅征鎭安固厥庸茂焉旣而保貴胄之家將致上國全故帥之績求復中軍表章屢疏情懇備至以動則特異以義則可觀周旋令圖蓋有餘裕朕高懸爵命以待能賢嘉爾殊勞允宜懋賞晉軍謀帥郤縠嘗學於詩書漢將議功寶融實冠於名節魏郊巨鎭河上奧區杖鉞可以宣國威觀風可以率蕃輿習俗至於丕變疲甿徯而汔康佇光

册書用寄心膂榮級繼登於七命顯秩超踐於六卿仍兼副相之雄以重元戎之委服茲休命其懋戒哉可銀青光祿大夫簡較工部尚書兼魏州大都督府長史御史大夫充魏博等州節度管內支度營田觀察處置等使勳封如故初貞元中昭義軍節度使李抱眞卒雒州刺史元誼以州兵五千叛歸田緒後田季安納誼女爲妻及季安以風疾廢亂頗虐殺人子懷諫年十一爲府司馬兼御史中丞節度副使元氏乃召督兵將指明爾福約立懷諫爲帥皆唯唯莫敢違乃遷季安於別寢月餘季安卒有家僮蔣士則王

親兵持權數易大將懷諫出令盡士則之爲也軍中以朝廷久無命衆情不固田興者其先與季安別族後稱爲從祖兄少在魏軍以武藝信厚爲衆所服興因寓直而巡更卒迭來觀興興懼深拒之質明入衙兵衆數千環附興興驚遽頓仆於地其衆連呼不散興揚言曰欲聽吾命且勿犯副大使衆皆曰諾亂兵殺蔣士則等十數人而止即日移懷諫於外興旣立爲留後葬季安畢送懷諫於京師十月辛酉制曰奉君親竭忠孝人倫之大端也賢智所以盡心賞功勞懋明節國家之急務也皇王所以致理朕嗣服丕業恭臨萬邦每念政之未孚化有不暨怵惕惟厲載勤于懷嘗以爲宵旰稟靈皆思嚮善亦甄明撫導推示至誠樹績必使其光揚惟患必圖其安緝永言及此終食豈忘魏博大藩東夏雄屏軍戎勇於見義黎庶懷於有仁自中原始兵革之虞河朔爲用武之地抱才器者咸感恩而盡力申節効者果因事而彰明時將太寧斯獲乎志近田季安甍謝兵於幼童姦邪憑依妄肆威福一境危慄懼致覆亡比屋凋傷疲於杼軸田興杖義奮發剪去憸人大安方隅屢獻忠懇達三軍奉上之志激千里望闕之誠誓遵典彝不變舊

俗忠誠指切感於朕心是用特授旌旄俾靖封略言念將士同德叶謀守正如金石之堅凌寒挺松栢之操垂令名於不朽示臣節於將來淸風載揚丹欵可鑒嘉尚歎息勞於寢興賞不踰時式示旌勸其管內百姓等身勞耕稼力竭征徭每念於懷用當憂恤宜令司封郞中知制誥裴度往魏博宣慰親諭朕意仍賜錢一百五十萬貫以河陽院諸道合進內庫綾絹綿等支送充賞給將士及州縣百姓差科宜給復一年使之蘇息州縣之中或有殘破偏甚者委田興逐便宜處分朕以布澤之時務從人欲好生之德期洽

衆心魏博管內宐赦見禁囚徒其與田興叶心立功大將及判官等委興具名銜聞奏當有甄升如有父母在別加優恤當道從前已來官吏將較等或忠義可嘉而刑戮濫及如有此色委田興條錄奏聞當加追贈如有家口見存宐厚加優恤管內高年惸獨或天寶遺人夙霑皇化或孤獨廢疾不能自存委田興差官存問仍量給粟帛管內有清勤奉職爲衆所知者委田興具事疏奏聞當加進改如身在丘園行義素著或才兼文武名節可稱亦委田興具名聞薦贈太尉季安姻戚舊臣嘗任將相飾終之典宐示優崇

其葬事委田興差官勾當禮物之間務從周厚田懷諫在孜之初政出羣小因致軍府騷然不寧以其年幼有足矜閔待其到京之日一門量加存恤嗚呼聳善念功惟恐不及卹人厚下惟恐不豐庶乎大治雍熈遂櫜弓矢爲仁鄰已其道信然樹德務滋在乎終始凡百多士宐悉朕懷田興頗覩書知君臣父子之道嘗力行之朝廷知其嚮順宰臣李絳上請命使招諭及厚加賞賜及裴度至興極懼又請度至封內州縣宣揚恩澤辛巳以前魏博節度副使兼馬步都知兵馬使田懷諫起復爲遊擊將軍守右監門衛將軍

仍賜宅及錫米等

十年正月乙酉進授宣武軍節度使簡較司空韓弘守司徒依前同中書門下平章事貞元初德宗方以公相寵動臣宰相虛列官代於制勑者多至八九及數年老者不世繼守者無功遂不加其名元和初平章事在藩鎭不過一二而已至三年始加弘簡較司空同平章事後王鍔以簡較司徒凡歷三大鎭及在太原有功李吉甫請授鍔同平章事弘自領汴州以敢殺致安勢重於中而位在鍔下每咎吉甫及吉甫卒乃致書於宰相武元衡以露其忿自處將帥二十年未嘗再覲朝廷亦未能以誠信待弘方欲用其形勢以臨淮西故命守司徒同平章事以加鍔上焉其秋出師遂命弘爲淮西諸軍行營都統遣其子公武以兵萬三千人會於行營十二年賊平就加兼侍中累拜封許國公又以公武爲鄜坊

節度使

十一年十一月丙寅幽州節度使簡較司空劉總就加同中書門下平章事鄆州節度使李師道進位簡較司空初師道幸吳元濟之亂因冦徐州李光顏破凌雲柵師道懼乃僞貢誠欵帝以力未可并討乃遣給事中柳公綽往宣慰且覲其所爲師道苟以遜順爲辭故尙加命寵

十四年二月己巳勑王承宗與三軍將士輸忠效力叶志同心恭守典章嘗除冦虜俗化丕變風猷特高如聞水旱之餘供費未贍務令優濟保洽恩和宐賜

綾絹布共萬端疋初王師討吳元濟承宗與師道繼獻章表請宥元濟其牙將尹少卿奏事至中書見宰相語意不遜武元衡怒叱出之承宗益不順遣盜殺元衡帝赫怒命六節度之衆討之時淮西用兵國用虛竭詔權罷焉至十二年誅元濟承宗始懼求救於田弘正遣人送其子及牙將至闕下帝以弘正表疏相繼重違其意而有斯命

八月己酉制曰納大忠樹嘉績爲臣所以明極節錫殊寵進高秩有國所以待元臣況乎邦敎誕敷王言總會百辟攸憲四方式瞻永念於懷久虛其位載揚

成命僉曰休哉宣武軍節度副大使知節度事汴宋亳頴等州觀察處置等使開府儀同三司守司徒兼侍中持節汴州諸軍事汴州刺史上柱國許國公食邑三千戶韓弘降神挺材積厚成器中蘊深閎之量外標嚴重之姿有輔國濟時之心推誠不耀有夷凶禁暴之畧杖義益彰自鎮浚郊二十餘載師徒稟訓而咸肅吏士奉法而愈明俗臻和平人用庶富威聲之重隱若山崇屬者淮濆肆征命統羣帥克殄殘孽惟乃有指縱之功及齊境興妖分師進討遂梟元惡惟乃有畧地之効旣聞旋旆俄請執珪深陳魏闕之誠遠繼韓侯之志朝天有慶就日方申又抗表章固辭戎旅三加敦諭所守彌堅手藩于宣諫功於注意我弼我輔難違其衷懇我翊且願載兼上司論道之崇因之以齊八政中樞之長昇之以贊萬務玄袞赤舃備於寵光不有其人孰膺斯任於戲出總兵柄入參廟謨家國之慶盈門君臣之道交泰爲我柱石古今曷儔服而滋恭以佑乃辟可守司徒兼中書令此官汾陽王子儀西平王晟以冠代功業而居之弘二十年不入朝其累遷轉至於斯拜蓋朝廷始以姑息終用大體其勢然也弘鎮大梁一十餘歲所管四州征賦皆以自贍未嘗有上供者專務聚財積穀峻法樹威而莊毅寡言沈靖多斷鄰封如李師古吳少誠輩皆憚之王人使其問弘禮多是朝廷每爲蓋覆其後

勢屈入覲寵待逾等人臣之幸如弘者蓋寡焉

穆宗長慶元年三月乙卯以權知京兆尹盧士玫爲簡較右散騎常侍兼瀛州刺史御史大夫充瀛莫等州都團練觀察等使時幽州節度使劉總娶涿州刺史張皐女皐與士玫有內外之屬故請其瀛莫二州爲兼察以士玫上請因而用之非選衆任能也

七月幽州監軍使奏軍亂囚節度使張弘靖於別館推朱洄知兵馬事洄推其子克融統軍務詔諸軍討之十二月乙酉制赦幽州軍拘留張弘靖盧士玫暨專審府寮之罪以幽州都知兵馬使簡較殿中監兼

監察御史朱克融爲簡較左散騎嘗侍幽州節度使自憲宗皇帝削平群叛之後帑藏空虛帝踐祚之初錫賚過制及幽鎮事起徵發賞賜財力殫竭又行營諸節度及領偏師者皆有勑使監鎮悉選取驍騎號衙隊自防衛列于陣者皆羸懦之衆故戰則奔北鮮有成功議者以是役命將非不良徵師非不多而無尺寸之効者制置不一朝廷以克融能全弘靖爲名因而赦之以廷湊殺弘正之罪故併兵誅之顧物力事勢然爾

八月鎮州兵亂殺節度使田弘正推都將王廷湊知兵馬事弘正子布鎮涇原朝廷急徵布爲魏博節度布既頒賚軍士乃遣其將史憲誠爲先鋒兵馬使以憲誠前出已麾下必能輸竭故盡以精銳付焉是時屢有中使賫急詔促其進兵布遂以全軍三萬七千

出抵賊之冀州南宮縣進軍下賊二柵而魏人怯於格戰且以寒雪餽餉不給寢無鬬志憲誠故嘗懷貳因從而間之俄有詔分布軍與光顏合勢東救深州其衆因大潰多爲憲誠所有布提兵八千以十二月十日還魏州十一日會諸將復議與師而將卒益驕惰皆曰尚書能行河朔舊事則死生行之若使戰皆不能也布自度其下終不爲用歎曰功無成矣布郎日密表陳軍情入啟父靈抽刃刺心而絕乃以魏博中書先鋒兵馬使史憲誠爲簡較工部尚書兼魏州大都督府長史充魏博等州節度觀察等使先是田布爲禆將時遇憲誠於行伍間累進戎職皆繇布薦寵及布統魏師待之益厚兼命其子爲親將竟謀背叛布死遂據其城府朝廷不得已因命焉

二年二月甲子制曰朕以菲德纂承鴻緒屬先皇帝掃刷中寓康濟兆民八荒晏然五兵咸息嘗竊懷于繼述思致理於和平豈以樂戰爲心佳兵在念而鎮州以承宗云亡自歸誠欵幽州以劉總懇志願釋兵符相繼來同無思不服非朕勤於遠畧力以致之亦既綏柔咸加濡澤不愛金帛以惠於戎士不吝爵賞以寵其偏禆復加台臣咸推謹厚庶將朕志以靖方

隅而佚於既安莫能思患曾未累月旋聞叛離朕亦欲因其人心以命長帥顧念弘正盡忠先朝身嬰兹害家受屠戮爲之元首能不痛心是用下制先申告諭求其兇惡與釋幽寃仍令四面節制各守封疆不欲遽加明罰所望自効忠誠而將士等懼罪以相保王庭湊爲衆之所迫固其州壤捍以兵鋒每聞戰爭永念黎庶爲之君父又可忍乎是用輟食忘寢晝夜萬慮恭惟烈祖之訓必用兼愛之心務以安人爲國本不以窮武爲威力顧予寡昧敢忘遵承爲追念而興師已極君臣之分爲軫憂而捨罪豈非帝王之道

況王庭湊倉卒之際固非始謀接之以恩榮自當展其志意委之以戎鎮必與効於勳庸禍福無門行之即是弛張在我用亦何當苟推信誠便保忠順苟得其衆孰非吾人推而任之式示榮寵宜特捨雪仍授簡較右散騎常侍兼鎮州大都督府長史御史大夫充成德軍節度鎮冀深趙等州觀察處置等使應承成德軍將士官爵一切依舊待之如初仍令兵部侍郎韓愈充宣慰使於戲捨彼三軍惠非不至於彼閭境恩非不周今弘寬大之恩以應陽和之令使離散者見親愛之樂暴露者歸室家之安各宜感悅以就寧泰布告中外體朕意焉是時河朔復亂庭湊實首其惡殘害長帥及其友屬僚佐從而殲焉其逆如此而竟從含垢授以節制蓋兵不得息八年矣愛人含垢制時以宜

丙寅制以前成德軍節度鎮冀深趙等州觀察處置等使金紫光祿大夫簡較工部尚書兼鎮州大都督府長史御史大夫上柱國隴西縣開國男食邑三百戶牛元翼爲簡較工部尚書兼襄州刺史御史大夫充山南東道節度觀察處置臨漢監牧等使初元翼以守深州功有成德鎮冀王庭湊以已罪未赦圍元翼益急凡官軍救元翼者三面而至皆屈於芻食不能前進雖李光顏亦堅壁而已日與軍士分採芻薪度支給以紅腐之至人不及救庭湊以故得設數重之圍至是不得已授庭湊節而寵元翼以漢南爲三月盧龍軍節度使朱克融成德軍節度使庭湊並進簡較工部尚書時庭湊雖得節制怒元翼之堅守故深州之圍不解克融以兵同濟其惡至是有宣尉中使至幽州克融上言前月得裴度書令解深州之圍以今月一日抽兵還本道訖庭湊兵亦稍解故並以尚書寵之

是月徐州監軍使奏當道節度副使王智興自河北行營領兵廻以今月十四日入城逐其節度使崔羣智興自領軍務已未以武寧軍節度副使兼御史大

夫王智興爲簡較工部尚書兼敍州刺史御史大夫充武寧軍節度徐泗濠等州觀察處置等使智興出自武寧行伍累至大將元和末將徐兵北扞李師道嘗以少擊衆聲振海岱間累拜沂州刺史及奉詔會討王庭湊智興領兵三千仍加節度副使以寵之本軍有勇敢者多在其所統既居戎倅以功位自疑崔羣亦慮其歸還非已能制累表請追智興授以他官事未行詔班師智興以幽鎮二方怙亂受節𨙻是幸心益熾先期入境羣聞之驚使從事勞問且言先輸其器甲仍留其衆於城外以十騎自隨智興不從率

衆斬關而入見羣及監軍使拜而伏曰此軍情也乃爲羣具行夫騎乘無不周悉及判官從吏皆如素爲又殺不同巳者十餘人然後以兵送羣至埇橋遂掠鹽鐵院錢帛及泝路進物商旅賫貨率取其三分之二又以兵切濠州刺史侯弘度棄城走朝廷以新羅兵力未能討遂以節授之

四月王庭湊表請追贈三代乃贈庭湊曾祖五哥之越州都督又贈其祖未怛活左散騎常侍又贈其父升朝禮部尚書徇其特請也

文宗太和元年五月丙子以天平軍節度使守司徒

同中書門下平章事烏重胤爲横海軍節度使兼滄州刺史充滄景德棣等州觀察處置等使以前攝横海軍節度副使簡較國子祭酒滄州長史侍御史李同捷起復爲雲麾將軍守右衛大將軍員外置同正員簡較右散騎常侍兼兖州刺史御史大夫充兖海沂等州節度觀察處置等使就加魏博節度使簡較司空史憲誠簡較司空同中書門下平章事丁丑就加幽州節度使簡較戸部尚書李載義簡較尚書右僕射平盧軍節度使簡較工部尚書康志睦爲簡較戸部尚書鎮州節度使簡較司空王庭湊爲簡較司徒是時既以李同捷節度兖海尚慮羣帥生事故咸有就加之命以寵安之

二年九月滄州節度使李寰爲夏州刺史充夏綏銀宥等州節度觀察押蕃等使依前簡較左僕射寰前在滄州擁兵不進知中外議論自懷不安遂請入覲詔旨優許因有是命

十一月賜定幽州綾絹各伍萬疋昭義綾絹三萬疋有中使自易定來奏諸道行營節度賞薄爲詞故累加給賚是時滄鎮未平王師業巳問罪則置供軍糧料使日費甚厚而兩河諸帥重邀功賞每與賊戰輒增首級以聞其後對見賜與者衆矣至於發帑藏徵散收贈帛征馬夫亦無筭緜是天下守土者

以助軍進獻率不下數萬疋

三年三月乙巳太原奏中使杜英奇到易定行營宣舉當道兵馬使傅毅充易定節度三軍不受共舉易定都知兵馬使張璠其傅毅領軍三百二十人走投本道戊申以張璠爲簡較左散騎常侍易定節度使巳酉以張璠新上賜帛五萬疋

七月巳未先遜魏博史憲誠旌節中使劉弘逸奏云六月二十五日到魏州二十六日夜三軍殺史憲誠舉大將何進滔其新節度使李聽入城不得壬子召宰臣裴度王播路隨對于延英詔以魏博節度衙內

都知兵馬使簡較秘書監兼侍御史何進滔為簡較
左散騎常侍充魏博節度使壬申詔雪王庭湊依前
金紫光祿大夫簡較司空太原公成德軍節度使先
是滄州李同捷求代父任詔授以兖海同捷不奉詔
投欵於廷湊廷湊出兵撓魏北境以援之詔絕廷湊
進奉時河朔連兵日久朝廷益苦饋餉之費及同捷
授首廷湊亦微露誠欵於隣封帝播知中外之心所
宜故有恩蕩之詔
九月以王廷湊洗雪命有司先籍入其留邸及店鋪
等并令却付官吏所繇德棣諸州者并放還

五年正月庚申幽州監軍使上言節度李載義於毬
場遊宴賜德政碑中使後院副兵馬使楊志誠同打
毬志誠等遂於毬場叫呼謀亂載義當日走投易州
又奏志誠殺莫州刺史張慶初以載義姻黨故也帝
聞之驚促召宰臣入對時兵部尚書平章事牛僧孺
早入先召見帝惕然曰幽州之事可柰何僧孺曰此
不足煩聖慮臣被召疾趨客臣稍緩息具條以對帝
良久曰卿以為不足憂何也僧孺曰陛下以范陽得
失繫國家憂戚耶且自安史亂後范陽非國家所有
前時劉總向化兼以土地歸闕朝廷約用錢八十萬
貫而未嘗得范陽尺布斗粟上供天府則今日志誠
之得猶前日載義之得也陛下但因而撫之亦事之
宜也且范陽國家所倚賴者以其北捍突厥不令南
寇今若假志誠節鉞借其土地必自為力爪牙之用
固不計於逆順臣固曰不足煩聖慮帝大喜曰如卿
之言吾洗然矣壬戌李載義遣從事上言自破滄州
後累表請赴闕廷頻奉詔旨不許今月十三日於毬
場為昏衙兵馬將楊志誠摽動其日辰時將男正元
并隨從軍將奔赴闕廷帝令中使至太原以采宣迎
并賜以書詔紫衣牙笏玉帶并藥一合銀器一箇所

在宣賜甲子賜載義永寧里第一所壬申載義為太
保同中書門下平章事仍令所司擇日冊命以嘉王
運為幽州盧龍節度觀察處置等使以志誠為幽州
節度觀察等使留後是日詔中使以米麪粟豆油鹽
共一千石錢二千貫綾絹三千疋柴四十車草一萬
束就永寧里第宣賜載義又令尚食日給十人生料
翌日又命以良馬一匹并鞍就第以賜之及賓佐將
吏無不廣霑恩錫
四月以楊志誠為工部簡較尚書兼幽州大都督府
長史充幽州盧龍軍節度副大使知節度事管內觀

察押奚契丹兩蕃經畧等使

七年八月楊志誠就加簡較左僕射用含弘之典也初志誠轉吏部尚書詔下進奏官徐迪詣中書白宰相曰軍中不識朝廷事體只知自尚書改僕射爲遷不知以工部轉吏部爲美且軍士盛飾以待新恩一旦復爲尚書軍中必怒今中使在其勢恐不得出及使至其僕奔還奏曰志誠怒不得僕射三軍亦有怨言中使並爲志誠縶留矣志誠遣使讓官復賜官告其使不受而歸朝廷納裴度之言務以含弘故再加僕射載義爲河東節度使時楊志誠復爲部下所逐過太原載義躬自毆擊遂欲殺之賴從事救解

以免然而擅殺志誠之妻孥將卒朝廷錄其功曲法不問

開成三年六月壬寅以康州流人王晏平爲永州司戶參軍員外置同正員晏平爲靈武節度使去任日取征馬四百餘匹及借兵器千餘事遂隱沒妄爲申破台司推勘獄狀悉具計贓七千餘貫以晏平之父智興嘗有戰功故特免死從流未至流所魏博鎮州幽州三節使有表請雪遂除撫州司馬給事韋溫薛廷老盧弘宣等封敕改爲永州司戶韋溫等又封還帝命中人宣慰溫等制命始行時晏平在縗麻之中未至流所廣以金帛交結中外旣得免死旋又除官復假三鎮之勢以迫朝廷而執事者但務姑息河北不守法理時論惜之

冊府元龜

册府元龜

巡按福建監察御史臣李嗣京 訂正

知閩縣事臣曹𦘦臣參閱

知建陽縣事臣黃國琦較釋

帝王部 一百七十八

姑息第三

唐宣宗大中四年幽州戎帥周臣欽若等曰史失名寢疾表乞都知兵馬使張仲爲留後朝廷可其奏加右散騎常侍其年冬詔賜旌節遷簡較工部尚書

僖宗廣明元年以巢賊陷闕帝巡狩於褒斜四川節

度使陳敬瑄迎扈至蜀行闕之事一以委焉以功加開府儀同三司撿挍太尉同中書門下平章事封潁川郡王及駕回賜鐵券捨其十死

中和四年正月制授鹿晏洪山南西道興元節度管內觀察處置使與元尹晏洪本許州郡較中和初從中武軍監護楊復光討賊京師賊平復光卒軍無所統乃以本軍并徐宋之兵西入射胡關陷襄鄧及下金州洋州路直抵興元初則云西赴行在及所歷封壤悉皆屠之軍士驕僭晏洪不得制因進逼興元其帥牛勗不能拒奔赴成都朝廷以京邑初平議其姑息詔授留後至是加節制焉

光啓元年三月以徐州節度使時溥爲鉅鹿郡王制曰天用日月司之以晦明帝賴股肱寄之以休戚念其功則報無所恡厚其賞則誠在可危爾勿狥於驕盈吾靡勞於姑息也時溥爲時傑出臨難慨然用禮樂爲身基知德刑爲戰器文惟附衆武足取威萬旅無譁一方底定朕以彭門人兼滄楚地控淮河因命專征果聞善訓公忠所化氣俗自平極將相之崇高作藩宣之軌則噫成功未易持祿尤難倚伏相循安危是繫朕嘗覽祖宗之紀每欽兼濟之圖尚父汾陽

王太尉武穆王皆道合中興勳高往烈然子儀以慨弘體國保富貴於永年而光弼雖剛正奉公積猜嫌於晚節蓋坦懷未至則全美或虧言念大臣足爲前鑒惟爾竭誠保奉著節始終疇咨雖顯於上台制爵宜加於異姓彼邦遺事故老當傳勿勞銘鼎之恭用永紳河之誓服茲休寵禎乃令圖庶俾君臣永於竹帛

昭宗大順元年制以德州刺史權知滄州兵馬留後盧彥威簡較尚書右僕射兼滄州御史大夫充義昌軍節度滄德觀察處置等使彥威光啓末逐其帥楊

全孜求旄節朝廷以扈蹕都將曹誠爲滄德節度誠雖不至任而彥威之請不行至是王鎔羅弘信因張璿用兵爲彥威論請故有斯授

二年三月制以青州留後王師範加檢校兵部尚書平盧軍節度使是歲鎮州王鎔會有表薦曰臣聞推亡固存古有明義興滅繼絶書著前文蓋聖王弘延賞之恩哲后開勸能之道故吳君錄舊育夌統之孤兒漢帝追功舉張良之愛子臣伏見故淄青節度使簡較司空同中書門下平章事王敬武將星發彩金匱傳符推心皆務於政經戮力每勤於王室自艱難

變運鑾輅省方海嶽一隅不驚刀斗關畿數路嘗走梯航加以淪落衣冠流亡民庶皆能賑卹盡致昭蘇可謂輔國藎臣佐時良牧而不幸秋蘭敗葉朝露晞光俄成就木之悲不盡登壇之寄其男簡較工部尚書權知留後事師範親爲嫡長才實瓌奇早綰父兵夙知軍志張飛之敵每說無前魏萬之名咸言必大頃以元戎物故外府事殷體人情懷騷動之虞俟朝奏有關河之隔以是連營義旅比屋蒸黎追樂社以增哀思召棠而灑戀爰從苦塊抑主兵戎分少揹寒盡同赤子望雲就日傾罄丹誠今則戈戟罷尋光陰已變險夷一致首尾二年雄稜具是其將門造次不渝於臣節雖皇華紫誥慰安相繼於道途而舊旆油幢承寵未聞其擬議將何以寬諸衆望塞彼群情光成季之高勲表臧孫之後嗣伏望皇帝陛下信敷九有仁覆萬方當惟新革故之時思就俗理人之道克全修偃早委節旄俾其户户披雲皆瞻白日人人稟管盡觀青天覃四時不宰之功救五郡倒懸之苦則登獨自夷及夏咸知煦嫗之恩誠亦在存與亡俱荷生成之施初師範父敬武本青州無棣人少爲牙將會安師儒乾符中爲歸遣平賊有功尤寵之及巢寇

犯長安逐師儒自爲留後時朝廷多故因授正命累加至簡較司空平章事去年敬武卒三軍以師範爲留後表請旌節朝廷不允制以前陳許節度使崔安潛爲帥棣州刺史張蟾迎之師範遣將盧弘攻蟾弘復叛回軍以攻青州師範雖年小多智數乃遣人重賂迎弘請避賢路乞守先人墳墓全首領而已弘然之既入師範伏壯士搤而殺焉安潛乃歸闕如此二年朝廷未降節鉞至是以恒山表薦爲名乃加是命

景福二年正月鳳翔李茂貞奏以興元知軍府事李繼密率本軍越援梓州從之初梓州顧彥暉兄彥朗

以大順初卒三軍以彥暉爲留後茂貞表薦遂加正命及降旄節爲興元楊守亮所滯後茂貞敗守亮收復興元曾有表請再降東川制命詞曰臣聞鏤鼎書旂必歸於勳德分茅建秩允屬於賢良明朝無濫賞之文聖代絕且侯之論其有功標峴首業著燕然殊恩尋降於虎符睿渥已須於龍節旋遇蛇蟠劍棧赫植銅梁遮日月之迴光阻山河而倒浪今則初開九折漸涸長鯨宜既往之恩合舉已行之命臣熟稽通論方敢上聞儻無棄於瞽言庶有裨於玄鑒臣伏見東川節度使顧彥暉門傳將畧代襲軍功佩董卓

之雙鞬揔豯基之一鏃南金鍊質經大冶而彌堅東箭推心遇繁霜而轉勁伏自頃歲蚊雷聚響螗斧稱威風搖而海嶽將傾火烘而薰蘭不辨顧彥暉與亡兄彥朗提戈厓塞奮臂龍沙同驅貔貅之師入奉紀綱之僕青黃杵下辛勤果建於勳庸赤白囊中動靜罔違於禁制伏以先皇帝鑾旌反正鳳輦初安爰置酒以論功遂圖儀而表德顧彥暉亡兄彥朗繇是榮頒劍履顯誓山河飾金之象猶新垂露之文未滅豈謂憂時積疹奉國勞神三秋而大樹忽凋半夜而將星潛殞是致人皆罷市里爲輟春淚碑雖沒於蒿萊畫象但喧於簫鼓顧彥暉以三軍推路百姓排關感牟祏之遺心請馮君之繼踵伏自暫持紀律權總貔貅謝玄用才雖屢展而有任句踐撫士從觴豆而皆均伏蒙皇帝陛下俯念羣情仍憐異政降旌幢而示寵宣雨露以酧功風行而天下皆聞日炤而人間並見不謂綿州刺史楊守寬鴟張要路蟻聚通津擅抑芝泥強留瑞節召兵戈於武定阻琛賮於褒梁大肆虔劉將營統制臣與邠州節度使王行瑜同興義旅共伐奸謀一揮而梟鵬離巢再戰而猿猱失木既通劍路尋達刀州顧彥暉屢捧詔書曾頒旌鉞非是剪

桐之戲已承裂地之封濡涵而難滯舊恩錫賚而願加新節猶希進秩用表優賢臣謬竊臨戎嘗思舉善敢覬先茅之賞庶遵連茹之文時朝廷遂命使再降旌節皆茂貞保薦之力也是月彥暉與西川王建爭田疆理相失遂戰鬬不絕既乞援茂貞乃以兵赴焉三月制以捧日都頭陳珮爲廣州刺史嶺南東道節度使扈蹕都頭曹誠爲黔州刺史黔中節度使耀德都頭李鋋爲潤州刺史鎮海軍節度使宣威都頭孫惟晟爲江陵尹荆南節度使並加特進同平章事各令赴鎮並落軍權時朝議以李茂貞傲侮王命武臣

難制欲用杜讓能及親王典禁兵故罷五將之權兼以平章事悅其心

六月制以鳳翔隴州節度使簡較太尉中書令鳳翔尹上柱國岐王食邑四千五百戶李茂貞爲興元尹山南西道節度使

十月詔雷州司戶叅軍杜讓能賜自盡於臨皐驛初讓能爲太尉與李茂貞不協景德初楊守亮爲茂貞所敗以朝廷欲割果閬州姑息之茂貞怒陳言讓能曰宰弼外鎭四夷內安百姓陰陽不順猶資燮理之功宇宙將傾尚假扶持之力卽萬靈舒慘四海安危

盡繫朝綱咸繇廟筭既爲重任方屬元臣况國步多艱皇居未壯曩日九衢三市草擁荒丘當時萬戶千門霜凝白骨大厦傾欹而未已沉痾綿息以無餘皆曰非賢臣無以拯社稷之危非眞宰無以革寰區之弊令公捨築入夢投竿爲師踐履中台制臨外閫不究與亡之理罕聞決斷之機蓋意有所不平心有所未悟輒思上問願審臧謀竊見楊守亮擅舉干戈阻難西道將圖割據吞倂東川憑巴賓爲萬窟恣豺狼于梁漢致十年荆棘果聞敗衂尋挫兇狂既前去而不諳思郤歸而無地當道與邠州見爲阻隔綱運方舉問罪師徒忽朝廷授武定之雙旌割果閬之兩郡未審是何名目酬何功勞忝大國之紀綱蠹天子之州縣非惟取笑於童稚抑且包羞於馬牛儻謂奇謀信爲獨見伏慮明公賞逆黨無君之子憤忠臣奉國之心要助奸邪須摧正直又聞公切於保位利在安家商量不自於中書剸割全通於內地雖知淵奧罕測津涯亦聞駭異羣情頗是諠騰衆口未敢便陳章表明述是非伏冀明知特加密示用祛疑惑稍決指歸時讓能抗答之茂貞繇是轉怒焉後以茂貞跋扈既甚帝謂讓能曰春秋之意將而必誅安有句服之問

顯違朝旨而悖慢如此我若不討四方其謂我何讓能奏曰艱難已來行貞元故事姑息戎臣久矣根牢蔓織附之者衆一旦難驟革之京師去岐咫尺人心易以危懼設有陵犯損威愈甚願陛下稍解雷霆之怒而熟計之昔漢文以吳濞不朝賜之几杖正爲此也帝曰政刑弛紊詔令不出都門斯乃賈生慟哭之秋也書不云乎藥不瞑眩厥疾不瘳朕不欲孱孱守活坐取凌削因除宰臣徐彥若鎭鳳翔以茂貞爲興元尹時以嗣覃王率禁軍送彥若或茂貞遷延不受代卽攻之軍旅所決一委讓能讓能因上言曰陛下

憤藩臣倔強必欲彊幹弱枝以隆王室則請宣召中外大臣與臣同心戮力以成陛下之志不宜獨任微臣也帝曰卿位居元輔與朕均休共戚勿以此爲辭爾讓能曰臣待罪台司所未乞骸者思有以報陛下也安敢愛身以避事況陛下之志憲宗之志也但時有所不便勢有所必然他日臣雖受晁錯之辜不足以弭七國之患敢不奉詔繼之以死及禁兵將出憸人奸黨咸聲言此之舉也非朝廷之謀讓能報私憾也王師既敗茂貞向闕帝御樓斬軍容使西門重遂斬樞密使李周潼以徇茂貞茂貞進兵臨臯驛抗表

曰無辜加罪杜讓能之始謀也非中使之罪請殺讓能讓能奏曰臣固預言之矣今獨有歸罪於臣可紓國難帝不得已貶雷州司戶參軍仍詔送茂貞軍前茂貞具禮出迎至驛復表請行朝典如此往來者竟遣中使害讓能於驛內

十二月制以鳳翔節度使李茂貞守中書令進封秦王兼興元尹山南西道節度使王行瑜賜號尚父賜鐵券

乾寧三年鳳翔李茂貞逼京師諸王率禁兵奉車駕將幸太原次渭北華州韓建遣子允奉表請駐驆華州乃詔曰鎮國軍節度使韓建忠貫雪霜義堅金石十陳章表備竭憂國之誠一諳行宮愈驗愛君之志況華州城壘牢固糧儲贍豐兵士又免遠行車輿且絕他慮時詔下之後信宿而至華以華之公署爲行宮

八月又付韓建詔曰卿武抱七德瑞應四靈挺生德門佐我丕祚緑衣就養深知百行之原布被奉家不以三公之貴朕聞卿高節獎卿崇勳還幸巳來社稷是託卿宜每闢朝政莫惜揣摩既位列大臣亦不爲越分至於道路警候晨夜隄防皆佇良籌用致高枕

無令奔軼以慰焦勞諸道節度使知卿至忠服卿成望卿宜各移書檄告以安危使有兵者陳勤王赴難之謀豐財者展急病上供之効合成忠孝同濟艱難啓我中興允屬上將山河爲誓不在他人初帝在富平以人情阻撓召建議之建即至既露首罪言發涕流帝亦爲之色動竟未知其心也及入華公卿近侍皆與建膠固不敢專行制令故下詔使建揣摩時政得失及告諭藩鎮時建乃上言云昔先皇帝幸蜀都之日陳敬瑄守鎮錦城過恃寵私多所希覬所以遠方觀聽物論誼然臣豈敢遵彼覆車同其濫吹王於

隄防道路拱衛乘輿夙夜在心是臣之職

四年三月丙子制賜韓建資忠靖國功臣封昌黎郡王五月乙亥以建入表讓昌黎郡王詔曰卿始以勤儉鎮關輔爲列嶽準繩近以忠赤亟和鑾立大朝綱紀誠欲備盡豐省中規下有慰於孝思上無累於供億創行廟之功也群后在廷盛典咸舉復累朝之廢墜崇萬代之本根建儲宮之劾也而又請散兵甲大斥奸邪忠言屢聞成績可數以身許國其心動天雖仲尼與微管之言漢祖有必勃之謂方用經濟殊日寂寥永言茂恩詎非異數但念成人之美君子所先

執德不回格言斯尚是用寢美號重封之澤就謙光崇讓之規足以警勵貪夫敦化澆俗已議依允允切歎嘉

九月癸酉詔以太子太師盧知猷撰韓建德政碑文前戶部侍郎司空圖爲頌建累表堅讓從之初是歲春華人表請爲建立碑時建上第三表讓至是知猷與圖詞成帝令琢其二碑建又面奏堅乞寢勑其碑竟不立

十月癸卯制韓建兼輔國軍節度使長春宮使初李瑭領同州瑭茂貞之養子也時帝自播遷已來怒茂貞未已將遣宰臣孫偓理駕下軍及率諸鎮討之韓建累諫故未果行瑭知之故逃鳳翔至是命建兼之將建亦陳讓詔曰卿才本濟時道惟師古致君不期於辱市憂國每至於忘家自朕薄狩近關倏踰週歲備見忠勤之効莫非傾盡之心允謂良臣宏膺重寄會同州元戎失職軍旅不安況接行朝尤思得帥是用資兩兼領鎮乎危邪與疲瘵之漸蘇而煙塵之徹警何乃遽陳章表過有撝沖方藉當仁豈宏多讓固難依允無至再三尋遣供奉官祁彥祥宣賜旌節官告至建理所尋授焉建已兼判京兆尹有跋扈之志

而致瑭之去鎮人亦意建所搖動也

光化元年九月戊辰制加韓建守太傅兼中書令與德尹潁川郡王并賜鐵券仍令所司擇日備禮冊命

十月丁酉改封潁川郡王韓建爲許國公又賜鐵券

是月魏博節度使羅弘信卒三軍立其子副大使紹威知兵馬事尋賜之節鉞

天復三年五月辛丑下制以兩牧宮闕扶危保國功臣鳳翔隴右兼四鎮北庭行軍彰義軍節度涇原渭武等州觀察營田押蕃落等使開府儀同三司守尚書令兼侍中鳳翔尹李茂貞可簡較太師守中書令

茂貞自天復初反正之後朝廷多故盡并河西四鎮及秦隴四州山南入府父子兄弟方牧十餘人朝廷姑息不暇遂加尚書令進封岐王至是失勢以朱全忠官纔至中書令心不自安乃累上表乞罷尚書令有詔允之改授太師

後唐莊宗天祐十八年鎮州大將張文禮殺其帥王鎔文禮請旄節於帝帝曰文禮之罪期于不赦適當斬首以謝冤寃詎敢邀于旄節賓友曰王氏之寃實繇文禮方事之殷且須含垢不欲與人生事但假之以五命徐爲後圖帝不得已從之四月乃遣上介盧

質承制授文禮爲鎮州兵馬留後文禮既殺王鎔父子舉族屠滅鎔子及其妻朱氏以通梁人尋間道告於梁曰王氏喪於亂軍普寧公主無恙文禮徇賊張友順所請因爲留後於渾城覘事以俟上疏兼要節旄尋亦奉牋勸進莊宗姑示含容而可其請

明宗天成元年九月制扶天輔國竭佐功臣天策上將軍武安等軍節度湖南鄂岳等道管內觀察處置兼三司水陸發運等使開府儀同三司守太師兼尚書令潭州大都督府長史使持節都督鄂州諸軍事守鄂州刺史上柱國楚王食邑一萬七千戶食實封一千五百戶馬殷可簡較太師守尚書令餘竝如故天策上將軍之號舊無此官名僞梁時馬殷驕僭求尚書令僞梁以唐太宗爲此官歷朝不置今既革命隨請與之殷又以太宗爲天策上將遣紀綱求之梁宣於制册內又加軍字馬殷以謬論請數四且云人臣舊無此號將來更處何官梁人不聽殷黽勉不能辭至今爲號也

十月壬子制叶盟輔國功臣靜江軍節度使使桂管內觀察處置等使開府儀同三司簡較太師兼中書令使持節桂州諸軍事守桂州刺史上柱國扶風郡王食邑六千戶馬賨可加食邑一千戶食實封一百戶制云爾巳名尊四輔位冠三師既無品秩陞遷准以井田增益此要語也名器假人及此賈誼所以長嘆息者無如之何

二年四月兗州節度使充北面招討使房知溫奏盧臺屯兵殺冀州刺史招討副使烏震初詔震代知溫

帥鎮知溫怒震遽至有怨言因縱博誘牙兵殺震於席上會大將安審通保騎軍隔河按兵不動知溫懼其不濟乃束身渡水復結審通逐其亂軍以奏朝廷姑息知溫下詔盡殺軍兵家口老幼數萬淸淇爲之變色尋詔遣知溫就便之鎮以安反側

十月青州節度使霍彥威差人走馬進箭一對稱賀殺逆黨帝却賜彥威箭一對傳箭者蕃家之符信也起兵令衆即傳之今霍彥威以蕃將爲人臣下而傳箭於君上不典之甚也

四年七月荆南節度行軍司馬高從誨遣都押衙劉謙巳進贖罪銀三千兩從誨父季興自僞梁時爲荆帥據有其地莊宗平中原季

興懽自請入覲復令歸鎮及帝嗣位季興表請峽內諸州仍舊圖隷屬朝議纔允季興卽謀邇取時魏王繼岌平兩川舟運奇貨數艘下峽爲季興所掠繕城自守帝命襄帥劉訓率師討之遇水退季興臣於楊溥受僞爵命洎季興死從誨歸國謙巳至帝御中興殿陳荊州之貢於庭顧謂侍臣曰父子罪不相及季興負恩歿身於地從誨悔禍乃心本朝予以恩信待人有何不可安重誨拜而言曰陛下以德和人不俟舞干華心從化臣等敢賀

長興九年正月荊南奏峽州刺史高季雍歸州刺史孫文乞且依舊任從之

四月河中楊彥溫叛遣殿直都知范氳押金鞍轡馬金帶散馬衣一襲及絳州刺史官告敕牒往河中賜彥溫

十二月戊午制荊南節度使高從誨亡父扶天輔國翊佐功臣荊南節度歸峽等州觀察處置等使開府儀同三司簡較太尉尚書令江陵尹上柱國南平王食邑八千戶食實封五百戶高季與可贈太尉從誨母趙國夫人朱氏可贈吳國夫人

二年正月敕故保邦崇德忠略康濟功臣天策上將軍開府儀同三司守太師尚書令上柱國楚王食邑一萬八千戶食實封一千六百戶馬殷品位俱高封崇巳極無官可贈宜賜謚兼神道碑文仍以王禮葬

是月靜江軍節度馬賓卒廢朝贈尚書令賓楚王殷之弟也

三年五月東川董璋爲孟知祥所殺樞密使范延光等奏曰荊南所奏兩川事宜雖未有興元奏報此事的不憑虛臣等料孟知祥若兼有兩川雖除心腹之患然其軍衆皆吾將士寧不思歸知祥縱若專制劍南仍憂此輩謀變料其籌筭必欲外恃朝廷形勢以制諸軍然陛下苟不能屈意招携彼亦無繇革面帝曰知祥予故人也以賊臣間諜致茲阻隔撫吾故人何屈意之有卽令供奉官李環使西川賜知祥詔曰省洋州及興元奏探聞得董璋把截劍門關路不通利州與西川往來兼稱董璋自領徒黨侵逼西川晉界西川巳出兵士禦備其利州人情不安未知兩川

的實音耗等事朕聞天惟福善神必禍淫玄鑒昭然冥符定矣故積功累仁者無所不濟窮兵黷武者未或不亡是以齊國尊周終全霸業吳王伐越自取喪亡畧驗古今足分成敗卿時推間傑世仰全才知治亂於未萌測安危於未兆首叅締構再復宗祧英謀迥掩於耿吳茂業遐超於申甫論功爲最錫壤居先自居守於北門任鎮臨於西蜀安民有術撫衆多恩方靜治于龜城期永扶于鳳闕董璋比膺朝寄薦領

戎旃曾無犬馬之勞但縱豺狼之性頃歲潛懷逆節密設奸機志欲兼并懇謀間諜始奏卿之得失知朕不容後說朝廷之短長圖卿相信只憑詭詐便欲侵呑欲西犯於蜀川遂東窺於閬郡不煩覼縷可驗包藏亂常之罪惡旣彰伐叛之刑書難赦朕乃聽求良帥殄滅兇渠此際尋委卿兼都川行營供饋應接使方倚仗於戚藩俄阻艱於冦境路岐雖隔情好如初中間令進奏官蘇愿及進奉軍將杜絡本等相次歸還令傳詔旨想其到彼備達予懷卿初敵多方折衝有備雖傺嫉惡猶示睦隣尚抑驍雄觀其釁隙而董

璋果然顚蹶盡露奸邪初控扼於劍門遠侵驟於錦里爲臣若此滅族非遥卿可嚴誡師徒妙絶籌畫披茲良便速殄元兇朕亦尋遣軍前徑臨境上爲卿犄角扼賊咽喉佇掃蕩於氛霾復流通於信使當覃異渥式獎殊功卿宜愼固遠圖秉扶大節保君臣之重義成家世之美名況卿骨肉至多丘園在此自來存問並得安全可表朕之倚卿所冀卿之爲朕佇觀英斷定集大勳豈惟只委於節旄長居貴盛兼俟別頒於綸綍更廣封崇奸醜自分始終可鑒其爲眷注無忘寐興今遣卿外甥李環齎詔慰諭想當知悉

九月乙未供奉官李環自西川使廻進呈西川節度孟知祥表三封并信物先賜金盤盞注子紗羅孟子等又奏福慶長公主以今年正月十二日薨兩川因環而通也環太祖弟析州刺史克寧子也克寧事見莊宗實錄克寧妻孟氏知祥之妹克寧旣誅歸孟氏時隨知祥在蜀朝廷旣聞知祥殺董璋收復東川無人通信乃令李環省毋因齎詔慰諭環具陳朝廷相厚之意知祥復稱藩如初自此驕倨不法矣甲辰先遣供奉官陳延矩往遂合等州値董璋叛隔在西川至是延矩李環同來齎到孟知祥表三道一謝昭雪請酬奬破董璋立功將較趙季良等五人乞加節鉞一部內刺史令錄官員乞許行墨制乙巳遣閤門使劉思政充西川

宣諭使與知祥詔曰省所奏東川董璋爰自爲隣從初不睦嘗厚誣於表疏每傺間於朝廷欲竊兵權來併土宇忽去年四月二十八日暴興兵士至五月一日驟入漢州尋差馬步都指揮使兼知武信軍節度留後李仁罕右廂馬步都指揮使兼知寧江軍節度兵馬留後張知鄴衙內都指揮使兼知昭武軍留後李肇等各於界分警備又令副使權知武泰軍節度留後趙季良在府巡守其左廂馬步都指揮使兼知保寧軍節度留後趙廷隱先次部領兵士三萬人出次新都卿自統領衙隊二萬人騎繼進至三日交戰

殺敗董璋斬首萬餘級執八千人擒賊將較八千餘員甲馬七百匹收衣甲器械十萬事其董璋與男光嗣四日巳時走入東川前陵州刺史王暉斬璋父子首級來獻軍門尋收下東川城又奏今夏方議賞功其文武將吏等衆意難違已取六月十一日權兼東川指揮公事具悉朕以董璋位列山河名兼將相全昧輸忠事主以禮睦鄰輒恣兇狂擬謀吞噬譖卿則妄呈章奏誑朕則欲竊兵權奸計未成賊機尋露既無間於構惑唯有志以攻侵卿雖認包藏久從含忍但務戢兵而靜治只期應敵以禦衝侯落彀中即加

剪撲若君度外且示協和而董璋果出妖巢暴興叛黨忽犯成都之境驟踰漢郡之疆蟻聚蜂屯鴟張豕突謂錦川而可取謂天網而可逃及卿密運戎機大張軍勢劒戟川排而亘野旌旗雲布以蔽天鵝鸛繞交豺狼巳殄棄甲者追擒既盡投羅者剿戮無遺尋迫元兇遁歸孤壘不暇守陴而慟哭便當傳首以迎降惡蔓頓除禍胎全拔永肅潼江之波浪盡收郪道之封疆不有賢良誰分憂寄儻非英特孰靜方隅紀功而煥燿旂常載德而輝華簡冊捷音初至慶快良深嘉歎之餘旌疇是切況聞衆懇已請兼權實契朕懷即加眞命其爲睠矚無忘寐興其立功將較權兼留務李仁罕張知鄴李肇趙季良已下咸著忠良亦須正授續行渥澤相次獎酬想宜知悉又詔曰朕猥以眇躬纘承丕構賴忠良之共理與寰宇之永康剏念元勳早聯懿戚永保君臣之分足論終始之心卿出應貞期生符間氣洞曉圯橋之兵畧玄通渭水之戎韜重整漢儀首叅大計再隆周道迥立殊功實有令名載於良史是膺朝獎繼領藩宣外則覃聲教於百蠻內則効忠勤於雙闕交脩職貢備竭臣誠方表率於諸侯永維持於景運不謂董璋夙懷蠆毒潛貯

狠貪擬吞并於仁封詐傾輸於直節密飛章奏累述事機或敘卿之短長或報卿之動靜無非鬬激每欲攻侵朝廷貴要協和久從隱忍表文具在事狀甚明及知不納其讒邪乃去反陳於離間仍於鄰道頓起釁端只憑誑惑之詞便縱窺覦之暴既干紀律須舉憲章爰命帥臣共平寇孽此際遂委卿兼東川行營供饋應接使如斯倚注豈有猜嫌渥澤方行使車將發旋屬道塗之阻塞復當邊境之沸騰繇是去意莫通來音亦絶偶致關防之多事久聞分野之延災蓋以朕至德未孚純風未洽每自責躬罪巳敢忘旰食

宵衣兒卿勳稟箴規深懷鑒識從初料其操守豈敢徇彼狂迷只應屢中巧言偶生疑論遂且徐觀其向背終圖自别於妍媸其間但務訓兵止期應敵退想勤王之力詎移許國之心所以中間先令進奏官蘇愿及進奏軍將杜紹本等相次歸還式明安慰朕又知董璋果謀鼠竊轉恣鴟張輒侵峨益之崇封俄越梓橦之末界茲察詭計究彼初心附皮毛脣齒之歡足明矯妄竊郡邑金湯之利可驗包藏朕乃尋遣近臣徑齎明詔示其犄角表此招懷仍許優恩別傳密旨果聞卿意備體予懷即決遠圖亟回英斷驅銳旅

而既殲寇黨取危城而方勤渠魁爰効至忠克全大節盡傾衷素疊貢封章併祛往日之疑襟細述此時之戎事大朝正朔奉之不渝列鎮規程守之無易仍厚支其館穀濟隔過之王人載認恭勤益明尊獎尚未弁侯得以平持今後協和自然悠久魚水之情宛在山河之任永居足保勳榮轉期富貴至於封賞固不食言凡在繫文更宜力嘉歎之外注矚斯深

十月乙酉朔帝見群臣於端明殿再遣李瓌奉使劍南初同光末魏王繼岌平定兩川及班師留兵五千人鎮守自後安重誨潛醸兵釁欲圖兩川每除授川中刺史必以兵從小郡不下五百人以牙隊爲名先是夏魯奇所率兵三千人赴鎮遂州及董璋先留東川兵士我之精甲不下三萬人陷在蜀川孟知祥豐給厚賜將校與妻孥田宅邀其死力而趙廷隱李仁罕李肇等皆吾之將校也知祥自補授藩鎮知祥既敗董璋兼東川亦不遣復以聞洎李瓌在宣詔旨知祥驕矜自恃乃上章云臣當道先隔留川中兵士乞發遣家口骨肉來入川今再遣李瓌與知祥詔曰供奉官陳延矩回覽所奏遂閱黔夔等州自此差來所屯軍都將士等當府已厚給衣糧盡令優足其指揮

都頭各隨職次悉以安排雖因事以在川固係籍而爲國但念各有家口骨肉在本管軍營居此者已有生涯在彼者寧無離戀伏乞勅見在營幕放前件將士家口入川等事具悉切自釁起梓綿災延巴蜀縣茲奸賊累我藎臣阻渥澤以不通搆猜嫌而莫解果招神感自就天誅卿有勇有謀克忠克孝雖偶遭詿誤而每切推崇率師徒而繼殄隣兇貢表章而尋輸臣節兼以諸方戍卒皆厚給於衣糧數道王人亦優加於供待周勤若是嘉歎良深并奏人名已係兵籍朕既推誠而待物卿方盡瘁以事君卿安即是朕安

在彼何殊在此所謂家眷東地更乞發西行既覽奏陳固議俞允壽命宣茲表意探彼輿言皆以久抱睽離極思團聚但以捨茲九族就彼一身雖絲蘿琴瑟之情分飛甚苦而松栢丘園之戀拋棄尤難又知巳有生涯恐虞却相棄擲兒聞兩川曾經戰鬭必有殺傷既難輕議於往來兼恐不實其存没切恐去不相見任無所依轉令兩地之困空盡致一家之沉没聞茲哀訴又可惻懐其如口數頗多地里極遠如或正身自來般取即應此輩不貯憂疑卿可體彼人情詳茲物理妙加籌度貴叶便宜故茲詔示想宜知悉知

祥別表兩川部內將較州縣官員緣地里遥遠一時奏報不暇乞許臣權行墨制除補訖聞奏與知祥詔曰據所奏以文武之將寮希尺寸之官賞請卿自稱王爵權行制書卿以未經先奏於宸聰不欲便加於衆意却緣熊羆之武旅懐鐵石之壯心或立功勞須加爵賞難以具排官氏繁奏聖聰敢希顯降明文許行墨制亦自朝廷之成命委藩翰以奉宣凡有施行後當聞奏免憂迢遞庶從便宜等事具悉卿等最親最舊不溢不驕爰自中興夙叅佐命厭大權而不處守高節以自全成茲令名標於信史洎摠茲千乘鎮

彼一隅不將富貴爲心惟以邦家是念盡血誠而推戴竭土產以貢輸每念忠良正深繫慎忽被董璋之逼迫遽令蜀郡以携離卿雖外合元兇而内全大節文翰每深於恭敬使臣盡厚於接延兼聞曾與議於東川欲拜章於北闕彼既他說此難獨行察卿此際之誠契朕從初之料今則詔書纔降章表繼來阻推勸之衆情高辭王爵執變通之獨見遠貢臣誠去假號而就真封抑異端而全大計非卿不能斷此意非朕不能悉此心載閲敷陳備詳披瀝自然可久可大傳子傳孫長爲一面之藩維永作四方之表式其文

武將寮等或武有折衝之術文多經濟之材咸能贊佐元戎削平大憝功勳顯著酬奬必行所請權行制書貴從宜便雖隨方設教叶遠濟衆庶之情而引古證今異本朝全盛之事切念道途久絶人使纔通在朕方務於綏懐於卿固無於愛惜緬思盡節必認注必自今巳後劍南諸道應節度使刺史并州縣官軍府文武將吏等或陞降賢愚或黜陟功過一切委卿逐便選擇差署施行訖奏朝廷更不除人豈惟叶彼權宜抑亦表吾委任故茲詔示想宜知悉知祥別表又奏大將軍趙季良李仁罕趙廷隱張知鄴李肇等

五人昨有破董璋之大功臣巳權補充五鎮兵馬留
後伏乞正授節旄者與知祥詔曰據所奏節度副使
知武泰軍節度兵馬留後趙季良馬步諸軍都指揮
使知武信軍節度兵馬留後李仁罕左廂馬步都指
揮使知保寧軍節度兵馬留後趙廷隱右廂馬步都
指揮使知寧江軍節度兵馬留後張知鄴衙內馬步
都指揮使知昭武軍節度兵馬留後李肇等臣各巳
簡署列藩委之共理伏乞特頒詔令各降眞恩儻蒙
委以節旄則望付臣宣賜仍希睿澤各轉官階等事
具悉卿前鎮彼遠方迫於近患欲作婉成之計須爲

苟合之容果中含弘自貽誅戮趙季良等體卿忠孝
感卿撫綏或獻謀於帷幄之間或效勇於鼓旗之下
賴茲舊發致彼廓清今則纔剪兇徒尋輸忠節雖知
祥之通變亦季良之贊成況彼皆是重藩並難虛位
言念數子參佐一心不惟功合奬酬兼亦材堪任使
但能致理何爽從權所委留司悉諧朕意應希渥澤
並可允俞但緣卿自建大功未加殊寵卽俟祖次便
與施行其旌節官告等更不差使須宜亦便委卿分
付所乞墨制巳從別詔處分故茲詔示想宜知悉便
令李環押賜晉國雍順長公主祭贈絹三千疋及賜
知祥玉帶等
四年二月戊午帝對西川進奉使朱滉於中興殿因
問知祥比日何如對云百寮稱賀癸亥制推忠再造
致理功臣劒南西川節度管內觀察處置統押近界
諸蠻兼西山八國雲南安撫制置等使開府儀同三
司簡較太尉兼中書令行成都尹上柱國淸河郡開
國公食邑一千五百戶食實封一百戶孟知祥可依
前簡較太尉兼中書令行成都尹劒南東川西川節
度管內觀察處置統押近界諸蠻兼西山八國雲南
安撫制置等使仍封蜀王加食邑一千五百戶賜忠

貞佐國保大功臣四月庚午正衙命使冊西川節度
使孟知祥爲蜀王
八月夏州自署李彝殷爲綏州刺史乞正授從之
十月壬戌制權知夏州事起復雲麾將軍簡較司空
兼御史大夫上柱國李彝超可依前起復簡較司空
使持節都督夏州諸軍事夏州刺史兼御史大夫充
定南軍節度夏銀綏宥等州押蕃落等使彝超仁福
之次子仁福卒三軍立爲帥矯仁福奏乞降眞命帝
聞之以彝超爲延州留後以延州安從進爲夏州留
後朝廷慮不從命詔邠州藥彥稠等送從進赴鎮仍

降詔諭之彝超奉詔三軍擁隔未放離任從進出軍
攻之王師加討無功彝超遣使來零因以授之

冊府元龜

册府元龜

巡按福建監察御史臣李嗣京　訂正

知甌寧縣事臣孫以敬參閲

知建陽縣事臣黃國琦較釋

帝王部　一百七十九

姑息第四

後唐閔帝應順元年正月西川孟知祥上言給事中韋勳賜五鎭旌節官告進銀一千五百兩繒綵一千五百疋時知祥專制劍南動多姑息初奏李肇而下五人分諸州爲五帥請朝廷降使及韋勳至成都不

甚禮待聊以貢奉尋僭號於蜀

廢帝清泰元年五月以天平軍節度使檢校太師中書令岐國公食邑七千戶食實封五百戶李從曮可鳳翔尹充鳳翔節度使加邑千食實百戶初帝起鳳翔帑藏匱乏從曮家獻錦袍銀帶用仗諸物以助軍實及帝將赴京師岐人叩馬頭願以從曮臨藩許之王建立乃代從曮七月條奏從曮在任所用過省錢詔蠲除之

六月詔平盧軍節度使房知溫封東平王知溫始與帝嘗失意於盃盤間以白刃相恐及帝即位知溫憂甚帝乃封王爵以寧之知溫徑赴雒陽申其宿過且感新恩帝開懷以厚禮慰而遣之

十二月詔以故武安軍節度使檢校司空彭城郡侯邑千戶劉建峯累贈太傅可贈太尉其妻庫狄氏贈韓國夫人建峯唐光啓中蔡賊秦宗權之黨淮南之亂與孫儒寇陷楊州儒令建峯將兵寇衡潭諸州建峯乃自爲湖南歲餘卒別將馬殷代帥其衆馬氏深德之前後屢表建峯贈官至是有此封贈

三年六月以右千牛衛將軍權知魏府事張令昭爲齊州防禦使捧聖右第二指揮使开立爲德州刺史

捧聖第五指揮使康福進爲莫州刺史先是令昭爲鄴都屯駐捧聖都虞候逐節度使劉延皓據城叛翼日右副使邊仁嗣已下逼令奏請節旄改授將軍權知而立及福進始與令昭同謀應太原逐延皓朝廷故並授郡印累遣使宣諭託以諸軍虐留未能輕解其意蓋俟太原成敗爾至是除郡又促令赴任以觀其心

十二月以前坊州刺史劉景巖爲彰武軍節度留後景巖故河西鄜延帥高萬全之將按累任至坊州刺史家在延州父子豪右私家有丁夫兵仗勢傾郡邑

邑人俾其強多推服之會楊漢章帥延州無政失蕃漢之私是時有詔借括戰馬及壯丁漢章以數千人將赴軍期兵仗鞍馬閲之于野而便成行景巖密令人撓之言契丹在河東丁壯有去無歸衆心懼殺漢章乃以其衆至景巖壁推爲留後朝廷不獲巳而命之

是年詔放澶州刺史馮暉屬省錢一百萬暉以犒軍爲辭故有是命

晉高祖天福元年封天雄軍節度使范延光臨清王帝建義太原唐末帝遣延光以本部兵二萬屯遼州

與趙延壽犄角合勢及延壽兵敗延光促還心不自安帝入雒尋封列土以寛反側

二年安州屯將王暉殺節度使周瓌詔遣滄州節度使李金全以騎兵千人鎭撫其地未及境暉爲部下所殺金全至亂軍數百人不自安金全説遣赴闕密伏兵于野以祖之座上擒其軍校武彦和等數十人斬之彦和臨刑宣言曰周瓌儉嗇多疑嚴刑峻令暉麄率悖慢慫其約束以至飛語相間各爲防虞暉乃無疾針砭數月不出䇲竹爲矛圖爲竊發預其事者暉腹心數人而巳行間之卒皆受其制心雖有異敢不從之連雞不棲物之嘗理夫亂者必戮軍令有之然則王暉元惡天子猶賜之信誓許爲郡守我等見殺非有罪也若朝廷之命是食前言苟將軍之令得無寃乎旣戮彦和等其徒皆以兵送赴闕下初金全之將行也帝謂之曰王暉之亂罪莫大焉但慮乎封守不寧則民受其弊故折矢飛詔示之以不戮一人扳暉爲淮安守序秩次拔以主其兵鄉之此行無失吾信至是以彦和等當爲亂之日劫掠郡城三日所獲財貨在焉遂殺而奪之帝聞之以姑息金全不究其事授以旄節

三年五月賜沂州節度使楊承祚衣一襲通犀帶鞍勒銀鞍轡馬等物又太妃皇后各有所賜帝以鄴城將下光遠方綰兵柄故通姻好以固之所賜沂俗謂之繫女婿

十月宣遣東上閤門副使張瓌祚押福建進來牙一株犀三株玳瑁三十斤銀盆四口臘面茶三十斤香藥二百斤往魏府賜楊光遠

十一月制曰王者居域中之大以天下爲家兩曜炤臨必覃聲教二儀覆載咸有寵綏矧夫地鎭南臺必傾北闕遥識興隆之運顯輸翊載之誠得不並舉徽

章式旌亮節爰當吉日遂降明恩威武軍節度福建管內觀察處置等使光祿大夫簡較太保兼御史大夫上柱國瑯邪縣開國伯食邑七百戶王繼恭淮水源長緜山系遠代襲弓裘之業家承帶礪之勳劍有龜文乃是干星之器玉稱龍府居爲昭燕之珍當年巳得於佩刀繼世連持於瑞節紅蓮綠水幕中多倚馬之賓貝胄犀渠帳下悉曳牛之將號令而秋霜肅物撫綏而時雨隨車嶽鎮一方風行萬里而況誠專會禹道著尊周挂帆檣而遠涉滄波貢章表而備陳丹懇青芧畢至無虧任土之儀玉帛咸來悉是充庭

之寶爾能若此朕實嘉焉是用益以井田榮之黻冕階昇峻級爵極眞王與旌奉上之心仍錫推忠之號於戲航浮梯險爾無怠於恭虔崇德報功朕敢稽於渥澤勉承休命永保令圖可特進簡較太傅福州大都督府長史威武軍節度福建管內觀察處置兼三司發運等使封臨海郡王加食邑二千戶食實封三百戶賜推忠奉節功臣繼恭圖閩王昶而自立故有是命

五年八月以西京留守楊光遠守太尉兼中書令充平盧軍節度使封東平王是時光遠有功每以爲帝懼巳稍干預政事帝亦從之以其子承祚尚主文子承信等皆與一官而恩渥殊等爲當時之冠時桑維翰爲樞密使在御前可否其事光遠密知心銜之及范延光歸命光遠面奏維翰等擅權帝以光遠方有功於國乃出維翰領安陽光遠爲西京留守兼鎮河陽罷其兵權光遠緣此怨望朝廷潛貯異圖多以珍玩奉契丹訴巳之屈又私養部曲千餘人撓法犯禁河雒之人嘗如備盜尋冊守太尉時范延光致仕輦橐裝妓妾居河陽光遠利其奇貨且慮爲子孫之讐因奏延光不家汴雒而出舍外藩非南走淮則北

走越宜早除之高祖以許之不死鐵券在焉持疑未允光遠乃遣子勳以甲士圍其第迫令自裁延光曰天子在上安得如此光遠尋遣爪牙譎移雒下及浮橋推落水中流尸至繆家灘奏云延光自投于河朝廷頗知之以姑息不暇莫能理其事後踰歲入覲帝爲置曲宴時教坊樂官皆家在雒陽以光遠左右多縱暴取深銜之因陳戲譏光遠而光遠無愧色帝曰元城之役卿左右皆立功未曾酬奬今各與一郡赴任以榮之因命爲刺史者數人乃命青州節度使王建立移鎮滁州遂以光遠代焉光遠面奏請與長子

同行尋授承勳萊州防禦使及赴任僕從姬媵行李至數千騎滿盈僭侈爲方嶽之最下車之後惟以刻剥爲事

少帝天福八年遣內班曹延丕押玉帶一衣一襲衣著三百疋銀器二百兩御馬二匹賜青州楊光遠是年以單州刺史楊承祚爲登州刺史其官告遣前華州節度副使周光遜送之

九年遣使詔駙馬都尉楊承祚送長安公主乳母傅姆等一十二人歸于青州示柔服也

開運二年杜重威進軍糧九萬八千石鋿一千二百

條並在鎮州重威在鎮州日重斂多納與腹心數十輩分利而處皆爲官室會有命移鎮而公私未剖朝廷察知遣殿中監王欽祚權知鎮州軍州事降詔以和糴爲名比戶籍之欽祚性激訐好邀功利旣至眞定乃痛劾掌事者盡抉摘重威一行所聚儲蓄而條奏焉重威聞之大怒表曰不知臣有何罪王欽祚封鎖臣員寮口食詞甚不遜朝廷不欲傷其意竟不區分尋追還欽祚故重威有是獻將弭其事詔賜重威茶萬斤絹萬疋充軍糧價又賜重威器帛氊帳駿鷹別賜公主衣著百疋以姑息之

漢隱帝時湖南馬希廣庶弟希蕚爲朗州節度使怒希廣立不以長繇是日尋干戈相侵伐希廣希蕚交訐於朝廷累降詔和解之

周太祖廣順二年八月樞密使王峻貢第三表辭解重任賜詔不允翊日峻入朝進謝恩馬三匹峻自居密地嘗恃舊恩以國政爲己任帝頗亦姑息之李重進鄭仁誨向訓等皆帝親舊腹心也峻潛忌之每見仁誨等在帝左右漸見進用尤所不平至是連拜三章求解樞務帝累遣中使就第宣諭每對使者辭氣益厲又發諸道節將書祈請保證旬日之間諸藩皆

遣驛騎奏進納峻書帝驚駭久之又遣近臣名令視事稠疊慰勉兼宣云若卿尚未入朝朕當親自迎請峻得宣諭殊未回意且言車駕若來應是致臣於不測之禍也帝知樞密直學士陳觀與峻情通乃詔觀諭意令至峻第觀回奏曰峻意解矣望陛下聲言駕幸但嚴駕以待之峻聞車駕將至即馳至帝亟勉從之峻果入朝謁見於便殿帝慰勞久之即令視事其要君無禮也如此

十二月戊申以左千牛衛將軍歐弘練爲嘉州刺史京兆少尹張仲荀爲渝州刺史並放歸本道弘練仲

荀皆故湖南馬希範之牙將也弘練以進奉入朝値本鎭亂歸計阻絶仲荀本郎官馬氏既亡朝廷以環衞二尹授之至是劉言與弘練等書言已爲故府擾除寇盜權王山河都無舊人同議藩任已具聞奏請速旋歸故有是命

是月丙戌武平軍兵馬留後劉言上表曰臣聞域中至大須歸正統之君海內稱尊合奉眞明之主事既緣其道阻機且務於從權關河之信使不通戎鎭之嚴章未達寔爲騤越罪屬稽留臣前年以馬氏弟兄交相魚肉是希崇之失禦致邊鎬之侵疆當道節度

使馬光惠早副群情方施庶政遽多耽惑將亂紀綱三軍商量乃行廢黜臣繆居上將忽被衆推尋且奉表東吳所冀且安西土不謂湖南節度使邊鎬多行間諜當畜陰謀致半年未降於新恩而中使遽來於急詔而又縱横肆意説誘五溪暗行文書廣齎金帛將謀會合欲舉攻狀臣請節度副使王進逵行軍司馬何敬眞別差指揮使周行逢朱全琇張倣等慮其姦計恐致危亡乃舉兵師去平兇寇自十月三日水陸發兵順水至五日收下沅江九日又下益陽十四日克復湖南城池邊鎬見其危迫陸路奔逃見發奇兵掩後追逐料行狼狽必恐收擒臣素昧兵鈐曾無將畧幸處軍中之長叨司閫外之權忝臣節以徒堅望堯階而尚邈既復瀟湘之土宇永依日月之炤臨幸成破竹之功敢慢傾葵之懇且馳單介徑達皇都謹差節度押牙張崇嗣奉表以聞是年十月內言收湖湘尋差人上章至荆南高保融留之自先奏其事言聞其未達乃復令張崇嗣奉表兼別具奏狀纔述其事曰當道去年以湖南馬希蕚弟兄傷害家國陵夷淮南差邊鎬潛入長沙便爲據守扶風一族楚水萬家並押送東吳固無留者當道有兵士二千來衆亦

被括將累乞放廻意未允許今春前節度使馬光惠耽荒稍甚僭侈非常三軍商量乃行廢黜臣以位居遺貳衆意推崇辭讓既難藩方無主此際以馬光惠早歸東國累降頻宣臣等例奉甄昇未遑廻變方思述職隣道可明不謂湖南頻行間諜彼衆將行討伐當軍須舉兵師與先定於熊湘復歸明於象闕東吳早以臣權知戎閫未降明恩尋有急徵並令歸國其邊鎬唯懷詭詐多畜姦謀况五溪八州是武陵管屬邊鎬暗齎金帛密與鈎連計料加兵欲謀攻逼於界首益陽縣下砦聚食屯師自謂士卒精強壕塹牢固

當道節度副使王進逵行軍司馬何敬眞指揮使周行逢朱全琇蒲公益等去十月三日部署大齊雲截波魚龍戰棹等三百餘艘計三萬人並陸路指揮使張倣董從德等押馬步兵士二萬餘人同日進發五日收下沅江縣獲賊都監劉承遇其賊將李師德等五百餘人並東甲歸降至九日到益陽寨賊衆一萬餘人堅守抵扞攻擊自辰至未其砦自潰殺戮八千餘人捉得都指揮使夏昌浯擒八百餘人至十一月橋口湘陰數處相次歸降至十三日當軍水陸俱上經長沙城下邊鎬見其兵勢不敢拒張當夜取東路

奔逃至十四日進逵敬眞差發五千餘人追襲除鎬先次奔竄外掩殺賊衆五百餘人卽日進逵敬眞入湖南城安撫軍民訖其東吴岳州刺史宋德權尚倚孤壘亦聚強兵探知撤下舟船亦無鬬志十月十八日差指揮使蒲公益押戰船五十隻兵士三千人到岳州城下其宋德權卽時棄城而竄便令蒲公益權主岳州招撫生聚其潭州上江諸郡邑見差守宰撫安次且言潭州兵戈之後焚燒殆盡乞移使府於朗州帝從之詔昇朗州爲都督府在潭州之上

三年正月丙辰制武平軍節度留後簡較太尉彭城郡侯食邑一千戶劉言可簡較太師同中書門下平章事行朗州大都督充武平軍節度管內觀察處置兼三司水陸發運等使制置武安靜江等軍事進封公邑一千戶實封三百戶賜推誠定難忠義功臣又以武平軍節度副使權知潭州軍州事簡較太傅新泰縣子邑五百戶王進逵可簡較太尉潭州刺史充武平軍節度使改郡侯加邑五百戶賜協謀宣力功臣武安軍節度行軍司馬兼衙內步軍都指揮使簡較太傅盧江縣子邑五百戶何敬眞可檢校太尉行桂州刺史靜江軍節度使進封侯加邑五百戶賜協

謀宣力功臣皆劉言之請也又以張倣領肩州刺史充武平軍節度副使朱元琇領黄州刺史充靜江軍節度副使宇文瓊領海州刺史充武安軍節度副使周行逢領集州刺史充武安軍節度行軍司馬自倣以下皆劉言同起之將校也言又遣崇嗣入朝知進奏院賜靴衫銀帶又賜劉言詔曰卿卓立功勳明彰臣節復馬氏所亡之地安楚人仍舊之邦一境土疆方資節制大朝藩屏殊切倚毗凡於錫賜之恩皆獎削平之効惟卿敏達知朕睠懷今賜卿舊屬湖南在京及諸處莊宅樓店邸務舍屋等又以簡較太保屯

衞將軍楊琮簡較校太傅領涪州刺史武平軍節度
行軍司馬從劉言奏也

冊府元龜
冊府元龜 帝王部 姑息四 卷之一百七十九

册府元龜

廵按福建監察御史臣李嗣京　訂正
新建縣舉人臣戴國士叅閱
知建陽縣事臣黄國琦較釋

帝王部一百八十

失政　濫賞

失政

粤若居大寶之位守富有之業莫不議道自己制法於民政令繇我而行風教從我而立億兆繫於舒慘宗社屬於安危本或先顛道之斯廢若乃驕非期而

自至欲敗度以偸縱喻于五音也宫亂則荒著於六籍也禮失則奢德之下衰天或是厭唐虞以前禮俗樸素詩書之簡策無述厥猷夏商而降物儀明備役志于享衮職或闕故有徴求性訓以著乎深戒敷陳前説以志其失德及乎小雅興刺近臣獻規所以交修彌縫之深切者也

夏太康尸位以逸豫滅厥德黎民咸貳在位二十九年失政而亡

孔甲立作好方鬼神事淫亂夏后氏德衰諸侯叛之

桀不務德而虐傷百姓百姓不堪乃召湯而囚之夏臺已而釋之湯脩德諸侯皆歸湯湯遂率兵以伐桀桀走鳴條遂放而死桀謂人曰吾悔不遂殺湯於夏臺使至此也

商太甲立三年不明暴虐不遵湯法

紂厚賦税以實鹿臺之財而盈鉅橋之粟以西伯昌鬼侯邪侯爲三公鬼侯有女入之紂鬼侯女不喜淫紂殺之而醢鬼侯邪侯爭之并脯之西伯聞之竊歎崇侯虎知之以告紂紂囚西伯羑里既而釋之

周厲王即位三十年好利近榮夷公以爲卿士用事王行暴虐侈傲國人謗王王怒得衛巫（衛國之巫）使監謗

者以告則殺之國人莫敢言道路以目三年相與叛襲厲王出奔於彘（彘晉地漢縣屬河東）

宣王不脩籍於千畝虢文公諫曰不可王弗聽宣王既亡南國之師（敗于姜戎時所亡也）乃料民於太原（料數也）仲山甫諫曰民不可料也王弗聽

幽王以虢石父爲卿用事國人皆怨曰石父爲人佞巧善諛好利而王用之

桓王失于信禮義陵遲男女淫奔讒僞並作諸侯背叛構怨連禍九族不親故詩人刺之

僖王自即位以來變文武之制作玄黄華麗之飾宫

室崇峻奢侈故孔子譏焉

惠王卽位奪其大臣蔿國之田以爲圃大夫邊伯等五人作亂（五人者蔿國邊伯詹父子禽祝跪也）

靈王二十五年穀雒鬭將毁王宮王欲壅之太子晋諫不聽卒壅之亂於是始

漢元帝被疾不親政事方隆好于音樂以中書令石顯久典事中人無外黨精專可信任遂委以政事無大小因顯白决貴幸傾朝百僚皆敬事顯

成帝耽于酒色飛鷰亂內外家擅朝

哀帝卽位待詔夏賀良等言赤精子之讖漢家歷運

中衰當再受命今宜改元易號乃以建平三年爲太初元年號曰陳聖劉太平皇帝漏刻以百二十爲度

又大司馬董賢見幸武庫禁兵尚方珍寶選物上第盡在董氏乘輿乃其副也

後漢安帝之初委政太后十有餘年及親萬機佞邪始進閹官用事寵加私愛阿母王聖勢傾朝廷遂樹姦黨揺動儲副山陵未乾蕭墻作難兵交禁省社稷殆危

桓帝惡大將軍梁冀輔政縱横爲亂與中常侍單超等五人共謀誅之於是封超等爲五侯五侯暴恣日甚毒流天下白馬令李雲坐直諫誅名惡少府李膺等並爲閹人所譖誣爲黨人下獄死（又云桓帝封殖宦豎群妖滿側諸姦竊興賢良被辜政荒民散亡徵漸積）

靈帝斂天下田畝十錢以治宮殿發太原河東豫章材木黄門常侍斷截州郡送材文石掌主吏譴呼不中度責之貴戚因縁賤買十倍入官其貴戚所入者然後得中宮室連年不成州郡因增加調發刺史二千石遷除皆責助治宮錢大郡至二千百詔所徵皆令西園騶密約初號曰中使恐動州郡多受財賂天下騷動起爲盜賊矣（一云靈帝不恤宗緒不慼天命爵服横流官以賂成自公侯卿

士降于皁隷百官下級無不以貨刑戮無辜元忠被黜佞諛在側直言不聞是以賢智困窮忠良擯于下位遂至姦邪蜂起法防隳廢夷狄竝侵盜賊方熾小者帶城邑大者連州郡編戸騷動人人思亂矣）

魏明帝於芳林園北立八坊諸才人以次序處其中其秩石擬百官之數帝嘗遊宴在內乃選女子知書可付信者六人以爲女尚書使典省外奏事處當畫可

晋武帝平吳之後天下乂安遂怠於政術耽遊宴寵愛后黨臣貴當權舊臣不得專任彝章紊廢請謁大行矣（又云武帝平孫皓納吳妓五千是同皓之弊婦人之封失國亂政追贈外曾祖母違古之道凡此非事並見前書誠有玷於徽猷史氏所不敢蔽也）

惠帝在位政出群下紀綱大壞貨賄公行勢位之家以貴陵物忠賢絶路讒邪得志更相薦舉天下謂之互市焉

孝武帝初耽酒色末年始爲長夜之飲醒日既少多居内殿留連於盤樽之間時張貴人寵冠後宫威行閫内

後周宣帝大象元年二月傳位與皇太子自稱天元皇帝所居三天臺冕二十有四旒車服旗章皆以二十四爲節内史御正皆置上大夫皇帝稱正陽宫置納言御正諸衛等官皆准天臺尊皇太后爲天元皇太

后十二月行幸維陽帝親御驛馬日行三百里皇后及文武侍衛數百人並乘驛以從令四后方駕日驅或有先後便加譴責人馬頓仆相屬于道二年正月造二辰晝日月象以置左右二月改制詔爲天詔勅爲天勅三月詔天臺侍御之官皆著五色及紅紫雲衣以雜色緣名曰品色衣有大事與公服間服之是月詔内外命婦皆執笏其拜宗廟及天臺皆俛伏帝自禪位之後彌服驕奢耽酗於後宫或旬日不出公卿近臣請事者皆附閹官奏之唯自尊崇無所顧憚國典朝位率情變改後宫位號莫能詳録每對臣下自稱爲天以五色土塗所御天殿各隨方色群臣朝天臺者致齋三日清身一日車旗章服倍於前王之數既自比上帝不欲令人同已嘗自帶綬及冠通天冠加金附蟬顧見侍臣武弁上有金蟬及王公有綬者並令去之又不聽人有高大之稱諸姓高者改爲姜九族稱高祖者爲長祖曾祖爲次祖官稱名位謂上及大者改爲長又禁天下婦人皆不得施粉黛惟宫人得焉又恐群臣規諫不得行已之志嘗遣左右密伺察之動止所爲莫不抄録少有乖違輒加其罪自公卿以下皆被楚撻其間誅戮黜免者不可勝言

每捶人皆以百二十爲度名曰天杖宫人内職亦如之又令拜者皆以三拜成禮

隋高帝仁壽中用法益峻帝既喜怒不常不復依準科律時越國公楊素素被委任素又稟性高傲公卿股栗不敢參言素與鴻臚少卿陳延不平經蕃客館庭中有馬屎又庶僕氈上樗蒱旋以白帝帝怒曰主客令不灑掃庭内掌固以私戲汙敗官氈罪狀何以加此者令西市捧殺榜箠陳延殆至於死

煬帝大業末軍國多務日不暇給帝方驕怠惡聞政事冤屈不治奏請罕決

唐高宗永徽六年十月廢皇后王氏爲庶人立昭儀武氏爲皇后乾封元年正月巳巳封泰山庚午禪於社首以皇后武氏爲亞獻越國太妃燕氏爲終獻上元二年三月帝風疹不能聽朝政事皆決於皇后自誅上官儀之後帝每視朝皇后垂簾於御座後政事大小皆預聞之內外稱爲二聖帝欲下詔令皇后攝國政中書侍郎郝處俊諫止之

中宗神龍初立妃韋氏爲后時昭容上官氏嘗勸后行則天故事乃上表請天下士庶爲出母喪服又請百姓以年二十三爲丁五十九而免役改易制度以

收時望制皆許之又左右內職時許出禁中上官氏及宮人貴幸者皆立外宅出入不節朝官邪佞者候之恣爲狎遊祈其賞援以至要官時侍中敬暉謀去諸武武三思患之乃結上官氏以爲援因得幸於韋后潛入宮中謀之乃挾百官上帝尊號爲應天皇帝韋后爲順天皇后三年九月帝與后親謁太廟告謝受尊號之意是月改元景龍三思之入用事敬暉王同皎相次夷滅天下咸歸咎於韋后景龍三年十一月乙丑親祀南郊皇后登壇亞獻左僕射舒國公韋巨源爲終獻皇后又欲寵樹安樂公主乃制公主開府置官屬下比親王長寧安樂二府不置長史而已空城公主以非后所生請各減太平之半安樂恃寵驕恣賣官鬻獄勢傾朝廷常自草制敕掩其文而請帝畫焉帝笑而從之竟不省視又上官昭容與其母鄭氏及尚宮柴氏賀婁氏樹用親黨廣納貨賂別降墨敕斜封授官臧獲屠販之類累居榮秩

玄宗天寶四載册太眞妃楊氏爲貴妃范陽節度使安祿山請爲貴妃養兒入對皆先拜太眞遂命楊雲已下竝約爲兄弟十一載十一月以貴妃從祖兄御史大夫國忠爲右相十三載正月祿山謁於華清宮

請爲閑廐三十群牧等都使又請知總監事帝筋腳馬皆陰令擇之三月人從范陽來言反者帝必大怒至送與之十四載十一月祿山果叛三稱奉命以兵討逆人楊國忠是時天下承平日久人不知戰聞其兵起朝廷恟懼十二月祿山渡河遂入陳留郡又入東京十五載六月潼關不守帝乃幸蜀憲宗元和末謂宰臣曰朕讀玄宗實錄見開元初銳意求理至十六年巳後稍似懈倦開元末又不及中年何也崔羣對曰玄宗久歷民間身經屯難故卽位之初知人疾苦躬勤庶政加之姚崇宋璟蘇頲盧懷愼等守正之輔孜孜獻納故致治平及後承平日久安於逸樂漸遠端士而近小人宇文融以聚斂媚上心李林甫以耳目獲上意終之以國忠故及於亂

肅宗至德二年六月將軍王玄榮殺本縣令杜徽罪合死帝以其能脩守備之器特放逸令於河東承天軍効力中書舍人賈至上封事執之百寮咸與至同帝以寇逆未平藉其殊藝竟赦之

德宗建中三年以戶部侍郎趙贊判度支括率富商錢以給軍京兆少尹督責頗峻長安尉荷較乘車搜人財貨意其不實卽行榜箠人不勝寃痛或有自縊而死者京師囂然如被賊盜長安爲之罷市又令神策軍使白志貞募致禁軍皆以京城沽販之徒充之具問其人皆在市廛及㸃師犯關詔神策軍拒賊無

一人至者

貞元三年八月辛巳朔日有蝕之有司準禮將伐鼓於大社不許太常卿董晉奏曰伐鼓于社所以責羣陰助陽光可特宣詔旨以合經義寢不報

十六年六月令三司使推鞫永州刺史楊履時觀察使呂渭奏履犯贓履又表自言當州營備錢物上獻爲上使所鞫案因令中使王文奏就州取履至京師三司使訊其所妄破用履云市馬進訖及訊其馬於何人處買及價値齒歲履答狀馬主東西南北貴公子也今不知所在言馬齒歲案禮經齒路馬者當誅

令不敢言其他狀欵多如此類帝悅其進奉之言不責也但令免官而已

十八年七月嘉王諮議高弘本正衙奏事自理逋債詔曰朕方勵精庶政博求嘉言比者百官正衙奏事至有多時者公卿庶僚屬當寒暑爲弊亦深在於朕懷豈謂今日自今勿正衙奏事如陳奏者宜延英門請對正衙奏事不易之典也武德貞觀之間孜孜論道君臣講陳政事謁見無時不容疎矣其後正朝奏御凡在列位無不上達高弘本黷禮罪之可也因人而廢其事不可也帝自貞元八年貶竇參十年陸贄免相之後躬親庶政不復委成宰

相廟堂備員行文書而已除守宰御史皆自選擇然居深宮所仰而取信者裴延齡李齊運王紹李實韋執誼韋渠牟皆權傾相府延齡李實姦欺多端甚傷國體紹無所發明而渠牟名素輕頗張聲勢以趨趨衛者帝旣偏有所聽浮薄者卒皆進用不復藏器蘊德皆奔走請謁刑躁甘辭以附渠牟

憲宗元和十三年九月以戶部侍郎判度支皇甫鎛衛尉卿充諸道鹽鐵轉運使程异同平章事並依前判使是時帝切於財賦故用聚斂之臣居相位詔書旣下物情駭異至於賈販無識亦相嗤誚宰相崔羣裴度以物議上聞帝怒而不聽度上疏論之是時帝以世道漸平欲肆意娛樂池臺館宇稍增崇飾异鎛探知上旨數貢羨餘以備經構故帝獨排物議相之見度疏

以爲朋黨竟不省覽
敬宗以長慶四年正月丙子卽位三月甲寅始對宰臣等於延英殿戊辰百寮入閤日絶高未坐帝卽位以來坐朝皆晚此日尤甚群臣候立紫宸門外有不任其久幾欲頓踣者諫議大夫李渤出次白宰相曰昨日已有疏論坐晩今日又益晚今不能廻上意是渤之罪請出閤赴金吾仗待罪有頃旣坐百官班退左拾遺劉栖楚獨留帝前進諫曰臣歷觀前王嗣位之初莫不躬勤庶政坐以待旦陛下卽位以來放情嗜寢樂色忘憂安臥宮闈日晏方起西宮密邇未過山

冊府元龜　帝王部　失政　卷之一百八十　十一

陵鼓吹之聲日喧於外伏以憲宗皇帝大行皇帝皆是長君恪勤庶政四方猶有叛亂陛下運當少主卽位未幾惡德布聞臣恐福祚之不長也臣忝諫官致陛下有此請碎首以謝遂以額叩龍墀久之不已宰相李逢吉出位宣曰劉栖楚休叩頭候進止栖楚捧首而起因更陳論搕額見血帝爲之動容以袖連揮令出栖楚又云不可臣奏臣卽碎首而死中書侍郞牛僧孺復宣示栖楚曰所奏知門外待進止栖楚卽拜舞而出待罪於金吾仗然後宰臣更贊其事於帝前命中人就仗宣諭幷李渤並令各且歸第

寶曆元年七月拾遺李漢舒元褒薛廷老於閤內論近日除授往往不由中書進擬多是内中宣出臣恐紀綱寢壞姦邪恣行伏希察詳帝然之是歲詔度支進銅鏡三千斤金薄十萬番修精思院新殿及歸德殿圖障帝性本好土木自春至冬興作相繼甞幸凝碧池令兵士千餘人於池中取大魚送入新池又好深夜自捕狐狸宮中謂之打夜
文宗開成元年三月皇城留守郭畋奏以城内諸司所管羽儀法物内鎗刀利器等納入軍器使如本司要立仗行事請給儀刀從之凡朝廷法物各有司存

冊府元龜　帝王部　失政　卷之一百八十　十二

而以訓注之禍懼内官猜阻而輕廢舊典上位者不能持正論之
後唐莊宗同光二年五月以敎坊使陳俊爲景州刺史内園使儲德源爲憲州刺史皆梁之伶人也初帝平梁俊與德源皆爲寵伶周匝所薦帝因許除郡樞密院郭崇韜以爲不可伶官言之者衆帝密名崇韜謂之曰吾已許除郡經年未行我慙見二人卿當屈意從之故有是命
十一月癸卯帝畋於伊闕命從官拜梁祖之陵物議非之

十二月庚午帝與皇后劉氏幸河南尹張全義第酒酣帝命皇后拜全義爲養父全義皇恐致謝復出珍貨貢獻翌日皇后傳旨令學士草謝全義書趙鳳密疏陳國后無拜人臣爲父之禮帝雖嘉之竟不能已其事

是月以教坊使王承顏爲興州刺史末年誅郭崇韜朱友謙之後閹監伶官交相讒詔邦國大事皆聽其謀繇是漸多猜惑及魏博軍變宰臣豆盧革率百官上表請出內府金帛優給將士不報時知星者上言客星犯天庫宜散府藏又云流星犯天踣主御前有

急兵帝召宰臣於便殿皇后出宮中粧奩銀盆各二并皇子蒲哥三人謂宰臣曰外人謂內府金寶無數向者諸侯貢獻旋供賜與今宮中有者粧奩嬰孺而已可鬻之給軍革等皇恐而退

明宗天成元年九月北京奏准宣旨於係省賣麴錢上每貫割留二百文充本府公使初以朱守殷爲河南尹守殷位兼平章事與諸貴要近臣宰執交歡宴會畤集於府第復又妓侍盈室每見安重誨任圜言府司無利潤支費不充執政計無從出卽以分割麴錢議聞奏從之諸道州使因以爲例

長興三年七月邠州奏丹山縣令張浩爲新平縣令昨進奏院遞到正授告身欲給之時再問行止乃稱丹山縣令名銜是亡兄承禋浩卽曾有三處攝牒恐礙格條不敢給授其告身却進納中書引驗其前告身名承禋勑旨竝令焚毀赦浩冐名之罪凡中書除官堂吏必依格條追前任名銜而將承禋爲浩僞濫顯然蓋藏其姦有此除授而又特赦冐名不罪堂吏則賄賂囊橐之弊無時能革時有田審回者論冐名得官人遂城縣令魏欽緖事下御史臺推勘欽緖棄市今赦承禋而罪欽緖法令如此可謂大衰矣

濫賞

夫慶賜之行貴於至當祿秩之設戒乎虛授故才罔稱職彼已之刺興賞靡酬功不祥之說著允矣哉太宰之八柄其爲御下之要也周室之後王綱或紊以至饗宥之數不協於禮文賞賚之典或私於嬖倖以官爵爲市靡思於任賢行姑息之政頻加於橫賜其或以宴樂爲務獎優笑之流專耳目之翫喜奇巧之技或讐其詼詐之用啓乎偷薄之源或錄其纖微之勞紊乎經常之制傳曰古之善爲國者賞不僭僭則懼及淫人斯可戒矣

周惠王時虢公晉侯朝王王饗醴命之侑皆賜玉五瑴馬三匹非禮也（雙玉爲瑴）王命諸侯名位不同禮亦異數（侯而與公同賜是借人禮）

漢文帝時鄧通擢船爲黃頭郎帝尊幸之賞賜通鉅萬以十數（每賜輒鉅萬如此者十數）官至上大夫

十五年趙人新垣平以望氣見帝於是貴平至上大夫賜累千金

武帝即位明年齊人少翁以方見帝乃拜少翁爲文成將軍賞賜甚多以客禮之

元狩元年春樂成侯登上書言欒大膠東宮人（王家人）

言黃金可成而河決可塞不死之藥可得僊人可致迺拜大爲五利將軍居月餘得四印封爲樂通侯賜列侯甲第童千人乘輿斥車馬帷帳器物以充其家（斥不用者）又以衛長公主妻之齎金十萬斤又韓嫣帝爲膠東王時嫣與帝學書相愛及即位欲事伐胡而嫣先習兵以故益尊貴官至上大夫賞賜擬鄧通

成帝時淳于長遷水衡都尉侍中至衛尉九卿久之趙飛燕貴幸帝欲立以爲皇后太后以其所出微難之長主往來通語東宮（主猶專）歲餘趙皇后得立帝甚德之迺追顯長前功下詔曰前將作大匠解萬年奏請營作昌陵罷弊海內（罷讀曰疲）侍中衛尉長數白宜止徙家反故處（陵邑徙人以實之長奏令止所徙之家各還本家）朕以長言下公卿議者皆合長計首建至策民以康寧（康安也）其賜長爵關內侯後遂封爲定陵侯大見信用貴傾公卿外交諸侯公卿牧守賂遺賞賜亦絫鉅萬（絫古累字下同）

張放襲富平侯臨子也母敬武公主（元帝妹也）鴻嘉中成帝欲遵武帝故事與近臣遊宴放以公主子開敏得幸放取皇后弟平恩侯許嘉女帝爲放供帳賜甲第充以乘輿服飾號爲天子取婦皇后嫁女太官私官竝供其第（私官皇后之官也）賞賜以千萬數

哀帝爲太子時董賢爲舍人哀帝立拜爲黃門郎旬月間賞賜累鉅萬貴震朝廷爲賢起大第北闕下重殿洞門土木之功窮極技巧柱檻以綈錦下至賢家僮僕皆受上賜及武庫禁兵上方珍寶其選物上第盡在董氏而乘輿所服迺其副也帝欲侯賢而未有緣會待詔孫寵息夫躬等告東平王雲右謁祠祀呪詛下有司治皆伏其辜帝於是令躬寵爲因賢告東平事者迺以其功下詔封爲高安侯

後漢桓帝延熹中連歲征伐府帑空虛乃假百官俸祿王侯租稅中常侍侯覽亦上縑五千疋賜爵關內

侯又託以與議誅梁冀功進高鄉侯
靈帝初中常侍曹節與長樂五府史朱瑀從官史龔普張亮中黄門王尊長樂謁者徐騰等一十七人矯詔以長樂食監王甫爲黄門令將兵誅竇武陳蕃武等已誅節遷長樂衛尉封育陽侯增邑三千戶甫遷中常侍黄門令如故瑀封都鄉侯千五百戶普亮等五人各三百戶十一人皆爲關内侯歲食租二千斛先是瑀等陰於明堂中禱皇天曰竇氏無道請皇天輔皇帝誅之令事必成天下得寧既誅武等詔令太官給賽具（賽報祠也音蘇代切）賜瑀等錢五千萬餘各有差後

更封華容侯二年節病因詔拜爲車騎將軍有頃疾瘳上印綬罷復爲中常侍位特進秩中二千石尋轉大長秋節又與王甫等誣奏桓帝弟渤海王悝謀反誅之以功封者十二人甫封冠軍侯節舊封育陽侯亦增邑四千六百戶并前七千六百戶
後魏宣武時左中郎將王仲興值咸陽王之出奔也當時上下徵爲駭震宣武於乾脯山遣仲興馳入金墉城安慰後參機要殆與有功者等
唐穆宗以元和十五年正月即位賜左右神策軍兵士錢每人五十貫六軍威遠每人三十貫左右金吾每人五十貫非故事也（自憲宗御宇至穆宗登祚及長慶二年十八年矣凡剛方吳蜀淮山東西河累興問罪之師其間兵戈少息者無一歲故帝自幼細聞軍旅之事謂戎臣武卒嘗宜姑息繼統之始財以恣行給賚神策禁旅洎左右三軍兵健號長行者其名最末人尚獲五萬至于非時賜與不可勝紀驕横難戢其勢已甚今又降優假之詔俾其蕃大復有工賈胥吏竄昇朝籍者厚持緡貨納于方鎮大鎮嗜利者即以大將文符給之僞其職秩年月未幾則薦聞必曰某以歲久宜遷某以殊勳合奬宰臣奏擬下得王官欲望兵復于農官清其序難矣）
敬宗以長慶四年正月即位二月辛卯名家令寺典張鍨入内賜緋魚袋甲午以鍨爲家令寺小吏賜緋之後又連有是命人頗異之三月壬子帝幸内園賜優人康赫赤金紫丁卯帝幸神策軍賜力士韓筋槌

錦綵三十疋銀器二事庚午賜教坊錢一萬貫以備行幸樂官一十三人並賜緋乙亥帝幸教坊賜俳優綾絹三千五百疋十一月丁未賜教坊樂人李臻緋并賜婣善坊宅一區時穆宗攢宫已啓五日矣龍輴動軔期在旦夕而甲第朱衣之賜遽及倡優衆皆竊議
寶曆元年七月癸酉賜善奕待詔王倚緋及綵絹銀器閏七月壬申賜教坊樂官任自達大寧坊宅一區二年十一月巳卯賜翰林繪惟眞絹五十疋惟眞以異術出入禁署故横及焉

文宗太和五年三月辛卯以右神策軍散兵馬使簡較太子賓客豆盧著守本官兼殿中侍御史讎告宋申錫謀反故也

後唐莊宗同光元年十月入汴州賜樂人周匝幣帛周匝者帝之寵伶也胡柳之役陷于賊帝素喜優笑每思之至是復得欣然慰接周匝敘其違奉契闊因言偶獲全者皆僞廷敎坊使陳俊之恩也垂泣保薦請除郡守郎時許之議者憤其佞倖

明宗天成元年七月庚辰賜諫議大夫蕭希甫衣段二十疋銀器五十兩以訟豆盧革韋說之罪非賞典

也

八月癸巳賜攝湯陰縣令王延禧主簿柳承翰等緋魚以帝令春赴難時經過供頓之勞也然主簿賜緋賞典太過

安重霸初爲蜀守秦州聞明宗起河北郎時遣使以秦城等州來降天成初用爲閬州團練使未幾召還爲左衛大將軍常懷姦佞探人主意明宗尤愛之長興末明宗謂侍臣曰安重霸朕之故人以秦州歸國其功不細酬以團練防禦忌非懷來之道范延光曰將校內有自河東河北從陛下龍飛故人尚有未及團防者今若遽授重霸方鎭恐爲竊議明宗不悅未幾竟以同州節鉞授之

晉少帝開運三年詔宋州節度使李守貞近以授送軍儲殺戮蕃賊繼聞克捷宜示頒宣護聖奉國興順宗順興國諸軍都指揮使各絹十疋餘自都虞候至散卒七疋至十疋其隨行人員與諸州本城將士亦有等第賜賚史官曰昔衞青霍去病深入虜磧以斬首加級用爲定規故謂首級此其義也守貞前引大軍往取瀛州境獲一刺史以退此時言攻幽薊賴張彥澤勳蕃較而回徵師五萬運糧千里行扈所過卷圖一空將吏醉飽百草皆除逐使河北生民無措足之所而又軍去有賜謂之挂甲錢來則賞之謂之卸甲錢或徵有功名目皆次第優給審勳計三十萬數田力其何以濟良可痛矣良可駭矣

漢高祖以晉天福十二年郎位時司天監趙延乂冬官正吳正巳徐延浩等進來年曆日賜器皿繒帛有差星官有祿給進曆日職也前代太史預言氣象水旱災變使國有備可賞之矣至于中秋老人星見日月薄蝕皆嘗事也賜賞非其時況曆日乎

第十七頁十八行後參機要下脫文五十八字
又五條
因自理馬圉侍文帝疾及入金墉之功乞同元
賞遂封上黨郡開國公食邑二千户後以中興
開國公賞報過優北海王詳嘗面啟奏請降減
事久不決
莊帝即位以故中山王英弟怡報贈驃騎大將
軍太尉公雍州刺史扶風王先是怡為鄯鄯鎮
將以貪暴為有司所糾延昌中卒怡爾朱榮父
兄也至是贈馬
冊府元龜　補　卷之一百八十　二十一
唐太宗貞觀十九年征遼帝次北平登臨海戍
烽望大壑戍主應對辯給增秩四等
中宗神龍三年五月己亥帝以穀價踊貴召太
府卿紀處訥親問其故翌日右驍騎將軍兼知
太史事迦葉志忠太史令傅孝忠奏言其夜有
□□星入太微至帝座此則王者與大臣私相
接大臣能納忠故有其應德靜郡王武三思陰
諷之也孝忠既有此奏帝以為然降勑曰古王
垂範必在於褒賢前聖裁規務歸於賞善左衛
將軍兼檢校太府卿紀處訥執心忠正守志廉

平夙夜憂心劬勞靡倦巖廊警衛既展爪牙之
勤列寺當官尤彰出納之□緣米價騰踊義切
司存明九府之規模陳四人之利害深加析衷
妙識時宜懇款發乎丹襟精誠徹乎玄象星官
奏美日史書芬宜申賜服之榮以廣勸能之路
可賜衣裳一副物六十段
崔湜韋庶人臨朝為中書門下三品睿宗即位
出為華州刺史初湜於中宗景龍中獻策開南
山新路以通商州水陸之運役功數萬死者十
三四功竟不就至是追論湜開山路功加銀青
冊府元龜　補　卷之一百八十　二十二
光祿大夫俄為太平公主所引復還中書門下
三品
憲宗元和十五年以武寧軍節度右都押衙董
重質為左神武將軍知軍事兼御史中丞重質
本淮西賊吳少誠之壻為賊將善用兵及元濟
拒命重質又為之謀主有勇決機變領大軍當
王師致令宿兵連歲皆重質之謀也蔡城陷重
質始降帝欲誅之李愬保持得免請於本軍驅
使至是徵入遂總禁兵賜金帛(下接殆與功者
等)

册府元龜

巡按福建監察御史臣李嗣京訂正
分守建南道左布政使臣胡維霖參閱
知建陽縣事臣黃國琦較釋

帝王部一百八十一

惡直 婈忌 無斷

惡直

傳曰事君勿欺也而犯之又曰有犯而無隱故古之良臣挺謇諤之志勵骨鯁之節內懷忠愛情均休戚故有犯顏色觸忌諱獻替可否補救闕失言必逆耳

事乃利國自非人主廓容納之量克巳降意則龍鱗人逆鮮或不怒至有厲斧鉞以震威建官司以監謗下幽縶之詔行黜棄之典乃使良士結舌嘉言攸伏良可戒哉書曰予違汝弼汝無面從又曰有言逆於汝心必求諸道誠哉爲邦之丕訓也

夏王桀淫虐諸侯咸叛關龍逢引皇圖而諫桀以爲妖言焚皇圖而殺龍逢

商王紂既淫亂微子諫不聽乃與太師箕子謀去之比干曰爲人臣者不得不以死諫乃強諫紂紂怒曰吾聞聖人心有七竅剖比干觀其心箕子懼乃佯狂爲奴紂又囚之

周厲王即位三十年好利近榮夷公大夫芮良夫諫厲王不聽卒以榮公爲卿士用事王行暴虐侈傲國人謗王召公諫曰召康公之後穆公虎爲王卿士民不堪命矣王怒得衛巫衛國之巫也使監謗者以告則殺之其謗鮮矣諸侯不朝三十四年王益嚴國人莫敢言道路以目以目相視而已厲王喜告召公曰吾能弭謗矣乃不敢言召公又諫之王不聽於是國人莫敢出言

漢文帝時袁盎爲中郎將亦以數直諫不得久居中調爲隴西都尉調選也

景帝即位以太子太傅石奮爲九卿迫近憚之以其敬恭履度故憚之徙奮爲諸侯相

武帝時汲黯爲中大夫以數切諫不得久留內選爲東海太守召爲主爵都尉亦以數直諫不得久居位

狄山爲博士匈奴求和親群臣議前於帝前議事山曰和親便帝問其便山曰兵凶器未易數動言難可屢動高帝欲伐匈奴太困平城乃遂結和親孝惠高后時天下安樂及文帝欲事匈奴北邊蕭然苦兵蕭然猶騷然擾動之貌也孝景時吳楚七國反景帝往來東宮間謂諮謀於太后也天下寒心數月懼於兵離也吳楚已破竟景帝不言兵訖景帝之

身更不議征伐之事天下富實今自陛下興兵擊匈奴中國巳空虚邉大困貧繇是觀之不如和親帝問湯湯張湯也日愚儒無知狄山日臣固愚忠若御史大夫湯乃詐忠湯之治淮南江都以深文痛詆諸侯別疏骨肉使藩臣不自安臣固知湯之詐忠於是帝作色日吾使生居一郡能無使虜入盗乎博士之官故呼爲生也山日不能日居一縣日不能復日居一鄣間鄣音之向切謂塞上要險之處別築爲城因置吏士而爲鄣蔽以折寇也山自度辯窮且下吏度計也見詰自辯而辭窮當下吏也日能乃遣山乘鄣乘登也登而守之至月餘匈奴斬山頭而去是後群臣震讋

成帝時朱雲上書求見公卿在前時丞相故安昌侯張禹以帝師位特進甚尊重雲日臣願賜尚方斬馬劒斷佞臣一人以厲其餘帝問誰也對日安昌侯張禹帝大怒日小臣居下訕上廷辱師傅罪死不赦御史將雲下雲攀殿檻折後帝意亦解

劉輔以美才擢爲諫議大夫成帝欲立趙倢妤爲皇后輔上書日陛下乃觸情縱欲以卑賤之女母天下乎里語日腐木不可以爲柱卑人不可以爲主臣辱諫諍之官不敢不盡死書奏帝使侍御史收縛輔繫掖庭秘獄後減死罪一等論鬼薪

哀帝寵董賢爲大司馬賢年二十二帝置酒與賢父親屬宴飲帝飲醉從容視賢而笑日吾欲法堯禪舜何如侍中王閎在坐進諫日昔周成戲以桐葉封弟叔虞於晉周公入日天子無戲言耳今天下乃高帝之天下非陛下之天下也陛下以藩王入奉嗣孝成皇帝後當承宗廟傳子孫於無窮豈得以戲言將高祖社稷輸人邪帝黙然不悦終以失旨貶爲郎署

後漢光武建武中内外群官多帝自選舉加以法理嚴察職事過苦尚書近臣至乃捶撲牽曳於前群臣莫敢正言尚書令申屠剛每輒極諫又數言皇太子

宜時就東宫簡任賢保以成其德帝並不納剛以數切諫失旨數年出爲平陰令

和帝時侍郎光祿大夫李法上疏以爲朝政苛碎違永平建初故事宦官權重椒房寵盛又譏史官記事不實後世有識尋功計德必不明信坐失旨下有司免爲庶人

安帝時蘇章爲議郎數陳得失其言甚直出爲武原令

成翊世爲尚書郎安帝時嘗侍樊豐與帝乳母王聖共譖皇太子廢爲濟陰王翊世連上書訟之又言樊

豊主聖誣罔之狀帝既不從而豊等陷以重罪下獄
當死有詔免官歸本郡
順帝時宋登爲侍中數上封事抑退權臣繇是出爲
潁川太守
桓帝時白馬令李雲上疏言孔子曰帝者諦也今小
人諂進財貨公行是帝欲不諦乎帝怒逮黄門北寺
獄弘農五官椽杜衆傷雲以忠諫獲罪上書願與雲
同日死帝愈怒遂并下廷尉大鴻臚陳蕃上疏救雲
曰李雲所言雖不識禁忌干上逆旨其意歸於忠國
而已昔高祖忍周昌不諱之諫成帝赦朱雲腰領之

冊府元龜　帝王部　惡直　卷之一百八十一　五

誅今日殺雲臣恐剖心之譏復議於世矣故敢觸龍
鱗冐昧以請太常楊秉雒陽市長沐茂郎中上官資
並上疏請雲帝恚甚有司奏以爲大不敬詔切責蕃
秉免歸田里茂資貶秩二等時帝在濯龍池管霸奏
雲等事霸跪言曰李雲野澤愚儒杜衆郡中小吏出
於狂戇不足加罪帝謂霸曰帝欲不諦是何等語而
常侍欲原之邪顧使小黄門可其奏雲衆皆死獄中
靈帝時欒巴爲議郎時大將軍竇武太傅陳蕃被誅
巴以其黨復謫爲永昌太守以功自效辭病不行上
書極諫理陳竇之寃帝怒下詔切責收付廷尉巴自
殺
張鈞時爲郎中以中常侍張讓所在貪殘爲人蠹害
乃上書曰宜斬十常侍縣頭南郊可不須師旅而大
冦自消天子以鈞章示讓等皆免冠徒跣頓首乞自
致雒陽詔獄並出家財以助軍費有詔皆冠履視事
如故帝怒鈞曰此真狂子也十常侍固當有一人善
者不鈞復重上猶如前章輒寢不報詔使廷尉侍御
史考爲張角道者御史承讓等阿旨遂誣奏鈞學黄
巾道收掠死獄中而讓等實多與張角交通
魏文帝黄初元年十二月長水校尉戴陵諫不宜數

冊府元龜　帝王部　惡直　卷之一百八十一　六

行弋獵帝大怒陵減死罪一等
鮑勛爲官正時文帝欲征吳群臣大議勛面諫以爲
不可帝益忿之左遷勛爲治書執法
蘇則爲侍中文帝時人多饑困而軍數出又兼治宫
室則數面諫繇此帝頗不悦其後出爲河東相
晉武帝時詔齊王攸將之國祭酒曹志建議以爲不
當遣帝覽議大怒曰曹志尚不明吾心況四海乎以
議者不指答所問横造異論策免太常鄭默於是有
司奏收志等結罪詔惟免志官以公還第其餘皆付
廷尉

何雄爲河南尹齊王攸將歸藩雄諫曰陛下子弟雖多然有名望者少齊王臥在京邑所益實深不可不思帝不納雄固諫忤旨起而徑出遂以憤卒

元帝爲晉王時奉朝請周嵩上疏曰臣聞取天下者常以無事及其有事不足以取天下故古之王者必應天順時義全而後取讓成而後得是以享世長久重光萬載也今議者以殿下化流江漢澤被六州功濟蒼生欲推崇尊號臣謂今梓宮未反舊京未清義夫泣血士女震動宜深明周公之道先雪社稷大恥盡忠言嘉謀之助以時濟弘仁之功崇謙謙之美推

後已之誠然後揖讓以謝天下誰敢不應誰敢不德繇是忤旨出爲新安太守

後周宣帝爲太子時武帝顧命曰內史王誼社稷臣宜處以機密不須遠任也及即位憚誼剛正出爲襄州總管

劉行本掌朝下大夫宣帝嗣位多失德行本切諫忤旨出爲河內太守

隋高祖初即位虞慶則勸高祖盡滅宇文氏高熲楊惠亦依違從之唯內史令李德林固爭不可高祖作色怒曰君讀書人不足平章此事於是遂盡誅之自是品位不加出於高熲之下唯依班例授上儀同進爵爲子

煬帝時盜賊不止天下大亂納言蘇威每諷諫帝彌不平後復問伐遼東事威對願赦群盜遣討高麗帝益怒之

梁毗爲刑部尚書并攝御史大夫事奏劾宇文述私役部兵煬帝議免述罪毗固諍因忤旨遂令張衡代爲大夫毗憂憤數月而卒

蕭瑀爲內史侍郎時煬帝至鴈門爲突厥所圍瑀進討其圍乃解其後帝又將伐遼東謂群臣曰突厥狂

悖勢何能爲以其少時未散瑀遂相恐動情不可恕因出之爲河池郡守即日遣之

張虔威爲謁者大夫時煬帝數巡幸百姓疲弊虔威因上封事以諫帝不悅自此見疎

許善心爲給事郎大業七年從至涿郡帝方自御戎以東討善心上封事忤旨免官

唐德宗貞元中袁高爲給事中以切直忤旨時宰相齊映連請以高爲左丞御史大夫皆不行

姜公輔爲諫議大夫同中書門下平章事從德宗幸山南車駕至城固縣唐安公主薨公主帝之長女壻

德皇后所生性聰敏仁孝上所鍾愛初詔尚韋宥未
克禮會而遇播遷及薨帝悲悼尤甚詔所司厚其塟
禮公輔諫曰非久克復京城公主必須歸塟今於行
路且宜儉薄以濟軍士帝怒謂翰林學士陸贄曰唐
安夭亡不欲於此爲塋壠且令造一磚塔安置功費
甚微不合関宰相論列公輔忽進表章都無道理但
欲指朕過失擬自取名朕比拔擢爲腹心乃負朕如
此贄對曰公輔官是諫議職居宰衡獻替固其職分
本立輔臣置之左右朝夕納誨意在防微而弼之乃
其所也陛下以造塔役費微小非宰相所論之事但

問理之是非豈論事之大小若造塔爲是役雖大而
作之何傷若造塔爲非費雖小而言者何罪帝又曰
卿未會朕意以公輔才行共宰相都不相當在奉天
時已欲罷免後因公輔辭退朕以面許尋屬懷光背
叛遂且因循容至山南公輔知朕必擬改官所以固
論造塔賣直取名據此用心豈是良善朕所惆悵者
只緣如此贄雖再三救護帝怒不已乃罷爲左庶子
蕭復爲相扈駕奉天請別對奏云陛下臨御之初聖
德光被自用楊炎盧杞秉政損黷皇猷以致今日今
雖危悉願陛下深革睿思微臣敢當此任若令臣依
阿偷免臣不敢曠職盧杞奏對於帝前阿諛順旨復
正色曰盧杞之詞不正德宗愕然退謂左右曰蕭復
頗輕朕遂令往江南宣撫後遂罷之
憲宗元和中王承宗叛詔以吐突承璀爲招討使右
補闕孟簡拜疏論之坐忤旨出爲嘗州刺史
錢徽爲翰林學士淮蔡未平徽以連年征伐不息與
蕭俛俱在宥密迭上疏請罷兵因忤帝旨除右庶子
罷内職
裴鄰元和末爲起居舍人時有術士柳泌鍊藥帝惑
之鄰上疏請令術士先嘗其藥以是忤旨貶江陵縣

令
文宗太和六年百姓上官與殺人危死諫議大夫史
館修撰王彥威累上疏以激切忤旨又咨於執政辭
許氣盛除河南少尹

疑忌

自古駕御豪傑彈壓區宇必推巳以及物執中以作
孚坦蕩爲懷從容肆體堯舜禹湯率繇是矣暨周成
惑群叔之說姬旦有東山之遷鴟鴞之詩義形怨刺
厥後勲高佐命威足震主爵祿不足以充其賞禮法
不足以扼其勢優崇斯至猜惡彌甚比諸芒刺視如

土芥加以讒搆相攻誣讖符合久操兵柄頗得士心
或車服僭差交結靡間或以勞自負不慎厥終故雖
漢高之豁達光武之寛容去就之間猶不免乎嫌忌
矣矧乃天資峻刻舊惡是念欲加之罪其無辭乎書
曰任賢勿貳又曰任賢蹝巳蓋聖哲之明訓也
漢高祖征陳豨還相國蕭何爲民請曰長安地陿上
林中多空棄地願令民得入田毋收稾爲禽獸食稾禾稈也言恣人田之不取其稾稅也稾音工老切稈音工旱切帝大怒曰相國多受
賈人財物爲請吾苑乃下何廷尉械繫之數日王衛
尉侍百官公卿表衛尉王氏無名字史失之也侍謂侍天子也前問曰相國胡大

罪陛下繫之暴也前問謂進而請也胡何也帝曰吾聞李斯相秦
皇帝有善歸主有惡自予今相國多受賈豎金爲請
吾苑以自媚於民媚愛也求愛於民故繫治之王衛尉曰夫
職事苟有便於民而請之眞宰相事者陛下柰何乃
疑相國受賈民錢乎且陛下距楚數歲陳豨黥布反
時陛下自將往當是時相國守關中關中搖足則關
西非陛下有也相國不以此時爲利乃利賈人之金
乎且秦以不聞其過亡天下夫李斯之分過又何足
法哉陛下何疑宰相之淺也帝不懌懌悦也感衛尉之言故慙悔而不悦是日使使持節赦出何
也

景帝時周亞夫爲丞相帝居禁中召亞夫賜食獨置
大胾胾大臠音側吏反無切肉又不置著亞夫心不平顧謂
尙席取箸尙席主席者也帝視而笑曰此不足君所乎帝言賜君
食而不設箸此蹝我意於君有不足乎亞夫免冠謝帝帝曰起亞夫因
趨出帝目送之曰此鞅鞅非少主臣也竟下獄死
武帝時鄭當時字莊以任俠自喜聲聞梁楚間及爲
大司農帝使視決河自請治行五日治行謂莊嚴帝曰吾
聞鄭莊行千里不齎糧治行者何也
義縱爲右內史武帝幸鼎湖病久已而卒起幸甘泉
已病愈也言帝久病既愈忽然即幸甘泉道不治帝怒曰縱以我爲不行

此道乎啣之至冬楊可方受告緡縱以爲此亂民部
吏捕其爲可使者天子聞使杜式治以爲廢格沮事
武帝使楊可主告緡沒入其財物縱捕爲可使者此爲廢格詔書沮已成之事也沮壞也棄縱市
宣帝初即位謁見高廟大將軍霍光從驂乘帝內嚴
憚之若有芒刺在背後車騎將軍張安世代光驂乘
天子從容肆體甚安近焉及光身死而宗族竟誅故
俗傳之曰威震主者不畜霍氏之禍萌於驂乘
後漢光武時馮勤爲郎中給事尚書司徒侯霸薦前
梁令閻楊楊素有譏議帝嘗嫌之既見霸奏疑其有
姦大怒賜霸璽書曰崇山幽都何可偶黃鉞一下無

處所欲以身試法邪將殺身以成仁邪使勤奉策至司徒府勤還陳霸本意申釋事理帝意稍解

魏太祖初爲董卓所辟太祖變易姓名間行東歸過故人成皐呂伯奢伯奢出行五子俱在備賓主禮聞其食器聲以爲圖已遂夜殺之旣而悽愴曰寧我負人無人負我遂行

周不疑幼有異才聰明敏達太祖初欲以女妻之不疑不敢當帝愛子倉舒夙有才智謂可與不疑爲儔及倉舒卒帝心忌不疑欲除之文帝諫以爲不可帝曰此人非汝所能駕御也乃遣刺客殺之帝持法峻

刻諸將有計畫勝出己者隨以法誅之及故人舊怨亦皆無餘其所刑殺輒對之垂泣嗟痛之然終無所活初袁忠爲沛相嘗欲以法治帝後亦殺之

楊脩字德祖好學有俊才爲丞相主簿嘗出行籌太祖有問外事乃逆爲答記敕守舍兒若有令出依次通之旣而果然如是者三操怪其速使廉之知狀於此忌脩且以袁紹之甥慮爲後患遂因事殺之

文帝時臧霸爲鎭東將軍都督青州諸軍事初霸遣別軍在雒會太祖殁霸所部及青州兵以爲天下將亂皆鳴鼓擅去帝卽位以曹休都督青州霸謂休曰國家未肯聽霸爾若假霸步騎萬人必能橫行江表休言之於帝帝疑霸軍前擅去今意壯乃爾遂東巡因霸來朝而奪其兵

晉宣帝以玄石圖有牛繼馬後深忌牛氏遂爲二榼共一口以貯酒焉帝先飲佳者而以毒酒鴆其將牛金

景帝夏侯后母曹氏魏德陽鄉主后雅有識度魏明帝世宣帝居上將之重諸子並有雄才大畧后知帝非魏之純臣而后魏氏之甥帝深忌之遂以鴆終

夏侯玄爲景帝所執衛將軍司馬文王流涕請之帝

曰卿忘會趙司空葬乎先是司空趙儼薨大將軍兄弟會葬賓客以百數玄時後至衆賓咸越席而迎遜是惡之

文帝有密疏未之屛也如廁侍中鄭小同詣之還謂之曰卿見吾疏乎對曰否帝猶疑而鴆之卒

王儀高亮雅直爲文帝司馬東關之役帝問於衆曰近日之事誰任其咎儀對曰責在元帥帝怒曰司馬欲委罪於孤邪遂引出斬之

武帝太始初石苞督楊州時諸葛誕初破滅苞便鎭撫淮南士馬強盛邊境多務苞旣勤庶事又以威惠

服物淮北監軍王琛輕苞素又聞童謠曰宮中大馬
幾作驢大石壓之不得舒因是密表苞與吳人交通
先時望氣者云東南有大兵起及琛表至帝甚疑之
會荆州刺史胡烈表吳人欲大出爲寇苞亦聞吳師
將入乃築壘遏水自固帝聞之謂羊祜曰吳人每來
常東西相應無緣偏爾豈石苞果有不順乎祜深明
之而帝猶疑焉會苞子喬爲尚書郎帝召之經日不
至帝謂爲叛欲討苞而隱其事遂下詔以苞不料賊
勢築壘遏水勞擾百姓策免其官遣太尉義陽王望
率大軍徵之以備非常又勑鎮東將軍瑯邪王伷自

下邳會壽春苞用掾孫鑠計放兵步出住都亭待罪
帝聞之意解及苞詣闕以公還第
明帝時羊鑒爲少府及王敦反帝以鑒敦舅又素相
親黨微被嫌責
孝武帝時謝安爲太傅安女壻王國寶專利無簡行
安惡其爲人每抑制之及帝末年嗜酒好肉而會稽
王道子昏醟尤甚惟狎昵諂邪於是國寶讒諛之計
稍行於主相之間而好利險詖之徒以安功名盛極
而構會之嫌隙遂成帝嘗召桓伊飲讌安侍坐帝命
伊吹笛伊神色無迕卽吹爲一弄乃放笛云臣於筝
分乃不及笛然自足以韻合歌管請以筝歌并請一
吹笛人帝善其調達乃勑御妓奏笛伊又云御府人
於臣必自不合臣有一奴善相便串帝彌賞其放率
乃許詔之奴旣吹笛伊便撫筝而歌怨詩曰爲君旣
不易爲臣良獨難忠信不可顯乃有見疑患周旦佐
文武金縢功不刊推心輔王政二叔反流言聲節慷
慨俯仰可觀安泣下沾襟乃越席而就之捋其鬚曰
使君於此不凡帝甚有愧色
後魏道武時鄧淵爲尚書吏部郎謹於朝事未嘗忤
旨其從父弟暉爲尚書郎兇俠好奇與定陵侯和跋

厚善跋有罪誅其子弟奔長安或告暉將送出之淵
是道武疑淵知情遂賜淵死旣而恨之時人咸愍惜
焉
庾岳道武時爲司空天賜四年詔賜岳舍地於南宮
岳將家僮治之侯官告岳衣服鮮麗行止風采擬於
人君道武時旣不豫多所嫌惡遂誅之時人咸寃惜
焉
賀狄干世爲將初道武普封功臣狄干雖爲姚興所
留遲賜狄干爵襄武侯加秦兵將軍及狄干至道武
見其言語衣服有類羌俗以爲業慕而習之故忿焉

旣而殺之弟歸亦剛直方雅與狄干俱死

後周武帝忌齊王憲意欲除之謂小冢宰宇文孝伯曰公能爲朕圖齊王當以其官位相授孝伯叩頭曰奉先帝遺詔不許濫誅骨肉齊王陛下叔父戚近功高社稷重臣棟梁所寄陛下若妄加刑戮微臣又順旨曲從則臣爲不忠之臣陛下爲不孝之子也帝不懌因漸疏之乃與于智王端鄭譯等密圖其事後令智告憲謀逆遣孝伯召憲入遂誅之

隋高祖禪位後封宇文忻爲杞國公帝嘗欲令忻率兵擊突厥高熲言於帝曰忻有異志不可委以大兵

乃止忻旣佐命功臣頗經將領有威名於當世帝繇是微忌焉以遣去官

楊素爲尚書左僕射貴寵日隆朝臣莫不畏附唯兵部尚書柳述以帝壻之重數於帝前面折素大理卿梁毗抗表言素作威作福高祖漸疎忌之後因出勑曰僕射國家之宰輔不可躬親細務但三日一度向省評論大事外示優崇實奪之權也終仁壽之末不復通判省事帝天性沉猜素無學術好爲小數不達大體故忠臣義士莫得盡心竭辭其草創元勳及有功諸將誅夷罪退罕有存者

王雄爲右衛大將軍參預朝政貴寵冠絶一時與高熲虞慶則蘇威稱爲四貴帝惡其得衆陰忌之不欲其典兵焉乃册爲司空亦外示優崇實奪其權也雄無職務乃閉門不通賓客

薛道衡爲内史侍郎上儀同三司仁壽中楊素專掌朝政道衡與素善高祖不欲道衡久知機密因命簡較司徒總管道衡久蒙驅策一旦違離不勝悲戀言之哽噎帝愴然改容曰爾光陰晚暮侍奉誠勞朕欲令爾將攝兼撫萌俗今爾之去朕如斷一臂於是賚物三百段九環金帶并時服一襲馬十疋慰勉遣之

後爲潘州刺史上表求致仕煬帝謂内史侍郎虞基曰道衡將至當以秘書監待之道衡旣至上高祖文皇帝頌帝覽之不悅顧謂蘇威曰道衡致美先朝此魚藻之義也於是拜司隷大夫將置之罪道衡不悟司隷刺史房彦謙素相善知必及禍勸之杜絶賓客卑辭下氣而道衡不能用會議新令久不能決道衡謂朝士曰向者使高熲不死令决當久行有人奏之帝怒曰汝憶高熲邪付執法者勘之道衡自以非大過促憲司早斷暨於奏日冀帝赦之勑家人具饌以備賓客來候者及奏帝令自盡道衡殊不意未能引

决憲司重奏縊而殺之妻子徙日東時年七十天下寃之

煬帝即位初楊素爲僕射素雖有建立之策及平楊諒之功然特爲帝所猜忌外示殊禮内情甚薄太史言隋分野有大喪因改封於楚與隋同分欲以厭當之素寢疾之日帝每令名醫診候賜以上藥然密問醫人常恐不死

竇杭爲幽州總管時漢王諒之作亂也煬帝將發幽州兵以討之時帝恐杭有貳心問可任者於楊素時李子雄爲江州刺史坐事免素進子雄受大將軍

元善爲國子祭酒以高熲有宰相之具嘗言於帝帝初然之及熲得罪帝以善之言爲熲游説深責望之善憂懼先患消渴於是疾動而卒

蕭琮梁蕭詧之後雖復羈旅見豪貴無所降下嘗與賀若弼深相友善弼既被誅復有童謡言其復起煬帝繇是忌之遂徙其家未幾而卒

宇文弼爲禮部尚書以才能著稱煬帝頗忌之時帝漸好聲色尤勤遠畧弼謂高熲曰昔周天元好聲色而國亡以今方之不亦過乎又言長城之役幸非急務有人奏之竟坐誅死天下寃之

李敏娶周樂平公主女宇文氏爲光祿大夫大業十年煬帝復征遼東遣敏於黎陽督運時或言敏一名洪兒帝疑洪字當讖嘗面告之冀其引決敏繇是大懼數與李渾及渾兄子善衡等屏人私語宇文述知而奏之竟與渾同誅年三十九其妻宇文氏後數月亦賜鴆而終

庾質爲太史令煬帝性多忌尅齊王暕亦被猜嫌質子儉時爲齊王屬帝謂質曰汝不能一心事我乃使兒事齊王何向背如此邪質曰臣事陛下子事齊王實是一心不敢有二帝怒不解繇是出爲合水令

元弘嗣爲金紫光祿大夫大業中煬帝復征遼東會奴賊寇隴右詔弘嗣擊之及楊玄感作亂還東都弘嗣屯兵安定或告之謀應玄感者代王遣執之送行在所以無反行當釋帝疑不解除名徙日南道死

楊汪大業中爲銀青光祿大夫及楊玄感反河南贊持裴弘策出師禦之戰不利弘策出還遇汪而屏人交語既而留守樊子蓋斬弘策以狀奏汪帝疑之出爲梁郡通守

樊子蓋大業十一年從駕汾陽宮至于鴈門車駕爲突厥所圍欲潰而出子蓋諫曰萬乘主豈宜輕脫望

躬親出慰撫厚爲勳格人心自會不足爲憂帝從之其後援兵稍至虜乃引去納言蘇威追論勳格大重宜在斟酌子蓋執奏不宜失信帝曰公欲收物情邪子蓋默然不敢對

魚俱羅爲碣石道將軍征高麗還江南劉元進作亂詔俱羅將兵向會稽諸郡逐捕之于時百姓思亂從盜如市俱羅擊賊帥朱燮管崇等無不捷然賊勢浸盛敗而後聚俱羅度賊非歲月可平諸子並在京雒又見天下漸亂終恐道路隔絕於時東都饑饉穀食踊貴俱羅遣家僕將船米至東都糶之益市財貨潛

迎諸子朝廷微知之恐其有異志發使案驗使者至前後察問不得其罪帝復令大理司直梁敬眞就鞫將詣東都俱羅相表異人目有重瞳陰爲帝之所忌敬眞希旨奏俱羅師徒敗衂於是斬於東都市家口籍沒

唐太宗貞觀中李君羨爲左驍衛大將軍武目郡公貞觀中有謡言當有女主王天下太宗惡之後當宴三品已上遣作酒令仍各稱其小名君羨自稱小名五娘子太宗愕然因大笑曰何物女子如此勇猛其後竟以事誅之至天授中則天復其官爵

魏徵爲特進知門下省事嘗密薦中書侍郎杜正倫及吏部尚書侯君集有宰相之材徵卒後正倫以罪黜君集犯逆伏誅太宗始疑徵阿黨徵又自錄前後諫諍言詞往復以示史官起居郎褚遂良太宗知之愈不悅先許以衡山公主降其長子叔玉於是手詔停婚顧其家漸衰矣

德宗時嚴震爲山南西道節度使帝忽遽行幸梁州山南地素貧褊又遭連山賊剽劫之後雖云十五州之地其實未敵江南三數縣戶口震悉心供億人既不擾事亦不闕然累奏百姓困竭須使支持帝以爲

結恩於百姓也

嚴懷志以涇原裨將隨渾瑊會吐蕃背盟懷志等陷沒居吐蕃中十餘年逃入以西諸國爲所掠賣又脫走經十餘國至天竺占波國泛海而歸貞元十四年始至温州徵詣京師德宗以懷志處蕃久不欲令出外因之伏內順宗即位始釋之初懷志之陷父母俱存及歸父母皆殁妻嫁佗人

呂温者以小吏事崔漢衡貞元初吐蕃背盟漢衡爲吐蕃所虜將殺之温趨徃以背受刃吐蕃義之繇是與漢衡俱免及漢衡歸獨留蕃中吐蕃尚浮屠法溫

因求爲僧久之乃得歸亦以習吐蕃事四焉順宗即
位釋之與嚴懷志俱授中郎將
憲宗元和十二年淮西平十三年襄陽節度使李愬
奏請判官大將已下官凡一百五十員帝不悦謂裴
度曰李愬誠有奇功然奏請過多使李晟渾瑊之勳
業又何如哉遂留中不下
後唐莊宗在鄴時明宗爲相州刺史天祐十三年滄
州小校毛璋以城歸款莊宗命明宗率師至滄州慰
撫軍民明宗既至毛璋開門迎謁遣璋入覲軍城乂
安時書吏誤爲申狀云某已至滄州禮上畢莊宗覽

狀大怒曰諱明宗名反邪時末帝掌莊宗親軍在帳下
顧謂末帝曰爾父固予所悉此盖王建立安重誨戲
予斷二僕之首而還末帝惶恐既而明宗旋師行臺
斷其書吏謝之乃移安國軍節度使李存審鎮滄州
承制授明宗安國軍節度邢洺磁等州觀察處置等
使
安金全爲朔州刺史事莊宗爲騎將莊宗神勇冠世
而性忌不欲臣下勝已故金全與王建及位不踰刺
史移稱疾以避禍
愍帝應順元年正月以内皇城使安重益爲陳州刺
史去冬秦王之亹重益將騎追王至府廨出之伏下
害之至是帝心惡之不欲在左右仍令典方州
三月遣供奉官王廷悦劉贊各以玉帶金錯刀賜秦
州張延朗興元張虔劉竺帥各進潞王書疑其兩端
故有是賜

無斷

傳曰惡惡而不能去善善而不能用此優游不斷之
謂也自漢而下居民上者或失於剛克之訓存夫兼
容之道淑慝斯混失於洞分幾徵有初闇於先見不
能斥去邪說割絕私愛念宗社之大計思邦國之永

圖而乃牽於文義制於近習惑於衆多之說迫於權
倖之勢以至猶豫靡決禍釁旋構噬臍無及發矢莫
進蓋夫當斷不斷其爲害大矣誠方策之深戒焉
漢元帝時蕭望之死擢周堪爲光祿勳堪弟子張猛
爲光祿大夫給事中大見信任弘恭石顯憚之堪性
公方自見孤立遂直道而不曲是歲夏寒日清無光
恭顯及許史皆言堪猛用事之咎帝內重堪又患衆
口之浸潤無所取信時長安令楊興以材能幸嘗稱
譽堪帝欲以爲助乃見問興朝臣斷斷不可光祿勳
何邪斷斷忿嫉之意也斷音牛斤切興者傾巧士謂帝疑堪因順指

日堪非獨不可於朝廷自州里亦不可也臣見衆人聞堪前與劉更生等謀毁骨肉以爲當誅故臣前言堪不可誅傷爲國養恩也帝曰然此何罪而當誅今宜柰何興曰愚以爲可賜爵關内侯食邑三百戶勿令典事明主不失師傅之恩此最策之得者也帝於是疑會城門較尉諸葛豐亦言堪猛短帝因發怒免豐帝又曰豐言堪猛貞信不立除閒而不治又惜其材能未有所效其左遷堪爲河東太守猛槐里令顯等專權日甚帝牽制文義優游不斷（爲文義所牽制故不斷）孝宣之業衰焉

成帝時大將軍王鳳用事會日蝕京兆尹王章素剛直敢言乃奏封事請退鳳章每召諫帝輒辟左右（辟言曰闢）時太后從弟長樂衛尉弘子侍中音（弘者太后之叔父也音則從父弟）獨側聽具知章言以語鳳鳳聞之稱病出就第上疏乞骸骨謝帝曰臣材駑愚戇得以外屬兄弟七人封爲列侯宗族蒙恩賞賜無量輔政出入七年國家委任臣鳳所言輒聽薦士輩用無一功善陰陽不調災異數見咎在臣鳳奉職無狀此臣一當退也五經傳記師所誦說咸以日蝕之咎在於大臣非其人易曰折其右肱（豐卦九三爻辭也肱臂也）此臣二當退也河平以來臣久病連年數出外曠職素餐此臣三當退也（空廢職任徒受祿秩也）陛下以皇太后故不忍誅廢臣猶自知當遠流放又重自念（重音直用切）兄弟宗族所蒙不測當殺身靡骨死輦轂下（靡碎也音武皮切）不當以無益之故有離寢門之心誠歲餘以來所苦加侵（誠實也）日月益甚不勝大願願乞骸骨歸自治養冀賴陛下神靈未埋髮齒朞月之間幸得瘳愈後望帷幄不然必寘溝壑臣以非材見私天下知臣受恩深也以病得全骸骨歸天下知臣被恩見哀重巍巍也（巍巍高貌重音直用也）進退於國爲厚萬無纖芥之議（論者不云斥外戚也）唯陛下哀憐其

辭指甚哀太后聞之爲垂涕不御食帝少而親倚鳳弗忍廢乃報鳳曰朕秉事不明政事多闕故天變婁臻咸在朕躬（婁古屢字）將軍乃深引過自干欲乞骸骨而退則朕將何嚮焉書不云乎公毋困我（周書雒誥載成王告周公辭也言公必須留京師毋得遠去而令我困）務專精神安心自持期於亟瘳稱朕意焉（亟急瘳差也）於是鳳起視事帝使尚書劾奏章死獄中自是公卿見鳳側目而視

晉武帝知太子（即惠帝也）弗克負荷然恃皇孫聰睿故無廢立之心復慮非賈后所生終致危敗時朝廷咸知不堪政事帝亦疑焉嘗悉召東宮官屬使以尚書事

令太子央之太子不能對賈妃遣左右代對多引古義給使張泓曰太子不學陛下所知今宜以事斷不可引書妃從之泓乃具草令太子書之帝覽而大悅太子遂安又賈充既爲帝所遇欲專名勢而庾純張華溫顒向秀和嶠之徒皆與任愷善楊珧王恂華廙等充所親敬於是朋黨紛然帝知之召充愷晏於式乾殿而謂充等曰朝廷宜一大臣當和充愷各拜謝而罷既而充愷等以帝知之而不責結怨愈深

惠帝居大位政出群下紀綱大壞貨賂公行勢位之家以貴陵物忠賢路絕讒邪得志更相薦舉天下謂

之互市焉賈后將誅楊駿段廣跪而言於帝曰楊駿受恩先帝竭心輔政且孤公無子豈有反理願陛下審之帝不答

孝武帝時會稽王道子荒恣傳平令吳興聞人奭上疏陳之帝益不平而逼於太妃無所廢黜乃出王恭爲兗州殷仲堪爲荆州王恂爲僕射王雅爲太子少傅以張王室而潛制道子也道子復委任王緒繇是朋黨競扇友愛道盡太妃每和解之而道子不能改中書郎徐邈以國之至親唯道子而已宜在敦穆從容言於帝曰昔漢文明主猶悔淮南世祖聰達負愧齊王兄弟之際實宜深慎帝納之復委任道子如初

隋煬帝時趙才爲右候衛大將軍帝幸江都待遇踰昵時江都糧盡將士離心內史侍郎虞世基秘書監袁充等多勸帝幸丹陽帝廷議其事才極陳入京之策世基盛言渡江之便帝默然無言才與世基相忿而出

唐高祖時太子建成令楊文幹起兵及高祖馳使召太宗以謀之太宗曰文幹小豎狂悖起兵州府官司已應擒勦縱其假息時刻但須遣一將耳高祖曰文幹事連建成恐應之者衆汝宜自行還立汝爲太子

吾不能效隋文帝誅殺骨肉廢建成封作蜀王地既僻小易制若不能事汝亦易取耳太宗既行元吉及四妃更爲建成內請封倫又外爲遊說高祖意便頓改遂寢不行復令建成還京居守唯責以兄弟不能相容歸罪於中允王珪左衛率韋挺及天策兵曹杜淹等並留之巂州後太宗宴於建成宮中毒高祖乃謂太宗曰發跡晉陽本是汝計尅平宇內是汝大功欲升儲位汝固讓不受以成美志建成自居東宮多歷年所今復不忍奪之觀汝兄弟終是不和同在京邑必有忿競汝還行臺居於雒陽自陝已東悉宜主

之仍令汝建天子旌旗如梁孝王故事太宗泣而奏日今日之授實非所願不能遠離膝下言訖嗚咽悲不自勝高祖日昔陸賈漢臣尚有遞過之事況吾四方之主天下爲家東西兩宮塗路咫尺憶汝即往無勞悲也及將行建成元吉相與謀曰秦王今往雒陽既得土地甲兵必爲後患留在京師制之一匹夫耳密令數人上封事日秦王左右多是東人聞往雒陽非常欣躍觀其情狀自今一去不作來意高祖於是遂停

玄宗天寶十四載時肅宗爲皇太子安祿山至雒陽

有詔以太子監國召宰臣楊國忠韋見素謂之曰皇太子仁孝朕尋欲傳以大位今遇寇難委之監國正副朕懷事寧之後朕當高枕耳帝往在東宮恭謹仁孝日聞于外百姓思傳寶位十餘年矣及下詔之日國人相賀楊國忠專宰朝政祿山反以誅國忠爲名盛言國忠虢國夫人罪惡六軍將士皆切齒願除其黨以解國難國忠大懼聚族而哭入而號訴於貴妃妃悲號銜土請命于玄宗翼日有司進儀注遂寢而不行天下失望

代宗時李栖筠爲御史大夫時元載專政栖筠正身守道無所畏憚垂入相者數四帝憚載有內外之助竟不能决猶是假違累年竟以憂憤遘疾薨海內痛惜之

德宗建中四年十月在奉天靈武留後杜希全鹽州刺史戴休顏夏州刺史時常春合率兵六千赴難將至帝召宰相盧杞關播與白志貞渾瑊同議來路利害杞與志貞以漢谷路爲便瑊曰漢谷險隘必爲賊所邀若取乾陵北過附柏城守固而行便取城東北鷄子堆下與城中掎角相應且分賊勢朱泚必不敢更於陵寢往來杞日漢谷路近若慮逆賊邀擊即此

出兵應接更取乾陵路過恐驚陵寢瑊曰今朱泚圍城斬伐松柏以夜繼日驚動多矣況又城中事危諸道救兵不至唯希全等率先赴難所繫不輕若此軍得於鷄子堆下營固守善地則朱泚可以計破杞日陛下以順討逆豈同逆賊乎若令希全等北來即是自驚陵寢白志貞後贊其言帝重違之遂命取漢谷路景子希全等軍至漢谷路果爲逆賊邀擊奪據水口乘高以大弩巨石左右連擊殺傷頗甚

文宗開成三年正月五日宰相李石自親仁里將曙入朝盜發於故郭尚父宅引弓射石矢纔破膚馬逸

而廻盜伏坊間揮刀斫石斷馬尾竟以馬逸得還私第帝聞之駭愕遣中使撫問賜金瘡藥因差六軍兵士二十人衛從是日京師大恐當叅官入朝者九人而已旬日方安石拜章辭位者三乃授荊南節度使李訓之亂起石於當僚之中付之衡柄石忘身徇國不顧患難振舉朝綱國威再復而中官仇士良切齒惡之伏戎加害帝深知其故不能理乃至罷免及石赴鎮賜宴之儀並闕人士傷之恥君子之道消也

後唐莊宗同光二年中書奏曰諸道節度防禦刺史各著功名並全忠孝洎蒙昇奬皆荷渥恩雖萌為治

之心未展分憂之効況聞藩府不可以久虛侯伯不可以久缺藩府虛則兵不輯侯伯闕則化不行繇此觀之為務甚急請令歸本任不奉詔旨不得輙離治使從之是時諸藩府連帥或屯師于邊或在闕下皆遣人權典後事人望既卑法多掊斂時議甚危之宰相故有是奏帝雖依允終却遲留及後王室危難釁起鄴都率深此也

四年三月壬戌宰相豆盧革率百官上表請出內府財帛勞軍以軍情有變故也其辭畧云臣竊知內府所積有餘租庸贍軍不足今內外諸軍室家不能相保儻非此時安郵臣懼人心離合表奏不報時知星者上言昨夜惡星入大庫宜散帑藏以給三軍又奏流星犯天棓主御前有急兵宜為之備帝召宰臣於便殿劉皇后出宮中粧奩銀盆各二并皇子滿喜等三人謂宰臣曰外人不知謂內庫金寶無數諸道所進旋以給賜今宮中有者即粧奩纓孺而已可市之贍軍革等惶恐而退時出錢帛給賜諸軍樞密使張居翰李紹宏宣徽使李唐王供奉內使景進各獻錢幣數千以助賞軍是時編甿饑饉軍士之家乏食連營婦女掇蔬於野衛軍日望頒給復怨租庸刻削月

糧諸軍騰口流言不息宰臣延英奏對每請出內府財以給諸軍帝將行之尋為劉后所沮而止既而鄴城變擾軍人幸其搖動縱行優賞不滿其心至是積錢帛金銀賜之軍士負物而詬曰吾妻子已殍方與賞錢與吾陳力一何謬也議者聞之知禍亂旦夕矣

閔帝時朱洪寔與康義誠有隙應順元年潞王據岐陽將稱兵向闕二月辛酉義誠將議出征閔帝幸左藏庫親給軍士錢帛是日義誠與洪寔同於庫中面論用兵利害洪寔言自出軍討逆累發兵師今聞小衂無一人一騎來者不如以禁軍據門自固彼安敢

徑來然後徐圖進取全策也義誠怒曰若如此言洪寔反矣洪寔曰公自惟誰反其聲漸厲帝聞召而訊之洪寔猶理前謀又曰義誠言臣圖反據發兵討義誠反必矣閔帝不能明辨命逐洪寔旣而義誠果以禁軍迎降潞王

廢帝淸泰元年六月三司使劉昫上言天下州郡於天成二年括定稅率迨今八年近有民於本道及詣闕訴田不均乞簡視累行蠲放漸失賦租請朝臣中選淸强幹行簡視從之昫奏詔便欲曉諭樞密使韓昭裔言俟更詳議其事不報帝猶豫少決皆此類也